Objektorientierte Softwaretechnik

Bernd Brügge, Allen H. Dutoit

Objektorientierte Softwaretechnik

mit UML, Entwurfsmustern und Java

ein Imprint von Pearson Education
München • Boston • San Francisco • Harlow, England
Don Mills, Ontario • Sydney • Mexico City
Madrid • Amsterdam

Bibliografische Information Der Deutschen Bibliothek

Die Deutsche Bibliothek verzeichnet diese Publikation in der Deutschen Nationalbibliografie;
detaillierte bibliografische Daten sind im Internet über *http://dnb.ddb.de* abrufbar.

Umwelthinweis:
Dieses Produkt wurde auf chlorfrei gebleichtem Papier gedruckt.
Die Einschrumpffolie – zum Schutz vor Verschmutzung – ist aus umweltverträglichem
und recyclingfähigem PE-Material.

10 9 8 7 6 5 4 3 2 1

07 06 05 04

ISBN 3-8273-7082-5

German Language edition published by
PEARSON EDUCATION DEUTSCHLAND,
© 2004 Pearson Studium
ein Imprint der Pearson Education Deutschland GmbH
Martin-Kollar-Straße 10-12, D-81829 München/Germany
Alle Rechte vorbehalten
www.pearson-studium.de
Lektorat: Dr. Isabel Schneider, ischneider@pearson.de
Korrektorat: Astrid Schürmann, Essen
Einbandgestaltung: adesso 21, Thomas Arlt, München
Herstellung: Monika Weiher, mweiher@pearson.de
Satz: mediaService, Siegen (www.media-service.tv)
Druck und Verarbeitung: Kösel, Altusried-Krugzell (www.KoeselBuch.de)

Printed in Germany

Inhaltsverzeichnis

Vorwort

Software ist einer der entscheidenden Innovationsfaktoren für unsere Wirtschaft, Verwaltung und Industrie geworden und bildet gleichzeitig einen wesentlichen Bestandteil unserer Infrastrukturen. In vielen Bereichen unseres Lebens finden sich mittlerweile Softwaresysteme, manchmal gut sichtbar, oft aber auch versteckt in eingebetteten Systemen. Sie stellen wichtige Werkzeuge dar, unterstützen Kernprozesse, steuern physikalische Vorgänge, regeln und überwachen die unterschiedlichsten Aufgaben und sind heute das logische Rückgrat der Verarbeitung von Informationen.

Diese starke Verbreitung der Softwaresysteme, ihr beständiges Wachsen an Funktionalität und Umfang sowie nicht zuletzt ihre Vernetzung führt auf einen höheren Grad der Komplexität der Softwareentwicklung und dadurch auf immer wieder neue Herausforderungen. Insgesamt ist der Stand der Beherrschung der Softwareentwicklung noch immer nicht befriedigend. Wie Untersuchungen der Standish Group eindrucksvoll zeigen, scheitert mehr als ein Fünftel aller großen Softwareprojekte vollständig, etwa ein Drittel erreicht das Ziel nur mit starker Kostenüberschreitung oder unzureichender Qualität. Vor diesem Hintergrund ist eine Verbesserung und gründliche Auseinandersetzung mit dem Gebiet des Software Engineerings von höchster Bedeutung.

Das Lehrbuch von Bernd Brügge und Allen Dutoit stellt einen konsequenten Ansatz zur Einführung in das vielfältige Gebiet des Software Engineerings dar. Der Text ist getragen von dem Verständnis, dass Softwaretechnik nicht nur die Beherrschung der Programmierung erfordert, sondern auch ein Verständnis der Softwarearchitekturen und der technischen Aktivitäten der Qualitätssicherung wie des Testens oder des Beschreibens der Anforderungen. Das Lehrbuch zeigt eindrucksvoll, wie die unterschiedlichen Disziplinen in der Softwaretechnik zusammenwirken, angefangen von der Psychologie, den Fähigkeiten zur Kommunikation im Projekt, den wirtschaftlichen Aspekten bis hin zu Aspekten der Projektorganisation. Konsequent zeigen die Autoren, wie diese unterschiedlichen Bestandteile ineinanderwirken, wie strukturiertes Vorgehen und systematisches Arbeiten es erlauben, die Komplexität entsprechender Systeme drastisch zu reduzieren.

Besonders bemerkenswert ist die Konsequenz, mit der Bernd Brügge und Allen Dutoit sich dem schwierigsten Problem der Softwaretechnik zuwenden, nämlich der Fähigkeit, mit sich ändernden Rahmenbedingungen und Anforderungen umzugehen und das während der Erstellung von Software im Rahmen eines Projekts. Den Software-Lebenszyklus auf Änderungen der Anforderungen zuzuschneiden, ist sicher einer der entscheidenden Erfolgsfaktoren der Softwareentwicklung.

Das Buch schließt mit einem Kapitel über Methodik, in dem alle Themen des Buches zusammengeführt und integriert werden. Es handelt sich um ein sehr pragmatisches, praktisch orientiertes Buch. Es behandelt alle Teile der Softwaretechnik aus Sicht des Anwenders, des Praktikers, der gezielte Hinweise und Anleitungen braucht, um große, komplexe Softwaresysteme und Softwareprojekte angemessen zu beherrschen. Das Buch zeigt, dass wir in weiten Teilen heute die notwendigen Erfolgsfaktoren in der Softwaretechnik verstanden haben und diese auch praktisch umsetzen können.

Damit ist das Buch in gleicher Weise für Praktiker von Interesse, die eine Einführung in die Themen der Softwaretechnik suchen, auch als Textbuch zur Begleitung einer Vorlesung zum Thema Software Engineering. Das Werk von Bernd Brügge und Allen Dutoit ist eine wertvolle Richtschnur für Vorlesungen an Universitäten und Fachhochschulen – nicht zuletzt, weil eine systematische Aufbereitung der Themen vorbildlich mit einer Betonung praktisch relevanter Fragen verbunden wird.

Manfred Broy

München, im Juli 2004

Einleitung

Der K2 türmt sich 8.611 Meter hoch im Karakorum im westlichen Himalaya auf. Er ist der zweithöchste Gipfel der Welt und wird als der am schwierigsten zu besteigende Achttausender angesehen. Eine Expedition auf den K2 dauert im Sommer, wenn das Wetter am günstigsten ist, mehrere Monate. Selbst im Sommer gibt es dort häufig Schneestürme. Eine Expedition benötigt tausende Kilos an Ausrüstung wie Kletterseile, Wetterschutz, Zelte, Verpflegung und Funkgeräte sowie Lohn und Schuhe für hunderte von Trägern. Die Vorbereitung einer derartigen Expedition nimmt im Leben eines Bergsteigers eine große Zeitspanne ein und braucht die Unterstützung vieler Helfer. Einmal vor Ort können viele unerwartete Ereignisse wie Lawinen, Trägerstreik oder Verlust von Ausrüstung die Bergsteiger dazu zwingen umzuplanen, neue Lösungen zu finden oder aufzugeben. Die Erfolgsrate bei Expeditionen auf den K2 liegt unter 40%.

Das Luftüberwachungssystem der USA (United States National Airspace System, NAS) überwacht und kontrolliert den Luftverkehr über den Vereinigten Staaten. Das NAS umfasst mehr als 18.300 Flugplätze, 21 Flugsicherungszentren und über 460 Kontrolltürme. Insgesamt hat es mehr als 34.000 Komponenten, wie z.B. Radar, Vermittlungsstellen, Radios, Rechnersysteme und Bildschirme. Die gegenwärtige Infrastruktur veraltet schnell. Die Rechner beispielsweise, die die Flugsicherungszentren unterstützen, sind IBM 3083-Großrechner, die Anfang 1980 hergestellt wurden. 1996 begann die Regierung der Vereinigten Staaten mit einem Programm zur Modernisierung der NAS-Infrastruktur, das Verbesserungen wie Satellitennavigation, digitale Fluglotsen-/Pilotenkommunikation, automatischere Kontrolle der Luftwege, Festlegung der Reihenfolge der Flugzeuglandungen und die Kontrolle des Bodenverkehrs beim Rollen von und zur Rollbahn umfassen sollte. Die Modernisierung einer so komplexen Infrastruktur kann aber nur schrittweise erfolgen. Das bedeutet, dass während der Einführung neuer Komponenten mit neuerer Funktionalität die alten Komponenten weiterhin gepflegt und unterstützt werden müssen. Zum Beispiel muss der Fluglotse während der Übergangsperiode in der Lage sein, sowohl den analogen als auch den digitalen Sprechkanal zu bedienen, um mit Piloten zu kommunizieren. Die Modernisierung des NAS fiel mit einer dramatischen Zunahme des weltweiten Luftverkehrs zusammen, dessen Verdoppelung erst in den nächsten 10 bis 15 Jahren erwartet worden war. Ein vorhergehender NAS-Modernisierungsversuch, genannt Advanced Automation System (AAS), war 1994 wegen Software-Problemen abgebrochen worden, wobei die gesetzte Frist um mehrere Jahre und das Budget um mehrere Milliarden Dollar überschritten worden waren.

Beide genannten Beispiele zeigen komplexe Systeme, bei denen externe Bedingungen unerwartete Änderungen ausgelöst haben. Komplexität stellt ein Problem außerhalb der Kontrolle eines Einzelnen dar. Änderungen zwingen Entwickler, bekannte Lösungen aufzugeben und neue zu suchen. In beiden Beispielen sollten alle Interessierten zusammenarbeiten und neue Techniken finden, um diesen Herausforderungen zu begegnen. Versagen hierbei hat Versagen beim Erreichen des Ziels zur Folge. Dieses Buch handelt davon, komplexe und sich verändernde Systeme zu meistern.

Das Thema

Ein Anwendungsbereich (Planung einer Hochgebirgsexpedition, Luftverkehrskontrolle, Finanzsysteme, Textverarbeitung) umfasst für gewöhnlich viele Konzepte, mit denen Software-Entwickler nicht vertraut sind. Der Lösungsbereich (Benutzerschnittstellenwerkzeuge, drahtlose Kommunikation, Datenbanksysteme, Transaktionsüberwachungssysteme, tragbare Rechner, etc.) ist oft noch nicht ausgereift und bietet dem Entwickler viele sich widersprechende Implementierungstechnologien an. Folglich werden das System und das Entwicklungsprojekt komplex, weil sie viele Werkzeuge, Methoden und Leute umfassen.

Sobald Entwickler mehr über den Anwendungsbereich von dessen Benutzern erfahren, aktualisieren sie die Systemanforderungen. Sobald Entwickler mehr über neu auftauchende Technologien oder über die Einschränkung der aktuellen Technologie erfahren, passen sie den Systementwurf und die Systemimplementierung an. Sobald die Qualitätskontrolle Fehler im System findet oder Benutzer neue Dinge verlangen, modifizieren Entwickler das System und die damit verbundenen Arbeitsergebnisse, was ständige Änderungen bedeutet.

Komplexität und Änderung stellen Herausforderungen dar, die es für einen Einzelnen oft unmöglich machen, das System und seine Entwicklung zu kontrollieren. Bei unsachgemäßer Kontrolle vereiteln Komplexität und Änderung die Lösung noch vor der Fertigstellung, selbst wenn das Ziel schon in Sicht ist. Zu viele Fehler in der Interpretation des Anwendungsbereichs machen die Lösung für den Benutzer nutzlos und erzwingen möglicherweise einen Rückzug vom Markt. Unzulängliche und inkompatible Implementierungstechnologien haben Unzuverlässigkeit und Verzögerungen zur Folge. Fehler bei der Behandlung von Änderungen erzeugen neue Fehler im System und machen das Produkt unbrauchbar.

Dieses Buch spiegelt mehr als zehn Jahre Erfahrung in der Entwicklung von Systemen und in Praktika im Bereich der Softwaretechnik wider. Wir haben beobachtet, dass in vielen Vorlesungen Programmier- und Softwaretechniken sehr isoliert eingeführt werden, wobei meistens kleine Probleme als Beispiele genommen werden. Das Ergebnis ist, dass Studenten zwar wohldefinierte Probleme effizient lösen können, aber von den Problemen in einem komplexen Softwareprojekt, in dem verschiedene Techniken und Werkzeuge gebraucht werden und viele Leute zusammenarbeiten müssen, überfordert sind. Um diesem Manko zu begegnen, sind an vielen Universitäten Softwaretechnik-Praktika eingeführt worden, in denen komplexere Entwicklungsprojekte durchgeführt werden können.

Die Werkzeuge: UML, Java und Entwurfsmuster

Wir schrieben dieses Buch mit einem derartigen Praktikum vor Augen. Das Buch kann aber genau so gut bei anderen Gelegenheiten verwendet werden, wie beispielsweise bei kurzen und intensiven Arbeitstagungen oder kurzfristigen Forschungs- und Entwicklungsprojekten. Wir verwenden Beispiele aus existierenden Systemen und zeigen das Zusammenspiel zwischen neuesten Techniken, insbesondere der Notation UML (Unified Modeling Language), Java-basierten Technologien, Entwurfsmustern, Modellierung von Entwurfsgründen, Konfigurationsmanagement und Qualitätssicherung. Darüber hinaus beschäftigen wir uns mit projektmanagementverwandten Fragen, die mit diesen Techniken, insbesondere ihrer Auswirkung auf Komplexität und Änderung, zusammenhängen.

Die Grundsätze

Wir lehren Softwaretechnik nach den folgenden fünf Grundsätzen:

Praktische Erfahrung. Wir glauben, dass die Ausbildung in Softwaretechnik nur in Verbindung mit praktischer Erfahrung erfolgen kann. Ein Verständnis von Komplexität kann nur durch das Arbeiten mit einem komplexen System erlangt werden: wobei wir hier Systeme bevorzugen, die ein einzelner Student nicht in ihrer Gesamtheit verstehen kann.

Problemlösung. Wir glauben, dass die Ausbildung in Softwaretechnik auf Problemlösung ausgerichtet sein muss. Das bedeutet: Es gibt keine richtigen oder falschen Lösungen, sondern Lösungen, die besser oder schlechter bezüglich einer Anzahl von vorgegebenen Kriterien sind. Wir schlagen vor, Probleme mit existierenden Ansätzen durch Wiederverwendung zu lösen, ermutigen aber auch zu Kritik und Verbesserungsvorschlägen bei Standardlösungen.

Begrenzte Mittel. Hätten wir ausreichend Zeit und Mittel, könnten wir vielleicht das ideale System bauen. Aber selbst wenn wir ausreichende Mittel hätten, würden wir, wenn das ursprüngliche Problem sich während der Entwicklungszeit rasch ändert, möglicherweise ein System liefern, das das falsche Problem löst. Folglich nehmen wir an, dass unser Problemlösungsprozess begrenzte Lösungsbedingungen hat. Überdies fördert das ständige Bewusstsein von beschränkten Mitteln einen komponentenbasierten Ansatz, also die Wiederverwendung von Wissen, Entwurf und Code. Mit anderen Worten, wir befürworten einen ingenieursmäßigen Ansatz bei der Software-Entwicklung.

Interdisziplinarität. Softwaretechnik ist ein interdisziplinäres Gebiet. Es erfordert Beiträge aus Elektro- und Computertechnik, Informatik, Betriebswirtschaft, Grafikdesign, industriellem Design, Architektur, Theater und Schriftstellerei. Softwaretechnik ist auch ein angewandtes Gebiet. Wenn Entwickler versuchen, einen Anwendungsbereich zu verstehen und zu modellieren, müssen sie regelmäßig mit Benutzern, Anwendungsexperten und Kunden kommunizieren, von denen manche allerdings recht wenig über Softwareentwicklung wissen. Das erfordert die Fähigkeit, das System aus vielen Gesichtspunkten sehen und mit sehr unterschiedlichen Terminologien zurecht kommen zu können.

Kommunikation. Selbst wenn Entwickler Software nur für sich selbst erstellten, müssten sie untereinander kommunizieren. Als Entwickler können wir uns aber nicht den Luxus leisten, nur mit unseresgleichen zu kommunizieren. Wir müssen über Alternativen reden, Lösungen darlegen, über Abstriche verhandeln und die Arbeit von anderen prüfen und kritisch untersuchen. Ein Großteil der Fehler bei Softwaretechnikprojekten wird durch unklare oder mangelnde Informationen verursacht. Wir müssen lernen, mit allen Projektbeteiligten, vor allem auch mit Kunden und den endgültigen Benutzern kommunizieren zu können.

Diese fünf Grundsätze bilden die Grundlage dieses Buchs. Sie ermutigen und befähigen den Leser, komplexe und sich ständig verändernde Probleme mit praktikablen und dem neuesten Stand der Technik entsprechenden Lösungen anzugehen.

Das Buch

Dieses Buch basiert auf objektorientierten Techniken, die in der Softwaretechnik angewandt werden. Es ist weder ein allgemeines Softwaretechnikbuch, das einen Überblick über alle vorhandenen Methoden gibt, noch ein Programmierbuch über Algorithmen und Datenstrukturen. Vielmehr konzentrieren wir uns auf einen begrenzten Satz von Techniken und erklären deren Anwendung in einer genügend komplexen Umgebung, wie zum Beispiel einem Entwicklungsprojekt mit einer Gruppe von 20 bis 60 Leuten. Folglich spiegelt dieses Buch unsere Vorlieben, unsere Stärken und unsere Schwächen wider. Wir hoffen aber, dass jeder Leser etwas für ihn Brauchbares findet. Das Buch besteht aus 16 Kapiteln, die sich thematisch in drei Teile gliedern lassen:

In den ersten drei Kapiteln konzentrieren wir uns auf die für einen Entwickler grundsätzlichen Aspekte der Softwaretechnik.

- In Kapitel 1, *Einführung in die Softwaretechnik*, beschreiben wir den Unterschied zwischen Programmieren und Softwaretechnik, die derzeitigen Herausforderungen in unserem Fach und die grundlegenden Definitionen der im Buch verwendeten Konzepte.

- Kapitel 2, *Modellierung mit UML*, beschreibt die Grundelemente einer Modelliersprache, UML (Unified Modeling Language), die bei objektorientierten Techniken verwendet wird. Wir zeigen das Modellieren als eine Technik, mit Komplexität umzugehen. Dieses Kapitel vermittelt dem Leser, wie UML-Diagramme zu lesen und zu verstehen sind. Die folgenden Kapitel zeigen dem Leser, wie UML-Diagramme zu erstellen sind, um unterschiedliche Aspekte des Systems zu modellieren. Wir benutzen UML durch das gesamte Buch hindurch, um eine Vielfalt von Artefakten, angefangen bei Softwaresystemen bis hin zu Prozessen und Arbeitsergebnissen, zu modellieren.

- In Kapitel 3, *Projektorganisation und -kommunikation*, führen wir grundlegende Konzepte der Projektorganisation und -kommunikation ein. Entwickler und Manager verbringen mehr als die Hälfte ihrer Zeit damit, mit anderen zu kommunizieren, entweder von Angesicht zu Angesicht oder über E-Mail, Groupware, Video-Konferenzen oder Dokumente. Während sich die Modellierung mit dem Thema Komplexität befasst, hat Kommunikation mehr mit dem Thema Veränderung zu tun. Wir beschreiben die Organisation von Projekten und diskutieren, was effektive Kommunikation ausmacht.

Im zweiten Teil des Buchs, den Kapiteln 4 bis 11, konzentrieren wir uns auf Methoden und Technologien, die es den Entwicklern ermöglichen, komplexe Systeme zu spezifizieren, zu entwerfen und zu implementieren.

- Kapitel 4, *Anforderungsermittlung*, und Kapitel 5, *Analyse*, beschreiben die Definition des Systems aus der Sicht der Benutzer und des Anwendungsbereichs. Während der Anforderungsfeststellung legen die Entwickler die Funktionalität fest, die die Benutzer benötigen, sowie einen brauchbaren Weg, diese zu liefern. Während der Analyse formalisieren Entwickler dieses Wissen und gewährleisten Vollständigkeit und Konsistenz. Wir konzentrieren uns darauf, wie UML benutzt wird, um mit der Komplexität des Anwendungsbereichs umzugehen.

- In Kapitel 6, *Systementwurf: Systemzerlegung*, und Kapitel 7, *Systementwurf: Realisierung der Entwurfsziele*, beschreiben wir die Definition des Systems aus der Sicht der Entwickler und des Lösungsbereichs. Im Systementwurf definieren Entwickler zunächst die Architektur des Systems hinsichtlich der Entwurfsziele und der Zerlegung in Subsysteme. Außerdem befassen sie sich mit globalen Aufgaben wie der Realisierung des Systems auf existierender Hardware und Software, dem Management von persistenten Daten und dem Kontrollfluss zwischen den Subsystemen. Wir konzentrieren uns darauf, wie Entwickler Architekturstile sowie Komponenten und UML benutzen können, um mit der Komplexität des Lösungsbereichs umzugehen.

- Kapitel 8, *Objektentwurf: Wiederverwendung von Mustern*, Kapitel 9, *Objektentwurf: Schnittstellenspezifikation*, und Kapitel 10, *Übersetzung von Modellen*, behandeln die Modellierungs- und Konstruktionsaktivitäten, die zum Lösungsbereich gehören. Im Objektentwurf nehmen die Entwickler existierende Entwurfsmuster sowie Programmgerüste und passen sie an, um die Subsysteme des Systementwurfs zu realisieren. Sie entwickeln dabei präzise Schnittstellenbeschreibungen für die Klassen, wobei sie Sprachen wie OCL (Object Constraint Language) benutzen. Schließlich bilden sie das detaillierte Objektentwurfsmodell auf Quelltext und Datenbankschemata ab.

- Thema von Kapitel 11, *Testen* ist die Validierung des Systemverhaltens bezüglich des erstellten Systemmodells. Das Ziel des Testens ist es, Abweichungen im Systemverhalten zu entdecken, einschließlich solcher, deren Ursache in Änderungen am System oder in Änderungen in den Anforderungen liegt. Testaktivitäten beinhalten das Testen einzelner Komponenten, eines oder mehrerer Subsysteme und des gesamten Systems. Wir beschreiben mehrere Testverfahren wie Strukturtests und Funktionstests, Pfadprüfungen, zustandsabhängige Tests sowie Inspektionen und diskutieren ihre Anwendung bei objektorientierten Systemen.

Im letzten Teil des Buchs mit den Kapiteln 12 bis 16 konzentrieren wir uns auf Methoden und Technologien, die während der gesamten Lebenszeit die Kontrolle, Beurteilung und Implementierung von Änderungen unterstützen.

- In Kapitel 12, *Begründungsmanagement*, beschreiben wir die Erfassung von Entwurfsentscheidungen und ihre Begründung. Die während der Anforderungsermittlung, der Analyse und des Systementwurfs entwickelten Modelle sind beim Umgang mit Komplexität hilfreich, weil sie uns verschiedene Perspektiven dafür bieten, *was* ein System tun sollte und *wie* es das tun sollte. Um mit Änderungen umgehen zu können, müssen wir auch wissen, *warum* das System so ist, wie es ist. Im Begründungsmodell erfassen wir alle Entwurfsentscheidungen, in Erwägung gezogene Alternativen und die Vor- und Nachteile. Ein derartiges Modell erlaubt es uns, den Hintergrund der Systementwicklung besser zu begreifen.

- Kapitel 13, *Konfigurationsmanagement*, behandelt die Techniken und Werkzeuge zur Modellierung der Projekthistorie. Konfigurationsmanagement ergänzt insofern das Begründungsmanagement, da es beim Management aller Art von Änderungen hilft. Versionsmanagement zeichnet die Evolution des Systems auf; Freigabemanagement gewährleistet Konsistenz und Qualität bei der Freigabe von Komponenten und Ände-

rungsmanagement garantiert, dass alle Änderungen im System dem Projektziel entsprechen.

■ In Kapitel 14, *Projektmanagement*, beschreiben wir die Techniken, die wir brauchen,
um ein Softwareprojekt zu beginnen, seinen Fortschritt zu verfolgen und dabei mit
Risiken und unerwarteten Ereignissen umzugehen. Wir konzentrieren uns dabei auf
Modelle für Organisationen, Rollen und Managementaktivitäten, die es einer großen
Anzahl von Teilnehmern möglich machen, gruppenbasiert zusammenzuarbeiten und
ein qualitativ hochwertiges System innerhalb der vorgegebenen Einschränkungen zu
erstellen.

■ In Kapitel 15, *Modellierung des Softwarelebenszyklus*, geht es um Modelle für die
Softwareentwicklung an sich. Ein Vorgehensmodell beschreibt die Menge aller Ent-
wicklungsaktivitäten, die zur Entwicklung eines Softwaresystems nötig sind. Wir dis-
kutieren mehrere Vorgehensmodelle wie beispielsweise das Spiralenmodell von
Boehm und den einheitlichen Software-Entwicklungsprozess (Unified Process).
Außerdem beschreiben wir in diesem Kapitel noch das Reifegradmodell (Capability
Maturity Model), das von vielen zur Charakterisierung des Reifegrades einer Soft-
wareorganisation benutzt wird.

■ In Kapitel 16, *Methodologien*, beschreiben wir Methodenlehren und Heuristiken für
die Entwicklung von Softwaresystemen, wobei wir das in den vorhergehenden Kapiteln gesammelte Material in konkreten Situationen anwenden. Unabhängig davon, wie
gründlich die Anforderungsermittlung oder detailliert die Planung war, stoßen Projekte jeglichen realistischen Ausmaßes immer wieder auf unerwartete Ereignisse und
Änderungen. Reale Softwareprojekte und -systeme unterscheiden sich zur Zeit noch
deutlich von der Beschreibung von Softwareprojekten und -systemen in vielen Lehrbüchern. Wir stellen einige unterschiedliche Methodenlehren und Punkte vor, die in
jedem Projekt beachtet werden sollten. Zusätzlich präsentieren wir drei Fallstudien
aktueller Projekte.

Die oben beschriebenen Punkte hängen eng zusammen. Um ihre Beziehungen hervorzuheben, haben wir ein schrittweises Vorgehen gewählt. Jedes Kapitel besteht aus fünf
Abschnitten. Im ersten Abschnitt starten wir immer mit einem Beispiel, das wichtige
Problemstellungen des Themas illustrieren soll. Im zweiten Abschnitt geben wir dann
einen kurzen Überblick über die wichtigsten Aktivitäten, die mit dem Thema zusammenhängen. Im dritten Abschnitt erklären wir die Grundkonzepte des Themas, gewöhnlich
mit Hilfe mehrerer kleinerer Beispiele. Im vierten Abschnitt beschreiben wir die Aktivitäten genauer, oft mit Beispielen aus realen Systemen. Im letzten Abschnitt beschreiben wir
Managementaspekte für das Thema sowie typische Zielkonflikte und Kompromisse.

Außerdem präsentieren wir die Fallstudie eines komplexen Spieleverwaltungssystems mit
dem Namen ARENA. Durch Wiederholung und die Arbeit mit stets gleichen Konzepten
(wobei wir immer größer werdende komplexe Beispiele benutzen), hoffen wir, anwendbares Wissen aus dem Bereich der objektorientierten Softwaretechnik vermitteln zu können.

ARENA wird in den Kapiteln 4, 5 und 7 vorgestellt, weitere Materialien zu dieser Fallstudie finden Sie unter *www.pearson-studium.de* auf der Companion Website des Buchs.

Die Kurse und Praktika

Das Erstellen eines großen, komplexen Systems kann man gut mit dem Besteigen eines hohen Berges vergleichen. Es ist vorteilhaft, eine Beschreibung der geplanten Route dabei zu haben, aber eine Routenbeschreibung ist niemals vollständig oder korrekt, da sich zu jeder Zeit neue Gletscherspalten auftun können. Obwohl wir in diesem Buch eine Route für Softwaretechnik beschrieben haben, werden sich Änderungen ergeben. Methoden, die wir heute für wichtig halten, werden mit ziemlicher Sicherheit morgen schon überholt sein.

Wie kann man lernen, mit raschen Änderungen zurechtzukommen? Das Wichtigste ist dabei nicht das aufschreibbare Wissen, sondern die Fähigkeit, selbst das Gebiet zu erkunden. Obwohl es klug ist, die Beschreibung einer Route zu studieren, gibt es keinen Ersatz für die Erfahrung, die man bei der Begehung der Route gewinnt.

Wir haben dieses Buch hauptsächlich für die Teilnehmer eines einsemestrigen Softwaretechnik-Praktikums kurz vor oder nach dem Vordiplom geschrieben. Als Voraussetzung erwarten wir dabei lediglich die Erfahrung mit einer höheren Programmiersprache wie C, C++ oder Java und das nötige Geschick, technische Probleme anzugehen. Wir erwarten nicht, dass die Teilnehmer bereits mit komplexen oder sich ständig verändernden Situationen vertraut sind, wie sie für die Softwareentwicklung so typisch sind. Dieses Buch kann aber auch für andere Unternehmungen wie beispielsweise für intensive berufliche Fortbildung verwendet werden.

Einführungskurs. Ein Einführungskurs mit Hausaufgaben sollte sich auf die ersten drei Abschnitte jedes Kapitels beschränken. Der jeweils vierte Abschnitt und die Fallstudie können für Hausaufgaben und zur Entwicklung eines Minisystems benutzt werden, wobei die UML-Diagramme nur auf Papier gezeichnet zu werden brauchen.

Praktikum und Fortgeschrittenenkurs. Ein Praktikum sollte alle Kapitel umfassen, etwa in der vorliegenden Reihenfolge. Der Dozent kann am Anfang des Praktikums einige Konzepte aus Kapitel 14, *Projektmanagement*, und Kapitel 15, *Modellierung des Softwarelebenszyklus*, verwenden, um den Studierenden die Organisation eines großen Softwareprojekts klar zu machen.

Kurzer technischer Kurs. Ein technischer Kurs, der sich auf UML und objektorientierte Methoden konzentriert, könnte die Kapitel 1, 2, 4, 5, 6, 7, 8, 9, 10 und 11 benutzen, die alle Entwicklungsaktivitäten von der Anforderungsermittlung bis zum Testen abdecken. In einem fortgeschrittenen technischen Kurs sollten auch Kapitel 12, *Begründungsmanagement*, und Kapitel 13, *Konfigurationsmanagement*, verwendet werden.

Kurzer Managementkurs. Dieses Buch kann auch für kurze Intensivkurse für Manager verwendet werden. Ein Managementkurs, der sich auf verwaltungstechnische und organisatorische Aspekte wie Kommunikation, Risikomanagement, Begründungen, Laufzeitmodelle und UML konzentriert, könnte die Kapitelreihenfolge 1, 2, 11, 3, 4, 8, 10, 12, 13, 14 verwenden.

Zur deutschen Übersetzung

Es genügt nicht, keine Gedanken zu haben,
man muss auch unfähig sein, sie auszudrücken.   *Karl Kraus*

Dieses Buch gibt es seit 1999 in Englisch. Die Fachsprache der Informatik ist Englisch, Informatik-Studenten werden angehalten, Englisch zu lernen, Vorträge und Konferenzen werden auf Englisch gehalten, große deutsche Firmen haben mittlerweile sogar Englisch als Firmensprache eingeführt. Ganz sicher ist die Terminologie der Informatik durch die Dominanz der englischen Sprache in unserem Fach bei Konferenzen, im Internet und Veröffentlichungen, durch englische Begriffe geprägt. Warum also eine deutsche Übersetzung?

Unsere Zielgruppe sind Studenten, Projektleiter und Kunden, denen die englische Fachsprache noch nicht vertraut ist und die sich den Stoff einverleiben müssen, weil sie das Fach studieren oder in einem Projekt arbeiten, in dem softwaretechnische Methoden angewandt werden. Bei einem Lehrbuch, das auf das Lernen eines Stoffes ausgerichtet ist, sind wir der Meinung, dass gute Begriffe wichtig sind, um das neue Material aufnehmen und verarbeiten zu können. Unser Ziel war es deshalb, den gesamten Text sowie alle Modellier- und Programmierbeispiele vollständig ins Deutsche zu übersetzen.

Bestimmte Begriffe wie Compiler, Hardware, Software und Middleware haben sich allerdings soweit im Deutschen durchgesetzt, dass auch wir sie nicht übersetzen. Viele deutschsprachige Publikationen werden jedoch mittlerweile von den merkwürdigsten Sprachunfällen geplagt: Da wird „gedownloadet", „buttons werden gedrückt" und „events werden getriggert" dass einem fast übel werden kann. In diesem Buch wollten wir „Denglisch" vermeiden. Bei vielen dieser Wortschöpfungen kann man leicht einen deutschen Begriff verwenden.

Nach jeweils über 20 Jahren Aufenthalt in Deutschland und in den USA war einer der Autoren zu der Überzeugung gelangt, dass die Übersetzung kein großes Problem sein sollte. Die Übersetzung dieses Buches begann deshalb als gut geplantes Projekt mit einer geschätzten Dauer von sechs Monaten. Beim Übersetzen unseres eigenen Textes machten wir dann die Erfahrung, die Karl Kraus so hervorragend in seinem Aphorismus ausgedrückt hat. Dabei sind wir auf überraschend viele ähnliche Bemühungen gestoßen, denen dasselbe Problem am Herzen liegt. Insbesondere möchten wir hier „UML auf gut Deutsch" (http://www.oose.de/uml_auf_deutsch.htm) erwähnen, dessen Terminologievorschläge wir weitestgehend übernommen haben. Bei der Übersetzung von Kapitel 12 sind wir allerdings selbst sehr kreativ geworden, da wir hier keine Vorreiter gefunden haben (selbst in vielen englischsprachigen Lehrbüchern sind diese Themen noch nicht behandelt).

Bei Begriffen wie Benutzer, Kunde und Entwickler haben wir aus Gründen der Lesbarkeit die maskuline Form gewählt. Daraus sollte aber in keiner Weise Schluss auf das Geschlecht der echten Kunden, Benutzer und Entwickler gezogen werden.

Wir danken unserer Lektorin, Frau Dr. Isabel Schneider, und dem Verlag Pearson Education Deutschland für ihre große Geduld. Teile des Buches wurden von Andreas Braun, Volker Hafner, Isabel Küfer, Michael Nagel, Uta Weber und Timo Wolf übersetzt. Frau Astrid Schürmann, Helma Schneider und Korbinian Herrmann lieferten viele Kommentare und Verbesserungsvorschläge. An dieser Stelle danken wir allen Helfern ganz herzlich für ihre tatkräftige Mitarbeit.

Typographische Konventionen

Neue Begriffe werden bei ihrem Auftreten **fett** gedruckt. Buchtitel, Kapitelüberschriften und Hervorhebungen sind *kursiv* geschrieben. Die Namen von Systemen und Modellierungselementen (Objekte, Klassen, Zustände und Variablen) sind in LetterGothic gesetzt. Die Namen von abstrakten Klassen kennzeichnen wir durch kursive *LetterGothic* Schrift. Die Namen von Objekten sind in Abbildungen außerdem unterstrichen. Aus Gründen der Lesbarkeit benutzen wir im Begleittext die deklinierten Formen von Klassennamen. Wenn beispielsweise die Klasse Kunde im Plural benutzt wird, dann schreiben wir sie als Kunden. URLs sind im Begleittext <u>unterstrichen</u>. Für Quelltext benutzen wir LetterGothic, wobei reservierte Worte in **Fettdruck** und Kommentare in *Kursivschrift* gesetzt sind.

Über die Autoren

Bernd Brügge (aka Bernd Bruegge) hat 20 Jahre lang Softwaretechnik an der Carnegie Mellon University studiert und gelehrt, und dort seinen Master und seinen Ph.D. in Computer Science erlangt. Sein Diplom in Informatik hatte er vorher an der Universität Hamburg gemacht. Er ist jetzt Universitätsprofessor für Informatik an der Technischen Universität München, wo er den Lehrstuhl für Angewandte Softwaretechnik innehat, und außerordentlicher Professor an der Carnegie Mellon University. Seit über zehn Jahren hält er objektorientierte Softwaretechnik-Praktika anhand des in diesem Buch beschriebenen Materials. 1995 gewann er den „Herbert A. Simon Excellence in Teaching Award" an der Carnegie Mellon University. Er hat die in diesem Buch beschriebenen Techniken verwendet, um reale Systeme zu entwerfen und zu implementieren: Informationssysteme für DaimlerChrysler, ein Umweltmodellierungssystem für die Environmental Protection Agency (E.P.A.) und ein Unfallmanagementsystem für ein amerikanisches Polizei-Department, um nur ein paar zu nennen.

Allen Dutoit ist Wissenschaftler an der Technischen Universität München. Er erlangte seinen M.S. und seinen Ph.D.-Grad an der Carnegie Mellon University und machte sein Diplôme d'Ingénieur am Swiss Federal Institute of Technology in Lausanne. Nach seiner Promotion arbeitete er sowohl am Software Engineering Institute als auch am Institute for Complex Engineered Systems an der Carnegie Mellon University. Seit 1993 leitet er gemeinsam mit Professor Brügge Softwaretechnik-Praktika sowohl an der Carnegie Mellon University als auch an der Technischen Universität München. Allen Dutoits Forschung umfasst mehrere Themen im Bereich der Softwaretechnik, insbesondere bei objektorientierten Systemen, wie zum Beispiel Anforderungsmanagement, Begründungsmanagement, verteiltes Management und Prototypbasierte Systeme.

Danksagung

Die Erstellung dieses Buches ist ein Beispiel eines komplexen Systems, das viele Veränderungen erlebt hat. Im Jahre 1989 haben wir zum ersten Mal Softwaretechnik im Projekt-Format unterrichtet. Das Ziel war es, die Studenten auf die wichtigsten Probleme in der Softwaretechnik zu stossen, indem sie ein wirkliches Problem mit einem echten Kunden unter realistischen Einschränkungen zu lösen hatten. Der erste Kurs, den wir so unterrichteten, war als 15-413 Software Engineering an der Carnegie Mellon University gelistet, hatte 19 Studenten, benutzte die SA/SD-Methode und produzierte 4000 Zeilen Quelltext. Schon im nächsten Kurs benutzten wir die objektorientierte Vorgehensweise von James Rumbaugh und seinen Kollegen. Seitdem haben wir verschiedene Varianten dieses Kurses unterrichtet, einschliesslich verteilten Kursen mit bis zu 100 Studenten, die gleichzeitig in Carnegie Mellon und an der Technische Universität München teilnahmen.

Der Nachteil von Projektkursen ist, dass die Veranstalter den Komplexitätsproblemen und Änderungen, die ihre Studenten erfahren sollen, selbst auch nicht entkommen können. Die Dozenten werden schnell selber Teilnehmer der Entwicklung und agieren oft als Projektleiter. Wir hoffen, dass dieses Buch beiden, sowohl Dozenten als auch Studenten hilft, diesen Berg von Komplexität und Änderungen zu erklimmen.

Trotz der Energie, die wir in die Projektkurse gesteckt haben, haben wir die Zeit gefunden, ein Lehrbuch, das jetzt in dieser deutschen Übersetzung vorliegt, zu schreiben. Wir bedanken uns für die Geduld bei den zahlreichen Studenten, Kunden, Mitarbeiter, Kritiker, den Helfer von Prentice Hall und Pearson Education Deutschland, und ganz besonders unseren Familien. Einige haben geholfen, den Kurs zu verbessern, andere gaben uns kontruktive Verbesserungsvorschläge, and andere waren einfach da, wenn mal wieder alles auf der Kippe war. In den letzten 15 Jahren haben uns sehr viele Leute geholfen, denen wir nun Dank sagen möchten.

Den Teilnehmern der Projektkurse. Workstation Fax (1989), Interactive Maps (1991), Interactive Pittsburgh (1991), FRIEND (1992, 1993, 1994), JEWEL, GEMS (1991, 1994, 1995) DIAMOND (1995, 1996), OWL (1996, 1997), JAMES (1997, 1998), PAID (1998, 1999), STARS (1999, 2000, 2001), TRAMP (2001, 2002), ARENA (2002, 2003).

Den Helfern, die die Projekte unterstützten und uns immer wieder mit ihrem großen Einsatz vor Katastrophen bewahrt haben: Martin Bauer, Ulrich Bauer, Cathrine Copetas, Oliver Creighton, Ava Cruse, Barry Eisel, Luca Girardo, Dieter Hege, Joyce Johnstone, Rafael Kobylinski, Asa MacWilliams, Monika Markl, Pat Miller, Martin Ott, Ralf Pfleghar, Martin Pittenauer, Barbara Sandling, Christian Sandor, Ralph Schiessl, Arno Schmackpfeffer, Helma Schneider, Stephan Schoenig, Steffen Schwarz, Martin Wagner, Uta Weber, und Timo Wolf.

Den Kollegen, Lehrern , und Freunden, die uns am meisten beeinflusst haben. Mario Barbacci, Len Bass, Ben Bennington, Elizabeth Bigelow, Roberto Bisiani, Naoufel Boulila, Harry Q Bovik, Andreas Braun, Manfred Broy, Sharon Burks, Marvin Carr, Mike Collins, Robert Coyne, Douglas Cunningham, Michael Ehrenberger, Kim Faught, Peter Feiler, Allen Fisher, Laura Forsyth, Eric Gardner, Helen Granger, Thomas Gross, Volker

Hartkopf, Bruce Horn, David Kauffer, Gudrun Klinker, Kalyka Konda, Suresh Konda, Rich Korf, Birgitte Krogh, Sean Levy, Frank Mang, K. C. Marshall, Dick Martin („Tang Soo"), Horst Mauersberg, Roy Maxion, Russ Milliken, Ira Monarch, Rhonda Moyer, Robert Patrick, Brigitte Pihulak, Mark Pollard, Martin Purvis, Raj Reddy, Yoram Reich, James Rumbaugh, Johann Schlichter, Mary Shaw, Jane Siegel, Daniel Siewiorek, Asim Smailagic, Mark Stehlik, Eswaran Subrahmanian, Stephanie Szakal, Tara Taylor, Michael Terk, Günter Teubner, Marc Thomas, Walter Tichy, Jim Tomayko, Blake Ward, Alex Waibel, Art Westerberg, Jeannette Wing, und Tao Zhang.

Den Reviewern, die uns mit ihren Kommentaren halfen. Martin Barrett, Thomas Eichhorn, Henry Etlinger, Ray Ford, Korbinian Herrmann, Alfons Kemper, Gerhard Mueller, Michael Nagel, Barbara Paech, Joan Peckham, Ingo Schneider und die vielen anonymen Kritiker für ihre konstruktiven und detaillierten Kommentare. Für alle verbliebenden Fehler sind nur wir verantwortlich.

Die Mitarbeiter von Prentice Hall und Pearson Education Deutschland, die uns geholfen haben, dieses Buch zur Realität werden zu lassen, insbesondere Alan Apt, der nie das Vertrauen in uns verloren hat; Lakshmi Balasubramanian, Toni Holm, Patrick Lindner, Camille Trentacoste, Jake Warde, Isabel Schneider und viele, die wir nicht persönlich kennen gelernt haben, die aber mit vollem Einsatz daran gearbeitet haben, dieses Buch rechtzeitig zu veröffentlichen.

Und zum Schluss, unseren Familien, denen wir dieses Buch widmen, denn ohne ihre unendliche Liebe und Geduld wäre diese Unternehmung nicht möglich gewesen.

Kapitel

1

Einführung in die Softwaretechnik

Der Softwareentwicklungs-Amateur ist immer auf der Suche nach Wundern, sensationellen Methoden oder Werkzeugen, deren Anwendungen versprechen, Softwareentwicklung trivial zu machen. Der professionelle Softwareentwickler weiß, dass ein solches Patentrezept nicht existiert.

— *Grady Booch, in Object-Oriented Analysis and Design*

Der Begriff Softwaretechnik (engl. *software engineering*) wurde 1968 geprägt. Er war die Antwort auf den damals trostlosen Zustand bei der Entwicklung zuverlässiger Software in einem vernünftigen Zeitraum und innerhalb eines gesetzten Kostenrahmens. Softwareentwickler waren einfach nicht fähig, konkrete Ziele zu setzen, die dafür nötigen Produktionsmittel zu veranschlagen und dabei auch noch die Erwartungen des Verbrauchers zu erfüllen. In den meisten Fällen wurde der Mond versprochen, ein Mondfahrzeug gebaut und dann lediglich eckige Räder dafür geliefert.

Bei Softwaretechnik liegt die Betonung auf beiden Worten, *Software* und *Technik*. Technik bedeutet ingenieur-mäßiges Vorgehen: Ein Ingenieur ist in der Lage, ein qualitativ hochwertiges Produkt mit Standardkomponenten zu bauen und diese unter Zeit- und Kostenbeschränkungen zu integrieren. Ein Ingenieur wird oft mit schlecht definierten Problemen und Teillösungen konfrontiert und muss sich auf empirische Methoden verlassen, um die Lösungen beurteilen zu können. Beim Bau von Passagierflugzeugen oder Brücken haben Ingenieure solche Herausforderungen schon oft gemeistert. Software-Ingenieure sind dagegen nicht ganz so erfolgreich.

Allen wurde dafür mittlerweile die Schuld zugewiesen, angefangen beim Verbraucher („Was soll das heißen, ich kann den Mond nicht für 50 Euro bekommen?") bis hin zum Wort „soft" in Software („Wenn ich nur noch dieses letzte Merkmal hinzufügen könnte..."). Auch das relativ junge Alter der Softwaretechnik als Ingenieursdisziplin wird angeführt. Was sind nun die wirklichen Probleme? ***Komplexität und Veränderung***.

Brauchbare Softwaresysteme sind komplex. Um brauchbar zu bleiben, müssen sie sich mit den Bedürfnissen des Endbenutzers und der Zielumgebung entwickeln. In diesem Buch beschreiben wir objektorientierte Techniken zur Bewältigung komplexer und sich verändernder Softwaresysteme. In diesem Kapitel stellen wir die Beweggründe für objektorientierte Techniken vor und definieren die Basiskonzepte, die in diesem Buch benutzt werden.

1.1   Einführung: Softwaretechnik-Fehlschläge

Betrachten wir einmal folgende Beispiele [Neumann, 1995]:

Der 1900-Jahr-Fehler

1992 erhielt Mary aus Winona, Minnesota, eine Aufforderung, in den Kindergarten zu gehen. Mary war zu dieser Zeit 104 Jahre alt.

Schaltjahr-Fehler

Ein Supermarkt wurde zu 1.000 Dollar Strafe verurteilt, weil er Fleisch einen Tag zu lange in der Verkaufstheke hatte, nämlich am 29. Februar 1988. Das Rechnerprogramm, das das Verfallsdatum auf die Aufkleber gedruckt hatte, hatte nicht berücksichtigt, dass 1988 ein Schaltjahr war.

Falscher Schnittstellengebrauch

Am 10. April 1990 verließ ein U-Bahnzug in London die Haltestelle ohne den Fahrer. Der Fahrer hatte auf den Startknopf des Zuges gedrückt, der Zug fuhr aber nicht los, weil eine Tür klemmte. Der Fahrer verließ daraufhin das Fahrerhaus, um die klemmende Tür zu schließen. Als diese Tür endlich geschlossen war, fuhr der Zug einfach los. Der Fahrer hatte sich darauf verlassen, dass das System das Losfahren des Zuges verhindert, solange irgendeine Tür – also auch die Fahrerhaustür – offen ist.

Sicherheit

Das CERT (Computer Emergency Response Team) am Software Engineering Institute der Carnegie Mellon University ist eine staatlich finanzierte Einrichtung, um die Gesellschaft beim Umgang mit Sicherheitsunfällen und -schwachstellen und mit Sicherheitswissen zu unterstützen. Die Anzahl von Sicherheitsunfällen, die aus den USA an CERT gemeldet wurden, stieg von 252 im Jahr 1990 auf 21.756 im Jahre 2000 und auf mehr als 40.000 Vorfälle im Jahr 2001.

Verspätet und kostenüberschreitend (1)

1995 führten Fehler in der Software eines neuen ambitiösen Gepäcktransportsystems im neuen Internationalen Flughafen von Denver dazu, dass Gepäckstücke zerquetscht wurden. Der Flughafen wurde mit einem weitgehend manuellen Gepäcktransportsystem eröffnet, 16 Monate später als geplant und mit einem Budget-Defizit von 3,2 Milliarden Dollar.

Verspätet und kostenüberschreitend (2)

2002 überwachte das Swanick Air Traffic Control-System den gesamten Überflugreiseverkehr über England und Wales. Das System war mit erheblicher Kostenüberschreitung (Kosten 623 Millionen Pfund, ursprünglich geplant waren 350 Millionen) und sechs Jahre zu spät geliefert worden. Zwei wesentliche Überarbeitungen des Systems wurden notwendig, nachdem das Training für die Fluglotsen bereits begonnen hatte.

Rechtzeitige Lieferung

Nach 18 Monaten Entwicklungszeit wurde im Jahre 1984 einer Krankenversicherung in Wisconsin ein System für 200 Millionen Dollar geliefert. Aber das System arbeitete nicht korrekt und stellte mehr als 60 Millionen Dollar Überzahlungen aus. Die Verbesserung des Systems brauchte noch einmal drei Jahre.

Unnötige Komplexität

Das C-17-Transportflugzeug von McDonnell Douglas kostete 500 Millionen Dollar mehr als das veranschlagte Budget auf Grund von Problemen in der Software für die Elektronik. Die C-17 hat 19 Boardcomputer und 80 Mikroprozessoren, die mit sechs verschiedenen Programmiersprachen programmiert wurden.

Jeder der hier beschriebenen Fehler resultierte aus einem softwarebezogenen Problem. In einigen Fällen sahen Entwickler selten auftretende Situationen (jemand lebt länger als 100 Jahre, Schaltjahre wirken sich bei Verfallsdaten aus) nicht voraus. In anderen Fällen ahnten die Entwickler nicht, dass der Benutzer das System tatsächlich falsch benutzen konnte (Drücken eines Knopfes, Ausnutzen eines Fehlers in einem Softwarenetzwerk). In noch anderen Fällen ergaben sich Systemfehler durch Managementfehler (späte und kostenüberschreitende Auslieferung, rechtzeitige Auslieferung eines falschen Systems, unnötige Komplexität).

Softwaresysteme sind komplexe Gebilde. Sie erfüllen viele Funktionen und werden erstellt, um viele verschiedene, sich oft widersprechende Zielsetzungen zu erfüllen. Sie bestehen aus diversen Komponenten, wobei viele dieser Komponenten Sonderanfertigungen und in sich schon komplex sind. Viele Personen aus verschiedensten Bereichen sind in die Entwicklung der Komponenten einbezogen. Der Entwicklungsprozess und der Lebenszyklus der Software dauert oft Jahre. Und zu guter Letzt sind komplexe Systeme für Einzelpersonen kaum zu verstehen. Viele Systeme sind sogar schon während ihrer Entwicklungsphase so schwer verständlich, dass sie nie beendet werden. Sie werden dann oft auch *Vaporware* (Dunstware) genannt.

Softwareentwicklungsprojekte sind ständig Änderungen unterworfen. Weil die Anforderungen komplex sind, müssen sie aktualisiert werden, sobald Fehler entdeckt werden oder sobald die Entwickler die Anwendungen besser verstehen lernen. Falls ein Projekt sich über viele Jahre erstreckt, ist der Wechsel bei den Mitarbeitern recht hoch, wodurch ständige Einarbeitungen erforderlich sind. Die Zeitspanne zwischen technologischen Änderungen ist oft kürzer als die Projektdauer. Die weitverbreitete Annahme des Softwaremanagements, dass alle Änderungen behandelt worden seien und dass deshalb die Anforderungen eingefroren werden könnten, hat den Einsatz eines unbrauchbaren Systems zur Folge.

Im nächsten Abschnitt betrachten wir die Softwaretechnik von einer höheren Ebene aus. Wir beschreiben Software aus dem Blickwinkel der Wissenschaft, des Ingenieurwesens, des Wissenserwerbs und der Wissensformalisierung. In Abschnitt 1.3 stellen wir ausführlich die Hauptbegriffe und -konzepte vor, die wir in diesem Buch verwenden. In Abschnitt 1.4 geben wir einen Überblick über Entwicklungsaktivitäten in der Softwaretechnik und in Abschnitt 1.5 einen Überblick über Managementaktivitäten in der Softwaretechnik.

1.2 Was ist Softwaretechnik?

Softwaretechnik ist eine **modellierende** Aktivität. Sie behandelt Komplexität mit Hilfe von Modellierung, die sich zu einer bestimmten Zeit immer nur auf bestimmte relevante Details konzentriert und alles andere ignoriert. Im Laufe der Entwicklung erstellen Software-Ingenieure verschiedene Modelle des Systems und des Anwendungsbereichs.

Softwaretechnik ist eine **problemlösende** Aktivität. Modelle werden benutzt, um eine annehmbare Lösung zu suchen. Diese Suche geschieht durch Experimentieren. Software-Ingenieure haben aber keine unerschöpflichen Ressourcen und werden durch Budgets und Abgabetermine eingeschränkt. Angesichts des Fehlens einer grundlegenden akzeptierten Theorie für Softwaretechnik sind Software-Ingenieure oft auf empirische Methoden angewiesen, um die Eigenschaften verschiedener Alternativen zu bewerten.

Softwaretechnik ist eine **wissenserwerbende** Aktivität. Bei der Modellierung des Anwendungs- und Lösungsbereichs sammeln Software-Ingenieure Daten, teilen sie in Informationen ein und formalisieren sie als Wissen. Wissenserwerb ist nicht sequentiell, da oft ein einziges Stück an zusätzlicher Information ein ganzes Modell umstoßen kann.

Softwaretechnik ist eine **begründungsgetriebene** Aktivität. Während Wissen erworben wird und Entscheidungen über das System oder den Anwendungsbereich getroffen werden, müssen Software-Ingenieure den Kontext beachten, in dem die Entscheidungen gefällt werden, sowie die Gründe hinter diesen Entscheidungen. Begründungsmodelle befähigen Software-Ingenieure dazu, die Auswirkungen einer vorgeschlagenen Änderung besser zu verstehen, wenn eine bereits getroffene Entscheidung revidiert werden muss.

Im Folgenden beschreiben wir Softwaretechnik genauer aus dem Blickwinkel der Modellierung, der Problemlösung, des Wissenserwerbs und der Begründung. Bei jeder dieser Aktivitäten müssen Software-Ingenieure mit Beschränkungen bei Personal, Zeit und Geldmitteln rechnen. Zusätzlich müssen sie darauf gefasst sein, dass zu jeder Zeit Änderungen eintreten können.

1.2.1 Modellierung

Das Ziel der Wissenschaft ist es, komplexe Systeme wie beispielsweise den Aufbau eines Atoms, eine Gesellschaft von Menschen oder das Sonnensystem zu beschreiben und zu verstehen. Traditionsgemäß wird dabei ein Unterschied zwischen *Naturwissenschaften* und *Sozialwissenschaften* gemacht. Das Ziel der Naturwissenschaften ist es, die Natur und ihre Subsysteme zu verstehen. Beispiele für Naturwissenschaften sind die Biologie, Chemie, Physik oder Paläontologie. Das Ziel der Sozialwissenschaften ist es, menschliche Wesen zu verstehen. Beispiele für Sozialwissenschaften sind die Psychologie oder Soziologie.

Es gibt einen weiteren Systemtyp, den wir künstliches System nennen. Beispiele künstlicher Systeme beinhalten Raumfähren, Flugbuchungssysteme und Börsenhandelssysteme. Herbert Simon prägte den Begriff *Wissenschaften des Künstlichen,* um die Wissenschaften zu beschreiben, die sich mit künstlichen Systemen befassen [Simon, 1970]. Während es Natur- und Sozialwissenschaften schon seit Jahrhunderten gibt, sind die Wissenschaften des Künstlichen neu. Die Informatik, also die Wissenschaft zum Verständnis von Rechnersystemen, ist beispielsweise ein Kind des zwanzigsten Jahrhunderts.

Viele Methoden, die erfolgreich in den Natur- und Geisteswissenschaften angewandt wurden, können genau so gut in den Wissenschaften des Künstlichen benutzt werden. Eine elementare Methode der Wissenschaft ist das **Modellieren**. Ein Modell ist eine abstrakte Darstellung eines Systems, die uns hilft, Fragen über das System zu beantworten. Modelle sind besonders hilfreich beim Umgang mit Systemen, die zu groß, zu klein, zu kompliziert oder zu teuer sind, um direkt mit ihnen arbeiten zu können. Modelle ermöglichen es uns sogar, Systeme zu visualisieren und zu verstehen, die nicht mehr existieren oder von denen nur behauptet wird, dass sie existieren.

Fossilienbiologen graben ein paar Knochen und Zähne irgendeines Dinosauriers aus, den nie jemand gesehen hat. Aus den Knochenfragmenten rekonstruieren sie anhand der Regeln der Anatomie ein Modell des Tieres. Je mehr Knochen gefunden werden, desto klarer wird ihre Vorstellung davon, wie die Stücke zusammenpassen, und desto größer ist ihre Zuversicht, dass ihr Modell dem Originalsaurier entspricht. Wenn sie eine hinreichende Anzahl von Knochen, Zähnen und Klauen finden, können sie die fehlenden Teile erraten und fast sicher sein, dass ihr Modell die Realität getreu wiedergibt. Beine kommen beispielsweise für gewöhnlich in Paaren vor. Falls das linke Bein gefunden wird, aber das rechte fehlt, hat der Fossilienbiologe eine ziemlich gute Vorstellung davon, wie das fehlende Bein aussehen sollte und wo es im Modell hingehört. Dies ist ein Beispiel für ein Modell eines Systems, das nicht mehr existiert.

Die Lage in der heutigen Hochenergiephysik ist mit der eines Fossilienbiologen zu vergleichen, der die meisten Knochen gefunden hat. Physiker haben ein Modell erstellt, wie Materie und Energie auf der untersten subatomaren Ebene zusammenpassen. Langjährige Experimente mit Teilchenbeschleunigern haben Hochenergiephysikern das Vertrauen gegeben, dass dieses Modell die Wirklichkeit widerspiegelt und dass die Teile, die noch nicht gefunden worden sind, auch in dieses so genannte Standardmodell passen werden. Dies ist ein Beispiel eines Modells, von dem behauptet wird, dass es existiert.

Beide Modellierer, Fossilienbiologen und Hochenergiephysiker, befassen sich mit zwei Typen von Entitäten: mit dem System in der realen Welt, beobachtet anhand eines Satzes von Phänomenen, und mit dem Anwendungsbereichmodell, dargestellt als ein Satz voneinander abhängiger Konzepte. Das System in der realen Welt ist ein Dinosaurier oder ein subatomares Teilchen. Das Anwendungsbereichsmodell ist eine Beschreibung der Aspekte der realen Welt, die für das jeweils zu lösende Problem von Bedeutung sind.

Software-Ingenieure sehen sich ähnlichen Herausforderungen ausgesetzt wie Fossilienbiologen und Hochenergiephysiker. Erstens müssen Software-Ingenieure die Umgebung verstehen, in der das System arbeiten muss. Für ein Zugverkehr-Steuerungssystem müssen Software-Ingenieure über Zugsignalverfahren Bescheid wissen. Für ein Börsenhandelssystem müssen sie über Handelsvorschriften Bescheid wissen. Software-Ingenieure müssen jedoch nicht gleich geprüfte Fahrdienstleiter oder Börsenmakler werden; sie müssen lediglich die Anwendungsbereichskonzepte, die für das System von Bedeutung sind, erlernen. Mit anderen Worten, sie müssen ein Modell des Anwendungsbereichs erstellen.

Zweitens müssen Software-Ingenieure ein Verständnis von Alternativen für Systeme haben, die man bauen könnte, um das Problem anzugehen, und sie müssen diese unterschiedlichen Lösungen bewerten können. Die Untersuchung aller möglichen Systemalternativen ist zu komplex, um von einer Einzelperson verstanden zu werden, und die tatsächliche Entwicklung aller Alternativen wäre zu kostspielig. Um diesen Herausforderungen zu begegnen, beschreiben Software-Ingenieure die wichtigsten Aspekte aller denkbaren Systeme, die eine Lösung darstellen. Mit anderen Worten, sie erstellen ein Modell des Lösungsbereichs.

Der Vorteil der objektorientierten Methode liegt darin, dass man die gleichen Modellierungsaktivitäten für den Anwendungsbereich wie für den Lösungsbereich benutzen kann. Zunächst wird der Anwendungsbereich als ein Satz von Objekten und Beziehungen zwischen diesen Objekten modelliert. Dieses Modell repräsentiert die entsprechenden Konzepte in der realen Welt. Ein Zugverkehr-Steuerungssystem umfasst Objekte vom Typ Zug, welche die zu überwachenden Züge repräsentieren. Ein Börsenhandelssystem umfasst Transaktionsobjekte, die das Kaufen und Verkaufen von Handelsware repräsentieren. Als Nächstes wird dann auch der Lösungsbereich als ein Satz von Objekten und Beziehungen zwischen diesen Objekten modelliert. Die Linien, die zur Veranschaulichung eines Zuges oder einer Finanztransaktion benutzt werden, sind beispielsweise Objekte im Lösungsbereich.

Die wichtigste Eigenschaft bei objektorientierten Methoden ist also, dass das Lösungsbereichsmodell gewissermaßen eine Transformation des Anwendungsbereichsmodells ist. So gesehen, ist Softwareentwicklung die Beschreibung eines Systems als eine Reihe von Modelltransformationen, die ein Problem in eine Lösung überführen. In Kapitel 2, *Modellierung mit UML*, beschreiben wir Modellierungskonzepte und das Objekt-Konzept detaillierter.

1.2.2   Problemlösung

Ingenieurmäßiges Arbeiten ist eine problemlösende Aktivität. Ingenieure suchen nach einer adäquaten Lösung durch Herumprobieren und durch empirisches Auswerten von Alternativen, mit begrenzten Hilfsmitteln und unvollständigem Wissen. In seiner einfachsten Form umfasst das ingenieurmäßige Vorgehen fünf Aktivitäten:

1. Formulieren des Problems

2. Analysieren des Problems

3. Suchen nach Lösungen

4. Entscheiden für eine adäquate Lösung

5. Spezifizieren der Lösung

Softwareentwicklung ist eine Ingenieursaktivität. Sie ist nicht algorithmisch, sondern verlangt das Experimentieren, die Wiederverwendung von Musterlösungen und die für einen Kunden akzeptable stufenweise Entwicklung eines Systems zur Lösung eines Problems.

Objektorientierte Softwareentwicklung umfasst üblicherweise fünf Entwicklungsaktivitäten: Anforderungsermittlung, Analyse, Systementwurf, Objektentwurf und Implementierung. Während der Anforderungsermittlung und der Analyse formulieren Entwickler gemeinsam mit dem Kunden die Problemstellung und erstellen das Anwendungsbereichsmodell. Anforderungsermittlung und Analyse entsprechen den Schritten 1 und 2 der Ingenieursmethode. Während des Systementwurfs analysieren Software-Ingenieure das Problem, zerlegen es in kleinere Teile und wählen allgemeine Strategien, um das System zu entwerfen. Während des Objektentwurfs wählen sie detailliertere Lösungen für jedes Teil und entscheiden sich für die am besten geeignete Lösung. Systementwurf und Objektentwurf erzeugen das Lösungsbereichsmodell. System- und Objektentwurf entsprechen den Schritten 3 und 4 der Ingenieursmethode. Während der Implementierung überführen die Software-Ingenieure das System durch Übersetzung des Lösungsbereichsmodells in eine ausführbare Darstellung. Implementierung entspricht Schritt 5 der Ingenieursmethode. Was Softwaretechnik von Problemlösungen in anderen Wissenschaften unterscheidet ist, dass während der Problemlösung Änderungen sowohl im Anwendungsbereich als auch im Lösungsbereich auftreten können, die man bei der Problemlösung noch berücksichtigen muss.

Softwareentwicklung umfasst auch Überprüfungsaktivitäten, die dazu dienen, die Eignung des jeweiligen Modells zu evaluieren. Während der Analyseüberprüfung wird das Anwendungsbereichsmodell mit den realen Gegebenheiten beim Kunden verglichen, die sich während der Entwicklung geändert haben können. Während der Entwurfsüberprüfung wird das Lösungsbereichsmodell mit den Entwurfszielen verglichen, die sich auch während der Entwicklung verändert haben können. In der Testphase wird das laufende System mit dem Systemmodell überprüft, das sich durch die Einführung neuer Technologien ebenfalls geändert haben kann. Während des gesamten Projekts vergleichen Projektmanager ihre Managementmodelle, insbesondere den Zeitplan und Kosten, mit den tatsächlichen Gegebenheiten, beispielsweise den an den Kunden gelieferten Arbeitergebnissen und den aufgewandten Ressourcenn.

1.2.3 Wissenserwerb

Software-Ingenieure und -Manager machen häufig den Fehler, anzunehmen, dass der zur Systementwicklung nötige Wissenserwerb linear sei. Dieser Fehler wird allerdings nicht nur beim Softwaremanagement gemacht, sondern in vielen Bereichen. Im 17. Jahrhundert wurde ein Buch veröffentlicht, in dem behauptet wurde, man könne alle damals existierenden deutschen Gedichte innerhalb von sechs Stunden mit einem Trichter in den Kopf einfüllen[1]. Die Annahme ist, dass unser Gehirn ein Eimer ist, der schrittweise gefüllt werden kann. Das Material wird gewissermassen durch unsere Sinne aufgenommen, füllt unseren Kopf und wird verdaut. Popper nannte dieses lineare Modell für den Wissenserwerb „die Eimertheorie des Denkens". Der grundsätzliche Fehler dieser Theorie

---

[1] G. P. Harsdoerfer (1607–1658) „Poetischer Trichter, die teutsche Dicht- und Reimkunst, ohn Behuf der lateinischen Sprache, in 6 Stunden einzugießen," Nuernberg, 1630.

(beschrieben in [Popper, 1992]) ist die Annahme, dass Wissen linear wächst, d.h. je mehr man sich aneignet, desto mehr Wissen besitzt man.

Wissenserwerb ist ein nichtlinearer Prozess. Das Hinzufügen eines einzigen Stücks neuer Information kann das gesamte bisherige Wissen, das wir zum Verständnis des Problems angesammelt haben, entkräften. Selbst wenn wir dieses Wissen bereits in Dokumenten und Programmen schriftlich niedergelegt haben („das System ist zu 90% kodiert, wir werden nächste Woche damit fertig"), müssen wir mental darauf vorbereitet sein, wieder von vorne zu beginnen. Das hat natürlich erhebliche Auswirkungen auf das Vorgehensmodell, d.h. auf die Art von Aktivitäten und ihre Abhängigkeiten voneinander, die wir zur Systementwicklung benutzen. Das sequentielle Wasserfall-Modell, in dem alle Schritte der Ingenieursmethode nacheinander ausgeführt werden, ist beispielsweise ein auf der Eimertheorie des Denkens basierendes Vorgehensmodell.

Es gibt andere Vorgehensmodelle, die dieses Problem angehen, indem sie die sequentiellen Abhängigkeiten im Wasserfall-Modell zu vermeiden suchen. **Risikobezogene Vorgehensmodelle** versuchen Überraschungen vorherzusehen, die spät in einem Projekt auftreten können, indem risikobehaftete Komponenten frühzeitig identifiziert werden. **Problembezogene Vorgehensmodelle** versuchen die Linearität völlig auszuräumen. Jede Entwicklungsaktivität – Analyse, Systementwurf, Objektentwurf, Implementierung, Test und Auslieferung – kann jede andere Entwicklungsaktivität beeinflussen. Bei der problembezogenen Vorgehensweise können deshalb alle Aktivitäten im Prinzip parallel ausgeführt werden. Die Schwierigkeit bei allen nichtsequentiellen Entwicklungsmodellen ist, dass sie für einen Manager nicht leicht zu handhaben sind.

1.2.4   Begründung

Wenn wir den Erwerb und die Entwicklung von Wissen beschreiben, sind wir sogar noch weniger ausgerüstet, als wenn wir das Wissen eines existierenden Systems beschreiben. Wie leitet ein Mathematiker einen Beweis her? Mathematikbücher sind voll von Beweisen, aber nur selten findet man einen Hinweis darauf, wie diese Beweise hergeleitet wurden. Dies rührt von der Tatsache her, das derartige historische Informationen für die Mathematik unwichtig sind; sobald nämlich die Axiome und Ableitungen festgestellt sind, ist der Beweis zeitlos.

Bei der Softwaretechnik ist das anders. Hypothesen, die Entwickler über ein System aufstellen, ändern sich ständig. Selbst wenn das Anwendungsbereichsmodell schließlich stabil wird (nachdem die Entwickler ein entsprechendes Verständnis des Problems entwickelt haben), sind die Lösungsbereichsmodelle ständig im Fluss. Entwurfs- und Implementierungsfehler, die während der Testphase entdeckt werden und Probleme bei der Benutzerfreundlichkeit, die während der Prüfung durch Benutzer erkannt werden, lösen Änderungen im Lösungsbereich aus. Änderungen können auch durch neue Technologien hervorgerufen werden. Die Verfügbarkeit von drahtloser Kommunikation oder einer besonders haltbaren Batterie kann beispielsweise eine Überarbeitung des Konzeptes „tragbares Terminal" nach sich ziehen. Neue Technologien können sogar zu Änderungen in den funktionalen und nichtfunktionalen Anforderungen führen. Eine typische Aufgabe eines Software-Ingenieurs ist dann, ein vorhandenes operatives Softwaresystem zu ändern, um die neue Technologie einzuarbeiten. Zur Änderung eines Systems reicht es nicht aus, seine aktuellen Komponenten und sein Verhalten zu verstehen. Es ist auch notwendig, die Zusammenhänge zu erfassen und zu verstehen, in denen jede einzelne Entwurfscheidung getroffen wurde. Dieses zusätzliche Wissen wird die **Begründung** des Systems genannt.

Das Erfassen und Abrufen der Begründung eines Systems ist nicht trivial, denn für jede getroffene Entscheidung werden im Allgemeinen mehrere Alternativen betrachtet, ausgewertet und diskutiert. Daraus folgt, dass die Begründung einen weit größeren Informationsumfang besitzt als das Lösungsmodell. Außerdem ist die Information der Begründung oft nicht sehr deutlich. Entwickler entscheiden häufig auf Grund ihrer Erfahrung oder Eingebung, ohne vorher allzu viele Möglichkeiten genauer in Betracht gezogen zu haben. Fragt man nach den Gründen einer Entscheidung, brauchen Entwickler ziemlich lange, um ihre Gründe wieder nachzuvollziehen. Um jedoch mit den Änderungen eines Systems richtig umgehen zu können, müssen Software-Ingenieure sich der Herausforderung stellen und Modelle für die Erfassung und den Abruf von Begründungen erzeugen.

1.3   Softwaretechnik-Konzepte

Bis jetzt haben wir Softwaretechnik von höherer Ebene aus unter dem Blickwinkel der Modellierung, der Problemlösung, des Wissenserwerbs und der Begründung gezeigt. In diesem Abschnitt definieren wir nun die in diesem Buch[2] verwendeten Hauptbegriffe. Ein Projekt zur Entwicklung eines Softwaresystems setzt sich aus einer Reihe von Aktivitäten zusammen. Jede Aktivität wiederum setzt sich aus einer Reihe von Aufgaben zusammen. Eine Aufgabe verbraucht Ressourcen und erzeugt ein Arbeitsergebnis. Ein Arbeitsergebnis kann entweder ein System, ein Modell oder ein Dokument sein. Ressourcen sind entweder Teilnehmer, Zeit oder Ausrüstung. Eine grafische Darstellung dieser Konzepte wird in Abbildung 1.1 gezeigt. Jedes Rechteck repräsentiert eines der eben eingeführten Konzepte. Die Linien dazwischen repräsentieren die verschiedenen Beziehungen zwischen Konzepten. Beispielsweise zeigt die Raute eine Aggregation an: Ein Projekt umfasst eine Anzahl von Aktivitäten, die wiederum eine Anzahl von Aufgaben umfassen. Eine Dreiecksform zeigt eine Verallgemeinerungsbeziehung an: Teilnehmer, Zeit und Ausrüstung sind spezielle Arten von Ressourcenn. Abbildung 1.1 benutzt die Notation der UML (Unified Modeling Language). Wir verwenden UML im gesamten Buch, um Softwaremodelle und andere Systeme zu repräsentieren. Jeder sollte in der Lage sein, dieses Diagramm ohne Kenntnis der UML-Semantik intuitiv zu verstehen. In gleicher Weise können UML-Diagramme benutzt werden, um mit einem Kunden oder einem Benutzer zu interagieren, auch wenn diese überhaupt nichts über UML wissen. Die Semantik solcher Diagramme beschreiben wir ausführlicher in Kapitel 2, *Modellierung mit UML.*

---

[2]   So weit wie möglich folgen wir den Definitionen der IEEE-Normen zur Softwaretechnik [IEEE, 1997].

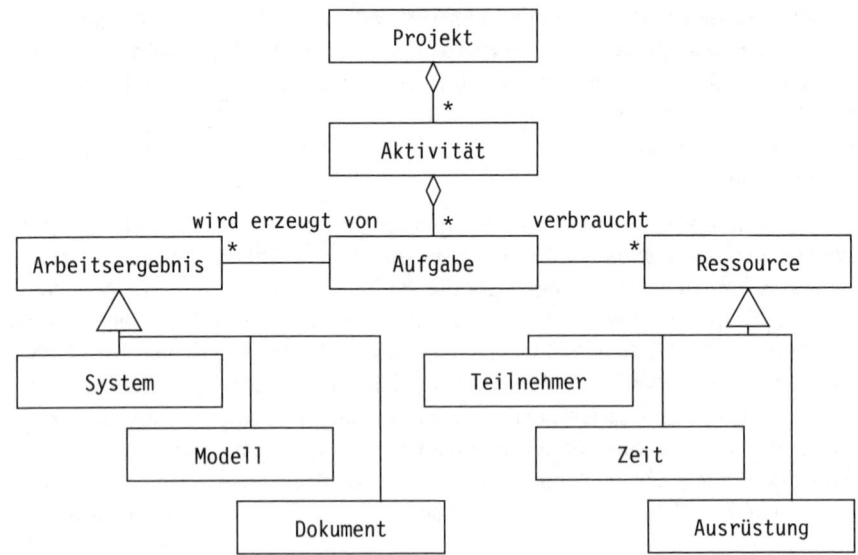

Abbildung 1.1:   Objekte aus der Softwaretechnik, gezeichnet als UML-Klassendiagramm
[OMG, 2001]

1.3.1   Teilnehmer und Rollen

Das Entwickeln eines Softwaresystems erfordert die Zusammenarbeit vieler Personen mit unterschiedlichem Hintergrund und verschiedenen Interessen. Der Kunde bestellt und bezahlt das System. Die Entwickler konstruieren das System. Der Projektmanager plant und budgetiert das Projekt und koordiniert die Entwickler und den Kunden. Die End-benutzer werden vom System unterstützt. Wir bezeichnen alle am Projekt beteiligten Personen mit dem Wort **Teilnehmer** (oder **Projektteilnehmer**). Einen Satz von Verantwortungsbereichen in einem Projekt bezeichnen wir mit dem Wort **Rolle**. Eine Rolle ist mit einem Satz von **Aufgaben** assoziiert, die einem Teilnehmer zugewiesen werden, wobei derselbe Teilnehmer verschiedene Rollen gleichzeitig wahrnehmen kann.

Betrachten wir einmal einen Fahrkartenautomaten:

Ein Fahrkartenautomat ist eine Maschine, die Zugfahrkarten ausgibt. Reisende haben die Möglichkeit, eine Fahrkarte für eine einfache Reise oder für mehrfache Reisen zu wählen oder eine Tageskarte oder eine Wochenkarte auszuwählen. Der Fahrkartenautomat errechnet den Preis der gewünschten Fahrkarte auf Grund des Zielortes und abhängig davon, ob der Reisende ein Kind oder ein Erwachsener ist. Der Fahrkartenautomat muss auch in der Lage sein, verschiedene Ausnahmefälle zu behandeln, wie z.B.: Reisende beenden den Kaufvorgang nicht; sie versuchen, mit zu großen Geldscheinen zu bezahlen. Daneben gibt es Betriebsmittelausfälle wie Kartenvorrat geht zu Ende, Wechselgeld geht zu Ende, Stromausfall.

Nehmen wir einmal an, wir betreiben die Entwicklung dieses Fahrkartenautomaten als Softwareprojekt, dann können wir eine Anzahl von Rollen definieren, die in Tabelle 1.1 gezeigt sind.

Rolle	Verantwortungsbereiche	Beispiele
Kunde	Der Kunde ist dafür verantwortlich, dass die Anforderungen an das System beschrieben werden und dass der Zweck des Projekts definiert ist (Lieferdatum, Kostenplan, Qualitätskriterien).	Eisenbahngesellschaft, die den Fahrkartenautomaten in Auftrag gegeben hat
Benutzer	Der Benutzer ist dafür verantwortlich, dass Domänenkenntnis über die aktuellen Benutzeraufgaben bereitgestellt wird. Man beachte, dass Kunde und Benutzer für gewöhnlich verschiedene Personen sind.	Reisende
Manager	Ein Manager ist für die Organisation der Arbeit verantwortlich. Das beinhaltet das Einstellen von Mitarbeitern, das Zuweisen von Aufgaben an sie, das Überwachen ihrer Fortschritte, das Sorgen für ihre Weiterbildung und das allgemeine Verwalten der Betriebsmittel, die vom Kunden zur Verfügung gestellt werden, damit eine erfolgreiche Lieferung erfolgen kann.	Lisa (Chefin)
Mensch-Maschine-Kommunikationsspezialist	Ein Mensch-Maschine-Kommunikationsspezialist ist für die Benutzbarkeit des Systems verantwortlich.	Zoe (Mensch-Maschine-Kommunikationsspezialistin)
Entwickler	Ein Entwickler ist für die Konstruktion des Systems verantwortlich, einschließlich Spezifikation, Entwurf, Implementierung und Test. Bei großen Projekten wird die Rolle des Entwicklers weiter unterteilt.	Hans (Analytiker), Marc (Programmierer) & Zoe (Prüferin)[3]
Technischer Autor	Ein technischer Autor ist für die Dokumentation verantwortlich, die an den Kunden ausgeliefert wird. Ein technischer Autor befragt Entwickler, Manager und Benutzer, um das System zu verstehen.	Hans

Tabelle 1.1: Beispiele für Rollen in der Softwaretechnik für das Fahrkartenautomat-Projekt

---

[3] Da ein Fahrkartenautomat ein kleines Projekt ist, erfüllt Zoe beide Rollen, die der Mensch-Maschine-Spezialistin und die der Prüferin, und Hans erfüllt die beiden Rollen Analytiker und technischer Autor.

1.3.2   Systeme und Modelle

Wir benutzen den Begriff **System** im Sinne einer Sammlung untereinander verbundener Teile. Modellieren ist eine Art, mit Komplexität umzugehen, indem unwichtige Einzelheiten unberücksichtigt bleiben. Wir benutzen den Begriff **Modell** für jede Art von Abstraktion eines Systems. Ein Fahrkartenautomat für eine Untergrundbahn ist ein System. Konstruktionspläne für den Fahrkartenautomaten, seine elektrischen Schaltpläne und Objektmodelle der Software sind Modelle des Fahrkartenautomaten. Man beachte, dass ein Entwicklungsprojekt selbst ein System ist, das modelliert werden kann. Der Projektzeitplan, das Budget und die geplanten Abgabetermine sind Modelle des Entwicklungsprojekts.

1.3.3   Arbeitsergebnisse

Ein **Arbeitsergebnis** ist ein Artefakt, das während der Entwicklung erzeugt wird, z.B. ein Dokument oder ein Stück Software für andere Entwickler oder für einen Kunden. Wir beziehen uns auf ein Arbeitsergebnis für den internen Gebrauch mit dem Begriff **internes Arbeitsergebnis**. Wir beziehen uns auf ein Arbeitsergebnis, das an einen Kunden geliefert werden muss, mit dem Begriff **zu lieferndes Ergebnis** oder **Lieferergebnis**. Lieferergebnisse werden im Allgemeinen vor Beginn des Projekts definiert und in einem bindenden Vertrag zwischen den Entwicklern und dem Kunden spezifiziert. Tabelle 1.2 beschreibt Beispiele für Arbeitsergebnisse im Fahrkartenautomat-Beispiel.

Arbeits-ergebnis	Typ	Beschreibung
Spezifikation	Liefer-ergebnis	Die Spezifikation beschreibt das System aus der Sicht des Benutzers. Sie wird als vertragliches Dokument zwischen dem Projekt und dem Kunden benutzt. Die Spezifikation beschreibt detailliert, wie das System für den Reisenden aussehen soll.
Bedienungs-handbuch	Liefer-ergebnis	Das Bedienungshandbuch für FahrkartenAutomat wird vom Personal der Eisenbahngesellschaft benutzt, die für die Installation und die Konfiguration des Fahrkartenautomaten verantwortlich ist. Dieses Handbuch beschreibt beispielsweise, wie man den Fahrkartenpreis oder die Zonenstruktur des Eisenbahnnetzes ändert.

Tabelle 1.2:   Beispiele für Arbeitsergebnisse im FahrkartenAutomat-Projekt

Arbeits- ergebnis	Typ	Beschreibung
Zustands- bericht	Internes Arbeits- ergebnis	Ein Zustandsbericht beschreibt, welche Aufgaben zu einer bestimmten Zeit erledigt und welche noch in Bearbeitung sind. Der Zustandsbericht wird an die Managerin Lisa geliefert und wird für gewöhnlich nicht an die Eisenbahngesellschaft gegeben.
Testhand- buch	Internes Arbeits- ergebnis	Die Prüfpläne und -ergebnisse werden von Prüferin Zoe erstellt. Die Dokumente beschreiben die bekannten Mängel im Prototyp FahrkartenAutomat und den Stand ihrer Behebung. Diese Dokumente werden für gewöhnlich nicht an den Kunden verteilt.

Tabelle 1.2: Beispiele für Arbeitsergebnisse im FahrkartenAutomat-Projekt (Forts.)

1.3.4   Aktivitäten, Aufgaben und Ressourcen

Eine **Aktivität** (auch **Phase** genannt) ist ein Satz von Aufgaben, der für einen bestimmten Zweck ausgeführt wird. So ist beispielsweise die Anforderungsermittlung eine Aktivität mit dem Zweck, gemeinsam mit dem Kunden zu definieren, was das System tun soll. Auslieferung ist eine Aktivität mit dem Zweck, das System an einem Betriebsstandort zu installieren. Management ist eine Aktivität mit dem Zweck, das Projekt zu überwachen und zu steuern, damit die Projektziele wie Abgabetermin, Qualität und Budget eingehalten werden. Aktivitäten können aus anderen Aktivitäten zusammengesetzt sein. Die Aktivität Auslieferung umfasst beispielsweise die Aktivitäten Softwareinstallation und Schulung.

Eine **Aufgabe** repräsentiert eine atomare Arbeitseinheit, die verwaltet werden kann. Ein Manager weist sie einem Entwickler zu; der Entwickler führt sie aus, wobei der Manager den Fortschritt und die Fertigstellung der Aufgabe kontrolliert. Aufgaben verbrauchen Ressourcen, führen zu Arbeitsergebnissen und hängen von Arbeitsergebnissen anderer Arbeitsgruppen ab.

Ressourcen sind Vermögenswerte, die zur Bewältigung der Arbeit verwendet werden. Ressourcen umfassen Zeit, Ausrüstung und Mitarbeiter. Bei der Planung eines Projekts zerlegt ein Manager die Arbeit in Aufgaben und teilt diesen Ressourcen zu.

Tabelle 1.3 zeigt Beispiele für Aktivitäten, Aufgaben und Ressourcen in der Softwaretechnik.

Beispiel	Typ	Beschreibung
Anforderungs-ermittlung	Aktivität	Die Anforderungsermittlungsaktivität umfasst das Beschaffen und Bewerten von Anforderungen und Domänenwissen des Kunden und der Benutzer. Die Anforderungsermittlungsaktivität erzeugt das Spezifikationsarbeitsergebnis (Tabelle 1.2).
Entwicklung des Testfalls „Wechsel-geld erschöpft" für FahrkartenAutomat	Aufgabe	Diese Aufgabe, die Zoe als Prüfer zugeteilt ist, konzentriert sich darauf, nachzuprüfen, wie sich der FahrkartenAutomat verhält, wenn der Geldvorrat erschöpft ist und er dem Benutzer nicht mehr heraus-geben kann. Diese Aktivität umfasst das Spezifi-zieren der Testumgebung, die Reihenfolge der zu erfolgenden Eingaben und die erwarteten Ausgaben.
Überprüfung des Anwendungsfalls „Zugriff auf Online-Hilfe" für die Bedienung	Aufgabe	Diese Aufgabe, die von Hans als Mensch-Maschine-Kommunikationsspezialist wahrgenommen wird, konzentriert sich auf die Entdeckung aller Bedie-nungsgesichtspunkte bezüglich der Zugreifbarkeit von Online-Hilfen des Systems.
Tarifdatenbank	Ressource	Die Tarifdatenbank enthält ein Beispiel für die Fahrpreisstruktur mit einem Eisenbahnnetzplan. Dieses Beispiel ist eine Ressource, die vom Kunden für die Anforderungen und die Tests zur Verfügung gestellt wird.

Tabelle 1.3:   Beispiele von Aktivitäten, Aufgaben und Ressourcen für das FahrkartenAutomat-Projekt

1.3.5   Funktionale und nichtfunktionale Anforderungen

Anforderungen spezifizieren einen Satz von Merkmalen. Eine **funktionale Anforderung** ist die Spezifikation einer Funktion, die vom System unterstützt werden muss, wohin-gegen eine **nichtfunktionale Anforderung** eine Einschränkung repräsentiert, die nicht unmittelbar auf eine Funktion des Systems bezogen ist.

Beispielsweise sind *der Benutzer muss in der Lage sein, eine Fahrkarte zu erwerben* und *der Benutzer muss in der Lage sein, Gebühreninformationen abzurufen* funktionale Anforderungen. *Der Benutzer muss in weniger als zehn Sekunden eine Antwort erhalten* und *die im Anzeigefeld benutzten Farben sollen mit den Firmenfarben übereinstimmen* sind nichtfunktionale Anforderungen. Andere nichtfunktionale Anforderungen umfassen möglicherweise bestimmte zu benutzende Hardwareplattformen für das System, Sicher-heitsanforderungen, Angaben wie das System Ausfälle und Fehler behandeln sollte und wie Rückwärtskompatibilität mit einem alten System, das der Kunde nicht aufgeben will, unterstützt werden sollte.

1.3.6   Notationen, Methoden und Methodologien

Eine **Notation** ist ein Satz von grafischen oder textuellen Regeln, um ein Modell darzustellen. Das lateinische Alphabet ist eine Notation zur Darstellung von Wörtern. UML (Unified Modeling Language [OMG, 2001]), die in diesem Buch benutzte Notation, ist eine Notation zur Darstellung objektorientierter Modelle. Die Verwendung von Notationen ist in der Softwaretechnik schon lange üblich. Datenflussdiagramme [De Marco, 1978] sind eine Notation, um das System mit Datenquellen, Datensenken und Datenumformungen darzustellen. Z [Spivey, 1989] ist eine mengenbasierte Notation für die Spezifikation von Systemen.

Eine **Methode** ist eine wiederholbare Technik, die Schritte angibt, die zur Lösung eines bestimmten Problems nötig sind. Ein Rezept ist eine Methode, um ein bestimmtes Gericht zu kochen. Ein Sortieralgorithmus ist eine Methode, um Listenelemente zu ordnen. Begründungsmanagement ist eine Methode, um Änderungen zu rechtfertigen. Konfigurationsmanagement ist eine Methode, um Änderungen zu verfolgen.

Eine **Methodologie** ist eine Sammlung von Methoden, um eine Klasse von Problemen zu lösen. Die Methodologie spezifiziert, wie und wann jede Methode angewendet werden soll. Ein Fischkochbuch mit einer Sammlung von Rezepten ist eine Methodologie zur Zubereitung von Fisch, allerdings nur dann, wenn es auch Ratschläge enthält, wie die Zutaten verwendet werden sollen und was zu tun ist, wenn nicht alle Zutaten vorhanden sind. Die Methodologie von Royce [Royce, 1998], die Objektmodellierungstechnik OMT (Object Modeling Technique) [Rumbaugh et al., 1991]), die Booch-Methodologie [Booch, 1994] und Catalysis [D'Souza & Wills, 1999]) sind objektorientierte Methodologien für die Entwicklung von Software.

Entwicklungs-Methodologien teilen Softwareentwicklung in bestimmte Aktivitäten auf, für die dann Methoden angegeben werden, wie man die Aktivitäten angeht. OMT unterscheidet zum Beispiel drei Aktivitäten: *Analyse* konzentriert sich darauf, die Anforderungen in ein Objektmodell zu formalisieren, *Systementwurf* konzentriert sich auf strategische Entscheidungen und *Objektentwurf* transformiert das Analysemodell in ein detaillierteres Modell, das implementiert werden kann. Die OMT-Methodologie unterstellt, dass bereits Anforderungen definiert worden sind, und bietet deshalb keine Methoden zur Anforderungsermittlung an. Der einheitliche Softwareentwicklungsprozess (engl. *Unified Software Process, USP*) umfasst ebenfalls *Analyse*-Aktivität, *Systementwurf* und *Objektentwurf* als eigene Entwurfsaktivitäten. Anders als OMT unterscheidet er zusätzlich noch die *Anforderungsermittlungs*-Aktivität und bietet Methoden zur Ermittlung und Modellierung der Anforderungen. Catalysis benutzte dieselbe Notation wie USP, konzentriert sich bei den Aktivitäten aber auf Methoden für die Wiederverwendung des Entwurfs und des Quelltextes. Alle diese Methodologien fokussieren auf komplexe Systeme.

Die in diesem Buch benutzten Methoden sind ebenfalls für die Entwicklung komplexer Systeme gedacht, wobei wir besondere Betonung auf Veränderbarkeit legen. Das Ziel war von Beginn an die Unterstützung der Entwicklung von Softwaresystemen in Softwaretechnik-Praktika mit großen Zahlen von Studierenden ([Bruegge, 1992], [Bruegge & Coyne, 1993], [Bruegge & Coyne, 1994], [Coyne et al., 1995]). Zum Modellieren des

Anwendungsbereichs wie Anforderungsermittlung und -Analyse benutzen wir Methoden, die auf denen von OOSE [Jacobson et al., 1992] aufbauen. Für Aktivitäten zum Modellieren von Lösungsbereichen, wie Systementwurf und Objektentwurf, begannen wir mit der OMT-Methodologie. Inzwischen sind diese beiden Bereiche in den einheitlichen Softwareprozess eingeflossen. Für änderungsbezogene Aktivitäten benutzen wir die Methode des Begründungsmanagements, die auf der Forschung von Moran und Carroll aufbaut [Moran & Carroll, 1996], sowie die mittlerweile allgemein als Aktivität akzeptierte Methode des Konfigurationsmanagements (siehe z.B. [Babich, 1986]).

1.4   Softwaretechnik-Entwicklungsaktivitäten

In diesem Abschnitt geben wir einen Überblick über die *technischen* Aktivitäten, die mit objektorientierter Softwaretechnik zusammenhängen. Entwicklungsaktivitäten reduzieren die Komplexität des Problems, indem sie Modelle des Anwendungsbereichs und des zu entwickelnden Systems konstruieren. Entwicklungsaktivitäten umfassen

- Anforderungsermittlung (Abschnitt 1.4.1)
- Analyse (Abschnitt 1.4.2)
- Systementwurf (Abschnitt 1.4.3)
- Objektentwurf (Abschnitt 1.4.4)
- Implementierung (Abschnitt 1.4.5)
- Testphase (Abschnitt 1.4.6).

Abbildung 1.2 zeigt die Beziehung zwischen diesen technischen Aktivitäten und ihren Produkten im Überblick. Diese Aktivitäten werden in den Kapiteln 5 bis 11 detaillierter behandelt.

In Abschnitt 1.5 geben dann wir einen Überblick über die Management-Aktivitäten, die dann in Kapitel 14, *Projektmanagement*, und in Kapitel 15, *Modellierung des Softwarelebenszyklus*, detaillierter behandelt werden.

1.4.1   Anforderungsermittlung

Während der **Anforderungsermittlung** definieren der Kunde und die Entwickler gemeinsam den Verwendungszweck des Systems. Das Ergebnis dieser Aktivität ist eine Beschreibung des Systems mit Akteuren und Anwendungsfällen. Akteure repräsentieren die externen Entitäten, die mit dem System interagieren. Akteure modellieren zunächst einmal die Endbenutzer, können aber auch andere Rechner, mit denen das System kommunizieren muss (z.B. ein zentraler Bankrechner oder ein Netzwerk) oder die Umgebung (z.B. ein chemischer Prozess) repräsentieren. Anwendungsfälle sind allgemeine Abfolgen von Ereignissen, die mögliche Aktionen zwischen einem Akteur und dem System für eine

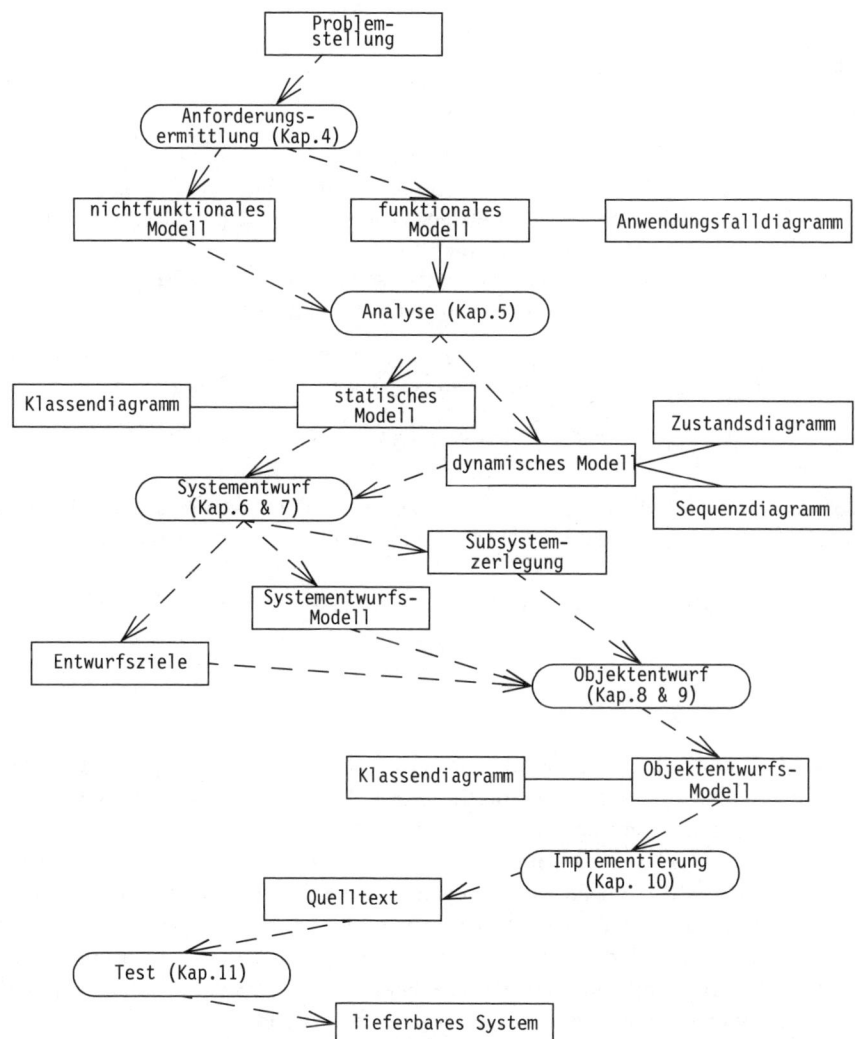

Abbildung 1.2: Überblick über objektorientierte Softwaretechnik-Entwicklungsaktivitäten und ihre Ergebnisse. Dieses Diagramm veranschaulicht lediglich logische Abhängigkeiten zwischen Arbeitsergebnissen. Objektorientierte Softwaretechnik ist iterativ, d.h., Aktivitäten können parallel und mehr als einmal auftreten.

bestimmte Funktionalität beschreiben. Abbildung 1.3 veranschaulicht einen Anwendungsfall für unser Fahrkartenautomaten. Wir beschreiben die Anforderungsermittlung einschließlich der Anwendungsfälle und nichtfunktionalen Anforderungen ausführlicher in Kapitel 4, *Anforderungsermittlung*.

Anwendungs-fallname	KaufeEinfachFahrkarte
Akteur	Angestoßen von Reisender
Ereignisfluss	1. Reisender wählt die Zone des Zielbahnhofs aus. 2. Der FahrkartenAutomat zeigt den Fahrkartenpreis an. 3. Reisender wirft einen Geldbetrag ein, der mindestens so hoch ist wie der Fahrkartenpreis. 4. Der FahrkartenAutomat stellt die spezifische Fahrkarte für Reisender aus und gibt eventuelles Wechselgeld zurück.
Anfangs-bedingungen	Reisender steht vor dem FahrkartenAutomat, der am Ausgangsbahnhof oder einem beliebigen anderen Bahnhof aufgestellt ist.
Abschluss-bedingungen	Reisender erhält eine gültige Fahrkarte und eventuelles Wechselgeld.
Qualitäts-anforderungen	Wenn der Vorgang nach einer Minute Inaktivität abgebrochen wird, gibt der FahrkartenAutomat das eingeworfene Geld zurück.

Abbildung 1.3:   Beispiel für den Anwendungsfall KaufeEinfachFahrkarte

1.4.2   Analyse

Während der **Analyse** haben Entwickler ein korrektes, vollständiges, folgerichtiges und eindeutiges Systemmodell als Ziel. Sie transformieren die Anwendungsfälle, die während der Anforderungsermittlung erzeugt wurden, in ein Objektmodell, welches die statischen Eigenschaften des Systems beschreibt. Im Verlauf dieser Aktivität entdecken Entwickler Mehrdeutigkeiten und Widersprüche im Anwendungsfallmodell, die sie gemeinsam mit dem Kunden klären. Das Ergebnis der Analyse ist ein Systemmodell, versehen mit Attributen, Operationen und Verbindungen, das die Struktur und die dynamischen Eigenschaften des Systems beschreibt. Abbildung 1.4 veranschaulicht ein Beispiel eines dynamischen Modells für den Fahrkartenautomaten. Abbildung 1.5 zeigt ein Beispiel eines statischen Modells für den Fahrkartenautomaten.

Wir beschreiben die Analyse einschließlich Objektmodellierung ausführlicher in Kapitel 5, *Analyse*.

1.4.3   Systementwurf

Während des **Systementwurfs** werden die Entwurfsziele definiert und das System in kleinere Subsysteme zerlegt, die von einzelnen Arbeitsgruppen realisiert werden können. Die Entwurfsziele beeinflussen auch die Strategien zur Erstellung des Systems; die Strategie für die Hardware-/Softwareplattform, auf der das System laufen soll, die Strategie für die persistente Datenverwaltung, den globalen Kontrollfluss, die Zugriffskontrolle und

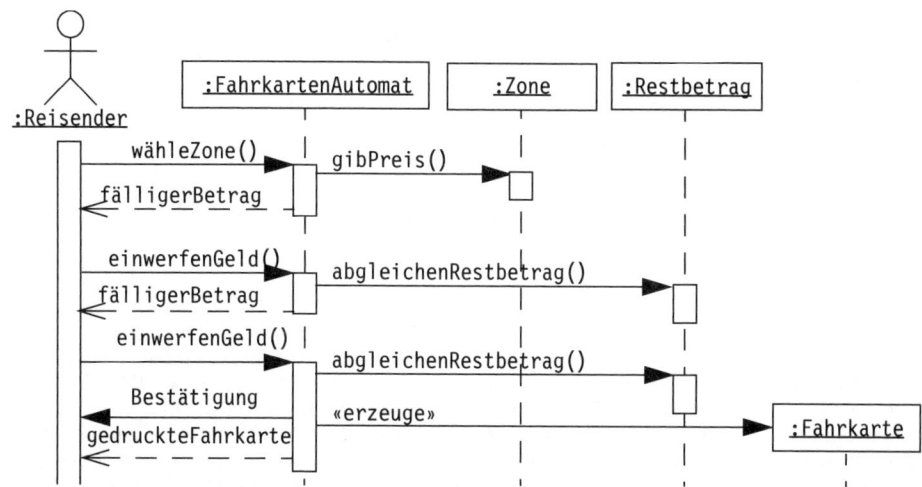

Abbildung 1.4: Ein dynamisches Modell für `FahrkartenAutomat` (UML-Sequenzdiagramm). Dieses Diagramm veranschaulicht die Interaktionen zwischen dem Akteur und dem System während des `KaufeEinfachFahrkarte`-Anwendungsfalls als auch die Objekte, die an dem Anwendungsfall teilnehmen.

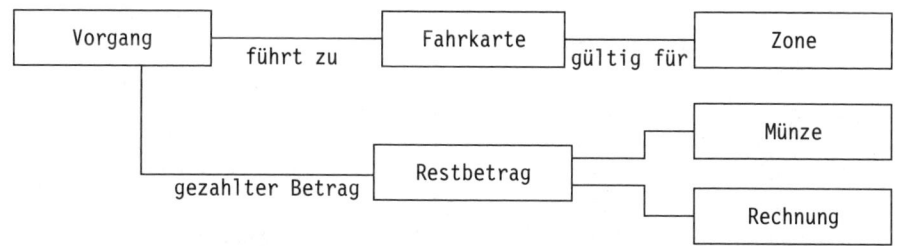

Abbildung 1.5: Ein statisches Modell für den `Fahrkartenautomaten` (UML-Klassendiagramm). Im `KaufeEinfachFahrkarte`-Anwendungsfall stößt `Reisender` einen Vorgang an, der `Fahrkarte` als Ergebnis hat. `Fahrkarte` ist nur für eine bestimmte `Zone` gültig. Während des `Vorgangs` gleicht das System dauernd den `Restbetrag` ab, indem es die eingezahlten Münzen und `Scheine` zählt. Der verbleibende Restbetrag wird dann in Münzen ausbezahlt. Außerdem gibt es noch eine Klasse `Rechnung`, die allerdings im dynamischen Modell noch nicht enthalten ist.

die Behandlung von Randbedingungen. Das Ergebnis des Systementwurfs ist eine klare Beschreibung für jede dieser Strategien, eine Zerlegung in Subsysteme und ein Verteilungsdiagramm, das die Hardware-/Softwareplattform des Systems repräsentiert. Während die Analyse wie auch der Systementwurf Modelle für die Systemerstellung erzeugen, befasst sich lediglich die Analyse mit Entitäten, die der Kunde versteht. Der Systementwurf befasst sich mit einem wesentlich verfeinerten Modell, das zusätzlich viele Entitäten umfasst, für die sich der Kunde nicht interessiert. Abbildung 1.6 veranschaulicht ein Beispiel einer Systemzerlegung für den `FahrkartenAutomaten`. Wir beschreiben den Systementwurf und die damit verbundenen Konzepte ausführlicher in Kapitel 6, *Systementwurf: Systemzerlegung*, und in Kapitel 7, *Systementwurf: Realisierung der Entwurfsziele*.

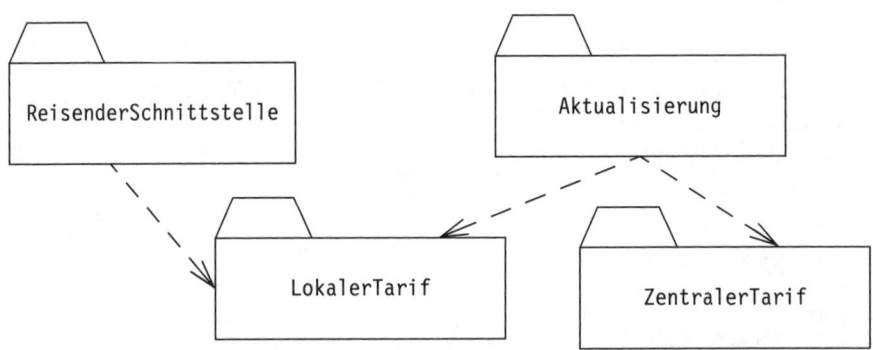

Abbildung 1.6: Eine Systemzerlegung für den Fahrkartenautomaten (UML-Klassendiagramm, Pakete repräsentieren die Subsysteme, gestrichelte Linien repräsentieren Abhängigkeiten). Das Subsystem ReisenderSchnittstelle ist für den Eingabe-/Ausgabe-Dialog mit dem Reisenden verantwortlich (z.B. Anzeigen des Fahrkartenpreises, Rückgabe von Wechselgeld). Das Subsystem LokalerTarif berechnet den Preis verschiedener Fahrkarten anhand einer lokalen Datenbank. Das Subsystem ZentralerTarif enthält eine Referenzkopie der Tarifdatenbank. Das Subsystem Aktualisierung ist dafür verantwortlich, die lokale Datenbank an jedem Fahrkartenautomaten über das Netz zu aktualisieren, sobald sich die Fahrkartenpreise ändern.

1.4.4   Objektentwurf

Während des **Objektentwurfs** definieren die Entwickler Lösungsbereichsobjekte, um die Lücke zwischen dem Analysemodell und der Hardware-/Softwareplattform, die während des Systementwurfs definiert wird, zu überbrücken. Das beinhaltet die genaue Beschreibung von Objekten und Systemschnittstellen, die Auswahl von kommerziell verfügbaren Standardkomponenten, die Umstrukturierung des statischen Modells, um Entwurfsziele wie Erweiterbarkeit und Verständlichkeit zu erreichen und das Objektmodell für die Ausführung zu optimieren. Das Ergebnis der Objektentwurfsaktivität ist ein ausführliches Objektentwurfsmodell, versehen mit Einschränkungen und präzisen Beschreibungen für jedes Element. Wir beschreiben Objektentwurf und die damit verbundenen Objekte ausführlicher in Kapitel 8, *Objektentwurf: Wiederverwendung von Mustern*, und Kapitel 9, *Objektentwurf: Schnittstellenspezifikation*.

1.4.5   Implementierung

Während der **Implementierung** wird das Lösungsbereichsmodell in Quelltext übersetzt. Dies beinhaltet das Implementieren der Attribute und Methoden eines jeden Objekts und das Integrieren aller Objekte, so dass sie als ein einziges System zusammenwirken. Die Implementierungsaktivität überbrückt die Lücke zwischen dem detaillierten Objektentwurfsmodell und einem vollständigen Satz von Quelltextdateien, die von einem Compiler übersetzt werden können. Wir beschreiben die Abbildung von UML-Modellen auf Quelltext in Kapitel 10, *Übersetzung von Modellen*. Wir setzen dabei voraus, dass der Leser bereits mit Programmierkonzepten vertraut ist und weiß, wie Datenstrukturen und Algorithmen mit einer objektorientierten Sprache wie Java oder C++ programmiert werden.

1.4.6   Testphase

Während der **Testphase** versuchen die Entwickler, die Unterschiede zwischen dem aktuellen System und der Modellierung zu finden, indem das System (oder Teile davon) mit einfachen Eingabedaten ausgeführt wird. Beim Komponententest vergleichen die Entwickler das Verhalten jedes Objekts und jedes Subsystems mit dem statischen Modell. Beim Integrationstest werden Kombinationen von Subsystemen miteinander verknüpft und mit dem Systementwurfsmodell verglichen. Beim Systemtest werden die Anwendungsfälle und auch Ausnahmefälle ausgeführt und mit dem funktionalen Modell verglichen. Das Ziel der Testphase ist es, so viele Fehler wie möglich aufzudecken, damit sie vor der Auslieferung des Systems behoben werden können. Das Planen von Testphasen geschieht parallel zu den anderen Entwicklungsaktivitäten: Systemtests werden während der Anforderungsermittlung und Analyse eingeplant, Integrationstests während des Systementwurfs und die Komponententests während des Objektentwurfs. Wir beschreiben diese Angelegenheiten ausführlicher in Kapitel 11, *Testen*.

1.5   Management der Softwareentwicklung

In diesem Abschnitt beschreiben wir kurz die Aktivitäten, die beim Verwalten eines Softwaretechnikprojekts auftreten. Managementaktivitäten konzentrieren sich auf das Planen des Projekts, das Überwachen seines Status, das Verfolgen von Änderungen und das Koordinieren der Ressourcen, sodass ein qualitativ hochwertiges Produkt zur rechten Zeit und innerhalb des Kostenrahmens geliefert wird. Managementaktivitäten involvieren nicht nur die Manager, sondern auch die meisten anderen Projektteilnehmer. Managementaktivitäten umfassen

- Kommunikation (Abschnitt 1.5.1)
- Begründungsmanagement (Abschnitt 1.5.2)
- Softwarekonfigurationsmanagement (Abschnitt 1.5.3)
- Projektmanagement (Abschnitt 1.5.4)
- Vorgehensmodellmanagement(Abschnitt 1.5.5).

Die Softwarewartung, die wir in diesem Buch nicht behandeln, umfasst die Entwicklungsaktivitäten, die nach der Auslieferung des Systems an den Kunden auftreten. Üblicherweise wird Softwarewartung von anderen Entwicklungsaktivitäten unterschieden, da sie in hohem Maße von Änderungen verursacht wird und von einer anderen Arbeitsgruppe als der ursprünglichen Entwicklungsarbeitsgruppe durchgeführt wird. Da moderne Softwareprojekte immer mehr durch Änderungen angetrieben werden, verwischt der Unterschied zwischen Konstruktionsaktivitäten und Wartungsaktivitäten. Viele der in diesem Buch beschriebenen Aktivitäten können auf die Wartung übertragen werden, einschließlich Objektentwurf, Implementierung, Testen, Begründungsmanagement und Softwarekonfigurationsmanagement.

1.5.1   Kommunikation

Kommunikation ist die kritischste und zeitraubendste Aktivität bei der Softwareentwicklung. Missverständnisse und Unterlassungen führen oft zu Fehlern und Verzögerungen, deren Korrektur während der Entwicklung recht kostspielig ist. Kommunikation umfasst den Austausch von Modellen und Dokumenten über das System und seinen Anwendungsbereich, indem der Status von Arbeitsergebnissen berichtet wird, Rückmeldung über die Qualität von Arbeitsergebnissen erfolgt, strittige Fragen zur Sprache gebracht und verhandelt werden und Entscheidungen kommuniziert werden. Kommunikation wird erschwert durch den unterschiedlichen Bildungsstand der Teilnehmer, durch ihre geografische Verteilung und durch den Umfang, die Komplexität und die Fortentwicklung der ausgetauschten Informationen.

Um mit Kommunikationsproblemen umzugehen, stehen den Projektteilnehmern viele Werkzeuge zur Verfügung. Das Effektivste sind Konventionen: Wenn Teilnehmer sich auf Notationen zur Darstellung von Informationen geeinigt haben sowie auf Werkzeuge zur Handhabung von Informationen und auf Verfahren, wie man Themen zur Sprache bringen und behandeln kann, dann sind einige Hauptursachen für Missverständnisse ausgeräumt.

Beispiele für Notationen sind UML-Diagramme, Vorlagen zum Verfassen von Dokumenten und Sitzungsprotokollen oder Identifikationsschemata für die Bezeichnung von Softwarekomponenten. Beispiele für Werkzeuge sind CASE (Computer Aided Software Engineering)-Werkzeuge zum Eintrag und zur Wartung von Modellen oder Textverarbeitungssysteme zur Erzeugung von Dokumenten und Formblättern. Beispiele für Verfahren sind Vorgehensweisen, um Besprechungen zu organisieren, zu leiten und zu erfassen, Vorgehensweisen für die Prüfung von Dokumenten sowie Inspektionsverfahren, um Mängel in den Modellen oder im Quelltext zu entdecken. Die gewählten Konventionen müssen nicht unbedingt die bestmöglichen sein, sie müssen nur von allen gemeinsam benutzt und akzeptiert werden. Wir beschreiben Kommunikationsangelegenheiten ausführlicher in Kapitel 3, *Projektorganisation und -kommunikation*.

1.5.2   Begründungsmanagement

Begründungsmanagement handelt von der Rechtfertigung von Entscheidungen. Bei einer gegebenen Entscheidung beinhaltet die Rechtfertigung das angesprochene Problem, die von den Entwicklern in Betracht gezogenen Alternativen, zur Beurteilung dieser Alternativen benutzte Kriterien, von den Entwicklern geführte Debatten, um zu einem einvernehmlichen Beschluss zu gelangen, und schließlich die Entscheidung selbst. Begründungen sind die wichtigste Information, welche die Entwickler benötigen, wenn das System geändert wird. Wenn ein Kriterium sich ändert, müssen die Entwickler alle Entscheidungen, die von diesem Kriterium abhängen, eventuell neu bewerten. Wenn eine neue Alternative verfügbar wird, kann sie mit allen bereits bewerteten Alternativen verglichen werden. Falls eine Entscheidung angezweifelt wird, kann zu ihrer Rechtfertigung die Begründung noch einmal hinzugezogen werden.

Leider sind Begründungen auch die komplexeste Information, mit der die Entwickler zu tun haben, und infolgedessen sind sie am schwierigsten zu aktualisieren und zu pflegen. Um dieser Herausforderung zu begegnen, erfassen die Entwickler Begründungen bereits während der Besprechungen und Online-Diskussionen, repräsentieren sie mit Hilfe von Begründungsmodellen und greifen auf sie zu, wann immer Änderungen auftreten. Wir beschreiben diese Problematik ausführlicher in Kapitel 12, *Begründungsmanagement*.

1.5.3 Softwarekonfigurationsmanagement

Softwarekonfigurationsmanagement – oder kurz **Konfigurationsmanagement** – ist der Prozess, der Änderungen in den Arbeitsergebnissen überwacht und steuert. Änderungen durchziehen die gesamte Softwareentwicklung. Anforderungen ändern sich, wenn der Kunde neue Fähigkeiten verlangt und oft auch, wenn die Entwickler ihr Verständnis des Anwendungsbereichs verbessert haben. Die Hardware-/Softwareplattform, auf der das System aufgebaut ist, kann sich ändern, wenn neue Technologien verfügbar werden. Das System kann sich ändern, wenn während der Testphase Fehler entdeckt und verbessert werden.

Softwarekonfigurationsmanagement war früher lediglich eine in der Wartung benutzte Methode, wenn Verbesserungen erst nach der Lieferung in das System eingearbeitet wurden. In modernen Vorgehensmodellen kommen Änderungen bereits wesentlich früher vor. Änderungen werden mittlerweile während der gesamten Entwicklung erlaubt, sodass Konfigurationsmanagement oft gleich zu Beginn eines Projekts eingesetzt wird.

Konfigurationsmanagement erlaubt es den Entwicklern, Änderungen zu verfolgen. Das System wird als eine Anzahl von Konfigurationselementen repräsentiert, die unabhängig voneinander überarbeitet werden. Für jedes Konfigurationselement wird die Entwicklung als eine Reihe von Versionen verfolgt. Das Auswählen einer bestimmten Version gestattet es dem Entwickler, zu einem wohldefinierten Status des Systems zurückzugehen, wenn eine Änderung fehlschlägt.

Konfigurationsmanagement ermöglicht es Entwicklern auch, Änderungen zu steuern. Die Definition einer Basislinie bedeutet, dass dann jede Änderung bewertet und genehmigt werden muss, bevor sie implementiert werden kann. Das ermöglicht es dem Management, sicherzustellen, dass sich das System gemäß den Projektzielen entwickelt und dass sich die Anzahl der Probleme, die in ein System eingeschleppt werden, in Grenzen hält. Wir beschreiben diese Sachverhalte ausführlich in Kapitel 13, *Konfigurationsmanagement*.

1.5.4 Projektmanagement

Projektmanagement selbst erzeugt kein Artefakte. Vielmehr umfasst Projektmanagement Aktivitäten, die sicherstellen sollen, dass ein qualitativ hochwertiges System rechtzeitig und innerhalb des Kostenrahmens geliefert wird. Das umfasst das Planen und Budgetieren des Projekts während der Verhandlungen mit dem Kunden, das Anwerben von Entwicklern und ihre Organisation in Arbeitsgruppen, das Überwachen des Projektstatus und

das Eingreifen, wenn Abweichungen auftreten. Die meisten Projektmanagementaktivitäten reichen über die Zielsetzung dieses Buches hinaus. Trotzdem beschreiben wir die Projektmanagementaktivitäten, die für Entwickler sichtbar sind, sowie Techniken, die die
Kommunikation zwischen Entwicklern und Managern effektiver gestalten. Wir diskutieren diese Probleme in Kapitel 14, *Projektmanagement*.

1.5.5   Softwarelebenszyklus

In diesem Kapitel beschreiben wir Softwaretechnik selbst als einen Anwendungsbereich.
Der Prozess der Softwareentwicklung selbst kann nämlich auch als komplexes System
mit Eingaben, Ausgaben, Aktivitäten und Ressourcen angesehen werden. So ist es nicht
sonderlich überraschend, dass dieselbe Modellierungstechnik, die wir bei Softw[warearte-]
fakten anwenden, auch für das Modellieren von Vorgehensmodellen benutzen können.
Das Modell einer Vorgehensweise wird auch *Softwarelebenszyklus* genannt. Solche Softwarelebenszyklen erläutern wir in Kapitel 15, *Modellierung des Softwarelebenszyklus*.

1.5.6   Methodologien

Nach dem Lesen der Kapitel 1 bis 15 sollte man einen Überblick über den derzeitigen
Stand der Methoden in der objektorientierten Softwaretechnik haben. Man kann dies mit
dem Lesen eines dicken Kochbuches vergleichen, bei dem man nach der Lektüre etliche
Rezepte kennengelernt hat. In der Praxis ist ein Kochbuch selten ausreichend für einen
Anfänger, um gleich ein ganzes Menü kochen zu können. Überdies sind meist nicht alle
Zutaten vorhanden und der Koch muss improvisieren, um mit dem zurechtzukommen,
was im Kühlschrank ist.

Kapitel 14, *Projektmanagement*, konzentriert sich auf das Planen und Steuern von Projekten. Kapitel 15, *Modellierung des Softwarelebenszyklus*, beschäftigt sich mit dem Modell-
lieren, Verbessern und Wiederholen von Vorgehensweisen. Beide Kapitel geben also eine
relativ optimistische Sicht auf die Projektausführung, weil sie sich auf Techniken und
Modelle konzentrieren. In Kapitel 16, *Methodologien*, prüfen wir, was außerhalb von
Lehrbuchsituationen geschieht. Wir liefern Methodologien und Heuristiken, wie man die
Bausteine, die wir in anderen Kapiteln dargestellt haben, ändern kann, um sie an spezifische Situationen anzupassen. Wir gehen dabei insbesondere auf den Unterschied zwischen leichten („agilen“) und schwergewichtigen Methodologien ein.

1.6   ARENA-Fallstudie

In jedem Kapitel führen wir Konzepte und Aktivitäten ein, indem wir immer komplexere
Beispiele benutzen. Wir fangen fast immer mit sehr einfachen Beispielen an und bewegen
uns dann hin zu aktuellen Beispielen aus Projekten und realen Systemen. Außerdem
benutzen wir eine Fallstudie, um die Aktivitäten jedes Kapitels in einen Zusammenhang
mit einem Softwaretechnikprojekt zu bringen. Diese Fallstudie beschreibt die Entwicklung eines Systems namens ARENA.

ARENA ist ein netzbasiertes Mehrbenutzersystem zur Organisation und Durchführung von Sportturnieren. ARENA ist unabhängig von einem bestimmten Spiel, da Organisatoren neue Spiele an die ARENA-Spielschnittstelle anpassen können. Sobald ein derartiges Spiel auf den ARENA-Server geladen ist, können Turniere unverzüglich angekündigt und durchgeführt werden, wobei die Spieler und etwaige Zuschauer sich irgendwo im Internet befinden können. Organisatoren können auch neue Turnierarten definieren, indem sie beschreiben, wie Spieler auf einen Satz von Wettkämpfen abgebildet werden und wie die Rangfolge der Spieler auf Grund ihrer Siege und Niederlagen zu berechnen ist (auf diese Weise ist es auch möglich herauszubekommen, wer ein Turnier gewonnen hat). Um die Betriebskosten hereinzubekommen, können Organisatoren potentielle Förderer einladen, die während der Spiele Reklame betreiben.

Anforderungsermittlung: Hier beschreiben wir, wie man einen anfänglichen Satz von Anwendungsfällen für ARENA erzeugt, die auf vom Kunden gelieferten Informationen beruhen. Wir definieren ausführlich, wie Turniere angekündigt und organisiert werden sollten und wie sich Spieler für neue Turniere bewerben können. Nach und nach erzeugen wir neue Fragen an den Kunden und decken Mehrdeutigkeiten und fehlende Informationen über das System auf.

Analyse: Hier beschreiben wir, wie das statische und dynamische Modell für ARENA aus dem Anwendungsfallmodell konstruiert werden können. Wir untersuchen dabei insbesondere, wie die Entwicklung dieser Modelle zu einer Verfeinerung des Anwendungsfallmodells und damit zu weiteren Anforderungen führt. Wir definieren beispielsweise das Konzept der exklusiven Förderung, beschreiben den Arbeitsfluss, der mit der Entscheidung über die Förderung eines Turniers zusammenhängt, und konsolidieren das Objektmodell.

Systementwurf: Zur Erfüllung der Entwurfsziele wählen wir eine verteilte Architektur und ein Rahmengerüst zur Realisierung des Systems aus und behandeln Fragestellungen wie persistente Datenhaltung und Zugriffskontrolle. Wir prüfen verschiedene Mechanismen zur Authentifizierung von Benutzern und identifizieren persistente Objekte, deren Zustand zwischen einzelnen Spielen gespeichert werden muss (z.B. Spielestatus, Turnierergebnisse, Spielerprofile). Außerdem zerlegen wir ARENA in kleinere Subsysteme, die von einzelnen Programmierern bearbeitet werden können.

Objektentwurf: Um die Wiederverwendbarkeit von ARENA zu erhöhen, definieren wir zusätzliche Lösungsbereichsobjekte, um die Lücke zwischen dem Systementwurf und der Implementierung zu schließen. Wir verwenden dabei Lösungsvorlagen aufbauend auf Entwurfsmustern, mit denen wir spezifische Entwurfsfragestellungen behandeln. So wird ein Strategiemuster verwendet, um verschiedene Turnierstile zu kapseln.

Übersetzung des Modells: Hier übersetzen wir die UML-Modelle, die wir bis zu diesem Zeitpunkt für ARENA erstellt haben, in Java-Programme und prüfen noch einmal den Objektentwurf, da neue Optimierungsfragen entdeckt wurden. In diesem Teil der Fallstudie zeigen wir auch die enge iterative Verknüpfung zwischen Objektentwurf und Implementierung.

Die Anforderungsermittlung und Analyse der ARENA-Fallstudie behandeln wir am Ende der Kapitel 4, 5 und 7. Die weiteren Ausarbeitungen der Fallstudie, insbesondere Objektentwurf und Übersetzung des Modells, sind online im Web-Bereich des Buches unter *www.pearson-studium.de* verfügbar. Der Web-Bereich enthält außerdem eine Verzeichnisstruktur, um das ARENA-System als Open-Source-Projekt zu entwickeln.[4]

Weiterführende Literatur

Die fundamentalen Fragestellungen der Softwaretechnik sind nicht neu, sondern werden bereits seit Jahrzehnten diskutiert.

In *Mythical Man Month* [Brooks, 1995], 1975 erstmals veröffentlicht, sinniert Frederick Brooks über seine Erfahrungen bei der Entwicklung eines Betriebssystems für den Großrechner IBM 360, ein Projekt, das das geplante Budget und den Zeitplan mit vielen Millionen Dollar und vielen Jahren weit überschritt. Seitdem haben unterschiedliche Techniken, Werkzeuge und Methoden Software-Ingenieure in die Lage versetzt, komplexere und anspruchsvollere Probleme anzupacken, nur um Fehler zu erleben, die noch teurer und noch Aufsehen erregender waren. Viele grundsätzliche Einsichten aus diesem Buch sind heute noch zutreffend.

In *Computer-Related Risks* [Neumann, 1995] berichtet Peter Neumann über eine Sammlung Rechner-spezifischer Fehler, untersucht Ursachen und Auswirkungen dieser Fehler und diskutiert, was zu ihrer Vermeidung getan werden kann. *Computer-Related Risks* ist ein ernüchternder Bericht, der von jedem Software-Ingenieur gelesen werden sollte, der davon träumt, ein komplexes System erstellen und auch meistern zu können.

Objective Knowledge: An Evolutionary Approach [Popper, 1992] ist ein Aufsatz über Wissenskonstruktion. Karl Popper bricht mit den traditionellen Wissenstheorien, die bis Aristoteles zurückreichen, und schlägt vor, dass wissenschaftliches Wissen, sobald es in menschlicher Sprache externalisiert ist, sich durch Auswahl weiterentwickelt. Da Softwaretechnik eine Aktivität der Wissenssammlung- und Konstruktion ist, kann das Buch von Popper dazu anregen, kritisches Denken im Bereich der Softwaretechnik zu fördern und andere Sichtweisen anzubieten.

In unserem Buch konzentrieren wir uns auf objektorientierte Softwaretechnik. Die Zielgruppe sind dabei Studierende in Softwaretechnik-Praktika nach dem Vordiplom. Folglich verzichten wir auf einige wichtige Themen, die üblicherweise in Softwaretechnik-Büchern erscheinen, wie beispielsweise Softwaremaße, Kostenschätzung und formale Methoden. Ein Überblick darüber kann in allgemeineren Softwaretechnikbüchern gefunden werden, insbesondere in den Standardwerken *Software Engineering* [Sommerville, 2001] und *Software Engineering: A Practitioner's Approach* [Pressman, 2000].

---

[4]   Wir weichen hier also von der englischen Originalausgabe ab, in der alle Fallstudien-Beschreibungen am Ende des jeweiligen Kapitels zu finden sind.

Übungen

1.1 Was ist der Zweck der Modellierung?

1.2 Eine Programmiersprache ist eine Notation, um Algorithmen und Datenstrukturen darzustellen. Schreiben Sie zwei Vorteile und zwei Nachteile auf, wenn eine Programmiersprache als Notation während des gesamten Entwicklungsprozesses benutzt wird.

1.3 Überlegen Sie sich eine Aufgabe, mit der Sie nicht vertraut sind, z.B. das Entwerfen eines Autos ohne Schadstoffausstoß. Wie würden Sie dieses Problem angehen?

1.4 Was ist gemeint mit „Wissenserwerb ist nicht sequentiell"? Geben Sie ein konkretes Beispiel für Wissenserwerb, das diesen Satz belegt.

1.5 Stellen sie jeweils eine Begründung für folgende Entwurfsentscheidungen auf:

- „Der FahrkartenAutomat ist höchstens anderthalb Meter hoch."

- „Der FahrkartenAutomat hat zwei redundante Rechnersysteme."

- „Die FahrkartenAutomat-Schnittstelle besteht aus einem Bildschirm mit Berührungseingabe, um Anleitungen anzuzeigen und Befehle auszuführen, und aus einem einzelnen Knopf, um Vorgänge abzubrechen."

1.6 Spezifizieren Sie, welche dieser Behauptungen funktionale Anforderungen und welche nichtfunktionale Anforderungen sind:

- „Der FahrkartenAutomat muss dem Reisenden ermöglichen, Wochenkarten zu kaufen."

- „Der FahrkartenAutomat muss in Java programmiert sein."

- „Der FahrkartenAutomat muss leicht zu bedienen sein."

- „Der FahrkartenAutomat muss immer zur Verfügung stehen."

- „Der FahrkartenAutomat muss eine Telefonnummer anzeigen, die bei einem Ausfall angerufen werden kann."

1.7 Spezifizieren Sie, welche dieser Entscheidungen während des Anforderungsentwurfs und welche während des Systementwurfs getroffen wurden:

- „Der FahrkartenAutomat besteht aus einem Benutzerschnittstellen-Subsystem, einem Subsystem zum Berechnen der Fahrtkosten und einem Subsystem, das die Kommunikation mit dem Zentralrechner regelt."

- „Die FahrkartenAutomat-Hardware benutzt PowerPC-Prozessor-Chips."

- „Der FahrkartenAutomat bietet dem Reisenden Online-Hilfe an."

1.8   Erklären Sie, wann in der folgenden Beschreibung der Begriff Konto als Anwendungsbereichskonzept benutzt wird und wann als Lösungsbereichskonzept:

"Nehmen Sie an, Sie entwickeln ein Online-System, um Bankkonten für mobile Kunden zu verwalten. Ein Hauptgesichtspunkt beim Entwurf ist, wie man den Zugriff auf ein Konto bereitstellen kann, wenn der Kunde keine Online-Verbindung herstellen kann. Ein Vorschlag ist, dass Konten auf einem mobilen Rechner zugänglich gemacht werden, selbst wenn der Server nicht läuft. In diesem Fall wird der Kontostand der letzten Online-Verbindung mit dem Konto angezeigt."

1.9   Was ist der Unterschied zwischen einer Aufgabe und einer Aktivität?

1.10   Ein Passagierflugzeug besteht aus mehreren Millionen Teilen und benötigt tausende von Personen, die diese zusammenbauen. Eine vierspurige Autobahnbrücke ist ein weiteres Beispiel für Komplexität. Die erste Version von Word für Windows, eines Textverarbeitungssystems, das 1989 von Microsoft auf den Markt gebracht wurde, beanspruchte 55 Personenjahre, resultierte in 249,000 Zeilen Quelltext und wurde vier Jahre zu spät ausgeliefert. Flugzeuge und Autobahnbrücken werden für gewöhnlich rechtzeitig und innerhalb des Budgets geliefert, Software hingegen oft nicht. Erläutern Sie, was Ihrer Meinung nach der Unterschied zwischen dem Bauen eines Flugzeugs, einer Autobahnbrücke und eines Textverarbeitungssystems ist, der diese Situation verursacht.

Kapitel

2 Modellierung mit UML

„Jeder Mechaniker kennt das Problem des Ersatzteils, das man nicht kaufen kann, weil man es nicht finden kann, denn der Hersteller denkt, es sei Teil von etwas anderem.

— *Robert Pirsig, in Zen und die Kunst ein Motorrad zu warten*

Notationen sind Bezeichnungen, die es uns ermöglichen, komplexe Ideen kurz und präzise auszudrücken. Bei Projekten, an denen viele Teilnehmer mit völlig unterschiedlichem technischen und kulturellen Hintergrund mitarbeiten, sind Genauigkeit und Klarheit entscheidend, da fehlerhafte und missverstandene Kommunikation die Projektkosten unnötig erhöht.

Damit eine Notation fehlerfreie Kommunikation ermöglicht, muss sie sowohl durch *wohl-definierte* Semantik beschrieben als auch *geeignet* sein, um einen gegebenen Aspekt eines Systems darzustellen, und sie muss von allen Projektbeteiligten *verstanden* werden. Vor allem im letzten Punkt zeigt sich die Stärke von Normen und Konventionen: Wenn eine Notation von sehr vielen Beteiligten benutzt wird, kann man sich keine Missdeutungen und Mehrdeutigkeiten erlauben. Mit anderen Worten: Existieren zu viele Deutungen oder wird eine Notation in spezieller Weise benutzt, werden andere Benutzer irregeführt, da jeder dann auf seiner eigenen Interpretation besteht. Wir haben UML (Unified Modeling Language, [OMG, 2001]) als Sprache für dieses Buch gewählt, weil dadurch ein umfangreiches Spektrum von Notationen zur Darstellung verschiedenster Gesichtspunkte eines Systems bereitgestellt wird. Überdies ist UML inzwischen in der Industrie als Standardnotation anerkannt.

In diesem Kapitel beschreiben wir als Erstes Konzepte für allgemeine Modellierung und insbesondere für objektorientierte Modellierung. Anschließend erläutern wir fünf grundlegende, in diesem Buch verwendete UML-Notationen: Anwendungsfalldiagramme, Klassendiagramme, Interaktionsdiagramme, Zustandsdiagramme und Aktivitätsdiagramme. Für jede Notation beschreiben wir die zugrunde liegende Semantik und verdeutlichen sie durch ein Beispiel. Spezielle Notationen, die wir nur in einem Kapitel benutzen, werden wir an entsprechender Stelle einführen, wie zum Beispiel Komponenten- und Verteilungsdiagramme in Kapitel 6, *Systementwurf*, und PERT-Diagramme in Kapitel 14, *Projektmanagement*.

2.1   Einführung

UML ist eine Bezeichnung, die sich bei der Vereinheitlichung von OMT (Object Modeling Technique [Rumbaugh et al., 1991]), Booch [Booch, 1994] und OOSE (Object-Oriented Software Engineering [Jacobson et al., 1992]) ergeben hat. UML wurde aber auch von anderen objektorientierten Notationen beeinflusst, wie sie zum Beispiel von Shlaer/Mellor [Mellor & Shlaer, 1998], Coad/Yourdon [Coad et al., 1995], Wirfs-Brock [Wirfs-Brock et al., 1990] und Martin/Odell [Martin & Odell, 1992] eingeführt wurden.

Das Ziel von UML war es, eine Standardnotation zu bieten, die für alle objektorientierten Methoden benutzt werden kann, und dabei die am besten geeigneten Elemente aus bereits bestehenden Notationen auszuwählen und einzubinden. So verwendet UML zum Beispiel die bei OOSE eingeführten Anwendungsfalldiagramme sowie viele Merkmale der OMT-Klassendiagramme. UML umfasst aber auch neue Konzepte, die bei anderen wichtigen Methoden nicht vorkommen, wie den Erweiterungsmechanismus und eine beschränkte Sprache. UML wurde für eine Vielzahl von Anwendungen entwickelt. Daher stellt es auch Konstrukte für eine große Menge von Systemen und Aktivitäten bereit (z.B. Echtzeitsysteme, verteilte Systeme, Analyse, Systementwurf, Verteilung). Die Systementwicklung konzentriert sich auf drei verschiedene Systemmodelle:

- ■ Das **funktionale Modell** wird in UML durch Anwendungsfalldiagramme dargestellt und beschreibt die Funktionalität des Systems aus der Sicht des Benutzers.

- ■ Das **statische Modell** wird in UML durch Klassendiagramme dargestellt und beschreibt die Struktur eines Systems hinsichtlich der Objekte, Attribute, Assoziationen und Operationen. Wir bezeichnen das statische Modell aus historischen Gründen oft auch als Objektmodell und unterscheiden dabei drei Ausprägungen: Während der Anforderungsermittlung und der Analyse heißt es Analyse-Objektmodell und beschreibt Elemente, die für den Anwendungsbereich relevant sind. Während des Systementwurfs wird das statische Modell in das Systementwurfs-Objektmodell verfeinert und enthält Beschreibungen der Subsystemschnittstellen. Während des Objektentwurfs wird das statische Modell in das detaillierte Objektmodell verfeinert und enthält genaue Beschreibungen von Objekten aus dem Lösungsbereich.

- ■ Das **dynamische Modell** wird in UML durch Interaktionsdiagramme, Zustandsdiagramme und Aktivitätsdiagramme dargestellt und beschreibt das interne Verhalten des Systems. Ein Interaktionsdiagramm beschreibt das Verhalten zwischen mehreren Objekten als eine Folge von Nachrichten, die zwischen den Objekten ausgetauscht werden. Ein Zustandsdiagramm beschreibt dagegen das Verhalten eines einzelnen Objektes als eine Menge von Zuständen und den Übergängen zwischen den Zuständen.

In diesem Kapitel beschreiben wir UML-Diagramme zur Darstellung dieser Modelle. Die Einführung dieser Notationen stellt eine interessante Herausforderung dar: Einerseits erfordert das Verständnis des Zweckes einer Notation einige Vertrautheit mit der Modellierung, die diese Notation benutzt, andererseits ist es unerlässlich, die Notation zu verstehen, bevor die Modellierung beschrieben werden kann. Deshalb führen wir UML schrittweise ein. Im nächsten Abschnitt geben wir zuerst einen Überblick über die fünf Grundnotationen von UML. In Abschnitt 2.3 führen wir dann die grundlegenden Ideen der Modellierung ein. In Abschnitt 2.4 greifen wir die fünf Grundnotationen unter dem Gesichtspunkt von Modellierungskonzepten auf. In den folgenden Kapiteln werden wir diese Notationen noch genauer diskutieren, wenn wir die Aktivitäten, die diese Notationen benutzen, vorstellen.

2.2 Überblick über UML

In diesem Abschnitt wollen wir kurz fünf UML-Notationen vorstellen:

- Anwendungsfalldiagramme (Abschnitt 2.2.1)
- Klassendiagramme (Abschnitt 2.2.2)
- Interaktionsdiagramme(Abschnitt 2.2.3)
- Zustandsdiagramme (Abschnitt 2.2.4)
- Aktivitätsdiagramme (Abschnitt 2.2.5)

2.2.1 Anwendungsfalldiagramme

Anwendungsfalldiagramme werden während der Anforderungsermittlung und der Analyse benutzt, um die Funktionalität des Systems darzustellen. Anwendungsfälle zeigen das Verhalten eines Systems aus externer Sicht. Ein Anwendungsfall beschreibt eine vom System bereitgestellte Funktion, die ein für einen **Akteur** sichtbares Ergebnis aufzeigt. Ein Akteur beschreibt eine beliebige Entität, die mit dem System in Wechselwirkung tritt (z.B. ein Benutzer, ein anderes System, die physikalische Umgebung des Systems). Die Identifizierung von Akteuren und Anwendungsfällen führt zur Bestimmung der Systemgrenze. Wir unterscheiden somit die vom System durchgeführten und die von seiner Umgebung durchgeführten Aufgaben. Die Akteure befinden sich außerhalb der Systemgrenze, wohingegen die Anwendungsfälle innerhalb dieser Systemgrenze liegen.

Beispiel: Abbildung 2.1 veranschaulicht ein Anwendungsfalldiagramm für eine einfache Uhr. Der UhrBenutzer-Akteur kann entweder die Zeit auf seiner Uhr abfragen (mit Hilfe des ZeitAblesen-Anwendungsfalls) oder die Zeit einstellen (mit Hilfe des ZeitEinstellen-Anwendungsfalls). Jedoch kann nur der Uhrmacher-Akteur die Batterie der Uhr wechseln (mit Hilfe des BatterieWechseln-Anwendungsfalls).

2.2.2 Klassendiagramme

Wir benutzen Klassendiagramme, um die Struktur des Systems zu beschreiben. Klassen sind Abstraktionen, die die allgemeine Struktur und das Verhalten eines Satzes von Objekten spezifizieren. Objekte sind Instanzen von Klassen, die während der Systemausführung erzeugt, bearbeitet und gelöscht werden. Ein Objekt hat einen Zustand, der die Werte seiner Attribute und seine Verbindungen zu anderen Objekten beinhaltet.

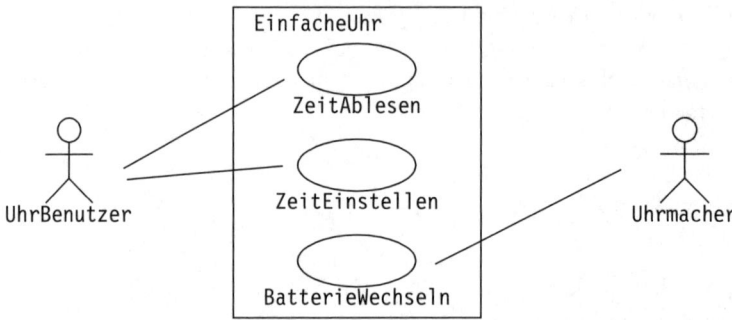

Abbildung 2.1: Ein UML-Anwendungsfalldiagramm, das die Funktion einer einfachen Uhr beschreibt. Der UhrBenutzer-Akteur kann entweder die Zeit auf der Uhr abfragen (mit Hilfe des Zeit-Ablesen-Anwendungsfalls) oder die Zeit einstellen (mit Hilfe des ZeitEinstellen-Anwendungsfalls). Jedoch kann nur der Uhrmacher-Akteur die Batterie der Uhr wechseln (mit Hilfe des BatterieWechseln-Anwendungsfalls). Akteure sind als Strichmännchen dargestellt, Anwendungsfälle als Ovale, die Systemgrenzen als Rechteck, das die Anwendungsfälle umschließt.

Klassendiagramme beschreiben das System nach Objekten, Klassen, Attributen und ihren Assoziationen. So zeigt Abbildung 2.3 ein Klassendiagramm, das die Elemente der Klasse EinfacheUhr beschreibt. Die Klasse EinfacheUhr hat Assoziationen zu der Taste-Klasse, der Anzeigefeld-Klasse, der Zeit-Klasse und der Batterie-Klasse. Die Zahlen am Ende der Assoziationen geben die Kardinalität an, die ein Objekt der Klasse EinfacheUhr mit Objekten der assoziierten Klassen haben kann. Eine Instanz der Klasse EinfacheUhr hat also genau zwei Objekte der Klasse Taste, ein Objekt der Klasse Anzeigefeld, zwei Objekte der Klasse Batterie und ein Objekt der Klasse Zeit. In ähnlicher Weise sind alle Taste-, Anzeigefeld-, Zeit-, und Batterie-Objekte immer nur genau einem EinfacheUhr-Objekt zugeordnet.

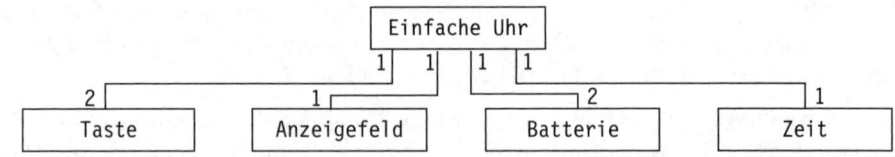

Abbildung 2.2: UML-Klassendiagramm, das die Teile einer einfachen Uhr beschreibt

Auf der Analyse-Ebene stellen Assoziationen existierende Beziehungen dar. Zum Beispiel verlangt EinfacheUhr die korrekte Anzahl von Tasten, Anzeigefeld, Batterie und Zeit. In unserem Beispiel ist die Assoziation symmetrisch: Die Klasse Taste kann ihre Funktion nicht ohne die Klasse EinfacheUhr ausführen. UML erlaubt auch nur in eine Richtung zeigende Assoziationen, was wir in Abschnitt 2.4.2 besprechen werden. Auf der Implementierungsebene werden Assoziationen als Referenzen (z.B. Zeiger) auf Objekte verwirklicht.

2.2.3   Interaktionsdiagramme

Ein Interaktionsdiagramm stellt die Wechselwirkung dar, die zwischen Objekten stattfindet, die an einem Anwendungsfall teilnehmen. Derartige Objekte nennen wir deshalb auch **teilnehmende Objekte**. Interaktionsdiagramme werden benutzt, um das Verhalten von Systemen zu formalisieren und die Kommunikation zwischen teilnehmenden Objekten sichtbar zu machen. Das in Abbildung 2.3 gezeigte Beispiel ist ein spezieller Fall eines Interaktionsdiagramms, nämlich ein Sequenzdiagramm für den ZeitEinstellen-Anwendungsfall unserer einfachen Uhr. Die äußere linke Spalte zeigt immer den Akteur, der den Anwendungsfall initiiert, in diesem Fall den UhrBenutzer-Akteur. Beschriftete Pfeile stellen **Signale** dar, die ein Akteur oder ein Objekt zu einem anderen Objekt sendet. In diesem Fall drückt der UhrBenutzer Taste 1 zweimal und Taste 2 einmal, um die Uhr eine Minute vorzustellen. Der ZeitEinstellen-Anwendungsfall endet, wenn der UhrBenutzer beide Tasten gleichzeitig drückt.

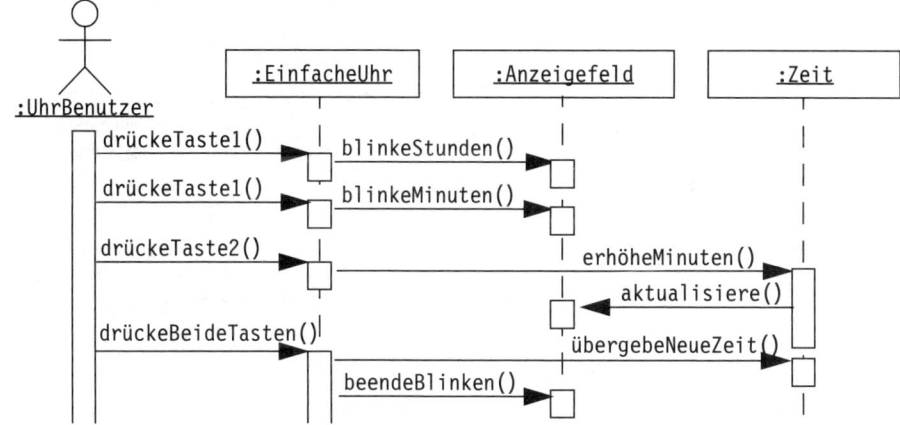

Abbildung 2.3:   UML-Sequenzdiagramm für EinfacheUhr. Die Spalte ganz links repräsentiert die Zeitachse des UhrBenutzer-Akteurs, der den Anwendungsfall auslöst. Die anderen Spalten stellen die Zeitachsen der Objekte dar, die an diesem Anwendungsfall beteiligt sind. Objektnamen sind unterstrichen, um sie als Instanzen hervorzuheben (im Unterschied zu Klassen). Beschriftete Pfeile sind Signale, die ein Akteur oder ein Objekt zu anderen Objekten sendet.

2.2.4   Zustandsdiagramme

Zustandsdiagramme beschreiben das Verhalten eines einzelnen Objekts als eine Anzahl von Zuständen und Übergängen zwischen diesen Zuständen. Ein Zustand repräsentiert einen speziellen Satz von Werten für ein Objekt. Für einen gegebenen Zustand repräsentiert eine Transition einen zukünftigen Zustand, in den das Objekt übergehen kann, und die Bedingungen, die mit diesem Wechsel verbunden sind. Beispiel: Abbildung 2.4 ist ein Zustandsdiagramm für EinfacheUhr. Man beachte, dass dieses Diagramm eine andere Information beinhaltet als das Sequenzdiagramm in Abbildung 2.3. Das Sequenzdiagramm konzentriert sich auf die Nachrichten, die zwischen den Objekten als Ergebnis der vom Akteur ausgelösten externen Ereignisse ausgetauscht werden. Das Zustandsdia-gramm konzentriert sich auf die Transitionen zwischen Zuständen, die das Ergebnis externer Ereignisse für ein spezielles Objekt sind.

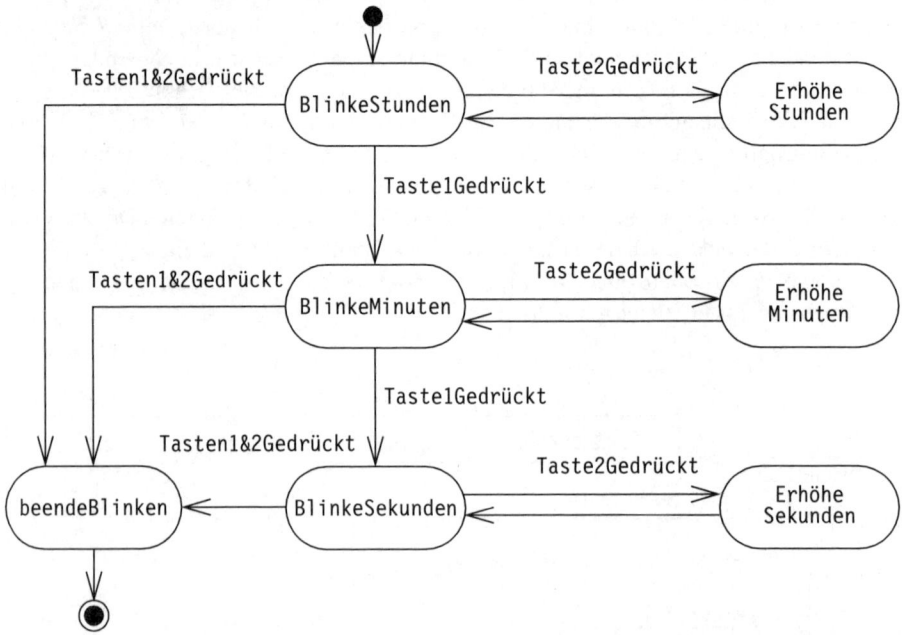

Abbildung 2.4:   UML-Zustandsdiagramm für den ZeitEinstellen-Anwendungsfall von EinfacheUhr

2.2.5   Aktivitätsdiagramme

Ein Aktivitätsdiagramm beschreibt das Verhalten eines Systems bezüglich der Aktivitäten. Aktivitäten sind Modellierungselemente, die die Ausführung eines Satzes von Operationen repräsentieren. Die Beendigung dieser Operationen löst den Übergang zu einer anderen Aktivität aus. Aktivitätsdiagramme ähneln Flussdiagrammen, da sie dazu benutzt werden können, den Kontrollfluss (d.h. die Reihenfolge, in der die Operationen abgearbeitet werden) und den Datenfluss (d.h. die Objekte, die zwischen Operationen ausgetauscht werden) zu beschreiben. Zum Beispiel stellt Abbildung 2.5 ein Aktivitätsdiagramm dar, das die Aktivitäten bei der Behandlung eines Ereignisses Vorfall zeigt. Aktivitäten werden durch abgerundete Rechtecke dargestellt; beschriftete Pfeile repräsentieren Transitionen zwischen Aktivitäten; dicke Balken bedeuten Synchronisation des Kontrollflusses. Abbildung 2.5 zeigt, dass TeileBetriebsmittelZu, KoordiniereBetriebsmittel und DokumentiereVorfall erst initiiert werden können, nachdem die EröffneVorfall-Aktivität abgeschlossen worden ist. Ebenso kann die ArchiviereVorfall-Aktivität erst nach Beendigung der Aktivitäten TeileBetriebsmittelZu, KoordiniereBetriebsmittel und DokumentiereVorfall begonnen werden. Die letzten drei Aktivitäten können auch gleichzeitig ausgeführt werden.

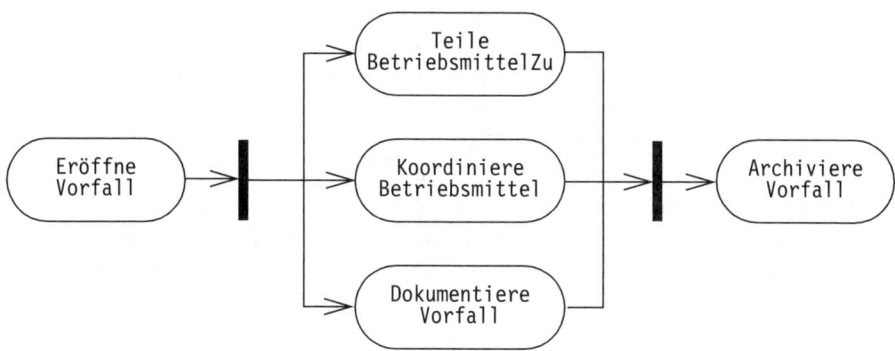

Abbildung 2.5: Beispiel eines UML-Aktivitätsdiagramms. Aktivitätsdiagramme repräsentieren Verhalten in Bezug auf Aktivitäten und die Reihenfolge ihrer Ausführung. Die Beendigung einer Aktivität kann eine Transition auslösen, die ihrerseits wiederum eine andere Aktivität initiiert.

Damit beenden wir unseren ersten Streifzug durch die fünf Grundnotationen von UML. Wir wollen nun mehr ins Detail gehen: In Abschnitt 2.3 führen wir grundlegende Modellierungskonzepte ein, einschließlich der Definitionen von System, Modell, Typ, Instanz, Abstraktion und Falsifikation. In den Abschnitten 2.4.1 bis 2.4.5 beschreiben wir Anwendungsfalldiagramme, Klassendiagramme, Interaktionsdiagramme, Zustandsdiagramme und Aktivitätsdiagramme detaillierter und wir erläutern ihre Anwendung an einem einfachen Beispiel. In Abschnitt 2.4.6 werden verschiedene Konstrukte beschrieben, wie Pakete und Notizen, welche in allen UML-Diagrammarten benutzt werden können. Wir verwenden diese fünf Notationen in diesem Buch, um Softwaresysteme, Arbeitsergebnisse, Aktivitäten und Organisationen zu beschreiben. Durch die konsistente und systematische Nutzung einer überschaubaren Anzahl von Notationen hoffen wir, dem Leser anwendbares Wissen über UML zu vermitteln.

2.3 Modellierungskonzepte

In diesem Abschnitt erläutern wir die grundlegenden Konzepte der Modellierung. Als Erstes definieren wir die Ausdrücke **System** und **Modell** und erörtern den Zweck der **Modellierung**. Wir erklären ihre Beziehung zu Programmiersprachen und -begriffen wie **Datentypen**, **Klassen**, **Instanzen** und **Objekten**. Abschließend beschreiben wir, wie objektorientierte Modellierung bei der Abstraktion der Systemumgebung als Grundlage eines Systemmodells dient.

2.3.1 Systeme, Modelle und Sichten

Ein **System** ist ein gegliederter Satz kommunizierender Teile. Im Folgenden beschäftigen wir uns mit technisierten Systemen, die für einen bestimmten Zweck entworfen wurden, anders als die Systeme in der Natur wie beispielsweise das Planetensystem, dessen ultimativen Zweck wir nicht kennen. Ein Auto besteht aus vier Rädern, einem Fahrgestell, einer Fahrgastzelle sowie einem Motor und hat den Zweck, Leute zu befördern. Eine Uhr, bestehend aus einer Batterie, einem Schaltkreis, Rädchen und Zeigern, wurde zur Zeitmessung entworfen. Ein Lohnabrechnungssystem bestehend aus Großrechner, Druckern, Platten, Software und Lohnbuchhaltern wurde entworfen, um Gehaltsabrechnungen für die Beschäftigten einer Firma zu erstellen. Teile eines Systems können manchmal wiederum als Systeme angesehen werden, die wir dann als **Subsysteme** bezeichnen. Der Motor eines Autos, bestehend aus Zylindern, Kolben, einem Einspritzmotor und vielen anderen Teilen, ist ein Subsystem eines Autos. Genauso sind der integrierte Schaltkreis einer Uhr und der Großrechner Subsysteme. Diese Zerlegung in Subsysteme kann rekursiv wiederum auf Subsysteme angewendet werden. Objekte stellen die Beendigung dieser Rekursion dar, wenn jedes Teil einfach genug geworden ist, um ohne weitere Zerlegung vollständig verstanden zu werden.

Viele Systeme bestehen aus zahlreichen Subsystemen, die auf komplizierte Weise miteinander verbunden sind. Oftmals sind die Verknüpfungen so komplex, dass ein einzelner Entwickler sie gar nicht mehr überschauen kann. **Modellierung** ist ein Mittel, um diese Komplexität in den Griff zu bekommen. Komplexe Systeme werden für gewöhnlich durch mehrere Modelle beschrieben, wovon jedes einen anderen Teilaspekt oder eine andere Genauigkeitsebene beschreibt. Modellierung bedeutet, eine Abstraktion eines Systems so zu konstruieren, dass die wichtigen Aspekte hervorgehoben werden und unerhebliche Einzelheiten unbeachtet bleiben. Was aber wichtig und was unerheblich ist, hängt von der jeweiligen Aufgabe ab.

Nehmen wir zum Beispiel an, wir wollten ein Flugzeug konstruieren. Selbst mit der Hilfe von Fachleuten können wir kein Flugzeug nur mit Hilfe einer groben Skizze bauen und dann hoffen, dass es auf seinem Jungfernflug einwandfrei funktioniert. Stattdessen bauen wir zuerst ein Maßstabsmodell des Flugzeugkörpers, um sein aerodynamisches Verhalten zu testen. Bei diesem Maßstabsmodell müssen wir lediglich die Außenform des Flugzeugs darstellen. Einzelheiten wie Instrumententafel oder Motor können wir außer Acht lassen. Um Piloten für dieses neue Flugzeug auszubilden, bauen wir außerdem einen Flugsimulator. Der Flugsimulator muss die Anordnung und das Verhalten der Fluginstrumente genauestens wiedergeben. In diesem Fall können dafür aber Einzelheiten über das Äußere des Flugzeugs unbeachtet bleiben. Sowohl der Flugsimulator als auch das Maßstabsmodell sind weit weniger komplex als das Flugzeug, das sie repräsentieren. Modellierung erlaubt es uns, mit Komplexität durch eine Teile-und-herrsche-Näherung umzugehen: Für jede Art von Problem, das wir lösen wollen (z.B. Testen aerodynamischen Verhaltens, Pilotentraining), bauen wir ein Modell, das ausschließlich auf die für dieses Problem wichtigen Bedürfnisse ausgerichtet ist. Verallgemeinert heißt das, dass Modellierung den Bau eines Modells zum Ziel hat, das einfach genug ist, um von einem Einzelnen verstanden zu werden. Das bedeutet aber auch, dass jedes Ganze höchstens 7 ± 2 Teile enthalten sollte [Miller, 1956].

Modellieren hilft mit Komplexität umzugehen, weil wir dadurch einfache Modelle stufenweise so verfeinern, dass sie der Realität immer näher kommen. Wie in allen Ingenieursdisziplinen geht auch bei der Softwaretechnik für gewöhnlich das Modell dem endgültigen System voraus. Während der Analyse bauen wir zuerst ein für den Anwender verständliches Modell mit der allgemeinen Funktionalität, die das System erfüllen muss.

Dann verfeinern wir dieses Modell, indem wir mehr Einzelheiten über die Formen, die das System aufzeigen soll, sowie die Gestaltung der Benutzeroberfläche und die Antwort des Systems auf Ausnahmefälle hinzufügen. Der Satz aller Modelle, die während der Entwicklung erstellt werden, heißt **Systemmodell.** Verwendeten wir keine Modelle, sondern fingen gleich mit der Kodierung des Systems an, müssten wir schon alle Einzelheiten der Benutzeroberfläche spezifizieren, bevor uns der Kunde seine Anforderungen mitteilen könnte (und wir verlören auf diese Weise eine Menge Zeit und Mittel, falls der Kunde Änderungen verlangte).

Leider kann auch ein Modell so komplex werden, dass es kaum mehr zu verstehen ist. Wir können aber weiterhin die Teile-und-herrsche-Näherung verwenden, um auch ein so komplexes Modell in ein einfacheres zu verfeinern. Eine **Sicht** betrachtet einen Teilbereich eines Modells, um ihn verständlich zu machen (Abbildung 2.6). Zum Beispiel bilden alle zur Flugzeugkonstruktion nötigen Blaupausen ein Modell. Auszüge daraus, die erklären, wie die Treibstoffanlage funktioniert, bilden die Treibstoffanlagen-Sicht. Sichten können sich überschneiden: Die Sicht eines Flugzeugs, die die elektrische Schaltanlage beschreibt, umfasst natürlich auch die elektrische Schaltanlage für die Treibstoffanlage.

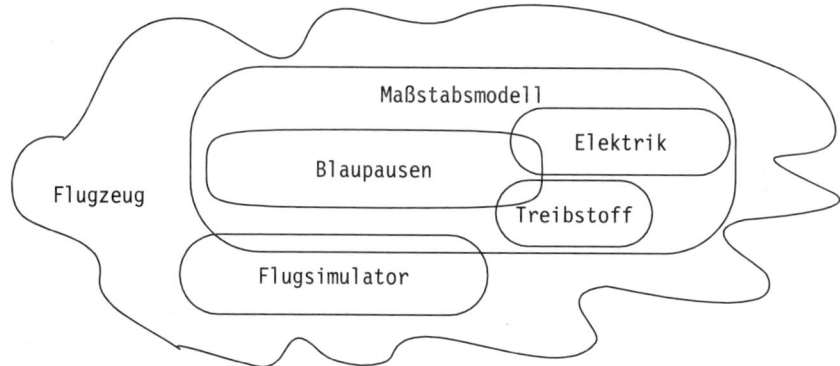

Abbildung 2.6: Ein Modell ist eine Abstraktion, die eine Untergruppe eines Systems beschreibt. Eine Sicht veranschaulicht ausgewählte Aspekte eines Modells. Sichten und Modelle eines einzelnen Systems können einander überschneiden.

Notationen sind grafische oder textuelle Regeln zur Darstellung von Sichten. Ein UML-Klassendiagramm ist eine grafische Sicht eines Objektmodells. In Schaltdiagrammen bedeutet jede verbundene Linie ein unterschiedliches Kabel oder Kabelbündel. In UML-Klassendiagrammen stellt ein Rechteck mit einer Überschrift eine Klasse dar. Eine Linie zwischen zwei Rechtecken steht für eine Beziehung zwischen den beiden korrespondierenden Klassen. Man beachte, dass unterschiedliche Notationen zur Darstellung derselben Sicht benutzt werden können (Abbildung 2.7).

In der Softwaretechnik gibt es noch viele andere Notationen für Modellierungssysteme. UML beschreibt ein System hinsichtlich Klassen, Ereignissen, Zuständen, Interaktionen und Aktivitäten. Datenflussdiagramme [De Marco, 1978] verdeutlichen, wie Daten gewonnen, verarbeitet und gespeichert werden. Z-Schemata [Spivey, 1989] repräsentieren

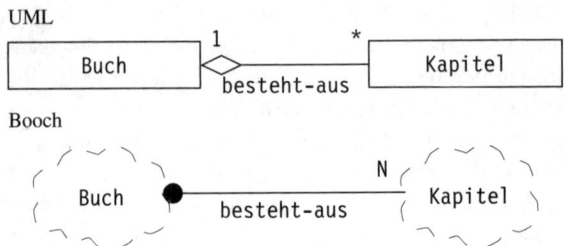

Abbildung 2.7: Die Beschreibung der Teile/Ganzes-Beziehung zwischen einem Buch und den Kapiteln des Buches mit zwei unterschiedlichen Notationen. Das Modell besteht aus zwei Klassen Buch und Kapitel sowie einer Aggregationsassoziation. In UML werden die Klassen durch Rechtecke und die Aggregationsassoziation durch eine Linie, die mit einer Raute beendet wird, veranschaulicht. Bei der Booch-Notation werden die Klassen durch Wolken und die Aggregationsverbindung durch eine Linie, die mit einem ausgefüllten Kreis abschließt, dargestellt.

das System als eine Menge von Invarianten (unveränderliche Bedingungen) und in Werten, die anzeigen, was vor und was nach der Ausführung einer Operation wahr ist. Jede Notation ist auf ein anderes Problem zugeschnitten.

Im nächsten Abschnitt befassen wir uns genauer mit dem Prozess der Modellierung.

2.3.2   Datentypen, abstrakte Datentypen und Instanzen

Ein **Datentyp** ist eine Abstraktion im Kontext einer Programmiersprache. Ein Datentyp hat einen eindeutigen Namen, der ihn von anderen Datentypen unterscheidet. Dieser Name bezeichnet einen Satz von Werten, die diesem Datentyp angehören (d.h. die **Instanzen** des Datentyps), und definiert die Struktur und die Operationen, die für alle Instanzen dieses Datentyps gültig sind. Datentypen werden in Typ-orientierten Sprachen verwendet und stellen sicher, dass nur gültige Operationen auf spezifische Instanzen angewendet werden.

Beispielsweise entspricht der Name int in Java den ganzen Zahlen zwischen -2^{31} und $2^{31}-1$. Gültige Operationen auf allen Instanzen dieses Typs sind die arithmetischen Operationen für ganze Zahlen (z.B. Addition, Subtraktion, Multiplikation, Division) und all die Funktionen und Methoden, deren Parameter vom Typ int sind (z.B. mod). Der Java-Compiler meldet einen Fehler, falls eine Gleitpunktoperation auf eine Instanz vom Typ int (z.B. trunc oder floor) angewendet wird.

Ein **abstrakter Datentyp** ist ein durch eine implementierungsunabhängige Spezifikation definierter Datentyp. Ein abstrakter Datentyp ermöglicht es Entwicklern, einen Satz von Instanzen zu benutzen, ohne deren spezielle Implementierung zu kennen. Beispiele für abstrakte Datentypen sind Mengen, Sequenzen oder Abbildungen, die man mathematisch definieren kann. Ein System kann unterschiedliche Implementierungen des abstrakten Datentypsatzes unterstützen, wovon jede ein anderes Kriterium optimiert (z.B. Speicherverbrauch, Einfügezeit). Ein Entwickler, der zum Beispiel den abstrakten Datentyp Menge benutzt, braucht lediglich die Semantik von Mengenoperationen zu verstehen, aber nicht die interne Darstellung von Menge. Ein anderes Beispiel ist der abstrakte Datentyp Person mit den Operationen gibName(), gibSozialVersicherungsnummer() und gibAdresse()[1]. Die Entscheidung, ob die Sozialversicherungsnummer einer Person als Zahl oder als Zeichenreihe gespeichert ist, ist aus der Sicht des restlichen Systems nicht wichtig. Solche Entscheidungen werden **Implementierungsentscheidungen** genannt.

2.3.3   Klassen, abstrakte Klassen und Objekte

Eine **Klasse** in der objektorientierten Modellierung und Programmierung ist eine Abstraktion. Wie bei den abstrakten Datentypen umfasst eine Klasse sowohl Struktur als auch Verhalten. Anders als bei abstrakten Datentypen können Klassen auch durch andere Klassen definiert werden. Angenommen wir haben eine Uhr, die auch als Taschenrechner benutzt werden kann. Dann kann die Klasse RechnerUhr als Verfeinerung der Klasse Uhr aufgefasst werden. Diese Art von Beziehung zwischen einer Basisklasse und einer verfeinerten Klasse wird **Vererbung** genannt. Die verallgemeinerte Klasse (z.B. Uhr) heißt **Superklasse**, die spezialisierte Klasse (z.B. RechnerUhr) ist die **Unterklasse**. Bei einer Vererbungsbeziehung verfeinert die Unterklasse die Superklasse, indem neue Attribute und Operationen definiert werden. In Abbildung 2.8 definiert RechnerUhr eine Funktion zur Ausführung einfacher Arithmetik, die die Klasse Uhr nicht hat.

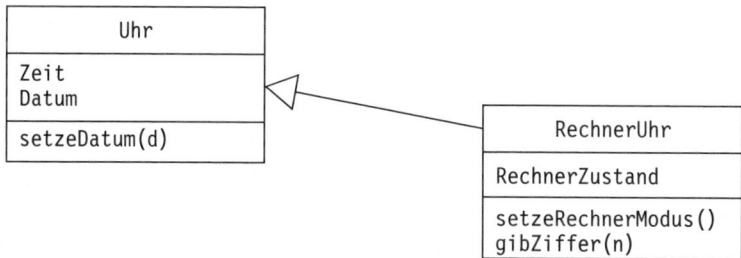

Abbildung 2.8:   UML-Klassendiagramm, das zwei Klassen darstellt: Uhr und RechnerUhr. RechnerUhr ist eine Verfeinerung von Uhr, die die Taschenrechnerfunktion liefert, die in normalen Uhren nicht vorhanden ist. In einem UML-Klassendiagramm werden Klassen und Objekte als Rechtecke mit drei Fächern dargestellt: Im ersten Fach steht der Name der Klasse, im zweiten ihre Attribute, im dritten ihre Operationen. Das zweite und dritte Fach kann auch weggelassen werden. Eine Vererbungsbeziehung wird durch einen Pfeil mit einem Dreieck dargestellt. Das Dreieck zeigt auf die Superklasse, das andere Ende der Linie auf die Unterklasse.

Wenn eine Vererbungsbeziehung ausschließlich dem Zweck dient, gemeinsame Attribute und Operationen zu modellieren, d.h. wenn eine Verallgemeinerung nie instantiiert wird, ist diese Klasse eine **abstrakte Klasse**. Abstrakte Klassen verkörpern oft verallgemei-

---

[1]   Wir bezeichnen eine Operation durch ihren Namen und die in runde Klammern eingeschlossenen Parameter. Hat eine Operation keine Parameter, folgt ein leeres Klammernpaar, um den Namen einer Operation von Klassen- und Attributsnamen klar unterscheiden zu können. Wir werden Operationen im nächsten Abschnitt genauer beschreiben.

nerte Konzepte im Anwendungsbereich. Ihre Namen werden durch Kursivschrift dargestellt. Zum Beispiel können in der Chemie Benzene als Klasse von Molekülen, die zur
abstrakten Klasse *OrganischeVerbindung* (Abbildung 2.9) gehören, aufgefasst werden.
Man beachte, dass *OrganischeVerbindung* eine Verallgemeinerung ist und nicht einem
Molekül entspricht, was besagt, dass *OrganischeVerbindung* keine Instanzen hat. In Java
ist Collection eine abstrakte Klasse, für die es keine Instanzen gibt. Vielmehr sind alle
Collection-Objekte Instanzen einer der Unterklassen von Collection, wie beispielsweise
LinkedList, ArrayList oder HashMap. Man beachte, dass nicht alle Verallgemeinerungen
abstrakte Klassen sind. Zum Beispiel ist die Uhr-Klasse in Abbildung 2.8 keine abstrakte
Klasse, da sie selbst Instanzen haben kann. Wenn man Softwaresysteme modelliert,
beziehen sich abstrakte Klassen manchmal auf keines der vorhandenen Konzepte des
Anwendungsbereichs, sondern werden vielmehr eingeführt, um die Komplexität des
Modells zu reduzieren oder seine Wiederverwendbarkeit zu vereinfachen.

Eine Klasse definiert die **Operationen,** die auf ihre Instanzen angewendet werden können. Operationen einer Superklasse können auch auf die Objekte der Unterklasse vererbt
und angewendet werden. In Abbildung 2.8 ist die Operation setzeDatum(d), die das aktuelle Datum einer Uhr einstellt, auch für RechnerUhren verfügbar. Die in der RechnerUhr-
Klasse definierte Operation setzeRechnerModus steht aber für die Uhr-Klasse nicht zur
Verfügung.

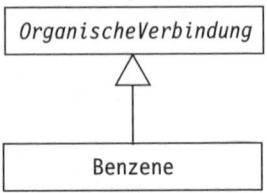

Abbildung 2.9: Beispiel für abstrakte Klasse (UML-Klassendiagramm). *OrganischeVerbindung* wird
nie initiiert und dient lediglich als Verallgemeinerung.

Eine Klasse definiert die **Attribute**, die in all ihren Instanzen vorhanden sind. Ein Attribut ist eine bezeichnete Zelle in der Instanz, in der ein Wert gespeichert ist. Attribute
haben eindeutige Namen innerhalb der Klasse und eines Typs. Die Klasse Uhr hat ein
Zeit- und ein Datum-Attribut. Die Klasse RechnerUhr hat ein RechnerZustand-Attribut.

Ein **Objekt** ist eine Instanz einer Klasse. Ein Objekt hat eine Identität und speichert Attri-
butwerte. Jedes Objekt gehört zu genau einer Klasse. In UML wird eine Instanz durch ein
Rechteck mit einem <u>unterstrichenen</u> Namen veranschaulicht. Diese Konvention wird in
UML benutzt, um zwischen Instanzen und Klassen zu unterscheiden.[2] In Abbildung 2.10

---

[2] Unterstreichung wird oft auch zur Darstellung von Internetadressen (*Uniform Resource Loca-
tors*, URLs) verwendet.Wir benutzen im laufenden Text keine unterstrichenen Namen, sondern
den gleichen Schriftsatz für Instanzen und Klassen. Eventuell auftretende Mehrdeutigkeiten
werden im Allgemeinen durch den Kontext klar, in dem der Name benutzt wird. Wir denken,
dass dadurch die Lesbarkeit des Textes erhöht wird. In UML-Diagrammen verwenden wir allerdings immer <u>unterstrichene Namen</u>, um Instanzen von Klassen zu unterscheiden.

ist einfacheUhr1291 eine Instanz von Uhr und RechnerUhr1515 eine Instanz von Rechner-Uhr. Obwohl die Operationen von Uhr für RechnerUhr1515 verfügbar sind, ist RechnerUhr-1515 keine Instanz der Klasse Uhr.

Abbildung 2.10: UML-Klassendiagramm, das die Instanzen zweier Klassen beschreibt: einfacheUhr1291 ist eine Instanz von Uhr; RechnerUhr1515 ist eine Instanz von RechnerUhr. Obwohl die Operationen von Uhr auch für RechnerUhr1515 anwendbar sind, ist die letztere keine Instanz der ersteren.

Die Attribute eines Objekts können bei einigen Programmiersprachen für andere Teile des Systems sichtbar sein. Zum Beispiel gestattet Java dem Programmierer zu spezifizieren, welche Attribute sichtbar sein sollen und welche nicht.

2.3.4 Ereignisklassen, Ereignisse und Nachrichten

Ereignisklassen sind Abstraktionen, die eine gewisse Art von Ereignis repräsentieren, auf die das System eine einfache Antwort hat. Ein **Ereignis,** eine Instanz einer Ereignisklasse, ist ein wesentlicher Bestandteil im System. Ein Ereignis kann beispielsweise ein Auslösereiz eines Akteurs (z.B. „der UhrBenutzer drückt die linke Taste"), eine Unterbrechung (z.B. „nach 2 Minuten") oder das Senden einer Nachricht zwischen zwei Objekten sein. Das Senden einer **Nachricht** ist der Mechanismus, mit dem das sendende Objekt die Ausführung einer Operation beim empfangenden Objekt fordert. Die Nachricht besteht aus einem Namen und einer Anzahl von Argumenten. Das empfangende Objekt vergleicht den Namen der Nachricht mit seinen Operationen und übergibt die Argumente an die passende Operation. Jedes Ergebnis wird an das sendende Objekt zurückgegeben.

In Abbildung 2.11 beispielsweise berechnet das einfacheUhr-Objekt die aktuelle Zeit aus der Greenwich-Zeit des Zeit-Objektes und der Zeitdifferenz des Zeitzone-Objektes, die es jeweils durch das Senden der Nachrichten gibZeit() und gibZeitDelta() bekommt.

Ereignisse und Nachrichten sind Instanzen: Sie stellen konkrete Begebenheiten im System dar. Ereignisklassen sind Abstraktionen, die Gruppen von Ereignissen beschreiben, auf die das System eine allgemeine Antwort hat. In der Praxis kann sich der Ausdruck „Ereignis" auf Instanzen oder Klassen beziehen. Diese Mehrdeutigkeit wird durch Überprüfung des Kontexts, in dem der Ausdruck verwendet ist, beseitigt.

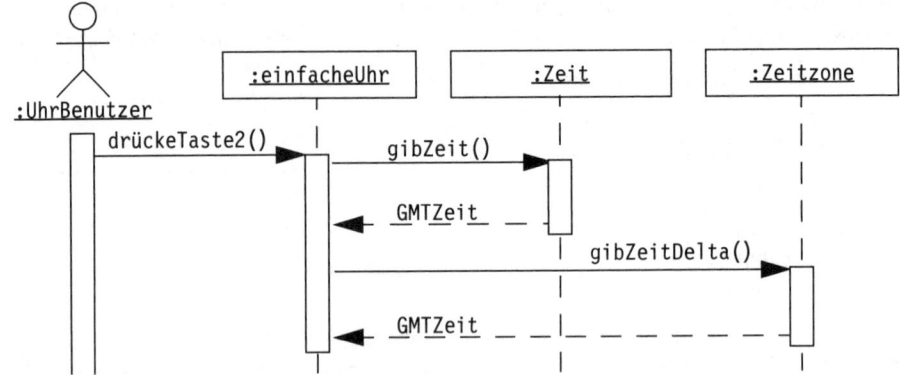

Abbildung 2.11: Beispiele für das Senden von Nachrichten (UML-Sequenzdiagramm). Das Uhr-Objekt sendet die `gibZeit()`-Nachricht an ein `Zeit`-Objekt, um die aktuelle Greenwich-Zeit abzufragen. Anschließend sendet es die `gibZeitDelta()`-Nachricht an ein `Zeitzone`-Objekt, um die Differenz zu erfragen, die zur Greenwich-Zeit addiert werden muss. Der gestrichelte Pfeil stellt das Ergebnis dar, das an den Nachrichten-Absender zurückgesendet wird.

2.3.5 Objektorientiertes Modellieren

Die **Anwendungsdomäne**, auch **Anwendungsbereich** genannt, repräsentiert alle Aspekte des Benutzerproblems. Sie umfasst die physikalische Umgebung, die Benutzer und andere Leute, deren Arbeitsvorgänge usw. Es ist für Analytiker und Entwickler entscheidend, die Anwendungsdomäne für ein System zu verstehen, damit die geforderte Aufgabe erfüllt werden kann. Zu berücksichtigen ist dabei, dass sich die Anwendungsdomäne mit der Zeit ändern kann, da sich Arbeitsprozesse und Personen ändern.[3]

Die **Lösungsdomäne**, auch **Lösungsbereich** genannt, ist der Modellierungsraum für alle möglichen Systeme. Das Modellieren in der Lösungsdomäne repräsentiert die Systementwurfs- und die Objektentwurfsaktivitäten des Entwicklungsprozesses. Das resultierende Modell, Lösungsdomänenmodell oder auch Systemmodell genannt, ist viel umfassender und daher viel fehleranfälliger als ein Anwendungsdomänenmodell. Das rührt daher, dass das System in der Lösungsdomäne genauer modelliert werden muss als in der Anwendungsdomäne. Neue Technologien, ein besseres Verständnis der Implementierungstechnologie durch den Entwickler sowie Änderungen bei den Anforderungen verursachen oft noch zusätzliche Änderungen im Lösungsdomänenmodell. Letztendlich kann sogar der Einsatz des neuen Systems die Anwendungsdomäne verändern, zum Beispiel wenn Benutzer neue Arbeitsprozesse entwickeln, um mit dem System zurechtzukommen.

---

[3] Die Anwendungsdomäne ist manchmal noch in eine Benutzerdomäne und eine Kundendomäne aufgeteilt. Die Kundendomäne enthält die Angelegenheiten, die für den Kunden wichtig sind, wie z.B. Unterhaltskosten für das System oder Auswirkung des Systems auf die übrige Organisation. Die Benutzerdomäne beinhaltet die Angelegenheiten, die für den Endbenutzer von Bedeutung sind, wie z.B. hohe Funktionalität, leichte Erlernbarkeit oder gute Anwendbarkeit.

Objektorientierte Analyse befasst sich mit der Modellierung der Anwendungsdomäne. Der **objektorientierte Entwurf** beschäftigt sich mit der Modellierung der Lösungsdomäne. Beide Modellierungsaktivitäten benutzen die gleichen Repräsentanten (d.h. Klassen und Objekte). Bei objektorientierter Analyse und objektorientiertem Entwurf ist das Anwendungsdomänenmodell auch ein Teil des Systemmodells. Zum Beispiel hat ein Luftfahrtkontrollsystem eine Klasse Fluglotse, um die einzelnen Fluglotsen, ihre Präferenzen und ihre Log-Informationen darzustellen. Das System hat auch eine Flugzeug-Klasse, um Informationen darzustellen, die mit den beobachteten Flugzeugen zusammenhängen. Sowohl Fluglotse als auch Flugzeug sind Anwendungsdomänenkonzepte, die in dem System repräsentiert sind (Abbildung 2.12).

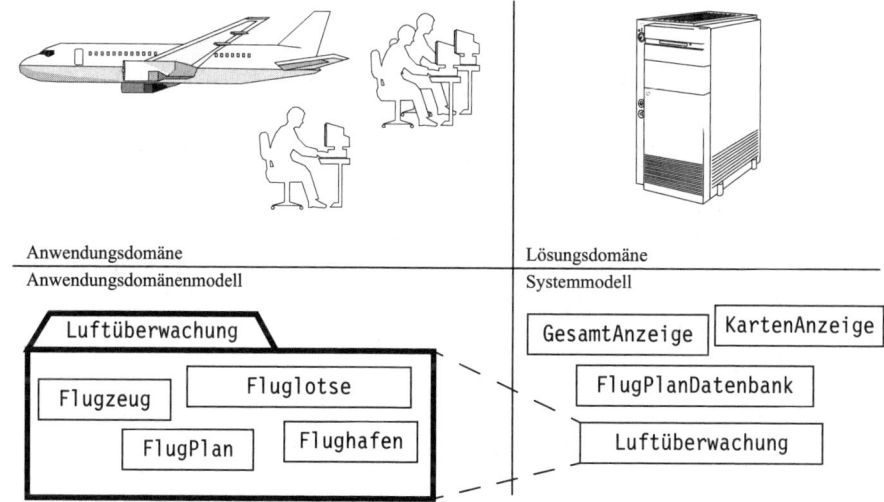

Abbildung 2.12: Das Anwendungsdomänenmodell repräsentiert die Eigenschaften der Umgebung, die für ein Luftfahrtkontrollsystem wichtig sind (z.B. Flugzeug, Fluglotsen). Das Systemmodell repräsentiert die Eigenschaften, die Teil des Systems sind (z.B. Kartenanzeige, Flugplandatenbank). Bei objektorientierter Analyse und objektorientiertem Entwurf ist die Anwendungsdomäne auch ein Teil des Systemmodells. Ein Beispiel in der Abbildung ist das Paket Luftüberwachung, das in beiden Modellen erscheint. (Genaueres siehe Kapitel 5, *Analyse*.)

Das Modellieren der Anwendungsdomäne und der Lösungsdomäne mit einer einzelnen Notation hat sowohl Vor- als auch Nachteile. Einerseits kann es sehr mächtig sein: Lösungsdomänenklassen, die Anwendungskonzepte repräsentieren, können bis zur Anwendungsdomäne zurückverfolgt werden. Überdies können diese Klassen in Subsystemen eingekapselt werden, unabhängig von anderen Implementierungskonzepten (z.B. Benutzeroberflächen und Datenbanktechnologien) und sie können als eine wiederverwendbare Sammlung von Domänenklassen angeboten werden. Andererseits kann der Gebrauch einer einzigen Notation Verwirrung verursachen, weil dadurch der Unterschied zwischen realer Welt und Modell verwischt wird. Wir lösen dieses Problem dadurch, dass wir eine einzelne Notation benutzen, im Falle von Mehrdeutigkeiten aber zwischen Realität und Modell klar unterscheiden. Meistens beziehen wir uns in unseren Aussagen auf das Modell (d.h. der Satz „ein Flugzeug besteht aus FrachtListe und FlugPlan" ist eine Aussage über eine Beziehung in einem Modell).

2.3.6   Falsifikation und Erstellung eines Prototyps

Ein Modell ist eine Vereinfachung der Realität, weil unwichtige Einzelheiten unbeachtet bleiben. Wichtige Einzelheiten hingegen müssen dargestellt werden. Durch **Falsifikation** [Popper, 1992] wird gezeigt, dass wesentliche Einzelheiten falsch oder gar nicht repräsentiert werden, d.h. dass das Modell nicht der Wirklichkeit, für die es bestimmt ist, entspricht.

Das Verfahren der Falsifikation ist auch in anderen Wissenschaften wohl bekannt: Wissenschaftler schlagen verschiedene Modelle einer Realität vor, die nach und nach akzeptiert werden, weil eine wachsende Menge von Daten das Modell unterstützt. Jedoch wird das Modell sofort verworfen, wenn ein Gegenbeispiel gefunden wird. Gegen Ende des 18. Jahrhunderts wurde zum Beispiel entdeckt, dass die Umlaufbahn des Planeten Merkur nicht genau der nach der Newton'schen Schwerkraftstheorie vorausberechneten Umlaufbahn entsprach. Später wurde mit Hilfe der Einstein'schen Allgemeinen Relativitätstheorie eine geringfügig unterschiedliche Umlaufbahn vorausberechnet, die den Beobachtungen besser entsprach. Mit anderen Worten: Die Theorie Newtons wurde durch die von Einstein falsifiziert. Dennoch nutzen wir auf der Erde immer noch Newtons Theorie, weil die berechneten Unterschiede zwischen den beiden Theorien bei praktischen Anwendungen auf der Erde gering sind und Newtons Theorie viel einfacher ist. Mit anderen Worten, die Feinheiten, die mit der Theorie Newtons nicht erfasst werden, sind bei den von uns verwendeten Maßeinheiten nicht wichtig.

Man kann Falsifikation auch bei der Entwicklung von Softwaresystemen einsetzen. Eine mögliche Technik bei der Entwicklung eines Systems ist das **Erzeugen eines Prototyps**: Beim Entwurf der Benutzerschnittstelle bauen die Entwickler einen Prototyp, der lediglich die Benutzerschnittstelle eines Systems simuliert. Der Prototyp wird dann möglichen Benutzern zur Bewertung – d.h. zur Falsifikation – übergeben. Auf Grund der Rückmeldungen der Benutzer verwerfen die Entwickler dann oft den anfänglichen Prototyp, besonders in den ersten Iterationen dieses Prozesses. Anders ausgedrückt: die Benutzer falsifizieren den anfänglichen Prototyp, also das Modell des zukünftigen Systems, weil er wesentliche Einzelheiten nicht richtig beschreibt.

Man beachte, dass es lediglich möglich ist zu beweisen, dass ein Modell falsch ist. Obwohl es in einigen Fällen möglich ist, mathematisch zu beweisen, dass zwei Modelle äquivalent sind, ist es nicht möglich zu zeigen, dass eines von beiden die Realität korrekt abbildet. Formale Verifizierungstechniken können Entwicklern helfen zu zeigen, dass eine bestimmte Softwareimplementierung mit der formalen Spezifikation übereinstimmt. Jedoch können nur Feldversuche und längere Benutzung zeigen, ob ein System den Bedürfnissen des Kunden entspricht. Auch auf Grund von Änderungen in der Implementierungstechnologie und in der Umgebung können Systemmodelle zu jeder Zeit falsifiziert werden.

2.4 Ein tieferer Einblick in UML

Wir beschreiben nun ausführlich die fünf UML-Hauptdiagramme, die wir in diesem Buch benutzen.

- **Anwendungsfalldiagramme** stellen die Funktionalität des Systems aus der Sicht des Benutzers dar. Sie legen die Grenzen des Systems fest (Abschnitt 2.4.1).

- **Klassendiagramme** beschreiben die statische Struktur eines Systems hinsichtlich seiner Objekte, ihrer Attribute und Operationen sowie hinsichtlich der Beziehungen zwischen diesen Objekten (Abschnitt 2.4.2).

- **Interaktionsdiagramme** beschreiben die Wechselwirkungen zwischen einer Anzahl von Objekten im System. Sie werden benutzt, um Objekte in den Anwendungs- und Lösungsdomänen zu identifizieren (Abschnitt 2.4.3).

- **Zustandsdiagramme** werden benutzt, um das dynamische Verhalten einzelner Objekte zu beschreiben (Abschnitt 2.4.4).

- **Aktivitätsdiagramme** beschreiben den Daten- bzw. den Kontrollfluss innerhalb eines Systems (Abschnitt 2.4.5).

2.4.1 Anwendungsfalldiagramme

Anwendungsfälle und Akteure

Akteure sind externe Instanzen, die mit dem System interagieren. Beispiele für Akteure sind Benutzerrollen (z.B. ein Systemverwalter, ein Bankkunde, ein Kassierer) oder ein anderes System (z.B. eine zentrale Datenbank, ein Fabrikfließband). Akteure haben eindeutige Namen und Beschreibungen.

Anwendungsfälle beschreiben das Verhalten eines Systems vom Gesichtspunkt des Akteurs aus. Das Verhalten, das durch die Menge aller Anwendungsfälle beschrieben ist, wird auch **externes Verhalten** genannt. Ein Anwendungsfall beschreibt eine vom System bereitgestellte Funktion als einen Satz von Ereignissen, der für die Akteure ein sichtbares Ergebnis liefert. Akteure initiieren einen Anwendungsfall, um auf die vom System bereitgestellte Funktionalität zuzugreifen. Der Anwendungsfall kann dann einen weiteren Anwendungsfall anstoßen und mehr Informationen von den Akteuren einholen. Wenn Akteure und Anwendungsfälle Informationen austauschen, sprechen wir davon, dass sie miteinander **kommunizieren**. Wir werden diesen Sachverhalt mit der Kommunikations-Beziehung (siehe Seite 72) modellieren.

Ein **Anwendungsfalldiagramm** ist die grafische Darstellung eines oder mehrerer Anwendungsfälle, wobei die Anwendungsfälle durch Ellipsen und die Akteure durch Strichmännchen grafisch dargestellt werden. Mehrere Anwendungsfälle kann man mittels eines Rechtecks zu einem Anwendungsfallpaket gruppieren und mit einem Namen versehen. Das System kann auch als Anwendungsfallpaket modelliert werden. Die Linien des Rechtecks zeigen die Grenze des Anwendungsfallpaketes oder des Systems an; Akteure sind also außerhalb der Systemgrenze.

Nehmen wir als Beispiel ein Unfallmanagementsystem, in dem ein Außenbeamter Zugriff auf einen drahtlosen Rechner hat, der es ihm ermöglicht, mit einem Dienstleiter zu interagieren. Der Dienstleiter kann den augenblicklichen Stand aller Ressourcen wie Polizeiautos oder Löschzüge auf einem Bildschirm visualisieren und eine freie Ressource entsenden, indem er von einer Workstation aus einen Befehl erteilt.

Die Funktionalität dieses Systems können wir mit drei Anwendungsfällen und zwei Akteuren modellieren. Abbildung 2.13 zeigt das Anwendungsfalldiagramm, wobei wir die drei Anwendungsfälle als ein Paket gezeichnet haben, das wir mit FRIEND bezeichnen. Der Akteur Außenbeamter ruft den Anwendungsfall MeldeNotfall auf, um dem Akteur Dienstleiter einen neuen Notfall zu melden. Als Antwort ruft der Dienstleiter den Anwendungsfall EröffneVorfall auf, um einen Ereignisbericht anzulegen und die Ereignisbehandlung zu initiieren. Der Dienstleiter gibt vorläufige Informationen des Akteurs Außenbeamter in die Ereignisdatenbank ein und beordert mit Hilfe des Anwendungsfalls TeileBetriebsmittelZu zusätzliche Einheiten zum Unfallort.

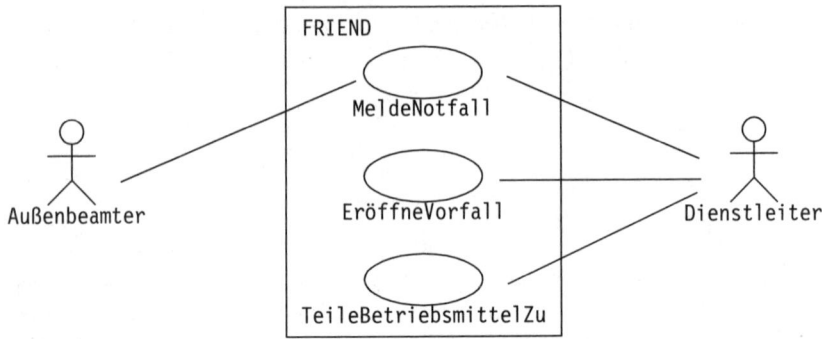

Abbildung 2.13: Beispiel eines UML-Anwendungsfalldiagramms bei der Modellierung des Unfallmanagementsystems FRIEND. Verbindungen zwischen Akteuren und Anwendungsfällen stellen den Informationsfluss dar. Bei UML sind diese Verbindungen bidirektional: Man kann sie also so lesen, dass ein Akteur einen Anwendungsfall initiiert (z.B. Außenbeamter initiiert MeldeNotfall) oder dass ein Anwendungsfall Informationen für einen Akteur bereitstellt (z.B. MeldeNotfall benachrichtigt Dienstleiter).

Zur textuellen Beschreibung eines Anwendungsfalls benutzen wir eine aus sechs Feldern bestehende Vorlage (siehe Abbildung 2.14), die wir von [Constantine & übernommen haben:

- Der **Name** eines Anwendungsfalls ist durch das ganze System hindurch eindeutig, sodass sich alle Entwickler (und andere Projektteilnehmer) eindeutig darauf beziehen können.

- **Akteure** sind Akteure, die mit dem Anwendungsfall interagieren.

- **Anfangsbedingungen** oder **Vorbedingungen** beschreiben die Bedingungen, die erfüllt sein müssen, bevor der Anwendungsfall überhaupt gestartet werden kann.

Anwendungs-fallname	MeldeNotfall
Akteure	Initiiert von Außenbeamter Kommuniziert mit Dienstleiter
Ereignisfluss	1. Außenbeamter aktiviert die „Melde Notfall"-Funktion auf dem Terminal.
	2. FRIEND antwortet durch Bereitstellung eines Formulars für Außenbeamter.
	3. Außenbeamter füllt die Formularfelder Grad des Notfalls, Notfalltyp, Ort und Kurzbeschreibung der Situation aus. Er beschreibt auch mögliche Lösungen für die Notfallsituation. Sobald er das Formular ausgefüllt hat, schickt er es ab.
	4. FRIEND erhält das Formular und benachrichtigt den Dienstleiter.
	5. Der Dienstleiter beurteilt die eingegebene Information und erzeugt einen Vorfall in der Datenbank, indem er den EröffneVorfall-Anwendungsfall aufruft. Der Dienstleiter wählt eine Antwort aus und bestätigt den Bericht.
	6. FRIEND zeigt dem Akteur Außenbeamter die Bestätigung und die ausgewählte Lösung an.
Anfangs-bedingungen	▪ Außenbeamter ist bei FRIEND angemeldet.
Abschluss-bedingungen	▪ Außenbeamter hat eine Bestätigung und eine ausgewählte Lösung vom Dienstleiter erhalten ODER ▪ Außenbeamter hat eine Erklärung erhalten, warum die Übertragung nicht erfolgen konnte.
Qualitäts-anforderungen	▪ Der Bericht von Außenbeamter wird innerhalb von 30 Sekunden bestätigt. ▪ Die ausgewählte Lösung kommt innerhalb von 30 Sekunden, nachdem der Dienstleiter sie gesendet hat, an.

Abbildung 2.14:   Ein Unfallbericht als MeldeNotfall-Anwendungsfall

▪ Der **Ereignisfluss** beschreibt die Abfolge von Interaktionen des Anwendungsfalls, die durchnummeriert sind, damit man sich darauf beziehen kann. Der allgemeine Fall (d.h. Fälle, die vom Benutzer erwartet werden) und Ausnahmefälle (d.h. vom Benutzer unerwartete Fälle wie Irrtümer und ungewöhnliche Bedingungen) werden zum besseren Verständnis in verschiedenen Anwendungsfällen gesondert beschrieben. Wir ordnen die Schritte im Ereignisablauf in zwei Spalten an: Die linke Spalte repräsentiert die Schritte, die der Akteur durchführt; die eingerückte rechte Spalte repräsentiert die Schritte, die das System durchführt. Jedes Paar von Akteur/System-Schritten stellt eine Interaktion dar.

■ **Abschlussbedingungen** oder **Nachbedingungen** beschreiben die Bedingungen, die nach Abschluss des Anwendungsfalls erfüllt sind.

■ **Qualitätsanforderungen** sind Anforderungen, die nicht mit der Funktionalität des Systems zusammenhängen. Vielmehr beinhalten sie Beschränkungen bei der Ausführung des Systems, seiner Implementierung, bei der Wahl der Hardwareplattform usw. Qualitätsanforderungen werden wir in Kapitel 4, *Anforderungsermittlung*, genauer beschreiben.

Anwendungsfälle werden in natürlicher Sprache beschrieben. Das ermöglicht dem Entwickler, sie bei der Kommunikation mit Kunden und Benutzern, die im Allgemeinen keine genaue Kenntnis von Softwaretechnik-Notationen haben, zu verwenden. Der Gebrauch der natürlichen Sprache ermöglicht es auch Teilnehmern aus anderen Fachgebieten, die Anforderungen an das System zu verstehen. Der Gebrauch der natürlichen Sprache ermöglicht es Entwicklern überdies, Dinge zu erfassen, wie zum Beispiel spezielle Anforderungen, die nicht so leicht in Diagrammen erfasst werden können.

Anwendungsfalldiagramme können vier Typen von Beziehungen enthalten: Kommunikation, Enthält, Erweiterung und Vererbung. Wir beschreiben diese Beziehungen als Nächstes.

Kommunikations-Beziehung

Akteure und Anwendungsfälle kommunizieren, wenn zwischen ihnen Informationen ausgetauscht werden. **Kommunikations-Beziehungen** werden mit einer durchgezogenen Linie zwischen den Akteur- und Anwendungsfallsymbolen veranschaulicht. In Abbildung 2.13 kommunizieren die Akteure Außenbeamter und Dienstleiter mit dem MeldeNotfall-Anwendungsfall. Der Akteur Dienstleiter kommuniziert außerdem mit den Anwendungsfällen EröffneVorfall und TeileBetriebsmittelZu.

Kommunikations-Beziehungen zwischen Akteuren und Anwendungsfällen können verwendet werden, um den Zugriff auf verfügbare Funktionalität zu modellieren. In unserem Beispiel haben Außenbeamter und Dienstleiter Zugriff auf unterschiedliche Funktionalitäten im System. Der Akteur Außenbeamter kann einen Notfall nur melden, während der Akteur Dienstleiter den Vorfall im System eintragen und ihm auch Ressourcen zuweisen kann.

Enthält-Beziehung

Bei einem komplexen System kann das zugehörige Anwendungsfallmodell selbst ziemlich komplex werden und Redundanzen enthalten. Man kann die Komplexität des Modells reduzieren, indem man nach Gemeinsamkeiten bei verschiedenen Anwendungsfällen sucht. Angenommen der Dienstleiter soll jederzeit Zugang zu einer Straßenkarte bekommen. Das kann durch einen Anwendungsfall ZeigeStraßenkarte modelliert werden, der dann von den Anwendungsfällen EröffneVorfall und TeileBetriebsmittelZu benutzt werden kann. Das sich daraus ergebende Modell beschreibt die ZeigeStraßenkarte-Funktionalität also nur einmal, womit die Komplexität des gesamten Anwendungsfallmodells reduziert wird.

Zwei Anwendungsfälle sind miteinander durch eine *Enthält*-Beziehung verknüpft, wenn der Ereignisfluss des einen im Ereignisfluss des anderen Anwendungsfalls enthalten ist.

Den enthaltenen Anwendungsfall bezeichnen wir als eingebundenen oder sekundären Anwendungsfall.

Bei Anwendungsfalldiagrammen werden **Enthält-Beziehungen** durch einen gestrichelten Pfeil veranschaulicht, der von dem Anwendungsfall ausgeht, der den Ereignisfluss des sekundären Anwendungsfalls enthält (siehe Abbildung 2.15). Enthält-Beziehungen werden mit dem reservierten Wort «include» bezeichnet.

In der textuellen Beschreibung des Anwendungsfalls stellen wir Enthält-Beziehungen auf zweierlei Arten dar. Wenn der sekundäre Anwendungsfall an beliebiger Stelle im Ereignisfluss des primären Anwendungsfalls aufgerufen werden kann (z.B. der ZeigeStraßenkarte-Anwendungsfall), beschreiben wir das in der *Qualitätsanforderungen*-Sektion des primären Anwendungsfalls (Abbildung 2.16). Falls der sekundäre Anwendungsfall während eines bestimmten Ereignisses explizit aufgerufen werden muss, zeigen wir die Einbindung an der entsprechenden Stelle im Ereignisfluss des primären Anwendungsfalls an.

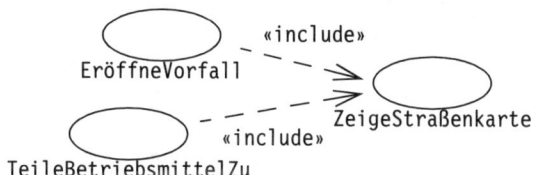

Abbildung 2.15: Beispiel für Enthält-Beziehungen (UML-Anwendungsfalldiagramm)

Anwendungs-fallname	TeileBetriebsmittelZu
Akteur	Initiiert vom Dienstleiter
Ereignisfluss	...(*Der Ereignisfluss wird hier nicht angezeigt*)
Anfangs-bedingungen	■ Der Dienstleiter öffnet einen Vorfall.
Abschluss-bedingungen	■ Zusätzliche Betriebsmittel werden dem Vorfall zugewiesen. ■ Betriebsmittel erhalten Meldung über ihre neue Zuweisung. ■ Außenbeamter erhält Meldung über die Zuweisung der neuen Betriebsmittel.
Qualitäts-anforderungen	■ Der ZeigeStraßenkarte-Anwendungsfall muss an beliebiger Stelle während des Ereignisflusses eingebunden werden können. ■ Der ZeigeStraßenkarte-Anwendungsfall wird initiiert, wenn der Dienstleiter die „Map"-Funktion aufruft. ■ Wenn der Ereignisfluss von ZeigeStraßenkarte ausgeführt ist, hat das System die Straßenkarte so positioniert, dass der Ort des aktuellen Vorfalls für den Dienstleiter sichtbar ist.

Abbildung 2.16: Textliche Darstellung der Enthält-Beziehung zwischen den Anwendungsfällen TeileBetriebsmittelZu und ZeigeStraßenkarte in Abbildung 2.15

Erweiterungs-Beziehung

Erweiterungs-Beziehungen sind ein anderes Mittel, um die Komplexität von Anwendungsfällen zu reduzieren. Ein Anwendungsfall kann einen anderen Anwendungsfall *erweitern*, indem er Ereignisse hinzufügt. Eine Erweiterungs-Beziehung zeigt an, dass eine Instanz eines erweiterten Anwendungsfalls möglicherweise das Verhalten des erweiternden Anwendungsfalls enthält. Enthält-Beziehungen werden mit dem reservierten Wort «extend» bezeichnet.

Eine typische Anwendung für Erweiterungs-Beziehungen sind Ausnahmen. Als Beispiel nehmen wir an, dass die Netzverbindung zwischen Dienstleiter und Außenbeamter jederzeit unterbrochen werden kann (z.B. wenn der Akteur Außenbeamter in einen Tunnel einfährt). Der Anwendungsfall KeineVerbindung beschreibt dann den Ereignisfluss, der vom System und den Akteuren ausgeführt wird, während die Verbindung unterbrochen ist. KeineVerbindung erweitert die Anwendungsfälle EröffneVorfall und TeileBetriebsmittelZu, da in beiden Fällen die Netzverbindung unterbrochen werden kann (siehe Abbildung 2.17). Indem wir die Beschreibung des Normalverhaltens vom Ausnahmeverhalten des Systems trennen, können wir kürzere und gezieltere Anwendungsfälle schreiben. In der textuellen Darstellung beschreiben wir Erweiterungs-Beziehungen als Anfangsbedingungen des erweiternden Anwendungsfalls. In Abbildung 2.18 werden die in Abbildung 2.17 gezeigten Erweiterungs-Beziehungen als Anfangsbedingungen des KeineVerbindung-Anwendungsfalls dargestellt.

Der Unterschied zwischen der Enthält- und der Erweiterungs-Beziehung ist der Ort der Abhängigkeit. Nehmen wir einmal an, dass wir neue Anwendungsfälle für den Akteur Dienstleiter hinzufügen, beispielsweise AktualisiereVorfall oder TeileBetriebsmittelErneutZu. Falls wir den Anwendungsfall KeineVerbindung mit Enthält-Beziehungen modellieren, müssen die Autoren der neuen AktualisiereVorfall- und TeileBetriebsmittelErneutZu-Anwendungsfälle darüber Bescheid wissen und den KeineVerbindung-Anwendungsfall einbinden. Verwenden wir dagegen Erweiterungs-Beziehungen, muss lediglich der KeineVerbindung-Anwendungsfall modifiziert werden, um die zusätzlichen Anwendungsfälle zu erweitern. Im Allgemeinen werden asynchrone Ereignisse und Ausnahmen wie Online-Hilfe, Fehlerbehandlung sowie andere unerwartete Bedingungen als Erweiterungs-Beziehungen modelliert. Anwendungsfälle, die ein gemeinsames Verhalten von mehreren Anwendungsfällen beschreiben, werden dagegen besser mit Enthält-Beziehungen modelliert.

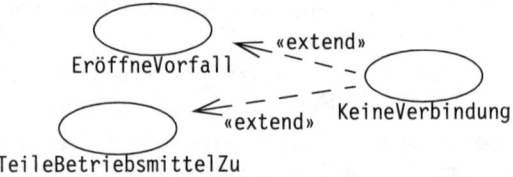

Abbildung 2.17:   Beispiel für eine Erweiterungs-Beziehung (UML-Anwendungsfalldiagramm)

Anwendungsfallname	KeineVerbindung
Akteur	Kommuniziert mit Außenbeamter und Dienstleiter.
Ereignisfluss	... *(Der Ereignisfluss wird hier nicht gezeigt)*
Anfangsbedingungen	Dieser Anwendungsfall erweitert die Anwendungsfälle EröffneVorfall und TeileBetriebsmittelZu. Er wird vom System initiiert, sobald die Netzwerkverbindung zwischen Außenbeamter und Dienstleiter zusammenbricht.
Abschlussbedingungen	... *(Die Abschlussbedingungen werden hier nicht gezeigt)*

Abbildung 2.18: Textuelle Darstellung einer Erweiterungs-Beziehung aus Abbildung 2.17

Vererbungs-Beziehungen

Vererbungs-Beziehungen sind ein weiterer Mechanismus, um die Komplexität eines Anwendungsfallmodells zu reduzieren. Ein Anwendungsfall kann einen allgemeineren Fall durch Hinzufügen von Einzelheiten spezialisieren. Zum Beispiel werden Akteure vom Typ Außenbeamter aufgefordert, sich zu authentifizieren, bevor sie FRIEND benutzen können. In den frühen Stadien der Anforderungsermittlung wird die Authentifizierung als Authentifiziere-Anwendungsfall auf höherer Ebene modelliert. Später verfeinern die Entwickler dann den Authentifiziere-Anwendungsfall, um unterschiedliche Hardwareplattformen zu berücksichtigen. Diese Verfeinerungsaktivität ergibt zwei weitere Anwendungsfälle, AuthentifizierenMitPasswort und AuthentifizierenMitKarte.

AuthentifizierenMitPasswort ermöglicht es dem Akteur Außenbeamter, sich ohne spezifische Hardware anzumelden, während AuthentifizierenMitKarte es ihm ermöglicht, sich unter Verwendung einer Speicherkarte anzumelden. Diese zwei neuen Anwendungsfälle können als Spezialisierung des Authentifiziere-Anwendungsfalls (Abbildung 2.19) dargestellt werden. In der textuellen Darstellung erben die spezialisierten Anwendungsfälle den initiierenden Akteur und die Anfangs- und Abschlussbedingungen des allgemeinen Anwendungsfalls (Abbildung 2.20).

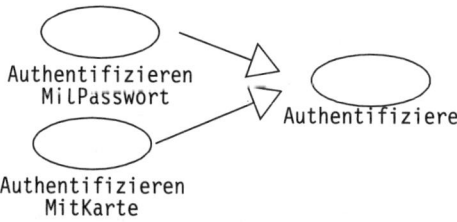

Abbildung 2.19: Beispiel einer Vererbungs-Beziehung zwischen Anwendungsfällen (UML-Anwendungsfalldiagramm). Der Authentifiziere-Anwendungsfall ist ein allgemeiner Anwendungsfall, der den Prozess der Authentifizierung beschreibt. AuthentifizierenMitPasswort und Authentifizieren-MitKarte sind zwei Spezialisierungen von Authentifiziere, die spezifische Authentifizierungsmechanismen verwenden.

Anwendungs-fallname	AuthentifizierenMitKarte
Akteur	Alle Akteure des Authentifiziere-Anwendungsfalls.
Ereignisfluss	1. Der Akteur gibt die Karte in den Kartenleser ein.
	2. Der Kartenleser bestätigt die Karte und fordert den Akteur zur Eingabe der persönlichen Identifizierungs-nummer (PIN) auf.
	3. Der Akteur gibt die PIN auf der numerischen Tastatur ein.
	4. Der Kartenleser vergleicht die eingegebene PIN mit der auf der Karte gespeicherten PIN. Bei Übereinstimmung ist der Akteur authentifiziert. Ansonsten wird der Versuch zurückgewiesen.
Anfangs-bedingungen	Alle Anfangsbedingungen des Anwendungsfalls Authentifiziere.
Abschluss-bedingungen	Alle Abschlussbedingungen des Anwendungsfalls Authentifiziere.

Abbildung 2.20: Textliche Darstellung der Vererbungs-Beziehung in Abbildung 2.19

Man beachte, dass sich Erweiterungs-Beziehungen und Vererbungs-Beziehungen unterscheiden. In einer Erweiterungs-Beziehung beschreibt jeder der beteiligten Anwendungsfälle einen unterschiedlichen Ereignisfluss, um jeweils eine unterschiedliche Aufgabe zu erledigen. In einer Vererbungs-Beziehung beschreiben die beteiligten Anwendungsfälle dieselben Aktionen, allerdings auf unterschiedlichen Abstraktionsebenen.

Der EröffneVorfall-Anwendungsfall in Abbildung 2.17 beschreibt die Aktionen, die stattfinden, wenn der Dienstleiter einen neuen Vorfall anlegt, und der KeineVerbindung-Anwendungsfall beschreibt die während eines Netzwerkausfalls auftretenden Aktionen. Die Anwendungsfälle Authentifiziere und AuthentifizierenMitPasswort in Abbildung 2.19 beschreiben beide die Aktionen, die während einer Authentifizierung auftreten müssen, einmal sehr allgemein und das andere Mal wesentlich spezifischer.

Szenarien

Ein Anwendungsfall ist eine Abstraktion, die alle möglichen Szenarien beschreibt, die die beschriebene Funktionalität enthalten. Während Anwendungsfälle zur Beschreibung aller erdenklichen Fälle einer Funktionalität dienen, mit dem Ziel, dabei möglichst vollständig zu sein und keinen Fall auszulassen, haben Szenarien die Aufgabe, einen oft auftretenden Fall zu illustrieren, wobei das Ziel dabei ist, möglichst verständlich zu sein. Jedes **Szenario** ist also eine Instanz eines Anwendungsfalls.

Zur textuellen Beschreibung von Szenarien benutzen wir eine aus drei Feldern bestehende Vorlage (siehe (Abbildung 2.21):

Szenario-Name	<u>KaufhausBrand</u>
Akteurinstanzen	<u>hans, monika: Außenbeamter</u> <u>franz: Dienstleiter</u>
Ereignisfluss	1. Hans fährt in seinem Streifenwagen die Hauptstraße entlang und bemerkt Rauch, der aus einem Kaufhaus kommt. Seine Partnerin Monika aktiviert die Funktion „MeldeNotfall" auf ihrem FRIEND-Laptop. 2. Monika gibt die Adresse des Gebäudes, eine kurze Beschreibung der Lage des Brandes und das Ausmaß des Notfalls ein. Zusätzlich zu einer Feuerwehreinheit fordert sie einige Krankenwagen an, da das Gebiet ziemlich belebt zu sein scheint. Sie bestätigt ihre Eingabe und wartet auf Bestätigung. 3. Franz, der Dienstleiter, wird auf den Notfall durch einen Signalton seiner Workstation aufmerksam gemacht. Er überprüft die Informationen, die von Monika gesendet wurden, und bestätigt die Meldung. Er beordert eine Feuerwehreinheit und zwei Krankenwagen zum Einsatzort (Vorfall) und sendet die voraussichtliche Ankunftszeit an Monika. 4. Monika erhält die Bestätigung und die voraussichtliche Ankunftszeit.

Abbildung 2.21: Ein Szenario Kaufhausbrand für den Anwendungsfall MeldeNotfall

- Der **Name** des Szenarios erlaubt es Entwicklern (und anderen Projektteilnehmern), sich eindeutig darauf zu beziehen. Der Name ist <u>unterstrichen</u>, um zu zeigen, dass es sich um eine Instanz handelt.

- Das Feld **Akteurinstanz** zeigt an, welche Akteurinstanzen an diesem Szenario beteiligt sind. Akteurinstanzen haben ebenfalls <u>unterstrichene </u>Namen.

- Der **Ereignisfluss** eines Szenarios beschreibt die Folge von Ereignissen Schritt für Schritt.

Anders als bei Anwendungsfällen haben Szenarien weder Anfangs- noch Abschlussbedingungen. Anfangs- und Abschlussbedingungen sind Abstraktionen, die es Entwicklern ermöglichen, eine Reihe von Bedingungen zu beschreiben, unter denen ein Anwendungsfall aufgerufen werden kann. Da ein Szenario nur eine einzige spezielle Situation beschreibt, sind derartige Bedingungen unnötig.

2.4.2 Klassendiagramme

Klassen und Objekte

Klassendiagramme beschreiben die Struktur eines Systems mit Hilfe von Klassen und Objekten. **Klassen** sind Abstraktionen, die das Verhalten und die Merkmale einer Menge von Objekten spezifizieren. Genauer gesagt ist eine Klasse eine Sammlung von Objekten, die eine gemeinsame Anzahl von Attributen und Operationen haben. **Objekte** sind Entitäten, die ihren Zustand und ihr Verhalten kapseln. Jedes Objekt hat eine Identität, auf die man sich individuell beziehen kann und die von anderen Objekten unterscheidbar ist.

In UML werden Klassen und Objekte durch Rechtecke veranschaulicht, die aus drei Teilen bestehen. Der oberste Teil zeigt den Namen der Klasse oder des Objekts. Der mittlere Teil zeigt die zugehörigen Attribute und der unterste Teil die Operationen. Die Attribut- und die Operationsteile können zur Vereinfachung weggelassen werden. Objektnamen sind underlined, um zu verdeutlichen, dass es sich um Instanzen handelt. Klassendiagramme, die nur Objekte enthalten, nennen wir auch **Objektdiagramme**.

Es hat sich die Konvention entwickelt, Klassennamen immer mit einem Großbuchstaben zu beginnen. Objekten können auch Namen gegeben werden (gefolgt von dem Namen ihrer Klasse), damit man sich leichter darauf beziehen kann. Namen von Objekten beginnen immer mit einem Kleinbuchstaben. Im Beispiel des Unfallmeldesystems beschreiben wir den Außenbeamten im Klassendiagramm durch die Klasse Außenbeamter (Siehe Abbildung 2.22). Hans und Monika hingegen repräsentieren zwei individuelle Außenbeamter-Objekte, die im Objektdiagramm in Abbildung 2.23 als hans:Außenbeamter und monika:Außenbeamter dargestellt werden.

In Abbildung 2.22 hat die Klasse Außenbeamter die zwei Attribute name und dienstNummer. Das bedeutet, dass alle Objekte vom Typ Außenbeamter diese beiden Attribute besitzen. In Abbildung 2.23 haben die hans:Außenbeamter- und monika:Außenbeamter-Objekte spezifische Werte für diese Attribute: „Hans D." bzw. „Monika W.". Das name-Attribut ist vom Typ String, was bedeutet, dass nur Instanzen von String dem Außenbeamter.name-Attribut zugewiesen werden können. Der Typ eines Attributs wird benutzt, um den Gültigkeitsbereich der Werte zu spezifizieren, die ein Attribut annehmen kann. Entscheidungen über Attributtypen, die für die Analyse des Systems unerheblich sind, können bis zum Objektentwurf verschoben werden. Das erlaubt den Entwicklern, sich auf die Funktionalität des Systems zu konzentrieren und die Anzahl trivialer Änderungen zu minimieren, wann immer die Funktionalität des Systems überarbeitet wird.

Assoziationen und Objektverbindungen

Eine **Objektverbindung** *(link)* repräsentiert eine Beziehung zwischen zwei Objekten. **Assoziationen** *(associations)* sind Beziehungen zwischen Klassen und repräsentieren eine Gruppe von Objektverbindungen. Jedes Außenbeamter-Objekt hat eine Liste von NotfallMeldungen, die von diesem Objekt erstellt wurden. In Abbildung 2.22 ist die Linie zwischen der Außenbeamter-Klasse und der NotfallMeldung-Klasse eine Assoziation. In Abbildung 2.23 ist die Linie zwischen monika:Außenbeamter-Objekt und dem bericht_1291:NotfallMeldung-Objekt eine Objektbeziehung. Diese Beziehung stellt einen Zustand dar, der im System festgehalten wird, um anzuzeigen, dass monika:Außenbeamter den bericht_1291:NotfallMeldung erzeugt hat.

In UML können Assoziationen symmetrisch (in zwei Richtungen zeigend) oder asymmetrisch (in eine Richtung zeigend) sein. Alle Assoziationen in Abbildung 2.22 sind symmetrisch. Abbildung 2.24 veranschaulicht ein Beispiel einer in eine Richtung zeigenden Assoziation zwischen Polygon und Punkt. Der **Navigationspfeil** am Punkt-Ende der Assoziation zeigt an, dass das System nur eine Navigation vom Polygon zum Punkt unterstützt.

Mit anderen Worten: Ist ein spezifisches Polygon gegeben, ist es möglich, alle in Polygon vorkommenden Punkte abzufragen. Der Navigationspfeil zeigt jedoch auch an, dass es im Falle eines spezifischen Punktes nicht möglich ist herauszufinden, von welchen Polygonen der Punkt ein Teil ist. UML erlaubt es, Pfeile an beiden Enden einer Assoziation anzubringen. Wenn eine Assoziation keine Pfeile anzeigt, gilt die Konvention, dass die Navigation in beide Richtungen unterstützt wird.

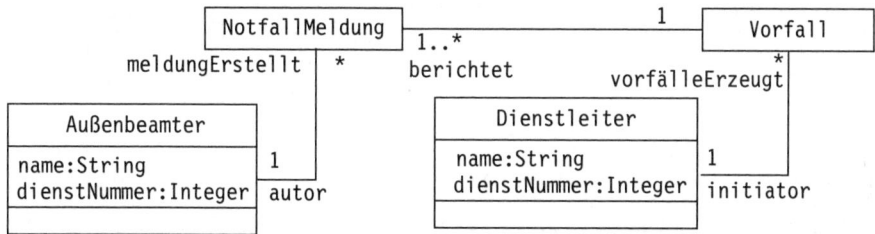

Abbildung 2.22: Beispiel eines UML-Klassendiagramms: Klassen, die am MeldeNotfall-Anwendungsfall teilnehmen. Genaue Typinformation wird für gewöhnlich bis zum Objektentwurf weggelassen (siehe Kapitel 9, *Objektentwurf: Schnittstellenspezifikation*).

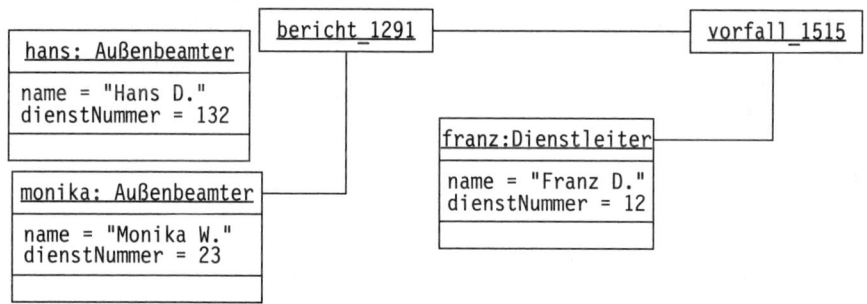

Abbildung 2.23: Beispiel eines UML-Objektdiagramms: Objekte, die am kaufhausBrand-Szenario teilnehmen

Abbildung 2.24: Beispiel einer in eine Richtung zeigenden Assoziation. Entwickler vermeiden im Allgemeinen Navigationsentscheidungen während der Analyse und fügen derartige Informationen erst während des Objektentwurfs hinzu (siehe Kapitel 8, *Objektentwurf: Wiederverwendung von Mustern*, und Kapitel 9, *Objektentwurf: Schnittstellenspezifikation*).

Assoziationsklasse

Assoziationen kann man auch als Klassen modellieren, da ihnen Attribute und Operationen angefügt werden können. Eine derartige Assoziation wird **Assoziationsklasse** genannt. Sie wird durch ein Klassensymbol dargestellt, das die Attribute und Operationen enthält, und ist durch eine gestrichelte Linie mit der Assoziationslinie verbunden. Abbildung 2.25 zeigt, wie die Verbindung der Klassen Außenbeamter und Vorfall durch eine Assoziationsklasse `Zuteilung` mit den Attributen `rolle` und `meldeZeit` modelliert werden kann.

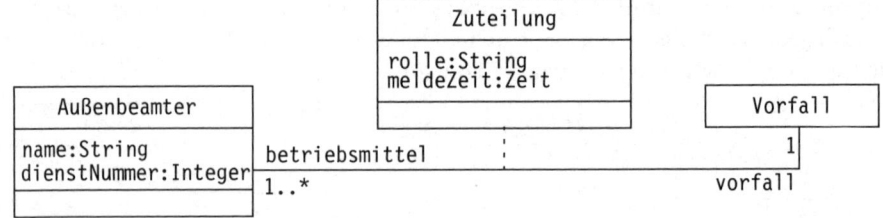

Abbildung 2.25: Beispiel einer Assoziationsklasse zur Modellierung der Zuteilung von Außenbeamten zu Vorfällen (UML-Klassendiagramm)

Jede Assoziationsklasse kann in eine normale Klasse und zwei einfache Assoziationen umgeformt werden. Abbildung 2.26 zeigt eine derartige Umformung des Klassendiagramms in Abbildung 2.25. Obwohl diese Umformung äquivalent ist, ist die ursprüngliche Modellierung mit der Assoziationsklasse vorzuziehen: Eine Assoziation kann nicht ohne die Klassen existieren, die sie verbindet. Genauso kann das `Zuteilung`-Objekt nicht ohne die Objekte `Außenbeamter` und `Vorfall` existieren. Obwohl Abbildung 2.26 dieselbe Information beinhaltet, verlangt dieses Diagramm deshalb sorgfältige Prüfung der Assoziationsmultiplizität. Wir überprüfen solche Modellierungskompromisse in Kapitel 5, *Analyse*.

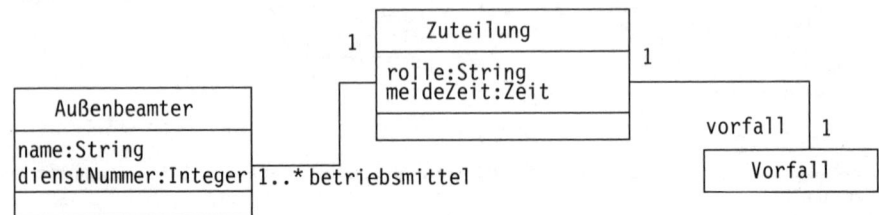

Abbildung 2.26: Alternatives Modell für die Zuteilung von Außenbeamten zu Vorfällen ohne Assoziationsklasse (UML-Klassendiagramm)

Rollen

Jedes Ende einer Assoziation kann durch eine Zeichenkette gekennzeichnet werden, die wir als **Rolle** bezeichnen. In Abbildung 2.22 heißen die Rollen der Assoziation zwischen den Klassen `NotfallMeldung` und `Außenbeamter` beispielsweise `autor` und `meldungErzeugt`. Das Kennzeichnen des Assoziationsendes erlaubt uns, mehrere von einer Klasse ausgehende Assoziationen zu unterscheiden. Überdies erläutern Rollen den Zweck der Assoziation.

Multiplizität

Jedes Ende einer Assoziation kann mit einer natürlichen Zahl bzw. einem Bereich von natürlichen Zahlen gekennzeichnet werden, die bzw. der die Anzahl der Objektverbindungen aufzeigt, die von einer Instanz der Klasse ausgehen können. Diese Menge wird die **Multiplizität** des Assoziationsendes genannt. In Abbildung 2.22 hat das Assoziationsende autor die Multiplizität 1. Das bedeutet, dass alle Notfallmeldungen von genau einem Außenbeamten geschrieben werden. Mit anderen Worten, jedes NotfallMeldung-Objekt hat genau eine Verbindung zu einem Objekt der Klasse Außenbeamter. Die Multiplizität des Assoziationsendes meldungErzeugt-Rolle ist „viele", dargestellt durch einen Stern. Die „viele"-Multiplizität ist Kurzschrift für die Menge der natürlichen Zahlen 0..n. Das bedeutet, dass jeder Außenbeamte der Autor von null oder mehr Notfallmeldungen sein kann.

In UML kann ein Assoziationsende eine beliebige Menge von natürlichen Zahlen als Multiplizität haben. Beispielsweise könnte eine Assoziation nur eine Primzahl-Anzahl von Verbindungen erlauben, was eine Multiplizität von 1, 2, 3, 5, 7, 11, 13, ... bedeuten würde. In der Praxis gehören die meisten der vorkommenden Assoziationen jedoch zu einem der folgenden drei Fälle (siehe Abbildung 2.27):

- Eine **Eins-zu-Eins-Assoziation** hat eine Multiplizität von 1 an jedem Ende. Eine Eins-zu-Eins-Assoziation zwischen zwei Klassen (z.B. Polizeibeamter und Dienst-Nummer) bedeutet, dass genau eine Verbindung zwischen Instanzen jeder Klasse existiert (z.B. ein Polizeibeamter hat genau eine DienstNummer und eine DienstNummer kennzeichnet genau einen Polizeibeamten).

- Eine **Eins-zu-Viele-Assoziation** hat eine Multiplizität von 1 an einem Ende und 0..n (auch durch einen Stern dargestellt) oder 1..n am anderen. Eine Eins-zu-Viele-Assoziation zwischen zwei Klassen (z.B. Feuerwache und Feuerwehrauto) bezeichnet eine Komposition (z.B. eine Feuerwache besitzt ein oder mehrere Feuerwehrautos, ein Feuerwehrauto gehört genau einer Feuerwache).

- Eine **Viele-zu-Viele-Assoziation** hat eine Multiplizität von 0..n oder 1..n an beiden Enden. Eine Viele-zu-Viele-Assoziation zwischen zwei Klassen (z.B. Außenbeamter und NotfallMeldung) zeigt an, dass eine beliebige Anzahl von Verbindungen zwischen Instanzen von zwei Klassen existieren kann (z.B. kann ein Außenbeamter viele NotfallMeldungen schreiben, NotfallMeldungen können von vielen Außenbeamten geschrieben werden).

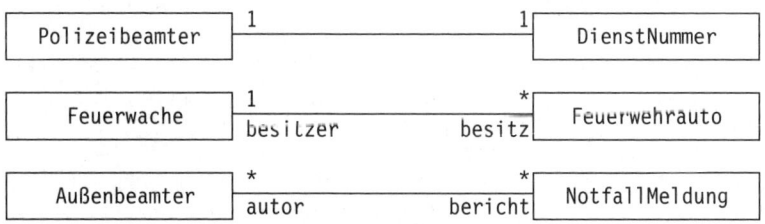

Abbildung 2.27: Beispiele für Multiplizität (UML-Klassendiagramm). Die Assoziation zwischen Polizeibeamter und DienstNummer hat die Multiplizität Eins-zu-Eins. Die Assoziation zwischen Feuerwache und Feuerwehrauto hat die Multiplizität Eins-zu-Viele. Die Multiplizität der Assoziation zwischen Außenbeamter und NotfallMeldung ist Viele-zu-Viele.

Aggregation

In der Praxis taucht sehr häufig das Problem auf, Teile-/Ganzesbeziehungen oder Hierarchien zu modellieren. Zum Beispiel umfasst ein Staat viele Bundesländer, die ihrerseits viele Gemeinden enthalten. Ein Polizeirevier besteht aus Polizeibeamten. Ein Ordner enthält eine Anzahl von Dateien. Solche Beziehungen könnten wir mit Assoziationen mit der Multiplizität Eins-zu-Viele modellieren. Stattdessen bietet UML einen speziellen Assoziationstyp an, die Aggregation, die mit einer Raute an dem Ende der enthaltenden Klasse gezeichnet wird (siehe Abbildung 2.28). Obwohl eine gewisse Ähnlichkeit besteht, sind Eins-zu-Viele-Assoziationen und Aggregationen nicht austauschbar: Aggregationen bezeichnen den hierarchischen Aspekt einer Beziehung, wohingegen Eins-zu-Viele-Assoziationen eine gleichwertige Beziehung zwischen den beiden Enden der Beziehung bedeuten. In Abbildung 2.28 ist `Polizeibeamter` ein Teil von `PolizeiRevier`. Abbildung 2.22 besagt, dass ein `Außenbeamter` der Autor von null oder mehr Objekten vom Typ `NotfallMeldung` sein kann. Ein `Außenbeamter` *besteht* jedoch nicht aus `NotfallMeldung`. Folglich benutzen wir im letzteren Fall eine normale Assoziation und im vorhergehenden Fall eine Aggregation zur Modellierung der Beziehung zwischen den Klassen.

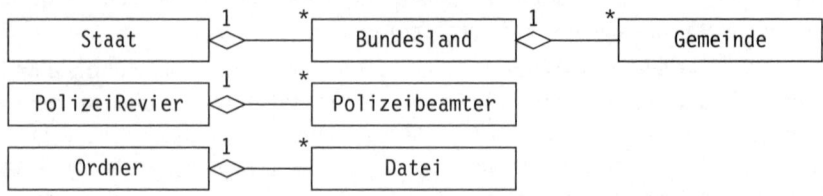

Abbildung 2.28:   Beispiele für Aggregationen (UML-Klassendiagramm). Ein `Staat` enthält viele `Bundesländer`, die ihrerseits viele `Gemeinden` enthalten. Ein `PolizeiRevier` hat viele `Polizeibeamte`. Ein Dateisystem `Ordner` enthält viele `Dateien`.

Das Hinzufügen von Multiplizität zu Assoziationen erhöht unser Wissen, das wir über die Anwendungs- oder die Lösungsdomäne haben. Das Festlegen der Multiplizität einer Assoziation wird kritisch, wenn wir festlegen, welcher Anwendungsfall benötigt wird, um die Anwendungsdomänenobjekte zu bearbeiten. Betrachten wir zum Beispiel ein aus `Ordnern` und `Dateien` bestehendes Dateisystem: Ein `Ordner` kann eine beliebige Anzahl von `DateisystemElementen` enthalten. Ein `DateisystemElement` ist ein Konzept, das entweder einen `Ordner` oder eine `Datei` bezeichnet. Im Falle eines streng hierarchischen Systems ist ein `DateisystemElement` Teil von genau einem `Ordner`, den wir mit einer Eins-zu-Eins-Multiplizität kennzeichnen (Abbildung 2.29).

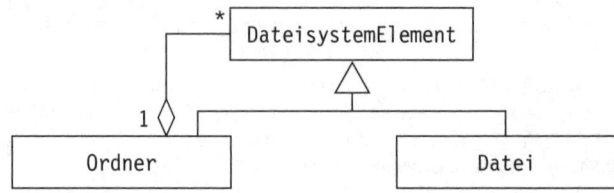

Abbildung 2.29:   Beispiel eines hierarchischen Dateisystems. Ein `Ordner` kann irgendeine Anzahl von `DateisystemElementen` enthalten (ein `DateisystemElement` ist entweder eine `Datei` oder ein `Ordner`). Ein gegebenes `DateisystemElement` jedoch ist Teil von genau einem `Ordner`.

Wenn jedoch eine `Datei` oder ein `Ordner` gleichzeitig Teil von mehr als einem `Ordner` sein kann, müssen wir die Aggregation von `DateisystemElementen` in `Ordnern` als eine Viele-zu-Viele-Assoziation darstellen (siehe Abbildung 2.30).

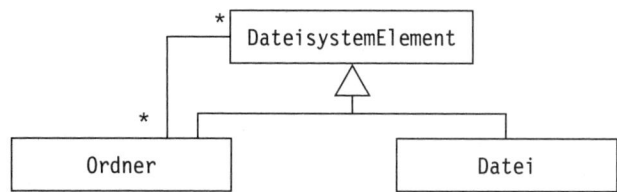

Abbildung 2.30: Beispiel eines nichthierarchischen Dateiystems. Ein `Ordner` kann eine beliebige Anzahl von `DateisystemElementen` enthalten (ein `DateisystemElement` ist entweder eine `Datei` oder ein `Ordner`). Ein gegebenes `DateisystemElement` kann Teil von einem oder vielen `Ordner(n)` sein.

Diese Diskussion mag den Eindruck erwecken, als ob wir hier Einzelheiten untersuchen, die eigentlich späteren Aktivitäten im Entwicklungsprozess überlassen werden könnten. Der Unterschied zwischen einem hierarchischen Dateisystem und einem nichthierarchischen liegt jedoch auch in der Funktionalität, die es anbieten kann. Nehmen wir zum Beispiel an, ein System erlaubt einer gegebenen `Datei`, Teil von mehreren `Ordnern` zu sein. Dann müssen wir einen Anwendungsfall beschreiben, wie ein Benutzer eine existierende `Datei` zu mehr als einem existierenden `Ordner` hinzufügen kann (wie z.B. das Unix-`link`-Kommando oder der `MakeAlias`-Menüpunkt beim Macintosh). Außerdem müssen wir beschreiben, wie eine `Datei` aus einem `Ordner` entfernt wird. Dabei müssen wir genau spezifizieren, ob die `Datei` nur aus einem `Ordner` entfernt werden soll oder aus allen `Ordnern`, in denen sie referenziert wird. Eine Viele-zu-Viele-Assoziation kann also zu einem wesentlich komplexeren System führen.

Qualifizierung

Qualifizierung ist eine Technik zur Reduzierung von Multiplizität durch die Benutzung von Schlüsseln. Assoziationen mit Multiplizität `0..1` oder `1` sind leichter zu verstehen als Assoziationen mit einer Multiplizität `0..n` oder `1..n`. Oft können im Falle einer Eins-zu-Viele-Assoziation Objekte auf der „Viele"-Seite durch Verwendung eines Namens voneinander unterschieden werden. Zum Beispiel gehört eine `Datei` in einem hierarchischen Dateisystem genau zu einem `Ordner`. Jede `Datei` ist ausschließlich durch einen Namen im Kontext eines `Ordners` identifiziert. Viele `Dateien` können denselben Namen im Kontext eines Dateisystems haben; jedoch können zwei `Dateien` innerhalb desselben `Ordners` sich nicht denselben Namen teilen. Ohne Qualifizierung (siehe Abbildung 2.31 oben) hat die Assoziation zwischen `Ordner` und `Datei` eine Multiplizität von `1` auf der `Ordner`-Seite und eine Null-zu-Viele-Multiplizität auf der `Datei`-Seite. Wir reduzieren die Multiplizität auf der `Datei`-Seite, indem wir das `Dateiname`-Attribut als Schlüssel benutzen, auch **Qualifizierer** genannt (siehe Abbildung 2.31 oben). Die Beziehung zwischen `Ordner` und `Datei` wird **qualifizierte Assoziation** genannt.

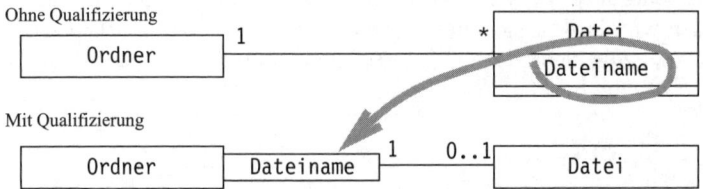

Abbildung 2.31: Beispiel, wie Qualifizierung die Multiplizität einer Assoziation reduziert (UML-Klassen-diagramm). Das Hinzufügen eines Qualifizierers verdeutlicht außerdem das Klassendiagramm und verbessert die dargestellte Information. In diesem Fall zeigt das qualifizierte Modell, dass der Name einer Datei innerhalb eines Ordners eindeutig ist.

Die Reduzierung der Multiplizität ist immer von Vorteil, weil ein Modell klarer wird und weniger Fälle betrachtet werden müssen. Entwickler sollten jede Assoziation, die Eins-zu-Viele- oder Viele-zu-Viele-Multiplizität hat, dahingehend überprüfen, ob ein Qualifizierer hinzugefügt werden kann. Oft können diese Assoziationen mit einem Attribut der Zielklasse qualifiziert werden (z.B. das Dateiname-Attribut in Abbildung 2.31).

Vererbung

Vererbung ist die Beziehung zwischen einer allgemeinen Klasse und einer oder mehreren spezialisierten Klassen. Vererbung ermöglicht es uns, alle die Attribute und Operationen zu beschreiben, die einem Satz von Klassen gemeinsam sind. Ein Beispiel: Außenbeamter und Dienstleiter haben beide dienstNummer-Attribute. Jedoch hat Außenbeamter eine Assoziation mit NotfallMeldung, wohingegen Dienstleiter eine Assoziation mit Vorfall hat. Das gemeinsame Attribut von Außenbeamter und Dienstleiter kann durch die Einführung einer Klasse *Polizeibeamter* modelliert werden, die durch die Klassen Außenbeamter und Dienstleiter (siehe Abbildung 2.32) spezialisiert wird. Die Verallgemeinerung *Polizeibeamter* wird **Superklasse** genannt. Die Spezialisierungen Außenbeamter und Dienstleiter werden **Subklassen** genannt. Die Subklassen **erben** die Attribute und Operationen von ihrer Superklasse. Abstrakte Klassen (definiert in Abschnitt 2.3.3) werden von konkreten Klassen durch *Kursivschreiben* ihres Namens unterschieden. In Abbildung 2.32 ist *Polizeibeamter* also eine abstrakte Klasse. Abstrakte Klassen werden bei objektorientierter Modellierung verwendet, um verwandte Konzepte zu klassifizieren und damit die Gesamtkomplexität des Modells zu reduzieren.

Objektverhalten wird durch **Operationen** spezifiziert. Ein Objekt verlangt von einem anderen Objekt die Ausführung einer Operation, indem es eine **Nachricht** sendet. Diese Nachricht wird einer passenden **Methode** zugeordnet, die von der Klasse, zu der das empfangende Objekt gehört, oder von irgendeiner ihrer Superklassen definiert wird. Die Methoden einer Klasse in einer objektorientierten Programmiersprache sind die Implementierungen dieser Operationen.

Die Unterscheidung von Operationen und Methoden erlaubt es, zwischen der Spezifizierung eines Verhaltens (d.h. einer Operation) und seiner Implementierung (d.h. ein Satz von Methoden, die möglicherweise in verschiedenen Klassen der Vererbungshierarchie definiert sind) zu unterscheiden. Beispielsweise definiert die Klasse Vorfall in Abbildung 2.33 eine

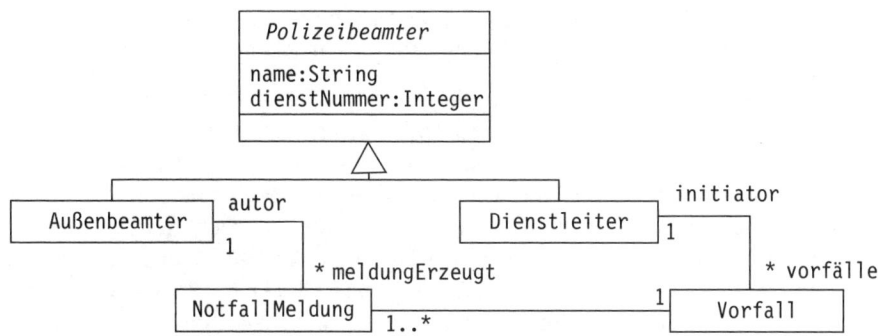

Abbildung 2.32: Beispiel einer Vererbung (UML-Klassendiagramm). *Polizeibeamter* ist eine abstrakte Klasse, die die gemeinsamen Attribute und Operationen der Außenbeamter und der Dienstleiter-Klassen definiert.

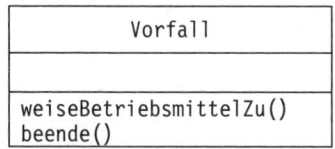

Abbildung 2.33: Beispiele für Operationen, die von der Vorfall-Klasse bereitgestellt werden (UML-Klassendiagramm)

Operation weiseBetriebsmittelZu(), welche eine Assoziation zwischen dem empfangenden Vorfall und den spezifizierten Betriebsmitteln kreiert. Die weiseBetriebsmittelZu()-Operation kann auch Seiteneffekte wie das Senden einer Meldung an das neu zugewiesene Betriebsmittel haben. Die beende()-Operation von Vorfall ist dafür verantwortlich, den Vorfall abzuschließen. Das bedeutet, noch einmal durch alle zugewiesenen Betriebsmittel durchzugehen und ihre Berichte einzusammeln. Obwohl UML zwischen Operationen, Nachrichten und Methoden unterscheidet, tun dies Entwickler in der Praxis nicht, sondern sie beziehen sich oft einfach nur auf Methoden.

Anwenden von Klassendiagrammen

Klassendiagramme werden benutzt, um die Struktur eines Systems zu beschreiben. Während der Analyse bauen Software-Ingenieure Klassendiagramme, um Kenntnisse über die Anwendungsdomäne zu formalisieren. Klassen werden oft als partizipierende Objekte bei der Modellierung von Anwendungsfall- und Interaktionsdiagrammen identifiziert. Der Zweck von Analysemodellen ist, den Umfang des Systems zu beschreiben und seine Grenzen aufzuzeigen. Wird zum Beispiel das Klassendiagramm in Abbildung 2.22 benutzt, dann kann der Analytiker die Multiplizität der Assoziation zwischen Außenbeamter und NotfallMeldung überprüfen. Gemäß dem Klassendiagramm kann ein Außenbeamter null oder mehr NotfallMeldungen schreiben, aber jede NotfallMeldung ist von genau einem Außenbeamten geschrieben. Der Analytiker kann dann den Anwender fragen, ob diese Interpretation korrekt ist. Oder kann es mehr als nur einen Autor einer NotfallMeldung geben? Kann es anonyme Berichte geben? Abhängig von der Antwort des Anwenders würde der Analytiker dann das Modell ändern, um es an die Anwendungsdomäne anzupassen. Die Entwicklung des Analysemodells wird in Kapitel 5, *Analyse* beschrieben.

Analysemodelle zielen noch nicht auf die Implementierung ab. Probleme wie Schnittstelleneinzelheiten, Netzwerkkommunikation und Datenspeicherung werden noch nicht untersucht. Dies geschieht erst während des Systementwurfs und des Objektentwurfs, wo das Analysemodell weiter verfeinert wird, um Klassen einzubinden, die die Lösungsdomäne repräsentieren. Beispielsweise fügt der Entwickler dann Klassen hinzu, um Datenbanken, Benutzerschnittstellenfenster, Adapter für Altsysteme und Optimierungen zu repräsentieren. Die Entwicklung von System- und Objektentwurfsmodellen wird in Kapitel 6, *Systementwurf: Systemzerlegung*, Kapitel 8, *Objektentwurf: Wiederverwendung von Mustern*, Kapitel 9, *Objektentwurf: Schnittstellenspezifikation*, und Kapitel 10, *Übersetzung von Modellen*, beschrieben.

2.4.3   Interaktionsdiagramme

Interaktionsdiagramme beschreiben die Kommunikation zwischen einer Menge miteinander agierender Objekte. Wie bereits gesagt, interagiert ein Objekt mit einem anderen, indem es **Nachrichten** sendet. Empfängt ein Objekt eine Nachricht, wird die Ausführung einer Methode ausgelöst, die ihrerseits wiederum Nachrichten zu anderen Objekten versenden kann. Auch **Argumente** können mit einer Nachricht geschickt werden, die dann an die Argumente der ausführenden Methode im empfangenden Objekt gebunden werden. In UML können Interaktionsdiagramme eine von zwei Formen haben: Sequenzdiagramm oder Kommunikationsdiagramm.

Sequenzdiagramme stellen die Objekte, die an einer Interaktion teilnehmen, auf der waagerechten und die Zeit auf der senkrechten Achse dar. Betrachten wir beispielsweise einmal eine Uhr mit zwei Tasten, die im folgenden 2TUhr genannt wird. Um die Zeit auf der 2TUhr einzustellen, wird vom Akteur 2TUhrBesitzer verlangt, dass er als Erstes beide Tasten gleichzeitig drückt, woraufhin 2TUhr den Zeiteinstellungsmodus anzeigt. Im Zeiteinstellungsmodus blinkt auf der 2TUhr die Zahl, die geändert werden kann (z.B. Sekunden, Minuten, Stunden, Tag, Monat, Jahr). Wenn der 2TUhrBesitzer den Zeiteinstellungsmodus eingibt, blinken als Erstes die Stunden. Drückt der Akteur die erste Taste, blinkt die nächste Anzeige (falls z.B. die Stunden blinken und der Akteur die erste Taste drückt, hören die Stunden auf zu blinken und die Minuten fangen an). Drückt der Akteur die zweite Taste, wird die blinkende Zahl um eine Einheit erhöht. Erreicht die blinkende Zahl ihren Höchstwert, wird sie wieder auf den Anfang ihres Wertebereichs gesetzt (angenommen die Minuten blinken und der aktuelle Wert ist 59, so wird der neue Wert auf 0 gesetzt, wenn der Akteur die zweite Taste drückt). Der Akteur verlässt den Zeiteinstellungsmodus, indem er die beiden Tasten gleichzeitig drückt. Abbildung 2.34 stellt ein Interaktionsdiagramm für einen Akteur dar, der seine 2TUhr um eine Minute vorstellt. Jede Spalte repräsentiert ein Objekt, das an der Interaktion teilnimmt. Nachrichten werden durch Pfeile mit ausgefüllter Spitze angezeigt. Bezeichnungen an Pfeilen repräsentieren Nachrichtennamen und können Argumente enthalten. Aktivierungen (d.h. Ausführung von Methoden) werden durch senkrecht stehende Rechtecke dargestellt. Der Akteur, der die Interaktion initiiert, steht in der Spalte ganz links. Die Nachrichten, die vom Akteur ausgehen, stellen die Interaktionen dar, die in den Anwendungsfalldiagrammen beschrieben werden. Falls andere Akteure während des Anwendungsfalls mit dem System kommunizieren, werden diese Akteure auf der rechten Seite dargestellt und können Nachrichten empfangen. Obwohl zur Vereinfachung Interaktionen unter den Objekten und Akteuren einheitlich als Nachrichten dargestellt werden, sollte der Modellierer beachten, dass Interaktionen zwischen Akteuren und dem System anders geartet sind als Interaktionen unter Objekten.

Sequenzdiagramme können benutzt werden, um entweder eine abstrakte Folge (d.h. alle möglichen Interaktionen) oder konkrete Folgen (d.h. eine mögliche Interaktion wie in Abbildung 2.34) zu beschreiben. Beschreibt man alle möglichen Interaktionen, stellen Sequenzdiagramme auch Notationen für Bedingungen und Iteratoren bereit. Eine Bedingung bei einer Nachricht wird durch einen Klammerausdruck vor dem Nachrichtennamen (siehe [i>0] op1() und [i<=0] op2() in Abbildung 2.35) angezeigt. Ist der Ausdruck wahr, wird die Nachricht gesendet. Wiederholtes Absenden einer Nachricht wird durch das Zeichen * vor dem Nachrichtennamen dargestellt (siehe *op3 in Abbildung 2.35).

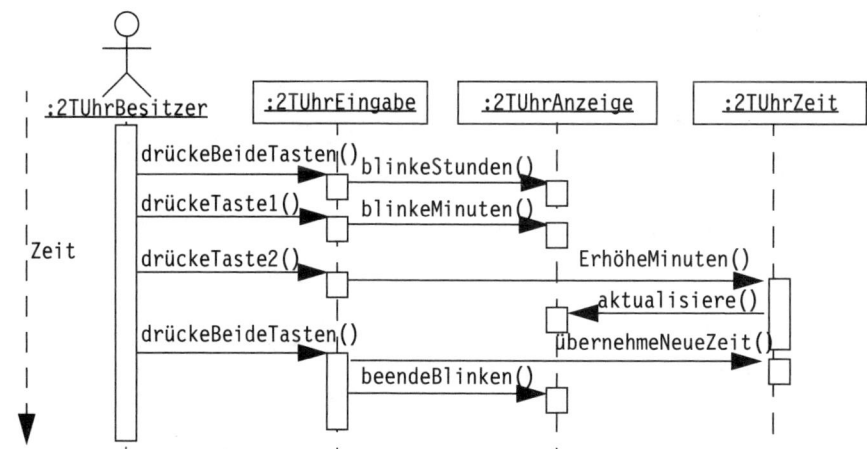

Abbildung 2.34:   Beispiel eines Interaktionsdiagramms: Einstellen der Zeit auf einer 2TUhr

Kommunikationsdiagramme[4] enthalten grundsätzlich dieselben Informationen wie Sequenzdiagramme, betonen aber eher die Topografie des Nachrichtenaustauschs zwischen den ausgewählten Objekten. Kommunikationsdiagramme repräsentieren die Folge der Nachrichten, indem die Interaktionen durchnummeriert werden. Einerseits werden dadurch geometrische Beschränkungen beim Zeichnen der Objekte unnötig und das Diagramm kann somit kompakter werden als ein Sequenzdiagramm; andererseits wird es schwieriger, den Ablauf der Nachrichten ohne Animationshilfen zu verfolgen. Abbildung 2.36 zeigt ein Kommunikationsdiagramm, das äquivalent mit dem Sequenzdiagramm in Abbildung 2.34 ist.

---

[4]   Kommunikationsdiagramm ist der offizielle Name in UML 2.0. In älteren Versionen von UML wurde diese Art von Diagramm noch Kollaborationsdiagramm genannt.

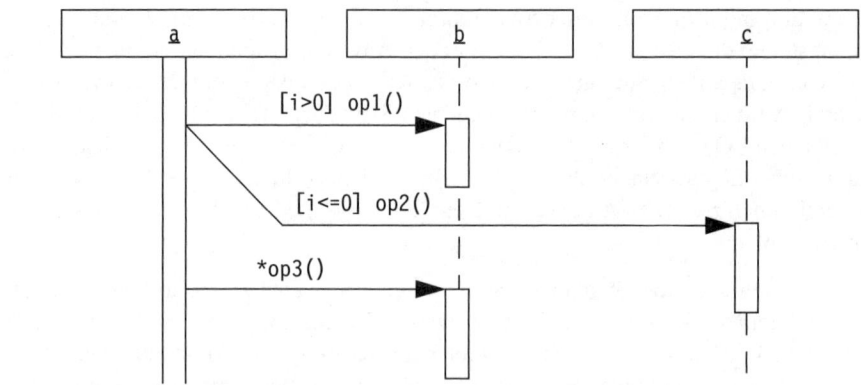

Abbildung 2.35: Beispiel für Bedingungen und Iterationen in Sequenzdiagrammen

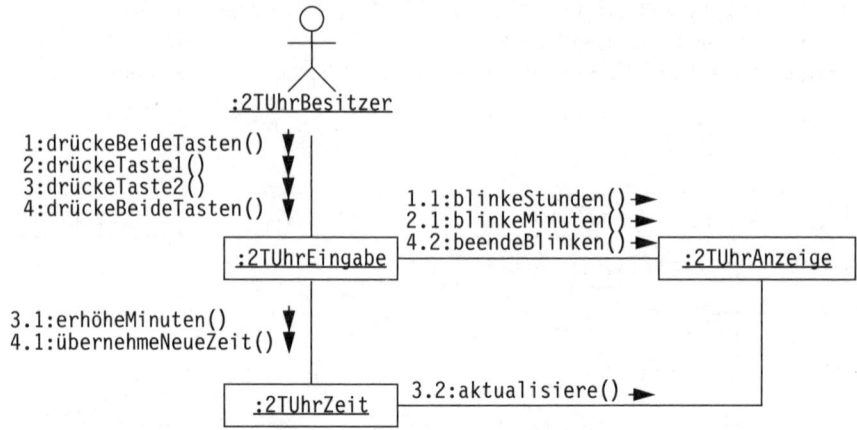

Abbildung 2.36: Beispiel eines Kommunikationsdiagramms: Zeiteinstellen auf einer 2TUhr. Dieses Diagramm zeigt denselben Anwendungsfall wie das Sequenzdiagramm in Abbildung 2.34.

Anwenden von Interaktionsdiagrammen

Interaktionsdiagramme beschreiben Interaktionen zwischen mehreren Objekten. Einer der Hauptgründe für die Verwendung eines Interaktionsdiagramms ist, die Verantwortungsbereiche der Klassen innerhalb der Klassendiagramme aufzudecken und vielleicht sogar neue Klassen zu entdecken. Interaktionsdiagramme können dem Entwickler auch helfen zu entscheiden, welche Objekte besondere Methoden verlangen. Typischerweise gibt es für jeden Anwendungsfall ein Interaktionsdiagramm mit Fokus auf den Ereignisfluss. Teile des Ereignisflusses werden den interagierenden Objekten in Form von Operationen zugewiesen.

Nachdem das anfängliche Klassendiagramm definiert worden ist, werden das Klassendiagramm und die zugehörigen Interaktionsdiagramme im Allgemeinen im Tandem konstruiert. Dieser Prozess führt wiederum zur Verfeinerung des Anwendungsfalls (z.B. Korrektur doppeldeutiger Beschreibungen, Hinzufügung fehlenden Verhaltens) und daraus folgend zu der Entdeckung von weiteren partizipierenden Objekten und weiteren Operationen. Wir beschreiben den Gebrauch von Interaktionsdiagrammen genauer in Kapitel 5, *Analyse*.

2.4.4 Zustandsdiagramme

Ein UML-**Zustandsdiagramm** ist eine Notation zur Beschreibung der Zustände, die ein Objekt als Antwort auf externe Ereignisse durchläuft. Zustandsdiagramme beruhen auf Harel-Zustandsautomaten, die es erlauben, Zustände und Automaten zu verschachteln (d.h. ein Zustand kann durch einen Automaten dargestellt werden). Außerdem erlaubt es die Notation, Zustandstransitionen mit dem Versand von Nachrichten und Bedingungen auf Objekten zu verbinden. Die Notation basiert auch weitgehend auf der Notation von Harel [Harel 1987], die zur Verwendung bei Objektmodellen überarbeitet und angeglichen wurden [Douglass, 1999]. UML-Zustandsdiagramme können auch benutzt werden, um jeden Mealy- oder Moore-Automaten darzustellen.

Ein **Zustand** ist der Wert eines oder mehrerer Attribute eines Objekts. Ein Vorfall-Objekt in FRIEND zum Beispiel kann sich in vier Zuständen befinden: Aktiv, Ruhend, Beendet und Archiviert (siehe Abbildung 2.37). Ein aktiver Vorfall bezeichnet eine Situation, die eine Antwort erfordert (z.b. ein ausgebrochenes Feuer, ein Verkehrsunfall). Ein ruhender Vorfall bezeichnet eine Situation, die bereits bearbeitet worden ist, für die aber immer noch Berichte geschrieben werden müssen (z.B. ist das Feuer gelöscht worden, aber die Schadensschätzung ist noch nicht erfolgt). Ein beendeter Vorfall zeigt eine Situation, die erledigt und dokumentiert worden ist. Ein archivierter Vorfall ist ein beendeter Vorfall, dessen Dokumentation in einen externen Speicher abgelegt wurde. Wir können diese vier Zustände in einem einzigen Attribut in der Vorfall-Klasse darstellen (d.h. ein status-Attribut, das vier Werte annehmen kann: Aktiv, Ruhend, Beendet und Archiviert). Allgemein kann ein Zustand aus den Werten mehrerer Attribute berechnet werden.

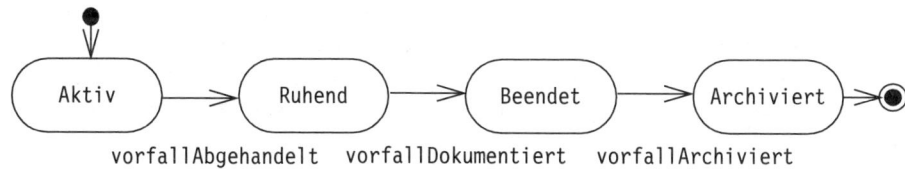

Abbildung 2.37: UML-Zustandsdiagramm für die Vorfall-Klasse

Eine **Transition** repräsentiert eine Zustandsänderung, die durch ein Ereignis, eine Bedingung oder Zeit ausgelöst wird. Zum Beispiel gibt es in Abbildung 2.39 drei Transitionen: vom Aktiv-Zustand in den Ruhend-Zustand, vom Ruhend-Zustand in den Beendet-Zustand und vom Beendet-Zustand in den Archiviert-Zustand.

Ein Zustand wird als ein abgerundetes Rechteck gezeichnet. Eine Transition wird durch einen gerichteten Pfeil dargestellt, der zwei Zustände verbindet. Zustände werden mit ihrem Namen gekennzeichnet. Ein kleiner ausgefüllter schwarzer Kreis bezeichnet einen Anfangszustand. Ein mit einem weiteren Kreis umgebener kleiner ausgefüllter schwarzer Kreis bezeichnet einen Endzustand.

Abbildung 2.38 zeigt einen Harel-Automaten für die 2TUhr (für die wir in Abbildung 2.34 das Interaktionsdiagramm konstruiert hatten). Auf der höchsten Abstraktionsebene hat die 2TUhr zwei Zustände: ZeitMessen und ZeitEinstellen. Die 2TUhr ändert die Zustände, wenn der Benutzer beide Tasten gleichzeitig drückt und wieder loslässt. Wenn die 2TUhr das erste Mal angeschaltet wird, ist sie im ZeitEinstellen-Zustand, der deshalb ein Anfangszustand ist. Wenn die Batterie der Uhr leer ist, ist die 2TUhr ständig außer Betrieb. Das wird durch einen Endzustand angezeigt. In diesem Beispiel können Transitionen durch ein Ereignis (z.B. drückeTastenLUndR) oder durch Erreichen einer Zeitschranke (z.B. nach 2 Min.) ausgelöst werden.

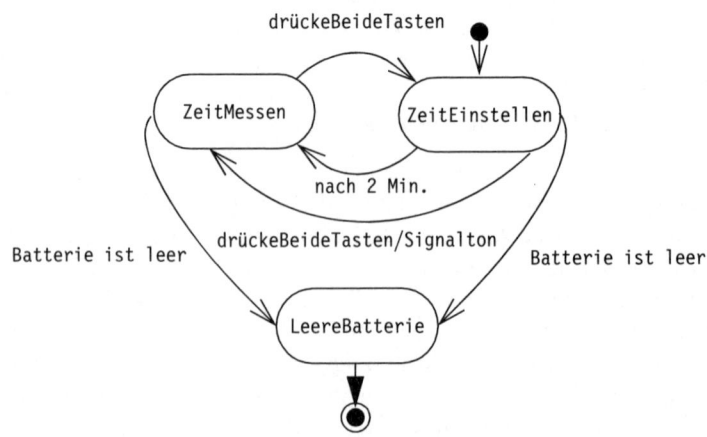

Abbildung 2.38:   Zustandsdiagramm für die 2TUhr-Zeiteinstellungsfunktion

Abbildung 2.39 zeigt ein verfeinertes Zustandsdiagramm des Zustandsdiagramms aus Abbildung 2.38: In dieser Verfeinerung werden Aktionen benutzt, um auch das dynamische Verhalten innerhalb der Zustände und bei den Transitionen noch besser zu modellieren. **Aktionen** sind kleine atomare Verhaltensweisen, die an spezifischen Stellen vom Zustandsautomaten ausgeführt werden. Aktionen beanspruchen zur Ausführung eine kurze Zeitspanne und können nicht unterbrochen werden. Aktionen können an drei Stellen vorkommen:

- wenn eine Transition vorgenommen wird: Diese Aktion wird als **Transitionsaktion** bezeichnet (z.B. erzeuge Piepston, wenn die Transition zwischen ZeitEinstellen und ZeitMessen durch das drückeBeideTasten-Ereignis ausgelöst wird).

- wenn ein Zustand betreten wird: Diese Aktion wird als **Eintrittsaktion** bezeichnet und mit dem reservierten Wort entry/ gekennzeichnet (z.B. blinkeStunden im Zeit-Einstellen-Zustand in Abbildung 2.42).

- wenn ein Zustand verlassen wird: Diese Aktion wird als **Austrittsaktion** bezeichnet und mit dem reservierten Wort exit/ gekennzeichnet (z.B. beendeBlinken im Zeit-Einstellen-Zustand in Abbildung 2.42).

Wenn eine Transition ausgelöst wird, werden zunächst die Austrittsaktionen des Ausgangszustands ausgeführt, dann die mit der Transition assoziierten Transitionsaktionen und schließlich die Eintrittsaktionen des Zielzustands. Die Austritts- und Eintrittsaktionen werden immer dann ausgeführt, wenn ein Zustand verlassen bzw. betreten wird.

Eine **interne Transition** ist eine Transition, die den Zustand nicht verlässt. Interne Transitionen werden von Ereignissen ausgelöst und können auch assoziierte Aktionen haben. Das Anstoßen einer internen Transition hat jedoch nicht die Ausführung einer Austritts- und Eintrittsaktion zur Folge. Der Zustand ZeitEinstellen in Abbildung 2.42 hat zwei mit Aktionen assoziierte interne Transitionen, und zwar das Blinken der nächsten Ziffer beim Drücken von Taste 1 und das Erhöhen der aktuellen Ziffer beim Drücken von Taste 2.

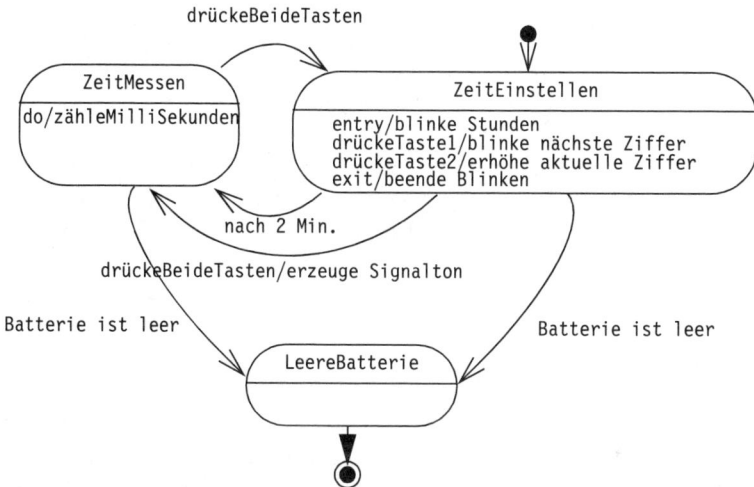

Abbildung 2.39:   Interne Transitionen, die mit dem ZeitEinstellen-Zustand assoziiert sind (UML-Zustandsdiagramm)

Während eine Aktion kurz und nicht unterbrechbar ist, kann eine **Aktivität** eine erhebliche Zeit dauern. Aktivitäten werden mit dem reservierten Wort do/ gekennzeichnet und befinden sich innerhalb des Zustands, in dem sie ausgeführt werden. Eine Aktivität ist also zustandsabhängig und wird solange ausgeführt, wie ein Objekt in dem bestimmten Zustand verweilt. Sobald eine Transition ausgelöst wird, die eine Zustandsänderung verursacht, wird die Aktivität abgebrochen. In Abbildung 2.39 ist zähleMilliSekunden eine mit dem Zustand ZeitMessen assoziierte Aktivität.

Geschachtelte Harel-Automaten können anstelle von internen Transitionen benutzt werden, um die Komplexität bei unübersichtlichen Verhaltensbeschreibungen zu reduzieren. In Abbildung 2.40 ist der Stand der jeweiligen aktuellen Ziffer als **geschachtelter Unterzustand** im Oberzustand ZeitEinstellen modelliert. Das Drücken von Taste 2 erzeugt das Ereignis t2, das in jedem Zustand eine interne Transition auslöst. Man beachte, dass jeder Zustand wiederum als geschachtelter Harel-Automat modelliert werden kann (der blinkeStunden-Zustand hätte dann 24 Unterzustände, die den Stunden eines Tages entsprächen; Transitionen zwischen diesen Zuständen entsprächen dann dem Drücken von Taste 2).

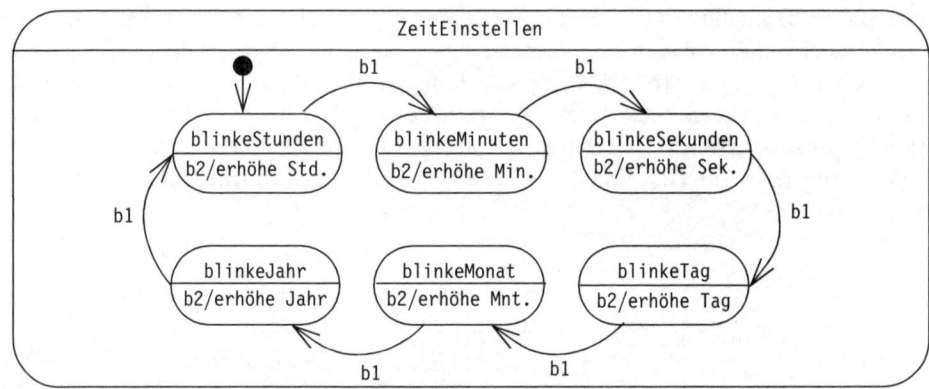

Abbildung 2.40: Geschachtelter Harel-Automat für den Zustand ZeitEinstellen (UML-Zustands-diagramm). Der Zustand ZeitEinstellen ist ein Überzustand, der aus sechs geschachtelten Unterzuständen besteht.

Anwenden von Zustandsdiagrammen

Zustandsdiagramme werden benutzt, um nichttriviales dynamisches Verhalten eines Subsystems oder eines einzelnen Objekts darzustellen. Während sich Interaktionsdiagramme auf die Ereignisse konzentrieren, die das dynamische Verhalten einer Menge von Objekten beeinflussen, konzentrieren sich Zustandsdiagramme darauf, welchen Einfluss ein Attribut oder eine Menge von Attributen auf das dynamische Verhalten eines einzelnen Objektes hat. Harel-Automaten werden dazu benutzt, um Objektattribute zu identifizieren und die Beschreibung des Verhaltens eines Objektes zu verfeinern. Interaktionsdiagramme werden benutzt, um die teilnehmenden Objekte und ihre Dienste zu identifizieren. Harel-Automaten-Diagramme können auch während des System- und Objektentwurfs benutzt werden, um Lösungsdomänenobjekte mit interessantem Verhalten zu modellieren. Wir beschreiben die Verwendung von Zustandsdiagrammen detaillierter in Kapitel 5, *Analyse*, und Kapitel 6, *Systementwurf: Systemzerlegung*.

2.4.5   Aktivitätsdiagramme

Wenn die Transition eines Zustandsdiagramms dadurch ausgelöst wird, dass eine mit dem Zustand assoziierte Aktion beendet wird, dann wird der Zustand auch **Aktionszustand** genannt. **Aktivitätsdiagramme** sind Zustandsdiagramme, deren Zustände Aktionszustände sind. Im Allgemeinen bezeichnet der Name eines Zustandes eine Bedingung, wohingegen der Name eines Aktionszustands eine Aktion bezeichnet. Abbildung 2.41 zeigt ein Aktivitätsdiagramm, das mit dem Zustandsdiagramm in Abbildung 2.37 korrespondiert. Eine andere Sicht von Aktivitätsdiagrammen ist es, sie mehr im Sinne eines Token-Flusses zu interpretieren; in diesem Fall repräsentieren die Pfeile zwischen den Aktionszuständen sequentielle Einschränkungen bei der Ausführung der Aktivitäten.

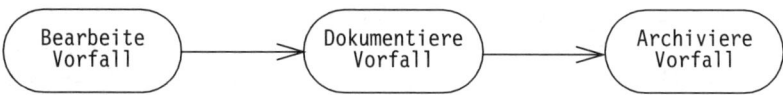

Abbildung 2.41: Ein UML-Aktivitätsdiagramm für Vorfall. Im Aktionszustand BearbeiteVorfall bekommt der Dienstleiter Berichte und weist dem Vorfall Ressourcen zu. Sobald die Bearbeitung des Vorfalls abgeschlossen ist, kommt er in den Aktionszustand DokumentiereVorfall. In diesem Zustand schreiben der Außenbeamte und der Dienstleiter weitere Berichte über den Vorfall. Der Aktionszustand ArchiviereVorfall repräsentiert die Archivierung der zum Vorfall gehörenden Informationen auf einem externen Datenspeicher.

Entscheidungen sind Zweige im Steuerungsfluss eines Aktivitätsdiagramms. Sie bezeichnen alternative Transitionen, die auf einer Bedingung des Zustands eines Objekts oder eines Satzes von Objekten basieren. Entscheidungen werden durch eine Raute mit einem oder mehreren ankommenden Pfeilen und zwei oder mehr abgehenden Pfeilen veranschaulicht. Die abgehenden Pfeile werden mit den Bedingungen gekennzeichnet, die einen Zweig im Steuerungsfluss auswählen. Die Menge aller von einer Entscheidung abgehenden Transitionen repräsentiert die Menge aller möglichen Resultate. In Abbildung 2.42 wählt eine Entscheidung nach der EröffneVorfall-Aktion zwischen drei Zweigen: Hat der Vorfall hohe Priorität und ist es ein Brand, wird der Feuerwehrhauptmann benachrichtigt. Hat der Vorfall hohe Priorität und ist es kein Brand, wird der Polizeichef benachrichtigt. Schließlich, falls keine dieser Bedingungen erfüllt ist, falls also der Vorfall niedrige Priorität hat, wird kein Vorgesetzter benachrichtigt und die Betriebsmittelanforderung wird weiterbearbeitet.

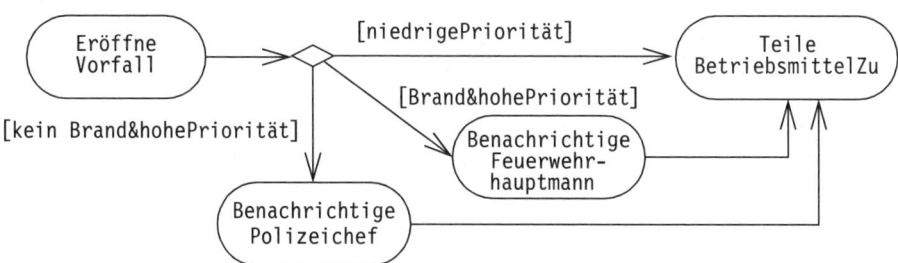

Abbildung 2.42: Beispiel für eine Entscheidung im EröffneVorfall-Prozess. Falls der Vorfall ein Brand und von hoher Priorität ist, benachrichtigt der Dienstleiter den Feuerwehrhauptmann. Ist der Vorfall von hoher Priorität, aber kein Brand, wird der Polizeichef benachrichtigt. In allen Fällen teilt der Dienstleiter Betriebsmittel zu, um den Vorfall behandeln zu können.

Komplexe Transitionen sind Transitionen mit mehrfachen Ursprungszuständen oder mehrfachen Zielzuständen. Komplexe Transitionen bezeichnen die Synchronisation von vielfältigen Aktivitäten (im Fall mehrfacher Ursprünge) oder die Aufspaltung des Kontrollflusses in mehrfache Bahnen (im Fall mehrfacher Ziele). Zum Beispiel können in Abbildung 2.43 die Aktionszustände TeileBetriebsmittelZu, KoordiniereBetriebsmittel und DokumentiereVorfall parallel ablaufen. Sie können jedoch erst nach Beendigung der Aktion EröffneVorfall angestoßen werden. Die ArchiviereVorfall-Aktion wiederum kann erst nach Beendigung dieser drei Aktionen initiiert werden.

Aktionen können in so genannten **Schwimmbahnen** zusammengefasst werden, um das Objekt oder das Subsystem zu zeigen, das für die Ausführung der Aktionen verantwortlich ist. Schwimmbahnen werden als Rechtecke dargestellt, die eine Gruppe von Aktionen umschließen. Transitionen können Schwimmbahnen kreuzen. In Abbildung 2.44 fasst die Dienstleiter-Bahn all die Aktionen zusammen, die vom Dienstleiter-Objekt ausgeführt werden. Die Außenbeamter-Bahn zeigt an, dass das Außenbeamter-Objekt für die Aktion DokumentiereVorfall zuständig ist.

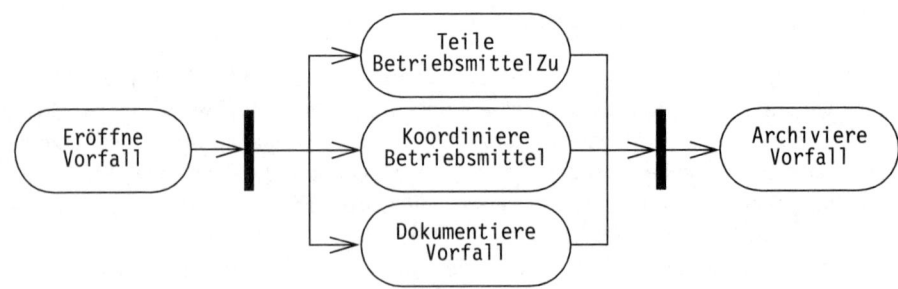

Abbildung 2.43:   Beispiel für eine komplexe Transition in einem UML-Aktivitätsdiagramm

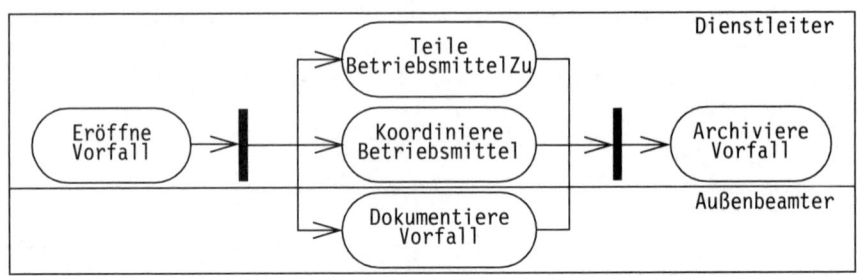

Abbildung 2.44:   Beispiel für Bahnen in einem UML-Aktivitätsdiagramm

Anwenden von Aktivitätsdiagrammen

Aktivitätsdiagramme bieten eine Aufgaben-zentrische Sicht des dynamischen Verhaltens einer Menge von Objekten. Aktivitätsdiagramme können beispielsweise benutzt werden, um ablaufgesteuerte Beschränkungen bei Anwendungsfällen, sequentielle Aktivitäten in einer Gruppe von Objekten oder die Aufgaben eines Projekts zu beschreiben. In diesem Buch verwenden wir Aktivitätsdiagramme zur Beschreibung der Aktivitäten bei der Softwareentwicklung in Kapitel 14, *Projektmanagement*, und Kapitel 15, *Vorgehensmodelle*.

2.4.6   Diagrammorganisation

Modelle komplexer Systeme werden rasch selbst komplexer, sobald die Entwickler anfangen, die Modelle zu verfeinern. Mit der Komplexität von Modellen kann man gut umgehen, wenn man zusammengehörige Modellelemente in **Paketen** gruppiert. Ein Paket ist die Gruppierung von Modellelementen wie Anwendungsfälle, Klassen oder Aktivitäten bezüglich eines übergreifenden Themas.

Abbildung 2.45 zeigt zum Beispiel Pakete für Anwendungsfälle des FRIEND-Systems, wobei die Gruppierung in Bezug auf die Akteure erfolgte. Pakete werden durch Rechtecke mit einem Etikett in der oberen linken Ecke veranschaulicht. Anwendungsfälle, die mit dem Management von Vorfällen zu tun haben (z.B. Erzeugung, Mittelzuteilung, Dokumentation), werden in dem VorfallManagement-Paket gruppiert. Anwendungsfälle, die mit der Archivierung von Vorfällen zusammenhängen (z.B. Archivierung eines Vorfalls, Erstellung eines Berichts über den archivierten Vorfall), werden in dem Vorfall-Archivieren-Paket zusammengefasst. Anwendungsfälle, die mit der Systemverwaltung zu tun haben (z.B. Hinzufügen von Benutzern, Registrierung von Geräten), werden in dem SysAdministrations-Paket gruppiert. Das ermöglicht es dem Kunden und den Entwicklern, Anwendungsfälle in verwandten Gruppen zu organisieren und sich nur auf einen begrenzten Satz von Anwendungsfällen gleichzeitig konzentrieren zu müssen.

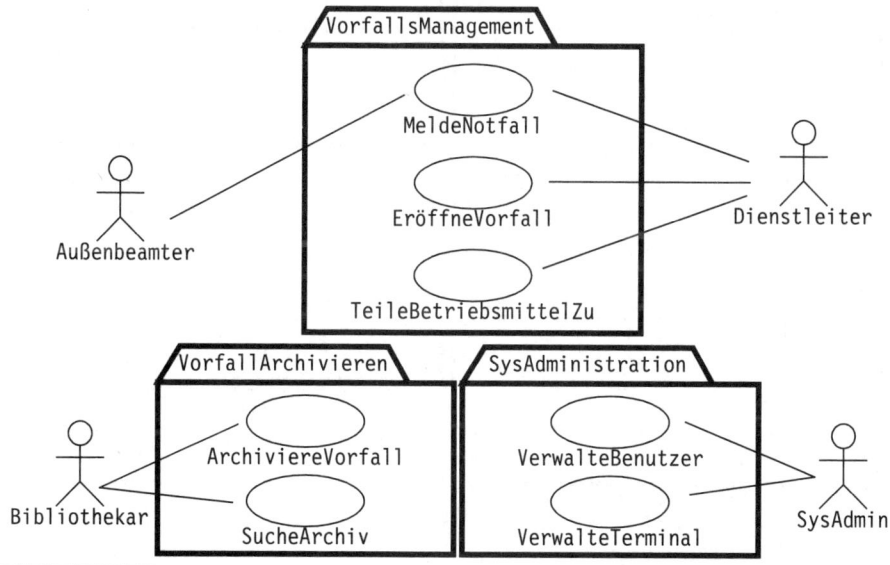

Abbildung 2.45: Beispiel für Pakete: Anwendungsfälle von FRIEND, die nach den Akteuren gruppiert wurden (UML-Anwendungsfalldiagramm)

Abbildung 2.46 zeigt die Pakete mit den enthaltenen Modellelementen, wohingegen Abbildung 2.47 die gleiche Information ohne den Inhalt jedes Pakets zeigt. Abbildung 2.47 zeigt das System also auf höherer Ebene und kann deshalb zur Diskussion von Sachverhalten auf Systemebene dienen, wohingegen Abbildung 2.46 eine detailliertere Sicht bietet, die zur Diskussion über den Inhalt spezifischer Pakete genutzt werden kann.

Die Abbildungen 2.47 und 2.48 sind Beispiele für Klassendiagramme, die Pakete benutzen. Klassen des MeldeNotfall-Anwendungsfalls sind an der Stelle angesiedelt, an der die Objekte erzeugt werden. Außenbeamter und NotfallMeldung sind Teil des Paketes Schauplatz und Dienstleiter und Vorfall sind Teil des Paketes DienstleiterOrt. Pakete erlauben es, mit Komplexität in derselben Art und Weise umzugehen, als wenn man Dateien in Ordner einordnet. Jedoch sind Pakete nicht notwendigerweise hierarchisch: Dieselbe Klasse kann in mehr als nur einem Paket enthalten sein. Um Unstimmigkeiten

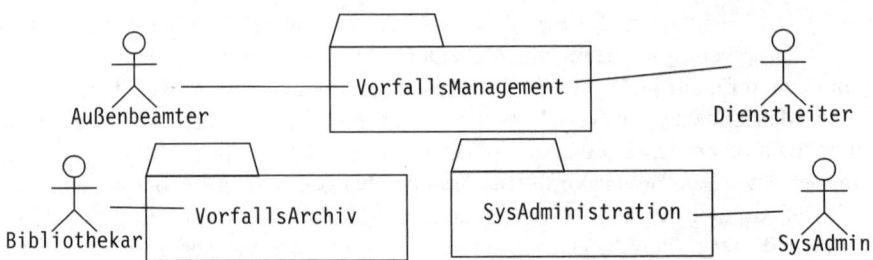

Abbildung 2.46:   Beispiel für Pakete. Diese Abbildung zeigt dieselben Pakete wie Abbildung 2.45, außer dass die Einzelheiten jedes Pakets unterdrückt werden (UML-Anwendungsfalldiagramm).

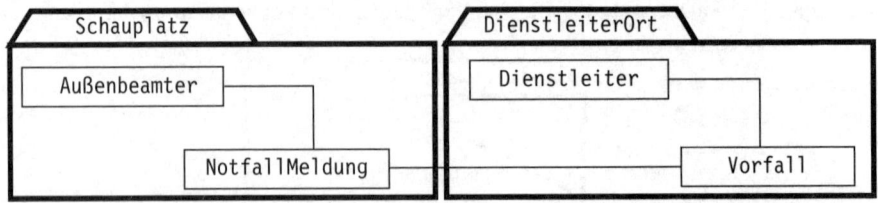

Abbildung 2.47:   Beispiel von Paketen. Die Außenbeamter- und NotfallMeldung-Klassen sind im Schauplatz-Paket die Dienstleiter- und Vorfall-Klassen sind im DienstleiterOrt-Paket angeordnet.

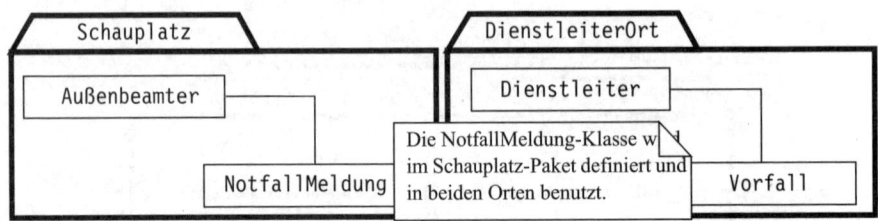

Abbildung 2.48:   Beispiel für eine Notiz. Notizen können an ein spezifisches Element in einem Diagramm angehängt werden.

zu vermeiden, sollte man darauf bedacht sein, dass Klassen (oder allgemeiner: Modellelemente) immer nur zu genau einem Paket gehören, während die anderen Pakete nur eine Referenz auf die Klasse (oder die Modellelemente) enthalten. Man beachte außerdem, dass Pakete keine Objekte sind, sondern nur Hilfskonstrukte zur besseren Organisation von Modellen. Insbesondere haben Pakete kein dynamisches Verhalten und können Nachrichten weder senden noch empfangen.

Eine **Notiz** ist ein Kommentar, der an ein Diagramm angehängt wird. Notizen werden von Entwicklern dazu benutzt, Informationen an Modelle und Modellelemente anzufügen. Sie sind ein guter Mechanismus, um für das Modell wichtige Probleme aufzunehmen, komplexe Fragestellungen zu klären oder noch zu Erledigendes niederzuschreiben. Obwohl Notizen selbst keine Semantik haben, werden sie manchmal benutzt, um Einschränkungen, die auf andere Weise in UML nicht ausgedrückt werden könnten, zu formulieren. Abbildung 2.48 enthält ein Beispiel für eine Notiz.

2.4.7 Diagrammerweiterungen

Das Ziel beim Entwurf von UML war es, einen Satz von Notationen zur Verfügung zu stellen, mit denen eine umfangreiche Klasse von Softwaresystemen modelliert werden kann. Dabei erkannte man, dass dieses Ziel nicht durch einen festen Satz von Notationen erreicht werden kann, weil es unmöglich ist, die Modellierungsbedürfnisse aller Anwendungs- und Lösungsdomänen vorauszusagen. Aus diesem Grund stellt UML eine Anzahl von Erweiterungsmechanismen bereit, die es Modellierern ermöglichen, die Sprache zu erweitern. In diesem Abschnitt beschreiben wir zwei solcher Mechanismen: **Stereotypen** und **Einschränkungen**.

Ein **Stereotyp** ist ein Erweiterungsmechanismus, der es erlaubt, Modellelemente in UML zu klassifizieren. Ein Stereotyp wird durch eine Zeichenkette in spitzen Klammern dargestellt (z.B. «Grenze»). Er wird an das Modellelement angefügt, auf das das Stereotyp angewendet wird, zum Beispiel an eine Klasse oder eine Assoziation. Dieses Anfügen eines Stereotyps an ein Modellelement ist semantisch äquivalent mit der Erzeugung einer neuen Klasse im UML-Metamodell[5]. Dies ermöglicht es Modellierern, neue Arten von Bausteinen zu kreieren, die sie in ihren Domänen benötigen. Zum Beispiel haben wir Objekte während der Analyse in drei Typen unterteilt: Entitäts-, Grenz- und Steuerungsobjekte. Diese Typen haben die gleiche Struktur (d.h. sie haben Attribute, Operationen und Assoziationen), dienen aber verschiedenen Zwecken. Das Metamodell der UML-Sprache kennt nur einen Objekttyp. Um die drei zusätzlichen Objekttypen darzustellen, benutzen wir die Stereotypen «Entität», «Grenze» und «Steuerung» (Abbildung 2.49). Die «Entität»-, «Grenze»- und «Steuerung»-Stereotypen werden in Kapitel 5, *Analyse*, beschrieben. Ein anderes Beispiel sind Beziehungen unter Anwendungsfällen. Wie wir in Abschnitt 2.4.1 festgestellt haben, werden Enthält-Beziehungen in Anwendungsfalldiagrammen durch einen gestrichelten Pfeil und das Stereotyp «include» dargestellt. Dasselbe gilt für die Erweiterungs-Beziehung, die mit dem Stereotyp «extend» modelliert wurde.

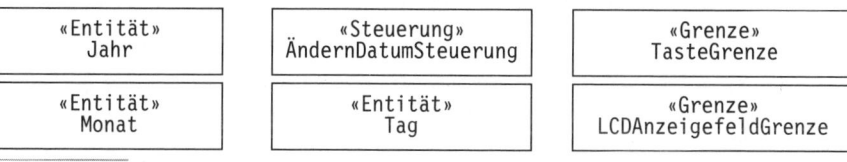

Abbildung 2.49: Beispiele von Stereotypen (UML-Klassendiagramm)

Eine **Einschränkung**, auch **Beschränkung** genannt, ist eine Bedingung, die zu einem UML-Modellelement hinzugefügt wird, um damit dessen Semantik einzuschränken. Das erlaubt es Modellierern, Bedingungen darzustellen, die in UML nicht anderweitig ausgedrückt werden können. Zum Beispiel kann in Abbildung 2.50 ein Vorfall mit einer oder mehreren NotfallMeldungen vom Schauplatz verbunden werden. Aus der Sicht der Dienstleiter ist es aber wichtig, dass die Meldungen in zeitlicher Abfolge betrachtet werden können. Einschränkungen können informell durch eine Zeichenkette in geschweiften Klammern oder durch eine formale Sprache wie z.B. OCL (Object Con-

---

[5] Das UML-Metamodell repräsentiert alle Konstrukte der UML.

straint Language, [OMG, 2001]) ausgedrückt werden. Wir können bespielsweise die erlaubte zeitliche Reihenfolge der zu einem Vorfall gehörenden NotfallMeldung zu beschreiben, indem wir die Assoziation mit der Einschränkung {geordnet nach Zeit des Eintreffens} versehen. Die formale Sprache OCL und die Benutzung von Einschränkungen beschreiben wir in Kapitel 9, *Objektentwurf: Schnittstellenspezifikation*.

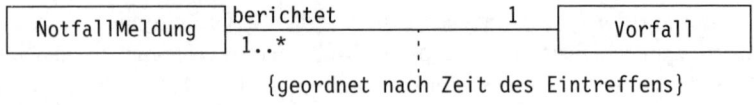

{geordnet nach Zeit des Eintreffens}

Abbildung 2.50: Beispiel einer Einschränkung (UML-Klassendiagramm)

Weiterführende Literatur

Die historischen Wurzeln der grafischen Modellierung können bis zu strukturierter Analyse [De Marco, 1978] und strukturiertem Entwurf, die beide auf funktionaler Zerlegung basieren, zurückverfolgt werden. Diese Methoden bauten auf Datenflussdiagrammen auf [De Marco, 1978]. Datenflussdiagramme sind für Informatiker ziemlich wichtig, vor allem bei der Pflege von Altsystemen, die mit strukturierten Analysetechniken entworfen wurden.

UML resultiert aus der Lehre und den Anstrengungen vieler Wissenschaftler und Praktiker, von denen wir schon einige in diesem Kapitel zitiert haben. Die von Booch, Jacobson und Rumbaugh erarbeitete einheitliche Notation ist mittlerweile allgemein anerkannt und akzeptiert. Ihre früheren Arbeiten [Booch, 1994], [Jacobson et al., 1992], [Rumbaugh et al., 1991] bieten Einblicke in die Ursprünge objektorientierter Analyse und objektorientierten Entwurfs und vermitteln immer noch wertvolles Wissen über objektorientiertes Modellieren.

UML wurde für eine breite Palette von Systemen und damit zusammenhängende Bereiche entworfen und ist eine ziemlich komplexe Notation. In diesem Kapitel beschränkten wir uns auf die Grundelemente von UML, die wirklich verstanden sein müssen, bevor mit den nächsten Kapiteln fortgefahren werden kann. Zur weiteren Information über die UML-Notation seien folgende Bücher erwähnt:

UML konzentriert [Fowler, 2003] ist eine kurze Einführung in UML und enthält viele Beispiele. Für Leser ohne Vorkenntnisse in UML bietet dieses Buch einen Überblick, um die Notation rasch zu verstehen.

Unified Modeling Language User Guide [Booch et al., 1998] ist eine gut verständliche Beschreibung von den Erfindern der Sprache UML. Das Buch deckt mehr Stoff ab als *UML konzentriert* und ist für den erfahrenen Entwickler geeignet. Da es jedoch recht wenige Beispiele enthält, sollte ein Anfänger lieber *UML konzentriert* benutzen.

OMG Unified Modeling Language Specification [OMG, 2001] ist die offizielle Spezifikation von UML. Die Sprache wird ständig von einer Arbeitsgruppe überarbeitet und gepflegt, die dafür sorgt, dass Mehrdeutigkeiten beseitigt, Fehler korrigiert und Widersprüche ausgeräumt werden. Es ist ein umfangreiches Dokument (566 Seiten), das besonders als Nachschlagewerk zu empfehlen ist.

Objektorientierte Softwareentwicklung (Oestereich 2004) enthält eine umfangreiche Beschreibung der UML 2.0-Notation und ihrer Anwendung auf Analyse und Entwurf.

Übungen

2.1 Modellieren Sie ein ATM-System. Identifizieren Sie mindestens drei verschiedene Akteure, die mit dem System interagieren.

2.2 Kann das betrachtete System als Akteur dargestellt werden? Begründen Sie Ihre Antwort.

2.3 Was ist der Unterschied zwischen einem Szenario und einem Anwendungsfall? Wann wird das jeweilige Konstrukt verwendet?

2.4 Zeichnen Sie ein Anwendungsfalldiagramm eines Fahrkartenautomaten für ein Zugsystem. Das System umfasst zwei Akteure: Einen Reisenden, der verschiedene Typen von Fahrkarten erwirbt, und ein zentrales Rechnersystem, das eine Referenzdatenbank für die Tarife unterstützt. Die Anwendungsfälle sollten folgende Funktionalität beinhalten: KaufeEinfachFahrkarte, KaufeWochenKarte, KaufeMonatsKarte, AktualisiereTarif. Außerdem folgende Ausnahmefälle: ZeitÜberschreitung (d.h. der Reisende braucht zu lange, um den richtigen Fall einzugeben), VorgangAbbrechen (d.h. der Reisende wählt die Abbruchtaste, ohne den Vorgang abzuschließen) sowie AutomatOhneWechselgeld und AutomatOhnePapier.

2.5 Beschreiben Sie den Fluss der Ereignisse und spezifizieren Sie alle Felder für den Anwendungsfall AktualisiereTarif, den Sie in Übung 2.4 gezeichnet haben. Vergessen Sie nicht, jede Beziehung zu spezifizieren.

2.6 Zeichnen Sie ein Klassendiagramm, das ein Buch darstellt, welches durch folgende Feststellungen definiert ist: „Ein Buch besteht aus einer Anzahl von Teilen, die wiederum aus einer Anzahl von Kapiteln bestehen, die wiederum aus einer Anzahl von Abschnitten bestehen." Konzentrieren Sie sich nur auf Klassen und Beziehungen.

2.7 Fügen Sie Multiplizität zu den Assoziationen in dem Klassendiagramm hinzu, das Sie in Übung 2.6 erzeugt haben.

2.8 Zeichnen Sie ein Objektdiagramm, das den ersten Teil dieses Buches repräsentiert (d.h. Teil 1, Erste Schritte). Vergewissern Sie sich, dass das Objektdiagramm, das Sie zeichnen, mit dem Klassendiagramm aus Übung 2.6 konsistent ist.

2.9 Erweitern Sie das Klassendiagramm aus Übung 2.6 um die folgenden Attribute:

- Ein Buch hat einen Verleger, ein Veröffentlichungsdatum und eine ISBN-Nummer.
- Ein Teil beinhaltet einen Titel und eine Nummer.
- Ein Kapitel beinhaltet einen Titel, eine Nummer und eine Kurzfassung.
- Ein Abschnitt beinhaltet einen Titel und eine Nummer.

2.10 Betrachten Sie das Klassendiagramm aus Übung 2.9. Beachten Sie, dass die Teil-, Kapitel-, und Abschnitt-Klassen alle ein Titel- und ein Nummer-Attribut haben. Fügen Sie eine abstrakte Klasse und eine Vererbungsbeziehung hinzu, um diese beiden Attribute in eine abstrakte Klasse ausklammern zu können.

2.11 Zeichnen Sie ein Klassendiagramm, das die Beziehung zwischen Eltern und Kindern darstellt. Beachten Sie, dass eine Person sowohl Eltern als auch Kinder haben kann. Versehen Sie Assoziationen mit Rollen und Multiplizitäten.

2.12 Zeichnen Sie ein Klassendiagramm für Literaturverzeichnisse. Benutzen Sie das *Literaturverzeichnis* dieses Buches, um das Klassendiagramm zu testen. Ihr Klassendiagramm sollte so detailliert wie möglich sein.

2.13 Zeichnen Sie ein Interaktionsdiagramm für das KaufhausBrand-Szenario aus Abbildung 2.21. Fügen Sie die Objekte hans, monika, franz, FRIEND und die Instanzen anderer Klassen, die Sie gebrauchen könnten, hinzu. Zeichnen Sie nur das Senden der ersten fünf Nachrichten.

2.14 Zeichnen Sie ein Interaktionsdiagramm für den MeldeVorfall-Anwendungsfall aus Abbildung 2.14. Zeichnen Sie nur das Senden der ersten fünf Nachrichten. Vergewissern Sie sich, dass das Interaktionsdiagramm mit dem Interaktionsdiagramm aus Übung 2.13 konsistent ist.

2.15 Betrachten Sie den Prozess einer telefonischen Pizzabestellung. Zeichnen Sie ein Aktivitätsdiagramm, das jeden Schritt des Prozesses darstellt, und zwar vom Augenblick der Telefonhörerabnahme bis zu dem Punkt, an dem Sie anfangen, die Pizza zu essen. Stellen Sie keine Ausnahmen dar. Schließen Sie die Aktivitäten mit ein, die andere auszuführen haben.

2.16 Fügen Sie Ausnahmebehandlung zu dem in Übung 2.15 entwickelten Aktivitätsdiagramm hinzu. Betrachten Sie mindestens drei Ausnahmen (z.B. Auslieferer hat falsche Adresse aufgeschrieben, Auslieferer bringt falsche Pizza, Pizzeria hat keine Anchovis mehr).

2.17 Betrachten Sie die Softwareentwicklungsaktivitäten, die wir in Abschnitt 1.4 in Kapitel 1, *Einführung in die Softwaretechnik* beschrieben haben. Zeichnen Sie ein Aktivitätsdiagramm, das diese Aktivitäten unter der Annahme veranschaulicht, dass sie streng sequentiell ausgeführt werden. Zeichnen Sie ein zweites Aktivitätsdiagramm, in dem dieselben Aktivitäten inkrementell ausgeführt werden (d.h. ein Teil des Systems wird analysiert, entworfen, implementiert und getestet, bevor der nächste Teil des Systems entwickelt wird). Zeichnen Sie ein drittes Aktivitätsdiagramm, in dem dieselben Aktivitäten gleichzeitig ausgeführt werden dürfen.

Kapitel

3

Projektorganisation und -kommunikation

Zwei elektronische Boxen, die von zwei verschiedenen Auftragnehmern für eine Rakete hergestellt wurden, waren durch ein Paar von Drähten verbunden. Auf Grund einer besonders gründlichen Vorflugkontrolle entdeckte man, dass die Drähte vertauscht waren. Nach dem Absturz der Rakete enthüllte die Untersuchungskommission, dass die Auftragnehmer die vertauschten Drähte umgedreht hatten, als man ihnen von dem Problem berichtete. Leider hatten es beide getan.

Die Entwicklung von Software vereint Teilnehmer mit ganz unterschiedlichem Hintergrund, wie Domänenexperten, Analytiker, Entwerfer, Programmierer, Manager, technische Autoren und Benutzer. Kein einzelner Teilnehmer kann alle Aspekte des Systems bei der Entwicklung verstehen oder steuern, weswegen alle Teilnehmer voneinander abhängen, um ihre Arbeit bewältigen zu können. Überdies erfordert jede Änderung im System oder in der Anwendungsdomäne, dass die Teilnehmer ihr Verständnis des Systems aktualisieren. Wegen dieser Abhängigkeit ist es entscheidend, dass Informationen genau und rechtzeitig kommuniziert werden.

Kommunikation kann viele Formen annehmen, die von der zu unterstützenden Aktivität abhängen. In regulären Treffen kommunizieren die Projektteilnehmer ihren eigenen Status und halten ihn in Sitzungsprotokollen schriftlich fest. Bei offiziellen Treffen mit dem Kunden teilen sie ihm den Projektstatus mit. Die Kommunikation über Anforderungen und Entwurfsalternativen wird durch Modelle und die dazugehörigen Dokumente unterstützt. Krisen und Missverständnisse werden durch spontanen Informationsaustausch wie Telefonanrufe, Mitteilungen, Gespräche auf dem Flur und kurzfristig anberaumte Besprechungen beseitigt. Wenn ein Softwaretechnikprojekt größer wird, nimmt die Zeit, die jeder Teilnehmer für Kommunikation aufwenden muss, zu. Das bedeutet, dass die für technische Aktivitäten verfügbare Zeit entsprechend abnimmt. Um diesen Schwierigkeiten zu begegnen, ist es wesentlich, Projekte in Gruppen aufzuteilen und Informationen über formelle und informelle Kanäle gemeinsam zu nutzen.

Als Erstes beschreiben wir die Basiskonzepte, die mit der Projektorganisation zusammenhängen, z.B. Aufgaben, Arbeitsergebnisse und lieferbare Ergebnisse. Dann erläutern wir die Kommunikationsmechanismen, die Projektteilnehmern zur Verfügung stehen. Schließlich illustrieren wir die Aktivitäten, die mit der Projektorganisation und -kommunikation zusammenhängen. Dieses Kapitel ist aus der Sicht eines Projektteilnehmers (z.B. eines Entwicklers) geschrieben, der die Projektorganisation und die Projektkommunikationsinfrastruktur erst einmal *verstehen* muss. Die *Erzeugung* der Projektorganisation und der Projektkommunikationsinfrastruktur ist Aufgabe des Projektleiters und ist Gegenstand von Kapitel 14, *Projektmanagement*.

3.1   Einführung: Beispiel Rakete

Wenn Entwickler mit anderen Projektteilnehmern interagieren müssen, konzentrieren sie sich darauf, Informationen genau und effizient weiterzugeben. Selbst wenn Kommunikation nicht gerade eine besonders kreative oder anspruchsvolle Aktivität zu sein scheint, trägt sie zum Gelingen eines Projekts genauso viel bei wie ein guter Entwurf oder effiziente Implementierung. Das zeigt das folgende Beispiel [Lions, 1996].

Ariane 501

Am 4. Juni 1996, explodierte 30 Sekunden nach dem Start Ariane 501, der erste Prototyp der Ariane-5-Serie. Der Hauptrechner für die Navigation hatte einen arithmetischen Überlauf bemerkt, sich abgeschaltet und die Steuerung an den Reserverechner übergeben, wie es im Entwurf vorgeschrieben war. Der Reserverechner, der denselben Ausnahmefall ein paar Hundertstel Sekunden früher bemerkt hatte, hatte sich bereits abgeschaltet. Die Rakete, nun ohne Navigationssystem, unternahm eine verhängnisvolle scharfe Kurve, um eine Abweichung zu korrigieren, die es gar nicht gab.

Eine unabhängige Untersuchungskommission benötigte etwa zwei Monate, um zu dokumentieren, wieso ein Softwarefehler eine derart gewaltige Fehlleistung verursachen konnte. Das Navigationssystem für den Ariane-5-Entwurf war eine der wenigen Komponenten von Ariane 4, die wiederverwendet wurden. Es war flugerprobt und hatte bei Ariane 4 nie versagt.

Das Navigationssystem ist für die Berechnung von Kurskorrekturen einer speziellen Flugbahn aufgrund von Eingaben eines Trägheitssteuerungssystems zuständig. Ein Trägheitssteuerungssystem ermöglicht einem sich bewegenden Gefährt (z.B. einer Rakete), seine Position ausschließlich anhand von über Sensoren gemessenen Daten von Beschleunigungsmessern und Kreiseln, d.h. ohne Bezug zur Außenwelt, zu berechnen. Das Trägheitssystem muss als Erstes mit den Startkoordinaten initialisiert werden und seine Achsen mit der Anfangsrichtung der Rakete abstimmen. Die Anpassungsberechnungen werden vom Navigationssystem vor dem Start durchgeführt. Sie müssen wegen der Erdrotation ständig angeglichen werden. Anpassungsberechnungen sind äußerst komplex und benötigen etwa 45 Minuten zur Ausführung. Ist die Rakete gestartet, werden die Anpassungsdaten dem Navigationssystem übergeben. Die Anpassungsberechnungen werden nach der Übergabe der Daten an das Navigationssystem noch weitere 50 Sekunden fortgesetzt. Diese Entwurfsentscheidung ermöglicht, dass der Countdown noch nach der Übergabe der Anpassungsdaten, jedoch bevor die Raketen gezündet werden, abgebrochen werden kann, ohne dass die Anpassungsberechnungen von Neuem durchgeführt werden müssen (d.h. ohne erneut einen 45-minütigen Rechenvorgang starten zu müssen). Im Falle eines geglückten Starts erzeugt das Anpassungsmodul lediglich ungenutzte Daten für weitere 50 Sekunden nach dem Start.

Beim Rechnersystem von Ariane 5 war die Elektronik gegenüber der von Ariane 4 verdoppelt worden. Nun gab es zwei Trägheitssteuerungssysteme, um die Position der Rakete zu berechnen: zwei Rechner, um die geplante Flugbahn mit der tatsächlichen zu vergleichen, und zwei Steuerungselektronikmodule, um die Rakete zu lenken. Sollte eines dieser Systeme ausfallen, würde das Ersatzsystem übernehmen.

Zum Speichern der waagerechten Geschwindigkeit benutzte das – ursprünglich für Berechnungen am Boden entworfene – Anpassungssystem 16-Bit-Wörter, eigentlich mehr als genug für durch Wind und Erdrotation verursachte Verschiebungen. Nach 30 Sekunden in der Luft war die waagerechte Geschwindigkeit von Ariane 5 so groß, dass sie einen arithmetischen Überlauf erzeugte, dessen Ausnahmebehandlung dazu führte, dass sich der Bordrechner ausschaltete und die Steuerung dem Reserverechner übergab.

Diskussion. Das Anpassungssystem war nicht ausreichend getestet worden. Obwohl es Tausenden von Tests unterzogen worden war, war kein einziger dabei, der eine tatsächliche Flugbahn benutzte. Und das Navigationssystem war nur allein getestet worden. Alle Tests waren vom Integrationsteam des Gesamtsystems spezifiziert und von den Entwicklern des Navigationssystems durchgeführt worden. Das Integrationsteam sah nicht, dass das Anpassungssystem den Zentralprozessor veranlassen könnte, sich abzuschalten, sogar während des Fluges. Die Entwickler der Einzelkomponenten – Anpassungs- und Navigationssystem – und das Integrationsteam hatten leider versäumt, miteinander zu kommunizieren.

In diesem Kapitel behandeln wir Organisations- und Kommunikationsprobleme innerhalb eines Softwareprojekts. Kommunikation ist kein softwaretechnikspezifisches Thema, aber sie ist während der gesamten Dauer eines Softwareentwicklungsprojekts von Bedeutung. Kommunikationsmängel sind kostspielig und können bedeutende und manchmal sogar verheerende Auswirkungen auf das Projekt und die Qualität des gelieferten Systems haben.

3.2 Überblick über Projekte

Die Techniken und die Notation, die wir in Kapitel 2, *Modellierung mit UML*, vorgestellt haben, ermöglichen es den Projektteilnehmern, Modelle eines Systems zu erstellen und darüber zu kommunizieren. Jedoch enthalten Systemmodelle nicht die einzigen Informationen, die gebraucht werden, um innerhalb eines Projekts zu kommunizieren. So muss man beispielsweise Folgendes wissen:

- Wer ist für welchen Teil des Systems zuständig?
- Welcher Teil des Systems ist wann fällig?
- An wen sollte man sich wenden, wenn ein Problem in einer bestimmten Version einer Komponente entdeckt wird?
- Wie sollte ein Problem dokumentiert werden?
- Was sind die Qualitätskriterien für die Bewertung des Systems?
- In welcher Form sollten neue Anforderungen den Entwicklern mitgeteilt werden?
- Wer sollte über neue Anforderungen informiert werden?
- Wer ist für das Gespräch mit dem Kunden verantwortlich?

Obwohl diese Fragen relativ leicht beantwortet werden können, wenn alle Teilnehmer zusammen eine gemeinsame Kaffeepause machen, genügt eine solche Ad-hoc-Lösung gewöhnlich nicht bei der Entwicklung eines umfangreichen Softwaresystems. Aus dem Blickwinkel eines Entwicklers besteht ein System aus vier Bausteinen (Abbildung 3.1):

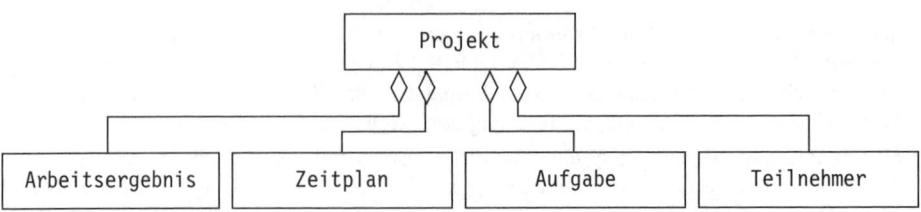

Abbildung 3.1:   Modell eines Projekts (UML-Klassendiagramm)

- **Arbeitsergebnis.** Jedes vom Projekt erzeugte Artefakt, z.B. Quelltext, ein Modell oder ein Dokument. Für den Kunden erzeugte Arbeitsergebnisse heißen **Lieferergebnisse.**

- **Zeitplan.** Hier wird spezifiziert, wann welche Arbeiten im Projekt fertig sein sollten.

- **Teilnehmer.** Das ist jede Person, die am Projekt teilnimmt. Manchmal nennen wir Teilnehmer auch **Projektmitglieder.**

- **Aufgabe.** Das ist die Arbeit, die von einem Projektteilnehmer verrichtet werden muss, damit ein Arbeitsergebnis erzeugt wird.

Projekte können formell oder informell definiert werden. Ein unterzeichneter Vertrag zwischen einem Projektleiter und einem Kunden, der für die Lieferung eines Softwaresystems in drei Monaten eine Million Euro verspricht, definiert ein Projekt; das informelle Versprechen, das ein Entwickler einem Freund gibt, nächste Woche eine neue Softwareversion auf seinem Rechner zu installieren, definiert ebenfalls ein Projekt.

Projekte treten in verschiedenen Typen und Größen auf. Gelegentlich ist die Charakterisierung des Projekttyps von gleicher Art wie das zu liefernde Produkt. Falls das Ergebnis ein Softwaresystem ist, wird das Projekt für gewöhnlich Softwareprojekt genannt; das Erstellen eines Systems wie z.B. eines Weltraumtransporters, das neben der Software auch noch andere Komponenten enthält, wird Systemprojekt genannt. Projekte sind von ganz unterschiedlicher Größenordnung. Das Installieren eines neuen Weltraumtransporters mit einem Kostenumfang von mehr als zehn Milliarden Dollar und einer Bearbeitungsdauer von 10 bis 15 Jahren ist ein umfangreiches Projekt, wohingegen das Neumöblieren eines Zimmers ein recht kleines ist.

Dynamisch gesehen besteht ein Projekt aus mehreren Phasen, die in Abbildung 3.2 gezeigt sind. An der **Projektdefinitionsphase** sind der Projektleiter, der zukünftige Kunde und der Softwarearchitekt beteiligt. Die zwei Hauptaufgaben während dieser Phase bestehen darin, ein Anfangsverständnis der Softwarearchitektur zu bekommen, insbesondere die Zerlegung in Subsysteme, und des Projekts an sich, insbesondere einen Zeitplan für die durchzuführenden Arbeiten und die dafür benötigten Ressourcen. Das wird in drei Dokumenten niedergeschrieben, die wir als Problembeschreibung, Softwarearchitektur und Softwareprojekt-Plan bezeichnen. Während der **Projektstartphase** konfiguriert der Projektleiter die Projektinfrastruktur, stellt Teilnehmer ein, organisiert die Gruppen, definiert die Hauptmeilensteine und startet das Projekt.

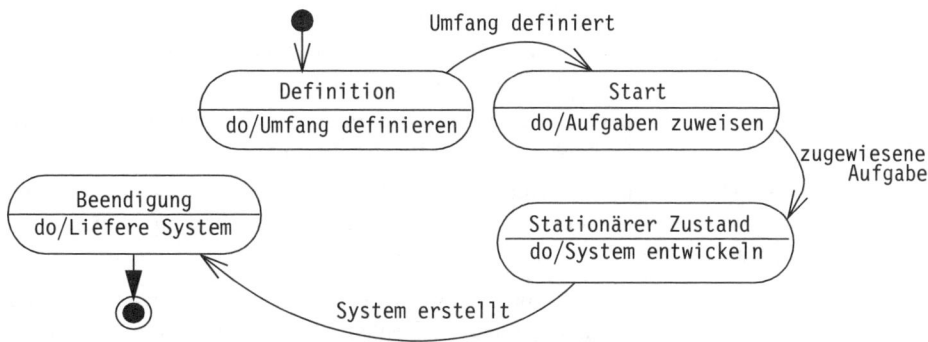

Abbildung 3.2: Zustände in einem Softwaresystem (UML-Zustandsdiagramm)

In der **stationären Zustandsphase** des **Projekts** entwickeln die Teilnehmer das System. Sie berichten ihrem Gruppenleiter, der dafür verantwortlich ist, den jeweiligen Status der Entwickler zu kennen und Probleme zu identifizieren. Die Gruppenleiter melden den jeweiligen Status der Arbeitsgruppe dem Projektleiter, der dann den Status des Gesamtprojekts abschätzt. Gruppenleiter reagieren auf Abweichungen vom Projektplan durch Neuzuteilung von Aufgaben an die Entwickler oder indem sie sich zusätzliche Ressourcen vom Projektleiter beschaffen. Der Projektleiter ist für den Dialog mit dem Kunden verantwortlich, insbesondere für formale Abmachungen und Neuverhandlungen über Ressourcen und Liefertermine.

Während der **Projektbeendigungsphase** wird das Projektergebnis an den Kunden geliefert und die Projektgeschichte wird aufbereitet. Der Großteil der Arbeit der am Projekt beteiligten Entwickler endet noch vor dieser Phase. Lediglich eine Handvoll der Hauptentwickler, nämlich die technischen Autoren und die Gruppenleiter, ist mit der Aufbereitung des Systems für die Installation und für die Abnahme sowie für die Aufzeichnung der Projektgeschichte befasst.

Bei der Kommunikation innerhalb eines Projekts unterscheiden wir zwischen geplanten und ungeplanten Ereignissen. Geplante Kommunikation umfasst:

- **Problemuntersuchung**, während der die Entwickler Informationen aus der Problembeschreibung, vom Kunden und vom Benutzer über ihre Bedürfnisse und über die Anwendungsdomäne sammeln

- **Statustreffen**, in denen die Gruppen ihre Fortschritte besprechen

- **Projektüberprüfungen durch Kollegen**, in denen Gruppenmitglieder Mängel in den vorhandenen Arbeitsergebnissen finden und Verbesserungen vorschlagen

- **Projektüberprüfungen durch Kunden**, in denen der Kunde mit den Projektmitgliedern die Qualität des Arbeitsergebnisses – insbesondere des Lieferergebnisses – überprüft

- **Freigaben**, bei denen die Projektteilnehmer Systemversionen und dazugehörige Dokumentationen dem Kunden zugänglich machen

Ungeplante Kommunikation umfasst:

■ **Klärungsanfragen**, bei denen Teilnehmer spezielle Informationen über das System, die Anwendungsdomäne oder das Projekt bei anderen erfragen

■ **Änderungsanfragen**, bei denen Teilnehmer Probleme beschreiben, auf die sie im System gestoßen sind, oder neue Merkmale, die das System unterstützen sollte

■ **Fragestellungen**, bei denen ein Konflikt zwischen verschiedenen Interessengruppen aufgedeckt wird, Lösungen untersucht und verhandelt werden und ein gemeinsamer Beschluss gefasst wird.

Geplante Kommunikation hilft dabei, Informationen zu verbreiten, von denen zu erwarten ist, dass sie nützlich für die Teilnehmer sind. Ungeplante Kommunikation hilft mehr bei Krisen und wenn es darum geht, mit unerwartetem Informationsbedarf umzugehen. Alle Kommunikationsbelange müssen für die Teilnehmer zugänglich sein, um genau und effizient zu kommunizieren.

Wenn die Entwickler in der Projektstartphase zu einem Projekt hinzukommen, existiert die Problembeschreibung, das Projektmanagement hat bereits einen Plan verfasst, wie man das Problem angehen könnte, eine Projektorganisation ist aufgebaut, geplante Kommunikationsereignisse sind definiert und eine Infrastruktur für geplante und ungeplante Kommunikation ist bereitgestellt. Die Hauptaufgabe des Entwicklers ist dann zunächst, alle diese Dokumente zu verstehen und sich die bestehenden Organisations- und Kommunikationsstrukturen anzueignen. Dazu gibt es die folgenden Aktivitäten:

■ *Teilnahme am Starttreffen*. Hier erfahren die Projektteilnehmer vom Kunden alles über das zu lösende Problem und über den Anwendungsbereich des zu entwickelnden Systems. Das verhilft ihnen zu einem groben Problemverständnis, was dann als Grundlage für alle anderen Aktivitäten dient.

■ *Zuteilung zu einer Arbeitsgruppe*. In der Definitionsphase hat das Projektmanagement das Projekt in einzelne Arbeitsgruppen zerlegt. Die Entwickler werden diesen Gruppen aufgrund ihrer Eignung und Interessen zugeteilt.

■ *Teilnahme an Fortbildung*. Teilnehmer, die nicht die Eignung für die geforderten Aufgaben haben, erhalten zusätzliche Fortbildung.

■ *Anschluss an die bestehende Kommunikationsinfrastruktur*. Teilnehmer werden Mitglieder in der Projektkommunikationsinfrastruktur, die sowohl die geplanten als auch die ungeplanten Kommunikationsereignisse unterstützt. Die Infrastruktur umfasst eine Ansammlung von Mechanismen wie Groupware, Adressbücher, Telefonverzeichnisse, E-Mail-Dienste und Videokonferenzen.

■ *Erweiterung der bestehenden Kommunikationsinfrastruktur*. Zusätzliche schwarze Bretter und Gruppenportale werden speziell für das Projekt eingerichtet.

■ *Teilnahme am ersten Gruppenstatustreffen*. Während dieser Aktivität wird den Projektteilnehmern beigebracht, wie man Statustreffen leitet, Statusinformationen aufzeichnet und sie an andere Projektteilnehmer weitergibt.

■ *Verstehen der wichtigsten Meilensteine*. Der Projektzeitplan enthält eine Anzahl von Terminen für Überprüfungen, bei denen die Projektergebnisse dem Projektleiter und dem Kunden übermittelt werden. Überprüfungen durch den Kunden erlauben es, den Kunden über den Status des Projekts zu informieren und Rückmeldung zu erhalten.

In den folgenden Abschnitten untersuchen wir diese Konzepte und Aktivitäten genauer. In Abschnitt 3.3 beschreiben wir zunächst Projektorganisationsformen. In Abschnitt 3.4 besprechen wir dann die wichtigsten Konzepte, die mit der Kommunikation in einem Projekt zusammenhängen. Abschnitt 3.5 behandelt die Projektstartaktivitäten, die für ein Gruppenmitglied anfallen. Zum Abschluss geben wir Empfehlungen für weiterführende Literatur zu den angesprochenen Themen.

In diesem Kapitel konzentrieren wir uns auf die Perspektive eines Teilnehmers, der als Entwickler bei einem Softwareprojekt mitarbeitet. Wir gehen deshalb nicht auf die Aktivitäten ein, mit denen man eine Projektorganisation und Kommunikationsinfrastruktur erzeugt und verwaltet. Diese Aktivitäten erörtern wir in späteren Kapiteln. Kapitel 12, *Begründungsmanagement*, befasst sich mit Fragen der Identifizierung, Verhandlung, Lösung und Aufzeichnung von offenen Fragestellungen. Kapitel 13, *Konfigurationsmanagement*, behandelt die Konfiguration und Freigabe von Dokumenten und Systemkomponenten. In Kapitel 14, *Projektmanagement*, greifen wir dann noch einmal Projektorganisations- und Projektkommunikationsangelegenheiten auf, dort aber aus der Perspektive des Projektleiters.

3.3 Projektorganisationskonzepte

In diesem Abschnitt definieren wir folgende Konzepte:

- Projektorganisation (Abschnitt 3.3.1)
- Rollen (Abschnitt 3.3.2)
- Aufgaben und Arbeitsergebnisse (Abschnitt 3.3.3)
- Zeitplan (Abschnitt 3.3.4).

3.3.1 Projektorganisationen

Ein wichtiger Teil jeder Projektorganisation ist, die Beziehungen unter den Teilnehmern sowie die Beziehungen zwischen ihnen und den Aufgaben, dem Zeitplan und den Arbeitsergebnissen zu definieren. In einer **gruppenbasierten Organisation** (Abbildung 3.3) werden die Teilnehmer in Arbeitsgruppen eingeteilt, wobei eine **Arbeitsgruppe** (engl. *team*) eine kleine Menge von Teilnehmern ist, die dieselbe Aktivität oder Aufgabe bearbeiten. Wir unterscheiden Arbeitsgruppen von anderen Mengen von Personen, besonders von allgemeinen Gruppen oder Komitees. Eine *Gruppe* zum Beispiel ist eine Menge von Perso-

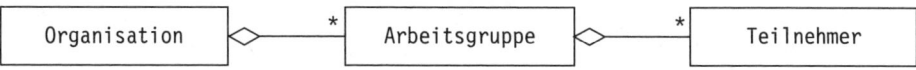

Abbildung 3.3: Eine gruppenbasierte Organisation besteht aus organisatorischen Einheiten, die Arbeitsgruppen genannt werden und die aus Teilnehmern oder wiederum aus Arbeitsgruppen bestehen (UML-Klassendiagramm).

nen, die mit einer allgemeinen Aufgabe betraut sind, sie arbeiten aber allein und haben keinen Bedarf an Kommunikation, wenn sie ihren Anteil an der Aufgabe erledigen. Ein *Komitee* besteht aus Personen, die zusammenkommen, um Angelegenheiten zu überprüfen und zu kritisieren und um Aktionen vorzuschlagen.

Abbildung 3.4 zeigt ein Instanzdiagramm einer Organisation für ein einfaches Softwareprojekt, das aus einer Managementgruppe und drei Entwicklergruppen besteht.

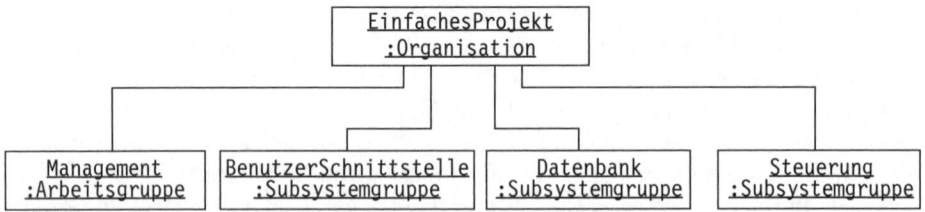

Abbildung 3.4: Beispiel einer Organisation für ein einfaches Projekt (UML-Instanzdiagramm). Berichte, Entscheidungen und Kommunikation werden über die Aggregationsassoziation der Organisation abgewickelt.

Projektteilnehmer interagieren miteinander. Die drei Haupttypen von Interaktionen in einem Projekt sind:

- **Berichten**. Dieser Interaktionstyp wird benutzt, um über Statusinformationen zu berichten. Beispielsweise berichtet ein Entwickler einem anderen Entwickler, dass ein API (Application Programmer Interface) fertig ist, oder ein Gruppenleiter berichtet einem Projektleiter, dass eine zugewiesene Aufgabe noch nicht fertig gestellt ist.

- **Entscheiden**. Dieser Interaktionstyp wird benutzt, um Entscheidungen bekannt zu machen. Beispielsweise entscheidet ein Gruppenleiter, dass ein Entwickler eine API veröffentlichen muss, oder ein Projektleiter entscheidet, dass eine geplante Lieferung zeitlich vorgezogen werden muss. Ein anderer Entscheidungstyp ist die Lösung eines Problems.

- **Normal kommunizieren**. Dieser Interaktionstyp wird benutzt, um alle anderen Typen von Informationen auszutauschen, die für Entscheidung oder Status nötig sind. Beispiele sind der Austausch von Anforderungen oder Entwurfsmodellen oder die Erzeugung eines Arguments, um einen Vorschlag zu unterstützen. Auch eine Einladung zum Essen ist eine Kommunikation.

Wir nennen eine Organisation **hierarchisch**, wenn sowohl Status- als auch Entscheidungsinformationen nur in einer Richtung versandt werden; das bedeutet, dass Entscheidungen immer an der Wurzel der Organisation getroffen werden und mittels der Interaktionsassoziation an die Blätter der Organisation geleitet werden. Status in hierarchischen Organisationen wird an den Blättern der Organisation erzeugt und an die Wurzel berichtet. Die Struktur des Status- und Entscheidungsinformationsflusses wird oft **Berichtsstruktur** der Organisation genannt. Abbildung 3.5 zeigt die Berichtsstruktur in einer hierarchischen arbeitsgruppenbasierten Organisation.

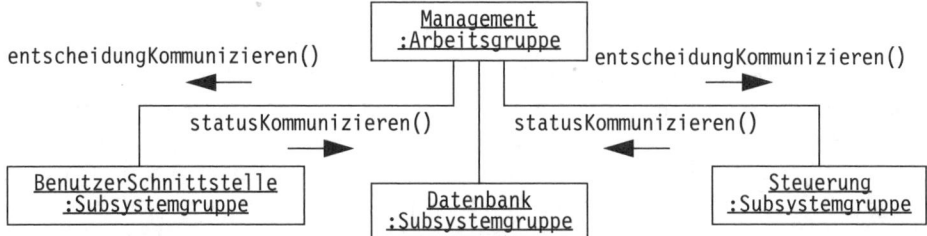

Abbildung 3.5: Beispiel einer Berichtsstruktur in einer hierarchischen Organisation (UML-Kollaborationsdiagramm). Statusinformationen werden an den Projektleiter berichtet und Entscheidungen werden von den Gruppenleitern an die Arbeitsgruppen zurückgemeldet. Die Gruppenleiter und der Projektleiter werden unter Managementgruppe zusammengefasst.

In hierarchischen Organisationen, wie z.B. beim Militär, ist die Berichtsstruktur auch für den Austausch von normalen Kommunikationen zuständig. In Softwareprojekten verursacht die Benutzung einer vorhandenen Berichtsstruktur für normale Kommunikationen viele Probleme. Zum Beispiel müssen viele technische Entscheidungen lokal von den Entwicklern getroffen werden. Sie hängen jedoch oft von Informationen von Entwicklern in anderen Arbeitsgruppen ab. Falls diese Informationen nur innerhalb der feststehenden Berichtsstruktur ausgetauscht werden können, werden wichtige Entscheidungen oft erheblich verlangsamt. Oder, noch schlimmer, es kommt zur Verstümmelung der Information, oft aufgrund ihrer Komplexität und ihres Umfangs.

Die Lösung für dieses Problem besteht darin, eine zusätzliche Kommunikationsstruktur einzurichten, die es den Teilnehmern ermöglicht, direkt und auf eine andere Weise als in der Berichtsstruktur vorgesehen miteinander zu kommunizieren. Oft wird die Kommunikation an einen Entwickler, der **Verbindungsperson** oder **Ansprechpartner** genannt wird, delegiert. Er ist dann dafür verantwortlich, Informationen hin und her zu schieben.

Abbildung 3.6 zeigt ein Beispiel einer Organisation mit Verbindungspersonen und zusätzlichen Kommunikationswegen, die von der Berichtsstruktur abweichen. Die Dokumentationsgruppe beispielsweise hat eine Verbindungsperson in der Benutzerschnittstellengruppe, um die Informationen über neueste Änderungen, die am Erscheinungsbild des Systems vorgenommen wurden, zu unterstützen. Arbeitsgruppen, die nicht direkt an einem Subsystem arbeiten, sondern eher an einer Aufgabe, die sich mit der Subsystemgruppenorganisation kreuzt, werden **multifunktionale Arbeitsgruppen** genannt. Beispiele für multifunktionale Arbeitsgruppen sind die Dokumentationsgruppe, die Architekturgruppe und die Testgruppe.

Wir nennen diese Kommunikationsstruktur **Verbindungsperson-basiert**. Verbindungspersonen benutzen nichthierarchische Kommunikationswege, um mit den Verbindungspersonen in anderen Arbeitsgruppen zu sprechen. In Verbindungsperson-basierten Kommunikationsstrukturen bekommen Gruppenleiter leider mehr Verantwortung durch eine neue Aufgabe: Sie müssen nicht nur dafür sorgen, dass der Projektleiter über den Status der Arbeitsgruppe Bescheid weiß, sondern auch dass die Gruppenmitglieder all die Informationen haben, die sie von anderen Arbeitsgruppen brauchen. Das verlangt eine Auswahl fähiger Leute als Verbindungspersonen, um sicherzustellen, dass die notwendigen Kommunikationspfade bestehen. Wenn man es Entwicklern erlaubt, direkt miteinander zu kommunizieren, nennen wir diese Kommunikationsstruktur **partnerbasiert**.

3.3.2   Rollen

Eine **Rolle** ist eine Menge von technischen und verwaltungstechnischen Aufgaben, die von einem Teilnehmer oder einer Arbeitsgruppe ausgeführt werden. In einer gruppenbasierten Organisation weisen wir Aufgaben einer Person oder einer Arbeitsgruppe mittels einer Rolle zu. Die Rolle eines Prüfers einer Subsystemgruppe beispielsweise besteht aus den Aufgaben, die Testabfolge für das gerade entstehende Subsystem zu definieren, diese Tests durchzuführen und bereits entdeckte Fehler an die Entwickler zurückzumelden.

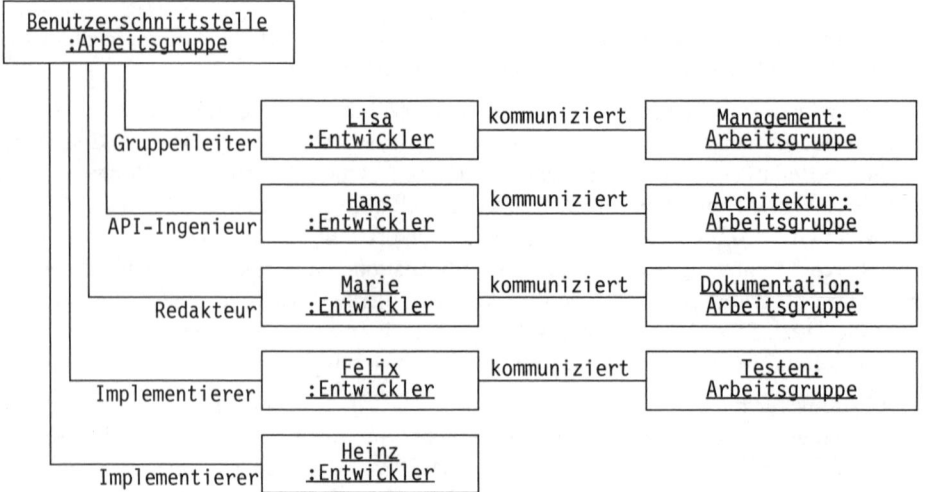

Abbildung 3.6:   Beispiele für Verbindungsperson-basierte Kommunikationsstrukturen (UML-Objektdiagramm). Die Arbeitsgruppe besteht aus fünf Entwicklern. Lisa ist die Gruppenleiterin, die auch Verbindungsperson für das Management ist. Hans ist der API-Ingenieur und Verbindungsperson für die Architekturgruppe. Marie ist die Verbindungsperson zur Dokumentationsgruppe. Felix und Heinz sind Implementierer und interagieren mit anderen Arbeitsgruppen nur informell.

In einem Softwareprojekt unterscheiden wir zwischen vier Rollentypen: Managementrollen, Entwicklungsrollen, multifunktionalen Rollen und Beraterrollen (Abbildung 3.7).

Managerrollen (z.B. Projektleiter, Gruppenleiter) sind mit der Organisation und Ausführung des Projekts unter gewissen Bedingungen befasst. Wir beschreiben diesen Rollentyp in Kapitel 14, *Projektmanagement*.

Entwicklerrollen befassen sich mit dem Spezifizieren, Entwerfen und Konstruieren von Subsystemen. Diese Rollen umfassen den Analytiker, den Systemarchitekten, den Objektentwerfer, den Implementierer und den Prüfer. Tabelle 3.1 zeigt Beispiele für Entwicklerrollen in einer Subsystemgruppe. Wir werden Entwicklerrollen ausführlich in den Kapiteln 5 bis 11 beschreiben.

Multifunktionale Rollen befassen sich mit der Koordinierung zwischen Arbeitsgruppen. Entwickler, die diese Rollen wahrnehmen, sind verantwortlich für den Austausch der Informationen, die für andere Arbeitsgruppen wichtig sind, und für das Aushandeln von

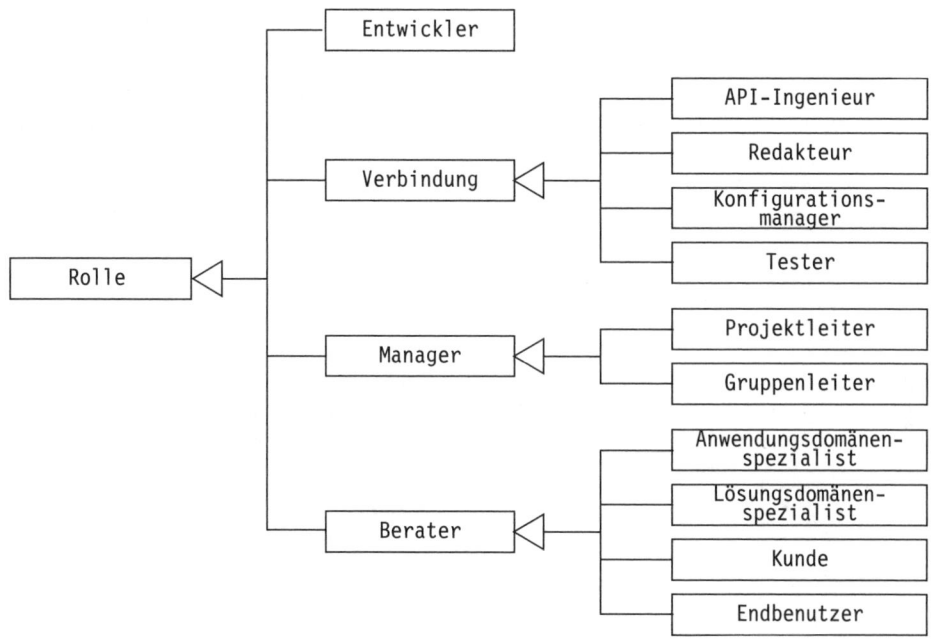

Abbildung 3.7: Typen von Rollen, die in einem Softwaretechnikprojekt gefunden wurden (UML-Klassendiagramm)

Schnittstelleneinzelheiten. Die multifunktionale Rolle wird ebenfalls **Verbindungsperson** genannt. Die Verbindungsperson ist für die Verbreitung von Informationen mit Hilfe der existierenden Kommunikationsstruktur von einer Arbeitsgruppe zu den anderen verantwortlich. In einigen Fällen (wie beim API-Ingenieur) dient die Verbindungsperson als Repräsentant der Subsystemgruppe und kann beispielsweise gebeten werden, Konflikte mit anderen Arbeitsgruppen zu regeln. Es gibt vier Typen von Verbindungspersonen:

■ Der **API-Ingenieur** ist für die Schnittstellendefinition des ihm zugeteilten Subsystems verantwortlich. Die Schnittstelle muss die Funktionalität, die dem Subsystem bereits zugewiesen wurde, wiedergeben und die Bedürfnisse der anderen Subsysteme reflektieren. Oft muss Funktionalität mit anderen Subsystemen ausgehandelt werden, was im Allgemeinen Änderungen in den betroffenen Subsystemen zur Folge hat. In diesem Fall ist der API-Ingenieur dafür verantwortlich, die Änderungen an die Subsystemgruppe zurückzumelden.

■ Der **Redakteur** ist für die Zusammenführung der von den Arbeitsgruppen erstellten Dokumente verantwortlich. Ein Redakteur kann als Dienstleister für andere Arbeitsgruppen, die von der Dokumentation seiner Arbeitsgruppe abhängen, angesehen werden. Er verwaltet auch die intern erzeugten Informationen einer Arbeitsgruppe, wie Sitzungsprotokolle und Tagesordnungen.

■ Der **Konfigurationsmanager** ist für die Verwaltung der verschiedenen Versionen von Dokumenten, Modellen und Programmen, die von der Arbeitsgruppe erzeugt werden, verantwortlich. Bei einfachen Konfigurationsmanagementproblemen (das System

Rolle	Verantwortungsbereiche
Systemarchitekt	Der Systemarchitekt gewährleistet die Konsistenz bei den Entwurfsentscheidungen und der Art der Schnittstellen. Er garantiert die Konsistenz des Entwurfs in den Konfigurationsmanagement- und Testgruppen, vor allem bei der Formulierung der Systemintegrationsstrategie. Der Systemarchitekt ist hauptsächlich eine Integrationsrolle, die die Informationen aus jeder Subsystemgruppe verarbeitet.
Spezifizierer	Der Spezifizierer ist für die Schnittstellendefinition des ihm zugewiesenen Subsystems verantwortlich. Die Schnittstelle muss die Funktionalität, die für das Subsystem bereits bestimmt ist, widerspiegeln, und die Bedürfnisse von abhängigen Subsystemen befriedigen. Falls Funktionalität mit anderen Subsystemen getauscht wird und dadurch Änderungen bei ihnen ausgelöst werden, obliegt es dem Spezifizierer, solche Änderungen der Subsystemgruppe zu melden.
Implementierer	Der Implementierer ist für die Kodierung einer Klasse oder der Anzahl von Klassen, die das Subsystem darstellen, verantwortlich.
Tester	Ein Tester ist dafür verantwortlich, dass jedes Subsystem gemäß der Spezifikation durch den Spezifizierer arbeitet. Oft haben Entwicklungsprojekte eine eigene Arbeitsgruppe, die nur für das Testen zuständig ist. Durch die Trennung der Rollen von Implementierer und Tester kann effektiver getestet werden.

Tabelle 3.1:   Beispiele für Rollen

wird nur für eine einzige Hardwareplattform hergestellt, es gibt nur eine Version) kann diese Rolle auch vom Gruppenleiter wahrgenommen werden.

- Der **Tester** ist dafür verantwortlich, dass jedes Subsystem so arbeitet, wie es vom Entwerfer spezifiziert wurde. Oft gibt es bei Entwicklungsprojekten eine eigene Arbeitsgruppe, die sich nur mit dem Testen befasst. Das Trennen der Rollen von Entwickler, Implementierer und Tester führt zu wirkungsvolleren Tests.

Beraterrollen unterstützen das Projekt zeitweilig auf Gebieten, in denen den Projektteilnehmern das Fachwissen fehlt. In den meisten Projekten fungieren Anwender und Kunde als Berater für die Anwendungsdomäne. Nichttechnische Berater können helfen, rechtliche und betriebliche Angelegenheiten zu behandeln. Wir unterscheiden folgende Typen von Beraterrollen.

- Der **Kunde** ist für die Formulierung von Szenarien und Anforderungen verantwortlich. Dies umfasst sowohl funktionale und nichtfunktionale Anforderungen als auch Einschränkungen. Der Kunde sollte fähig sein, mit den Entwicklern zu interagieren.

- Der **Endbenutzer**, oft auch **Anwender** genannt, ist derjenige, der das gelieferte System benutzt. Manchmal hat das Projekt keinen Zugriff auf einen Endbenutzer oder der Endbenutzer ist noch nicht bekannt. In diesem Fall wird er durch den Kunden oder sogar durch den Entwickler repräsentiert.

■ Der **Anwendungsspezialist** ist dafür verantwortlich, Anwendungsdomänenkenntnisse über ein bestimmtes funktionales Gebiet des Systems zur Verfügung zu stellen. Während der Kunde eine globale Sicht der verlangten Funktionalität hat, hat der Anwendungsdomänenspezialist detaillierte Kenntnisse eines speziellen Problembereichs.

■ Der **Lösungsspezialist** ist dafür verantwortlich, Kenntnisse über Lösungen zur Implementierung des Systems zur Verfügung zu stellen. Das kann die Entwicklungsmethode, den Prozess, die Implementierungstechnologie oder die Entwicklungsumgebung beinhalten.

3.3.3   Aufgaben und Arbeitsergebnisse

Eine **Aufgabe** ist eine wohl definierte Arbeitszuweisung für eine Rolle. Gruppen von Aufgaben werden **Aktivitäten** genannt. Der Projektleiter oder der Gruppenleiter weist einer Rolle eine Aufgabe zu. Der Teilnehmer, dem diese Rolle dann zugewiesen worden ist, führt sie aus und der Manager überwacht dabei den Fortschritt und die Fertigstellung. Ein **Arbeitsergebnis** ist ein greifbares Produkt, das aus einer Aufgabe resultiert. Beispiele für Arbeitsergebnisse umfassen ein Objektmodell, ein Klassendiagramm, ein Stück Quelltext, ein Dokument oder Fragmente von Dokumenten. Arbeitsergebnisse resultieren also aus Aufgaben, sind Gegenstand von Lieferterminen und dienen als Eingabe für andere Aufgaben. Zum Beispiel führt die Testplanungsaktivität für ein Datenbanksubsystem zu einem Arbeitsergebnis, das eine Reihe von Tests und zu erwartende Ergebnisse festlegt. Die Testreihe ist dann Eingabe für das Testen des Datenbanksubsystems (Abbildung 3.8 und Tabelle 3.2).

Jedes Arbeitsergebnis, das an den Kunden geliefert wird, heißt **Lieferergebnis**. Das Softwaresystem und die dazugehörige Dokumentation erzeugen einen Satz von Lieferergebnissen. Arbeitsergebnisse, die für den Kunden verborgen bleiben, heißen **interne Arbeitsergebnisse**.

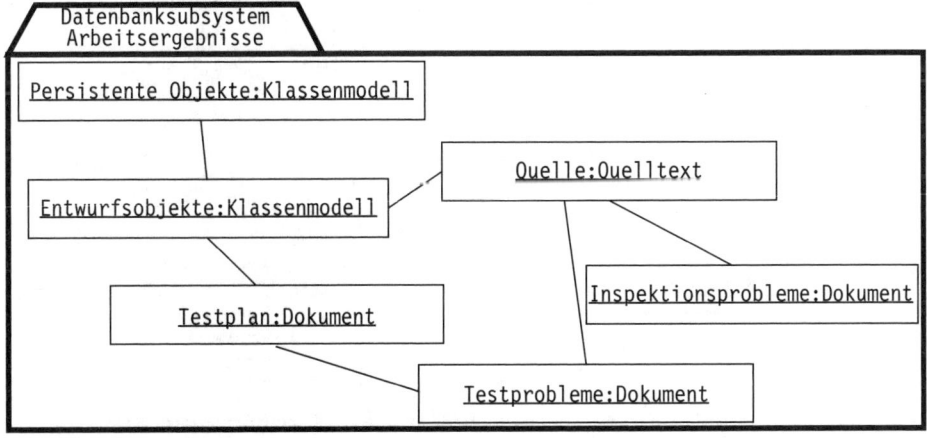

Abbildung 3.8:   Arbeitsergebnisse für die Datenbanksubsystemgruppe (UML-Objektdiagramm). Assoziationen stellen die Abhängigkeiten unter den Arbeitsergebnissen dar.

Arbeits-ergebnis	Typ	Beschreibung
Persistente Objekte	Klassen-modell	Dieses Klassenmodell beschreibt die Objekte, die im Speichersubsystem abgespeichert werden sollen. Für jede Klasse bedeutet das, dass alle Attribute, Assoziationen, Rollen und Multiplizitäten eingeschlossen sind.
Entwurfs-objekte	Klassen-modell	Dieses Klassenmodell beschreibt alle Objekte, die vom Speichersubsystem benötigt werden, die aber nicht persistent gespeichert werden sollen.
Subsystem	Quelltext	Das ist der Quelltext, der an die Testgruppe geliefert wird.
Testplan	Dokument	Dieses Dokument umreißt kurz die Teststrategie, die Testkriterien und die Testfälle, die benutzt werden, um Fehler im Speichersubsystem zu finden.
Testprobleme	Dokument	Dieses Dokument listet alle durch den Test im Speichersubsystem schon gefundenen Fehler auf.
Inspektions-probleme	Dokument	Dieses Dokument listet alle bei der Überprüfung durch Kollegen im Speichersubsystem gefundenen Fehler und ihre geplante Behebung auf.

Tabelle 3.2: Beschreibung der in Abbildung 3.8 veranschaulichten internen Arbeitsergebnisse

Ein **Arbeitspaket** ist die Spezifikation der Arbeit, die geleistet werden muss, um eine Aufgabe oder eine Aktivität fertig zu stellen. Das Arbeitspaket beinhaltet den Namen der Aufgabe, die Aufgabenbeschreibung, die Ressourcen, die zur Durchführung der Aufgabe nötig sind, die Abhängigkeiten von Eingaben (Arbeitsergebnisse, die von anderen Aufgaben erzeugt werden) sowie Abhängigkeiten von anderen Aufgaben. Abbildung 3.9 veranschaulicht die Beziehungen zwischen den Arbeitspaketen, Aktivitäten, Aufgaben, Rollen und Arbeitsergebnissen. Tabelle 3.3 zeigt Beispiele für Arbeitspakete.

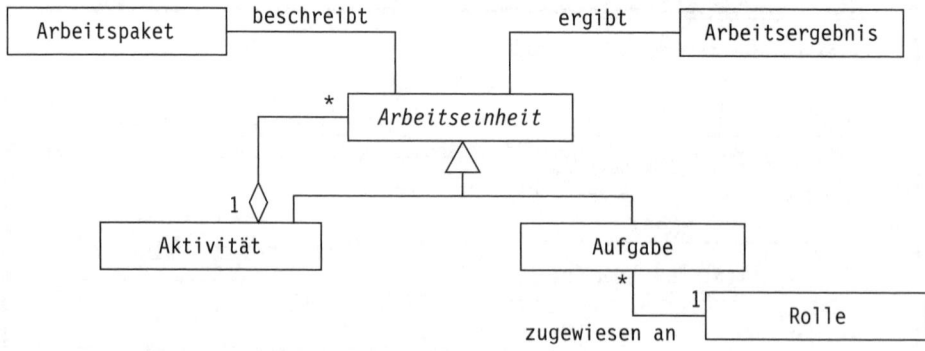

Abbildung 3.9: Assoziationen zwischen Aufgaben, Aktivitäten, Rollen, Arbeitsergebnissen und Arbeitspaketen (UML-Klassendiagramm)

Aufgabenname	Zugewiesene Rolle	Aufgabenbeschreibung	Eingabe	Ausgabe
Datenbank-subsystem-Anforderungs-ermittlung	System-architekt	Ermittelt Anforderungen von Subsystem-gruppen über ihren Speicherbedarf, einschließlich persistenter Objekte, über ihre Attribute und Beziehungen	Verbindungs-person	Subsystem-API, Analysemodell (UML-Klassen-diagramm)
Datenbank-subsystem-Entwurf	Spezifizierer	Entwirft das Datenbanksubsystem, schlägt die Wahl von möglichen kommerziellen Produkten vor	Subsystem-API	Datenbanksub-systementwurf (UML-Diagramm)
Datenbank-subsystem-Implementierung	Implementierer	Implementiert das Datenbanksubsystem	Subsystem-entwurf	Quelltext
Datenbank-subsystem-Inspektion	Implementierer, Tester, Spezifizierer	Führt eine Inspektion beim Datenbanksub-system durch	Subsystem-quelltext	Liste von Fehlern
Datenbank-subsystem-Testplan	Tester	Entwickelt eine Testsuite für das Datenbanksubsystem	Subsystem-API, Subsystem-quelltext	Tests und Testplan
Datenbank-subsystem-Test	Tester	Führt die Testsuite für das Datenbanksub-system aus	Subsystem, Testplan	Testergebnisse, Liste von Fehlern

Tabelle 3.3: Beispiele für Aufgaben bei der Realisierung eines Datenbanksubsystems

Arbeitsergebnisse sind wichtige Managementartefakte, da sie es dem Manager erlauben, die Auslieferung und den Beginn von assoziierten Aufgaben, die von anderen Arbeits-ergebnissen abhängen, zu beurteilen. Die verspätete Bereitstellung einer Testreihe für ein Subsystem beispielsweise verzögert den Beginn seiner Testphase. Man beachte jedoch, dass das alleinige Konzentrieren auf rechtzeitige Bereitstellung nicht ausreicht. Eine übereilte Bereitstellung von Testreihen erfüllt zwar den Zeitplan, kann aber auch bedeuten, dass wesentliche Fehler nicht entdeckt werden.

3.3.4   Zeitplan

Ein Zeitplan ist die Abbildung der Aufgaben auf die Zeit. Für jede Aufgabe werden Anfangs- und Endzeiten festgesetzt. Das gestattet uns, Lieferfristen für einzelne lieferbare Ergebnisse zu konzipieren. Die zwei am häufigsten verwendeten schematischen Notationen für Zeitpläne sind PERT- und Gantt-Diagramme [Hillier & Lieberman, 1967]. Ein **Gantt-Diagramm** ist ein Balkendiagramm, bei dem die waagerechte Achse die verschiedenen zu erledigenden Aufgaben auflistet. Die Aufgaben werden als Balken dargestellt, deren Längen der geplanten Dauer der jeweiligen Aufgabe entsprechen. Ein Zeitplan für das Beispiel des Datenbanksubsystems ist als Gantt-Diagramm in Abbildung 3.10 gezeigt.

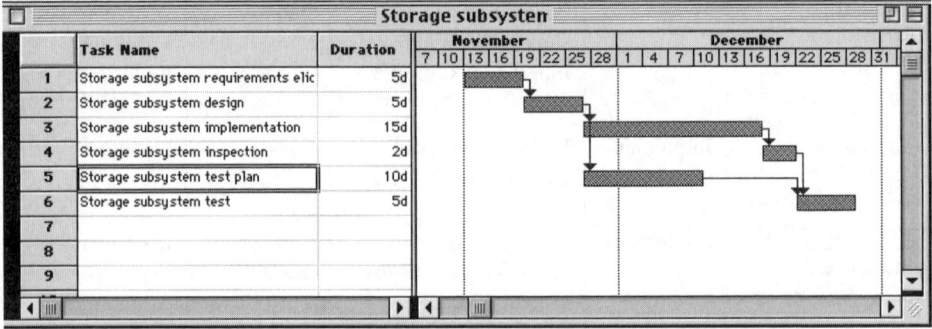

Abbildung 3.10:   Beispiel eines Zeitplans für das Datenbanksubsystem (Gantt-Diagramm)

Ein **PERT-Diagramm** oder **Netzplan** stellt den Zeitplan als aperiodischen Graph von Aufgaben dar. Abbildung 3.11 ist ein PERT-Diagramm für die Entwicklung des Datenbanksubsystems. Den kürzesten Pfad durch den Graphen bezeichnet man als **kritischen Pfad**. Die Länge des kritischen Pfades entspricht dem kürzestmöglichen Zeitplan unter der Voraussetzung, dass ausreichend Ressourcen vorhanden sind, um voneinander unabhängige Aufgaben parallel durchzuführen. Die Verzögerung irgendeiner Aufgabe auf dem kritischen Pfad hat eine Verzögerung des gesamten Projekts zur Folge. Die durch dickere Linien dargestellten Aufgaben und Pfeile in Abbildung 3.11 gehören zum kritischen Pfad.

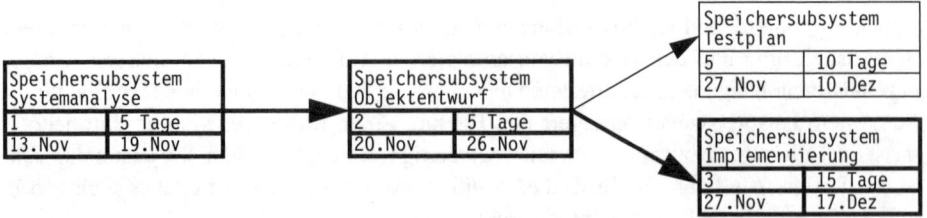

Abbildung 3.11:   Zeitplan für das Datenbanksubsystem (PERT-Diagramm). Fett gedruckte Linien zeigen den kritischen Pfad.

3.4   Projektkommunikationskonzepte

Bis jetzt haben wir über die Organisation und die Zeitplanung eines Projekts gesprochen. Wir wenden uns nun der Kommunikation in einem Projekt zu. Hier behandeln wir zwei Typen von Kommunikation, die fast immer vorkommen: geplante Kommunikation (Abschnitt 3.4.1) und ungeplante Kommunikation (Abschnitt 3.4.2). Dann betrachten wir Werkzeuge zur Unterstützung von Projektkommunikation (Abschnitt 3.4.3). Abbildung 3.12 zeigt die Wechselwirkung zwischen Projektorganisation und -kommunikation.

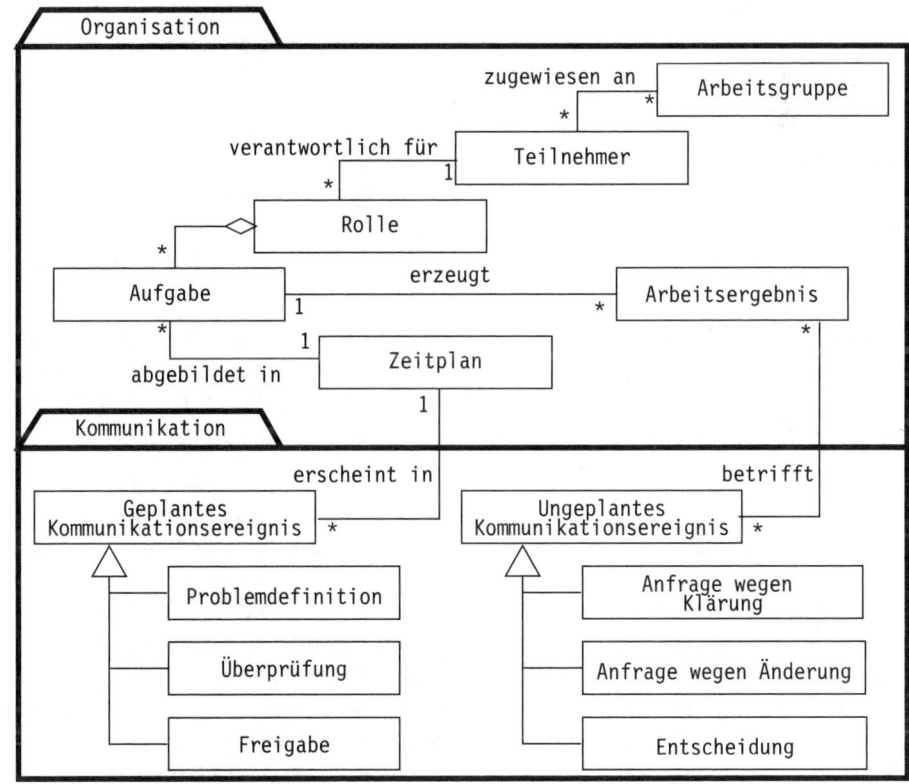

Abbildung 3.12: Beziehungen zwischen Organisations- und Kommunikationskonzepten (UML-Klassendiagramm)

3.4.1   Geplante Kommunikation

Geplante Kommunikationsereignisse sind vorgesehene Zeitpunkte, zu denen Teilnehmer Informationen über eine bestimmte Thematik austauschen oder ein Arbeitsergebnis überprüfen. Solche Ereignisse sind formalisiert und strukturiert, um den kommunizierten Informationsgehalt zu maximieren und die dafür aufgewandte Zeit zu minimieren. Typische geplante Kommunikationsereignisse sind:

- Problemdarstellung
- Externe Überprüfungen
- Interne Überprüfungen
- Überprüfungen durch Kollegen
- Statusüberprüfungen
- Brainstorming
- Freigaben
- Postmortem-Analysen

Im Folgenden beschreiben wir diese Kommunikationsereignisse genauer.

Problemdarstellung

Das Ziel bei **Problemdarstellungen** ist die Präsentation der *Problembeschreibung*, die das Problem, die Anwendungsdomäne, die gewünschte Funktionalität des Systems und nichtfunktionale Anforderungen wie Plattformspezifikationen und Geschwindigkeitseinschränkungen, enthält. Abbildung 3.13 zeigt Auszüge aus einer aktuellen Problembeschreibung.

Die Problembeschreibung enthält keine vollständige Spezifikation des Systems. Sie ist lediglich eine vorläufige Beschreibung der Anforderungen, die als allgemeine Grundlage zwischen dem Kunden und der Projektgruppe anzusehen ist. Wir besprechen Anforderungsanalyse in Kapitel 4, *Anforderungsermittlung*, und Kapitel 5, *Analyse*.

Externe Überprüfungen

Externe Überprüfungen finden im Allgemeinen durch den Kunden statt. Sie dienen dazu, dass auf der einen Seite der Kunde den Fortschritt der Entwicklung einschätzen kann und dass auf der anderen Seite die Entwickler ihre Analyse der Anforderungen bestätigt finden oder ändern müssen. Die Überprüfung durch den Kunden wird benutzt, um die Erwartungen beider Seiten zu erfüllen und das gegenseitige Verständnis zu verbessern. Der Schwerpunkt der Überprüfung liegt auf dem, was das System leistet, und darauf, welche Einschränkungen für den Kunden wesentlich sind (z.B. hohe Leistung, Plattformunabhängigkeit). Diese Überprüfung sollte sich mit Entwurfs- oder Implementierungsfragen nur dann befassen, wenn der Kunde oder der Benutzer dadurch beeinträchtigt wird. Beispiele für Einschränkungen sind Softwareverträge, die dem Entwicklungsprozess Beschränkungen auferlegen, z.B. für ein Softwaresystem mit hohen Sicherheitsanforderungen.

Externe Überprüfungen werden als formale Präsentation ausgeführt, bei der die Entwickler sich mit dem Kunden auf bestimmte Funktionalität konzentrieren. Der Überprüfung geht die Freigabe eines Arbeitsergebnisses voraus, beispielsweise eines Spezifikationsdokumentes, eine Schnittstellenbeschreibung oder eines Prototyps. Am Ende der Überprüfung liefert der Kunde Kommentare an die Entwickler. Diese Kommentare können aus allgemeiner Zustimmung bestehen oder aus einer Forderung nach detaillierten Änderungen in der Funktionalität oder im Zeitplan. Abbildung 3.14 zeigt ein Beispiel eines Terminplans für eine externe Überprüfung durch den Kunden.

OWL-Problembeschreibung

1. Problemdomäne

Eine derzeitige Bestrebung im Baugewerbe ist es, verteilte Dienste und deren Steuerung für den individuellen Bewohner bereitzustellen, als Antwort auf das blinde Vertrauen, das in große zentralisierte Systeme gesetzt wird, die für die Bürobauten der letzten 30 Jahre charakteristisch sind. Am intelligenten Arbeitsplatz haben die Beschäftigten mehr Einfluss auf ihre Umweltbedingungen – Regeln der Helligkeit und der Temperatur in ihrem Arbeitsbereich, Verringern von blendendem Licht, Steuern des Luftstroms am Arbeitsplatz. (Es ist im Auto möglich – warum sollte es im Büro nicht möglich sein?) Eine energieeffiziente Fassade wird Frischluftzufuhr durch zu öffnende Fenster ermöglichen und bewegliche Sonnenblenden sorgen dafür, dass blendendes Licht minimiert und natürliches Licht im Arbeitsbereich maximiert wird.

Drei Arten der Steuerung sind im intelligenten Arbeitsplatz gewünscht: bedarfsgesteuert, zeitplangesteuert und benutzergesteuert. Bedarfssteuerung heißt, dass ein System auf eine Änderung beim Abfragen eines Sensors reagiert, wenn irgendwelche Komponenten betätigt werden. Zeitplansteuerung kann bei Vorhandensein vorhersagbarer Daten – durch die Komponenten mittels eines sorgfältig entworfenen Zeitplans direkt gesteuert werden können – zum Einsatz kommen.Da beispielsweise die Position der Sonne vorhersagbar ist, kann ein Zeitplan für das Herunterfahren der Sonnenblenden vom intelligenten Arbeitsplatz übernommen werden. Steuerungssysteme sollten flexibel genug sein, um auf die Bedürfnisse der Beschäftigten einzugehen. Wenn sie die Temperatur ihrer lokalen Umgebung ändern wollen, sollte ihnen das möglich sein.

In diesem Projekt werden Sie aufgefordert, ein System zu erstellen, das OWL (Object-Oriented Workplace Laboratory) heißt und das versucht, die Art und Weise, wie wir mit Gebäuden umgehen, zu verbessern.
[. . .]

2. Szenarien

2.1 Gebäudesteuerung

Der Bewohner des Gebäudes benutzt einen Webseitenbetrachter, um auf sein persönliches Umgebungsmodul (PEM (Personal Environment Module)) zuzugreifen. Es regelt die Temperatur und die Frischluftzufuhr, um seinen Arbeitsbereich zu kühlen. Die Steuerungsinformationen werden zum PEM-Gerät gesendet. Die Steuerungsaktionen werden in einer Datenbank protokolliert und das Gerät regelt Heizung und Luftzufuhr im Arbeitsbereich. Das System prüft die benachbarten PEM-Geräte, um herauszufinden, ob durch das Abkühlen dieses bestimmten Arbeitsraums in anderen Arbeitsräumen geheizt werden muss.
[. . .]

2.5 Gebäudewartung

Das System überwacht das Verhalten der gesteuerten Geräte, um Fehler im System zu erkennen. Fehlerhafte Glühbirnen und ungewöhnliche Messwerte werden dem Verwalter der technischen Einrichtungen gemeldet, der dann die Inspektion und Reparatur anordnet. Das Auftauchen von Gerätefehlern wird protokolliert und auf Häufigkeit untersucht, damit sie zukünftig vermieden werden können.
[. . .]

Abbildung 3.13: Auszüge aus der Problembeschreibung von OWL [OWL, 1996]

Tagesordnung für den OWL-Akzeptanztest durch den Kunden

Datum: 5.Dezember
Zeit: 15:00–16:30 Uhr
Ort: Sitzungsraum
Ziel: Überprüfung des Systems durch den Kunden und Identifizierung offener Fragen

Überblick

- Problembeschreibung
- Entwurfsziele
- Systemarchitektur
- Demo 1: Ausgelagerte Benutzerschnittstelle und -steuerung
- Demo 2: Redakteur vor Ort
- Demo 3: 3-D-Visualisierungs- und Spracheingabe-Benutzerschnittstelle
- Fragen und Antworten
- Überprüfungsnachbereitung

Abbildung 3.14: Beispiel einer Tagesordnung für eine Überprüfung durch den Kunden

Interne Überprüfung

Eine **interne Überprüfung** erlaubt es dem Projektleiter, den Status des Projekts oder eines Subsystems einzuschätzen, und den Arbeitsgruppen die Schnittstellen aller Subsysteme prüfen zu können. Interne Projektüberprüfungen fördern im Allgemeinen auch den Austausch von operativem Wissen zwischen den Arbeitsgruppen, wie zum Beispiel Probleme mit Werkzeugen oder dem System selbst. Der Schwerpunkt einer internen Überprüfung hängt von dem zu überprüfenden Lieferergebnis ab. Beim Systementwurf werden die Dekompositions- und die Subsystemschnittstellen überprüft. Beim detaillierten Entwurf werden die Klassenschnittstellen überprüft; in der Testphase werden die Tests und ihre Ergebnisse evaluiert.

Eine interne projektweite Überprüfung wird typischerweise ebenfalls als formale Präsentation durchgeführt, in der jede Arbeitsgruppe ihre Subsysteme den davon abhängigen Arbeitsgruppen und dem Management vorstellt. Der Überprüfung geht im Allgemeinen die Freigabe eines Dokuments voraus (z.B. Systementwurfs-Dokument), das die zu überprüfenden Aspekte enthält (z.B. Subsystemschnittstellen). Am Schluss der Überprüfung können die Entwickler über etwaige Änderungen an den Schnittstellen und damit verbundene Änderungen im Zeitplan verhandeln.

Überprüfungen durch Kollegen

Im Gegensatz zu Überprüfungen durch das Management oder den Kunden ist das Ziel bei der Überprüfung durch Kollegen die Erhöhung der Qualität eines Subsystems. Man unterscheidet dabei **Quelltextdurchgänge** und **Inspektionen**.

Während eines Quelltextdurchgangs stellt der Entwickler den anderen Mitgliedern seiner Arbeitsgruppe den selbst geschriebenen Code Zeile für Zeile vor. Die anderen Arbeitsgruppenmitglieder hinterfragen verdächtige Codepassagen und versuchen, so viele Fehler wie möglich zu entdecken. Während eines Quelltextdurchgangs leitet der Entwickler die Diskussion und versucht, alle Fragen der Arbeitsgruppe zu beantworten.

Während der Inspektion konzentrieren sich die Arbeitsgruppenmitglieder darauf, ob der Code die in einer Liste vordefinierten Kriterien erfüllt (zum Beispiel: Implementiert der Code den spezifizierten Algorithmus? Benutzt der Code die Schnittstellen von abhängigen Subsystemen richtig?). Während einer Inspektion leitet die Arbeitsgruppe die Diskussion und der Entwickler beantwortet Fragen.

Die Kommunikation unter den Teilnehmern ist Quelltext-basiert, d.h. der aktuelle Quelltext wird als gemeinsames Bezugssystem benutzt. Der Schwerpunkt von Inspektionen und Quelltextdurchgängen liegt also ausschließlich auf dem Quelltext, nicht auf dem Programmierer oder dem Entwurf. Inspektionen sind internen Projektüberprüfungen insofern sehr ähnlich, indem sie versuchen, die Qualität zu verbessern und Informationen auf eine breite Basis zu stellen. Sie unterscheiden sich aber von Projektüberprüfungen insoweit, als sie formell sind, eine begrenzte Zielgruppe haben und im Allgemeinen länger dauern. Inspektionen und Quelltextdurchgänge werden in vielen Projekten genutzt und haben sich als sehr effektiv für frühzeitige Fehlererkennung erwiesen [Fagan, 1976]. Wir beschreiben Quelltextdurchgänge detaillierter in Kapitel 11, *Testen*.

Statusüberprüfungen

Im Gegensatz zu den Überprüfungen durch den Kunden oder Projektüberprüfungen, die sich beide auf das System konzentrieren, befassen sich die **Statusüberprüfungen** mit Aufgaben. Statusüberprüfungen werden vor allem von einer Arbeitsgruppe durchgeführt (z.B. wöchentlich), manchmal auch von allen Teilnehmern des Projekts (z.B. monatlich). Die Zielsetzung von Statusüberprüfungen ist es, Abweichungen vom Aufgabenplan aufzudecken und sie zu berichtigen. Statusüberprüfungen veranlassen Entwickler oft, unfertige Aufgaben zu beenden. Die Überprüfung des Aufgabenstatus fördert außerdem die Diskussion über offene Fragen und unvorhergesehene Probleme und dadurch die informelle Kommunikation unter den Teilnehmern der Arbeitsgruppe. Oft können Lösungen für allgemeine Fragen gemeinsam benutzt werden und operatives Wissen kann effektiver weitergegeben werden., wenn diese Dinge im kleinen Rahmen der Arbeitsgruppe diskutiert werden (und nicht im großen Rahmen des Projekts).

Statustreffen sollten eine Tagesordnung haben, die bereits vor dem Treffen zur Verfügung steht. Sie sollte die Aufgaben und offenen Fragestellungen beinhalten. Dadurch können sich die Teilnehmer auf das Treffen vorbereiten und die Tagesordnung eventuell um dringende Angelegenheiten ergänzen. Ein vorher bestimmter Teilnehmer sollte ein Protokoll erstellen, um so viele Informationen wie möglich (hauptsächlich Status und Entscheidungen) zu erfassen. Das Protokoll soll möglichst bald nach dem Treffen für eine eventuelle Überarbeitung an die Teilnehmer gehen. Das veranlasst den Protokollführer zur raschen Fertigstellung des Protokolls und hilft den Arbeitsgruppenmitgliedern, die am Treffen nicht teilnehmen konnten, auf dem Laufenden zu bleiben. Auf Sitzungsprotokolle kann anschließend Bezug genommen werden, wenn verwandte Aufgaben diskutiert werden oder wenn Klärung erforderlich wird. Überdies stellen Sitzungsprotokolle einen Teil der Projektgeschichte dar.

Brainstorming

Das Ziel des **Brainstorming-Prozesses** ist es, zunächst eine große Anzahl von Lösungen für ein Problem zu finden – ungeachtet ihrer Qualität – und sie erst anschließend zu bewerten. Im Allgemeinen erfolgt Brainstorming in Sitzungen, bei denen die Teilnehmer persönlich anwesend sind, es kann aber auch mittels E-Mail oder rechnergestützten Gruppensystemen erfolgen. Der grundlegende Gedanke dabei ist, dass Ideen, wie unausgegoren sie auch sein mögen, andere Ideen und Vorschläge anstoßen können. Besonders bei schwierigen Problemen kommt die Lösung oft durch eine Idee, die anfangs sehr falsch klang. Brainstorming fördert das Nachdenken außerhalb eingefahrener Bahnen. Erst wenn viele Ideen gefunden wurden, wird mit ihrer Bewertung begonnen. Brainstorming hat noch zwei günstige Nebeneffekte: Das Bewerten von Vorschlägen innerhalb der Gruppe kann zu genaueren Bewertungskriterien führen und der Brainstorming-Prozess selbst stärkt die Übereinstimmung für die gewählte Lösung.

Freigabe

Das Ziel der **Freigabe** ist es, anderen Projektteilnehmern ein Arbeitsergebnis zugänglich zu machen. Eine Freigabe kann einfach eine zweizeilige elektronische Nachricht sein (siehe Abbildung 3.15) oder sie besteht aus mehreren Informationsteilen: aus der neuen Versionsnummer des Artefakts, einer Liste der Änderungen seit der letzten Freigabe des Artefakts, einer Liste von Problemen oder Fragestellungen, die noch angesprochen werden müssen, und dem Namen des Autors.

Freigaben werden benutzt, um durch Bündeln, Dokumentieren und Überprüfen eine große Menge von Änderungsinformationen in kontrollierter Weise verfügbar zu machen. Projektüberprüfungen und Überprüfungen durch den Kunden geht üblicherweise eine Freigabe eines oder mehrerer Liefererergebnisse voraus.

```
Von: Fritz
Newsgroups: cs413.f96.architektur.debatte
Betrifft: SDD
Datum: Do, 25 Nov 03:39:12 -0500
Zeilen: 6
Message-ID: <3299B30.3507@andreas.cmu.edu>
MimeVersion: 1.0
Content-Type: text/plain; charset=ascii
Content-Transfer-Encoding: 7bit

Eine aktualisierte Version des API-Dokuments über das Notifikationssystem
steht bereit unter: http: //decaf/~al/FRIEND/notifyapi.html

--Fritz
GruppenLeiterMeldung
```

Abbildung 3.15:   Beispiel für eine Freigabemeldung

Wir beschreiben das Verwalten von Dokumentversionen, Modellen und Subsystemen in Kapitel 13, *Konfigurationsmanagement*.

Postmortem-Analysen

Postmortem-Analysen konzentrieren sich darauf, aus den Erfahrungen der Entwickler zu lernen, nachdem die Software ausgeliefert ist. Postmortem-Analysen müssen unmittelbar nach dem Abschluss des Projekts durchgeführt werden, sodass möglichst wenige Informationen verloren gehen oder durch nachfolgende Erfahrungen bereits verdreht werden. Das Ende eines Projekts ist für gewöhnlich ein guter Zeitpunkt, um zu beurteilen, welche Techniken, Methoden und Werkzeuge funktionierten und welche den Erfolg des Systems gefährdeten.

Postmortem-Analysen können als Brainstorming-Sitzung, als Fragebogen mit anschließenden Gesprächen oder in Form von Einzelberichten stattfinden, die von Arbeitsgruppen oder Teilnehmern verfasst werden. In allen Fällen sollten die Werkzeuge, die Methoden, die Organisation und die Vorgehensweisen, die im Projekt benutzt wurden, betrachtet werden. Abbildung 3.16 enthält Beispiele für Fragen, die während einer Postmortem-Analyse gestellt werden können.

Die Ergebnisse der Postmortem-Analyse sollten nicht über die formellen Kanäle (z.B. als technischer Report) veröffentlicht, sondern an die Projektteilnehmer verteilt werden. Projektteilnehmer werden häufig unterschiedlichen Projekten oder Funktionen zugeteilt und verbreiten dadurch oft ihr Wissen über das alte Projekt. Auf diese Weise sind Postmortem-Analysen ideal, um Erfahrungen aus kürzlich beendeten (oder auch abgebrochenen) Projekten herauszukristallisieren.

Fragen zu vorgekommene Problemen	Was für Kommunikations- und Verhandlungsprobleme sind in der Systementwicklung aufgetreten?
Fragen, die mögliche Lösungsvorschläge für Probleme ermitteln sollen	Überlegen Sie, welche Informationsstrukturen für gruppenbasierten Entwurf in Verbindung mit einer modellbasierten, objektorientierten Methodologie besser wären als die von uns benutzten Strukturen.
	Identifizieren Sie Probleme bei der Informationsstruktur und schlagen Sie Lösungen vor.
Fragen nach anderen Aspekten des Projekts, die entweder als gut angesehen wurden oder die verbessert werden können	Welche Beobachtungen und Kommentare zum Projekt haben Sie bezüglich ■ Ihrer Erwartungen zu Beginn des Projekts? ■ der Ziele dieses Projekts? ■ des Gebrauchs von Anwendungsfällen? ■ der in diesem Projekt verwendeten Vorgehensweise? ■ des Projektmanagements (Sitzungen, Kommunikation, usw.)? ■ des Dokumentationsprozesses?
Offene Fragen	Gab es noch andere Probleme? Schlagen Sie eigene Lösungen vor, die diese Probleme besser hätten lösen können.

Abbildung 3.16: Beispiele für Fragen bei einer Postmortem-Analyse

3.4.2   Ungeplante Kommunikation

Bei einem idealen Projekt findet die gesamte Kommunikation bei geplanten Kommunikationsereignissen statt. In der Praxis jedoch ist es schwierig, den gesamten Informationsbedarf vorherzusehen und die ganze Kommunikation zu planen. Betrachten Sie folgendes Beispiel:

Sonntag, 29. März 1998. Die Teilnehmer des JAMES-Projekts sind hektisch dabei, die Auslieferung des Systems an den Kunden vorzubereiten. Der Abnahmetest durch den Kunden soll zwei Tage später um 15:00 MESZ (Mitteleuropäische Sommerzeit) stattfinden. Die Umstellung auf Sommerzeit ist gerade erfolgt. Der Abnahmetest durch den Kunden soll als breitbandige Dreiwege-Videokonferenz zwischen dem Sitz des Kunden in Stuttgart, dem Sitz der deutschen Entwickler in München und dem Sitz der amerikanischen Entwickler in Pittsburgh stattfinden. Die amerikanische Arbeitsgruppe wird an der Konferenz, die um 9:00 Uhr EDT (Eastern Daylight Time) beginnt, teilnehmen. Der Tagesordnung wurde zugestimmt. Jeder Arbeitsgruppe stehen zwölf Minuten zur Verfügung, um die Funktionalität ihres Subsystems vorzustellen.

Später am Abend. Die deutsche Arbeitsgruppe entdeckt, dass Deutschland eine Woche vor den Vereinigten Staaten auf Sommerzeit umgestellt hat. Folglich beträgt der Zeitunterschied zwischen Pittsburgh und München sieben Stunden und nicht sechs, wie ursprünglich angenommen. Also wird die Videokonferenz tatsächlich um 8:00 Uhr EST (Eastern Standard Time) stattfinden. Weniger als 48 Stunden vor dem Abnahmetest durch den Kunden stellt die amerikanische Arbeitsgruppe fest, dass sie den Termin fast um eine Stunde verpasst hätten. Es dauert einen Tag, bis alle Mitglieder der amerikanischen Arbeitsgruppe darüber informiert sind.

Im obigen Beispiel war die Information, wann Deutschland und die USA auf Sommerzeit umstellen, den Entwicklern nicht bekannt. In der Hektik der Vorbereitungsaktivitäten hatten sich alle Teilnehmer am JAMES-Projekt hauptsächlich auf ihre eigenen technischen Aufgaben konzentriert, und zwar nur in ihrem eigenen Teilprojekt. Sie hatten keine Zeit, sich zurückzulehnen, um Fragen, die beide Teilprojekte betrafen, zu stellen. Fragen, die sich aus einer Kombination von vermeintlich isolierten Fakten aus verschiedenen Bereichen eines Projekts ergeben, sind natürlich schwierig zu planen, da keiner der Teilnehmer einen gesamten Überblick über alle Fakten hat.

Ein Projekt sollte deshalb so vorbereitet werden, dass es auch mit unerwarteten Situationen fertig wird. Wir nennen die Kommunikation, die aus solchen unerwarteten Ereignissen resultiert, **ungeplante Kommunikation**. Sie umfasst

- Klärungsanfragen
- Änderungsanträge
- Lösung von offenen Fragestellungen

Wir beschreiben ungeplante Kommunikation im Folgenden genauer.

Klärungsanfragen

Klärungsanfragen repräsentieren den Hauptteil der Kommunikation zwischen Entwicklern, Kunden und Benutzern. Bei einer Klärungsanfrage beantragt ein Teilnehmer die Klärung eines Aspekts des Systems, der mehrdeutig zu sein scheint. Klärungsanfragen treten oft bei informellen Treffen auf, z.B. bei Telefongesprächen, E-Mails oder anderen Kommunikationsmechanismen, die in dem Projekt verfügbar sind. Klärungsanfragen sind fast immer ungeplant. Wenn der meiste Informationsbedarf in einem Projekt mit Hilfe von Klärungsanfragen abgehandelt wird, ist das ein Symptom für eine defekte Kommunikationsinfrastruktur. Solche Projekte leiden oft unter schwerwiegenden Fehlern, die auf Grund von Missverständnissen sowie fehlenden und falsch platzierten Informationen gemacht werden. Abbildung 3.17 veranschaulicht ein Beispiel für eine Klärungsanfrage.

Von: Lisa
Newsgroups: cs413.architektur:debatte
Betreff: SDD
Datum: Do, 10 Oct 23:12:48 -0400
Message-ID: <325DBB30.4380@anton.cmu.edu>
MimeVersion: 1.0
Content-Type: text/plain; charset=ascii

Wann genau möchten Sie das Systementwurfs-Dokument haben? Es herrscht hier ein wenig Verwirrung über den genauen Abgabetermin: Im Zeitplan steht 22. Oktober, wohingegen unsere Projektvorlage sagt, wir hätten Zeit bis zum 7. November. Danke!

    Lisa

Abbildung 3.17: Beispiel für eine Klärungsanfrage

Änderungsanträge

Während eines **Änderungsantrags** berichtet ein Teilnehmer über ein Problem und schlägt in manchen Fällen auch eine Lösung vor. Der Bericht kann ein Problem mit dem System selbst enthalten, mit der Dokumentation, dem Entwicklungsprozess oder mit der Projektorganisation. Änderungsanträge enthalten eine Klassifikation (z.B. schwerer Defekt, Leistungsmerkmalanforderung, Kommentar), eine Beschreibung des Problems, eine Beschreibung des Kontexts, in dem das Problem auftaucht, und unterstützende Materialien. Formulare für Änderungsanfragen wurden vor allem durch Softwaresysteme bekannt, die für die Fehlerverfolgung eingesetzt werden. Derartige Formulare können auch auf andere Aspekte des Projekts angewandt werden (z.B. Aufgabenplan, Entwicklungsprozess, Testverfahren). Abbildung 3.18 veranschaulicht ein Beispiel eines Änderungsantragsformulars.

Überschriftsinformation zum Identifizieren der Änderung	Meldungsnummer: 1291 Datum: 3. Mai Autor: David Zusammenfassung: Der FRIEND-Klient stürzt ab, wenn leere Formulare eingereicht werden.
Kontextinformation zum Auffinden des Problems	Subsystem: Benutzerschnittstelle Version: 3.4.1 Klassifizierung: ■ fehlt/unzulässige Funktionalität ■ Konventionsverletzung ■ **Fehler** ■ Dokumentationsfehler Gewichtung: ■ **schwer** ■ mäßig ■ ärgerlich
Beschreibung des Problems und Begründung der Änderung	Beschreibung: Begründung:
Begründung der gewünschten Änderung	Vorgeschlagene Lösung:

Abbildung 3.18:   Beispiel eines Änderungsantragsformulars

Lösung von offenen Fragestellungen

Sobald das Problem bekannt ist und Lösungen vorgeschlagen wurden, muss eine der Lösungen gewählt, kommuniziert und implementiert werden.

Eine nichthierarchische Organisation kann versuchen, die richtige Lösung über einen Brainstorming-Prozess zu finden. Eine hierarchische Organisation – oft auch eine Krisensituation – kann es erfordern, dass eine Einzelperson beauftragt wird, eine Lösung auszuwählen und durchzusetzen. In jedem Fall muss die Entscheidung dokumentiert und den betroffenen Teilnehmern mitgeteilt werden. Die Dokumentation der Lösung ermöglicht es den Teilnehmern, sich später im Projekt bei Missverständnissen auf diese Entscheidung zu beziehen. Effektive Kommunikation einer Entscheidung erlaubt es den Teilnehmern, auf dem Laufenden zu bleiben.

Ein Forum kann als Kommunikationsmechanismus dienen, um das Finden der Lösungen zu unterstützen. Das Forum in Abbildung 3.19 zeigt eine Liste von Nachrichten, die auf Grund einer offenen Fragestellung ausgetauscht wurden. Beginnt eine Nachrichtenüberschrift mit „I:", bezeichnet sie eine offene Fragestellung, „P:" bezeichnet eine vorgeschlagene Lösung. A+ und A- bezeichnen Argumente für und wider eine vorgeschlagene Lösung. Sobald eine Entscheidung getroffen ist, wird eine einzelne Nachricht, die Resolution genannt wird, im Forum platziert, um die Entscheidung über dieses Problem zu dokumentieren. Wir beschreiben die Modellierung von Fragestellungen in Kapitel 12, *Begründungsmanagement.*

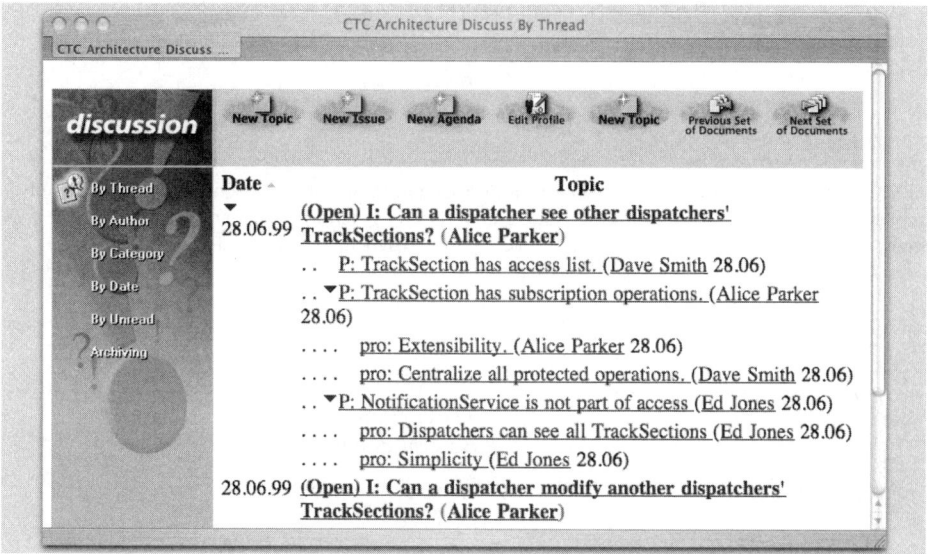

Abbildung 3.19: Beispiel eines Forums für offene Fragestellungen (Lotus Notes-Datenbank)

3.4.3 Kommunikationsmechanismen

Ein **Kommunikationsmechanismus** bezieht sich auf Werkzeuge und Vorgehensweisen, die zum Übermitteln und Empfangen von Nachrichten und zur Unterstützung eines Kommunikationsereignisses benutzt werden können. Rauchsignale und Faxgeräte sind Beispiele für Kommunikationsmechanismen. Kommunikationsmechanismen heißen **synchron**, wenn sie erfordern, dass sowohl Sender als auch Empfänger bei der Übermittlung und beim Empfang verfügbar sind; andernfalls werden sie **asynchron** genannt. Rauchzeichen sind synchron, Faxgeräte sind asynchron.

Sowohl synchrone als auch asynchrone Kommunikationsmechanismen können für geplante Kommunikationen verwendet werden. Beispielsweise können in Abbildung 3.20 entweder Rauchzeichen oder ein Faxgerät zur Überprüfung durch den Kunden benutzt werden. Jedoch können nur asynchrone Kommunikationsmechanismen zur Unterstützung ungeplanter Kommunikation angewandt werden. Die Berichterstattung eines Problems mittels Rauchzeichen kann also zu Informationsverlust führen, wenn niemand dafür vorgesehen ist, nach Rauch Ausschau zu halten. Man beachte, dass eine einzelne Kommunikationsaktivität durch verschiedene Kommunikationsmechanismen unterstützt werden kann: Das Anforderungsanalyse-Dokument kann dem Kunden gefaxt werden und der Kunde sendet seine Kommentare mittels Rauchzeichen zurück. Ganz ähnlich kann derselbe Mechanismus viele Kommunikationsereignisse unterstützen. Das Faxgerät kann entweder Fehlermeldungen oder Kommentare von einer Überprüfung durch den Kunden erhalten.

Tabelle 3.5 veranschaulicht die synchronen Kommunikationsmechanismen, die wir in diesem Abschnitt beschreiben, und die Kommunikationsereignisse, die dadurch unterstützt werden. Tabelle 3.4 illustriert die asynchronen Kommunikationsmechanismen.

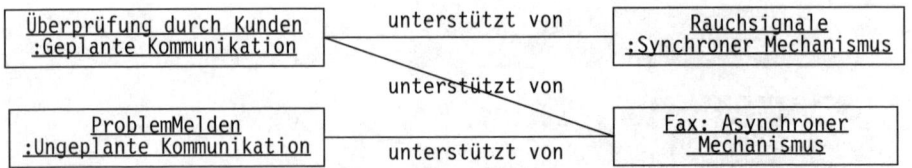

Abbildung 3.20:   Beispiele für Kommunikationsmechanismen (UML-Klassendiagramm). Sowohl geplante als auch ungeplante Kommunikation kann durch asynchrone Mechanismen unterstützt werden. Jedoch kann nur geplante Kommunikation durch synchrone Mechanismen unterstützt werden.

Mechanismus	Unterstützte Kommunikationsereignisse
Elektronische Post	Klärungsanfrage Brainstorming
Diskussionsforen	Änderungsantrag Brainstorming
World Wide Web	Freigabe Asynchrone Überprüfung durch Kollegen Änderungsantrag Brainstorming
Lotus Notes	Freigabe Asynchrone Überprüfung durch Kollegen Änderungsantrag Brainstorming

Tabelle 3.4:   Beispiele für asynchrone Mechanismen der Kommunikation

Mechanismus	Unterstützte Kommunikationsereignisse
Gespräche auf dem Flur	Klärungsanfrage Änderungsanfrage
Fragebögen und strukturierte Befragungen	Problemdefinition Postmortem-Analyse
Treffen (persönlich, Telefonat, Video)	Problemdefinition Externe Überprüfung (durch den Kunden) Interne Überprüfung (durch den Projektleiter) Überprüfung durch Kollegen Statusüberprüfung Postmortem-Analyse Brainstorming Problembeschluss

Tabelle 3.5:   Beispiele für synchrone Kommunikationsmechanismen

Mechanismus	Unterstützte Kommunikationsereignisse
Synchrone Groupware	Überprüfung durch den Kunden Projektüberprüfung Überprüfung durch Kollegen Brainstorming Lösung einer offenen Fragestellung

Tabelle 3.5: Beispiele für synchrone Kommunikationsmechanismen (Forts.)

Flurgespräche

Flurgespräche sind ein ungeplanter, informeller Austausch von Informationen, der eine günstige Gelegenheit nutzt: Zwei Teilnehmer treffen sich zufällig und nutzen die Gunst der Situation, um wichtige Informationen auszutauschen. Das Sommerzeit-Problem, das wir vorhin vorstellten, wurde bei genau solch einem Flurgespräch gelöst. Hier ist ein weiteres Beispiel:

Zwei Projektteilnehmer, Anna und Franz, treffen sich am Kaffeeautomaten. Anna gehört zur Schnittstellengruppe. Sie erinnert sich, dass Franz zur Notifikationsgruppe gehört, die für die Kommunikation zwischen den Kundensubsystemen und dem Server verantwortlich ist. Den ganzen Morgen hat Anna zufällig auftretende Fehlermeldungen bekommen, wenn sie Pakete vom Server abfragte. Sie ist sich nicht sicher, ob das Problem vom Server herrührt oder vom Kommunikationssubsystem oder von ihrem eigenen Code. Franz antwortet, dass er gar nicht wusste, dass der Server zur Zeit benutzt wurde, und dass er gerade eine neue Version des Kommunikationssystems teste, wodurch das von Anna beobachtete Verhalten erklärt war. Franz hatte das Konfigurationsmanagement umgangen, um Zeit zu sparen.

Flurgespräche stellen einen wesentlichen Teil der gesamten Projektkommunikation dar. Sie sind billig und effektiv, insbesondere für die Klärung einfacher Probleme, die durch mangelnde Koordination zwischen den Projektmitgliedern verursacht ist. Zusätzlich sind sie auch beim Austausch von operativem Wissen wirkungsvoll einsetzbar, wie z.B. bei häufig gestellten Fragen über Werkzeuge oder weitere Projektinformationen. Der Nachteil von Flurgesprächen liegt oft darin, dass niemand das Resultat aufschreibt. Wichtige Informationen können damit verloren gehen und Missverständnisse können auftauchen, wenn der Inhalt eines solchen Gesprächs an andere Teilnehmer weitergegeben wird. Überdies kann weder auf ein Dokument, eine Datenbank noch auf sonst eine elektronische Nachricht zurückgegriffen werden, wenn auf eine Entscheidung Bezug genommen wird, die während eines Flurgesprächs getroffen und weiterverbreitet wurde.

Fragebögen und strukturierte Befragungen

Die Zielsetzung eines **Fragebogens** ist es, von einer oder mehreren Personen auf strukturierte Weise Informationen zu ermitteln. Fragebögen sind üblicherweise dazu da, um Domänenkenntnisse von Benutzern und Kollegenn zu abzufragen, damit Benutzeranforderungen und Prioritäten richtig verstanden werden. Sie können auch benutzt werden, um herauszufinden, was während einer Postmortem-Analyse dazugelernt wurde. Fragebögen können sowohl Auswahlfragen als auch noch offene Fragestellungen enthalten. Sie haben den Vorteil, zuverlässige Informationen zu minimalen Kosten für den Benutzer in Erfahrung zu bringen. Fragebögen können von Benutzern selbstständig beantwortet werden. Anschließend werden sie vom Analytiker oder vom Entwickler überprüft und analysiert. Die Klärung von mehrdeutigen oder unvollständigen Antworten erfolgt dann während einer **strukturierten Befragung**. Der Nachteil von Fragebögen ist, dass sie schwierig zu entwerfen sind und oft nicht beantwortet werden. Aber die Kosten von Irrtümern und Missverständnissen bei den Anforderungen zwischen dem Kunden und dem Entwickler rechtfertigen den Aufwand. [Barone & Switzer, 1995] bietet weitere Informationen über die Konzeption von Fragebögen.

Sitzungen

Sitzungen oder **(Arbeits)Treffen** mit persönlicher Anwesenheit gestatten es einer Anzahl von Teilnehmern, Probleme und Lösungen gemeinsam zu bearbeiten, zu überprüfen und darüber zu verhandeln. Bis heute sind solche Treffen der einzige Mechanismus, bei dem effektive Beschlüsse gefasst und Übereinstimmungen erzielt werden können. Der Nachteil von Sitzungen liegt in dem Ressourcenaufwand und in der Schwierigkeit, sie zu organisieren. Um den Informationsaustausch zu verbessern und die Anzahl der während eines Treffens getroffenen Entscheidungen zu erhöhen, werden vorher bestimmten Teilnehmern Rollen zugewiesen:

- Der **Sitzungsleiter** ist für die Organisation und Leitung des Treffens verantwortlich. Die Tagesordnung wird vor dem Treffen an alle verteilt, damit die Teilnehmer vorab informiert sind. Das ermöglicht den Teilnehmern einerseits zu entscheiden, ob das Arbeitstreffen für sie wichtig ist, andererseits, Arbeitsunterlagen für das Treffen vorzubereiten.

- Der **Protokollführer** ist für die Mitschrift verantwortlich. Er kann entweder Notizen auf Papier schreiben oder direkt in einen Textverarbeitungseditor eingeben. Nach dem Treffen überarbeitet er die Notizen und schickt sie zur Durchsicht an die Teilnehmer des Treffens. Dadurch können alle Teilnehmer das Ergebnis und die Verpflichtungen aus dem Treffen einsehen. Die schriftliche Aufzeichnung des Treffens erleichtert es den Teilnehmern, diese Informationen auch mit Mitgliedern, die nicht am Treffen teilnahmen, gemeinsam zu nutzen.

- Der **Zeitnehmer** ist für die Einhaltung des Zeitplans verantwortlich. Er zeigt dem Sitzungsleiter an, wenn ein Diskussionspunkt mehr Zeit verbraucht, als in der Tagesordnung vorgesehen ist.

Die **Tagesordnung** für ein Arbeitstreffen besteht aus fünf Abschnitten: Aus einer Überschrift, in der Ort, Zeit und Teilnehmer aufgeführt sind; einer Zielsetzung für das Treffen; einer Liste von Problemen, über die Teilnehmer berichten sollen, einer Liste von Problemen, die im Treffen diskutiert und beschlossen werden sollen und einer Nachbereitungszeit. Jedem Tagesordnungspunkt wird außerdem eine Zeitdauer zugewiesen, die es dem Zeitnehmer erlaubt, dafür zu sorgen, dass das Treffen zur vorgesehenen Zeit endet. Abbildung 3.21 zeigt ein Beispiel für eine gute Tagesordnung für ein Arbeitstreffen. Abbildung 3.22 veranschaulicht eine mangelhafte Tagesordnung.

Überschriftsabschnitt zur Identifikation der Sitzung und der Zielgruppe	**Wann und Wo** **Datum**: 30.1. **Beginn**: 16:30 **Ende**: 17:30 **Raum**: WH, 3420	**Rolle** **Sitzungsleiter**: Peter **Zeitnehmer**: David **Protokollführer**: Klaus
Gewünschtes Ergebnis der Sitzung	**1. Zielsetzung** Lösung aller Anforderungsprobleme, die verhindern, dass mit dem Prototyp begonnen werden kann	
Terminaufgaben, über die berichtet werden muss	**2. Status [Vorgesehene Zeit: 15 Minuten]** David: Status des Syntaxbefehlscodes	

In die Tagesordnung aufgenommene Probleme, die während der Sitzung besprochen (und gelöst) werden sollten	**3. Diskussionspunkte [Vorgesehene Zeit: 35 Minuten]**
	   3.1 Wie gehen wir mit beliebig formatierten Eingabedatensätzen um?
	   3.2 Wie gehen wir mit Ergebnisdaten um?
	   3.3 Syntaxbefehlscode (Modifizierbarkeit, Rückwärtskompatibilität)	

Die Nachbereitungszeit ist bei allen Sitzungen gleich.	**4. Nachbereitung [Vorgesehene Zeit: 5 Minuten]**
	   4.1 Überprüfung und Zuweisung neuer Terminaufgaben
	   4.2 Manöverkritik	

Abbildung 3.21: Beispiel einer guten Tagesordnung für eine Sitzung

Zeitlich unbegrenzte Sitzungen dauern länger als nötig.	**Wann und Wo** **Datum**: 30.1. **Beginn**: 16:30 **Ende**: offen **Raum**: WH 3420	**Rolle** **Sitzungsleiter**: Peter **Zeitnehmer**: David **Protokollführer**: Klaus
Diese Zielsetzung ist kaum einzuhalten und kann nicht erfüllt werden.	**1. Zielsetzung** Lösen offener Probleme	
Fehlender Zusammenhang: Wie lauteten Davids Terminaufgaben?	**2. Status [Vorgesehene Zeit: 15 Minuten]** David: Davids Terminaufgaben	

Fehlender Inhalt: Was sind die aktuellen Probleme bei jeder dieser Aktivitäten?	**3. Diskussionspunkte [Vorgesehene Zeit: 35 Minuten]**
	   3.1 Anforderungsangelegenheiten
	   3.2 Entwurfsangelegenheiten
	   3.3 Implementierungsangelegenheiten	

	4. Nachbereitung [Vorgesehene Zeit: 5 Minuten]
	   4.1 Überprüfung und Zuweisung neuer Terminaufgaben
	   4.2 Manöverkritik	

Abbildung 3.22: Beispiel für eine mangelhafte Tagesordnung

Ein **Sitzungsprotokoll** besteht aus Abschnitten, die den Abschnitten der Tagesordnung entsprechen. Zusätzlich enthält das Sitzungsprotokoll einen Abschnitt, der die Terminaufgaben beschreibt, die von den Teilnehmern ausgeführt werden müssen. Der Überschriftsabschnitt enthält die tatsächlichen Angaben über Ort, Zeit und Teilnehmer. Der Statusabschnitt enthält die Informationen, die während des Treffens allen mitgeteilt wurde. Der Diskussionsabschnitt berichtet über alle getroffenen oder nicht getroffenen Entscheidungen. Abbildung 3.23 ist ein Beispiel für ein Sitzungsprotokoll.

Überschrifts-information zum Identifizieren der Sitzung und des Auditoriums	**Wann und Wo** **Datum**: 30. Januar **Beginn**: 16:30 **Ende**: 18:00 **Raum**: WH 3420	**Rolle** **Sitzungsleiter**: Peter **Zeitnehmer**: David **Protokollführer**: Klaus **Anwesend**: Klaus, David, Marie, Peter, Lisa
Wörtlich aus der Tagesordnung	**1. Zielsetzung** …	
Zusammenfassung der ausgetausch-ten Informationen	**2. Status** …	
Niederschrift der Problemdiskussion und -lösung	**3. Diskussion** 3.1 Syntaxbefehlscode besteht aus 1.200–1.300 Zeilen einer bedingten Anweisung. Das macht es ziemlich schwierig, neue Befehle hinzuzufügen oder bestehende Befehle zu ändern, ohne die Rückwärtskompatibilität mit vorhandenen Kunden zu verletzen. Vorschläge: 1) Neustrukturieren des Syntaxbefehlscodes, indem ein einziges Objekt pro Befehlsart zugewiesen wird. 2) Durchlaufen aller Befehlsargumente mit Namen. Das würde die Wartung der Rückwärtskompatibilität erleichtern. Allerdings würde das auch den Umfang der Befehle vergrößern und somit auch den Umfang der Befehlsdatei. Lösung: Neustrukturieren des Programms fürs Erste. Wiederaufgreifen der Angelegenheit, wenn Rückwärtskompatibilität wirklich ein Problem wird (das aufrufende Programm muss sowieso möglicherweise neu geschrieben werden). Siehe Terminaufgabe TA[1]. … *Diskussion anderer Probleme zugunsten einer kürzeren Sitzungsdauer weggelassen*	
Zusätze und Änderungen des Aufgabenplans	**4. Nachbereitung** Terminaufgabe TA[1] Für David. Wiederaufgreifen des Syntaxbefehlscodes. Schwerpunkt auf Modularität. Koordinieren mit Karl von der Datenbankgruppe (der Rückwärtskompatibilität voraussetzen muss). … *Andere Terminaufgaben und Manöverkritik zugunsten einer kürzeren Sitzungsdauer weggelassen* …	

Abbildung 3.23:   Beispiel eines Sitzungsprotokolls

Obwohl solche an einem Ort durchgeführten Treffen höchst effizient sind, ist es durchaus möglich, Treffen durchzuführen, bei denen die Teilnehmer geografisch verstreut sind, indem man sie beispielsweise als Telefon- oder Videokonferenz abhält. Eine gut strukturierte, vor dem Treffen verfügbare Tagesordnung ist dann besonders wichtig, da eine Ablaufkontrolle bei schlechter Ton- und Bildqualität sonst schwierig wird. Die Kommunikation zwischen den Teilnehmern wird noch verbessert, wenn die individuellen Stimmen und andere Besonderheiten untereinander bekannt sind.

Beim Aufstellen einer Tagesordnung sollte der Sitzungsleiter so genau wie möglich sein, ohne sie unnötig lang zu machen. Oft ist man geneigt, eine allgemeine schematische Tagesordnung zu verfassen und sie immer wieder ohne große Änderungen zu verwenden. Das hat den Nachteil, dass das Wesentliche bei den Treffen untergeht und lediglich ein bürokratischer Prozess übrig bleibt. Abbildung 3.22 ist solch ein Beispiel für eine inhaltsleere Tagesordnung. Mit einer winzigen Änderung in der Überschrift könnte man diese Tagesordnung für fast alle Subsystemgruppentreffen verwenden, was zeigt, dass sie keinerlei Informationen enthält.

Groupware

Synchrone Groupware-Systeme sind Werkzeuge, die es verteilten Benutzern ermöglichen, synchron und asynchron miteinander zu arbeiten. Für lange Zeit waren diese Werkzeuge nur im Bereich der Forschung verfügbar [Borghoff & [Grudin, 1988], aber mit der Popularisierung von Internet-Chaträumen wurden sie auch im kommerziellen Bereich allgemein bekannt. Werkzeuge wie Netmeeting ermöglichen es ganzen Teilnehmergruppen synchron über einen gemeinsam benutzten Arbeitsraum zusammenzuarbeiten. Dabei wird eine Sitzungsmetapher bereitgestellt: Benutzer „betreten" einen Raum, der es ihnen erlaubt, einen zur Diskussion stehenden Text oder eine Grafik zu betrachten. Alle Benutzer sehen den Raum im selben Zustand. Im Allgemeinen kann jeweils nur ein Teilnehmer Änderungen daran vornehmen. Die Raumaufsicht kann dabei anarchisch sein (wer immer die Raumaufsicht übernimmt, hat sie) oder sequentiell (wer mit einer Änderung fertig ist, überlässt die Raumaufsicht dem nächsten Benutzer).

Eine Schwäche von synchronen Groupware-Systemen ist die Schwierigkeit bei der Koordination von Benutzern. Das Schreiben von Worten nimmt mehr Zeit in Anspruch, als Benutzer aufbringen wollen. Geschriebene Worte müssen sorgfältiger gewählt werden, insbesondere weil nichtverbale Informationen nicht benutzt werden können. Überdies können geringfügige Störungen in der Netzwerkverbindung bereits beträchtliche Probleme bei der Benutzerkoordination verursachen. Obwohl videobasierte Internet-Konferenzwerkzeuge wie z.B. Lotus Sametime und das große Wachstum der Netzwerkbandbreiten versprechen, diese Probleme zu beseitigen, haben synchrone Groupware-Werkzeuge noch nicht ganz das Niveau erreicht, auf dem sie den täglichen Anforderungen am Arbeitsplatz genügen würden.

Die Zusammenarbeit von Teilnehmern an verschiedenen Orten ist immer noch eine nichttriviale Herausforderung, die vorab gut geplant werden muss. Die gemeinschaftliche Entwicklung von Verfahren zur Unterstützung von verteilter Zusammenarbeit ist eine anspruchsvolle Aufgabe, wenn weder Nähe noch direkte mündliche Kommunikation vorhanden sind.

Asynchrone Groupware-Systeme hatten in den letzten zwanzig Jahren mehr Erfolg. In der einfachsten Form ermöglichten Foren den Benutzern, durch Beiträge zu Diskussionsthemen Probleme öffentlich zu diskutieren. Internet-basierte Suchmaschinen ermöglichen dabei den schnellen Zugriff auf große Mengen von Dokumenten, die aus verschiedenen Quellen stammen können.

In jedem Softwaretechnikprojekt, das mehr als nur ein paar Teilnehmer umfasst, gibt es heute bereits eine Kombination aus Foren, Zentralspeichern, Kalendern und Adressbüchern, wobei das Spektrum von kostenlosen Werkzeugen für kleine Projekte bis hin zu kommerziellen Werkzeugen zur Unterstützung großer Organisationen reicht. Ein kostenloses Werkzeug wie Yahoo Groups ermöglicht es einer Arbeitsgruppe, schnell einen Platz einzurichten, um Fotos und Dateien gemeinsam zu nutzen, Ereignisse zu planen, Rundbriefe zu senden und Themen zu diskutieren. BSCW (Basic Support for Cooperative Work) ermöglicht auch die Zusammenarbeit über das Internet, unterstützt das Laden von Dokumenten, das Bekanntmachen von Ereignissen und das Management der Arbeitsgruppen. Wiki ist eine einfache, aber mächtige Web-basierte Zusammenarbeitsplattform. Eine interessante Eigenschaft von Wiki ist, dass alle Seiten für jedermann zum Editieren offen sind. Querverweise zwischen Webseiten werden automatisch von Wiki erstellt. Kommerzielle Werkzeuge wie Microsoft Sharepoint Team Services unterstützen die Kollaboration von Microsoft-Office-Benutzern. Die Groupware Lotus Notes stellt zusätzlich noch Replikationsmechanismen zwischen Datenbanken und ein Adressbuch zur Sichtbarmachung von Organisationsstrukturen bereit. Formalisierte Aktivitäten wie die asynchrone Überprüfung eines Dokuments durch verschiedene Interessengruppen sind auch möglich, indem an jeden Teilnehmer Mitteilungen über den Fortschritt des Dokuments während der Überprüfungsphasen gesendet werden können.

3.5 Organisatorische Aktivitäten

In diesem Abschnitt schauen wir uns die Aktivitäten eines Entwicklers an, wenn er sich einer Projektorganisation und deren Kommunikationsinfrastruktur anschließt. Die Aktivitäten umfassen im Einzelnen:

- Eintritt in eine Arbeitsgruppe (Abschnitt 3.5.1)
- Teilnahme an der Kommunikationsinfrastruktur (Abschnitt 3.5.2)
- Teilnahme an Arbeitstreffen (Abschnitt 3.5.3)
- Organisation von externen und internen Projektüberprüfungen (Abschnitt 3.5.4).

Wir beschreiben diese Aktivitäten für ein Beispielprojekt, wobei der Schwerpunkt auf der Entwicklung eines neuen Systems liegt, an der viele Arbeitsgruppen beteiligt sind.

3.5.1 Eintritt in eine Arbeitsgruppe

Während der Projektdefinitionsphase identifiziert der Projektleiter eine Subsystemgruppe für jedes Subsystem, wobei die Systemzerlegung aus dem Softwarearchitektur-Dokument zugrunde gelegt wird. Zusätzlich werden multifunktionale Arbeitsgruppen (z.B. Architekturgruppe, Integrationsgruppe) zur Unterstützung der Subsystemgruppen gebildet. Jede Arbeitsgruppe hat einen Gruppenleiter, der bereits während der Projektdefinitionsphase ausgewählt wird. Eine wichtige Aktivität während der Projektstartphase ist jetzt die Zuteilung der Rollen an die Teilnehmer in den Arbeitsgruppen.

Basierend auf den Interessen und den Fähigkeiten der Projektmitglieder teilen der Projektleiter und die Gruppenleiter sie einer oder mehreren Rollen in einer Arbeitsgruppe zu. Jede Subsystemgruppe muss außerdem jeweils eine Verbindungsperson für jede multifunktionale Arbeitsgruppe benennen, um den Informationsaustausch zwischen den Arbeitsgruppen zu ermöglichen. Tabelle 3.6 enthält eine beispielhafte Rollenzuweisung für die Teilnehmer der Datenbankgruppe beim OWL-Projekt. Der Projektleiter und der Gruppenleiter beschließen auch notwendige Fortbildungsmaßnahmen für einzelne Teilnehmer und Arbeitsgruppen.

Teil-nehmer	Rollen	Fähigkeiten	Fortbildungs-maßnahme
Lisa	Gruppenleiter	Bereits eine Gruppe geleitet C-Programmierung, Konfigurationsmanagement	UML, Kommunikations-fähigkeit
Hans	Kontaktperson zur Architekturgruppe, Implementierer	C++-Programmierung, UML-Modellierung	Java
Marie	Konfigurations-management, Implementierer	C++-&Java-Programmierung, E/R-Modellierung, relationale Datenbanken, Konfigurations-management	Objektorientierte Datenbanken, UML-Modellierung
Felix	Implementierer	C++-&Java-Programmierung E/R Modellierung, relationale Datenbanken	UML-Modellierung
Sam	Verbindungsperson zur Architektur-gruppe, Tester	C++-Programmierung Whitebox-, Blackbox-Testen	Überprüfungen, Java

Tabelle 3.6: Rollenzuweisung, Fähigkeiten und Fortbildungsmaßnahmen bei der Datenbankgruppe von OWL

3.5.2   Teilnahme an der Kommunikationsinfrastruktur

Um die allgemeine Projektkommunikation und die spezifische Kommunikation in den Arbeitsgruppen zu unterstützen, werden zwei Arten von Foren – Projektforen und Arbeitsgruppenforen – zur Verfügung gestellt. Die Mitglieder schreiben sich bei allen Projektforen und bei ihren Arbeitsgruppenforen ein. Projektforen umfassen folgende Punkte:

- *Ankündigung.* Hauptereignisse (z.B. Termine und Tagesordnungen für externe Überprüfungen, Freigaben) werden in diesem Forum platziert. Lediglich das Management kann Ankündigungen an dieses Forum schicken; Projektmitglieder können auf diese Ankündigungen antworten und alle Dokumente lesen.

- *Diskussion.* Projektbezogene Anfragen werden an dieses Forum geschickt. Die Diskussion über diese Anfragen (z.B. Argumente und alternative Lösungen) besteht aus Antworten auf die ursprünglichen Nachrichten. Alle Projektmitglieder können Anfragen auf diesem Forum platzieren und alle Dokumente lesen.

- *Fragestellungen.* Offene Fragestellungen und ihr gegenwärtiger Status werden in diesem Forum platziert. Alle Projektmitglieder können offene Fragestellungen platzieren und alle Dokumente lesen.

- *Dokumente.* Die aktuellsten Versionen der Projektlieferergebnisse (z.B. Anforderungsanalyse-Dokument, Systementwurfs-Dokument) und andere interne Projektdokumente (z.B. Softwareprojekt-Plan) werden in diesem Forum platziert. Lediglich die Dokumentationsgruppe kann Dokumente in diesem Forum platzieren. Alle Projektmitglieder können diese Dokumente lesen und darauf antworten (z.B. Anmerkungen oder Verbesserungsvorschläge zu den Dokumenten).

- *Inventar.* Dieses Forum enthält die Beschreibungen aller Ausrüstungsgegenstände und ihres Status (z.B. Verfügbarkeit, gegenwärtiger Entleiher). Lediglich Administratoren können etwas in diesem Forum platzieren.

Die Arbeitsgruppenforen sind ähnlich den Projektforen, sie konzentrieren sich jedoch auf die Kommunikation innerhalb einer Arbeitsgruppe. Es gibt Diskussionsforen, Offene Fragestellungsforen und Dokumentationsforen für jede Arbeitsgruppe. Jedes Projektmitglied kann außerdem die Foren jeder anderen Arbeitsgruppe lesen. Gruppenmitglieder können allerdings nur in ihren eigenen Foren etwas platzieren. Man beachte, dass Arbeitsgruppenforen erzeugt werden können, sobald die Systemzerlegung festgelegt ist. Nachdem die Foren und die Arbeitsgruppen eingerichtet sind, können Zugriffsmöglichkeiten für die einzelnen Mitglieder geschaffen werden.

3.5.3   Teilnahme an Arbeitstreffen

Ein wichtiger Bestandteil eines Softwareprojekts sind die wöchentlichen Arbeitstreffen. Sie ermöglichen allen Arbeitsgruppen die Durchführung von Statusüberprüfungen, Diskussionen und Problemlösungen. Das wöchentliche Arbeitstreffen wird – wie in Abschnitt 3.4.1 beschrieben – organisiert und erfasst. Besonders wichtig ist das erste Treffen der Arbeitgruppe. Nur wenige Mitglieder kennen sich zu diesem Zeitpunkt privat oder beruflich. Überdies sind nur wenige mit formalen Sitzungsrollen und -verfahren vertraut. Das

Management benutzt deshalb das erste Treffen, um Sitzungsverfahren einzuführen und ihre Wichtigkeit zu erklären, damit die Arbeitsgruppenmitglieder diese Verfahren auch anwenden. Abbildung 3.24 zeigt eine typische Tagesordnung für das erste Treffen.

Wann und Wo	**Rolle**
Datum: 9.Jan.	**Sitzungsleiter**: Lisa
Beginn: 16:30 Uhr	**Zeitnehmer**: David
Ende: 17:30 Uhr	**Protokollführer**: Klaus
Gebäude: Hauptgebäude **Raum**: 3420	

1. Zielsetzung

Vertrautmachen mit den Projektmanagementrollen für ein mittelgroßes Projekt mit einer Zwei-Ebenen-Hierarchie und erste Entscheidungen. Insbesondere:

- Den Unterschied zwischen Rolle und Person verstehen
- Zuweisung von Gruppenrollen an Personen
- Festlegung der wöchentlichen Sitzungszeiten
- Erste Zusammenstellung von Terminaufgaben für das nächste Treffen

2. Status [Vorgesehene Zeit: 40 Minuten]

2.1 Organisation einer Sitzung

Sitzungsgrundregeln

- Aktives Zuhören
- Aktives Teilnehmen
- Pünktliches Erscheinen
- Keine Einzel- oder einseitigen Treffen
- Beachten der Tagesordnung
- Zeit nehmen
- Bereitschaft, zu einem Konsens zu kommen
- Freiheit, die Verfahrens- und Grundrollen in Frage zu stellen

Sitzungsrollen

- Sitzungsleiter
- Zeitnehmer
- Protokollführer
- Schreiber

2.2 Wie man der Tagesordnung folgt

(aus Platzgründen weggelassen)

3. Diskussionspunkte [Vorgesehene Zeit: 15 Minuten]

3.1 Wer erzeugt das Adressbuch der Arbeitsgruppe?

3.2 Welches Mitglied übernimmt welche Sitzungsrolle?

3.3 Welches Mitglied übernimmt welche Arbeitsgruppenrolle?

4. Nachbereitung [Vorgesehene Zeit: 5 Minuten]

4.1 Überprüfung und Zuweisung neuer Terminaufgaben

4.2 Manöverkritik

Abbildung 3.24: Tagesordnung für das erste wöchentliche Arbeitstreffen

Das Ziel des ersten Treffens ist es, die Teilnehmer durch ein Beispiel einzuüben, wobei sie zur Diskussion über die Verfahren ermuntert werden. Zunächst werden die Sitzungs- und Gruppenrollen erklärt und auf die Teilnehmer der Arbeitsgruppe für das gesamte Projekt verteilt. Dann wird die Aufgabe des Sitzungsleiters beschrieben, der die Effizienz des Treffens fördern, aber Entscheidungen nicht aufdrängen soll. Arbeitsgruppenmitgliedern wird beigebracht, wie man die Rolle des so genannten zweiten Sitzungsleiters übernehmen kann. Als zweiter Sitzungsleiter darf jeder Teilnehmer den Sitzungsleiter darum bitten, das Treffen wieder auf die Punkte der Tagesordnung zurückzubringen, falls er vom Thema abgekommen ist. Dabei kann man Redewendungen benutzen, um bestimmte Standardsituationen zu meistern. Beispielsweise steht „Lassen Sie mich kurz die Rolle des Sitzungsleiters übernehmen" für *Die Zielrichtung der gegenwärtigen Diskussion liegt außerhalb der Tagesordnung. Wir wollen zu ihr zurückkehren.* Die Redewendung „Können wir eine Ebene höher gehen?" steht für *Die Diskussion ist auf eine Ebene von Einzelheiten abgeschweift, die für dieses Auditorium unwichtig ist. Tatsächlich verstehen die meisten von uns nichts.* Ganz allgemein wird den Mitgliedern beigebracht, wie leicht Zeit verschwendet wird, und dass es oberstes Ziel jedes Treffens ist, effizient und genau zu kommunizieren, damit alle schnellstmöglich wieder zu ihrer eigentlichen Arbeit zurückkehren können.

Das Management wechselt Rollen im Turnus durch, damit alle Teilnehmer die Gelegenheit bekommen, jede Rolle einmal zu erfüllen. Das hat den Vorteil, zusätzliche Fähigkeiten in der Projektgruppe zu erzeugen und dadurch das gemeinsame Nutzen von Informationen zu erhöhen. Der Nachteil ist dabei auf kurze Sicht, dass die Teilnehmer keine Zeit haben, in ihre Rolle hineinzuwachsen, und somit eine gegebene Aufgabe auch nicht sehr effektiv erledigen können. Die frühen Rollenzuweisungen, die Rollenrotation und das relativ strikte Sitzungsverfahren mögen zu Beginn des Projekts Unruhe hervorrufen, werden sich aber auf lange Sicht als lohnende Investition erweisen. Treffen- und Kommunikationsfähigkeiten sollten bei allen Mitgliedern vorhanden sein, wenn die ersten krisenverursachten Kommunikationen, vor allem während der Implementierungsphase, auftauchen.

Am Ende des ersten Treffens wird vereinbart, dass alle Arbeitsgruppen Sitzungsrollen verteilen und sie im entsprechenden *Ankündigungs*-Forum der Arbeitsgruppe platzieren. Einen Tag vor dem nächsten Arbeitstreffen wird von dem nun designierten Sitzungsleiter erwartet, dass er den vorläufigen Entwurf der Tagesordnung im *Ankündigungs*-Forum platziert, bestehend aus Terminaufgaben, die aus dem Protokoll der letzten Sitzung übernommen wurden, und offenen Fragestellungen, die aus dem *Fragestellungen*-Forum stammen. Nach dem Arbeitstreffen wird vom Protokollführer erwartet, dass er das Sitzungsprotokoll innerhalb eines Tages im Forum platziert, und zwar als Antwort auf die entsprechende Tagesordnung. Andere Arbeitsgruppenmitglieder können die Tagesordnung und das Protokoll kommentieren, indem sie auf die entsprechenden Ankündigungen antworten. Der Sitzungsleiter oder der Protokollführer können daraufhin die Tagesordnung oder das Protokoll abändern.

Sitzungsrollen und -verfahren werden oft als überflüssig empfunden. Ein guter Projektleiter ist sich dieser Voreingenommenheit durchaus bewusst und investiert zu Beginn des Projekts viel Zeit, um die Vorteile der Sitzungsverfahren aufzuzeigen. In den ersten Wochen eines Projekts überprüft er systematisch die Tagesordnungen und Sitzungsprotokolle der ersten wöchentlichen Treffen, schlägt zeitsparende Verbesserungen sowohl den Sitzungsleitern vor (z.B. ein laufendes Dokument zu führen, das offene Fragen enthält, die je nach Wichtigkeit in die Tagesordnung eingefügt oder aus ihr herausgenommen werden) als auch den Protokollführern (z.B. zuerst den Schwerpunkt auf die Erfassung von Terminaufgaben und offenen Fragestellungen zu legen und erst dann die Diskussion darüber zu erlauben).

3.5.4   Organisation von externen und internen Projektüberprüfungen

Externe Überprüfungen durch den Kunden werden an zwei bestimmten Zeitpunkten im Projekt durchgeführt: nach der Freigabe des Anforderungsanalyse-Dokuments und nach der Auslieferung des Systems. Interne Überprüfungen durch den Projektleiter werden nach der Freigabe des Systementwurfs, des detaillierten Objektentwurfs und der Testpläne durchgeführt. Eine interne Überprüfung kann auch vor der Auslieferung durchgeführt werden, gewissermaßen als Probelauf für den Kundenakzeptanztest.

Der Projektleiter legt die Termine für alle Überprüfungen während der Planungsphase zeitlich fest (Tabelle 3.7) und bestimmt auch die Verfahren zur organisatorischen Durchführung der Überprüfungen:

Überprüfung	Datum	Lieferergebnis (Freigabe fällig 1 Woche vor Überprüfung)
Überprüfung der Analyse (extern)	Woche 7	Anforderungsanalyse-Dokument
Überprüfung des Systementwurfs (intern)	Woche 9	Systementwurfs-Dokument
Überprüfung des Objektentwurfs (intern)	Woche 13 (2 Sitzungen)	Objektentwurfs-Dokument
Überprüfung des Testplans (intern)	Woche 16	Komponenten- und Integrationstests
Kundenabnahmetest Probelauf (intern)	Woche 17	Alle Projektlieferergebnisse
Kundenabnahmetest (extern)	Woche 17	Alle Projektlieferergebnisse

Tabelle 3.7: Beispiel für einen Überprüfungszeitplan

1. Die zu überprüfenden Arbeitsprodukte werden eine Woche[1] vor der Überprüfung freigegeben.

---

[1] Das lässt Pufferzeit für späte Dokumente. In Wirklichkeit werden Arbeitsprodukte oft erst am Abend vor dem Überprüfungstermin ausgeliefert. Die wesentlichen Probleme dabei sind: (1) Können die Arbeitsprodukte noch allen an der Überprüfung Beteiligten zugänglich gemacht werden? (2) Haben sie genug Zeit, sie noch zu prüfen?

2. Kurz nach der Freigabe veröffentlicht der Projektleiter eine vorläufige Tagesordnung für das Treffen, die für jede Arbeitsgruppe die zu präsentierenden Themen auflistet. Die Tagesordnung wird im *Ankündigungs*-Forum veröffentlicht.

3. Die Vortragenden antworten auf die Tagesordnung und verfeinern die Präsentationsthemen. Der Projektleiter ändert die Tagesordnung eventuell auf Grund der Antworten.

4. Die Vortragenden reichen ihre Präsentationsfolien ein, indem sie auf die Tagesordnung antworten und die Folien dabei anfügen. Der Projektleiter ordnet die Folien vor der Präsentation den Tagesordnungspunkten zu und aktualisiert die Tagesordnung.

Der Projektleiter weist die Verantwortung eines Protokollführers einem Projektmitglied zu, das dann in die Aufgabe eingewiesen wird, wie das Protokoll zu führen ist. Während der Dauer der Überprüfung protokolliert der Protokollführer sorgfältig alle Fragen und Antworten des Auditoriums. Kurz nach der Sitzung gleichen Protokollführer und Projektleiter ihre Aufzeichnungen ab und erstellen eine Liste von auszuführenden Terminaufgaben, die das Ergebnis der Überprüfung darstellen, und eine Liste von offenen Fragen, die während der Überprüfung aufkamen und nicht gelöst werden konnten. Dieses nachbearbeitete Protokoll wird im *Ankündigungs*-Forum veröffentlicht.

Diese Betonung der Benutzung der Kommunikationsinfrastruktur zur Organisation der Tagesordnung und Einreichung der Präsentationsfolien ermöglicht es, dass wesentlich mehr Projektinformationen als üblich erfasst werden, und dass diese für alle zugänglich sind.

Weiterführende Literatur

Forscher und Praktiker wissen schon seit langem über die Wichtigkeit der Kommunikation in der Softwaretechnik Bescheid. Je größer und komplexer die Systeme werden, umso entscheidender wird auch die Kommunikation. Der Artikel von Curtis und seinen Kollegen [Curtis et al., 1988] ist eine grundlegende Klassifikation der Kommunikationsprobleme bei Softwareentwicklungen. In einer Feldstudie von 17 großen, von der amerikanischen Regierung in Auftrag gegebenen Projekten bemerkten sie, dass Dokumentation alleine nicht ausreicht, um den Bedarf an Kommunikation zu decken, besonders nicht in den frühen Phasen eines Projekts, wenn Interessengruppen ihre Reviere definieren, ihre begrifflichen Konventionen koordinieren und informelle Kommunikationsnetzwerke erzeugen. Die Studie belegt auch, dass Hindernisse bei informellen Kommunikationen (z.B. Organisationsbarrieren und geografische Entfernung) zu Missverständnissen bei Entwurfskonventionen und Begründungen führen kann.

[Kraut & Streeter, 1995], ein weiterer grundlegender Artikel zu diesem Thema, stellt fest, dass formale Kommunikation (z.B. Arbeitssitzungen, formale Spezifikationen, Überprüfungen durch Kollegen) bei der Koordination von Routineproblemen sehr hilfreich ist, wohingegen informelle Kommunikation (z.B. Gespräche auf dem Flur, Telefongespräche, Diskussionen) nötig ist, wenn Unsicherheiten und unvorhergesehene Probleme auftreten, die für die Softwareentwicklung typischer sind. In ihrer Studie beobachten sie auch, dass der Bedarf an informeller Kommunikation mit wachsender Größe und Komplexität der Software dramatisch ansteigt.

Da Sitzungen mit persönlicher Teilnahme immer noch die hauptsächlichen Kommunikationsmittel unter den Projektteilnehmern sind, um den Status weiterzugeben, Konflikte zu identifizieren und Probleme zu lösen, werden von Softwareingenieuren besondere Fähigkeiten zur effizienten Durchführung von Sitzungen verlangt, um Informationsverlust zu vermeiden. Allerdings ist die Lehre solcher Fähigkeiten in der Informatikausbildung oft nicht vorgesehen. *How to make meetings work* [Doyle & Straus, 1982] und *Mining Group Gold* [Kayser, 1990] (aus denen wir die Tagesordnungs- und Protokollvorlagen abgeleitet haben) beschreiben sehr nützliche Verfahren und Heuristiken, um Arbeitstreffen effizient durchzuführen.

Getting To Yes [Fisher et al., 1991] erklärt die Mechanismen bei Verhandlungen und gibt Ratschläge, wie man Blockaden vermeiden kann, indem die Konflikte angesprochen werden, die die Verhandlungen ausgelöst haben. *Interviewing: Art and Skill* [Barone & Switzer, 1995] bietet einen Leitfaden, wie man einen Fragebogen entwirft und wie man eine Befragung durchführt.

Rechnergestützte Gruppenarbeit [Borghoff & bietet eine gute Vertiefung zu den Themen diese Kapitels. Überdies kann es als Leitfaden für Benutzer und Softwareingenieure dienen, die daran interessiert sind, Kommunikationsangelegenheiten mit Hilfe von Groupware-Systemen anzugehen.

Übungen

3.1 Was ist der Unterschied zwischen einer Rolle und einem Teilnehmer?

3.2 Kann eine Rolle von zwei oder mehr Teilnehmern gemeinsam erfüllt werden? Warum oder warum nicht?

3.3 Was ist der Unterschied zwischen einem Kunden, einem Anwender und einem Endbenutzer?

3.4 Zu welchen Rollen würden Sie folgende Aufgaben zuordnen?

- Änderung einer Subsystemschnittstelle, um die Umsetzung einer neuen Anforderung zu ermöglichen
- Kommunikation der Subsystemschnittstellenänderung an andere Arbeitsgruppen
- Änderung der Dokumentation auf Grund der Subsystemschnittstellenänderung
- Sicherstellung, dass die Änderung innerhalb des Zeitplans beendet wird
- Entwurf einer Testfolge, um durch die Änderung verursachte Fehler zu entdecken

3.5 Sie sind für die Koordination der Entwicklung eines Systems verantwortlich, das die Kreditanträge für eine Bank abwickelt. In welchen Rollen würden die folgenden Projektteilnehmer am besten zum Projekt beitragen?

- Ein Bankangestellter, der für die Bearbeitung von Kreditanträgen verantwortlich ist

- Der IT-Manager der Bank, die das System in Auftrag gab
- Ein Freiberufler, der schon einmal ein ähnliches System entwickelt hat
- Ein technischer Autor
- Sie selbst

3.6 Zeichnen Sie ein UML-Aktivitätsdiagramm, welches das in Abschnitt 3.4.3 beschriebene Verfahren für Sitzungen darstellt. Legen Sie besonderes Gewicht auf die Arbeitsprodukte, die vor oder nach einer Sitzung erzeugt werden, wie zum Beispiel Tagesordnung und Sitzungsprotokoll. Benutzen Sie UML-Verantwortlichkeitsbereiche, um Rollen darzustellen.

3.7 Was ist der Unterschied zwischen einem Arbeitspaket und einem Arbeitsprodukt? Wann wird ein Arbeitspaket definiert? Wann wird ein Arbeitsprodukt definiert? Betrachten Sie eine Aufgabenstellung, bei der zwei Studenten zusammenarbeiten, um ein System zu entwickeln, das Namenslisten unter Verwendung zweier unterschiedlicher Sortieralgorithmen sortiert. Die Lieferergebnisse der Aufgabenstellung sind der Quelltext, die Systemdokumentation und eine Anleitung für andere Entwickler, wie neue Sortieralgorithmen in den Quelltext integriert werden können. Geben Sie Beispiele für Arbeitspakete und Arbeitsprodukte bei diesem Projekt.

3.8 Was ist der Unterschied zwischen einer multifunktionalen Arbeitsgruppe und einer Subsystemgruppe? Geben Sie Beispiele dafür und begründen Sie Ihre Wahl.

3.9 Wenn so viele kritische Kommunikationsereignisse planbar sind (z.B. externe Überprüfungen, Projektüberprüfungen, Überprüfungen durch Kollegen), warum besteht dann trotzdem die Notwendigkeit für ungeplante Kommunikationsereignisse (z.B. Klärungsanfragen, Änderungsanträge, Lösung von offenen Fragestellungen)?

3.10 Wählen Sie einen beliebigen Wochenarbeitstag. Schreiben Sie alle Aktivitäten auf, die Sie als Kommunikationsaktivitäten ansehen (z.B. auf eine Tasse Kaffee zu Freunden gehen, Information von einem Mitstudenten erhalten, Information weitergeben, verhandeln, Reklame machen, Stöbern im Web). Welchen Anteil Ihres Arbeitstages macht diese Kommunikation aus?

3.11 Sie sind Mitglied der Benutzerschnittstellengruppe. Sie sind verantwortlich für den Entwurf und die Umsetzung von Formularen, die Informationen über die Benutzer des Systems sammeln (z.B. Vorname, Familienname, Adresse, E-Mail-Adresse, Grad der Fachkenntnisse). Die von Ihnen gesammelten Informationen werden in einer Datenbank gespeichert und von einem Berichtsystem benutzt. Sie sind sich nicht sicher, welche Felder ausgefüllt werden müssen und welche freiwillig ausgefüllt werden können. Wie finden Sie das heraus?

3.12 Sie wurden wegen Personalknappheit aus der Benutzerschnittstellengruppe entfernt und der Datenbankgruppe zugeteilt. Die Implementierungsphase ist schon ziemlich weit fortgeschritten. In welcher Rolle wären Sie auf Grund Ihrer Kenntnisse des Entwurfs und der Implementierung der Benutzerschnittstelle am nützlichsten?

3.13 Angenommen Ihre Entwicklungsplattform ist Unix und die Dokumentationsgruppe schreibt auf der Macintosh-Plattform. Der Kunde verlangt, dass die Dokumente auf der Windows-Plattform verfügbar sind. Die Entwickler erzeugen die Entwurfsdokumentation mit Adobe FrameMaker. Die Dokumentationsgruppe benutzt Microsoft Word für die Dokumentation auf Benutzerebene. Der Kunde reicht Korrekturen auf Papier ein und braucht die an ihn gelieferten Dokumente nicht zu ändern. Wie kann der Informationsfluss zwischen den Entwicklern, den technischen Autoren und dem Kunden so eingerichtet werden (z.B. Format, Werkzeuge, usw.), dass das Duplizieren von Dateien minimiert wird und doch die Vorlieben der einzelnen Projektteilnehmer bezüglich der Werkzeuge und Plattformanforderungen befriedigt werden können?

3.14 Welche Änderungen bei der Organisations- und Kommunikationsinfrastruktur würden Sie empfehlen, wenn Sie ein Folgeprojekt von Ariane 5 als Konsequenz aus dem Ariane 501-Fehler, wie am Anfang des Kapitels beschrieben, leiten müssten?

Kapitel

4 Anforderungsermittlung

*Ein weit verbreiteter Fehler bei der Erstellung von etwas absolut Narrensicherem
ist es, den Einfallsreichtum absolut kompletter Narren zu unterschätzen.*

— *Douglas Adams, in Mostly Harmless*

Eine **Anforderung** ist ein Merkmal oder eine Einschränkung, das bzw. die ein System
besitzen oder erfüllen muss, damit es vom Kunden akzeptiert wird. Aufgabe der **Anforderungstechnik** ist es, die Anforderungen eines zu erstellenden Systems zu ermitteln.
Die Anforderungstechnik beinhaltet zwei Hauptaktivitäten: die **Anforderungsermittlung**, die eine vom Kunden verstandene Spezifikation ergibt, und die **Anforderungsanalyse**, die das Analysemodell ergibt, das von den Entwicklern eindeutig interpretiert werden kann. Die Anforderungsermittlung ist der anspruchsvollere Teil der beiden
Aktivitäten, da sie die Zusammenarbeit verschiedener Teilnehmer mit unterschiedlichem
Hintergrundwissen erfordert. Kunden und Anwender sind Experten in ihren Domänen
und besitzen eine Vorstellung davon, was das System leisten soll; jedoch haben sie
zumeist wenig Erfahrung in der Softwareerstellung. Entwickler auf der anderen Seite
haben zwar Erfahrung in der Erstellung von Softwaresystemen, besitzen jedoch zumeist
nur geringe Kenntnisse des täglichen Arbeitsumfelds der Anwender.

Szenarien und Anwendungsfälle stehen uns als Werkzeuge zur Verfügung, um diese
Lücken zu schließen. Ein *Szenario* beschreibt dabei den beispielhaften Gebrauch eines
Systems als eine Serie von Interaktionen zwischen Anwender und System. Ein *Anwen-
dungsfall* ist eine Abstraktion, die eine Klasse von ähnlichen Szenarien beschreibt.
Sowohl Szenarien als auch Anwendungsfälle werden in natürlicher Sprache, d.h. in einer
für Anwender verständlichen Form, dargestellt.

In diesem Kapitel konzentrieren wir uns auf die Anforderungsermittlung, und zwar auf
eine spezielle Form, die so genannte Szenario-basierte Anforderungsermittlung. Dabei
werden zunächst die Anwender beobachtet und befragt, um die derzeitigen Arbeitsprozesse als Ist-Szenarien darzustellen. Dann werden visionäre Szenarien erstellt, welche die
neue Funktionalität des zu erstellenden Systems beschreiben. Als Nächstes validieren
Kunden und Anwender das zu erstellende System, indem sie diese Szenarien überprüfen
und eventuell kleinere Prototypen testen, die von den Entwicklern zur Verfügung gestellt
werden. Nachdem sich auf diese Weise die Definition des Systems herausgeschält hat,
einigen sich Entwickler und Kunden schließlich auf die so genannte Anforderungsspezifikation, die die funktionalen und nichtfunktionalen Anforderungen, Anwendungsfälle
sowie Szenarien des Systems enthält.

4.1   Einleitung: Anwendungsbeispiele

Fuß oder Meilen?[1]

Während eines Laserexperiments wurde ein Laserstrahl auf einen Spiegel der Raumfähre „Discovery" gerichtet. Ziel des Experiments war es, den Laserstrahl vom Spiegel zurück auf eine Bergspitze reflektieren zu lassen. Der Anwender gab die Berghöhe mit „10.023" an, davon ausgehend, dass die einzugebende Einheit Fuß sei. Der Rechner interpretierte die Zahl jedoch in Meilen und der Laserstrahl wurde von der Erde weg auf einen hypothetischen Berggipfel in 10.023 Meilen Höhe gelenkt.

Dezimalpunkt gegen Tausender-Trennpunkt

In den Vereinigten Staaten werden Dezimalstellen durch einen Punkt abgetrennt („10.40 Dollar") und Tausenderstellen durch ein Komma („100,000"). In Deutschland ist es genau andersherum: Dezimalstellen werden durch ein Komma („10,40 Euro") und Tausender-stellen durch einen Punkt („100.000") angezeigt. Stellen Sie sich einen deutschen Kunden vor, der beide Konventionen kennt und einen Online-Katalog mit amerikanischen Preisen betrachtet. Welche der beiden Konventionen sollte benutzt werden, um Missverständnisse zu vermeiden, wenn der Kunde eine Bestellung aufgeben möchte?

Verhaltensmuster

Im Emacs Texteditor beendet die Tastenkombination <Control-x><Control-c> das Pro-gramm. Ist noch ein Dokument offen, z.B. myDocument.txt, fragt Emacs „Save file myDocument.txt? (y or n)". Antwortet der Anwender mit y, speichert Emacs das Doku-ment auf der Platte. Viele Anwender verlassen sich auf dieses Verhaltensmuster und tippen beim Verlassen eines Editors automatisch die Sequenz <Control-x><Control-c>, gefolgt von einem y. Andere Editoren fragen jedoch beim Verlassen: „Sind Sie sicher, dass Sie das Programm beenden wollen (y or n)?" Wechseln Anwender von Emacs zu einem solchen Editor, werden sie ihre Arbeit solange ungespeichert beenden, bis sie ihr Verhaltensmuster entsprechend ändern.

Bei der Anforderungsermittlung geht es um die Kommunikation zwischen Entwicklern, Kunden und Benutzern, die gemeinsam ein neues System definieren. Scheitert der Ver-such, die individuellen Bedürfnisse gegenseitig aufzunehmen und zu verstehen, dann ent-steht ein System, das schwer bedienbar oder vielleicht sogar völlig unbedienbar ist. Fehler, die während der Anforderungsermittlung auftreten, sind teuer zu beheben, da sie für gewöhnlich erst spät im Projektverlauf bemerkt werden, oftmals nicht vor der Aus-lieferung. Solche Fehler beinhalten das Fehlen wichtiger Funktionen, die das System enthalten müsste, falsch spezifizierte Funktionen, irreführende oder unbedienbare Benut-zerschnittstellen und veraltete Funktionen. Ziel der Anforderungsermittlung ist es, die Kommunikation zwischen den Entwicklern, Kunden und Benutzern zu verbessern. Die Entwickler erstellen ein Modell des spezifischen Anwendungsbereichs, indem sie zuerst die Arbeitsumgebung der Anwender untersuchen. Sie wählen eine Darstellungsform, die von Kunden und Anwendern leicht zu verstehen ist (wie zum Beispiel Szenarien und

---

[1]   Beispiele aus [Nielsen, 1993] und [Neumann, 1995]

Anwendungsfälle). Um das Modell zu validieren, entwickeln sie einen einfachen Prototyp der Benutzerschnittstelle, um Feedback von den möglichen Anwendern sammeln zu können. Ein Beispiel eines einfachen Prototyps ist ein Fenster mit einzelnen Menüpunkten und Tasten. Man kann es bereits bedienen, um ein Gefühl für die Handhabung des Systems zu bekommen, aber den einzelnen Menüpunkten und Tasten sind in diesem Stadium noch keine Funktionen zugeordnet.

Abschnitt 4.2 gibt einen Überblick über die Anforderungsermittlung und ihre Beziehung zu anderen Entwicklungsaktivitäten. Abschnitt 4.3 definiert die Konzepte dieses Kapitels. Abschnitt 4.4 beschäftigt sich detailliert mit den Aktivitäten der Anforderungsermittlung. Abschnitt 4.5 diskutiert Managementaktivitäten in Bezug auf die Anforderungsermittlung. Abschnitt 4.6 schließlich erörtert ein Beispiel für Anforderungsermittlung im Rahmen der ARENA-Fallstudie.

4.2 Überblick über die Anforderungsermittlung

Anforderungsermittlung konzentriert sich auf die Aufgabenbeschreibung eines Systems. Der Kunde, die Entwickler und die Anwender identifizieren ein Problem und definieren ein System, das eben dieses Problem anvisiert. Diese Definition wird **Anforderungsspezifikation** genannt und dient als Vertrag zwischen Kunde und Entwicklern. Die Anforderungsspezifikation wird dann während der Anforderungsanalyse (Kapitel 5, *Analyse*)[2] weiter strukturiert und formalisiert und ergibt das **Analysemodell** (siehe Abbildung 4.1). Sowohl die Anforderungsspezifikation als auch das Analysemodell stellen dieselben Informationen dar; sie variieren lediglich in der verwendeten Notation. Während die Anforderungsspezifikation sprachlich sehr einfach ist, benutzt das Analysemodell eine formale oder halbformale Notation. Die Anforderungsspezifikation dient der Kommunikation mit Kunden und Anwendern. Das Analysemodell dagegen unterstützt die Kommunikation unter den Entwicklern. Beides sind Modelle, die versuchen, die äußeren Aspekte eines Systems präzise und schrittweise wiederzugeben.

Die Anforderungsermittlung und die Anforderungsanalyse konzentrieren sich ausschließlich auf die Sicht des Anwenders. So sind beispielsweise Systemfunktionalitäten, die Interaktion zwischen Anwender und System, die Fehler, die das System entdecken und handhaben kann, und die Umgebung, in der das System läuft, alles Teile der Anforderungsermittlung. Die Systemstruktur, die Implementierungstechnologie, die zur Erstellung des Systems gewählt wurde, der Systementwurf und die Entwicklungstechnologie sowie andere Gesichtspunkte, die für den Benutzer nicht unmittelbar sichtbar sind, sind hingegen nicht Teil der Anforderungen.

---

[2]   Die Begriffe Anforderungsanalyse und Analyse sind gleichwertig. Den Begriff Anforderungsanalyse benutzen wir vorwiegend in der Anforderungstechnik, wenn wir zwischen Ermittlung und Analyse der Anforderungen unterscheiden. Ansonsten verwenden wir fast immer den Begriff Analyse.

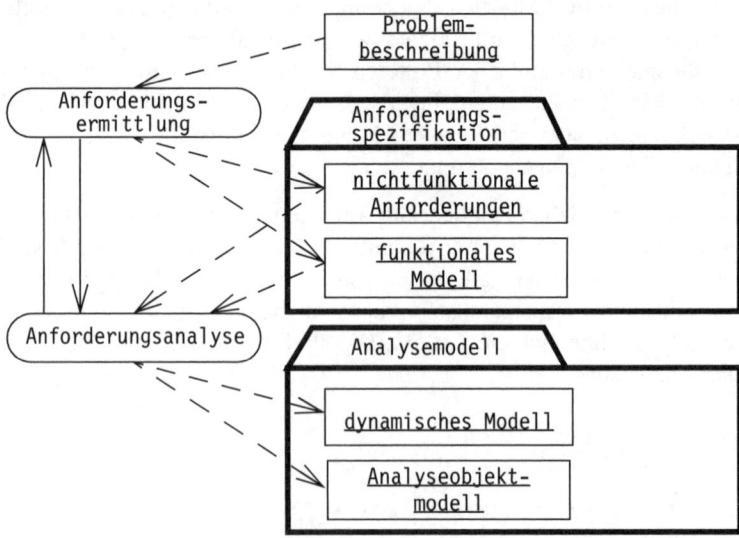

Abbildung 4.1:   Ergebnisse der Anforderungsermittlung und -analyse (UML-Aktivitätsdiagramm)

Die Anforderungsermittlung beinhaltet folgende Aktivitäten:

- *Identifizierung von Akteuren.* Während dieser Aktivität identifizieren die Entwickler die unterschiedlichen Benutzergruppen des zu erstellenden Systems.

- *Identifizierung von Szenarien.* Während dieser Aktivität beobachten die Entwickler die Anwender und entwickeln detaillierte Szenarien für typische Funktionalitäten des zu erstellenden Systems. Szenarien sind konkrete Beispiele für die Benutzung des zukünftigen Systems. Die Entwickler verwenden Szenarien, um mit den Anwendern zu kommunizieren und ihr Verständnis der Anwendungsdomäne zu verbessern.

- *Identifizierung von Anwendungsfällen.* Sobald sich die Entwickler und die Anwender auf einen Satz von Szenarien geeinigt haben, leiten die Entwickler daraus eine Reihe von Anwendungsfällen ab, die das zu erstellende System darstellen. Während Szenarien konkrete Beispiele sind, um einzelne Fälle der Systembenutzung zu verdeutlichen, sind Anwendungsfälle Abstraktionen, die alle möglichen Fälle beschreiben, wie man das System benutzen kann. Mit der Beschreibung der Anwendungsfälle legen die Entwickler also den Umfang des Systems fest.

- *Verfeinerung von Anwendungsfällen.* Während dieser Aktivität stellen die Entwickler sicher, dass die Anforderungsspezifikation abgeschlossen ist, indem sie die Anwendungsfälle detailliert ausarbeiten und das Systemverhalten beim Auftreten von Fehlern und Ausnahmebedingungen beschreiben.

- *Identifizierung von Abhängigkeiten zwischen Anwendungsfällen.* Während dieser Aktivität erstellen die Entwickler das funktionale Modell, auch Anwendungsfallmodell genannt, indem sie Abhängigkeiten zwischen Anwendungsfällen aufdecken. Das funktionale Modell wird durch das Ausklammern allgemeiner Funktionalitäten konsolidiert. Dieses Vorgehen stellt sicher, dass die Anforderungsspezifikation konsistent ist.

- *Identifizierung von nichtfunktionalen Anforderungen.* Während dieser Aktivität einigen sich Entwickler, Anwender und Kunden auf Anforderungen, die für den Anwender zwar erkennbar sind, aber nicht in direkter Beziehung zur Funktionalität stehen. Diese Aspekte beinhalten Einschränkungen bei der Systemleistung, der Dokumentation, den verwendeten Ressourcen, der Sicherheit und der Qualität.

Während der Anforderungsermittlung greifen die Entwickler auf viele unterschiedliche Informationsquellen zu, einschließlich auf vom Kunden bereitgestellte Dokumente über den Anwendungsbereich, Handbücher, technische Dokumentationen des zu ersetzenden Systems, aber vor allem auf Informationen der Anwender und Kunden selbst. Wir konzentrieren uns auf zwei Methoden der Informationsgewinnung: gemeinsame Entscheidungsfindung mit Kunden und Anwendern sowie Rückverfolgbarkeit der Anforderungen.

- **Gemeinsame Entscheidungsfindung** (engl. *Joint Application Design (JAD)*) konzentriert sich auf den Konsens zwischen den Entwicklern, Anwendern und Kunden bei der gemeinsamen Entwicklung der Anforderungsspezifikation.[3]

- **Rückverfolgbarkeit** konzentriert sich auf das Aufzeichnen, Strukturieren und Gruppieren sowohl von Abhängigkeiten zwischen den Anforderungen als auch von Abhängigkeiten der Anforderungen von anderen Arbeitsergebnissen.

4.3   Konzepte der Anforderungsermittlung

Wir beschreiben im Folgenden zunächst einige wichtige Konzepte, die im Rahmen der Anforderungsermittlung benötigt werden:

- Funktionale Anforderungen (Abschnitt 4.3.1)
- Nichtfunktionale Anforderungen (Abschnitt 4.3.2)
- Vollständigkeit, Konsistenz, Klarheit und Korrektheit (Abschnitt 4.3.3)
- Realitätsnähe, Nachprüfbarkeit und Rückverfolgbarkeit (Abschnitt 4.3.4)
- Neuanfangs-, Umstrukturierungs- und Schnittstellentechniken (Abschnitt 4.3.5).

Die Aktivitäten der Anforderungsermittlung werden wir in Abschnitt 4.4 erläutern.

4.3.1   Funktionale Anforderungen

Funktionale Anforderungen beschreiben die Interaktion des Systems mit seiner Umgebung unabhängig von seiner Implementierung. Die Umgebung beinhaltet den Anwender und alle anderen externen Systeme, die auf das System einwirken. Abbildung 4.2 ist ein Beispiel für die funktionalen Anforderungen von SatUhr, einer Uhr, die sich eigenständig ohne Zutun des Benutzers stellt:

---

[3]   Man beachte, dass der Begriff „Design" (Entwurf) in JAD eine Fehlbezeichnung ist: Er wird dort im Sinne von Besprechung benutzt, und hat nichts mit dem Begriff zu tun, wie wir ihn in den folgenden Kapiteln über Systementwurf und Objektentwurf benutzen.

SatUhr ist eine Armbanduhr, die die Zeit des gegenwärtigen Standortes anzeigt, wobei sie GPS (Global Positioning System) benutzt, um den jeweiligen Standort zu bestimmen, und interne Datenstrukturen, um diesen Standort in eine Zeitzone zu übersetzen.

Die in der SatUhr gespeicherten Informationen und ihre präzise Zeitbestimmung machen das Stellen der Uhr für ihren Besitzer überflüssig. SatUhr passt Zeit und Datum beim Eintritt in neue Zeitzonen oder beim Überschreiten politischer Grenzen automatisch an. Deshalb hat SatUhr keine Knöpfe und Kontrollen für den Benutzer.

Da die SatUhr den Standort über GPS-Satelliten bestimmt, unterliegt sie denselben Einschränkungen wie andere GPS-Geräte (beispielsweise der Unmöglichkeit, zu bestimmten Tageszeiten den Standort in Bergregionen zu bestimmen). Wenn der Standort nicht bestimmt werden kann, nimmt SatUhr an, dass keine Zeitzonen oder politischen Grenzen überschritten worden sind. Sobald der Standort wieder bestimmt werden kann, korrigiert SatUhr die Zeitzone sofort.

SatUhr verwendet ein geteiltes Anzeigefeld, das im oberen Bereich die Uhrzeit (Stunde, Minute, Sekunde und Zeitzone) anzeigt, im unteren Bereich das Datum (Wochentag, Monat und Jahr). Die verwendete Anzeigetechnik macht es möglich, dass auch unter schlechten Lichtbedingungen die Anzeige gut lesbar ist.

Ändern sich politische Grenzen, dann kann der Besitzer die Software der Uhr mit dem mitgelieferten WebifyWatch-Gerät und einem an das Internet angeschlossenen Rechner aktualisieren.

Abbildung 4.2:   Funktionale Anforderungen für SatUhr

Die oben dargestellten funktionalen Anforderungen konzentrieren sich lediglich auf die mögliche Wechselwirkung von SatUhr und ihrer externen Welt, d.h. Uhrenbesitzer, GPS-System und WebifyWatch-Gerät. Die Beschreibung lässt Details in der Umsetzung (beispielsweise Prozessor, Sprache und Anzeigetechnik) außer Acht.

4.3.2   Nichtfunktionale Anforderungen

Nichtfunktionale Anforderungen beschreiben Aspekte des Systems, die nicht unmittelbar in Bezug zu seiner Funktionalität stehen. Nichtfunktionale Anforderungen betreffen verschiedenste Aspekte des Systems, die von der Bedienbarkeit bis hin zur Leistungsfähigkeit reichen. Das FURPS+-Modell[4], welches im USP-Prozess [Jacobson et al., 1999] verwendet wird, benutzt folgende Kategorien für nichtfunktionale Anforderungen:

- **Bedienbarkeit** gibt an, wie leicht ein System für den Anwender zu erlernen ist, wie einfach die Eingabe ist und wie leicht die Ergebnisse eines Systems oder einer Komponente interpretierbar sind. Bedienbarkeitsanforderungen beinhalten unter anderem

---

[4] FURPS+ ist ein Akronym, das aus den Anfangsbuchstaben der englischen Bezeichnungen Functionality, Usability, Reliability, Performance und Supportability besteht. Das + zeigt die zusätzlichen Unterkategorien an. Das FURPS-Modell war ursprünglich von [Grady, 1992] vorgestellt worden. Die Definitionen in diesem Abschnitt stammen aus [IEEE, 1990].

das Beibehalten von Konventionen bei der Benutzerschnittstelle, den Umfang der Online-Hilfe und das Niveau der Benutzerdokumentation. Kunden reduzieren Anforderungen an die Bedienbarkeit häufig auf das Einhalten von Richtlinien bei der Entwicklung der Benutzerschnittstelle, d.h sie fordern lediglich, dass bestimmte Farbschemata, Logos und Schrifttypen einzuhalten sind.

■ **Zuverlässigkeit** ist die Fähigkeit eines Systems oder einer Komponente, die erforderlichen Funktionen unter vorgegebenen Bedingungen während eines vorgegebenen Zeitrahmens zu erfüllen. Typische Zuverlässigkeitsanforderungen sind beispielsweise eine akzeptable mittlere Zeit zwischen zwei Ausfällen, die Fähigkeit, bestimmte Mängel zu entdecken, oder die Fähigkeit, einen bestimmten Sicherheitsangriff auf das System auszuhalten. Neuerdings wird diese Kategorie oft durch **Verlässlichkeit** ersetzt. Verlässlichkeit umfasst Zuverlässigkeit, **Robustheit** (die Fähigkeit eines Systems, auch bei falschen Eingaben korrekt arbeiten zu können) und **Sicherheit** (ein Maß für das Ausbleiben katastrophaler Folgen für die Umgebung).

■ **Leistungsanforderungen** befassen sich mit quantifizierbaren Attributen des Systems wie beispielsweise **Antwortzeit** (wie schnell das System auf eine Benutzereingabe reagiert), **Durchsatz** (wie viel Arbeit das System innerhalb einer bestimmten Zeit bewältigen kann) und **Verfügbarkeit** (der Grad, bis zu dem ein System oder eine Komponente funktions- und einsatzfähig ist, wenn es bzw. sie gebraucht wird).

■ **Unterstützbarkeit** bezieht sich auf die Leichtigkeit, mit der Änderungen im System durchgeführt werden können, beispielsweise **Anpassungsfähigkeit** (die Fähigkeit, das System ändern zu können, um es an neue Konzepte im Anwendungsbereich anzupassen), **Wartungsfreundlichkeit** (die Fähigkeit, ein System zu verändern, um neue Techniken zu integrieren oder Fehler zu beheben) und **Internationalisierung** (die Fähigkeit, das System zu verändern, um zusätzliche internationale Konventionen wie Sprache, Währungseinheiten und Zahlenformaten handhaben zu können). Die ISO-9126-Norm für Software-Qualität [ISO Std. 9126], ähnlich dem FURPS+-Modell, ersetzt diese Kategorie durch zwei andere: **Wartungsfreundlichkeit** (siehe obige Definition) und **Portabilität** (die Leichtigkeit, mit der ein System oder eine Komponente von einer Hardware- oder Softwareumgebung in eine andere transferiert werden kann).

Das FURPS+-Modell stellt außerdem noch einige zusätzliche Anforderungskategorien zur Verfügung, die üblicherweise auch unter der Bezeichnung „nichtfunktionale Anforderungen" geführt werden:

■ **Implementierungsanforderungen** sind Vorgaben bei der Implementierung eines Systems und beinhalten den Gebrauch spezieller Werkzeuge, Programmiersprachen oder Hardwareplattformen.

■ **Schnittstellenanforderungen** sind Einschränkungen, die durch externe Systeme vorgegeben werden, insbesondere durch Altsysteme und Austauschformate.

■ **Betriebliche Anforderungen** beziehen sich auf die Administration und das Management eines Systems in Hinblick auf den täglichen Betrieb.

■ **Verpackungsanforderungen** legen genaue Vorgaben für die Lieferung des Systems fest (wie zum Beispiel Vorgaben für das Installationsmedium beim Einrichten der Software).

■ **Rechtliche Anforderungen** betreffen Lizenzvergabe, Vorschriften und Zertifikatbestimmungen. Ein Beispiel für eine rechtliche Anforderung ist die Anforderung, dass jede Software, die für die Bundesregierung der Vereinigten Staaten von Amerika entwickelt wird, den Abschnitt 508 der Rehabilitationsakte von 1972 erfüllt, der besagt, dass Informationssysteme der Bundesregierung Behinderten zugänglich sein müssen.

Nichtfunktionale Anforderungen, die unter die FURPS-Kategorien fallen, werden oft auch **Qualitätsanforderungen** des Systems genannt. Nichtfunktionale Anforderungen, die unter die Kategorien von Implementierung, Schnittstelle, Betrieb, Verpackung und Recht fallen, werden oft auch **Beschränkungen** oder **Pseudoanforderungen** genannt. Budget- und Terminanforderungen werden normalerweise nicht als nichtfunktionale Anforderungen behandelt, da sie die Eigenschaften des Projekts beschränken (siehe auch Kapitel 14, *Projektmanagement*). Abbildung 4.3 zeigt die nichtfunktionalen Anforderungen für SatUhr.

Qualitätsanforderungen an SatUhr

■ Jeder Anwender, der eine digitale Armbanduhr lesen kann und die Abkürzungen internationaler Zeitzonen kennt, sollte SatUhr ohne Handbuch bedienen können. [Bedienbarkeitsanforderung]

■ Da die SatUhr keine Tasten besitzt, sollten keine Softwarefehler beim Einstellen der Zeit auftreten. [Zuverlässigkeitsanforderung]

■ SatUhr sollte am Ende eines GPS-Ausfalls die richtige Zeit auf von fünf Minuten genau anzeigen. [Leistungsanforderung]

■ SatUhr sollte für einen Zeitrahmen von fünf Jahren die Zeit auf 1/100 Sekunde genau anzeigen. [Leistungsanforderung]

■ SatUhr sollte die Zeit in allen 24 Zeitzonen korrekt anzeigen. [Leistungsanforderung]

■ Die Aktualisierung der SatUhr-Software soll über die WebifyWatch-Schnittstelle möglich sein. [Unterstützungsanforderung]

Einschränkungen für SatUhr

■ Der gegenwärtigen Firmenpolitik entsprechend muss die gesamte für SatUhr verwendete Software in Java geschrieben sein. [Implementierungsanforderung]

■ SatUhr benutzt die Programmierschnittstelle WebifyWatch API 2.0 [Schnittstellenanforderung]

Abbildung 4.3:   Nichtfunktionale Anforderungen für SatUhr

4.3.3   Vollständigkeit, Konsistenz, Klarheit und Korrektheit

Anforderungen werden kontinuierlich mit dem Kunden und dem Anwender validiert. Diese Validierung ist ein wichtiger Schritt im Entwicklungsprozess, da sowohl der Kunde als auch der Entwickler auf die Anforderungsspezifikation angewiesen sind. Anforderungsabstimmung beinhaltet das Überprüfen der Spezifikation auf Vollständigkeit, Konsistenz, Klarheit und Korrektheit. Die Spezifikation ist **vollständig**, wenn alle möglichen

Szenarien innerhalb des Systems beschrieben wurden, einschließlich ungewöhnlichen Verhaltens (zum Beispiel werden alle Aspekte des Systems in der Anforderungsspezifikation dargestellt). Die Anforderungsspezifikation ist **konsistent**, sofern sie keine Widersprüche enthält. Die Anforderungsspezifikation ist **eindeutig**, wenn sie genau ein System definiert (d.h. es ist nicht möglich, die Spezifikation auf zwei oder mehr Weisen zu deuten). Eine Spezifikation ist **korrekt**, wenn sie das vom Kunden benötigte und vom Entwickler zu erstellende System genau darstellt (d.h. alle Elemente in der Anforderungsspezifikation stellen die unterschiedlichen Aspekte des Systems zur Zufriedenheit sowohl des Kunden als auch der Entwickler dar).

Korrektheit und Vollständigkeit einer Anforderungsspezifikation sind oftmals schwierig zu ermitteln, insbesondere wenn das System noch nicht existiert. Da die Anforderungsspezifikation auf einem Vertrag zwischen Kunde und Entwicklern basiert, muss sie von beiden Seiten sorgfältig geprüft werden. Zusätzlich sollte von besonders riskanten Bereichen des Systems ein Prototyp oder eine Simulation erstellt werden, um ihre Machbarkeit zu demonstrieren oder um Reaktionen von den Anwendern einzuholen. In dem oben beschriebenen Fall von SatUhr könnte ein Prototyp der Uhr erstellt werden, der Elemente einer herkömmlichen Uhr verwendet, um in einer Anwenderbefragung deren ersten Eindruck zu ermitteln. So könnte dann beispielsweise ein Anwender anmerken, dass die Uhr sowohl die amerikanische als auch die europäische Datumsanzeige unterstützen sollte.

4.3.4 Realitätsnähe, Nachprüfbarkeit und Rückverfolgbarkeit

Zusätzlich zu den Kerneigenschaften sind drei weitere Eigenschaften bei Anforderungsspezifikationen wünschenswert, nämlich dass sie realistisch, überprüfbar und zurückverfolgbar sind. Eine Anforderungsspezifikation ist **realistisch**, wenn das System unter den vorgegebenen Einschränkungen implementiert werden kann. Eine Anforderungsspezifikation ist **überprüfbar**, wenn man nach Fertigstellen des Systems mit wiederholbaren Tests zeigen kann, dass die Anforderungen erfüllt werden. Beispielsweise wäre es nicht überprüfbar, dass SatUhr die Zeit in einem Rahmen von hundert Jahren präzise anzeigt (abgesehen davon, dass das nicht einmal realistisch wäre). Die folgenden Anforderungen sind weitere Beispiele für Anforderungen, die nicht überprüfbar sind:

- *Das Produkt soll eine gute Schnittstelle haben.* – Gut ist nicht definiert.
- *Das Produkt soll fehlerfrei sein.* – Um das zu garantieren, braucht man immense Mengen von Ressourcen.
- *Das Produkt soll in den meisten Fällen innerhalb einer Sekunde auf den Benutzer reagieren.* – „In den meisten Fällen" ist nicht definiert.

Eine Anforderungsspezifikation ist **rückverfolgbar**, wenn jede Anforderung durch die gesamte Softwareentwicklung bis zur Implementierung verfolgt werden kann und wenn jede Systemfähigkeit auf einen entsprechenden Satz von Anforderungen zurückverfolgt werden kann. Rückverfolgbarkeit umfasst auch die Fähigkeit, Abhängigkeiten zwischen Anforderungen, Systemfunktionen und zwischenzeitlichen Entwurfsartefakten einschließlich Systemkomponenten, Klassen, Methoden und Objektattributen zu etablieren. Rückverfolgbarkeit ist entscheidend, um Tests entwickeln und Änderungen beurteilen zu können. Bei der Testentwicklung ermöglicht die Verfolgbarkeitseigenschaft dem Tester den Umfang eines Testfalls abzustecken, d.h. welche Anforderungen getestet werden müssen und welche nicht. Bei der Bewertung von Änderungen können Entwickler mit Hilfe der Rückverfolgbarkeit alle diejenigen Komponenten und Systemfunktionen ermitteln, die von der Änderung betroffen werden.

4.3.5   Neuentwicklung, Umstrukturierung und Schnittstellenüberarbeitung

Aktivitäten der Anforderungsermittlung können in drei Kategorien eingeteilt werden, abhängig von der Quelle der Anforderung. Bei der **Neuentwicklung** (engl. *greenfield engineering)* beginnt die Entwicklung ganz von vorne – es gibt kein bereits existierendes System – und die Anforderungen werden von den Benutzern und dem Kunden erfragt. Ein solches Projekt wird durch Anwenderwünsche oder durch das Entstehen eines neuen Marktes ausgelöst. SatUhr ist ein Neuentwicklungsprojekt.

Eine **Umstrukturierung** (engl. *reengineering)* ist die Überarbeitung des Entwurfs und die Neuimplementierung eines bestehenden Systems, ausgelöst durch technologischen Fortschritt oder durch neue Geschäftsprozesse [Hammer & Champy, 1993]. Gelegentlich wird bei Umstrukturierungsprojekten auch die Funktionalität des neuen Systems erweitert; jedoch bleibt der ursprüngliche Zweck des Systems der gleiche. Die Anforderungen an das neue System werden aus denen des existierenden Systems abgeleitet.

Eine **Schnittstellenüberarbeitung** (engl. *interface engineering)* ist die Neugestaltung der Schnittstelle eines vorhandenen Systems, insbesondere der Benutzerschnittstelle. Das Altsystem bleibt unangetastet bis auf die Benutzerschnittstelle, die neu entworfen und neu implementiert wird. Ein Schnittstellenüberarbeitungsprojekt kann als ein spezielles Umstrukturierungsprojekt gesehen werden, bei dem das Altsystem auf Grund zu hoher Kosten nicht ausgetauscht werden kann.

Sowohl bei Umstrukturierungen als auch bei Neuentwicklungen benötigen die Entwickler so viele Informationen wie möglich über die Anwendungsdomäne. Diese Informationen können in Bedienungsanleitungen, Dokumentationen für neue Mitarbeiter, im Handbuch des Altsystems, in Glossaren, Spickzetteln und Notizen von Anwendern gefunden werden. Auch Gespräche mit den Anwendern und Kunden bringen wertvolle Informationen, allerdings nur dann, wenn man relevante Fragen stellen kann. Entwickler müssen sich daher zuerst ein solides Wissen über den Anforderungsbereich aneignen, ehe der direkte Zugang zum Anwender gewählt wird.

4.4 Aktivitäten der Anforderungsermittlung

Die Aktivitäten der Anforderungsermittlung erstellen aus der Problembeschreibung (siehe Kapitel 3, *Projektorganisation und -kommunikation*) die Anforderungsspezifikation, die wir als einen Satz von Akteuren, Szenarien und Anwendungsfällen darstellen (siehe Kapitel 2, *Modellierung mit UML*). Anforderungsermittlungsaktivitäten umfassen im Einzelnen:

- Identifizierung von Akteuren (Abschnitt 4.4.1)
- Identifizierung von Szenarien (Abschnitt 4.4.2)
- Identifizierung von Anwendungsfällen (Abschnitt 4.4.3)
- Verfeinerung von Anwendungsfällen (Abschnitt 4.4.4)
- Identifizierung von Beziehungen zwischen Akteuren und Anwendungsfällen (Abschnitt 4.4.5)
- Identifizierung von anfänglichen Analyse-Objekten (Abschnitt 4.4.6)
- Identifizierung von nichtfunktionalen Anforderungen (Abschnitt 4.4.7).

Die in diesem Abschnitt beschriebenen Methoden wurden aus bestehenden Vorgehensweisen übernommen oder angepasst, insbesondere aus OOSE [Jacobson et al., 1992], UP [Jacobson et al., 1999] und der Entwurfsmethode von Wirfs-Brock [Wirfs-Brock et al., 1990].

4.4.1 Identifizierung von Akteuren

Akteure repräsentieren externe Entitäten, die mit dem zu entwickelnden System interagieren. Bei einem Akteur kann es sich sowohl um einen Menschen handeln als auch um ein anderes System. Im SatUhr-Beispiel wären der Uhrbesitzer, die GPS-Satelliten und das WebifyWatch-Gerät Akteure (Abbildung 4.4). Sie alle tauschen Informationen mit dem System SatUhr aus, haben jedoch ganz spezifische Interaktionen mit SatUhr: Der Uhrbesitzer trägt und liest die Uhr, die Uhr verfolgt die Signale der GPS-Satelliten und WebifyWatch lädt neue Daten auf die Uhr.

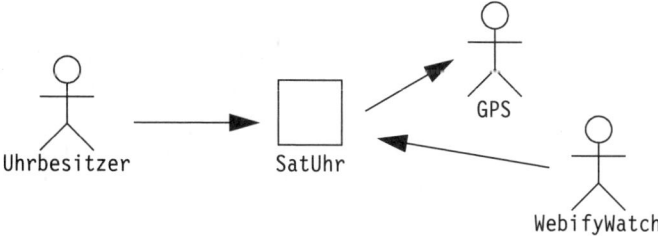

Abbildung 4.4: Akteure im SatUhr-System. Der Uhrbesitzer bewegt die Uhr (möglicherweise durch Zeitzonen) und liest ab, wie spät es ist. SatUhr interagiert mit GPS, um ihre Position zu berechnen. WebifyWatch aktualisiert Zeitzoneninformationen (z.B. Beginn der Sommerzeit, Beginn der Winterzeit).

Ein etwas komplexeres Beispiel wäre FRIEND, ein verteiltes Informationssystem für Unfallmanagement [Bruegge et al., 1994]. Es enthält Akteure wie Außenbeamte, die die Polizisten und Feuerwehrmänner am Ort des Geschehens repräsentieren, und Dienstleiter, die die Beamten an der Notrufzentrale repräsentieren und angeforderte Betriebsmittel zuteilen. FRIEND unterstützt beide Akteure, indem es die aktuellen Vorfälle, zugeteilte Betriebsmittel und Aufgabenlisten verwaltet. Zudem liefert es Zugriff auf verschiedene Datenbanken, wie beispielsweise eine Datenbank für gesundheitsgefährdende Materialien und für Vorgehensweisen bei Notfällen. Die Akteure Außenbeamte und Dienstleiter interagieren durch verschiedene Schnittstellen mit dem System: Außenbeamte greifen auf FRIEND über einen kleinen persönlichen digitalen Assistenten (PDA) zu, Dienstleiter kommunizieren mit FRIEND über einen Arbeitsplatzrechner (Abbildung 4.5).

Akteure sind abstrakte Rollen, die sich nicht unbedingt auf eine bestimmte Person beziehen. Ein und dieselbe Person kann zu verschiedenen Zeiten die Rolle des Außenbeamten oder des Dienstleiters übernehmen. Allerdings unterscheiden sich die vom Außenbeamten und Dienstleiter benötigten Funktionen erheblich. Aus diesem Grund werden die beiden Rollen als zwei unterschiedliche Akteure angelegt.

Der erste Schritt bei der Anforderungsermittlung ist die Identifizierung der Akteure. Dies dient der Definition der Systemgrenze und es ermöglicht dem Entwickler, das System aus unterschiedlichen Perspektiven zu betrachten und zu durchdenken. Wenn das System in einer existierenden Organisation (in einem Unternehmen beispielsweise) eingesetzt wird, dann existieren die Akteure normalerweise schon vor der Systementwicklung: Sie entsprechen den Rollen innerhalb der Organisation.

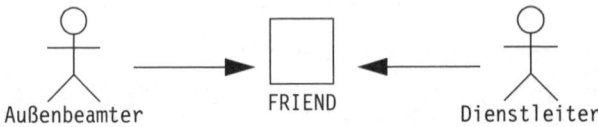

Abbildung 4.5:   Akteure im FRIEND-System. Außenbeamte haben nicht nur Zugriff auf verschiedene Funktionalitäten, sie benutzen auch verschiedene Rechner, um auf das System zuzugreifen.

Im Anfangsstadium der Akteur-Identifizierung ist es schwierig, Akteure von Objekten zu unterscheiden. Beispielsweise kann eine Datenbank zeitweise ein Akteur sein, während sie in anderen Fällen Teil des Systems sein kann. Sobald aber die Systemgrenzen einmal definiert sind, sind die Unterschiede zwischen Akteuren und Objekten/Subsystemen eindeutig. Objekte und Subsysteme liegen innerhalb der Systemgrenze, sie sind intern. Akteure bewegen sich außerhalb der Systemgrenze, sie sind extern. Folglich ist auch jedes Softwaresystem, das von außen auf das zu erstellende System zugreift, ein Akteur. Sobald die Akteure bestimmt sind, kann sich der Entwickler folgende Fragen stellen:

Fragen zur Identifikation von Akteuren

- Welche Benutzergruppen werden vom System bei der Ausübung ihrer Arbeit unterstützt?
- Welche Benutzergruppen nutzen die Hauptfunktionen des Systems?
- Welche Benutzergruppen führen Sekundärfunktionen wie Wartung und Verwaltung durch?
- Mit welcher externen Hardware oder Software wird das System interagieren?

Im FRIEND-Beispiel führen diese Fragen zu einer langen Liste von potentiellen Akteuren: Feuerwehrmänner, Polizeibeamte, Dienstleiter, Ermittler, Bürgermeister, Landrat, eine EPA-Datenbank über gefährliche Güter, der Systemadministrator usw. Diese Liste sollte auf eine kleine Anzahl von Akteuren, die das System unterschiedlich nutzen, reduziert werden. Ein Feuerwehrmann und ein Polizeibeamter beispielsweise benutzen dieselbe Schnittstelle zum System, da sie nur an einem einzelnen Vorfall arbeiten. Der Dienstleiter dagegen bearbeitet viele gleichzeitig ablaufende Vorfälle und benötigt deshalb Zugriff auf zahlreiche Informationen. Der Bürgermeister und der Landrat werden wahrscheinlich nicht selbst auf das System zugreifen, dafür aber wohl die Dienste eines ausgebildeten Betreibers in Anspruch nehmen.

Nach der Identifikation der Akteure steht in der Anforderungsermittlung die Entscheidung darüber an, welche Funktionen die einzelnen Anwender nutzen können. Diese Information kann mit Hilfe von Szenarien und Anwendungsfällen gewonnen werden.

4.4.2 Identifizierung von Szenarien

Ein Szenario ist „die erzählende Beschreibung dessen, was Leute beim Versuch, Rechnersysteme und Anwendungen zu nutzen, tun und erleben" [Carroll, 1995]. Ein Szenario ist die konkrete, fokussierte und informelle Beschreibung eines einzelnen Systemmerkmals aus der Sichtweise eines einzelnen Nutzers. Szenarien können (und sollen) Anwendungsfälle nicht ersetzen, da sie sich auf spezielle Fälle und konkrete Begebenheiten beziehen (im Gegensatz zu vollständigen und allgemeinen Beschreibungen). Szenarien verbessern jedoch die Anforderungsermittlung, da sie eine Vorgehensweise darstellen, die auch für die Benutzer und die Kunden verständlich ist.

Abbildung 4.8 zeigt ein Beispiel aus dem FRIEND-System, einem Informationssystem für das Vorgehen bei Zwischenfällen. In diesem Szenario meldet ein Polizeibeamter einen Brand und ein Dienstleiter leitet die entsprechende Vorgehensweise ein. Das Szenario ist konkret, da es einen einzelnen Fall schildert. Es versucht nicht, alle möglichen Situationen zu beschreiben, in denen ein Brandfall gemeldet wird. Szenarien können vor allem keine Beschreibungen von Entscheidungen enthalten. Um das Ergebnis einer Entscheidung zu beschreiben, werden zwei Szenarien benötigt: ein Szenario für das „wahre" Vorgehen, eines für das „falsche".

Szenario-Name	KaufhausBrand
Akteur-Instanzen	Horst, Lisa: Außenbeamte Hans: Dienstleiter
Ereignisfluss	1. Horst fährt in seinem Streifenwagen die Hauptstraße entlang und sieht Rauch aus einem Kaufhaus aufsteigen. Sein Partner, Lisa, aktiviert die „Melde Notfall"-Funktion auf ihrem FRIEND-Rechner. 2. Lisa trägt die Adresse des Gebäudes ein, eine kurze Beschreibung der Lage und die Dringlichkeitsstufe. Sie fordert einen Feuerwehrwagen und zusätzlich noch mehrere Krankenwagen an, da sich im Kaufhaus viele Leute befinden. Sie bestätigt ihre Eingabe und wartet auf eine Bestätigung vom System. 3. Hans, der Dienstleiter, wird durch einen Piepston auf seiner Arbeitsrechnerstation benachrichtigt, dass ein Notfall vorliegt. Er schaut sich die Information, die Lisa geschickt hat, an und bestätigt ihren Bericht. Dann teilt er ein Feuerwehrauto und zwei Unfallwagen zu, schickt sie zum Unfallort und sendet die geschätzte Ankunftszeit an Lisa. 4. Lisa empfängt die Bestätigung und die geschätzte Ankunftszeit.

Abbildung 4.6: KaufhausBrand-Szenario für den Anwendungsfall MeldeNotfall

Szenarien können während der Anforderungsermittlung und auch bei anderen Entwicklungsaktivitäten in vielen Formen genutzt werden. Hier eine Auswahl an Szenariotypen, entnommen aus [Carroll, 1995]:

- **Ist-Szenarien** beschreiben eine gegenwärtige Situation. Während eines Umstrukturierungsprojekts wird beispielsweise das gegenwärtige System dadurch verständlich gemacht, dass Anwender beobachtet und ihre Handlungen in Szenarien beschrieben werden. Diese Szenarien können dann wiederum mit den Anwendern auf Korrektheit und Genauigkeit überprüft werden.

- **Visionäre Szenarien** beschreiben ein künftiges System. Sie werden beim Modellieren von den Entwicklern genutzt, um ihre Ideen vom künftigen System zu verfeinern, sowie als Kommunikationsmedium, um die Anforderungen der Anwender zu ermitteln. Visionäre Szenarien können als preiswerte Prototypen verstanden werden.

- **Bewertungsszenarien** beschreiben Benutzeraufgaben, mit denen das zu entwickelnde System evaluiert werden soll. Die gemeinschaftliche Entwicklung von Bewertungsszenarien zwischen Anwendern und Entwicklern verbessert auch die Definition der Funktionalität, die von diesen Szenarien getestet wird.

- **Übungsszenarien** werden für die Einarbeitung neuer Anwender genutzt. Es handelt sich dabei um Schritt-für-Schritt-Anleitungen, die angefertigt werden, um den Anwender durch gängige Aufgaben zu führen.

In der Anforderungsermittlung schreiben und verbessern Entwickler und Anwender verschiedene Szenarien, um ein gemeinsames Verständnis davon zu gewinnen, was ein System leisten soll. Anfangs können die einzelnen Szenarien von hohem Niveau und sogar unvollständig sein, wie es beispielsweise beim KaufhausBrand-Szenario der Fall ist. Die folgenden Fragen können zur Identifizierung von Szenarien verwendet werden.

Fragen zur Identifizierung von Szenarien

- Was sind die Aufgaben, die der Akteur vom System erwartet?
- Auf welche Informationen greift der Akteur zu? Wer generiert diese Informationen? Können diese modifiziert oder entfernt werden? Von wem?
- Über welche externen Änderungen muss der Akteur das System informieren? Wie oft und wann?
- Über welche Ereignisse muss das System den Akteur unterrichten? Mit welcher Wartezeit?

Entwickler können existierende Dokumente aus der Anwendungsdomäne verwenden, um diese Fragen zu beantworten. Dazu gehören Bedienungsanleitungen von Altsystemen, Verfahrensanweisungen, Unternehmensnormen, Anmerkungen und Spickzettel von Anwendern und Gespräche mit Anwendern und Kunden. Die Entwickler sollten beim Schreiben von Szenarien immer die Begriffe der Anwendungsdomäne den eigenen vorziehen. Sobald sie einen tieferen Einblick in die Anwendungsdomäne und die Möglichkeiten der verfügbaren Technologien gewonnen haben, können sie schrittweise die Szenarien durch weitere Details verfeinern. Originalgetreue Nachbildungen von Benutzerschnittstellen können beim Auffinden von Mängeln in den Szenariobeschreibungen behilflich sein und ein konkreteres Bild des Systems vermitteln.

Im FRIEND-Beispiel gibt es vier Szenarien, die die vom System erwarteten Aufgabenbereiche unterstützen:

- KaufhausBrand (Abbildung 4.8): In einem Kaufhaus wird ein Feuer entdeckt; zwei Einsatzkräfte treffen am Ort des Geschehens ein und fordern Betriebsmittel an.

- BlechSchaden: Auf der Bundesstraße ereignet sich ein Autounfall ohne Verletzte. Polizeibeamte nehmen den Zwischenfall auf und regeln während der Straßenräumung den Verkehr.

- KatzeAufBaum: Eine Katze sitzt auf einem Baum fest. Die Feuerwehr wurde alarmiert, um die Katze zu retten. Da dieser Zwischenfall von geringerer Dringlichkeit ist, fährt die Feuerwehr zunächst ohne Sirene. In der Zwischenzeit klettert der ungeduldige Katzenbesitzer selbst auf den Baum, fällt herunter, bricht sich ein Bein und benötigt einen Krankenwagen.

- Erdbeben: Ein Erdbeben von bisher unbekanntem Ausmaß zerstört Gebäude und Straßen, verursacht zahlreiche Zwischenfälle und löst einen landesweiten Notfallplan aus. Der Ministerpräsident wird informiert. Straßenschäden behindern Rettungseinsätze.

Während der Identifikation von Akteuren und Szenarien liegt das Hauptaugenmerk der Entwickler darauf, die Anwendungsdomäne zu verstehen. Das Ergebnis ist ein gemeinsames Verständnis des Systemumfangs und der zu unterstützenden Arbeitsprozesse. Sobald die Entwickler die Szenarien beschrieben haben, erstellen sie aus den Szenarien Anwendungsfälle.

4.4.3   Identifizierung von Anwendungsfällen

Ein **Szenario** ist eine Instanz eines **Anwendungsfalls**; wenn wir diesen Anwendungsfall identifizieren, haben wir damit alle möglichen Szenarien für eine gegebene Funktionalität. Anwendungsfälle können wie Szenarien auf unterschiedlichen Detailebenen geschrieben werden. Abbildung 4.7 zeigt die Beschreibung des Anwendungsfalls MeldeNotfall von dem das Szenario KaufhausBrand aus Abbildung 4.6 eine Instanz ist. Eine andere Instanz wäre beispielsweise ein BlechSchaden-Szenario.

Jeder Anwendungsfall stellt einen kompletten Ereignisfluss innerhalb des Systems dar, beschreibt also eine Reihe von zusammenhängenden Interaktionen, die sich aus seiner Initialisierung ergeben. Ein Anwendungsfall wird immer von einem Akteur initialisiert und kann mit anderen Akteuren interagieren. Der Akteur Außenbeamter initiiert den Anwendungsfall MeldeNotfall, indem er die „meldeNotfall"-Funktion von FRIEND aktiviert. Der Anwendungsfall endet, wenn der Akteur Außenbeamter eine Bestätigung erhält, dass ein Vorfall im System erzeugt worden ist. Bei der Beschreibung der Schritte im Ereignisfluss benutzen wir zwei Spalten, um die Initiatoren zu unterscheiden. Die Schritte 1 und 3 werden vom Akteur initiiert und stehen linksbündig. Die Schritte 2 und 4 werden vom System initiiert und sind deshalb eingerückt.

Die Verallgemeinerung von Szenarien bis hin zur Identifizierung von Anwendungsfällen, die das System unterstützen muss, ermöglicht es den Entwicklern, die Systemgrenze festzulegen. Anfangs benennen die Entwickler Anwendungsfälle, verbinden sie mit den initiierenden Akteuren und stellen eine ausführliche Beschreibung des Anwendungsfalls bereit, siehe auch Abbildung 4.9. Der Name des Anwendungsfalls sollte eine Verbalphrase sein, die die Absicht des Akteurs wiedergibt. Die Verbalphrase „melde Notfall" zeigt an, dass ein Akteur versucht, dem System (und damit dem Dienstleiter-Akteur) einen Notfall zu melden. Der Anwendungsfall wird nicht „aufzeichnen Notfall" genannt, da der Name die Sichtweise des Akteurs, nicht die des Systems, widerspiegeln sollte. Genauso wenig sollten wir ihn „Versuch einen Notfall zu melden" nennen, da der Name das Ziel des Anwendungsfalls und nicht die aktuelle Aktivität wiedergeben sollte.

Die Verbindung von Anwendungsfällen mit initiierenden Akteuren ermöglicht es den Entwicklern, die Rollen der verschiedenen Anwender klarzustellen. Häufig werden durch diese Konzentration auf die Initiatoren der Anwendungsfälle sogar neue Akteure ermittelt, die zuvor von den Entwicklern übersehen worden waren.

Die Beschreibung eines Anwendungsfalls besteht aus dem Ausfüllen mehrerer Felder. Die Beschreibungen der Anfangs- und der Abschlussbedingungen eines Anwendungsfalls sind zwei wichtige Felder, die es den Entwicklern ermöglichen, die Bedingungen, unter denen ein Anwendungsfall aufgerufen wird, sowie den Einfluss des Anwendungsfalls auf den Zustand der Umgebung und des Systems zu verstehen. Bei der Untersuchung der Anfangs- und Abschlussbedingungen von Anwendungsfällen kann es vorkommen, dass die Entwickler das Fehlen weiterer Anwendungsfälle bemerken. Falls beispielsweise bei Erdbeben ein Notfallplan aktiviert werden muss, dann sollte die Anforderungsspezifikation einen Anwendungsfall zur Aktivierung dieses Planes enthalten. Ein weiteres Feld, die Beschreibung des Ereignisflusses eines Anwendungsfalls, ermöglicht es den Entwicklern und Kunden, die Interaktion zwischen Akteuren und System zu besprechen. Daraus ergeben sich Entscheidungen über die Grenze des Systems und darüber, welche Aktionen der Akteur ausführen kann und welche das System. In einem weiteren Feld werden die Qualitätsanforderungen beschrieben, die mit dem Anwendungsfall verbunden sind. Dieses Feld erlaubt es den Entwicklern, die nichtfunktionalen Anforderungen im Kontext einer spezifischen Funktion zu ermitteln.

Anwendungs-fallname	`MeldeNotfall`
Akteure	Initiiert von `Außenbeamter` Kommuniziert mit `Dienstleiter`

Ereignisfluss	1. Der `Außenbeamte` aktiviert die „Melde Notfall"-Funktion auf seinem PDA.
	
	    2. `FRIEND` öffnet daraufhin ein Eingabeformular für den `Außenbeamten`.
	
	3. Der `Außenbeamte` füllt das Formular aus, indem er die Dringlichkeitsstufe des Vorfalls angibt, seine Art, den Ort und eine kurze Beschreibung der Situation. Der `Außenbeamte` beschreibt ebenso mögliche Reaktionen auf den Notfall. Sobald das Formular vollständig ausgefüllt ist, schickt der `Außenbeamte` es ab.
	
	    4. `FRIEND` empfängt das Formular und benachrichtigt den `Dienstleiter`.
	
	5. Der `Dienstleiter` überprüft die abgeschickten Informationen und erstellt durch Aufrufen des `EröffneVorfall`-Anwendungsfalls einen `Vorfall` in der Datenbank. Der `Dienstleiter` wählt eine Antwort aus und bestätigt die Meldung.
	
	    6. `FRIEND` zeigt dem `Außenbeamten` eine Bestätigung und die ausgewählte Antwort an.

Anfangs-bedingungen	■ Der `Außenbeamte` ist in `FRIEND` angemeldet.
Abschluss-bedingungen	■ Der `Außenbeamte` hat eine Bestätigung und die gewählte Reaktion vom `Dienstleiter` empfangen ODER ■ Der `Außenbeamte` hat eine Erklärung dafür erhalten, warum die Transaktion nicht bearbeitet werden kann.
Qualitäts-anforderungen	■ Der Bericht des `Außenbeamten` wird innerhalb von 30 Sekunden bestätigt. ■ Die gewählte Antwort erreicht den `Außenbeamten` nicht später als 30 Sekunden nach dem Versenden durch den `Dienstleiter`.

Abbildung 4.7: Beispiel eines Anwendungsfalls namens `MeldeNotfall`. Im Ereignisfluss zeigt die linke Spalte Handlungen von Akteuren, die rechte, eingerückte Spalte zeigt die entsprechenden Systemantworten.

In diesem Buch legen wir das Hauptaugenmerk auf diese vier Felder, da mit ihnen die wichtigsten Aspekte eines Anwendungsfalls erfasst werden können. In der Praxis können Anwendungsfallbeschreibungen um zahlreiche weitere Teile ergänzt werden, z.B. um die Schilderung ungewöhnlicher Ereignisflüsse, Regeln oder Invarianten, die der Anwendungsfall respektieren muss.

Das Schreiben von Anwendungsfällen ist eine Kunst, die man mit zunehmender Erfahrung immer besser beherrscht. Allerdings entwickeln verschiedene Analytiker deshalb auch unterschiedliche Stile, was es schwierig machen kann, eine konsistente Anforderungsspezifikation zu erstellen.

Um zu lernen, wie man Anwendungsfälle schreibt und dabei Konsistenz unter den Anwendungsfällen einer Anforderungsspezifikation gewährleisten kann, gibt es Leitfäden. Abbildung 4.8 zeigt einen einfachen Leitfaden nach [Cockburn, 2001a], der von Anfängern bei der Erstellung von Anwendungsfällen benutzt werden kann. Abbildung 4.9 enthält ein Beispiel für eine schlechte Beschreibung, die diesen Leitfaden in verschiedenen Punkten nicht befolgt.

Einfacher Leitfaden zum Schreiben von Anwendungsfällen

- Anwendungsfälle sollten mit Verbalphrasen benannt werden. Der Name sollte anzeigen, was der Anwender bewirken möchte (beispielsweise `MeldeNotfall`, `EröffneVorfall`).

- Akteure sollten mit Nominalphrasen benannt werden (z.B. `Außenbeamter`, `Dienstleiter`).

- Die Systemgrenzen sollten klar sein. Arbeitsschritte des Akteurs und Arbeitsschritte des Systems sollten gekennzeichnet sein (wie beispielsweise in Abbildung 4.7, wo Systemhandlungen rechts angeordnet sind).

- Die einzelnen Schritte im Ereignisfluss sollten im Aktivstil geschrieben sein, um deutlich zu machen, wer diese vollzieht.

- Die ursächliche Beziehung zwischen aufeinander folgenden Schritten sollte klar sein.

- Ein Anwendungsfall sollte die vollständige Transaktion eines Anwenders schildern (beispielsweise beschreibt der `MeldeNotfall`-Anwendungsfall alle einzelnen Schritte zwischen der Initialisierung des Notfallberichts und dem Erhalt der Bestätigung).

- Ausnahmen sollten gesondert aufgeführt werden.

- Ein Anwendungsfall sollte nicht die Benutzerschnittstelle des Systems beschreiben. Dies lenkt das Hauptinteresse von den Arbeitsschritten der Anwender ab. Die Benutzerschnittstelle beschreibt man besser mit visuellen Prototypen (`MeldeNotfall` hat zum Beispiel nur eine „meldeNotfall"-Funktion, spezifiziert aber nicht das Menü oder Tasten und auch nicht den Befehl, der zu dieser Funktion gehört).

- Ein Anwendungsfall sollte nicht länger als zwei bis drei Seiten sein. Wie in Abschnitt 4.4.5 beschrieben, können Enthält- und Erweitert-Beziehungen verwendet werden, um ihn sonst in kleinere Anwendungsfälle zu zerlegen.

Abbildung 4.8:   Beispiel für einen Leitfaden zum Schreiben von Anwendungsfällen

Der `MeldeNotfall`-Anwendungsfall in Abbildung 4.7 mag ausreichen, um zu zeigen, wie man Notfälle meldet und wie man Feedback vom Benutzer bekommen kann, allerdings bietet er nicht genügend Einzelheiten für eine Anforderungsspezifikation. Im Folgenden erörtern wir, wie Anwendungsfälle verfeinert und mit mehr Einzelheiten versehen werden können.

Anwendungs-fallname	`Unfall`	*Schlecht gewählter Name: Was versucht der Benutzer zu erreichen?*
Akteur	Durch den Außenbeamten initiiert	
Ereignisfluss	1. Der Außenbeamte meldet einen Unfall.	*Ursächlichkeit: Welche Aktion verursacht der Außenbeamte, um eine Bestätigung zu erhalten?*
	2. Ein Krankenwagen wird losgeschickt.	*Passivstil: Wer schickt den Krankenwagen los?*
	3. Der `Einsatzleiter` wird benachrichtigt, sobald der Krankenwagen eingetroffen ist.	*Unvollständige Transaktion: Was macht der Außenbeamte, nachdem der Krankenwagen losgeschickt wurde?*

Abbildung 4.9: Beispiel eines schlecht beschriebenen Anwendungsfalls. Verletzungen des Leitfadens werden *kursiv* in der rechten Spalte dargestellt.

4.4.4   Verfeinerung von Anwendungsfällen

Abbildung 4.10 zeigt eine verfeinerte Version des `MeldeNotfall`-Anwendungsfalls in Abbildung 4.7. Die Verfeinerung besteht aus zusätzlichen Einzelheiten für die in `FRIEND` bekannten Typen von Vorfällen, und zahlreichen Interaktionen, die anzeigen, wie der `Dienstleiter` dem Außenbeamten die Bestätigung schickt.

Die Verwendung von Szenarien und Anwendungsfällen zur Bestimmung der Systemfunktionen hat zum Ziel, bereits am Anfang der Entwicklungsphase Anforderungen zu gewinnen, die vom Benutzer überprüft sind. Sobald nämlich der Entwurf und die Implementierung des Systems begonnen haben, steigen die Kosten für Anforderungsänderungen und für das Hinzufügen neuer, unvorhergesehener Funktionalitäten. Obwohl sich Anforderungen bis spät in die Entwicklung hincin ändern, sollten Entwickler und Benutzer bestrebt sein, die meisten Anforderungen frühzeitig festzulegen.

Dies bringt natürlich zahlreiche Änderungen und Überprüfungen während der Anforderungsermittlung mit sich. Viele Anwendungsfälle müssen deshalb mehrere Male umgeschrieben werden, andere werden beträchtlich verfeinert und wieder andere werden gänzlich verworfen.

Anwendungs- fallname	MeldeNotfall
Akteure	Initiiert durch Außenbeamter Kommuniziert mit Dienstleiter

Ereignisfluss	1. Der Außenbeamte aktiviert die „Melde Notfall"-Funktion auf seinem PDA.
	
	    2. FRIEND öffnet daraufhin ein Eingabeformular für den Außenbeamten. *Das Formular enthält ein Menü von Vorfall-typen (allgemeiner Notfall, Brand, Verkehrsmittel) und Eingabefelder für Ortsbeschreibung, Vorfallsbeschrei-bung, Betriebsmittelanforderungen und gefährliche Güter.*
	
	3. Der Außenbeamte füllt das Formular aus, indem er *den Notfalltyp spezifiziert und mindestens die Vorfallbeschreibung ausfüllt.* Der Außenbeamte beschreibt ebenso mögliche Reaktionen auf den Notfall *und fordert dafür bestimmte Betriebsmittel.* Sobald das Formular vollständig ausgefüllt ist, schickt der Außenbeamte es ab.
	
	    4. FRIEND empfängt das Formular und benachrichtigt den Dienstleiter *mittels eines Kontextmenüs.*
	
	5. Der Dienstleiter überprüft die abgeschickten Informationen und erstellt durch Aufrufen des EröffneVorfall-Anwendungsfalls einen Vorfall in der Datenbank. *Alle Informationen, die im Formular des Außenbeamten enthalten sind, werden automatisch auch im Vorfall gespeichert. Der Dienstleiter wählt eine Antwort aus, indem er dem Vorfall Betriebsmittel zuweist (mit dem WeiseBetriebsmittelZu-Anwendungsfall) und bestätigt die Notfallmeldung durch das Senden einer kurzen Mitteilung an den Außenbeamten.*
	
	    6. FRIEND zeigt dem Außenbeamten eine Bestätigung und die ausgewählte Antwort an.

Anfangs- bedingungen	■ Der Außenbeamte ist in FRIEND angemeldet.
Abschluss- bedingungen	■ Der Außenbeamte hat eine Bestätigung und die gewählte Reaktion vom Dienstleiter empfangen ODER ■ Der Außenbeamte hat eine Erklärung dafür erhalten, warum die Transaktion nicht bearbeitet werden kann.
Qualitäts- anforderungen	■ Der Bericht des Außenbeamten wird innerhalb von 30 Sekunden be-stätigt. ■ Die gewählte Antwort kommt nicht später als 30 Sekunden nach dem Versenden durch den Dienstleiter.

Abbildung 4.10: Verfeinerte Beschreibung des MeldeNotfall-Anwendungsfalls. Zusätze werden kursiv hervorgehoben.

Die folgenden Heuristiken können für das Schreiben von Szenarien und Anwendungsfällen verwendet werden.

Heuristiken für die Entwicklung von Szenarien und Anwendungsfällen

- Verwenden Sie Szenarien, um mit Anwendern zu kommunizieren und um Funktionalitäten von den Anwendern bestätigt zu bekommen.

- Verfeinern Sie zuerst nur ein einzelnes Szenario, um die Systemvoraussetzungen des Benutzers zu verstehen. Eventuell ist der Benutzer bereits mit ähnlichen Systemen vertraut, wodurch die Übernahme von spezifischen Konventionen der bisherigen Benutzerschnittstelle die Bedienbarkeit des Systems vereinfachen könnte.

- Als Nächstes sollten einige nicht besonders detaillierte Szenarien erstellt werden, um die Systemgrenze zu definieren. Lassen Sie sich diese vom Benutzer bestätigen.

- Nehmen Sie Prototypen nur zur visuellen Unterstützung. Der Entwurf der Benutzerschnittstelle ist eine eigenständige Aufgabe und sollte erst begonnen werden, wenn die funktionalen Anforderungen ausreichend geklärt sind.

- Legen Sie dem Benutzer mehrere sehr unterschiedliche Alternativen vor. Das Bereitstellen von Alternativen ermöglicht dem Benutzer ein besseres Verständnis der Möglichkeiten. Zudem zwingt das Bereitstellen von Alternativen die Entwickler, unkonventionell zu denken.

- Sobald der Systemumfang und die Prioritäten der Benutzer verstanden sind, sollte ein Prototyp erstellt werden, der einen oder mehrere Anwendungsfälle detailliert ausführt (vertikaler Prototyp). Dieser Prototyp muss vom Benutzer überprüft werden können.

Hauptaugenmerk bei der Verfeinerung von Anwendungsfällen sind Vollständigkeit und Korrektheit. Die Entwickler identifizieren Funktionalitäten, die noch nicht von den Szenarien abgedeckt sind, und dokumentieren sie, indem sie bestehende Anwendungsfälle verfeinern oder neue erstellen. Außerdem identifizieren sie selten vorkommende Anwendungsfälle und die Behandlung von Ausnahmen aus der Sicht der Akteure. Während es in der anfänglichen Identifikation von Anwendungsfällen und Akteuren darum ging, die Systemgrenze abzustecken, fördert die Verfeinerung von Anwendungsfällen mehr Einzelheiten über die Systemmerkmale und auch damit verbundene Einschränkungen zutage. Vor allem die folgenden Aspekte des Anwendungsfalls, zu Anfang ignoriert, werden während der Verfeinerung ausführlicher beschrieben:

- Die Elemente, die vom System bedient werden, werden detailliert. In Abbildung 4.10 haben wir weitere Einzelheiten über die Attribute des Notfallmeldeformulars und die verschiedenen Arten von Vorfällen hinzugefügt.

- Die kleinen Details bei den Interaktionen zwischen dem Akteur und dem System werden spezifiziert. In Abbildung 4.10 haben wir Informationen hinzugefügt, wie der Dienstleiter durch die Auswahl der Betriebsmittel eine Bestätigung generiert.

- Zugriffsrechte (welcher Akteur kann auf welchen Anwendungsfall zugreifen) werden spezifiziert.

- Fehlende Ausnahmen werden identifiziert und deren Handhabung wird spezifiziert.

- Gemeinsamkeiten in Anwendungsfällen werden ausgeklammert und separat modelliert.

Im nächsten Abschnitt gehen wir die drei letzten der obigen Aufzählungspunkte an, indem wir zeigen, wie man Akteure und Anwendungsfälle durch Beziehungen reorganisieren kann.

4.4.5   Identifizierung von Beziehungen zwischen Akteuren und Anwendungsfällen

Selbst mittelgroße Systeme haben viele Anwendungsfälle. Beziehungen zwischen Akteuren und Anwendungsfällen ermöglichen es, die Komplexität eines Modells zu verringern und damit die Verständlichkeit zu erhöhen. Wir benutzen Kommunikations-Beziehungen zwischen Akteuren und Anwendungsfällen, um das System in Funktionsebenen zu beschreiben. Wir verwenden Erweitert-Beziehungen, um außergewöhnliche und allgemeine Ereignisflüsse zu trennen. Und wir benutzen Enthält-Beziehungen, um Redundanzen zwischen Anwendungsfällen zu reduzieren.

Kommunikations-Beziehungen zwischen Akteuren und Anwendungsfällen

Kommunikations-Beziehungen zwischen Akteuren und Anwendungsfällen repräsentieren den Informationsfluss während des Anwendungsfalls. Der initiierende Akteur sollte gegenüber anderen beteiligten Akteuren gekennzeichnet werden. Bei der Spezifikation, welcher Akteur auf welchen speziellen Anwendungsfall zugreifen kann, legen wir auch eindeutig fest, welcher Akteur nicht auf den Anwendungsfall zugreifen kann. Entsprechend bestimmen wir auch, welcher Akteur auf welche Informationen zugreifen kann und welcher nicht. Folglich legen wir bei der Dokumentation der Kommunikations-Beziehungen zwischen Akteuren und Anwendungsfällen grob die Zugriffsrechte des Systems fest.

Abbildung 4.11 veranschaulicht Beispiele für Kommunikations-Beziehungen im Falle des FRIEND-Systems. Das Stereotyp «initiate» bedeutet, dass ein Akteur den Anwendungsfall initiiert hat, und das Stereotyp «participate» bedeutet, dass ein Akteur (der nicht der Initiator des Anwendungsfalls ist) mit dem Anwendungsfall kommuniziert.

Erweitert-Beziehungen zwischen Anwendungsfällen

Ein Anwendungsfall A erweitert einen anderen Anwendungsfall B, wenn dieser Anwendungsfall unter bestimmten Voraussetzungen das Verhalten von A beinhalten könnte. In dem FRIEND-Beispiel nehmen wir an, dass die Verbindung zwischen Polizeiwache und der Dienstleiter-Station abgebrochen ist, während der Außenbeamte das Formular ausfüllt (weil beispielsweise der Wagen des Außenbeamten durch einen Tunnel fährt). Die Polizei-

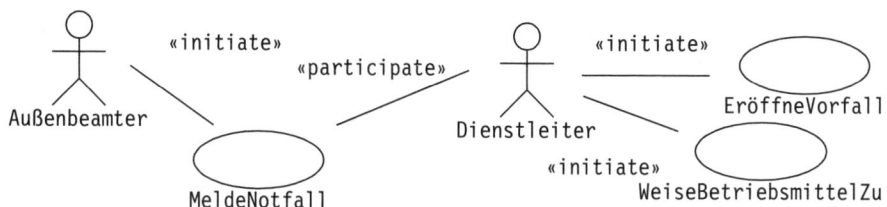

Abbildung 4.11: Beispiele für Kommunikations-Beziehungen bei FRIEND (UML-Anwendungsfall-diagramm). Der Außenbeamte initiiert den MeldeNotfall-Anwendungsfall und der Dienstleiter initiiert die Anwendungsfälle EröffneVorfall und WeiseBetriebsmittelZu. Der Außenbeamte kann einen Vorfall nicht direkt eröffnen und auch keine Betriebsmittel zuweisen.

wache muss dann den Außenbeamten informieren, dass das Formular nicht übermittelt wurde und bestimmte Maßnahmen ergriffen werden sollten. Der VerbindungUnterbrochen-Anwendungsfall ist als Erweiterung von MeldeNotfall (siehe Abbildung 4.12) modelliert. Die Bedingungen, unter denen der VerbindungUnterbrochen-Anwendungsfall initiiert wird, werden in VerbindungUnterbrochen, also nicht in MeldeNotfall, beschrieben. Eine derartige Trennung von außergewöhnlichen oder optionalen Ereignisflüssen vom normalen Ereignisfluss eines Anwendungsfalls hat zwei Vorteile: Erstens wird der Basisanwendungsfall kürzer und ist somit leichter zu verstehen. Zweitens wird der allgemeine Fall vom Ausnahmefall unterschieden, was es den Entwicklern ermöglicht, die verschiedenen Typen von Funktionalität unterschiedlich zu behandeln (beispielsweise den allgemeinen Fall bezüglich kurzer Antwortzeiten zu optimieren und den Ausnahmefall robust zu machen). Beide, der erweiterte Anwendungsfall und die Erweiterungen, sind eigenständige Anwendungsfälle. Jeder einzelne muss Anfangs- und Abschlussbedingungen haben und vom Anwender jeweils als unabhängiges Ganzes verstanden werden.

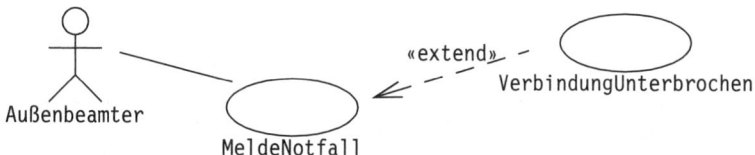

Abbildung 4.12: Beispiel für die Anwendung einer Erweitert-Beziehung (UML-Anwendungsfall-diagramm). Sie ist durch das Stereotyp «extend» dargestellt. VerbindungUnterbrochen erweitert den MeldeNotfall-Anwendungsfall. Der MeldeNotfall-Anwendungsfall wird kürzer und konzentriert sich einzig auf die Meldung eines Notfalls.

Enthält-Beziehungen zwischen Anwendungsfällen

Redundanzen zwischen Anwendungsfällen können durch Enthält-Beziehungen vermieden werden. Nehmen wir einmal an, ein Dienstleiter benötigt einen Stadtplan beim Eröffnen eines Vorfalls (um abzuschätzen, welche Gebiete bei einem Brand gefährdet sind) oder wenn Betriebsmittel zugewiesen werden (um herauszufinden, welche Betriebsmittel in der Nähe des Vorfalls zur Verfügung stehen). In diesem Fall beschreibt der SchaueAufStadtplan-Anwendungsfall den Ereignisfluss, der nötig ist, um einen Stadtplan zu lesen, und er wird sowohl vom EröffneVorfall-Anwendungsfall als auch vom Weise-BetriebsmittelZu-Anwendungsfall (Abbildung 4.15) benutzt.

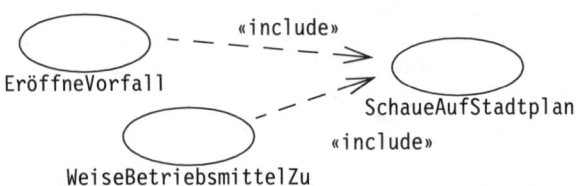

Abbildung 4.13: Beispiel für Enthält-Beziehungen zwischen Anwendungsfällen (dargestellt durch das Stereotyp «include»). Der Anwendungsfall SchaueAufStadtplan beschreibt den Ereignisfluss beim Suchen in einer Straßenkarte (z.B. blättern, vergrößern, suchen mittels Straßennamen) und wird von den Basisanwendungsfällen EröffneVorfall sowie WeiseBetriebsmittelZu benutzt.

Das Ausklammern gemeinsamen Verhaltens in Anwendungsfällen hat viele Vorteile, insbesondere kürzere Beschreibungen und weniger Redundanzen. Allerdings sollte man Verhalten nur dann in einen separaten Anwendungsfall ausklammern, wenn es von mehreren Anwendungsfällen gemeinsam benutzt wird. Übermäßige Zersplitterung der Anforderungsspezifikation durch eine große Menge von Anwendungsfällen verwirrt die Anwender und Kunden nur.

Erweitert- versus Enthält-Beziehungen

Die Enthält- und Erweitert-Beziehungen sind ähnliche Konstrukte und anfangs mag es für den Entwickler nicht ganz klar sein, wann welches zu verwenden ist [Jacobson et al., 1992]. Der Hauptunterschied zwischen diesen Konstrukten ist die Richtung der Beziehung. Bei der Enthält-Beziehung ist das Ereignis, das den eingefügten Anwendungsfall auslöst, im Ereignisfluss des Basisanwendungsfalls beschrieben. Bei Erweitert-Beziehungen ist das Ereignis, das den erweiternden Anwendungsfall auslöst, im Basisanwendungsfall als Voraussetzung beschrieben.

Mit anderen Worten: Bei Enthält-Beziehungen muss jeder Basisanwendungsfall spezifizieren, wo der enthaltene Anwendungsfall aufgerufen werden muss. Folglich sollte ein Verhalten, das eng mit einem Ereignis verbunden ist und das nur in einigen wenigen Anwendungsfällen auftritt, von einer Enthält-Beziehung repräsentiert werden. Diese Art von Verhalten beinhaltet normalerweise Systemfunktionen, die an mehr als einer Stelle verwendet werden können (zum Beispiel Lesen eines Stadtplans, Spezifizieren eines Dateinamens, Auswählen eines Elements).

Umgekehrt sollte ein Verhalten, das jederzeit auftreten kann oder dessen Vorkommen leicht als Anfangsbedingung spezifiziert werden kann, durch eine Erweitert-Beziehung modelliert werden. Dieser Verhaltenstyp beinhaltet Ausnahmefälle wie zum Beispiel das Aufrufen einer Online-Hilfe, das Annullieren einer Transaktion oder den Umgang mit einem Netzwerkfehler. Abbildung 4.14   zeigt das VerbindungUnterbrochen-Beispiel, beschrieben mit einer Enthält-Beziehung (linke Spalte) und mit einer Erweitert-Beziehung (rechte Spalte). In der linken Spalte müssen wir an zwei Stellen des Ereignisflusses Text eingeben, an denen der VerbindungUnterbrochen-Anwendungsfall aufgerufen werden kann. Außerdem muss, wenn zusätzliche Ausnahmen beschrieben werden (zum Beispiel eine Hilfefunktion auf der Polizeiwache), der MeldeNotfall-Anwendungsfall modifiziert werden und gespickt sein mit Bedingungen. In der rechten Spalte müssen nur die

Bedingungen beschrieben werden, unter denen der Ausnahme-Anwendungsfall aufgerufen wird, was eine Reihe von Anwendungsfällen umfassen kann (zum Beispiel „jeder Fall, bei dem die Verbindung zwischen dem Außenbeamten und dem Dienstleiter unterbrochen ist"). Zudem können zusätzliche Ausnahmefälle hinzugefügt werden, ohne die Basisanwendungsfälle zu modifizieren (z.B. MeldeNotfall). Die Fähigkeit, das System ohne Modifizierungen existierender Bereiche zu erweitern, ist entscheidend, da sie sicherstellt, dass das ursprüngliche Verhalten unangetastet bleibt. Die Unterscheidung von „Enthält" und „Erweitert" dient Dokumentationszwecken: Die Verwendung des korrekten Beziehungstyps reduziert Abhängigkeiten zwischen Anwendungsfällen und Redundanzen und verringert die Wahrscheinlichkeit Fehlern einzubauen, wenn sich Anforderungen ändern. Jedoch ist die Auswirkung auf andere Entwicklungstätigkeiten gering.

Die folgenden Heuristiken können für die Auswahl von Enthält- und Erweitert-Beziehungen verwendet werden.

Heuristiken für Erweitert- und Enthält-Beziehungen

- Verwenden Sie Erweitert-Beziehungen für außergewöhnliches, optionales oder selten auftretendes Verhalten. Ein Beispiel für selten auftretendes Verhalten wäre der Ausfall eines Betriebsmittels (beispielsweise eines Löschzuges). Ein Beispiel für optionales Verhalten wäre die Benachrichtigung von Betriebsmitteln, die in der Nähe sind, weil sie gerade an einem anderen Vorfall arbeiten.

- Verwenden Sie Enthält-Beziehungen für Verhalten, das von zwei oder mehreren Anwendungsfällen gemeinsam benutzt wird.

- Seien Sie beim Anwenden der obigen beiden Heuristiken zurückhaltend, damit das Anwendungsfallmodell nicht überstrukturiert wird. Einige jeweils zwei Seiten lange Anwendungsfälle sind leichter zu verstehen und zu überarbeiten als viele kurze Zehnzeiler.

In allen Fällen gilt, dass das Hinzufügen von Enthält- und Erweitert-Beziehungen der Reduzierung oder Entfernung von Redundanzen eines Anwendungsfallmodells dient, und folglich auch der Eliminierung von Inkonsistenzen.

4.4.6 Identifizierung von Analyse-Objekten

Eines der ersten Hindernisse, auf das Entwickler und Benutzer treffen, wenn sie mit der Zusammenarbeit beginnen, ist die unterschiedliche Terminologie. Wenn ein und derselbe Ausdruck mit verschiedenen Bedeutungen und Zusammenhängen verwendet werden kann, gibt es viele Möglichkeiten für Missverständnisse. Wenn die Entwickler sich letztendlich die Terminologie der Benutzer zu Eigen machen, tritt dieses Problem wieder auf, sobald neue Entwickler zum Projekt hinzustoßen.

MeldeNotfall (Enthält-Beziehung)	MeldeNotfall (Erweitert-Beziehung)
1. ... 2. .... 3. Der Außenbeamte füllt das Formular aus durch Angabe von Dringlichkeit, Typ, Lage und einer kurzen Beschreibung. Er beschreibt auch mögliche Antworten auf die Notfallsituation. Sobald das Formular ausgefüllt ist, übermittelt es der Außenbeamte, wodurch der Dienstleiter benachrichtigt wird. *Wenn die Verbindung zum Dienstleiter unterbrochen ist, wird Verbindung-Unterbrochen aufgerufen.* 4. *Wenn die Verbindung noch besteht,* prüft der Dienstleiter die übermittelten Informationen und erzeugt einen Vorfall in der Datenbank, indem er EröffneVorfall aufruft. Der Dienstleiter wählt eine Antwort aus und bestätigt die Notfallmeldung. *Wenn die Verbindung unterbrochen ist, wird der Verbindung-Unterbrochen-Anwendungsfall benutzt.* 5.	1. ... 2. ... 3. Der Außenbeamte füllt das Formular aus durch Angabe von Dringlichkeit, Typ, Lage und einer kurzen Beschreibung. Er beschreibt auch mögliche Antworten auf die Notfallsituation. Sobald das Formular ausgefüllt ist, übermittelt es der Außenbeamte, wodurch der Dienstleiter benachrichtigt wird. 4. Der Dienstleiter prüft die übermittelten Informationen und erzeugt einen Vorfall in der Datenbank, indem er EröffneVorfall aufruft. Der Dienstleiter wählt eine Antwort aus und bestätigt die Notfallmeldung. 5. ...
VerbindungUnterbrochen (Enthält-Beziehung)	*VerbindungUnterbrochen* (Erweitert-Beziehung)
	VerbindungUnterbrochen erweitert jeden Anwendungsfall, bei dem die Kommunikation zwischen dem Außenbeamten und dem Dienstleiter unterbrochen werden kann.
1. Der Außenbeamte und der Dienstleiter werden informiert, dass die Verbindung unterbrochen ist. Sie werden über mögliche Ursachen informiert (z.B. „Der Außenbeamte ist in einem Tunnel"). 2. Die Situation wird vom System aufgezeichnet und nach Wiederherstellung der Verbindung wiederhergestellt. 3. Der Außenbeamte und der Dienstleiter treten über andere Mittel in Verbindung und der Dienstleiter initiiert MeldeNotfall aus der Dienstleiter-Zentrale.	1. Der Außenbeamte und der Dienstleiter werden informiert, dass die Verbindung abgebrochen ist. Sie werden über mögliche Ursachen informiert (z.B. „Der Außenbeamte ist in einem Tunnel"). 2. Die Situation wird vom System aufgezeichnet und nach Wiederherstellung der Verbindung wiederhergestellt. 3. Der Außenbeamte und der Dienstleiter treten über andere Mittel in Verbindung und der Dienstleiter initiiert MeldeNotfall aus der Dienstleiter-Zentrale.

Abbildung 4.14: Hinzufügen der VerbindungUnterbrochen-Ausnahmebedingung zum MeldeNotfall-Anwendungsfall. Eine Erweitert-Beziehung wird bei außergewöhnlichen oder optionalen Ereignisflüssen gewählt, da sie eine modularere Beschreibung ergibt.

Um eine eindeutige Terminologie zu erstellen, identifizieren Entwickler die **partizipie-renden Objekte** für jeden Anwendungsfall. Diese sollten durch Begriffe eindeutig identi-fiziert, benannt und in einem Glossar[5] gesammelt werden. Der Aufbau eines solchen Glossars ist der erste Schritt in Richtung Anforderungsanalyse, die wir im nächsten Kapi-tel besprechen. Das Glossar sollte in der Anforderungsspezifikation enthalten sein (sowie später auch im Benutzerhandbuch). Die Entwickler sollten das Glossar auf dem neuesten Stand halten, während die Anforderungsspezifikation ständig weiterentwickelt wird. Die Vorteile eines Glossars sind vielfältig: Neue Entwickler können sich an eine durchgän-gige Begriffsdefinition halten, jeder Begriff hat eine eindeutige offizielle Bedeutung.

Die Identifizierung von partizipierenden Objekten führt zur ersten Version des Analyse-Objektmodells. Sie ist während der Anforderungsermittlung allerdings nur ein erster Schritt zum kompletten Analyse-Objektmodell. Das komplette Analysemodell wird normalerweise nicht zur Kommunikation zwischen Benutzern und Entwicklern benutzt, da es objektorien-tierte Konzepte enthält, mit denen Benutzer normalerweise nicht vertraut sind. Dennoch sind die Beschreibungen der Objekte (d.h. die Definitionen der Begriffe im Glossar) und deren Attribute für die Benutzer verständlich und mit ihnen abgestimmt. Die weiteren Ver-feinerungen des Analyse-Objektmodells werden in Kapitel 5, *Analyse*, genauer beschrie-ben.Viele Heuristiken wurden in der Fachliteratur vorgeschlagen, um Objekte zu identifizie-ren. Hier sind einige davon:

Heuristiken für die Identifizierung von Analyse-Objekten

- Begriffe, die Entwickler oder Benutzer klarstellen müssen, um den Anwendungs-fall zu verstehen
- Wiederkehrende Substantive in den Anwendungsfällen (z.B. `Vorfall`)
- Reale Entitäten, die das System verfolgen muss (z.B. `Außenbeamter`, `Betriebs-mittel`)
- Reale Prozesse, die das System verfolgen muss (z.B. `NotfallPlan`)
- Anwendungsfälle (z.B. `MeldeNotfall`)
- Datenquellen oder -senken (z.B. `Drucker`)
- Artefakte, mit denen der Benutzer interagiert (z.B. `Zentrale`)

Während der Anforderungsermittlung werden partizipierende Objekte für jeden Anwen-dungsfall erstellt. Tabelle 4.1 beschreibt beispielsweise die partizipierenden Objekte, die im `MeldeNotfall`-Anwendungsfall identifiziert werden.

---

[5] Das Glossar wird auch Datenwörterbuch (*data dictionary*) genannt [Rumbaugh et al., 1991].

Dienstleiter	Ein Polizeibeamter, der Vorfälle bearbeitet. Der Dienstleiter öffnet, dokumentiert und schließt Vorfälle als Reaktion auf NotfallMeldungen und andere Kommunikation mit Außenbeamten. Dienstleiter werden durch Dienstausweisnummern identifiziert.
Notfall-Meldung	Erster Bericht über einen Vorfall von einem Außenbeamten an den Dienstleiter. Eine NotfallMeldung löst normalerweise die Erzeugung eines Vorfalls durch den Dienstleiter aus. Eine NotfallMeldung besteht aus Dringlichkeit, Art (Brand, Unfall oder Ähnliches), Ort und einer Beschreibung.
Außenbeamter	Ein Polizist oder Feuerwehrmann im Dienst. Ein Außenbeamter kann immer nur einem Vorfall zu einer Zeit zugeteilt werden. Außenbeamte werden durch Dienstausweisnummern identifiziert.
Vorfall	Eine Situation, die die Aufmerksamkeit eines Außenbeamten erfordert. Ein Vorfall kann von einem Außenbeamten berichtet werden. Ein Vorfall besteht aus einer Beschreibung, einer Antwort, dem Zustand (offen, geschlossen, dokumentiert), einem Ort und einer Anzahl von Außenbeamten.

Tabelle 4.1: Partizipierende Objekte für den MeldeNotfall-Anwendungsfall

Wenn sich zwei Anwendungsfälle auf das gleiche Konzept beziehen, sollte damit dasselbe Objekt gemeint sein. Wenn zwei Objekte den gleichen Namen tragen, aber nicht demselben Konzept entsprechen, müssen entweder ein oder beide Konzepte umbenannt werden, um die Unterschiede zu betonen. Diese Konsolidierung verhindert jede Doppeldeutigkeit in der benutzten Terminologie. Sind die partizipierenden Objekte identifiziert und konsolidiert, können die Entwickler diese als Checkliste benutzen, um sicherzugehen, dass der Satz an identifizierten Anwendungsfällen komplett ist.

Heuristiken zur Überkreuzprüfung von Anwendungsfällen und partizipierenden Objekten

- Welche Anwendungsfälle erzeugen dieses Objekt (d.h., bei welchem Anwendungsfall sind die Werte der Objekt-Attribute in das System eingegeben worden)?
- Welche Akteure können auf diese Information zugreifen?
- Welche Anwendungsfälle modifizieren und zerstören das Objekt (d.h. welche Anwendungsfälle editieren und entfernen diese Information aus dem System)?
- Welche Akteure können die Anwendungsfälle initiieren?
- Ist dieses Objekt notwendig (d.h. gibt es mindestens einen Anwendungsfall, der die mit dem Objekt zusammenhängende Information benötigt)?

4.4.7 Identifizierung von nichtfunktionalen Anforderungen

Nichtfunktionale Anforderungen beschreiben Aspekte des Systems, die in keiner direkten Verbindung zum funktionalen Verhalten stehen. Nichtfunktionale Anforderungen umspannen eine Reihe von Themen, vom Aussehen der Benutzerschnittstelle bis hin zur Antwortzeit und zu Sicherheitsangelegenheiten. Nichtfunktionale Anforderungen werden zur gleichen Zeit wie funktionale Anforderungen ermittelt, da sie bei der Entwicklung und bei den Kosten des Systems die gleiche Bedeutung haben.

Nehmen wir beispielsweise einen Mosaik-Bildschirm, den Fluglotsen benutzen, um Flugzeuge zu verfolgen. Ein Mosaik-Bildschirm sammelt Daten aus einer Reihe von Radaranlagen und Datenbanken (daher der Name „Mosaik") für eine Gesamtübersicht, die alle Flugzeuge in einem bestimmten Luftraum zeigt, einschließlich deren Identifikation, Geschwindigkeit und Höhe. Die Anzahl der Flugzeuge, die das System maximal abwickeln kann, beschränkt die Leistung des Fluglotsen und hat Einfluss auf die Gesamtkosten des Systems. Wenn das System nur einige wenige Flugzeuge gleichzeitig abwickeln kann, ist das System für betriebsreiche Flughäfen ungeeignet. Andererseits ist ein System, das eine große Anzahl von Flugzeugen abwickeln kann, teurer und aufwendiger zu erstellen und zu testen.

Nichtfunktionale Anforderungen können die Arbeit der Benutzer auf unerwartete Weise beeinflussen. Um alle wesentlichen nichtfunktionalen Anforderungen richtig herauszufinden, müssen Kunde und Entwickler zusammenarbeiten, um mindestens die Merkmale des Systems zu identifizieren, die zwar schwer zu realisieren, aber unabdingbar für die Arbeit der Anwender sind. In dem o.g. Mosaik-Bildschirm-Beispiel hat die Anzahl der Flugzeuge, die der Bildschirm anzeigen muss, Einfluss auf die Größe der Piktogramme zur Darstellung der Flugzeuge, die Eigenschaften zur Identifizierung von Flugzeugen, die Wiederholfrequenz der Bewegungsdaten, usw. Die sich aus dem Dialog zwischen Kunde und Entwickler zunächst ergebende Menge von nichtfunktionalen Anforderungen enthält typischerweise widersprüchliche Anforderungen. Zum Beispiel verlangen die nichtfunktionalen Anforderungen der SatUhr (Abbildung 4.3) einen genauen Mechanismus, sodass die Zeit nie eingestellt werden muss, und sie verlangen geringe Materialkosten, damit es für den Anwender akzeptabel ist, eine kaputtgegangene Uhr durch eine neue zu ersetzen. Diese beiden nichtfunktionalen Anforderungen widersprechen sich, wenn die Kosten der Uhr mit der Genauigkeit steigen. Um mit solchen Konflikten umzugehen, setzen Kunde und Entwickler Prioritäten für nichtfunktionale Anforderungen, sodass diese während der Realisierung des Systems ständig abgefragt werden können.

Es gibt leider nur wenige systematische Methoden, um nichtfunktionale Anforderungen zu ermitteln. In der Praxis benutzen Analytiker eine Klassifizierung von nichtfunktionalen Anforderungen (z.B. die oben beschriebene FURPS+-Methode), um Checklisten zu erstellen, die den Kunden und Entwicklern helfen, die nichtfunktionalen Anforderungen zu identifizieren. Da die Akteure des Systems zu diesem Zeitpunkt bereits identifiziert sind, können die Listen nach Rollen organisiert sein und an repräsentative Benutzer verteilt werden. Der Vorteil solcher Listen ist, dass sie für jedes neue System in einer vorge-

Kategorie	Beispielfragen
Benutzerfreundlichkeit	■ Was ist der Kenntnisstand der Benutzer? ■ Welche Normen der Benutzerschnittstelle sind den Benutzern bekannt? ■ Welche Dokumentation soll den Benutzern übergeben werden?
Zuverlässigkeit *(einschließlich Robust- heit, Betriebssicherheit und Einbruchsicherheit)*	■ Wie zuverlässig, verfügbar und robust soll das System sein? ■ Ist ein Systemneustart im Falle eines Fehlers akzeptabel? ■ Wie viele Daten kann das System verlieren? ■ Wie soll das System mit Ausnahmen umgehen? ■ Gibt es Betriebssicherheitsanforderungen des Systems? ■ Gibt es Datenschutzanforderungen an das System?
Leistung	■ Wie schnell soll das System reagieren? ■ Gibt es zeitkritische Benutzeraufgaben? ■ Wie viele Anwender soll das System gleichzeitig unterstützen? ■ Wie groß sind typische Datenspeicher vergleichbarer Systeme? ■ Welche Latenzeit wird noch akzeptiert?
Unterstützung *(einschließlich Wartbar- keit und Portabilität)*	■ Was sind die geplanten Erweiterungen des Systems? ■ Wer wartet das System? ■ Gibt es Pläne, das System auf andere Software- oder Hardware-Umgebungen zu portieren?
Implementierung	■ Gibt es Beschränkungen von Seiten der Hardwareplattform? ■ Gibt es Beschränkungen durch die Wartungsarbeitsgruppe? ■ Gibt es Beschränkungen durch die Testarbeitsgruppe?
Schnittstelle	■ Soll das System mit anderen vorhandenen Systemen interagieren? ■ Wie werden Daten in das System importiert/exportiert? ■ Welche Normen sollen vom System unterstützt werden?
Betrieb	■ Wer kümmert sich um das laufende System?
Verpackung	■ Wer installiert das System? ■ Wie viele Installationen sind geplant? ■ Gibt es zeitliche Beschränkungen für die Installation?
Rechtliches	■ Wie soll das System lizenziert werden? ■ Wer trägt die Verantwortung bei Systemfehlern? ■ Werden durch die Nutzung bestimmter Algorithmen oder Komponenten Lizenzgebühren fällig?

Tabelle 4.2: Beispielfragen zur Ermittlung von nichtfunktionalen Anforderungen

gebenen Anwendungsdomäne wiederverwendet und erweitert werden können und dass dadurch die Anzahl der Auslassungen reduziert wird. Checklisten können auch in der Ermittlung zusätzlicher funktionaler Anforderungen resultieren. Wenn man beispielsweise nach dem Betrieb des Systems fragt, könnten Kunde und Entwickler eine Reihe von Anwendungsfällen des Systems entdecken, die sich auf die Verwaltung des Systems beziehen. Tabelle 4.2 veranschaulicht Beispielfragen für jede der FURPS+-Kategorien.

Sind die nichtfunktionalen Anforderungen einmal identifiziert, können der Kunde und die Entwickler diese in Verfeinerungs- und Abhängigkeitsgrafen eingeben, um weitere nichtfunktionale Anforderungen und Konflikte zu identifizieren. Für weitere Angaben zu diesem Thema wird der Leser auf die Fachliteratur verwiesen (z.B. [Chung et al., 1999]).

4.5 Management der Anforderungsermittlung

Im vorangegangenen Abschnitt wurden die technischen Angelegenheiten der Systemmodellierung in Form von Anwendungsfällen beschrieben. Anwendungsfallmodellierung ist jedoch noch keine Anforderungsermittlung. Sogar wenn Entwickler Fachleute auf dem Gebiet der Anwendungsfallmodellierung sind, müssen Anforderungen immer noch gemeinsam mit den Benutzern ermittelt und mit den Kunden abgestimmt werden. In diesem Abschnitt werden Methoden zur Ermittlung von Informationen sowie das Aushandeln einer Einigung besprochen. Insbesondere werden beschrieben:

- Verhandeln der Anforderungsspezifikationen mit Kunden (Abschnitt 4.5.1)
- Einhaltung der Rückverfolgbarkeit (Abschnitt 4.5.2)
- Dokumentieren der Anforderungsermittlung (Abschnitt 4.5.3).

4.5.1 Verhandeln der Anforderungsspezifikationen mit Kunden

Der gemeinsame Anwendungsentwurf (engl. *Joint Application Design (JAD)*) ist eine Ende der Siebzigerjahre von IBM entwickelte Anforderungsermittlungsmethode. Die Anforderungsermittlung erfolgt innerhalb einer Arbeitssitzung, an der alle Beteiligten teilnehmen. Benutzer, Kunden, Entwickler sowie ein erfahrener Diskussionsleiter sitzen zusammen in einem Raum und legen ihre Ansichten dar, hören sich andere Meinungen an, verhandeln und versuchen, zu einer von beiden Seiten akzeptierten Lösung zu kommen. Das Ergebnis des Arbeitstreffens, das JAD-Dokument, ist ein komplettes Anforderungsspezifikations-Dokument, das die Definitionen von Datenelementen, Ereignisflüssen und Eingabemasken enthält. Da das Dokument von allen Interessengruppen (d.h. von Teilnehmern, die nicht nur ein Interesse am Erfolg der Anwendung haben, sondern auch Entscheidungen treffen können) gemeinsam erarbeitet wurde, ist es ein Abkommen zwischen Benutzern, Kunden und Entwicklern. Das minimiert spätere Änderungen der Anforderungen in der Entwicklungsphase. JAD basiert auf fünf Aktivitäten (Abbildung 4.15):

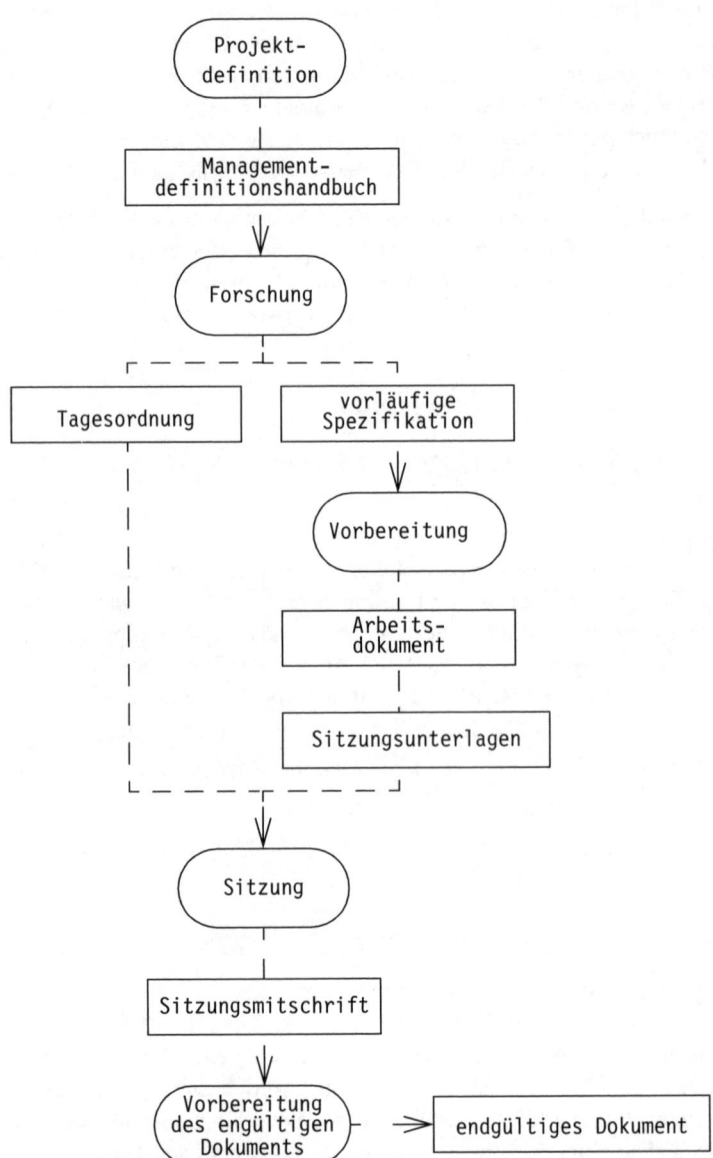

Abbildung 4.15: JAD-Aktivitäten (UML-Aktivitätsdiagramm). Das Herzstück von JAD ist die Aktivität Sitzung, während der alle Interessengruppen eine Anforderungsspezifikation entwerfen und sich auf sie einigen. Alle Aktivitäten vor der Sitzung maximieren ihre Effektivität. Die Erstellung des endgültigen Dokuments umfasst alle während der Sitzung getroffenen Entscheidungen.

1. *Projektdefinition.* Während dieser Aktivität befragt der JAD-Moderator den Projektleiter und den Kunden, um den Umfang und die Ziele des Projekts festzustellen. Die Ergebnisse dieser Befragung werden im *Management-Definitionshandbuch* gesammelt.

2. *Forschung.* Während dieser Aktivität befragt der JAD-Moderator derzeitige und zukünftige Benutzer, sammelt Informationen über den Anwendungsbereich und beschreibt eine erste Anzahl von Anwendungsfällen auf hoher Ebene. Ebenso werden Probleme festgehalten, die während der Diskussion behandelt werden müssen. Die Ergebnisse sind eine *Tagesordnung* für die Sitzung und eine *vorläufige Spezifikation*, die Informationen über Arbeitsflüsse und erste Anforderungen an das System enthält.

3. *Vorbereitung.* Während dieser Aktivität bereitet der JAD-Moderator die Sitzung vor. Er erstellt ein Arbeitsdokument, das den ersten Entwurf des endgültigen Dokuments darstellt, eine Tagesordnung für die Sitzung, Folien und Schaubilder, die die Informationen darstellen, die während der Forschung gesammelt wurden. Der JAD-Moderator stellt eine Arbeitsgruppe bestehend aus dem Kunden, dem Projektmanager, ausgewählten Benutzern und Entwicklern zusammen. Alle Interessengruppen sind repräsentiert und die Teilnehmer sind in der Lage, bindende Entschlüsse zu fassen.

4. *Sitzung.* Während dieser Aktivität leitet der JAD-Moderator die Arbeitsgruppe bei der Erstellung der Anforderungsspezifikation. Eine JAD-Sitzung dauert drei bis fünf Tage. Die Arbeitsgruppe definiert und einigt sich auf die Szenarien, die Anwendungsfälle und die Prototypen der Benutzerschnittstellen. Alle Entscheidungen werden schriftlich festgehalten.

5. *Vorbereitung des endgültigen Dokuments.* Der JAD-Moderator bereitet unter Einbeziehung der Arbeitsunterlagen das endgültige Dokument vor, um alle Entscheidungen, die während der Sitzung getroffen wurden, zu berücksichtigen. Das endgültige Dokument ist eine vollständige Anforderungsspezifikation des Systems, basierend auf den Entscheidungen der Sitzung. Das endgültige Dokument wird den Teilnehmern zur Nachprüfung gegeben. Dann wird in einer ein- bis zweistündigen Sitzung die Nachprüfung besprochen und das Dokument abgeschlossen.

JAD wird von IBM und anderen Firmen benutzt. Es setzt Gruppendynamik wirksam ein, um die Kommunikation zwischen den Teilnehmern zu verbessern und das Erreichen eines Konsens zu beschleunigen. Am Ende einer JAD-Sitzung wissen die Entwickler mehr über die Bedürfnisse der Benutzer und die Benutzer wissen mehr über Zielkonflikte bei der Entwicklung. Zusätzliche Vorteile ergeben sich aus der Reduzierung wiederholter Entwurfsaktivitäten. Da eine JAD-Sitzung stark von sozialer Dynamik beeinflusst ist, hängt ihr Erfolg in hohem Maße von den Qualifikationen des JAD-Moderators als Sitzungsleiter ab. Für einen genaueren Überblick über JAD empfehlen wir dem Leser das Buch von Wood und Silver [Wood & Silver, 1989].

4.5.2 Einhaltung der Rückverfolgbarkeit von Anforderungen

Rückverfolgbarkeit bedeutet die Möglichkeit, die Entstehungsgeschichte einer Anforderung nachzuvollziehen. Dies beinhaltet das Auffinden des Ursprungs (z.B. wer ist der Urheber der Anforderungen, welchem Kundenbedürfnis entspricht sie?) und auch, welche Aspekte des Systems und des Projekts durch die Anforderungen beeinflusst werden (z.B. welche Komponenten realisieren die Anforderung, welcher Testfall überprüft die

Realisierung?). Rückverfolgbarkeit ermöglicht es zu zeigen, dass das System vollständig ist, dass es die Anforderungen erfüllt, dass das Begründungsmodell mit dem Anforderungsmodell verknüpft ist und dass Änderungen bestimmte Auswirkungen haben.

Betrachten wir noch einmal das SatUhr-System vom Anfang des Kapitels. Die Anforderungsspezifikation enthält ein Zwei-Zeilen-Anzeigefeld für Zeit und Datum. Nachdem der Kunde entschieden hat, dass zwei Zeilen zu klein für bequemes Lesen sind, ändern Entwickler die Anzeigefeld-Anforderungen in ein Ein-Zeilen-Anzeigefeld um, kombiniert mit einer Taste, um zwischen Zeit- und Datumsanzeige hin- und herzuschalten. Rückverfolgbarkeit der Anforderungen würde uns helfen, folgende Fragen zu beantworten:

- Von wem stammt die Anforderung eines Zwei-Zeilen-Anzeigefeldes?
- Haben irgendwelche impliziten Einschränkungen diese Anforderungen verlangt?
- Welche Komponenten müssen auf Grund der zusätzlichen Taste ausgetauscht werden?
- Welche Tests müssen geändert werden?

Die einfachste Technik, Rückverfolgbarkeit zu ermöglichen, ist die Verwendung von Querverweisen zwischen Dokumenten, Modellen und Codefragmenten. Jedes einzelne Element (z.B. Anforderung, Komponente, Klasse, Operation, Testfall) wird durch eine eindeutige Nummer identifiziert. Abhängigkeiten werden dann manuell als ein textlicher Querverweis dokumentiert, der die Nummer der Quelle und die Nummer des Ziels enthält. Werkzeugunterstützung kann hier relativ einfach sein, wie beispielsweise durch eine Tabelle oder ein Textverarbeitungsprogramm. Bei kleinen Projekten können Entwickler schon früh die Vorteile einer derartigen Vorgehensweise erkennen.Dieser Ansatz ist jedoch zeit- und personenaufwendig und auch anfällig für Fehler. Bei großen Projekten gibt es deshalb spezielle Datenbankanwendungen, die eine partielle Automatisierung des Eingabeprozesses für das Erfassen, Editieren und Verknüpfen von Anforderungsabhängigkeiten auf detaillierterer Ebene erlauben (z.B. DOOR von Telelogic oder RequisitePro von Rational). Solche Werkzeuge reduzieren die Kosten bei der Einhaltung der Verfolgbarkeit. Sie sind aber mit zusätzlichen Kosten und Einarbeitungszeiten für fast alle Interessenten verbunden und erzwingen Einschränkungen bei anderen Werkzeugen im Entwicklungsprozess.

4.5.3   Dokumentieren der Anforderungsermittlung

Die Ergebnisse der Anforderungsermittlung und der Analyseaktivitäten werden im Anforderungsanalyse-Dokument, auch **Lastenheft**[6] genannt, festgehalten. Dieses Dokument

---

[6] Der Begriff **Lastenheft** wird in vielen Arten von Projekten, nicht nur in Softwareprojekten, verwandt. Lastenheft ist nach DIN 69905-VDI/VDE 3694 die Gesamtheit der Forderungen eines Auftraggebers an die Lieferungen und Leistungen eines Auftragnehmers. Mit **Pflichtenheft** bezeichnet man das vom Auftragnehmer erarbeitete Realisierungsvorhaben aufgrund der Umsetzung des Lastenheftes. Das Realisierungsvorhaben wird bei uns durch das Systementwurfs-Dokument (siehe Kapitel 7, Abschnitt 7.5.1) und das Objektentwurfs-Dokument (siehe Kapitel 9, Abschnitt 9.5) beschrieben. Insofern werden wir den Begriff Pflichtenheft als Zusammenfassung dieser beiden Dokumente verwenden. Allerdings enthält das Pflichtenheft immer das Lastenheft, was beim Objektentwurfs-Dokument nicht der Fall zu sein braucht.

beschreibt das System vollständig hinsichtlich funktionaler und nichtfunktionaler Anforderungen und dient als vertragliche Basis zwischen dem Kunden und den Entwicklern. Die Zielgruppen für das Lastenheft beinhalten die Kunden, die Benutzer, das Projektmanagement, die Systemanalytiker (d.h. die Entwickler, die an der Ermittlung der Anforderungen teilnehmen) und die Systementwerfer (d.h., die Entwickler, die am Systementwurf teilnehmen). Abbildung 4.16 ist eine Beispielvorlage für ein Lastenheft, wie es in diesem Buch verwandt wird. Der erste Teil des Dokuments, einschließlich der funktionalen und nichtfunktionalen Anforderungen sowie der Anwendungsfälle, wird während der Anforderungsermittlung geschrieben. Die Formalisierung der Anforderungsspezifikation in Form von Objekt- und dynamischen Modellen wird während der Analyse geschrieben.

Lastenheft

1. Einführung
   - 1.1 Zweck des Systems
   - 1.2 Umfang des Systems
   - 1.3 Ziele und Erfolgskriterien des Projekts
   - 1.4 Definitionen, Akronyme und Abkürzungen
   - 1.5 Referenzen
   - 1.6 Übersicht
2. Vorhandenes System
3. Vorgeschlagenes System
   - 3.1 Übersicht
   - 3.2 Funktionale Anforderungen
   - 3.3 Nichtfunktionale Anforderungen
     - 3.3.1 Bedienbarkeit
     - 3.3.2 Zuverlässigkeit
     - 3.3.3 Leistung
     - 3.3.4 Unterstützung
     - 3.3.5 Implementierung
     - 3.3.6 Schnittstelle
     - 3.3.7 Verpackung
     - 3.3.8 Rechtliches
   - 3.4 Systemmodelle
     - 3.4.1 Szenarien
     - 3.4.2 Anwendungsfallmodell
     - *3.4.3 Objektmodell*
     - *3.4.4 Dynamisches Modell*
     - 3.4.5 Benutzerschnittstelle – Navigationspfade und Bildschirmmodelle
4. Glossar

Abbildung 4.16: Gliederung eines Lastenheftes. *Kursive* Abschnitte werden während der Anforderungsanalyse vervollständigt (siehe nächstes Kapitel).

Der erste Abschnitt des Lastenheftes ist ein kurzer Überblick über die Funktionen des Systems, seinen Umfang und die Gründe für die Entwicklung, den Umfang und Bezug zum Entwicklungskontext (z.B. Bezug zur ursprünglichen Problembeschreibung vom Kunden, Bezug zum existierenden System, Machbarkeitsstudien). Die Einführung beinhaltet oft auch Ziele und Erfolgskriterien des assoziierten Projekts.

Der zweite Abschnitt beschreibt den derzeitigen Stand der Dinge. Wenn das neue System ein vorhandenes System ersetzen soll, schildert dieser Abschnitt die Funktionalität und die Probleme des vorhandenen Systems. Ansonsten beschreibt dieser Abschnitt, wie die Aufgaben, die das neue System unterstützen soll, momentan gehandhabt werden. Im Falle von SatUhr muss beispielsweise der Benutzer im bestehenden System die Uhr beim Überschreiten einer Zeitzone neu stellen. Da dies per Hand geschieht, kann es sein, dass der Benutzer die falsche Zeit eingibt. Im Gegensatz dazu sichert das neue SatUhr-System die genaue Zeit auf Lebenszeit zu. Im Falle von FRIEND basiert das vorhandene System auf Papier, d.h. Dienstleiter behalten durch das Ausfüllen von Papierformularen den Überblick über die Zuweisung von Betriebsmitteln. Die Kommunikation zwischen Dienstleiter und Außenbeamten erfolgt über Funk. Das vorhandene System verlangt einen hohen Dokumentations- und Managementaufwand, den zu verringern das vorgeschlagene FRIEND-System als Ziel hat.

Der dritte Abschnitt, *Vorgeschlagenes System,* dokumentiert die Anforderungsermittlung und das Analysemodell des neuen Systems. Er ist in vier Unterabschnitte unterteilt:

- *Übersicht* bietet eine funktionale Übersicht des Systems.

- *Funktionale Anforderungen* beschreiben die Funktionalität des Systems auf hoher Ebene.

- *Nichtfunktionale Anforderungen* beschreiben Anforderungen auf Benutzerebene, die nicht direkt an die Funktionalität gebunden sind. Dies beinhaltet Anforderungen an Bedienbarkeit, Ausfallsicherheit, Betrieb, Unterstützung, Implementierung, Schnittstelle, Verpackung und Rechtliches.

- *Systemmodelle* beschreiben die funktionalen, strukturellen und dynamischen Modelle für das System. Dieser Abschnitt beinhaltet die vollständige Funktionsspezifikation, einschließlich Modelle der Benutzerschnittstelle des Systems sowie Navigationspfade, die die Bildschirmsequenzen darstellen. Die Unterabschnitte *Objektmodell* und *Dynamisches Modell* werden während der Analyse verfasst, welche im nächsten Kapitel beschrieben wird.

Das Lastenheft sollte geschrieben werden, nachdem das Anwendungsfallmodell stabil ist, wenn also die Anzahl der erwarteten Anforderungsänderungen nur noch minimal ist. Jedoch werden die Anforderungen den ganzen Entwicklungsprozess hindurch aktualisiert, sobald Spezifikationsprobleme gefunden werden oder wenn der Umfang des Systems geändert wird. Ist das Lastenheft erst einmal publiziert, sollte es dem Konfigurationsmanagement[7] unterliegen. Oft enthält das Lastenheft noch einen Abschnitt *Änderungsgeschichte,* die den Autor der Änderung, das Änderungsdatum sowie eine kurze Beschreibung jeder Änderung enthält.

---

[7]   Wir besprechen Konfigurationsmanagement in Kapitel 13, *Konfigurationsmanagement.*

4.6 ARENA-Fallstudie

Wir werden nun die in diesem Kapitel beschriebenen Konzepte und Methoden auf das ARENA-System anwenden. Wir beginnen mit der Problembeschreibung des Kunden und entwickeln das Anwendungsfallmodell und ein erstes Analyse-Objektmodell. In den vorangegangenen Abschnitten wurden Beispiele wegen ihres illustrierenden Wertes ausgewählt. In diesem Abschnitt konzentrieren wir uns auf ein realistisches Beispiel, beschreiben Artefakte und zeigen, wie sie erzeugt und verfeinert werden. Dies erlaubt uns, realistischere Kompromisse und Entwurfsentscheidungen zu diskutieren sowie einen genaueren Blick auf Ausführungsdetails zu werfen, als dies bei den illustrierenden Beispielen der Fall war. In der nun folgenden Diskussion bedeutet ARENA das System im Allgemeinen, wohingegen Arena eine spezifische Instantiierung des Systems ist.

4.6.1 Anfängliche Problembeschreibung

Nach einem ersten Treffen mit dem Kunden wird die Problembeschreibung schriftlich niedergelegt (Abbildung 4.17). Man beachte, dass dieser kurze Text das Problem und die Anforderungen auf sehr hoher Ebene beschreibt. Das ist üblicherweise nicht die Phase, in der wir bereits ein Budget oder ein Auslieferungsdatum festlegen können. Als Erstes müssen wir mit der Entwicklung des Anwendungsfallmodells beginnen, indem wir Akteure und Szenarien identifizieren.

4.6.2 Identifizierung von Akteuren und Szenarien

Man beachte, dass es bei einer Kundenbefragung unser primäres Ziel ist, die Anforderungen des Kunden sowie der Anwendungsdomäne zu verstehen. Wenn erst einmal die Domäne verstanden und eine erste Anforderungsspezifikation erstellt worden ist, kann man beginnen, Merkmale und Kosten mit dem Kunden abzustimmen und einzelne Anforderungen zu priorisieren. Anforderungsermittlung und Abstimmungen zu früh miteinander zu verflechten ist meistens kontraproduktiv.

Wenn das erste Szenario so weit ist, dass wir mit dem Kunden bezüglich der Systemgrenzen übereinstimmen (für dieses Szenario), können wir uns auf den Systemumfang konzentrieren. Dies geschieht, indem wir für jeden Akteur einige kleinere Szenarien identifizieren. Anfangs sind diese Szenarien nicht detailliert, decken jedoch eine große Anzahl von Funktionalitäten ab (Abbildung 4.18).

ARENA-Problembeschreibung

1. Problem

Die Popularität von Internet und World-Wide-Web ermöglichte die Entstehung zahlreicher virtueller Gemeinschaften – Gruppen von Gleichgesinnten, die sich nie persönlich getroffen haben. Solche virtuellen Gemeinschaften können kurzlebig sein (z.b. in einem Chat-Raum oder einem Online-Wettkampf) oder langlebig (z.B. Abonnenten einer Verteiler-Liste). Es kann sich um eine kleine Gruppe oder eine Gruppe von Tausenden handeln. Viele Multi-Spieler-Computerspiele beinhalten nun Unterstützung für virtuelle Spielgemeinschaften. Spieler können Neuigkeiten über Spielaktualisierungen erhalten, über neue Spielebenen oder Charaktere; man kann Wettkämpfe ankündigen und organisieren, Punkte vergleichen und Tipps austauschen. Die Spielefirmen machen sich diese Infrastruktur zu Nutze, um Geld zu verdienen oder um ihre Produkte zu bewerben. Momentan jedoch entwickelt jede Spielefirma solch eine Spielgemeinschaftsunterstützung, und zwar oft nur für einzelne Spiele. Jede Firma benutzt andere Konzepte und bietet unterschiedliche Unterstützungsebenen an. Diese Redundanz und Inkonsistenz hat viele Nachteile: Spieler, die einer virtuellen Gemeinschaft neu beitreten, müssen erst einmal die Regeln dieser Gemeinschaft lernen; Spielefirmen müssen ihre Unterstützungshilfen für jedes Spiel neu aufbauen und Werbetreibende müssen jede Spielgemeinschaft einzeln ansprechen. Solch eine Situation bietet wenig Möglichkeiten für Spielgemeinschaft-übergreifende Begegnungen.

2. Ziele

Die Ziele des ARENA-Projekts sind:

- Eine Infrastruktur zum Betreiben einer Arena bereitzustellen, die es erlaubt, neue Spiele und Spieler zu registrieren, Turniere zu organisieren und die Punktestände von Spielern zu verfolgen.
- Einen Rahmen für Spieleveranstalter bereitzustellen, um die Anzahl und Abfolge von Spielen zu personalisieren und das Sammeln von Bewertungspunkten zu ermöglichen.
- Einen Rahmen für Spielentwickler bereitzustellen, um neue Spiele zu entwickeln oder um bereits existierende Spiele in das ARENA-System zu integrieren.
- Eine Infrastruktur für Werbetreibende zur Verfügung zu stellen.

3. Funktionale Anforderungen

ARENA unterstützt fünf Benutzertypen:

- Der *Spielebetreiber* soll in der Lage sein, neue Spiele und neue Wettkampfarten zu definieren (z.B. K.O.-Wettkämpfe, Meisterschaften, Spiele der Besten), neue Beurteilungsformulare hinzuzufügen und Benutzer zu managen.
- *Sportverbände* sollen in der Lage sein, neue Ligen zu definieren, Turniere innerhalb einer Liga anzukündigen und zu organisieren, ein Turnier durchzuführen und einen Sieger zu verkünden.
- *Spieler* sollen in der Lage sein, sich für eine Arena zu registrieren, sich für eine Liga anzumelden, die für sie bestimmten Spiele zu spielen oder aus dem Turnier auszuscheiden.
- *Zuschauer* sollten in der Lage sein, laufende Spiele zu beobachten und Statistiken von vergangenen Spielen sowie von Spielern aufzurufen. Zuschauer müssen sich nicht in einer Arena registrieren.

Abbildung 4.17:   ARENA-Problembeschreibung

- Der *Werbetreibende* sollte in der Lage sein, Anzeigen hochzuladen, Werbeschemata auszuwählen (Turnier-Förderer, Liga-Förderer), den Stand seines Kontos zu überprüfen und Anzeigen zu stornieren.

4. Nichtfunktionale Anforderungen

- *Geringe Betriebskosten.* Der Spielebetreiber muss in der Lage sein, eine Arena ohne zusätzliche Softwarekomponenten und ohne die Hilfe eines Vollzeit-Systemverwalters zu installieren und zu verwalten.

- *Erweiterbarkeit.* Der Spielebetreiber muss in der Lage sein, neue Spiele und neue Turnierstile sowie neue Beurteilungsformeln hinzufügen. Solche Zusätze erfordern möglicherweise eine temporäre Unterbrechung des Betriebs, um dem System neue Module (z.B. Java-Klassen) hinzuzufügen. Es sollte allerdings keine Modifizierung des existierenden Systems nötig sein.

- *Skalierbarkeit.* Das System muss den Start von vielen parallel laufenden Turnieren (z.B. zehn) mit bis zu 64 Spielern und einigen hundert Simultan-Zuschauern unterstützen.

- *Geringe Netzwerkbandbreite.* Spieler sollten in der Lage sein, Spiele mit einem analogen 56Kb-Modem oder einer schnelleren Anbindung zu spielen.

5. Zielumgebung

- Alle Benutzer sollten in der Lage sein, jede Arena mit einem Webseitenbetrachter, der Cookies, JavaSkript und Java-Applets unterstützt, zu erreichen. Administrative Funktionen (z.B. neue Spiele oder Benutzer hinzufügen) des Spielebetreibers sollten nicht über das Web erreichbar sein.

- ARENA sollte auf jeder Unix-Umgebung (z.B. MacOS X, Linux, Solaris) laufen.

Abbildung 4.17: ARENA-Problembeschreibung (Forts.)

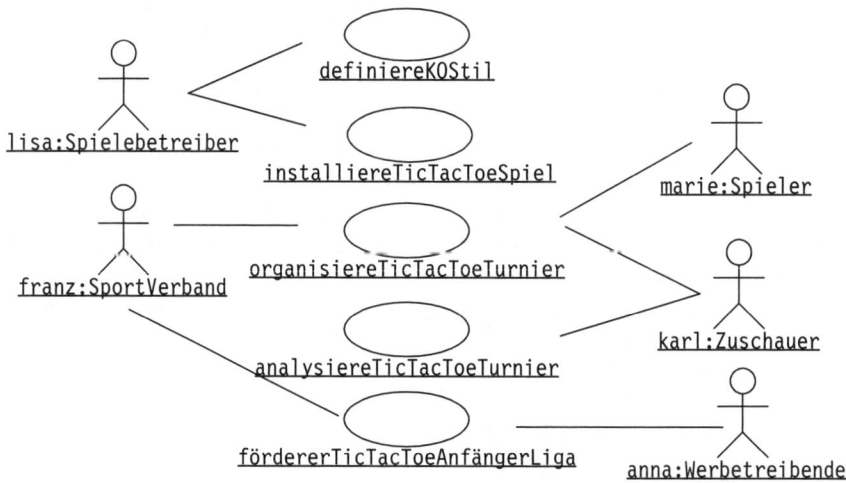

Abbildung 4.18: Vom Kunden und Entwickler identifizierte Anfangsszenarien für ARENA. Diese werden weiterentwickelt, um Zweideutigkeiten oder Missverständnisse aufzudecken.

Wenn man auf Zweideutigkeiten oder Missverständnisse stößt, werden spezifische Szenarien weiter ausgeführt. In diesem Beispiel würden die Szenarien `definiereKOStil` und `installiereTicTacToeSpiel` zu einer vergleichbaren Ebene von Einzelheiten wie bei `organisiereTicTacToeTurnier` (Abbildung 4.19) verfeinert. Typische Szenarien können, wenn sie verfeinert sind, mehrere Textseiten umfassen.

Spiel	Ein Wettkampf zwischen einer Anzahl von `Spielern`, der von einer Reihe von Regeln bestimmt ist. In `ARENA` bezieht sich der Begriff `Spiel` auf eine Software, welche die Regeln des Spiels einhält, den Fortschritt einzelner `Spieler` dokumentiert und einen Gewinner festlegt. So sind zum Beispiel Tic Tac Toe und Schach `Spiele`.
Partie	Ein Wettkampf zwischen zwei oder mehr `Spielern` gemäß den Regeln des `Spiels`. Das Ergebnis einer `Partie` können ein einzelner Sieger und mehrere Verlierer sein oder ein Unentschieden (bei dem es keine Sieger oder Verlierer gibt). Bei einigen `Spielen` kann ein Unentschieden nicht zulässig sein.
Turnier	Eine Folge von `Partien` zwischen einer Anzahl von `Spielern`. `Turniere` enden mit einem Gewinner. Wie ein `Spieler` seine Punkte erhält und wie `Partien` geplant werden, wird von der `Liga` bestimmt.
Liga	Eine Gemeinschaft für die Austragung von `Turnieren`. Eine `Liga` ist mit einem bestimmten `Spiel` und `Turnierstil` verbunden. `Spieler`, die bei der `Liga` registriert sind, sammeln Punkte entsprechend der `ExpertenBewertung`, die für die `Liga` definiert ist. Zum Beispiel hat eine Anfänger-Schach-`Liga` eine andere `ExpertenBewertung`-Formel als eine Fortgeschrittenen-Schach-`Liga`.
Turnierstil	Der `Turnierstil` definiert die Anzahl der `Partien` und deren Abfolge für eine bestimmte Anzahl von `Spielern`. Zum Beispiel tritt beim Jeder-gegen-jeden-`Turnierstil` jeder `Spieler` genau einmal gegen jeden weiteren `Spieler` an.

Tabelle 4.3: Glossar für `ARENA`. Das Festhalten wichtiger Begriffe und Definitionen sorgt für Konsistenz in der Anforderungsspezifikation und dafür, dass Entwickler und Kunden dieselbe Sprache sprechen.

Wir beginnen auch damit, ein Glossar wichtiger Begriffe zu führen, um Konsistenz in der Anforderungsspezifikation zu sichern und um sicherzugehen, dass die Begriffe des Kunden benutzt werden. Es wird schnell klar, dass die Begriffe `Partie`, `Spiel`, `Turnier` und `Liga` Konzepte der Anwendungsdomänen repräsentieren, die äußerst genau definiert werden müssen, da diese Begriffe in anderen Spielen eine andere Bedeutung haben könnten. Um dies zu erreichen, setzen wir das Glossar als Arbeitsdokument auf und überprüfen unsere Definitionen fortwährend (Tabelle 4.4). Haben wir uns mit dem Kunden auf den allgemeinen Umfang des Systems geeinigt, kann man das bisher gesammelte Wissen in Anwendungsfällen formalisieren.

Wir identifizieren fünf Akteure, einen für jeden Benutzertyp in der Problembeschreibung (`Spielebetreiber`, `Sportverband`, `Spieler`, `Zuschauer` und `Werbetreibender`). Da es die Grundfunktion des Systems ist, Turniere zu organisieren und durchzuführen, entwickeln wir als Erstes ein Beispielszenario, `organisiereTicTacToeTurnier` (Abbildung 4.19), um die Funktionalität zu ermitteln und genauer zu erforschen. Dadurch, dass wir uns zunächst auf einen schmalen vertikalen Bereich des Systems konzentrieren, verstehen wir die Anforderungen des Kunden an das System besser, insbesondere was die Grenzen des Systems sowie die Arten der Interaktionen zwischen Benutzer und System betrifft. Indem wir das organisiereTicTacToeTurnier-Szenario aus Abbildung 4.19 benutzen, können wir eine Reihe von Fragen an den Kunden erstellen (Abbildung 4.20). Aufgrund der Antworten des Kunden verfeinern wir das Szenario entsprechend.

Szenario- *name*	organisiereTicTacToeTurnier
Akteur- *instanzen*	lisa:Spielebetreiber, franz:Sportverband, karl:Zuschauer, marie:Spieler
Ereignis- *fluss*	1. Franz, ein Freund von Lisa, ist ein begeisterter Tic-Tac-Toe-Anhänger und bietet an, ein Turnier zu organisieren. 2. Lisa trägt Franz in der Arena als Sportverband ein. 3. Franz definiert als Erstes eine Tic-Tac-Toe-Anfängerliga, in der jeder Spieler teilnehmen kann. Diese Liga für Tic-Tac-Toe-Spiele legt fest, dass Turniere in dieser Liga nach dem K.O.-Prinzip und der „Sieger gewinnt alles"-Formel gespielt werden. 4. Franz datiert das erste Turnier in der Liga für 16 Spieler auf den nächsten Tag. 5. Franz kündigt das Turnier in vielen Webforen an und versendet E-Mails an weitere Tic-Tac-Toe-Spielgemeinschaftsmitglieder. 6. Karl und Marie erhalten die Benachrichtigung per E-Mail. 7. Marie hat Interesse, das Turnier zu spielen und registriert sich. 19 weitere Spieler melden sich an. 8. Franz legt 16 Spieler für das Turnier fest und lehnt die letzten vier ab. 9. Die 16 Spieler, einschließlich Marie, erhalten eine elektronische Spielmarke, um am Turnier teilzunehmen, sowie die Anfangszeit ihres ersten Spiels. 10. Andere Abonnenten der Tic-Tac-Toe-Verteilerliste, einschließlich Karl, erhalten eine zweite Benachrichtigung über das Turnier, einschließlich der Namen der Spieler sowie der Austragungszeit der Spiele. 11. Sobald Franz das Turnier startet, haben die Teilnehmer nur begrenzt Zeit, mit dem Spiel anzufangen. Wenn ein Spieler es versäumt, rechtzeitig teilzunehmen, verliert er das Spiel. 12. Marie spielt ihr erstes Spiel und gewinnt. Sie kommt im Turnier eine Runde weiter und wird gegen einen anderen Sieger aus der ersten Runde eingeteilt. 13. Nachdem er die Tic-Tac-Toe-Turnier-Portalseite besucht hat, stellt Karl fest, dass Marie gewonnen hat und beschließt, ihr nächstes Spiel zu beobachten. Er wählt das Spiel aus und sieht die einzelnen Züge der Spieler, während sie ausgetragen werden. Er sieht außerdem ein Werbebanner im unteren Bereich seines Webseitenbetrachters, welches auf andere Turniere und Tic-Tac-Toe-Produkte hinweist.

Abbildung 4.19: Das Szenario organisiereTicTacToeTurnier für ARENA

Ereignis-fluss (Forts.)	14. Das Turnier geht bis zum letzten Spiel, wonach der Sieger verkündet wird und seiner Statistik in der Liga alle Punkte aus dem Turnier gutgeschrieben werden.
	15. Der Gewinner erhält zusätzlich Experten-Leistungspunkte.
	16. Franz kann wählen, ob er weitere Turniere in der Liga austragen möchte. In diesem Fall erhalten bekannte Spieler eine Benachrichtigung mit Datum und eine Priorität gegenüber neuen Spielern.

Abbildung 4.19: Das Szenario `organisiereTicTacToeTurnier` für ARENA (Forts.)

Schritte 2 und 7 im Ereignisfluss: Verschiedene Akteure registrieren sich im System. Im ersten Fall registriert der Spielebetreiber Franz als Sportverband; im zweiten Fall registriert sich ein Spieler selbst im System.

■ Die Registrierung von Benutzern sollte demselben Muster folgen. Wer liefert die Registrierungsinformationen und wie werden diese Informationen überprüft, bestätigt und akzeptiert?

■ *Kunde: Zwei Prozesse wurden in den Schritten 2 und 7 verwechselt: der Registrierungsprozess, in dem neue Benutzer (z.B. ein Spieler oder ein Sportverband) ihre Identität einführen, und der Anwendungsprozess, bei dem Spieler anzeigen, dass sie an einem bestimmten Turnier teilnehmen wollen. Während des Registrierungsprozesses übergibt der Benutzer Informationen über sich selbst (Name, Spitzname, E-Mail) und seine Interessen (Arten von Spielen und Turnieren, über die er informiert werden will). Die Informationen werden vom Spielebetreiber überprüft. Während des Anmeldungsprozesses zeigen Spieler an, bei welchen Turnieren sie mitspielen wollen. Diese Information wird vom Sportverband bei der Planung der Turniere benutzt.*

■ Wenn die Spielerinformationen bereits vom Spielebetreiber überprüft wurden, sollten dann die Spieltermine nicht komplett automatisiert werden?

■ *Kunde: Ja, natürlich.*

Schritt 5 im Ereignisfluss: Franz versendet E-Mails an weitere Mitglieder der Tic-Tac-Toe-Spielgemeinschaft:

■ Bietet ARENA Mitgliedern die Möglichkeit, individuelle Verteilerlisten zu abonnieren?

■ *Kunde: Ja. Es sollte Verteilerlisten für die Ankündigung neuer Spiele, neuer Ligen, neuer Wettkämpfe, usw. geben.*

■ Speichert ARENA Benutzerprofile (z.B. angesehene Spiele, gespielte Spiele, Interessen, die in einer Benutzerumfrage spezifiziert wurden) für Werbezwecke?

■ *Kunde: Ja, aber wenn es die Benutzer wünschen, sollten sie auch ohne Ausfüllen eines Fragebogens in der Lage sein, sich zu registrieren. Sie sollen ermutigt werden, an der Umfrage teilzunehmen, aber das soll sie nicht daran hindern, beizutreten. Sie werden ohnehin Werbung ausgesetzt sein.*

Abbildung 4.20: Fragen, die sich aus dem Szenario in Abbildung 4.19 ergeben. Die Antworten des Kunden sind *kursiv* dargestellt. Der Interviewer kann Folgefragen stellen, wenn sich neue Fakten ergeben.

- Sollen die Profile dazu benutzt werden, Benutzer automatisch in Verteilerlisten einzutragen?
- *Kunde: Nein, wir sind der Auffassung, dass die Mitglieder unserer Gemeinschaft es vorziehen, die vollständige Kontrolle über ihre Verteilerlisten-Abonnements zu haben. Zu raten, welche Abonnements ihnen gefallen könnten, würde ihnen nicht das Gefühl geben, selbst die Kontrolle zu haben.*

Schritt 13: Karl sieht sich Spielstatistiken an und entscheidet sich, das nächste Spiel in Echtzeit anzusehen.

- Wie werden Spieler für die Zuschauer identifiziert? Mit echtem Namen, E-Mail, Spitznamen?
- *Kunde: Das können die Benutzer während der Registrierung selbst bestimmen.*
- Kann ein Zuschauer alte Spiele noch einmal sehen?
- *Kunde: Die Spiele sollten diese Möglichkeit bieten, einige Spiele jedoch (z.B. Echtzeitspiele, 3D-Action-Spiele) können das aus Mangel an Betriebsmitteln eventuell nicht anbieten.*
- Soll ARENA Echtzeitspiele unterstützen?
- *Kunde: Ja, sie repräsentieren den Großteil unseres Marktes. Grundsätzlich sollte ARENA einen größtmöglichen Bereich von Spielen unterstützen.*
- ...

Abbildung 4.20: Fragen, die sich aus dem Szenario in Abbildung 4.19 ergeben. Die Antworten des Kunden sind *kursiv* dargestellt. Der Interviewer kann Folgefragen stellen, wenn sich neue Fakten ergeben. (Forts.)

4.6.3 Identifizierung von Anwendungsfällen

Das Verallgemeinern von Szenarien zu Anwendungsfällen ermöglicht es Entwicklern, die konkrete Situation außer Acht zu lassen und den allgemeinen Fall zu betrachten. Entwickler können dann verwandte Funktionalitäten in einzelne Anwendungsfälle zusammenfassen und nicht verwandte Funktionalitäten auf verschiedene Anwendungsfälle aufteilen.

Sieht man sich das organisiereTicTacToeTurnier-Szenario genauer an, bemerkt man, dass es viele Funktionalitäten behandelt, die von mehreren Akteuren initiiert werden. Wir rechnen damit, dass eine Verallgemeinerung dieses Szenarios in einem Anwendungsfall enden würde, der mit Dutzenden von Seiten beschrieben werden könnte. Deshalb versuchen wir, das Szenario in selbstständige und unabhängige Anwendungsfälle aufzuteilen, die jeweils von einem einzelnen Akteur initiiert werden.

Zunächst trennen wir deshalb die Funktionalität der Benutzerkonten in zwei verschiedene Anwendungsfälle: VerwalteBenutzerKonten, initiiert vom Spielebetreiber, und Registrieren, initiiert von potentiellen Spielern und Sportverbänden (Abbildung 4.21). Wir identifizieren einen neuen Akteur Namenlos, der die potentiellen Spieler repräsentiert, die noch kein Konto eröffnet haben. Ähnlich teilen wir das Stöbern nach alten Partien und die Verwaltung von Benutzerprofilen auf verschiedene Anwendungsfälle auf (DurchsucheTurnierGeschichte und VerwalteEigenesProfil, initiiert vom Zuschauer bzw. vom Spieler).

Um den OrganisiereTurnier-Anwendungsfall noch weiter zu verkleinern, erstellen wir schließlich für die Funktionalität, neue Ligen zu erstellen, den DefiniereLiga-Anwendungsfall, da ein SportVerband viele Turniere innerhalb einer Liga erzeugen kann. Umgekehrt erwarten wir, dass die Ausrichtung neuer Spiele und neuer Stile ähnliche Schritte vom Spielebetreiber erfordert. Daher fassen wir alle Funktionalitäten zum Installieren neuer Komponenten in dem VerwalteKomponenten-Anwendungsfall zusammen, der vom Spielebetreiber initiiert wird.

Wir fassen diese Entscheidungen in einem Anwendungsfalldiagramm zusammen und beschreiben kurz jeden Anwendungsfall (Abbildung 4.21). Man beachte, dass ein Anwendungsfalldiagramm allein nicht viele Funktionalitäten beschreibt. Vielmehr dient es als Index für die vielen Beschreibungen während dieser Phase.

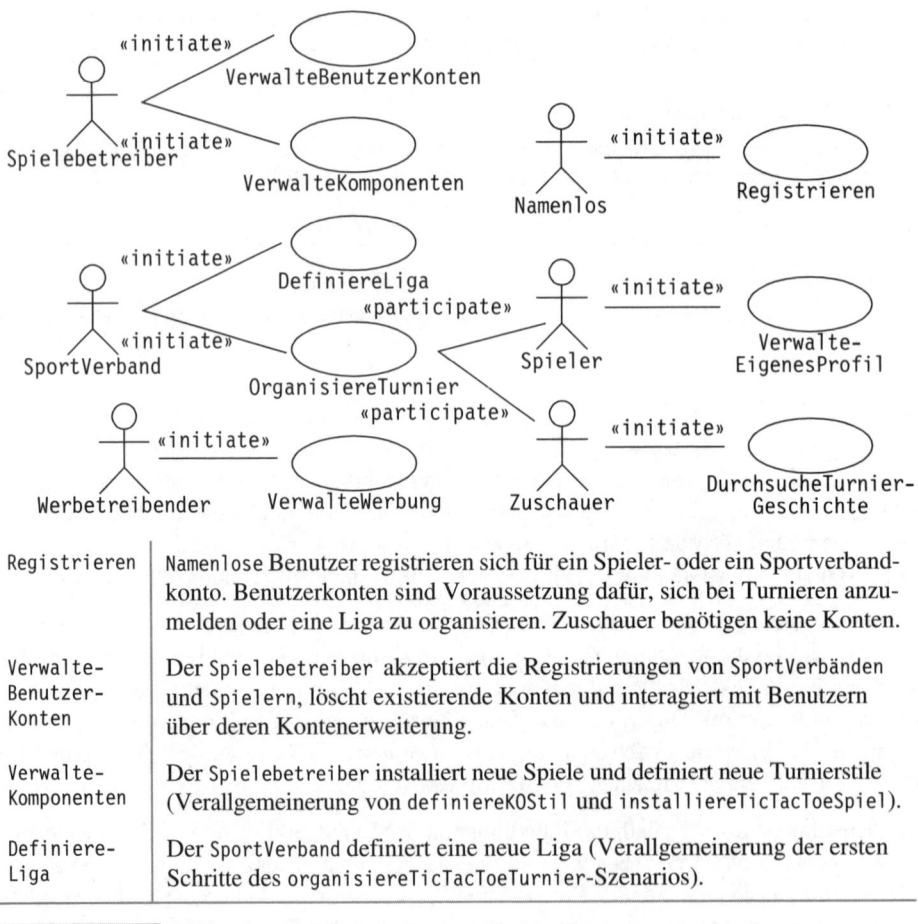

Registrieren	Namenlose Benutzer registrieren sich für ein Spieler- oder ein Sportverbandkonto. Benutzerkonten sind Voraussetzung dafür, sich bei Turnieren anzumelden oder eine Liga zu organisieren. Zuschauer benötigen keine Konten.
Verwalte-Benutzer-Konten	Der Spielebetreiber akzeptiert die Registrierungen von SportVerbänden und Spielern, löscht existierende Konten und interagiert mit Benutzern über deren Kontenerweiterung.
Verwalte-Komponenten	Der Spielebetreiber installiert neue Spiele und definiert neue Turnierstile (Verallgemeinerung von definiereKOStil und installiereTicTacToeSpiel).
Definiere-Liga	Der SportVerband definiert eine neue Liga (Verallgemeinerung der ersten Schritte des organisiereTicTacToeTurnier-Szenarios).

Abbildung 4.21:   Anwendungsfälle auf hoher Ebene für ARENA

Organisiere-Turnier	Der SportVerband erzeugt ein neues Turnier, nimmt Spieleranmeldungen an, plant Partien und eröffnet das Turnier. Während des Turniers tragen Spieler Partien aus und Zuschauer verfolgen diese. Am Ende des Turniers erhalten Spieler Punkte (Verallgemeinerung des Szenarios organisiere-TicTacToeTurnier).
Verwalte-Werbung	Der Werbetreibende installiert die Werbung und fördert die Liga oder Turniere (Verallgemeinerung von fördereTicTacToeAnfängerLiga).
Verwalte-Eigenes-Profil	Die Spieler verwalten ihre Abonnements zu E-Mail-Verteilerlisten und beantworten eine Marketing-Umfrage.
Durchsuche-Turnier-Geschichte	Zuschauer sieht Turnier- und Spielerstatistiken durch und spielt Partien nach, die bereits abgeschlossen sind (Verallgemeinerung von AnalysiereTicTacToeTurnier-Szenario).

Abbildung 4.21: Anwendungsfälle auf hoher Ebene für ARENA

Als Nächstes beschreiben wir jeden dieser Anwendungsfälle, d.h. die partizipierenden Akteure, die Anfangs- und Abschlussbedingungen und den Ereignisfluss. Abbildung 4.22 veranschaulicht dies am Beispiel des OrganisiereTurnier-Anwendungsfalls.

Anwendungs-fallname	OrganisiereTurnier
Akteure	Initiiert von SportVerband Kommuniziert mit Werbetreibender, Spieler und Zuschauer
Ereignisfluss	1. Der SportVerband erzeugt ein Turnier, erbittet Förderung von Werbetreibenden und kündigt das Turnier an (beinhaltet den Anwendungsfall AnkündigeTurnier). 2. Die Spieler melden sich für das Turnier an (beinhaltet den Anwendungsfall AnmeldeFürTurnier). 3. Der SportVerband bearbeitet die Spieler-Anmeldungen und bestimmt deren Partien (beinhaltet den Anwendungsfall BearbeiteAnmeldungen). 4. Der SportVerband eröffnet das Turnier (beinhaltet den Anwendungsfall BeginneTurnier). 5. Die Spieler tragen die Partien aus wie im Ablaufplan vorgesehen und Zuschauer sehen sie sich an (beinhaltet den Anwendungsfall SpielePartie). 6. Der SportVerband bestimmt den Gewinner und archiviert das Turnier (beinhaltet den Anwendungsfall ArchiviereTurnier).
Anfangs-bedingungen	▪ Der SportVerband ist in ARENA angemeldet.

Abbildung 4.22: Ein Beispiel eines Anwendungsfalls auf hoher Ebene: OrganisiereTurnier

Abschluss- *bedingungen*	■ Der `SportVerband` archiviert ein neues `Turnier` im `ARENA`-Archiv und der Gewinner hat neue Punkte in der Liga gesammelt. ODER: ■ Der `SportVerband` hat das Turnier abgesagt und der Punktestand der Spieler in der Liga ist unverändert.

Abbildung 4.22: Ein Beispiel eines Anwendungsfalls auf hoher Ebene: `OrganisiereTurnier` (Forts.)

Alle Schritte in diesem Ereignisfluss beschreiben Aktionen von Akteuren. Anwendungsfälle auf hoher Ebene konzentrieren sich hauptsächlich auf Aufgaben, die von den Akteuren ausgeführt werden. Die detaillierte Interaktion mit dem System und Entscheidungen
über die Systemgrenze werden auf die Verfeinerungsphase verschoben. Dies ermöglicht
es uns zunächst, den Anwendungsbereich mit Hilfe von Anwendungsfällen zu beschreiben, was uns insbesondere zeigt, wie verschiedene Akteure zusammenarbeiten, um ihre
Ziele zu erreichen.

In Abbildung 4.22 beschreiben wir die Abfolge von Aktionen von vier Akteuren, die ein
Turnier organisieren. Diese Akteure sind: der `SportVerband`, der die ganze Aktivität
ermöglicht, der `Werbetreibende`, der sich mit exklusiven Förderer-Angelegenheiten
befasst, der potentielle `Spieler`, der teilnehmen möchte, und die `Zuschauer`. Im ersten
Schritt beschreiben wir die Handhabung der Förderung, um zu verdeutlichen, dass alle
Förderer-Probleme gelöst werden müssen, bevor das Turnier angekündigt wird und sich
Spieler für das Turnier registrieren können. Die Förderungsproblematik von Turnieren
wurde anfangs nicht deutlich genug in den Szenarien in Abbildung 4.18 beschrieben (es
wurde nur das Fördern von Ligen beschrieben). Nach Diskussionen mit dem Kunden
haben wir uns dazu entschieden, auch Turnierförderung zuzulassen, und dies jeweils zu
Beginn eines Turniers abzuwickeln. Dies hilft einerseits, dem System neue Förderer hinzuzufügen, andererseits erlaubt es dem Förderer, mit seinen eigenen Betriebsmitteln für
das Turnier zu werben. Letztendlich hilft dies auch dem System dabei, während des
Registrierungsprozesses die Werbung besser aussuchen zu können.

In diesem Anwendungsfall haben wir die wichtigen Elemente des `organisiereTurnier`-
Szenarios aus Abbildung 4.18 in sechs Schritten auf den Punkt gebracht und die Einzelheiten der Verfeinerung des Anwendungsfalls überlassen. Durch eine derartige Beschreibung eines jeden Anwendungsfalls auf hoher Ebene haben wir alle Zusammenhänge
zwischen den Akteuren festgehalten, auf die das System achten muss. Dadurch ergibt sich
auch eine zusammenfassende Beschreibung des Systems, die für jeden Projektneuling
verständlich ist.

Als Nächstes schreiben wir die detaillierten Anwendungsfälle, um die Interaktionen zwischen Akteuren und dem System zu beschreiben.

4.6.4 Verfeinerung von Anwendungsfällen und Identifizierung von Beziehungen

Das Verfeinern von Anwendungsfällen ermöglicht es Entwicklern, den Informationsaustausch sowohl zwischen den Akteuren als auch zwischen den Akteuren und dem System präzise zu definieren. Es ermöglicht ebenso die Entdeckung von alternativen Handlungsabläufen und Ausnahmen, mit denen das System zurechtkommen sollte.

Um die Fallstudie überschaubar zu halten, zeigen wir nicht die ganze Verfeinerung. Wir beginnen, indem wir einen ausführlichen Anwendungsfall für jeden Schritt im Ereignisfluss des OrganisiereTurnier-Anwendungsfalls identifizieren. Das sich daraus ergebende Anwendungsfalldiagramm ist in Abbildung 4.23 gezeigt. Dann konzentrieren wir uns auf den Anwendungsfall AnkündigeTurnier: Abbildung 4.24 enthält eine Beschreibung des Ereignisflusses und Abbildung 4.25 identifiziert die Ausnahmen, die in AnkündigeTurnier auftreten könnten. Die übrigen Anwendungsfälle werden ähnlich entwickelt.

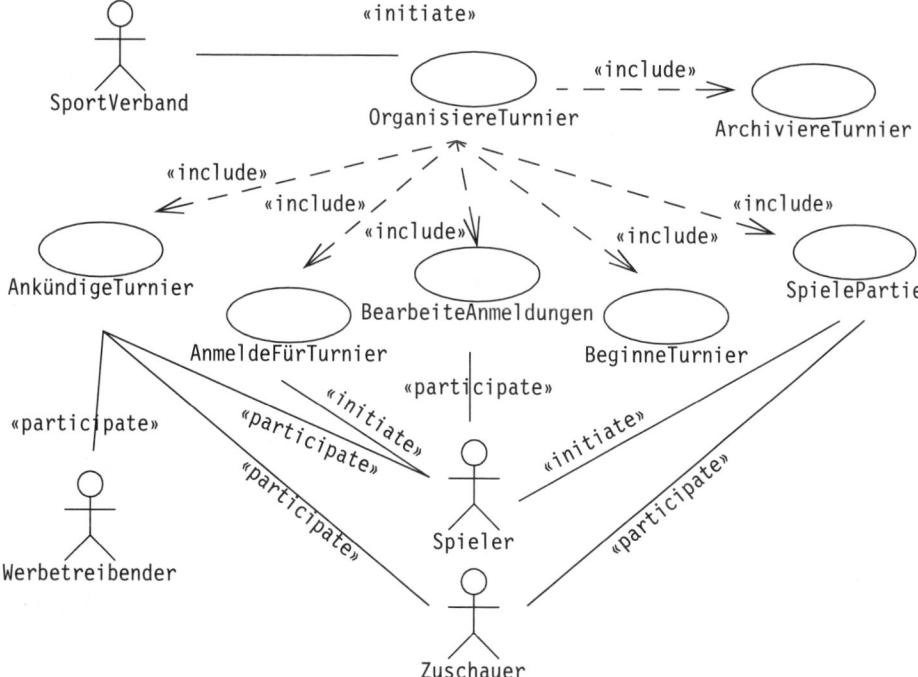

Abbildung 4.23: Ausführliche Anwendungsfälle verfeinern den OrganisiereTurnier-Anwendungsfall auf hoher Ebene.

Alle Anwendungsfälle in Abbildung 4.23 werden durch den SportVerband initiiert, außer AnmeldeFürTurnier und SpielePartie, die vom Spieler initiiert werden. Der Werbetreibende partizipiert am Anwendungsfall AnkündigeTurnier und der Zuschauer an den AnkündigeTurnier- und SpielePartie-Anwendungsfällen. Der Spieler partizipiert an allen Anwendungsfällen, die OrganisiereTurnier verfeinern. Um das Anwendungsfalldiagramm lesbar zu halten, haben wir die «initiate»-Beziehungen zwischen dem Sport-Verband und den verfeinerten Anwendungsfällen ausgelassen. Bei der Verwendung eines UML-Modellierungswerkzeugs würden wir diese Beziehungen allerdings einschließen. Wir beginnen, indem wir den Ereignisfluss für den AnkündigeTurnier-Anwendungsfall (Abbildung 4.24) schreiben.

Name	AnkündigeTurnier
Akteure	Initiiert von SportVerband Kommuniziert mit Spieler, Werbetreibender, Zuschauer
Ereignis-fluss	1. Der SportVerband beantragt die Organisation eines Turniers.
	2. Das System überprüft, ob der SportVerband das Limit an Turnieren in der Liga oder der Arena zahlenmäßig überschritten hat. Falls dies nicht der Fall ist, präsentiert das System dem SportVerband ein Formular.
	3. Der SportVerband spezifiziert einen Namen, Start- und Enddaten, zwischen denen die Spieler sich für das Turnier anmelden können, Start- und Enddaten für die Durchführung des Turniers und eine maximale Anzahl an Spielern.
	4. Das System fragt den SportVerband auch, ob eine exklusive Förderung angestrebt wird, und präsentiert, falls ja, eine Liste von Werbetreibenden, die ihr Interesse an einer exklusiven Förderung geäußert haben.
	5. Falls der SportVerband sich für eine exklusive Förderung entscheidet, wählt er einige Namen aus der Liste vorgeschlagener Förderer aus.
	6. Das System informiert die ausgewählten Förderer über das anstehende Turnier und den Pauschalpreis für eine exklusive Förderung.
	7. Das System übermittelt die Antworten an den SportVerband.
	8. Wenn sich interessierte Förderer melden, wählt der SportVerband einen davon aus.
	9. Das System speichert den Namen des exklusiven Förderers und bucht die Pauschalgebühr für die Förderung vom Konto des Werbetreibenden ab. Ab diesem Zeitpunkt werden alle Werbebanner, die mit dem Turnier in Verbindung stehen, nur von dem exklusiven Förderer bereitgestellt.
	10. Wenn keine Förderer ausgewählt wurden (entweder weil kein Werbetreibender interessiert war oder der SportVerband keinen ausgewählt hat), werden die Werbebanner nach dem Zufallsprinzip ausgewählt und dem Konto der jeweiligen Werbetreibenden nach Stückpreis berechnet.

Abbildung 4.24:   Beispiel für einen ausführlichen Anwendungsfall: AnkündigeTurnier

11. Sobald die Förderangelegenheit beendet ist, übergibt das System dem SportVerband eine Liste mit Gruppen von Spielern, Zuschauern und Werbetreibenden, die an neuen Turnieren interessiert sein könnten.

12. Der SportVerband wählt die Gruppen aus, die benachrichtigt werden sollen.

13. Das System erstellt für das Turnier eine Portalseite in der Arena. Diese Seite wird als Ausgangspunkt für das Turnier genutzt (z.B. um interessierten Spielern eine Möglichkeit zu bieten, sich für das Turnier anzumelden, und um das Interesse bei potentiellen Zuschauern zu wecken).

14. Bei Anmeldebeginn benachrichtigt das System jeden interessierten Benutzer, indem es einen Link auf die Hauptseite des Turniers verschickt. Die Spieler können sich dann mit dem AnmeldeFür-Turnier-Anwendungsfall für das Turnier bis zum Anmeldungsende bewerben.

Anfangsbedingungen	■ Der SportVerband ist in ARENA angemeldet.
Abschlussbedingungen	■ Die Förderung des Turniers ist geregelt: Entweder hat ein einzelner exklusiver Werbetreibender einen Pauschalpreis gezahlt oder die Werbebanner werden nach dem Zufallsprinzip aus dem allgemeinen Vorrat an Werbung bei der Arena ausgewählt.
	■ Potentielle Spieler haben eine Benachrichtigung über das anstehende Turnier erhalten und können sich zur Teilnahme anmelden.
	■ Potentielle Zuschauer haben eine Benachrichtigung über das anstehende Turnier erhalten und wissen somit, wann es beginnt.
	■ Die Portalseite des Turniers ist für jeden sichtbar, sodass andere potentielle Zuschauer diese Seite über Internet-Suchmaschinen oder über die Arena-Portalseite finden können.
Qualitätsanforderungen	■ Angebote an und Antworten von Werbetreibenden erfordern sichere Authentifizierung, damit den Werbetreibenden ausschließlich auf Grund ihrer Antworten eine Rechnung gestellt werden kann.
	■ Werbetreibende sollten lokalen Gesetzen entsprechend in der Lage sein, Förderungsvereinbarungen innerhalb eines bestimmten Zeitraums zu kündigen.

Abbildung 4.24: Beispiel für einen ausführlichen Anwendungsfall: AnkündigeTurnier (Forts.)

Die Schritte in Abbildung 4.24 beschreiben detailliert den Informationsaustausch zwischen dem Akteur und dem System. Man sollte jedoch beachten, dass wir keine Einzelheiten der Benutzerschnittstelle beschreiben (z.B. Formulare, Knöpfe, Aufbau der Fenster oder Webseiten). Es ist sehr viel einfacher, eine anwenderfreundliche Schnittstelle später zu entwerfen, nachdem wir die Absicht und Zuständigkeit jedes Akteurs kennen. Der Schwerpunkt der Verfeinerungsphase liegt daher darauf, die genauen Absichten und Zuständigkeiten jedes Akteurs herauszufinden oder zu bestimmen.

Bei der Beschreibung der Schritte beim ausführlichen AnkündigeTurnier-Anwendungsfall haben wir gemeinsam mit dem Kunden weitere Entscheidungen über die Systemgrenze getroffen:

- Wir haben Anfangs- und Enddaten für den Bewerbungsprozess und für die Durchführung des Turniers eingeführt (Schritt 3 in Abbildung 4.24). Dies ermöglicht es uns, den Meldeschluss an alle beteiligten Akteure zu übermitteln und zu gewährleisten, dass das Turnier innerhalb eines angemessenen Zeitraums stattfindet.

- Wir haben entschieden, dass Werbetreibende in ihrem Profil angeben sollen, ob sie an exklusiven Förderungen Interesse haben oder nicht. Dies ermöglicht dem SportVerband, Werbetreibende genauer einzuplanen (Schritt 4 in Abbildung 4.24).

- Wir haben auch entschieden, Werbetreibenden die Möglichkeit zu geben, sich auf Förderung durch das System festzulegen, und wir haben die Abrechnung und Buchhaltung automatisiert. Dies hat Sicherheits- und Rechtsanforderungen an das System zur Folge, die wir im „Qualitätsanforderungen"-Feld des Anwendungsfalls dokumentieren (Schritte 9 und 10 in Abbildung 4.24).

Wichtig ist, dass diese Entscheidungen vom Kunden bestätigt werden. Andere Kunden und Umgebungen können dazu führen, Abstimmungen für das gleiche System anders zu bewerten. Zum Beispiel resultiert die Entscheidung, bei Werbetreibenden durch das System nachzufragen und eine Bestätigung übermitteln zu lassen, in einem teureren und komplexeren System. Eine Alternative wäre gewesen, bei Werbetreibenden per E-Mail nachzufragen, aber dann die Bestätigung per Telefon einzuholen. Dies hätte ein einfacheres System bedeutet, aber auch mehr Aufwand für den SportVerband. Der Kunde entscheidet zwischen solchen Alternativen und weiß natürlich, dass solche Entscheidungen Einfluss auf die Kosten und das Lieferdatum des Systems haben.

Als Nächstes identifizieren wir die Ausnahmen, die während des ausführlichen Anwendungsfalls auftreten können. Dies geschieht, indem wir jeden einzelnen Schritt überprüfen und alle Ereignisse identifizieren, die schief gehen könnten. Wir beschreiben kurz die Handhabung jeder Ausnahme und modellieren die Ausnahmebehandlung-Anwendungsfälle als Erweiterungen des AnkündigeTurnier-Anwendungsfalls (siehe Abbildung 4.25).

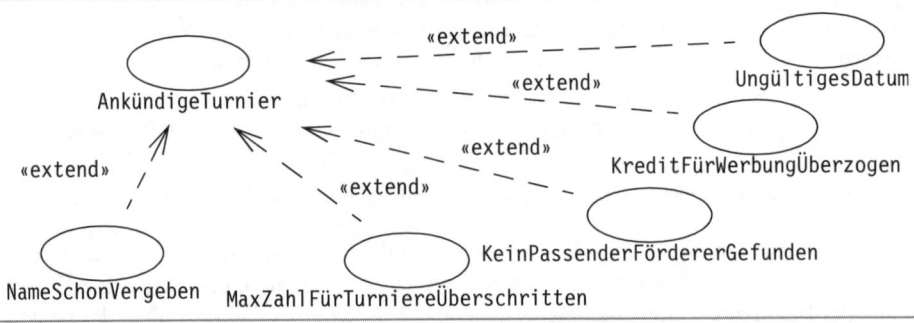

Abbildung 4.25: Ausnahmen, die in AnkündigeTurnier vorkommen, dargestellt als erweiterte Anwendungsfälle (AnkündigeTurnier ist der gleiche Anwendungsfall wie der in Abbildung 4.23).

`KreditFürWerbungÜberzogen`	Das System entfernt den `Werbetreibenden` aus der Liste möglicher Förderer.
`UngültigesDatum`	Das System informiert den `SportVerband` und erwartet die Eingabe eines neuen Datums.
`MaxZahlFürTurniereÜberschritten`	Der `AnkündigeTurnier`-Anwendungsfall ist abgeschlossen.
`NameSchonVergeben`	Das System informiert den `SportVerband` und erwartet die Eingabe eines neuen Namens.
`KeinPassenderFördererGefunden`	Das System überspringt die Schritte zum exklusiven Förderer and und wählt nach dem Zufallsprinzip Werbung aus dem vorgegebenen Vorrat aus.

Abbildung 4.25: Ausnahmen, die in `AnkündigeTurnier` vorkommen, dargestellt als erweiterte Anwendungsfälle (`AnkündigeTurnier` ist der gleiche Anwendungsfall wie der in Abbildung 4.23). (Forts.)

Nicht alle Ausnahmen sind allerdings gleich. Verschiedene Arten von Ausnahmen werden am besten in unterschiedlichen Stufen der Entwicklung angesprochen. In Abbildung 4.25 identifizieren wir Ausnahmen, die durch Betriebsmittelbeschränkungen (`MaxZahlFürTurniereÜberschritten`), ungültige Benutzereingaben (`UngültigesDatum`, `NameSchonVergeben`) oder Einschränkungen in der Anwendungsdomäne (`KreditFürWerbungÜberzogen`, `KeinPassenderFördererGefunden`) entstehen.

Um Ausnahmen, die in Zusammenhang mit Betriebsmittelbeschränkungen stehen, kümmert man sich am besten während des Systementwurfs. Nur während des Systementwurfs wird klar, welche Betriebsmittel beschränkt sind und wie man sie am besten unter verschiedenen Benutzern aufteilt. Dadurch können also während des Systementwurfs weitere Anforderungsermittlungs-Aktivitäten entstehen, die mit dem Kunden abgesprochen werden müssen.

Ausnahmen, die in Zusammenhang mit ungültigen Benutzereingaben stehen, werden am besten während des Entwurfs der Benutzerschnittstelle behandelt, wenn die Entwickler in der Lage sind zu entscheiden, an welchen Stellen auf ungültige Eingaben geprüft werden soll, wie Fehlermeldungen dargestellt werden sollen und wie man ungültige Eingaben verhindert.

Die dritte Kategorie von Beschränkungen, die Anwendungsdomänenbeschränkungen, sollte allerdings sehr früh die Aufmerksamkeit von Entwicklern und Kunden erhalten, denn es handelt sich um Ausnahmen, die Entwicklern normalerweise nicht ohne weiteres auffallen. Wenn diese übersehen werden, bedarf es erheblicher Nachbesserungen und Änderungen des Systems. Ein systematischer Weg, solche Ausnahmen zu finden, ist es, die Anwendungsfälle Schritt für Schritt mit dem Kunden oder dem Domänenexperten durchzugehen.

Viele außergewöhnliche Ereignisse können entweder als Ausnahme dargestellt werden (z.B. `KreditFürWerbungÜberzogen`) oder als nichtfunktionale Anforderung (z.B. „Einem `Werbetreibenden` sollte es nicht möglich sein, Geld für Werbung über einen bestimmten Betrag hinaus auszugeben, welcher vorab mit dem `Spielebetreiber` während der Registrierung festgelegt wurde"). Die letztere Beschreibung trifft eher auf globale Einschrän-

kungen zu, die auf mehrere Anwendungsfälle angewandt werden können. Umgekehrt ist
Ersteres eher zutreffend für Ereignisse, die nur in einem Anwendungsfall auftreten können (z.B. „KeinPassenderFördererGefunden").

Jeden ausführlichen Anwendungsfall zu beschreiben, einschließlich aller Ausnahmen,
macht den Löwenanteil der Anforderungsermittlung aus. Idealerweise schreiben die Entwickler jede Einzelheit der Anwendungsfälle auf und gehen jedes Problem der Anwendungsdomäne an, noch bevor sie sich in dem Projekt festlegen und mit der Umsetzung in
ein System anfangen. In der Praxis sieht das aber anders aus. Für große Systeme erstellen
die Entwickler zahlreiche Dokumentationen, wodurch es schwierig ist – wenn nicht gar
unmöglich – Konsistenz einzuhalten. Schlimmer noch, die Anforderungsermittlung bei großen Projekten müsste bereits finanziert werden, da sie eine große Menge an Betriebsmitteln
von Seiten des Kunden und der Entwickler benötigt. Zudem kann Vollständigkeit zu einem
frühen Zeitpunkt unsinnig sein: Die einzelnen Schritte im Anwendungsfall ändern sich
noch ständig, da immer neue Tatsachen aus der Anwendungsdomäne entdeckt werden. Die
Entscheidung darüber, wie viele Anwendungsfälle genau beschrieben werden sollen, und
wie viele nicht, ist ebenso eine Frage des Vertrauens wie der Wirtschaftlichkeit: Der Kunde
und die Entwickler sollten ein gutes Verständnis des Systems haben und bereit sein, sich auf
einen Termin, ein Budget und einen Ablauf für zukünftige Änderungen festzulegen (einschließlich Änderungen in den Anforderungen, im Zeitplan und im Budget).

In ARENA konzentrieren wir uns darauf, die Interaktionen zwischen den Werbetreibenden
und den Spielern ausführlich zu spezifizieren, da diese entscheidend für das Erlangen von
Einkünften sind. Anwendungsfälle, die mit der Verwaltung des Systems zusammenhängen
oder mit der Installation neuer Spiele oder Turnierarten, werden auf später verschoben, da
diese mehr technische Einzelheiten beinhalten, die vom Lösungsbereich abhängig sind.

4.6.5 Identifizierung von nichtfunktionalen Anforderungen

Nichtfunktionale Anforderungen haben eine Menge unterschiedlicher Quellen. Die Problembeschreibung, mit der wir in Abbildung 4.17 begonnen haben, spezifiziert bereits
Leistungs- und Implementierungsanforderungen. Beim ausführlichen AnkündigeTurnier-
Anwendungsfall können wir weitere rechtliche Anforderungen für die Rechnungsstellung
an Werbetreibende identifizieren. Bei der Überprüfung von Ausnahmen im vorangegangenen Abschnitt haben wir eine Einschränkung bezüglich des Betrags, den Werbetreibende ausgeben können, identifiziert. Obwohl wir vielen nichtfunktionalen Anforderungen begegnen, während wir Anwendungsfälle schreiben und verfeinern, können wir nicht
sicher sein, dass wir auch alle identifiziert haben. Um Vollständigkeit zu garantieren, verwenden wir die FURPS+-Kategorien, die wir in Abschnitt 4.3.2 beschrieben haben (oder
jede andere systematische Taxonomie von nichtfunktionalen Anforderungen), als Checkliste, um den Kunden zu befragen. Tabelle 4.4 beschreibt die nichtfunktionalen Anforderungen, die wir in ARENA identifiziert haben, nachdem der AnkündigeTurnier-Anwendungsfall detaillierter beschrieben wurde.

Was haben wir gelernt?

In diesem Abschnitt haben wir einen ersten Anwendungsfall und ein erstes Analyseobjektmodell basierend auf einer Problembeschreibung des Kunden entwickelt. Wir haben hierfür Szenarien und Fragen als Ermittlungswerkzeuge verwendet, um mehrdeutige Konzepte zu klären und fehlende Informationen zu finden. Ebenso haben wir eine Anzahl von nichtfunktionalen Anforderungen eruiert. Wir haben gelernt, dass

- Anforderungsermittlung einen ständigen Wechsel zwischen Sichtweisen bedeutet (z.B. hohe Ebene-ausführlich, Kunde-Entwickler, Aktivität-Entität)
- Anforderungsermittlung hohe Kundenmitarbeit erfordert
- Entwickler nicht davon ausgehen sollten, dass sie wissen, was der Kunde will
- das Ermitteln nichtfunktionaler Anforderungen die Interessengruppen zwingt, Kompromisse einzugehen und diese zu dokumentieren

Kategorie	Nichtfunktionale Anforderungen
Bedienbarkeit	- Zuschauer müssen in der Lage sein, auf laufende Spiele zuzugreifen, ohne sich vorher zu registrieren und ohne Vorwissen über das Spiel zu haben.
Zuverlässigkeit	- Abstürze durch Softwarefehler in Spielkomponenten sollten höchstens das Turnier, in dem ein Spiel läuft, unterbrechen. Die anderen laufenden Turniere sollten nicht beeinträchtigt werden. - Wenn ein Turnier durch einen Absturz unterbrochen wird, sollte der SportVerband das Turnier neu starten können. Höchstens der letzte Zug der unterbrochenen Partie darf verloren gehen.
Leistung	- Das System muss den Start von vielen parallel laufenden Turnieren (z.B. zehn), unterstützen, jedes mit bis zu 64 Spielern und mehreren hundert gleichzeitigen Zuschauern. - Spieler müssen Partien über ein Analog-Modem spielen können.
Unterstützung	- Der Spielebetreiber muss in der Lage sein, neue Spiele und neue Turnierstile hinzuzufügen. Dieser Vorgang erfordert möglicherweise, dass das System für kurze Zeit heruntergefahren werden muss und neue Module (z.B. Java-Klassen) dem System hinzugefügt werden. Es sollte jedoch keine Modifizierung des Systems nötig sein.

Tabelle 4.4: Zusammengefasste nichtfunktionale Anforderungen für ARENA, nach der ersten detaillierten Version des AnkündigeTurnier-Anwendungsfalls

Kategorie	Nichtfunktionale Anforderungen
Implementierung	■ Alle Benutzer sollten eine Arena über einen Webseitenbetrachter erreichen können. Der Webseitenbetrachter muss Cookies, JavaSkript, und Java-Applets unterstützen. Administrative Funktionen, die vom Spielebetreiber genutzt werden, sollten nicht über das Netz erreichbar sein. ■ ARENA sollte auf jedem Unix-Betriebssystem laufen (z.B. MacOS X, Linux, Solaris).
Betrieb	■ Ein Werbetreibender sollte nicht in der Lage sein, eine höhere Geldsumme auszugeben, als vorab mit dem Spielebetreiber während der Registrierung festgelegt wurde.
Rechtliches	■ Angebote an Werbetreibende und ihre Antworten erfordern sichere Authentifizierung, sodass Vereinbarungen getroffen werden können, die ausschließlich auf diesen Antworten basieren. ■ Werbetreibende sollten lokalen Gesetzen entsprechend in der Lage sein, Förderungsvereinbarungen innerhalb eines bestimmten Zeitraumes zu kündigen.

Tabelle 4.4: Zusammengefasste nichtfunktionale Anforderungen für ARENA, nach der ersten detaillierten Version des AnkündigeTurnier-Anwendungsfalls (Forts.)

Weiterführende Literatur

Anwendungsfälle wurden durch Ivar Jacobson und sein Buch *Object-Oriented Software Engineering: A Use Case Approach* [Jacobson et al., 1992] populär. Carrolls Buch *Scenario-Based Design* enthält eine Übersicht der Forschungsergebnisse zu den Themen szenariobasierte Anforderungen und partizipatorischer Entwurf [Carroll, 1995]. Das Buch beschreibt auch Einschränkungen und Fallgruben der szenariobasierten Anforderungsermittlung und des partizipatorischen Entwurfs, die immer noch ihre Gültigkeit haben.

Das Buch *Software for Use* [Constantine & enthält viel Material über die Spezifizierung von Systemen mit Anwendungsfällen, einschließlich Angaben, wie man ungenaues Wissen von Kunden und Benutzern ermittelt, ein „weiches" Thema, das gewöhnlich nicht in Softwaretechnik-Büchern behandelt wird. *Writing Effective Use Cases* [Cockburn, 2001a] und die dazugehörige Web-Seite http://www.usecases.org bieten viele praktische Heuristiken, um Anwendungsfälle zu beschreiben (anstatt sie nur zu zeichnen).

Endbenutzer spielen eine entscheidende Rolle während der Anforderungsermittlung. Norman zeigt dies, indem er Entwurfsbeispiele aus dem Alltag benutzt, wie beispielsweise den Entwurf von Türen, Herden und Waschbecken [Norman, 2002]. Er argumentiert, dass von Benutzern nicht verlangt werden kann, dass sie ein Handbuch lesen und neue Fertigkeiten zu jedem Produkt lernen, dem sie ausgesetzt sind. Stattdessen sollte das Wissen, wie man ein Produkt benutzt (z.B. der Hinweis, in welche Richtung eine Tür aufgeht), in dessen Entwurf einfließen. Norman benutzt zwar Beispiele aus dem Alltag, aber dieselben Prinzipien treffen auf den Entwurf von Rechensystemen und Benutzerschnittstellen zu.

Bei der Ermittlung von nichtfunktionalen Anforderungen ist der Stand der Forschung sehr viel schlechter. Das NFR-Gerüst, beschrieben in *Non-Functional Requirements in Software Engineering* [Chung et al., 1999], ist eine der wenigen Methoden, die dieses Thema systematisch und sorgfältig angehen.

Auch Rückverfolgbarkeit außerhalb von Anforderungen ist immer noch ein Gegenstand der Forschung. Hier verweisen wir den Leser auf die spezielle Literatur [Jarke, 1998].

Die Lastenheftvorlage, die wir in diesem Kapitel benutzt haben, ist nur eine Möglichkeit, wie man ein Lastenheft organisieren kann. Der Anhang der Norm für Software-Anforderungen [IEEE Std. 830-1993] enthält weitere Möglichkeiten für die Beschreibung einzelner Anforderungen.

Die Beispiele in diesem Kapitel folgen einem dialektischen Ansatz zur Anforderungserhebung, d.h. einem Prozess aus Diskussionen und Verhandlungen zwischen Entwicklern, Kunden und Benutzern. Dieser Prozess funktioniert gut, wenn der Kunde auch der Endbenutzer ist oder wenn der Kunde ausreichendes Wissen über die Anwendungsdomäne besitzt. In großen Systemen, wie z.B. Flugsicherungssystemen, hat kein einzelner Anwender oder Kunde einen kompletten Überblick über das System. In diesen Fällen scheitert der dialektische Ansatz, da viele Einzelheiten über Anwenderaktivitäten erst in Erfahrung gebracht werden, wenn es fast zu spät ist. In den letzten Jahrzehnten hat die Ethnografie, eine Methode der Anthropologie, in der Anforderungsmodellierung Einzug gehalten. Mit diesem Ansatz können Systemanalytiker in die Welt der Anwender eintauchen, deren tägliche Arbeit beobachten und an deren Treffen teilnehmen. Sie nehmen dabei eine neutrale Haltung ein und lassen sich bei der Aufzeichnung ihrer Beobachtungen nicht von ihrem persönlichen Hintergrund beeinflussen. Das Ziel eines solchen Ansatzes ist es, unbewusstes Wissen zu entdecken. Die Kohärenzmethode, über die in *Social analysis in the requirements engineering process: from ethnography to method* [Viller & Sommerville, 1999] berichtet wird, gibt ein praktisches Beispiel zum Einsatz von Ethnografie bei der Anforderungsermittlung.

Jacksons Buch *Software Requirements & Specifications: A Lexicon of Practice, Principles and Prejudices* [Jackson, 1995] ist sowohl präzise als auch unterhaltsam und gewährt tiefe Einblicke in die Prinzipien und Methoden bei der Anforderungsermittlung.

Übungen

4.1 Betrachten Sie Ihre Uhr als ein System und stellen Sie sie zwei Minuten vor. Schreiben Sie jede einzelne Interaktion zwischen Ihnen und der Uhr auf und betrachten Sie es als Szenario. Zeichnen Sie jede Interaktion auf, einschließlich der Rückmeldungen der Uhr.

4.2 Betrachten Sie das Szenario, das Sie in Übung 4.1 geschrieben haben. Identifizieren Sie die Akteure des Szenarios. Schreiben Sie dann einen Anwendungsfall StelleUhr. Beschreiben Sie alle Schritte, insbesondere das Vor- und Zurückstellen der Zeit und das Einstellen der Stunden, Minuten und Sekunden.

4.3 Nehmen Sie an, das Uhrsystem aus 4.1 und 4.2 unterstützt eine Weckerfunktion. Beschreiben Sie das Stellen des Weckers als einen in sich abgeschlossenen Anwendungsfall StelleWecker.

4.4 Prüfen Sie die StelleUhr- und StelleWecker-Anwendungsfälle, die Sie in den Übungen 4.2 und 4.3 niedergeschrieben haben. Eliminieren Sie alle Redundanzen, indem Sie eine Enthält-Beziehung benutzen. Begründen Sie, warum in diesem Fall eine Enthält-Beziehung einer Erweitert-Beziehung vorzuziehen ist.

4.5 Nehmen Sie an, der Außenbeamte kann beim Ausfüllen der Felder einer Notfall-Meldung eine Hilfefunktion MeldeNotfallHilfe aufrufen, die eine detaillierte Beschreibung für jedes Feld liefert und spezifiziert, welche Felder erforderlich sind. Modifizieren Sie den MeldeNotfall-Anwendungsfall (beschrieben in Abbildung 4.10) so, dass diese zusätzliche Funktionalität enthalten ist. Welche Beziehung sollte man benutzen, um MeldeNotfall und MeldeNotfallHilfe zu verbinden?

4.6 Hier sind einige Beispiele nichtfunktionaler Anforderungen. Spezifizieren Sie, welche dieser Anforderungen überprüfbar sind und welche nicht:

- „Das System muss benutzbar sein."
- „Das System muss dem Benutzer nach einer Eingabe innerhalb einer Sekunde eine sichtbare Antwort geben."
- „Die Verfügbarkeit des Systems muss bei über 95% liegen."
- „Die Benutzerschnittstelle des neuen Systems sollte ähnlich der des alten Systems sein, sodass Benutzer des alten Systems ohne Probleme auf dem neuen System geschult werden können."

4.7 Die Notwendigkeit, eine komplette Spezifikation zu entwickeln, verführt einen Analytiker vielleicht dazu, ausführliche und umfangreiche Dokumente zu verfassen. Welche dieser konkurrierenden Spezifikationsqualitäten (siehe Tabelle 4.1) kann Analytiker dazu veranlassen, die Spezifikationen kurz zu halten?

4.8 Rückverfolgbarkeit während der Anforderungs- und Folgeaktivitäten aufrecht-zuerhalten ist teuer, da zusätzliche Informationen erfasst und gepflegt werden müssen. Was sind die Vorteile der Verfolgbarkeit, die diesen Nachteil aufheben? Von welchem dieser Vorteile profitiert der Systemanalytiker unmittelbar?

4.9 Erklären Sie, warum Multiple-Choice-Fragebögen als primäres Mittel zur Informationsgewinnung von Benutzern für die Anforderungsermittlung nicht geeignet sind.

4.10 Beschreiben Sie aus Ihrer Sicht die Schwächen und Stärken von Benutzern während der Anforderungsermittlungsaktivität. Beschreiben Sie ebenso die Stärken und Schwächen der Entwickler während der Anforderungsermittlungsaktivität.

4.11 Beschreiben Sie kurz den Begriff „Menü". Schreiben Sie Ihre Antwort auf ein Stück Papier und legen Sie es zusammen mit den Definitionen von vier anderen Personen auf den Tisch. Vergleichen Sie alle fünf Definitionen und diskutieren Sie die wesentlichen Unterschiede.

4.12 Schreiben Sie den VerwalteWerbung-Anwendungsfall, der vom Werbetreibenden initiiert wird, auf hoher Abstraktionsebene und schreiben Sie detaillierte Anwendungsfälle, die diesen Anwendungsfall verfeinern. Beachten Sie Merkmale, die es einem Werbetreibenden ermöglichen, Werbebanner hochzuladen, Schlüsselwörter mit dem Banner zu verbinden, sich für Benachrichtigungen über neue Turniere in besonderen Ligen einzutragen und die Gebühren und Zahlungen auf dem Werbekonto zu überwachen. Achten Sie darauf, dass Ihre Anwendungsfälle mit der ARENA-Problembeschreibung übereinstimmen, die in Abbildung 4.17 dargelegt wurde.

4.13 Überdenken Sie den AnkündigeTurnier-Anwendungsfall in Abbildung 4.24. Schreiben Sie den Ereignisfluss, die Anfangs- und Abschlussbedingungen für den AnmeldeFürTurnier-Anwendungsfall, der von einem Spieler, der an dem neu geschaffenen Turnier teilnehmen möchte, initiiert wurde. Beachten Sie auch die ARENA-Problembeschreibung in Abbildung 4.17. Erstellen Sie eine Liste mit Fragen an den Kunden, wenn Sie auf Alternativen stoßen.

4.14 Schreiben Sie den Ereignisfluss, die Anfangs- und Abschlussbedingungen für die außergewöhnlichen AnkündigeTurnier-Anwendungsfälle, wie in Abbildung 4.25 beschrieben. Benutzen Sie bei Bedarf Enthält-Beziehungen, um Redundanzen zu vermeiden.

Kapitel

5 Analyse

*Es genügt nicht keine Gedanken zu haben, man muß auch unfähig sein, sie auszu-
drücken.*

— *Karl Kraus, in „Die Fackel"*

Analyse erstellt ein Systemmodell, das korrekt, vollständig, konsistent und nachprüfbar
sein soll. Entwickler formalisieren die Spezifikationsanforderungen, die während der
Zusammenstellung der Anforderungen gesammelt werden, und überprüfen die Randbedingungen und Ausnahmefälle. Dabei verbessern und verdeutlichen sie die Spezifikation der
Anforderungen, falls Fehler oder Mehrdeutigkeiten auftauchen. Kunde und Anwender
werden für gewöhnlich in diesen Prozess mit eingebunden, wenn die Anforderungsspezifikation geändert werden muss und wenn zusätzliche Informationen dafür benötigt werden.

In der objektorientierten Analyse erstellen die Entwickler zunächst ein Modell des
Anwendungsbereichs. Beispielsweise beschreibt das Analysemodell einer Uhr, wie diese
Uhr die Zeit darstellt (z.B.: Kennt die Uhr Schaltjahre? Kennt sie die Wochentage? Kann
sie Mondphasen anzeigen?). Eine Erweiterung des Analysemodells zeigt dann auf, wie
die Akteure und das System das Anwendungsbereichsmodell handhaben (z.B.: Wie stellt
der Uhrenbesitzer die Zeit ein? Wie stellt der Uhrbesitzer den Wochentag ein?). Entwickler benutzen das Analysemodell zusammen mit nichtfunktionalen Anforderungen, um die
Systemarchitektur vorzubereiten, die während des Entwurfs auf höherer Ebene entwickelt
wird. (Kapitel 6, *Systementwurf: Systemzerlegung*).

In diesem Kapitel diskutieren wir die Analyseaktivitäten genauer. Wir befassen uns mit
der Identifizierung von Objekten, ihrem Verhalten, ihren Beziehungen, ihrer Klassifizierung und ihrer Organisation. Wir beschreiben Managementfragen, die sich im Kontext
eines Entwicklungsprojekts mit einer umfangreichen Arbeitsgruppe auf Analyse beziehen. Schließlich betrachten wir Analyseprobleme und -einbußen anhand der ARENA-Fallstudie.

5.1 Einführung: Optische Täuschung

Im Jahre 1915 stellte Edgar Rubin eine Zeichnung ähnlich Abbildung 5.1 aus, um das Konzept von Vexierbildern zu verdeutlichen. Was sehen Sie? Zwei Gesichter, die einander anschauen? Konzentrieren Sie sich mehr auf die weiße Fläche, können Sie stattdessen eine Vase sehen. Sobald Sie in der Lage sind, beide Formen zu erkennen, ist es ein Leichtes, zwischen der Vase und den Gesichtern hin und her zu springen.

Abbildung 5.1: Mehrdeutigkeit: Was sehen Sie?

Betrachten wir die Zeichnung in Abbildung 5.1 einmal als Anforderungsspezifikation: Was für ein Modell könnte man konstruieren? Spezifikationen wie auch Vexierbilder enthalten Mehrdeutigkeiten, die durch die Ungenauigkeiten bei natürlichen Sprachen und durch die Unterstellungen der Spezifikationsverfasser verursacht werden. Beispielsweise ist eine Mengenangabe ohne Angabe der Maßeinheit mehrdeutig (z.B. das „Fuß oder Meilen?"-Beispiel in Abschnitt 4.1), eine Zeitangabe ohne Zeitzone ist ebenfalls mehrdeutig (z.B. Verabredung eines Telefonanrufs auf verschiedenen Kontinenten).

Formalisierung hilft dabei, Mehrdeutigkeiten sowie Widersprüche und Auslassungen in der Anforderungsspezifikation zu entdecken. Sobald Entwickler diese Probleme einmal bei der Spezifikation erkannt haben, fordern sie mehr Informationen bei den Benutzern und dem Kunden an. Anforderungsermittlung und Analyse sind iterative und ständig wachsende sowie gleichzeitig auftretende Aktivitäten.

5.2 Überblick über Analyse

Analyse zielt darauf ab, ein Modell des Systems – nämlich das Analysemodell – zu erstellen, das korrekt, vollständig, konsistent und nachprüfbar ist. Analyse unterscheidet sich von der Anforderungsermittlung, bei der Entwickler sich auf das Strukturieren und Formalisieren der vom Anwender gegebenen Anforderungen konzentrieren (Abbildung 5.2). Diese Formalisierung führt zu neuen Einsichten und der Aufdeckung von Fehlern in den

Anforderungen. Da das Analysemodell für die Benutzer und den Kunden unverständlich sein kann, benötigen Entwickler eine Anpassung der Anforderungsspezifikation, um die während der Analyse gewonnenen Einsichten zu überdenken und die Änderungen mit dem Kunden und den Benutzern abzugleichen. Letztendlich sollten die Anforderungen, wie umfangreich sie auch sein mögen, für den Kunden und die Benutzer verständlich sein.

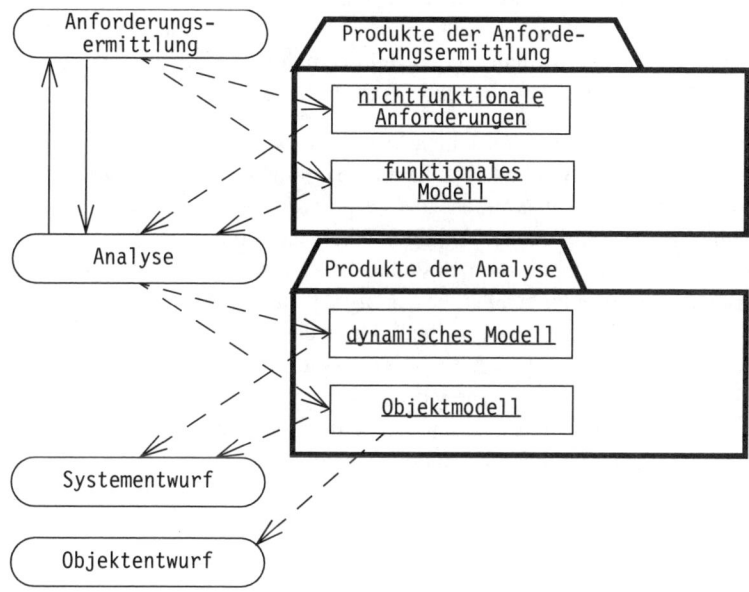

Abbildung 5.2: Produkte bei Anforderungsermittlung und -analyse (UML-Aktivitätsdiagramm)

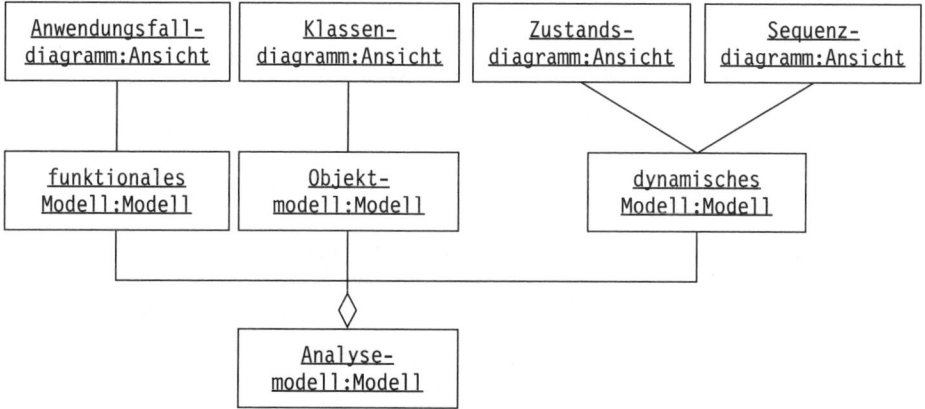

Abbildung 5.3: Das Analysemodell besteht aus dem funktionalen Modell, dem Objektmodell und dem dynamischen Modell. In UML wird das funktionale Modell durch Anwendungsfälle, das Objektmodell durch Klassendiagramme und das dynamische Modell durch Zustands- und Sequenzdiagramme dargestellt.

Es gibt eine natürliche Neigung bei Benutzern und Entwicklern, schwierige Entscheidungen zurückzustellen. Eine Entscheidung kann schwierig sein aus Mangel an Kenntnissen über die Domäne und die Technologie oder einfach nur auf Grund von Uneinigkeit zwischen Benutzern und Entwicklern. Die Zurückstellung von Entscheidungen vereinfacht es, im Projekt reibungslos weiterzukommen, und vermeidet Auseinandersetzungen mit der Wirklichkeit oder dem Erwartungsdruck. Unglücklicherweise müssen schwierige Entscheidungen irgendwann doch getroffen werden, dann oft verbunden mit hohem Kostenaufwand, wenn nämlich gravierende Probleme während der Testphase oder, noch schlimmer, während der Benutzerevaluierung auftreten. Das Übersetzen einer Anforderungsspezifikation in ein formales oder semiformales Modell zwingt die Entwickler, schwierige Aufgaben in der Entwicklung frühzeitig zu erkennen und zu lösen.

Das **Analysemodell** ist aus drei einzelnen Modellen zusammengesetzt: dem **funktionalen Modell**, dargestellt durch Anwendungsfälle und Szenarios, dem **Objektmodell**, dargestellt durch Klassen- und Objektdiagramme, und dem **dynamischen Modell**, dargestellt durch Zustands- und Sequenzdiagramme (Abbildung 5.3). Im vorhergehenden Kapitel haben wir gezeigt, wie die Anforderungen von den Benutzern erfragt werden können und wie man sie mit Szenarios und Anwendungsfällen beschreiben kann. In diesem Kapitel demonstrieren wir, wie man das funktionale Modell verfeinern und daraus das Objektmodell und das dynamische Modell ableiten kann. Das führt zu einer genaueren und vollständigeren Spezifikation, da Einzelheiten zum Analysemodell hinzugefügt werden. Wir schließen das Kapitel ab, indem wir die mit der Analyse zusammenhängenden Managementaktivitäten beschreiben. Zunächst definieren wir aber die Hauptkonzepte der Analyse.

5.3   Analysekonzepte

In diesem Abschnitt stellen wir die Analysekonzepte dar, die in diesem Kapitel hauptsächlich verwendet werden. Insbesondere beschreiben wir

- Objektmodelle und dynamische Modelle (Abschnitt 5.3.1)
- Entitäts-, Grenz- und Steuerungsobjekte (Abschnitt 5.3.2)
- Generalisierung und Spezialisierung (Abschnitt 5.3.3).

5.3.1   Objektmodelle und dynamische Modelle

Das **Objektmodell** - in der Analyse genauer auch das Analyse-Objektmodell[1] genannt – konzentriert sich auf die vom System bearbeiteten Konzepte, ihre Eigenschaften und ihre Beziehungen untereinander. Das Objektmodell, dargestellt durch UML-Klassendiagramme, beinhaltet Klassen, Attribute und Operationen und ist deshalb ein Wörterbuch der für den Anwender sichtbaren Hauptkonzepte.

---

[1] Das Objektmodell wird während der Analysephase aufgebaut, und dann in den folgenden Entwicklungsphase weiter entwickelt. Da aus dem Kontext fast immer ersichtlich ist, welche Phase gemeint ist, benutzen wir im Allgemeinen den Begriff Objektmodell. Manchmal ist es allerdings wichtig, zwischen den phasenspezifischen Objektmodellen zu unterscheiden. In solchen Fällen unterscheiden wir dann zwischen **Analyse-Objektmodell, Systementwurfs-Objektmodell und Objektentwurfs-Objektmodell**.

Das **dynamische Modell** konzentriert sich auf das Verhalten des Systems. Das dynamische Modell wird durch Sequenzdiagramme und durch Zustandsdiagramme dargestellt. Sequenzdiagramme repräsentieren die Interaktionen innerhalb eines Satzes von Objekten während eines einzelnen Anwendungsfalls. Zustandsdiagramme repräsentieren das Verhalten eines einzelnen Objekts (oder einer Gruppe sehr eng verbundener Objekte). Das dynamische Modell dient dazu, einzelnen Klassen Verantwortungsbereiche zuzuweisen und dabei neue Klassen, Assoziationen und Attribute, die zum Objektmodell hinzukommen, zu identifizieren.

Bei der Arbeit mit dem Objektmodell oder dem dynamischen Modell ist es wichtig zu bedenken, dass diese Modelle noch keine aktuellen Softwareklassen oder -komponenten darstellen, sondern Konzepte auf der Ebene des Anwendungsbereichs. So sollten zum Beispiel Klassen wie `Datenbank`, `Subsystem`, `SitzungsManager` oder `Netzwerk` nicht im Objektmodell erscheinen, denn der Anwender sollte von solchen Konzepten abgeschirmt bleiben. Wir werden sehen, dass die meisten Klassen des Objektmodells mit einer oder mehreren Softwareklassen im Quelltext korrespondieren. Allerdings werden die Softwareklassen weit mehr Attribute und Assoziationen umfassen als ihre Analysegegenstücke. Folglich sollten Analyseklassen als Abstraktionen auf höherer Ebene angesehen werden. Darauf kommen wir später genauer zurück. Abbildung 5.4 zeigt gute und schlechte Analyse-Objekte für das Satellitenuhr-Beispiel.

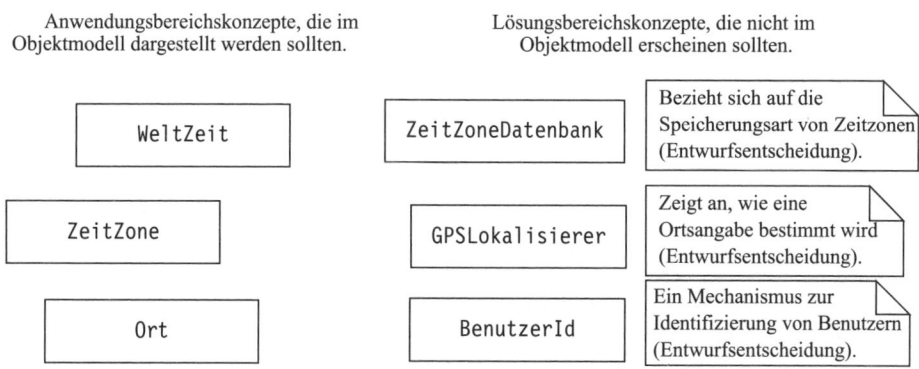

Anwendungsbereichskonzepte, die im Objektmodell dargestellt werden sollten.

Lösungsbereichskonzepte, die nicht im Objektmodell erscheinen sollten.

Abbildung 5.4: Gute und schlechte Beispiele von Klassen bei der Modellierung von `SatUhr`

5.3.2   Entitäts-, Grenz- und Steuerungsobjekte

Das Objektmodell besteht aus Entitäts-, Grenz- und Steuerungsobjekten [Rubin, 1994]. **Entitätsobjekte** repräsentieren Informationen, die vom System verwaltet werden, und die persistent sind, d.h. zwischen zeitlichen verschiedenen Ausführungen des Systems ihre jeweiligen Werte behalten. **Grenzobjekte**[2] stellen die Interaktionen zwischen den

---

[2] Der hier übersetzte englische Begriff boundary object wird in anderen Übersetzungen auch mit Schnittstellen-objekt wiedergegeben. Wir bevorzugen den Begriff „Grenzobjekt", da wir damit die Systemgrenze, d.h. die Interaktion zwischen Akteur und System, beschreiben. Der Begriff Schnittstellenobjekt ist allgemeiner, da er die Interaktion zwischen zwei beliebigen Objekten bezeichnet.

Akteuren und dem System dar. **Steuerungsobjekte** sind verantwortlich für die Verwirklichung der Anwendungsfälle. Im 2TUhr-Beispiel sind Jahr, Monat, Tag Entitätsobjekte; Taste und LCDAnzeige Grenzobjekte; ÄndereDatumSteuerung ist ein Steuerungsobjekt, das die Aktivität bei der Datumsänderung durch Drücken einer Kombination von Knöpfen repräsentiert.

Das Modellieren des Systems mit Entitäts-, Grenz- und Steuerungsobjekten ermöglicht es dem Entwickler, mit einfachen Heuristiken zwischen verschiedenen, aber dennoch verwandten Konzepten zu unterscheiden. So hat zum Beispiel die Zeit, die von einer Uhr verfolgt wird, andere Eigenschaften als das Anzeigefeld, auf dem die Zeit dargestellt wird. Die Unterscheidung zwischen Grenz- und Entitätsobjekt erzwingt diesen Unterschied: Die Zeit, die von einer Uhr verfolgt wird, wird durch das Zeit-Objekt repräsentiert; das Anzeigefeld wird durch das Objekt LCDAnzeige repräsentiert. Diese Vorgehensweise mit drei Objekttypen ergibt kleinere und spezialisiertere Objekte. Das führt auch zu Modellen, die bei Änderungen belastbarer sind: Die Benutzerschnittstelle zum System (dargestellt durch die Grenzobjekte) ändert sich oft wesentlich schneller als seine Grundfunktionalität (dargestellt durch die Entitäts- und Steuerungsobjekte). Durch die Trennung der Schnittstelle von der Grundfunktionalität ist es uns möglich, den Großteil des Modells unberührt zu lassen, wenn sich beispielsweise die Benutzerschnittstelle ändert, aber nicht die Grundfunktionalität.

Obwohl es sinnvoll ist zwischen diesen unterschiedlichen Objekttypen zu unterscheiden, gibt es keine drei verschiedenen Typen von Klassen in UML, sondern den sogenannten Stereotyp-Mechanismus, der es erlaubt, zusätzliche Information für Klassen bereitzustellen. Zum Beispiel fügen wir in Abbildung 5.5 den «Steuerung»-Stereotyp zur Objekt ÄndereDatumSteuerung hinzu, und kennzeichnen es dadurch als Steuerungsobjekt. Wir empfehlen, wenn möglich, die unterschiedlichen Objekttypen auch auf syntaktischer Ebene zu unterscheiden: Steuerungsobjekte könnte man beispielsweise durch den Anhang Steuerung in ihrem Namen kennzeichnen; Grenzobjekte könnte man so benennen, dass das Interaktionsmerkmal Teil des Wortes ist (z.B. durch Hinzufügen von Form, Taste, Anzeige oder Grenze). Entitätsobjekte haben für gewöhnlich keinen Anhang an ihrem Namen. Ein Vorteil solcher Benennungskonventionen ist, dass der Typ der Klasse auch dann repräsentiert ist, wenn die Verwendung des Stereotyps nicht mehr sichtbar ist, beispielsweise, wenn nur der Quelltext zur Verfügung steht.

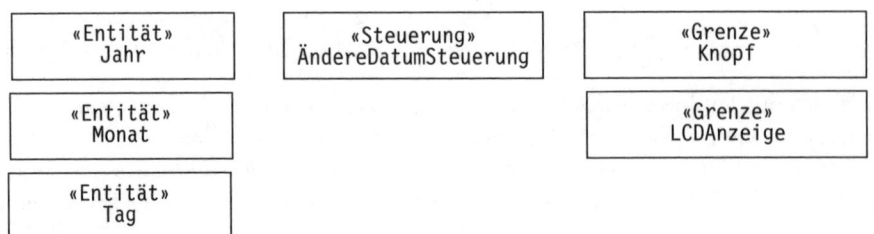

Abbildung 5.5: Analyseklassen für das 2TUhr-Beispiel

5.3.3 Generalisierung und Spezialisierung

Wie wir in Kapitel 2, *Modellierung mit UML*, gesehen haben, ermöglicht uns die **Vererbung**, Konzepte als Hierarchien aufzubauen. An der Spitze der Hierarchie steht ein allgemeines Konzept (z.B. ein `Vorfall`, Abbildung 5.6) und am Ende der Hierarchie stehen die am meisten spezialisierten Konzepte (z.B. `KatzeAufBaum`, `VerkehrsUnfall`, `Gebäude-Brand`, `Erdbeben`, `ChemischerUnfall`). Dazwischen können beliebig viele Ebenen liegen, die mehr oder weniger verallgemeinerte Konzepte abdecken (z.B. `NiedrigPrioritätVor-fall`, `Notfall`, `Katastrophe`). Solche Hierarchien erlauben es, viele unterschiedliche Konzepte genau zu spezifizieren. Wenn wir den Ausdruck `Vorfall` benutzen, meinen wir alle Entitäten aller Typen von `Vorfall`. Wenn wir den Ausdruck `Notfall` benutzen, beziehen wir uns nur auf einen `Vorfall`, der eine sofortige Antwort verlangt.

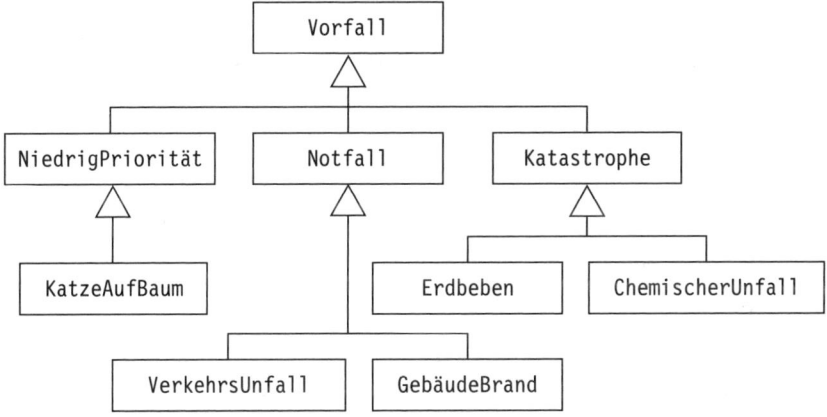

Abbildung 5.6: Ein Beispiel einer Vererbungshierarchie (UML-Klassendiagramm). Ganz oben in der Hierarchie wird das allgemeinste Konzept dargestellt, wohingegen die untersten Knoten die speziellsten Konzepte repräsentieren.

Generalisierung ist die Modellierungsaktivität, die zur Identifizierung von abstrakten Konzepten aus einer Anzahl von spezifischeren Konzepten führt. Nehmen wir beispielsweise einmal an, wir sollen ein Objektmodell für ein existierendes Notfallverwaltungssystem reversiv modellieren, und die Benutzerschnittstelle dieses Systems enthält drei Masken für Verkehrsunfälle, Brände und Erdbeben. Durch Feststellung gemeinsamer Merkmale bei diesen drei Konzepten können wir ein abstraktes Konzept mit dem Namen `Notfall` postulieren, um die gemeinsamen (und allgemeinen) Merkmale von Verkehrsunfällen, Bränden und Erdbeben zu beschreiben.

Spezialisierung ist die Aktivität, die zur Identifizierung spezialisierter Konzepte aus abstrakteren Konzepten führt. Wenn wir das Notfallverwaltungssystem neu erstellen könnten, würden wir seine Funktionalität zunächst mit dem Kunden besprechen. Dabei würde uns der Kunde zunächst mit dem allgemeinen Konzept eines Vorfalls bekannt machen und dann drei Typen von Vorfällen beschreiben: die Katastrophe, die eine Zusammenarbeit mehrerer Stellen verlangt, den Notfall, der sofortiges Handeln verlangt, jedoch von einer einzigen Stelle erledigt werden kann, und Unfälle von geringerer Bedeutung, die

nicht sofort behandelt werden müssen, wenn alle Ressourcen für Vorfälle mit höherer
Priorität benötigt werden.

In beiden Fällen führen Generalisierung und Spezialisierung zu der Spezifikation von
Vererbungsbeziehungen zwischen Konzepten. Manchmal nennen Modellierer Vererbungsbeziehungen deshalb auch **Generalisierung-Spezialisierung**-Beziehungen. In diesem Buch
benutzen wir den Ausdruck „Vererbung" für die Beziehung zwischen zwei Klassen und die
Ausdrücke „Generalisierung" und „Spezialisierung" für die Aktivitäten, die zum Entdecken
von Vererbungsbeziehungen führen.

5.4   Analyseaktivitäten: Von Anwendungsfällen zu Objekten

In diesem Abschnitt beschreiben wir die Aktivitäten, die die während der Anforderungsermittlung erzeugten Anwendungsfälle und Szenarios in ein Objektmodell transformieren. Analyseaktivitäten beinhalten:

- Identifizieren von Entitätsobjekten (Abschnitt 5.4.1)
- Identifizieren von Grenzobjekten (Abschnitt 5.4.2)
- Identifizieren von Steuerungsobjekten (Abschnitt 5.4.3)
- Abbilden von Anwendungsfällen auf Objekte mit Hilfe von Sequenzdiagrammen (Abschnitt 5.4.4)
- Abbilden von Anwendungsfällen auf Objekte mit Hilfe von CRC-Karten (Abschnitt 5.4.5)
- Identifizieren von Assoziationen unter Objekten (Abschnitt 5.4.6)
- Identifizieren von Zuständen (Abschnitt 5.4.7)
- Identifizieren von Objektattributen (Abschnitt 5.4.8)
- Modellieren von zustandsabhängigem Verhalten einzelner Objekte (Abschnitt 5.4.9)
- Modellieren von Vererbungsbeziehungen (Abschnitt 5.4.10)
- Überarbeiten des Analysemodells (Abschnitt 5.4.11).

Wir illustrieren jede dieser Aktivitäten anhand des `MeldeNotfall`-Anwendungsfalls, den
wir für das `FRIEND` System in Kapitel 4, *Anforderungsermittlung* beschrieben haben. Alle
diese Aktivitäten sind durch Heuristiken geprägt und die Qualität ihrer Ergebnisse hängt
stark von der Erfahrung des Entwicklers ab, der diese Heuristiken anwendet. Die hier vorgestellten Heuristiken stammen im Wesentlichen von DeMarco [De Marco, 1978], Ivar
Jacobson [Rubin, 1994], James Rumbaugh, [Rumbaugh et al., 1991], Rebecca Wirfs-
Brock [Wirfs-Brock et al., 1990] und ihren jeweiligen Mitarbeitern.

5.4.1   Identifizieren von Entitätsobjekten

Partizipierende Objekte (siehe Abschnitt 4.4.6) bilden die Grundlage des Analysemodells. Wie in Kapitel 4 *Anforderungsermittlung* beschrieben, werden partizipierende Objekte beim Überprüfen jedes Anwendungsfalls gefunden. Die natürliche Sprachanalyse von Abbott [Abbott, 1983] benutzt beispielsweise einen intuitiven Satz von Heuristiken, um Objekte, Attribute und Assoziationen in einer Problembeschreibung zu identifizieren. Jede dieser Heuristiken ist die Abbildung eines bestimmten Sprachkonstruktes, wie z.b. Substantiv, Haben-Verb, Sein-Verb oder Adjektiv, auf eine bestimmte Modellkomponente, wie z.b. Objekt, Operation, Vererbungsbeziehung oder Klasse. Tabelle 5.1 zeigt solche Übersetzungsbeispiele anhand des MeldeNotfall-Anwendungsfalls (Abbildung 5.7).

Sprachkonstrukt	Modellkomponente	Beispiele
Eigenname	Instanz	Monika
Substantiv	Klasse	Außenbeamter
Tat-Verb	Operation	kreiert, weist zu, wählt aus
Sein-Verb	Vererbung	ist eine Art von, ist eins von
Haben-Verb	Zustand	hat, besteht aus, enthält
Modalverb	Zwang	muss sein
Adjektiv	Attribut	Ereignisbeschreibung wie

Tabelle 5.1: Abbotts Heuristiken zur Abbildung von Sprachteilen auf Modellkomponenten [Abbott, 1983]

Die natürliche Sprachanalyse hat den Vorteil, dass sie auf die Ausdrucksweise des Benutzers eingeht; sie hat jedoch auch mehrere Nachteile: Erstens hängt die Qualität des Objektmodells in hohem Maße vom Schreibstil des Analytikers ab (z.b. Konsistenz der benutzten Ausdrücke, Nominalstil). Natürliche Sprache ist oft ungenau und ein buchstabengetreu aus dem Text abgeleitetes Objektmodell ist dann natürlich auch ungenau. Aus der Ungenauigkeit des Modells kann man manchmal schließen, dass entsprechende Teile in der Anforderungsspezifikation oder in der Problembeschreibung besser formuliert oder definiert werden müssen. Beim MeldeNotfall in Abbildung 5.7 finden wir durch Abbotts Analyse die Objekte Dienstleiter, Außenbeamte und Vorfall. Schritt 4 des Anwendungsfalls enthält außerdem eine Phrase „Information, die vom Außenbeamten übermittelt wurde". Nach einem Gespräch mit dem Kunden bemerken wir, dass sich diese Information auf die Meldung eines Notfalls bezieht, und entscheiden uns, ein Objekt NotfallMeldung in das Objektmodell einzuführen.

Ein zweiter Nachteil bei Abbotts Methode ist, dass es sehr viel mehr Substantive als relevante Klassen gibt. Viele Substantive entsprechen Attributen oder sind Synonyme für andere Substantive. Das Durchsortieren aller Substantive einer umfangreichen Anforderungsspezifikation ist eine höchst zeitraubende Aktivität. Im Allgemeinen sind Abbotts

Anwendungs- *fallname*	`MeldeNotfall`
Eingangs- *bedingung*	1. `Außenbeamter` aktiviert die „NotfallMeldung"-Funktion auf dem Bildschirm.
Ereignis- *ablauf*	2. `FRIEND` antwortet durch Bereitstellung eines Formulars. Das Formular enthält ein Menü über die Art des Notfalls (allgemeiner Notfall, Brand, Verkehrsunfall), eine Ortsbeschreibung und Felder für eine Beschreibung des Notfalls, für Betriebsmittelanforderungen und für den Eintrag von gefährlichen Gütern.
	3. `Außenbeamter` füllt das Formular aus durch Kurzspezifizierung des Notfalltyps und der übrigen Beschreibungen. `Außenbeamter` kann auch mögliche Aktionen auf die Notfallsituation beschreiben und spezielle Betriebsmittel erbitten. Sobald das Formular ausgefüllt ist, übermittelt es der `Außenbeamte` durch Drücken der „Sende Meldung"-Taste dem `Dienstleiter`.
	4. Der `Dienstleiter` überprüft die Information, die vom `Außenbeamten` übermittelt wurde, und erzeugt einen `Vorfall` in der Datenbank, indem er den `EröffneVorfall`-Anwendungsfall aufruft. Alle Informationen, die im Formular des `Außenbeamten` enthalten sind, befinden sich automatisch im `Vorfall`. Der `Dienstleiter` wählt eine Antwort aus durch Zuweisen von Betriebsmitteln an das Ereignis (mit dem `WeiseBetriebs-mittelZu`-Anwendungsfall) und bestätigt die `NotfallMeldung` durch Übersenden einer Nachricht an den `Außenbeamten`.
Abbruch- *bedingung*	5. Der `Außenbeamte` erhält die Bestätigung und die ausgewählte Antwort.

Abbildung 5.7:   Beispiel des Anwendungsfalls: `MeldeNotfall`

Heuristiken deshalb weniger für umfangreiche als für kurze Beschreibungen geeignet, wie z.B. für die Beschreibung des Ereignisflusses in einem Szenario oder einem Anwendungsfall. Die folgenden Heuristiken können in diesem Zusammenhang vorteilhaft mit Abbotts Methode kombiniert werden:

Heuristiken zum Identifizieren von Entitätsobjekten

- Ausdrücke, die Entwickler oder Benutzer noch klären müssen, damit der Anwendungsfall verständlich wird
- Immer wieder auftretende Substantive in den Anwendungsfällen (z.B. `Vorfall`)
- Definitionen aus dem Anwendungsbereich, deren Zustand vom System im Auge behalten werden muss (z.B. `Außenbeamte`, `Dienstleiter`, `Betriebsmittel`)

> - Aktivitäten in der Wirklichkeit, die das System verfolgen muss (z.B. `Notfall-OperationsPlan`)
> - Datenquellen oder -ausgaben (z.B. `Drucker`)

Sobald ein Objekt identifiziert worden ist, sollten die Entwickler es benennen, denn solche Benennungen erzeugen eine einheitliche Terminologie. Für Entitätsobjekte empfehlen wir *immer* die Namen zu nehmen, die von den Endbenutzern oder von den Anwendungsbereichsspezialisten benutzt werden. Selbst eine sehr kurze Objektbeschreibung ermöglicht es Entwicklern, die benutzten Konzepte klar darzustellen und Missverständnisse zu erkennen (z.B. wenn ein Objekt für zwei unterschiedliche, aber verwandte Konzepte benutzt wird).

Entwickler sollten jedoch nicht viel Zeit darauf verwenden, Objekte oder Attribute ausführlich zu beschreiben, solange sich das Analysemodell noch im Aufbau befindet. Ein vorläufiger Name und eine kurze Beschreibung für jedes Objekt sind zunächst ausreichend, da es noch viele Gelegenheiten in den Iterationen geben wird, bei denen das Objekt revidiert werden kann. Sobald das Analysemodell dann stabil ist, muss die Beschreibung jedes Objekts natürlich sehr detailliert werden (siehe Abschnitt 5.4.11).

Die Definition von Entitätsobjekten führt zum anfänglichen Analysemodell wie in Tabelle 5.2 beschrieben. Man beachte, dass dieses Modell noch weit davon entfernt ist, eine vollständige Beschreibung des `MeldeNotfall`-Anwendungsfalls zu sein.

`Dienstleiter`	Polizeibeamter, der den `Vorfall` leitet. Ein `Dienstleiter` eröffnet, dokumentiert und schließt `Vorfälle` ab als Antwort auf `Notfall-Meldungen` und andere Kommunikation mit dem `Außenbeamten`. `Dienstleiter` werden durch Dienstnummern identifiziert.
`NotfallMeldung`	Anfangsbericht über einen `Vorfall` von einem `Außenbeamten` an einen `Dienstleiter`. Eine `NotfallMeldung` erfordert das Erstellen eines `Vorfall` durch den `Dienstleiter`. Eine `NotfallMeldung` besteht aus einer Notfallebene, einem Typ (Brand, Verkehrsunfall, Sonstiges), einem Ort und einer Beschreibung.
`Außenbeamter`	Polizist oder Feuerwehrmann im Einsatz. Ein `Außenbeamter` kann zu jeder Zeit nur einem `Vorfall` zugewiesen sein. `Außenbeamte` werden durch die Dienstnummer identifiziert.
`Vorfall`	Ereignis, das die Aufmerksamkeit eines `Außenbeamten` erfordert. Ein `Vorfall` kann von einem `Außenbeamten` dem System mitgeteilt werden. Ein `Vorfall` besteht aus einer Beschreibung, einer Antwort, einem Status (offen, beendet, dokumentiert), einer Örtlichkeit und einer Anzahl von zugewiesenen `Außenbeamten`.

Tabelle 5.2: Entitätsobjekte für den `MeldeNotfall`-Anwendungsfall

5.4.2   Identifizieren von Grenzobjekten

Grenzobjekte repräsentieren die Systemschnittstelle zu den Akteuren. In jedem Anwendungsfall interagiert jeder Akteur mit mindestens einem Grenzobjekt. Das Grenzobjekt sammelt die Informationem vom Akteur und übersetzt sie in eine Form, die sowohl von Entitätsobjekten als auch von Steuerungsobjekten benutzt werden kann.

Grenzobjekte beschreiben die Benutzerschnittstelle noch auf einer groben Abstraktionsebene ohne Detaillierung der visuellen Aspekte. Die Benutzerschnittstelle sollte dabei anhand von Skizzen und Nachbildungen diskutiert werden. Objekte wie „Menüpunkt" oder „Scroll-Leiste" sind zu detailliert, um als Grenzobjekte während der Analyse zu dienen. Die Benutzerschnittstelle kann sich wiederholt sehr stark ändern, auch wenn die funktionale Spezifizierung des Systems bereits stabil geworden ist. Das Anpassen des Analysemodells bei all diesen Benutzerschnittstellenänderungen wäre allerdings zu zeitaufwendig und bringt keinen wesentlichen Nutzen. Die folgenden Heuristiken können zum Identifizieren von Grenzobjekten benutzt werden:

Heuristiken zum Identifizieren von Grenzobjekten

■ Identifizieren Sie Benutzerschnittstellen-Elemente, die der Benutzer benötigt, um den Anwendungsfall zu initiieren (z.B. `MeldeNotfallTaste`).

■ Identifizieren Sie Formulare, die der Benutzer benötigt, um Daten in das System eintragen zu können (z.B. `NotfallMeldeFormular`).

■ Identifizieren Sie Aufzeichnungen und Nachrichten, die das System benötigt, um dem Benutzer zu antworten (z.B. `Empfangsbestätigung`).

■ Wenn mehrere Akteure in einen Anwendungsfall verwickelt sind, identifizieren Sie die Endgeräte (z.B. `DienstleiterStation`), um auf die aktuelle Benutzerschnittstelle zu benennen.

■ Modellieren Sie die visuellen Aspekte einer Schnittstelle nicht durch Grenzobjekte; Skizzen sind dafür besser geeignet.

■ *Verwenden Sie immer* die Ausdrücke des Endbenutzers zur Schnittstellenbeschreibung; benutzen Sie auf keinen Fall Ausdrücke aus dem Lösungsbereich.

Mit Hilfe dieser Heuristiken finden wir einige Grenzobjekte für den `MeldeNotfall`-Anwendungsfall, die in Tabelle 5.3 gezeigt werden.

Man beachte, dass das `VorfallFormular` nirgendwo im `MeldeNotfall`-Anwendungsfall ausdrücklich erwähnt wird. Wir identifizieren dieses Objekt durch die Feststellung, dass der `Dienstleiter` eine Schnittstelle braucht, um die vom `Außenbeamten` eingereichte `NotfallMeldung` zu prüfen und eine Bestätigung zurückzusenden. Die Ausdrücke zum Beschreiben der Grenzobjekte im Analysemodell sollten sich immer der Benutzerterminologie anpassen, auch wenn es verführerisch ist, Ausdrücke aus dem Implementierungsbereich zu benutzen.

Empfangsbestätigung	Bestätigung, um dem Außenbeamten den Empfang der Meldung beim Dienstleiter anzuzeigen.
DienstleiterStation	Vom Dienstleiter benutzter Rechner.
MeldeNotfallTaste	Vom Außenbeamten benutzte Taste, um den MeldeNotfall-Anwendungsfall zu initiieren.
NotfallMeldeFormular	Formular, das für die Eingabe von MeldeNotfall benutzt wird. Dieses Formular wird dem Außenbeamten auf der Mobilen Station angeboten, wenn die „Melde Notfall"-Funktion gewählt wurde. Das NotfallMeldeFormular enthält Felder, um alle Attribute einer NotfallMeldung zu spezifizieren und einen Knopf (oder etwas Ähnliches), um das ausgefüllt Formular abzuschicken.
MobileStation	Vom Außenbeamten benutzter mobiler Rechner.
VorfallFormular	Formular, das für die Erstellung eines Vorfalls benutzt wird. Dieses Formular wird dem Dienstleiter auf der DienstleiterStation angeboten, wenn die NotfallMeldung empfangen wurde. Der Dienstleiter benutzt dieses Formular auch, um Betriebsmittel zuzuweisen und den Bericht des Außenbeamten zu bestätigen.

Tabelle 5.3:   Grenzobjekte für den MeldeNotfall-Anwendungsfall

Wir sind jetzt bei der Beschreibung des Systems vorwärts gekommen, indem wir die Schnittstelle zwischen den Akteuren und dem System hinzugefügt haben. Es fehlt aber noch ein wichtiger Aspekt der Beschreibung, nämlich die Reihenfolge, in der die Interaktionen zwischen den Akteuren und dem System ablaufen sollten. Im nächsten Abschnitt beschreiben wir daher die Identifizierung von Steuerungsobjekten.

5.4.3   Identifizieren von Steuerungsobjekten

Steuerungsobjekte sind für die Koordination von Grenz- und Entitätsobjekten verantwortlich und haben normalerweise kein konkretes Gegenstück in der realen Welt. Es gibt aber immer eine enge Beziehung zwischen Anwendungsfällen und Steuerungsobjekten. Ein Steuerungsobjekt wird für gewöhnlich am Anfang eines Anwendungsfalls kreiert und hört bei dessen Beendigung auf zu existieren. Die Hauptverantwortung des Steuerungsobjektes ist die Übernahme von Informationen von den Grenzobjekten und die Verteilung dieser Informationen an Entitätsobjekte. Beispielsweise beschreiben Steuerungsobjekte die Weiterleitung von Informationen in einem verteilten System oder die Reihenfolge der Schritte beim Ausfüllen von Formularen.

Um den Informationsfluss im MeldeNotfall-Anwendungsfall zu modellieren, identifizieren wir für jeden Akteur jeweils ein Steuerungsobjekt: für den Außenbeamten identifizieren wir MeldeNotfallSteuerung und für den Dienstleiter das Steuerungsobjekt VerwalteNotfall-Steuerung (Tabelle 5.4).

MeldeNotfall-Steuerung	Verwaltet die Benachrichtigungsfunktion `MeldeNotfall` auf der `MobilenStation`. Dieses Objekt wird kreiert, wenn der Außenbeamte den „Melde Notfall"-Knopf auswählt. Es erzeugt dann ein `Notfall-MeldeFormular` und bietet es dem Außenbeamten an. Nach dem Abschicken des Formulars sammelt dieses Objekt die Informationen des Formulars, erzeugt eine `NotfallMeldung` und leitet sie zum `Dienstleiter`. Das Steuerungsobjekt wartet dann auf eine Empfangsbestätigung von der `DienstleiterStation`. Sobald die Empfangsbestätigung eingetroffen ist, erzeugt das `MeldeNotfallSteuerung`-Objekt eine `Empfangsbestätigung` und zeigt sie dem Außenbeamten an.
VerwalteNotfall-Steuerung	Verwaltet die Benachrichtigungsfunktion `MeldeNotfall` auf der `DienstleiterStation`. Dieses Objekt wird erzeugt, wenn eine `NotfallMeldung` empfangen wird. Es erzeugt dann ein `VorfallFormular` und bietet es dem `Dienstleiter` an. Sobald der `Dienstleiter` einen `Vorfall` erzeugt, `Betriebsmittel` bereitgestellt und eine Empfangsbestätigung eingegeben hat, leitet `VerwalteNotfallSteuerung` die Empfangsbestätigung an die `MobileStation` weiter.

Tabelle 5.4:   Steuerungsobjekte für den Anwendungsfall `MeldeNotfall`

Die Entscheidung, die Steuerung des `MeldeNotfall`-Anwendungsfalls mit zwei Steuerungsobjekten zu modellieren, rührt daher, dass die `MobileStation` und die `Dienstleiter-Station` in Wirklichkeit zwei Subsysteme sind, die über eine asynchrone Verbindung kommunizieren. Diese Entscheidung hätten wir bis zum Systementwurf zurück stellen können. Indem wir dieses Konzept bereits während der Analyse modellieren, können wir jedoch auf Probleme wie den Verlust von Kommunikation zwischen den beiden Stationen eingehen, und diese auch berücksichtigen.

Durch die Identifizierung von Entitäts-, Grenz- und Steuerungsobjekten haben wir eine strukturelle Sichtweise zu unserem Systemmodell hinzugefügt. Dieser Wechsel von einer funktionellen Beschreibung durch den Anwendungsfall zu einer strukturellen Beschreibung durch Objekte hat es uns ermöglicht, weitere Standardbezeichnungen einzuführen und wichtige Abstraktionen des Anwendungsbereiches und des Systems zu erkennen. Zur Vervollständigung des Modells führen wir jetzt das Sequenzdiagramm ein, das es uns erlaubt, das Verhalten zwischen den identifizierten Objekten bei der Ausführung eines Anwendungsfalles zu beschreiben.

5.4.4   Sequenzdiagramme: Abbildung von Anwendungsfällen auf Objekte

Ein **Sequenzdiagramm** verbindet Anwendungsfälle mit Objekten. Es zeigt, wie das Verhalten eines Anwendungsfalls (oder Szenarios) auf die partizipierenden Objekte verteilt wird. Zur Kommunikation mit dem Benutzer sind Sequenzdiagramme meist nicht so gut geeignet wie Anwendungsfälle, da Sequenzdiagramme mehr Hintergrundwissen über die verwendete Notation verlangen. Für Rechner-erfahrene Kunden sind sie allerdings intui-

---

Heuristiken zum Identifizieren von Steuerungsobjekten

- Jeder Anwendungsfall hat mindestens ein Steuerungsobjekt.

- Jeder Akteur im Anwendungsfall hat ein zugehöriges Steuerungsobjekt.

- Die Lebensdauer eines Steuerungsobjekts sollte die Gesamtdauer des Anwendungsfalls oder die Dauer einer Benutzersitzung abdecken. Wenn es schwierig ist, die Lebensdauer zu bestimmen, dann hat der dazugehörige Anwendungsfall möglicherweise keine definierte Anfangs- oder Endbedingung.

---

tiv genug und können genauer als Anwendungsfälle sein. In jedem Fall aber bieten Sequenzdiagramme eine weitere Betrachtungsweise und ermöglichen es den Entwicklern, fehlende Objekte und Grauzonen in der Anforderungsspezifikation zu finden.

In diesem Abschnitt modellieren wir den Ablauf der für die Realisierung des Anwendungsfalls nötigen Interaktionen zwischen den Objekten. Die Abbildungen 5.8 bis 5.10 sind Sequenzdiagramme, die den MeldeNotfall-Anwendungsfall modellieren. Die Spalten eines Sequenzdiagramms repräsentieren die „partizipierenden Objekte", d.h. Objekte die am Anwendungsfall beteiligt sind. Die linke Spalte repräsentiert dabei immer den Akteur, der den Anwendungsfall initiiert. Nachrichten, die von einem Objekt zum anderen gesendet werden, werden durch horizontale Pfeile zwischen den zu den Objekten gehörende Spalten dargestellt. Die Zeitachse läuft von oben nach unten. Beispielsweise stellt der Pfeil in Abbildung 5.8 die drücke-Nachricht dar, die von einem Außenbeamten an einen MeldeNotfallKnopf gesendet wird. Der Empfang der Nachricht löst die Aktivierung einer Operation aus. Die Aktivierung wird durch ein hochkant stehendes Rechteck dargestellt, von dem aus andere Nachrichten ausgehen können. Die Länge des Rechtecks repräsentiert die Zeit, in der die Operation aktiv ist. In Abbildung 5.8 sendet die Operation, die von der drücke-Nachricht ausgelöst wurde, eine erzeuge-Nachricht an die MeldeNotfall-Steuerung-Klasse. Eine Operation kann als Dienst angesehen werden, den das Objekt anderen Objekten zur Verfügung stellt. Sequenzdiagramme veranschaulichen auch die Lebensdauer von Objekten. Objekte, die schon vor dem ersten Stimulus existieren, werden ganz oben im Diagramm beschrieben. Objekte, die erst während der Interaktion entstehen, werden mit der «erzeuge»-Nachricht beschrieben, die auf das Objekt zeigt. Entitäten, die während der Interaktion zerstört werden, haben ein Kreuz, das anzeigt, wann das Objekt aufhört zu existieren. Zwischen dem Rechteck, das das Objekt repräsentiert, und dem Kreuz (oder dem Ende des Diagramms, falls das Objekt die Interaktion überlebt) repräsentiert eine gestrichelte Linie die Zeitspanne, in der das Objekt Nachrichten erhalten kann. Nach dem Kreuz kann das Objekt keine Nachrichten mehr erhalten. Zum Beispiel wird in Abbildung 5.7 ein Objekt der Klasse MeldeNotfallFormular erzeugt, nachdem das Objekt von MeldeNotfallSteuerung die «erzeuge»-Nachricht gesendet hat, und es wird vernichtet, sobald das MeldeNotfallFormular eingereicht worden ist.

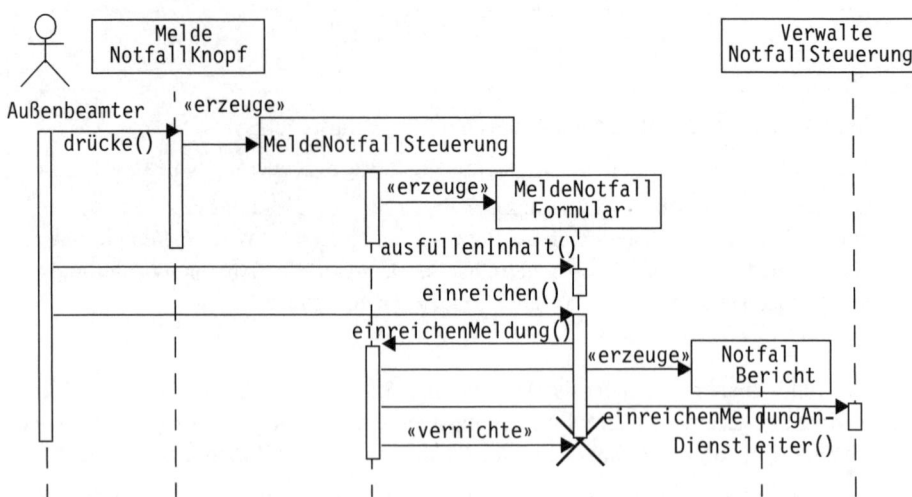

Abbildung 5.8: Sequenzdiagramm für den MeldeNotfall-Anwendungsfall

Die zweite Spalte eines Sequenzdiagramms stellt im Allgemeinen ein Grenzobjekt dar, mit dem der Akteur interagiert, um den Anwendungsfall zu initiieren (MeldeNotfallKnopf). Die dritte Spalte ist ein Steuerungsobjekt, das den verbleibenden Rest des Anwendungsfalls behandelt (MeldeNotfallSteuerung). Von da an erzeugt das Steuerungsobjekt andere Grenzobjekte und interagiert eventuell auch mit anderen Steuerungsobjekten (z.B. VerwalteNotfallSteuerung).

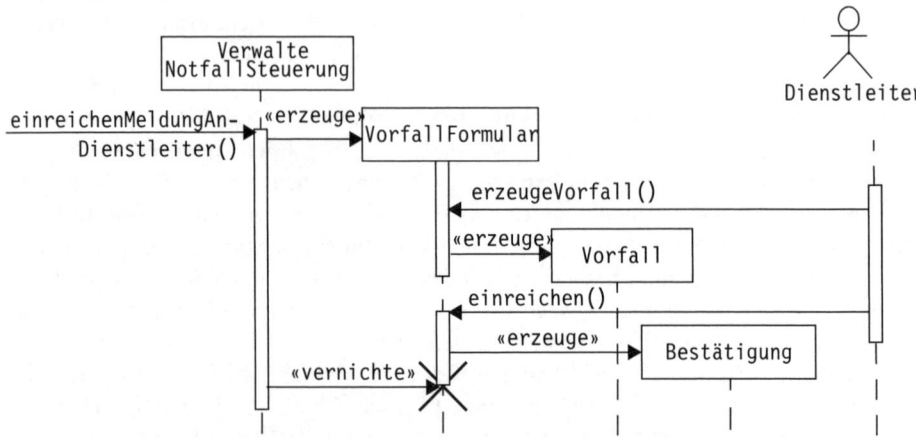

Abbildung 5.9: Sequenzdiagramm für den MeldeNotfall-Anwendungsfall (Fortsetzung von Abbildung 5.8)

Abbildung 5.9 enthält ein Entitätsobjekt Bestätigung, das wir während unserer ersten Modellierung des MeldeNotfall-Anwendungsfalls (in Tabelle 5.2) nicht identifiziert haben. Das Bestätigung-Objekt unterscheidet sich von einer Empfangsbestätigung: Es enthält die mit Bestätigung verbundene Information und wird vor dem Empfangsbestätigung-Grenzobjekt erzeugt. Bei der Beschreibung des Bestätigung-Objekts bemerken wir auch, dass der ursprüngliche `MeldeNotfall`-Anwendungsfall (beschrieben in Abbildung 5.7) unvollständig ist. Es wird lediglich die Existenz einer `Bestätigung` erwähnt, aber nicht die damit zusammenhängenden Informationen beschrieben. In so einem Fall benötigen Entwickler Klärung seitens des Kunden, um zu definieren, welche Informationen in der `Bestätigung` stehen sollen. Nach dieser Klärung wird das `Bestätigung`-Objekt zum Analysemodell (Tabelle 5.5) hinzugefügt und der `MeldeNotfall`-Anwendungsfall wird ebenfalls dahingehend geändert, die zusätzliche Information aufzunehmen (Abbildung 5.11).

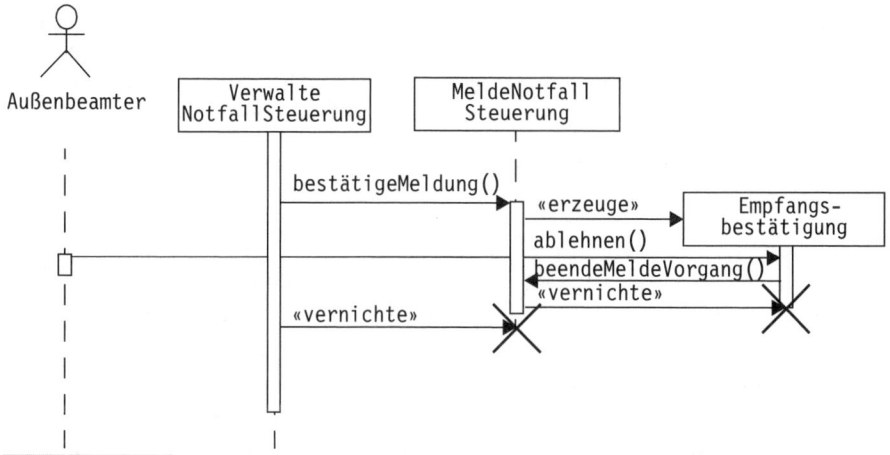

Abbildung 5.10:   Sequenzdiagramm für den `MeldeNotfall`-Anwendungsfall (Fortsetzung von Abbildung 5.9)

Anwendungs-fallname	`MeldeNotfall`
Anfangs-bedingung	1. Der `Außenbeamte` aktiviert die „MeldeNotfall"-Funktion auf dem Terminal.
Ereignis-ablauf	2. `FRIEND` antwortet durch Bereitstellung eines Formulars. Das Formular enthält ein Menü über die Art des Notfalls (allgemeiner Notfall, Brand, Verkehrsunfall), eine Ortsbeschreibung und Felder für eine Beschreibung des Notfalls, für Betriebsmittelanforderungen und für den Eintrag von gefährlichen Gütern.
	3. `Außenbeamter` füllt das Formular aus durch Kurzspezifizierung des Notfalltyps und der übrigen Beschreibungen. `Außenbeamter` kann auch mögliche Aktionen auf die Notfallsituation beschreiben und spezielle Betriebsmittel erbitten. Sobald das Formular ausgefüllt ist, übermittelt es der `Außenbeamte` durch Drücken der „Sende Meldung"-Taste dem `Dienstleiter`.

Abbildung 5.11:   Verfeinerter `MeldeNotfall`-Anwendungsfall. Die Entdeckung und das Hinzufügen des `Empfangsbestätigung`-Objekts zum Analysemodell zeigt, dass der ursprüngliche `MeldeNotfall`-Anwendungsfall die Information bezüglich `Empfangsbestätigungen` nicht richtig beschrieben hat. Die Verfeinerungen sind **fett** gedruckt.

| | 4. Der Dienstleiter überprüft die Information, die vom Außenbeamten übermittelt wurde, und erzeugt einen Vorfall in der Datenbank, indem er den EröffneVorfall-Anwendungsfall aufruft. Alle Informationen, die im Formular des Außenbeamten enthalten sind, befinden sich automatisch im Vorfall. Der Dienstleiter wählt eine Antwort aus durch Zuweisen von Betriebsmitteln an das Ereignis (mit dem WeiseBetriebsmittelZu-Anwendungsfall) und bestätigt die NotfallMeldung durch Übersenden einer Nachricht an den Außenbeamten. **Die Empfangsbestätigung zeigt dem Außenbeamten, dass die NotfallMeldung erhalten, ein Vorfall erzeugt und Betriebsmittel an den Vorfall zugeteilt wurden. In der Empfangsbestätigung sind die Betriebsmittel (z.B. Löschzug) und deren voraussichtliches Eintreffen angegeben.** |
| *Abbruch-bedingung* | 5. Der Außenbeamte erhält die Bestätigung und die ausgewählte Antwort. |

Abbildung 5.11: Verfeinerter MeldeNotfall-Anwendungsfall. Die Entdeckung und das Hinzufügen des Empfangsbestätigung-Objekts zum Analysemodell zeigt, dass der ursprüngliche MeldeNotfall-Anwendungsfall die Information bezüglich Empfangsbestätigungen nicht richtig beschrieben hat. Die Verfeinerungen sind **fett** gedruckt. (Forts.)

| Empfangs-bestätigung | Antwort eines Dienstleiters auf eine NotfallMeldung eines Außenbeamten. Durch das Senden einer Empfangsbestätigung teilt der Dienstleiter dem Außenbeamten mit, dass die NotfallMeldung empfangen wurde, erzeugt einen Vorfall und weist diesem Betriebsmittel zu. Die Empfangsbestätigung enthält die zugewiesenen Betriebsmittel und die voraussichtliche Ankunftszeit. |

Tabelle 5.5: Empfangsbestätigung-Objekt für den MeldeNotfall-Anwendungsfall

Bei der Konstruktion von Sequenzdiagrammen modellieren wir nicht nur die Reihenfolge der Interaktionen zwischen den Objekten, wir teilen auch das Verhalten des Anwendungsfalls auf. Das heißt, wir weisen jedem Objekt Verantwortung in Form eines Satzes von Operationen zu. Diese Operationen können von jedem Anwendungsfall, an dem das Objekt teilnimmt, benutzt werden. Man beachte, dass die Definition eines Objekts, das von zwei oder mehr Anwendungsfällen geteilt wird, identisch sein sollte; d.h. falls eine Operation in mehr als einem Sequenzdiagramm auftaucht, sollte ihr Verhalten dasselbe sein.

Das Identifizieren von gemeinsamen Operationen erlaubt es Entwicklern, Redundanzen in der Anforderungsspezifikation zu entfernen und die Konsistenz zu verbessern. Man beachte allerdings, dass die Klarheit einer Beschreibung immer wichtiger ist als das Entfernen von redundanten Formulierungen. Wenn wir die Beschreibung eines Verhaltens durch zu viele Operationen fragmentieren, verkomplizieren wir die Anforderungsspezifikation unnötig.

Bei der Analyse werden Sequenzdiagramme benutzt, die Identifizierung neuer partizipierender Objekte und Verhalten zu erleichtern. Dabei sollte man sich auf das Verhalten auf höheren Abstraktionsebenen beschränken, Implementierungsdetails sollten auch hier nicht angesprochen werden. Das Erstellen von Interaktionsdiagrammen kann sehr zeitaufwendig sein, deshalb sollten sich Entwickler zunächst auf problematische oder ungenau spezifizierte Funktionalitäten konzentrieren. Interaktionsdiagramme sollte man auch für Teile des Systems zeichnen, die sehr einfach oder ausreichend definiert sind. Anfangs mag das nicht gerade zeitökonomisch erscheinen, aber man sollte es trotzdem tun, um zu vermeiden, dass wichtige Probleme und Entscheidungen eventuell übersehen werden.

Heuristiken zum Zeichnen von Sequenzdiagrammen

- Die erste Spalte sollte dem Akteur entsprechen, der den Anwendungsfall initiiert.

- Die zweite Spalte sollte ein Grenzobjekt sein (das der Akteur benutzt, um den Anwendungsfall zu initiieren).

- Die dritte Spalte sollte das Steuerungsobjekt sein, das den verbleibenden Rest des Anwendungsfalls behandelt.

- Steuerungsobjekte werden von den Grenzobjekten erzeugt, die Anwendungsfälle initiieren.

- Steuerungs- und Grenzobjekte greifen auf Entitätsobjekte zu.

- Entitätsobjekte greifen niemals auf Grenz- oder Steuerungsobjekte zu, was es leichter macht, dass sich Anwendungsfälle Entitätsobjekte teilen.

5.4.5 Modellieren von Interaktionen zwischen Objekten mit CRC-Karten

Eine Alternative für die Identifizierung von Interaktionen zwischen Objekten sind CRC-Karten [Beck & Cunningham, 1989]. CRC-Karten (CRC steht für Class, Responsibilities and Collaborators) waren ursprünglich als Werkzeug eingeführt worden, um Anfängern und nicht mit Objekt-Orientierung vertrauten Entwicklern objektorientierte Konzepte zu vermitteln. Jede Klasse wird durch eine Indexkarte (CRC-Karte) repräsentiert, die den Namen der Klasse und zwei Spalten enthält. Die linke Spalte enthält die Namen von Operationen, für die die Klasse verantwortlich ist, die rechte Spalte enthält die Namen von Klassen, die zur Ausführung der Operationen benötigt werden. Abbildung 5.12 zeigt zwei Karten, eine für die MeldeNotfallSteuerung- und eine für die Vorfall-Klasse.

MeldeNotfallSteuerung	
Verantwortungs-bereiche	**Mitarbeiter**
Sammelt Eingaben vom Außenbeamten. Steuert die Abfolge der Formulare während der Notfallberichterstattung	NotfallMeldungFormular NotfallMeldung EmpfangsbestätigungNotiz

Vorfall	
Verantwortungs-bereiche	**Mitarbeiter**
Verfolgt alle Angaben im Zusammenhang mit einem einzelnen Vorfall.	Betriebsmittel

Abbildung 5.12: Beispiele für CRC-Karten für die MeldeNotfallSteuerung- und die Vorfall-Klasse

CRC-Karten können sehr gut bei Modellierungssitzungen benutzt werden, die man gemeinsam mit einer Gruppe macht. Die Teilnehmer, typischerweise eine Mischung aus Entwicklern und Anwendungsbereichs-Experten, bearbeiten ein Szenario und identifizieren die Klassen, die an der Verwirklichung des Szenarios beteiligt sind. Für jede Instanz wird eine Karte auf den Tisch gelegt. Jeder Klasse werden dann Verantwortlichkeiten zugewiesen, je mehr das Szenario sich ausweitet und die Teilnehmer über die Verantwortlichkeiten eines jeden Objekts verhandeln. Die Spalte der Mitarbeiter wird ausgefüllt, sobald die Abhängigkeiten von anderen Karten identifiziert sind. Karten werden verändert oder beiseite gelegt, wenn neue Alternativen erkundet werden. Karten werden niemals weggeworfen, weil sie eventuell wiederverwendet werden können, wenn neue Ideen auftauchen.

CRC-Karten und Sequenzdiagramme sind zwei unterschiedliche Darstellungen, um die gleiche Aktivität zu unterstützen, nämlich das Verhalten zwischen Objekten zu modellieren. Sequenzdiagramme sind für einen einzelnen Modellierer oder zum Dokumentieren einer Interaktionsfolge das bessere Werkzeug, weil sie genauer und kompakter sind. Für Gruppen von Entwicklern, die während einer Brainstorming-Sitzung eine Objektstruktur verfeinern und überarbeiten, sind CRC-Karten geeigneter, weil sie leichter zu erzeugen und zu verändern sind.

5.4.6   Identifizieren von Assoziationen

Während Sequenzdiagramme Entwicklern erlauben, Interaktionen zwischen Objekten im Zeitablauf darzustellen, ermöglichen ihnen Klassendiagramme die Beschreibung von Beziehungen zwischen Objekten. Wir haben die UML-Klassendiagrammnotation bereits in Kapitel 2, *Modellierung mit UML* bechrieben und gesagt, dass wir sie im ganzen Buch benutzen, um unterschiedliche Atrefakte (z.B. Aktivitäten, zu liefernde Ergebnisse, usw) darzustellen. In diesem Abschnitt zeigen wir nun, wie man Klassendiagramme dazu benutzen kann, Assoziationen zwischen Objekten darzustellen. In Abschnitt 5.4.8 erläutern wir dann, wie man Objektattribute in Klassendiagrammen darstellt.

Eine **Assoziation** beschreibt die Beziehung zwischen zwei oder mehr Klassen. Wenn beispielsweise ein Außenbeamter eine NotfallMeldung schreibt, dann sind die beiden Klassen durch die Beziehung des Schreibens verbunden (siehe Abbildung 5.13). Auf den ersten Blick klingt das sehr umständlich; das Identifizieren von Assoziationen hat aber zwei wesentliche Vorteile: Erstens wird das Analysemodell klarer, wenn die Beziehungen zwischen Objekten explizit gemacht werden (z.B. kann eine NotfallMeldung von einem Außenbeamten oder einem Dienstleiter kreiert werden). Zweitens entdecken die Entwickler eventuell Grenzfälle im Zusammenhang mit Assoziationen. Grenzfälle sind Ausnahmen, die im Modell geklärt werden müssen. Beispielsweise kann man in der anfänglichen Modellierung zunächst annehmen, dass die meisten NotfallMeldungen von einem einzigen Außenbeamten geschrieben werden. Soll das System aber auch NotfallMeldungen unterstützen, die von mehr als einem geschrieben wurden? Soll das System anonyme NotfallMeldungen zulassen? Solche Fragen sollten während der Analyse untersucht und mit dem Kunden oder den Endbenutzern diskutiert werden.

Assoziationen haben verschiedene Eigenschaften:

- Einen **Namen**, der die Assoziation zwischen den zwei Klassen beschreibt (z.B. schreibt in Abbildung 5.13). Assoziationsnamen sind optional und müssen innerhalb des Modells nicht eindeutig sein.

- Eine **Rolle** an jedem Ende, die die Funktion jeder Klasse bezüglich der Assoziationen identifiziert (z.B. ist Autor die Rolle, die vom Außenbeamten bei der schreibt-Assoziation gespielt wird).

- Eine **Multiplizität** an jedem Ende, die die mögliche Anzahl von Instanzen identifiziert, (Die Multiplizität * zeigt z.B. an, dass ein Außenbeamter keine oder mehrere NotfallMeldungen schreiben kann, wobei 1 bedeutet, dass jede NotfallMeldung genau einen Außenbeamten als Autor hat).

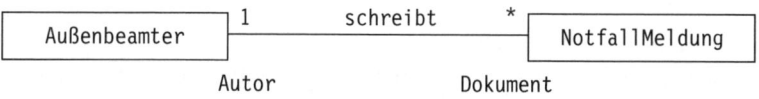

Abbildung 5.13: Beispiel einer Assoziation zwischen den Klassen NotfallMeldung und Außenbeamter

Bei den ersten Modellen sind die Assoziationen zwischen Entitätsobjekten am wichtigsten, da sie zusätzliche Informationen über den Anwendungsbereich offenlegen. Wir können Assoziationen mit Abbotts Heuristiken (siehe Tabelle 5.1) identifizieren, indem wir Verben und Verbalphrasen überprüfen, die einen Zustand anzeigen (z.B. hat, ist Teil von, verwaltet, berichtet an, wird ausgelöst durch, ist enthalten in, spricht mit, beinhaltet). Jede Assoziation sollte im Prinzip einen Namen haben und jedem Ende sollten Rollen zugewiesen werden.

Heuristiken zum Identifizieren von Assoziationen

- Überprüfen Sie Verbalphrasen.
- Benennen Sie Assoziationen und Rollen genau.
- Benutzen Sie möglichst oft Qualifikatoren zur Identifizierung von Namensfeldern und Schlüsselattributen.
- Entfernen Sie jede Assoziation, die von anderen Assoziationen abgeleitet werden kann.
- Sorgen Sie sich nicht um Multiplizitäten, bis der Satz der Assoziationen stabil ist.
- Zu viele Assoziationen machen ein Modell unleserlich.

Wenn man alle Assoziationen berücksichtigt, die mit Abbotts Methode identifiziert werden, enthält das Objektmodell im Allgemeinen zu viele Assoziationen. In Abbildung 5.14 identifizieren wir zum Beispiel zwei Beziehungen: die erste zwischen Vorfall und NotfallMeldung, die zweite zwischen dem Vorfall und dem berichtenden Außenbeamten. Da NotfallMeldung und Außenbeamter bereits eine Assoziation haben, die die Autorenschaft

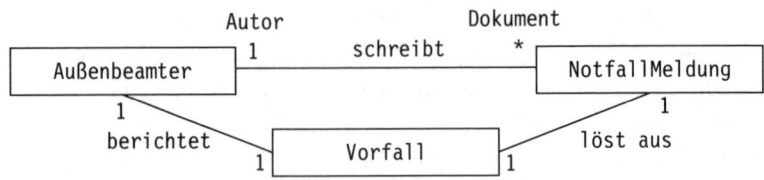

Abbildung 5.14: Eliminierung von redundanten Assoziationen. Der Empfang einer Notfallmeldung löst die Erzeugung eines Vorfalls durch den Dienstleiter aus. Da Notfallmeldung bereits eine Assoziation mit Außenbeamter hat, ist es nicht notwendig, noch eine zusätzliche Assoziation zwischen Außenbeamter und Vorfall zu modellieren.

modelliert, ist eine Assoziation zwischen Vorfall und Außenbeamter nicht mehr nötig. Das Hinzufügen unnötiger Assoziationen verkompliziert das Modell und führt zu unverständlichen Modellen und überflüssigen Informationen.

Die meisten Entitätsobjekte bieten eine Identifizierungsmöglichkeit, die von Akteuren benutzt werden kann, um auf sie zuzugreifen. Außenbeamter und Dienstleiter beispielsweise haben Dienstnummern. Vorfall und Meldung werden im Allgemeinen Nummern zugewiesen, und sie werden unter einem bestimmten Datum archiviert. Wenn das Analysemodell größer wird und viele Klassen und Assoziationen enthält, sollten die Entwickler prüfen, wie und in welchem Kontext Klassen von den Akteuren identifiziert werden können. Sind zum Beispiel die Dienstnummern der Außenbeamten auf der ganzen Welt eindeutig? Oder in einer Stadt? Oder nur für ein bestimmtes Polizeirevier? Falls sie nur in einer Stadt eindeutig sind, wie kann das FRIEND-System über Außenbeamte von mehr als einer Stadt Bescheid wissen? Diese Fragestellungen können systematisch angegangen werden, indem man jede Klasse im Modell untersucht und die Reihenfolge der Assoziationen identifiziert, die beim Zugriff auf eine spezifische Instanz dieser Klasse durchlaufen werden müssen.

5.4.7   Identifizieren von Aggregationen

Aggregationen sind spezielle Typen von Assoziationen, die eine ganzheitliche Beziehung kennzeichnen. Zum Beispiel besteht eine Feuerwache aus einer Anzahl von Feuerwehrmännern, Löschzügen, Rettungswagen und einem Einsatzfahrzeug. Ein Staat besteht aus einer Anzahl von Ländern, die wiederum aus einer Anzahl von Ansiedlungen bestehen (Abbildung 5.15). In Diagrammen wird die Aggregation durch eine Assoziation mit einer Raute auf der Seite der Gesamtheit gezeichnet.

Es gibt zwei Typen von Aggregationen: zusammengesetzte und geteilte. Eine **zusammengesetzte Aggregation** – auch **Komposition** genannt – zeigt an, dass die Existenz der Teile vom Ganzen abhängig ist. So ist beispielsweise ein Bundesland stets Teil von genau einem Staat, eine Gemeinde ist immer Teil von einem Bundesland. Da politische Grenzen sich nicht allzu oft verändern, wird eine Gemeinde nicht Teil eines anderen Bundeslands sein oder damit geteilt werden (zumindest nicht während der Lebenszeit des Notfallantwortsystems). Bei Kompositionen ist die Raute geschwärzt.

Bei einer geteilten Aggregation können die Gesamtheit und die Teile unabhängig voneinander existieren. Obwohl beispielsweise ein Löschzug zu einem bestimmten Zeitpunkt Teil von höchstens einer Feuerwache sein kann, kann er während seiner Lebenszeit auch einer anderen Feuerwache zugewiesen werden. **Geteilte Aggregationen** werden durch nicht ausgefüllte Rauten gekennzeichnet.

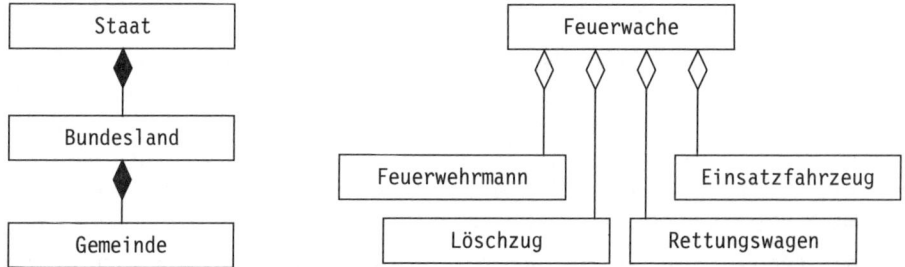

Abbildung 5.15: Beispiele für Kompositionen und geteilte Aggregationen (UML-Klassendiagramm). Ein Staat besteht aus vielen Bundesländern, die ihrerseits aus vielen Gemeinden bestehen. Eine Feuerwache umfasst Feuerwehrmänner, Löschzüge, Rettungswagen und ein Einsatzfahrzeug.

Aggregations-Assoziationen in der Analyse zeigen im Allgemeinen an, wie Konzepte aus dem Anwendungsbereich hierarchisch oder in einem gerichteten Graphen organisiert sind. Aggregate werden oft bei der Darstellung von Benutzerschnittstellen verwendet, um dem Benutzer bei der Navigation durch viele Teile zu helfen. In Abbildung 5.15 beispielsweise bietet FRIEND eine Baumdarstellung für Dienstleiter an, um das Auffinden eines Bundeslandes innerhalb eines Staates und das Auffinden einer Gemeinde innerhalb eines Bundeslandes zu ermöglichen. Wie bei vielen Modellierungskonzepten kann man auch hier leicht in eine Überstrukturierung des Modells verfallen. Ist man sich nicht sicher, ob ein bestimmtes Konzept ein Ganzheitskonzept ist oder nicht, ist es besser, die Assoziation zunächst als eine 1-*-Assoziation zu modellieren und sie später noch einmal zu bearbeiten, wenn ein besseres Verständnis des Anwendungsbereichs vorliegt.

5.4.8   Identifizieren von Attributen

Attribute sind Eigenschaften individueller Objekte. Die NotfallMeldung in Tabelle 5.2 hat beispielsweise einen Notfalltyp, einen Ort und eine Beschreibung (siehe Abbildung 5.16). Diese werden von einem Außenbeamten eingegeben, sobald ein Notfall gemeldet wird, und anschließend vom System verfolgt. Bei der Identifizierung von Objekteigenschaften sollten nur die Attribute betrachtet werden, die für das System von Bedeutung sind. Zum Beispiel hat jeder Außenbeamte eine Sozialversicherungsnummer, die für das System ziemlich bedeutungslos ist. Vielmehr wird ein Außenbeamter durch eine Dienstnummer identifiziert, die dann durch das Attribut dienstNummer in der Klasse Außenbeamter repräsentiert wird.

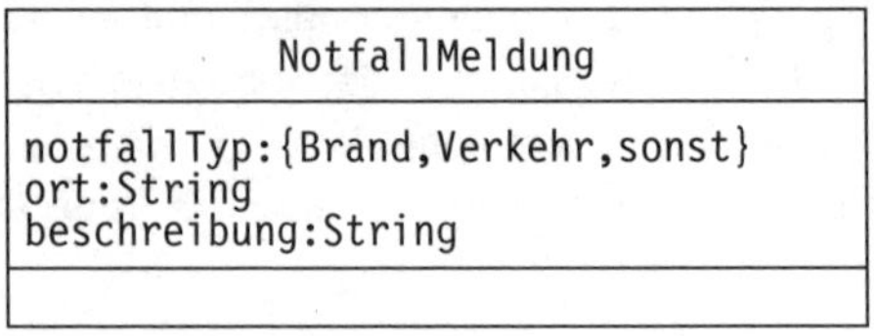

```
                    NotfallMeldung

notfallTyp:{Brand,Verkehr,sonst}
ort:String
beschreibung:String

```

Abbildung 5.16:   Attribute der NotfallMeldung-Klasse

Eigenschaften, die durch Objekte dargestellt werden, sind keine Attribute, sondern Assoziationen zu diesen Objekten. Beispielsweise hat jede NotfallMeldung einen Autor, der gegenüber der Klasse Außenbeamter durch eine Assoziation repräsentiert wird. Entwickler sollten zunächst so viele Assoziationen wie möglich identifizieren und erst dann versuchen, Attribute zu identifizieren. Dies vermindert die Gefahr, dass in einem Modell Attribute mit Objekten verwechselt werden. Jedes Attribut hat drei Teile:

- Einen **Namen**, der das Attribut innerhalb eines Objekts identifiziert. Zum Beispiel kann eine NotfallMeldung ein reportTyp-Attribut und ein notfallTyp-Attribut haben. Der reportTyp beschreibt die Art des abzuarbeitenden Berichts (z.B. Anfangsbericht, Mittelanforderung, Abschlussbericht). Der notfallTyp beschreibt die Art des Notfalls (z.B. Brand, Verkehrsunfall, sonstiges).

- Eine kurze **Beschreibung**.

- Einen **Typ**, der die zulässigen Werte beschreibt, die das Attribut annehmen kann. Attributtypen basieren auf vordefinierten Basistypen von UML. Zum Beispiel ist das beschreibung-Attribut einer NotfallMeldung vom Typ String. Das notfallTyp-Attribut ist ein Auswahltyp, der einen von drei Werten annehmen kann: brand, verkehr, sonst.

Auch Attribute können durch Abbotts Heuristiken identifiziert werden (siehe Tabelle 5.1). Insbesondere kann man bei Substantiven prüfen, ob sie in einer Possessivphrase („die Beschreibung eines Notfalls") oder einer Adjektivphrase („ein ernster Notfall") benutzt werden. Im Fall von Entitätsobjekten ist jede Eigenschaft, die vom System gespeichert werden muss, ein Kandidat für ein Attribut.

Attribute repräsentieren den am wenigsten stabilen Teil des Objektmodells. Oft werden Attribute erst in der Entwicklung entdeckt und hinzugefügt, wenn das System vom Benutzer evaluiert wird. Neu entdeckte Attribute verursachen keine größeren Änderungen in der Struktur des Objektmodells, es sei denn, sie ziehen zusätzliche Funktionalität nach sich, die zu neuen Anwendungsfällen führt. Aus diesen Gründen sollten die Entwickler nicht übermäßig viel Zeit damit verbringen, Attribute zu identifizieren, die die weniger wichtigen Aspekte des Systems repräsentieren. Derartige Attribute können später hinzugefügt werden, wenn die Analysemodell- oder die Benutzerschnittstellenskizzen validiert werden.

Heuristiken zum Identifizieren von **Attributen**[3]

- Überprüfen Sie Possessivphrasen.
- Stellen Sie gespeicherte Zustände als Attribute eines Entitätsobjekts dar.
- Beschreiben Sie ein Attribut, auch wenn es noch keinen Namen hat
- Bereits identifizierte Klassen sind keine Attribute in einer anderen Klasse. Benutzen Sie stattdessen eine Assoziation zu der Klasse (siehe Abschnitt 5.4.6).
- Verschwenden Sie keine Zeit mit der Beschreibung von Feinheiten, bevor die Objektstruktur feststeht.

5.4.9 Modellieren des zustandsabhängigen Verhaltens einzelner Objekte

Sequenzdiagramme werden benutzt, um das Verhalten zwischen verschiedenen Objekten zu beschreiben und dabei Operationen zu identifizieren. Sequenzdiagramme repräsentieren das Verhalten des Systems aus der Sicht eines einzelnen Anwendungsfalls. Zustandsdiagramme repräsentieren das Verhalten des Systems aus der Sicht eines einzelnen Objekts. Das Prüfen von Verhalten aus der Sicht eines einzelnen Objekts ermöglicht es dem Entwickler, eine bessere Beschreibung des Objektverhaltens zu erstellen und daraus folgend fehlende Anwendungsfälle oder fehlerhafte Ereignisflüsse zu identifizieren. Durch Fokussieren auf einzelne Zustände können Entwickler möglicherweise auch neues Verhalten identifizieren. Zum Beispiel kann man alle Zustandsübergänge überprüfen, die durch Benutzeraktionen ausgelösten werden. Für jede dieser Übergänge muss der Entwickler einen entsprechenden Ablaufschritt im Anwendungsfall identifizieren können, der die auslösende Aktion beschreibt. In einem guten Modell hat nicht jede Klasse ihr eigenes Zustandsdiagramm. Nur Objekte mit langer Lebenszeit und zustandsabhängigem Verhalten verdienen Beachtung. Dies ist nahezu immer der Fall bei Steuerungsobjekten, weniger oft bei Entitätsobjekten und fast nie bei Grenzobjekten.

Abbildung 5.17 zeigt das dynamische Verhalten der Klasse Vorfall mit einem Zustandsdiagramm. Die Überprüfung dieses Zustandsdiagramms kann dem Entwickler helfen herauszufinden, ob es Anwendungsfälle zum Dokumentieren, Beenden oder Archivieren gibt. Durch weitere Verfeinerung jedes Zustands kann der Entwickler den verschiedenen Benutzeraktionen, die den Zustand des Vorfalls ändern, Einzelheiten hinzufügen. Zum Beispiel sollte es dem Außenbeamten möglich sein, während des Aktiv-Zustands einer Anzeige neue Betriebsmittel anzufordern, und Dienstleitern sollte es möglich sein, bestehenden Vorfällen Betriebsmittel zuzuweisen.

---

[3] Übernommen von [Rumbaugh et al., 1991].

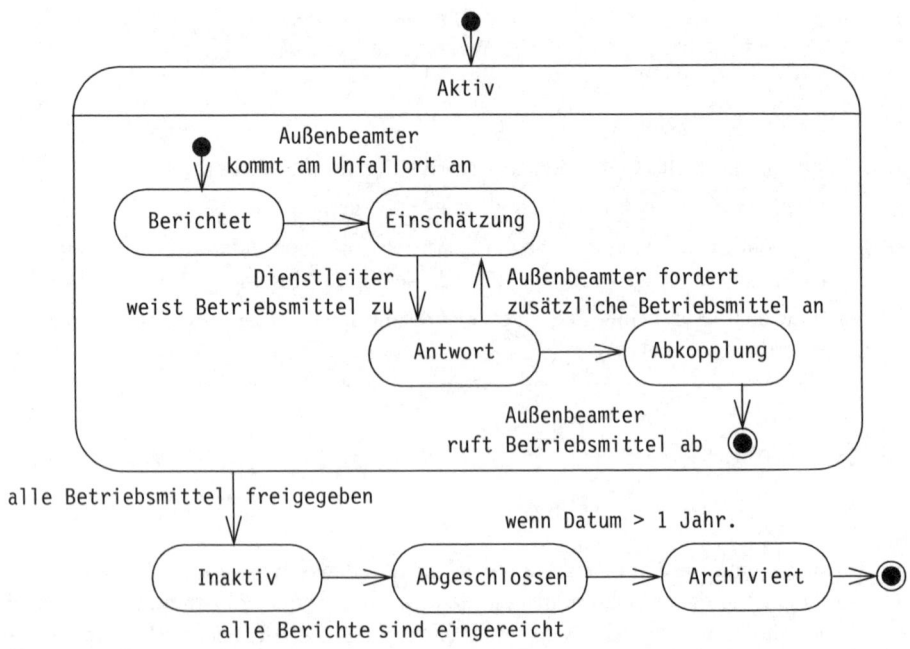

Abbildung 5.17:   Dynamisches Verhalten von Vorfall (UML-Zustandsdiagramm)

5.4.10   Modellieren von Vererbungsbeziehungen zwischen Objekten

Generalisierung wird im Allgemeinen bei der Klassifizierung, aber auch zur Vermeidung von Redundanz beim Analysemodell verwendet. Wenn zwei oder mehr Klassen ein bestimmtes Attribut oder Verhalten gemeinsam haben, kann man diese Gemeinsamkeiten in einer Superklasse zusammenfassen. Beispielsweise haben Dienstleiter und Außenbeamter beide das Attribut dienstNummer, mit dem sie innerhalb einer Stadt identifiziert werden können. Außenbeamter und Dienstleiter sind beide Polizeibeamte, denen unterschiedliche Funktionen zugewiesen sind. Um diese Gemeinsamkeit herauszustellen, führen wir eine abstrakte Klasse *PolizeiBeamter* ein, von der die Klassen Außenbeamter und Dienstleiter dann als Unterklassen abgeleitet werden (siehe Abbildung 5.18).

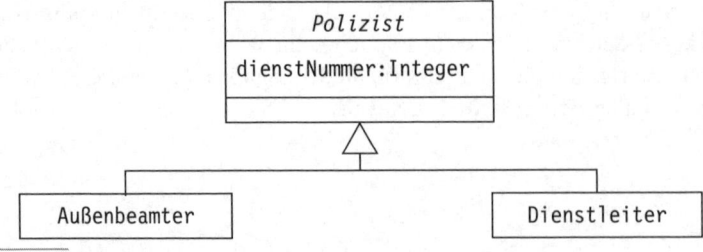

Abbildung 5.18:   Beispiel einer Vererbungsbeziehung (UML-Klassendiagramm)

5.4.11 Überprüfen des Analysemodells

Wie wir schon mehrfach erwähnt haben, wird das Analysemodell schrittweise und iterativ erstellt. Das Analysemodell ist deshalb nach dem ersten Schritt weder korrekt noch vollständig. Fehler und Auslassungen, die erst in späteren Analyseschritten angepackt werden, führen dazu, dass ein Anwendungsfall in der Anforderungsspezifikation hinzugefügt oder erweitert werden muss, wodurch dann eventuell wieder mehr Informationen vom Benutzer erfragt werden müssen. Es sind immer einige Iterationen mit dem Kunden und dem Benutzer nötig, bevor das Analysemodell sich so stabilisiert, dass es vom Entwickler für Entwurf und Implementierung genutzt werden kann.

Sobald ein Analysemodell stabil wird – die Zahl der Änderungen am Modell wird geringer und der Umfang der Änderungen hat nur noch begrenzte Auswirkungen im Modell – kann es Analysemodell überprüft werden, zuerst vom Entwickler durch interne Überprüfungen und dann gemeinsam vom Entwickler und vom Kunden. Das Ziel dieser Modellüberprüfungen ist sicherzustellen, dass die Anforderungsspezifikation korrekt, vollständig, konsistent und realistisch ist. Überdies prüfen Entwickler und Kunde, ob die Anforderungen überhaupt realistisch und realisierbar sind. Wichtig ist dabei, dass Entwickler gewillt sind, Fehler zu entdecken und Änderungen an der Spezifikation vorzunehmen. Es lohnt sich, wenn man möglichst viele Anforderungsfehler so früh wie möglich zu finden versucht. Die Überprüfung kann durch eine Checkliste oder eine Liste von Fragen erleichtert werden. Im Folgenden zählen wir einige Fragen auf, die unter anderem von Jacobson [Rubin, 1994] und Rumbaugh [Rumbaugh et al., 1991] bei der Erstellung einer Analyse-Checkliste empfohlen werden.

Die folgenden Fragen sollten gestellt werden, um sicher zu gehen, dass das Modell *korrekt* ist:

- Hat das Analysemodell Beschreibungen für alle Entitätsobjekte, die für den Anwender und Endbenutzer verständlich sind?
- Entsprechen die abstrakten Klassen Konzepten auf der Benutzerebene?
- Stimmen alle Beschreibungen mit den Definitionen, die vom Benutzer verwendet werden, überein?
- Haben alle Entitäts- und Grenzobjekte aussagekräftige Substantive als Namen?
- Haben alle Anwendungsfälle und Steuerungsobjekte aussagekräftige Verben als Namen?
- Sind alle Fehler behandelt und beschrieben?

Die folgenden Fragen sollten gestellt werden, um sicherzustellen, dass das Modell *vollständig* ist:

- Für jedes Objekt: Wird es von irgendeinem Anwendungsfall benötigt? In welchem Anwendungsfall wird es erzeugt, modifiziert, zerstört? Wird von einem Grenzobjekt aus auf das Objekt zugegriffen?
- Für jedes Attribut: Wann wird es gesetzt? Welchen Typ hat es? Sollte es ein Qualifikator sein?
- Für jede Assoziation: Wann wird sie durchlaufen? Warum wurde die spezifische Multiplizität gewählt? Kann die Multiplizität einer Assoziation mit Hilfe eines Qualifikators reduziert werden?

- Für jedes Steuerungsobjekt: Hat es die nötigen Assoziationen, um auf die Objekte zuzugreifen, die im entsprechenden Anwendungsfall partizipieren?

Die folgenden Fragen sollten gestellt werden, um sicherzustellen, dass das Modell *konsistent* ist:

- Gibt es mehrere Klassen oder Anwendungsfälle mit dem gleichen Namen?
- Stellen Entitäten (z.B. Anwendungsfälle, Klassen, Attribute) mit ähnlichen Namen auch ähnliche Konzepte dar?
- Gibt es Objekte mit ähnlichen Attributen und Assoziationen, die sich nicht in derselben Vererbungshierarchie befinden?

Die folgenden Fragen sind zwar System- und Implementierungsfragen, sollten aber bereits bei der Überprüfung des Analysemodells angesprochen werden, um sicherzustellen, dass das angestrebte System *realistisch* ist:

- Gibt es neuartige Merkmale im System? Gibt es Studien oder existierende Systeme, die die Durchführbarkeit dieser Merkmale gewährleisten?
- Können die Leistungs- und Zuverlässigkeitsanforderungen erfüllt werden? Werden diese Anforderungen durch geplante Prototypen geprüft, die auf dem zu wählenden Rechner laufen?

5.4.12 Zusammenfassung

Die Ermittlung von Anforderungen ist in hohem Maße schrittweise und iterativ. Man fängt mit kleinen Einheiten an, die man skizziert und dem Benutzer und dem Kunden vorschlägt. Der Kunde fügt zusätzliche Anforderungen hinzu, beurteilt die vorhandene Funktionalität und verändert die bereits existierenden Anforderungen. Die Entwickler untersuchen die nichtfunktionalen Anforderungen mit technischen Studien – wenn möglich auch mit Hilfe von existierenden Prototypen – und stellen jede vorgeschlagene Anforderung noch einmal in Frage. Am Anfang ist die Anforderungsermittlung eher mit dem Sammeln von Ideen vergleichbar. Wenn die Beschreibung des Systems umfangreicher wird und die Anforderungen immer konkreter werden, müssen Entwickler das Analysemodell ordnen, erweitern und modifizieren, um die Komplexität der zu verarbeitenden Informationen handhaben zu können.

Abbildung 5.19 veranschaulicht eine typische Abfolge von Aktivitäten bei der Analyse. Benutzer, Entwickler und Kunde entwickeln ein erstes Anwendungsfallmodell. Sie identifizieren eine Anzahl von Objekten und erstellen ein Verzeichnis von partizipierenden Objekten. Diese beiden ersten Aktivitäten wurden im vorangegangenen Kapitel besprochen. Die verbleibenden Aktivitäten waren Gegenstand dieses Kapitels. Die Entwickler klassifizieren die partizipierenden Objekte als Entitäts-, Grenz- und Steuerungsobjekte (siehe Abschnitt 5.4.1 Identifizieren von Entitätsobjekten, Abschnitt 5.4.2 *Identifizieren von Grenzobjekten* und Abschnitt 5.4.3 *Identifizieren von Steuerungsobjekten*). Diese Aktivitäten erfolgen zeitlich zusammen in einer sehr engen Schleife, bis der Großteil der Systemfunktionalität in Form von Anwendungsfällen mit Namen und kurzen Beschreibungen identifiziert ist. Zur Beschreibung der Interaktionen zwischen Objekten konstruieren die Entwickler Sequenzdiagramme, mit denen man auch noch oft fehlende Objekte (Abschnitt 5.4.4 *Identifizieren von Interaktionen,*) identifizieren kann. Wenn alle Entitätsobjekte benannt und beschrieben sind, kann man davon ausgehen, dass dieser Teil des Analysemodells relativ stabil bleibt.

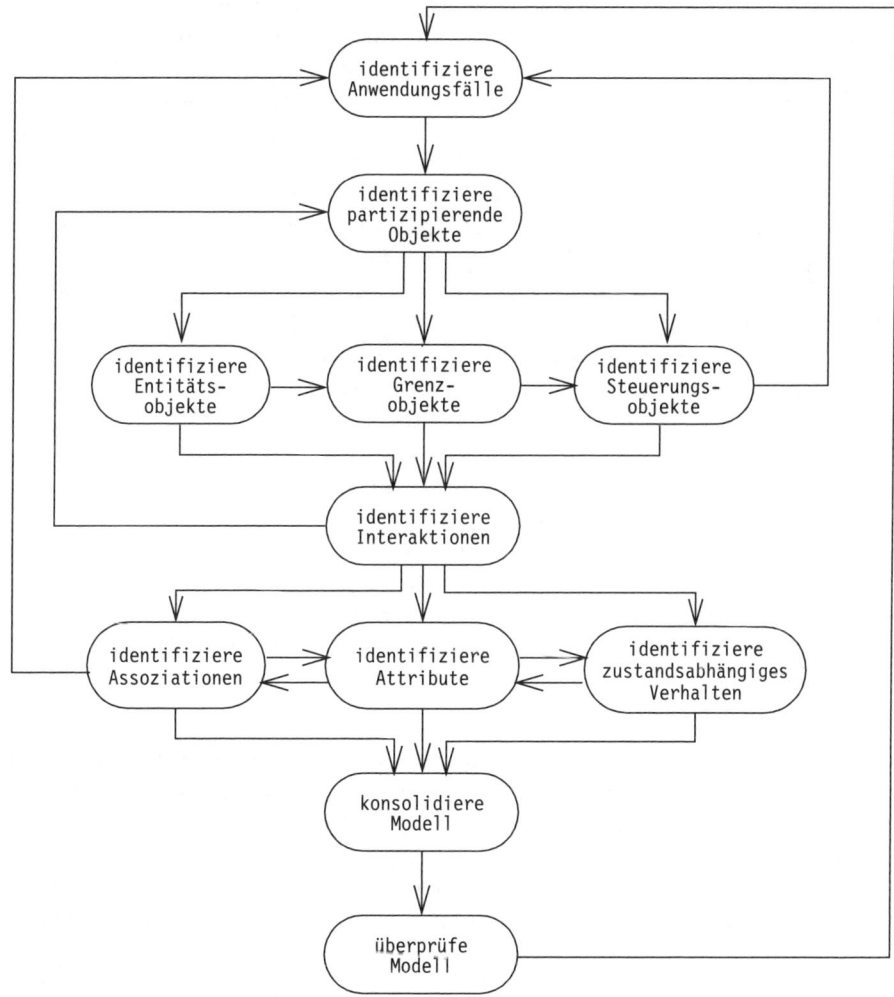

Abbildung 5.19:   Analyseaktivitäten (UML-Aktivitätsdiagramm).

Identifizieren von Assoziationen (Abschnitt 5.4.6), Identifizieren *von Attributen* (Abschnitt 5.4.8) und *Identifizieren von zustandsabhängigem Verhalten* (Abschnitt 5.4.9) führen dann zu einer Verfeinerung des Analysemodells. Diese drei Aktivitäten durchlaufen ebenfalls eine enge Schleife, in der der Zustand der Objekte und ihrer Assoziationen aus den Sequenzdiagrammen herausgezogen und genau beschrieben wird. Falls sich daraus Änderungen in der Funktionalität des Systems ergeben, werden die Anwendungsfälle dann noch einmal modifiziert. Dies kann auch zur Identifizierung von zusätzlichen funktionalen

Anforderungen führen, die dann wiederum in Form zusätzlicher Anwendungsfälle modelliert werden müssen, welche dann natürlich auch wieder stufenweise analysiert werden.

In weiteren Schritten festigen die Entwickler das Modell durch Einführung von Qualifikatoren sowie durch Generalisierung von Beziehungen und Entfernen von Mehrdeutigkeiten. Während der Überprüfung des Modells (Abschnitt 5.4.11 *Überprüfen des Analysemodells*) untersuchen die Kunden, Benutzer und Entwickler das Modell auf Korrektheit, Konsistenz, Vollständigkeit und Realisierbarkeit. Der Zeitplan sollte mehrere Überprüfungen erlauben, um hohe Qualität bei den Anforderungen zu sichern und auch Raum dafür zu lassen, die iterative Vorgehensweise zu lernen. Sobald jedoch der Zeitpunkt erreicht ist, wo die meisten Änderungen nur noch kosmetisch sind, sollte mit dem Systementwurf weitergemacht werden. Es gibt einen Punkt in der Analysephase, an dem man ohne zusätzliche Informationen aus der Entwurfs- oder Implementierungsphase nicht mehr weiterkommt und auf Versuche mit Prototypen, Studien über die Brauchbarkeit oder Überblicke über die einzusetzende Technologie aufbauen muss. Jedes Detail bereits während der Analyse richtig machen zu wollen ist also verschwendete Mühe: Viele solcher Einzelheiten können oft bei der nächsten Änderung bereits überflüssig geworden sein. Das Management sollte diesen Zeitpunkt erkennen und dann mit der nächsten Aktivität beginnen.

5.5   Analysemanagement

In diesem Abschnitt stellen wir einige Punkte vor, die mit der Verwaltung von Analyseaktivitäten für ein System zusammenhängen, das in einer großen Arbeitsgruppe entwickelt wird. Die größte Herausforderung bei der Verwaltung der Anforderungen in einem derartigem Projekt ist es, trotz der Benutzung vieler Betriebsmittel die Konsistenz des Modells aufrechtzuerhalten, so dass in dem Lastenheft ein einziges schlüssiges System beschrieben wird, das auch für eine Einzelperson verständlich ist.

Im Folgenden nennen wir einige Hilfen, um mit dieser Herausforderung zurechtzukommen. Als Erstes beschreiben wir eine Schablone, die zur Dokumentation der Analyseergebnisse benutzt werden kann (Abschnitt 5.5.1). Als Nächstes beschreiben wir eine Zuweisung von Rollen an Entwickler, die sich bei vielen Projekten bereits bewährt hat (Abschnitt 5.5.2). Dann betrachten wir Kommunikationsangelegenheiten während der Analyse. Schließlich behandeln wir noch Managementbelange, die sich durch die iterative und stufenweise Vorgehensweise ergeben (Abschnitt 5.5.4).

5.5.1   Dokumentieren der Analyse

Wie bereits mehrfach gesagt, werden die Anforderungsermittlung- und Analyseaktivitäten im Lastenheft aufgezeichnet. Abbildung 5.20 zeigt das Inhaltsverzeichnis einer Schablone für dieses Dokument, wobei die Abschnitte 1 bis 3.4.2 üblicherweise während der Anforderungsermittlung geschrieben werden. Während der Analyse können wir Mehrdeutigkeiten in diesen Abschnitten feststellen und neue Funktionalitäten entdecken. Das Hauptgewicht liegt jedoch auf dem Verfassen der Abschnitte, die das Objektmodell und das dynamische Modell beschreiben (Abschnitte 3.4.3 und 3.4.4).

Lastenheft

1. Einführung

2. Aktuelles System

3. Vorgeschlagenes System

    3.1 Überblick

    3.2 Funktionale Anforderungen

    3.3 nichtfunktionale Anforderungen

    3.4 Systemmodelle

        3.4.1 Szenarien

        3.4.2 Anwendungsfallmodell

        3.4.3 Objektmodell

            3.4.3.1 Datenwörterbuch

            3.4.3.2 Klassendiagramme

        3.4.4 Dynamische Modelle

        3.4.5 Benutzerschnittstelle —Navigierungspfade und Bildschirmtests

4. Glossar

Abbildung 5.20: Typisches Inhaltsverzeichnis für ein Lastenheft, siehe auch Abbildung 4.16.

Abschnitt 3.4.3 dokumentiert alle identifizierten Objekte, ihre Attribute und Operationen. Jedes Objekt wird durch eine Definition beschrieben; Beziehungen zwischen Objekten werden außerdem mit Bezug auf die zugehörigen Klassendiagramme erklärt.

Abschnitt 3.4.4 dokumentiert das dynamische Verhalten der Objekte mit Hilfe von Zustands- und Sequenzdiagrammen. Obwohl die dargestellte Information mit dem Anwendungsfallmodell identisch ist, eignen sich dynamische Modelle besser zur genaueren Darstellung von komplexem Verhalten, insbesondere für Anwendungsfälle, an denen viele Akteure beteiligt sind.

Sobald das Lastenheft fertiggestellt und veröffentlicht ist, bildet es die Ausgangsbasis für die weitere Entwicklung und wird deshalb dem Konfigurationsmanagement unterstellt. Der Abschnitt über die Änderungsgeschichte zeigt den zeitlichen Verlauf der Änderungen auf, insbesondere die dafür verantwortlichen Autoren, das Änderungsdatum und eine Kurzbeschreibung der durchgeführten Änderungen.

5.5.2 Zuweisung von Verantwortungsbereichen

Analyse erfordert die Mitarbeit einer grossen Anzahl von Personen. Die Endbenutzer liefern das Wissen über den Anwendungsbereich. Die Kunden finanzieren das Projekt und koordinieren oft auch die Zusammenarbeit mit den Benutzern. Die Analytiker eruieren das Wissen über den Anwendungsbereich und formalisieren es. Die Entwickler machen sich Gedanken über die Konstruktion und geben Rückmeldungen bezüglich der Durch-

führbarkeit und der Kosten. Der Projektleiter koordiniert den Aufwand auf der Entwicklungsseite. Diese Aufgaben werden erfüllt, indem man einzelnen Individuen vordefinierte
Rollen und Aufgabenbereiche zuweist. Insgesamt gibt es dabei drei Haupttypen von Rollen: Erzeugung von Information, Integration und Überprüfung.

■ Der **Endbenutzer** ist der Anwendungsbereichsexperte, der Informationen über das
  aktuelle System, die Umgebung des zukünftigen Systems und die Aufgaben, die es
  unterstützen soll, erzeugt. Jeder Benutzer entspricht einem oder mehreren Akteuren
  und hilft die zugehörigen Anwendungsfälle zu identifizieren.

■ Der **Kunde** definiert die Zielsetzung des Systems basierend auf den Benutzeranforderungen. Unterschiedliche Benutzer können unterschiedliche Sichtweisen bezüglich
  des Systems haben, entweder weil sie aus verschiedenen Teilen des Systems (z.B. als
  Dienstleter oder als Außenbeamter) Nutzen ziehen oder weil sie unterschiedliche
  Meinungen oder Erwartungen bezüglich des zukünftigen Systems haben. Der Kunde
  dient als Integrationsstelle für die Informationen aus dem Anwendungsbereich und
  räumt Widersprüche in den Benutzererwartungen aus.

■ Der **Analytiker** ist der Anwendungsbereichsexperte, der das aktuelle System modelliert und Informationen über das zukünftige System erzeugt. Jeder Analytiker ist zunächst dafür verantwortlich, einen oder mehr Anwendungsfälle ausführlich zu beschreiben. Für einen Satz von Anwendungsfällen wird der Analytiker eine Anzahl
  von Objekten, ihre Assoziationen und ihre Attribute unter Benutzung der Techniken
  aus Abschnitt 5.4 identifizieren. Ein guter Analytiker ist typischerweise auch ein Entwickler mit umfangreicher Kenntnis des Anwendungsbereichs.

■ Der **Architekt** spielt ebenfalls eine integrierende Rolle und vereinheitlicht Anwen-
  dungsfall- und Objektmodelle aus der Sicht eines Systems. Unterschiedliche Analytiker können unterschiedliche Modellierungstechniken benutzen und auch verschiedene
  Sichtweisen von Systemteilen haben, für die sie nicht verantwortlich sind. Obwohl
  Analytiker im Allgemeinen zusammenarbeiten und die meisten Differenzen wahrscheinlich im Laufe der Analyse ausräumen können, ist die Rolle des Architekten
  wichtig, um für eine durchgängige Systemphilosophie zu sorgen und Mängel in den
  Anforderungen aufzudecken.

■ Der **Redakteur** ist für einheitliche Dokumentation sowohl auf der Ebene der Textbau-
  steine verantwortlich als auch für das Gesamtformat der Dokumentation und der dazugehörigen Verzeichnisse.

■ Der **Konfigurationsmanager** ist für die Revisionsgeschichte der Dokumentation sowie für die Nachvollziehbarkeit der Anforderungen aus dem Lastenheft in anderen
  Dokumenten (wie z.B. dem Systementwurfs-Dokument; siehe Kapitel 6, *Systementwurf: Systemzerlegung*) verantwortlich.

■ Der **Kritiker** (engl. *reviewer*) validiert das Systemmodell bezüglich Korrektheit, Vollständigkeit, Konsistenz, Realitätsnähe, Nachprüfbarkeit und Nachvollziehbarkeit. Benutzer, Kunden, Entwickler oder andere Personen können während der Plausibilitätsprü-
  fung der Anforderungen zu Kritikern werden. Personen, die nicht an der Entwicklung
  beteiligt waren, eignen sich hierfür ganz besonders, weil sie Mehrdeutigkeiten und
  Teile, die der Klärung bedürfen, leichter erkennen.

Die Größe des Systems bestimmt oft die Anzahl der Benutzer und Analytiker, die zur Ermittlung und Modellierung der Anforderungen nötig sind. In jedem Fall sollte sowohl auf der Kundenseite wie auch auf der Entwicklungsseite ein Ansprechpartner vorhanden sein. Schließlich sollten die Anforderungen, wie groß das System auch sein mag, für eine einzelne mit dem Anwendungsbereich vertraute Person verständlich sein.

5.5.3   Verständigung während der Analyse

Die schwierigste Aufgabe während der Anforderungsermittlung und der Analyse ist es, sich untereinander zu verständigen. Die Schwierigkeiten liegen in mehreren Faktoren begründet:

■ *Unterschiedlicher Hintergrund der Teilnehmer.* Benutzer, Kunden und Entwickler haben unterschiedliche Kenntnisse des Anwendungsbereichs und benutzen oft einen anderen Wortschatz, um dieselben Konzepte zu beschreiben.

■ *Unterschiedliche Erwartungen der Interessengruppen.* Benutzer, Kunden und Management haben unterschiedliche Zielsetzungen, wenn ein System definiert wird. Benutzer möchten ein System, das ihre aktuellen Arbeitsabläufe unterstützt, ohne Beeinträchtigung oder Bedrohung ihrer gegenwärtigen Stellung (ein neues System kann Stellenabbau zur Folge haben). Der Kunde will die maximale Rendite der Investition. Das Management will die rechtzeitige Auslieferung des Systems. Unterschiedliche Erwartungen und unterschiedliche Investitionen im Projekt können zu Verzögerungen bei der Informationsweitergabe und der Offenlegung von Problemen führen.

■ *Neue Arbeitsgruppen.* Anforderungsermittlung und Analyse kennzeichnen oft den Beginn eines neuen Projekts. Das drückt sich in neuen Teilnehmern und neuen Gruppenzusammenstellungen aus. Dies wiederum führt zu einer Anlaufperiode, in der die Gruppenmitglieder lernen müssen, miteinander zu arbeiten.

■ *Entstehendes System.* Wenn ein System von Grund auf neu entwickelt wird, sind Begriffe und Konzepte während der gesamten Analyse und während des Systementwurfs ständig Änderungen unterworfen. Ein Begriff, der bereits von allen akzeptiert zu sein scheint, kann morgen eine ganz andere Bedeutung haben.

Probleme, die mit interner Politik und der Zurückhaltung von Informationen zusammenhängen, lassen sich nicht durch Methoden der Anforderungsermittlung oder Kommunikationsmechanismen lösen. Widerstreitende Zielsetzungen und Konkurrenzkampf werden bei umfangreichen Entwicklungsprojekten sogar immer vorkommen. Ein paar einfache Richtlinien jedoch können helfen, mit gegensätzlichen Sichtweisen umzugehen:

■ *Definieren klarer Zuständigkeits- und Kommunikationsbereiche.* Die Zuteilung von Rollen, wie in Abschnitt 5.5.2 vorgestellt, ist sehr wichtig. Das schließt auch die Definition von privaten und öffentlichen Diskussionsforen ein. Insbesondere sollte jede Arbeitsgruppe ein privates Diskussionsforum haben und die Diskussion mit dem Kunden sollte in einem separaten Forum geführt werden. Der Kunde sollte keinen Zugriff auf die internen Diskussionsforen haben. Entsprechend sollten sich Entwickler nicht in interne Bereiche beim Kunden oder bei den Benutzern einmischen.

- *Definieren klarer Zielsetzungen und Erfolgskriterien.* Die gemeinsame Festlegung klarer, messbarer und nachprüfbarer Erfolgskriterien durch Kunde und Entwickler erleichtern Konfliktlösungen. Die Festlegung einer klaren und nachprüfbaren Zielsetzung ist keine leichte Aufgabe, da es bequemer ist, Ziele offen zu lassen. Die Zielsetzungen und Erfolgskriterien sollten in Abschnitt 1.3 des Anforderungsanalyse-Dokumentes niedergelegt werden.

- *Sammlung von Ideen.* Steckt man alle Vertreter verschiedener Interessen in einen Raum, so können oft viele Hindernisse in der Verständigung ausgeräumt und Lösungen sowie Definitionen schnell gefunden werden. Den gleichen Effekt kann man beobachten, wenn man die Definition der zu liefernden Ergebnisse sowohl für den Kunden als auch für die Entwickler mit allen Beteiligten in ein und de selben Sitzung durchführt.

Das informelle Sammeln von Ideen, wie es insbesondere beim Brainstorming gepflegt wird, und die gemeinschaftliche Entwicklung von Anforderungen können zur Definition von Ad-hoc-Notationen führen, die die Kommunikation unterstützen. Ablaufpläne, Benutzerschnittstellenskizzen und Datenflussdiagramme auf hoher Ebene entstehen in solchen Sitzungen oft spontan. Erst wenn sich die Informationen über den Anwendungsbereich und das neu zu entwickelnde System anhäufen, ist es entscheidend, eine präzise und strukturierte Notation zu benutzen. In UML setzen Entwickler Anwendungsfälle und Szenarios ein, um mit dem Kunden und dem Benutzer zu kommunizieren, und benutzen Objekt-, Sequenz- und Zustandsdiagramme zur Kommunikation mit anderen Entwicklern (siehe Abschnitt 4.4 und 5.4). Außerdem sollte die aktuelle Version der Anforderungen allen Teilnehmern zugänglich sein. Das Führen einer aktuellen Online-Version des Anforderungsanalyse-Dokuments mit der aktuellen Änderungsgeschichte erleichtert die Verbreitung von Änderungen für alle Beteiligten.

5.5.4   Iterieren des Analysemodells

Analyse erfolgt in der Praxis oft parallel zu anderen Entwicklungsaktivitäten wie Systementwurf und -implementierung. Man beachte jedoch, dass eine uneingeschränkte Modifizierung und Erweiterung des Analysemodells besonders bei einer großen Anzahl von Teilnehmern im Chaos enden kann. Iterationen und Schritte müssen sorgfältig verwaltet werden; Änderungen sollten nur noch durch formale Änderungsnachfragen möglich sein, wenn eine Basislinie des Modells definiert ist. Die Analysephase sollte deshalb am besten als eine Folge mehrerer Schritte angesehen werden, die in Richtung eines stabilen Modells konvergieren: Ideensammlung, Festigung, Festschreibung.

Ideensammlung

Bevor irgendwelche anderen Entwicklungsaktivitäten angefangen werden, ist die Anforderungsermittlung grundsätzlich ein Prozess, in dem Änderungen schnell und oft stattfinden. Alles - Konzepte und darauf bezogene Bezeichnungen - ändert sich dabei ständig. Das Ziel dieser Phase muss es deshalb sein, mit verschiedenen Methoden (z.B. Brainstorming) so viele Ideen wie möglich zu sammeln, ohne sie wirklich umsetzen zu müssen. In diesem Stadium sind Iterationen sehr schnell und weitreichend.

Festigung

Hat man sich dann einem gemeinsamen Konzept genähert, die Grenzen des Systems definiert und sich auf einen Satz von Standardbezeichnungen geeinigt, kann man mit der Festschreibung beginnen. Die Funktionalität wird in Gruppen von Anwendungsfällen mit ihren entsprechenden Schnittstellen gegliedert. Gruppen von Funktionalitäten werden verschiedenen Arbeitsgruppen zugeordnet, die für die genaue Berichterstattung über ihre jeweiligen Anwendungsfälle verantwortlich sind. In diesem Stadium sind Iterationen häufig, aber sehr lokal.

Festschreibung

Änderungen sind auf der höheren Ebene zwar noch möglich, aber recht schwierig und müssen deshalb besonders sorgfältig vorgenommen werden. Jede Arbeitsgruppe ist für die ihr zugeordneten Anwendungsfälle und Objektmodelle bezüglich der Funktionalität verantwortlich. Eine übergeordnete Gruppe, die Architekturgruppe, zusammengestellt aus Vertretern jeder Arbeitsgruppe, ist für die Sicherstellung der Integration aller Anforderungen verantwortlich (z.B. Namensgebung).

Sobald der Kunde die Anforderungen bestätigt hat, sollten sich Änderungen am Analysemodell auf Fehler und Auslassungen beschränken. Entwickler, besonders die Architekturgruppe, müssen gewährleisten, dass die Konsistenz des Modells nicht aufgeweicht wird. Das Anforderungsmodell untersteht nun dem Konfigurationsmanagement. Änderungen sollten an allen vorhandenen Entwurfsmodellen vorgenommen werden. Iterationen sind langsam und meist lokal.

Die Zahl der Merkmale und Funktionen eines Systems nimmt mit der Zeit ständig zu. Jede Änderung kann die Integrität des Systems gefährden. Das Risiko, durch späte Änderungen Probleme zu schaffen, entsteht aus dem Informationsverlust innerhalb des Projekts. Die Abhängigkeiten von Funktionen sind nicht alle erfasst; viele Annahmen können implizit gemacht worden und zur Zeit der Änderungen bereits vergessen sein. Oft bezieht sich eine Änderung auf ein Problem, das eine sofortige Implementierung verlangt, was dann zu einer lediglich oberflächlichen Prüfung der Folgen führt. Wenn neue Merkmale und Funktionen im System eingefügt werden, sollten sie wie folgt hinterfragt werden: Werden sie vom Kunden verlangt? Sind sie nötig oder sind es nur Schnörkel? Könnten sie Teil eines zusätzlichen Hilfsprogramms sein statt Teil des Grundsystems? Betreffen die Änderungen die Kernanforderungen des Systems oder nur die optionalen Anforderungen? Was sind die Auswirkungen der Änderungen auf vorhandene Funktionen bezüglich Konsistenz, Schnittstelle, Zuverlässigkeit?

Sollten Änderungen nötig sein, definieren Kunde und Entwickler den Umfang der Änderungen sowie das gewünschte Ergebnis und ändern das Analysemodell entsprechend. Da bereits ein vollständiges Analysemodell für das System vorhanden ist, ist es einfacher, neue Funktionalitäten zu spezifizieren (obwohl das Implementieren dann schwieriger ist).

5.5.5   Abnahme durch den Kunden

Die Unterschrift des Kunden bedeutet, dass der Kunde das Analysemodell (wie im Anforderungsanalyse-Dokument niedergeschrieben) akzeptiert. Kunde und Entwickler nähern sich einem gemeinsamen Konzept an und stimmen bezüglich der Funktionen und Merkmale, die das System abdecken soll, überein. Zusätzlich einigen sie sich auf

- eine Prioritätenliste
- einen Änderungsprozess
- eine Liste der Kriterien, nach denen das System akzeptiert oder abgelehnt werden kann
- einen Zeitplan und ein Budget.

Das Setzen von Prioritäten bei Systemfunktionen ermöglicht es den Entwicklern, die Erwartungen des Kunden besser zu verstehen. In einfachster Form erlaubt es Entwicklern, allen Schnickschnack von den wesentlichen Merkmalen zu unterscheiden. Es ermöglicht Entwicklern auch, das System in inkrementellen Einheiten abzuliefern: Wesentliche Funktionen werden als Erstes ausgeliefert, zusätzliche Einheiten werden abhängig von der Bewertung der ersten Einheit geliefert. Selbst wenn das System als einziges Gesamtpaket geliefert wird, kann der Kunde mit der Priorisierung der Funktionen klar machen, was für ihn wichtig ist und wo die Schwerpunkte bei der Entwicklung liegen sollten. Ein Beispiel einer solchen Priorisierung wäre:

Jede Funktion sollte einer der folgenden Prioritäten zugeordnet werden:

- **Hohe Priorität** – Die Funktion muss implementiert und beim Abnahmetest durch den Kunden erfolgreich vorgeführt werden.

- **Mittlere Priorität** – Die Funktion muss in der ersten Iteration beim Systementwurf und beim Objektentwurf berücksichtigt, aber noch nicht demonstriert werden. In der zweiten Iteration der Systementwicklung muss die Funktion implementiert und vorgeführt werden.

- **Niedrige Priorität** – Die Funktion muss bei der Analyse und beim Systementwurf berücksichtigt werden. Insbesondere muss gezeigt werden, wie das System auf lange Sicht um diese Funktion erweitert werden kann.

Das vom Kunden akzeptierte Analysemodell dient dann als Basis zur genaueren Bestimmung der erwarteten Projektkosten. Anforderungen werden sich natürlich auch nach der Abnahme durch den Kunden ändern, allerdings müssen diese Änderungen dann mit dem vereinbarten Änderungsprozess untersucht werden. Anforderungen können sich aus vielen Gründen ändern: auf Grund von Fehlern oder Auslassungen in der Analyse, Veränderungen in der operativen Umgebung, Veränderungen im Anwendungsbereich sowie in der Technologie. Ein zu diesem Zeitpunkt bereits definierter Änderungsprozess hat den Vorteil, dass Änderungen im gesamten Projekt kommuniziert werden müsse und verringert auf lange Sicht die Anzahl unliebsamer Überraschungen. Dabei ist darauf zu achten, dass der Änderungsprozess nicht zu bürokratisch ist oder mit übermäßigem Aufwand durchgeführt werden muss. Ein ganz einfacher Prozess besteht lediglich aus dem Benennen einer Person, die dafür verantwortlich ist, Änderungsvorschläge entgegenzunehmen, Änderungen zu befürworten und die Implementierung zu verfolgen. Abbildung 5.21 veranschaulicht ein komplexeres Beispiel eines Änderungsprozesses, in dem Änderungen entworfen und vom Kunden geprüft werden müssen, bevor sie im System implementiert werden können. Auf jeden Fall wird sich die Vorgehensweise, Anforderungen nicht einzufrieren, sondern in einer Basis zu halten, positiv auf das Projekt auswirken.

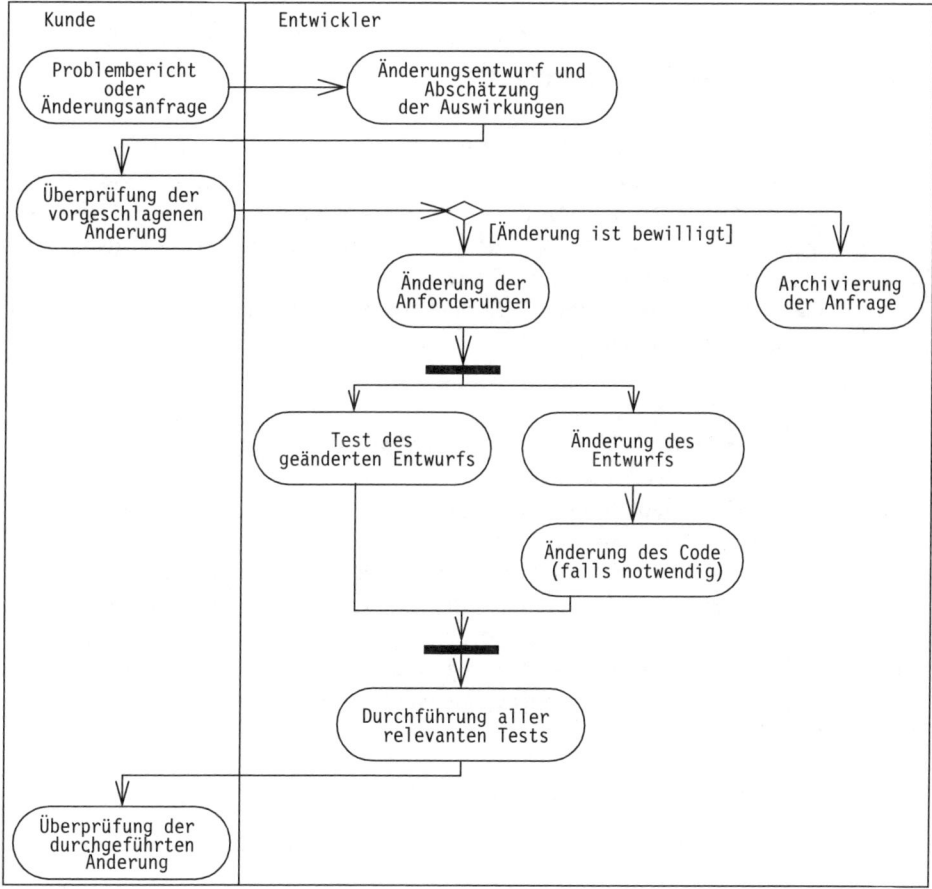

Abbildung 5.21: Beispiel eines Überprüfungsvorgangs (UML-Aktivitätsdiagramm)

Die Liste der Abnahmekriterien kann vor der Endabnahme noch einmal revidiert werden. Die Analyse hat viele Aspekte des Systems einschließlich der nichtfunktionalen Anforderungen verdeutlicht, aber es kann im weiteren Verlauf der Entwicklung trotzdem zu Änderungen an dem kommen, was der Kunde vom System erwartet. Indem wir es dem Kunden prinzipiell erlauben, die Abnahmekriterien während der Entwicklung noch zu ändern, ermöglichen wir es, dass die Entwickler über die Änderungen in den Erwartungen des Kunden Bescheid wissen. Änderungen dieser Art haben natürlich einen großen Einfluss auf das Budget und den Zeitplan. Die damit zusammenhängenden Probleme beschreiben wir in Kapitel 14, *Projektmanagement*.

Die Akzeptanz des Analysemodells ist ein wichtiger Meilenstein im Projekt, wobei es zweitrangig ist, ob die Endabnahme durch den Kunden vertraglich festgelegt oder durch einen früheren Vertrag bestimmt ist. Die Akzeptanz zeigt, dass sich Kunde und Entwickler auf einen gemeinsamen Satz von funktionalen Systemdefinitionen geeinigt haben. Diese Einigung ist sehr wichtig, da alle Folgeaktivitäten vom Analysemodell abhängen.

5.6   ARENA-Fallstudie

In diesem Abschnitt wenden wir die Konzepte und Methoden, die wir in diesem Kapitel beschrieben haben, auf das ARENA-System an. Wir beginnen mit dem Anwendungsfallmodell und dem Glossar. Dann identifizieren wir Entitäts-, Grenz- und Steuerungsobjekte und verfeinern sie, indem wir Attribute und Assoziationen hinzufügen und damit zum Objektmodell kommen. Schließlich identifizieren wir Vererbungsbeziehungen und konsolidieren das Objektmodell. In dieser Fallstudie konzentrieren wir uns hauptsächlich auf den AnkündigeTurnier-Anwendungsfall.

5.6.1   Identifizieren von Entitätsobjekten

Entitätsobjekte sind Konzepte im Anwendungsbereich, die im zu entwickelnden System repräsentiert werden müssen. als Ausgangspunkt benutzen wir das bei der Anforderungsermittlung angelegte Glossar, um Entitätsobjekte in ARENA zu identifizieren. Wir identifizieren zusätzliche Entitätsobjekte und ihre Attribute, indem wir Abbotts Heuristiken auf die Anwendungsfälle anwenden. Zunächst konzentrieren wir uns auf Nominalphrasen, um die wichtigsten Konzepte des Anwendungsbereiches zu finden. Abbildung 5.22 veranschaulicht den AnkündigeTurnier-Anwendungsfall, wobei wir das erste Auftreten jeder Nominalphrase **fett** darstellen.

Name	AnkündigeTurnier
Ablauf der Ereignisse	1. Der **SportVerband** verlangt die Ausrichtung eines **Turniers**.
	2. Das System prüft, ob der SportVerband die **Anzahl der Turniere** innerhalb einer **Liga** oder eines **Stadions** erhöht hat. Falls nicht, stellt das System dem SportVerband ein Formular bereit.
	3. Der SportVerband spezifiziert einen **Namen**, ein **Anfangsdatum** und ein **Enddatum** des Zeitraums, in dem sich Teilnehmer zum Turnier anmelden können, ein **Beginn**- und **Endedatum** der Wettkämpfe und eine **Maximalzahl von Teilnehmern**.

Abbildung 5.22:   Anwendung von Abbotts Heuristiken zur Identifizierung von Entitätsobjekten im Anwendungsfall AnkündigeTurnier. Nur das erste Auftreten einer Nominalphrase ist **fett** hervorgehoben.

4. Das System fragt den SportVerband, ob ein Exklusivförderer gesucht werden soll; falls ja, präsentiert es eine **Liste von Werbetreibenden**, die Interesse gezeigt haben, ExklusivFörderer zu werden.

5. Falls der SportVerband entscheidet, einen Exklusivförderer zu suchen,
   wählt er eine Teilmenge der **Namen der vorgeschlagenen Förderer** aus.

6. Das System benachrichtigt die ausgewählten Förderer über das
   bevorstehende Turnier und die **Gebühr** für einen Exklusivförderer-
   vertrag.

7. Das System gibt ihre **Antworten** an den SportVerband weiter.

8. Falls es interessierte Förderer gibt, wählt der SportVerband einen aus.

9. Das System dokumentiert den **Namen** des Exklusivförderers und
   belastet das **Konto des Werbetreibenden** mit der Förderergebühr.
   Von da an sind alle **Reklameflächen**, die mit dem Turnier zusammenhängen, ausschließlich dem Exklusivförderer vorbehalten.

10. Wenn kein Förderer augewählt wurde (entweder weil kein Werbe-
    treibender interessiert war oder weil der SportVerband keinen aus-
    gewählt hat), werden die Reklameflächen zufällig vergeben und
    mit einem Einheitspreis zu Lasten des Werbetreibenden-Kontos
    verrechnet.

11. Sobald das Verfahren über Förderer abgeschlossen ist, versorgt
    das System den SportVerband mit **Listen von Gruppen von Teil-
    nehmern, Zuschauern** und **Werbetreibenden**, die an dem neuen
    Turnier interessiert sein könnten.

12. Der SportVerband wählt aus, welche Gruppen zu benachrichtigen sind.

13. Das System erzeugt eine Portalseite für das Turnier. Diese Seite
    wird als Eingangspunkt für das Turnier benutzt (z.B. um interes-
    sierte Spieler mit einem Formular zu versorgen, mit dem sie sich
    für das Turnier bewerden können und um Zuschauer für das
    Zuschauen bei **Spielen** zu gewinnen).

14. Am Anfangsdatum benachrichtigt das System jeden interessierten
    Benutzer, indem es einen Verweis auf die Hauptseite des Turniers
    versendet. Die Spieler können sich für das Turnier mit Hilfe des
    Anwendungsfalls BewerbenFürTurnier bis zum Enddatum bewerben.

Abbildung 5.22: Anwendung von Abbotts Heuristiken zur Identifizierung von Entitätsobjekten im Anwendungsfall AnkündigeTurnier. Nur das erste Auftreten einer Nominalphrase ist **fett** hervorgehoben. (Forts.)

Zu beachten ist, dass wir zunächst die Entitätsobjekte identifizieren, die Akteuren im Anwendungsfallmodell entsprechen. Jeder Akteur ist ein Konzept im Anwendungs-bereich und deshalb für das System wichtig (z.B. um Zugriffskontrolle, Verantwortlich-keiten oder Autorenschaften zu dokumentieren). In ARENA wird jeder rechtmäßige Sport-Verband durch ein Objekt, das für die Speicherung spezifischer SportVerband-Daten benutzt wird, dargestellt, wie z.B. Kontaktinformation oder verwaltete Vereine.

Nicht alle Nominalphrasen, die wir identifiziert haben, entsprechen Klassen. Zum Beispiel ist Name eines Turniers eine Nominalphrase, die sich auf ein Attribut der Turnier-Klasse bezieht. Liste der Werbetreibenden ist eine Assoziation zwischen der Liga-Klasse und der Werbetreibenden-Klasse. Wir können ein paar einfache Heuristiken benutzen, um Nominalphrasen, die Objekten, Attributen und Assoziationen entsprechen, zu unterscheiden:

- *Attribute sind Eigenschaften.* Attribute stellen eine einzelne Eigenschaft eines Objekts dar. Sie repräsentieren einen Teilaspekt eines Objekts und sind unvollständig. Beispielsweise ist der Name ein Attribut, das einen Werbetreibenden identifiziert. Jedoch enthält der Name keine weiteren Informationen über den Werbetreibenden (z.B. den gegenwärtigen Kontostand, für welche Firma geworben wird, etc.): Diese Informationen müssen durch andere Attribute oder Assoziationen der Klasse Werbetreibender dargestellt werden.

- *Attribute haben einfache Typen.* Attribute sind Eigenschaften, die oft vom Typ Ganzzahl (z.B. maximale Anzahl von Turnieren), vom Typ Zeichenreihe (z.B. der Name von Werbetreibender) oder vom Typ Datum (z.B. Anfangsdatum und Endedatum eines Turniers) sind. Eigenschaften wie Adresse, Sozialversicherungsnummer oder Autokennzeichen werden für gewöhnlich als einfache Typen angesehen (und folglich als Attribute dargestellt), weil Benutzer sie als einfache unteilbare Objekte behandeln. Komplexe Konzepte werden als Objekte dargestellt, die mit anderen Objekten über Assoziationen zusammenhängen. Zum Beispiel ist ein Konto ein Objekt, das mit dem entsprechenden Werbetreibenden zusammenhängt und einen Kontostand, eine Geschichte der Transaktionen, ein Kreditlimit und ähnliche Attribute enthalten kann.

- *Hauptwörter, die sich auf Sammlungen (collections) beziehen, sind Assoziationen, die oft implizit beendet werden.* Listen, Gruppen, Tabellen und Sätze werden durch Assoziationen repräsentiert. Zum Beispiel versorgt ARENA den SportVerband ständig mit einer Liste von Werbetreibenden, die möglicherweise an exklusiver Förderung interessiert sind. Dieses Konzept kann durch eine Assoziation zwischen der Stadion-Klasse und der Werbetreibender-Klasse dargestellt werden, die die Werbetreibenden kennzeichnet, die an einer exklusiven Förderung interessiert sind. Derartige Assoziationen sind durch einfache Anwendung von Abbots Technik nicht zu finden, da sie namentlich nicht erwähnt sind. Sie können trotzdem relativ leicht im Text gefunden werden. Sobald beispielsweise die Fördererangelegenheiten abgeschlossen sind, fragt das ARENA-System den SportVerband nach Gruppen von Spielern, Zuschauern und Werbetreibenden. Wir identifizieren also eine neue Klasse InteressenGruppe, die eine Gruppe von Benutzern darstellt, die an neuen Ereignissen in einer Liga oder in einem Spiel interessiert sind. Anschließend identifizieren wir dann die Assoziation zwischen der Stadion-Klasse und der InteressenGruppe-Klasse (korrespondierend zum Wort „Liste" in Schritt 11 des Ereignisflusses), die alle InteressenGruppen repräsentiert. Damit können wir Assoziationen zwischen der Klasse InteressenGruppe und den Klassen Spieler, Zuschauer und Werbetreibender (korrespondierend zum Wort „Gruppen" in Schritt 11) identifizieren. Schließlich identifizieren wir zusätzliche Assoziationen ausgehend von der InteressenGruppe-Klasse zu anderen Klassen, die das Interesse der Benutzer in der InteressenGruppe repräsentieren (d.h. Liga, Spiel).

Tabelle 5.6 listet die Entitätsobjekte sowie ihre Attribute und Assoziationen auf, die wir der textuellen Analyse des Ereignisflusses im Anwendungsfall `AnkündigeTurnier` identifiziert haben. Wir fügen die Attribute und Assoziationen den relevanten Klassen hinzu und schreiben Definitionen für neue Klassen. Das Schreiben von Definitionen hat mehrere Gründe: Erstens ist ein Name nicht für alle Interessenvertreter spezifisch genug, um das gleiche Verständnis eines Konzeptes zu vermitteln. Zum Beispiel können Bezeichnungen wie `Spiel` und `Partie` in vielen Kontexten verwendet werden. In `ARENA` jedoch beziehen sie sich auf unterschiedliche Konzepte (d.h. ein `Spiel` repräsentiert einen Satz von Regeln erzwungen durch ein Stück Software, eine `Partie` repräsentiert einen Wettkampf zwischen einem Satz von Spielern). Zweitens, korrespondieren Objekte, die während einer Analyse identifiziert werden, auch mit Bezeichnungen im Glossar, das wir während der Begriffsfindung begonnen haben. Alle Projektbeteiligten benutzen dieses Glossar während der Entwicklung, um Mehrdeutigkeiten zu vermeiden und eine Standardterminologie zu etablieren. Das Schreiben kurzer Definitionen sofort nach der Identifizierung von Klassen ist der beste Weg, Mehrdeutigkeiten und Missverständnisse zu vermeiden. Das Verschieben der Definitionen auf später verursacht meist Informationsverlust und führt oft zu unvollständigen Definitionen.

Entitätsobjekt	Attribute & Assoziationen	Definition
Konto	▪ Kontostand ▪ Geschichte der Buchungen (?) ▪ Geschichte der Zahlungen (?)	Ein Konto repräsentiert den Betrag der aktuell von einem Werbetreibenden geschuldet wird, die Geschichte seiner Buchungen und Zahlungen.
Werbetreibender	▪ Name ▪ Ligen, die für exklusive Förderung interessant sind (?) ▪ geförderte Turniere ▪ Konto	Akteur, der an der Nutzung von Reklameflächen während der Partien interessiert ist
Werbung	▪ zugehöriges Spiel (?)	Plakat, das vom Werbetreibenden zur Verfügung gestellt wird, um es dann während der Spiele zu zeigen
Stadion	▪ maximale Anzahl der Turniere ▪ Pauschalpreis für Förderung (?) ▪ Ligen (*impliziert*) ▪ Interessengruppen (*impliziert*)	Eine Instantiierung des ARENA-Systems

Tabelle 5.6: Entitätsobjekte, die am `AnkündigeTurnier`-Anwendungsfall partizipieren, identifiziert durch Nominalphrasen im Anwendungsfall. „(?)" kennzeichnet Unsicherheiten, die zu den Fragen am Ende des Unterkapitels führen.

Entitätsobjekt	Attribute & Assoziationen	Definition
Spiel		Ein Spiel ist ein Wettbewerb zwischen einer Anzahl von Spielern, die einem Satz von Regeln folgen. In ARENA bezieht sich der Begriff Spiel auf ein Stück Software, das das Reglement durchsetzt, den Fortschritt jedes Spielers verfolgt und den Sieger bestimmt.
Interessen-Gruppe	■ Liste der Spieler, Zuschauer und Werbetreibenden ■ Interessenabonnement an Spielen und Ligen *(impliziert)*	InteressenGruppen sind Listen von Benutzern in ARENA mit gleichem Interesse (z.B. für ein Spiel oder eine Liga). InteressenGruppen werden als Versandlisten verwendet, um mögliche Akteure über neue Veranstaltungen zu benachrichtigen.
Liga	■ maximale Anzahl von Turnieren ■ Spiel	Eine Liga repräsentiert eine Gemeinschaft zur Durchführung von Turnieren. Eine Liga ist mit einem speziellen Spiel und TurnierStil verknüpft. Spieler innerhalb einer Liga sammeln Punkte entsprechend der SchiedsrichterEntscheidungen der Liga.
SportVerband	■ Name *(impliziert)*	Der Akteur erzeugt eine Liga und ist für die Durchführung der Turniere innerhalb der Liga verantwortlich.
Partie	■ Turnier ■ Spieler	Eine Partie ist ein Wettbewerb zwischen zwei oder mehr Spielern im Rahmen eines Spiels. Das Ergebnis einer Partie kann ein einzelner Sieger oder eine Menge von Verlierern oder ein Unentschieden (wobei es keine Sieger und keine Verlierer gibt) sein. Manche WettkampfArten erlauben kein Unentschieden.
Spieler	■ Name *(impliziert)*	

Tabelle 5.6: Entitätsobjekte, die am AnkündigeTurnier-Anwendungsfall partizipieren, identifiziert durch Nominalphrasen im Anwendungsfall. „(?)" kennzeichnet Unsicherheiten, die zu den Fragen am Ende des Unterkapitels führen. (Forts.)

Entitätsobjekt	Attribute & Assoziationen	Definition
Turnier	■ Name ■ Bewerbungsanfangsdatum ■ Bewerbungsenddatum ■ Spieleanfangsdatum ■ Spieleenddatum ■ maximale Zahl von Spielern ■ Exklusiver Förderer	Ein Turnier ist eine Reihe von Einzelspielen zwischen einer Menge von Spielern, das mit einem einzigen Sieger endet. Das Spiel wird von der Liga, innerhalb der das Turnier ausgetragen wird, bestimmt. Ein Turnier ist das Festlegen einer Liste von Spielern bezüglich einer TurnierArt.

Tabelle 5.6: Entitätsobjekte, die am AnkündigeTurnier-Anwendungsfall partizipieren, identifiziert durch Nominalphrasen im Anwendungsfall. „(?)" kennzeichnet Unsicherheiten, die zu den Fragen am Ende des Unterkapitels führen. (Forts.)

Die Identifizierung von Entitätsobjekten und den dazugehörigen Attributen ruft im Allgemeinen zusätzliche Fragen an den Kunden hervor. Wenn wir zum Beispiel implizite Attribute und Assoziationen identifizieren, sollten wir explizit noch einmal mit dem Kunden abstimmen, ob unsere Intuition richtig war. In anderen Fällen sind die Enden einer Assoziation mehrdeutig. Wir sammeln alle Fragen, die bei der Identifizierung von Objekten auftauchen, und gehen damit zum Kunden (oder zum Domänenexperten). Die folgende Auflistung veranschaulicht Fragen, die wir nach der Identifizierung der am AnkündigeTurnier-Anwendungsfall partizipierenden Entitätsobjekte haben.

Fragen an den ARENA-Kunden

■ Welche Informationen sollen in den Konten der Werbetreibenden aufgezeichnet werden? Soll eine vollständige Beschreibung jeder Reklamefläche abgelegt werden?

■ Zeigen Werbetreibende Interesse an Exklusivförderung bei einer speziellen Liga oder für das gesamte Stadion?

■ Sollten Reklameflächen Bezug zu den Spielen haben (um eine vernünftigere Auswahl von Reklame zu haben, wenn es keinen Exklusivförderer gibt)?

■ Unterscheidet sich der pauschale Förderungsbetrag bei Ligen oder Turnieren?

5.6.2 Identifizieren von Grenzobjekten

Grenzobjekte repräsentieren die Schnittstelle zwischen den Akteuren und dem System. Bei interaktiven Systemen repräsentieren sie zum Beispiel die Benutzerschnittstelle. Grenzobjekte enthalten keine Darstellungsinformationen oder Details, z.B. ob für eine Interaktion eine Menüzeile oder ein Knopf benutzt werden soll. Dafür sind Prototypen von Benutzerschnittstellen besser geeignet. Stattdessen repräsentieren Grenzobjekte Konzepte wie Fenster, Formulare oder Hardware-Komponenten wie Zugangsrechner, mit denen die im System vorhandene Funktionalität nach außen verfügbar gemacht wird.

Abbotts Heuristiken können wir für die Identifikation von Grenzobjekten nicht benutzen, da die genaue Beschreibung der Schnittstelle in der Problembeschreibung oft unbestimmt gelassen wird. Eine bessere Quelle zur Identifizierung von Grenzobjekten sind die Anwendungsfälle. In unserem Fall untersuchen wir den AnkündigeTurnier-Anwendungsfall (Abbildung 5.22) und identifizieren die verschiedenen Stellen, an denen Informationen zwischen Akteuren und System ausgetauscht werden (z.B. vom SportVerband benutztes Formular, um ein Turnier neu zu schaffen) und Meldungen, durch die das System die Akteure mit Informationen versorgt (z.B. vom Werbetreibenden empfangene Meldung zum Werben von Förderung). Wie bei anderen Objekten beschreiben wir jede Klasse kurz, sobald wir sie identifiziert haben. Tabelle 5.7 veranschaulicht die Grenzobjekte, die wir mit dieser Technik aus dem Anwendungsfall AnkündigeTurnier gewonnen haben.

Man beachte, dass AnkündigeTurnier ein ziemlich komplexer Anwendungsfall ist, in den mehrere Akteure verwickelt sind. Das ergibt eine relativ große Anzahl von Grenzobjekten. In der Praxis hat ein Anwendungsfall manchmal nur ein einziges Grenzobjekt, das die Schnittstelle zwischen Akteur und dem System darstellt. Jeder Anwendungsfall sollte jedoch mindestens ein beteiligtes Grenzobjekt (möglicherweise gemeinsam mit anderen Anwendungsfällen) haben.

Zusätzliche Fragen für den ARENA-Kunden

- Was sollen wir bezüglich Förderer unternehmen, die nicht anworten?
- Wie sollen wir für ein neues Turnier werben, wenn es keine relevanten Interessengruppen gibt?
- Wie sollen Benutzer benachrichtigt werden(z.B. E-Brief, Mobiltelefon, ARENA-Zettelkasten)?

Grenzobjekte	Definition
TurnierFormular	Vom SportVerband benutztes Formular, um die Eigenschaften eines Turniers während der Entstehung oder Bearbeitung zu beschreiben
FörderungsFormular	Vom SportVerband benutztes Formular, um Förderungen von interessierten Werbetreibenden einzuwerben
FörderungAufforderung	Meldung, die von ARENA an Werbetreibende gesandt wird, die Förderung anbieten
FörderungsAntwort	Vom SportVerband empfangene Meldung, die zeigt, ob ein Werbetreibender einen exklusiven Fördervertrag für das Turnier will
AuswahlExklusivFördererFormular	Vom SportVerband benutztes Formular, um die Förderungsangelegenheiten abzuschließen
BenachrichtigeInteressenGruppeFormular	Vom SportVerband benutztes Formular, um interessierte Benutzer zu benachrichtigen
InteressenGruppen-Meldung	Meldung an interessierte Benutzer über die Schaffung eines neuen Turnier

Tabelle 5.7:   Grenzobjekte, die am Anwendungsfall AnkündigeTurnier partizipieren

5.6.3 Identifizieren von Steuerungsobjekten

Steuerungsobjekte repräsentieren die Koordination zwischen Grenz- und Entitätsobjekten. Im allgemeinen Fall wird zu Beginn des Anwendungsfalls ein einzelnes Steuerungsobjekt erzeugt, das alle nötigen Informationen sammelt, um den Anwendungsfall zu vervollständigen. Das Steuerungsobjekt wird dann nach der Fertigstellung des Anwendungsfalls wieder vernichtet.

In AnkündigeTurnier identifizieren wir ein einzelnes Steuerungsobjekt, die AnkündigeTurnierSteuerung, das für das Sammeln und Versenden von Meldungen an die Werbetreibenden sowie für die Prüfung der Betriebsmittelverfügbarkeit und schließlich auch für die Benachrichtigung interessierter Benutzer verantwortlich ist. Man beachte, dass im allgemeinen Fall mehrere Steuerungsobjekte am selben Anwendungsfall partizipieren können, z.B. wenn wechselnde Ereignisverläufe koordiniert werden müssen, mehrere Anfragerechner asynchron arbeiten, oder wenn irgendeine Steuerungsinformation die Fertigstellung des Anwendungsfalls überlebt.

5.6.4 Modellieren von Interaktionen zwischen den Objekten

Wir haben nun eine Anzahl von Entitäts-, Grenz- und Steuerungsobjekten identifiziert, die an dem AnkündigeTurnier-Anwendungsfall partizipieren. Dabei haben wir auch einige ihrer Attribute und Assoziationen identifiziert. Wir stellen jetzt diese Objekte in einem Sequenzdiagramm dar, um ihre Wechselbeziehungen, die während des Anwendungsfalls auftreten, zu beschreiben. Unser Ziel ist es, dabei zusätzliche Assoziationen, Attribute und eventuell neue Objekte zu identifizieren.

Im Sequenzdiagramm ordnen wir die Objekte in der obersten Zeile an. Wir platzieren den auslösenden Akteur ganz links (d.h. SportVerband), gefolgt vom Grenzobjekt, das den Anwendungsfall initiiert (d.h. TurnierFormular), gefolgt vom Hauptsteuerungsobjekt (d.h. AnkündigeTurnierSteuerung) und den Entitätsobjekten (d.h. Stadion, Liga und Turnier). Andere teilnehmende Akteure und ihre zugehörigen Grenzobjekte stehen weiter rechts im Diagramm. Aus Platzgründen teilen wir das zu AnkündigeTurnier gehörende Sequenzdiagramm in drei Abbildungen auf. Abbildung 5.23 zeigt die Interaktionen, die zur Schaffung eines Turniers führen. Abbildung 5.24 verdeutlicht den Arbeitsfluss für das Suchen und Auswählen eines Exklusivförderers. Abbildung 5.25 fokussiert auf die Benachrichtigung von Interessengruppen.

Das Sequenzdiagramm in Abbildung 5.23 ist unkompliziert. Der SportVerband verlangt die Ausrichtung des Turniers und spezifiziert seine Anfangsparameter (z.B. Name, maximale Anzahl der Spieler). Das Objekt AnkündigeTurnierSteuerung wird erzeugt und, falls es die Betriebsmittel erlauben, auch ein Objekt WettkampfEntität.

Das Sequenzdiagramm in Abbildung 5.24 ist interessanter, weil es zur Identifikation von zusätzlichen Assoziationen und Attributen führt. Bei der Suche nach Förderungen muss sich das Steuerungsobjekt eine Liste interessierter Förderer beschaffen. Es verlangt sie

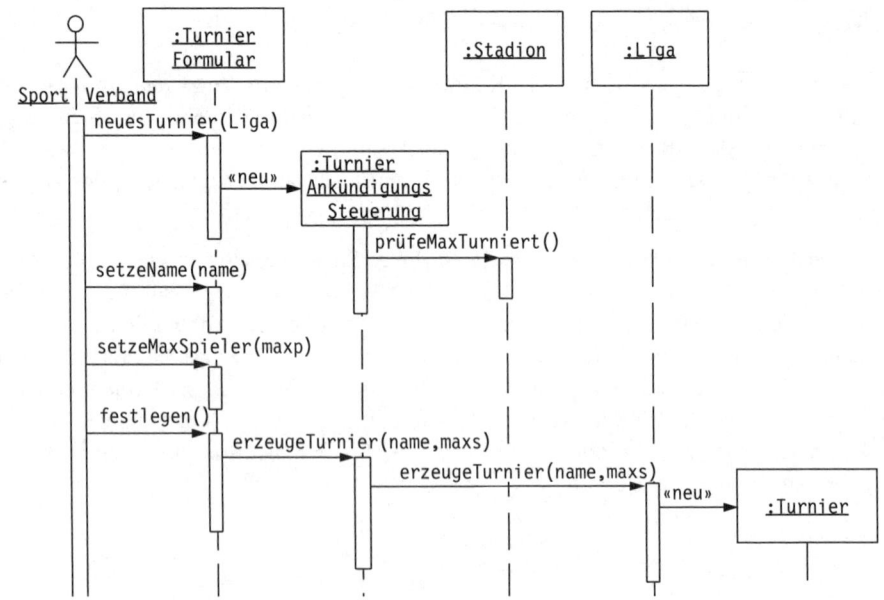

Abbildung 5.23:   Interaktionen, die zur Schaffung eines Turniers führen
(Erster Teil des UML-Sequenzdiagramms für AnkündigeTurnier)

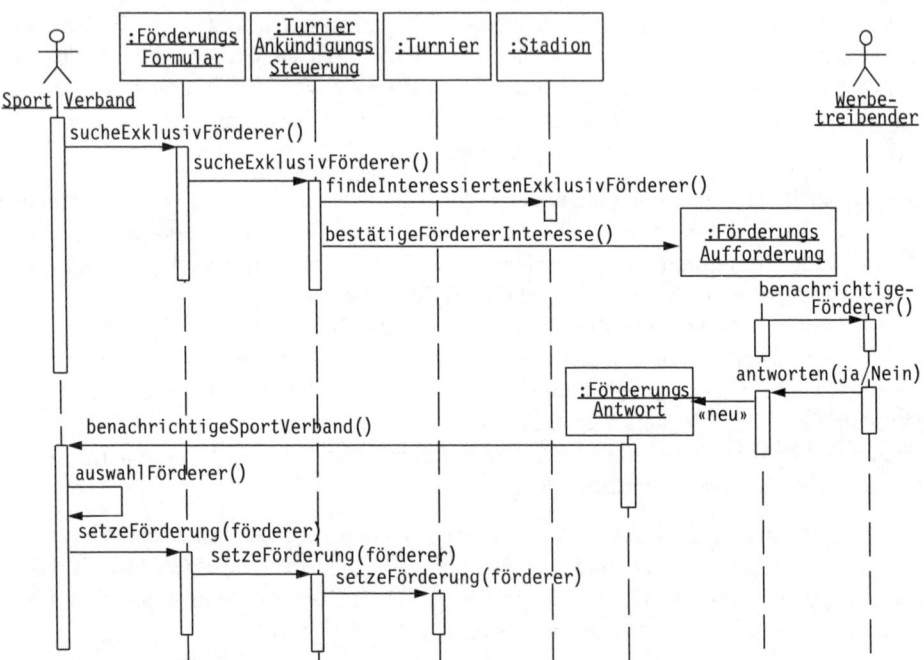

Abbildung 5.24:   Arbeitsfluss für das Suchen und Auswählen eines Exklusivförderers
(Zweiter Teil des UML-Sequenzdiagramms für AnkündigeTurnier)

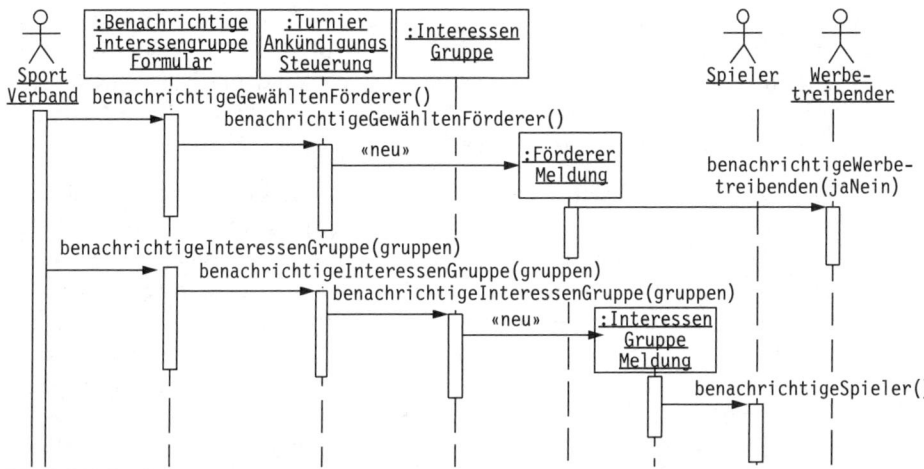

Abbildung 5.25: Benachrichtigung von Interessengruppen (Dritter Teil des UML-Sequenzdiagramms für AnkündigeTurnier)

von der ARENA-Klasse, die diese Liste pflegt. Das bedingt, dass die ARENA-Klasse die Liste aller Werbetreibenden ständig aktualisiert, so dass diese Liste an das TurnierAnkündigungsSteuerung-Objekt gegeben werden kann (oder an Steuerungsobjekte für weitere Anwendungsfälle, die eine Liste aller Werbetreibenden verlangen). Um einen Werbetreibenden zu benachrichtigen, benötigen wir außerdem Kontaktinformationen wie z.B. die E-Mail-Adresse oder wir legen einen Briefkasten für Nachrichten innerhalb von ARENA an. Folglich fügen wir zu der Klasse Werbetreibender ein Kontaktattribut hinzu, in dem zunächst die E-Mail-Adresse des Werbetreibenden gespeichert wird, bis weitere Dinge zusätzlich zum Briefkasten unterstützt werden. Da wir davon ausgehen, dass andere Akteure ähnliche Bedürfnisse haben, fügen wir gleich bei den Klassen SportVerband und Spieler ebenfalls Kontaktattribute hinzu.

Beim Konstruieren des Sequenzdiagramms zur Benachrichtigung von InteressenGruppe (Abbildung 5.25) stellen wir fest, dass der Anwendungsfall nicht spezifiziert, auf welche Weise der Förderer benachrichtigt werden soll. Infolgedessen fügen wir einen weiteren Schritt im Anwendungsfall hinzu, um alle Förderer zu informieren, die auf die Förderungssuche geantwortet haben, noch bevor die Interessengruppen benachrichtigt werden. Das wiederum erfordert die Identifizierung eines neuen Grenzobjektes, der FördererMeldung. Der Rest der Interaktion bringt keine neuen Erkenntnisse, da wir die Notwendigkeit der Klassen InteressenGruppe und InteressenGruppenMeldung vorhergesehen hatten.

5.6.5 Überprüfung und Konsolidierung des Analysemodells

Nachdem wir die meisten partizipierenden Objekte, ihre Assoziationen und ihre Attribute identifiziert haben, zeichnen wir jetzt UML-Klassendiagramme, um die Ergebnisse unserer bisherigen Analyse zu dokumentieren. Da wir sehr viele Objekte identifiziert haben, verwenden wir mehrere Klassendiagramme zur Veranschaulichung des Objektmodells. Wir benutzen diese Klassendiagramme zur Navigation im Glossar, das wir entwickelt haben, und auch um neue Fragen für das nächste Gespräch mit dem Kunden auszuarbeiten. Wir können allerdings nicht davon ausgehen, dass ein Kunde oder Benutzer in der Lage ist, alle Nuancen in den Klassendiagrammen zu verstehen.

Für das Gespräch mit dem Kunden konzentrieren wir uns zunächst auf die Entitätsobjekte (siehe Abbildung 5.26), denn diese müssen sehr sorgfältig vom Kunden daraufhin überprüft werden, ob sie die Konzepte des Anwendungsbereiches repräsentieren. Die Klasse Stadion benutzen wir als Wurzel-Objekt im System; die Stadion-Klasse repräsentiert also eine spezielle Instantiierung. So ist es beispielsweise bei einer gegebenen Installation des Systems möglich, durch Anfrage beim Objekt vom Typ Stadion eine Liste aller InteressenGruppen, Werbetreibenden, Sportverbände, Spiele und TunierStile zu erhalten. Überdies ist zu beachten, dass Objekte in verschiedenen Installationen des Systems nicht gemeinsam benutzt werden. Jede Installation hat zum Beispiel genau einen SportVerband. Wenn sich derselbe SportVerband in mehreren ARENA-Systeminstantiierungen befindet, so muss in jeder Instantiierung ein SportVerband-Konto unterhalten werden. Diese Entscheidungen sind zunächst einmal so von uns getroffen worden, sie entsprechen unserer derzeitigen Deutung der Problembeschreibung, sie bauen auf unseren Erfahrungen in der Modellierung auf und sie berücksichtigen die verfügbaren Betriebsmittel, mit denen wir das System bauen werden. Bevor wir jetzt mit der Analyse fortfahren, müssen wir unsere Entscheidungen auf jeden Fall vom Kunden prüfen und bestätigen lassen.

Als Nächstes zeichnen wir ein Klassendiagramm, das die Vererbungshierarchien veranschaulicht (Abbildung 5.27). Obwohl UML es erlaubt, Vererbungsbeziehungen und Assoziationen im selben Diagramm nebeneinander zu zeichnen, hat es sich in der Praxis bewährt, während der Analyse zwei getrennte Diagramme zu zeichnen. Analytiker konzentrieren sich gewöhnlich zu verschiedenen Zeiten auf allgemeine Assoziationen und auf Vererbungsassoziationen. Wir werden in den folgenden Kapiteln 6 bis 10 sehen, dass dies während des Systementwurfs und des Objektentwurfs nicht der Fall ist, wo oft beide Assoziationstypen gleichzeitig betrachtet werden müssen, um zu verstehen, wie verschiedene Klassen zusammenhängen.

Abbildung 5.27 zeigt drei verschiedene Vererbungshierarchien. Die abstrakte Klasse Benutzer, die wir durch Generalisierung gefunden haben, ermöglicht es uns, Attribute unterschiedlicher Benutzer wie zum Beispiel Kontaktinformation und Registrierungsverfahren gemeinsam zu behandeln. Man beachte, dass wir in der Problembeschreibung und in den Anwendungsfällen bereits den Ausdruck „Benutzer" verwenden, wir formalisieren hier also lediglich ein bereits benutztes Konzept. Zwei weitere Vererbungshierarchien, Spiel und TunierStil, sind durch Spezialisierung entstanden. Die TicTacToe-Klasse und die Schach-Klasse sind konkrete Ausprägungen von Spiel. Diese Klassen enthalten die Regeln für die Spiele mit den Namen Tic-Tac-Toe bzw. Schach. Die KnockOutStil- und die JederGegenJedenStil-Klasse sind konkrete Spezialisierungen der Klasse *Turnier-Stil*, die jeweils einen Algorithmus bereitstellen, wie man ein Turnier gewinnt. In einem K.O.-Wettbewerb muss ein Spieler gewinnen, um im Turnier zu verbleiben und in einem Jeder-gegen-Jeden-Wettbewerb muss jeder Spieler genau einmal gegen jeden anderen Spieler spielen.

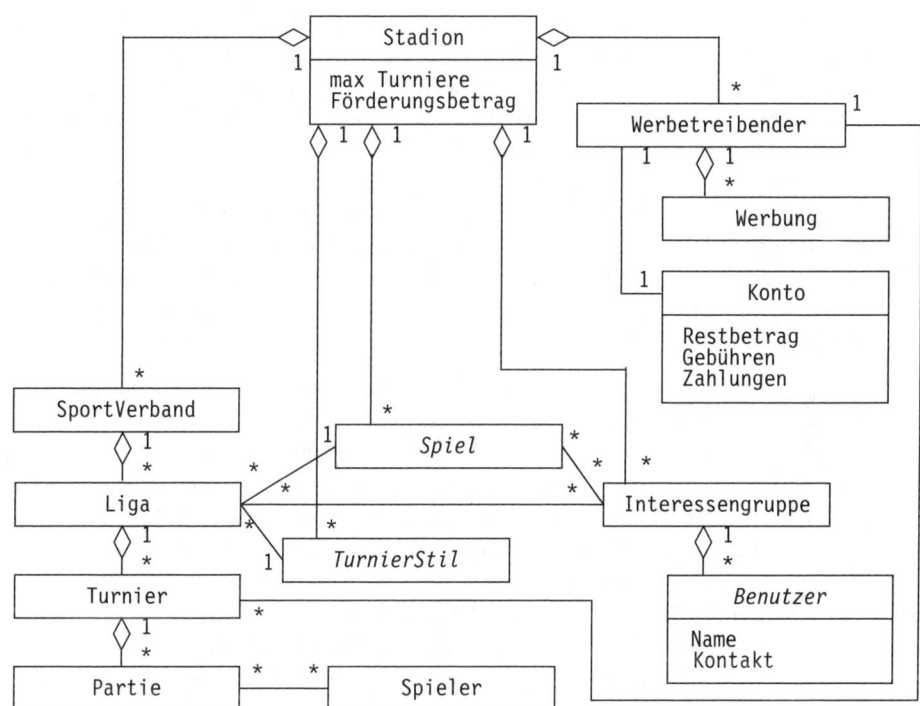

Abbildung 5.26: Statisches Modell aller Entitätsobjekte nach einer ersten Analyse des Anwendungsfalls AnkündigeTurnier (UML-Klassendiagramm)

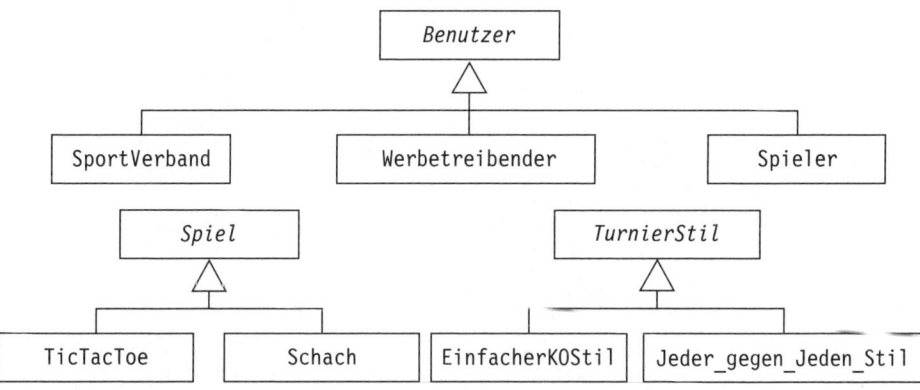

Abbildung 5.27: Vererbungshierarchie für die Entitätsobjekte des Anwendungsfalls AnkündigeTurnier (UML-Klassendiagramm). *Benutzer* ist eine abstrakte Klasse und wird deshalb kursiv geschrieben.

Schließlich zeichnen wir noch ein Klassendiagramm (Abbildung 5.28), das die Assozia-
tionen zwischen Grenz-, Steuerungs- und ausgewählten Entitätsobjekten, die mit dem
Anwendungsfall zusammenhängen, veranschaulicht. Um dieses Diagramm aus dem
Sequenzdiagramm abzuleiten, zeichnen wir das äquivalente Kollaborationsdiagramm mit
dem Steuerungsobjekt links, den Grenzobjekten in der Mitte und den Entitätsobjekten
rechts. Dann ersetzen wir wo nötig die Iterationen durch Assoziationen, sodass die
Objekte im Arbeitsablauf Nachrichten an die in den Sequenzdiagrammen dargestellten
Objekte weitergeben können. Danach fügen wir Navigatoren zu den Assoziationen hinzu,
um die Richtung der Abhängigkeiten aufzuzeigen: Steuerungs- und Grenzobjekte wissen
für gewöhnlich voneinander, während Entitätsobjekte weder von Steuerungs- noch von
Grenzobjekten abhängen, von deren Existenz also nichts zu wissen brauchen.

Während das Klassendiagramm in Abbildung 5.26 in erster Linie auf die Beziehungen
zwischen Anwendungsbereichskonzepten abzielt, richtet sich das Klassendiagramm in
Abbildung 5.28 auf die Konzepte, die mit dem Arbeitsablauf des Anwendungsfalls
zusammenhängen. Das Steuerungsobjekt dient als Verbindung zwischen Grenz- und Entitätsobjekten, da es die Koordinierung und die Ablaufreihenfolge der Formulare und
Nachrichten repräsentiert. Wie in den Sequenzdiagrammen der Abbildungen 5.23 bis
5.25 gezeigt, erzeugt das Steuerungsobjekt einige der Grenzobjekte. Das Klassendiagramm in Abbildung 5.28 gibt also einen Überblick über die Objekte, die am Anwendungsfall partizipieren, und über die Assoziationen, die während des Anwendungsfalls
durchlaufen werden. Die Sequenzdiagramme stellen die vollständigen Informationen
über die Reihenfolge des Arbeitsablaufs bereit.

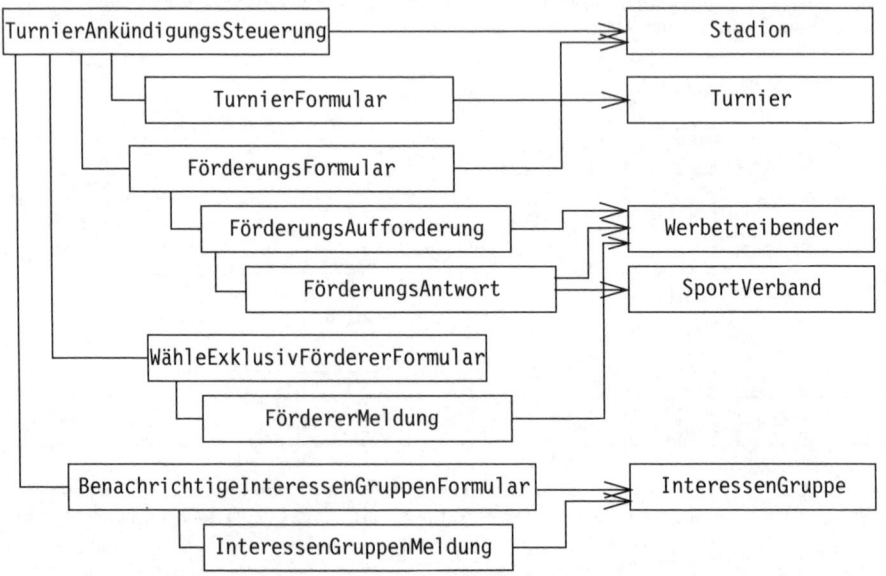

Abbildung 5.28:   Assoziationen zwischen Grenz-, Steuerungs- und ausgewählten Entitätsobjekten,
die am Anwendungsfall AnkündigeTurnier partizipieren

Was haben wir gelernt

In diesem Abschnitt haben wir den Teil des Objektmodells entwickelt, der sich auf den ARENA Anwendungsfall AnkündigeTurnier bezieht. Wir fingen an mit der Identifizierung von Entitätsobjekten, wobei wir Abbotts Heuristiken angewandt haben, dann identifizierten wir Grenz- und Steuerungsobjekte und benutzten Sequenzdiagramme, um weitere Assoziationen, Attribute und Objekte zu identifizieren. Schließlich haben wir das Objektmodell konsolidiert und mit einer Reihe von Klassendiagrammen veranschaulicht. Wir haben dabei folgende Sachverhalte illustriert:

- Die Identifizierung von Objekten, ihrer Attribute und Assoziationen benötigt viele Iterationen, oft unter Einbeziehung des Kunden.

- Für die Objektidentifizierung kann man viele Wissensquellen verwenden, einschließlich Problembeschreibung, Anwendungsfallmodell, Glossar und Ereignisflüssen in den Anwendungsfällen.

- Ein nicht-trivialer Anwendungsfall erfordert die Erstellung vieler Sequenz- und Klassendiagramme. Es ist unrealistisch, alle gefundenen Objekte in einem einzigen Diagramm darstellen zu wollen. Stattdessen benutzen wir mehrere Diagramme, wobei jedes Diagramm einem bestimmten Zweck dient (z.B. Veranschaulichen der Assoziationen zwischen Entitätsobjekten, Veranschaulichen der Assoziationen zwischen partizipierenden Objekten in einem Anwendungsfall).

- Grundlegende Arbeitsergebnisse, wie zum Beispiel das Glossar, sollten bei der Überarbeitung des Analysemodells stets aktualisiert werden. Andere, wie beispielsweise Sequenzdiagramme, können wenn nötig später bearbeitet werden. Es ist unrealistisch zu glauben, dass die Konsistenz eines Modells ständig aufrechterhalten werden kann.

- Auf Grund des persönlichen Stils oder der Erfahrung eines Analytikers gibt es viele verschiedene Wege, den gleichen Anwendungsbereich oder das gleiche System zu modellieren. In einem großen Projekt sollte man deshalb einen Stilleitfaden definieren und Konventionen einführen, damit alle Beteiligten effektiv miteinander kommunizieren können.

Weiterführende Literatur

Die Klassifizierung von Analyseobjekten in Entitäts-, Grenz- und Steuerungsobjekte wurde durch die Objectory-Methode [Jacobson et al., 1992] bekannt. Die Konzepte haben ihren Ursprung im Modell/Sicht/Steuerung-Konzept (model/view/controller, MVC), das zum ersten Mal eingehend in Smalltalk-80 benutzt wurde und auch Eingang in das Java-Swing-Framework [JFC, 2002] gefunden hat.

CRC-Karten wurden von Beck und Cunningham in einer OOPSLA-Veröffentlichung mit dem Titel *A Laboratory For Teaching Object-Oriented Thinking* [Beck & Cunningham, 1989] eingeführt, um sowohl Neulingen als auch erfahrenen Entwicklern objektorientiertes Denken beizubringen; CRC-Karten werden extensiv in der zuständigkeitsgesteuerten Entwurfsmethode von Wirfs-Brock [Wirfs-Brock et al., 1990] benutzt.

Objektorientierte Analyse und objektorientierter Entwurf sind aus mehreren verschiedenen Ansätzen von Heuristiken und Terminologien entstanden. Modellieren ist ähnlich wie Programmieren ein Handwerk und erfordert deshalb viel Erfahrung sowie die Bereitschaft, auch Fehler zu machen. *Object-Oriented Modeling and Design* [Rumbaugh et al., 1991] ist ein ausgezeichnetes Buch für Anfänger, um Klassen zu modellieren. Ein neueres Buch, *Applying UML and Patterns* [Larman, 2001], ist eine umfangreiche Abhandlung der objektorientierten Analyse und des objektorientierten Entwurfs, einschließlich der Modellierung von Anwendungsfällen und der Wiederverwendung von Entwurfsmustern. Detaillierte Information und Modellierungsheuristiken für das Modellieren mit Zustandsdiagrammen bietet das Buch *Doing Hard Time: Using Object Oriented Programming and Software Patterns in Real Time Applications* [Douglass, 1999].

Übungen

5.1   Betrachten Sie ein Dateisystem mit grafischer Benutzerschnittstelle wie den Finder von Macintosh, den Explorer von Microsoft Windows oder KDE's Konqueror für Linux. Die folgenden Objekte wurden in einem Anwendungsfall identifiziert, der beschreibt, wie eine Datei von einer Diskette auf eine Festplatte kopiert wird: Datei, Ikone, PapierKorb, Ordner, Platte, Referenz. Spezifizieren Sie, welche von diese Objekten Entitätsobjekte, Grenzobjekte und Steuerungsobjekte sind.

5.2   Gegeben sei dasselbe Dateisystem wie zuvor. Betrachten Sie ein Szenario, in dem man mit der Maus eine Datei von einer Diskette auswählt, sie in einen Ordner zieht und die Maus wieder freigibt. Identifizieren Sie mindestens ein Steuerungsobjekt, das mit diesem Szenario zusammenhängt.

5.3   Ordnen Sie die Objekte, die in den Übungen 5.1 und 5.2 aufgelistet sind, horizontal in einem Sequenzdiagramm, die Grenzobjekte links, dann die von Ihnen identifizierten Steuerungsobjekte und schließlich die Entitätsobjekte. Zeichnen Sie die Folge der Interaktionen, die sich ergibt, wenn Sie die Datei in einen Ordner ziehen. Ignorieren Sie dabei alle Ausnahmefälle.

5.4   Identifizieren Sie in dem Sequenzdiagramm, das Sie in Übung 5.3 erzeugt haben, die Assoziationen zwischen diesen Objekten.

5.5   Identifizieren Sie die Attribute jedes Objekts, das für das Szenario „Kopieren einer Datei von einer Diskette auf eine Festplatte" von Bedeutung ist. Betrachten Sie dabei auch Ausnahmefälle wie „Es existiert bereits eine Datei dieses Namens im Ordner" und „Es ist nicht genug Platz auf der Platte".

5.6   Betrachten Sie das Objektmodell in Abbildung 5.29 (übernommen von [Jackson, 1995]): Nehmen Sie an, dass dieses Klassendiagramm den Gregorianischen Kalender modellieren soll. Erstellen Sie eine Liste aller Probleme dieses Modells. Modifizieren Sie das Modell, sodass jedes einzelne Problem korrigiert ist.

5.7   Betrachten Sie das Objektmodell in Abbildung 5.29. Können Sie einzig durch Multiplizität von Assoziationen das Modell so modifizieren, dass ein Entwickler, der den Gregorianischen Kalender nicht kennt, die Anzahl der Tage für jeden Monat herleiten kann? Identifizieren Sie dafür, falls nötig, zusätzliche Klassen.

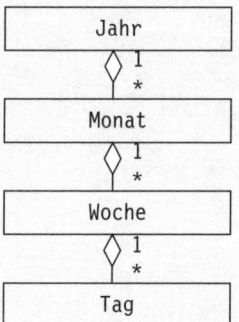

Abbildung 5.29:   Ein einfaches Modell des Gregorianischen Kalenders
(UML-Klassendiagramm)

5.8   Betrachten Sie die Ampelanlage an einer vierspurigen Kreuzung (d.h. zwei Straßen kreuzen sich rechtwinklig). Nehmen Sie an, die Ampeln werden mit einem sehr einfachen Algorithmus geschaltet, in dem der gesamte Verkehr auf der einen Straße nur dann die Kreuzung passieren darf, wenn der Verkehr auf der anderen Straße anhält. Identifizieren Sie die Zustände dieses Systems und zeichnen Sie ein Zustandsdiagramm, das diese Zustände beschreibt. Beachten Sie, dass jedes einzelne Ampellicht drei Zustände hat (grün, gelb und rot).

5.9   Nehmen Sie das Sequenzdiagramm in Abbildung 2.34 und zeichnen Sie das zugehörige Klassendiagramm. Hinweis: Beginnen Sie mit den partizipierenden Objekten im Sequenzdiagramm.

5.10   Betrachten Sie das Hinzufügen einer nichtfunktionalen Anforderung mit der Vereinbarung, dass der Aufwand eines Werbetreibenden, eine Exklusivförderung zu bekommen, so minimal wie möglich sein soll. Verändern Sie die Anwendungsfälle Ankündigeturnier (Abbildung 5.22) und VerwalteWerbung (Lösung von Übung 4.12) derart, dass der Werbetreibende seine Wünsche in einem Profil spezifizieren kann, sodass das System Exklusivförderungen automatisch entscheiden kann.

5.11   Identifizieren und schreiben Sie Definitionen für am Anwendungsfall Ankündigeturnier partizipierende Entitäts-, Grenz- und Steuerungsobjekte, die durch die in Übung 5-10 vorgenommenen Änderungen zusätzlich entstanden sind.

5.12   Aktualisieren Sie die Klassendiagramme in Abbildung 5.26 und Abbildung 5.28, um die in Übung 5.11 identifizierten neuen Objekte einzufügen.

5.13   Zeichnen Sie ein Zustandsdiagramm für AnkündigeTurniersSteuerung, und zwar auf der Basis des Sequenzdiagramms in den Abbildungen 5.23 bis 5.25. Behandeln Sie das Senden und Empfangen jeder Meldung als ein Ereignis, das eine Zustandsänderung auslöst.

Kapitel

6

Systementwurf: Systemzerlegung

Es gibt zwei Möglichkeiten, Systementwurf zu betreiben: Die eine ist, sie so einfach zu halten, dass offensichtlich keine Mängel auftreten, die andere, sie so kompliziert zu machen, dass Mängel nicht offensichtlich sind.

— *C.A.R. Hoare, in Des Kaisers Alte Kleider*

Systementwurf ist die Transformation eines Analysemodells in ein Systementwurfsmodell. Während des Systementwurfs definieren Entwickler die Entwurfsziele eines Projekts und zerlegen das System in kleinere Subsysteme, die von individuellen Arbeitsgruppen umgesetzt werden können. Zusätzlich wählen die Entwickler Strategien zum Bau des Systems aus, wie beispielsweise die Hardware/Softwareplattform, die Datenverwaltungsstrategie für persistente Objekte, den globalen Kontrollfluss, die Zugriffsrechte und den Umgang mit Grenzfällen. Das Ergebnis des Systementwurfs ist ein Modell, das eine Systemzerlegung und eine klare Beschreibung jeder dieser Strategien beinhaltet.

Systementwurf ist keine algorithmische Tätigkeit. Die Entwickler müssen viele Entwurfsziele miteinander abstimmen, die häufig im Widerspruch zueinander stehen. Auch können sie in diesem Stadium noch nicht alle Probleme des Entwurfs absehen, da sie noch kein vollständiges Bild der Lösung haben. Der Systementwurf gliedert sich in verschiedene Aktivitäten, wobei jede einzelne einen Teil des Gesamtproblems behandelt, nämlich das System zu zerlegen:

- *Identifizieren von Entwurfszielen*. Die Entwickler identifizieren die Beschaffenheit des von ihnen zu optimierenden Systems und setzen Prioritäten.

- *Entwerfen der ersten Zerlegung in Subsysteme*. Die Entwickler zerlegen, basierend auf dem Anwendungsfall- und dem Analysemodell, das System in kleinere Bestandteile. Als Ausgangspunkte werden bei dieser Aktivität standardisierte Architekturformate verwendet.

- *Verfeinern der Systemzerlegung hinsichtlich der Entwurfziele*. Die erste Zerlegung erfüllt für gewöhnlich nicht alle Entwurfsziele. Die Entwickler verfeinern die Zerlegung, bis alle Ziele zufrieden stellend erfüllt sind.

In diesem Kapitel konzentrieren wir uns auf die ersten beiden Aktivitäten. Das Thema der Verfeinerung der Systemzerlegung behandeln wir im nächsten Kapitel.

6.1   Einführung: Beispiel für einen Grundriss

Der Systementwurf, der Objektentwurf und die Implementierung konzentrieren sich auf die Konstruktion eines Softwaresystems. In diesen drei Aktivitäten überwinden die Entwickler gewissermaßen die Kluft, die zwischen der Anforderungsspezifikation und dem an den Benutzer zu übergebenden System liegt. Der Systementwurf ist der erste Schritt dieses Prozesses und konzentriert sich darauf, das System in überschaubare Bestandteile zu zerlegen. Während der Anforderungsermittlung und Analyse konzentrieren wir uns auf Zweck und Funktionalität des Systems. Beim Systementwurf gilt das Augenmerk den Software- und Hardwarekomponenten, die für die Implementierung nötig sind. Die Schwierigkeit beim Systementwurf besteht darin, dass man bei der Zerlegung des Systems mit vielen kollidierenden Kriterien und Beschränkungen konfrontiert wird.

Stellen wir uns beispielsweise die Planung für den Bau eines Wohnhauses vor. Nachdem mit dem Auftraggeber die Anzahl der Räume und Stockwerke sowie die Größe des Wohnbereiches und die Lage des Hauses vereinbart wurden, muss der Architekt den Grundriss mit Wänden, Türen und Fenstern entwerfen. Dabei muss er eine Reihe von funktionalen Anforderungen berücksichtigen: Die Küche sollte nahe dem Esszimmer und der Garage liegen, das Badezimmer in der Nähe des Schlafzimmers und so weiter. Der Architekt kann bei der Planung der Raumgröße und der Lage der Türen auf verschiedene Standards zurückgreifen: Die Größe von Küchenschränken ist genormt und Betten haben Standardgrößen. Hierfür muss der Architekt jedoch nicht die genaue Raumeinrichtung und die Anordnung der Möbel kennen – im Gegenteil, diese Entscheidungen sollten ganz dem Auftraggeber überlassen bleiben.

Abbildung 6.1 zeigt drei aufeinander folgende Versionen eines Wohnhausgrundrisses. Wir beginnen damit, die folgenden Vorgaben zu erfüllen:

1. Das Haus soll zwei Schlafzimmer, ein Büro, eine Küche und ein Wohnzimmer enthalten.

2. Die von den Bewohnern täglich zurückzulegenden Entfernungen sollen dabei möglichst gering gehalten werden.

3. Das Tageslicht sollte optimal genutzt werden.

Um die oben genannten Auflagen zu erfüllen, gehen wir davon aus, dass die meisten Entfernungen zwischen Haustür und Küche zurückgelegt werden, wenn Einkäufe vom Auto ins Haus gebracht werden, und zwischen Küche und Wohnzimmer, wenn der Esstisch gedeckt und abgeräumt wird. Als Nächstes gilt es, die Entfernung zwischen Schlafzimmer und Badezimmer zu minimieren. Wir nehmen an, dass die Bewohner die meiste Zeit im Wohnzimmer und im Schlafzimmer verbringen werden.

In der ersten Version unseres Grundrisses (Abbildung 6.1, oben) liegt das Esszimmer zu weit von der Küche entfernt. Um das Problem zu lösen, vertauschen wir seine Lage mit dem zweiten Schlafzimmer (gekennzeichnet durch die grauen Pfeile in Abbildung 6.1). Ein weiterer Vorteil des Tausches ist, dass das Wohnzimmer auf die Südseite des Hauses verlegt wird. In der zweiten Version bemerken wir, dass die Küche und die Treppe zu weit vom Eingangsbereich entfernt sind. Um das Problem zu lösen, verlegen wir die Haustür an

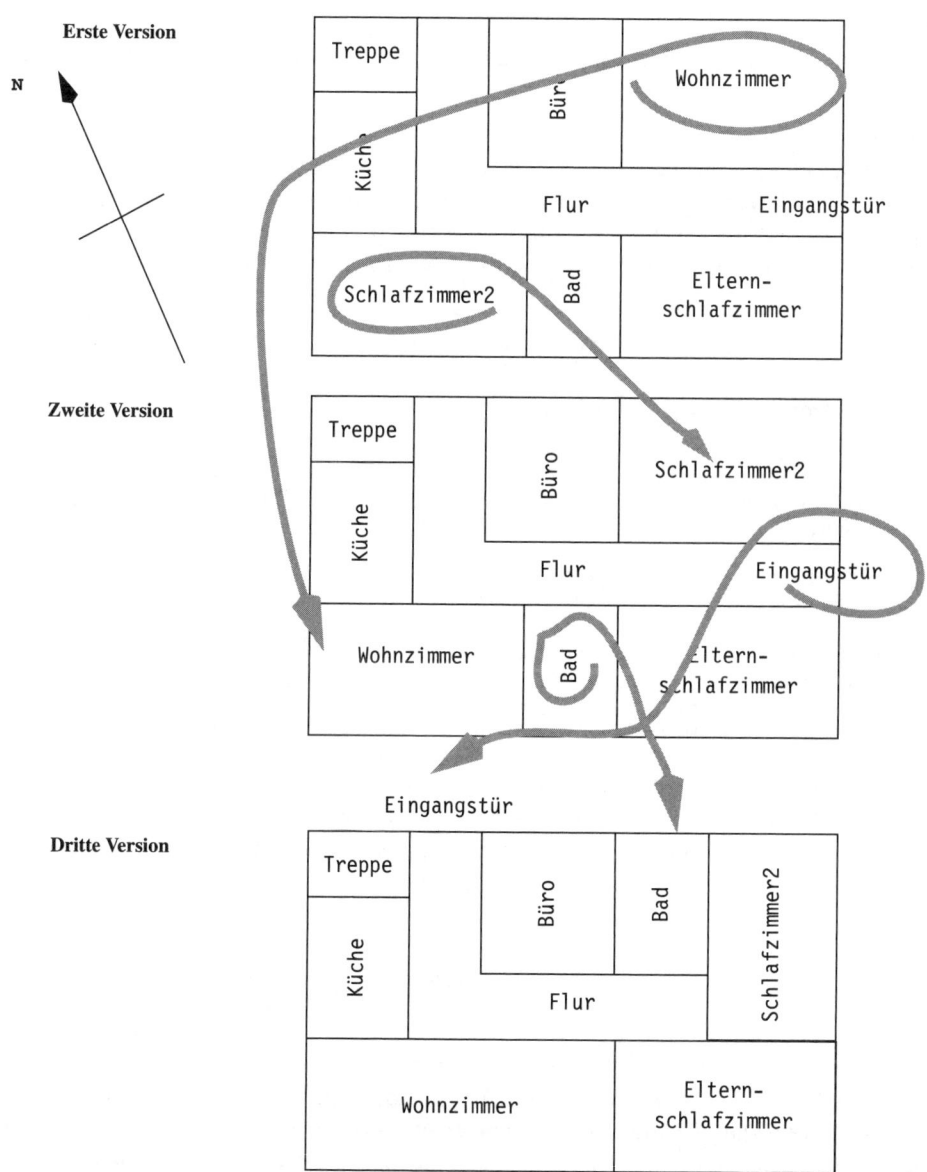

Abbildung 6.1: Beispiel für einen Grundrissentwurf. Drei aufeinander folgende Versionen zeigen, wie die Entfernungen minimiert werden und das Tageslicht genutzt wird.

die Nordwand des Hauses. Dies erlaubt auch die Neuausrichtung des zweiten Schlafzimmers und die Verlegung des Bades, wodurch es näher an den beiden Schlafzimmern liegt. Das Wohnzimmer wird dadurch größer und wir erfüllen alle ursprünglichen Auflagen.

Zu diesem Zeitpunkt können wir die Türen und Fenster, unter Berücksichtigung der individuellen Anforderungen der einzelnen Räume, positionieren. Somit haben wir den Entwurf ohne Detailkenntnisse bezüglich der Ausstattung der einzelnen Räume erstellt. Als Nächstes stehen Pläne für die Wasserleitungen, die elektrischen Leitungen und die Heizungsrohre an.

Der Entwurf eines Grundrisses in der Architektur ähnelt dem Systementwurf in der Softwareentwicklung (Tabelle 6.1). Eine Ganzes wird in einfachere Komponenten und Schnittstellen aufgeteilt, wobei funktionale und nichtfunktionale Anforderungen berücksichtigt werden müssen. Der Systementwurf hat Auswirkungen auf die Implementierungsaktivitäten; spätere Änderungen bedeuten kostspielige Nacharbeiten.

	Architekturkonzept	**Softwaretechnikkonzept**
Komponenten	Räume	Subsysteme
Schnittstellen	Türen	Dienste
Nichtfunktionale Anforderungen	Wohnbereich	Antwortzeit
Funktionale Anforderungen	Miethaus	Anwendungsfälle
Kostspielige Überarbeitung	Verschieben von Wänden	Änderungen an Subsystemschnittstellen

Tabelle 6.1:   Konzeptvergleich in der Architektur- und in der Softwareentwicklung

Abschnitt 6.2 blickt aus der Vogelperspektive auf den Systementwurf und seine Beziehung zur Analyse. Abschnitt 6.3 beschreibt das Konzept der Systemzerlegung. Abschnitt 6.4 konzentriert sich dann auf die Aktivitäten des Systementwurfs und zeigt anhand eines Beispiels, wie diese Bausteine zusammenspielen.

6.2   Überblick über den Systementwurf

Die Analyse führt zum Anforderungsmodell, das folgende Teile beinhaltet:

- ◼ einen Satz *nichtfunktionaler Anforderungen* und *Einschränkungen,* wie z.B. Antwortzeiten, Datendurchsatzraten, Benutzung eines spezifischen Betriebssystems
- ◼ ein *Anwendungsfallmodell,* das die Funktionalität aus Sicht der Benutzer beschreibt
- ◼ ein *Objektmodell,* das die Struktur des Systems beschreibt
- ◼ ein *Sequenzdiagramm* für jeden Anwendungsfall, das die Interaktionen zwischen den am Anwendungsfall beteiligten Objekten aufzeigt.

Das Analysemodell beschreibt das System vollständig aus Sicht des Akteurs und dient deshalb vorwiegend als Diskussionsgrundlage zwischen dem Kunden und den Entwicklern. Das Analysemodell enthält jedoch keine Informationen darüber, wie das System realisiert werden soll. Das Systementwurfsmodell ist der erste Schritt in diese Richtung und enthält folgende Komponenten:

- *Entwurfsziele*, die die Beschaffenheit des vom Entwickler zu optimierenden Systems beschreiben und die Entwickler insbesondere bei der Lösung von Zielkonflikten leiten sollen. Entwurfsziele werden im Allgemeinen aus den nichtfunktionalen Anforderungen abgeleitet.

- *Softwarearchitektur*, die die Systemzerlegung bezüglich Zuständigkeiten, Abhängigkeiten zwischen den Subsystemen und Subsystemabbildung auf die Hardware sowie wichtige Entscheidungen bezüglich Steuerungsabläufen, Zugriffskontrolle und Datenspeicherung beschreibt.

- *Randanwendungsfälle*, die die Initialisierung und die Terminierung des Systems sowie Ausnahmefälle beschreiben.

Abbildung 6.2 stellt die Beziehungen zwischen Analyse und Systementwurf und ihre Ergebnisse grafisch dar. Die Systemzerlegung nimmt den Löwenanteil des Systementwurfs ein. Entwickler unterteilen das System dabei in überschaubare Einzelteile, um die Komplexität in den Griff zu bekommen: Jedes Subsystem wird einer Arbeitsgruppe zugewiesen und von dieser eigenständig umgesetzt. Damit dies möglich ist, müssen die Entwickler beim Zerlegen des Systems das Augenmerk auf systemübergreifende Probleme richten. In diesem Kapitel beschreiben wir das Konzept der Systemzerlegung und erläutern einige allgemeine Systemzerlegungen, die man auch „architektonische Stile" nennt.

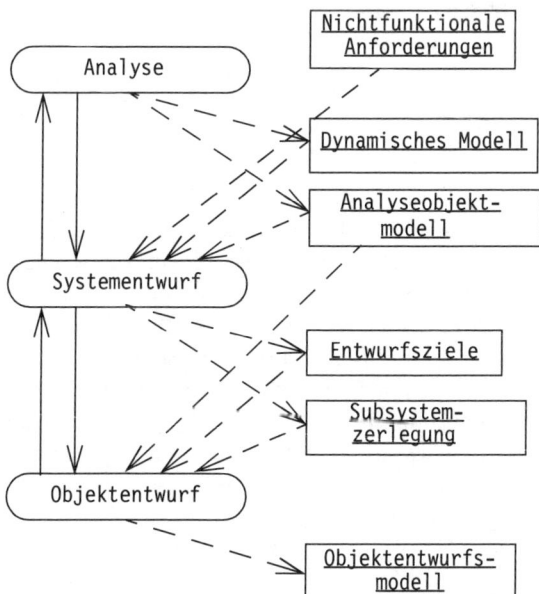

Abbildung 6.2:   Beziehungen zwischen Analyse, System- und Objektentwurf
(UML-Aktivitätsdiagramm)

6.3   Systementwurfskonzepte

In diesem Abschnitt beschreiben wir Systemzerlegungen und ihre Eigenschaften. Zuerst definieren wir das Konzept eines **Subsystems** und seine Beziehung zu Klassen (Abschnitt 6.3.1). Dann betrachten wir die Schnittstelle von Subsystemen (Abschnitt 6.3.2): Subsysteme stellen anderen Subsystemen Dienste bereit. Ein **Dienst** ist ein Satz von verwandten Operationen, die einen gemeinsamen Zweck haben. Während des Systementwurfs definiert man die Subsysteme hinsichtlich der Dienste, die sie bereitstellen. Später beim Objektentwurf definiert man die Subsysteme bezüglich der von ihnen bereitgestellten Operationen.

Außerdem betrachten wir zwei wichtige Eigenschaften von Subsystemen: Kopplung und Kohäsion (Abschnitt 6.3.3). **Kopplung** misst die Abhängigkeiten zwischen zwei Subsystemen, während **Kohäsion** die Abhängigkeiten der Klassen innerhalb eines Subsystems misst. Je mehr Abhängigkeiten zwischen Klassen bestehen, desto größer ist die Kohäsion des Subsystems. Idealerweise sollte die Systemzerlegung Kopplungen minimieren und Kohäsion maximieren. In Abschnitt 6.3.4 betrachten wir dann Schichtung und Partitionierung, zwei Techniken, um Subsysteme miteinander in Verbindung zu bringen. Mit Hilfe einer **Schichtung** wird ein System als Hierarchie von Subsystemen organisiert. Subsysteme in einer Schicht stellen Subsystemen in höheren Schichten Dienste zur Verfügung, die sie mit Diensten von Subsystemen aus darunter liegenden Schichten realisieren. Eine **Partitionierung** organisiert Subsysteme in gleichrangige Komponenten, die sich gegenseitig verschiedene Dienste bereitstellen. In Abschnitt 6.3.5, beschreiben wir eine Reihe von typischen Softwarearchitekturen aus der Praxis.

6.3.1   Subsysteme und Klassen

In Kapitel 2, *Modellierung mit UML*, haben wir den Unterschied zwischen Anwendungs- und Lösungsdomäne dargestellt. Um die Komplexität der Anwendungsdomäne zu verringern, identifizierten wir kleinere Bestandteile, die wir Klassen nannten, und organisierten diese in Paketen. Ähnlich gehen wir jetzt auch vor, um die Komplexität der Lösungsdomäne zu verringern. Wir zerlegen ein System in einfachere Bestandteile, die wir Subsysteme nennen und die aus einer Reihe von Lösungsdomänenklassen bestehen. Durch die Zerlegung des Systems in relativ unabhängige Subsysteme können Arbeitsgruppen bei minimalem Kommunikationsaufwand gleichzeitig an individuellen Subsystemen arbeiten. Falls die Subsysteme selbst komplex sind, wenden wir das gleiche Prinzip noch einmal an und zerlegen sie wiederum in einfachere Subsysteme (siehe Abbildung 6.3).

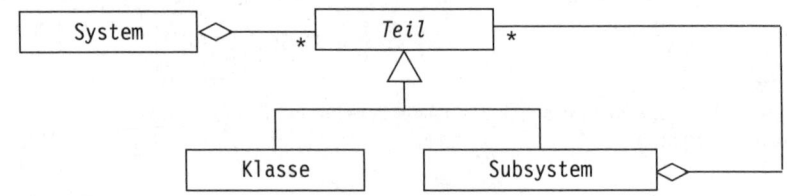

Abbildung 6.3:   Systemzerlegung (UML-Klassendiagramm)

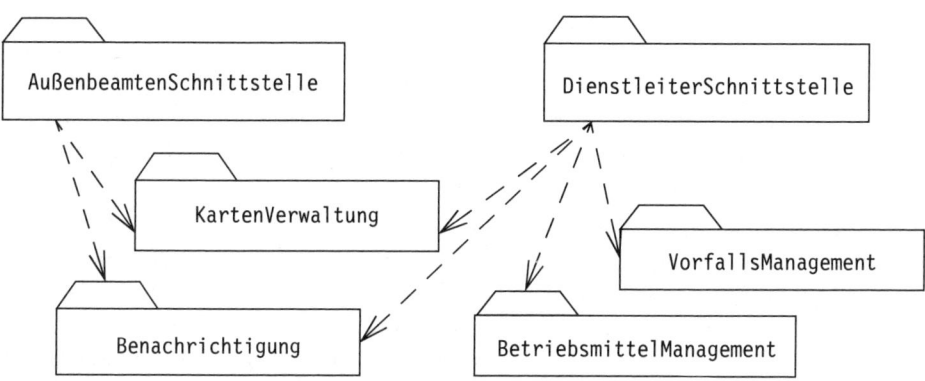

Abbildung 6.4:   Systemzerlegung für ein Unfallmanagementsystem (UML-Klassendiagramm). Subsysteme werden als UML-Pakete dargestellt. Gestrichelte Pfeile zeigen Abhängigkeiten zwischen Subsystemen.

Das zuvor beschriebene Unfallmanagementsystem kann beispielsweise in sechs Subsysteme zerlegt werden (siehe Abbildung 6.4): die DienstleiterSchnittstelle, die die Benutzerschnittstelle für den Dienstleiter bildet; die AußenbeamtenSchnittstelle als Benutzer-schnittstelle für den Außenbeamten; ein VorfallsManagement-Subsystem für die Erstellung, Modifikation und Speicherung von Vorfällen; ein BetriebsmittelManagement-Subsystem, das für das Auffinden von freien Betriebsmitteln (z.B. Löschfahrzeuge und Krankenwagen) zuständig ist; ein KartenManagement-Subsystem für das Darstellen von Strassenkarten und Einsatzorten, und schließlich ein Benachrichtigungs-Subsystem für die Kommunikation zwischen Außenbeamter-Terminals und Dienstleiter-Stationen.

Verschiedene Programmiersprachen (z.B. Java und Modula-2) verfügen über Konstrukte für das Modellieren von Subsystemen (Pakete in Java, Module in Modula-2). In anderen Sprachen (z.B. C oder C++) werden Subsysteme nicht explizit simuliert, weswegen Entwickler Konventionen für das Gruppieren von Klassen verwenden (beispielsweise kann ein Subsystem als Verzeichnis dargestellt werden, das alle Dateien beinhaltet, die das Subsystem implementieren). Egal ob Subsysteme in der Programmiersprache nun explizit dargestellt werden oder nicht, Entwickler müssen die Systemzerlegung sehr gewissenhaft dokumentieren, da Subsysteme meist von unterschiedlichen Arbeitsgruppen umgesetzt werden.

6.3.2   Dienste und Subsystemschnittstellen

Ein Subsystem wird durch die Dienste charakterisiert, die es anderen Subsystemen bereitstellt. Ein **Dienst** ist ein Satz von Operationen, die einen gemeinsamen Zweck teilen. Ein Benachrichtigungs-Subsystem definiert beispielsweise Operationen für das Suchen und Abonnieren von Nachrichtenkanälen sowie für das Versenden von Nachrichten. Diejenigen Operationen eines Subsystems, die anderen Subsystemen zugänglich sind, bilden die **Subsystemschnittstelle**. Die Subsystemschnittstelle beinhaltet den Namen und eventuell die Parameter für alle Operationen des Dienstes. Der Systementwurf stellt das Festlegen der Dienste, die von jedem Subsystem bereitgestellt werden, in den Mittelpunkt, d.h. die Beschreibung der Operationen und ihr Verhalten auf höherer Ebene. Der Objektentwurf konzentriert sich auf die **Anwendungsprogrammierer-Schnittstelle** (API), die als Verfeinerung und Erweiterung der Subsystemschnittstelle gesehen werden kann. Die API beschreibt für jede Operation detailliert die Typen aller Parameter und Rückgabewerte, sodass sie von Implementierern benutzt werden können.

Die Definition eines Subsystems als eine Menge von zur Verfügung gestellten Diensten erlaubt es den Entwerfern, sich mehr auf die Schnittstellen zu konzentrieren als auf die Implementierung. Beim Erstellen der Subsystemschnittstelle sollte man versuchen, die mitgelieferte Informationsmenge zur Implementierung so klein wie möglich zu halten. So sollte beispielsweise eine Subsystemschnittstelle nicht auf interne Datenstrukturen wie verlinkte Listen, Reihen oder Hash-Tabellen verweisen. Dies erlaubt es uns, den Einfluss von Änderungen zu minimieren, wenn wir Subsystem-Implementierungen revidieren. Allgemeiner gesagt, kann man den Einfluss von Änderungen minimieren, indem man die Kopplung zwischen Subsystemen gering hält. Dies besprechen wir im nächsten Abschnitt.

6.3.3   Kopplung und Kohäsion

Kopplung bezeichnet die Anzahl von Abhängigkeiten zwischen Subsystemen. Zwei Subsysteme sind lose gekoppelt, wenn Änderungen in einem Subsystem nur geringe Auswirkungen auf das andere haben. Zwei Subsysteme sind eng gekoppelt, wenn Modifikationen an einem Subsystem sehr wahrscheinlich Auswirkungen auf das andere haben. Ein erstrebenswertes Ziel bei der Zerlegung in Subsysteme ist es, solche Subsysteme zu definieren, die so lose wie nur möglich gekoppelt sind. Dadurch können die Auswirkungen von Fehlern oder Änderungen eines Systems auf ein anderes gering gehalten werden.

Nehmen wir als Beispiel das Notfallantwortsystem aus Abbildung 6.4. Während des Systementwurfs entscheiden wir uns, alle persistenten Daten (d.h. alle Daten, die einen einzelnen Durchlauf des Systems überdauern) in einer relationalen Datenbank zu speichern. Diese Entscheidung führt zu einem weiteren Subsystem namens Datenbank (Abbildung 6.5). Zunächst entwerfen wir die Schnittstelle des Datenbank-Subsystems so, dass Subsysteme, die Daten zu speichern haben, die Befehle einfach in der entsprechenden Abfragesprache der Datenbank stellen, beispielsweise in SQL. Das VorfallsManagement-Subsystem stellt zum Beispiel eine SQL-Anfrage, um Listen mit Vorfällen in der Datenbank zu speichern und abzurufen. Das führt zu einer engen Kopplung zwischen dem Datenbank-Subsystem und den drei Subsystemen VorfallsManagement, BetriebsmittelManagement und KartenManagement, die Daten speichern und abrufen müssen, da jede Änderung der Datenrepräsentation wahrscheinlich Änderungen in den Subsystemen nötig macht. Wird beispielsweise der Datenbankhersteller gewechselt, müssen die aufrufenden Subsysteme angepasst werden und eventuell einen anderen Dialekt der Abfragesprache benutzen. Um die Kopplung zwischen diesen Subsystemen zu minimieren, beschließen wir ein neues Subsystem namens Speicher zu erzeugen, das die Datenbank von den anderen Subsystemen abschirmt. In diesem Fall verwenden die drei aufrufenden Subsysteme Dienste, die vom Speicher-Subsystem bereitgestellt werden, welches dann allein für die SQL-Anfragen an das Datenbank-Subsystem ver-

Alternative 1: Direkter Zugriff auf das Datenbank-Subsystem

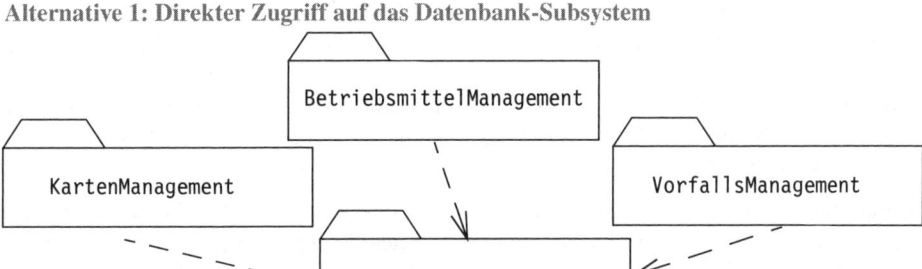

Alternative 2: Indirekter Zugriff auf die Datenbank durch ein zusätzliches Subsystem

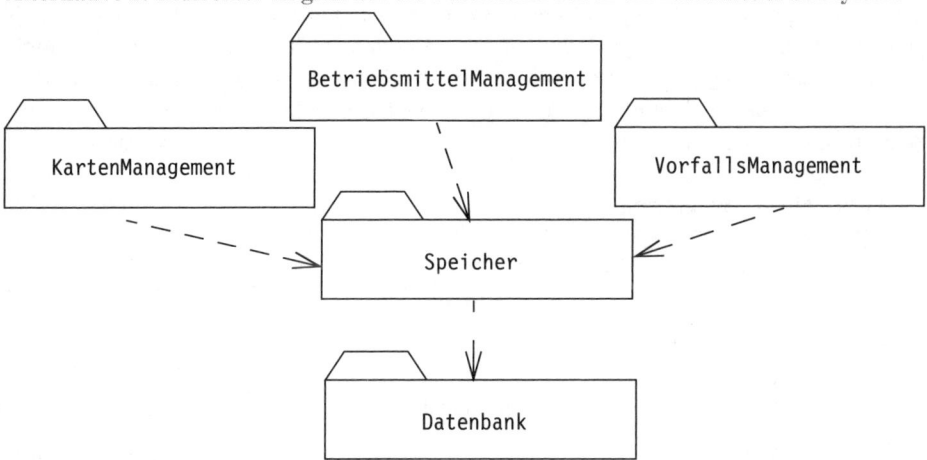

Abbildung 6.5: Beispiel für die mögliche Verringerung der Kopplung von Subsystemen (UML-Klassendiagramm, die Subsysteme AußenbeamtenSchnittstelle, DienstleiterSchnittstelle und Benachrichtigung wurden aus Gründen der Übersichtlichkeit weggelassen). Alternative 1 stellt die Situation dar, bei der alle Subsysteme direkt auf die Datenbank zugreifen und somit anfällig für Änderungen an der Schnittstelle des Datenbank-Subsystems sind. Alternative 2 schirmt die Datenbank durch ein zusätzliches Subsystem Speicher ab. Dadurch muss bei Änderungen an der Schnittstelle des Datenbank-Subsystems nur ein Subsystem geändert werden. Die Annahme hinter dieser Entwurfs-änderung ist, dass das Speicher-Subsystem eine stabilere Schnittstelle als das Datenbank-Subsystem bereitstellen kann.

antwortlich ist. Wird nun der Datenbankhersteller gewechselt oder die Entscheidung getroffen, einen anderen Speichermechanismus zu verwenden (z.B. Dateien), dann muss lediglich das Speicher-Subsystem angepasst werden. Folglich wurde durch diese Entwurfentscheidung die Kopplung Subsysteme verringert.

Die Reduktion von Kopplungen ist allerdings kein Allheilmittel. Die Verringerung von Kopplungen führt im Allgemeinen zu einer zusätzlichen Komplexität – im oben aufgeführten Beispiel wird ein zusätzliches Subsystem eingeführt – und somit oftmals zu unnötigen Abstraktionsschichten, die zusätzliche Entwicklungsaufwand und Laufzeit benötigen. Enge Kopplung ist also nur dann ein Thema, wenn Änderungen an Subsystemen sehr wahrscheinlich sind.

Kohäsion ist ein Maß für die Anzahl der Abhängigkeiten innerhalb eines Subsystems. Enthält ein Subsystem viele Klassen, die miteinander in Beziehung assoziiert sind und ähnliche Aufgaben erfüllen, dann ist die Kohäsion hoch. Enthält ein Subsystem jedoch zahlreiche Klassen, die überhaupt nicht miteinander in Beziehung stehen, dann ist die Kohäsion gering. Bei der Systemzerlegung sollten Subsysteme mit hoher Kohäsion angestrebt werden.

Stellen wir uns einmal ein Entscheidungsverfolgungssystem vor, das Entwurfsprobleme, Diskussionen, Alternativen, Entscheidungen und deren Implementierung als durchzuführende Aufgaben aufzeichnet (Abbildung 6.6). EntwurfsProblem und Option stellen die Erforschung des Entwurfsraums dar: Wir formulieren das System als eine Anzahl von EntwurfsProblemen und dokumentieren jede Option, die untersucht wird. Die Kriterium-Klasse repräsentiert die Eigenschaften, an denen wir interessiert sind. Sobald wir die untersuchten Optionen bezüglich der wünschenswerten Kriterien beurteilt haben, implementieren wir eine Entscheidung als eine Aufgabe. Aufgaben werden so lange in TeilAufgaben zerlegt, bis sie klein genug sind, um einzelnen Entwicklern mit einem Termin zugewiesen werden zu können. Diese kleinsten Aufgabenteile nennen wir Terminaufgaben.

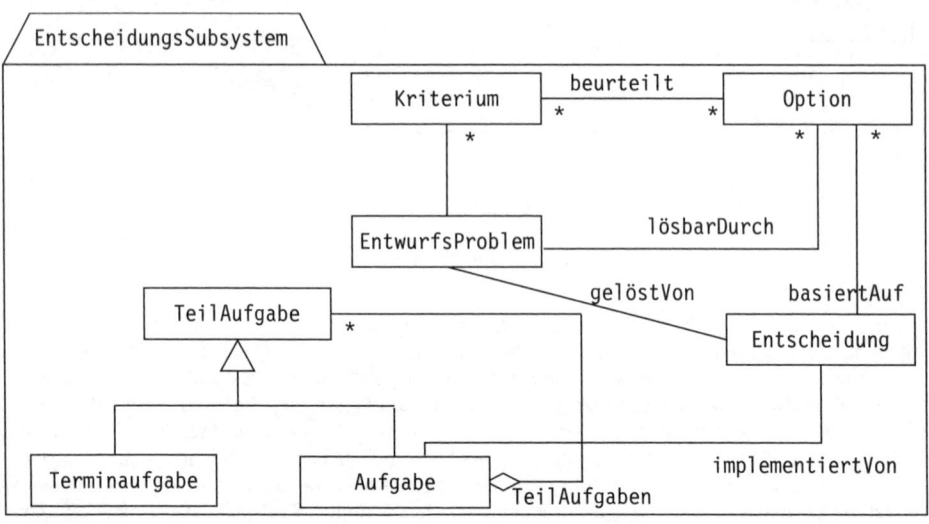

Abbildung 6.6: Entscheidungsverfolgungssystem (UML-Klassendiagramm). Das Entscheidungs-Subsystem hat eine geringe Kohäsion. Die Klassen Kriterium, Option und EntwurfsProblem haben keine Beziehungen zu Aufgabe, TeilAufgabe und Terminaufgabe.

Das Entscheidungsverfolgungssystem ist klein genug, dass wir all diese Klassen in ein Subsystem namens EntscheidungsSubsystem packen könnten (siehe Abbildung 6.6). Wir stellen jedoch fest, dass das Klassenmodell in zwei Subsysteme unterteilt werden kann. Das Subsystem BegründungsSubsystem enthält die Klassen EntwurfsProblem, Option, Kriterium und Entscheidung. Das PlanungsSubsystem enthält die Klassen Aufgabe, SubAufgabe und Terminaufgabe (siehe Abbildung 6.7). Beide Subsysteme haben eine höhere Kohäsion als das ursprüngliche EntscheidungsSubsystem. Das ermöglicht es uns, jeden Bestandteil unabhängig wieder zu verwenden, wenn andere Subsysteme zum Beispiel nur den Planungsbereich oder den Begründungsbereich benötigen. Überdies sind die entstehenden Subsysteme kleiner als das ursprüngliche Subsystem, was es uns ermöglicht, sie je einem Entwickler zuzuweisen. Die Kopplung zwischen den beiden Subsystemen ist mit nur einer Assoziation relativ gering.

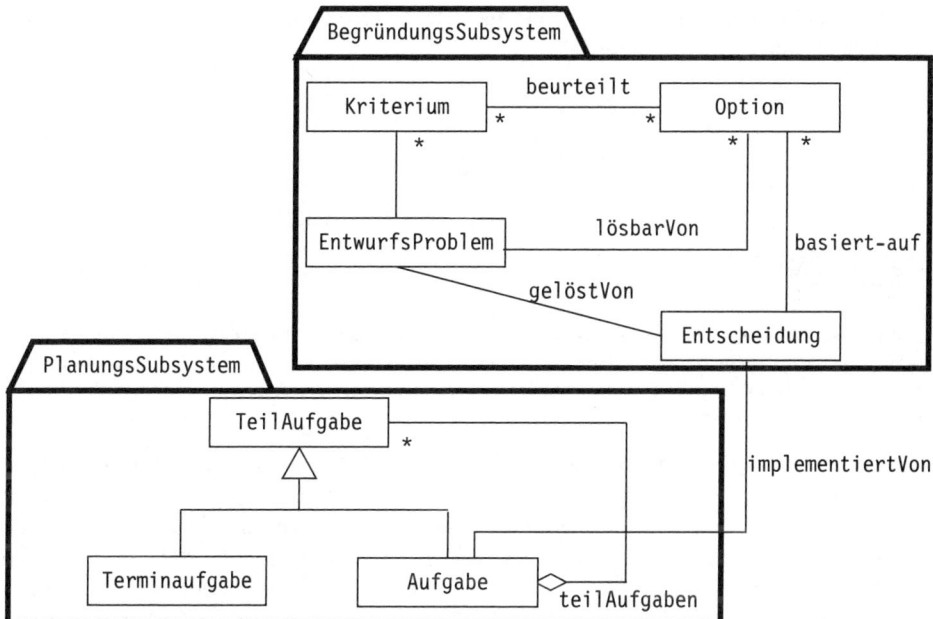

Abbildung 6.7: Alternative Systemzerlegung für das Entscheidungsverfolgungssystem aus Abbildung 6.6 (UML-Klassendiagramm). Die Kohäsion des BegründungsSubsystems und des PlanungsSubsystems ist höher als die Kohäsion des ursprünglichen EntscheidungsSubsystems. Zusätzlich haben wir die Komplexität durch die Zerlegung in kleinere Subsysteme reduziert.

Im Allgemeinen muss zwischen Kohäsion und Kopplung genau abgewogen werden. Oft können wir die Kohäsion durch die Zerlegung des Systems in kleinere Subsysteme erhöhen. Jedoch erhöht dieses Vorgehen auch die Kopplung, da die Anzahl der Schnittstellen steigt. Eine gute Heuristik ist, höchstens 7 ± 2-Konzepte auf jeder Abstraktionsebene zur Verfügung zu stellen. Stehen mehr als neun Subsysteme auf einer Abstraktionsebene zur Verfügung oder stellt ein Subsystem mehr als neun Dienste bereit, dann sollte eine Überarbeitung der Systemzerlegung erwogen werden. Aus demselben Grund sollte die Anzahl der Schichten nicht mehr als 7 ± 2 sein. Ein guter Systementwurf kann oft sogar mit nur drei Schichten durchgeführt werden.

6.3.4 Schichten und Teilungen

Eine **hierarchische Zerlegung** eines Systems ergibt einen geordneten Satz von Schichten. Eine **Schicht** ist eine Gruppierung von Subsystemen, die verwandte Dienste bereitstellen, möglicherweise durch die Verwendung von Diensten anderer Schichten. Schichten sind so geordnet, dass jede Schicht nur auf hierarchisch niedriger stehende Schichten zugreifen kann und keine Kenntnisse über höher stehende hat. Diejenige Schicht, die in keiner Abhängigkeit zu anderen Schichten steht, nennt man unterste Schicht und die Schicht, auf die keine anderen Schichten zugreifen, oberste Schicht (Abbildung 6.8). In einer **geschlossenen Architektur** kann jede Schicht nur auf die unmittelbar darunter liegende Schicht zugreifen. Bei einer **offenen Architektur**[1] kann eine Schicht auch auf Schichten tieferer Ebenen zugreifen.

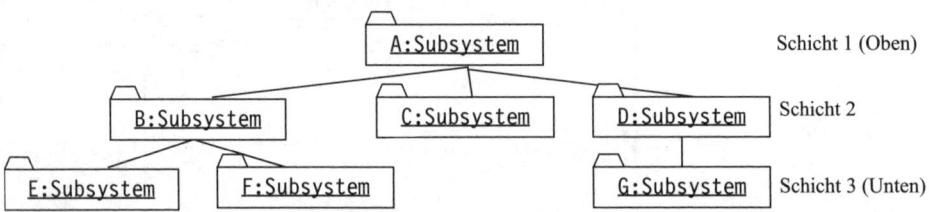

Abbildung 6.8: Systemzerlegung eines Systems in drei Schichten (UML-Objektdiagramm). Die Teilmenge einer geschichteten Zerlegung, die mindestens ein Teilsystem von jeder Schicht enthält, wird vertikaler Schnitt genannt. Beispielsweise stellen die Subsysteme A, B und E einen vertikalen Schnitt durch das System dar, die Subsysteme D und G hingegen nicht.

Ein Beispiel für eine geschlossene Architektur ist das aus sieben Schichten bestehende OSI-Referenzmodell (Open Systems Interconnection) [Day & Zimmermann, 1983]. Jede Schicht ist dafür verantwortlich, eine wohldefinierte Funktion auszuführen. Zusätzlich stellt jede Schicht ihre Dienste durch die Verwendung der Dienste der darunter liegenden Schicht bereit (Abbildung 6.9). Die physikalische Schicht repräsentiert die Hardwareschnittstelle gegenüber dem Netzwerk. Sie ist verantwortlich für die Übermittlung von Bits über einen Kommunikationskanal. Die DatenVerbindungs-Schicht ist verantwortlich für die fehlerfreie Übertragung von Datenrahmen, wobei sie auf die Dienste der physikalischen Schicht zugreift. Die Netzwerk-Schicht überträgt und liefert Pakete innerhalb eines Netzwerks. Die Transport-Schicht stellt sicher, dass die Daten zuverlässig übertragen werden. Die Transport-Schicht ist die Schnittstelle, die Unix Programmierer sehen, wenn sie Informationen über TCP/IP-Sockets zwischen zwei Prozessen verschicken. Die Sitzung-Schicht initialisiert und bestätigt eine Verbindung. Die Präsentations-Schicht führt Datenumwandlungsdienste durch, wie beispielsweise ByteTausch und Verschlüsselungen. Die Anwendungs-Schicht ist das System, das entwickelt wird (es sei denn, es handelt sich um ein Betriebssystem oder ein Protokoll). Die Anwendungs-Schicht besteht im Allgemeinen selbst wieder aus geschichteten Subsystemen.

Bis vor kurzem waren nur die vier Grundschichten des OSI-Modells relativ gut genormt. Unix und andere Betriebssysteme stellten beispielsweise Schnittstellen zu TCP/IP bereit, die die Transport-, Netzwerk- und DatenVerbindungs-Schichten realisierten. Die Anwendungsentwickler mussten dann immer noch die Lücke zwischen der Transport-Schicht und der Anwendungs-Schicht schließen. Die wachsende Anzahl von verteilten Anwendungen bewirkte die Entwicklung von Middleware, wie beispielsweise CORBA [OMG,

---

[1] Wir verwenden den Begriff *offene Architektur,* wie er von [Rumbaugh et al., 1991] definiert wurde. In der Softwaretechnik-Gemeinde bedeutet der Ausdruck *offen* für gewöhnlich *auch nichtproprietär.*

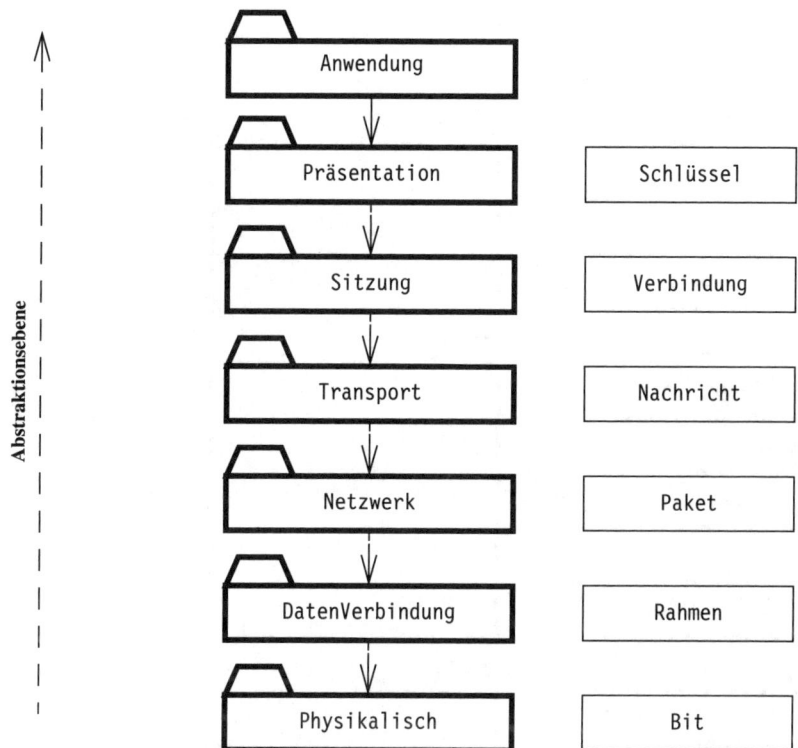

Abbildung 6.9:   Beispiel einer geschlossenen Architektur: Das OSI-Modell zerlegt Netzwerkdienste in sieben Schichten, wovon jede für eine andere Abstraktionsebene verantwortlich ist (UML-Klassendiagramm).

1995] und Java RMI [RMI, 1998], um diese Lücke zu schließen. CORBA und Java RMI realisieren also die Präsentations- und Sitzungs-Schichten und erlauben es uns, transparent auf entfernte Objekte mit denselben Mechanismen zuzugreifen wie auf lokale Objekte (siehe Abbildung 6.10).

Ein Beispiel für eine offene Architektur ist Swing für Java [JFC, 2002] (siehe Abbildung 6.11). Swing ist eine Bibliothek von Benutzerschnittstellen-Objekten, die ein breites Spektrum anbietet, von einfachen Knöpfen hin bis zum Geometriemanagement. Eine Anwendung greift im Allgemeinen nur auf die Swing Schnittstelle zu. Jedoch könnte die Anwendungs-Schicht die Swing-Schicht auch umgehen und direkt auf AWT zugreifen. AWT ist eine von Java bereitgestellte, abstrakte Schnittstelle für Fenstersysteme, um Anwendungen von spezifischen Fenstersystemen abzuschirmen. AWT befindet sich direkt über dem Betriebssystem oder einem Fenstersystem wie X11, das relativ primitive Fenster-Operationen bereitstellt. Allgemein gesprochen erlaubt die Offenheit einer Architektur dem Entwickler, die höheren Schichten zu umgehen, wenn er auf Leistungsengpässe reagieren muss.

Geschlossene, geschichtete Architekturen haben erstrebenswerte Eigenschaften: Sie führen zu geringer Kopplung zwischen Subsystemen und Subsysteme können schrittweise integriert und getestet werden. Jedoch bringt jede Ebene einen Verlust an Geschwindig-

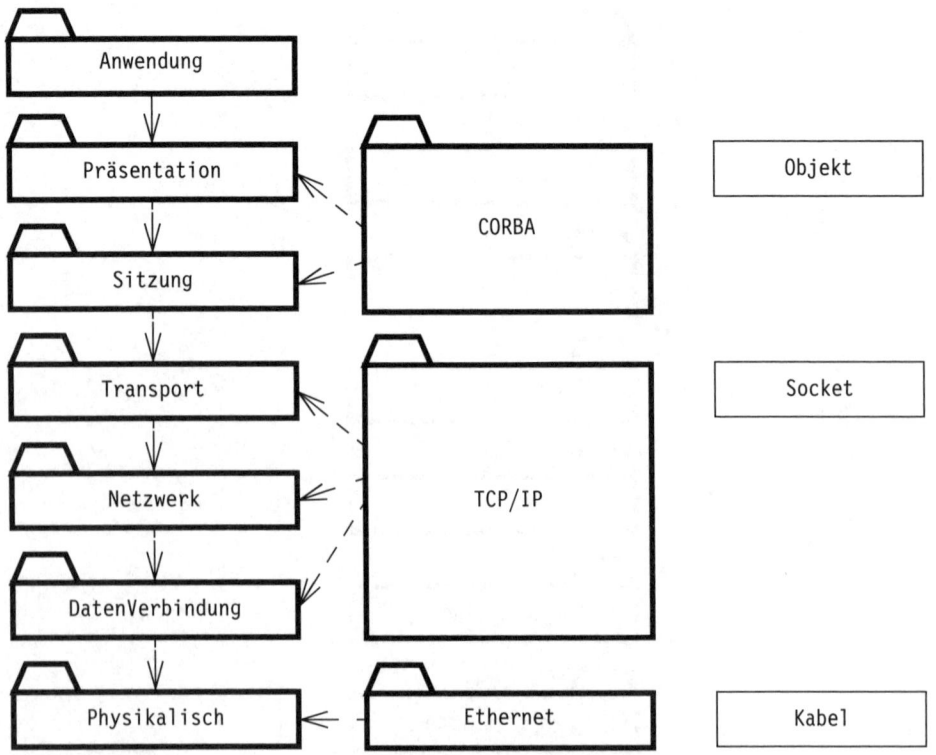

Abbildung 6.10: Beispiel für eine geschlossene Architektur (UML-Klassendiagramm). CORBA ermöglicht den Zugriff auf Objekte, die in verschiedenen Sprachen auf verschiedenen Hauptrechnern implementiert sind. CORBA implementiert effektiv die Präsentations- und Sitzungs-Schichten des OSI-Modells.

keit und Speicher, was es eventuell schwieriger macht, die nichtfunktionalen Anforderungen zu erfüllen. Außerdem kann sich das Hinzufügen von Funktionalitäten in späteren Überarbeitungen als schwierig erweisen, besonders wenn die Ergänzungen nicht vorgesehen waren. In der Praxis ist ein System selten in mehr als drei bis fünf Schichten zerlegt.

Eine andere Möglichkeit, mit Komplexität umzugehen, ist, das System in Partitionen zu zerlegen, wobei jede Partition für eine Klasse von Diensten zuständig ist. Beispielsweise könnte man ein Softwaresystem in einem Auto in mehrere Partitionen zerlegen, wie z.B. einen Reisedienst, der dem Fahrer in Echtzeit Wegbeschreibungen gibt, einen individuellen Präferenzdienst, der sich die Sitzhaltung und den Lieblingssender des Fahrers merkt, und einen Fahrzeugdienst, der den Benzinverbrauch aufzeichnet und Reparaturen- und Inspektionstermine vormerkt. Die Partitionen hängen lose zusammen, können oft aber auch einzeln arbeiten.

Im Allgemeinen ist eine Systemzerlegung das Resultat sowohl von Partitionierung als auch von Schichtung. Zuerst zerlegen wir das System in Subsysteme, die für spezifische Funktionen verantwortlich sind oder auf einem spezifischen Hardwareknoten laufen müssen. Jedes dieser Subsysteme wird, wenn die Komplexität es rechtfertigt, so lange in

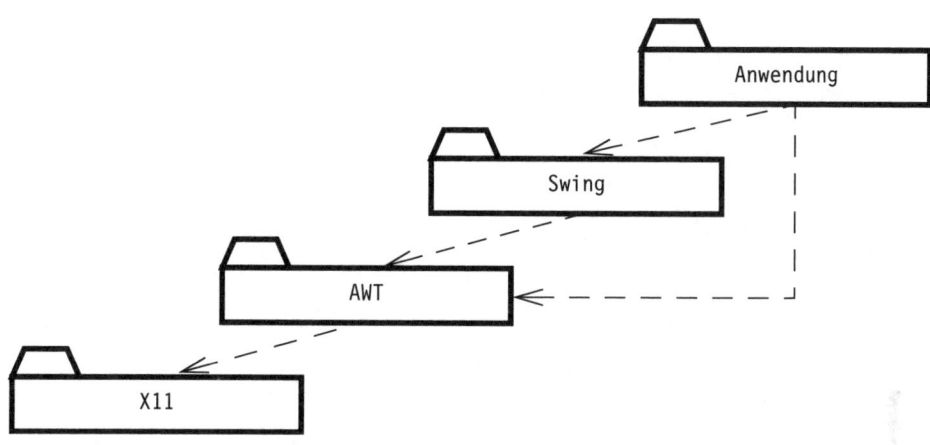

Abbildung 6.11: Beispiel für eine offene Architektur: Die Swing-Benutzerschnittstelle auf einer X11-Plattform (UML-Klassendiagramm, Pakete kollabiert). X11 bietet Grafikmöglichkeiten auf unterster Ebene. AWT ist eine von Java bereitgestellte Schnittstelle, um Programmierer vom X11-System abzuschirmen. Swing stellt darüber zahlreiche höher entwickelte Benutzerschnittstellen-Abstraktionen zur Verfügung. Manche Anwendungen umgehen oft die Swing-Schicht.

Schichten niedrigerer Ebenen zerlegt, bis sie einfach genug sind, um von einem einzigen Entwickler implementiert werden zu können. Jedes zusätzliche Subsystem erfordert durch seine Schnittstellen mit anderen Systemen einen zusätzlichen Aufwand bei den Entwicklern und erhöht in der Regel die Komplexität des Systems.

6.3.5   Architekturstile

Wenn die Komplexität eines Systems zunimmt, ist die Spezifikation der Systemzerlegung kritisch für das Verständnis des Systems. Schlechte Zerlegungen zu modifizieren oder zu korrigieren ist oft sehr schwierig, wenn man erst einmal mit der Entwicklung begonnen hat, da dann häufig alle Subsystemschnittstellen geändert werden müssen. Die Wichtigkeit dieses Problems hat zum Konzept der **Softwarearchitektur** geführt, wobei darunter nicht nur die Systemzerlegung, sondern auch andere Probleme wie globaler Kontrollfluss, Handhabung von Randbedingungen und Kommunikationsprotokolle zwischen Subsystemen verstanden werden [Shaw & Garlan, 1996].

In diesem Abschnitt beschreiben wir verschiedene so genannte Stile, die als Grundlage für die Softwarearchitektur von Systemen verwendet werden können. Dies ist keinesfalls eine systematische oder exakte Behandlung des Themas, sondern eine beispielhafte Einführung. Für detailliertere Informationen verweisen wir den Leser auf die weiterführende Literatur.

Depot

Im **Depot-Architekturstil** (siehe Abbildung 6.12) greifen Subsysteme auf eine einzelne Datenstruktur zu, die das zentrale **Depot** genannt wird. Die Subsysteme sind relativ unabhängig und interagieren nur über das zentrale Depot. Der Kontrollfluss kann entweder vom zentralen Depot beeinflusst werden (z.B. durch Auslösesignale, die den Aufruf von Subsystemen nach sich ziehen) oder von den Subsystemen (beispielsweise Steuerung der Synchronisation durch Semaphore im Depot).

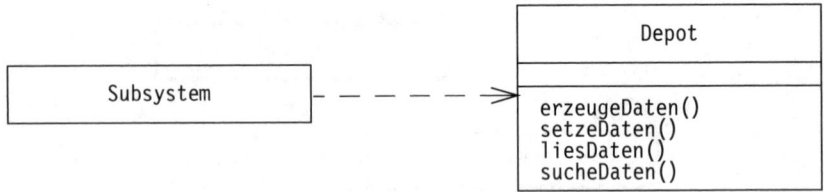

Abbildung 6.12:   Depot-Architekturstil (UML-Klassendiagramm). Jedes Subsystem hängt einzig von einer zentralen Datenstruktur ab, dem so genannten Depot. Das Depot hat keine Kenntnisse von anderen Subsystemen.

Depots werden normalerweise für Datenbankmanagementsysteme genutzt, wie zum Beispiel Gehaltsabrechnungssysteme oder Banksysteme. Die zentrale Lage der Daten macht die Handhabung von Konsistenzproblemen zwischen Subsystemen leichter. Viele Softwareentwicklungsumgebungen sind ebenfalls im Depot-Architekturstil realisiert (Abbildung 6.13). Die Subsysteme des Übersetzers generieren den Syntaxbaum und die Symboltabelle, Debugger und Syntax-orientierter Editor greifen dann auf diese Datenstrukturen zu.

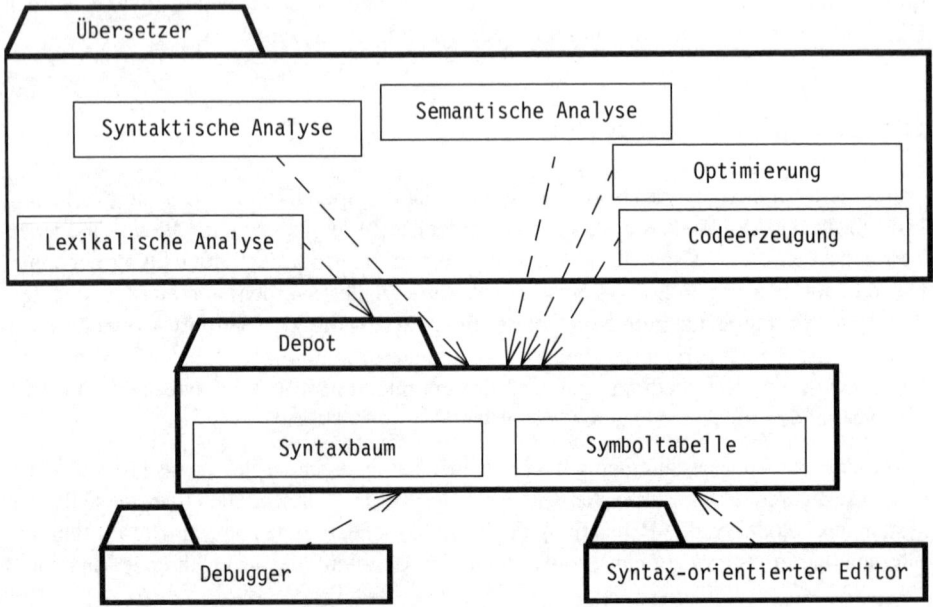

Abbildung 6.13:   Ein Beispiel für den Depot-Architekturstil (UML-Klassendiagramm). Ein Übersetzer generiert schrittweise einen Syntaxbaum und eine Symboltabelle, die von Debugger und Syntax-orientierterEditor verwendet werden können

Der Depot-Architekturstil kann vorteilhaft für die Implementierung des globalen Kontrollflusses genutzt werden. Im Beispiel von Abbildung 6.13 wird jedes Werkzeug (beispielsweise der Übersetzer, der Debugger oder der Editor) vom Benutzer aufgerufen. Das Depot stellt lediglich sicher, dass gleichzeitige Zugriffe serialisiert werden. Umgekehrt kann das Depot auch genutzt werden, um die Subsysteme aufzurufen, die auf dem Status der zentralen Datenstruktur basieren. Diese Systeme werden „Blackboard-Systeme" genannt. Das HEARSAY II-Spracherkennungssystem [Erman et al., 1980], eines der ersten Blackboard-Systeme, rief Werkzeuge abhängig vom aktuellen Status des Depots auf.

Depots sind besonders gut geeignet für Anwendungen mit sich ständig ändernden, komplexen Datenverarbeitungsaufgaben. Sobald ein zentrales Depot definiert ist, kann man leicht neue Dienste in Form von zusätzlichen Subsystemen hinzufügen. Der größte Nachteil der Depot-Systeme ist, dass das zentrale Depot schnell zu einem Engpass werden kann – sowohl bei Leistungsanforderungen als auch hinsichtlich der Modifizierbarkeit. Die Kopplung zwischen den einzelnen Subsystemen und dem Depot ist so hoch, dass es schwierig ist, ein Depot ohne Auswirkungen auf die Subsysteme zu ändern.

Modell-Sicht-Steuerung

Im **Modell-Sicht-Steuerungs**-Architekturstil (Model/View/Controller, deshalb auch MVC-Architekturstil genannt) unterscheiden wir Typen von Subsystemen (Abbildung 6.14): **Subsysteme vom Typ Modell** pflegen Domänenwissen, **Subsysteme vom Typ Sicht** erlauben verschiedene Ansichten von diesen Modellen und Subsysteme vom Typ **Steuerung** kontrollieren die Abfolge der Interaktionen mit dem Benutzer. Den MVC-Stil kann man als einen Spezialfall des Depot-Architekturstils ansehen, bei dem das Modell die zentrale Datenstruktur darstellt und Steuerung den Kontrollfluss bestimmt. Modell-Subsysteme sind so zu entwickeln, dass sie von keinem Sicht- oder Steuerungssubsystem abhängen. Sicht-Subsysteme werden über Änderungen am Modell-Subsystem benachrichtigt.

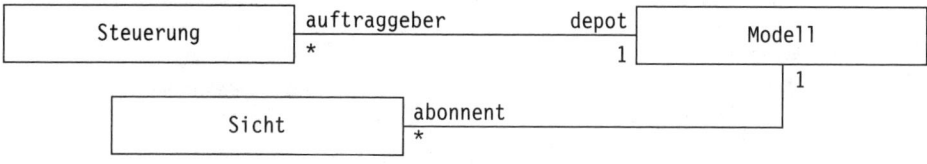

Abbildung 6.14: Modell-Sicht-Steuerungs-Architekturstil (UML-Klassendiagramm). Die Steuerung sammelt Eingaben vom Benutzer und verschickt Nachrichten an das Modell. Das Modell pflegt die zentrale Datenstruktur. Die Sichten zeigen verschiedene Ansichten des Modells und werden benachrichtigt (über ein Abonnement-/Benachrichtigungs-Protokoll), wann immer das Modell geändert wird.

Nehmen wir einmal an, wir haben zwei Sichten auf ein Dateisystem, die wir als Info-Sicht und OrdnerSicht bezeichnen. Diese Sichten sind gewissermaßen Abonnenten des „Modells" Dateisystem. In Abbildung 6.15 zeigt das hintere Fenster die OrdnerSicht eines Ordners mit Namen CBSE, der unter anderem eine Datei mit dem Namen 9DesignPatterns2.ppt enthält. Das vordere Fenster zeigt die InfoSicht mit Informationen über die Datei 9DesignPatterns2.ppt. Insgesamt erscheint der Dateiname 9DesignPatterns2.ppt dreimal: in hinteren Fenster an zweiter Stelle in der Liste; im vorderen Fenster neben dem Piktogramm des Dokumentes und als Teil des Namen des Fensters. Nehmen wir einmal an, wir verändern den Dateinamen in 9DesignPatterns.ppt. Abbildung 6.16 zeigt die Reihenfolge der Ereignisse:

1. Der Benutzer gibt den neuen Namen der Datei ein.

2. Die Steuerung, das für die Interaktion mit dem Benutzer bei Dateinamenänderungen zuständige Objekt, schickt eine Anfrage an das Modell.

3. Das Modell ändert den Dateinamen und unterrichtet alle Abonnenten von der Änderung.

4. Sowohl InfoSicht als auch OrdnerSicht werden aktualisiert, sodass der Benutzer eine konsistente Änderung sieht.

Die Abonnement- und Benachrichtigungsfunktionalität verbunden mit dieser Ereignisabfolge wird für gewöhnlich mit dem Beobachtermuster umgesetzt (siehe Abschnitt A.7). Das **Beobachtermuster** gestattet es, die Modell- und die Sicht-Objekte zu entkoppeln, da direkte Abhängigkeiten des Modells von der Sicht entfernt sind. Für weitere Einzelheiten sei der Leser auf [Gamma et al., 2001] und auf Abschnitt A.7 verwiesen.

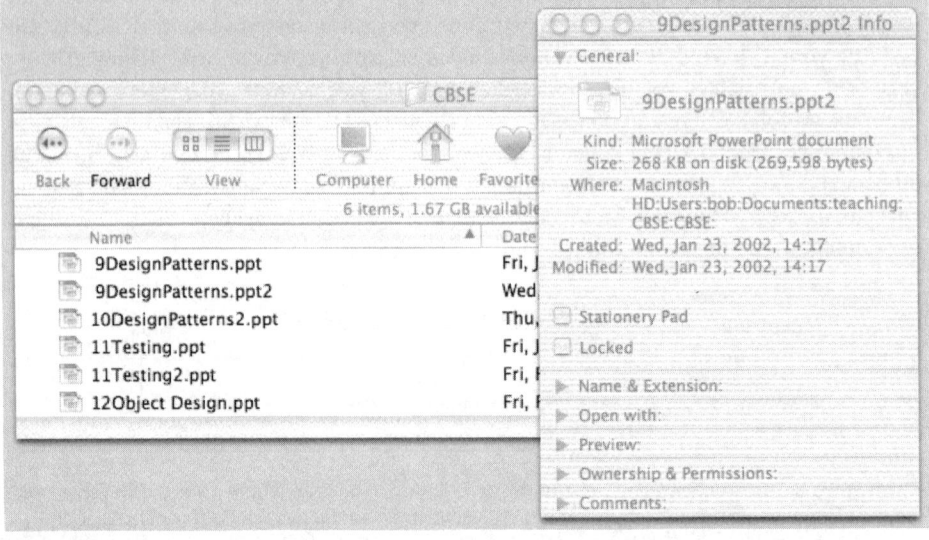

Abbildung 6.15: Beispiel für den Modell-Sicht-Steuerungs-Architekturstil. Das „Modell" ist der Dateiname 9DesignPatterns2.ppt. Die eine „Sicht" ist ein Fenster mit der Bezeichnung CBSE, das die Inhalte eines Ordners anzeigt, unter anderem die Datei 9DesignPatterns2.ppt. Die andere „Sicht" ist das Fenster 9DesignPatterns2.ppt Info, das Informationen bezüglich der Datei anzeigt. Wird der Dateiname geändert, werden beide Ansichten von der „Steuerung" aktualisiert.

Die Begründung für die Trennung von Modell, Sicht und Steuerung ist, dass die Benutzerschnittstelle, d.h. die Sicht, und die Steuerung weit häufiger von Änderungen betroffen sind als das Wissen über die Domäne, d.h. das Modell. Durch das Entfernen von Abhängigkeiten des Modells von der Sicht haben Änderungen an den Sichten (z.B. der Benutzerschnittstelle) keine Auswirkungen auf die Modell-Subsysteme. Im Beispiel von

Abbildung 6.15 könnten wir eine Sicht im Stil einer Unix-Shell hinzufügen, ohne das Dateisystem modifizieren zu müssen. Die Zerlegung von Subsystemen in drei Arten hat dieselben Gründe wie die Klassifizierung von Objekten in die drei Arten Entitäts-, Grenz- und Steuerungsobjekte, die wir in Kapitel 5 beschrieben haben. In beiden Fällen ist die Veränderbarkeit der Subsysteme bzw. Objekte das Kriterium für die Klassifizierung. Modelle bzw. Entitätsobjekte ändern sich nicht so schnell wie Sichten bzw. Grenzobjekte.

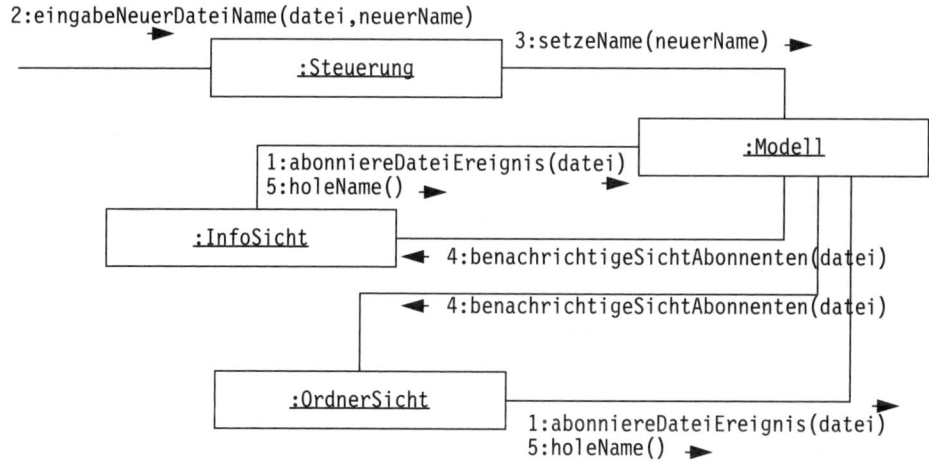

Abbildung 6.16: Abfolge von Ereignissen im Modell-Sicht-Steuerungs-Architekturstil (UML-Kollaborationsdiagramm)

Der Modell-Sicht-Steuerungs-Architekturstil ist vor allem für interaktive Systeme geeignet, insbesondere wenn vielfältige Sichten von einem Modell benötigt werden. Der Stil kann auch für die Konsistenzerhaltung bei verteilten Daten verwendet werden. Allerdings führt das zu denselben Leistungsengpässen wie beim allgemeinen Depot-Architekturstil.

Klient-Anbieter

Beim **Klient-/Anbieter-Architekturstil** (Abbildung 6.17) stellt ein Subsystem, der so genannte **Anbieter** (engl. *server*), Dienste für Instanzen anderer Subsysteme, die **Klienten** (engl. *clients*), bereit, die ihrerseits für die Interaktion mit dem Benutzer zuständig sind. Eine Anfrage an den Anbieter wird in der Regel über einen entfernten Prozeduraufruf oder über Objektvermittler (engl. *object broker*) getätigt (z.B. CORBA, Java RMI oder HTTP). Der Kontrollfluss in den *Klientenknoten* und den *Anbieterknoten* verläuft unabhängig, abgesehen von der Synchronisation bei der Verwaltung von Anfragen und der Rückgabe von Ergebnissen.

Ein Informationssystem mit einer zentralen Datenbank ist ein Beispiel für einen Klient-/Anbieter-Architekturstil. Die *Klienten* sind verantwortlich für den Empfang von Benutzereingaben, die Durchführung von Bereichsüberprüfungen und die Initiierung von Datenbanktransaktionen, wenn alle notwendigen Daten vorhanden sind. Die *Anbieter sind* für die Durchführung der Transaktion und die Garantie der Vollständigkeit der Daten verantwortlich. In diesem Falle ist ein Klient-/Anbieter-Architekturstil ein Spezialfall des

Depot-Architekturstils, in dem die zentrale Datenstruktur von einem separaten Prozess verwaltet wird. Klient-/Anbieter-Systeme sind jedoch nicht auf einen einzelnen *Anbieterprozess* beschränkt. Im World Wide Web kann ein einzelner *Klientenknoten* mühelos auf die Daten tausender unterschiedlicher *Anbieter* zugreifen (Abbildung 6.18).

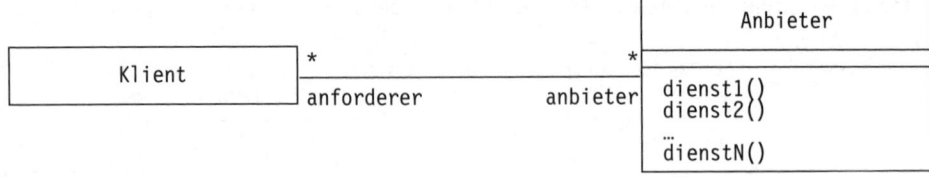

Abbildung 6.17:   Klient-/Anbieter-Architekturstil (UML-Klassendiagramm). Klienten fordern Dienste von einem oder mehreren Anbietern an. Der Anbieter hat keine Kenntnis über den Kunden. Der Klient-/Anbieter-Architekturstil ist eine Spezialisierung des Depotarchitekturstils.

Klient-/Anbieter-Architekturstile sind gut geeignet für verteilte Systeme, die große Datenmengen verwalten.

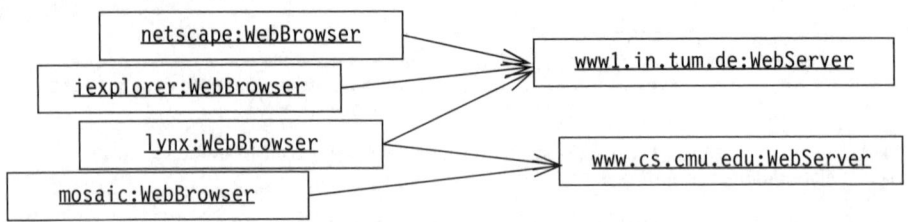

Abbildung 6.18:   Das Web als Instanz des Klient-/Anbieter-Architekturstils (UML-Objektdiagramm)

Peer zu Peer

Der **Peer-zu-Peer-Architekturstil** (siehe Abbildung 6.19) ist eine Verallgemeinerung des Klient-/Anbieter-Architekturstils, in dem Subsysteme sowohl als *Klient* als auch als *Anbieter* agieren können, in dem Sinne dass jedes Subsystem sowohl Dienste anfordern als auch bereitstellen kann. Der Kontrollfluss innerhalb jedes Subsystems ist von den anderen unabhängig, abgesehen von Synchronisationen von Anfragen.

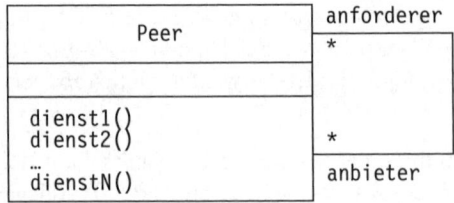

Abbildung 6.19:   Peer-zu-Peer-Architekturstil (UML-Klassendiagramm). Ein Peer kann bei einem anderen Peer Dienste anfordern und ihm ebenso Dienste zur Verfügung stellen.

Ein Beispiel für den Peer-zu-Peer-Architekturstil ist eine Datenbank, die sowohl Anfragen von der Anwendung entgegennimmt als auch die Anwendung informiert, wenn sich Daten verändert haben (Abbildung 6.20). Peer-zu-Peer-Systeme sind schwieriger zu entwerfen als Klient-/Anbieter-Systeme, da sie die Möglichkeit von Verklemmungen bergen und der Kontrollfluss im Allgemeinen komplizierter ist. Beispielsweise kann der DBUser-Partner anwendung1 in Abbildung 6.20 dem DBMS-Partner datenbank sagen, welche Operation bei einer Änderungsbenachrichtigung im DBUser-Partner anwendung1 aufgerufen werden soll. Peer-zu-Peer-Systeme, bei denen der „Anbieter"-Peer den „Klienten"-Peer nur mittels Rückruf (callback) aufruft, werden häufig als Klient-/Anbieter-Systeme bezeichnet, obwohl dies ungenau ist, da der „Anbieter" auch den Kontrollfluss initiieren kann.

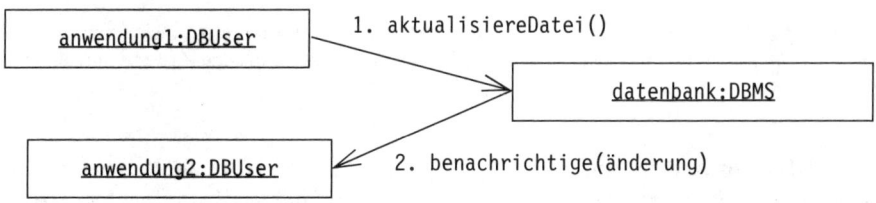

Abbildung 6.20: Beispiel für einen Peer-zu-Peer-Architekturstil (UML-Kollaborationsdiagramm). Der Datenbank-Knoten kann sowohl Anfragen von Anwendungen als auch Benachrichtigungen an Anwendungen bearbeiten.

Drei-Säulen

Eine **Säule** ist eine Schicht, die in einem separaten Adressraum – d.h. einen vom Betriebssystem verwalteten Prozess – realisiert wird. Der **Drei-Säulen-Architekturstil**[2] gliedert Subsysteme in drei Säulen (Abbildung 6.21):

- Die Säule *Schnittstelle* beinhaltet alle Grenzobjekte, die mit dem Benutzer zu tun haben, inklusive Fenster, Formulare, Webseiten und so weiter.

- Die Säule *Anwendungslogik* enthält alle Entitäts- und Steuerungsobjekte, die von der Anwendung benötigt werden, um Bearbeitungen, Regelüberprüfungen und Benachrichtigungen umzusetzen.

- Die Säule *Speicher* realisiert das Speichern, Wiederherstellen und Abfragen von persistenten Objekten.

Der Drei-Säulen-Architekturstil wurde zunächst 1970 bei der Modellierung von Informationssystemen benutzt. Die Speicher-Schicht, ein Gegenstück zum Depot-Subsystem im Depot-Architekturstil, kann von mehreren unterschiedlichen Anwendungen, die dieselben Daten bearbeiten, gleichzeitig genutzt werden. Die Trennung in Schnittstellen-Säule und Anwendungslogik-Säule wiederum ermöglicht die Entwicklung oder Modifizierung unterschiedlicher Benutzerschnittstellen für dieselbe Anwendungslogik.

---

[2] Übersetzung des englischen Begriffs „three-tier-architectural style". Eine 3-Säulen-Architektur wird also immer auf drei Adressräume abgebildet. Eine 3-Schichten-Architektur ist allgemeiner, denn ihre Schichten können auch in einen einzelnen Adressraum zusammengefasst werden.

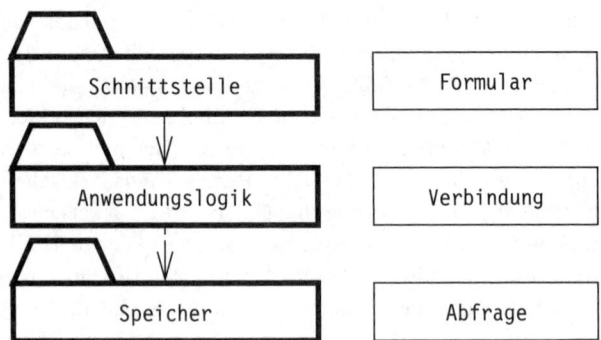

Abbildung 6.21: Drei-Schichten-Architekturstil (UML-Klassendiagramm). Objekte sind in drei Schichten organisiert, die die Benutzerschnittstelle, die Verarbeitung und das Speichern realisieren.

Vier-Säulen

Der **Vier-Säulen-Architekturstil** ist die Verallgemeinerung der Drei-Säulen-Architektur, bei der die Schnittstellen-Säule in zwei weitere Säulen, die Präsentation Anfrage-Säule und in die Präsentation Anbieter-Säule, weiter zerlegt wird (siehe Abbildung 6.22). Die Präsentation Anfrage-Säule ist im Allgemeinen auf den Benutzermaschinen angesiedelt, wohingegen sich die Präsentation Anbieter-Säule auf einem oder mehreren Server-Knoten befindet. Die Vier-Säulen-Architektur ermöglicht eine große Auswahl an verschiedenen Präsentationsstilen in den Anwendungen, wobei einige der Grenzobjekte quer durch alle Anwendungen wiederverwendet werden. So kann beispielsweise ein Informationssystem im Bankgewerbe verschiedene Anwendungen enthalten, wie zum Beispiel eine Webseitenbetrachter-Schnittstelle für Benutzer zuhause, eine Anwendung für einen Geldautomaten und eine spezielle Anwendung für Bankangestellte. Formulare, die von allen drei Anwendungen benutzt werden, können in der Präsentation Anbieter-Säule definiert und bearbeitet werden, wodurch Redundanzen unter den *Anwendungen* beseitigt werden.

Leitung und Filter

Im **Leitung-und-Filter-Architekturstil**[3] (Abbildung 6.23) bearbeiten Subsysteme Daten, die sie von einer Reihe von Eingaben empfangen haben, und senden die Ergebnisse über einen Satz von Ausgaben an andere Subsysteme. Die Subsysteme werden „Filter" genannt und die Verbindungen zwischen den Subsystemen „Leitungen". Jeder Filter kennt nur den Inhalt und das Format der Daten, die von der Eingangsleitung kommen, aber nicht die Filter, die sie erzeugt haben. Filter können gleichzeitig ausgeführt werden, wobei die Synchronisation über die Leitung erreicht wird. Der Leitung-und-Filter-Architekturstil erlaubt sehr flexible Systemzerlegungen: Filter können durch andere ersetzt oder rekonfiguriert werden, um einen anderen Zweck zu erfüllen.

---

[3] Im Englischen „pipes-and-filters" genannt.

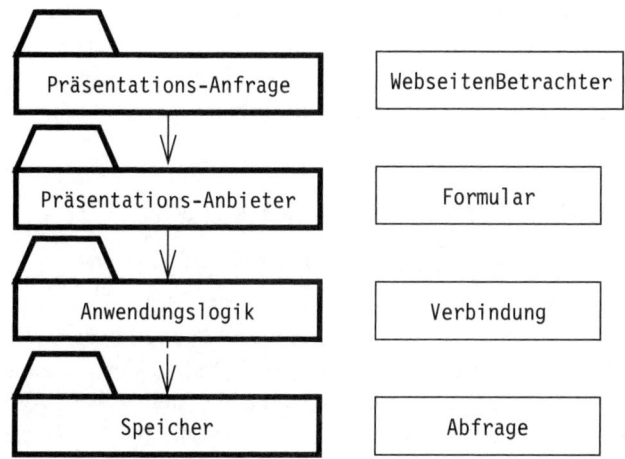

Abbildung 6.22: Vier-Säulen-Architekturstil (UML-Klassendiagramm). Die Schnittstellen-Säule des Drei-Säule-Stils wird in zwei Säulen geteilt, um eine größere Variabilität an der Benutzerschnittstelle zu ermöglichen.

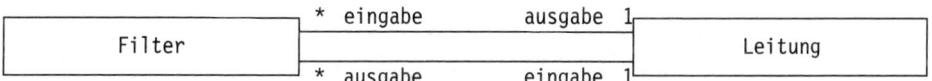

Abbildung 6.23: Leitung-und-Filter-Architekturstil (UML-Klassendiagramm). Ein Filter kann viele Eingaben und Ausgaben haben. Eine Leitung verbindet eine der Ausgaben eines Filters mit einer Eingabe eines anderen Filters.

Das wohl bekannteste Beispiel für den Leitung-und-Filter-Architekturstil ist die Unix-Shell [Ritchie & Thompson, 1974]. Die meisten Filter werden so erstellt, dass sie ihre Eingabe von der Standardeingabe lesen und ihre Ergebnisse auf die Standardausgabe schreiben. Das ermöglicht es einem Unix-Benutzer, die Filter auf verschiedenste Art zu kombinieren. Abbildung 6.24 zeigt ein Beispiel, das aus vier Filtern besteht. Die Ausgabe des Filters ps auxwww (Prozess-Status) wird in den Filter grep dutoit (Suche nach einem Muster) eingegeben, was den Effekt hat, dass alle Prozesse, die nicht dem speziellen Benutzer dutoit zugeschrieben werden können, ausgefiltert werden. Die Ausgabe von grep (d.h. die Prozesse des Benutzers) wird dann mit Hilfe von sort sortiert und an more gesendet, einen Filter, der seine Eingabe auf einem Terminal-Bildschirm anzeigt.

```
% ps auxwww | grep dutoit | sort | more
dutoit   19737  0.2  1.6  1908  1500  pts/6    0  15:24:36  0:00 -tcsh
dutoit   19858  0.2  0.7   816   580  pts/6    S  15:38:46  0:00 grep dutoit
dutoit   19859  0.2  0.6   812   540  pts/6    0  15:38:47  0:00 sort
```

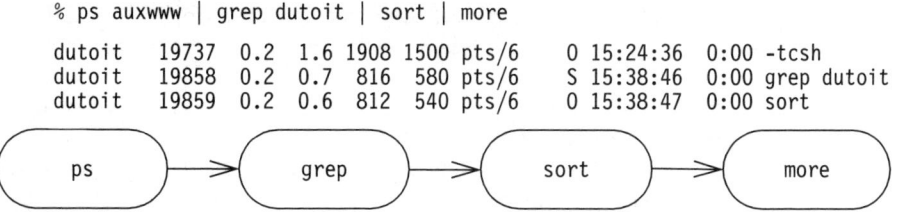

Abbildung 6.24: Unix-Kommandostruktur als Beispiel für das Leitung-und-Filter-Stil (UML-Aktivitätsdiagramm)

Leitung-und-Filter-Stile sind besonders für Systeme geeignet, die Transformationen auf Datenströme durchführen, ohne dabei das Eingreifen eines Benutzers zu erfordern. Sie sind weniger gut für Systeme geeignet, die komplexere Interaktionen zwischen Komponenten erfordern, wie Informationsmanagementsysteme oder interaktive Systeme.

6.4   Systementwurfsaktivitäten: Von Objekten zu Subsystemen

Der Systementwurf besteht darin, das Analysemodell in ein Entwurfsmodell zu transformieren, und zwar unter Berücksichtigung aller nichtfunktionalen Anforderungen, die im Anforderungsanalyse-Dokument beschrieben sind. Wir stellen diese Aktivitäten anhand eines Beispielsystems MeineReise dar, einem Routenplaner für Autofahrer. Wir beginnen dabei mit dem Analysemodell von MeineReise (Abschnitt 6.4.1); dann zeigen wir, wie man die Entwurfsziele identifiziert (Abschnitt 6.4.2) und erarbeiten die Systemzerlegung (Abschnitt 6.4.3).

6.4.1   Ausgangspunkt: Analysemodell für einen Routenplaner

Mit Hilfe von MeineReise kann ein Autofahrer seine Reise zuhause am Rechner planen, indem er einen entsprechenden Reiseplanungsdienst bei einem Anbieter im Internet aufruft (PlaneReise in Abbildung 6.25). Die Reise wird für einen späteren Wiederaufruf beim Anbieter gespeichert. Der Reiseplanungsdienst kann von mehr als nur einem Fahrer aufgerufen werden.

Anwendungs-fallname	PlaneReise
Ereignisfluss	1. Der Fahrer startet seinen Rechner und meldet sich beim Internetdienst für Reiseplanung an.
	2. Der Fahrer gibt die nötigen Bedingungen für seine Reise als Abfolge von Bestimmungsorten an.
	3. Basierend auf einer Kartendatenbank berechnet der Planungsdienst die kürzeste Strecke für das Aufsuchen der angegebenen Ziele in der vorgegebenen Abfolge. Das Ergebnis ist eine Abfolge von Teilabschnitten, die eine Reihe von Kreuzungen und eine Liste von Richtungen verbindet.
	4. Der Fahrer kann die Reise durch Hinzufügen oder Entfernen von Bestimmungsorten überarbeiten.
	5. Der Fahrer speichert die geplante Reise für spätere Abfragen in der Planungsdienstdatenbank.

Abbildung 6.25: PlaneReise-Anwendungsfall im MeineReise-System

Der Fahrer kann dann in sein Auto steigen und die Reise beginnen, während ihm der Bord-Rechner Wegbeschreibungen liefert, die auf der Reiseinformation des Planungsdienstes und der gegenwärtigen Position des Autos beruhen, die von seinem GPS-System ermittelt wird (TätigeReise in Abbildung 6.26).

Anwendungs-fallname	TätigeReise
Ereignisfluss	1. Der Fahrer startet den Wagen und meldet sich beim RoutenAssistenten.
	2. Nach erfolgreicher Anmeldung ruft der Fahrer den PlanungsDienst auf und nennt den Namen der geplanten Reise.
	3. Der RoutenAssistent erhält vom PlanungsDienst die Liste der Bestimmungsorte, Richtungen, Abschnitte und Kreuzungen.
	4. Nach Ermittlung der gegenwärtigen Position liefert der RoutenAssistent dem Fahrer Angaben zum Richtungsverlauf.
	5. Der Fahrer kommt am Bestimmungsort an und beendet die Anwendung.

Abbildung 6.26: TätigeReise-Anwendungsfall für das MeineReise-System

Wir führen die Analyse des MeineReise-Systems durch, indem wir die in Kapitel 5, *Analyse*, beschriebenen Techniken anwenden, und erhalten das Modell in Abbildung 6.27.

Zusätzlich spezifizierte der Kunde die folgenden nichtfunktionalen Anforderungen für MeineReise:

Nichtfunktionale Anforderungen für MeineReise

1. MeineReise steht mit dem PlanungsDienst über ein drahtloses Modem in Verbindung. Es wird davon ausgegangen, dass das Modem am Ausgangspunkt der Reise einwandfrei funktioniert.
2. Sobald die Reise angefangen hat, sollte MeineReise korrekte Richtungsangaben machen, selbst wenn das Modem die Verbindung mit dem PlanungsDienst nicht aufrechterhalten kann.
3. MeineReise sollte die Verbindungszeit minimieren, um Betriebskosten zu sparen.
4. Eine Neuplanung der Route ist nur möglich, wenn eine Verbindung zum PlanungsDienst herstellbar ist.
5. Der PlanungsDienst kann mindestens 50 unterschiedliche Fahrer und 1.000 Reisen unterstützen.

6.4.2   Identifizieren von Entwurfszielen

Die Definition von Entwurfszielen ist der erste Schritt beim Systementwurf. Dadurch werden die Eigenschaften, auf die sich unser System konzentrieren sollte, identifiziert. Viele Entwurfsziele können aus den nichtfunktionalen Anforderungen oder von der Anwendungsdomäne erschlossen werden. Andere müssen mit dem Kunden besprochen werden. Es ist notwendig, sie explizit aufzuschreiben, damit jede wichtige Entwurfsentscheidung nach denselben Kriterien getroffen werden kann.

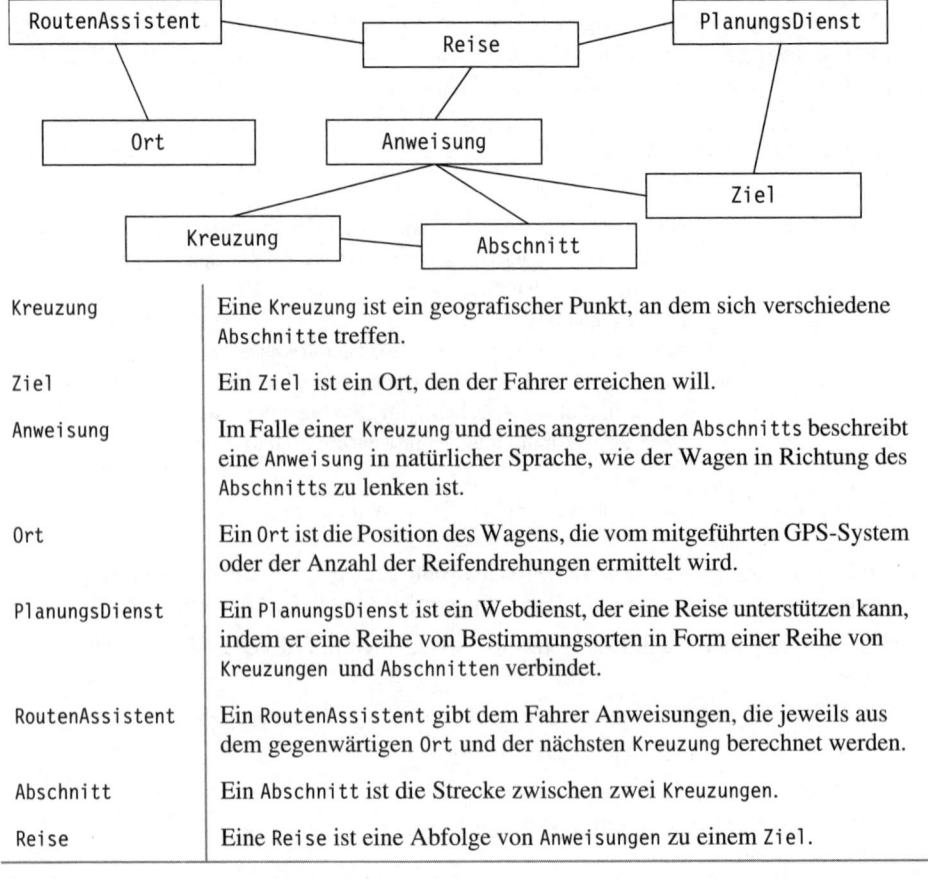

Kreuzung	Eine Kreuzung ist ein geografischer Punkt, an dem sich verschiedene Abschnitte treffen.
Ziel	Ein Ziel ist ein Ort, den der Fahrer erreichen will.
Anweisung	Im Falle einer Kreuzung und eines angrenzenden Abschnitts beschreibt eine Anweisung in natürlicher Sprache, wie der Wagen in Richtung des Abschnitts zu lenken ist.
Ort	Ein Ort ist die Position des Wagens, die vom mitgeführten GPS-System oder der Anzahl der Reifendrehungen ermittelt wird.
PlanungsDienst	Ein PlanungsDienst ist ein Webdienst, der eine Reise unterstützen kann, indem er eine Reihe von Bestimmungsorten in Form einer Reihe von Kreuzungen und Abschnitten verbindet.
RoutenAssistent	Ein RoutenAssistent gibt dem Fahrer Anweisungen, die jeweils aus dem gegenwärtigen Ort und der nächsten Kreuzung berechnet werden.
Abschnitt	Ein Abschnitt ist die Strecke zwischen zwei Kreuzungen.
Reise	Eine Reise ist eine Abfolge von Anweisungen zu einem Ziel.

Abbildung 6.27:   Analysemodell für die MeineReise-Routenplanung und -ausführung.

Die in Abschnitt 6.4.1 beschriebenen nichtfunktionalen Anforderungen von MeineReise führen beispielsweise *zur Identifikation der Entwurfsziele Zuverlässigkeit* und *Fehlertoleranz bei Verbindungsabbruch*. Des Weiteren identifizieren wir *Datensicherheit* als Entwurfsziel, da viele Fahrer auf denselben Reiseplanungsdienst zugreifen werden. Wir fügen außerdem *Modifizierbarkeit* als Entwurfsziel hinzu, da wir den Fahrern die Möglichkeit bieten wollen, ein Reiseplanungssystem ihrer Wahl zu verwenden. Damit haben wir folgende Entwicklungsziele identifiziert:

Entwurfsziele für MeineReise

- **Zuverlässigkeit:** MeineReise sollte zuverlässig sein [Verallgemeinerung der nicht-funktionalen Anforderung 2].
- **Fehlertoleranz:** MeineReise sollte tolerant gegenüber Verbindungsabbrüchen mit dem Routenservice sein [Umformulierung der nichtfunktionalen Anforderung 2].
- **Datensicherheit:** MeineReise sollte zugriffssicher sein, d.h. auf die Reiseziele eines Fahrers kann von anderen Fahrer oder unautorisierten Benutzern nicht zugegriffen werden [abgeleitet von der Anwendungsdomäne].
- **Modifizierbarkeit:** MeineReise sollte modifizierbar sein, um die Benutzung unterschiedlicher Routendienste zu erlauben [Vorwegnahme von Änderungen durch den Entwickler].

Im Allgemeinen wählen wir Entwicklungsziele nach einer Reihe von möglichen Entwurfskriterien aus, wobei diese Kriterien in fünf Gruppen unterteilt sind: *Leistungs-, Verlässlichkeits-, Kosten-, Wartungs-* und *Endbenutzerkriterien.* Leistungs-, Verlässlichkeits- und Endbenutzerkriterien werden meistens in den Anforderungen spezifiziert oder von der Anwendungsdomäne abgeleitet. Kosten- und Wartungskriterien werden in der Regel vom Kunden vorgegeben.

Leistungskriterien (Tabelle 6.2) beinhalten die Geschwindigkeits- und Platzanforderungen, die an ein System gestellt werden. Soll das System gut reagieren oder soll es die maximale Anzahl an Anfragen bewältigen? Können wir Arbeitsspeicher großzügig für eine optimale Geschwindigkeit einsetzen oder soll Speicher sparsam verwendet werden?

Entwurfskriterium	Definition
Antwortzeit	Die Zeit, die zwischen dem Stellen einer Benutzeranfrage und deren Bestätigung vergeht
Datendurchsatz	Die Anzahl an Aufgaben, die ein System innerhalb eines festgelegten Zeitraums bewältigen kann
Speicher	Der vom System benötigte Speicherplatz

Tabelle 6.2: Leistungskriterien

Verlässlichkeitskriterien (Tabelle 6.3) bestimmen, wie viel Aufwand in das Minimieren von Systemzusammenbrüchen und die daraus resultierenden Folgen investiert werden soll. Wie oft darf ein System zusammenbrechen? Wie verfügbar soll das System für den Benutzer sein? Soll das System Fehler oder fehlerhafte Zustände tolerieren? Liegen Sicherheitsrisiken in der Systemumgebung vor? Sind Sicherheitsprobleme bei Systemzusammenbrüchen möglich?

Entwurfskriterium	Definition
Robustheit	Die Fähigkeit, ungültige Benutzereingaben zu überstehen
Zuverlässigkeit	Der Unterschied zwischen vorgeschriebenem und beobachtetem Verhalten
Verfügbarkeit	Der Prozentsatz an Zeit, in der das System verwendet werden kann, um normale Aufgaben zu erledigen
Fehlertoleranz	Die Fähigkeit, unter fehlerhaften Bedingungen zu arbeiten
Schutz	Die Fähigkeit, feindlichen Angriffen standzuhalten
Sicherheit	Die Fähigkeit, die Gefährdung menschlichen Lebens zu vermeiden, selbst beim Auftreten von Fehlern und Zusammenbrüchen

Tabelle 6.3: Verlässlichkeitskriterien

Kostenkriterien (Tabelle 6.4) sind die Kosten für die Entwicklung, den Einsatz und die Verwaltung des Systems. Zu beachten ist, dass dies nicht nur Entwurfskosten, sondern auch administrative Kosten umfasst. Wenn das System ein älteres ersetzt, müssen die Kosten für die Rückwärtskompatibilität mit der älteren Version oder für den Wechsel auf das neue System berücksichtigt werden. Zielkonflikte zwischen verschiedenen Kosten wie z.B. Entwicklungskosten, Schulungskosten für Endbenutzer, Kosten für den Systemwechsel und Wartungskosten sind auch zu beachten. Rückwärtskompatibilität mit einem Vorgängersystem kann beispielsweise erhöhte Entwicklungskosten verursachen, aber die Kosten für den Systemwechsel reduzieren.

Entwurfskriterium	Definition
Entwicklungskosten	Kosten für die Entwicklung des ersten Systems
Aufstellungskosten	Kosten für die Installierung des Systems und Benutzerschulungen
Umrüstungskosten	Kosten für die Migration von Daten aus dem Vorgängersystem. Dieses Kriterium resultiert in der Anforderung nach Rückwärtskompatibilität.
Wartungskosten	Kosten zur Behebung von Fehlern und Systemverbesserungen
Verwaltungskosten	Kosten, die für die Verwaltung des Systems anfallen

Tabelle 6.4: Kostenkriterien

Wartungskriterien (Tabelle 6.5) ermitteln, wie schwierig es ist, das System nach seiner Aufstellung zu wechseln. Wie leicht ist es, neue Funktionalitäten hinzuzufügen oder bestehende abzuändern? Kann das System an eine andere Anwendungsdomäne angepasst werden? Wie aufwendig ist es, das System auf eine andere Plattform zu portieren? Diese Kriterien sind schwer zu optimieren und zu planen, da selten vorhersehbar ist, wie erfolgreich ein Projekt sein wird und wie lange das System im Einsatz bleiben wird.

Entwurfskriterium	Definition
Erweiterbarkeit	Wie einfach kann man neue Funktionalitäten oder Klassen hinzufügen?
Modifizierbarkeit	Wie leicht ist es, die Funktionalität des Systems zu ändern?
Anpassungsfähigkeit	Wie leicht ist das System auf andere Anwendungsdomänen zu portieren?
Portierbarkeit	Wie leicht ist das System auf andere Plattformen zu portieren?
Lesbarkeit	Wie verständlich wird das System durch das Lesen des Codes?
Rückverfolgbarkeit der Anforderungen	Wie leicht ist es, Code auf spezifische nichtfunktionale Anforderungen zurückzuführen?

Tabelle 6.5: Wartungskriterien

Endbenutzerkriterien (Tabelle 6.6) beinhalten Eigenschaften, die aus Benutzersicht wünschenswert wären, aber noch nicht durch die Leistungs- und Verlässlichkeitskriterien abgedeckt sind. Ist die Software schwer zu bedienen und zu erlernen? Kann der Benutzer nötige Aufgaben mit dem System erledigen? Oftmals erhalten diese Kriterien wenig Aufmerksamkeit, besonders dann, wenn der Kunde, der das System vertraglich vereinbart, nicht der Benutzer ist.

Entwurfskriterium	Definition
Nützlichkeit	Wie gut unterstützt das System die Arbeit des Benutzers?
Nutzbarkeit	Wie einfach ist es für den Benutzer, das System zu bedienen?

Tabelle 6.6: Endbenutzerkriterien

Bei der Definition der Entwurfsziele kann nur ein kleiner Teil dieser Kriterien gleichzeitig berücksichtigt werden. Es ist beispielsweise unrealistisch, Software zu entwickeln, die sicher, zuverlässig und billig ist. Normalerweise müssen Entwickler bei den Entwurfszielen Prioritäten setzen und sie gegeneinander abwägen, ebenso wie gegen die Ziele des Managements, falls das Projekt hinter den Zeitplan zurückfällt oder über den veranschlagten Kosten liegt. Ziele des Managements können zum Beispiel gegen technische Ziele abgewogen werden (etwa Lieferzeit gegen Funktionalität). Tabelle 6.7 listet verschiedene solcher Priorisierungen auf.

Sobald eine klare Vorstellung von den Entwurfszielen herrscht, kann man mit der Systemzerlegung anfangen.

Abstriche	Begründung
Platz gegen Geschwindigkeit	Erfüllt die Software nicht die erforderlichen Antwortzeit- oder die entsprechenden Datendurchsatzanforderungen, dann kann mehr Speicher die Geschwindigkeit der Software erhöhen (z.B. puffern, mehr Redundanzen). Erfüllt sie nicht die vorgegebene Speichereinschränkungen, dann können Daten auf Kosten der Geschwindigkeit komprimiert werden.
Lieferzeit gegen Funktionalität	Liegt die Entwicklung hinter dem Zeitplan, kann der Projektmanager entweder zum vereinbarten Termin weniger Funktionalität abliefern, als vereinbart oder aber er liefert die gesamte Funktionalität zu einem späteren Termin. Bei Vertragssoftware wird meist mehr Wert auf die Funktionalität gelegt, wohingegen bei Standard-Softwareprojekten die Gewichtung auf dem Liefertermin liegt.
Lieferzeit gegen Qualität	Liegt das Testen der Software hinter dem Zeitplan, kann der Projektmanager die Software entweder mit bekannten Mängeln zum vereinbarten Termin liefern (und möglicherweise ein Korrekturprogramm nachliefern, das die schwerwiegenderen Fehler behebt) oder die Software später liefern, dafür jedoch mit weniger Fehlern.
Lieferzeit gegen Stellenbesetzung	Liegt die Entwicklung hinter dem Zeitplan, dann kann der Projektmanager dem Projekt weitere Betriebsmittel hinzufügen, um die Produktivität zu steigern. In den meisten Fällen ist dies nur zu einem frühen Zeitpunkt des Projekts möglich: Zusätzliche Betriebsmittel verringern für gewöhnlich die Produktivität während der Einarbeitungszeit von neuem Personal. Überdies erhöhen zusätzliche Betriebsmittel die Entwicklungskosten.

Tabelle 6.7: Beispiele für Abstriche beim Entwurfsziel

6.4.3   Identifizierung von Subsystemen

Das Entdecken von Subsystemen während des Systementwurfs ist ähnlich dem Entdecken von Objekten während der Analyse. Aus diesem Grund können einige der Objektidentifizierungstechniken wie zum Beispiel Abbotts Heuristiken, die wir in Kapitel 5, *Analyse*, beschrieben haben, auch auf die Identifizierung von Subsystemen angewendet werden. Zudem wird die Systemzerlegung ständig revidiert, sobald neue Fragestellungen aufkommen: Mehrere Subsysteme verschmelzen dann zu einem Subsystem, ein komplexes Subsystem wird in kleinere Bestandteile zerlegt, einige Subsysteme werden hinzugefügt, um neue Funktionalitäten zu erfüllen. Die ersten Iterationen der Systemzerlegung führen oft zu drastischen Änderungen an dem Systementwurfsmodell, sodass sie am besten mit Brainstorming-Techniken durchgeführt werden.

Die Systemzerlegung wird idealerweise aus den funktionalen Anforderungen abgeleitet. Im MeineReise-System identifizierten wir beispielsweise zwei wichtige Gruppen von Klassen: solche, die am PlaneReise-Anwendungsfall teilhaben, und solche, die am TätigeReise-Anwendungsfall teilhaben. Die Klassen Reise, Richtung, Kreuzung, Abschnitt und Ziel werden von beiden Anwendungsfällen benutzt. Diese Gruppe von Klassen ist also eng gekoppelt, da sie immer als Ganzes benutzt wird, um eine Reise zu repräsentieren. Wir entschließen uns deshalb, diese mit dem PlanungsDienst an das PlanungsSubsystem zuzuweisen und den Rest der Klassen an das RoutenSubsystem (Abbildung 6.28). Die Systemzerlegung ist also ein Depot, in dem das PlanungsSubsystem für die zentrale Datenstruktur zuständig ist. Diese Zerlegung hat die Eigenschaft, dass nur eine einzige Assoziation des Objektmodells Subsystemgrenzen kreuzt.

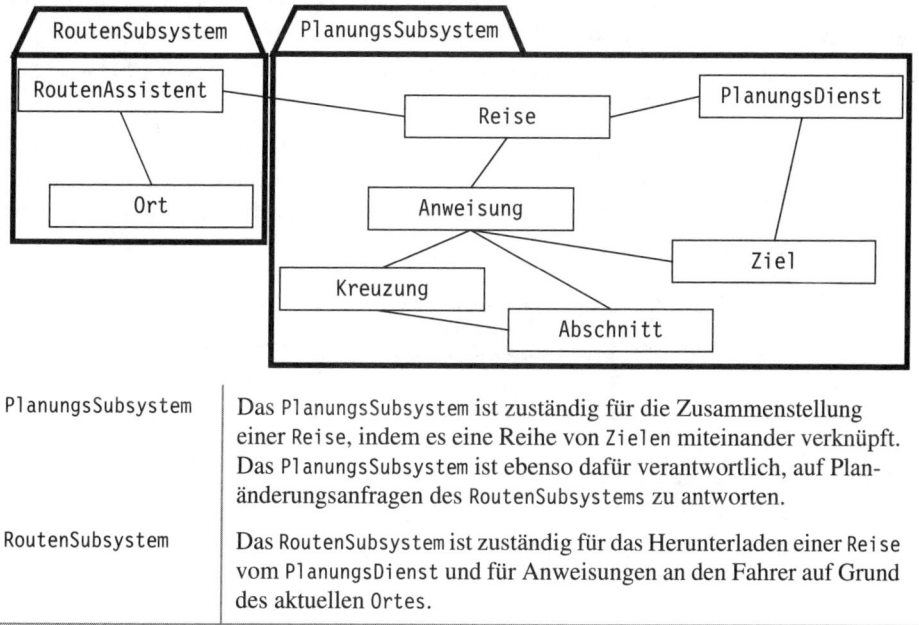

PlanungsSubsystem	Das PlanungsSubsystem ist zuständig für die Zusammenstellung einer Reise, indem es eine Reihe von Zielen miteinander verknüpft. Das PlanungsSubsystem ist ebenso dafür verantwortlich, auf Planänderungsanfragen des RoutenSubsystems zu antworten.
RoutenSubsystem	Das RoutenSubsystem ist zuständig für das Herunterladen einer Reise vom PlanungsDienst und für Anweisungen an den Fahrer auf Grund des aktuellen Ortes.

Abbildung 6.28: Erste Systemzerlegung für MeineReise (UML-Klassendiagramm)

Eine andere Heuristik für die Subsystemidentifizierung besteht darin, funktional verbundene Objekte zusammenzuhalten. Wir können zum Beispiel alle partizipierenden Objekte, die in den Anwendungsfällen identifiziert wurden, den jeweiligen Subsystemen zuweisen. Manche Objekte werden von mehreren Subsystemen gemeinsam benutzt oder für kommunikative Informationen zwischen Subsystemen verwendet. Wir können entweder ein neues Subsystem erzeugen und die Objekte dort unterbringen oder sie dem Subsystem zuweisen, das diese Objekte erstellt.

Heuristiken für die Gruppierung von Objekten in Subsystemen

- Die in einem Anwendungsfall identifizierten Objekte sollten zu demselben Subsystem gehören.
- Objekte, die für das Verschieben von Daten zwischen Subsystemen verwendet werden, sollten in einem separaten Subsystem untergebracht werden.
- Assoziationen, die Subsystemgrenzen überschreiten, sollten minimiert werden.
- Alle Objekte innerhalb eines Subsystems sollten funktional verbunden sein.

Kapselung von Subsystemen mit dem Fassadenmuster

Eine gute Systemzerlegung reduziert die Komplexität der Lösungsdomäne, indem sie die Kopplung zwischen Subsystemen minimiert. Das **Fassadenmuster** (siehe Appendix A.6) gestattet es, weitere Abhängigkeiten zwischen den Klassen zu reduzieren, indem es ein Subsystem mit einer einfachen, einheitlichen Schnittstelle kapselt. In Abbildung 6.29 beispielsweise ist die Übersetzer-Klasse eine Fassade, die die Klassen CodeGenerierer, Optimierer, SyntaxKnoten, Syntaktische Analyse und Lexikalische Analyse verbirgt. Die Fassade gewährt nur Zugriff zu den vom Subsystem angebotenen öffentlichen Diensten und verbirgt alle anderen Details, wodurch Kopplungen zwischen den Subsystemen wirksam vermindert werden.

Subsysteme, die während der ersten Systemzerlegung identifiziert werden, ergeben sich oftmals aus der Gruppierung verschiedener, sich funktionell nahe stehender Klassen. Diese Subsysteme sind gute Kandidaten für das Fassadenmuster und sollten von einer Klasse gekapselt werden.

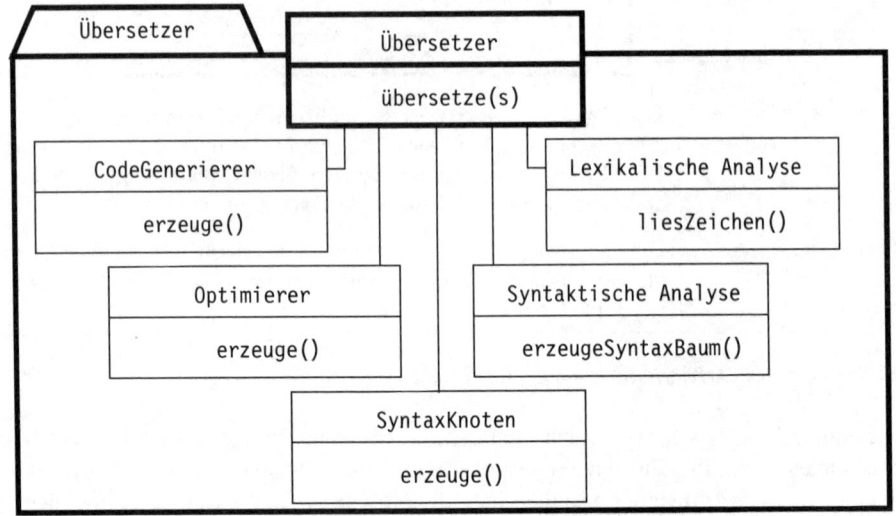

Abbildung 6.29: Anwendung des Fassadenmusters zur Reduktion der Komplexität eines Systems (UML-Klassendiagramm)

Weiterführende Literatur

Softwarearchitektur als Disziplin nahm historisch gesehen ihren Anfang mit den Arbeiten von Dijkstra und Parnas, die darauf hinwiesen, dass die Struktur eines Softwaresystems ebenso entscheidend ist wie seine Fähigkeit, fehlerfreie Resultate zu erzeugen. Dijkstra stellte das Konzept der Schichtung vor und beschrieb seine Anwendung beim Entwurf des Betriebssystems T.H.E. [Dijkstra, 1968]. Parnas führte das Geheimnisprinzip für Informationen ein und erörterte die Kriterien, die bei der Zerlegung eines Systems in Subsysteme angewendet werden sollten [Parnas, 1972].

Die *strukturierte Entwurfs*methode von Yourdon und Constantine [Yourdon & führte dann die Konzepte der Kohäsion und der Koppelung beim Entwurf einer Softwarearchitektur ein.

Obwohl die Notwendigkeit für eine gute Softwarearchitektur und ihre Vorteile seitdem bekannt sind, entwickelt sich das Feld der Softwarearchitektur immer noch. Die größten Hürden waren bislang das Fehlen einer gemeinsame Sprache, um Architekturen zu beschreiben, und der Mangel an Analysemethoden, um Architekturen zu vergleichen und vorherzusehen, ob sie die spezifizierten Anforderungen eines Systems erfüllen.

Software Architecture: Perspectives on an Emerging Discipline [Shaw & Garlan, 1996] und *Pattern-Oriented Software Architecture* [Buschmann et al., 1996] sind die ersten, viel zitierten systematischen Bemühungen, einen Katalog an Architekturen bereitzustellen. Shaw und Garlan führten das Konzept der Stile bei Softwarearchitekturen ein; Buschmann et al. verwendeten Architekturmuster als Beschreibungssprache.

In den neunziger Jahren kamen Fallstudien in der Produktlinienentwicklung auf, die konkrete Beispiele über die Vorteile der Wiederverwendung von Softwarearchitektur lieferten – und zwar nicht nur aus technischer Sicht (Wiederverwendung von Entwurfsentscheidungen über Struktur und Komponenten), sondern auch aus Sicht der Manager (Wiederverwendung von Organisations- und Kommunikationsmethoden). Insbesondere das Software Engineering Institute der Carnegie Mellon University hat umfangreiches Material zu Softwarearchitektur und Produktionslinien gesammelt, gepflegt und entwickelt. Beispielsweise beschreiben *Software Architecture in Practice* [Bass et al., 1999] und *Evaluating Software Architectures* [Clements et al., 2002] Methoden und Fallstudien für die Auswahl und Bewertung von Softwarearchitekturen.

In diesem Zusammenhang lesenswert ist auch das Buch *Applied Software Architecture* [Hofmeister, 2000], das sich auf praktische Industrieanwendungen von Softwarearchitekturen konzentriert.

Übungen

6.1   Die Systemzerlegung reduziert die Komplexität, mit der Entwickler umzugehen haben, indem ein System in einfachere Bestandteile zerlegt wird. Die Zerlegung eines Systems in einfachere Bestandteile erhöht für gewöhnlich jedoch eine andere Art von Komplexität: Einfachere Bestandteile bedeuten mehr Bestandteile und somit mehr Schnittstellen. Wenn Kohäsion das Leitmotiv für Entwickler ist, ein System in kleine Bestandteile zu zerlegen, was ist dann das konkurrierende Prinzip, das sie veranlasst, die Gesamtzahl an Bestandteilen gering zu halten?

6.2   In Abschnitt 6.4.2 unterteilten wir Entwurfsziele in fünf Kategorien: Leistung, Verläss-lichkeit, Kosten, Wartung und Endbenutzer. Weisen Sie den folgenden Entwurfszielen eine oder mehrere dieser Kategorien zu:
■   Benutzer müssen innerhalb einer Sekunde, nachdem sie einen Befehl eingegeben haben, eine Rückmeldung bekommen.

■ Der FahrkartenAutomat muss in der Lage sein, Fahrkarten auszugeben, auch wenn das Netzwerk ausfallen sollte.

■ Am Gehäuse des FahrkartenAutomaten müssen neue Tasten angebracht werden können, für den Fall, dass zusätzliche Fahrpreise eingeführt werden.

■ Der BankAutomat muss Wörterbuchattacken standhalten können (d.h. wenn Benutzer versuchen, systematisch eine Identifikationsnummer herauszufinden).

6.3   Sie entwickeln ein System, das seine Daten auf einem Unix-Dateisystem speichert. Sie erwarten, dass Sie künftige Versionen Ihres Systems auf andere Betriebssysteme portieren, die andere Dateisysteme verwenden. Schlagen Sie eine Systemzerlegung vor, die diese Änderung vorhersieht.

6.4   Übersetzer wurden früher mit Leitung-und-Filter-Architekturen entworfen, bei denen jede Übersetzerphase ihre Eingabe in eine Darstellung transformierte, die sie an die nächste Phase weitergab. Moderne Entwicklungsumgebungen – insbesondere interaktive Entwicklungsumgebungen mit Übersetzern, Syntax-orientierten Texteditoren und interaktiven Testhilfen – verwenden eine Depot-Architektur. Identifizieren Sie die Entwurfsziele, die diesen Wandel von der Leitung-und-Filterarchitektur zur Depot-Architektur bewirkt haben.

6.5   Betrachten Sie das in Abbildung 6.15 und in Abbildung 6.16 dargestellte Modell/Ansicht/Steuerungs-Beispiel:

     a. Zeichnen Sie das Kollaborationsdiagramm als Sequenzdiagramm.

     b. Diskutieren Sie, inwieweit die MVC-Architektur die folgenden Entwicklungsziele stützt oder verletzt:

       ■ Erweiterbarkeit (z.B. das Hinzufügen von neuen Sichten)

       ■ Antwortzeit (z.B. der Zeitraum von einer Benutzereingabe bis zu dem Moment, in dem alle Sichten auf dem neuesten Stand gebracht worden sind)

       ■ Modifizierbarkeit (z.B. das Hinzufügen neuer Attribute zum Modell)

       ■ Zugriffskontrollen (d.h. die Möglichkeit sicherzustellen, dass nur legitimierte Benutzer auf spezifische Bereiche des Modells zugreifen können).

6.6   Listen Sie Entwurfsziele auf, die mit einer geschlossenen Architektur mit vielen Schichten – zum Beispiel mit der OSI-Architektur in Abbildung 6.10 – nur schwer zu erreichen wären.

6.7   In vielen Architekturen, wie zum Beispiel bei den Drei- und Vier-Säulen-Architekturstilen (Abbildungen 6.21 und 6.22), befasst sich eine bestimmte Schicht mit dem Speichern von ständigen Objekten. Welche Entwurfsziele haben Ihrer Meinung nach zu dieser Entscheidung geführt?

Kapitel

7 Systementwurf: Realisierung der Entwurfsziele

Gut, schnell, billig. Suchen Sie sich zwei davon aus.

— *Alter Aphorismus der Softwaretechnik*

Während des Systementwurfs identifizieren wir die Entwurfsziele, zerlegen das System in Subsysteme und verfeinern die Systemzerlegung so lange, bis alle Entwurfsziele erreicht sind. Im vorherigen Kapitel beschrieben wir die Konzepte Entwurfsziele und Systemzerlegung. In diesem Kapitel stellen wir die Systementwurfsaktivitäten vor, um Entwurfsziele zu realisieren. Insbesondere untersuchen wir

- die *Auswahl von Komponenten*. Standardkomponenten und bereits existierende Komponenten aus Altsystemen sind oft eine ökonomischere Realisierung von spezifischen Subsystemen als Neuentwicklungen. Die Systemzerlegung muss an die Wahl dieser Komponenten angepasst werden.

- die *Abbildung der Subsysteme auf Hardware und Software*. Wird das System auf mehreren Knoten eingesetzt, werden zusätzliche Subsysteme benötigt, um Anforderungen hinsichtlich Zuverlässigkeit und Leistung erfüllen zu können.

- den *Entwurf einer persistenten Datenverwaltung*. Das Verwalten von Zuständen, die eine Ausführung des Systems überdauern, hat Auswirkungen auf die gesamte Systemleistung und führt zu der Identifizierung eines oder mehrerer Speichersubsysteme.

- die *Spezifizierung der Zugriffskontrolle*. Um gemeinsam benutzte Objekte zu schützen, muss der Zugriff auf sie kontrolliert werden. Die Zugriffskontrolle hat Auswirkungen darauf, wie Objekte innerhalb der Subsysteme verteilt werden.

- den *Entwurf des globalen Kontrollflusses*. Die Festlegung der Reihenfolge von Operationen beeinflusst die Schnittstellen der Subsysteme.

- die *Handhabung von Randbedingungen*. Sobald alle Komponenten und die Abbildung auf Hardware und Software identifiziert sind, kann die Reihenfolge bestimmt werden, in der die einzelnen Komponenten auf den Rechnern gestartet und beendet werden können.

Am Ende des Kapitels beschreiben wir Managementthemen im Zusammenhang mit dem Systementwurf, insbesondere Dokumentation, Verantwortlichkeiten und Kommunikationsprobleme, die beim Systementwurf auftreten.

7.1   Einleitung: Ein Beispiel für Redundanz

Redundanz im Rechnersystem des Spaceshuttle

Anders als bisherige Raumfahrzeuge wurde der Spaceshuttle als autonome Weltraumfähre entworfen, denn die mit ihm geplanten Raumfahrmissionen waren länger und die Besatzung größer als bei Apollo oder Gemini. Auch ging man davon aus, dass mehrere Missionen gleichzeitig im All sein würden. Folglich musste die Weltraumfähre in der Lage sein, mehrere Ausfälle zu akzeptieren, bevor es zu einem Abbruch kommt. Der Entwurf enthielt deshalb viele redundante Merkmale, insbesondere ein fehlertolerantes Rechnersystem, das für Lenkung, Navigation und Höhenmessung zuständig war.

Die Verwendung von Redundanzen in Rechnersystemen der Weltraumfahrt ist nicht neu. Die Saturn-Rakete, die das Apollo-Raumschiff startete, verwendete zum Beispiel dreifache modulare Redundanz für das Lenkungssystem, d.h. dass alle Komponenten waren dreifach im Rechner vorhanden. Ein einzelner Komponentenausfall wurde dadurch bemerkt, wenn die Komponente eine Ausgabe anders als die anderen beiden Komponenten berechnete. Eine Abstimmungskomponente verglich deshalb ständig die Ausgaben aller Komponenten und blendete einzelne Komponentenfehler aus. Ein derartiges Rechnersystem war sehr teuer in der Herstellung und konnte trotzdem nur einzelne lokale Fehler erkennen. Ein massives Problem wie beispielsweise die Explosion auf Apollo 13 konnte es nicht erkennen.

Die Skylab-Weltraumstation wählte einen anderen Ansatz: Die Rechnersysteme waren komplett dupliziert und an verschiedenen Enden der Station platziert. Sobald ein Rechner ausfiel, wurde der jeweils andere angeschaltet, um die Kontrolle zu übernehmen. Dieser Wechsel war relativ langsam.

Während für eine Weltraumstation solch ein langsamer Wechsel akzeptabel war (d.h. die Weltraumstation könnte etwas an Höhe verlieren, bevor ein kritischer Zustand erreicht würde), war dies für den Spaceshuttle, dessen Rechnersystem für Realzeit-Aufgaben wie Lenkung während des Starts und der Landung zuständig sein sollte, nicht duldbar.

Folglich benötigte die Weltraumfähre ein Rechnersystem, das – wie bei Skylab – auf Systemebene dupliziert war, bei dem allerdings beide Systeme simultan liefen und bei dem ein Wechsel – wie der Saturn-Rakete – in kürzester Zeit stattfinden könnte. Die ursprünglichen Anforderungen der NASA beinhalteten, dass die Fähre zwei aufeinander folgende Ausfälle zu meistern hätte, bevor eine Mission abgebrochen werden würde. Dies führte zu einem Systementwurf, bei dem auf fünf verschiedenen Rechnern dieselbe Software laufen sollte. Sollten zwei Rechner ausfallen, bildeten die drei übrigen ein dreifaches Redundanzsystem für die Landung. Sollte ein dritter Computer während des Landevorgangs ausfallen, würden die beiden verbleibenden noch immer ausreichen, um eine sichere Landung zu ermöglichen.

Aus Kostengründen beschloss die NASA später, die Anforderungen auf einen Ausfall vor Missionsabbruch herunterzuschrauben. Da die fünf Rechner bereits angeschafft und in den Entwurf eingeflossen waren, entstand aus dem fünften Rechner ein Reservesystem. Obwohl die vierfache Redundanz vor Hardwareausfällen schützt, liefert sie keine erhöhte Sicherheit bei Softwarefehlern, da alle vier Rechner dieselbe Software verwenden. Auf dem Reservesystem läuft jedoch eine vereinfachte Software, die lediglich in der Lage ist, die Weltraumfähre beim Start und bei der Landung zu lenken.

Das eben genannte Beispiel verdeutlicht, wie architektonische Entscheidungen während des Entwurfs eines komplexen Rechnersystems getroffen wurden. Während einige Entscheidungen historische Ursachen haben, sind die meisten aus den Entwurfszielen und den nichtfunktionalen Anforderungen entstanden. Der Umgang mit Entwurfszielen bei Softwaresystemen bringt andere Vorgehensweisen mit sich als bei einem Hardwaresystem wie zum Beispiel einer Raumfähre. Die Auswirkung jedoch ist ähnlich: Die Entwurfsziele beeinflussen die Systemzerlegung und führen zu Änderungen in der Systemzerlegung oder in den Schnittstellen. Ein Systementwurf ist beendet, wenn alle Entwurfsziele berücksichtigt worden sind.

Abschnitt 7.2 stellt die Aktivitäten des Systementwurfs für die Behandlung der Entwurfsziele aus der Vogelperspektive vor. Abschnitt 7.3 führt das Konzept des UML-Verteilungsdiagramms ein. Abschnitt 7.4 beschreibt Systementwurfsaktivitäten und verwendet ein Beispiel, wie diese zusammen benutzt werden können. Abschnitt 7.5 widmet sich einigen Managementthemen, die beim Systementwurf auftreten.

7.2   Überblick über Systementwurfsaktivitäten

Entwurfsziele lenken die Entscheidungen von Entwicklern, besonders dann, wenn Abstriche gemacht werden müssen. Entwickler zerlegen das System in gut zu bewältigende Teile, um die Komplexität zu reduzieren: Jedes Subsystem wird einer Arbeitsgruppe zugewiesen und unabhängig von anderen umgesetzt. Damit dies möglich wird, müssen die Entwickler bei der Systemzerlegung systemübergreifende Punkte beachten:

- *Hardware-/Softwareplattform:* Wie sieht die Hardwarekonfiguration des Systems aus? Welche Schnittstelle ist für welche Funktionalität zuständig? Wie wird die Kommunikation zwischen Knoten umgesetzt? Welche Dienste werden durch die Verwendung existierender Softwarekomponenten realisiert? Wie werden diese Komponenten gekapselt? Die Behandlung dieser Fragen führt oft zur Definition von *zusätzlichen dedizierten Subsystemen*, deren Zweck es ist, Daten von einem Knoten zum anderen zu schieben, Nebenläufigkeit zu ermöglichen und die Zuverlässigkeit zu erhöhen. Standardkomponenten – insbesondere Benutzerschnittstellen-Pakete und Datenbanksysteme – ermöglichen es Entwicklern, komplexe Dienste ökonomischer umzusetzen. Solche Standardkomponenten sollten jedoch gekapselt werden, um die Abhängigkeit von einem bestimmten Hersteller zu minimieren; ein konkurrierender Lieferant könnte später einmal ein besseres Produkt anbieten und die Option zu wechseln sollte daher offen gehalten werden.

- *Datenverwaltung:* Welche Daten sollen persistent sein? Wo sollten persistente Daten gespeichert werden? Wie wird auf diese zugegriffen? persistente Daten stellen aus verschiedenen Gründen einen Flaschenhals im System dar: Die meisten Funktionalitäten eines Systems sind an der Erstellung oder der Bearbeitung persistenter Daten beteiligt. Aus diesem Grund sollte der Datenzugriff schnell und zuverlässig sein. Ist der Datenabruf langsam, dann ist auch das ganze System langsam. Ist die Zerstörung von

Daten wahrscheinlich, dann ist auch ein kompletter Systemausfall wahrscheinlich. Diese Dinge müssen beständig auf Systemebene behandelt werden. Häufig führt dies zur Auswahl eines Datenbanksystems und eines *zusätzlichen Subsystem* eigens für die Verwaltung persistenter Daten.

- *Zugriffskontrolle:* Wer kann auf welche Daten zugreifen? Kann die Zugriffskontrolle dynamisch geändert werden? Wie wird Zugriffskontrolle spezifiziert und realisiert? Zugriffskontrolle und Sicherheit sind systemweite Themen, d.h. die Zugriffskontrolle muss für das gesamte System konsistent sein. Mit anderen Worten, die Richtlinien, die angewandt werden, um zu spezifizieren, wer auf ein System zugreifen kann und wer nicht, sollten auf *allen Subsystemen* gleich sein.

- *Globaler Kontrollfluss:* Wie sequentialisiert das System Arbeitsvorgänge? Ist das System ereignisgesteuert? Kann es mehr als nur eine Benutzerinteraktion gleichzeitig bearbeiten? Die Wahl des Kontrollflusses wirkt sich auf die Schnittstellen der Subsysteme aus. Wird ein ereignisgesteuerter Kontrollfluss ausgewählt, wird das Subsystem Ereignisroutinen bereitstellen. Werden Leichtgewichtsprozesse ausgewählt, dann muss von den Subsystemen in kritischen Sektionen gegenseitiger Ausschluss garantiert sein.

- *Randbedingungen:* Wie wird das System initialisiert? Wie wird es heruntergefahren? Wie werden Ausnahmefälle entdeckt und gehandhabt? Systemstart und -beendigung spiegeln oftmals viel von der Systemkomplexität wider, besonders in einer verteilten Umgebung. Systemstart, Systembeendigung und Handhabung von Ausnahmefällen beeinflussen die Schnittstellen *aller Subsysteme*.

Abbildung 7.1 zeigt die Aktivitäten des Systementwurfs. Jede Aktivität bezieht sich auf die Fragen, die wir oben beschrieben haben. Die Behandlung dieser Fragen kann zu Änderungen in der Systemzerlegung führen und zur Entstehung neuer Fragestellungen. Wie wir bei der Beschreibung dieser Aktivitäten sehen werden, ist Systementwurf sehr iterativ und endet zumeist in der Identifikation neuer Subsysteme, in der Änderung existierender Subsysteme sowie systemweiten Korrekturen, die sich auf alle Subsysteme auswirken.

7.3   Konzepte: UML-Verteilungsdiagramme

UML-Verteilungsdiagramme stellen die Beziehung zwischen Komponenten und Hardware-Knoten zur Laufzeit dar. Komponenten sind autarke Entitäten, die anderen Komponenten oder Akteuren Dienste zur Verfügung stellen. Ein Webserver beispielsweise ist eine Komponente, die einem Webseitenbetrachter Dienste zur Verfügung stellt. Ein Webseitenbetrachter wie zum Beispiel Safari ist eine Komponente, die einem Anwender Dienste zur Verfügung stellt. Ein verteiltes System kann aus vielen Komponenten, die zur Laufzeit miteinander interagieren, zusammengesetzt sein.

In UML-Verteilungsdiagrammen werden Hardware-Knoten durch Schachteln dargestellt, die Komponenten enthalten. Abhängigkeiten zwischen Komponenten werden mit gestrichelten Pfeilen dargestellt. Abbildung 7.2 zeigt ein Beispiel eines Verteilungsdiagramms,

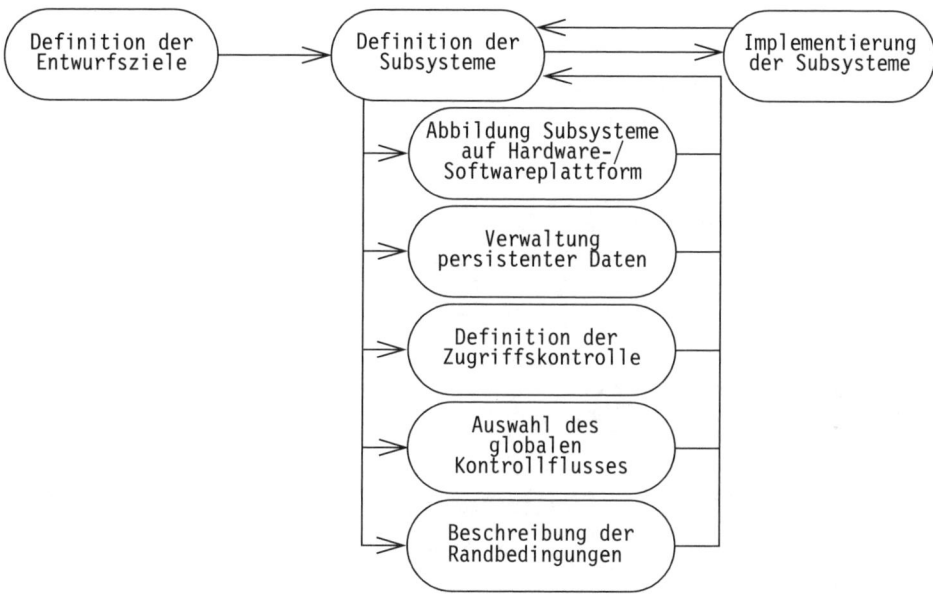

Abbildung 7.1: Die wichtigsten Aktivitäten des Systementwurfs (UML-Aktivitätsdiagramm)

das zwei Webseitenbetrachter veranschaulicht, die auf einen Webserver zugreifen. Der Webserver wiederum greift auf Daten eines Datenbanksystems zu. Wie wir in dem Abhängigkeitsdiagramm sehen, greifen die Webseitenbetrachter niemals direkt auf die Datenbank zu.

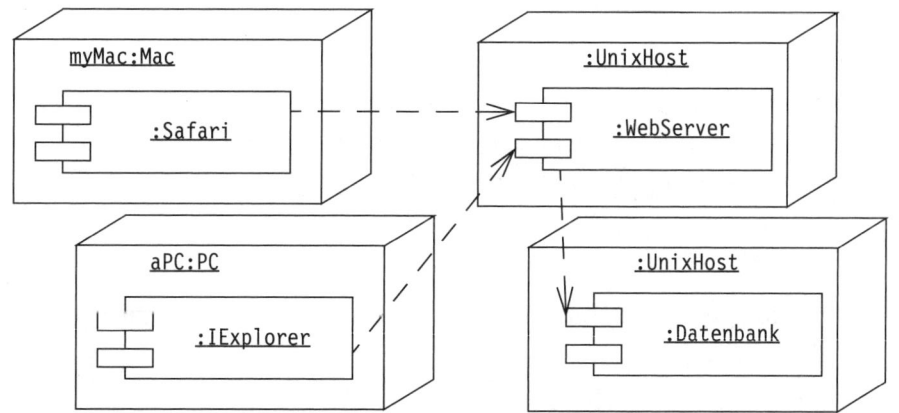

Abbildung 7.2: Ein UML-Verteilungsdiagramm, das die Zuweisung von Komponenten zu verschiedenen Knoten und die Abhängigkeiten unter den Komponenten darstellt. Webseitenbetrachter auf PCs und Macs können auf einen WebServer zugreifen, der Informationen aus einer Datenbank besorgt.

Das Verteilungsdiagramm in Abbildung 7.2 konzentriert sich auf die Komponentenverteilung auf Knoten und zeigt nur eine grobe Sicht jeder Komponente. Komponenten können verfeinert werden, sodass sie Informationen über ihre Schnittstellen und ihre Klassen bereitstellen. Abbildung 7.3 zeigt die GET und POST-Schnittstellen und die Klassen der WebServer-Komponente.

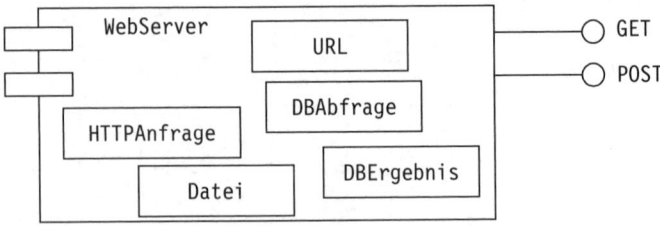

Abbildung 7.3:   Verfeinerte Sicht der WebServer-Komponente (UML-Verteilungsdiagramm). Web-Server stellt zwei Schnittstellen zur Verfügung: Der Aufrufer kann entweder mit GET den Inhalt einer mit einem URL bezeichneten Datei bekommen oder mit POST ein ausgefülltes Formular senden.

7.4   Systementwurfsaktivitäten: Behandeln von Entwurfszielen

In diesem Abschnitt beschreiben wir einige Aktivitäten, die sicherstellen, dass die Systemzerlegung alle nichtfunktionalen Anforderungen und Entwurfsziele berücksichtigt. Wir demonstrieren dies anhand des Beispiels, das wir bereits in Abschnitt 6.4 benutzt haben: Dort identifizierten wir eine Reihe von Entwurfszielen und entwarfen eine erste Systemzerlegung für MeineReise. Wir werden diese Zerlegung nun verfeinern, indem wir folgende Aktivitäten ausführen:

- Abbildung der Subsysteme auf Hardware und Software (Abschnitt 7.4.1)
- Identifizierung und Speicherung von persistenten Daten (Abschnitt 7.4.2)
- Einrichtung von Zugriffsrechten (Abschnitt 7.4.3)
- Entwurf des globalen Kontrollflusses (Abschnitt 7.4.4)
- Identifizierung von Randbedingungen (Abschnitt 7.4.5)
- Überprüfung des Systementwurfsmodells (Abschnitt 7.4.6).

7.4.1   Abbildung der Subsysteme auf Hardware und Software

Auswahl der Hardwarekonfiguration

Viele Systeme laufen auf mehr als einem Rechner und sind vom Zugriff auf ein lokales Netz oder das Internet abhängig. Die Verwendung mehrerer Rechner kann durch Leistungsanforderungen bedingt sein oder durch die Anforderung, zahlreiche verteilte Benutzer zu verbinden. In solchen Fällen müssen wir die Abbildung von Subsystemen auf Rechnerknoten und die Kommunikation zwischen den Subsystemen sorgfältig untersuchen. Da die Abbildung auf die Hardware entscheidenden Einfluss auf die Leistung und Komplexität des Systems hat, wählen wir die Hardwarekonfiguration so früh wie möglich während des Systementwurfs aus.

Die Auswahl der Hardwarekonfiguration beinhaltet im Allgemeinen auch die Auswahl der Plattform, d.h. der virtuellen Maschine, auf der das System erstellt werden soll. Hier sind insbesondere das Betriebssystem und Softwarekomponenten wie beispielsweise Datenbankverwaltungssystem oder Kommunikationspakete zu erwähnen. Die Auswahl der virtuellen Maschine verringert die Distanz zwischen dem zu bauenden System und der Hardware, auf der es laufen wird. Je mehr Funktionalität bereits die Plattform-Komponenten bereitstellen, desto weniger Entwicklungsaufwand fällt an. Die Auswahl der virtuellen Maschine wird oft sogar vom Kunden vorgegeben, wenn er beispielsweise schon vor dem Start des Projekts Hardware erworben hat. Auch wird die Auswahl einer virtuellen Maschine häufig von Kostenaspekten beeinflusst, wobei man dann abschätzen muss, ob die Erstellung von Komponenten teurer ist als die Anschaffung bereits existierender Komponenten.

Bei unserem Beispielsystem MeineReise folgern wir aus den Anforderungen, dass das PlanungsSubsystem und das RoutenSubsystem auf zwei verschiedenen Rechnern laufen müssen, im UML-Verteilungsdiagramm Knoten genannt: der erste Knoten als ein Web-basierter Dienst auf einem Internetrechners, der zweite auf dem Bordrechner im Auto. Abbildung 7.4 zeigt die Abbildung des MeineReise-Systems auf zwei Knoten namens :BordRechner und :WebServer.

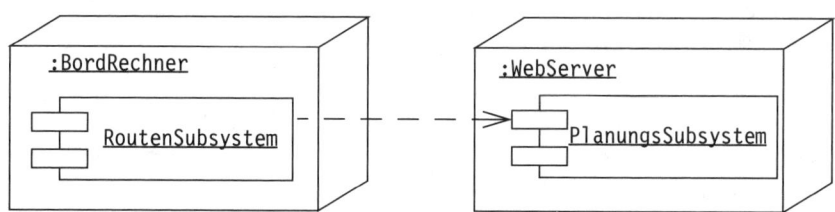

Abbildung 7.4: Zuweisung der MeineReise-Subsysteme auf Knoten (UML-Verteilungsdiagramm). RoutenSubsystem läuft auf dem BordRechner; PlanungsSubsystem läuft auf einem WebServer.

Für den :WebServer wählen wir Unix als virtuelle Maschine, die Webseitenbetrachter Safari und Internet Explorer sind die virtuellen Maschinen von :BordRechner.

Zuweisung von Objekten und Subsystemen an Knoten

Sobald die Hardwarekonfiguration definiert ist und die virtuellen Maschinen ausgewählt sind, können die Entwickler entscheiden, welche Objekte und Subsysteme des Systemmodells an welche Knoten zugewiesen werden.

Dabei kommt es in vielen Fällen auch zur Identifizierung neuer Objekte und Subsysteme, insbesondere um den Datenaustausch zwischen den Knoten zu ermöglichen. In dem System MeineReise benutzen beispielsweise das RoutenSubsystem und das PlanungsSubsystem die Klassen Reise, Bestimmungsort, Kreuzung, Abschnitt und Richtung gemeinsam. Instanzen dieser Klassen müssen über ein drahtloses Modem unter Verwendung eines

Kommunikationsprotokolls kommunizieren können. Wir erzeugen daher ein neues Subsystem KommunikationsSubsystem, das auf beiden Knoten instantiiert wird, um die Kommunikation zwischen beiden Subsystemen zu ermöglichen.

Wir bemerken weiter, dass nur Straßenabschnitte, die die geplante Reise festlegen, im RoutenSubsystem gespeichert werden. Angrenzende Abschnitte, die nicht Teil der Reise sind, werden wiederum nur im PlanungsSubsystem gespeichert. Um dies zu berücksichtigen, können wir Objekte im RoutenSubsystem deklarieren, die als Ersatz für Abschnitte und Reisen aus dem PlanungsSubsystem dienen können. Ein Objekt, das anstelle eines anderen handelt, wird „Stellvertreter" genannt. Wir erzeugen daher zwei neue Klassen, AbschnittStellvertreter und ReiseStellvertreter, und machen sie mit Hilfe des **Stellvertretermusters** (siehe Appendix A.8) zum Bestandteil des RoutenSubsystems.

Im Falle einer Planänderung durch den Fahrer wird diese Klasse beim KommunikationsSubsystem die Information aus den entsprechenden Abschnitten im PlanungsSubsystem abrufen. Das KommunikationsSubsystem wird natürlich auch benutzt, wenn eine komplette Reise vom PlanungsSubsystem auf den RoutenAssistenten zu übertragen ist. Das überarbeitete Entwurfsmodell mit den zusätzlichen Klassenbeschreibungen ist in Abbildung 7.5 dargestellt.

Allgemein lässt sich sagen, dass die Zuweisung von Subsystemen an Hardwareknoten ermöglicht, Funktionalität und Leistungsstärke dorthin zu verlegen, wo sie am meisten benötigt werden. Dadurch ergeben sich Probleme in der Lösungsdomäne, die mit der Speicherung, Übertragung, Replikation und Synchronisation von Daten zwischen den Subsystemen zu tun haben. Die Wahl von Komponenten, die zur Lösung dieser Probleme eingesetzt werden, ist eine wichtige Systementwurfsentscheidung.

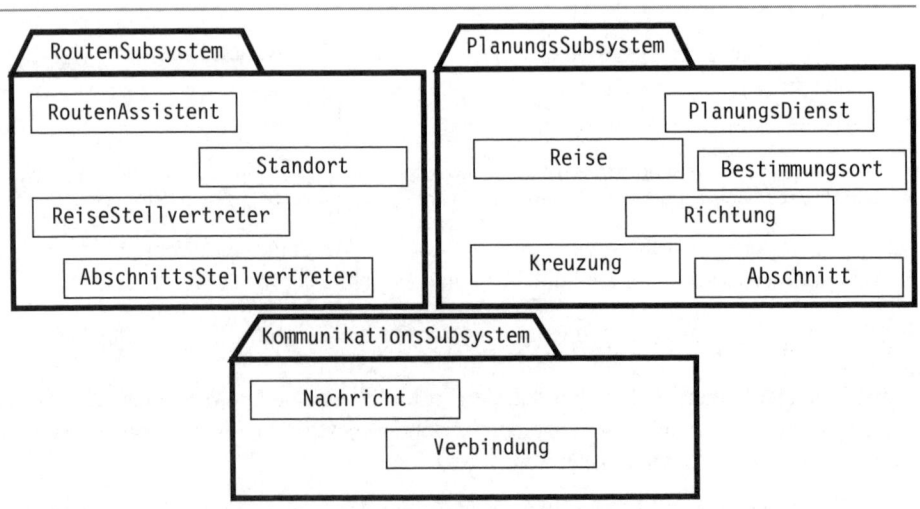

Abbildung 7.5:   Überarbeitetes Entwurfsmodell für MeineReise (UML-Klassendiagramm, Assoziationen wurden aus Gründen der Übersichtlichkeit weggelassen)

Kommunikations-Subsystem	Das KommunikationsSubsystem ist für die Übermittlung von Objekten vom PlanungsSubsystem zum RoutenSubsystem zuständig.
Verbindung	Eine Verbindung repräsentiert eine aktive Bindung zwischen dem PlanungsSubsystem und dem RoutenSubsystem. Ein Verbindung behandelt auch die Ausnahmefälle, wenn die Netzdienste verloren gehen.
Nachricht	Eine Nachricht repräsentiert eine Reise und die damit verbundenen Bestimmungsorte, Abschnitte, Kreuzungen und Richtungen, die für die Übermittlung verschlüsselt sind.

Abbildung 7.5:   Überarbeitetes Entwurfsmodell für MeineReise (UML-Klassendiagramm, Assoziationen wurden aus Gründen der Übersichtlichkeit weggelassen) (Forts.)

7.4.2   Identifizierung und Speicherung von persistenten Daten

Persistente Daten, auch **dauerhafte Daten** genannt, bestehen über eine einmalige Ausführung des Systems hinaus. Am Ende eines Tages speichert ein Autor beispielsweise seine Arbeit in einer Datei in einem Textverarbeitungsprogramm, um die Datei am nächsten Tag wieder zu öffnen und weiterzuarbeiten. Die Datei ist also auch dann vorhanden, wenn das Textverarbeitungsprogramm nicht läuft. Ein anderes Beispiel ist die Speicherung von Informationen über Angestellte einer Firma, wie der Status der Angestellten oder ihre Gehaltsabrechnungen. Werden diese Informationen in einem Datenbankverwaltungssystem gespeichert, dann können alle Programme, die auf den Angestelltendaten arbeiten, davon ausgehen, dass die Daten konsistent sind. Zudem wird es durch die Speicherung der Daten in einer Datenbank möglich, komplexe Anfragen auf großen Datensätzen – wie beispielsweise den Akten von mehreren tausend Angestellten – zu formulieren.

Die Entscheidung, wie und wo Daten im System gespeichert werden, hat großen Einfluss auf die Systemzerlegung. In einigen Fällen, wie beispielsweise bei der Depotarchitektur (siehe Abschnitt 6.3.5), kann sogar ein einzelnes Subsystem für die Speicherung von Daten zugewiesen werden. Die Auswahl eines spezifischen Datenbankverwaltungssystems hat außerdem Einfluss auf andere Systementwurfsfragen, wie den Entwurf des globalen Kontrollflusses und die Lösung von Nebenläufigkeitsproblemen.

Im Beispiel MeineReise entscheiden wir uns dafür, die aktuelle Reise in einer Datei auf einer Wechselplatte zu speichern, damit die Reise wiederhergestellt werden kann, falls der Fahrer den Autorechner vor Erreichen des endgültigen Bestimmungsorts abstellen sollte. Die Verwendung einer Datei ist in diesem Fall die einfachste und effektivste Lösung für das RoutenSubsystem, da es beim Starten von MeineReise die vollständige Reise von der Datei lesen und beim Beenden wieder abspeichern kann. Das Planungs-Subsystem realisieren wir dagegen mit einer Datenbank, denn es muss sämtliche Reisen für alle Fahrer verwalten, ebenso wie die Karten, die für die Planung der Reisen benötigt werden. Die Wahl einer Datenbank erlaubt es uns auch, komplexe Anfragen an das PlanungsSubsystem zu bearbeiten. Um diese Entscheidungen zu dokumentieren, fügen wir die Subsysteme `ReiseDateiSpeicherSubsystem` und `KartenDBSpeicherSubsystem` zur Systemzerlegung von `MeineReise` hinzu (siehe Abbildung 7.6).

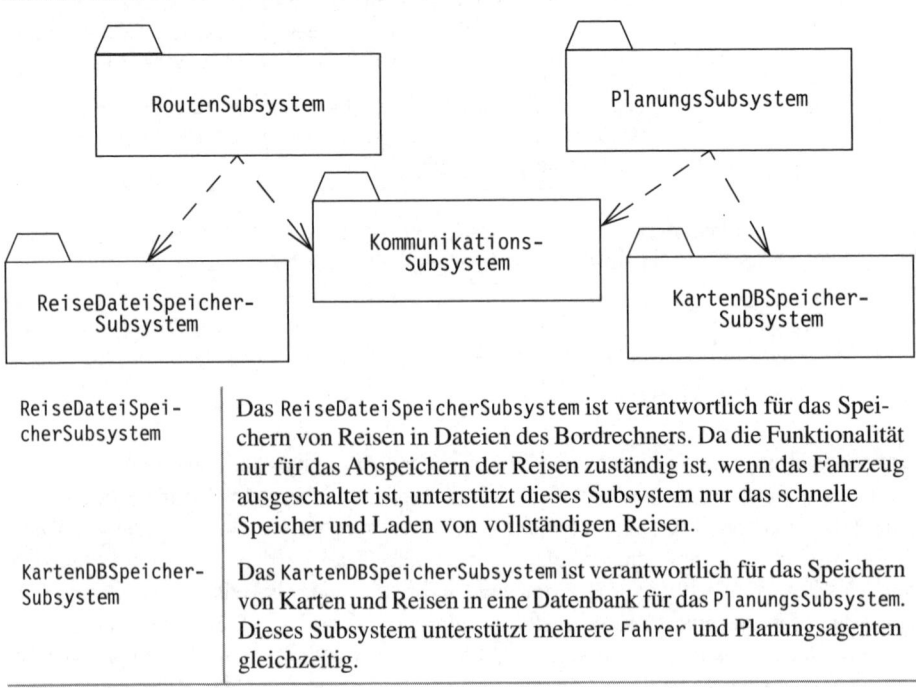

`ReiseDateiSpeicherSubsystem`	Das `ReiseDateiSpeicherSubsystem` ist verantwortlich für das Speichern von Reisen in Dateien des Bordrechners. Da die Funktionalität nur für das Abspeichern der Reisen zuständig ist, wenn das Fahrzeug ausgeschaltet ist, unterstützt dieses Subsystem nur das schnelle Speicher und Laden von vollständigen Reisen.
`KartenDBSpeicherSubsystem`	Das `KartenDBSpeicherSubsystem` ist verantwortlich für das Speichern von Karten und Reisen in eine Datenbank für das `PlanungsSubsystem`. Dieses Subsystem unterstützt mehrere `Fahrer` und Planungsagenten gleichzeitig.

Abbildung 7.6:   Systemzerlegung von `MeineReise` nach der Entscheidung der Frage über die Datenspeicher (UML-Klassendiagramm, Pakete aus Gründen der Übersichtlichkeit verborgen)

Identifizierung von persistenten Objekten

Zuerst entscheiden wir, welche Daten dauerhaft sein müssen, wobei die Entitätsobjekte, die während der Analyse identifiziert wurden, gute Kandidaten sind. In `MeineReise` müssen beispielsweise Objekte der Klasse `Reise` und die damit assoziierten Klassen (`Kreuzung`, `Bestimmungsort`, `PlanungsDienst` und `Abschnitt`) gespeichert werden. Allerdings müssen nicht alle Entitätsobjekte persistent sein. Zum Beispiel werden `Standort` und `Richtung` ständig neu berechnet, wenn sich das Auto bewegt. Persistente Objekte sind auch nicht auf Entitätsobjekte beschränkt. In einem Mehrbenutzersystem können auch Informationen, die sich auf die Benutzer beziehen – in unserem Fall also die `Fahrer` persistent sein. Kandidaten für persistente Objekte sind auch Eigenschaften von Grenzobjekten wie z.B. Fensterposition, Benutzerschnittstellenvorlieben sowie der Zustand von langlebigen Kontrollobjekten. Allgemein können wir persistente Objekte identifizieren, indem wir alle Klassen daraufhin untersuchen, ob der von ihnen verwaltete Zustand die Beendigung des Systems überleben muss – wobei es unwesentlich ist, ob dies eine kontrollierte Beendigung ist oder ein unerwarteter Absturz. Während des Systemstarts oder auf Anfrage, wenn die persistenten Objekte benötigt werden, kann dann ihr Zustand wiederhergestellt werden, indem die Werte der entsprechenden Attribute aus dem Datenverwaltungssystem abgerufen werden.

Auswahl einer Speicherverwaltungsstrategie

Sobald alle persistenten Objekte identifiziert worden sind, müssen wir entscheiden, wie diese Objekte gespeichert werden sollen. Die Entscheidung über die Speicherverwaltung ist komplex, da sie im Allgemeinen auch von den nichtfunktionalen Anforderungen bestimmt wird: Sollen die Objekte schnell wiedergefunden werden können? Muss das System komplexe Anfragen starten, um diese Daten wiederzufinden? Benötigen die Objekte viel Platz im Hauptspeicher oder auf der Platte? Generell gibt es zur Zeit drei Möglichkeiten für die Speicherverwaltung:

- *Dateien.* Dateien sind Speicherabstraktionen, die von Betriebssystemen zur Verfügung gestellt werden. Eine Anwendung speichert ihre Daten als eine Folge von Bytes und definiert, wie und wann Daten gefunden werden sollen. Das Konzept einer Datei ist ziemlich maschinenorientiert und ermöglicht deshalb den Anwendungen, eine Reihe von Größen- und Geschwindigkeitsoptimierungen vorzunehmen. Dateien verlangen jedoch auch, dass die Anwendungen viele Probleme – zum Beispiel den gleichzeitigen Zugriff und den Verlust von Daten im Falle eines Systemabsturzes – selbst lösen.

- *Relationale Datenbank.* Eine relationale Datenbank bietet eine Datenabstraktion auf einem höheren Niveau als Dateien. Daten werden hier in Tabellen gespeichert, die einem vordefinierten Typ entsprechen, einem so genannten **Datenbankschema**. Jede Spalte der Tabelle steht für ein Attribut und eine Reihe repräsentiert ein Datenelement als Tupel von Attributwerten. Das Abbilden komplexer Objektmodelle auf Datenbankschemata ist schwierig. Blaha und Premerlani [Blaha & Premerlani, 1998] beschreiben systematische Verfahren, wie man diese Abbildung durchführen kann. Relationale Datenbanken bieten auch Dienste für Nebenläufigkeitskontrolle, Zugriffskontrolle und Wiederherstellung des Systemzustandes nach einem Ausfall. Relationale Datenbanken werden schon seit einiger Zeit verwendet und stellen deshalb eine relativ ausgereifte Technologie dar. Sie skalieren sehr gut bei großen Datensätzen, sind aber relativ langsam bei kleineren Datensätzen und bei unstrukturierten Daten (z.B. bei Bildern oder Texten in natürlicher Sprache).

- *Objektorientierte Datenbank.* Eine objektorientierte Datenbank bietet grundsätzlich dieselben Dienste an wie eine relationale Datenbank. Anders als die letztere erlaubt sie die direkte Speicherung von Klassen und Assoziationen. Durch die Bereitstellung von Klassen auf höherer Abstraktionsebene verringert sich die Notwendigkeit, zwischen Objekten und Speichereinheiten zu übersetzen. Außerdem bieten objektorientierte Datenbanken Vererbung und abstrakte Datentypen an, sodass sie die Zeit für die Entwicklung des Speichersubsystems wesentlich reduzieren können. Typische Anfragen sind jedoch wesentlich langsamer als bei relationalen Datenbanken und schwieriger zu optimieren.

Abbildung 7.7 fasst die Abwägungen zusammen, die bei der Auswahl eines Speicherverwaltungssystems berücksichtigt werden sollten, wobei beim Entwurf komplexer Systeme oft auch hybride Lösungen verwendet werden, die sowohl flache Dateien als auch Datenbanksysteme einsetzen. In Kapitel 10, *Übersetzung von Modellen*, untersuchen wir, wie persistente Objekte auf Datenbanktabellen und Dateien abgebildet werden.

Abwägung zwischen Dateien und relationalen und objektorientierten Datenbanken

Wann sollten flache Dateien verwendet werden?

■ bei umfangreichen Daten (z.B. Bildern)

■ bei temporären Daten (z.B. Kerndateien)

■ bei geringer Informationsdichte (z.B. Archivdateien, Aufzeichnungen von Verläufen)

Wann sollten relationale oder objektorientierte Datenbanken verwendet werden?

■ bei gleichzeitigen Zugriffen

■ beim Zugriff auf unterschiedliche Detailstufen

■ bei heterogenen Plattformen und Anwendungen

Wann sollten relationale Datenbanken verwendet werden?

■ bei komplexen Anfragen über Eigenschaften

■ bei großen Datensätzen

Wann sollten objektorientierte Datenbanken verwendet werden?

■ beim häufigem Gebrauch von Assoziationen beim Auffinden von Daten

■ bei mittelgroßen Datensätzen

■ bei irregulären Assoziationen zwischen den Objekten

Abbildung 7.7:   Abwägung zwischen Dateien und Datenbanken für die Speicherverwaltung

7.4.3   Einrichten von Zugriffskontrollen

In einem Mehrbenutzersystem haben Akteure verschiedene Zugriffe auf Funktionalitäten und Daten. Ein normaler Benutzer hat vielleicht nur Zugriff auf die von ihm erstellten Daten, wohingegen ein Systemadministrator uneingeschränkten Zugriff auf Systemdaten und Anwenderdaten haben kann. Während der Analyse haben wir diese Unterschiede berücksichtigt, indem wir für verschiedene Akteure verschiedene Anwendungsfälle modellierten. Während des Systementwurfs modellieren wir, welche Objekte von Akteuren gemeinsam benutzt werden und welche Zugriffsrechte die Akteure jeweils auf diese Objekte haben. Abhängig von den Sicherheitsanforderungen an das System definieren wir außerdem, wie Akteure vom System authentifiziert werden (z.B. wie Akteure dem System ihre Identität beweisen) und wie ausgewählte Daten im System verschlüsselt werden sollen.

Wenn im Beispiel von MeineReise alle Karten und die Reisen aller Fahrer in einer Datenbank gespeichert werden, ist eine Kontrolle der Zugriffe auf die Datenbank erforderlich. Reisen dürfen nur an die Fahrer gesendet werden, die sie auch erzeugt haben. Dies stimmt mit den Entwurfszielen zur Sicherheit überein, die wir in Abschnitt 6.4.2 für MeineReise festgelegt haben. Folglich modellieren wir einen Fahrer mit der Klasse Fahrer und verbinden diese mit der Klasse Reise. Das PlanungsSubsystem ist nun dafür zuständig, den Fahrer zu authentifizieren, bevor eine Reise gesendet wird. Außerdem beschließen wir, den Kommunikationsfluss zwischen dem RoutenSubsystem und dem PlanungsSubsystem zu verschlüsseln und zwar durch das KommunikationsSubsystem. Die Beschreibungen für die Fahrer-Klasse und die überarbeiteten Beschreibungen für das PlanungsSubsystem und das KommunikationsSubsystem sind in Tabelle 7.1 dargestellt, wobei die Überarbeitungen des Entwurfsmodells *kursiv* gekennzeichnet sind.

Kommunikations-Subsystem	Das KommunikationsSubsystem ist für die Übermittlung von Reisen vom PlanungsSubsystem zum RoutenSubsystem zuständig. *Das KommunikationsSubsystem verwendet den Fahrer zusammen mit der zu Reise, um einen Schlüssel auszuwählen und damit den Kommunikationsfluss zu verschlüsseln.*
Planungs-Subsystem	Das PlanungsSubsystem ist für das Erstellen einer Reise zuständig, indem es eine Reihe von Bestimmungsorten miteinander verbindet. Das PlanungsSubsystem ist ebenso verantwortlich, auf Planänderungen vom RoutenSubsystem zu reagieren. *Vor der Bearbeitung von Anfragen authentifiziert das PlanungsSubsystem den Fahrer. Der authentifizierte Fahrer wird benutzt, um zu bestimmen, welche Reisen an das RoutenSubsystem gesendet werden können.*
Fahrer	*Ein Fahrer repräsentiert einen authentifizierten Benutzer. Er dient dem KommunikationsSubsystem dazu, den mit einem Benutzer verbundenen Schlüssel zu er-mitteln, und dem PlanungsSubsystem, um Reisen mit Benutzern zu assoziieren.*

Tabelle 7.1: Überarbeitung des Entwurfsmodells. Die Änderungen sind eine Folge des Entschlusses, Fahrer-Authentifizierung und Verschlüsselung Kommunikationsflusses durchzuführen. Der zum Modell hinzugefügte Text ist *kursiv* gesetzt.

Die Definition der Zugangskontrolle für ein Mehrbenutzersystem ist im Allgemeinen komplexer als in dem MeineReise-Beispiel, da man für alle Akteure definieren muss, welche Operationen sie bei jedem gemeinsam benutzten Objekt aufrufen dürfen. Ein Bankautomat kann beispielsweise Kredite und Schulden bis zu einem bestimmten vordefinierten Betrag übermitteln. Übersteigt eine Transaktion diesen vordefinierten Betrag, dann muss ein Manager die Transaktion freigeben. Manager können daraufhin eventuell die Zweigstellenstatistiken untersuchen, haben aber keinen Zugriff auf die Statistiken anderer Filialen. Systemanalytiker können die Informationen aller Filialen des Unternehmens lesen, dürfen aber keine Transaktionen auf individuellen Konten vornehmen.

Wir modellieren den Zugriff auf gemeinsam benutzte Objekte mit einer Zugriffsmatrix. Die Zeilen der Matrix repräsentieren die Akteure des Systems und die Spalten stehen für die Klassen, deren Zugriff wir kontrollieren wollen. Ein Eintrag (Klasse, Akteur) in der Zugriffsmatrix wird **Zugriffsrecht** genannt und listet die Operationen auf (z.B. bucheKleinesSoll(), bucheGroßesSoll(), prüfeGlobalenStatus()), die vom Akteur auf Instanzen der Klasse durchgeführt werden können. Tabelle 7.2 stellt die Zugriffsmatrix für unser Bankbeispiel dar.

Die Zugriffsmatrix kann auf drei verschiedene Arten repräsentiert werden: globale Zugriffstabelle, Zugriffskontrollliste und Berechtigung.

- Eine **globale Zugriffstabelle** stellt eindeutig jede Zelle in der Matrix als ein (Akteur,Klasse,Operation)-Tupel dar. Um festzustellen, ob ein Akteur Zugriff auf ein spezifisches Objekt hat, sieht man in dem entsprechenden Tupel nach. Wenn kein Tupel gefunden wird, wird der Zugriff verweigert.

- Eine **Zugriffskontrollliste** verbindet eine Liste von Paaren (Akteur,Operation) mit einer Klasse, auf die zugegriffen wird. Leere Zellen werden ignoriert. Jedes Mal, wenn auf ein Objekt zugegriffen wird, wird die Zugriffsliste der zugehörigen Klasse bezüglich des entsprechenden Akteurs und der entsprechenden Operation geprüft. Ein Beispiel für eine Zugriffskontrollliste ist die Gästeliste für eine Party. Ein Diener prüft die ankommenden Gäste, indem er ihre Namen mit den Namen auf der Gästeliste vergleicht. Stimmen die Namen überein, dürfen die Gäste eintreten, ansonsten werden sie abgewiesen.

- Eine **Berechtigung** (engl. *capability*) verbindet ein (Klasse,Operation)-Paar mit einem Akteur. Eine Berechtigung ermöglicht einem Akteur Zugriff auf ein Objekt, wenn es die Instanz einer Klasse ist, die in der Berechtigung beschrieben ist. Die Ablehnung einer Berechtigung ist gleichzusetzen mit einer Zugriffsverweigerung. Ein Beispiel für eine Berechtigung ist eine Einladungskarte für eine Party. In diesem Fall überprüft der Butler, ob die ankommenden Gäste eine gültige Einladungskarte besitzen. Ist die Karte gültig, dürfen die Gäste eintreten, ansonsten werden sie abgewiesen. Weitere Überprüfungen sind nicht nötig.

Welche Darstellung der Zugriffsmatrix in einem System benutzt wird, ist eine Frage der Leistungsanforderungen. Globale Zugriffstabellen sind insgesamt sehr schnell, benötigen aber auch sehr viel Platz. Zugriffskontrolllisten ermöglichen eine schnelle Antwort auf die Frage „wer hat Zugriff auf dieses Objekt?", wohingegen Berechtigungen es ermöglichen, die Frage „auf welche Objekte hat dieser Akteur Zugriff?" schneller zu beantworten.

Jede Zeile in der globalen Zugriffsmatrix stellt eine Sicht der Zugriffsmöglichkeiten auf die Klassen in den Spalten dar, wobei alle Sichten miteinander konsistent müssen. Üblicherweise werden Zugriffssichten implementiert, indem Subklassen für die verschiedenen Arten der (Akteur,Operation)-Tupel definiert werden. In unserem Bankensystem würden wir beispielsweise eine KontoAusAutomatenSicht- und eine KontoAusManagerSicht-Klasse als Unterklassen von Konto implementieren. Jeder Akteur kann dann nur die ihm entsprechenden Klassen einsehen. Für das Anwendungsprogramm des Systemanalytikers wäre beispielsweise die Konto-Klasse nicht sichtbar, da Systemanalytiker Operationen dieser Klasse nicht aufrufen dürfen. Dies vermindert das Risiko, dass ein Systemfehler zu einem unautorisierten Zugriff führt.

Oftmals ist die Anzahl der Akteure und die Anzahl der geschützten Objekte für die Darstellung von Berechtigungen oder Zugriffskontrolllisten sehr groß. In solchen Fällen können auch Regeln als Darstellung der globalen Zugriffsmatrix benutzt werden. Ein **Firewall (Brandmauer)** ist ein Rechnerknoten, der den Zugriff von Rechnern aus dem Internet auf von Intranetrechnern angebotene Dienste kontrolliert. Basierend auf Quellrechner und Port, Zielrechner und Port und der Paketgröße erlaubt oder verweigert der Firewall-Rechner Paketen, ihr Ziel zu erreichen. Da es viele verschiedene Kombinationen aus Quellrechnern, Zielrechnern und Ports gibt, wird der Zugriff durch eine Liste von Regeln spezifiziert. Für ein gegebenes Paket wird die Liste sequentiell durchsucht, bis eine zutreffende Regel gefunden wird. Die Aktion der zutreffenden Regel bestimmt, ob das Paket gefiltert wird oder nicht. Der Vollständigkeit halber trifft die letzte Regel der

Objekte/ Akteure	Unternehmen	Zweigstelle	Konto
BankAutomat			bucheKleinesSoll() bucheKleinenKredit() prüfeKontostand()
Manager		prüfeZweigstellen-Status()	bucheKleinesSoll() bucheKleinenKredit() bucheGroßesSoll() bucheGroßenKredit() prüfeKontostand() prüfeGeschichteDer-Buchungen()
Analytiker	prüfeGlobalenStatus()	prüfeZweigstellen-Status()	

Tabelle 7.2: Zugriffsmatrix für ein Bankensystem. BankAutomaten können kleine Überweisungen vornehmen und Kontostände abfragen. Manager können zusätzlich zu den Operationen der Bank-Automaten größere Überweisungen vornehmen und den Zweigstellenstatus einsehen. Analytiker können den Status für alle Filialen einsehen, aber keine Operationen auf Kontenebene vornehmen.

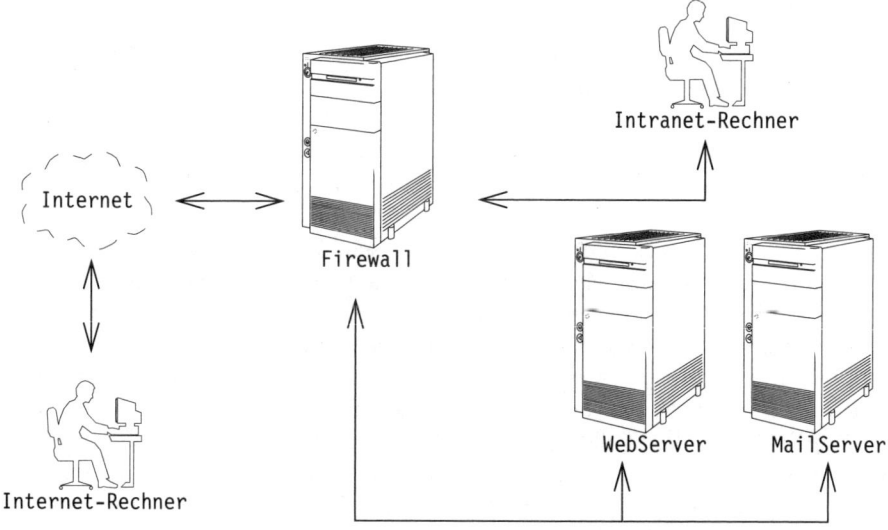

Abbildung 7.8: Paketfilterndes Zugriffsschutzsystem: Ein Filter, der sich im Firewall befindet, erlaubt oder verweigert einzelnen Paketen von Internet-Rechnern den Zugriff auf Intranet-Rechner, basierend auf Informationen in der Kopfzeile, wie zum Beispiel Quelle und Ziel.

Liste auf jedes Paket zu und hat eine Verweigerungsaktion; sie filtert folglich Pakete aus, auf die keine andere Regel zutrifft. Tabelle 7.3 zeigt eine Beispielliste von Regeln für die in Abbildung 7.8 dargestellte Konfiguration. Die ersten beiden Regeln erlauben es jedem Rechner (Internet-Rechner wie auch Intranet-Rechner) auf den HTTP-Dienst des WebServers zuzugreifen und E-Mail an den MailServer zu senden. Die nächsten beiden Regeln gestatten es IntranetRechnern, ihre Seiten auf dem WebServer zu aktualisieren und E-Mail vom MailServer abzurufen. Da dies die letzten beiden Regeln sind, die es erlauben, Pakete durchzulassen, wird allen Internet-Rechnern verweigert, Webseiten auf dem WebServer zu ändern, E-Mails vom MailServer abzuholen oder einen anderen Dienst auf irgendeinem der Intranet-Rechner aufzurufen. Aus Gründen der Lesbarkeit und der Stabilität hätten diese Regeln auch als Verweigerungsregeln spezifiziert werden können (Reihe 5 bis 7 in Tabelle 7.3). Wenn die Anzahl der Akteure und Objekte groß ist, ist eine regelbasierte Darstellung kompakter als Zugriffskontrolllisten oder Berechtigungen. Mehr noch, eine kleine Anzahl von Regeln ist lesbarer und kann dadurch einfacher durch eine Person überprüft werden, was einen wesentlichen Gesichtspunkt beim Erstellen einer sicheren Umgebung darstellt.

Quellrechner	Zielrechner	Ziel-Port	Aktion
beliebig[1]	WebServer	http	erlaubt
beliebig	MailServer	smtp	erlaubt
Intranet-Rechner	WebServer	rsync	erlaubt
Intranet-Rechner	MailServer	pop	erlaubt
Internet-Rechner	WebServer	rsync	abgelehnt
Internet-Rechner	MailServer	pop	abgelehnt
Internet-Rechner	Intranet-Rechner	beliebig	abgelehnt
beliebig	beliebig	beliebig	abgelehnt

Tabelle 7.3:   Vereinfachtes Beispiel für Paketfilterregeln für den Firewall-Rechner in Abbildung 7.8

Eine Zugriffsmatrix repräsentiert lediglich die **statische Zugriffskontrolle**. Dies bedeutet, dass Zugriffsrechte als Attribute der Objekte modelliert werden können. Nehmen wir beispielsweise einen Akteur Börsenhändler in unserem Bankinformationssystembeispiel, dem einige Portfolios zugewiesen sind. Nach den Regeln kann ein Börsenhändler nicht die Portfolios eines anderen Börsenhändlers einsehen. Für solche Fälle müssen wir Zugriffsrechte dynamisch im System modellieren und deshalb heißt dieser Zugriffstyp **dynamische Zugriffskontrolle**. Abbildung 7.9 zeigt beispielsweise wie dynamische Zugriffskontrolle mit dem **Stellvertretermuster** (siehe Appendix A.8) realisiert werden kann. Für jedes Portfolio erzeugen wir einen PortfolioStellvertreter, um das Portfolio zu schützen und Zugriffe darauf zu überprüfen. Zugriff, eine Assoziationsklasse zwischen

---

[1]   beliebig bedeutet entweder Intranet-Rechner, Internet-Rechner, WebServer oder MailServer.

dem Börsenhändler und dem PortfolioStellvertreter, zeigt an, dass der Börsenhändler auf ein Portfolio Zugriff hat. Um auf ein Portfolio zuzugreifen, schickt der Börsenhändler eine Nachricht an den entsprechenden PortfolioStellvertreter. Der Portfolio-Stellvertreter überprüft durch Aufruf von istVerfügbar() zunächst, ob der anfragende Börsenhändler auf den PortfolioStellvertreter zugreifen darf. Wenn der Zugriff gestattet ist, delegiert der PortfolioStellvertreter die Nachricht an das Portfolio. Andernfalls schlägt die Operation fehl.

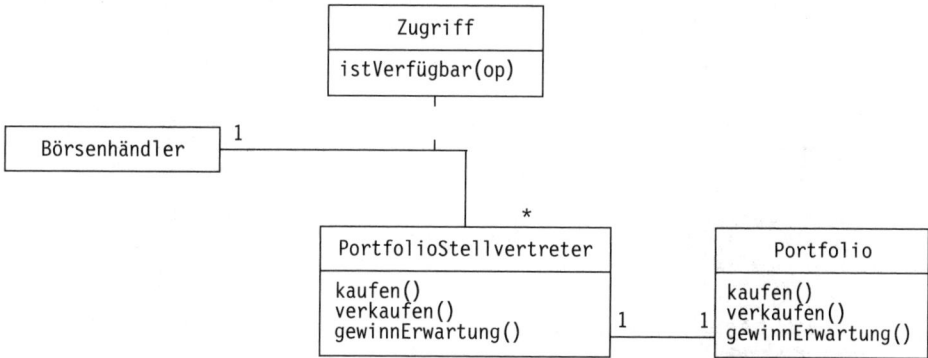

Abbildung 7.9: Dynamischer Zugriff implementiert mit einem Stellvertreter. Die Zugriffs-Assoziationsklasse enthält einen Satz von Arbeitsvorgängen, die ein Börsenhändler benutzen kann, um auf ein Portfolio zuzugreifen. Jeder Arbeitsvorgang im PortfolioStellvertreter überprüft zunächst mit der istVerfügbar()-Operation, ob der anfragende Börsenhändler legitimen Zugriff hat. Wird der Zugriff erlaubt, überträgt der PortfolioStellvertreter den Arbeitsvorgang an das entsprechende Portfolio-Objekt. Eine Zugriffs-Assoziation kann verwendet werden, um den Zugriff auf viele Portfolios zu kontrollieren.

Sowohl bei statischen als auch bei dynamischen Zugriffskontrollen gehen wir davon aus, dass der Akteur bekannt ist: entweder der Benutzer an der Tastatur oder das anfragende Subsystem. Die Überprüfung der Verbindung zwischen der Identität des Benutzers – oder des Subsystems – und des Systems nennt man **Authentifizierung**. Ein häufig benutzter Authentifizierungsmechanismus besteht darin, dass der Benutzer einen Benutzernamen wählt, der jedem bekannt ist, und ein Passwort, das nur dem System bekannt ist und in einer Zugriffskontrollliste gespeichert ist. Das System schützt die Passwörter der Benutzer, indem es sie vor dem Speichern oder Versenden verschlüsselt. Wenn nur ein einzelner Benutzer diese Benutzername-Passwort-Kombination kennt, können wir annehmen, dass der Benutzer an der Tastatur berechtigt ist. Obwohl die Passwortauthentifizierung mit moderner Technologie sicher gemacht werden kann, leidet sie unter vielen Nachteilen, insbesondere bei der Bedienbarkeit: Benutzer wählen Passwörter, die sie sich leicht merken können und die damit auch leicht zu erraten sind. Sie neigen dazu, ihre Passwörter auf Notizzettel zu schreiben, diese in der Nähe des Bildschirms aufzubewahren und dadurch für andere Benutzer, berechtigt oder nicht, sichtbar zu machen. Glücklicherweise gibt es andere, sicherere Authentifizierungsmechanismen. So kann zum Beispiel eine Chipkarte zusammen mit einem Passwort gefordert werden: Ein Eindringling benötigte sowohl die Chipkarte als auch das Passwort, um Zugriff auf das System zu erlangen. Noch sicherer ist es, einen biometrischen Sensor zu benutzen, der Fingerabdrücke oder

Blutäderchen im Auge analysiert. Ein Eindringling benötigte dann die Anwesenheit des berechtigten Benutzers, um Zugriff auf das System zu erhalten, was sehr viel schwieriger ist, als einfach eine Chipkarte zu stehlen.

In einer Umgebung, in der Betriebsmittel von vielen verschiedenen Benutzern gemeinsam genutzt werden, ist die Authentifizierung meist nicht ausreichend. Im Falle eines Netzwerkes beispielsweise ist es für einen Eindringling relativ leicht, Werkzeuge zu finden, mit denen er im Netzwerkverkehr herumschnüffeln kann, wozu auch Pakete anderer Benutzer gehören (siehe Abbildung 7.10). Schlimmer noch ist, dass Protokolle wie TCP/IP ohne Sicherheitsaspekte entwickelt wurden: Ein Eindringling kann Pakete derart fälschen, dass sie wie Pakete von legitimierten Benutzern erscheinen.

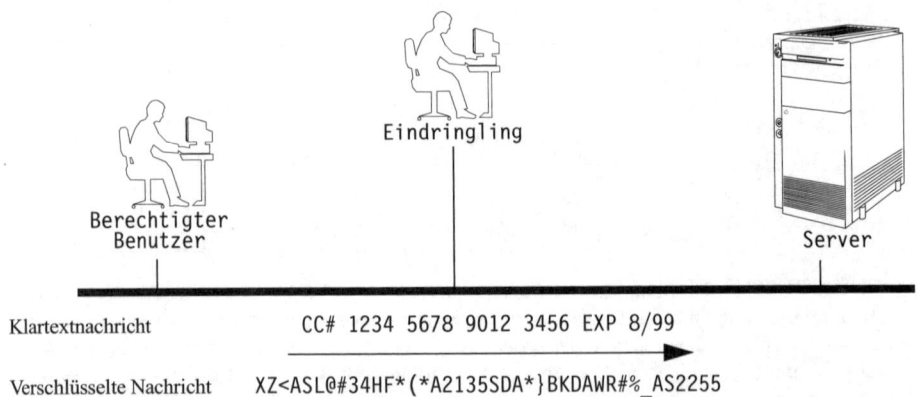

Abbildung 7.10:   Passiver Angriff. Mit der gegenwärtigen Technologie kann ein passiver Eindringling den gesamten Netzwerkverkehr abhören. Mit Hilfe von Verschlüsselung kann man diese Art von Angriffen verhindern, indem man die Information während der Übertragung schwer verständlich macht.

Verschlüsselung schützt vor unautorisiertem Zugriff. Mit einem Übersetzungsalgorithmus können wir einen so genannten „Klartext" in eine verschlüsselte Nachricht, die wir „Chiffretext" nennen, umwandeln. Selbst wenn diese abgefangen wird, ist sie nicht zu verstehen. Nur der Empfänger besitzt die Informationen, um die Nachricht korrekt zu entschlüsseln, um also den Verschlüsselungsvorgang umzudrehen. Der Verschlüsselungsvorgang wird durch einen „Schlüssel" parametrisiert, sodass die Methode der Ver- und Entschlüsselung einfach abgeändert werden kann, falls es dem Eindringling gelingen sollte, sich die Informationen für die Entschlüsselung anzueignen.

Sichere Authentifizierung und Verschlüsselung sind sehr schwierige Probleme. Entwickler sollten einen oder mehrere Standardalgorithmen auswählen, anstatt sie selbst zu erstellen (es sei denn, man ist vom Fach). Viele Algorithmen beruhen auf öffentlichen Normen, die von Akademikern und der Industrie umfassend überprüft werden und damit einen relativ hohen Grad an Verlässlichkeit und Sicherheit bieten. Sobald Authentifizierung und Verschlüsselung zur Verfügung stehen, können applikationsspezifische Zugriffskontrollen einfacher auf diesen Bausteinen aufbauend implementiert werden.

In jedem Fall ist die Realisierung von Sicherheitsaspekten ein schwieriges Thema. Wenn Entwickler diese Fragestellung angehen, sollten sie ihre Voraussetzungen aufzeichnen und die vermuteten Angriffsszenarios beschreiben. Werden mehrere Alternativen erforscht, sollten Entwickler das Entwurfsproblem benennen, das sie zu lösen versuchen, und die Ergebnisse der Evaluierung aufzeichnen. Im nächsten Kapitel beschreiben wir, wie man dies systematisch mit Hilfe von Begründungsmodellen tun kann.

7.4.4   Entwurf des globalen Kontrollflusses

Der **Kontrollfluss** ist die Planung der Reihenfolge der Aktionen in einem System. In objektorientierten Systemen sind Aktionen auch Entscheidungen, welche Operationen wann und in welcher Reihenfolge ausgeführt werden sollen. Diese Entscheidungen basieren auf externen Ereignissen, hervorgerufen durch einen Akteur oder durch den Ablauf der Zeit.

Der Kontrollfluss ist ein typisches Entwurfsproblem. Während der Analyse ist Kontrollfluss überhaupt kein Thema, da wir einfach annehmen können, dass alle Objekte zur gleichen Zeit laufen und ihre Operationen immer und zum richtigen Zeitpunkt ausführen können. Während des Systementwurfs müssen wir beachten, dass nicht jedes Objekt über den Luxus verfügt, auf einem eigenen Prozessor zu laufen. Es gibt drei mögliche Kontrollflussmechanismen:

- ■ **Prozedurgetriebene Steuerung.** Operationen warten auf eine Eingabe, wann immer sie Daten von einem Akteur benötigen. Diese Art des Kontrollflusses wird meist in Altsystemen und Systemen, die in prozeduralen Sprachen geschrieben sind, benutzt. Prozedurgetriebene Steuerung führt zu Schwierigkeiten, wenn sie mit objektorientierten Sprachen benutzt wird. Da die Reihenfolge der Operationen auf einen großen Satz von Objekten verteilt ist, wird es sehr schwierig, die Reihenfolge der Eingaben durch bloßes Betrachten des Quelltextes zu bestimmen (Abbildung 7.11).

```
Stream in, out;
String benutzerid, passwt;
/* Initialisierung weggelassen*/
out.println("Login:");
in.readln(benutzerid);
out.println("Passwort:");
in.readln(passwt);
if (!sicherheits.check(benutzerid, passwt)) {
    out.println("Login fehlgeschlagen.");
    system.exit(-1);
}
/* ...*/
```

Abbildung 7.11: Beispiel einer prozedurgetriebenen Steuerung (Java). Der Code druckt Nachrichten und wartet auf Eingaben des Benutzers.

■ **Ereignisgetriebene Steuerung.** Eine Hauptschleife wartet auf ein externes Ereignis. Sobald ein Ereignis verfügbar wird, wird es an das entsprechende Objekt geschickt, und zwar basierend auf den mit dem Ereignis verbundenen Informationen. Diese Art des Kontrollflusses hat den Vorteil einer sehr einfachen Kontrollstruktur, insbesondere Zentralisierung aller Eingaben in der Hauptschleife. Jedoch macht sie die Implementierung von verschachtelten Ereignisfolgen schwieriger (Abbildung 7.12).

```
Enumeration abonnenten, ereignisStrom;
Abonnent abonnent;
Ereignis ereignis;
/* ... */
while (ereignisStrom.hasMoreElements) {
    ereignis = ereignisStrom.nextElement();
    abonnenten = versendeInfo.holeAbonnenten(ereignis);
    while (abonnenten.hasMoreElements()) {
        abonnent = abonnenten.nextElement()) {
        abonnent.bearbeite(ereignis);
    }
}
/* ... */
```

Abbildung 7.12:   Beispiel einer Hauptschleife für ereignisgetriebene Steuerung (Java). Ein `ereignis` wird von einem `ereignisStrom` genommen und an daran interessierte Objekte geschickt.

■ **Leichtgewichtsprozesse.** Das System kann eine willkürliche Anzahl von Leichtgewichtsprozessen (threads) erstellen, wobei jeder auf ein anderes Ereignis hört. Benötigt ein Prozess zusätzliche Daten, wartet er auf die Eingabe von einem spezifischen Akteur. Diese Art des Kontrollflusses ist der intuitivste der drei Mechanismen. Jedoch ist die Fehlersuche in derartigen Systemen sehr schwierig und erfordert gute Werkzeuge, da Leichtgewichtsprozesse Nichtdeterminismen einführen, die das Testen sehr erschweren (Abbildung 7.13).

```
Thread thread;
Ereignis ereignis;
EreignisBehandlung ereignisBehandlung;
boolean fertig;
/* ...*/
while (!fertig) {
    ereignis = ereignisStream.holeNächstesEreignis();
    ereignisBehandlung = new EreignisBehandlung(ereignis)
    thread = new thread(ereignisBehandlung);
    thread.start();
}
/* ...*/
```

Abbildung 7.13:   Ein Beispiel für Ereignisabwicklung mit Leichtgewichtsprozessen (Java). `ereignisBehandlung` ist ein Objekt, das zur Abhandlung von Ereignissen bestimmt ist. Es implementiert die `run()`-Operation, die aufgerufen wird, wenn `thread` gestartet ist.

Prozedurgetriebene Steuerung ist besonders nützlich beim Testen von Subsystemen. Ein Treiber ruft dabei spezifische Methoden auf, die das Subsystem anbietet. Für den Kontrollfluss des fertigen Systems sollte die prozedurgetriebene Steuerung jedoch vermieden werden.

Der Vergleich zwischen ereignisgetriebener Steuerung und Leichtgewichtsprozessen ist komplizierter. Viele existierende Benutzerschnittstellen arbeiten nur mit ereignisgetriebener Steuerung und beeinflussen auf diese Art natürlich die Wahl des Kontrollflusses beim Entwurf. Während ereignisgetriebene Steuerung ein relativ ausgereiftes Konzept darstellt, haben moderne Programmiersprachen erst vor kurzem damit begonnen, Programmierung mit Threads zu unterstützen. Obwohl Leichtgewichtsprozesse intuitiver sind, verursachen sie gegenwärtig viele Probleme bei der Fehlersuche und beim Testen. Sobald gute Werkzeug zum Aufspüren von Fehlern vorhanden sind und Programmierer Erfahrungen gesammelt haben, wird es einfacher werden, Systeme mit Leichtgewichtsprozessen zu entwickeln. Bis dahin ist ereignisgetriebene Steuerung zu bevorzugen.

Ist ein Kontrollflussmechanismus ausgewählt, können wir ihn mit einem oder mehreren Kontrollobjekten verwirklichen. Die Aufgaben eines Kontrollobjektes bestehen darin, externe Ereignisse aufzuzeichnen, temporäre Zustände zu speichern und die richtige Reihenfolge von Operationen auf Grenz- und Entitätsobjekten, die mit dem externen Ereignis assoziiert sind, aufzurufen. In der Regel sollten alle Kontrollflussentscheidungen eines Anwendungsfalls in einem eigenen Kontrollobjekt lokalisiert werden; das ergibt nicht nur verständlicheren Quelltext, sondern macht das System stabiler, wenn Änderungen im Kontrollfluss notwendig werden sollten.

7.4.5 Identifizierung von Randbedingungen

In den vorherigen Abschnitten beschäftigten wir uns mit dem Entwurf der Systemzerlegung und ihrer Verfeinerung. Wir haben jetzt ein klareres Bild davon, wie man ein System zerlegt, wie man Anwendungsfälle auf Subsysteme verteilt, wo persistente Daten gespeichert werden können, wie man die Zugriffskontrolle einrichtet und wie man Sicherheit garantiert. Wir müssen jedoch noch die **Randbedingungen** des Systems untersuchen, also klären, wie das System gestartet, initialisiert und heruntergefahren werden soll. Ebenso müssen wir definieren, was bei großen Ausfällen, wie beispielsweise Datenkorruption oder Netzwerkausfällen, geschehen soll, wobei es dabei keine Rolle spielt, ob diese Ausfälle durch Softwarefehler oder einen Stromausfall verursacht werden. Anwendungsfälle, die sich mit derartigen Umständen beschäftigen, nennen wir **Randanwendungsfälle**.

In unserem Beispielsystem MeineReise haben wir mittlerweile eine gute Vorstellung davon, wie es funktionieren soll, wenn es in einem stabilen Zustand ist. Wir haben uns jedoch noch nicht darum gekümmert, wie MeineReise initialisiert wird. Wie werden zum Beispiel Karten in den PlanungsDienst geladen? Wie wird MeineReise im Autorechner installiert? Woher weiß MeineReise, mit welchem PlanungsDienst es sich verbinden soll? Wie werden neue Fahrer dem PlanungsDienst hinzugefügt? Wir entdecken hier schnell, dass es noch Anwendungsfälle gibt, die noch nicht spezifiziert wurden.

Es ist üblich, Randanwendungsfälle nicht während der Analyse zu spezifizieren, sondern erst während des Systementwurfs, und sie getrennt von den Anwendungsfällen der Analyse zu behandeln. Einige Randanwendungsfälle können aus den Anforderungen (Registrieren und Löschen von Benutzern, Verwalten der Zugriffskontrolle) abgeleitet werden. Andere Funktionen ergeben sich hingegen erst als Konsequenzen von Entwurfsentscheidungen (Puffergröße, Standort des Datenbankservers, Standort des Sicherungsservers), sind also keine Anforderungsentscheidungen. Wir können Randanwendungsfälle identifizieren, indem wir jedes Subsystem der Systemzerlegung und jedes persistente Objekt untersuchen:

- **Konfiguration.** Für jedes persistente Objekt untersuchen wir, in welchen Anwendungsfällen es erzeugt oder zerstört (oder archiviert) wird. Für Objekte, die nicht in einem der allgemeinen Anwendungsfälle (z.B. `Karten` im `MeineReise`-System) erzeugt oder zerstört werden, fügen wir einen Randanwendungsfall hinzu, der von einem Systemadministrator aufgerufen wird (z.B. `VerwalteKarten` im `MeineReise`-System).

- **Starten und beenden.** Für jede Komponente (z.B. `WebServer`) definieren wir drei Anwendungsfälle, und zwar für das Starten, das Beenden und das Konfigurieren der Komponente. Bei eng gekoppelten Komponenten kann dies ein einzelner Anwendungsfall sein.

- **Ausnahmebehandlung.** Für jede Art von Komponentenfehler (z.B. Netzwerkausfall) entscheiden wir, wie das System reagieren soll (z.B. den Benutzer über den Fehler informieren). Wir dokumentieren jede dieser Entscheidungen mit einem Ausnahmeanwendungsfall, der die jeweiligen allgemeinen Anwendungsfälle erweitert, die wir während der Anforderungsermittlung identifiziert haben. Werden die Auswirkungen eines Ausfalls geduldet, kann die Behandlung einer Ausnahmebedingung zur Änderung des Systementwurfs führen statt nur zum Hinzufügen eines Ausnahmeanwendungsfalls. So kann beispielsweise der `RoutenAssistent` die `Reise` vollständig in den Autorechner herunterladen, bevor die Fahrt beginnt.

Ganz allgemein ist sind **Ausnahmen** Ereignisse oder Fehler, die während der Systemausführung auftreten. Ausnahmen werden durch drei verschiedene Ursachen hervorgerufen:

- *Hardwarefehler.* Hardware kann altern und versagen: Ein Festplattenabsturz kann zu dauerhaftem Datenverlust führen. Das Versagen einer Netzwerkverbindung kann zwei Knoten des Systems kurzzeitig trennen.

- *Änderungen in der Betriebsumgebung.* Die Umgebung kann die Systemfunktion beeinflussen: Ein drahtloses, mobiles System kann die Funkverbindung zu einem Sender verlieren, wenn es sich außer Reichweite befindet. Ein Stromausfall kann ein System zum Absturz bringen, falls es keine Reservebatterien hat.

- *Softwarefehler.* Ein solcher Fehler kann auf Grund eines Entwurfsfehlers im System oder einer seiner Komponenten auftreten. Obwohl es unmöglich ist, fehlerfreie Software zu schreiben, kann man einzelne Subsysteme so entwerfen, dass sie Fehler in anderen Subsystemen akzeptieren und sich vor ihnen schützen.

Die **Ausnahmebehandlung** ist der Mechanismus, mit dem ein System Ausnahmen bearbeitet. Im Falle eines Benutzerfehlers sollte das System eine aussagekräftige Fehlermeldung anzeigen, sodass der Benutzer seine Eingabe korrigieren kann. Im Falle eines Scheiterns der Netzwerkverbindung sollte das System den aktuellen Zustand speichern, um ihn später wiederherstellen zu können, wenn die Netzwerkverbindung erneut steht.

Nehmen wir beispielsweise ein drahtloses Navigationssystem in einem Auto, das aktuelle Verkehrsinformationen von einem zentralen Rechner erhält. Fährt der Wagen in einen Tunnel, wird der Informationsfluss auf der physikalischen Netzwerkebene unterbrochen. Die Netzwerkschicht wird eine Ausnahme melden (z.B. „Verbindung unerwartet abgebrochen") und sie an die höhere Schicht weiterleiten. Die höhere Schicht hat die Möglichkeit, die Ausnahme an die nächsthöhere Ebene weiterzuleiten oder die Ausnahme zu tolerieren (z.B. eine kurze Zeit warten und erneut versuchen, die Daten zu empfangen, oder mit älteren Verkehrsinformationen arbeiten). Beim Identifizieren von Randbedingungen müssen Entwickler jedes Komponentenversagen untersuchen und entscheiden, wie damit umgegangen werden soll. Sie können Komponenten entwerfen, die das Versagen tolerieren, oder Randanwendungsfälle erstellen, die beschreiben, wie der Benutzer mit dem Versagen konfrontiert wird. Während des Systementwurfs untersuchen wir nur Versagen auf Subsystemebene. In Kapitel 9, *Objektentwurf: Schnittstellenspezifikation*, analysieren wir, wie man mit Ausnahmen auf Objektebene umgeht.

Zuverlässige Systeme zu entwerfen ist ein schwieriges Thema. Oftmals macht das Weglassen von Funktionen den Systementwurf leichter. In MeineReise nahmen wir bisher an, dass die Verbindung beim Startpunkt immer möglich ist und dass das Neuplanen durch Kommunikationsprobleme beeinflusst werden könnte.

Wir modifizieren jetzt das Analysemodell für MeineReise, um die Randanwendungsfälle einzubinden. Genauer gesagt fügen wir drei Anwendungsfälle hinzu (siehe Abbildung 7.14): VerwalteFahrer, um Fahrer hinzuzufügen, zu entfernen und zu bearbeiten; VerwalteKarten, um Karten hinzuzufügen, zu entfernen und um Karten für die Reise zu aktualisieren; und VerwalteServer zur Routenkonfiguration, sowie Starten und Beenden des Servers. StarteServer als Teil von VerwalteServer wird beispielhaft in Abbildung 7.15 veranschaulicht.

Im Beispiel wird die Systemzerlegung durch die Revision des Anwendungsfallmodells – es wurden drei neue Anwendungsfälle hinzugefügt – nicht beeinflusst. Wir haben jedoch vorhandenen Subsystemen neue Anwendungsfälle hinzugefügt: Das KartenDBSpeicher-Subsystem sollte feststellen können, ob es korrekt beendet wird, und es sollte in der Lage sein, Konsistenzprüfungen durchzuführen und falls nötig fehlerhafte Daten zu reparieren. Wir überarbeiten deshalb die Beschreibung des KartenDBSpeicherSubsystems (siehe Abbildung 7.16).

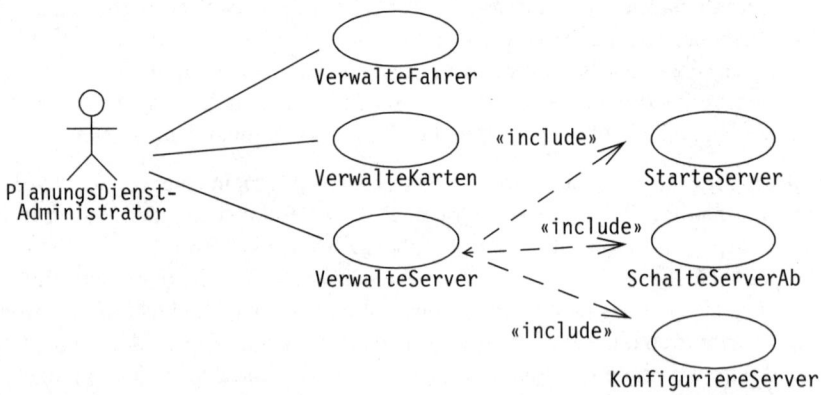

Abbildung 7.14:   Verwaltungsanwendungsfälle für MeineReise (UML-Anwendungsfalldiagramm). VerwalteFahrer wird aufgerufen, um Daten über Fahrer (z.B. Benutzername und Passwort, Gebrauchsaufzeichnungen, Kodierungsschlüsselerzeugung) hinzuzufügen, zu entfernen, zu ändern oder zu lesen. VerwalteKarten wird aufgerufen, um Karten für die Reiseplanung hinzuzufügen, zu entfernen oder zu aktualisieren. VerwalteServer beinhaltet alle für das Starten und Beenden des Servers nötigen Funktionen.

Anwendungsfallname	StarteServer
Anfangsbedingungen	1. Der PlanungsDienstAdministrator meldet sich am Server an.
Ereignisfluss	2. Nach erfolgreicher Anmeldung führt der PlanungsDienst-Administrator den startePlanungsDienst-Befehl aus.
	3. Wenn der PlanungsDienst vorher normal beendet wurde, liest der Server die Liste der rechtmäßigen Fahrer und den Index der aktiven Reisen und Karten. War der PlanungsDienst abgestürzt, wird der PlanungsDienstAdministrator benachrichtigt und eine Konsistenzüberprüfung von KartenDBSpeicher durchgeführt.
Abschluss-bedingungen	4. Der PlanungsDienst ist verfügbar und wartet auf Verbindungen vom RoutingAssistenten.

Abbildung 7.15:   StarteServer-Anwendungsfall im MeineReise-System

KartenDBSpeicher-Subsystem	Das KartenDBSpeicherSubsystem ist zuständig für das Speichern von Karten und Reisen in einer Datenbank für das PlanungsSubsystem. Dieses Subsystem unterstützt mehrere Fahrer und Planungsagenten gleichzeitig. *Wenn gestartet wird, stellt das KartenDBSpeicherSubsystem fest, ob es ordnungsgemäß beendet worden ist. Ist dies nicht der Fall, wird eine Konsistenzprüfung der Karten und Reisen durchgeführt und falls werden nötig fehlerhafte Daten repariert.*

Abbildung 7.16:   Überarbeitete Beschreibung des KartenDBSpeicherSubsystems basierend auf dem zusätzlichen StarteServer-Anwendungsfall aus Abbildung 7.15 (Änderungen werden *kursiv* dargestellt.)

7.4.6   Überprüfen des Systementwurfs

Wie die Analyse ist auch der Systementwurf eine evolutionäre und iterative Tätigkeit. Anders als bei der Analyse gibt es allerdings keinen externen Interessenvertreter, wie beispielsweise den Kunden, der die Iterationen überprüft und für bessere Qualität sorgt. Diese Qualitätsverbesserungsaktivität ist allerdings nötig und Projektmanager und Entwickler müssen einen internen Überprüfungsprozess als Ersatz dafür organisieren. Es gibt mehrere Alternativen, wie zum Beispiel Entwickler, die nicht am Systementwurf beteiligt waren, als unabhängige Überprüfer einzusetzen, oder Entwickler eines anderen Projekts mit der Prüfung zu beauftragen. Diese Überprüfungsprozesse funktionieren nur, wenn die Prüfer den Anreiz haben, Probleme zu entdecken und zu melden.

Zusätzlich zur Einhaltung der im Systementwurf identifizierten Entwurfsziele müssen wir sichergehen, dass das Systemswurfmodell korrekt, vollständig, konsistent, realistisch und lesbar ist. Ein Systementwurfsmodell ist **korrekt**, wenn das Analysemodell auf das Systementwurfsmodell abgebildet werden kann. Dies können wir durch folgende Fragen überprüfen:

- Kann jedes Subsystem zu einem Anwendungsfall oder einer nichtfunktionalen Anforderung zurückverfolgt werden?
- Kann jeder Anwendungsfall auf eine Menge von Subsystemen abgebildet werden?
- Kann jedes Entwurfsziel zu einer nichtfunktionalen Anforderung zurückverfolgt werden?
- Wird jede nichtfunktionale Anforderung im Systemtwurfsmodell berücksichtigt?
- Gibt es für jeden Akteur eine Zugriffskontrolle?
- Ist jede Zugriffskontrolle mit den Sicherheitsanforderungen aus der Anforderungsanalyse konsistent?

Ein Systementwurfsmodell ist **vollständig**, wenn jede Anforderung und jede Frage des Systementwurfs berücksichtigt wurde:

- Wurden die Randbedingungen behandelt?
- Gab es eine Überprüfung des Anwendungsfallmodells, um fehlende Funktionen im Systementwurf zu identifizieren?
- Wurden alle Anwendungsfälle daraufhin untersucht, ob sie einem Kontrollobjekt zugewiesen sind?
- Wurden alle Gesichtspunkte des Systementwurfs (d.h. Hardwareabbildung, persistente Speicherung, Zugriffskontrolle, existierende Komponenten, Randbedingungen) behandelt?
- Haben alle Subsysteme Definitionen?

Ein Systementwurfsmodell ist **konsistent**, wenn es keine Widersprüche in sich birgt. Folgende Fragen sollten gestellt werden, um zu überprüfen, ob der Systementwurf konsistent ist:

- Sind Prioritäten bei gegensätzlichen Entwurfszielen gesetzt?
- Verletzt irgendein Entwurfsziel eine nichtfunktionale Anforderung?
- Gibt es Subsysteme oder Klassen mit gleichem Namen?

Ein Systementwurfsmodell ist **realistisch**, wenn das entsprechende System implementiert werden kann. Während der Modellüberprüfung sollte man deshalb folgende Fragen stellen:

- Sind neue Technologien oder kommerzielle Komponenten in das System eingefügt worden? Wurde die Eignung oder Robustheit dieser Technologien oder Komponenten überprüft? Auf welche Weise?

- Wurden Leistungs- und Verlässlichkeitsanforderungen im Rahmen der Systemzerlegung überprüft?

- Wurden Probleme bei gleichzeitigem Zugriff auf ein Objekt oder Subsystem berücksichtigt (z.B. Ressourcenkonflikte, Verklemmungen)?

Ein Systementwurfsmodell ist **lesbar**, wenn Entwickler, die nicht am Systementwurf beteiligt sind, das Modell verstehen. Folgende Fragen sollten gestellt werden, um sicherzugehen, dass der Systementwurf lesbar ist:

- Sind die Namen der Subsysteme verständlich?

- Stellen Entitäten (z.B. Subsysteme, Klassen) mit ähnlichen Namen auch ähnliche Konzepte dar?

- Sind alle Entitäten gleich gut beschrieben?

In vielen Projekten wird man feststellen, dass sich der Systementwurf und die Implementierungen ein gutes Stück überschneiden. Wenn neue Technologien zu bewerten sind, ist es beispielsweise sinnvoll, einen Prototyp aus ausgewählten Subsystemen zu bauen, bevor man den Architekturstil festlegt. Anstelle der aus der Analyse bekannten Überprüfung durch den Kunden mit schriftlicher Bestätigung ist es deshalb notwendig, wesentlich mehr Überprüfungen von Teilen des Systems durchzuführen. Obwohl dieser Vorgang größere Flexibilität bietet, verlangt er von den Entwicklern Sorgfalt, insbesondere bei der Verfolgung von offenen Fragestellungen. Schwierige Probleme werden sonst erst spät gelöst, nicht weil sie schwierig sind, sondern weil sie durch die Lücken des Überprüfungsprozesses fielen.

7.5   Management des Systementwurfs

In diesem Abschnitt behandeln wir Themen, die mit der Verwaltung der Systementwurfsaktivitäten zu tun haben. Die Herausforderung beim Systementwurf besteht – wie bei der Analyse – darin, die Konsistenz aufrechtzuerhalten und dabei so viele Personen wie möglich zu verwenden. Am Ende des Systementwurfs sollten die Softwarearchitektur und die Systemschnittstellen ein einziges, in sich geschlossenes System beschreiben, das für eine Einzelperson verständlich ist.

Zuerst beschreiben wir eine Dokumentenvorlage, die benutzt werden kann, um die Ergebnisse des Systementwurfs zu dokumentieren (Abschnitt 7.5.1). Dann schildern wir Zuweisungen von Verantwortungsbereichen (Abschnitt 7.5.2) und behandeln den Kommunikationsfluss während des Systementwurfs (Abschnitt 7.5.3). Zum Schluss widmen wir uns spezifischen Themen, die mit der iterativen Art und Weise des Systementwurfs zusammenhängen (Abschnitt 7.5.4).

7.5.1   Dokumentation des Systementwurfs

Der Systementwurf wird im Systementwurfs-Dokument dokumentiert. Dieses beschreibt die im Projekt festgesetzten Entwurfsziele, die Systemzerlegung (anhand von UML-Klassendiagrammen), die Hardware/Software-Abbildung (anhand von UML-Verteilungsdiagrammen) die Datenverwaltung, Zugriffskontrolle, Kontrollflussmechanismen und Randbedingungen. Das Systementwurfs-Dokument wird verwendet, um Schnittstellen zwischen den Entwicklerarbeitsgruppen zu definieren, und dient als Bezugspunkt, wenn Entscheidungen auf Architekturebene noch einmal geprüft werden müssen. Zielgruppe des Dokuments sind Projektleiter, Systemarchitekten (d.h. die Entwickler, die am Systementwurf beteiligt sind) und die Entwickler, die die Subsysteme entwerfen und implementieren. Abbildung 7.17 ist eine Beispielvorlage für ein Systementwurfs-Dokument.

Systementwurfs-Dokument

1. Einleitung
    1.1 Zweck des Systems
    1.2 Entwurfsziele
    1.3 Definitionen, Akronyme und Abkürzungen
    1.4 Referenzen
    1.5 Überblick
2. Aktuelle Softwarearchitektur
3. Vorgeschlagene Softwarearchitektur
    3.1 Überblick
    3.2 Systemzerlegung
    3.3 Abbildung auf Hardware-/Software-Komponenten
    3.4 Management von persistenten Daten
    3.5 Zugriffskontrolle und Sicherheit
    3.6 Globaler Kontrollfluss
    3.7 Randbedingungen
4. Subsystemdienste
    Glossar

Abbildung 7.17:   Beispielübersicht des Systementwurfs-Dokuments

Der erste Abschnitt ist die *Einleitung*. Ihr Zweck ist es, einen kurzen Überblick zur Softwarearchitektur und den Entwurfszielen zu geben. Auch werden Referenzen auf andere Dokumente und Informationen zur Rückverfolgbarkeit (z.B. verwandte Anforderungsanalyse-Dokumente, Referenzen auf existierende Systeme und Beschränkungen, die Auswirkungen auf die Softwarearchitektur haben) genannt.

Der zweite Abschnitt, *Aktuelle Softwarearchitektur*, beschreibt die Architektur des zu ersetzenden Systems. Gibt es kein Vorgängersystem, kann dieser Abschnitt durch eine Studie zu gegenwärtigen Architekturen ähnlicher Systeme ersetzt werden. Zweck dieses Abschnittes ist es, Hintergrundinformationen zur Verfügung zu stellen, die von Systemarchitekten verwendet wurden, deren Hypothesen und allgemeine Fragen, die das neue System betreffen werden.

Der dritte Abschnitt, *Vorgeschlagene Systemarchitektur*, dokumentiert das Systementwurfsmodell des neuen Systems. Es ist in sieben Teilabschnitte gegliedert:

- Der *Überblick* zeigt die Softwarearchitektur aus der Vogelperspektive und beschreibt knapp die Funktionalitäten der Subsysteme.

- *Systemzerlegung* beschreibt die Zerlegung des Systems in Subsysteme und die einzelnen Verantwortlichkeiten. Dies ist das Hauptergebnis des Systementwurfs.

- *Abbildung auf Hardware-/Software-Komponenten* schildert, welche Hardware- und Standardkomponenten ausgewählt worden sind und welche Subsysteme auf welchen Komponenten laufen. In diesem Abschnitt werden auch Fragestellungen aufgelistet, die durch die Verteilung des Systems und durch Wiederverwendung von Software ausgelöst werden.

- In *Management von persistenten Daten* geht es um das Speichern von persistenten Daten und die dafür benötigte Datenverwaltungsinfrastruktur. Dieser Abschnitt enthält typischerweise die Spezifikation der Datenschemata, die Auswahl einer bestimmten Datenbank und die Beschreibung der Datenbankkapselung.

- *Zugriffskontrolle und Sicherheit* beschreibt das Benutzermodell eines Systems als Zugriffsmatrix. Ebenso wird auf Sicherheitsthemen eingegangen, wie z.B. die Auswahl von Authentifizierungsmechanismen, Verschlüsselungsalgorithmen und das Verwalten von Schlüsseln.

- *Globaler Kontrollfluss* beschreibt wie die Entscheidungen, die zur Implementierung des Kontrollflusses getroffen wurden. Im Einzelnen wird in diesem Abschnitt darauf eingegangen, wie Anfragen initiiert und Subsysteme synchronisiert werden. Entscheidungen, die bezüglich Synchronisations- und Nebenläufigkeitsthemen gefällt wurden, werden ebenfalls in diesem Abschnitt beschrieben.

- Der Teilabschnitt *Randbedingungen* beschreibt das Starten und Beenden des Systems sowie das Verhalten des Systems bei Fehlern. Wurden neue Anwendungsfälle für die Systemadministration entdeckt, sollten diese in das Anforderungsanalyse-Dokument aufgenommen werden, nicht in diesen Abschnitt.

Der vierte Abschnitt, *Subsystemdienste,* behandelt die von den Subsystemen für Operationen bereitgestellten Dienste. Im Allgemeinen ist dieser Abschnitt in der ersten Version des Systementwurfs-Dokumentes unvollständig. Er dient den Arbeitsgruppen allerdings als erster Anhalt für die Definition der Grenzen zwischen den Subsystemen. Die Schnittstelle eines jeden Subsystems wird aus diesem Abschnitt abgeleitet und im Objektentwurfs-Dokument dann ausführlicher spezifiziert.

Das Systementwurfs-Dokument wird nach der ersten Systemzerlegung geschrieben. Systemarchitekten sollten mit dem Veröffentlichen des Dokuments nicht warten, bis alle Entscheidungen zum Systementwurf getroffen wurden. Zudem sollte das Dokument immer aktualisiert werden, sobald Entwurfsentscheidungen getroffen oder Probleme entdeckt wurden. Sobald das Systementwurfs-Dokument veröffentlicht ist, sollte es dem Konfigurationsmanagement unterstellt werden. Die Änderungshistorie gibt dann einen Überblick über alle vollzogenen Änderungen und listet diese mit Nennung des Verantwortlichen, Datum der Änderung und einer kurzen Beschreibung der Änderung auf.

7.5.2   Zuweisung von Verantwortungsbereichen

Anders als die Analyse ist der Systementwurf das Reich der Entwickler: Kunde und Endbenutzer verschwinden hier in den Hintergrund. Jedoch bewirken viele Aktivitäten im
Systementwurf Änderungen im Analysemodell, und Kunde und Benutzer müssen bei solchen Änderungen einbezogen werden. Gerade bei komplexen Systemen konzentriert sich
der Systementwurf stark auf die Architekturgruppe. Dabei handelt es sich um eine multifunktionale Arbeitsgruppe, bestehend aus Architekten, die die Systemzerlegung festlegen, und ausgewählten Entwicklern, die die Schnittstellen spezifizieren. Es ist wesentlich,
dass am Systementwurf Leute mitarbeiten, die die Konsequenzen der Systementwurfs-
beschlüsse auch tragen müssen. Die Architekturgruppe beginnt ihre Arbeit, sobald das
Analysemodell einigermaßen stabil ist, und setzt sie fort, bis das Ende der Integrationsphase erreicht ist. Das schafft für die Architekturgruppe die Möglichkeit, Integrations-
probleme bereits möglichst früh zu erkennen und zu umgehen. Die Verantwortlichkeiten
beim Systementwurf weisen wir folgenden Rollen zu:

- Der **Architekt** ist der Leiter der Architekturgruppe. Er übernimmt die Hauptrolle im
  Systementwurf und muss die Konsistenz in den Entwurfsentscheidungen und in den
  Schnittstellen sicherstellen. Dies ist hauptsächlich eine Integrationsrolle, die Informationen aus den Subsystemgruppen verarbeitet. Der Architekt ist für die Formulierung
  der Konfigurationsmanagement-Richtlinien und der Systemintegrationsstrategie verantwortlich, wodurch die Konsistenz des Entwurfs bei den Konfigurationsmanage-
  ment- und Testarbeitsgruppen sichergestellt wird.

- Die **Verbindungsperson** ist Mitglied in der Architekturgruppe und gleichzeitig Mitglied in einer Subsystemarbeitsgruppe. Verbindungspersonen befördern Informationen von und zu den Subsystemarbeitsgruppen und verhandeln über Schnittstellenänderungen. Während des Systementwurfs konzentrieren sie sich auf die Spezifikation
  der Subsystemdienste, während der Implementierungsphase hingegen auf die Konsistenz der Programmierschnittstellen.

- Die Rollen **Redakteur**, **Konfigurationsmanager** und **Kritiker** sind dieselben wie bei
  der Analyse (siehe Abschnitt 5.5.2).

Die Anzahl der Subsysteme bestimmt die Größe der Architekturgruppe. Bei komplexen
Systemen werden auch für Subsysteme Architekturgruppen eingeführt. In allen Fällen ist
es wichtig, die Konsistenz und die Verständlichkeit der Architektur sicherzustellen, und
zwar so, dass sie immer von einer einzelnen Person verstanden werden kann.

7.5.3   Verständigung während des Systementwurfs

Die Kommunikation während des Systementwurfs sollte weniger anstrengend sein als
während der Analyse: Die Funktionalitäten des Systems sind definiert, Projektmitarbeiter
haben ein ähnliches Hintergrundwissen und sollten sich nun auch besser kennen. Doch
die Kommunikation bleibt aus anderen Gründen weiterhin schwierig:

■ *Größe*. Die Anzahl der zu behandelnden Fragen steigt, sobald Entwickler mit dem Entwurf beginnen. Auch die Anzahl der von den Entwicklern gleichzeitig zu bearbeitenden Artefakte steigt: Jede einzelne Funktionalität erfordert viele Operationen an vielen Objekten. Ferner überprüfen Entwickler, oftmals gleichzeitig, verschiedene Entwürfe und unterschiedliche Implementierungstechniken.

■ *Änderungen*. Die Systemzerlegung und die Schnittstellen der Subsysteme sind in ständigem Fluss. Begriffe, die von Entwicklern verwendet werden, um die unterschiedlichen Bestandteile des Systems zu benennen, entwickeln sich ständig weiter. Geschehen diese Änderungen sehr rasch, dann kann es vorkommen, dass Entwickler nicht dieselbe Version des Subsystems diskutieren, was zu Verwirrung führen kann.

■ *Abstraktionsebene*. Erörterungen über den Systementwurf sind selten konkret, da Entwurfsentscheidungen sich erst später, während der Implementierung und des Testens, auswirken. Diskussionen über Anforderungen können mit Hilfe von Prototypen und Vergleichen mit bestehenden Systemen konkretisiert werden. Die Diskussion über die Implementierung wird konkret, sobald Integrations- und Testergebnisse verfügbar sind.

■ *Widerstreben, sich Problemen zu stellen*. Der Abstraktionsgrad der meisten Diskussionen auf Systementwurfsebene erleichtert es, die Lösung schwieriger Probleme zu verschieben. Ein typischer Satz lautet „Lass uns diese Frage während der Implementierung klären". Während es bei detaillierten Entwurfsentscheidungen – wie beispielsweise internen Datenstrukturen und von den Subsystemen verwendete Algorithmen – durchaus wünschenswert ist, diese aufzuschieben, sollten Entscheidungen, die die Systemzerlegung betreffen, nicht aufgeschoben werden.

■ *Sich widersprechende Ziele und Kriterien*. Einzelne Entwickler optimieren oftmals unterschiedliche Kriterien. Ein im Benutzerschnittstellenentwurf erfahrener Entwickler neigt dazu, Antwortzeiten zu optimieren. Ein in Datenbanken erfahrener Entwickler wird vielleicht den Datendurchsatz verbessern. Diese entgegengesetzten Ziele bewirken, besonders wenn sie unausgesprochen bleiben, dass Entwickler die Systemzerlegung in unterschiedliche Richtungen vollziehen und somit widersprüchlich machen.

Dieselben Techniken, die wir in der Analyse (siehe Abschnitt 5.5.3) erörtert haben, können auf den Systementwurf angewendet werden:

■ *Identifizieren und priorisieren Sie die Entwurfsziele für das System und formulieren Sie sie eindeutig* (siehe Abschnitt 6.4.2). Werden am Systementwurf beteiligte Entwickler in diesen Prozess miteinbezogen, dann werden sie diese Entwurfsziele später weiterverfolgen. Die Entwurfsziele bilden auch einen objektiven Rahmen, an dem Entscheidungen gemessen werden können.

■ *Machen Sie die aktuelle Version der Systemzerlegung allen Beteiligten zugänglich.* Eine Möglichkeit, ein Dokument schnell zu verbreiten, ist, es ins Internet zu stellen. Ein Konfigurationsmanagementwerkzeug zur Wartung des Systementwurfs-Dokuments hilft Entwicklern, die jüngsten Änderungen festzustellen.

■ *Pflegen Sie ein aktuelles Glossar.* Wie bei der Analyse hilft die genaue Definition von Begriffen, Missverständnisse zu vermeiden. Stellen Sie bei der Identifizierung und Modellierung des Subsystems neben den Namen auch Definitionen bereit. Ein UML-

Diagramm, das nur Subsystemnamen enthält, ist nicht ausreichend, um effektive Kommunikation zu unterstützen. Eine knappe und stichhaltige Definition sollte jeden Subsystem- und Klassennamen begleiten.

- ■ *Stellen Sie sich Entwurfsproblemen.* Das Hinausschieben von Entwurfsentscheidungen kann sinnvoll sein, wenn weitere Informationen vor einer Entscheidung nötig sind. Dieser Ansatz kann aber die Auseinandersetzung mit schwierigen Entwurfsproblemen verhindern. Bevor ein Problem eingebracht wird, sollten mehrere mögliche Alternativen erforscht und beschrieben und die Verschiebung auf später begründet werden. Das stellt sicher, dass Probleme ohne ernsthafte Auswirkungen auf die Systemzerlegung verschoben werden können.

- ■ *Iterieren Sie beim Entwurf.* Ausgewählte Abstecher in die Implementierungsphase können den Systementwurf verbessern. Neue Merkmale in einer vom Lieferanten bereitgestellten Komponente können beispielsweise beurteilt werden, indem ein vertikaler Prototyp (siehe Abschnitt 7.5.4) für die Funktionalität, die am wahrscheinlichsten davon profitiert, implementiert wird.

Schließlich werden mit großer Wahrscheinlichkeit die Systemzerlegung und -schnittstellen während der Implementierung geändert werden, ganz egal wie viel Aufwand in den Systementwurf gesteckt wurde. Sobald neue Informationen zu Implementierungsmöglichkeiten verfügbar sind, gewinnen Entwickler ein klareres Systemverständnis und werden Entwurfsalternativen entdecken. Mit diesen Änderungen sollte man immer rechnen und daher vor der Systemintegration etwas Zeit für die Aktualisierung des Systementwurfs-Dokumentes reservieren.

7.5.4   Iterationen im Systementwurf

Genau wie die Anforderungsanalyse besteht der Systementwurf aus einer Folge von Iterationen und Änderungen. Die Änderungen müssen auf jeden Fall kontrolliert werden, um besonders bei komplexen Projekten mit zahlreichen Beteiligten Chaos zu vermeiden.

Wir unterscheiden drei Typen von Iterationen während des Systementwurfs. Erstens beeinflussen wichtige Entscheidungen zu Beginn des Systementwurfs die Systemzerlegung, sobald jede der einzelnen Systementwurfsaktivitäten initiiert wird. Zweitens ist mit Revisionen an den Schnittstellen der Subsysteme zu rechnen, sobald Prototypen erzeugt werden, um spezifische Fragestellungen zu untersuchen. Drittens bewirken Fehler oder Versehen, die erst spät entdeckt werden, Änderungen an den Subsystemschnittstellen und gelegentlich sogar an der Systemzerlegung selbst.

Der erste Iterationstyp wird am besten mit Brainstorming-Techniken gehandhabt (entweder persönlich oder elektronisch). Definitionen sind dann noch vorläufig, Entwickler haben noch keine Vorstellung vom gesamten System und die informelle Kommunikation wird auf Kosten von Formalitäten und bürokratischen Verfahren maximiert. In gruppenbasierten Projekten wird die erste Systemzerlegung häufig festgelegt, bevor die Analyse abgeschlossen ist. Dieses Vorgehen erlaubt es, die Zuständigkeit für die verschiedenen Subsysteme unterschiedlichen Arbeitsgruppen zuzuweisen. Änderungs- und Erforschungsbemühungen sollten gefördert werden, und sei es auch nur, um das gemeinsame Verständnis der Entwickler zu erweitern oder unterstützendes Interesse am gegenwärtigen Entwurf zu erzeugen. Aus diesem Grund sollte man in dieser Phase auf einen bürokratischen Änderungsprozess völlig verzichten.

Der zweite Typ von Iterationen zielt auf die Lösung schwieriger und schwerpunktmäßiger Themen ab, wie beispielsweise die Wahl eines bestimmten Lieferanten oder einer spezifischen Technologie. Die Systemzerlegung ist stabil (idealerweise sollte sie unabhängig von Lieferanten und Technologien sein) und die meisten Untersuchungen haben das Ziel festzustellen, ob ein spezifisches Paket zum System passt. Während dieser Phase können Entwickler auch einen vertikalen Prototyp[2] für einen bestimmten Anwendungsfall erstellen, um die Angemessenheit der Zerlegung zu prüfen. Dies ermöglicht es, Probleme des Kontrollflusses frühzeitig zu entdecken und zu behandeln. Ein formaler Änderungsprozess ist hier nicht notwendig. Eine Statusliste voneinander abhängiger Themen kann Entwicklern helfen, die Ergebnisse einer Technologieuntersuchung schnell zu verbreiten.

Der dritte Typ von Iterationen beseitigt Entwurfsprobleme, die spät im Prozess entdeckt wurden. Obwohl Entwickler diese Wiederholungen eher vermeiden möchten, da sie häufig kostspielig sind und oft selbst neue Fehler einführen, müssen sie mit solchen Änderungen rechnen. Man kann diese späten Iterationen voraussehen, indem man Abhängigkeiten zwischen den Subsystemen und Entwurfsbegründungen für die Subsystemschnittstellen dokumentiert sowie provisorische Lösungen entsprechend kennzeichnet, da diese am ehesten zu Fehlern führen können. Änderungen sollten sorgfältig geplant und mit einem Prozess ähnlich wie bei Anforderungsänderungen begleitet werden.

Wir können die fortschreitende Stabilisierung der Systemzerlegung erreichen, indem wir das Konzept eines **Entwurfsfensters**, eines Zeitrahmens für eine Entwurfsentscheidung, verwenden. Um Änderungen zu ermutigen und gleichzeitig zu kontrollieren, bleibt eine kritische Entscheidung während eines spezifizierten Zeitrahmens offen und muss erst getroffen werden, wenn das Fenster geschlossen wird, d.h. wenn die Zeit abgelaufen ist. Die Hardware-/Softwareplattform, auf die das System abgebildet werden soll, sollte beispielsweise frühzeitig im Projekt beschlossen werden, sodass Entscheidungen zum Hardwareeinkauf rechtzeitig für die Entwicklung gefällt werden können. Entwurfsfenster für interne Datenstrukturen und -algorithmen können bis nach der Integration offen gelassen werden. Dies erlaubt es den Entwicklern, Algorithmen – basierend auf Leistungstests – noch einmal zu überarbeiten. Wenn das Entwurfsfenster geschlossen wird, muss das zugehörige Entwurfsproblem geklärt sein, und kann erst bei einer nachfolgenden Iteration wieder geöffnet werden.

---

[2] Ein **vertikaler Prototyp** implementiert vollständig eine begrenzte Funktionalität, beispielsweise alle Grenz-, Steuerungs- und Entitätsobjekte für einen einzelnen Anwendungsfall. Ein **horizontaler Prototyp** implementiert anteilig ein umfangreiches Gebiet an Funktionalität, beispielsweise nur die Grenzobjekte einer Reihe von Anwendungsfällen.

7.6 ARENA-Fallstudie

In diesem Abschnitt wenden wir die in diesem Kapitel beschriebenen Konzepte und Methoden auf das ARENA-System an. Wir beginnen mit der Identifizierung der Entwurfsziele für ARENA und entwerfen eine erste Systemzerlegung. Danach wählen wir eine Software- und eine Hardwareplattform aus und bestimmen die persistente Datenspeicherung, die Zugriffskontrolle und den globalen Kontrollfluss. Zum Schluss betrachten wir die Randbedingungen von ARENA.

7.6.1 Identifizierung von Entwurfszielen

Entwurfsziele sind Eigenschaften, die es uns ermöglichen, Prioritäten bei der Entwicklung des Systems zu setzen. Entwurfsziele entstehen aus den nichtfunktionalen Anforderungen, die während der Anforderungsermittlung spezifiziert wurden, und aus technischen und Verwaltungszielen, spezifiziert durch das Projekt.

In ARENA ist der Hauptkunde der Spielebetreiber, der die Betriebsmittel für die Einrichtung einer Arena für eine bestimmte Gemeinschaft bereitstellt. Spielebetreiber sind selbst Spieler, die zusätzliche Kenntnisse in der Systemverwaltung oder sogar in der Programmierung haben. Die Möglichkeit, Werbung zu betreiben, erlaubt es ihnen, einige ihrer Ausgaben wieder zu erwirtschaften. Zudem gehen wir davon aus, dass Spielebetreiber eine Gemeinschaft bilden werden, und dass die Einbindung neuer Spiele in ARENA und Verbesserungen an ARENA hauptsächlich von Spielebetreibern kommen werden. Werbung ist jedoch nicht die Hauptaufgabe von ARENA. Aus dieser Beobachtung und aus der ARENA-Problembeschreibung (Abbildung 4.17) heraus identifizieren wir die folgenden Entwurfsziele:

- *Niedrige Durchführungskosten.* Um auf Werbung weitgehend verzichten zu können, sollen die Kosten für das System (z.B. Hardware, Netzwerk, Verwaltungskosten, usw.) so gering wie möglich gehalten werden. Das bringt uns dazu, nach kostenlosen oder offenen Quelltextkomponenten zu suchen. Dieses Entwurfsziel ist eine Verfeinerung der nichtfunktionalen Anforderung „geringe Betriebskosten" der ARENA-Problemstellung (Abbildung 4.17).

- *Hohe Verfügbarkeit.* Der Wert einer Arena steigt mit der Anzahl von Spielern, mit denen Turniere ausgetragen werden können. Unerwartete Abstürze und Unterbrechungen während solcher Turniere werden für Enttäuschung unter den Spielern sorgen und sie davon abhalten, an anderen Turnieren teilzunehmen. Dieses Entwurfsziel ist nicht ausdrücklich in der Problemstellung aufgeführt, es ist aber notwendig, wenn eine Arena eine ausreichend große Anzahl an Spielern anziehen und halten soll.

- *Skalierbarkeit bezüglich der Anzahl von Spielern und gleichzeitiger Turniere.* Die Antwortzeit der Arena darf sich nicht verschlechtern, wenn die Anzahl der Spieler zunimmt. Wenn notwendig, sollte ein Spielebetreiber die Möglichkeit haben, die Kapazität der Arena durch das Hinzufügen von Hardwareknoten zu erhöhen. Dieses Entwurfsziel ist die Verfeinerung der nichtfunktionalen Anforderung „Skalierbarkeit" in der ARENA-Problemstellung (Abbildung 4.17).

■ *Einfaches Hinzufügen neuer Spiele.* Einige Spiele wie zum Beispiel Schach sind zeitlos. Die Rechnerspielindustrie jedoch wächst mit verschiedenen Modetrends und mit Hardwareverbesserungen. Um eine Arena auf dem neuesten Stand zu halten, sollte es relativ einfach sein, existierende Spiele anzupassen und neue Spiele zu installieren. Dieses Entwurfsziel ist eine Verfeinerung der nichtfunktionalen Anforderung „Erweiterbarkeit" in der ARENA-Problemstellung (Abbildung 4.17).

■ *Dokumentation für Open-Source-Entwicklung.* Die Organisation und Dokumentation des ARENA-Programmgerüstes sollte es neuen Entwicklern leichter machen, zusätzliche Eigenschaften in den Quelltext einzubauen. Das umfasst sowohl Quelltextdokumentation für Änderungen und Verbesserungen als auch eine gute Dokumentation auf der Architekturebene, die das Hinzufügen dieser neuen Merkmale erleichtert. Dieses Entwurfsziel stammt von den Entwicklern und Managern von ARENA (im Gegensatz zum Kunden). Im Allgemeinen machen solche Entwurfsziele zusätzliche Absprachen mit den Kunden nötig, da sie im Widerspruch zu impliziten Kundenzielen stehen könnten.

7.6.2   Identifizierung von Subsystemen

Wir identifizieren Subsysteme zuerst aus den funktionalen Anforderungen von ARENA und aus dem Analysemodell. Zweck dieser Aktivität ist es, das System in autarke Komponenten zu zerlegen, die von Einzelpersonen gehandhabt werden können. Wenden wir uns anderen Entwurfszielen zu, wie beispielsweise der Zugriffskontrolle und der persistenten Datenverwaltung, dann werden wir diese erste Systemzerlegung verfeinern oder modifizieren.

Wir unterscheiden zunächst zwei Hauptbereiche des ARENA-Systems: erstens den Bereich der Spieleorganisation, der für die Koordination der Benutzer zuständig ist, wenn eine Arena, eine Liga oder ein Turnier organisiert wird; zweitens den Bereich der Spieledurchführung, in dem Spieler individuelle Partien innerhalb eines Turniers spielen.

Für den Bereich der Spieleorganisation wählen wir eine hierarchische Systemzerlegung mit drei Subsystemen (Abbildung 7.18): Das ArenaKunde-Subsystem stellt die Schnittstelle für Benutzer bereit, um alle organisationsbezogenen Anwendungsfälle (z.B. AnkündigeTurnier, BewirbFürTurnier, RegistriereSpieler) zu initiieren. Das ArenaServer-Subsystem ist für die Zugriffs- und Nebenläufigkeitskontrolle zuständig und verweist anwendungsspezifische Anfragen auf verschiedene Subsysteme, die für die Benutzerverwaltung, Werbung, Turniere und Spiele bestimmt sind. Das ArenaSpeicher-Subsystem ist für die Speicherung aller persistenten Objekte zuständig ist, mit Ausnahme derer, die den Stand von Partien anzeigen. Diese Systemzerlegung kann als Drei-Säulen-Architektur realisiert werden.

Für den Bereich der Spieledurchführung muss die Softwarearchitektur gleichzeitig laufende Spiele unterstützen, bei denen die Aktion eines Spielers in sehr kurzer Zeit ein Ereignis bei einem anderen Spieler auslösen kann. Wegen dieser Anforderung wählen wir hier eine Peer-zu-Peer-Architektur, in der SchnittstellenPeer-Subsysteme die Benutzerschnittstelle liefern und ein SpielePeer die aktuellen Spielstände pflegt sowie die Spiel-

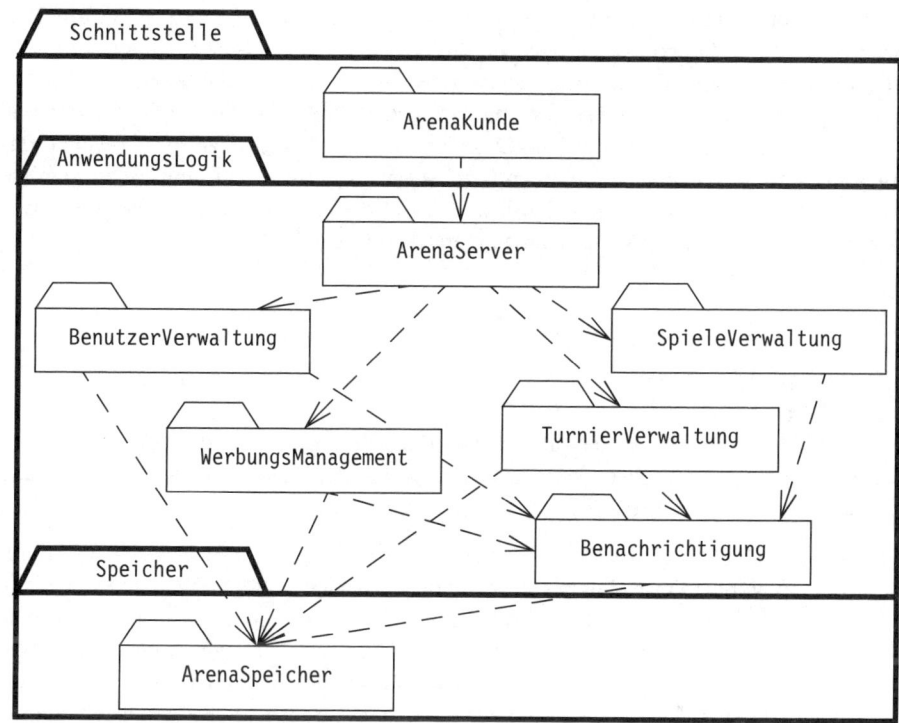

Abbildung 7.18: ARENA-Systemzerlegung, Spieleorganisationsteil (UML-Klassendiagramm)

regeln durchsetzt. Für rundenbasierte Spiele wäre ein Klient-/Anbieter-Architekturstil ausreichend, da die Antwortzeit bei solchen Spielen weniger kritisch ist. Die Auswahl des Peer-zu-Peer-Stils erlaubt es bestimmten Spielen auch, einem Klient-/Anbieter-Stil zu folgen. SchnittstellenPeer-Subsysteme können bei Echtzeitspielen aber auch direkt miteinander kommunizieren.

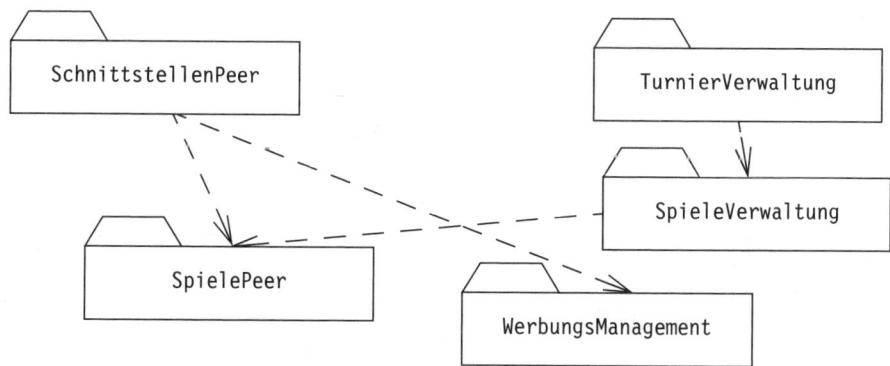

Abbildung 7.19: ARENA-Systemzerlegung, Spieledurchführungsteil (UML-Klassendiagramm)

Um das Entwurfsziel „Spieleunabhängigkeit" weiter zu erfüllen, stellt ARENA ein Programmgerüst für SchnittstellenPeer und SpielePeer zur Verfügung, wobei der große Teil der Spiellogik von extra für das Spiel angefertigten Komponenten bereitgestellt wird. Um ein Spiel hinzuzufügen, muss dann nur noch ein Adapter für das bereits existierende oder neue Spiel entwickelt werden. Das TurnierVerwaltung-Subsystem benutzt das SpieleVerwaltung-Subsystem, um einen SpielePeer zu initiieren und um die Ergebnisse der einzelnen Partien zu sammeln. Der SchnittstellenPeer benutzt das Werbungs-Management-Subsystem, um Werbung abzuholen (Abbildung 7.19).

7.6.3   Abbildung von Subsystemen auf Hardware und Software

Die Abbildung von Subsystemen auf Hardware und Software ermöglicht uns, mögliche Übereinstimmungen zwischen den Subsystemen zu identifizieren und Leistungs- und Zuverlässigkeitsziele zu erfüllen.

ARENA ist von Natur aus ein verteiltes System, da die Benutzer vor verschiedenen Maschinen sitzen, möglicherweise durch verschiedene Zeitzonen getrennt. Wir unterscheiden jedoch nur zwischen zwei Arten von Knoten: zwischen der BenutzerMaschine, die eine Benutzerschnittstelle bereitstellt, und der ServerMaschine, die die Anwendungslogik bearbeitet oder allgemeiner, die die ARENA-Dienste bereitstellt. Subsysteme wie Arena-Kunde- oder SchnittstellenPeer laufen auf der BenutzerMaschine. Bei einer Installation von ARENA mit nur wenigen Spielern könnten die restlichen Subsysteme alle auf einer einzigen ServerMaschine platziert werden. Um jedoch Skalierbarkeit zu garantieren, identifizieren wir ein zusätzliches Subsystem, das Werbebanner zum Webseitenbetrachter schickt, und weisen die Subsysteme WerbungsServer, SpielePeer, ArenaSpeicher und ArenaServer verschiedenen Prozessen zu, die auf verschiedenen ServerMaschinen laufen können. ArenaServer umfasst dabei die TurnierVerwaltung-, BenutzerVerwaltung- und SpieleVerwaltung-Subsysteme (siehe auch Abbildung 7.18).

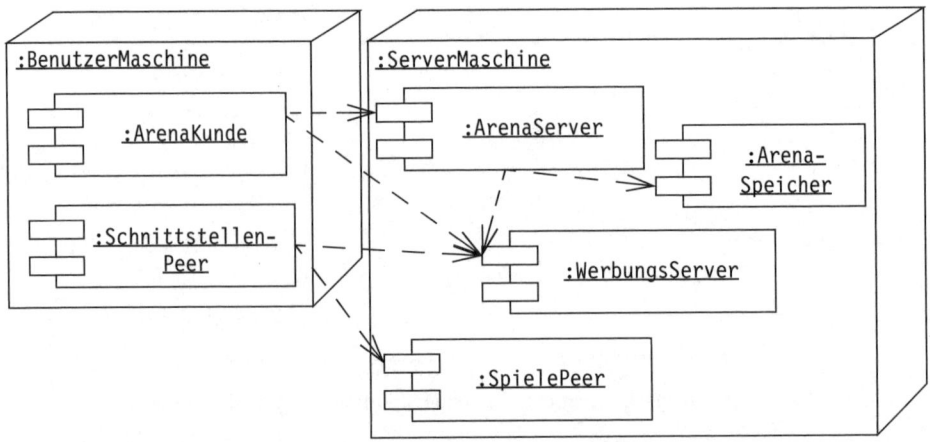

Abbildung 7.20:   ARENA Hardware/Software-Abbildung (UML-Verteilungsdiagramm)

Für die Realisierung des Bereichs Spieleorganisation von ARENA wählen wir das J2EE-Programmgerüst. J2EE ist eine Sammlung von Schnittstellen und Normen, die von Sun Microsystems zur Entwicklung portierbarer Web-basierter Informationssysteme in Java bereitgestellt wird. Der Vorteil dieser Norm ist, dass sie von vielen Open-Source-Produkten und auch von kommerziellen Produkten implementiert ist, wodurch es einem Spielebetreiber möglich wird, auf Grund der geringeren Kosten für Laufzeitlizenzen ein wesentlich größeres System in Bezug auf die Anzahl der Spieler, Turniere und Ligen anzubieten. Außerdem sind die Open-Source-Komponenten des J2EE-Rahmens relativ leicht zu installieren und erfordern nur geringe Verwaltungskenntnisse.

Der ArenaKunde wird also als Webseitenbetrachter realisiert und auf ArenaServer und die anderen Spieleorganisations-Subsysteme wird über einen Webserver zugegriffen. Um ArenaServer und die anderen Subsysteme zu realisieren, wählen wir Java Servlets und Java Server Pages (JSP). Servlets sind Klassen, die auf der ServerMaschine liegen. Sie erhalten, bearbeiten und beantworten Anfragen eines Webseitenbetrachters, indem sie eine HTML-Seite generieren. JSP bieten einen kompakten Weg, Servlets zu spezifizieren, indem sie eine Sprache verwenden, die HTML ähnlich ist. Ein Präprozessor generiert dann ein Servlet aus einer JSP. Die Grenz- und Steuerungsobjekte von ARENA realisieren wir deshalb mit JSP, wobei JSP wiederum Methoden auf Entitäts- und Speicherobjekten aufruft, die mit Hilfe von Java-Grundlagenklassen (Java Foundation Classes) verwirklicht werden.

Nachdem wir die Subsysteme, die Nebenläufigkeit und die Hardware-/Softwareplattform identifiziert haben, richten wir unsere Aufmerksamkeit auf die Verwaltung persistenter Daten.

7.6.4 Identifizierung und Speicherung persistenter Daten

Identifizierung persistenter Objekte

ARENA hat zwei Arten von Objekten, die gespeichert werden müssen. Die erste Art beinhaltet Objekte, die von Subsystemen der Spieleorganisation erzeugt und aufgerufen werden (z.B. Turnier, Spiel, Match, Spieler). Sie müssen persistent sein, um den Verlauf der Ligen, Partien, Turniere und ihrer Spieler zu verfolgen. Die zweite Art beinhaltet Objekte, die bei Partien vom SpielePeer oder vom SchnittstellenPeer erzeugt und aufgerufen werden. Sie werden verwendet, um Spiele für Zuschauer zu wiederholen und um Partien, die durch Systemabstürze unterbrochen wurden, wieder aufzunehmen. Der erste Satz an Objekten ist gut definiert und wird sich wohl im Laufe der Lebenszeit von ARENA nicht viel ändern. Der zweite Objektsatz ist für jedes Spiel anders und muss von den Spieleentwicklern definiert werden. Folglich entschließen wir uns, den ersten Satz persistenter Objekte mit dem ArenaSpeicher-Subsystem zu verwalten, und überlassen es den Spieleentwicklern, wie sie die Zustände von Partien in spielespezifischen Komponenten verwalten. Auf die persistenten Objekte eines Spiels wird dann nur über eine generische Spiel-Schnittstelle zugegriffen, die von jedem einzelnen Spiel zu implementieren ist.

Auswahl einer Speicherstrategie

Das Auswählen einer Strategie für eine persistente Datenverwaltung ermöglicht es, uns auch mit anderen verwandten Themen zu beschäftigen, wie beispielsweise mit der Nebenläufigkeitskontrolle und der Systemwiederherstellung nach einem Absturz. Viele Datenbankverwaltungssysteme erlauben zum Beispiel gleichzeitige Anfragen und bieten Transaktionsmechanismen an, um Datensicherheit zu garantieren.

Unser wichtigstes Entwurfsziel in ARENA ist, die Betriebskosten niedrig zu halten. Deshalb überlegen wir zunächst, ob man flache Dateien zur Speicherung verwenden kann. Ein solches System kann einfach installiert werden, da es kein Datenverwaltungssystem gibt, das konfiguriert oder verwaltet werden muss. Jedoch lässt sich ein System, das nur auf flachen Dateien basiert, nicht auf umfangreichere Installationen mit Dutzenden von Spielen und Tausenden von Spielern vergrößern, was auch ein wichtiges Entwurfsziel für uns ist.

Um beide Entwurfsziele zu erreichen, setzen wir auf eine gemischte Strategie. Das Speichersubsystem stellt eine abstrakte Schnittstelle bereit, die eine Installation sowohl mit Dateien als auch mit einer Datenbank ermöglicht. Wird eine Arena das erste Mal installiert, entscheidet der Spielebetreiber, welche Implementierung am besten zu den Zielen passt. Der Spielebetreiber wird die Strategie nicht während der Laufzeit wechseln können, kann aber während einer Systemrekonfiguration persistente Objekte von Dateien auf Datenbanktabellen umsetzen und umgekehrt. Dies steigert die Entwicklungskosten für ARENA, gibt aber dem Spielebetreiber mehr Flexibilität. Um allerdings Entwicklungsrisiken zu reduzieren, wird der erste Prototyp von ARENA nur flache Dateien verwenden. Ein zweiter Prototyp wird eine datenbankunabhängige Programmierschnittstelle (z.B. JDBC [JDBC, 1998]) verwenden, um persistente Objekte in einer relationalen Datenbank zu speichern, und es den Spielebetreibern so auch ermöglichen, unterschiedliche relationale Datenbankprodukte zu verwenden.

Spieleentwickler werden Persistenzprobleme unterschiedlich angehen. Auf Grund der sequentiellen Natur von Spieldaten gehen wir davon aus, dass es Spiele geben wird, die Dateien zum Speichern von persistenten Daten verwenden.

7.6.5   Zugriffskontrolle

Da ARENA als Mehrbenutzersystem konzipiert ist, müssen verschiedene Akteure unterschiedliche Objektsätze sehen und unterschiedliche Arten von Operationen aufrufen können. Um die Zugriffsrechte in ARENA zu dokumentieren, zeichnen wir eine Zugriffsmatrix (Tabelle 7.4), die die erlaubten Operationen auf den Entitätsobjekten für jeden Akteur darstellt. Zusammengefasst heißt das, der Spielebetreiber kann Benutzer und Ligen erzeugen, SportVereine können Turniere und Partien generieren. Werbetreibende können Werbung laden und entfernen, und sich für die Förderung einer Liga oder eines Turniers bewerben. Der SportVerein trifft die endgültige Entscheidung über die Trägerschaft, wie es bereits in der Analyse festgelegt wurde. Spieler können sich in eine Liga eintragen (um Bekanntmachungen zu erhalten), sich für ein Turnier anmelden und Partien spielen, für die sie aufgestellt wurden. Die Zuschauer schließlich können Spielerstatistiken, Liga-

und Turnier-Zeitpläne einsehen und sich eintragen, um Spielbenachrichtigungen zu erhalten und Partien zu sehen.

Objekte Akteure	Arena	Benutzer	Liga	Turnier	Partie
Arena Operateur	«create» erzeuge- Benutzer	«create» deakti- viere	«create» archiviere		
SportVerein		hole-Sta- tistiken holeInfo	archiviere setzeFör- derer	«create» archiviere setzeFörderer	«create» ende
Werbe- treibender	ladeWerbung löscheWer- bung		bewerben für Förderung	bewerben für Förderung	
Spieler	bewerben für SportVerein	setzeInfo	Sicht abonnieren	bewerben für Turnier Sicht abonnieren	Spiel ende
Zuschauer	bewerben als Spieler bewerben als Werbe- treibender	hole-Sta- tistiken	Sicht abonnieren	Sicht abonnieren	abonnieren Wieder- holung

Tabelle 7.4: Zugriffsmatrix für die wichtigsten ARENA-Objekte

Die meisten Informationen zur Zugriffskontrolle sind schon im Anwendungsfallmodell enthalten. Die Zugriffsmatrix bietet jedoch eine genauere und kompaktere Ansicht und ermöglicht so einem Kunden, die Zugriffskontrolle leichter zu überprüfen, und einem Entwickler, sie korrekt zu implementieren.

Zuschauer sind Akteure, die nicht gegenüber dem System authentifiziert werden müssen. Alle anderen Akteure müssen sich erst authentifizieren, bevor sie irgendein Objekt im System modifizieren können. Wir wählen einen Benutzernamen/Passwort-Mechanismus, um eine Sitzung zu beginnen. Dann verwenden wir Zugriffskontrolllisten für jedes Objekt (z.B. Ligen, Turniere und Partien), um Zugriffsrechte des Benutzers zu überprüfen. Ein Sitzungs-Objekt pro authentifiziertem Benutzer verfolgt angemeldete Benutzer.

7.6.6 Globaler Kontrollfluss

Wie in Abschnitt 7.4.4 beschrieben gibt es drei Arten, den Kontrollfluss zu realisieren: prozedurgetrieben, ereignisgesteuert oder mit Leichtgewichtsprozessen. Welche Art von Kontrollfluss gewählt wird, hängt von den Antwortzeit- und Datendurchflussbedingungen für das System und von der Entwicklungskomplexität ab. Zudem ist es in einem System mit vielen Komponenten möglich, verschiedene Kontrollflüsse für verschiedene Komponenten auszuwählen.

In den Abschnitten 7.6.3 und 7.6.4, in denen wir Komponenten für die Schnittstelle und das Speichersubsystem von ARENA auswählten, beschränkten wir die Alternativen für Kontrollflussmechanismen für den Bereich Spieleorganisation: Der WebServer wartet auf die Anfrage des Webseitenbetrachters. Nach Erhalt bearbeitet der WebServer die Anfrage und schickt sie zu dem entsprechenden Servlet oder JSP, wodurch ein ereignisgesteuerter Kontrollfluss verursacht wird. Der WebServer stellt für jede Anfrage einen neuen Leichtgewichtsprozess zur Verfügung, der die parallele Handhabung der Anfragen erlaubt. Dies führt zu einem reaktionsschnellen System, da der WebServer auf Anfragen auch antworten kann, wenn andere Anfragen noch nicht vollständig bearbeitet sind. Der Nachteil von Leichtgewichtsprozessen liegt in der höheren Komplexität des Systems, die aus der Synchronisation paralleler Leichtgewichtsprozesse entsteht. Um einen robusten Entwurf für Nebenläufigkeit sicherzustellen, definieren wir die folgende Strategie beim gleichzeitigen Zugriff auf gemeinsam benutzte Daten:

■ *Grenzobjekte dürfen keine Felder definieren.* Stattdessen halten Grenzobjekte temporäre Daten in Verbindung mit den aktuellen Anfragen in lokalen Variablen. Da Grenzobjekte von Leichtgewichtsprozessen gemeinsam benutzt werden, werden dadurch Nebenläufigkeitsprobleme verhindert.

■ *Steuerungsobjekte dürfen nicht gemeinsam benutzt werden.* Stattdessen sollte höchstens ein Steuerungsobjekt pro Sitzung vorhanden sein und Benutzern sollte es nicht möglich sein, gleichzeitige Anfragen zu stellen, die beide dasselbe Steuerungsobjekt innerhalb derselben Sitzung erfordern. Diese Bedingung sollte vor allem dann erzwungen werden, wenn Steuerungsobjekte die Verarbeitung von einzelnen Anfragen überleben.

■ *Entitätsobjekte dürfen keinen direkten Zugriff auf ihre Felder erlauben.* Stattdessen sollten alle Änderungen und Zugriffe am Objektstatus durch Methoden vorgenommen werden. Zudem sollten diese Methoden nur auf die Felder des Empfängerobjekts (d.h. this) zugreifen und nicht auf andere Instanzen derselben Klasse. Werden Klassen als abstrakte Datentypen realisiert (siehe Abschnitt 2.3.2), dann sollten alle ihre Felder privat sein.

■ *Methoden für den Zugriff auf den Status von Entitätsobjekten müssen synchronisiert werden.* Das bedeutet: Der von Java bereitgestellte Synchronisationsmechanismus ist so zu verwenden, dass nur jeweils ein Leichtgewichtsprozess aktiv sein kann.

■ *Verschachtelte Aufrufe auf synchronisierte Methoden sollten vermieden werden.* Entwickler synchronisierter Verfahren sollten prüfen, ob ein verschachtelter Methodenaufruf dazu führen kann, dass ein anderes synchronisiertes Verfahren aufgerufen wird. Dies könnte zu Verklemmungen führen und sollte deshalb vermieden werden. Können solche verschachtelten Aufrufe nicht umgangen werden, sollten die Entwickler entweder das Aufrufverhalten der Operationen neu überlegen, um Verklemmungen zu vermeiden, oder eine strikte Ordnung von synchronisierten Methodenaufrufen erzwingen.

■ *Ein redundanter Zustand sollte mit einem Zeitstempel versehen werden.* Der Zustand eines Objekts kann gelegentlich kopiert werden. Eine solche Kopie erhält man zum Beispiel, wenn der Zustand eines Objekts in einem Webformular im Webseitenbetrachter und im Speichersubsystem gespeichert wird. Um Situationen aufzudecken, bei denen gleichzeitige Änderungen am selben Objekt zu einem Konflikt führen können, sollte ein Zeitstempel an den kopierten Daten angebracht werden, der die letzte Änderungszeit angibt.

Im Spielebereich von ARENA laufen Objekte vom Typ SchnittstellenPeer und SpielePeer in verschiedenen Prozessen. Diese Prozesse werden vom SpieleVerwaltung-Subsystem gestartet, sobald es durch einen Turnier-Zeitplan oder durch die Anwesenheit von Spielern erforderlich ist. Der interne Kontrollfluss von SchnittstellenPeer und SpielePeer kann sowohl ereignisgesteuert als auch leichtgewichtig sein, abhängig von den Anforderungen des jeweiligen Spiels.

7.6.7 Identifizierung von Randbedingungen

Während dieser Aktivität überdenken wir die Entwurfsentscheidungen, die wir bisher getroffen haben, und identifizieren zusätzliche Anwendungsfälle für Administratoren. Zuerst untersuchen wir die Lebensdauer der persistenten Objekte in ARENA, die Lebensdauer jeder Laufzeitkomponente und zum Schluss die Arten möglicher Systemabstürze.

Konfigurationsanwendungsfälle

Die Handhabung von vielen persistenten Objekten ist bereits in den Anwendungsfällen während der Analyse (Abbildung 4.22) und in der Zugriffsmatrix (Tabelle 7.4) beschrieben. Spielebetreiber erzeugen und deaktivieren beispielsweise Benutzer. SportVereine erzeugen und archivieren Ligen und Turniere. Spieler initiieren und beenden Partien. Werbetreibende verwalten WerbeBanner. Die Handhabung der Arena- und Spiel-Objekte wurde jedoch im Anwendungsfallmodell bis jetzt noch nicht beschrieben, da diese Objekte während des Systementwurfs verfeinert wurden. Arena wird mit der Installation des Systems erzeugt. Spiele werden erzeugt und entfernt, wann immer Spiele vom System hinzugefügt oder gelöscht werden. Folglich identifizieren wir zwei zusätzliche Anwendungsfälle, InstalliereArena und VerwalteSpiele, die vom Spielebetreiber aufgerufen werden. Zudem hatten wir ja in Abschnitt 7.6.4 beschlossen, dass ein Spielebetreiber persistente Objekte von einer Dateidarstellung in eine Datenbankdarstellung und umgekehrt konvertieren kann. Dies führt zu einem weiteren Anwendungsfall, den wir KonvertiereSpeicher nennen (Tabelle 7.5).

Installiere-Arena	Der Spielebetreiber erzeugt eine Arena, gibt ihr einen Namen, wählt ein Speichersubsystem aus (entweder eine Dateisystem oder eine Datenbank) und konfiguriert Installationsparameter (z.B. höchste Anzahl an gleichzeitigen Turnieren, Dateipfad für Speicher).
Verwalte-Spiele	Der Spielebetreiber installiert oder entfernt ein Spiel, einschließlich der maßgeschneiderten Quelltexte für den SpielePeer und den SchnittstellenPeer. Die Liste der Spiele wird aktualisiert für das nächste Mal, wenn ein SportVerein eine Liga erzeugt
Konvertiere-Speicher	Wird der ArenaServer heruntergefahren, kann der Spielebetreiber den persistenten Speicher von einem Dateisystem in eine Datenbank konvertieren oder umgekehrt von einer Datenbank in ein Dateisystem.

Tabelle 7.5: Zusätzliche ARENA-Randanwendungsfälle, die bei der Überprüfung von persistenten Objekten identifiziert wurden

Anwendungsfälle zum Starten und Abschalten des Systems

Wie in dem UML-Verteilungsdiagramm in Abbildung 7.20 dargestellt, beinhaltet ARENA fünf Laufzeitkomponenten: den WebBrowser, den ArenaServer (der die Subsysteme BenutzerVerwaltung, SpieleVerwaltung, TurnierVerwaltung, Benachrichtigung und ArenaSpeicher enthält), den SchnittstellenPeer, den SpielePeer und DatabaseServer (für den zweiten Prototyp). Der WebBrowser und der DatabaseServer sind Standardkomponenten und werden individuell gestartet und abgeschaltet. Der SchnittstellenPeer und der SpielePeer werden vom WebBrowser beziehungsweise vom ArenaServer gestartet und abgeschaltet. Das Starten und Abschalten des ArenaServers wurde bislang nicht im Anwendungsfallmodell beschrieben. Deshalb identifizieren wir zwei zusätzliche Anwendungsfälle, die vom Spielebetreiber (Tabelle 7.6) initiiert werden.

StarteArena-Server	Der Spielebetreiber startet den ArenaServer. Wurde der Server nicht richtig abgeschaltet, ruft dieser Anwendungsfall einen neuen PrüfeDaten-Sicherheit-Anwendungsfall auf, der im nächsten Abschnitt beschrieben wird. Sobald die Initialisierung des Servers vollständig ist, können die SportVereine, Spieler, Zuschauer und Werbetreibenden jeden ihrer Anwendungsfälle starten.
SchalteArena-ServerAb	Der Spielebetreiber hält den ArenaServer an. Der Server beendet alle laufenden Partien und speichert alle gepufferten Daten. Alle Objekte vom Typ SchnittstellenPeer und SpielePeer werden terminiert. Sobald dieser Anwendungsfall abgeschlossen ist, können SportVereine, Spieler, Zuschauer und Werbetreibende nicht mehr auf die Arena zugreifen oder sie modifizieren.

Tabelle 7.6:   Zusätzliche ARENA-Randanwendungsfälle, die beim Überprüfen von Laufzeitkomponenten identifiziert wurden

Ausnahmeanwendungsfälle

ARENA kann von vier Arten von Systemabstürzen betroffen werden:

- ■ Ein Netzwerkabsturz, bei dem eine oder mehrere Verbindungen zwischen Instanzen von SchnittstellenPeer und SpielePeer unterbrochen werden

- ■ Ein Rechner- oder Komponentenfehler, bei dem ein oder mehrere Instanzen von SchnittstellenPeer oder SpielePeer unerwartet beendet werden

- ■ Ein Netzwerkabsturz, bei dem eine oder mehrere Verbindungen zwischen Instanzen von WebBrowser und ArenaServer unterbrochen werden

- ■ Ein Serverabsturz, bei dem Instanzen von ArenaServer unerwartet beendet werden

Die ersten beiden Arten von Abstürzen werden am besten durch Ausnahmen in den individuellen Spiel-Komponenten gehandhabt. Wir werden Methoden für SchnittstellenPeer und SpielePeer bereitstellen, die es erlauben, unabhängig vom individuellen Spiel die Verbindung nach einem Netzwerkabsturz oder die Spielstände von Partien nach einem Absturz wieder herzustellen. Jedoch hängt die Behandlung der Ausnahme selbst sehr stark von der Art des Spiels ab. Eine Echtzeit-Simulation beispielsweise kann einen

Netzwerkausfall überhaupt nicht tolerieren und sollte deshalb unterbrochen oder neu gestartet werden. Ein Brettspiel dagegen kann kurze Unterbrechungen vor seinen Spielern verbergen. Folglich überlassen wir es dem Spielentwicklern zu entscheiden, wie sie solche Ausnahmen handhaben.

Netzwerkabstürze, bei denen eine oder mehrere Verbindung zwischen dem WebBrowser und dem ArenaServer unterbrochen werden, behandeln wir, indem wir die Benutzer von dem Netzwerkfehler in Kenntnis setzen, ähnlich wie bei Webseitenbetrachtern zur Zeit üblich. Von den Benutzern erwarten wir, dass sie es zu einem späteren Zeitpunkt erneut versuchen, natürlich verbunden mit dem Verlust von Daten, die bereits in einem Formular eingetragen waren. Als Folge werden wir Formulare so entwerfen, dass möglichst wenig Daten bei einem derartigen Fehler verloren gehen können.

Den letzten Fehlertyp, einen unerwarteten Absturz des ArenaServers, behandeln wir mit Hilfe eines Anwendungsfalls zur Überprüfung der Integrität der persistenten Daten nach dem Absturz (siehe Tabelle 7.7). Dieser Anwendungsfall kann automatisch beim Start des Systems aufgerufen werden (siehe StarteArenaServer in Tabelle 7.6) oder von Hand durch den Spielebetreiber. Wir identifizieren außerdem einen zusätzlichen Anwendungsfall, um unterbrochene SpielePeers neu zu starten und die entsprechenden Spieler zu informieren.

PrüfeDatenSicherheit	ARENA überprüft die Integrität der persistenten Daten. Bei Dateisystemen kann dies die Überprüfung beinhalten, ob die letzte aufgezeichnete Transaktion auf dem Sekundärspeicher gespeichert wurde. Bei einer Datenbank kann es das Aufrufen von Werkzeugen bedeuten, die die Tabellen neu indizieren.
NeustartSpielePeer	ARENA startet alle unterbrochenen Partien und benachrichtigt alle laufenden SchnittstellenPeer-Objekte, dass SpielePeer-Objekte wieder online sind.

Tabelle 7.7: Zusätzliche ARENA-Randanwendungsfälle, die beim Überprüfen von persistenten Objekten identifiziert wurden.

Was haben wir gelernt?

In diesem Abschnitt untersuchten wir den Systementwurf für das ARENA-System. Wir identifizierten Entwurfsziele und ordnet ihnen Prioritäten zu, wir zerlegten das System in Subsysteme, bildeten die Subsysteme auf Hardware und Softwarekomponenten ab, wählten eine Strategie für persistente Datenspeicherung, beschrieben den Zugriffskontrollmechanismus für das System, untersuchten den Kontrollfluss und wir identifizierten Anwendungsfälle für die Handhabung von Randbedingungen. Wir haben gelernt, dass

■ die meisten Themen des Systementwurfs sehr stark miteinander verflochten sind. Beispielsweise hat die Auswahl einer Komponente für ein Grenzobjekt Auswirkungen auf den globalen Kontrollfluss des Systems.

- es für viele Probleme beim Systementwurf unterschiedliche Lösungen in unterschiedlichen Teilen des Systems gibt. Wir behandelten Fragen der Softwarearchitektur und des Kontrollflusses sowie Randbedingungen und Speicherfragen im Bereich der Spieleorganisation anders als im Bereich der Spieledurchführung.

- manche Angelegenheiten des Systementwurfs auf den Objektentwurf (z.B. Entscheidungen über `SpielePeers`) oder auf spätere Freigaben (z.B. Implementierung der persistenten Speicherverwaltung) verschoben werden können.

- in allen Fällen Entwurfsziele dazu dienen, verschiedene Entwurfsalternativen zu priorisieren und zu bewerten.

Weiterführende Literatur

Vielfachen, widersprüchlichen Entwurfszielen gerecht zu werden ist eine schwierige Aufgabe, die nur mit Erfahrung und Übung bewältigt werden kann. Die folgenden Bücher beschäftigen sich mit dem Thema dieses Kapitels.

Software Architecture in Practice [Bass et al., 1999] und *Evaluating Software Architectures* [Clements et al., 2002] konzentrieren sich auf allgemeine Verfahren zur Beurteilung von Architekturen basierend auf einem Satz von Entwurfszielen. Beide Bücher beinhalten Fallstudien von aktuellen Anwendungsfällen.

Object-Oriented Modeling and Design for Database Applications [Blaha & Premerlani, 1998] beschreibt Verfahren für die Realisierung von Datenbankanwendungen unter Berücksichtigung von Entwurfszielen wie Leistung, Erweiterbarkeit und Modifizierbarkeit.

Reliable Computer Systems: Design and Evaluation [Siewiorek & Swarz, 1992] ist das Nachschlagewerk für zuverlässigen Systementwurf. Es beinhaltet einen umfangreichen Überblick zu Techniken und Methoden für das Erreichen von Zuverlässigkeit, sowie eine bedeutende Anzahl an Fallstudien für Industrieprojekte.

Safeware [Leveson, 1995] untersucht eine große Anzahl an Fällen von Computerfehlern und zieht daraus verschiedene Schlüsse. Es gibt auch einen Überblick über aktuelle Ansätze zur Sicherheit und unterstreicht die Notwendigkeit von übergreifenden Verfahren beim Entwurf von Systemen.

Übungen

7.1   Betrachten Sie ein System, das einen Webserver und zwei Datenbankserver beinhaltet. Beide Datenbankserver sind identisch: Der erste agiert als Hauptserver, der zweite als redundante Sicherung für den Fall, dass der erste ausfällt. Benutzer verwenden Webseitenbetrachter, um auf Daten des Webservers zuzugreifen. Sie haben auch die Möglichkeit, eine proprietäre Anwendung zu benutzen, die direkt auf die Datenbank zugreift. Zeichnen Sie ein UML-Verteilungsdiagramm, das die Hardware-/Software-Abbildung des Systems zeigt.

7.2 Stellen Sie sich ein vorhandenes, Fax-basiertes Problemmeldesystem für einen Flugzeughersteller vor. Sie sind Teil eines Projekts, das das Kernstück des Systems durch ein rechnerbasiertes System ersetzt, das eine Datenbank und ein Benachrichtigungssystem enthalten soll. Der Kunde verlangt, dass das Fax weiterhin Einstiegspunkt für Problemmeldungen bleibt. Sie schlagen vor, stattdessen E-Mail als Einstiegspunkt zu verwenden. Beschreiben Sie eine Systemzerlegung, die beide Schnittstellen erlauben würde. Beachten Sie, dass das System im Augenblick zahlreiche Problemmeldungen am Tag bearbeiten muss (z.B. 2.000 Faxe pro Tag).

7.3 Sie entwerfen die Zugriffsrecht-Richtlinien für einen Web-basierten Einzelhandelsladen. Kunden greifen über das Internet auf den Laden zu, stöbern in Produktinformationen herum, kaufen die Produkte und geben ihre Adresse und Zahlungsinformationen ein. Lieferanten können neue Produkte hinzufügen, Produktinformationen aktualisieren und Bestellungsaufträge bekommen. Der Ladenbesitzer setzt die Einzelhandelspreise fest, bietet Kunden maßgeschneiderte Angebote an, basierend auf deren Kaufprofil, und offeriert Vermarktungsdienste. Entwerfen Sie Richtlinien für die Zugriffskontrolle für alle drei Akteure LadenAdministrator, Lieferant und Kunde. Kunden können über das Web erzeugt werden, während Lieferanten durch den LadenAdministrator erzeugt werden.

7.4 Wählen Sie den Kontrollflussmechanismus aus, den Sie für jedes der folgenden Systeme am geeignetsten finden. Da in den meisten Fällen verschiedene Auswahlmöglichkeiten bestehen, sollten Sie Ihre Entscheidung rechtfertigen.

- ein Webserver, der für die Bewältigung hoher Lasten entworfen wurde
- eine grafische Benutzerschnittstelle für ein Textverarbeitungsprogramm
- ein eingebettetes Echtzeitsystem (z.B. ein Lenksystem auf einer Satellitenabschussrampe).

7.5 Warum kann man Randanwendungsfälle nicht bereits während der Anforderungsermittlung oder während der Analyse beschreiben?

7.6 Sie entwerfen ein Pufferspeichersystem, das vom Netzwerk (z.B. Webseiten) empfangene Daten temporär in einem schnelleren Zugriffsspeicher (z.B. eine Festplatte) speichert. Wegen einer Anforderungsänderung definieren Sie einen zusätzlichen Dienst in Ihrem Subsystem, um Pufferparameter zu konfigurieren (z.B. den maximalen Platz auf der Festplatte, den der Puffer nutzen kann). Welche Projektbeteiligten benachrichtigen Sie?

Kapitel

8

Objektentwurf: Wiederverwendung von Mustern

Schummelregel: Sie schummeln, wenn Sie die Beiträge von anderen Kommilitonen nicht erwähnen.

— *15-413, Software Engineering, Carnegie Mellon University*

In der Analyse beschreiben wir den Zweck eines Systems. Dadurch werden Anwendungsdomänenobjekte identifiziert. Im Systementwurf beschreiben wir die Architektur des Systems, also Systemzerlegung, globalen Kontrollfluss, Persistenzverwaltung und die Hardware-/Softwareplattform, auf der wir das System erstellen. Damit können Standardkomponenten ausgewählt werden, die eine höhere Abstraktionsebene als die vorhandene Hardware bereitstellen. Im Objektentwurf schließen wir die Lücke zwischen den Anwendungsdomänenobjekten und den Standardkomponenten durch die Identifikation zusätzlicher Lösungsdomänenobjekte und die Verfeinerung bestehender Objekte. Der Objektentwurf umfasst die folgenden Tätigkeiten:

- *Wiederverwendung*, während der wir Standardkomponenten und Entwurfsmuster identifizieren, um bestehende Lösungen zu nutzen
- *Dienstspezifikation*, während der wir jede Klassenschnittstelle präzise beschreiben
- *Umstrukturierung des Objektmodells*, während der wir das Objektentwurfsmodell transformieren, um seine Verständlichkeit und Erweiterbarkeit zu verbessern
- *Optimierung des Objektmodells*, während der wir das Objektentwurfsmodell transformieren, um Leistungskriterien wie Antwortzeit oder Speicherauslastung zu erfüllen.

Der Objektentwurf kann, wie auch der Systementwurf, nicht durch Algorithmen beschrieben werden. Ein zentrales Element ist auch hier die Identifizierung bestehender Muster und Komponenten. Wir diskutieren diese Bausteine und die damit verbundenen Aktivitäten. In diesem Kapitel geben wir einen Überblick über den Objektentwurf und konzentrieren uns auf Wiederverwendung, also auf die Auswahl von Komponenten und die Anwendung von Entwurfsmustern. Im nächsten Kapitel legen wir den Fokus auf die Dienstspezifikation. In Kapitel 10, *Übersetzung von Modellen*, behandeln wir schließlich Themen der Restrukturierung und Optimierung des Objektmodells.

8.1   Einleitung: Pannen

Die Filmindustrie hat einige sehr interessante Beispiele für Pannen produziert:

Speed (1994)

Harry, ein Polizist aus Los Angeles, wird von Howard, einem verrückten Bombenleger, als Geisel genommen. Jack, Harrys Partner, schießt Harry ins Bein, um Howards Weiterkommen zu behindern. Harry wird am rechten Bein getroffen. Im restlichen Film humpelt Harry auf dem linken Bein.

Star Wars-Trilogie (1977, 1980 & 1983)

Am Ende von Episode V, *Das Imperium schlägt zurück* (1980), wird Han Solo gefangen genommen und für die Lieferung an Jabba in Karbonit eingefroren. Zu Beginn von Episode VI, *Die Rückkehr der Jedi-Ritter* (1983), wird der eingefrorene Han Solo von seinen Freunden gerettet und wieder aufgetaut. Beim Einfrieren trägt Solo eine Jacke. Beim Auftauen trägt er ein weißes T-Shirt.

Titanic (1997)

Jack, ein Herumtreiber, bringt Rose, einer feinen Dame, bei, wie man spuckt. Er macht es ihr vor und ermutigt sie dazu, es auch zu versuchen. Im Verlauf der Lektion kommt Roses Mutter dazu. Als Jack beginnt, sich zu Roses Mutter umzudrehen, hat er keine Spucke im Gesicht. Nachdem er sich vollständig umgedreht hat, hat er Spucke am Kinn.

Die Budgets für *Speed*, *Das Imperium schlägt zurück*, *Die Rückkehr der Jedi-Ritter* und *Titanic* umfassten ca. 30, 18, 32 und 200 Millionen Dollar.

Kinofilme sind Systeme, die (oft viele) Fehler enthalten, wenn sie beim Kunden abgeliefert werden. Wenn man an die Produktionskosten denkt, überrascht es, dass noch so offensichtliche Fehler im Endprodukt stecken. Filme sind jedoch komplexer, als sie erscheinen.

Viele Faktoren tragen dazu bei, dass Fehler in einen Film geraten: Für Filme müssen viele verschiedene Personen zusammenarbeiten, Szenen werden nicht in der richtigen Reihenfolge gedreht, manche Szenen werden außerhalb des Zeitplans nachgedreht, Details wie Kulissen und Kostüme werden während der Produktion verändert, der Termindruck durch das Veröffentlichungsdatum ist während des Schneideprozesses, bei dem alle Teile zusammengesetzt werden, hoch. Wenn eine Szene gedreht wird, sollte der Zustand jedes einzelnen Objekts und Schauspielers konsistent mit der vorhergehenden und mit der folgenden Szene sein. Das kann die Haltung des Schauspielers, den Zustand der Kleidung, den Schmuck, das Make-up und die Haare usw. umfassen. Wenn verschiedene Segmente zu einer einzelnen Szene zusammengesetzt werden, ist der Filmeditor dafür verantwortlich, dass die inhaltliche und/oder zeitliche Kontinuität des Films sichergestellt ist, sodass solche Details korrekt wiederhergestellt werden. Wenn Änderungen wie beispielsweise das Hinzufügen oder Entfernen einer Kulisse notwendig sind, dürfen sie andere Szenen nicht beeinflussen.

Softwaresysteme sind wie Filme komplex, unterliegen ständiger Veränderung und werden unter Zeitdruck zusammengesetzt. Im Objektentwurf schließen Entwickler die Lücke zwischen den Anwendungsdomänenobjekten, die in der Analyse gefunden wurden, und der Hardware-/Softwareplattform, die im Systementwurf ausgewählt wurde. Die Entwickler identifizieren und erstellen spezielle Lösungsdomänenobjekte, deren Zweck es ist, die noch fehlende Funktionalität bereitzustellen und die Lücke zwischen den Anwendungsdomänenobjekten und der gewählten Hardware-/Softwareplattform zu schließen. Im Objektentwurf erstellen die Entwickler diese Objekte ähnlich wie Filmszenen gedreht werden. Sie werden nicht in der richtigen Reihenfolge erstellt, sie werden durch andere Entwickler implementiert und verändern sich mehrfach, bevor sie ihre endgültige Form erhalten. Oft kennt der Aufrufer einer Operation nur eine informelle Spezifikation der Operation und macht Annahmen über ihre Nebeneffekte und ihre Grenzfälle. Daraus entstehen Fehlanpassungen zwischen Aufrufer und Aufgerufenem sowie fehlendes oder fehlerhaftes Verhalten. Um diese Probleme zu behandeln, erstellen die Entwickler präzise Spezifikationen der Klassen, Attribute und Operationen in Form von Einschränkungen. Genauso passen die Entwickler Standardkomponenten, die mit Schnittstellenspezifikationen versehen wurden, an und verwenden sie wieder. Zuletzt restrukturieren und optimieren die Entwickler das Objektentwurfsmodell, um Entwurfsziele wie Wartbarkeit, Erweiterbarkeit, Effizienz, Antwortzeit oder rechtzeitige Auslieferung zu erfüllen.

Abschnitt 8.2 gibt einen Überblick über das Thema Objektentwurf. Abschnitt 8.3 definiert die wichtigsten Konzepte des Objektentwurfs wie beispielsweise die Einschränkungen, die zur Spezifikation von Schnittstellen eingesetzt werden. Abschnitt 8.4 beschreibt die Aktivitäten im Objektentwurf detaillierter. Abschnitt 8.5 diskutiert Managementprobleme, die mit dem Objektentwurf zusammenhängen. Aktivitäten wie die Implementierung von Algorithmen und Datenstrukturen oder der Einsatz spezifischer Programmiersprachen werden nicht beschrieben.

8.2 Ein Überblick über den Objektentwurf

Konzeptionell gesehen schließt die Entwicklung eines Softwaresystems die Lücke zwischen einem gegebenen Problem und einer vorhandenen Maschine. Alle Aktivitäten in der Systementwicklung schließen diese Lücke inkrementell durch die Identifikation und Definition von Objekten, die einen Teil des Systems realisieren (Abbildung 8.1).

Die Analyse verkleinert die Lücke zwischen dem Problem und der Maschine zum Beispiel durch die Identifikation von Objekten, die problemspezifische Konzepte repräsentieren. In der Analyse wird das System über sein Verhalten nach außen, also über seine Funktionalität (Anwendungsfallmodell), die Anwendungsdomänenkonzepte, die es verändert (Objektmodell), sein Verhalten bezogen auf Interaktionen (dynamisches Modell) und seine nichtfunktionalen Anforderungen beschrieben. Der Systementwurf verkleinert die Lücke zwischen dem Problem und der Maschine auf zwei Arten. Zum einen führt der Systementwurf zu einer virtuellen Maschine, die eine höhere Abstraktionsebene als die (Ausgangs-)Maschine bereitstellt. Dies wird erreicht, indem Standardkomponenten für Standarddienste wie Middleware, Benutzerschnittstellen-Baukästen, Anwendungsgerüste und Klassenbibliotheken ausgewählt werden. Zum anderen identifiziert der Systementwurf Standardkomponenten für Anwendungsdomänenobjekte, beispielsweise wiederverwendbare Klassenbibliotheken für das Finanzwesen.

Nach mehreren Iterationen in der Analyse und im Systementwurf stehen die Entwickler dann irgendwann vor einem Puzzle, bei dem noch einige wenige Teile fehlen. Diese Teile werden im Objektentwurf gefunden. Darin eingeschlossen sind die Identifikation neuer Lösungsdomänenobjekte, die Anpassung von Standardkomponenten und die präzise Spezifikation der Schnittstellen jedes Subsystems und jeder Klasse.

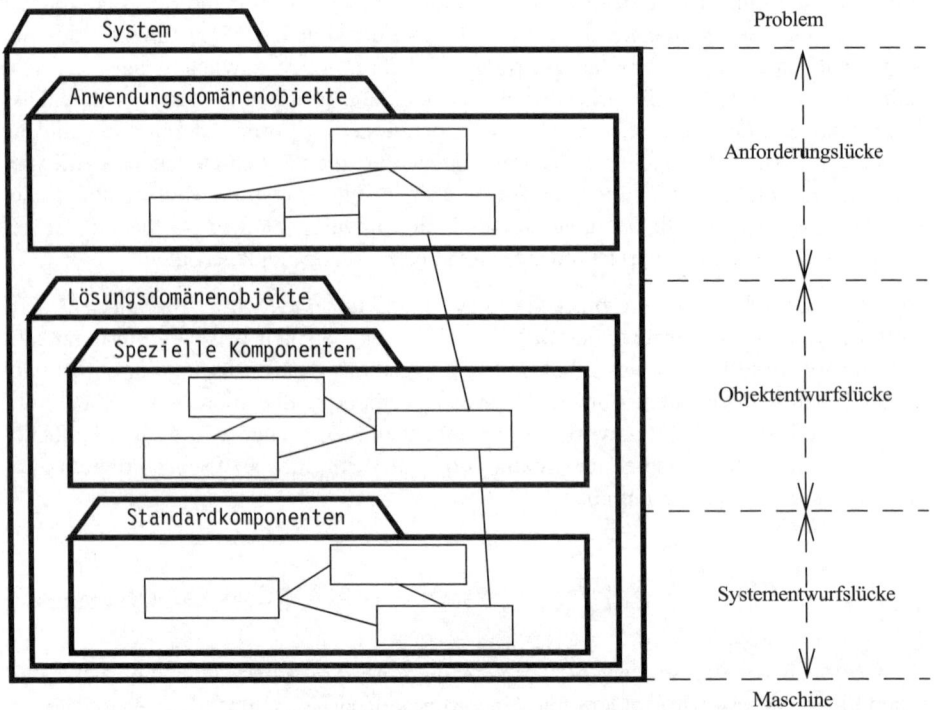

Abbildung 8.1: Der Objektentwurf schließt die Lücke zwischen Anwendungsdomänenobjekten, die in der Anforderungsphase identifiziert wurden und Standardkomponenten, die im Systementwurf ausgewählt wurden (stilisiertes UML-Klassendiagramm).

Der **Objektentwurf** umfasst vier Gruppen von Aktivitäten (siehe Abbildung 8.2):

■ *Wiederverwendung.* Standardkomponenten, die im Systementwurf identifiziert wurden, helfen bei der Realisierung der einzelnen Subsysteme. Klassenbibliotheken und zusätzliche Komponenten werden für grundlegende Datenstrukturen und Dienste ausgewählt. Entwurfsmuster werden zur Lösung allgemeiner Probleme und zum Schutz spezifischer Klassen vor künftigen Änderungen ausgewählt. Oft müssen Komponenten und Entwurfsmuster angepasst werden, bevor sie zum Einsatz kommen können. Dies wird erreicht, indem sie in spezielle Komponenten eingepackt oder durch Vererbung verfeinert werden. Bei all diesen Aktivitäten müssen die Entwickler ähnliche Kauf-oder-Entwicklungs-Entscheidungen treffen, wie sie ihnen auch schon im Systementwurf begegnet sind.

- ■ *Schnittstellenspezifikation.* Bei dieser Aktivität werden die Subsystemdienste, die im Systementwurf identifiziert wurden, mit Klassenschnittstellen beschrieben, Operationen, Parameter, Typsignaturen und Ausnahmen inbegriffen. Außerdem werden zusätzliche Operationen und Objekte, die benötigt werden, um Daten zwischen Subsystemen zu transportieren, identifiziert. Das Ergebnis der Dienstspezifikation wird oft die Programmierschnittstelle (oder „API") des Subsystems genannt.

- ■ *Restrukturierung.* Restrukturierungsaktivitäten verändern das Systemmodell, um den Grad der Quelltextwiederverwendung zu erhöhen oder andere Entwurfsziele zu erfüllen. Jede Restrukturierungsaktivität kann als Graph von Transformationen auf einer Teilmenge eines bestimmten Modells gesehen werden. Typische Vorgänge sind die Transformation von n-fachen Assoziationen in binäre Assoziationen, die Implementierung von binären Assoziationen als Referenzen, das Zusammenfassen zweier ähnlicher Klassen aus zwei Subsystemen zu einer Klasse, die Umwandlung von Klassen ohne signifikante Verhaltenslogik in Attribute, die Aufteilung komplexer Klassen in einfachere und die Neuanordnung von Klassen und Operationen zur Erhöhung des Vererbungs- und Zusammenhangsgrads. Bei der Restrukturierung werden Entwurfsziele wie Wartbarkeit, Lesbarkeit und Verständlichkeit des Systemmodells verfolgt.

- ■ *Optimierung.* Optimierungsaktivitäten behandeln Leistungsanforderungen an das Systemmodell. Darin eingeschlossen sind die Veränderung von Algorithmen zur Erfüllung von Geschwindigkeits- oder Speichernutzungsanforderungen, die Verringerung der Multiplizität von Assoziationen, um Abfragen zu beschleunigen, das Hinzufügen von redundanten Assoziationen zur Effizienzsteigerung, die Umstellung der Ausführungsreihenfolge, das Hinzufügen abgeleiteter Attribute zur Verbesserung der Zugriffszeit auf Objekte und die Öffnung der Architektur, also das Ermöglichen des Zugriffs auf niedrigere Schichten aus Leistungsgründen.

Der Objektentwurf verläuft nichtsequentiell, denn obwohl jede der oben beschriebenen Aktivitätengruppen eine spezifische Fragestellung des Objektentwurfs behandelt, können sie für gewöhnlich gleichzeitig angepackt werden. Eine spezifische Standardkomponente kann die Anzahl der Ausnahmearten beschränken, die in der Spezifikation einer Operation angegeben werden, und damit die Schnittstelle des Subsystems beeinflussen. Die Auswahl einer Komponente kann den Implementierungsaufwand verringern, aber neue Verbindungsobjekte notwendig machen, die auch spezifiziert werden müssen. Abschließend können Restrukturierung und Optimierung die Anzahl der zu implementierenden Komponenten verringern, indem der Grad der Wiederverwendung im System erhöht wird.

Für ein gegebenes Subsystem werden normalerweise Schnittstellenspezifikation und Wiederverwendungsaktivitäten zuerst durchgeführt, woraus ein Objektentwurfsmodell entsteht, das hinsichtlich der Anwendungsfälle überprüft wird, die das Subsystem benutzen. Restrukturierung und Optimierung werden als Nächstes durchgeführt, sobald das Objektentwurfsmodell für das Subsystem relativ stabil ist. Die Konzentration auf Schnittstellen, Komponenten und Entwurfsmuster bringt ein Objektentwurfsmodell mit sich, das leichter modifizierbar ist. Werden die Optimierungen zuerst durchgeführt, entsteht oft ein starres und schwer modifizierbares Objektentwurfsmodell. Abgesehen davon laufen die Objektentwurfsaktivitäten, wie in Abbildung 8.2 gezeigt, mit mehreren Iterationen über Spezifikation, Wiederverwendung, Restrukturierung und Optimierung ab.

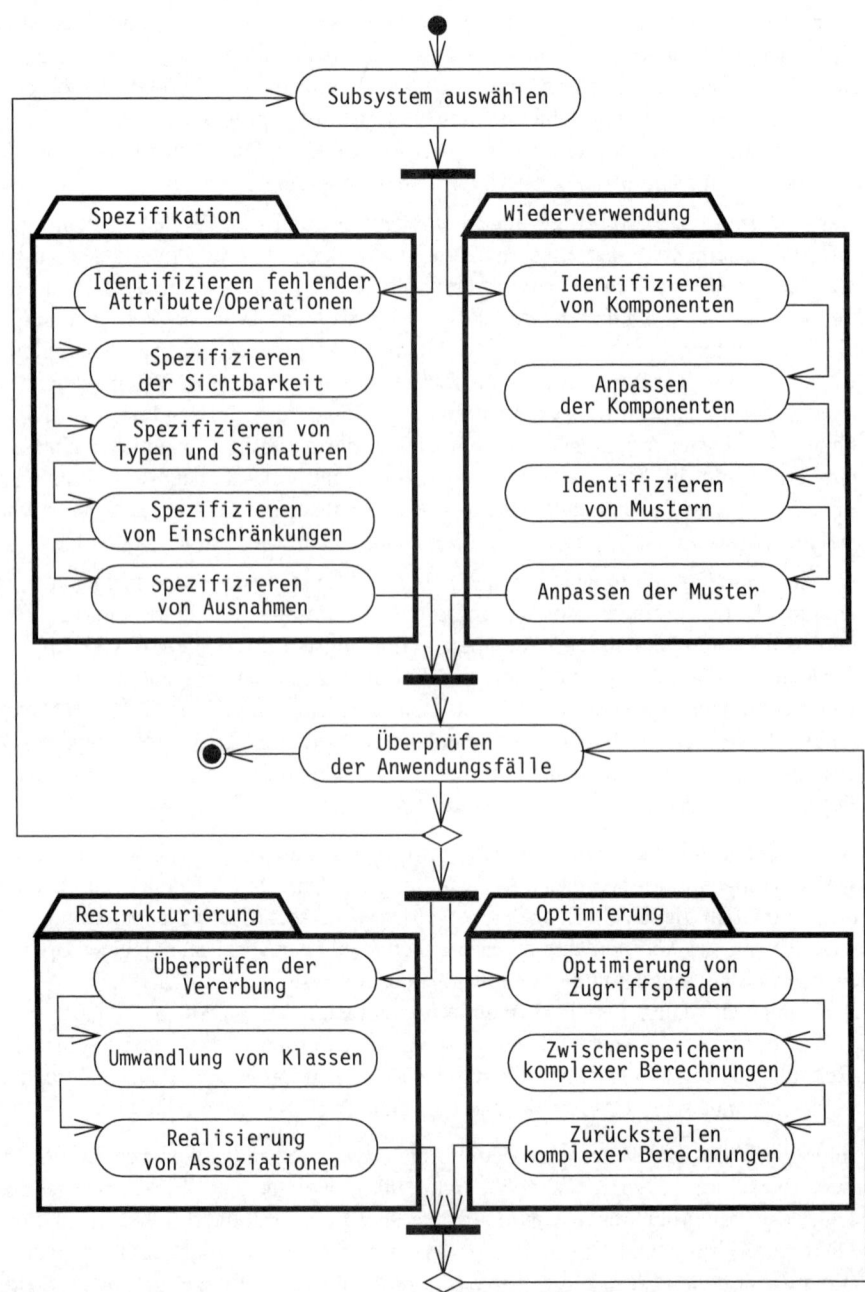

Abbildung 8.2:   Aktivitäten im Objektentwurf (UML-Aktivitätsdiagramm)

Um der Vielfalt und Breite der Aktivitäten im Objektentwurf Rechnung zu tragen, haben wir dieses Material in drei verschiedene Kapitel aufgeteilt. Dieses Kapitel konzentriert sich auf Aktivitäten, die mit Wiederverwendung zu tun haben, insbesondere Komponenten und Entwurfsmuster. Im folgenden Kapitel 9, *Objektentwurf: Schnittstellenspezifikation*, untersuchen wir die Aktivitäten, die mit der Schnittstellenspezifikation zusammenhängen, insbesondere die in der UML enthaltene Sprache OCL (Object Constraint Language) und ihren Einsatz zur Spezifikation von Invarianten, Vorbedingungen und Nachbedingungen. In Kapitel 10, *Übersetzung von Modellen*, beleuchten wir die Aktivitäten, die sich mit Restrukturierung und Optimierung beschäftigen.

8.3 Wiederverwendungskonzepte: Lösungsdomänenobjekte, Vererbung und Entwurfsmuster

In diesem Abschnitt präsentieren wir Objektentwurfskonzepte, die mit der Wiederverwendung zusammenhängen:

- Anwendungsdomänenobjekte und Lösungsdomänenobjekte (Abschnitt 8.3.1)
- Spezifikationsvererbung und Implementierungsvererbung (Abschnitt 8.3.2)
- Delegation (Abschnitt 8.3.3)
- das Liskov-Ersetzungsprinzip (Abschnitt 8.3.4)
- Delegation und Vererbung in Entwurfsmustern (Abschnitt 8.3.5).

8.3.1 Anwendungsdomänenobjekte und Lösungsdomänenobjekte

Wie wir in Kapitel 2, *Modellierung mit UML*, gesehen haben, können Klassendiagramme zur Modellierung sowohl der Anwendungsdomäne als auch der Lösungsdomäne eingesetzt werden. **Anwendungsdomänenobjekte**, auch als „Domänenobjekte" bezeichnet, repräsentieren Konzepte der Anwendungsdomäne, die für das System relevant sind. **Lösungsdomänenobjekte** repräsentieren Komponenten, die kein Gegenstück in der Anwendungsdomäne haben, wie persistente Datenspeicher, Benutzerschnittstellenobjekte oder Middleware.

In der Analyse identifizieren wir Entitätsobjekte, ihre Beziehungen zueinander, ihre Attribute und ihre Operationen. Die meisten Entitätsobjekte sind Anwendungsdomänenobjekte, die von einem spezifischen System unabhängig sind. In der Analyse identifizieren wir außerdem Lösungsdomänenobjekte, die für den Anwender sichtbar sind, wie beispielsweise Grenzobjekte und Steuerungsobjekte, die vom System definierte Formulare und Transaktionen repräsentieren. Im Systementwurf identifizieren wir weitere auf die Hard- und Softwareplattformen bezogene Lösungsdomänenobjekte. Im Objektentwurf verfeinern und detaillieren wir Anwendungs- und Lösungsdomänenobjekte und identifizieren weitere Lösungsdomänenobjekte, die zum Schließen der Entwurfslücke benötigt werden.

8.3.2   Spezifikationsvererbung und Implementierungsvererbung

In der Analyse setzen wir Vererbung zur Klassifizierung von Objekten in Taxonomien ein. Damit können wir zwischen gemeinsamem Verhalten im allgemeinen Fall, also der **Superklasse** (auch „**Basisklasse**"), und spezifischem Verhalten für spezialisierte Objekte, also den **Unterklassen** (auch „**abgeleitete Klassen**"), unterscheiden. Das Hauptanliegen der Verallgemeinerung (d.h. das Identifizieren einer gemeinsamen Superklasse aus einer Anzahl bestehender Klassen) und der Spezialisierung (d.h. das Identifizieren neuer Unterklassen für eine bestehende Superklasse) ist die Organisation von Analyseobjekten in einer verständlichen Hierarchie.

Leser des Analysemodells können so bei den abstrakten Konzepten beginnen, die Kernfunktionalität des Systems begreifen, sich zu konkreten Konzepten vorarbeiten und spezialisiertes Verhalten überprüfen. Bei der Untersuchung des Analysemodells für das FRIEND-Notfallantwortsystem beispielsweise, das in Kapitel 4, *Anforderungsermittlung*, beschrieben wird, wird zunächst nachvollzogen, wie das System mit Vorfällen grundsätzlich umgeht, und unterscheidet dann die Behandlung von Verkehrsunfällen und Bränden:

Im Objektentwurf setzen wir Vererbung zur Verringerung von Redundanz und zur Verbesserung der Erweiterbarkeit ein. Durch die Verschiebung allen redundanten Verhaltens in eine einzige Superklasse reduzieren wir das Risiko der Einführung von Inkonsistenzen bei Änderungen (z.B. bei der Reparatur eines Defekts), da wir die Änderungen nur einmal durchführen müssen und damit alle Unterklassen erfassen. Durch die Bereitstellung von abstrakten Klassen und Schnittstellen, die von der Anwendung genutzt werden, können wir neues spezialisiertes Verhalten implementieren, indem wir neue Unterklassen schreiben, die sich an die abstrakten Schnittstellen halten. Beispielsweise können wir eine Anwendung zur Bildbearbeitung schreiben, indem wir eine abstrakte Bild-Klasse implementieren, die die Operationen definiert, die alle Bilder unterstützen sollten, sowie eine Reihe spezialisierter Klassen für jedes Bildformat, das von der Anwendung unterstützt wird (z.B. GIFBild, JPEGBild). Wenn wir die Anwendung um ein neues Format erweitern müssen, müssen wir nur eine neue spezialisierte Klasse hinzufügen.

Vererbung soll ein Analysemodell verständlicher und das Objektentwurfsmodell veränderbar und erweiterbar machen, aber diese Vorteile stellen sich nicht automatisch ein. Im Gegenteil, Vererbung ist ein so mächtiger Mechanismus, dass Anfänger oft Quelltext produzieren, der undurchsichtiger und anfälliger ist, als wenn sie keine Vererbung eingesetzt hätten.

Betrachten wir das folgende Beispiel: Nehmen wir für einen Moment an, Java würde keine Set-Klasse für Mengen bereitstellen und wir müssten unsere eigene schreiben. Wir entscheiden uns dazu, die Klasse java.util.Hashtable wiederzuverwenden, um eine Abstraktion zu implementieren, die wir MeineMenge nennen. Das Einfügen eines Elements in MeineMenge entspricht der Prüfung, ob der entsprechende Schlüssel bereits in der Hash-Tabelle existiert, und dem Hinzufügen eines Eintrags, falls notwendig. Die Überprüfung, ob ein Element in MeineMenge enthalten ist, entspricht der Überprüfung, ob dem entsprechenden Schlüssel ein Eintrag zugeordnet ist (siehe Abbildung 8.3, linke Spalte).

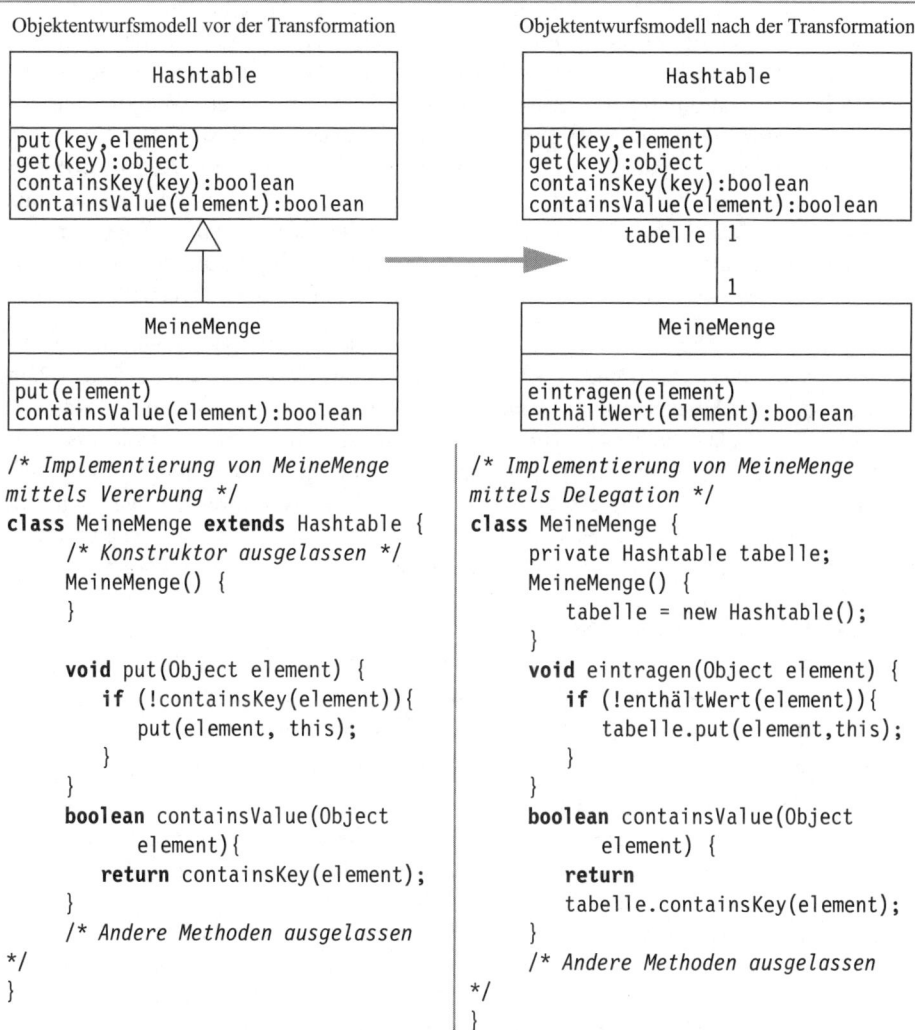

Objektentwurfsmodell vor der Transformation   Objektentwurfsmodell nach der Transformation

```
/* Implementierung von MeineMenge
mittels Vererbung */
class MeineMenge extends Hashtable {
    /* Konstruktor ausgelassen */
    MeineMenge() {
    }

    void put(Object element) {
        if (!containsKey(element)){
            put(element, this);
        }
    }
    boolean containsValue(Object
            element){
        return containsKey(element);
    }
    /* Andere Methoden ausgelassen
*/
}
```

```
/* Implementierung von MeineMenge
mittels Delegation */
class MeineMenge {
    private Hashtable tabelle;
    MeineMenge() {
        tabelle = new Hashtable();
    }

    void eintragen(Object element) {
        if (!enthältWert(element)){
            tabelle.put(element,this);
        }
    }
    boolean containsValue(Object
            element) {
        return
        tabelle.containsKey(element);
    }
    /* Andere Methoden ausgelassen
*/
}
```

Abbildung 8.3: Ein Beispiel für Implementierungsvererbung: Die linke Spalte zeigt eine fragwürdige Implementierung von MeineMenge, die Implementierungsvererbung einsetzt. Die rechte Spalte zeigt eine verbesserte Implementierung, die Delegation einsetzt (UML-Klassendiagramm und Java). Da keine Vererbung eingesetzt wird, können die öffentlichen Methoden von MeineMenge hier andere Namen haben, eintragen() und enthältWert(), als die öffentlichen Methoden von Hashtable.

Eine solche Implementierung von MeineMenge erlaubt uns die Wiederverwendung von Quelltext und stellt das gewünschte Verhalten bereit. Sie weist allerdings auch unerwünschtes Verhalten auf. Beispielsweise implementiert die Java-Klasse Hashtable die containsKey()-Operation, um zu prüfen, ob das angegebene Objekt als Schlüssel in der Tabelle enthalten ist, und die containsValue()-Operation, um zu prüfen, ob das angegebene Objekt als Eintrag enthalten ist. containsKey() wird von MeineMenge geerbt, aber containsValue() wird überschrieben. In unserer Implementierung zeigt die auf einem

MeineMenge-Objekt aufgerufene Operation containsValue() dasselbe Verhalten wie containsKey(), was unlogisch erscheint. Schlimmer noch, ein Entwickler könnte sowohl containsKey() als auch containsValue() benutzen, was die nachträgliche Änderung der internen Repräsentation von MeineMenge erheblich erschweren würde. Wenn wir uns beispielsweise dafür entschieden, MeineMenge als Liste anstatt als Hash-Tabelle zu implementieren und daher von der Java-Klasse List abzuleiten, würden alle Aufrufe von containsKey() ungültig werden. Um dieses Problem zu behandeln, könnten wir alle Operationen, die von Hashtable geerbt wurden und auf MeineMenge nicht aufgerufen werden sollen, mit Methoden überschreiben, die Ausnahmen erzeugen. Dies würde jedoch zu einer Klasse MeineMenge führen, die schwer zu verstehen und wiederzuverwenden ist.

Vererbung bringt Vorteile, indem die Klassen, die eine Superklasse benutzen, von den spezialisierten Unterklassen entkoppelt sind. Dabei führt sie jedoch eine starke Abhängigkeit entlang der Vererbungshierarchie zwischen der Superklasse und den Unterklassen ein. Obwohl dies akzeptabel ist, wenn die Hierarchie eine Taxonomie repräsentiert (z.B. ist es annehmbar, dass Bild und GIFBild eng miteinander verbunden sind), wird in anderen Fällen ungewollte Abhängigkeit erzeugt. In unserem Beispiel werden zwei nicht miteinander verwandte Konzepte, Hash-Tabelle und Menge, durch Vererbung eng miteinander verknüpft, was zu vielen Problemen führt, wenn die Hash-Tabelle verändert wird oder wenn die von uns implementierte Menge von einer anderen Klasse als spezialisierte Hash-Tabelle eingesetzt wird. Das grundlegende Problem in diesem Beispiel ist, dass es keine Taxonomie gibt, in der das Mengen-Konzept mit dem Hash-Tabellen-Konzept verwandt ist, obwohl Hashtable Funktionalität bereitstellt, die wir aus Zeitersparnisgründen gerne für die Implementierung von MeineMenge wiederverwenden würden.

Der Einsatz von Vererbung zum ausschließlichen Zweck der Wiederverwendung von Quelltext wird als **Implementierungsvererbung** bezeichnet. Mit Implementierungsvererbung können Entwickler Quelltext schnell wiederverwenden, indem sie eine Unterklasse einer bestehenden Klasse erstellen und ihr Verhalten verfeinern. Die Klasse MeineMenge, die durch Erben von der Klasse Hashtable implementiert wird, ist ein Beispiel für Implementierungsvererbung. Im Gegensatz dazu wird die Klassifizierung von Konzepten in Typhierarchien als **Spezifikationsvererbung** bezeichnet (auch „Schnittstellenvererbung" genannt). Das UML-Klassenmodell in Abbildung 8.4 fasst die vier verschiedenen Vererbungsarten zusammen, die wir in diesem Abschnitt diskutiert haben.

8.3.3   Delegation

Delegation ist die Alternative zur Implementierungsvererbung, die eingesetzt werden sollte, wenn Wiederverwendung gewünscht wird. Eine Klasse delegiert an eine andere Klasse, wenn sie eine Operation dadurch implementiert, dass sie eine Nachricht an die andere Klasse weitersendet. Delegation macht die Abhängigkeiten zwischen der wiederverwendeten Klasse und der neuen Klasse deutlich. Die rechte Spalte in Abbildung 8.3 zeigt eine Implementierung von Menge, die Delegation statt Implementierungsvererbung einsetzt. Der einzige signifikante Unterschied ist das private Feld tabelle und seine Initialisierung im Menge()-Konstruktor. Damit werden beide Probleme, die wir zuvor angesprochen haben, behandelt:

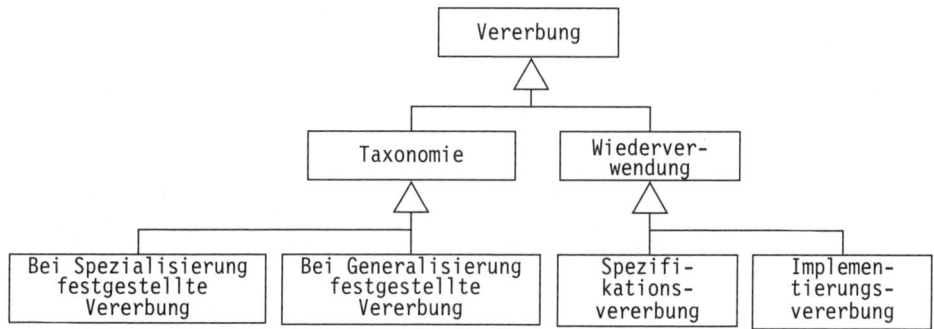

Abbildung 8.4: Metamodell der Vererbung (UML-Klassendiagramm). In objektorientierter Analyse und Entwurf wird Vererbung zum Erreichen vieler Ziele eingesetzt, insbesondere zur Modellierung von Taxonomien und zur Wiederverwendung des Verhaltens abstrakter Klassen. Wenn Taxonomien modelliert werden, können die Vererbungsbeziehungen entweder bei der Spezialisierung (wenn die spezialisierten Klassen nach der allgemeinen Klasse identifiziert werden) oder bei der Generalisierung (wenn die allgemeinen Klassen aus einer Anzahl spezialisierter Klassen abstrahiert werden) festgestellt werden. Wenn Vererbung zur Wiederverwendung eingesetzt wird, repräsentiert Spezifikationsvererbung Untertypen-Beziehungen und Implementierungsvererbung repräsentiert Wiederverwendung zwischen konzeptionell nicht verwandten Klassen.

- *Erweiterbarkeit.* Menge in der rechten Spalte enthält die containsKey()-Methode nicht in ihrer Schnittstelle und das neue Feld tabelle ist privat. So können wir für die interne Repräsentation von Menge zu einer anderen Klasse (z.B. der Java-Klasse List) wechseln, ohne Aufrufer von Menge zu beeinflussen.

- *Untertypen.* Menge erbt nicht von Hashtable und kann somit nicht als Ersatz für eine Hashtable in irgendeiner aufrufenden Klasse eingesetzt werden. Daher verhält sich der gesamte Quelltext, der zuvor Hashtables eingesetzt hat, immer noch so wie zuvor.

Delegation ist Implementierungsvererbung vorzuziehen, da sie bestehende Komponenten nicht beeinflusst und zu robusterem Quelltext führt. In Situationen, in denen eine Klasse eine Unterklasse einer anderen ist, ist allerdings die Spezifikationsvererbung der Delegation vorzuziehen, da sie zu einem besser erweiterbaren Entwurf führt.

8.3.1 Das Liskov-Ersetzungsprinzip

Das Liskov-Ersetzungsprinzip [Liskov, 1988] gibt eine formale Definition für Spezifikationsvererbung. Seine Kernaussage ist, dass Entwickler neue Unterklassen von einer Superklasse ableiten können müssen, ohne dass gleichzeitig Änderungen in Quelltexten, die Methoden der Superklasse aufrufen, gemacht werden müssen. Das bedeutet beispielsweise für die linke Spalte in Abbildung 8.3, dass man Aufrufer von Hashtable nicht modifiziert werden müssen, wenn wir die Hashtable mit eine ihrer Unterklassen, beispielsweise MeineMenge, ersetzen. Das ist eindeutig nicht der Fall, also ist die Beziehung zwischen Menge und Hashtable keine Spezifikationsvererbungsbeziehung. Es folgt die Definition des Liskov-Ersetzungsprinzips:

Liskov-Ersetzungsprinzip

Wenn ein Objekt vom Typ S an allen Stellen, an denen ein Objekt vom Typ T erwartet wird, eingesetzt werden kann, dann ist S ein Untertyp von T.

Interpretation

Im Objektentwurf bedeutet das Liskov-Ersetzungsprinzip, dass alle Vererbungsbeziehungen Spezifikationsvererbungsbeziehungen sind, wenn alle Klassen Untertypen ihrer Superklassen sind. Mit anderen Worten muss eine Methode, die auf eine Superklasse T bezogen geschrieben wurde, in der Lage sein, mit Instanzen einer beliebigen Unterklasse von T zu arbeiten, ohne zu wissen, dass es sich um Instanzen der Unterklassen handelt. Als Folge davon können neue Unterklassen von T hinzugefügt werden, ohne die Methoden von T zu modifizieren, was zu einem erweiterbaren System führt. Mit **strikter Vererbung** bezeichnen wir eine Vererbungsbeziehung, die das Liskov-Ersetzungsprinzip erfüllt.

8.3.5   Delegation und Vererbung in Entwurfsmustern

Im Allgemeinen ist die Entscheidung, ob Delegation oder Vererbung eingesetzt wird, nicht immer klar und erfordert Erfahrung und Augenmaß seitens des Entwicklers. Vererbung und Delegation können, in verschiedenen Kombinationen eingesetzt, ein breites Feld von Problemen lösen: das Entkoppeln abstrakter Schnittstellen von ihrer Implementierung, das Verpacken von Altsystem-Code, das Entkoppeln von Klassen, die eine Strategie spezifizieren, von den Klassen, die die Mechanismen dafür bereitstellen.

In der objektorientierten Entwicklung sind **Entwurfsmuster** Lösungsvorlagen, die Entwickler mit der Zeit verfeinert haben, um eine Reihe wiederkehrender Probleme zu lösen [Gamma et al., 2001]. Ein Entwurfsmuster hat vier Elemente:

1. einen *Namen*, der das Muster eindeutig von anderen Mustern unterscheidet;

2. eine *Problembeschreibung*, die die Situationen beschreibt, in denen das Muster eingesetzt werden kann (Muster behandeln für gewöhnlich die Umsetzung von Entwurfszielen wie Modifizierbarkeit und Erweiterbarkeit sowie von nichtfunktionalen Anforderungen);

3. eine *Lösung*, beschrieben als eine Menge von zusammenarbeitenden Klassen und Schnittstellen;

4. eine Reihe von *Konsequenzen*, die die Kompromisse und Alternativen zeigen, die in Bezug auf die umgesetzten Entwurfsziele berücksichtigt werden müssen.

Beispielsweise können wir das Problem, eine Klasse für Mengen zu schreiben (siehe Abbildung 8.3) in die Aufgabe umformulieren, eine neue Klasse zu schreiben (d.h. MeineMenge), die sich an eine bestehende Schnittstelle hält (d.h. die Set-Schnittstelle in Java) und das Verhalten, das von einer bestehenden Klasse (d.h. der Hashtable-Klasse) bereitgestellt wird, wiederverwendet. Sowohl die Set-Schnittstelle als auch die Hashtable-Klasse sind vorgegeben und können nicht verändert werden. Das **Adaptermuster** (Abbildung 8.5; Anhang A.2) ist eine Lösungsvorlage für solche Probleme.

Das Adaptermuster funktioniert wie folgt: Eine `Adapter`-Klasse implementiert alle Methoden, die in der `Ziel`-Schnittstelle deklariert sind und mit Anfragen an die `AdaptierteKlasse` zu tun haben. Jede Umwandlung von Datenstrukturen oder Verhaltensanpassung wird in der `Adapter`-Klasse erledigt, sodass sich der `Adapter` genau so verhält, wie es der `Klient` erwartet. Das Adaptermuster ermöglicht Wiederverwendung, da weder `Ziel` noch `AdaptierteKlasse` verändert werden müssen. Es fördert auch Erweiterbarkeit, da nach dem Liskov-Ersetzungsprinzip dieselbe `Adapter`-Klasse für alle Untertypen von `AdaptierteKlasse` eingesetzt werden kann. Durch die Anwendung des Adaptermusters auf unser `Menge`-Problem (Abbildung 8.6) erhalten wir die gleiche Delegationsbeziehung zwischen `Menge` und `Hashtable` wie in Abbildung 8.3.

Name	Adaptermuster
Problem-beschreibung	Umwandlung der Schnittstelle einer Altsystem-Klasse in eine andere Schnittstelle, die von der aufrufenden Klasse erwartet wird, sodass aufrufende Klasse und Altsystem-Klasse ohne Änderungen zusammenarbeiten können.
Lösung	Eine `Adapter`-Klasse implementiert das `Ziel`, das vom Aufrufer erwartet wird, und delegiert Anfragen vom `Klient` an die `AdaptierteKlasse`. Alle notwendigen Umwandlungen werden auch von der `Adapter`-Klasse durchgeführt.
Konsequenzen	▪ `Klient` und `AdaptierteKlasse` arbeiten zusammen ohne Modifikation von `Klient` oder `AdaptierteKlasse`. ▪ `Adapter` arbeitet mit `AdaptierteKlasse` und ihren Unterklassen zusammen. ▪ Für jede Spezialisierung (z.B. eine Unterklasse) von `Ziel` muss ein neuer `Adapter` geschrieben werden.

Abbildung 8.5: Ein Beispiel für ein Entwurfsmuster: das Adaptermuster (nach [Gamma et al., 2001])

Wir weisen darauf hin, dass das Adaptermuster sowohl Vererbung als auch Delegation einsetzt. Beim Studium von Entwurfsmustern stellt man fest, dass viele Muster eine

Mischung aus Vererbung und Delegation einsetzen und daher ähnlich aussehen. Der Einsatz dieser Mechanismen unterscheidet sich jedoch auf sehr subtile Weise. Um die Unterschiede klar herauszustellen, bezeichnen wir die verschiedenen am Muster beteiligten Klassen mit den folgenden Begriffen:

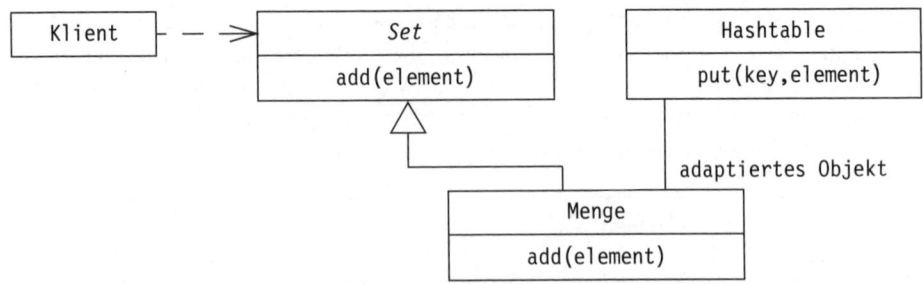

Abbildung 8.6:   Das Adaptermuster, angewendet auf das Menge-Problem aus Abbildung 8.3 (UML-Klassendiagramm)

- Die **Klientenklasse** greift auf das Muster zu. Im Klassendiagramm des Adaptermusters (Abbildung 8.5) wird diese Klasse einfach als `Klient` bezeichnet. Klientenklassen können entweder existierende Klassen aus einer Klassenbibliothek oder neue Klassen aus dem zu entwickelnden System sein.

- Die **Musterschnittstelle** ist der Teil des Musters, der für die Klientenklasse sichtbar ist. Oft wird die Musterschnittstelle durch eine abstrakte Klasse oder eine Schnittstelle realisiert. Im Adaptermuster wird diese Klasse `Ziel` genannt.

- Die **Implementiererklasse** stellt das Verhalten des Musters auf niedriger Ebene bereit. Im Adaptermuster sind `AdaptierteKlasse` und `Adapter` Implementiererklassen. In vielen Mustern wird eine Reihe von zusammenarbeitenden Implementiererklassen benötigt, um das Verhalten des Musters zu realisieren.

- Die **Erweitererklasse** spezialisiert eine Implementiererklasse, um eine andere Implementierung oder ein erweitertes Verhalten des Musters bereitzustellen. Im Adaptermuster sind die Untertypen von `AdaptierteKlasse` Erweitererklassen. Wir weisen darauf hin, dass Erweitererklassen oft zukünftige Klassen repräsentieren, mit denen die Entwickler rechnen.

Entwurfsmuster wurden entwickelt um maximale Wiederverwendung und Flexibilität zu erreichen. Deshalb sind sie für gewöhnlich nicht Lösungen, an die andere Entwickler als Erstes denken. Da Entwurfsmuster eine große Menge an Wissen erfassen (z.B. durch die Dokumentation des Kontexts und der Abwägungen beim Einsatz eines Musters), kann man ihnen also auch Richtlinien für den Einsatz von Vererbung und Delegation entnehmen.

Im nächsten Abschnitt untersuchen wir den Einsatz von Entwurfsmustern und Programmgerüsten bei der Lösung einer Reihe allgemeiner Objektentwurfsprobleme.

8.4 Wiederverwendungsaktivitäten: Die Auswahl von Entwurfsmustern und Komponenten

Der Systementwurf und der Objektentwurf bringen ein seltsames Paradoxon in den Entwicklungsprozess: Einerseits bauen wir im Systementwurf strikte Grenzen zwischen den Subsystemen auf, um die Komplexität zu handhaben, indem wir das System in kleinere Teile aufbrechen und verhindern, dass Änderungen in einem Subsystem sich auf die anderen Subsysteme auswirken. Andererseits wollen wir im Objektentwurf erreichen, dass die Software modifizierbar und erweiterbar ist, um die Kosten für künftige Änderungen zu minimieren. Das sind gegensätzliche Ziele: Wir wollen eine stabile Architektur, die mit der Komplexität umgehen kann, aber wir wollen auch Flexibilität, um auf Änderungen, die im weiteren Entwicklungsprozess auftreten, vorbereitet zu sein. Dieser Konflikt kann gelöst werden, indem Änderungen vorhergesehen werden und der Entwurf darauf vorbereitet wird, weil die Auslöser für spätere Änderungen bei vielen Systementwicklungen immer die gleichen sind:

- *Neuer Hersteller oder neue Technologie.* Kommerzielle Komponenten, die zur Erstellung des Systems eingesetzt werden, werden oft durch äquivalente Komponenten eines anderen Herstellers ersetzt. Diese Änderung kommt häufig vor und ihre Durchführung ist im Allgemeinen schwierig. Der Softwaremarkt ist dynamisch und Hersteller können vom Markt verschwinden, bevor eine Entwicklung abgeschlossen ist.

- *Neue Implementierung.* Wenn Subsysteme integriert und zusammen getestet werden, ist die Gesamtantwortzeit des Systems oft höher, als es die Leistungsanforderungen gestatten. Die Leistung von Systemen ist während der Entwicklung oft schwer vorherzusagen und sollte vor der Integration nicht optimiert werden. Entwickler sollten sich zunächst auf die Subsystemdienste konzentrieren. Daraus entsteht die Notwendigkeit effizienterer Datenstrukturen und Algorithmen – oft unter Zeitbeschränkungen.

- *Neue Sichten.* Der Test der Software mit wirklichen Anwendern deckt viele Benutzbarkeitsprobleme auf. Diese bringen oft die Notwendigkeit mit sich, neue Sichten auf dieselben Daten zu erstellen.

- *Neue Komplexität der Anwendungsdomäne.* Die Auslieferung eines Systems löst Ideen für neue Generalisierungen aus: Ein Bankinformationssystem für eine Filiale kann zur Idee für ein Informationssystem für mehrere Filialen führen. Die Komplexität der Anwendungsdomäne selbst kann sich auch erhöhen: Früher bezogen sich Flugnummern auf genau ein Flugzeug, aber durch Allianzen von Luftfahrtgesellschaften kann ein einzelnes Flugzeug jetzt verschiedene Flugnummern von verschiedenen Gesellschaften haben.

- *Fehler.* Viele Anforderungsfehler werden entdeckt, wenn wirkliche Anwender anfangen, das System zu benutzen.

Der Einsatz von Delegation und Vererbung in Zusammenhang mit abstrakten Klassen entkoppelt die Schnittstelle eines Subsystems von der tatsächlichen Implementierung. In diesem Abschnitt stellen wir ausgewählte Beispiele für Entwurfsmuster vor, die mit den oben beschriebenen Änderungen umgehen können.

Nachdem wir Entwurfsmuster für jede Art der vorhergesehenen Änderungen identifiziert haben (Tabelle 8.1), diskutieren wir diese Muster im Kontext einer konkreten Situation und besprechen für jeden Fall, wie Vererbung und Delegation als Bausteine eingesetzt werden, um Modifizierbarkeit und Erweiterbarkeit zu erreichen.

Entwurfs-muster	Vorhergesehene Änderung	Verweise
Brücke	*Neuer Hersteller, neue Technologie, neue Implementierung.* Dieses Muster entkoppelt die Schnittstelle einer Klasse von ihrer Implementierung. Es dient demselben Zweck wie das Adaptermuster, aber der Entwickler ist nicht durch eine bereits existierende Komponente eingeschränkt.	Abschnitt 8.4.1 Anhang A.3
Adapter	*Neuer Hersteller, neue Technologie, neue Implementierung.* Dieses Muster kapselt ein Stück Altsystem-Code, das nicht für die Zusammenarbeit mit dem System entworfen wurde. Außerdem werden für den Fall, dass der Altsystem-Code durch eine andere Komponente ersetzt wird, die Auswirkungen auf das restliche System reduziert.	Abschnitt 8.4.2 Anhang A.2
Strategie	*Neuer Hersteller, neue Technologie, neue Implementierung.* Dieses Muster entkoppelt einen Algorithmus von seinen Implementierungen. Es dient demselben Zweck wie das Adapter- und das Brückenmuster, mit dem Unterschied, dass dynamisches Verhalten und nicht die spezifische Komponente gekapselt wird.	Abschnitt 8.4.3 Anhang A.9
Abstrakte Fabrik	*Neuer Hersteller, neue Technologie.* Kapselt das Erzeugen von Familien verwandter Objekte. Damit wird der Klient vom Erzeugungsprozess abgeschirmt und der gleichzeitige Einsatz von Objekten aus inkompatiblen Familien verhindert.	Abschnitt 8.4.4 Anhang A.1
Befehl	*Neue Funktionalität.* Dieses Muster entkoppelt die Objekte, die für die Befehlsverarbeitung verantwortlich sind, von den eigentlichen Befehlen. Die Befehlsverarbeitungsobjekte werden vor Änderungen durch neue Funktionalität geschützt.	Abschnitt 8.4.5 Anhang A.4
Komposition	*Neue Komplexität der Anwendungsdomäne.* Dieses Muster kapselt Hierarchien, indem eine gemeinsame Superklasse für Gruppenobjekte (Kompositionen) und Einzelobjekte (Blätter) bereitgestellt wird. Neue Blattarten können hinzugefügt werden, ohne bestehenden Quelltext zu verändern.	Abschnitt 8.4.6 Anhang A.5

Tabelle 8.1: Ausgewählte Entwurfsmuster und die jeweils vorhergesehenen Änderungen

8.4.1 Kapseln von Datenspeichern mit dem Brückenmuster

Betrachten wir einmal das Problem der inkrementellen Entwicklung, des Tests und der Integration von mehreren Subsystemen, die von verschiedenen Entwicklern realisiert werden. Die Subsysteme können zu unterschiedlichen Zeitpunkten fertig gestellt sein, was die Integration aller Subsysteme verzögert, bis auch das letzte fertig gestellt ist. Um diese Verzögerung zu vermeiden, nutzen Projekte oft eine Teststumpf-Implementierung anstelle eines spezifischen Subsystems, sodass die Integrationstests bereits vor der Fertigstellung aller Subsysteme beginnen können. In anderen Situationen werden mehrere Implementierungen desselben Subsystems realisiert, wie beispielsweise eine Referenzimplementierung, die die spezifizierte Funktionalität mit sehr einfachen Algorithmen realisiert, und eine optimierte Implementierung, die bessere Leistung auf Kosten zusätzlicher Komplexität bringt. Kurz gesagt wird eine Lösung benötigt, die verschiedene Realisierungen derselben Schnittstelle für verschiedene Zwecke dynamisch austauschen kann.

Dieses Problem kann mit dem **Brückenmuster** (Anhang A.3) gelöst werden. Betrachten wir beispielsweise das Speichern von Ligen in ARENA. In den frühen Phasen des Projekts brauchen wir ein rudimentäres Speichersubsystem, basierend auf Objektserialisierung, für die Fehlersuche und Tests in den Kernanwendungsfällen des TurnierManagement-Subsystems. Die Entitätsobjekte werden noch mehrfach geändert und wir wissen noch nicht, welche Leistungsengpässe beim Speichern auftreten werden. Daher sollte beim ersten Prototyp nicht auf ein effizientes Speichersystem geachtet werden. Wie jedoch bereits beim Systementwurf von ARENA diskutiert wurde, rechnen wir damit, dass sowohl eine dateibasierte Implementierung als auch eine Implementierung auf relationalen Datenbanken für die erste bzw. zweite Phase des Systems bereitgestellt werden sollte. Darüber hinaus sollte eine Reihe von Teststümpfen verfügbar sein, um frühe Integrationstests noch vor der Fertigstellung der dateibasierten Implementierung zu ermöglichen. Um dieses Problem zu lösen, wenden wir das Brückenmuster wie in Abbildung 8.7 gezeigt an. LigaSpeicher ist die Musterschnittstelle und stellt die Funktionalität bereit, die mit der Datenspeicherung zu tun hat. LigaSpeicherImplementierer ist eine abstrakte Schnittstelle der Implementiererklasse, die die gemeinsame Schnittstelle für die drei Implementierungen darstellt, nämlich StumpfSpeicherImplementierer für die Teststümpfe, XMLSpeicherImplementierer für die dateibasierte Implementierung und JDBCSpeicherImplementierer für die Implementierung auf relationalen Datenbanken.

Hierbei ist zu beachten, dass der Einsatz des Brückenmusters die Leistung verringert, auch wenn die meisten LigaSpeicherImplementierer ähnliche Dienste bereitstellen. Um zwischen Leistung und Erweiterbarkeit abzuwägen, verwenden wir die Entwurfsziele, die wir zu Beginn des Systementwurfs festgelegt haben (Abschnitt 6.4.2).

Vererbung und Delegation im Brückenmuster

Die Schnittstelle des Brückenmusters wird durch die Klasse Abstraktion bereitgestellt und das Verhalten des Brückenmusters durch die gewählte KonkreterImplementierer-Klasse. Das Entwurfsmuster kann erweitert werden, indem neue VerfeinerteAbstrak-

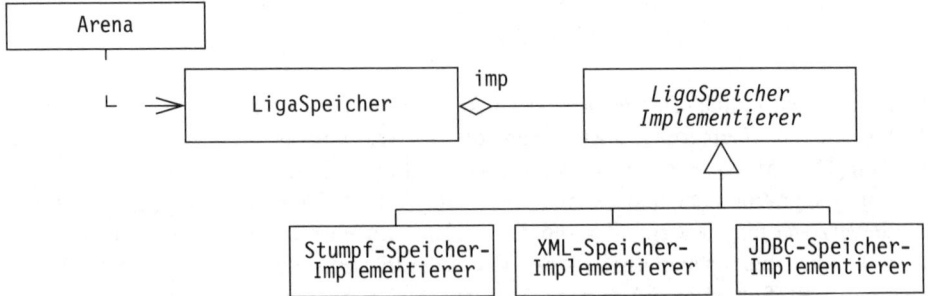

Abbildung 8.7:   Anwendung des Brückenmusters zur Abstraktion von Datenbanktypen
(UML-Klassendiagramm).

tion- oder KonkreterImplementierer-Klassen hinzugefügt werden. Dieses Muster ist ein klassisches Beispiel für die Kombination von Spezifikationsvererbung und Delegation, um sowohl Wiederverwendung als auch Flexibilität zu erreichen.

Einerseits besteht Spezifikationsvererbung zwischen der abstrakten Implementierer-Schnittstelle und den KonkreterImplementierer-Klassen. Damit kann jede KonkreterImplementierer-Klasse bei den Klassen Abstraktion und VerfeinerteAbstraktion zur Laufzeit transparent ersetzt werden. Nebenbei wird so auch sichergestellt, dass sich die Entwickler beim Hinzufügen einer neuen KonkreterImplementierer-Klasse bemühen werden, dasselbe Verhalten wie bei allen anderen KonkreterImplementierer-Klassen bereitzustellen.

Andererseits sind Abstraktion und Implementierer mittels Delegation entkoppelt. Das erlaubt das Verteilen von Verhalten auf beide Seiten der Brücke. Beispielsweise beschreibt die LigaSpeicher-Klasse in Abbildung 8.7 das Verhalten zur Speicherung von Liga-Klassen auf hoher Ebene, während die konkrete LigaSpeicherImplementierer-Klasse Funktionalität auf niedriger Ebene bereitstellt, deren Realisierung von einer Speicherlösung zur anderen variiert. Da LigaSpeicher und LigaSpeicherImplementierer verschiedenes Verhalten zur Verfügung stellen, können sie nicht als Untertypen nach dem Liskov-Ersetzungsprinzip behandelt werden.

8.4.2   Kapseln von Altsystem-Komponenten mit dem Adaptermuster

Mit der Erhöhung der Komplexität der Systeme und immer kürzeren Produkteinführungs-zeiten, übersteigen die Kosten für die Softwareentwicklung die Kosten für die Hardware mittlerweile deutlich. Das bedeutet einen starken Anreiz für Entwickler, Quelltext aus früheren Projekten oder Standardkomponenten wiederzuverwenden. Interaktive Systeme werden beispielsweise kaum noch von Grund auf neu erstellt, sondern mit Hilfe von Benutzerschnittstellen-Baukästen entwickelt, die eine breite Vielfalt an Dialogen, Fenstern, Schaltflächen oder anderen Standard-Schnittstellenobjekten bereitstellen. Schnittstellenüberarbeitungen konzentrieren sich darauf, nur einen Teil eines Systems neu zu implementieren. Zum Beispiel müssen Unternehmensinformationssysteme, deren Entwurf und Erstellung kostenintensiv war, für neue Hardware aktualisiert werden. Oft wird nur die Klienten-Seite des Systems mit neuer Technologie aktualisiert; der Server des Systems wird nicht angerührt. Entwickler müssen sowohl beim Umgang mit Altsystem-Code als auch bei Standardkomponenten mit Code zurechtkommen, den sie nicht verändern können und der im Allgemeinen nicht für ihr System entworfen wurde.

Wir behandeln bestehende Komponenten, indem wir sie einkapseln. Dieser Ansatz hat den Vorteil, dass er das System von der gekapselten Komponente entkoppelt und so den Einfluss bestehender Software auf den neuen Entwurf minimiert. Erreicht wird dies durch den Einsatz des Adaptermusters.

Das **Adaptermuster** (Anhang A.2) wandelt die Schnittstelle einer Komponente in eine Schnittstelle um, die der Aufrufer erwartet. Diese Schnittstelle wird in Abbildung 8.5 als `Ziel` bezeichnet. Eine `Adapter`-Klasse stellt die Verbindung zwischen `Ziel` und `AdaptierteKlasse` her. Nehmen wir beispielsweise an, der Aufrufer sei die statische `sort()`-Methode der `Array`-Klasse in Java (Abbildungen 8.8 und 8.9). Diese Methode erwartet zwei Argumente, a, ein `Array` (Feld) von Objekten, und c, ein `Comparator`-Objekt, das eine `compare()`-Methode bereitstellt, um die relative Ordnung zwischen Elementen zu definieren. Nehmen wir an, wir wollen Zeichenketten sortieren, die durch eine „Altsystem-Klasse" `MeineZeichenkette` repräsentiert sind, die die öffentlichen Methoden `grösserAls()` und `equals()`-Methoden anbietet. Um eine Reihung von Objekten vom Typ `MeineZeichenkette` zu sortieren, müssen wir einen neue Klasse definieren, `MeineZeichenkettenVergleicher`, die eine `compare()`-Methode enthält, die `grösserAls()` und `equals()` nutzt. `MeineZeichenkettenVergleicher` ist eine `Adapter`-Klasse.[1]

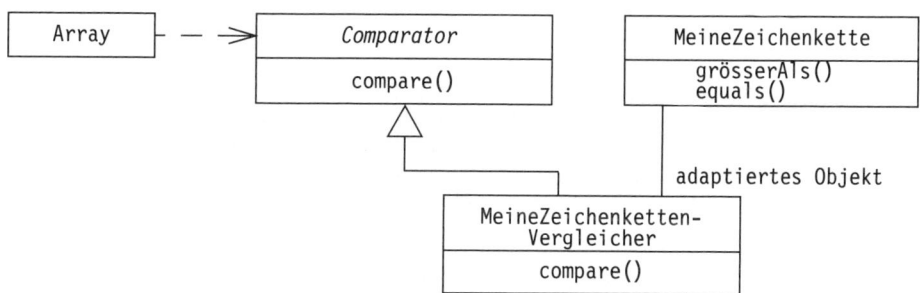

Abbildung 8.8: Anwendung des Adaptermusters zur Sortierung von Zeichenketten in einem Array (UML-Klassendiagramm). Siehe auch den Quelltext in Abbildung 8.9.

Vererbung und Delegation im Adaptermuster

Das Adaptermuster nutzt Spezifikationsvererbung zwischen `Ziel` und `Adapter`. Die Klasse `Adapter` wiederum delegiert an die Implementiererklasse `AdaptierteKlasse`, um die Operationen, die in `Ziel` deklariert sind, zu realisieren. Einerseits erlaubt das allen Aufrufern,

---

[1] Beim Entwurf eines neuen Systems sind Adapter selten notwendig, da die Schnittstelle neuer Klassen mit Bezug auf die Spezifikation entworfen werden können.

```
/* Bestehende Zielschnittstelle */
interface Comparator {
    int compare(Object o1, Object o2);
    /* ... */
}
/* Bestehender Aufrufer */
class Array {
    static void sort(Object [] a, Comparator c);
    /* ... */
}
/* Existierende adaptierte Klasse */
class MeineZeichenkette extends String {
    boolean equals(Object o);
    boolean grösserAls(Zeichenkette s);
    /* ... */
}
/* Neue Adapterklasse */
class MeinZeichenkettenVergleicher implements Comparator {
    /* ... */
    int compare(Object o1, Object o2) {
        int ergebnis;
        if (((MeineZeichenkette)o1).grösserAls((MeineZeichenkette)o2)) {
            ergebnis = 1
        } else if (o1.equals(o2)) {
            ergebnis = 0;
        } else {
            ergebnis = -1;
        }
        return ergebnis;
    }
}
```

Abbildung 8.9: Beispiel für das Adaptermuster (Java). Die statische sort()-Methode für Arrays verlangt zwei Argumente, ein Feld von Objects, die sortiert werden sollen, und einen Schnittstelle Comparator, die die relative Ordnung der Elemente definiert. Um ein Feld von Zeichenketten zu sortieren, müssen wir eine neue Klasse mit der richtigen Schnittstelle definieren, die wir Zeichenketten-Vergleicher nennen. ZeichenkettenVergleicher ist ein Adapter.

die bereits Ziel nutzen, transparent mit Instanzen von Adapter zu arbeiten, ohne dass sie modifiziert werden müssen. Andererseits kann derselbe Adapter für Untertypen von AdaptierteKlasse eingesetzt werden.

Wir weisen darauf hin, dass Brücken- und Adaptermuster in Zweck und Struktur sehr ähnlich sind. Beide entkoppeln eine Schnittstelle von einer Implementierung und beide nutzen Spezifikationsvererbung und eine Delegationsbeziehung. Sie unterscheiden sich im Kontext, in dem sie eingesetzt werden, und in der Reihenfolge, in der Delegation und Vererbung auftreten. Das Adaptermuster nutzt zuerst Vererbung und dann Delegation, während das Brückenmuster zuerst Delegation einsetzt und dann Vererbung. Das Adaptermuster wird angewendet, wenn die Schnittstelle (Ziel) und die Implementierung (also AdaptierteKlasse) bereits existieren und nicht verändert werden können. Bei der Entwicklung neuen Quelltexts ist das Brückenmuster die bessere Wahl, da es bessere Erweiterbarkeit mit sich bringt.

8.4.3 Kapseln von Kontext mit dem Strategiemuster

Betrachten wir einmal eine mobile Anwendung, die auf einem tragbaren Rechner läuft und abhängig vom Standort des Anwenders verschiedene Netzwerkprotokolle einsetzt: Ein Automechaniker könnte den tragbaren Rechner beispielsweise zum Zugriff auf Reparaturhandbücher und Wartungsaufzeichnungen für das zu reparierende Fahrzeug einsetzen. Der tragbare Rechner sollte sowohl in der Werkstatt mit einem drahtlosen Netzwerk als auch auf offener Straße mit einem Mobilfunknetzwerk der dritten Generation wie z.B. UMTS arbeiten. Zum Aktualisieren oder Konfigurieren der mobilen Anwendung sollte ein Systemadministrator den tragbaren Rechner mit einem drahtgebundenen Netzwerk wie z.B. Ethernet verbinden können. Das bedeutet, dass die mobile Anwendung mit verschiedenen Netzwerktypen umgehen können muss, da sie dynamisch aufgrund von Faktoren wie Standort und Netzwerkkosten zwischen den Netzwerken umschalten soll. Wir nehmen an, dass wir im Systementwurf für diese Anwendung die dynamische Umschaltung zwischen drahtgebundenen und drahtlosen Netzwerken als Entwurfsziel mit entscheidender Bedeutung festgelegt haben. Außerdem wollen wir mit zukünftigen Netzwerkprotokollen umgehen können, ohne die Anwendung neu übersetzen zu müssen.

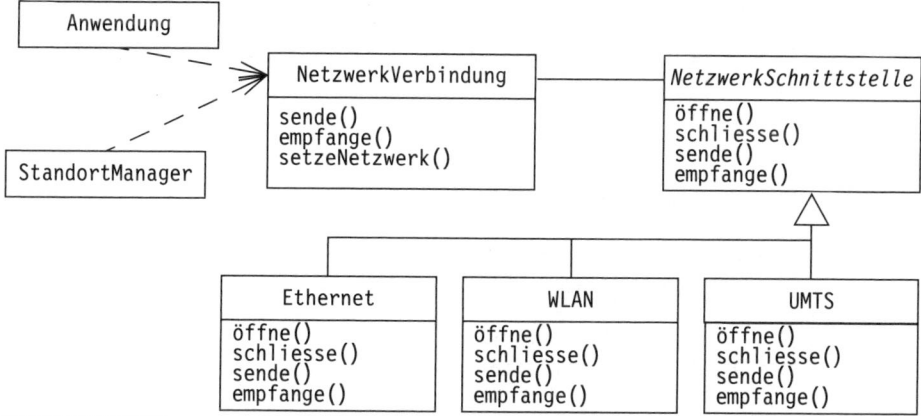

Abbildung 8.10: Anwendung des Strategiemusters zur Kapselung mehrerer Implementierungen einer Schnittstelle (UML-Klassendiagramm). Der `StandortManager`, der ein spezifisches Regelwerk implementiert, weist `NetzwerkVerbindung` ausgehend vom aktuellen Standort eine konkrete `NetzwerkSchnittstelle` (d.h. den Mechanismus) zu. Die Anwendung ruft `NetzwerkVerbindung` unabhängig von der konkreten `NetzwerkSchnittstelle` auf. Das zugehörige Java-Fragment ist in Abbildung 8.11 zu sehen.

Um diese beiden Ziele zu erreichen, wenden wir das **Strategiemuster** (Anhang A.9) an. Das Systemmodell und die Implementierung sind in den Abbildungen 8.10 und 8.11 dargestellt. Die `Strategie`-Klasse wird durch `NetzwerkSchnittstelle` realisiert, die die gemeinsame Schnittstelle zu allen Netzwerken darstellt. Die `Kontext`-Klasse wird durch ein `NetzwerkVerbindung`-Objekt realisiert, das eine Punkt-zu-Punkt-Verbindung zwischen dem tragbaren Rechner und dem entfernten Zentralrechner repräsentiert. Der `Klient` ist die mobile Anwendung. Das `Regelwerk` ist der `StandortManager`, der den derzeitigen Standort des tragbaren Rechners und die verfügbaren Netzwerke überwacht und den

NetzwerkVerbindung-Objekten die passenden NetzwerkSchnittstellen zuweist. Wenn das StandortManager-Objekt die setzeNetzwerk()-Methode aufruft, schließt das Netzwerk-Verbindung-Objekt seine derzeitige NetzwerkSchnittstelle und initialisiert die neue NetzwerkSchnittstelle. Dieser Vorgang ist für die restliche Applikation transparent.

```
/** Die Klasse NetzwerkVerbindung repräsentiert die abstrakte Verbindung, die
 * vom Klienten genutzt wird. Im Strategiemuster entspricht sie dem Kontext.*/
public class NetzwerkVerbindung {
    private String ziel;
    private NetzwerkSchnittstelle schnittStelle;
    private StringBuffer warteschlange;
    public NetzwerkVerbindung(String ziel,
            NetzwerkSchnittstelle schnittStelle) {
        this.ziel = ziel;
        this.schnittStelle = schnittStelle;
        this.schnittStelle.öffne(ziel);
        this.warteschlange = new StringBuffer();
    }
    public void sende(byte nachr[]) {
        // Stelle Nachricht in Warteschlange, falls Netzwerk nicht bereit.
        warteschlange.concat(nachr);
        if (schnittStelle.istBereit()) {
            schnittStelle.sende(warteschlange);
            warteschlange.setLength(0);
        }
    }
    public byte [] empfange() {
        return schnittStelle.empfange();
    }
    public void setzeNetzwerkSchnittstelle(
            NetzwerkSchnittstelle neueSchnittstelle) {
        schnittstelle.schliesse();
        neueSchnittstelle.öffne(ziel);
        schnittstelle = neueSchnittstelle;
    }
}
/** Der StandortManager entscheidet abhängig von Standort und Kosten, welche
 * NetzwerkSchnittstelle eingesetzt wird.  */
public class StandortManager {
    /* ... */
    // Diese Methode wird vom Ereignisverteiler aufgerufen, wenn sich der
    // Standort geändert haben könnte.
    public void pruefeStandort() {
        if (istEthernetVerfuegbar())
            netzwerkSchnittstelle = new EthernetNetzwerk();
        else if (istWLANVerfuegbar())
            netzwerkSchnittstelle = new WLANNetzwerk();
```

Abbildung 8.11: Anwendung des Strategiemusters zur Kapselung mehrerer Implementierungen einer NetzwerkSchnittstelle (Java). Diese Implementierung ist vereinfacht und berücksichtigt keine Ausnahmen. Siehe auch das zugehörige UML-Klassendiagramm in Abbildung 8.10.

```
    else if (istUMTSVerfuegbar())
        netzwerkSchnittstelle = new UMTSNetzwerk();
    else
        netzwerkSchnittstelle = new WarteschlangenNetzwerk();
    netzwerkVerb.setzeNetzwerkSchnittstelle(netzwerkSchnittstelle);
    }
}
```

Abbildung 8.11: Anwendung des Strategiemusters zur Kapselung mehrerer Implementierungen einer NetzwerkSchnittstelle (Java). Diese Implementierung ist vereinfacht und berücksichtigt keine Ausnahmen. Siehe auch das zugehörige UML-Klassendiagramm in Abbildung 8.10. (Forts.)

Vererbung und Delegation im Strategiemuster

Die Klassendiagramme für das Brücken- und das Strategiemuster (siehe Appendix A.3 und Appendix A.9) sind nahezu identisch. Der einzige Unterschied ist der Erzeuger der Implementierungsklassen: Beim Brückenmuster erzeugt und initialisiert die Klasse Abstraktion die KonkreterImplementierer-Klassen. Beim Strategiemuster kennt Kontext die KonkreteStrategie-Klassen nicht. Stattdessen erzeugt die Klientenklasse die Konkrete-Strategie-Objekte und konfiguriert den Kontext. Darüber hinaus wird im Brückenmuster für gewöhnlich eine bestimmte Implementierungsklasse bei der Initialisierung der Klientenklasse erzeugt, an die Klasse Abstraktion gebunden und nicht mehr ausgewechselt, während Implementierungsklassen beim Strategiemuster zur Laufzeit mehrfach erzeugt und ausgewechselt werden.

8.4.4   Kapseln von Plattformen mit dem Abstrakte-Fabrik-Muster

Betrachten wir eine Anwendung für ein intelligentes Haus: Die Anwendung empfängt Ereignisse von Sensoren, die im Haus verteilt sind (z.B. Glühbirne an, Glühbirne aus, Fenster offen, Fenster geschlossen, Innen- und Außentemperatur, Wettervorhersagen), erkennt vordefinierte Muster und erteilt Aktuatoren Befehle (z.B. schalte Klimaanlage ein, speichere Statistiken über den Energieverbrauch, schließe Garagentür, löse Diebstahlalarm aus). Obwohl mehrere Hersteller Komponenten anbieten, mit der solche Anwendungen erstellt werden können – Electrical Installation Bus (EIB), Zumtobels Luxmate – ist die Interoperabilität auf diesem Gebiet derzeit schlecht, was den kombinierten Einsatz von Geräten verschiedener Hersteller verhindert und damit die Entwicklung einer einzigen Softwarelösung für alle Hersteller schwierig macht.

Wir setzen das **Abstrakte-Fabrik-Muster** (Anhang A.1) zur Lösung dieses Problems ein. In unserem intelligenten Haus stellt jeder Anbieter Temperatursensoren, elektrische Rollläden, die melden, wenn sie aufgebrochen werden, und intelligente Glühbirnen, die melden, wenn sie durchbrennen, bereit. Die allgemeinen Objekte werden durch Klassen mit dem Namen AbstraktesProdukt, ihre konkreten Realisierungen durch Klassen mit dem KonkretesProdukt bezeichnet. In unserem Anwendungsbeispiel sind GlühBirne, RollLaden vom Typ AbstraktesProdukt und EIBGlühBirne, LuxmateGlühBirne, EIBRoll-Laden, LuxmateRollLaden vom Typ KonkretesProdukt. Eine Fabrik für jeden Hersteller (z.B. ZumtobelFabrik, EIBFabrik) stellt Methoden zur Erzeugung von Objekten vom Typ KonkretesProdukt bereit (z.B. erzeugeGlühBirne(), erzeugeRollLaden()). Eine Klientenklasse (z.B. die Anwendung DiebstahlSchutz) greift nur auf die Schnittstellen zu, die von der Klasse AbstrakteFabrik und den AbstraktesProdukt-Klassen bereitgestellt werden. Diese schirmen damit die Klientenklasse vollständig vom Hersteller der zugrunde liegenden Produkte ab.

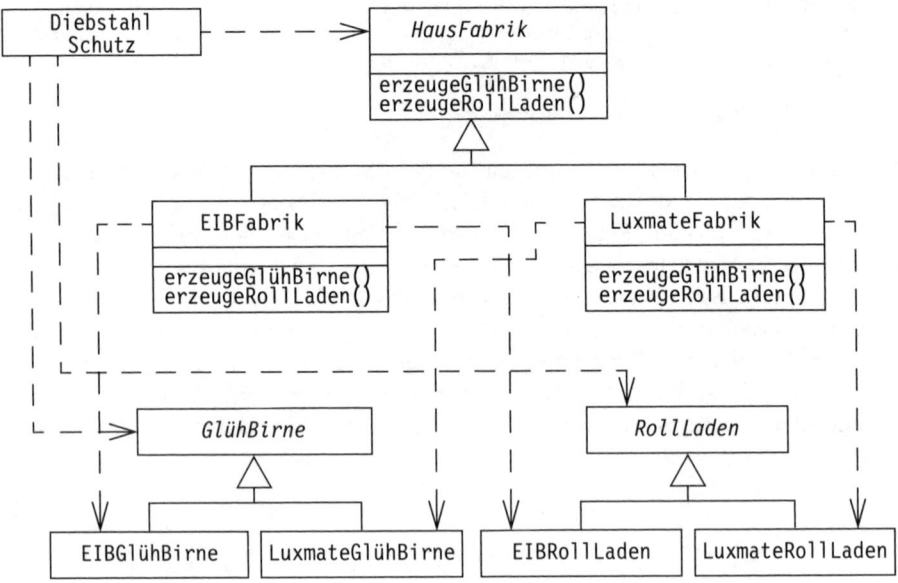

Abbildung 8.12: Anwendung des Abstrakte-Fabrik-Musters auf verschiedene Plattformen für eine intelligente Hausanwendung (UML-Klassendiagramm, Abhängigkeiten repräsentieren Aufrufbeziehungen)

Vererbung und Delegation im Abstrakte-Fabrik-Muster

Das Abstrakte-Fabrik-Muster setzt Spezifikationsvererbung ein, um die Schnittstelle eines Produkts von seiner Realisierung zu entkoppeln. Da Produkte derselben Plattform jedoch für gewöhnlich voneinander abhängen und auf die konkreten Produktklassen zugreifen, können Produkte verschiedener Plattformen nicht transparent ausgetauscht werden. Beispielsweise sind EIBGlühBirnen inkompatibel mit LuxmateGlühBirnen und sollten deshalb nicht zusammen innerhalb eines Systems für ein intelligentes Haus eingesetzt werden. Um sicherzustellen, dass eine konsistente Menge von Produkten erzeugt wird, kann der Klient nur über eine KonkreteFabrik Produkte erzeugen, die die Erzeugungsoperationen an die entsprechenden Produkte delegiert. Durch den Einsatz von Spezifikationsvererbung zur Entkopplung der KonkreteFabrik-Klassen von ihrer Schnittstelle können Produktfamilien von verschiedenen Herstellern für den Klienten transparent ersetzt werden.

8.4.5 Kapseln des Kontrollflusses mit dem Befehlsmuster

In interaktiven Systemen und in Transaktionssystemen ist es oft wünschenswert, Anwenderbefehle auszuführen, zurückzunehmen oder zu speichern, ohne den Inhalt des Befehls zu kennen. Betrachten wir beispielsweise den Fall der Partie im ARENA-Turniermanagementsystem. Wir wollen einzelne Züge in Partien aufzeichnen, sodass diese von einem Zuschauer zu einem späteren Zeitpunkt abgespielt werden können. Wir wollen jedoch auch, dass ARENA ein breites Spektrum an Spielen unterstützt; also wollen wir verhindern, dass die Klassen, die für die Aufzeichnung und die Wiederholung der Züge verantwortlich sind, von einem spezifischen Spiel abhängen.

Wir können das **Befehlsmuster** (Anhang A.4) zu diesem Zweck einsetzen. Der Schlüssel zur Entkoppelung von Spielzügen von ihrer Verarbeitung ist die Repräsentation von Zügen als Befehlsobjekte, die von einer abstrakten Klasse namens *Zug* in Abbildung 8.13 (z.B. eine Zug-Klasse in ARENA) abgeleitet sind. Die *Zug*-Klasse deklariert Operationen zur Ausführung, Rücknahme und Speicherung von Befehlen, während KonkreterBefehl-Klassen (d.h. TicTacToeZug und SchachZug in ARENA) spezifische Spielzüge implementieren. Die Klassen, die für die Aufzeichnung und die Wiedergabe von Spielen verantwortlich sind, greifen nur auf die abstrakte *Zug*-Schnittstelle zu und machen das System so um neue Spiele erweiterbar.

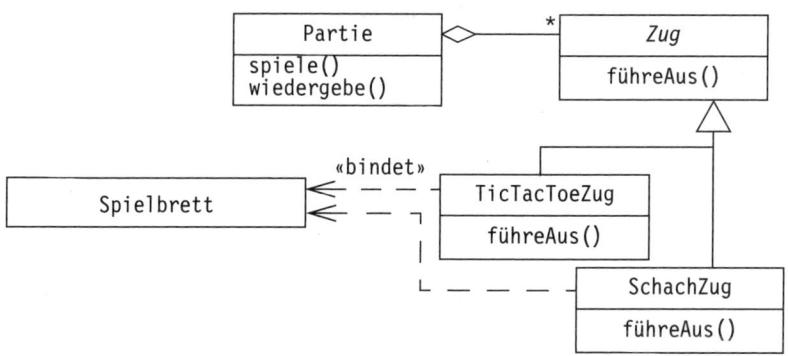

Abbildung 8.13: Anwendung des Befehlsmusters auf Partien in ARENA (UML-Klassendiagramm)

Vererbung und Delegation im Befehlsmuster

Das Befehlsmuster nutzt Spezifikationsvererbung zwischen der Befehl-Klasse und den KonkreterBefehl-Klassen, womit neue Befehle unabhängig vom Aufrufer hinzugefügt werden können. Delegation wird zwischen KonkreterBefehl und Empfänger sowie zwischen Aufrufer und Befehl eingesetzt, was die dynamische Erzeugung, Ausführung und Speicherung von KonkreterBefehl-Objekten erlaubt. Das Befehlsmuster wird oft in einer Modell-Sicht-Steuerungs-Architektur eingesetzt, in der Empfänger Modellobjekte, Aufrufer und Befehle Steuerungsobjekte und Klienten, die Befehle erzeugen, Sichtobjekte sind.

8.4.6   Kapseln von Hierarchien mit dem Kompositionsmuster

Benutzerschnittstellen-Baukästen wie Swing, Cocoa und CLX stellen dem Anwendungsentwickler eine Reihe von Klassen als Bausteine bereit. Jede Klasse implementiert spezialisiertes Verhalten wie die Eingabe von Text, die Markierung und Demarkierung eines Ankreuzfelds, das Drücken eines Schaltfläche oder das Aufklappen eines Menüs. Im Benutzerschnittstellenentwurf können diese Komponenten in Fenstern zusammengesetzt werden, um anwendungsspezifische Schnittstellen zu generieren. Beispielsweise kann ein Einstellungsdialog eine Reihe von Ankreuzfeldern enthalten, um verschiedene Funktionalitäten einer Anwendung zu aktivieren.

Wenn Fenster komplexer werden und viele verschiedene Benutzerschnittstellenobjekte umfassen, wird ihre Anordnung (d.h. das Verschieben und die Veränderung der Größe jeder Komponente, sodass das Fenster ein zusammenhängendes Ganzes ergibt) immer schwerer zu handhaben. Daher erlauben es moderne Baukästen dem Entwickler, die Benutzerschnittstellenobjekte in hierarchischen Aggregaten, im Folgenden „Paneele" genannt, zu organisieren, die genau wie konkrete Benutzerschnittstellenobjekte gehandhabt werden können. Beispielsweise kann unser Einstellungsdialog ein oberes Paneel mit dem Titel und Anweisungen für den Anwender enthalten, ein Hauptpaneel mit den Ankreuzfeldern und ihren Bezeichnungen sowie ein Schaltpaneel für die ‚OK'- und ‚Abbrechen'-Schaltflächen Jedes Paneel ist für das Layout seiner Unterpaneele, „Kinder" genannt, verantwortlich, und der Gesamtdialog muss nur die drei Paneele behandeln (Abbildungen 8.14 und 8.15).

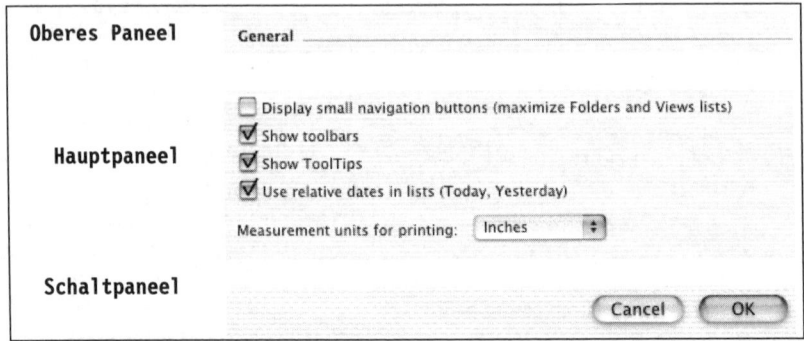

Abbildung 8.14: Anatomie eines Einstellungsdialogs. Sammlungen, „Paneele" genannt, werden zur Gruppierung von Benutzerschnittstellenobjekten eingesetzt, die zusammen in der Größe verändert und verschoben werden müssen.

Swing löst dieses Problem mit dem **Kompositionsmuster** (Anhang A.5) wie in Abbildung 8.16 gezeigt. Eine abstrakte Klasse Component ist die Wurzel aller Benutzerschnittstellenobjekte, einschließlich Checkbox (Ankreuzfeld), Button (Schaltfläche) und Label (Beschriftung). Die Composite-Klasse, die auch eine Unterklasse von Component ist, ist ein spezielles Benutzerschnittstellenobjekt, das Sammlungen repräsentiert, einschließlich der oben erwähnten Panels (Paneele). Windows und Applets, die Wurzeln der Instanzhierarchie, sind auch Composite-Klassen, die zusätzliche Funktionalität zum Umgang mit dem Fenstersystem bzw. dem Webseitenbetrachter besitzen.

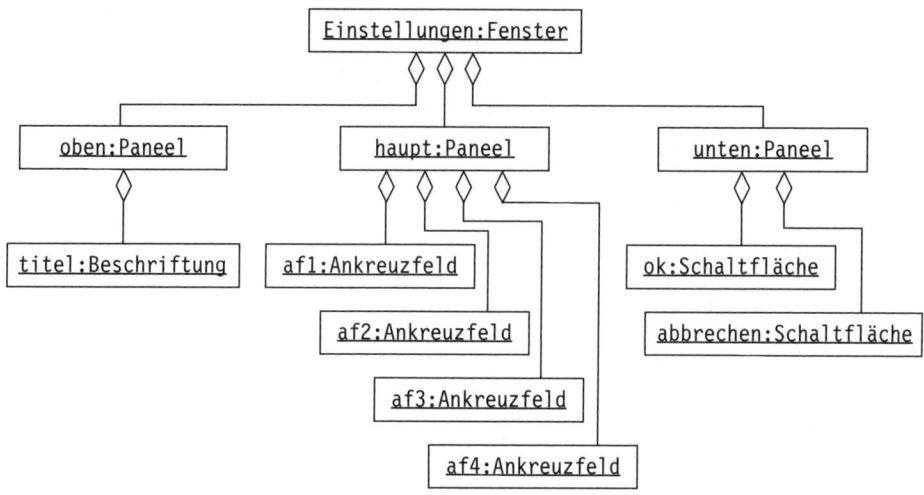

Abbildung 8.15: UML-Objektdiagramm für die Benutzerschnittstellenobjekte aus Abbildung 8.14.

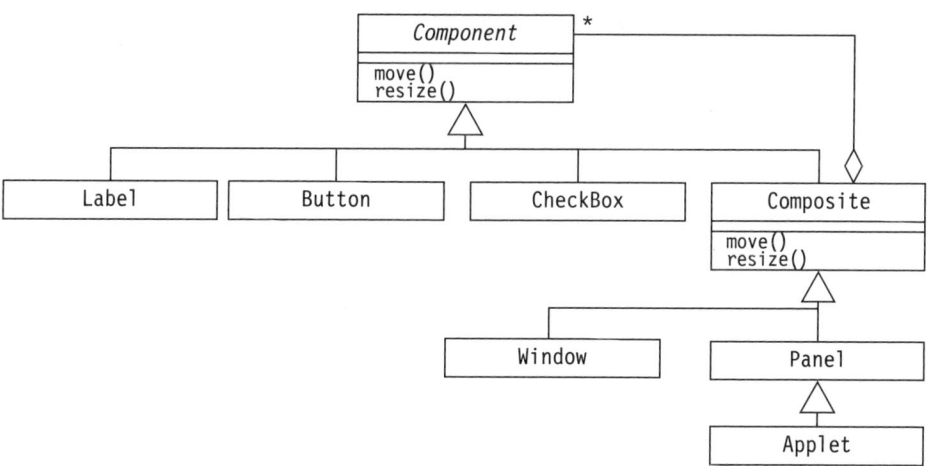

Abbildung 8.16: Anwendung des Kompositionsmusters auf Benutzerschnittstellenelemente (UML-Klassendiagramm) Bei der Swing-Komponentenhierarchie spezialisieren Einzelobjekte (z.B. CheckBox, Button, Label) die Component-Schnittstelle und Sammlungen (z.B. Panel oder Window) die abstrakte Klasse Composite. Verschiebung oder Änderung der Größe eines Objekts vom Typ Composite wirkt sich auf alle seine Kinder aus.

8.4.7 Heuristiken zur Auswahl von Entwurfsmustern

Die Identifizierung des richtigen Entwurfsmusters für ein gegebenes Problem ist schwierig, wenn man nicht bereits Erfahrung im Einsatz von Entwurfsmustern hat. Musterkataloge sind groß und abwechslungsreich, und es kann nicht von Entwicklern erwartet werden, dass sie sie komplett lesen. Da Entwurfsmuster ein spezifisches Entwurfsziel oder eine spezifische nichtfunktionale Anforderung behandeln, kann man eine andere Technik einsetzen, nämlich die Suche nach Schlüsselphrasen im Anforderungsanalyse- und System-entwurfs-Dokument zur Auswahl von Kandidatenmustern. Das entspricht Abbotts natür-lichsprachlicher Technik, die in Kapitel 5, *Analyse*, beschrieben wird. Die folgenden Heuristiken zeigt exemplarische Schlüsselphrasen für die Muster, die durch dieses Kapi-tel abgedeckt werden.

Heuristiken zur Auswahl von Entwurfsmustern

Entwurfsmuster behandeln spezifische Entwurfsziele und nichtfunktionale Anforderun-gen. Ähnlich wie bei Abbotts Heuristiken, die in Kapitel 5, *Analyse*, beschrieben werden, können Schlüsselphrasen dabei helfen, geeignete Entwurfsmuster zu finden. Unten sind Beispiele für die Muster aufgeführt, die in diesem Kapitel behandelt werden.

Phrase	Entwurfsmuster
■ „Anbieterunabhängigkeit"	Abstrakte Fabrik
■ „Plattformunabhängigkeit"	
■ „Muss mit bestehender Schnittstelle zusammenarbeiten"	Adapter
■ „Muss existierende Altsystem-Komponente weiterverwenden"	
■ „Muss zukünftige Protokolle unterstützen"	Brücke
■ „Alle Befehle sollen zurücknehmbar sein"	Befehl
■ „Alle Transaktionen sollen aufgezeichnet werden"	
■ „Muss zusammengesetzte Strukturen unterstützen"	Komposition
■ „Muss Hierarchien variabler Breite und Tiefe erlauben"	
■ „Politik und Mechanismus sollen entkoppelt sein"	Strategie
■ „Verschiedene Algorithmen müssen zur Laufzeit austauschbar sein"	

8.4.8 Identifizieren und Anpassen von Anwendungsgerüsten

Anwendungsgerüste

Ein **Anwendungsgerüst** ist eine wiederverwendbare Teilanwendung, die spezialisiert werden kann, um maßgeschneiderte Anwendungen [Johnson & Foote, 1988] zu erstellen. Im Gegensatz zu Klassenbibliotheken sind **Programmgerüste** auf bestimmte Technolo-gien wie Datenverarbeitung oder Mobilkommunikation oder auf Anwendungsdomänen wie Benutzerschnittstellen oder Echtzeitsysteme ausgerichtet. Die Hauptvorteile von Anwendungsgerüsten sind Wiederverwendbarkeit und Erweiterbarkeit. Programmgerüst-Wiederverwendung nutzt das Anwendungsdomänenwissen und die bereits geleistete Arbeit erfahrener Entwickler, um Neuerstellung und Neuüberprüfung wiederkehrender Lösungen zu vermeiden. Ein Anwendungsgerüst verbessert die Erweiterbarkeit durch die

Bereitstellung von **Einhakmethoden** (engl. *hook methods*), die durch die Anwendung überschrieben werden, um das Anwendungsgerüst zu erweitern. Einhakmethoden entkoppeln die Schnittstellen und das Verhalten einer Anwendungsdomäne systematisch von den Abweichungen, die von einer Anwendung in einem bestimmten Kontext benötigt werden. Programmgerüst-Erweiterbarkeit ist besonders wichtig, um ausreichend schnelle Anpassung an neue Anwendungsdienste und -funktionalitäten sicherzustellen.

Programmgerüste können durch ihre Position im Softwareentwicklungsprozess klassifiziert werden.

- **Programmgerüste für Infrastruktur**, auch **Infrastrukturgerüste** genannt, versuchen, die Softwareentwicklung zu vereinfachen. Beispiele sind Programmgerüste für Betriebssysteme [Campbell & Islam, 1993], Testhilfen [Bruegge et al., 1993], Kommunikationsaufgaben [Schmidt, 1997], Benutzerschnittstellenentwurf [Weinand et al., 1988] und Java Swing [JFC, 2002]. Systeminfrastruktur-Programmgerüste werden meistens intern in einem Softwareprojekt eingesetzt.

- **Programmgerüste für Middleware** werden eingesetzt, um existierende verteilte Anwendungen und Komponenten zu integrieren. Häufig benutzte Beispiele sind Microsofts MFC und DCOM, Java RMI, WebObjects, WebSphere, WebLogic Enterprise Application [Beck, 1998], Implementierungen von CORBA [OMG, 1995] und transaktionsorientierte Datenbanken.

- **Programmgerüste für Unternehmensanwendungen** sind anwendungsspezifisch und konzentrieren sich auf Bereiche wie Telekommunikation, Luftfahrtelektronik, Umweltmodellierung, Produktion, Finanzwesen [Birrer, 1993] und Geschäftsaktivitäten [J2EE, 2002].

Programmgerüste für Infrastruktur und Middleware sind überaus wichtig, um rasch qualitativ hochwertige Softwaresysteme zu erstellen. Programmgerüste für Unternehmensanwendungen unterstützen die Entwicklung von Endbenutzeranwendungen. Der Einkauf von Programmgerüsten für Infrastruktur und Middleware ist günstiger als ihre Erstellung [Fayad & Hamu, 1997].

Programmgerüste können auch nach den Techniken klassifiziert werden, mit denen sie erweitert werden können.

- **Offene Programmgerüste** erreichen Erweiterbarkeit durch Vererbung und dynamische Bindung. Bestehende Funktionalität wird durch das Ableiten von Unterklassen von Programmgerüst-Basisklassen und das Überschreiben vordefinierter Einhakmethoden unter Einsatz von Mustern wie dem Schablonenmethodenmuster [Gamma et al., 2001] erweitert.

- **Geschlossene Programmgerüste** unterstützen Erweiterbarkeit durch die Definition von Schnittstellen für Komponenten, die in das Programmgerüst eingesetzt werden können. Bestehende Funktionalität wird wiederverwendet, indem Komponenten definiert werden, die sich an eine bestimmte Schnittstelle halten. Diese Komponenten werden über Delegation in das Programmgerüst integriert.

Offene Programmgerüste verlangen tiefgehende Kenntnis ihrer internen Struktur. Offene Programmgerüste produzieren Systeme, die eng an spezifische Details der Vererbungshierarchien des Programmgerüsts gekoppelt sind, daher können Änderungen am Programmgerüst die Neuübersetzung der Anwendung erfordern. Geschlossene Programmgerüste sind einfacher einzusetzen als offene, da sie mit Delegation statt Vererbung arbeiten. Offene Programmgerüste sind jedoch schwieriger zu entwickeln, weil sie die Definition von Schnittstellen und Einhakmethoden erfordern, die ein großes Feld an potentiellen Anwendungsfällen vorhersehen. Darüber hinaus ist es einfacher, geschlossene Programmgerüste dynamisch zu erweitern und zu rekonfigurieren, da sie dynamische Objektbeziehungen statt statischer Klassenbeziehungen fördern [Johnson & Foote, 1988].

Programmgerüste, Klassenbibliotheken und Entwurfsmuster

Programmgerüste sind eng verwandt mit Entwurfsmustern, Klassenbibliotheken und Komponenten.

Entwurfsmuster kontra Programmgerüste. Der Hauptunterschied zwischen Programmgerüsten und Entwurfsmustern besteht darin, dass Programmgerüste sich auf die Wiederverwendung von konkreten Entwürfen, Algorithmen und Implementierungen in einer bestimmten Programmiersprache konzentrieren. Im Gegensatz dazu befassen sich Muster mit der Wiederverwendung abstrakter Entwürfe und kleiner Sammlungen von kooperierenden Klassen. Programmgerüste konzentrieren sich auf eine bestimmte Anwendungsdomäne, während Entwurfsmuster mehr als Bausteine von Programmgerüsten gesehen werden können.

Klassenbibliotheken kontra Programmgerüste. Klassen in einem Programmgerüst kooperieren, um ein wiederverwendbares Architekturskelett für eine Familie verwandter Anwendungen bereitzustellen. Im Gegensatz dazu sind Klassenbibliotheken weniger bereichsspezifisch und haben vergleichsweise weniger Wiederverwendungsmöglichkeiten. Zum Beispiel können Klassen wie Zeichenketten, komplexe Zahlen, Felder und Mengen über viele Anwendungsdomänen hinweg eingesetzt werden. Klassenbibliotheken sind typischerweise passiv; das heißt, sie implementieren oder beschränken den Kontrollfluss nicht. Programmgerüste sind stattdessen aktiv; das heißt, sie steuern den Kontrollfluss in der Anwendung. In der Praxis nutzen Entwickler Programmgerüste und Klassenbibliotheken oft im selben System. Beispielsweise nutzen Programmgerüste Klassenbibliotheken, die bei Entwicklerwerkzeugen oder Programmiersprachen mitgeliefert werden, intern zur Vereinfachung der Entwicklung des Programmgerüsts. Ähnlich nutzt anwendungsspezifischer Code, der von den Ereignisverteilerroutinen des Programmgerüsts aufgerufen wird, Klassenbibliotheken zur Ausführung grundlegender Aufgaben wie Zeichenkettenverarbeitung, Dateiverwaltung und numerischer Analyse.

Komponenten kontra Programmgerüste. Komponenten sind in sich geschlossene Instanzen von Klassen, die zu kompletten Anwendungen zusammengesetzt werden. Bezogen auf Wiederverwendung ist eine Komponente eine geschlossene Einheit, die eine zusammenhängende Reihe von Operationen definiert, die nur mit Wissen über Syntax und Semantik ihrer Schnittstelle genutzt werden kann. Im Vergleich zu Programmgerüsten sind Komponenten weniger eng miteinander verbunden und können sogar auf der Ebene des ausführbaren Codes wiederverwendet werden. Das heißt, dass Anwendungen Komponenten wiederverwenden können, ohne Unterklassen von bestehenden Basisklassen ableiten zu müssen. Der Vorteil ist, dass Anwendungen nicht immer neu übersetzt werden müssen, wenn sich Komponenten verändern. Die Beziehung zwischen Programmgerüsten und Komponenten ist nicht von vornherein festgelegt. Einerseits können Programmgerüste dazu genutzt werden, Komponenten zu entwickeln, wobei die Komponentenschnittstelle ein Fassadenmuster für die interne Klassenstruktur des Programmgerüsts darstellt. Andererseits können Komponenten in geschlossene Programmgerüste eingesetzt werden. Im Allgemeinen werden Programmgerüste zur Vereinfachung der Entwicklung der Infrastruktur und der Middleware-Software eingesetzt, während Komponenten zur Vereinfachung der Entwicklung von Endbenutzeranwendungen eingesetzt werden.

Ein Beispiel für ein Programmgerüst

WebObjects ist eine Menge von Programmgerüsten zur Entwicklung von interaktiven Webanwendungen, die auf bestehende Daten in relationalen Datenbanken zugreifen. WebObjects besteht aus zwei Infrastrukurgerüsten: Das WebObjects-Programmgerüst behandelt die Interaktion zwischen Webseitenbetrachtern und Webservern. Das Enterprise Object Framework (EOF) stellt den Zugriff auf relationale Datenbanken und die Zuordnung von Datenbank-Entitäten zu Java-Objekten zur Verfügung. Das EOF unterstützt JDBC (Java Database Connectivity) und JNDI (Java Naming and Directory Interface), die es Anwendungen erlauben, Verbindungen zu Datenquellen aufzunehmen. Beispielsweise stellt das EOF Verbindungen zu Informix-, Oracle- und Sybase-Servern sowie LDAP bereit. In der folgenden Diskussion konzentrieren wir uns auf das WebObjects-Programmgerüst.

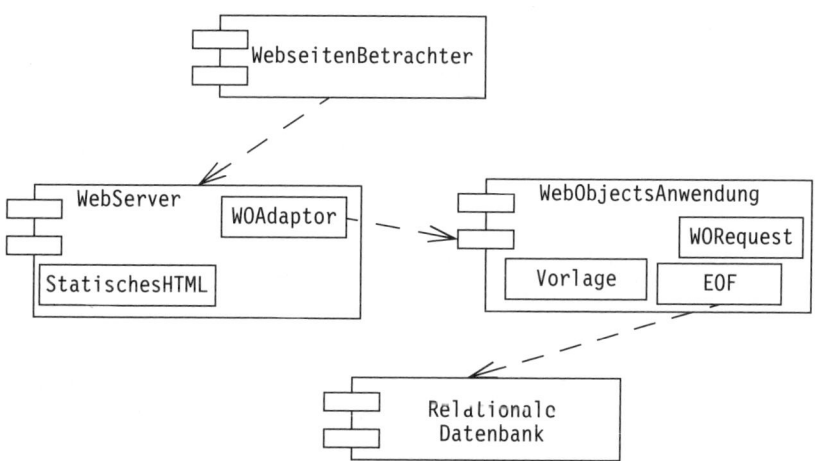

Abbildung 8.17: Ein Beispiel für eine dynamische Webpräsenz mit WebObjects (UML-Komponentendiagramm).

Abbildung 8.17 zeigt ein Beispiel einer Webpräsenz mit dynamischer Seitenerstellung, die mit WebObjects erstellt wurde. Der WebseitenBetrachter sendet eine HTTP-Anfrage, die einen URL enthält, an den WebServer. Wenn der WebServer feststellt, dass die Anfrage sich auf eine statische HTML-Seite bezieht, leitet er sie an das Objekt StatischesHTML weiter, das die Seite auswählt und als Antwort zurück zum WebseitenBetrachter sendet. Der WebseitenBetrachter zeigt sie daraufhin dem Anwender an. Wenn der WebServer erkennt, dass die Anfrage eine dynamische HTML-Seite betrifft, leitet er die Anfrage an einen WOA-daptor weiter. Der WOAdaptor verpackt die eingehende HTTP-Anfrage und leitet sie an das WebObjectsAnwendung-Objekt weiter. Ausgehend von Vorlagen, die vom Entwickler definiert wurden, und relevanten Daten, die aus dem Subsystem RelationaleDatenbank abgefragt werden, erzeugt die WebObjectsAnwendung dann eine HTML-Antwortseite, die durch den WOAdaptor zurück zum WebServer gegeben wird. Der WebServer sendet die Seite dann an den WebseitenBetrachter, der sie daraufhin dem Anwender anzeigt.

Eine wichtige Abstraktion, die vom WebObjects-Programmgerüst bereitgestellt wird, ist eine Erweiterung des HTTP-Protokolls zur Verwaltung von Zuständen. HTTP ist ein zustandsloses Anfrage-Antwort-Protokoll; das heißt, für jede Anfrage wird eine Antwort formuliert, aber zwischen aufeinander folgenden Anfragen werden keine Zustandsinformationen aufrechterhalten. In vielen Web-basierten Anwendungen müssen jedoch Zustandsinformationen zwischen Anfragen behalten werden. Beispielsweise sollten sich bei ARENA die Spieler nicht bei jedem Zug, den sie spielen, neu identifizieren müssen. Darüber hinaus müssen Spieler in der Lage sein, eine Partie weiterzuspielen, auch wenn ihr WebseitenBetrachter neu gestartet werden muss. Mehrere Techniken wurden vorgeschlagen, um Zustandsinformationen in Webanwendungen zu verfolgen, unter anderem dynamisch erzeugte URLs, Cookies und versteckte HTML-Felder. WebObjects stellt dazu die in Abbildung 8.18 gezeigten Klassen bereit.

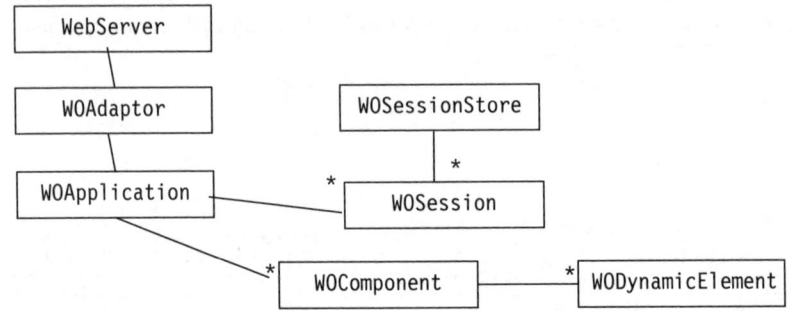

Abbildung 8.18: Die Zustandsverwaltungsklassen von WebObjects. Das HTTP-Protokoll ist inhärent zustandslos. Die Zustandsverwaltungsklassen erlauben es, Informationen zwischen einzelnen Anfragen weiterzugeben.

Die Klasse WOApplication repräsentiert die Anwendung, die auf Anfragen vom WebseitenBetrachter wartet. Anfragen, die sich auf dynamische Seiten beziehen, werden über den WOAdaptor an die WebObjectsAnwendung weitergeleitet. Ein Zyklus der Anfrage-Antwort-Schleife beginnt, sobald der WOAdaptor eine eingehende HTTP-Anfrage übermittelt bekommt. Der WOAdaptor verpackt diese Anfrage in ein WORequest-Objekt und leitet sie an das Anwendungsobjekt vom Typ WOApplication weiter. Anfragen werden immer durch einen URL vom WebseitenBetrachter ausgelöst. Eine URL auf oberster Ebene repräsentiert eine besondere Anfrage und verursacht die Erzeugung einer neuen Instanz des Typs WOSession. Die Klasse WOSession kapselt den Zustand einer einzelnen Sitzung. Die Anwendung WOApplication enthält eine Reihe von WOComponent-Objekten, die eine wiederverwendbare Webseite oder einen Teil einer Webseite, die in einer individuellen

Sitzung angezeigt werden können, repräsentieren. Beim Abruf einer Seite stellt das entsprechende WOSession-Objekt den Inhalt der Seite mit Hilfe der ihr zugeordneten WOComponent-Objekte zusammen. WOComponent-Objekte können WODynamicElement-Objekte enthalten, die Informationen, welche dem Benutzer angezeigt werden sollen, aus der Datenbank abrufen. Das WOSessionStore-Objekt realisiert die Persistenz der WOSession-Objekte: Es speichert Sitzungen auf dem Server und stellt sie auf Anfrage der Anwendung wieder her.

Der Kern der Erstellung einer WebObjects-Anwendung ist die Verfeinerung der Klassen WOApplication, WOSession und WOComponent und das Abfangen des Anfragenflusses zwischen ihnen. Die Methoden dieser Klassen werden in Unterklassen überschrieben, wenn der Entwickler das Standardverhalten erweitern muss. Der früheste Zeitpunkt, an dem Objekte vom Typ WOApplication verfeinert werden können, ist wenn sie generiert werden. Der letzte Zeitpunkt ist, wenn sie terminiert werden. Durch das Hinzufügen von Code zum Konstruktor von WOApplication oder durch Überschreiben der terminate()-Methode in WOApplication kann der Entwickler das Verhalten einer WebObjects-Anwendung nach Wunsch maßschneidern.

8.5 Wiederverwendungsmanagement

Historisch gesehen begann die Softwareentwicklung als Kunsthandwerk, wo jede Anwendung auf die Wünsche und Bedürfnisse eines einzelnen Kunden hin maßgeschneidert wurde. Letztendlich repräsentierte die Softwareentwicklung nur einen Bruchteil der Kosten der Hardware, und nur wenige konnten sich Rechnerlösungen leisten. Durch den Verfall der Hardwarepreise und die exponentielle Steigerung der Rechenleistung haben sich die Zahl der Kunden und die Breite der Anwendungen dramatisch erweitert. Im Gegenzug stiegen die Softwarekosten, als die Anwendungen immer komplexer wurden. Dieser Trend erreichte schließlich den Punkt, an dem Software die größten Kosten in jeder Rechnerlösung verursachte, wodurch ein gewaltiger ökonomischer Druck auf jeden Projektmanager ausgeübt wird, die Kosten der Software zu reduzieren. Da kein Königsweg in Sicht war, wurde die systematische Wiederverwendung von Code, Entwürfen und Prozessen als attraktivste Lösung angesehen. Wiederverwendung, ob es sich nun um Entwurfsmuster, Programmgerüste oder Komponenten handelt, hat viele technische und verwaltungstechnische Vorteile:

- *Geringerer Entwicklungsaufwand.* Wird eine Lösung oder eine Komponente wiederverwendet, lassen sich viele Standardfehler vermeiden. Darüber hinaus wird das System im Fall der Entwurfsmuster leichter erweiterbar und stabiler gegenüber typischen Änderungen. Das führt zu niedrigerem Entwicklungsaufwand und verringert den Personalbedarf. Das frei gewordene Personal kann zu Softwaretests hin verlagert werden, um bessere Qualität sicherzustellen.

- *Niedrigeres Risiko.* Wenn dasselbe Entwurfsmuster oder dieselbe Komponente wiederholt wiederverwendet wird, sind die typischen Probleme, die auftreten können, bekannt und man kann sich darauf vorbereiten. Darüber hinaus ist die Zeit, die zur Anpassung des Entwurfsmuster oder zur Einbindung der Komponente benötigt wird, bekannt, was zu einem vorhersagbareren Entwicklungsprozess und geringeren Risiken führt.

■ *Verbreiteter Gebrauch von Standardbegriffen.* Die Wiederverwendung einer Standardmenge von Entwurfsmustern und Komponenten fördert den Einsatz eines Standardvokabulars. Beispielsweise beschreiben Begriffe wie Adapter, Brücke, Befehl oder Fassade präzise Konzepte, mit denen die Entwickler mit der Zeit vertraut werden. Das reduziert die Anzahl unterschiedlicher Begriffe und Lösungen für allgemeine Probleme und reduziert Missverständnisse unter den Entwicklern.

■ *Erhöhte Verlässlichkeit.* Wiederverwendung an sich erhöht die Verlässlichkeit nicht und reduziert auch nicht die Notwendigkeit von Tests (wir verweisen auf den Ariane 501-Vorfall in Abschnitt 3.1 als illustratives Beispiel). Komponenten und Muster-Lösungen, die in einem Kontext funktioniert haben, können in anderen Kontexten unerwartete Fehler aufweisen. Trotzdem kann eine Wiederverwendungskultur in einer Softwareorganisation die Verlässlichkeit aus allen oben genannten Gründen erhöhen: Reduzierte Entwicklungszeit kann zu mehr Zeit für Tests führen, wiederholter Einsatz von Komponenten kann zu einer Wissensbasis typischer Probleme, mit denen gerechnet werden sollte, führen und der Einsatz von Standardbegriffen reduziert Kommunikationsfehler.

Unglücklicherweise tritt Wiederverwendung nicht spontan in einer Entwicklungsorganisation auf. Die größten Herausforderungen umfassen folgende Punkte

■ *NHE (Nicht Hier Erfunden)-Syndrom.* Da sich die Ausbildung in der Softwaretechnik (zumindest bis vor kurzem) auf den Entwurf neuer Lösungen konzentriert hat, misstrauen Entwickler oft der Wiederverwendung bestehender Lösungen, besonders wenn die Anpassungsmöglichkeiten der in Betracht gezogenen Lösung begrenzt oder eingeschränkt sind. In solchen Situationen glauben Entwickler, dass sie eine vollständig neue Lösung entwickeln können, die besser an ihr spezifisches Problem angepasst ist (was für gewöhnlich stimmt), und dass sie dafür weniger Zeit brauchen, als sie benötigen würden, um die wiederverwendete Lösung zu verstehen (was für gewöhnlich nicht stimmt). Darüber hinaus sind die Vorteile von Wiederverwendung nur längerfristig ersichtlich, während die Befriedigung, eine neue Implementierung zu entwickeln, sofort eintritt.

■ *Prozessunterstützung.* Die Prozesse, die sich mit der Identifizierung, Wiederverwendung und Anpassung einer bestehenden Lösung beschäftigen, unterscheiden sich von denen, die zur Erstellung einer brandneuen Lösung führen. Erstere erfordern mühsames Sieben einer großen, wachsenden Menge von Wissen und sorgfältiges Auswerten der Ergebnisse. Letztere erfordern Kreativität und ein gutes Verständnis des Problems. Die meisten Softwaretechnikwerkzeuge und -methoden sind besser für kreative Aktivitäten geeignet als für Wiederverwendung. Beispielsweise gibt es viele Entwurfsmusterkataloge, aber keine systematische Methode, mit der Anfänger schnell ein passendes Muster für eine gegebene Situation finden können.

■ *Weiterbildung.* Da es keine Wissensunterstützungswerkzeuge für Wiederverwendung gibt, ist Weiterbildung die mit Abstand effektivste Methode beim Aufbau einer Wiederverwendungskultur. Als Folge davon liegt die Last der Weiterbildung der Entwickler im Hinblick auf spezifische wiederverwendbare Lösungen und Komponenten auf der Entwicklungsorganisation.

In den folgenden Abschnitten untersuchen wir, wie wir Wiederverwendung dokumentieren und Rollen verteilen können, um die oben gezeigten Probleme zu lösen.

8.5.1   Dokumentation von Wiederverwendungsaktivitäten

Wiederverwendungsaktivitäten benötigen zwei Arten von Dokumentation: die Dokumentation der Lösungsvorlage, die wiederverwendet wird, und die Dokumentation des Systems, das die Lösung wiederverwendet.

Die Dokumentation wiederverwendbarer Lösungen (z.B. Entwurfsmuster, Programmgerüste oder Komponenten) enthält nicht nur eine Beschreibung der Lösung, sondern auch eine Beschreibung der Klasse von Problemen, die sie lösen kann, die Abwägungen, die ein Entwickler machen muss, alternative Implementierungen und Anwendungsbeispiele. Diese Dokumentation ist typischerweise schwierig zu erstellen, da der Autor der wiederverwendbaren Lösung nicht in der Lage sein kann, alle Probleme vorherzusehen, für die sie eingesetzt werden kann. Darüber hinaus ist eine solche Dokumentation für gewöhnlich generisch und abstrakt und muss durch konkrete Beispiele für Entwicklerneulinge illustriert werden, um die Parameter der Lösung vollständig nachvollziehbar zu machen. Daher ist die Dokumentation einer wiederverwendbaren Lösung im Normalfall nicht ideal. Entwickler können diese Dokumentation jedoch inkrementell verbessern, indem sie jedes Mal, wenn sie eine Lösung wiederverwenden, die folgenden Informationen hinzufügen:

- *Verweis auf ein System, das die Lösung einsetzt.* Die Dokumentation der wiederverwendbaren Lösung sollte mindestens Verweise auf jeden Einsatz enthalten. Wenn Defekte in der wiederverwendeten Lösung entdeckt werden, können sie systematisch in jeder Wiederverwendung korrigiert werden.

- *Anwendungsbeispiel.* Beispiele sind für Entwickler überaus wichtig, um die Stärken und Grenzen wiederverwendeter Lösungen zu verstehen. Jede Wiederverwendung stellt ein Beispiel dar. Die Entwickler sollten eine kurze Zusammenfassung beilegen, die die gelösten Probleme und die gewählte Lösung illustriert.

- *In Betracht gezogene Alternativen.* Wie wir in diesem Kapitel gesehen haben, sind sich viele Entwurfsmuster ähnlich. Die Auswahl eines falschen Musters kann allerdings zu größeren Problemen führen als die Entwicklung einer eigenen Lösung. Die Entwickler sollten in der Dokumentation des Beispiels angeben, welches die anderen Kandidaten für die Lösung des Problems waren und warum sie verworfen wurden.

- *Notwendige Abwägungen.* Wiederverwendung bedingt oft das Eingehen eines Kompromisses und die Auswahl einer Lösung, die im Hinblick auf manche Kriterien nicht optimal ist. Beispielsweise könnte eine Komponente eine erweiterbare Schnittstelle anbieten, während eine andere bessere Antwortzeiten hat.

Die Dokumentation des neu erstellten Systems sollte mindestens Verweise auf alle wiederverwendeten Lösungen enthalten. Beispielsweise sind Entwurfsmuster nicht sofort im Quelltext erkennbar, da die daran beteiligten Klassen oft andere Namen haben als die in den Standardmustern verwendeten Namen. Viele Muster ziehen ihre Vorteile aus dem Entkoppeln bestimmter Klassen (z.B. des Brücken-Klienten von den Brücken-Implementierungen), daher sollten diese Klassen bei zukünftigen Änderungen des Systems entkoppelt bleiben. Ähnlich erleichtert es die explizite Dokumentation der Information, welche Klassen welche Komponenten nutzen, die Klientenklassen an neuere Versionen der wiederverwendeten Komponenten anzupassen. Entwickler können also noch mehr Vorteile aus der Wiederverwendung gewinnen, indem sie zusätzlich zur allgemeinen Objektentwurfsdokumentation, die wir in Kapitel 9, *Objektentwurf: Schnittstellenspezifikation*, diskutieren, die Verknüpfungen zwischen den wiederverwendeten Lösungen und dem neu geschriebenen Quelltext dokumentieren.

Ein Faktor, der zu den hohen Kosten für Änderungen in späten Prozessphasen beiträgt, ist der Verlust von Entwurfskontext. Entwickler vergessen schnell die Gründe hinter dem Entwurf komplizierter provisorischer Lösungen oder komplexer Datenstrukturen in den frühen Phasen des Prozesses. Wenn der Quelltext in späten Prozessphasen geändert wird, ist die Wahrscheinlichkeit, Defekte ins System einzubringen, hoch. Daher ist ein Grund für die Aufzeichnung von Abwägungen, Beispielen, Alternativen und anderen Entscheidungsgrundlagen auch die Reduktion der Kosten für Änderungen. In Kapitel 12, *Begründungsmanagement*, beschreiben wir weitere Techniken zur systematischen Aufzeichnung solcher Entscheidungsgrundlagen.

8.5.2   Zuweisung von Verantwortung

Einzelne Entwickler, die bestimmten Subsystemen zugewiesen wurden, werden sich nicht spontan Entwurfsmustern und Komponenten zuwenden, insbesondere wenn sie keine Erfahrung mit diesen Themen haben. Um eine Wiederverwendungskultur zu fördern, muss eine Organisation die Anreize zur Wiederverwendung für den einzelnen Entwickler so hoch wie möglich machen. Das schließt Zugang zu Entwicklerexperten, die Ratschläge und Informationen geben können, spezifische Komponenten oder Muster, Weiterbildung und Schwerpunktsetzung auf Wiederverwendung bei Entwurfsüberprüfungen und Quelltextinspektionen ein. Die Verfügbarkeit von Wissen reduziert die Frustration, die von der Lernkurve, welche eine Komponente mit sich bringt, verursacht wird. Die explizite Überprüfung von Musterverwendung (oder Nichtverwendung) stellt einen zusätzlichen Anreiz dafür dar, Zeit in die Suche nach fertigen Lösungen zu investieren.

Die Hauptrollen bei der Wiederverwendung sind:

- **Komponentenexperte.** Der Komponentenexperte ist mit dem Einsatz einer spezifischen Komponente vertraut. Er ist ein Entwickler, der für gewöhnlich an Trainingsseminaren für den Einsatz der Komponente teilgenommen hat.

- **Musterexperte.** Der Musterexperte hat Erfahrung mit dem Einsatz einer Familie von Entwurfsmustern. Er ist im Gegensatz zum Komponentenexperten häufig Autodidakt und bezieht sein Wissen aus seiner Erfahrung.

- **Technischer Redakteur.** Der technische Redakteur weiß von der Wiederverwendung und dokumentiert Abhängigkeiten zwischen Komponenten, Entwurfsmustern und dem System. Das kann bedeuten, dass der technische Redakteur sich mit den Lösungen, die die Organisation typischerweise wiederverwendet, und deren Begriffen vertraut machen muss.

- **Konfigurationsmanager.** Zusätzlich zu den Konfigurationen und Versionen einzelner Subsysteme muss der Konfigurationsmanager auch die Versionen der eingesetzten

Komponenten kennen. Wenn neuere Versionen der Komponenten eingesetzt werden, müssen Tests wiederholt und die Änderungen in zu aktualisierenden Dokumenten beschrieben werden.

Die technischen Mittel zum Erreichen von Wiederverwendung (z.B. Vererbung, Delegation, Entwurfsmuster, Programmgerüste) stehen den Softwaretechnikern seit fast zwei Jahrzehnten zur Verfügung. Die Erfolgsfaktoren, die mit der Wiederverwendung zusammenhängen, sind tatsächlich nicht technischer, sondern administrativer Natur. Nur eine Organisation, die die Werkzeuge zur Auswahl und Verbesserung wiederverwendbarer Lösungen bereitstellt und eine Kultur aufbaut, die ihren Einsatz fördert, kann von der Wiederverwendung von Entwürfen und Quelltext profitieren.

Weiterführende Literatur

Vererbung hat für den Entwickler mehrere Herausforderungen beim Entwurf mit sich gebracht. Obwohl sie einen mächtigen Mechanismus für den Entwurf wiederverwendbarer Komponenten und für bestehende Klassen bereitstellt, erlaubt sie es Entwicklern auch, komplexe Steuerungsstrukturen zu erzeugen, die schwierig zu verstehen und zu testen sind, was zu anfälligen Systemen führt. Seit Vererbung in Programmiersprachen eingeführt wurde, haben Forscher versucht, „gute" Vererbung von „schlechter" Vererbung zu unterscheiden und eine Reihe allgemeiner Entwurfsheuristiken aufzustellen.

Marvin Minsky gebührt die Ehre, die Vererbung in Frames, einem Programmgerüst zur Repräsentation von Wissen in der künstlichen Intelligenz, erfunden zu haben [Minksy, 1975]. Die Vererbung wurde später verfeinert und in objektorientierten Programmiersprachen wie Smalltalk eingeführt [Goldberg & Kay, 1976]. Rumbaugh und seine Kollegen waren die ersten, die die Vererbung in eine Modellierungssprache (OMT) einführten [Rumbaugh et al., 1991]. OMT hat UML stark beeinflusst.

Das *Liskov-Ersetzungsprinzip* [Liskov, 1988] führte eine formale Definition von Untertypen ein, wodurch Spezifikationsvererbung von Implementierungsvererbung unterschieden wurde. Obwohl dieses Prinzip leicht zu verstehen ist, ist seine Anwendung als Entwurfsprinzip schwierig.

In *Object-Oriented Software Construction* [Meyer, 1997], 1989 zum ersten Mal veröffentlicht, formulierte Bertrand Meyer das Offen-Verschlossen-Prinzip, das besagt, dass abstrakte Klassen offen für Erweiterung, aber verschlossen für Modifikation sein sollten. *Object-Oriented Analysis and Design* [Martin & Odell, 1992] entwickelte diese Entwurfsprinzipien weiter und gibt praktische Hilfestellung für ihre Anwendung.

Die Veröffentlichung von *Design Patterns* [Gamma et al., 2001] eröffnete einen anderen Ansatz für Wiederverwendung, indem Lösungsvorlagen für Probleme angeboten wurden, die in fast jedem Entwurf auftreten. Mittels Zusammensetzung, Vernetzung und Überlagerung einzelner Muster konnte ein Entwickler viele Erweiterbarkeits- und Wiederverwendbarkeitsprobleme durch die Anwendung robuster Lösungen behandeln. Das Muster-Konzept zur Unterbringung von Wissen zur Wiederverwendung wurde so erfolgreich und beliebt, dass andere Autoren es auf andere Entwicklungsaktivitäten wie Softwarearchitektur [Buschmann et al., 1996] und Analyse [Fowler, 1997] anwendeten.

Übungen

8.1   Geben Sie für jedes der folgenden Objekte aus dem ARENA-Objektentwurfsmodell an, ob es sich um ein Anwendungsdomänenobjekt oder ein Lösungsdomänen-objekt handelt.

- Liga
- LigaSpeicher
- LigaXMLSpeicherImplementierer
- Partie
- PartieSicht
- Zug
- SchachZug

8.2   Geben Sie an, welche der folgenden Vererbungsbeziehungen Spezifikations-vererbung und welche Implementierungsvererbung sind:

- Eine Rechteck-Klasse erbt von einer Polygon-Klasse.
- Eine Menge-Klasse erbt von einer Binärbaum-Klasse.
- Eine Menge-Klasse erbt von einer Bag-Klasse (ein Bag ist definiert als eine un-geordnete Sammlung).
- Eine Spieler-Klasse erbt von einer Benutzer-Klasse.
- Eine Fenster-Klasse erbt von einer Polygon-Klasse.

8.3   Betrachten Sie eine bestehende Implementierung von Bridge, die in Java geschrie-ben ist. Sie sind daran interessiert, dieses Bridge-Spiel in ARENA zu integrieren. Welches Entwurfsmuster würden Sie einsetzen? Zeichnen Sie ein UML-Klassen-diagramm, das die Beziehungen zwischen den ARENA-Objekten und einigen der Klassen, die Sie in einem Bridge-Spiel erwarten, darstellt.

8.4   Betrachten Sie ein System, das die Arbeitsabläufe von Softwareentwicklern unterstützt. Das System erlaubt es Managern, den Lebenszyklus, dem die Ent-wickler folgen sollten, mit Prozessen und Arbeitsergebnissen zu modellieren. Der Manager kann jedem Entwickler spezifische Prozesse zuweisen und Auslie-ferungstermine für jedes Arbeitsergebnisse festlegen. Das System unterstützt mehrere Arten von Arbeitsergebnissen, unter anderem formatierten Text, Bilder und URLs. Der Manager kann beim Bearbeiten des Arbeitsablaufs die Art jedes Arbeitsergebnisses dynamisch zur Laufzeit festlegen. EinesIhrer Entwurfsziele besteht darin, das System so zu entwerfen, dass weitere Arbeitsergebnisse in der Zukunft hinzugefügt werden können. Welches Entwurfsmuster würden Sie zur Repräsentation der Arbeitsergebnisse einsetzen?

8.5 Betrachten Sie ein Datenbanksystem, das einen Klienten und zwei redundante Datenbankserver umfasst. Beide Datenbankserver sind identisch: Der erste ist der Hauptserver, der zweite steht als ständig verfügbarer Ersatz bereit für den Fall, dass der Hauptserver ausfällt. Der Klient greift durch eine einzelne Komponente, die „Zugang" genannt wird, auf die Server zu. Diese Komponente verbirgt vor dem Klienten, welcher Datenbankserver derzeit benutzt wird. Ein separates Regelwerk-Objekt, genannt „Wachhund", überwacht die Anfragen und die Antworten des Hauptservers und weist den Zugang abhängig von den Antworten des Hauptservers an, ob er auf den Ersatzserver wechseln soll. Wie nennen Sie dieses Entwurfsmuster? Zeichnen Sie ein UML-Klassendiagramm, um Ihre Wahl zu begründen.

8.6 In Abschnitt 8.4.1 setzten wir ein Brückenmuster ein, um die Implementierung des `LigaSpeicher`-Subsystems in `ARENA` von seiner Schnittstelle zu entkoppeln, womit wir verschiedene Implementierungen zum Zweck des Testens bereitstellen können. Idealerweise würden wir das Brückenmuster auf jedes Subsystem in unserem Systementwurf anwenden, um das Testen zu erleichtern. Leider ist das nicht immer möglich. Geben Sie ein Beispiel für ein Subsystem an, bei dem das Brückenmuster nicht eingesetzt werden kann.

8.7 Betrachten Sie die folgenden Entwurfsziele. Geben Sie die Entwurfsmuster-Kandidaten an, die Sie in Betracht ziehen würden, um das jeweilige Ziel zu erfüllen:

■ Gegeben sei ein Altsystem für Banken. Kapseln Sie die bestehende Unternehmenslogik.

■ Gegeben sei ein Schachprogramm. Ermöglichen Sie es zukünftigen Entwicklern, den Planungsalgorithmus, der über den nächsten Zug entscheidet, durch einen besseren zu ersetzen.

■ Gegeben sei ein Schachprogramm. Ermöglichen Sie den Einsatz einer Überwachungskomponente, die ausgehend von Stil und Antwortzeit des Gegenspielers zur Laufzeit zwischen Planungsalgorithmen wechseln kann.

■ Gegeben sei die Simulation einer Maus, die ihren Weg durch ein Labyrinth sucht. Ermöglichen Sie es der Auswertungskomponente, verschiedene Pfade unabhängig von den Bewegungsarten, die die Maus in Betracht zieht, auszuwerten.

8.8 Betrachten Sie eine Anwendung, die einen Verschlüsselungsalgorithmus ausgehend von Sicherheitsanforderungen und Rechenzeitbeschränkungen dynamisch auswählen muss. Welches Entwurfsmuster würden Sie auswählen? Zeichnen Sie ein UML-Klassendiagramm, das die Klassen im Muster zeigt, und begründen Sie Ihre Wahl.

9 Objektentwurf: Schnittstellenspezifikation

Bei einer Prozedur mit zehn Parametern hast du wahrscheinlich einige Parameter vergessen.

— *Alan Perlis in Epigrams in Programming*

Während des Objektentwurfs identifizieren und verfeinern wir die Lösungsobjekte, um die Subsysteme des Systementwurfs zu realisieren. Während dieser Aktivität vertiefen wir unser Verständnis der Objekte: Wir spezifizieren die Signatur und die Sichtbarkeit jeder Operation. Des Weiteren beschreiben wir die Einschränkungen, unter denen eine Operation aufgerufen werden kann, und die Umstände, unter denen Ausnahmen auftreten. Der Fokus des Systementwurfs lag auf der Identifikation von großen Arbeitseinheiten, die einzelnen Teams oder Entwicklern zugeordnet werden können. Im Objektentwurf konzentrieren wir uns auf die Spezifikation der Schnittstellen zwischen den identifizierten Objekten. In dieser Phase des Projekts werden die Objekte und deren Schnittstellen parallel von einer großen Anzahl von Entwicklern verfeinert und geändert. Während der Zeitdruck der Produktlieferung zunimmt, besteht immer noch die Möglichkeit, neue und komplexe Fehler in den Entwurf einzubauen. Die Schnittstellenspezifikation konzentriert sich auf eine klare und präzise Kommunikation bei einer wachsenden Anzahl feiner Systemdetails.

Die Aktivitäten der Schnittstellenspezifikation des Objektentwurfs beinhalten:

- das Identifizieren von fehlenden Attributen und Operationen
- die Spezifikation von Signaturen und Sichtbarkeit
- die Spezifikation von Invarianten
- die Spezifikation von Vor- und Nachbedingungen.

In diesem Kapitel geben wir einen Überblick über die Konzepte zur Schnittstellenspezifikation. Wir führen die Sprache OCL (Object Constraint Language) zur Spezifikation von Invarianten, sowie von Vor- und Nachbedingungen ein und diskutieren Heuristiken und Richtlinien zur Erstellung von lesbaren Einschränkungen. Am Schluss betrachten wir die Herausforderungen der Dokumentation und der Organisation von Schnittstellenspezifikationen.

9.1   Einleitung: Ein Bahn-Beispiel

Stuttgart: Die Entwicklung der Straßenbahn zur Stadtbahn

In Stuttgart war die Straßenbahn bis 1976 das öffentliche Hauptverkehrsmittel. Das System wurde von vielen Passagieren umfangreich genutzt. Eine Straßenbahn kann jedoch nur eine sehr beschränke Zahl von Passagieren transportieren und muss sich die Straßen mit den Autos teilen. Da der Straßenverkehr und die Passagiernachfrage gleichzeitig immer weiter zunahm, entschloss sich die Stadt Stuttgart zum Umbau des Straßenbahnsystems zu einem Stadtbahnsystem, d.h. zu einem System, das nicht die Straßen benutzt und mehr Passagiere transportieren kann. Breitere Stadtbahnschienen erlauben die Verwendung von größeren Waggons und somit eine größere Kapazität, als sie durch die Straßenbahn erreicht werden kann. Auf Grund der Konstruktion dieser Schienen kann die Stadtbahn schneller fahren. Und weil die Geschwindigkeit der Stadtbahn unabhängig vom Straßenverkehr ist, können Fahrpläne selbst zu Stoßzeiten eingehalten werden. Mit dem Umbau wurde 1976 begonnen. Da das Straßenbahnnetz sehr groß ist und damit auch die Zahl der zu konvertierenden Gleise, geht die Planung des Projekts bis 2005. Aus diesem Grund verfolgt die Stadt einen evolutionären Ansatz und ersetzt jeweils nur eine Straßenbahnschiene zu einer Zeit. Während der Übergangsperiode können beide Schienenfahrzeuge auf den neuen Gleisen fahren. Ein solcher evolutionärer Ansatz hat drei große Herausforderungen:

■ *Maße*. Die Stadtbahn verwendet ein genormtes Gleismaß (1450 mm Breite), während die Straßenbahn auf schmalen Gleisen (1000 mm Breite) fährt. Da viele Linien an den gleichen Stationen halten, müssen die Strecken mit drei anstatt mit zwei Schienen ausgestattet werden. Eine derartige Strecke kann sowohl von der Stadtbahn als auch von der Straßenbahn befahren werden. Die Verwendung von drei Schienen erfordert ein kompliziertes Weichensystem.

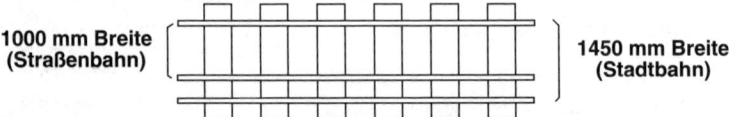

1000 mm Breite (Straßenbahn)   **1450 mm Breite (Stadtbahn)**

■ *Bahnsteige*. Ein- und Ausstieg in die Straßenbahnen erfolgt auf Straßenniveau. Stadtbahnen dagegen benötigen einen erhöhten Bahnsteig. Stationen, an denen beide Fahrzeugtypen halten, müssen deshalb sowohl einen erhöhten Bahnsteig als auch einen Bahnsteig auf Straßenniveau anbieten. Da jeder Einstiegsbereich die Länge eines Zuges haben muss, werden die Zugstationen wesentlich länger.

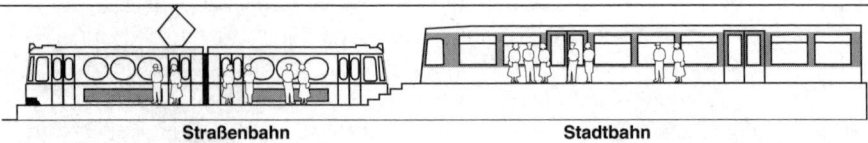

Straßenbahn   **Stadtbahn**

■ *Signale*. Straßenbahnen richten sich nach Signalen, die denen von Straßenverkehrsampeln ähneln: Die Signale von Ampeln schalten in periodischen Zeitintervallen um und sind unabhängig von der Verkehrssituation. Die Signale von Stadtbahnen dagegen ähneln den Signalen des Zugfernverkehrs. Eine zentrale Stelle überwacht die Züge und steuert deren Streckenabschnitte. In Stuttgart sollen die Signale der Stadtbahn einheitlich mit den Signalen der Straßenbahn sein.

> Eine Lösung dieser drei durch die Benutzung von dualen Gleissystemen entstandenen Herausforderungen ermöglicht es der Stadt, einen unterbrechungsfreien Transport anzubieten und gleichzeitig der steigenden Passagiernachfrage gerecht zu werden.

Dieses Beispiel illustriert das Konzept von Schnittstellen: Eine Straßenbahn, wie auch ein Softwareobjekt, bietet den Kunden Dienste an und stellt spezielle Anforderungen an die Umgebung. Die Räder der Straßenbahn bilden die Schnittstelle zu den Gleisen. Wird der Abstand der Räder vergrößert, müssen auch die Gleise angepasst werden. Für die Passagiere stellen die Türen eine Schnittstelle zur Straßenbahn dar. Sind die Türen höher angebracht, so benötigen die Passagiere einen höheren Bahnsteig zum Einstieg. Der Fahrer einer Bahn überwacht die Verkehrssignale und stellt somit die Schnittstelle zu dem Signalsystem dar. Die Einführung eines neuen Signalsystems erfordert eine erneute Signalschulung der Fahrer. Ändern sich die Eigenschaften dieser Schnittstellen (z.B. Abstand der Räder, Höhe der Türen, das Signalsystem), so kann die Straßenbahn ihre Dienste nicht anbieten. Das System muss zunächst an die geänderte Schnittstelle angepasst werden. Das Gleiche geschieht auch in der Softwareentwicklung: Über Schnittstellen interagieren Objekte mit anderen Objekten. Die Schnittstellen beinhalten eine Menge von Operationen und Annahmen über das Verhalten der Operationen. Jede Operation akzeptiert eine Menge von Parametern und produziert ein Ergebnis. Ändern sich die Operationen oder die Annahmen, kann ein Objekt seine Arbeit nicht ausführen und seine Dienste nicht mehr anbieten. In diesem Kapitel diskutieren wir die Objektentwurfsaktivitäten in Bezug zur Schnittstellenspezifikation.

Abschnitt 9.2 gibt einen Überblick über die Schnittstellenspezifikation. Abschnitt 9.3 definiert die wichtigsten Konzepte der Schnittstellenspezifikation. Diese beinhalten Signaturen, Rahmenbedingungen und Verträge. Des Weiteren geben wir eine Einführung in die Object Constraint Language von UML. Anhand des ARENA-Beispiels beschreiben wir in Abschnitt 9.4 die Aktivitäten zur Schnittstellenspezifikation im Detail. Abschnitt 9.5 diskutiert die Managementaufgaben bezüglich der Schnittstellenspezifikation und des Objektentwurfs im Allgemeinen. Dies beinhaltet die Dokumentation von Objektschnittstellen und die Zuordnung von Verantwortlichkeiten.

9.2 Ein Überblick über die Schnittstellenspezifikation

In dieser Phase der Systementwicklung haben wir bereits viele Systementscheidungen getroffen und eine Fülle von Modellen produziert:

- Das *Analyse-Objektmodell* beschreibt die Entitäts-, Grenz- und Steuerungsobjekte, die für den Benutzer sichtbar sind.

- Die *Systemzerlegung* beschreibt die Einteilung dieser Objekte in zusammengehörige Teile, die von unterschiedlichen Entwicklerteams realisiert werden. Jedes Subsystem beinhaltet eine grobe Beschreibung der jeweils angebotenen Dienste.

■ Die *Hardware-/Software-Abbildung* identifiziert die Komponenten zur Realisierung einer virtuellen Maschine, die als Grundlage unserer Lösungsobjekte dient. Die Komponenten können Klassen und Schnittstellen existierender Komponenten beinhalten.

■ *Grenzanwendungsfälle* beschreiben administrative Fälle und Ausnahmefälle aus der Sicht des Benutzers.

■ *Entwurfsmuster*, die während der Objektentwurfswiederverwendung gewählt wurden, beschreiben Teile der Objektentwurfsmodelle und behandeln spezielle Anforderungen.

All diese Modelle reflektieren nur Teilansichten des Systems. Viele Puzzleteile fehlen und andere sind noch zu verfeinern. Das Ziel des Objektentwurfs ist die Erstellung eines Objektentwurfsmodells, das sämtliche Informationen als zusammenhängendes und präzises Ganzes integriert. Das Ziel der Schnittstellenspezifikation ist die präzise Beschreibung der Objektschnittstellen, so dass die Objekte durch individuelle Entwickler realisiert werden können und mit minimalem Integrationsaufwand zusammenpassen. Die Schnittstellenspezifikation beinhaltet folgende Aktivitäten:

■ *Identifikation fehlender Attribute und Operationen.* In dieser Aktivität untersuchen wir jeden Subsystemdienst und jedes Analyseobjekt. Fehlende Attribute und Operationen, die zur Realisierung des Subsystemdienstes benötigt werden, werden identifiziert. Wir überprüfen unser bisheriges Objektentwurfsmodell und fügen die identifizierten Attribute und Operationen hinzu.

■ *Spezifikation der Sichtbarkeit und der Signaturen.* Während dieser Aktivität entscheiden wir, welche Operationen für andere Objekte und Subsysteme erreichbar sind und welche nur innerhalb des Subsystems verwendet werden dürfen. Das Ziel dieser Aktivität besteht in der Reduktion der gegenseitigen Abhängigkeiten von Subsystemen und in der Erstellung von kleinen und einfachen Schnittstellen. Diese sollten für einen Entwickler leicht verständlich sein.

■ *Spezifikation von Verträgen.* Während dieser Aktivität beschreiben wir das Verhalten der Operationen in Form von Einschränkungen. Für jede Operation beschreiben wir die Einschränkungen, die vor dem Operationsaufruf eingehalten werden müssen, und eine Spezifikation des Ergebnisses nach Beendigung der Operation.

Eine große Anzahl von Objekten und Entwicklern, eine hohe Rate von Änderungen und eine große Anzahl von parallel zu treffenden Entscheidungen machen den Objektentwurf komplexer als die Analyse oder den Systementwurf. Da viele wichtige Entscheidungen unabhängig getroffen und dem restlichen Projekt vorenthalten werden, bildet der Objektentwurf eine Managementherausforderung. Der Objektentwurf erfordert einen hohen Informationsaustausch unter den Entwicklern. Dies ermöglicht Konsistenz von neu zu treffenden Entscheidungen mit bereits gefällten Entscheidungen und Entwurfszielen. Das Objektentwurfs-Dokument beschreibt die Spezifikation jeder Klasse und dient dem Informationsaustausch.

9.3 Konzepte der Schnittstellenspezifikation

In diesem Abschnitt beschreiben wir die prinzipiellen Konzepte der Schnittstellenspezifikation:

- Klassenimplementierer, Klassenerweiterer und Klassenbenutzer (Abschnitt 9.3.1)
- Typen, Signaturen und Sichtbarkeit (Abschnitt 9.3.2)
- Verträge: Invarianten, Vor- und Nachbedingungen (Abschnitt 9.3.3)
- OCL (Object Constraint Language) (Abschnitt 9.3.4)
- OCL-Sammlungen: Mengen, Multimengen und Sequenzen (Abschnitt 9.3.5)
- OCL-Quantoren: `forAll` und `exists` (Abschnitt 9.3.6).

9.3.1 Klassenimplementierer, Klassenerweiterer und Klassenbenutzer

Bis jetzt haben wir alle Entwickler als gleich betrachtet. Im Objektentwurf und in der Implementierung müssen wir aber zwischen verschiedenen Arten von Entwicklern unterscheiden. Obwohl alle Entwickler die Schnittstellenspezifikation benutzen, wenn sie eine bestimmte Klasse *betrachten*, haben sie sehr unterschiedliche Sichtweisen dieser Spezifikation. Im einzelnen unterscheiden wir drei Typen von Entwicklern (siehe Abbildung 9.1):

- **Klassenimplementierer** sind für die Realisierung der betrachteten Klasse verantwortlich. Sie entwerfen die internen Datenstrukturen einer Klasse und implementieren die Operationen. Für sie stellt die Schnittstellenspezifikation einen Arbeitsauftrag dar.
- Die **Klassenbenutzer** rufen Operationen der betrachteten Klasse auf, die sie zur Implementierung ihrer eigenen Klassen brauchen. Die Schnittstellenspezifikation beschreibt den Klassenbenutzern die Schnittstelle der betrachteten Klasse.
- Die **Klassenerweiterer** entwickeln eine Spezialisierung der betrachteten Klasse. Sie verfeinern die Klasse und erstellen eine spezialisierte Version der angebotenen Dienste. Wie die Klassenimplementierer können die Klassenerweiterer alle Operationen der betrachteten Klasse aufrufen, allerdings konzentrieren sie sich auf die Spezialisierung einiger dieser Operationen. Die Schnittstellenspezifikation der betrachteten Klasse gibt dabei den Rahmen für die Spezialisierung vor.

Betrachten wir zum Beispiel die abstrakte Klasse Spiel aus Abbildung 9.2. Der Entwickler, der für die Realisierung der Klasse Spiel und deren Operationen verantwortlich ist, ist ein Klassenimplementierer. Die Klassen Liga und Turnier rufen Operationen der Spiel-Schnittstelle zur Organisation und zum Start von Wettkämpfen auf. Die Entwickler der Klassen Liga und Turnier sind Klassenbenutzer der Klasse Spiel. Die Klassen TicTacToe und Schach sind konkrete Spiele und spezialisieren die Klasse Spiel. Die verantwortlichen Entwickler sind Klassenerweiterer der Klasse Spiel.

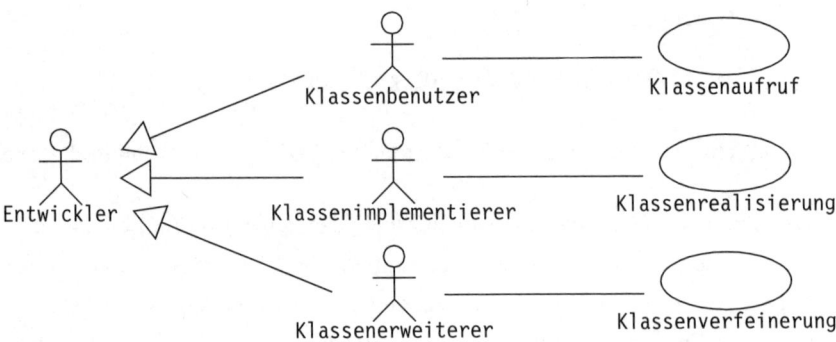

Abbildung 9.1: Die Rollen von KlassenImplementierer, Klassenerweiterer und Klassenbenutzer im Objektentwurf (UML-Anwendungsfalldiagramm)

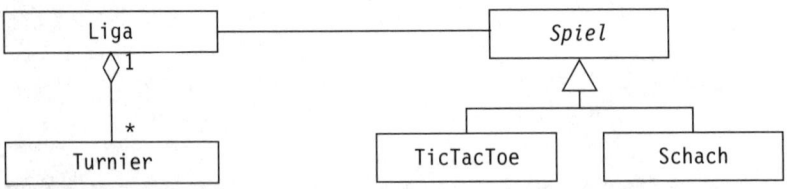

Abbildung 9.2: Die abstrakte Klasse Spiel aus ARENA mit den Benutzerklassen Liga und Turnier sowie den Erweiterungsklassen TicTacToe und Schach (UML-Klassendiagramm)

9.3.2   Typen, Signaturen und Sichtbarkeit

Während der Analyse haben wir Attribute und Operationen identifiziert, ohne notwendigerweise alle Typen oder Parameter zu spezifizieren. Während des Objektentwurfs verfeinern wir das Analyse- und Systementwurfsmodell durch die Vervollständigung der Typ- und Sichtbarkeitsinformationen. Der **Typ** eines Attributs spezifiziert den gültigen Wertebereich des Attributs und die Operationen, die auf das Attribut angewandt werden können. Betrachten wir zum Beispiel das Attribut maxZahlSpieler der ARENA-Klasse Turnier in Abbildung 9.3. Das Attribut maxZahlSpieler repräsentiert die maximale Anzahl der Spieler, die an einem Turnier teilnehmen können. Sein Typ ist int und stellt eine Ganzzahl dar. Des Weiteren definiert der Typ die Operationen, die auf das Attribut angewandt werden können. Wir können andere Ganzzahlen mit dem Attribut maxZahlSpieler vergleichen, addieren, sie subtrahieren oder multiplizieren.

Parameter und Rückgabewerte von Operationen werden in derselben Art wie Attribute typisiert. Der Typ schränkt den Wertebereich von Parametern und Rückgabewerten ein. Die Auflistung der Typen der Parameter und des Rückgabewertes wird als **Signatur** der Operation bezeichnet. Zum Beispiel besitzt die Operation akzeptiereSpieler() der Klasse Turnier einen Parameter des Typs Spieler und hat keinen Rückgabewert. Die Signatur der Operation akzeptiereSpieler() ist akzeptiereSpieler(Spieler):void. Die Operation gibMaxZahlSpieler() der Klasse Turnier benötigt keinen Parameter und hat einen Rückgabewert vom Typ int. Die Signatur ist gibMaxZahlSpieler():int.

Klassenimplementierer, Klassenbenutzer und Klassenerweiterer greifen auf die Operationen und Attribute der betrachteten Klasse zu. Diese Entwickler haben jedoch unterschiedliche Anforderungen und es sind im Allgemeinen nicht alle Entwickler gleichermaßen berechtigt, auf alle Operationen der Klasse zuzugreifen. Zum Beispiel kann der Klassenimplementierer auf private Attribute einer Klasse zugreifen, der Klassenbenutzer dagegen nicht. Ein Klassenerweiterer darf nur auf eine Auswahl von Merkmalen der Oberklasse zugreifen. Die **Sichtbarkeit** eines Attributs oder einer Operation spezifiziert, welche anderen Klassen auf das Attribut oder auf die Operation zugreifen können. UML definiert drei Ebenen der Sichtbarkeit:

- **Privat:** Ein *privates Attribut* oder eine *private Operation* kann nur von der definierenden Klasse erreicht bzw. aufgerufen werden. Unterklassen oder aufrufende Klassen können nicht auf private Attribute oder Operationen zugreifen. Private Attribute und private Operationen sind nur für den Klassenimplementierer bestimmt.

- **Geschützt:** *Geschützte Attribute* und *geschützte Operationen* können von der definierenden und von allen Unterklassen erreicht werden. Andere Klassen dürfen nicht auf diese Attribute oder Operationen zugreifen. Geschützte Attribute und Operationen sind für die Klassenerweiterer bestimmt.

- **Öffentlich:** Alle Klassen können auf *öffentliche Attribute* und *öffentliche Operationen* zugreifen. Die Menge der öffentlichen Operationen und Attribute bildet die öffentliche Schnittstelle einer Klasse. Sie ist für den Klassenbenutzer bestimmt.

```
              Turnier
-maxZahlSpieler: int
+gibMaxZahlSpieler():int
+gibSpieler(): List
+akzeptiereSpieler(p:Spieler)
+entferneSpieler(p:Spieler)
+istSpielerAkzeptiert(p:Spieler):boolean
```

```
public class Turnier {

    private int maxZahlSpieler;
    /* Andere Felder ausgelassen */

    public Turnier(Liga l, int maxZahlSpieler)
    public int gibMaxZahlSpieler() {…};
    public List gibSpieler() {…};
    public void akzeptiereSpieler(Spieler p) {…};
    public void entferneSpieler(Spieler p) {…};
    public boolean istSpielerAkzeptiert(Spieler p) {…};

    /* Andere Methoden ausgelassen */
}
```

Abbildung 9.3: Deklaration der Klasse Turnier (UML-Klassendiagramm) und Auszüge des Java-Quelltextes

In UML wird die Sichtbarkeit einer Operation oder eines Attributs durch ein Namenspräfix in Form eines Symbols gekennzeichnet: „-" steht für privat, „#" für geschützt und „+" für öffentlich. Zum Beispiel spezifizieren wir in Abbildung 9.3, dass das Attribut maxZahlSpieler der Klasse Turnier die Sichtbarkeit privat hat. Alle anderen Operationen sind öffentlich.

Typinformationen reichen häufig nicht aus, um den legitimen Wertebereich von Attributen zu spezifizieren. Im Beispiel der Klasse Turnier erlaubt der Typ int des Attributs maxZahlSpieler die Verwendung von negativen Werten. In unserer Anwendungsdomäne ergibt dies allerdings keinen Sinn. Wir regeln Angelegenheiten dieser Art durch die Verwendung von Verträgen.

9.3.3   Verträge: Invarianten, Vorbedingungen und Nachbedingungen

Verträge sind Einschränkungen auf einer Klasse, die es dem Klassenbenutzer, Klassenimplementierer und Klassenerweiterer ermöglichen, Annahmen über eine Klasse zu teilen [Meyer, 1997]. Ein **Vertrag** spezifiziert Einschränkungen, die ein Klassenbenutzer einhalten muss, bevor er die Klasse benutzt, sowie Einschränkungen, die von dem Klassenimplementierer und Klassenerweiterer sichergestellt werden. Verträge beinhalten drei Arten von Einschränkungen:

- Eine **Invariante** ist ein Prädikat, das immer für alle Instanzen einer Klasse gilt. Invarianten sind Einschränkungen, die mit Klassen oder Schnittstellen assoziiert werden. Invarianten werden zur Spezifikation von konsistenten Einschränkungen der Klassenattribute verwendet.

- Eine **Vorbedingung** ist ein Prädikat, das vor dem Aufrufen einer Operation gültig sein muss. Vorbedingungen werden zur Spezifikation von Einschränkungen von Operationen verwendet. Sie müssen vom Klassenbenutzer vor dem Aufruf der Operation eingehalten werden.

- Eine **Nachbedingung** ist ein Prädikat, das nach dem Aufruf einer Operation gelten muss. Nachbedingungen werden zur Spezifikation von Einschränkungen verwendet. Die Gültigkeit der Nachbedingungen wird von dem Klassenimplementierer und dem Klassenerweiterer nach Aufruf einer Operation sichergestellt.

Betrachten wir zum Beispiel die Java-Schnittstelle der Klasse Turnier aus Abbildung 9.3. Zum Hinzufügen eines Spielers zu einem Turnier bietet die Klasse die Methode akzeptiereSpieler() an. Die Methode entferneSpieler() entfernt einen Spieler aus einem Turnier (z.B. weil der Benutzer seine Anwendung geschlossen hat). Die Methode gibMaxZahlSpieler() liefert uns die maximale Teilnehmeranzahl eines Turniers.

Ein Beispiel für eine Invariante der Klasse Turnier liefert die maximale Teilnehmerzahl. Sie sollte immer positiv sein. Hat das Attribut maxZahlSpieler der Klasse Turnier den Wert Null, so wird die Methode akzeptiereSpieler() immer ihren Vertrag verletzen und das Turnier kann niemals beginnen. Diese Invariante können wir durch die Verwendung eines Booleschen Ausdrucks, in dem t ein Turnier ist, darstellen.

```
t.gibMaxZahlSpieler() > 0
```

Ein Beispiel für eine Vorbedingung der Methode akzeptiereSpieler(): Der hinzuzufügende Spieler ist noch kein Turnierteilnehmer und das Turnier hat noch nicht die maximale Teilnehmeranzahl erreicht. Diese Vorbedingung können wir durch die Verwendung eines Booleschen Ausdrucks darstellen (t ist ein Turnier und p ist ein Spieler).

```
!t.istSpielerAkzeptiert(p) and t.gibZahlSpieler() <
    t.gibMaxZahlSpieler()
```

Ein Beispiel für eine Nachbedingung der Methode akzeptiereSpieler() ist, dass die aktuelle Teilnehmeranzahl genau um einen Spieler größer ist als vor dem Methodenaufruf. Diese Nachbedingung kann folgendermaßen dargestellt werden:

```
t.getNumSpieler_nachAkzeptanz =
    t.getNumSpieler_vorAkzeptanz + 1
```

Dabei ist zahlSpieler_nachAkzeptanz die aktuelle Spieleranzahl und zahlSpieler_vorAkzeptanz die Spieleranzahl vor dem Methodenaufruf.

Wir verwenden die Invarianten, Vor- und Nachbedingungen zur Spezifikation von Spezialfällen und Ausnahmefällen. Es ist möglich, das Verhalten von Operationen mit Einschränkungen vollständig zu spezifizieren. Dies ist aber oft aufwendiger als die Implementierung der Operation selbst. Wir konzentrieren uns deshalb auf die Spezifikation von Operationen durch eine Kombination aus natürlicher Sprache und Einschränkungen.

9.3.4   Die Sprache OCL

Eine Einschränkung kann in natürlicher Sprache oder in formaler Sprache, wie beispielsweise in OCL (Object Constraint Language) [OMG, 2001], ausgedrückt werden. OCL erlaubt die formale Spezifikation von Einschränkungen für einzelne Modellelemente (z.B. Attribute, Operationen, Klassen) sowie für Gruppen von Modellelementen (z.B. Assoziationen und teilnehmende Klassen). In den nächsten beiden Abschnitten stellen wir die grundlegende Syntax von OCL vor. Für eine vollständige Anleitung verweisen wir auf [Warmer & Kleppe, 1999].

Eine **Einschränkung** ist ein Prädikat, dessen Wert entweder wahr oder falsch ist. Boolesche Ausdrücke sind also beispielsweise Einschränkungen. Eine Einschränkung kann grafisch in einer Notiz dargestellt werden, die durch eine Abhängigkeitsbeziehung zu einem UML-Element hinzugefügt wird. Abbildung 9.4 zeigt die Modellierung der Klasse Turnier mit OCL-Einschränkungen als Notizen, wobei die drei Arten von Einschränkungen durch die Stereotypen «invariant» (Invariante), «precondition» (Vorbedingung) und «postcondition» (Nachbedingung) unterschieden werden.

Abbildung 9.4: Beispiele für Invarianten, Vorbedingungen und Nachbedingungen in OCL. Sie werden als Notizen an das UML Modell gehängt, wobei die Stereotypen «invariant», «precondition», und «postcondition» zur Unterscheidung der drei Arten von Einschränkungen benutzt werden (UML-Klassendiagramm).

Das Hinzufügen dieser Notizen zu UML-Diagrammen kann zu einem großen Durcheinander führen. Aus diesem Grund können Einschränkungen in OCL auch in textueller Form dargestellt werden. Zum Beispiel kann die Invariante der Klasse `Turnier`, die ein positives `maxZahlSpieler`-Attribut fordert, folgendermaßen beschrieben werden:

```
context Turnier inv:
    self.gibMaxZahlSpieler() > 0
```

Das OCL-Schlüsselwort `context` bezeichnet das UML-Element, auf das der OCL-Ausdruck angewandt werden soll. Dies kann der Name einer Klasse oder einer Operation sein. Daraufhin folgt eines der Schlüsselwörter `inv:`, `pre:` oder `post:`, die den UML-Stereotypen «invariant», «precondition» und «postcondition» in Abbildung 9.4 entsprechen. Dann folgt der eigentliche OCL-Ausdruck. Die OCL-Syntax ähnelt objektorientierten Sprachen wie C++ oder Java. OCL ist jedoch keine prozedurale Sprache. Infolgedessen kann sie nicht zur Beschreibung des Kontrollflusses verwendet werden. Operationen können in OCL nur benutzt werden, wenn sie keine Seiteneffekte haben.

Bei Invarianten bildet die relevante Klasse den Kontext des OCL-Ausdrucks. Das Schlüsselwort `self` (z.B. `self.zahlElemente`) kennzeichnet alle Instanzen einer Klasse. Auf Attribute und Operationen greift man durch die Punkt-Notation zu (z.B. `self.maxZahl-Spieler` greift auf `maxZahlSpieler` des aktuellen Kontextes zu). Ist der Kontext eindeutig, so kann das Schlüsselwort `self` weggelassen werden.

Bei Vor- und Nachbedingungen bilden Operationen den Kontext des OCL-Ausdrucks, wobei Operationen durch den Klassennamen, gefolgt von „::" und der Signatur, bezeichnet werden. In den OCL-Ausdrücken können die Parameter der Operationen als Variablen verwendet werden. Betrachten wir zum Beispiel die folgende Vorbedingung der `akzeptiereSpieler()`-Operation der Klasse `Turnier`:

```
context Turnier::akzeptiereSpieler(p) pre:
    !istSpielerAkzeptiert(p)
```

Da hier eine Vorbedingung pre: vorliegt, muss der Ausdruck !istSpielerAkzeptiert(p) vor Ausführung der Operation akzeptiereSpieler(p) wahr sein. Die Variable p im Ausdruck !istSpielerAkzeptiert(p) verweist auf den Parameter der Operation akzeptiere-Spieler(p). Die Einschränkung kann folgendermaßen gelesen werden: „akzeptiereSpieler(p) nimmt an, dass der Spieler p noch nicht für das Turnier akzeptiert worden ist."

Existieren mehrere Vorbedingungen für eine Operation, so müssen alle erfüllt werden, bevor die Operation ausgeführt werden kann. Zum Beispiel können wir noch zusätzlich spezifizieren, dass ein Turnier seine maximale Teilnehmeranzahl nicht erreicht haben darf, bevor die Operation akzeptiereSpieler() aufgerufen wird:

```
context Turnier::akzeptiereSpieler(p) pre:
    gibZahlSpieler() < gibMaxZahlSpieler()
```

Nachbedingungen werden – abgesehen vom Schlüsselwort post: – in derselben Art und Weise wie Vorbedingungen geschrieben. Das Schlüsselwort post: zeigt an, dass die Einschränkung erst nach der Ausführung der Operation ausgewertet wird. Die folgende Nachbedingung spezifiziert, dass der Spieler p nach dem Aufruf der Operation akzeptiereSpieler() im Turnier bekannt ist:

```
context Turnier::akzeptiereSpieler(p) post:
    istSpielerAkzeptiert(p)
```

Bei Nachbedingungen muss man häufig auf Werte von Attributen vor und nach der Ausführung der Operation verweisen. Für diesen Zweck verwenden wir das Suffix @pre. Es bezeichnet den Wert von self oder den eines Attributs vor Ausführung der Operation. Möchten wir zum Beispiel ausdrücken, dass sich die Teilnehmerzahl eines Turniers durch das Ausführen der Operation akzeptiereSpieler() um eins erhöht, müssen wir auf den Wert von gibZahlSpieler() vor und nach dem Operationsaufruf von akzeptiereSpieler() zugreifen. Wir können die folgende Nachbedingung schreiben:

```
context Turnier::akzeptiereSpieler(p) post:
    gibZahlSpieler() = @pre.gibZahlSpieler() + 1
```

@pre.gibZahlSpieler() bezeichnet den Rückgabewert der Operation gibZahlSpieler() vor Ausführung der Operation akzeptiereSpieler(). gibZahlSpieler() bezeichnet den Wert der Operation nach Ausführung von akzeptiereSpieler(). Existieren mehrere Nachbedingungen zu einer Operation, so müssen alle Nachbedingungen nach Ausführung der Operation erfüllt sein.

Für die Operation entferneSpieler() können wir dann den folgenden Vertrag schreiben:

```
context Turnier::entferneSpieler(p) pre:
    istSpielerAkzeptiert(p)
context Turnier::entferneSpieler(p) post:
    !istSpielerAkzeptiert(p)
context Turnier::entferneSpieler(p) post:
    gibZahlSpieler() = @pre.gibZahlSpieler() - 1
```

OCL-Ausdrücke werden von Entwicklern während des Objektentwurfs und der Implementierung erstellt und benutzt. Für Java-Programme sind Werkzeuge entwickelt worden, die es den Entwicklern ermöglichen, Einschränkungen im Quelltext zu dokumentieren. Dies geschieht in Form von Javadoc-Markierungen und erleichtert das Erreichen und Aktualisieren von Einschränkungen. Abbildung 9.5 stellt den Java-Quelltext und die korrespondierenden Einschränkungen dar.

```java
/**
 * Ein Turnier ist eine Folge von Spielen mit einer Menge von Spielern,
 * die mit einem Gewinner endet. Das Spiel und der TurnierStil eines
 * Turniers werden durch die Liga bestimmt, in der das Turnier stattfindet.
 */
public class Turnier {

    /**
     * Die maximale Anzahl von Spielern muss immer positiv sein.
     * @invariant maxZahlSpieler > 0
     */
    private int maxZahlSpieler;

    /**
     * Die Spielerliste enthält alle Spieler, die im Turnier registriert
     * sind. */
    private List spieler;

    /* Konstruktoren ausgelassen */

    /** Ergibt die aktuelle Zahl von Spielern im Turnier. */
    public int gibZahlSpieler() {…}

    /** Ergibt die maximale Zahl von Spielern im Turnier. */
    public int gibMaxZahlSpieler() {…}

    /**
     * Die akzeptiereSpieler()-Operation nimmt an, dass der genannte Spieler
     * noch nicht in das Turnier aufgenommen worden ist.
     * @pre !istSpielerAkzeptiert(p)
     * @pre gibZahlSpieler() < maxZahlSpieler
     * @post istSpielerAkzeptiert(p)
     * @post gibZahlSpieler() = @pre.gibZahlSpieler() + 1
     */
    public void akzeptiereSpieler (Spieler p) {…}
    /**
     * Die entferneSpieler()-Operation nimmt an, dass der genannte Spieler
     * im Turnier ist.
     * @pre istSpielerAkzeptiert(p)
```

Abbildung 9.5: Methodendeklarationen der Klasse Turnier, angereichert mit Vorbedingungen, Nachbedingungen und Invarianten (Java, Einschränkungen im Stil von Javadoc-Kommentaren).

```
 * @post !istSpielerAkzeptiert(p)
 * @post gibZahlSpieler() = @pre.gibZahlSpieler() - 1
 */
public void entferneSpieler(Spieler p) {…}

 /* Andere Methoden ausgelassen */
}
```

Abbildung 9.5: Methodendeklarationen der Klasse Turnier, angereichert mit Vorbedingungen, Nachbedingungen und Invarianten (Java, Einschränkungen im Stil von Javadoc-Kommentaren). (Forts.)

9.3.5 OCL-Sammlungen: Mengen, Multimengen und Sequenzen

OCL-Einschränkungen werden für Klassendiagramme konstruiert, d.h. im allgemeinen Fall können Einschränkungen eine beliebige Anzahl von Klassen und Attributen enthalten. Die Einschränkungen gelten dann für alle Instanzen, die man von diesem Klassendiagramm erzeugen kann. Um ein besseres Verständnis dieser Einschränkungen zu erlangen, konstruiert man immer ein Beispiel-Objektdiagramm als Instanz des Klassendiagramms.

Betrachten wir das Klassenmodell in Abbildung 9.7. Es repräsentiert die Assoziationen zwischen den Klassen Liga, Turnier und Spieler. Angenommen, wir wollen das Modell durch folgende Einschränkungen verfeinern:

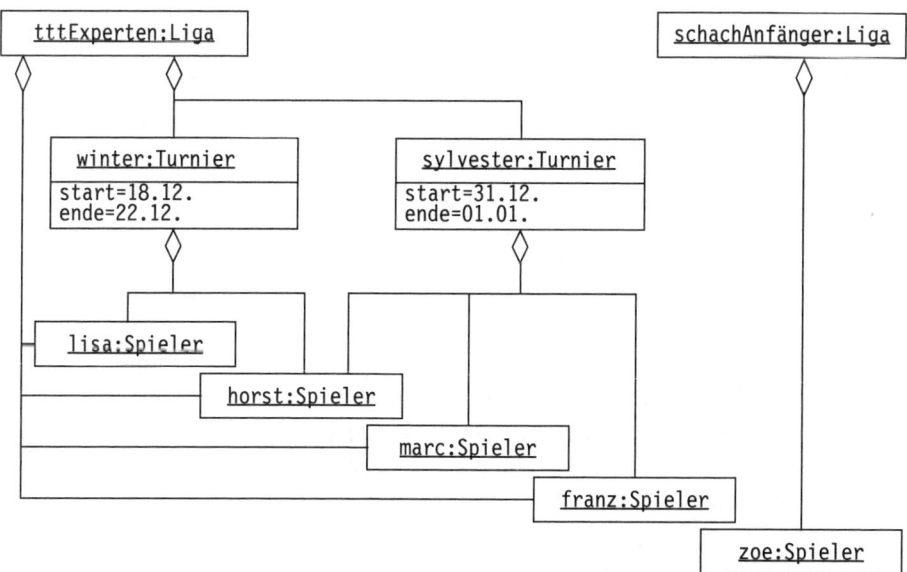

Abbildung 9.6: Ein Beispiel mit zwei Ligen, zwei Turnieren und fünf Spielern (UML-Objektdiagramm)

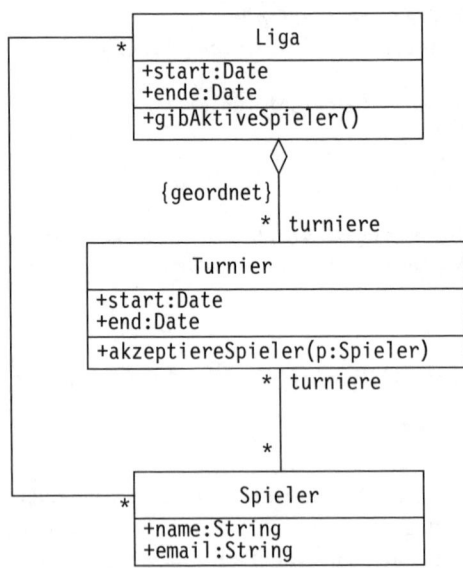

Abbildung 9.7: Assoziationen zwischen den ARENA-Klassen Liga, Turnier und Spieler
(UML-Klassendiagramm)

1. Die geplante Dauer eines Turniers muss unter einer Woche sein.

2. Spieler können nur an einem Turnier teilnehmen, wenn sie in der entsprechenden Liga
   registriert sind.

3. Die Zahl der aktiven Spieler einer Liga wird aus Spielern berechnet, die an mindestens einem Turnier der Liga teilgenommen haben.

Abbildung 9.6 zeigt ein Beispiel-Objektdiagramm mit zwei Ligen, zwei Turnieren und
fünf Spielern. Die Liga tttExperten enthält vier Spieler, lisa, horst, marc und franz,
und zwei Turniere, winter und sylvester. Lisa und horst treten in dem winter-Turnier
gegeneinander an. In dem sylvester-Turnier treten horst, marc und franz gegeneinander
an. Die Liga schachAnfänger beinhaltet zur Zeit nur einen Spieler zoe und kein Turnier.
Nun formulieren wir die obigen Einschränkungen in Bezug auf das Instanzdiagramm in
Abbildung 9.6:

■ Einschränkung 1: Das Turnier winter dauert fünf Tage und das Turnier sylvester
  dauert zwei Tage, beide sind also kürzer als eine Woche.

■ Einschränkung 2: Alle Spieler der Turniere winter und sylvester sind mit der Liga
  tttExperten assoziiert. Die Spielerin zoe ist nicht in der Liga tttExperten und nimmt
  an keinem Turnier teil.

■ Einschränkung 3: Die Liga tttExperten hat vier aktive Spieler. Da zoe an keinem Turnier teilnimmt, hat die Liga schachAnfänger keinen aktiven Spieler.

Auf den ersten Blick unterscheiden sich diese Einschränkungen ein wenig: Zum Beispiel
bezieht sich die erste Einschränkung auf die Attribute einer einzelnen Klasse (Tur-

nier.start und Turnier.ende); die zweite bezieht sich auf drei Klassen (Spieler, Turnier, Liga) und ihre Assoziationen; die dritte bezieht sich auf eine Menge von Partien innerhalb eines Turniers. In allen Fällen beginnen wir mit einer Klasse, die in unserem Hauptinteresse liegt, und navigieren eventuell zu anderen Klassen des Modells.

Im Allgemeinen unterscheiden wir drei Fälle von Navigationen (Abbildung 9.8):

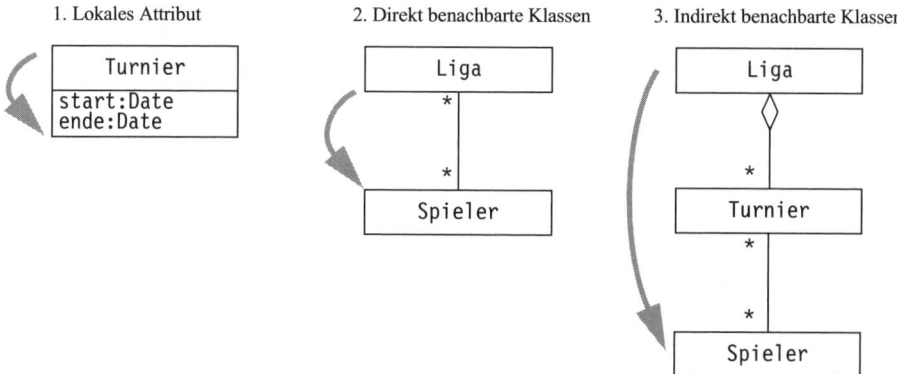

Abbildung 9.8: Es gibt drei grundlegende Typen von Navigationen. Jede OCL-Einschränkung kann durch eine Kombination dieser Typen erstellt werden.

- *Lokales Attribut.* Eine Einschränkung, die sich auf ein lokales Attribut der Klasse des Kontextes bezieht (z.B. die Dauer eines Turniers aus Einschränkung 1).

- *Direkt benachbarte Klassen.* Eine Einschränkung, die die Navigation über eine einzelne Assoziation zu einer direkt benachbarten Klasse erfordert (z.B. die Spieler eines Turniers, die Liga eines Turniers).

- *Indirekt benachbarte Klassen.* Eine Einschränkung, die die Navigation über eine Serie von Assoziationen zu indirekt benachbarten Klassen benötigt (z.B. die Spieler aller Turniere einer Liga).

Alle OCL-Einschränkungen können durch eine Kombination dieser drei Navigationstypen erstellt werden. Wissen wir erst einmal, wie wir mit diesen drei Typen umgehen müssen, dann können wir also alle Arten von Einschränkungen erstellen. Aus dem vorigen Abschnitt wissen wir bereits, dass wir bei dem ersten Typ die Punktnotation verwenden, um auf lokale Attribute und Operationen einer Klasse zuzugreifen. Wir können deshalb die Einschränkung 1 wie folgt schreiben:

```
context Turnier inv:
    self.ende - self.start <= 7
```

Bei der Navigation zu anderen Klassen kann es vorkommen, dass man im Klassendiagramm über Assoziationen mit der Multiplizität „Viele" navigiert. In den assoziierten Beispiel-Objektdiagrammen erhält man dann viele Objekte. Um mit dieser Art von Situation umgehen zu können, bietet OCL einen zusätzlichen Typ **Sammlung** an. Es gibt drei Arten von Sammlungen:

- **OCL-Mengen** werden bei der Verfolgung einer einzelnen Assoziation verwendet. Verfolgen wir zum Beispiel die Assoziation spieler, die von der Klasse Turnier ausgeht (siehe Abbildung 9.7), so erhalten wir eine Menge von zwei Objekten {lisa, horst} für das winter:Turnier im Beispiel-Objektdiagramm (siehe Abbildung 9.6). Verfolgen wir die Assoziation spieler der Klasse Liga, so erhalten wir eine Menge von vier Objekten {lisa, horst, marc, franz} für die Liga-Instanz tttExperten:Liga. Es ist zu beachten, dass die Verfolgung einer Assoziation mit der Multiplizität 1 zu einem Objekt und nicht zu einer Menge führt. Zum Beispiel erhält man bei der Verfolgung der Assoziation liga für die Instanz winter:Turnier das Objekt tttExperten:Liga (und nicht die Menge {tttExperten:Liga}).

- **OCL-Sequenzen** werden bei der Verfolgung einzelner, geordneter Assoziationen verwendet. Zum Beispiel ist die Assoziation zwischen der Klasse Liga und Turnier geordnet. Deswegen erhält man bei der Verfolgung der Assoziation turniere für die Instanz tttExperten:Liga die Sequenz [winter:Turnier, sylvester:Turnier]. Die Instanz winter:Turnier hat den Index 1 und die Instanz sylvester:Turnier hat den Index 2.

- **OCL-Multimengen** können das gleiche Objekt mehrfach beinhalten. Bei dem Zugriff auf Klassen, die in indirekter Beziehung zur betrachteten Klasse stehen, werden Multimengen zum Ansammeln von Objekten verwendet. Wenn wir zum Beispiel herausfinden wollen, welche Spieler in der Liga tttExperten aktiv sind, müssen wir zuerst die Assoziation turniere der Liga tttExperten, dann die spieler-Assoziation des Turniers winter und zum Schluss die spieler-Assoziation des Turniers sylvester verfolgen. Im Beispiel-Objektdiagramm erhalten wir dann {lisa, horst, horst, marc, franz}. Dies ist eine Multimenge, denn horst ist zweimal in der Sammlung enthalten. Verfolgen wir die gleichen Assoziationen von der Liga schachAnfänger, so erhalten wir im Objektdiagramm eine leere Multimenge, da schachAnfänger keine Turniere enthält.

Für den Zugriff auf Sammlungen bietet OCL eine Menge von Operationen an. Ist ein mehrfaches Vorkommen von Objekten nicht erwünscht, kann eine Multimenge mit der OCL-Operation asSet() zu einer Menge konvertiert werden. Die folgenden OCL-Operationen sind für uns besonders interessant:

- asSet(collection) konvertiert die Elemente einer Sammlung collection in eine Menge, d.h. eventuell mehrfach auftretende Elemente der Sammlung werden jeweils durch ein einziges Element in der Menge repräsentiert

- size gibt die Anzahl der Elemente einer Sammlung zurück.

- includes(object) gibt true zurück, wenn das object in der Sammlung ist.

- select(expression) wählt Elemente aus einer Sammlung aus, für die der expression Ausdruck true ist.

- union(collection) vereinigt eine Sammlung mit der Sammlung des Parameters collection und gibt die Vereinigung beider Sammlungen zurück.

- intersection(collection) gibt eine Sammlung zurück, die nur die Elemente beinhaltet, die in der originalen und in der durch den Parameter collection gegebenen Sammlung enthalten sind.

Um zwischen Klassenmerkmalen und Sammlungen unterscheiden zu können, verwendet OCL die Punktnotation zum Zugriff auf Attribute und Operationen. Für den Zugriff auf Sammlungen wird dagegen der Operator „->" verwendet. Zum Beispiel kann die Einschränkung 2 auf Seite 390 durch Verwendung der includes-Operation ausgedrückt werden:

```
context Turnier::akzeptiereSpieler(p) pre:
    liga.spieler->includes(p)
```

Wir lesen diesen OCL-Ausdruck folgendermaßen: Der Kontext ist die Operation akzeptiereSpieler() in der Klasse Turnier. Um zur Klasse Spieler zu gelangen, müssen wir zunächst die Assoziation zwischen den Klassen Turnier und Liga verfolgen. Da das Assoziationsende an der Liga keinen Rollennamen hat, benutzen wir den kleingeschriebenen Namen der Klasse, also liga. Dann verfolgen wir die Assoziation von der Klasse Liga zu Spieler, wobei wir auch hier den Namen spieler nehmen. Da die Multiplizität der Assoziation „Viele" ist – eine Liga hat viele Spieler – erhalten wir hier eine Menge. Durch die OCL-Operation includes() testen wir, ob der Spieler p in der Liga bekannt ist.

Das Navigieren durch eine Serie von Assoziationen, in der mindestens zwei Assoziationen „Eins-zu-Viele"- oder „Viele-zu-Viele"-Multiplizitäten haben, ergibt eine Multimenge. Zum Beispiel ergibt der OCL-Ausdruck turniere.spieler im Kontext der Klasse Liga die Konkatenation aller Spieler, die in allen Turnieren spielen, die von der Liga veranstaltet werden. Als Ergebnis dieser Konkatenation können Spieler mehrere Male vorkommen, wenn sie in mehreren Turnieren gleichzeitig spielen. Möchten wir die Anzahl der Spieler einer Liga zählen, die an einem Turnier teilgenommen haben, so müssen wir diese Duplikate entfernen. Hierfür verwenden wir die OCL-Operation asSet() und konvertieren die Multimenge in eine Menge. Wir können die Einschränkung 3 auf Seite 390 folgendermaßen schreiben:

```
context Liga::getAktiveSpieler post:
    result = turniere.spieler->asSet
```

9.3.6   OCL-Quantoren: forAll und exists

Bis jetzt haben wir Beispiele für Einschränkungen mit einfachen OCL-Operationen, wie includes, union oder asSet, vorgestellt. Zwei weitere OCL-Operationen ermöglichen es, über Sammlungen zu iterieren und dabei Prädikate auf jedem Element der Sammlung zu testen:

- forAll(variable|expression) ist true, wenn der Ausdruck expression für alle Elemente der Sammlung true ist.
- exists(variable|expression) ist true, wenn der Ausdruck expression für mindestens ein Element der Sammlung true ist.

Um beispielsweise für das Klassendiagramm in Abbildung 9.9 alle Partien eines Turniers innerhalb des Turnierzeitraums stattfinden zu lassen, können wir die forAll()-Operation verwenden und die Starttermine aller Partien mit denen des Turniers vergleichen. Diese Einschränkung kann folgendermaßen geschrieben werden:

```
context Turnier inv:
    partien->forAll(p:Partie |
        p.start.after(t.start) and p.ende.before(t.ende))
```

Die OCL-Operation `exists()` ist ähnlich der `forAll()`-Operation. Es werden jedoch die einzelnen Ausdrücke durch ODER verknüpft, d.h der Ausdruck ist wahr, wenn er für mindestens ein Element wahr ist. Um beispielsweise sicherzustellen, dass in jedem Turnier am ersten Turniertag mindestens eine Partie veranstaltet wird, kann man folgende Einschränkung schreiben:

```
context Turnier inv:
    partien->exists(p:Partie | p.start.equals(start))
```

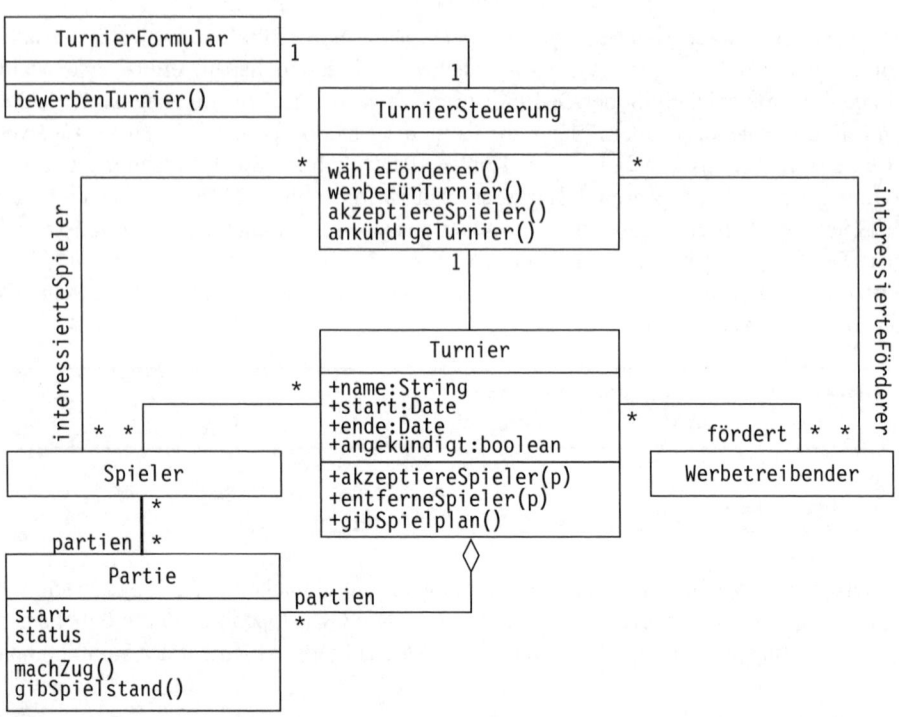

Abbildung 9.9: Klassen von ARENA, die während der Analyse des AnkündigeTurnier-Anwendungsfalls gefunden wurden (UML-Klassendiagramm)

9.4   Aktivitäten der Schnittstellenspezifikation

Die Schnittstellenspezifikation beinhaltet folgende Aktivitäten:

- Identifikation von fehlenden Attributen und Operationen (Abschnitt 9.4.1)
- Spezifikation von Typen, Signaturen und Sichtbarkeit (Abschnitt 9.4.2)
- Spezifikation von Vorbedingungen und Nachbedingungen (Abschnitt 9.4.3)
- Spezifikation von Invarianten (Abschnitt 9.4.4)
- Vertragsvererbung (Abschnitt 9.4.5)

Zur Illustration dieser Aktivitäten verwenden wir das ARENA-Objektmodell des Anwendungsfalls AnkündigeTurnier, den wir in Abschnitt 5.6 diskutiert haben. Die in der Analyse identifizierten Attribute, Operationen und Assoziationen dieser Klassen sind in Abbildung 9.9 gezeigt. Wir haben insbesondere verschiedene Grenz-, Steuerungs- und Entitätsklassen identifiziert: Die Grenzklasse TurnierForm ist für die Generierung und die Verarbeitung aller Formulare der Benutzerschnittstellen verantwortlich. Die Steuerungsklasse TurnierSteuerung koordiniert alle Transaktionen zwischen der Grenzklasse TurnierForm und den Entitätsklassen Turnier, Spieler und Partie. Als nächstes identifizieren wir jetzt fehlende Attribute und Operationen für die identifizierten Objekte.

9.4.1   Identifizierung von fehlenden Attributen und Operationen

Es gibt zwei Gründe für fehlende Attribute und Operationen: Wenn man sich während der Analyse zu sehr auf die Funktionalität des Systems konzentriert, kann man viele Attribute übersehen, denn die Funktionalität des Systems wird zunächst durch Anwendungsfälle beschrieben, und erst dann als Operationen von Klassen. Ein zweiter Grund ist der Fokus auf die Anwendungsdomäne bei der Objektmodellierung. Dadurch kann man Systemdetails, die unabhängig von der Anwendungsdomäne sind, schnell übersehen.

Während des ARENA-Objektentwurfs haben wir z.B. festgestellt, dass die Anzahl der parallel laufenden Turniere und Partien der Hauptkonsument der Ressourcen des Servers ist und den Systemengpass darstellt. Infolgedessen müssen wir darauf achten, dass das System nicht missbraucht wird, indem ein Spieler gleichzeitig an verschiedenen Partien teilnimmt.

Bei einer erneuten Besprechung mit dem Kunden kommen wir zu der Übereinkunft, dass ein derartiges Spielerverhalten weder die Spielqualität noch das Werbeeinkommen steigert, denn wenn mehrere Werbebanner an denselben Spieler gesendet werden, so erhöhen sich die Werbeeinnahmen nicht. Deswegen beschließen wir, den Anwendungsfall bewerbeTurnier durch Kontrollen zu erweitern. Wir berücksichtigen dabei, dass Spieler, die sehr viele Partien hintereinander spielen, die Spielqualität und die Werbeeinnahmen erhöhen. Diese Spieler wollen wir natürlich nicht benachteiligen.

Um einen Spieler davon abzuhalten, an zwei gleichzeitig stattfindenden Turnieren teilzunehmen, zeichnen wir ein Sequenzdiagramm, das den benötigten Kontroll- und Datenfluss darstellt (Abbildung 9.10). Das Zeichnen des Diagramms führt uns zur Identifikation einer weiteren fehlenden Operation: Die Operation istSpielerAusgebucht() testet, ob die Start- und Endzeit des Turniers sich mit anderen Turnieren des Spielers überschneidet.

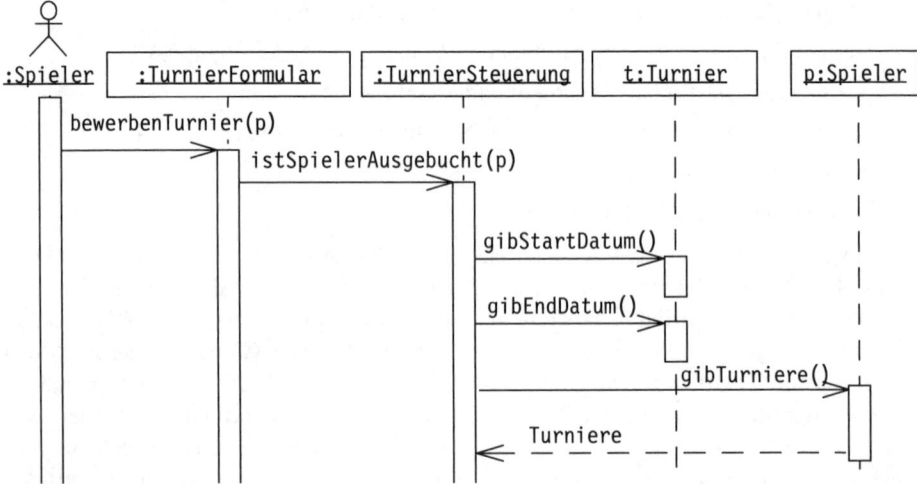

Abbildung 9.10:   Ein Sequenzdiagramm für den AnmeldeTurnier-Anwendungsfall (UML-Sequenz-diagramm). Das Sequenzdiagramm führt zur Identifikation einer weiteren Operation istSpielerAus-gebucht(), die sicher stellen soll, dass ein Spieler nicht an zwei gleichzeitig stattfindenden Turnieren teilnimmt.

Da die Operation istSpielerAusgebucht() sehr eng mit der Organisation von Turnieren verbunden ist, fügen wir die Operation zu der Klasse TurnierSteuerung hinzu. Dies führt zu einem einfacheren und anpassbareren Objektmodell. So können zum Beispiel andere einschränkende Definitionen („Ein Spieler darf nur eine Partie pro Woche spielen") oder Grundsätze („Partien, an denen junge Spieler beteiligt sind, müssen vor einer bestimmten Tageszeit stattfinden") der Klasse TurnierSteuerung hinzugefügt oder weggenommen werden, ohne die Entitätsklassen zu ändern.

An diesem Punkt haben wir eine weitere Operation für den Anwendungsfall AnmeldeTurnier identifiziert. Bei Betrachtung weiterer Subsysteme und Anwendungsfälle wird das Objekt-modell mit Sicherheit weiter verfeinert werden. Wir spezifizieren jetzt die Schnittstellen für die bisher identifizierten Klassen durch Typen, Signaturen, Sichtbarkeiten und Verträge.

9.4.2   Spezifikation von Typen, Signaturen und Sichtbarkeiten

In diesem Schritt spezifizieren wir die Typen der Attribute, die Signaturen der Operatio-nen und die Sichtbarkeit von Attributen und Operationen. Durch die Spezifikation von Typen wird das Objektentwurfsmodell auf zwei Weisen verfeinert. Zum einen fügen wir dem Modell weitere Details hinzu, indem wir den Wertebereich der Attribute spezifizie-ren. Zum Beispiel wird durch das Festlegen des Typs der Start- und Endzeit der Klasse

Turnier die Granularität der Zeit unserer Anwendung entschieden. Besteht die Repräsentation der Zeit aus Tagen, Stunden, Minuten und Sekunden, so erlauben wir Instanzen der Klasse Sportverband, mehrerer Turniere an einem Tag zu veranstalten. Zum anderen bilden wir die Klassen und Attribute des Objektmodells auf die Typen ab, die unsere Entwicklungsumgebung vorgibt. Indem wir beispielsweise die Klasse String zur Repräsentation von name in den Klassen Liga und Turnier wählen, können wir alle Operationen der Klasse String zur Manipulation von name verwenden.

Des Weiteren betrachten wir die Beziehungen zwischen den identifizierten Klassen und den Klassen von existierenden Komponenten. Zum Beispiel bietet das Paket java.util Klassen an, die Sammlungen implementieren. Die Schnittstelle List bietet eine Möglichkeit, auf geordnete Objektsammlungen unabhängig von der realisierenden Datenstruktur zuzugreifen. Wir wählen die Schnittstelle List zur Rückgabe von Objektsammlungen aus (beispielsweise die Turniere, an denen ein Spieler teilnimmt). Die Schnittstelle Map erlaubt es uns, Tabellen zu konstruieren, in denen beliebige Einträge mit eindeutigen Schlüsseln erreichbar sind. Wir wählen die Schnittstelle Map für Tabellen aus, die es erlauben, den Spielstand eines Spielers zu ermitteln, wenn man den Namen des Spielers kennt.

Zu guter Letzt legen wir die Sichtbarkeit jedes Attributs und jeder Operation fest. Dadurch bestimmen wir auch, welche Attribute öffentlich sind und von jeder anderen Klasse aus erreicht und verändert werden können und welche Attribute nur über Operationen erreicht werden können. Gleichermaßen legen wir durch die Sichtbarkeit von Operationen fest, welche Operationen zur Klassenschnittstelle gehören und welche Operationen lediglich interne Hilfsoperationen sind. Im Fall von abstrakten Klassen und Klassen, die erweiterbar sein sollen, definieren wir auch geschützte Operationen. Abbildung 9.11 zeigt das verfeinerte Objektmodell aus Abbildung 9.9, in dem alle Typen, Signaturen und Sichtbarkeiten festgelegt sind.

Haben wir den Typ jedes Attributs, die Signatur jeder Operation und die Sichtbarkeit der Attribute und Operationen spezifiziert, konzentrieren wir uns auf die Spezifikation des Verhaltens von Klassen. Dafür verwenden wir Verträge.

9.4.3 Spezifikation von Vor- und Nachbedingungen

Wir haben bereits erwähnt, dass ein Vertrag ein Übereinkommen des Klassenbenutzers und des Klassenimplementierers ist. Die Vorbedingungen einer Operation beschreiben den Teil des Vertrages, den der Klassenbenutzer erfüllen muss. Erfüllt der Klassenbenutzer die Vorbedingungen, so beschreiben die Nachbedingungen die Zusicherungen des Klassenimplementierers. Wird eine Klasse durch eine Unterklasse verfeinert, so erbt der Klassenerweiterer die Verträge der Oberklasse.

In Abschnitt 9.4.1 haben wir die Operation istSpielerAusgebucht der Klasse Turnier identifiziert. Diese Operation überprüft, ob ein Spieler an einem Turnier teilnehmen darf. Als Klassenimplementierer wollen wir sicherstellen, dass der Klassenbenutzer überprüft, ob ein Spieler nicht bereits an dem Turnier teilnimmt. In diesem Fall müssen wir dann nämlich nur noch überprüfen, ob sich das aktuelle Turnier mit einem anderen Turnier des Spielers überschneidet. Wir drücken dies mit dem folgenden Vertrag aus:

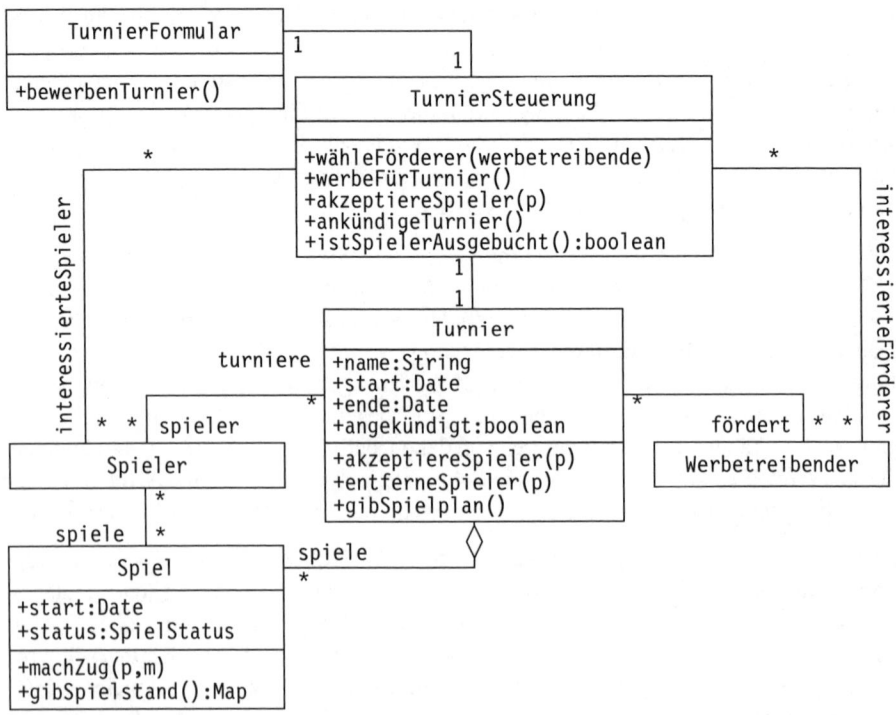

Abbildung 9.11: Detailliertes ARENA-Objektmodell mit allen nötigen Typinformationen (UML-Klassendiagramm). Um Platz zu sparen, sind nur ausgewählte Informationen dargestellt.

```
/* istSpielerAusgebucht nimmt an, dass der Spieler noch nicht an dem
 * Turnier teilnimmt. */
context TurnierSteuerung::istSpielerAusgebucht(p) pre:
    not p.turniere->includes(turnier)


/* Ein Spieler kann nicht an zwei Turnieren teilnehmen, die sich
 * überlappen. */
context TurnierSteuerung::istSpielerAusgebucht(p) post:
    result = p.turniere->exists(t| t.überschneidet(turnier))
```

Vorbedingungen und Nachbedingungen können also zur Spezifikation von Abhängigkeiten zwischen Operationen derselben Klasse verwendet werden. Betrachten wir zum Beispiel die Operationen der Klasse TurnierSteuerung. Die Operationen müssen bei der Verwendung einer neuen Turnierinstanz in einer bestimmten Reihenfolge ausgeführt werden. Bevor wir die Förderer für ein Turnier auswählen können, müssen wir erst wissen, welche Förderer interessiert sind. Und wir können für das Turnier nicht werben, wenn wir die Förderer noch nicht ausgewählt haben. Um auszudrücken, dass wir interessierte Förderer erst auswählen können, wenn es welche gibt, können wir folgende Einschränkung schreiben:

```
context TurnierSteuerung::wähleFörderer(werbetreibende) pre:
    interessierteFörderer->notEmpty
```

Um zu beschreiben, dass wir keine neuen Förderer auswählen können, wenn wir schon Förderer gewählt haben, können wir folgende Vorbedingung schreiben:

```
context TurnierSteuerung::wähleFörderer(werbetreibende) pre:
    turnier.fördert->isEmpty
```

Zu guter Letzt wollen wir noch sicherstellen, dass nach Ausführung der Operation TurnierSteuerung.wähleFörderer() die Liste der gewählten Förderer nicht leer ist, damit wähleFörderer() nur einmal aufgerufen werden kann. Wir fügen folgende Nachbedingung hinzu:

```
context TurnierSteuerung::wähleFörderer(werbetreibende) post:
    turnier.fördert.equals(werbetreibende)
```

Das folgende Beispiel enthält einen kompletten Satz von OCL-Einschränkungen, um die Aufruf-Reihenfolge der Operationen wähleFörderer(), ankündigeTurnier() und akzeptiereSpieler() zu spezifizieren.

```
┌─────────────────────────────────────────────┐
│              TurnierSteuerung                 │
├─────────────────────────────────────────────┤
├─────────────────────────────────────────────┤
│ +wähleFörderer(werbetreibende)                │
│ +werbeFürTurnier()                            │
│ +akzeptiereSpieler(p)                         │
│ +ankündigeTurnier()                           │
│ +istSpielerAusgebucht():boolean               │
└─────────────────────────────────────────────┘
```

```
/* Vor-und Nachbedingungen zur Festlegung der Reihenfolge von Operationen
auf TurnierSteuerung */
context TurnierSteuerung::wähleFörderer(werbetreibende) pre:
    interessierteFörderer->notEmpty and
        turnier.fördert->isEmpty
context TurnierSteuerung::wähleFörderer(werbetreibende) post:
    turnier.fördert.equals(werbetreibende)

context TurnierSteuerung::ankündigeTurnier() pre:
    turnier.fördert->isEmpty and
        not turnier.angekündigt
context TurnierSteuerung::ankündigeTurnier() post:
    turnier.angekündigt

context TurnierSteuerung::akzeptiereSpieler(p) pre:
    turnier.angekündigt and
        interessierteSpieler->includes(p) and
            not istSpielerAusgebucht(p)
context TurnierSteuerung::akzeptiereSpieler(p) post:
    turnier.spieler->includes(p)
```

9.4.4   Spezifikation von Invarianten

Sind die Syntax und die Konzepte einer Sprache wie OCL erst einmal verstanden, so ist es relativ einfach, Verträge für individuelle Operationen zu erstellen. Das Konzept eines Vertrags zwischen einem Klassenbenutzer und einem Klassenimplementierer ist intuitiv („das kann ich für dich tun, wenn du diese Einschränkungen sicherstellst") und konzentriert sich auf eine kurze Dauer (z.B. die Ausführung einer einzelnen Operation). Das Wesentliche einer Klasse wird auf Grund dieser operationsspezifischen Verträge allerdings selten erfasst; da das Wissen über die Klasse über viele Einschränkungen in vielen Operationen verteilt ist wird, ist die Erkennung von allgemeinen Klasseneigenschaften sehr schwierig. Dies kann man besser mit Invarianten erledigen.

Klasseninvarianten sind jedoch schwieriger zu formulieren als Vor- und Nachbedingungen. Invarianten bilden nämlich einen permanenten Vertrag, der die operationsspezifischen Verträge überschreibt und erweitert. Um Invarianten zu finden, verfährt man ähnlich wie bei der Erstellung von abstrakten Klassen während der Analyse (Abschnitt 5.4.10). Einige sind offensichtlich und können bereits am Anfang geschrieben werden. Andere können durch Extrahieren von allgemeinen Eigenschaften aus den operationsspezifischen Verträgen identifiziert werden.

Ein Beispiel für eine triviale Invariante ist, dass alle Partien innerhalb der Turnierdauer stattfinden müssen:

```
context Turnier inv:
    spiele->forAll(s|
        s.start.after(start) and s.start.before(ende))
```

Eine weniger offensichtliche Invariante kann durch die Begutachtung der Verträge der Klasse TurnierSteuerung identifiziert werden: Kein Spieler kann an zwei oder mehr sich überschneidenden Turnieren teilnehmen. Obwohl wir diese Eigenschaft von der Operation istSpielerAusgebucht() ableiten können, können wir sie konsequenterweise als Invariante schreiben. Da dies eine strategische Entscheidung ist, definieren wir die Invariante im Kontext der Klasse TurnierSteuerung, und nicht bei den Klassen Spieler oder Turnier.

```
context TurnierSteuerung inv:
    turnier.spieler->forAll(s|
        s.turniere->forAll(t|
            t <> turnier implies not t.überschneidet(turnier)))
```

Einschränkungen, die viele Assoziationen enthalten, sind in der Regel sehr komplex und deshalb schwierig zu verstehen. Dies ist insbesondere der Fall, wenn forAll()- und exists()-Operationen geschachtelt werden. Betrachten wir zum Beispiel die Invariante, dass alle Partien eines Turniers nur von Turnierteilnehmern gespielt werden dürfen:

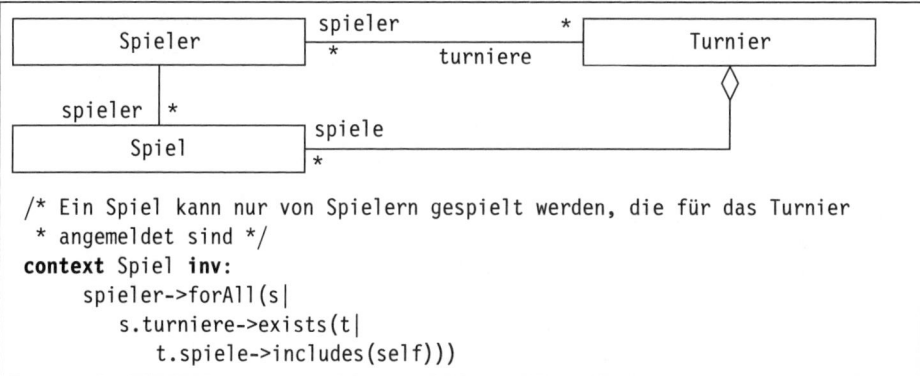

```
/* Ein Spiel kann nur von Spielern gespielt werden, die für das Turnier
 * angemeldet sind */
context Spiel inv:
    spieler->forAll(s|
        s.turniere->exists(t|
            t.spiele->includes(self)))
```

Diese Einschränkung verwendet drei Sammlungen: spieler, s.turniere und t.spiele und ist schwer zu verstehen. Wir können sie allerdings durch die Verwendung von Multimengen wesentlich einfacher formulieren:

```
context Spiel inv:
    spieler.turniere.spiele.includes(self)
```

Die Beispiele verdeutlichen, dass es relativ einfach ist, eine große Menge von Einschränkungen für jede Klasse zu erstellen. Dadurch wird jedoch keine gute Lesbarkeit garantiert. Lesbare und korrekte Einschränkungen zu erstellen ist sogar sehr schwierig. Jede Reduktion der Anzahl von Operationen und Verschachtelungen erleichtert im Allgemeinen das Verständnis von Einschränkungen. Man sollte sich allerdings immer vor Augen halten, dass der Grund für die Erstellung von Einschränkungen die Klarstellung von Annahmen bei Klassenimplementierer und Klassenbenutzer ist. Deswegen sollte man als Klassenimplementierer Einschränkungen immer einfach und kurz schreiben. Abbildung 9.12 listet verschiedene Heuristiken zur Erstellung von lesbaren Einschränkungen auf.

Invarianten, Vorbedingungen und Nachbedingungen spezifizieren die Semantik jeder Operation. Sie legen explizit fest, was vor und nach der Operationsausführung erfüllt sein muss. Dadurch liefern die Verträge eine klare Dokumentation für den Benutzer. Im nächsten Abschnitt sehen wir, dass die Verträge auch für den Klassenerweiterer sinnvoll sind.

Heuristiken zum Schreiben von lesbaren Einschränkungen

Konzentrieren Sie sich auf die Lebenszeit einer Klasse. Einschränkungen, die zu bestimmten Operationen gehören oder die nur in einem speziellen Objektzustand gültig sind, können besser durch Vor- und Nachbedingungen ausgedrückt werden. Einschränkungen, die immer gelten, können besser durch Invarianten ausgedrückt werden. Zum Beispiel:

■ „Unterschiedliche Spieler haben unterschiedliche E-Mail-Adressen" ist eine Invariante.

■ „Ein Spieler kann nur an einem Turnier gleichzeitig teilnehmen" ist eine Vorbedingung für die Operation `TurnierSteuerung.bewerbenTurnier()`.

Identifizieren Sie spezielle Werte für jedes Attribut. Werte wie Null oder Nil sind häufige Quellen von Missverständnissen und Fehlern. Es ist besser, zu verlangen, dass jedes Attribut einen Wert hat. Zum Beispiel:

■ Partien beinhalten mindestens einen Spieler.

■ Beendete Partien haben genau einen Gewinner.

Identifizieren Sie Spezialfälle von Assoziationen. Identifizieren Sie alle Spezialfälle, die nicht durch die Multiplizität ausgedrückt werden können. Zum Beispiel:

■ `turnier.spieler` ist eine Untermenge von `turnier.liga.spieler`

Identifizieren Sie die Reihenfolge von Operationen. Siehe das Beispiel `TurnierSteuerung` in Abschnitt 9.4.3.

Verwenden Sie Hilfsmethoden zur Berechnung von komplizierten Einschränkungen. Dadurch ergeben sich kürzere Einschränkungen und der Quelltext kann leichter getestet werden. Zum Beispiel:

■ `Turnier.überschneidet(t:Turnier)` testet, ob sich zwei Turniere überschneiden.

Vermeiden Sie Einschränkungen, die viele Assoziationen durchlaufen. Assoziationsdurchläufe führen eventuell zur Koppelung von Klassen, die eigentlich unabhängig voneinander sind. Dies ist im Allgemeinen unerwünscht. Zum Beispiel:

■ Wenn die Dauer einer Partie unter einem vom Spiel vorgegebenen Limit liegen muss, dann könnten wir uns dazu verleiten lassen, dies mit dem Ausdruck `partie.turnier.liga.spiel.maxSpielDauer` zu beschreiben. Besser ist es, eine Operation `Spiel.getSpiel()` hinzuzufügen und dadurch den einfacheren Ausdruck `partie.getSpiel().maxSpielDauer` zu erhalten.

Abbildung 9.12:   Heuristiken zum Schreiben von lesbaren Einschränkungen

9.4.5   Vertragsvererbung

In polymorphen Sprachen, wie beispielsweise Java, können Klassen durch jede Unterklasse substituiert werden. Das bedeutet, dass ein Operationsaufruf einer Klasse zu einem Operationsaufruf der Unterklasse führt. Ein Vertrag, der für die Oberklasse gilt, muss deshalb auch für die Unterklasse gelten. Dies nennen wir **Vertragsvererbung**.

Betrachten wir zum Beispiel die Vererbungshierarchie der Klassen Benutzer, Sportverband, Spieler, Zuschauer und Werbetreibender aus ARENA (Abbildung 9.13). Die Klasse Benutzer besitzt eine Invariante, dass das Attribut email nie den Wert null hat. Dadurch kann jeder Benutzer immer benachrichtigt werden. Wenn wir in unserem Entwurf beschließen, dass die Klasse Zuschauer keine E-Mail-Adresse benötigt, brechen wir den Vertrag und der Operationsaufruf Benutzer.benachrichtige() kann zu Fehlern führen.

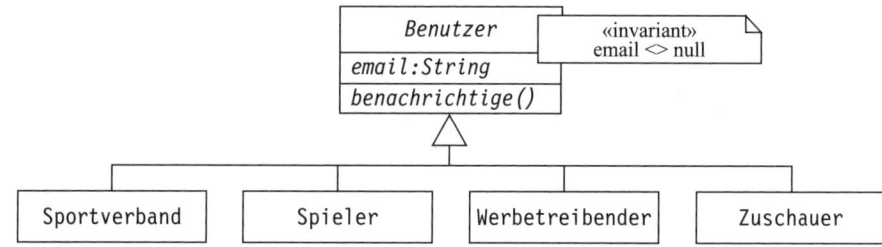

Abbildung 9.13:   Eine einfache Vertragsvererbung. Eine Invariante der Oberklasse sollte auch in allen Unterklassen erfüllt werden (UML-Klassendiagramm mit OCL-Einschränkungen).

Deswegen sollte entweder die Klasse Zuschauer aus der Klassenhierarchie entfernt werden (die Klasse Zuschauer erfüllt den Vertrag der Klasse Benutzer nicht), oder die Invariante der Klasse Benutzer muss überarbeitet werden (der Vertrag sollte neu formuliert werden). Verträge werden auf folgende Art und Weise vererbt:

- *Vorbedingungen.* Einer Methode der Unterklasse ist es erlaubt, die Vorbedingungen der überschriebenen Methode abzuschwächen. Betrachten wir zum Beispiel die konkrete Klasse EinfacherKOStil zur Klasse TurnierStil. Sie funktioniert mit jeder Anzahl von Spielern, die eine Potenz von 2 ist. Eine Unterklasse KomplexerKOStil könnte die Klasse EinfacherKOStil verfeinern, indem sie die Vorbedingung abschwächt und Turniere mit einer beliebigen Anzahl von Spielern unterstützt.

- *Nachbedingungen.* Eine Methode muss die Nachbedingungen der überschriebenen Methode sicherstellen. Nehmen wir an, dass wir eine Klasse Menge durch Erben von der Klasse Liste implementieren wollen[1]. Die Nachbedingung der Methode Liste.hinzufügen() ist, dass sich die Anzahl der Listenelemente erhöht. Die Methode Menge.hinzufügen() kann diese Invariante nicht erfüllen, da sie nicht immer die Anzahl der Mengenelemente erhöht. Aus diesem Grund sollte die Klasse Menge nicht als Unterklasse der Klasse Liste implementiert werden.

- *Invarianten.* Eine Unterklasse muss auf jeden Fall alle Invarianten der Oberklasse einhalten. Eine Unterklasse kann jedoch die geerbten Invarianten verstärken. Zum Beispiel erbt die Klasse Liste von der Klasse Sammlung. Die Sammlung besitzt eine Invariante, dass die Größe der Sammlung nicht negativ sein kann. Da die Klasse Liste die Invariante einhalten muss, darf auch ihre Größe nicht negativ sein. Die Liste fügt jedoch eine neue Invariante hinzu, nämlich dass die Listenelemente geordnet sein müssen.

Vertragsvererbung ist vor allem bei der Spezifikation von abstrakten Klassen und Schnittstellen sinnvoll, die zur Erweiterung und Verfeinerung durch Klassenerweiterer bestimmt sind. Durch eine präzise Dokumentation der Grenze zwischen der Benutzerklasse und

---

[1] Dies ist natürlich ein fragwürdiger Fall von Implementierungsvererbung, wie wir ihn bereits in Abschnitt 8.3.2 beschrieben haben. Er dient hier nur zur Illustration der Problematik, nämlich Nachbedingungen von überschriebenen Methoden sicherzustellen.

einer Schnittstelle ist es möglich, dass ein Klassenerweiterer neue und verfeinerte Erweiterungsklassen implementiert, ohne den aufrufenden Quelltext der Benutzerklasse zu kennen. Da eine Erweiterungsklasse transparent austauschbar sein muss, ist die Vertragsvererbung auch eine Konsequenz von Liskovs Substitutionsprinzip (siehe Abschnitt 8.3.4).

9.5   Objektentwurf-Management

In diesem Abschnitt diskutieren wir typische Managementaufgaben, die beim Objektentwurf anfallen. Der Objektentwurf enthält zwei große Herausforderungen für Manager:

- *Erhöhte Kommunikationskomplexität.* Die Teilnehmeranzahl erhöht sich beim Objektentwurf im Allgemeinen drastisch. Das Objektentwurfsmodell und der Quelltext sind deshalb das Ergebnis der Zusammenarbeit von sehr vielen Mitarbeitern. Das Management muss sicherstellen, dass die Entscheidungen, die von den Entwicklern getroffen werden, mit den Projektzielen übereinstimmen.

- *Konsistenz mit bereits getroffenen Entscheidungen und Dokumenten.* Die Entwickler schätzen die vollständigen Konsequenzen des Analyse- und Systementwurfs für den Objektentwurf oft nicht richtig ein. Während sie am Objektentwurfsmodell arbeiten, stellen sie oft die getroffenen Entscheidungen in Frage und evaluieren sie sogar häufig erneut, oft in Anbetracht von Erkenntnissen, die erst während des Objektentwurfs entstehen. Die Herausforderung des Managers liegt darin, dass alle veränderten Entscheidungen dokumentiert werden und dass alle anderen Dokumente den aktuellen Stand der Entwicklung reflektieren.

Wir werden diese Herausforderungen in Abschnitt 9.5.1 diskutieren. Wir konzentrieren uns dabei auf das Objektentwurfs-Dokument, seine Entwicklung und Wartung sowie seine Beziehungen zu anderen Dokumenten. In Abschnitt 9.5.2 beschreiben wir die Rollen und die Verantwortlichkeiten bezüglich des Objektentwurfs.

9.5.1   Dokumentation des Objektentwurfs

Der Objektentwurf wird in dem **Objektentwurfs-Dokument** dokumentiert. Es beinhaltet die Beschreibungen von Zielkonflikten, Richtlinien der Subsystemschnittstellen, die Aufteilung der Subsysteme in Pakete und Klassen und die Schnittstellenbeschreibungen der Klassen. Das Objektentwurfs-Dokument wird zwischen Arbeitsgruppen zum Informationsaustausch über die Schnittstellen und als Referenz in der Testphase verwendet. Die Zielgruppe des Objektentwurfs-Dokumentes sind die Systemarchitekten (die Entwickler, die am Systementwurf beteiligt waren), die implementierenden Entwickler der Subsysteme und die Tester.

Es gibt drei Hauptansätze zur Dokumentation des Objektentwurfs:

- *Ein aus dem Modell generiertes, eigenständiges Objektentwurfs-Dokument.* Der erste Ansatz zur Dokumentation des Objektentwurfsmodells ist der gleiche, den wir zur Dokumentation des Analysemodells und des Systemmodells verwendet haben: Wir erstellen und warten ein UML-Modell und generieren das Dokument aus dem Modell. Alle Anwendungsobjekte, die bereits in der Analyse identifiziert wurden, treten in diesem Dokument erneut auf. Die Nachteile dieser Lösung beinhalteten die Redundanz zum Lastenheft und einen hohen Aufwand zur Konsistenzerhaltung der beiden Dokumente. Des Weiteren dokumentiert das Objektentwurfs-Dokument Informationen aus dem Quelltext. Ändert sich der Quelltext, muss das Objektentwurfs-Dokument aktualisiert werden. Dieser Ansatz führt häufig zu einem Lastenheft und einem Objektentwurfs-Dokument, die nicht übereinstimmen oder veraltet sind.

- *Objektentwurfs-Dokument als eine Erweiterung des Lastenhefts.* Der zweite Ansatz behandelt das Objektentwurfsmodell als eine Erweiterung des Analysemodells. Mit anderen Worten, der Objektentwurf wird als eine Menge von Anwendungsobjekten gesehen, die mit Lösungsobjekten angereichert werden. Der Vorteil dieser Lösung ist die Reduzierung redundanter Informationen. Somit wird die Wartung der Konsistenz zwischen dem Lastenheft und dem Objektentwurfs-Dokument vereinfacht. Der Nachteil dieser Lösung ist die Anreicherung des Lastenheftes mit Informationen, die für den Kunden und die Benutzer unwichtig sind. Im Allgemeinen ist der Objektentwurf auch nicht mit der Identifikation von weiteren Lösungsobjekten erledigt. Häufig müssen auf Grund von Entwurfszielen oder Effizienzanforderungen die Anwendungsobjekte transformiert und geändert werden.

- *Objektentwurfs-Dokument eingebettet in den Quelltext.* Der dritte Ansatz bettet das Objektentwurfs-Dokument in den Quelltext ein. Wie beim ersten Ansatz verwenden wir ein Modellierungswerkzeug zur Repräsentation des Objektentwurfsmodells (siehe Abbildung 9.14). Stabilisiert sich das Objektentwurfsmodell, so benutzen wir das Modellierungswerkzeug zur Generierung von Klassengerüsten. Wir beschreiben jede Klassenschnittstelle durch markierte Kommentare. Die Markierungen unterscheiden die Quelltextkommentare von den Objektentwurfsbeschreibungen. Infolgedessen können wir das Objektentwurfs-Dokument mit einem Werkzeug generieren, das den Quelltext als Eingabe verwendet und die relevanten Informationen extrahiert (z.B. Javadoc). Ist das Objektentwurfsmodell erst einmal im Quelltext integriert, brauchen wir es nicht mehr separat zu pflegen. Ein Vorteil dieses Ansatzes ist die einfache Wartung der Konsistenz zwischen dem Quelltext und dem Objektentwurfs-Dokument. Werden Änderungen am Quelltext durchgeführt, dann müssen auch die markierten Kommentare aktualisiert werden und ein neues Objektentwurfs-Dokument kann generiert werden. In diesem Abschnitt folgen wir nur diesem Ansatz.

Eine fundamentale Aufgabe ist die Konsistenzerhaltung zwischen Modellen und dem Quelltext. Idealerweise wollen wir nur ein Werkzeug zur Wartung des Analysemodells, des Objektentwurfsmodells und des Quelltextes verwenden. Objekte müssten dann nur einmal beschrieben werden und die Konsistenz der Dokumentation, der Klassengerüste und des Quelltextes würde automatisch gewartet werden.

Aktuelle UML-Modellierungswerkzeuge bieten die Möglichkeit der **Vorwärtsmodellierung** *(forward engineering)* an, d.h. die Generierung von Dokumenten und Klassenstümpfen direkt aus den Modellen. Zum Beispiel kann das Glossar des Lastenheftes durch das Sammeln der Beschreibungsfelder aller Klassen generiert werden (Abbildung 9.14). Die Generierung der Klassenstümpfe kann in dem Ansatz des eigenständigen Objektentwurfs-Dokuments auch zur Generierung von Klassenschnittstellen und Stümpfen für jede Methode verwendet werden.

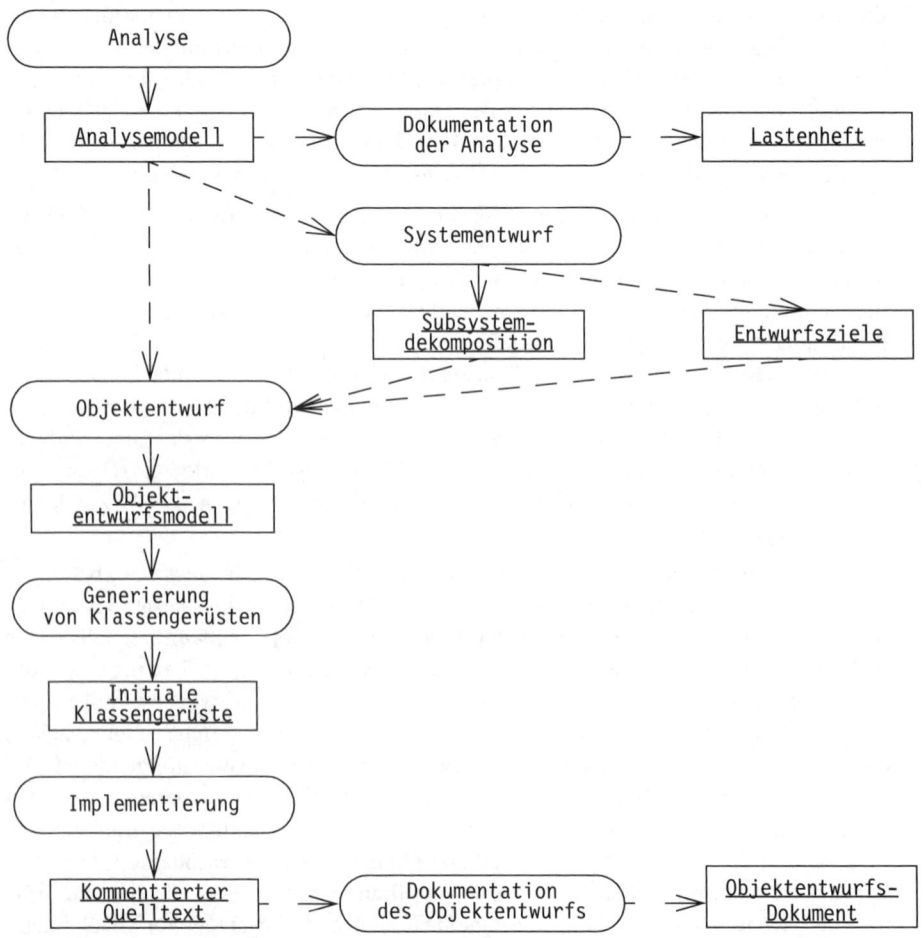

Abbildung 9.14: Ansatz zum eingebetteten Objektentwurfs-Dokument. Klassengerüste werden aus dem Objektentwurfsmodell generiert. Das Objektentwurfsmodell wird durch spezielle Markierungen im Quelltext dokumentiert. Daraufhin kann das Objektentwurfsmodell verworfen werden. Das Objektentwurfs-Dokument wird durch die Verwendung eines Werkzeuges, wie zum Beispiel Javadoc, aus dem Quelltext generiert (UML Aktivitätsdiagramm).

Manche Modellierungswerkzeuge bieten auch die Möglichkeit der **reversiven Modellierung** *(reverse engineering)*. Hierbei werden die UML-Modelle aus dem Quelltext wiedergewonnen. Die reversive Modellierung ist bei der Erstellung von Objektmodellen aus altem Quelltext nützlich. Bei diesem Vorgang ist jedoch immer noch eine manuelle Unterstützung nötig, z.B. weil bidirektionale Assoziationen nicht einfach aus Referenzattributen gebildet werden können.

Die Werkzeugunterstützung zur Wartung und Aufrechterhaltung von zweiseitigen Abhängigkeiten – insbesondere zwischen dem Analysemodell und dem Quelltext – ist selten. Werkzeuge, wie zum Beispiel Rationale Rose und Together Control Center, realisieren diese Funktionalität durch die Einbettung von Assoziationsinformationen und anderer

UML-Konstrukte in Quelltextkommentaren. Obwohl dies den Werkzeugen die Möglichkeit bietet, syntaktische Änderungen im Quelltext festzustellen, müssen die Entwickler noch die Beschreibungen in den Modellen aktualisieren. Da die Entwickler oft verschiedene Werkzeuge für die Erstellung der Modelle und des Quelltext benötigen, veralten die Modelle oft sehr schnell.

Bevor es keine besseren Werkzeuge zur Konsistenzerhaltung zwischen Objektmodellen und Quelltext gibt, halten wir die Generierung des Objektentwurfs-Dokuments aus dem Quelltext und die Konzentration des Lastenheftes auf die Anwendungsobjekte für die sinnvollste Lösung. Dadurch werden redundante Informationen reduziert und die Objektentwurfsinformationen befinden sich im Quelltext, wo sie am besten zu erreichen sind. Die Konsistenz zwischen dem Quelltext und dem Analysemodell muss zwar manuell gewährleistet werden; dies ist jedoch eine leichtere Aufgabe, da viele Quelltextänderungen weniger das Analysemodell betreffen als vielmehr das Objektentwurfsmodell.

Abbildung 9.15 zeigt eine mögliche Gliederung für ein Objektentwurfs-Dokument.

Objektentwurfs-Dokument

1. Einleitung
    1.1 Abwägungen des Objektentwurfs
    1.2 Richtlinien der Schnittstellendokumentation
    1.3 Definitionen, Akronyme und Abkürzungen
    1.4 Referenzen
2. Pakete
3. Klassenschnittstellen
4. Glossar

Abbildung 9.15: Gliederung des Objektentwurfs-Dokuments

Die Einleitung beschreibt die generellen Konflikte und Abwägungen der Entwickler (z.B. Gründe für den Einsatz von selbst erstellten oder von kommerziellen Komponenten), Richtlinien und Konventionen (z.B. Namenskonventionen, Grenzfälle, Mechanismen zur Behandlung von Ausnahmen) sowie einen Überblick über den Rest des Dokumentes.

Richtlinien für die Schnittstellendokumentation und Quelltextkonventionen beinhalten im Allgemeinen eine Liste von Regeln für den Entwurf und die Namensgebung von Schnittstellen. Sie sind wichtige Elemente, um die Kommunikation zwischen Entwicklern zu verbessern. Im Folgenden geben wir einige Beispielkonventionen:

- Klassen werden mit Substantiven im Singular benannt.

- Methoden werden mit Verben benannt.

- Attribute und Parameter werden durch Nominalphrasen benannt.

- Ein Fehler wird durch eine Ausnahme angezeigt und nicht durch einen Rückgabewert.

- Sammlungen besitzen eine Methode `elemente()`, die eine Aufzählung zurückgibt.

- Aufzählungen der Methode `elemente()` sind robust in Bezug auf die Entfernung von Elementen.

Solche Konventionen helfen den Entwicklern, konsistente Schnittstellen zu entwickeln. Werden die Konventionen noch vor dem Objektentwurf explizit erstellt, so können sie von den Entwicklern besser verstanden und verfolgt werden. Im Allgemeinen sollten sich diese Konventionen nicht im Laufe eines Projekts entwickeln.

Der zweite Abschnitt des Objektentwurfs-Dokuments, *Pakete*, beschreibt die Verteilung der Subsysteme auf Pakete und die Dateiorganisation des Quelltextes. Er beinhaltet einen Überblick über jedes Paket, dessen Abhängigkeiten zu anderen Paketen und dessen Verwendung.

Im dritten Abschnitt, *Klassenschnittstellen*, werden die Klassen und ihre öffentlichen Schnittstellen beschrieben. Dies beinhaltet einen Überblick über jede Klasse, ihre Abhängigkeiten zu anderen Klassen und Paketen, ihre öffentlichen Attribute, Operationen und Ausnahmen.

Die erste Version des Objektentwurfs-Dokuments kann bereits kurz nach der Systemzerlegung geschrieben werden. Das Objektentwurfs-Dokument wird immer aktualisiert, wenn neue Schnittstellen bekannt oder existierende Schnittstellen geändert werden. Selbst wenn die volle Funktionalität eines Subsystems noch nicht bekannt ist, ermöglicht die Realisierung der Schnittstellen im Quelltext eine bessere Subsystementwicklung und klare Kommunikation unter den Entwicklern. Hierbei entdecken die Entwickler auch häufig fehlende Parameter und neue Grenzfälle. Da am Objektentwurf viele Entwickler beteiligt sind und der Entwurf öfter geändert wird, unterscheidet sich die Entwicklung des Objektentwurfs-Dokumentes von der Entwicklung anderer Dokumente. Um mit der hohen Änderungsrate zurechtzukommen, sollten Werkzeuge verwendet werden, die aus den Quelltextkommentaren automatisch die letzten beiden Abschnitte des Objektentwurfs-Dokuments generieren.

Das Werkzeug Javadoc generiert Webseiten aus den Quelltextkommentaren und kann bei der Verwendung von Sprachen wie Java oder C++ eingesetzt werden. Mit JavaDoc reichern Entwickler Schnittstellen und Klassendeklarationen mit speziellen Kommentaren an. Die Abbildung 9.16 zeigt eine Javadoc-basierte Schnittstellenspezifikation der Klasse Turnier aus dem ARENA-Beispiel. Die Kommentare in der Kopfzeile der Datei beschreiben die Verwendung der Klasse Turnier sowie die Autoren, die Version und Referenzen zu anderen Klassen. Javadoc verwendet die Markierung @see zur Erstellung von Querverweisen. Dem Kopfzeilenkommentar folgen die Klassen- und die Methodendeklarationen. Jeder Methodenkommentar beinhaltet eine kurze Beschreibung der Methodenverwendung, der Parameter und des Rückgabewertes. Vorbedingungen und Nachbedingungen können auch dem Methodenkommentar hinzugefügt werden. Der erste Satz des Kommentars und die markierten Kommentare werden von Javadoc extrahiert und formatiert.

Bereits bei relativ kleinen Systemen stellt das Objektentwurfs-Dokument eine sehr große Informationsmenge dar und kann oft mehrere Hundert oder Tausend Seiten haben. Da sich das Objektentwurfs-Dokument sehr schnell entwickelt, sollten alle Versionen des Objektentwurfs-Dokuments elektronisch verfügbar sein (z.B. auf Webseiten). Darüber hinaus sollten verschiedene Versionen des Objektentwurfs-Dokuments erzeugt werden und mit den korrespondierenden Quelltextdateien synchronisiert werden. Die Aufgaben des Konfigurationsmanagements beschreiben wir in Kapitel 13, *Konfigurationsmanagement*.

```
/** Ein Turnier ist eine Serie von Spielen zwischen einer Menge von
 * Spielern. Es endet mit einem einzigen Gewinner. Das Spiel und der
 * TurnierStil eines Turniers wird durch die Liga bestimmt, in der das
 * Turnier ausgeführt wird.
 * Ein Turnier ist ursprünglich leer, dann wird eine Anzahl von Spielern
 * akzeptiert, das Turnier wird geplant und schließlich werden die
 * Spiele gespielt.
 *
 * Invarianten:
 * Die maximale Anzahl der Spieler ist immer positiv zu allen Zeiten des
 * Turniers.
 *    @invariant gibMaxZahlSpieler > 0
 * Die Anzahl der aktuellen Spieler ist kleiner oder gleich der maximalen
 * Anzahl.
 *    @invariant gibSpieler().size() < gibMaxZahlSpieler()
 * Die initialen Attribute eines Turniers sind nicht null.
 *    @invariant getLiga() != null and getName() != null
 */
public class Turnier {

    /* Felder ausgelassen */

    /** Öffentlicher Konstruktor. Ein Turnier startet mit einer Liga, einem
     * Namen und einer maximalen Zahl von Spielern. Diese Attribute können
     * nicht geändert werden. */
    public Turnier(Liga liga, String name, int maxZahlSpieler) {…}

    /** Ergibt die Liste der derzeitigen Spieler */
    public List gibSpieler() {…}

    /** Diese Operation akzeptiert einen neuen Spieler im Turnier.
     * @pre !istSpielerAkzeptiert(p)
     * @pre gibSpieler().size() < gibMaxZahlSpieler()
     * @post istSpielerAkzeptiert(p)
     * @post gibSpieler().size() = self@pre.gibSpieler().size() + 1 */
    public void akzeptiereSpieler (Spieler p) {…}

    /** Die entferneSpieler()-Operation nimmt an, dass der genannte Spieler
     * zur Zeit im Turnier ist.
     * @pre istSpielerAkzeptiert(p)
     * @post !istSpielerAkzeptiert(p)
     * @post gibSpieler().size() = self@pre.gibSpieler().size() - 1 */
    public void entferneSpieler(Spieler p) {…}
}
```

Abbildung 9.16: Deklaration der Klasse Turnier mit Javadoc-Kommentaren (Java, Einschränkungen werden durch Javadoc-Markierungen annotiert).

Es sollte beachtet werden, dass die Generierung des Objektentwurfs-Dokuments aus dem Quelltext keine Substitution des Objektentwurfs ist. Auch wenn erfahrene Entwickler in der Lage sind, den Objektentwurf im Kopf zu haben und ihn nur kurz mit Javadoc-Kommentaren zu dokumentieren, ist dieser Ansatz nicht zu empfehlen. Die Aktivitäten des Objektentwurfs, insbesondere die Spezifikation, sollten der Implementierung vorangehen. Sind die Schnittstellen stabil, können die Entwickler die Klassenstümpfe generieren und die Spezifikation realisieren. Da die Spezifikation in den Quelltext hinübergetragen wird, kann sie von den Entwicklern auch im Quelltext korrigiert werden. Schreibt man eine Spezifikation erst nach der Implementierung, kommt man fast immer zu komplexen Entwürfen und unvollständigen Spezifikationen.

9.5.2   Zuweisung von Verantwortlichkeiten

Der Objektentwurf ist durch eine große Teilnehmeranzahl und eine große Menge an Informationen charakterisiert. Um sicherzustellen, dass Änderungen in den Schnittstellen dokumentiert und auf ordentliche Weise bekannt gegeben werden, müssen verschiedene Rollen zur Steuerung, zur Kommunikation und zur Änderungsimplementierung definiert werden. Dies beinhaltet Mitglieder des Architekturteams, die für den Systementwurf und für die Subsystemschnittstellen verantwortlich sind, Verbindungspersonen, die für die Kommunikation mit den anderen Arbeitsgruppen verantwortlich sind und Konfigurationsmanager, die dafür verantwortlich sind, Änderungen zu verfolgen.

Im Folgenden geben wir ein Beispiel dafür, wie die Rollen im Objektentwurf vergeben werden können. Dabei kann eine Person mehrere Rollen einnehmen.

- Der **Softwarearchitekt** entwickelt vor dem Objektentwurf die Richtlinien und Konventionen zur Programmierung. Wie bei allen Konventionen ist der Inhalt der Konventionen weniger wichtig als ihre Einhaltung durch die Architekten und die Entwickler. Der Softwarearchitekt ist außerdem für die Sicherstellung der Konsistenz mit Entscheidungen verantwortlich, die bereits im Lasten- und im Lastenheft dokumentiert sind.

- Die **Ansprechpartner** der Architekturgruppe dokumentieren die in ihrer Verantwortung liegenden öffentlichen Schnittstellen der Subsysteme. Dies führt zu einem ersten Entwurf des Objektentwurfs-Dokuments, der bereits von den Entwicklern verwendet werden sollte. Des Weiteren diskutieren die Ansprechpartner der Architekturgruppe alle Änderungen, die öffentliche Schnittstellen betreffen. Häufig liegen die Probleme nicht in der Einigung, sondern in der Kommunikation: Entwickler, die von den Schnittstellen abhängig sind, könnten die Änderungen begrüßen, wenn sie vorher benachrichtigt werden. Die Ansprechpartner und der Softwarearchitekt bilden zusammen das Architekturteam.

- Die **Objektentwickler** verfeinern und spezialisieren die Schnittstellenspezifikation der Klassen und Subsysteme, die sie auch implementieren.

- Der **Konfigurationsmanager** eines Subsystems gibt Änderungen in Schnittstellen und das Objektentwurfs-Dokument frei. Des Weiteren ist der Konfigurationsmanager dafür verantwortlich, die Beziehung zwischen den neuesten Quelltext- und Objektentwurfs-Dokument-Revisionen konsistent zu halten.

■ Die **Technischen Schreiber** des Dokumentationsteams stellen die endgültige Version des Objektentwurfs-Dokuments zur Verfügung. Sie sind für die strukturelle und inhaltliche Konsistenz des Dokuments sowie für die Einhaltung der Richtlinien verantwortlich.

Wie schon im Systementwurf bildet das Architekturteam die integrierende Kraft des Objektentwurfs. Insbesondere stellt das Architekturteam sicher, dass alle Änderungen in Einklang mit den Projektzielen stehen.

9.5.3 Die Verwendung von Verträgen in der Anforderungsanalyse

Manche Ansätze der Anforderungsanalyse befürworten eine frühe Verwendung von Einschränkungen, zum Beispiel bereits während der Definition von Entitätsobjekten. Prinzipiell kann OCL auch in der Anforderungsanalyse verwendet werden. Im Allgemeinen müssen die Entwickler die spezifischen Bedürfnisse eines Projekts betrachten, bevor sie sich für einen speziellen Ansatz bei der Dokumentation von Operationen entscheiden. Bei der Entscheidung, ob und wann man welche Einschränkungen verwendet, können folgende Abwägungen hilfreich sein:

■ *Kommunikation der Interessengruppen.* Während der Softwareentwicklung unterstützen Modelle die Kommunikation zwischen den verschiedenen Interessengruppen. Verschiedene Modelle werden für verschiedene Arten von Interessengruppen verwendet. Anwendungsfälle und Prototypen der Benutzerschnittstelle sind für den Kunden sehr viel leichter zu verstehen als OCL-Einschränkungen.

■ *Detaillierungsgrad und Änderungsrate.* Die Anreicherung des Analysemodells durch Einschränkungen erfordert ein sehr viel tieferes Verständnis der Anforderungen. Sind die benötigten Informationen durch einen Benutzer, einen Kunden oder durch generelles Domänenwissen gegeben, so resultiert dies in einem vollständigeren Analysemodell. Sind diese Informationen nicht vorhanden, kann es zu verfrühten Entscheidungen und damit zu einer hohen Änderungsrate (und dadurch zu erhöhten Kosten) kommen.

■ *Detaillierungsgrad und Erfassungsaufwand.* Das Erfassen von detaillierten Benutzerinformationen während der Analyse kann viel mehr Aufwand als zu einem späteren Zeitpunkt erfordern, wenn Benutzerschnittstellen und spezielle Aufgaben bereits demonstriert werden können. Dies erfordert, dass Änderungen an den betrachteten Komponenten relativ kostengünstig durchgeführt werden können und keinen großen Einfluss auf den Rest des Systems haben. Dies trifft oft beim Entwurf des Layouts und der Dialogführung in der Benutzerschnittstelle zu.

■ *Anforderungstest.* Während der Testphase vergleichen wir das aktuelle Verhalten eines Systems mit dem spezifizierten Verhalten. Automatisierte Tests oder strikte Testanforderungen (z.B. in Anwendungsdomänen im medizinischen oder pharmazeutischen Bereich) erfordern, dass die Spezifikation, gegen die getestet werden muss, präsize ist. In diesen Fällen kann eine frühe Verwendung von Einschränkungen sehr hilfreich sein. In Kapitel 11, *Testen*, diskutieren wir das Testen im Detail.

Weiterführende Literatur

ThingLab [Borning, 1981], Kaleidoscope [Freeman-Benson, 1990] und Eiffel [Meyer, 1997] sind historisch gesehen die ersten Sprachen, die Einschränkungen und Objektorientierung verbunden haben.

Der Ausdruck *Entwurf durch Verträge (Design by Contract)* geht auf Bertrand Meyer zurück. In seinem Buch *Object-Oriented Software Construction* zeigt er für die Programmiersprache Eiffel detaillierte methodische Richtlinien zum Schreiben und Spezifizieren von Verträgen und zur Behandlung von Vertragsverletzungen auf [Meyer, 1997]. Die Programmiersprache CLU ist die erste Sprache, die Einschränkungen zur Schnittstellenspezifikation für abstrakte Datentypen benutzte [Liskov & Guttag, 1986]. Die Idee der Zusicherung kommt aus den Arbeiten zur Korrektheit von Programmen von Floyd [Floyd, 1967], Hoare [Hoare, 1969] und Dijkstra [Dijkstra, 1976].

Das Werkzeug iContract [Kramer, 1998] hat den Entwurf durch Verträge in die Java-Gemeinschaft eingeführt. Es basiert auf einfachen Java-Kommentaren zur Spezifikation von Einschränkungen, die zur Laufzeit überprüft werden. Wie in Eiffel werden in iContract Verträge von Unterklassen und Klassen, die Schnittstellen implementieren, geerbt.

Übungen

9.1   Betrachten Sie die Schnittstelle List des Pakets java.util, für geordnete Objektsammlungen. Schreiben Sie die Vor- und Nachbedingungen für die folgenden Operationen in OCL auf:

- int size() gibt die Anzahl der Elemente zurück.
- void add(Object e) fügt am Ende der Liste das Objekt e hinzu.
- void remove(Object e) entnimmt der Liste das Objekt e.
- boolean contains(Object e) gibt true zurück, wenn die Liste das Objekt e enthält.
- Object get(int idx) gibt das Objekt vom Index idx zurück. 0 ist der Index des ersten Objekts in der Liste.

9.2   Betrachten Sie die Schnittstelle Set des Pakets java.util. Schreiben Sie die Vor- und Nachbedingungen für die folgenden Operationen in OCL auf:

- int size() gibt die Anzahl der Elemente zurück.
- void add(Object e) fügt der Menge das Objekt e hinzu, wenn es noch nicht in der Menge enthalten ist.
- void remove(Object e) entnimmt der Menge das Objekt e.
- boolean contains(Object e) gibt true zurück, wenn die Menge das Objekt e enthält.

9.3 Betrachten Sie die Schnittstelle `Collection` des Pakets `java.util`, die eine Ober-klasse von `Set` und `List` ist. Schreiben Sie die Vor- und Nachbedingungen für die folgenden Operationen in OCL auf und ändern Sie die Einschränkungen, die Sie in den Übungen 9.1 und 9.2 gemacht haben. Stellen Sie das Liskov-Substitu-tionsprinzip sicher.

- `int size()` gibt die Anzahl der Elemente zurück.
- `void add(Object e)` fügt der Sammlung ein Objekt `e` hinzu.
- `void remove(Object e)` entnimmt der Sammlung das Objekt `e`.
- `boolean contains(Object e)` gibt `true` zurück, wenn die Sammlung das Ob-jekt `e` enthält.

9.4 Betrachten wir eine Klasse `Rechteck` und deren Unterklasse `Quadrat`:

- Schreiben Sie die Nachbedingungen für die Operationen `Rechteck.setze-Breite(b:int)` und `Rechteck.setzeHöhe(h:int)` mit Hilfe der Operationen `Rechteck.gibBreite():int` und `Rechteck.gibHöhe():int`.
- Schreiben Sie eine Invariante für die Klasse `Quadrat`, die angibt, dass die Breite und Höhe eines Quadrates immer gleich sind.
- Betrachten Sie die Regeln der Vertragsvererbung aus Abschnitt 9.4.5 im Zusammenhang mit den Operationen `Quadrat.setzeBreite(b:int)` und `Quadrat.setzeHöhe(h:int)`. Werden alle Regeln eingehalten? Warum nicht? Was sollte in dem Modell geändert werden?

9.5 Betrachten Sie eine sortierte Liste. Schreiben Sie eine Invariante, die die Sor-tiertheit der Liste beschreibt.

9.6 Betrachten Sie einen sortierten Binärbaum zum Speichern von Ganzzahlen. Schreiben Sie Invarianten, um Folgendes auszudrücken:

- Alle Knoten des linken Unterbaums eines betrachteten Knotens beinhalten Ganzzahlen, die kleiner oder gleich der Ganzzahl des betrachteten Knotens sind, oder der Unterbaum ist leer.
- Alle Knoten des rechten Unterbaums eines betrachteten Knotens beinhalten Ganzzahlen, die größer der Ganzzahl des betrachteten Knotens sind, oder der Unterbaum ist leer.
- Der Baum ist ausgeglichen.

9.7 Betrachten Sie eine einfache Kreuzung mit zwei Straßen und vier Ampeln. Neh-men Sie an, es gibt einen einfachen Algorithmus zum Schalten der Ampeln, so dass der Verkehr einer Straße fahren kann, während der Verkehr der anderen Straße stoppt. Modellieren Sie jede Ampel als eine Instanz der Klasse `Ampel` mit dem Attribut `zustand`. Dieses kann den Wert `rot`, `gelb` oder `grün` haben. Schrei-ben Sie Invarianten für das Attribut `zustand`, die garantieren, dass der Verkehr nicht auf beiden Straßen gleichzeitig fahren kann. Falls erforderlich, können Sie dem Modell Assoziationen hinzufügen. Beachten Sie, dass die OCL-Einschrän-kungen für Klassen und nicht für Instanzen geschrieben werden.

Kapitel

10 Übersetzung von Modellen

Der Hauptunterschied zwischen einem Ding, das kaputtgehen kann und einem Ding, das nicht kaputtgehen kann, ist, dass wenn das Ding, das nicht kaputtgehen kann, doch kaputtgeht, man es nicht mehr reparieren kann.

— *Douglas Adams, in Mostly Harmless*

Wenn die Auswahl der Entwurfsmuster und die Spezifikation der Klassenschnittstellen sorgfältig durchgeführt wurden, dann sind die meisten Entwurfsaufgaben erledigt und wir können jetzt ein System implementieren, das die spezifizierten Anwendungsfälle der Anforderungsermittlung und des Systementwurfs realisiert. Im Allgemeinen ist die Situation allerdings nicht so einfach und man wird beim Implementieren mit vielen Problemen konfrontiert. Vertragsverletzungen werden zum Beispiel oft von verschiedenen Entwicklern unterschiedlich implementiert. Durch späte Anforderungsänderungen können neue Parameter in die Spezifikation der Klassenschnittstellen hinzugefügt worden sein, die aus Zeitdruck nicht mehr dokumentiert wurden. Zusätzliche Attribute werden dem Objektmodell hinzugefügt, ohne den Einfluss auf die persistente Datenhaltung zu untersuchen. Wenn der Lieferungszeitdruck sehr hoch wird, werden diese Probleme durch improvisierte Quelltextänderungen gelöst, was zu einer Verschlechterung des Systems führt, denn der resultierende Quelltext hat dann nur noch wenig mit dem ursprünglichen Systemmodell gemeinsam und ist schwierig zu verstehen.

In diesem Kapitel beschreiben wir eine Auswahl von Transformationen, die einen disziplinierten Ansatz der Implementierung illustrieren, um eine solche Systemverschlechterung zu verhindern. Im Einzelnen besprechen wir die folgenden Transformationen:

- Optimierungen des Klassenmodells
- Abbildung von Assoziationen auf Sammlungen
- Abbildung von Verträgen auf Ausnahmen
- Abbildung des Klassenmodells auf ein Datenschema

Wir verwenden dabei Java als Zielsprache. Die Transformationen können jedoch auch für andere objektorientierte Programmiersprachen angewendet werden.

10.1   Einleitung: Ein Buchbeispiel

Der Herr der Ringe von J.R.R. Tolkien wurde im Jahr 1954 zuerst in England und dann 1955[1] in den Vereinigten Staaten veröffentlicht. Tolkien, ein Professor für Englische Literatur und ein angesehener Wissenschaftler, erfand verschiedene Sprachen und viele sorgfältig konstruierte Namen von Plätzen und Charakteren für das Buch. Als das Buch zum ersten Mal veröffentlicht wurde, enthielt es viele Tipp- und Druckfehler sowie gut gemeinte, aber falsche Korrekturen. Zu Tolkiens Entsetzen wurden zum Beispiel alle Vorkommen von *dwarves* und *elven* durch *dwarfs* und *elfin* ersetzt. 1965 veröffentlichte Ace Books eine nicht autorisierte Auflage. Der Verlag glaubte, dass das Urheberrecht des Buches in den Vereinigten Staaten nicht gültig war. Tolkien begann daraufhin mit einer Überarbeitung seines Textes, die mit der Version von Ace Books konkurrieren sollte. Im Oktober 1965 veröffentlichte Ballantine Books das überarbeitete Manuskript als Taschenbuch in den USA. Für diese Auflage erstellte Tolkien eine Anzahl von Korrekturen, die in einer zweiten Auflage des Taschenbuchs berücksichtigt wurden. Weitere Korrekturen wurden kurz darauf in einer dritten und vierten Auflage veröffentlicht. Da diese Korrekturen nicht immer richtig eingefügt wurden, entstanden weitere Fehler im Text.

In England wurde im Oktober 1966 die zweite Auflage von Ballentine als gebundenes Buch von Allen&Unwich veröffentlicht. Das korrigierte Manuskript für den Anhang, das von Ballantine Books für die Taschenbuchausgabe verwendet wurde, ging verloren und konnte nicht von Allen&Unwich verwendet werden. Stattdessen benutzten Allen&Unwich für den Anhang die erste Version der Ballantine Edition. Unglücklicherweise enthält diese Version nicht den zweiten Satz an Korrekturen und darüber hinaus wurden durch Tippfehler weitere Fehler eingeschleust.

Im Sommer 1966 überarbeitete Tolkien den Text noch weiter. Im Juni 1966 wurde er allerdings darüber informiert, dass die Änderungen zu spät kamen, um noch in der Allen&Unwich-Ausgabe berücksichtigt werden zu können. Infolgedessen existierten bis Ende 1966 höchst unterschiedliche Versionen des Buches *Der Herr der Ringe*, aber keine, die das enthielt, was Tolkien veröffentlicht haben wollte.

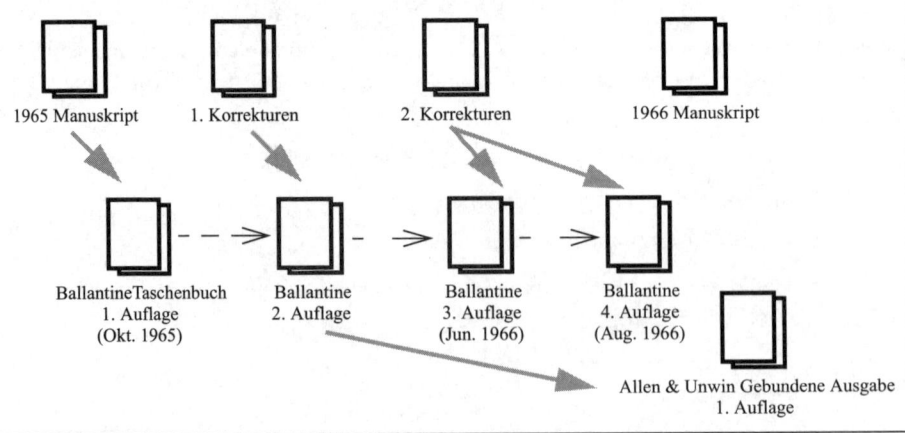

---

[1]   Quelle: „Note on the Text" von Douglas A. Anderson, in J.R.R. Tolkien, *Lord of Rings*, Harper Collins, 1995.

Die Veröffentlichung eines Buches, wie z.B. *Der Herr der Ringe*, erfordert eine Vielzahl von Transformationen vom Manuskript zum endgültig gedruckten Buch. Zuerst produziert der Autor ein getipptes Manuskript und schickt es an den Verlag. Das Manuskript wird dann noch einmal überarbeitet, bevor es endgültig gesetzt wird. Der Setzprozess erfordert ein erneutes Tippen des Manuskripts, was wiederum zu Fehlern führen kann. Zu guter Letzt können im Druckprozess weitere Fehler auftreten, beispielsweise eine falsche Reihenfolge oder Ausrichtung der gedruckten Seiten.

Inzwischen sind zwar viele Schritte des Veröffentlichungsprozesses automatisiert, aber trotzdem schleichen sich noch Fehler ein. Diese können durch den Autor, den Verlag oder den Druck entstehen und resultieren in einer Menge von Korrekturen, in denen dann weitere, neue Fehler entstehen können. Obwohl die Schritte relativ einfach sind – das Neutippen eines Manuskriptes ist intellektuell keine große Herausforderung –, ist es auf Grund des großen Volumens und der Monotonie der auszuführenden Arbeit schwierig, sie fehlerfrei durchzuführen (*Der Herr der Ringe* besteht aus mehr als tausend Seiten).

In ähnlicher Weise beinhaltet das Arbeiten an einem Objektmodell viele Transformationen, deren Ausführung fehleranfällig ist. Zum Beispiel führen Entwickler lokale Transformationen des Objektmodells zur Verbesserung der Modularität und der Leistung durch. Assoziationen werden dabei in Sammlungen von Objektreferenzen transformiert, da das Konzept der UML-Assoziation in Programmiersprachen nicht unterstützt wird. Des weiteren wird das Konzept des Vertrages in vielen Programmiersprachen nicht unterstützt. Deswegen müssen die Entwickler Vertragsspezifikationen in Quelltext transformieren, der Vertragsverletzungen erkennt und behandelt. Um neue Anforderungen des Kunden zu erfüllen, müssen oft die Schnittstellenspezifikationen von Objekten verändert werden. Im Vergleich zu anderen Aktivitäten des Entwicklungsprozesses ist diese Art von Transformation keine große intellektuelle Herausforderung, aber sie hat einen mechanischen, sich wiederholenden Charakter und wird durch den schieren Arbeitsumfang schwierig. Darüber hinaus müssen viele dieser Änderungen manuell durchgeführt werden, insbesondere wenn sie vom Urteilsvermögen des Entwicklers abhängen.

In jeder dieser Transformationen schleichen sich in der Regel kleine Fehler ein und resultieren in Problemen und Fehlfunktionen. Im Folgenden beschreiben wir nun eine Menge von Techniken und Beispieltransformationen zur Reduzierung solcher Art von Fehlern.

10.2 Ein Überblick über Transformationen

Das Ziel einer **Transformation** ist die Verbesserung eines bestimmten Aspekts im Modell (z.B. die Modularität) bei gleichzeitiger Bewahrung der anderen Eigenschaften (z.B. der Funktionalität). Eine Transformation ist deshalb in der Regel begrenzt, betrifft nur wenige Klassen, Attribute und Operationen und wird in einer Serie von kleinen Schritten durchgeführt. Die wichtigsten Transformationen beim Objektentwurf und bei der Implementierung umfassen folgende Aktivitäten:

- *Optimierung* (Abschnitt 10.4.1). Transformationen dieser Art behandeln die Leistungsanforderungen des Systemmodells. Beispiele sind die Reduzierung der Multiplizität von Assoziationen, um die Suchzeit bei Abfragen zu verkleinern, das Hinzufügen von redundanten Assoziationen für effektivere Zugriffe und das Hinzufügen von redundanten Attributen zur Verbesserung der Zugriffszeiten auf Objekte.

- *Realisierung von Assoziationen* (Abschnitt 10.4.2). Transformationen dieser Art bilden Assoziationen auf Quelltextkonstrukte, zum Beispiel auf Referenzen oder Referenzsammlungen, ab.

- *Die Abbildung von Verträgen auf Ausnahmen* (Abschnitt 10.4.3) definiert das Verhalten von Operationen, wenn Verträge gebrochen werden. Vertragsverletzungen werden zum Beispiel als Erzeugung von Ausnahmen und ihre Behandlung auf höherer Systemebene beschrieben.

- *Die Abbildung von Klassenmodellen auf Datenbankschemata* (Abschnitt 10.4.4). Beim Systementwurf haben wir uns entschieden, wie wir persistente Daten modellieren – mit einem Datenbanksystem, mit einem Dateisystem, oder mit einer Kombination von beiden. Bei dieser Transformation bilden wir die zugehörigen Klassen auf ein Speicherschema ab, wie zum Beispiel auf das Datenbankschema einer relationalen Datenbank.

10.3   Abbildungskonzepte

Insgesamt unterscheiden wir vier Arten von Transformationen (Abbildung 10.1):

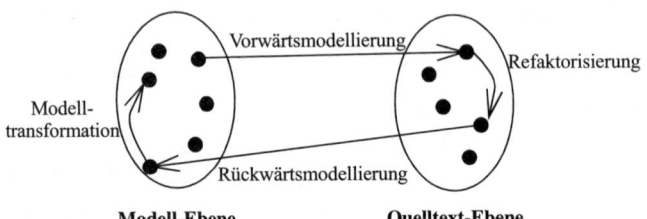

Abbildung 10.1:   Die vier Arten von Transformationen, die wir in diesem Kapitel beschreiben: Modelltransformationen, Refaktorisierung, Vorwärtsmodellierung und Rückwärtsmodellierung.

- *Modelltransformationen* operieren auf Objektmodellen (Abschnitt 10.3.1). Ein Beispiel ist die Umformung eines einfachen Attributs (z.B. eine Adresse, die bisher als Zeichenkette dargestellt wird) in eine Klasse (z.B. eine Klasse mit den Attributen Straße, Postleitzahl, Stadt und Land).

- *Refaktorisierungen* sind Transformationen, die auf Quelltexten operieren (Abschnitt 10.3.2). Sie sind den Modelltransformationen ähnlich, da sie einen einzelnen Aspekt des Systems verbessern, ohne die Funktionalität zu verändern. Der Unterschied liegt darin, dass sie auf Quelltexten und nicht auf Modellen arbeiten.

- *Vorwärtsmodellierung* produziert mit einem Objektmodell korrespondierenden Quelltext (Abschnitt 10.3.3). Viele Modellierungskonstrukte wie Klassen und Attribute können mechanisch auf Quelltextkonstrukte von Programmiersprachen abgebildet werden (z.B. Klassen- und Felddeklarationen in Java). Die Rümpfe der Operationen müssen natürlich durch die Entwickler hinzugefügt werden.

■ *Rückwärtsmodellierung* produziert ein mit Quelltext korrespondierendes Objektmodell (Abschnitt 10.3.4). Diese Transformation wird insbesondere dann verwendet, wenn der Entwurf eines Systems verloren gegangen ist und aus dem Quelltext rekonstruiert werden muss. Obwohl einige Werkzeuge die Rückwärtsmodellierung unterstützen, ist diese kein automatischer Prozess, sondern erfordert viele manuelle Eingriffe, wenn man das Modell akkurat rekonstruieren möchte. Quelltexte beinhalten nicht genug Informationen, um das Modell eindeutig zu rekonstruieren.

10.3.1   Modelltransformationen

Eine **Modelltransformation** wird auf einem Objektmodell angewandt, wobei das Ergebnis wieder ein Objektmodell ist [Blaha & Premerlani, 1998]. Der Zweck einer Modelltransformation ist meistens eine Vereinfachung oder Optimierung des ursprünglichen Modells, z.B. um es näher an die Anforderungen zu bringen. Eine Modelltransformation kann Klassen, Operationen, Assoziationen oder Attribute hinzufügen, entfernen, oder umbenennen. Des Weiteren kann man mit Modelltransformatione Informationen zum Modell hinzufügen oder sie entfernen.

In Kapitel 5, *Analyse*, haben wir bereits Modelltransformationen zur Organisation von Vererbungshierarchien und zur Reduzierung von redundanten Informationen verwendet. Abbildung 10.2 zeigt ein Beispiel einer Transformation zur Reduktion redundanter Informationen. Das Klassendiagramm vor der Transformation enthält drei Klassen `Spieler`, `Werbetreibender` und `Sportverband` aus ARENA, die alle das Attribut `email` haben. Das Modell nach der Transformation hat eine Oberklasse `Benutzer` und das Attribut `email` ist in die Oberklasse verschoben worden.

Im Prinzip kann der Prozess zur Erstellung eines Softwaresystems als eine Serie von Modelltransformationen gesehen werden, die mit dem Analyse-Objektmodell beginnt und mit dem detaillierten Objektmodell endet. Dabei werden der Lösungsdomäne mehr und mehr Details hinzugefügt. Obwohl die Durchführung einer Modelltransformation eine recht mechanische Aktivität ist, benötigt die Auswahl der Transformation und der zu transformierenden Klassen Erfahrung und Urteilsvermögen.

10.3.2   Refaktorisierung

Eine **Refaktorisierung** ist eine Transformation des Quelltextes, um die Lesbarkeit oder die Modifizierbarkeit zu verbessern, ohne dabei das Systemverhalten zu ändern [Fowler, 2000]. Refaktorisierung zielt darauf ab, den Entwurf eines laufenden Systems zu verbessern, indem sie sich auf ein spezielles Feld oder eine spezielle Methode einer Klasse konzentriert. Um sicherzustellen, dass die Refaktorisierung das Systemverhalten nicht ändert, führt man sie immer in kleinen, inkrementellen Schritten durch, die jeweils mit Tests ver-

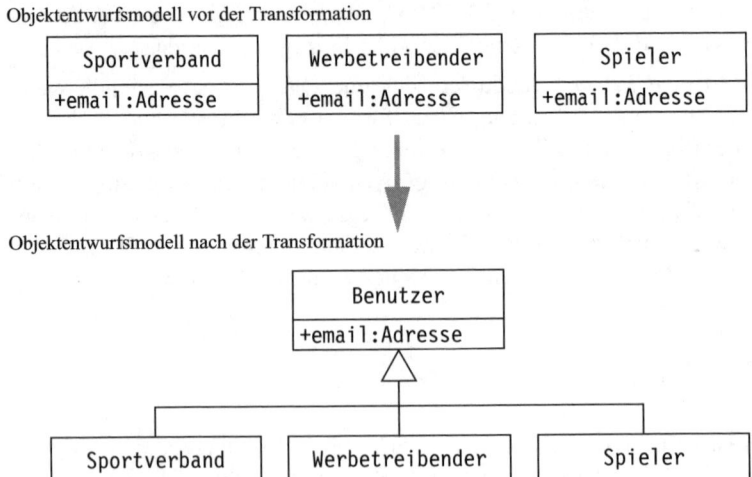

Abbildung 10.2: Beispiel für eine Modelltransformation. Redundante Attribute können durch die Erstellung einer Oberklasse eliminiert werden.

bunden sind. Diese Tests erlauben es den Entwicklern, Vertrauen in ihre Quelltextänderungen zu bekommen und dabei Schnittstellenänderungen so klein wie möglich zu halten.

Die Modelltransformation in Abbildung 10.2 kann durch eine Sequenz von drei Refaktorisierungen auch im Quelltext nachvollzogen werden. Der erste Schritt, den wir Feld-Ausklammerung nennen, klammert das Feld email aus den Unterklassen aus und schiebt es in die Oberklasse Benutzer. Der zweite Schritt, den wir Konstruktor-Ausklammerung nennen, nimmt die Initialisierungsanweisungen aus den Konstruktoren der Unterklassen heraus und erzeugt einen neuen Konstruktor in der Oberklasse, der diese Initialisierungsanweisungen enthält. Der letzte Schritt, Methoden-Ausklammerung genannt, verschiebt alle Methoden, die auf dem email-Feld arbeiten, aus den Unterklassen in die Oberklasse. Im Folgenden betrachten wir diese drei Refaktorisierungen noch einmal im Detail. Die Feld-Ausklammerung besteht aus den folgenden Schritten (Abbildung 10.3):

1. Um die Gleichheit des Feldes email sicherzustellen, müssen die Klassen Spieler, Sportverband und Werbetreibender inspiziert werden. Bei Bedarf werden äquivalente Felder mit verschiedenen Namen umbenannt.

2. Dann wird die öffentliche Klasse Benutzer erstellt.

3. Die Klasse Benutzer wird zur Oberklasse der Klassen Spieler, Sportverband und Werbetreibender.

4. Die Klasse Benutzer bekommt das geschützte Feld email.

5. Das Feld email wird aus den Klassen Spieler, Sportverband und Werbetreibender entfernt.

6. Der transformierte Quelltext wird kompiliert und getestet.

Vor der Refaktorisierung	Nach der Refaktorisierung

	```public class Benutzer {```
	`    private String email;`
	`}`

```public class Spieler {```
`    private String email;`
`    //...`
`}`
	```public class Spieler extends Benutzer```
	`{`
	`    //...`
	`}`

```public class Sportverband {```
`    private String email;`
`    //...`
`}`
	```public class Sportverband```
	`    extends Benutzer {`
	`    //...`
	`}`

```public class Werbetreibender {```
`    private String email;`
`    //...`
`}`
	```public class Werbetreibender```
	`    extends Benutzer {`
	`    //...`
	`}`

Abbildung 10.3: Anwendung der Refaktorisierung *Feld-Ausklammerung*

Zur Verschiebung des Initialisierungscodes für das email-Feld führen wir die Refaktorisierung *Konstruktor-Ausklammerung* durch (Abbildung 10.4):

1. Zunächst bekommt die Klasse Benutzer den Konstruktor Benutzer(String email) hinzugefügt.

2. Dann wird dem email-Feld im Konstruktor der Wert des email-Parameters zugewiesen.

3. Im Konstruktor der Klasse Spieler wird der Aufruf super(email) hinzugefügt.

4. Der so transformierte Quelltext wird kompiliert und getestet.

5. Die Schritte 1-4 werden für die Klassen Sportverband und Werbetreibender wiederholt.

Nach diesen beiden Refaktorisierungen befinden sich das Feld email und die Initialisierungsanweisungen in der Klasse Benutzer. Nun untersuchen wir alle Methoden, die das Feld email verwenden, daraufhin, ob sie auch aus den Unterklassen in die Oberklasse Benutzer verschoben werden können. Dies erledigen wir mit der Refaktorisierung *Methoden-Ausklammerung*:

1. Die Methoden der Klasse Spieler werden darauf untersucht, ob sie das Feld email verwenden. Die Methode Spieler.benachrichtige() verwendet dieses Feld und sonst keine Attribute oder Methoden, die spezifisch für Spieler sind.

2. Die Methode Spieler.benachrichtige() wird in die Oberklasse Benutzer kopiert und kompiliert.

3. Die Methode Spieler.benachrichtige() wird aus der Klasse Spieler entfernt.

4. Der transformierte Quelltext wird kompiliert und getestet.

5. Die Schritte 1-4 werden für die Klassen Sportverband und Werbetreibender wiederholt.

Vor der Refaktorisierung	Nach der Refaktorisierung

``java
public class Benutzer {
    private String email;
}
 	
public class Spieler
        extends Benutzer {
    public Spieler(String email) {
        this.email = email;
        //...
    }
}
public class Sportverband
        extends Benutzer{
    public Sportverband
        (String email) {
        this.email = email;
        //...
    }
}
public class Werbetreibender
        extends Benutzer{
    public Werbetreibender
        (String email) {
        this.email = email;
        //...
    }
}
``
	``java
	public class Benutzer {
	    private String email;
	    public Benutzer(String email)
	    {
	        this.email = email;
	    }
	}
	public class Spieler
	        extends Benutzer {
	    public Spieler(String email) {
	        super(email);
	        //...
	    }
	}
	public class Sportverband
	        extends Benutzer {
	    public Sportverband
	        (String email) {
	        super(email);
	        //...
	    }
	}
	public class Werbetreibender
	        extends Benutzer {
	    public Werbetreibender
	        (String email) {
	        super(email);
	        //...
	    }
	}
	``

Abbildung 10.4:   Anwendung der Refaktorisierung *Konstruktor-Ausklammerung*

Die Anwendung dieser drei Refaktorisierungen transformiert den ARENA-Quelltext in derselben Art und Weise, wie die Modelltransformation in Abbildung 10.2 das ARENA-Entwurfs-Objektmodell transformierte. Allerdings benötigten die Refaktorisierungen mehr Einzelschritte als die korrespondierenden Objektmodelltransformationen. Dies liegt natürlich daran, dass Quelltext wesentlich mehr Details enthält. Aus diesem Grund haben Refaktorisierungen eine höhere Fehlerquote als Modelltransformationen. Im nächsten Abschnitt besprechen wir generelle Prinzipien zur Vermeidung von Transformationsfehlern.

10.3.3   Vorwärtsmodellierung

Eine **Vorwärtsmodellierung** wird auf Modellelementen wie zum Beispiel Klassen, Assoziationen und Operationen angewandt und resultiert in korrespondierenden Quelltextkonstrukten wie Klassendeklarationen, Ausdrücken oder Datenbankschemata. Der Zweck der Vorwärtsmodellierung ist es, durch eine enge Korrespondenz zwischen Objektentwurfsmodell und Quelltext das Auftreten von Implementierungsfehlern und damit den Implementierungsaufwand zu reduzieren.

Abbildung 10.5 zeigt das Beispiel einer Vorwärtsmodellierung auf einem Klassendiagramm mit zwei Klassen Benutzer und Sportverband. Zunächst wird jede UML-Klasse auf eine Java Klasse abgebildet. Die Vererbungsassoziation zwischen den Klassen führt

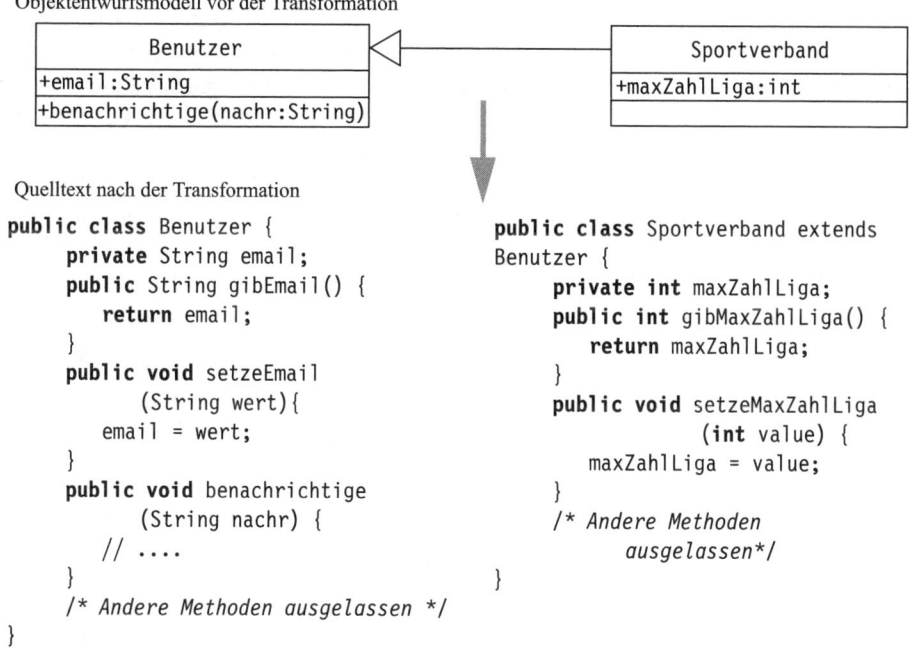

Objektentwurfsmodell vor der Transformation

Quelltext nach der Transformation

```
public class Benutzer {
    private String email;
    public String gibEmail() {
        return email;
    }
    public void setzeEmail
        (String wert){
        email = wert;
    }
    public void benachrichtige
        (String nachr) {
        // ....
    }
    /* Andere Methoden ausgelassen */
}
```

```
public class Sportverband extends
Benutzer {
    private int maxZahlLiga;
    public int gibMaxZahlLiga() {
        return maxZahlLiga;
    }
    public void setzeMaxZahlLiga
        (int value) {
        maxZahlLiga = value;
    }
    /* Andere Methoden
        ausgelassen*/
}
```

Abbildung 10.5: Realisierung der Klassen Benutzer und Sportverband (UML-Klassendiagramm und Java-Quelltextauszüge). In dieser Transformation signalisiert die öffentliche Sichtbarkeit der Attribute email und maxZahlLiga, dass die Methoden zum Holen und Setzen der Werte öffentlich sind. Die Felder selbst sind privat.

zum Ausdruck extends in der Definition der Java-Klasse Sportverband. Zuletzt bekommt jedes Attribut im Modell ein privates Feld in der entsprechenden Java-Klasse und es werden zwei öffentliche Methoden zum Setzen und Lesen des Feldwertes deklariert. Das Ergebnis dieser Transformation kann von den Entwicklern mit zusätzlichem Verhalten erweitert werden. Zum Beispiel kann getestet werden, ob der Wert value zum Setzen des Attributs maxZahlLiga eine positive Ganzzahl ist.

Es ist zu beachten, dass aus Vorwärtsmodellierungen resultierender Quelltext bis auf etwaige Namensunterschiede immer gleich ist. Dadurch können Transformationen im Quelltext natürlich besser erkannt werden, was wiederum Entwickler dazu ermutigt, Namenskonventionen im Modell einzuhalten. Durch die Verwendung eines konsistenten Ansatzes wird auch die Wahrscheinlichkeit von Fehlern verringert.

10.3.4 Rückwärtsmodellierung

Die **Rückwärtsmodellierung** wird auf einem Quelltext oder Quelltextfragment angewandt und resultiert in einem Modell. Der Zweck dieser Transformation liegt in der Wiederherstellung eines Modells für ein existierendes System, entweder weil das Modell zuvor niemals erstellt worden war oder verloren gegangen ist oder weil das existierende Modell nicht mehr dem Quelltext entspricht. Im Wesentlichen ist die Rückwärtsmodellierung die inverse Transformation der Vorwärtsmodellierung. Die Rückwärtsmodellierung erstellt eine UML-Klasse für jede Klassendeklaration und fügt für jedes Feld ein UML-Attribut und für jede Methode eine UML-Operation in die Klasse ein. Da jedoch Informationen bei der Vorwärtsmodellierung verloren gehen (z.B. werden Assoziationen auf Referenzen abgebildet), stellt eine Rückwärtsmodellierung nicht notwendigerweise das gleiche Modell wieder her. Obwohl inzwischen viele Werkzeuge die Rückwärtsmodellierung unterstützen, liefern sie höchstens eine Annäherung, die von den Entwicklern überarbeitet werden muss, um das ursprüngliche Modell wieder zu entdecken.

10.3.5 Transformationsprinzipien

Eine Transformation zielt darauf ab, den Entwurf eines Systems bezüglich bestimmter Kriterien zu verbessern. Wir haben im vorigen Abschnitt vier Arten von Transformationen vorgestellt: Modelltransformation, Refaktorisierung, Vorwärtsmodellierung und Rückwärtsmodellierung. Modelltransformationen erhöhen im Allgemeinen die Einhaltung von Anforderungen oder Entwurfszielen. Refaktorisierungen verbessern die Lesbarkeit und die Veränderbarkeit des Quelltextes. Vorwärtsmodellierungen erhöhen die Konsistenz zwischen Objektmodell und Quelltext. Rückwärtsmodellierungen versuchen, aus Quelltext das dahinter liegende Modell, insbesondere den Entwurf, zu rekonstruieren.

Der Versuch, bestimmte Kriterien eines Systems zu verbessern, birgt allerdings auch immer das Risiko, neue Fehler in das System einzuschleusen, die dann oft schwer zu erkennen und zu beheben sind. Um dieses Risiko zu minimieren, sollten alle Transformationen nach den folgenden Prinzipien durchgeführt werden:

- *Eine Transformation sollte nur ein Kriterium ansprechen.* Eine Transformation sollte das System nur hinsichtlich eines einzigen Entwurfsziels verbessern. Eine Transformation kann die Antwortzeit des Systems verbessern; eine andere Transformation kann dann versuchen, die Kohäsion des Systems zu erhöhen. Eine einzelne Transformation darf auf keinen Fall versuchen, mehrere Kriterien zu optimieren. Bei dem Versuch, verschiedene Kriterien gleichzeitig zu optimieren, wird der resultierende Quelltext in der Regel sehr komplex und die Wahrscheinlichkeit, dass sich beim Programmieren Fehler einschleichen, steigt.

■ *Eine Transformation sollte lokal sein.* Eine Transformation sollte immer nur wenige Methoden oder Klassen ändern. Transformationen haben oft die Implementierungen von Methoden im Auge, die Klassenbenutzer werden nicht betrachtet. Ändert eine Transformation eine Schnittstelle (z.B. durch Hinzufügen eines Parameters in einer öffentlichen Methode), müssen alle Klassenbenutzer sorgfältig an die neue Schnittstelle angepasst werden. Werden viele Subsysteme gleichzeitig verändert, so handelt es sich um eine Architekturänderung und nicht um eine Modelltransformation.

■ *Eine Transformation sollte isoliert von anderen Änderungen durchgeführt werden.* Um Änderungen nachvollziehbar zu halten, sollten nie mehrere Transformationen gleichzeitig durchgeführt werden. Soll zum Beispiel das Laufzeitverhalten einer Methode verbessert werden, dann sollte man nicht gleichzeitig neue Funktionalität hinzufügen. Wird neue Funktionalität hinzugefügt, sollte man nicht gleichzeitig optimieren. Durch die Konzentration auf eine einzige Transformation wird der Fokus auf eine kleine Anzahl von Aufgaben gerichtet und die Fehlerwahrscheinlichkeit reduziert.

■ *Eine Transformation sollte validiert werden.* Obwohl Transformationen relativ mechanisch sind, werden sie doch von Menschen ausgeführt. Wenn eine Transformation durchgeführt worden ist, sollte ihr Effekt validiert werden, bevor man eine neue Transformation anfängt. Wurde zum Beispiel eine Modelltransformation durchgeführt, bei der eine Klasse geändert wurde, dann sollten alle Sequenzdiagramme, in denen die betrachtete Klasse vorkommt, überprüft werden. Zusätzlich sollte sichergestellt werden, dass die zu den Sequenzdiagrammen gehörenden Anwendungsfälle daraufhin überprüft werden, ob sie die Funktionalität immer noch richtig beschreiben. Nach einer Refaktorisierung sollten die Klassen-relevanten Testfälle ausgeführt werden. Werden neue Kontrollausdrücke oder Grenzfälle hinzugefügt, sollten Tests zur Prüfung der neuen Codefragmente geschrieben werden. Es ist immer leichter, Fehler kurz nach ihrer Einführung zu erkennen und zu beheben als zu einem späteren Zeitpunkt.

10.4 Häufige Transformationen

Um die eben vorgestellten Prinzipien zu illustrieren, beschreiben wir einige beim Entwurf sehr häufig auftretende Transformationen:

■ Optimierung des detaillierten Objektmodells (Abschnitt 10.4.1)

■ Abbildung von Assoziationen auf Sammlungen (Abschnitt 10.4.2)

■ Abbildung von Verträgen auf Ausnahmen (Abschnitt 10.4.3)

■ Abbildung von Objektmodellen auf Datenbankschemata (Abschnitt 10.4.4)

10.4.1   Optimierung des detaillierten Objektmodells

Die direkte Übersetzung eines Analyse-Objektmodells in Quelltext führt häufig zu ineffektivem Code. Das Analysemodell konzentriert sich auf die Funktionalität des Systems und beinhaltet deshalb keine Entwurfsentscheidungen. Während des Objektentwurfs transformieren wir das Objektmodell, um Systementwurfsziele wie beispielsweise Minimierung von Antwortzeiten, optimales Laufzeitverhalten und minimalen Speicherverbrauch zu erfüllen. Betrachten wir zum Beispiel den Fall eines Webseitenbetrachters. Im Analysemodell kann man HTML-Dokumente als eine Aggregation von Text und Bildern modellieren. Entscheiden wir uns allerdings im Systementwurf dafür, Dokumente zu zeigen, wenn sie empfangen werden, dann ist es für einen schnellen Seitenaufbau sinnvoller, Stellvertreter-Objekte einzuführen, die als Platzhalter für noch nicht empfangene Bilder dienen.

In diesem Abschnitt beschreiben wir vier einfache, aber häufig verwendete Modell-Optimierungen: das Hinzufügen von Assoziationen zur Optimierung von Zugriffspfaden, das Verschmelzen von Klassen zu Attributen, das Verzögern von aufwendigen Berechnungen und das Zwischenspeichern von Ergebnissen bei aufwendigen Berechnungen.

Bei der Anwendung von Optimierungen müssen die Entwickler immer zwischen Effektivität und Klarheit abwägen. Optimierungen steigern zwar die Leistung und Effektivität von Systemen, aber auch die Komplexität der Modelle, wodurch es wiederum schwieriger wird, das System zu verstehen.

Optimierung von Zugriffspfaden

Allgemeine Ursachen der Ineffizienz von Modellen sind die Zugriffspfade, die mehrere Assoziationen erfordern, Assoziationen mit „Viele"-Multiplizitäten und die schlechte Platzierung von Attributen [Rumbaugh et al., 1991].

Navigation durch mehrere Assoziationen. Eine Methode, ineffiziente Pfade zu finden, ist es, zunächst alle Operationen zu bestimmen, die häufig aufgerufen werden, und aus ihnen – unter Zuhilfenahme von Sequenzdiagrammen – diejenigen zu identifizieren, deren Aufruf das Durchlaufen mehrerer Assoziationen erfordert. Häufig aufgerufene Operationen sollten nämlich nicht das Durchlaufen von vielen Assoziationen erfordern, sondern eine direkte Assoziation zwischen dem aufrufenden und dem abgefragten Objekt haben. Fehlt diese Assoziation, sollte sie hinzugefügt werden. In Schnittstellenüberarbeitungs- und Umstrukturierungsprojekten können die häufig verwendeten Zugriffspfade oft aus dem bestehenden System ermittelt werden. In Projekten, in denen eine Neuentwicklung stattfindet, ist die Abschätzung schwieriger. In diesem Fall sollten redundante Assoziationen nicht vor einer dynamischen Analyse des gesamten Systems hinzugefügt werden. Zum Beispiel kann der Systemtest die Assoziationen identifizieren, die an einem Leistungsengpass beteiligt sind.

Assoziationen mit „Viele"-Multiplizitäten. Bei Assoziationen mit „Viele"-Multiplizitäten kann man die Suchzeit reduzieren, indem die Multiplizität von „Viele" zu „Eins" umgewandelt wird. Dies kann durch die Qualifizierung von Assoziationen erreicht werden (Abschnitt 2.4.2). Ist dies nicht möglich, sollte eine Ordnung oder eine Indizierung der Objekte an der „Viele"-Seite der Assoziation zur Reduzierung der Zugriffszeit in Erwägung gezogen werden.

Schlecht platzierte Attribute. Eine andere Ursache für Ineffizienz ist übertriebene Modellierung. In der Analyse werden viele Entitäten als Klassen identifiziert, die kein interessantes Verhalten aufweisen. Wenn ein Attribut nur in `setze()`- und `lese()`-Operationen verwendet wird, dann kann es auch in die aufrufende Klasse verschoben werden. Das kann so weit führen, dass alle Attribute aus einer Klasse entfernt werden. Derart nutzlose Klassen können dann aus dem Modell entfernt werden.

Verschmelzung von Klassen: Die Umwandlung von Klassen zu Attributen

Nachdem ein Objektmodell mehrfach restrukturiert und optimiert wurde, kann es Klassen geben, die nur noch wenige Attribute und kein interessantes Verhalten mehr haben. Hat eine derartige Klasse nur eine einzige Assoziation zu einer anderen Klasse, ist es sinnvoll, sie zu eliminieren und der anderen Klasse als Attribut hinzuzufügen. Dies reduziert die Gesamtkomplexität des Modells.

Betrachten wir zum Beispiel einen Ausschnitt aus einem Klassendiagramm, das eine Klasse vom Typ `Person` enthält, die mit einer Klasse `Sozialversicherung` assoziiert ist. Die beiden Klassen und die Assoziation könnten beispielsweise auf Grund einer Analyse der Problembeschreibung „Jede Person wird eindeutig durch eine Sozialversicherungsnummer identifiziert" gefunden worden sein. Nehmen wir weiter an, dass es keine Anwendungsfälle gibt, die die Klasse `Sozialversicherung` enthalten, und dass die Klasse auch keinerlei Assoziationen zu einer anderen Klasse hat. In diesem Fall kann die Klasse `Sozialversicherung` entfernt und die Sozialversicherungsnummer als Attribut in die Klasse `Person` eingefügt werden (siehe Abbildung 10.6).

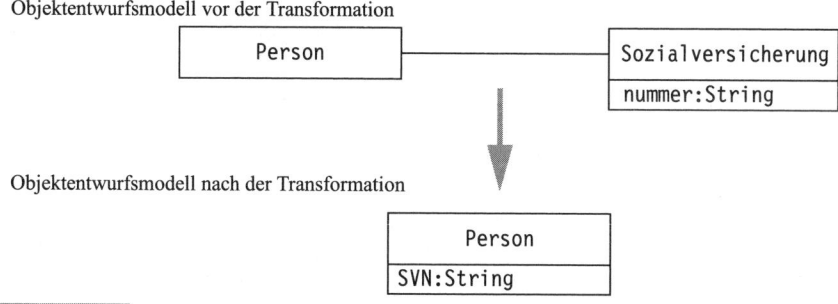

Abbildung 10.6: Die Umwandlung einer Klasse zu einem Attribut (UML-Klassendiagramm)

Die Entscheidung zur Umwandlung von Klassen in Attribute ist nicht immer eindeutig. Im Fall der Entwicklung eines Sozialversicherungssystems kann die Klasse `Sozialversicherung` viel mehr Verhalten aufweisen, wie zum Beispiel spezielle Routinen zur Berechnung von neuen Nummern. Im Allgemeinen sollte die Entscheidung zur Umwandlung von Klassen in Attribute bis zur Implementierung aufgeschoben werden, bis die Verantwortlichkeiten jeder Klasse klar sind. Häufig ist dies allerdings erst der Fall, wenn ein Großteil der Implementierung bereits abgeschlossen ist, sodass dann eine Refaktorisierung des Quelltextes nötig wird.

Die zur Modelltransformation in Abbildung 10.6 äquivalente Refaktorisierung nennen wir Inline-Klassen-Refaktorisierung [Fowler, 2000]:

1. Zunächst werden öffentliche Felder und Methoden der Quellklasse (z.B. `Sozialversicherung`) in der absorbierenden Klasse deklariert (z.B. `Person`).

2. Dann werden alle Referenzen, die auf die Quellklasse zeigen, umgeändert, sodass sie auf die absorbierende Klasse zeigen.

3. Als Nächstes sollte der Name der Quellklasse geändert werden, sodass der Compiler noch etwaige in der Luft hängende Referenzen entdeckt.

4. Der transformierte Quelltext wird kompiliert und getestet.

5. Die Quellklasse wird gelöscht.

Verzögerung von aufwendigen Berechnungen

Bei manchen Objekten kann ihre Erstellung verschoben werden, bis ihr tatsächlicher Inhalt benötigt wird. Dies ist von Vorteil, wenn die Erstellung mit hohen Laufzeit- oder Speicherkosten verbunden ist. Betrachten wir zum Beispiel ein als Datei gespeichertes Bild. Das Laden aller Pixel des Bildes von der Datei kann sehr aufwendig sein; allerdings brauchen wir die Pixel erst, wenn das Bild auf einem Bildschirm dargestellt werden soll. Diese Art von Optimierung kann mit dem **Stellvertretermuster** (Appendix A.8) realisiert werden. Eine Klasse `StellvertreterBild` nimmt den Platz des Bildes ein und bietet die gleiche Schnittstelle wie die Klasse `Bild` (Abbildung 10.7). Einfache Operationen wie zum Beispiel `breite()` und `hoehe()` können dann von `StellvertreterBild` behandelt werden. Solange die Methode `zeichne()` nicht aufgerufen wird, wird das Objekt `RealesBild` nicht erzeugt, was eine erhebliche Menge an Rechenzeit sparen kann. Erst wenn das Bild gezeichnet werden muss, lädt `StellvertreterBild` die Bilddaten von der Festplatte und erstellt das Objekt `RealesBild`. Die Klassenbenutzer kommunizieren mit den Klassen `StellvertreterBild` und `RealesBild` nur über die Schnittstelle `Bild`.

Zwischenspeicherung der Ergebnisse von aufwendigen Berechnungen

Die Ergebnisse von Methoden basieren oft auf Werten, die sich nicht oder nur selten ändern. Werden diese Methoden häufig aufgerufen, so kann die Antwortzeit des Systems verbessert werden, wenn man ihre Ergebnisse als private Attribute beim Aufrufer zwischenspeichert.

Betrachten wir zum Beispiel die Operation `Liga.liesStatistik()`, die die Statistik aller Spieler und Turniere einer Liga zurückgibt. Da sich diese Statistik nur nach Beendigung einer Partie ändert, ist eine neue Berechnung nicht bei jeder Benutzeranfrage nötig. Stattdessen kann man das Ergebnis in einer temporären Datenstruktur zwischenspeichern, die

Objektentwurfsmodell vor der Transformation

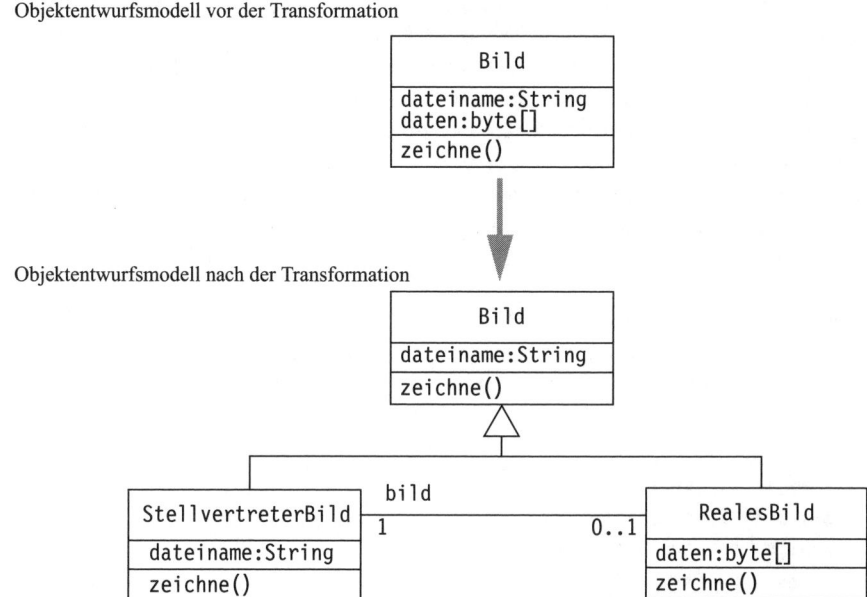

Objektentwurfsmodell nach der Transformation

Abbildung 10.7: Verzögerung von aufwendigen Berechnungen durch die Transformation des Objektentwurfsmodells mit Hilfe des Stellvertretermusters (UML-Klassendiagramm)

nach Beendigung einer Partie ungültig gemacht wird. Eine derartige Optimierung stellt natürlich eine Abwägung zwischen Zeit und Speicherplatz dar: Die durchschnittliche Antwortzeit der Operation liesStatistik() wird zwar reduziert, allerdings wird der Speicherbedarf durch das Speichern von redundanten Informationen erhöht.

10.4.2 Abbildung von Assoziationen auf Sammlungen

UML-Assoziationen erlauben es, Sammlungen von Objektverbindungen zwischen zwei oder mehreren Objekten sehr leicht zu modellieren. Assoziationen gibt es in höheren Programmiersprachen nicht, allerdings bieten sie im Allgemeinen Referenzen und Sammlungen von Referenzen an. Eine Referenz ist ein unidirektionaler Verweis in einem Objekt auf ein anderes Objekt und eine Sammlung ist eine möglicherweise geordnete Menge von Referenzen auf andere Objekte. Eine der Aufgaben des Objektentwurfs ist es deshalb, Assoziationen durch Referenzen zu ersetzen, wobei die Multiplizität und die Richtung der Assoziationen zu berücksichtigen sind.

Auch wenn UML-Modellierungswerkzeuge die Abbildung von Assoziationen durch Referenzen mittlerweile automatisch durchführen, ist es wichtig, die Konzepte hinter diesen Transformationen zu verstehen, um bei der Implementierung den automatisch generierten Quelltext lesen zu können.

Unidirektionale Eins-zu-Eins-Assoziationen. Die einfachste Assoziation ist eine unidirektionale Eins-zu-Eins-Assoziation. Die ARENA-Klasse Werbetreibender in Abbildung 10.8 hat beispielsweise eine Eins-zu-Eins-Assoziation zur Klasse Konto, die alle Kosten verwaltet, die durch das Darstellen von Werbebannern entstehen. Da die Klasse Werbetreibender Operationen der Klasse Konto aufruft, Konto aber niemals Operationen von Werbetreibender, handelt es sich um eine unidirektionale Assoziation. Diese Art von Assoziation können wir einfach in Quelltext abbilden, indem wir eine Referenz von Werbetreibender auf Konto verwenden. Um den Wert der Referenz zu speichern, fügen wir der Klasse Werbetreibender ein neues Feld mit dem Namen konto vom Typ Konto hinzu.

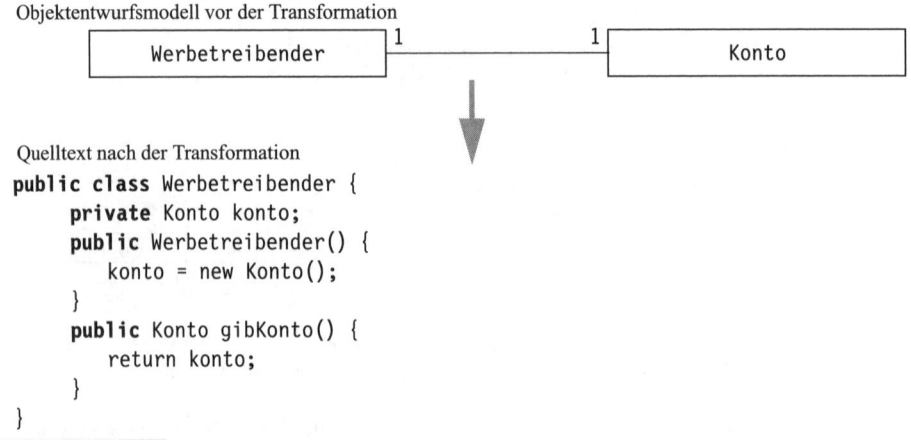

Objektentwurfsmodell vor der Transformation

Quelltext nach der Transformation

```java
public class Werbetreibender {
    private Konto konto;
    public Werbetreibender() {
        konto = new Konto();
    }
    public Konto gibKonto() {
        return konto;
    }
}
```

Abbildung 10.8: Realisierung einer unidirektionalen Eins-zu-Eins Assoziation (UML-Klassendiagramm und Java-Auszüge)

Das Erstellen einer Objektverbindung zwischen einem Objekt vom Typ Werbetreibender und einem Objekt vom Typ Konto entspricht dann einfach dem Setzen des Feldes konto mit einem Wert, der auf das entsprechende Konto-Objekt zeigt. Da ein Werbetreibender-Objekt immer mit genau einem Konto-Objekt assoziiert ist, kann das Feld konto nur während der Erzeugung des Werbetreibender-Objektes den Wert null haben. Ansonsten ist der Wert null als Fehler zu betrachten. Wenn sich die Referenz zu dem Konto-Objekt nicht ändert, setzen wir die Sichtbarkeit des Feldes konto auf privat und fügen eine öffentliche Methode Werbetreibender.gibKonto() hinzu. Dies verhindert das versehentliche Ändern von konto bei einem Aufruf durch eine andere Klasse.

Bidirektionale Eins-zu-Eins-Assoziationen. Die Richtung einer Assoziation wird im Laufe der Entwicklung eines Systems oft verändert. Bei unidirektionalen Assoziationen ist das einfach zu bewerkstelligen. Bidirektionale Assoziationen sind komplexer und führen gegenseitige Abhängigkeiten zwischen Klassen ein.

Nehmen wir an, dass wir die Klasse Konto so ändern, dass der Druckname von Konto-Objekten aus dem Namen des Werbetreibender-Objektes generiert wird. In diesem Fall muss das Konto-Objekt das korrespondierende Werbetreibender-Objekt erreichen, d.h. die Assoziation zwischen den beiden Objekten muss bidirektional sein (siehe Abbildung 10.9). Im Java-Quelltext fügen wir deshalb der Klasse Konto ein Feld besitzer hinzu. Dies allein genügt aber noch nicht: Durch das Hinzufügen dieses zweiten Feldes zur Realisierung der Assoziation bringen wir redundante Informationen in das Modell. Wir müssen deshalb noch sicherstellen, dass ein Konto-Objekt, das ein bestimmtes Werbetreibender-Objekt referenziert, wiederum von dem Feld konto dieses Werbetreibender-Objektes referenziert wird. Da wir in diesem Fall das Konto-Objekt im Konstruktor des Werbetreibender-Objektes erzeugen, fügen wir dem Konto-Konstruktor einen Parameter zur korrekten Initialisierung des Feldes besitzer hinzu. Dadurch werden die initialen Werte für beide Felder in derselben Zuweisung innerhalb des Werbetreibender-Konstruktors spezifiziert. Darüber hinaus machen wir das besitzer-Feld privat und erlauben nur das Lesen des Wertes über eine öffentliche Methode. Da keine der Klassen diese Felder sonstwo verändert, ist damit die Konsistenz der beiden Referenzfelder sichergestellt. Es ist allerdings zu beachten, dass dies nicht durch Einschränkungen in der Programmiersprache durchgesetzt werden kann. Deswegen wird diese Annahme durch einen kurzen Kommentar unmittelbar vor den Feldern konto und besitzer dokumentiert.

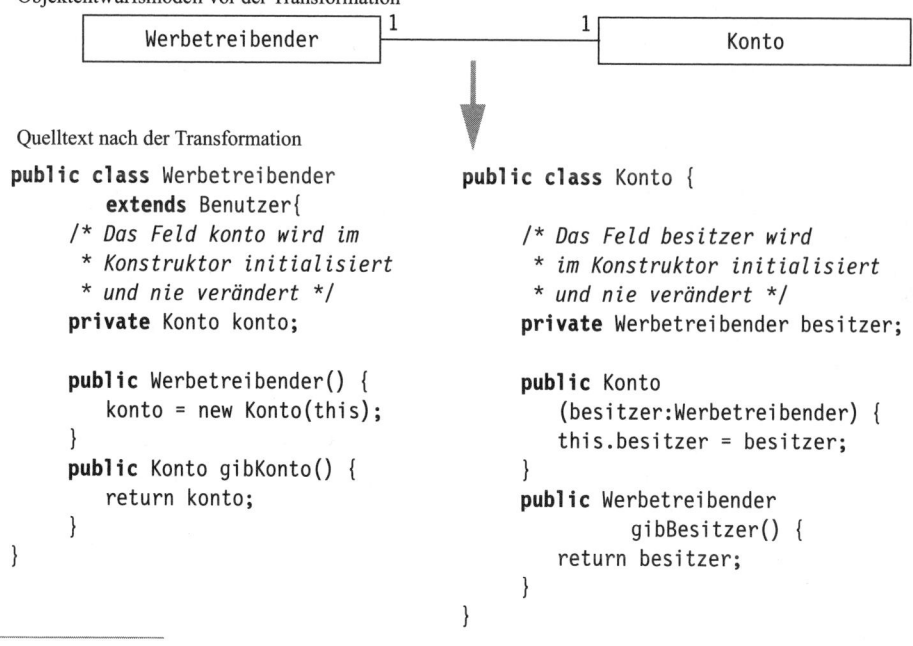

Objektentwurfsmodell vor der Transformation

Quelltext nach der Transformation

```
public class Werbetreibender
        extends Benutzer{
    /* Das Feld konto wird im
     * Konstruktor initialisiert
     * und nie verändert */
    private Konto konto;

    public Werbetreibender() {
        konto = new Konto(this);
    }
    public Konto gibKonto() {
        return konto;
    }
}
```

```
public class Konto {

    /* Das Feld besitzer wird
     * im Konstruktor initialisiert
     * und nie verändert */
    private Werbetreibender besitzer;

    public Konto
        (besitzer:Werbetreibender) {
        this.besitzer = besitzer;
    }
    public Werbetreibender
            gibBesitzer() {
        return besitzer;
    }
}
```

Abbildung 10.9: Realisierung einer bidirektionalen Eins-zu-Eins Assoziation (UML-Klassendiagramm und Java-Auszüge).

Wird eine der beiden Klassen Konto oder Werbetreibender in Abbildung 10.9 geändert, so müssen beide erneut kompiliert und getestet werden. Mit einer unidirektionalen Assoziation von Werbetreibender zu Konto wäre Konto bei Änderungen in Werbetreibender nicht betroffen. Da die Klassen aber eng zusammenarbeiten, ist die Verwendung einer bidirektionalen Assoziation notwendig. Die Wahl zwischen einer unidirektionalen und einer bidirektionalen Assoziation ist immer ein Kompromiss, der sehr stark vom spezifischen Kontext abhängt, in dem die Klassen zusammenarbeiten. Um die Wahl zu erleichtern, kann man systematisch die Sichtbarkeit aller Attribute auf privat setzen und öffentliche

Methoden gibAttribut() und setzeAttribut() für Referenzen definieren. Dies minimiert die notwendigen Änderungen in der Klassenspezifikationen, wenn der Wechsel von einer unidirektionalen zu einer bidirektionalen Assoziation notwendig werden sollte.

Eins-zu-Viele-Assoziationen. Eins-zu-Viele-Assoziationen können nicht mit einer einfachen Referenz oder einem Referenzpaar realisiert werden. Nehmen wir zum Beispiel an, dass ein Werbetreibender-Objekt mehrere Konto-Objekte zur Verwaltung der Werbebannerkosten für verschiedene Produkte hat. In diesem Fall ist die Klasse Werbetreibender der mit Klasse Konto durch eine Eins-zu-Viele-Assoziation verbunden (Abbildung 10.10). Da die Konto-Objekte keine spezielle Ordnung haben und da jedes Konto-Objekt nur einmal pro Werbetreibender-Objekt vorkommen kann, verwenden wir zur Modellierung der „Viele"-Seite der Assoziation eine Menge von Referenzen, die wir in einem Feld namens konten speichern. Des Weiteren entscheiden wir uns dafür, diese Assoziation bidirektional zu machen, d.h., wir fügen die Methoden fügeHinzuKonto(), entferneKonto() und setzeBesitzer() zu den Klassen Werbetreibender und Konto hinzu.

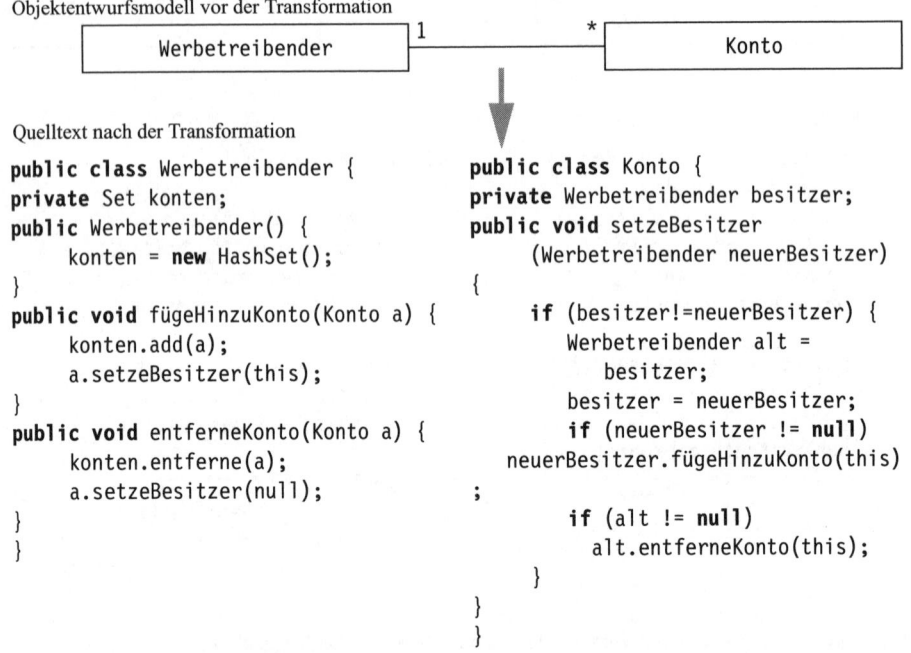

Objektentwurfsmodell vor der Transformation

| Werbetreibender | 1 | * | Konto |

Quelltext nach der Transformation

```java
public class Werbetreibender {
private Set konten;
public Werbetreibender() {
    konten = new HashSet();
}
public void fügeHinzuKonto(Konto a) {
    konten.add(a);
    a.setzeBesitzer(this);
}
public void entferneKonto(Konto a) {
    konten.entferne(a);
    a.setzeBesitzer(null);
}
}
```

```java
public class Konto {
private Werbetreibender besitzer;
public void setzeBesitzer
    (Werbetreibender neuerBesitzer)
{
    if (besitzer!=neuerBesitzer) {
        Werbetreibender alt =
            besitzer;
        besitzer = neuerBesitzer;
        if (neuerBesitzer != null)
    neuerBesitzer.fügeHinzuKonto(this)
    ;
        if (alt != null)
            alt.entferneKonto(this);
    }
}
}
```

Abbildung 10.10: Realisierung einer bidirektionalen Eins-zu-Viele-Assoziation (UML-Klassendiagramm, Java-Auszüge)

Wie im Beispiel der Eins-zu-Eins-Assoziation muss die Eins-zu-Viele-Assoziation initiiert werden, wenn die Objekte vom Typ Werbetreibender und Konto erzeugt werden. Da aber ein Werbetreibender-Objekt eine variierende Anzahl von Konto-Objekten besitzen kann, ruft nicht das Werbetreibender-Objekt den Konto-Konstruktor auf. Stattdessen wird ein Steuerungsobjekt definiert, das für die Erzeugung und Archivierung von Konto-Objekten, sowie für die Aufrufe des Konstruktors verantwortlich ist.

Es ist zu beachten, dass der Typ der Sammlung an der „Viele"-Seite der Assoziation von Einschränkungen auf die Assoziation abhängt. Müssen zum Beispiel die Konto-Objekte geordnet sein, so müssen wir eine Liste statt einer Menge verwenden. Um die möglichen Änderungen in der Schnittstelle zu minimieren, wenn sich die Einschränkungen auf die Assoziation ändern, können wir eine Collection als Rückgabetyp der Methode gibKonten() verwenden. In Java ist Collection eine Oberklasse der Klassen Set und List.

Viele-zu-Viele-Assoziationen. In diesem Fall besitzen beide Klassen der Assoziation jeweils ein Feld, um die Sammlung von Referenzen zu speichern, und beide haben Methoden, um diese Sammlungen konsistent zu halten. Zum Beispiel hat die ARENA-Klasse Turnier eine geordnete Viele-zu-Viele-Assoziation zur Klasse Spieler. Diese Assoziation wird durch die Verwendung jeweils eines Attributs vom Typ Liste realisiert. Die Listen werden durch die Methoden fügeHinzuSpieler(), entferneSpieler(), füge-HinzuTurnier() und entferneTurnier() verändert (siehe Abbildung 10.11). Im Objektentwurf hatten wir bereits die Operationen akzeptiereSpieler() und entferneSpieler() identifiziert (siehe Abbildung 9.11). Um die Konsistenz zwischen dem generierten Code für andere Assoziationen sicherzustellen, ändern wir den Namen der Operation akzeptiereSpieler() in fügeHinzuSpieler().

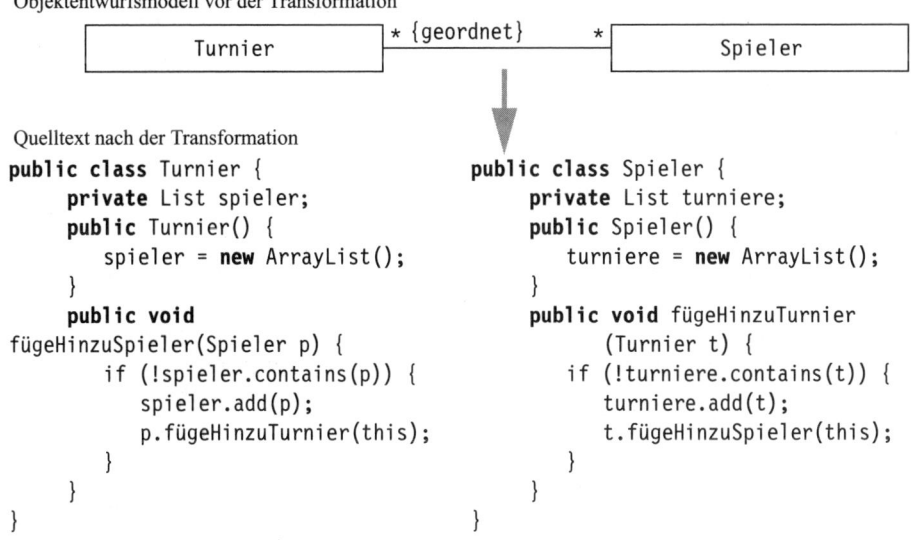

Abbildung 10.11: Realisierung einer bidirektionalen Viele-zu-Viele-Assoziation (UML-Klassendiagramm, Java-Auszüge)

Genauso wie im vorigen Beispiel stellen diese Methoden die Konsistenz der beiden Listen sicher. Sollte die Assoziation zwischen den Klassen Turnier und Spieler unidirektional gemacht werden, können wir einfach das Feld Turnier und die entsprechenden Methoden entfernen. Unidirektionale Viele-zu-Viele-Assoziationen und unidirektionale Eins-zu-Viele-Assoziationen sind sich sehr ähnlich und können auf der Schnittstellenebene nur schwer unterschieden werden.

Qualifizierte Assoziationen. Wie wir in Kapitel 2, *Modellierung mit UML*, gesehen haben, können qualifizierte Assoziationen zur Reduzierung der Multiplizität der „Viele"-Seite einer Eins-zu-Viele oder Viele-zu-Viele-Assoziation verwendet werden. Die Qualifizierung der Assoziation ist ein Attribut der Klasse auf der „Viele"-Seite der Assoziation, wobei der Name dieses Attributs im Kontext der Assoziation eindeutig sein muss. Betrachten wir zum Beispiel die Assoziation zwischen den Klassen Liga und Spieler in Abbildung 10.12, die ursprünglich eine Viele-zu-Viele-Assoziation ist, denn eine Liga beinhaltet viele Spieler und ein Spieler kann an vielen Ligen teilnehmen. Um die Identifikation eines Spielers innerhalb einer Liga zu vereinfachen, kann ein Spieler einen innerhalb der Liga eindeutigen Spitznamen wählen. In verschiedenen Ligen kann der Spieler verschiedene Spitznamen haben, der Spitzname muss also innerhalb des gesamten Systems nicht eindeutig sein.

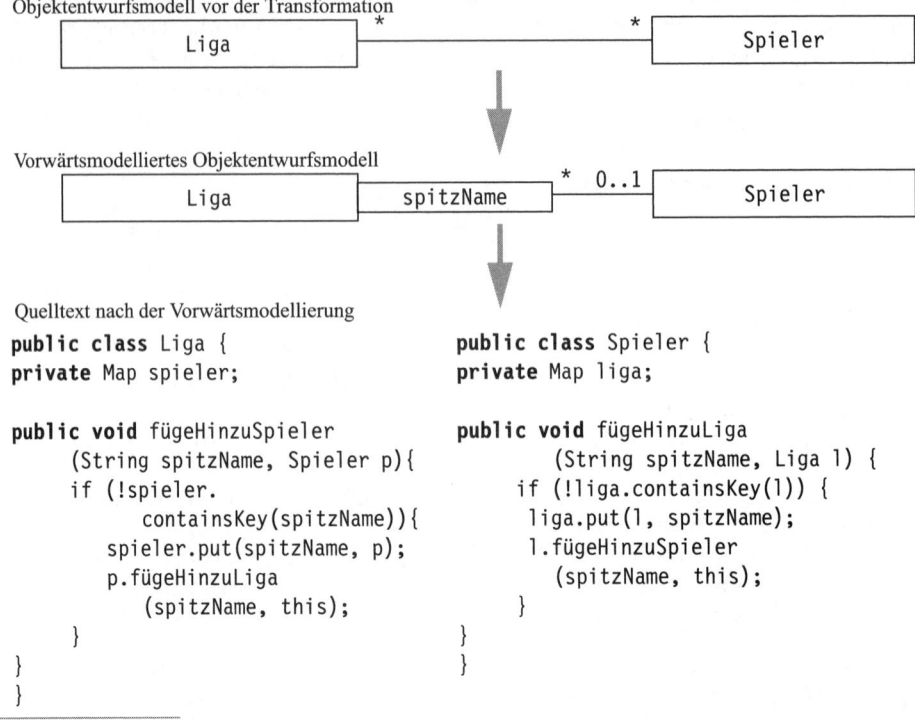

Abbildung 10.12: Realisierung einer bidirektionalen qualifizierten Assoziation (UML-Klassendiagramm); die zwei Pfeile zeigen die sukzessiven Transformationen.

Qualifizierte Assoziationen werden anders als Eins-zu-Viele- oder Viele-zu-Viele-Assoziationen implementiert. Der Hauptunterschied liegt darin, dass wir ein Feld vom Typ Map verwenden – also nicht Set oder List – um das qualifizierte Ende zu repräsentieren. Zum Zugriff auf das andere Ende der Assoziation verwenden wir die Qualifizierung als Parameter. Die qualifizierte Assoziation zwischen den Klassen Liga und Spieler in Abbildung 10.12 können wir implementieren, indem wir der Klasse Liga ein privates Feld spieler und der Klasse Spieler ein privates Feld liga hinzufügen. Das Feld spieler ist vom Typ Map, in der wir den Spitznamen der Spieler einer Liga als Index verwenden. Da die Spitznamen innerhalb der Abbildung gespeichert werden, kann ein Spieler in verschiedenen Ligen verschiedene Spitznamen haben. Das private Feld `spieler` kann nur durch die Methoden `fügeHinzu-Spieler()` und `entferneSpieler()` verändert werden. Um auf einen spezifischen Spieler zuzugreifen, verwenden wir die Methode `gibSpieler()` mit seinem Spitznamen als aktuellem Parameter. Wir brauchen also nicht über die Menge aller Spieler zu suchen. Das andere Ende der Assoziation wird in gleicher Weise realisiert.

Assoziationsklassen. Auch Assozationen können Attribute und Operation haben, die wir dann als UML-Assoziationsklassen modellieren. Wir können zum Beispiel die Statistik eines Spielers innerhalb eines Turniers durch eine Assoziationsklasse repräsentieren. Sie besteht aus den Zählern für jede Kombination von Spieler und Turnier und Operationen, die auf diesen Zählern definiert sind (Abbildung 10.13). Bei der Implementierung transformieren wir die Assoziationsklasse in ein separates Objekt und in eine Zahl von binären Assoziationen. Mit Hilfe der bereits vorgestellten Techniken können wir dann diese binären Assoziationen in Referenz-Attribute konvertieren.

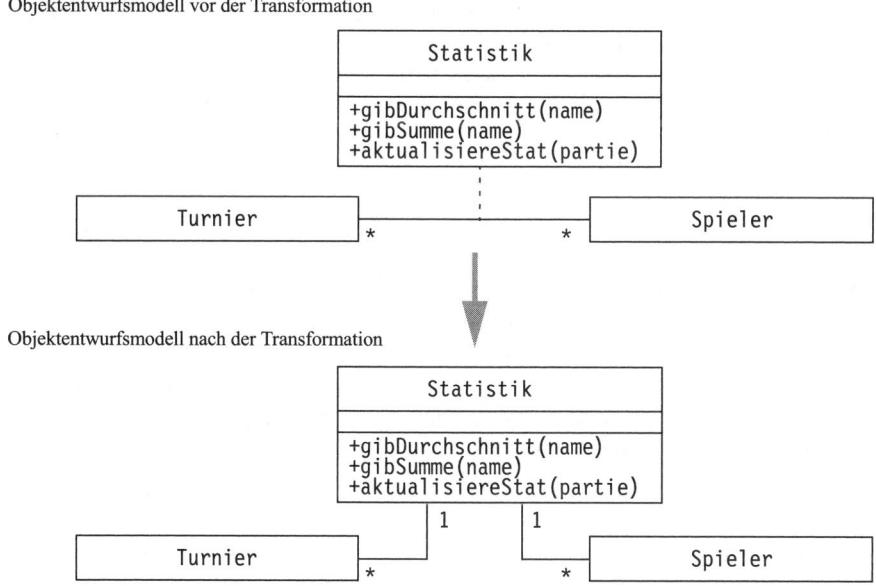

Abbildung 10.13: Transformation von einer Assoziationsklasse zu einem Objekt und zwei binären Assoziationen (UML-Klassendiagramm)

10.4.3 Abbildung von Verträgen auf Ausnahmen

Einige objektorientierte Sprachen, wie zum Beispiel Eiffel, unterstützen Einschränkungen. In solchen Sprachen ist es möglich, Verträge zu überprüfen und bei Vertragsverletzungen eine Ausnahme zu erzeugen. Dadurch kann der Klassenbenutzer Fehler erkennen, die mit falschen Annahmen über die aufgerufene Klasse zusammenhängen, was vor allem bei der Wiederverwendung von Klassen nützlich ist. Leider werden Verträge in den meisten objektorientierten Sprachen, insbesondere Java, nicht unterstützt.

Allerdings ist es möglich, die Ausnahmemechanismen dieser Sprachen zur Signalisierung und Behandlung von Vertragsverletzungen zu verwenden. Im Folgenden beschreiben wir diese Technik anhand von Java.

In Java wird eine Ausnahme durch die Angabe des Schlüsselwortes **throw** und eines Ausnahmeobjektes erzeugt. Das Ausnahmeobjekt enthält Informationen über die Ausnahme, wie zum Beispiel eine Fehlermeldung, und den Inhalt des Aufrufstapels beim Erzeugen der Ausnahme. Eine Ausnahme unterbricht den normalen Kontrollfluss und löst den Aufrufstapel auf, bis eine passende **catch**-Anweisung gefunden wird. Die **catch**-Anweisung hat einen Parameter, der an das Ausnahmeobjekt gebunden wird, und einen Ausnahmebehandlungsblock, der ausgeführt wird, wenn das Ausnahmeobjekt denselben Typ wie der Parameter hat.

In Abbildung 10.14 wird die Methode fügeHinzuSpieler() (siehe Abbildung 10.14) der Klasse TurnierSteuerung mit einem Spieler, der bereits an dem Turnier teilnimmt, aufgerufen. Die Methode erzeugt daraufhin eine Ausnahme vom Typ SpielerIstBekannt, die von der aufrufenden Klasse TurnierForm aufgefangen wird, da sie eine passende **catch**-Anweisung enthält. Der Ausnahmebehandlungsblock ruft die Methode System.err.println auf, die die über e.getMessage() erhaltene Fehlermeldung auf der Konsole ausgibt.

Wir verallgemeinern dieses Beispiel nun zu einer Anzahl von Regeln, mit denen man einen Vertrag in Java-Programmen implementieren kann. Dazu erweitern wir jede Java-Methode mit den Vorbedingungen, Nachbedingungen und Invarianten des Vertrages und testen diese Bedingungen folgendermaßen:

- *Testen der Vorbedingungen.* Bevor der eigentliche Teil einer Operation beginnt, muss die Vorbedingung getestet werden. Der Test überprüft die Gültigkeit der Vorbedingung und erzeugt, falls sie verletzt ist, eine Ausnahme. Dabei sollte jeder Vorbedingung eine andere Ausnahme zugeordnet werden, denn dann kann die aufrufende Klasse nicht nur erkennen, dass eine Vertragsverletzung vorliegt, sondern auch, welcher Parameter sie verursacht hat.

- *Testen der Nachbedingungen.* Die Nachbedingungen sollten nach der vollständigen Durchführung der Methode überprüft werden. Jede Nachbedingung korrespondiert mit dem booleschen Ausdruck einer if-Anweisung, die eine Ausnahme erzeugt, wenn der Vertrag verletzt ist. Werden mehrere Nachbedingungen verletzt, wird nur die erste Verletzung gemeldet.

- *Testen der Invarianten.* Invarianten sollten zur selben Zeit wie die Nachbedingungen getestet werden.

- *Umgang mit Vererbung.* Wenn die Klasse Teil einer Vererbungshierarchie ist, dann sollten die Tests der Vorbedingungen und Nachbedingungen in separaten Methoden geschrieben werden, damit sie auch von den Unterklassen aufgerufen werden können.

```
public class TurnierSteuerung {
    private Turnier turnier;
    public void fügeHinzuSpieler(Spieler p) throws SpielerIstBekanntAusnahme
{
        if (turnier.istSpielerAkzeptiert(p)) {
            throw new SpielerIstBekanntAusnahme(p);
        }
        //... Normales Verhalten von fügeHinzuSpieler
    }
}
public class TurnierFormular {
    private TurnierSteuerung steuerung;
    private ArrayList spieler;
    public void verarbeiteSpielerBewerbungen() {
        // Gehe durch alle Spieler, die sich für das Turnier beworben haben
        for (Iteration i = spieler.iterator(); i.hasNext();) {
            try {
                // Delegiere den Spieler an steuerung.
                steuerung.akzeptiereSpieler((Spieler)i.next());
            } catch (SpielerIstBekanntAusnahme e) {
                // Schreibe die Ausnahme auf die Konsole
                // und fahre mit dem nächsten Spieler fort.
                System.err.println(e.getMessage());
            }
        }
    }
}
```

Abbildung 10.14: Ein Beispiel für die Ausnahmebehandlung in Java. Die Klasse `TurnierFormular` fängt die Ausnahmen der Klassen `Turnier` und `TurnierSteuerung` auf. Die Ausnahmen werden für den Benutzer auf der Konsole protokolliert.

Eine systematische Anwendung dieser Regeln für den Vertrag der Methode `Turnier.füge-HinzuSpieler()` ergibt den Quelltext in Abbildung 10.15.

Würden wir alle Verträge nach den beschriebenen Regeln abbilden, so würden wir sicherstellen, dass für jeden Methodenaufruf Vorbedingung, Nachbedingung und Invarianten getestet sind und somit Vertragsverletzungen innerhalb von Methodenaufrufen erkannt werden. Obwohl ein derartiger Ansatz zu einem robusten System führt – natürlich unter der Voraussetzung, dass diese Tests korrekt sind –, ist er jedoch nicht realistisch:

- *Programmieraufwand.* In vielen Fällen ist der Code zum Testen der Vor- und Nachbedingungen länger und komplexer als der Code, der zur Durchführung der eigentlichen Arbeit benötigt wird. Dieser zusätzliche Programmieraufwand kann oft besser für andere Tests oder zum Aufräumen des Quelltextes verwendet werden.

- *Erhöhte Fehlerwahrscheinlichkeit.* Tests können selbst auch Fehler beinhalten, was wiederum den Testaufwand erhöht. Werden die Methode und der Vertragstest von demselben Entwickler geschrieben, so ist die Wahrscheinlichkeit sehr hoch, dass Vertragsverletzungen in der Methode durch den Test gar nicht gefunden werden. Dies reduziert den Wert der Vertragstests.

```java
public class Turnier {
//...
    private List spieler;

    public void fügeHinzuSpieler(Spieler p)
        throws SpielerIstBekannt, ZuVieleSpieler, UnbekannterSpieler,
            UngültigeZahlSpieler, UngültigeMaxZahlSpieler
    {
        // Prüfe Vorbedingung!istSpielerAkzeptiert(p)
        if (istSpielerAkzeptiert(p)) {
            throw new SpielerIstBekannt(p);
        }
        // Prüfe Vorbedingung gibZahlSpieler() < maxZahlSpieler
        if (gibZahlSpieler() == gibMaxZahlSpieler()) {
            throw new ZuVieleSpieler(gibZahlSpieler());
        }
        // Sichere die Werte für die Nachbedingungen
        int pre_gibZahlSpieler = gibZahlSpieler();

        // Ausführung der eigentlichen Aufgabe
        spieler.add(p);
        p.fügeHinzuTurnier(this);

        // Überprüfung der Nachbedingunge istSpielerAkzeptiert(p)
        if (!istSpielerAkzeptiert(p)) {
            throw new UnbekannterSpieler(p);
        }
        // Überprüfung der Nachbedingung
        // gibZahlSpieler() = @pre.gibZahlSpieler() + 1
        if (gibZahlSpieler() != pre_gibZahlSpieler + 1) {
            throw new UngültigeZahlSpieler(gibZahlSpieler());
        }
        // Überprüfung der Invariante maxZahlSpieler > 0
        if (gibMaxZahlSpieler() <= 0) {
            throw UngültigeMaxZahlSpieler(gibMaxZahlSpieler());
        }
    }
    //...
}
```

Abbildung 10.15:   Eine vollständige Implementierung des Vertrages zu Turnier.fügeHinzuSpieler()

■ *Unübersichtlicher Quelltext.* Die Vertragstests sind in der Regel komplizierter als die Bedingungen, die sie testen sollen. Ändern sich Bedingungen, so ist es schwierig, den testenden Quelltext zu ändern, ohne neue Fehler einzuführen. Dies widerspricht natürlich dem ursprünglichen Zweck der Verträge.

■ *Leistungsrückgang.* Das systematische Testen aller Verträge kann die Ausführungszeit signifikant verlangsamen. Obwohl die Korrektheit natürlich immer ein Entwurfsziel ist, würden die Entwurfsziele der Antwortzeit und des Durchsatzes nicht erreicht werden.

Solange wir kein Werkzeug zur automatischen Generierung von testendem Quelltext verwenden, benötigen wir einen pragmatischen Ansatz, um diese Probleme in einem Projektkontext zu lösen. Wenn wir uns noch einmal daran erinnern, dass Verträge letztendlich zur Kommunikation zwischen Entwicklern verwendet werden, dann sollten sich Ausnahmebehandlungen lediglich auf Vertragsverletzungen bei Schnittstellen konzentrieren. Im Folgenden stellen wir dazu einige Heuristiken auf:

Heuristiken zur Abbildung von Verträgen auf Ausnahmen

■ *Nachbedingungen und Invarianten werden nicht getestet.* Vertragstests sind in der Regel redundant mit dem Code, der die Funktionalität der Klasse ausführt. Des Weiteren wird er im Allgemeinen von demselben Entwickler geschrieben. Solange die Tests nicht von einem anderen Entwickler geschrieben werden, ist die Wahrscheinlichkeit, mit ihnen Fehler zu finden, sehr gering.

■ *Nur die Schnittstellen der Subsysteme* werden getestet, keine privaten oder geschützten Methoden. Systemschnittstellen ändern sich nicht so häufig wie interne Schnittstellen und repräsentieren außerdem die Grenze zwischen verschiedenen Entwicklern.

■ *Nur Verträge von Komponenten mit der längsten Lebenszeit* werden getestet, da diese am häufigsten wiederverwendet werden. In der Regel sind dies Entitätsobjekte und nicht Grenzobjekte.

■ *Tests für Einschränkungen sollten mehrfach* verwendet werden. Viele Operationen haben ähnliche Vorbedingungen. Vertragstests sollten in Methoden gekapselt werden, die einfach aufgerufen werden können und die die gleichen Ausnahmeklassen verwenden.

In allen Fällen sollten die Vertragstests durch Kommentare in natürlicher Sprache und OCL dokumentiert werden. Dadurch wird die Lesbarkeit des Quelltextes erhöht und die Tests sind bei sich ändernden Bedingungen leichter zu modifizieren.

10.4.4 Abbildung von Objektmodellen auf persistente Speicherschemata

Bis jetzt haben wir persistente Objekte wie alle anderen Objekte behandelt. Objektorientierte Sprachen bieten im Allgemeinen allerdings keinen Mechanismus zur Speicherung von persistenten Objekten an. In diesem Fall müssen wir die Objekte selbst auf Datenstrukturen transformieren, die dann von dem verwendeten Datenbanksystem zur persistenten Speicherung benutzt werden. In den meisten Fällen handelt es sich dabei entweder um ein Datenbanksystem oder um ein Dateisystem. Bei der Verwendung von objektorientierten Datenbanken müssen keine Transformationen durchgeführt werden, da die Klassen des Objektmodells eineindeutig auf die Klassen der Datenbank abgebildet werden. Bei relationalen Datenbanken und bei einem Dateisystem müssen wir jedoch die Abbildung des Objektmodells selbst vornehmen und auch eine Infrastruktur für die Konvertierung zum und vom persistenten Speicher bereitstellen. In diesem Abschnitt beschreiben wir die notwendigen Schritte, um Objektmodelle auf relationale Datenbankschemata abzubilden.

Ein **Datenbankschema** oder oft auch kurz **Schema** ist eine Beschreibung von Daten, d.h. ein Metamodell der Daten [Kemper & Eickler, 2004]. In UML benutzen wir Klassendiagramme, um die gültige Menge von Instanzen zu beschreiben, die im Quelltext erzeugt werden können. Bei relationalen Datenbanken benutzen wir Schemata, um die gültige Menge von Datensätzen zu beschreiben, die in einer Datenbank gespeichert werden können. Relationale Datenbanken speichern persistente Daten in Form von Tabellen (in der Datenbank-Literatur werden sie auch Relationen genannt). Eine Tabelle ist durch Spalten strukturiert, wobei jede Spalte ein **Attribut** der Klasse repräsentiert. Zum Beispiel hat die Tabelle Benutzer in Abbildung 10.16 drei Spalten, vorname, kennung und email. Die Zeilen der Tabelle repräsentieren die Datensätze. Für den Datensatz einer Zeile repräsentieren die Zellen den Wert der entsprechenden Attribute. Die Tabelle Benutzer aus Abbildung 10.16 beinhaltet drei Datensätze, die die Attribute der Benutzer Lisa, Hans, und Horst repräsentieren.

Der **Primärschlüssel** einer Tabelle ist eine (minimale) Menge von Attributen, deren Werte die Datensätze in der Tabelle eindeutig identifizieren. Primärschlüssel werden beim Einfügen, Aktualisieren oder Entfernen von Datensätzen verwendet. Wenn das Attribut kennung aus Abbildung 10.16 einen eindeutigen Namen bezeichnet, dann kann es als Primärschlüssel verwendet werden. Es ist zu beachten, dass auch das Attribut email eindeutig ist und somit auch als Primärschlüssel in Frage kommen würde. Mengen von Attributen, die als Primärschlüssel in Frage kommen können, wird **Kandidatenschlüssel** genannt. Nur der Kandidatenschlüssel, der zur Identifikation von Datensätzen verwendet wird, heißt Primärschlüssel.

Tabelle Benutzer   Primärschlüssel

vorname	kennung	email
"lisa"	"lm384"	"lm384@mail.org"
"hans"	"hs289"	"hans@mail.de"
"horst"	"hd"	"horstd@mail.ch"

Kandidatenschlüssel   Kandidatenschlüssel

Abbildung 10.16:   Ein Beispiel für eine relationale Tabelle mit drei Attributen und drei Datensätzen

Tabelle Liga

name	besitzer
"tictactoeAnfänger"	"lm384"
"tictactoeExperte"	"lm384"
"schachAnfänger"	"hs289"

Fremdschlüssel, der auf die Tabelle Benutzer verweist

Abbildung 10.17: Ein Beispiel für einen Fremdschlüssel. Das Attribut besitzer der Tabelle Liga verweist auf den Primärschlüssel der Tabelle Benutzer aus Abbildung 10.16.

Ein **Fremdschlüssel** ist ein Attribut (oder eine Menge von Attributen), das auf den Primärschlüssel einer anderen Tabelle verweist. Ein Fremdschlüssel verbindet einen Datensatz aus einer Tabelle mit einem Datensatz aus einer anderen Tabelle. Die Tabelle Liga aus Abbildung 10.17 beinhaltet den Fremdschlüssel besitzer, der auf das Attribut kennung aus der Tabelle Benutzer in Abbildung 10.16 verweist. Lisa ist die Besitzerin der Ligen tictactoeAnfänger und tictactoeExperte und Hans ist der Besitzer der Liga schachAnfänger.

Abbildung von Klassen und Attributen

Beim Abbilden von persistenten Objekten auf relationale Schemata konzentrieren wir uns zuerst auf Klassen und deren Attribute. Für jede persistente Klasse definieren wir eine Tabelle, die den gleichen Namen wie die Klasse erhält. Für jedes Attribut fügen wir der Tabelle eine Spalte mit dem Namen des Attributs hinzu. Ein Datensatz der Tabelle entspricht einer Instanz der Klasse. Indem wir die Namen im Objektmodell und im Schema konsistent halten, ermöglichen wir die Verfolgbarkeit beider Repräsentationen und erleichtern damit zukünftige Änderungen.

Bei der Abbildung von Attributen müssen wir einen Datentyp für die Spalte wählen. Für primitive Datentypen ist die Entsprechung zwischen den Typen der Programmiersprache und den Datenbanktypen relativ einfach (der Java-Typ Date wird beispielsweise auf den SQL-Typ datetime abgebildet). Bei anderen Typen, wie zum Beispiel String, ist es jedoch schwieriger. Der SQL-Typ text erfordert beispielsweise die Spezifikation der maximalen Länge. Wenn wir die ARENA-Klasse Benutzer abbilden wollen, müssen wir die Länge von Vornamen beschränken, z.B. auf 25 Buchstaben, und eine Spalte vom Typ text[25] verwenden. Das bedeutet, dass wir bei Vornamen prüfen müssen, ob sie diese Einschränkung erfüllen. Dies kann durch Hinzufügen einer neuen Vorbedingung und Tests in den entsprechenden Entitätsobjekten sichergestellt werden.

Als Nächstes wenden wir uns der Wahl des Primärschlüssels zu, wobei es zwei Möglichkeiten gibt: Die erste besteht darin, eine Anzahl von Klassenattributen auszusuchen, die ein Objekt eindeutig identifizieren. Die zweite Möglichkeit ist die Erstellung eines neuen, eindeutigen Attributs zur Identifikation der Objekte.

Im Beispiel in Abbildung 10.16 verwenden wir den Anmeldenamen eines Benutzers als Primärschlüssel. Obwohl dieser Ansatz intuitiv ist, hat er einige Nachteile: Ändert sich der Anmeldename, so müssen wir alle Tabellen, in denen der Name als Fremdschlüssel verwendet wird, aktualisieren. Und falls wir Namen aus der Anwendungsdomäne wählen, ist es schwierig, das Datenbankschema zu ändern, wenn sich die Anwendungsdomäne ändert. In der Zukunft könnten wir zum Beispiel erwägen, eine einzige Tabelle zur Speicherung aller Benutzer der verschiedenen ARENA-Instanzen zu verwenden. Da der Anmeldename nur innerhalb einer ARENA-Instanz eindeutig ist, müssten wir den ARENA-Namen zum Primärschlüssel hinzufügen.

Die andere Möglichkeit ist die Verwendung eines beliebigen, eindeutig identifizierenden Attributs als Primärschlüssel. In diesem Fall generieren wir für jedes Objekt ein Attribut id und garantieren dessen Eindeutigkeit und Unveränderbarkeit. Manche Datenbanksysteme bieten die Möglichkeit, die eindeutigen ids automatisch zu generieren[2]. Dadurch entstehen Primär- und Sekundärschlüssel, die nur aus einer Spalte bestehen, was zu robusteren Datenbankschemata führt. In Abbildung 10.18 bilden wir zum Beispiel die UML-Klasse Benutzer auf eine Tabelle mit den vier Spalten id, vorname, kennung und email ab, wobei id der Primärschlüssel ist. id ist eine Ganzzahl vom Typ long, deren Wert bei jeder neuen Objekterzeugung um eins erhöht wird.

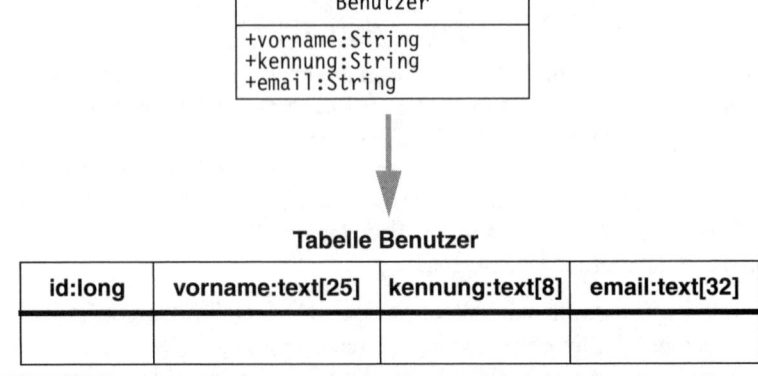

Abbildung 10.18: Vorwärtsmodellierung der Klasse Benutzer in eine Datenbanktabelle

Abbildung von Assoziationen

Nachdem wir nun wissen, wie man Klassen auf relationale Tabellen abbildet, beschäftigen wir uns jetzt mit der Repräsentation von Assoziationen in Datenbankschemata. Dabei gibt es zwei Arten von Implementierungen, die von der Multiplizität der Assoziationen abhängen: Eins-zu-Eins- und Eins-zu-Viele-Assoziationen werden durch die Verwendung von eingebetteten Fremdschlüsseln als sogenannte **verdeckte Assoziationen** [Blaha & Premerlani, 1998] implementiert. Viele-zu-Viele-Assoziationen werden in einer separaten Tabelle implementiert.

---

[2] In SQL 2003 ist dies als Sequence standardisiert.

Verdeckte Assoziationen. Assoziationen, die an einem Ende die Multiplizität 1 haben, können durch die Verwendung eines Fremdschlüssels implementiert werden. Bei Eins-zu-Viele-Assoziationen fügen wir den Fremdschlüssel in die Tabelle der Klasse auf der „Viele"-Seite der Assoziation ein. Bei allen anderen Assoziationen können wir beide Klassen der Assoziation wählen. Betrachten wir zum Beispiel die Eins-zu-Viele-Assoziation in Abbildung 10.19. Wir bilden die Assoziation ab, indem wir die Spalte besitzer der Tabelle Liga hinzufügen. Diese Spalte verweist dann auf den Primärschlüssel der Tabelle Sportverband, d.h. die Werte der Spalte besitzer sind die id-Werte der korrespondierenden Ligabesitzer. Existieren mehrere Ligen mit demselben Besitzer, so haben mehrere Datensätze der Tabelle Liga die id des Besitzers als Wert in der Spalte besitzer. Für Assoziationen mit der Multiplizität 0 oder 1 beschreibt der Tabellenwert null, dass für den entsprechenden Datensatz keine Objektverbindung existiert[3].

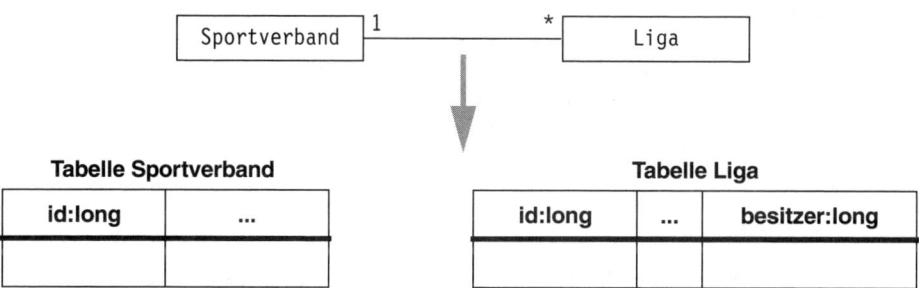

Abbildung 10.19: Abbildung der Assoziation Sportverband/Liga als verdeckte Assoziation

Separate Tabelle. Eine Viele-zu-Viele-Assoziation wird durch eine separate Tabelle mit zwei Spalten, die beide Fremdschlüssel auf die Klassen der Assoziation sind, abgebildet. Diese Tabelle nennen wir deshalb auch *Assoziationstabelle*. Jede Zeile der Assoziationstabelle entspricht einer Verbindung zwischen zwei Instanzen. Zum Beispiel bilden wir die Viele-zu-Viele-Assoziation zwischen den Klassen Turnier und Spieler auf eine Assoziationstabelle mit zwei Spalten ab, eine für die ids der Turnierinstanzen und eine für die ids der Spielerinstanzen. Nimmt ein Spieler an mehreren Turnieren teil, wird jede Spieler/Turnier-Assoziation als eigener Datensatz in der Tabelle repräsentiert. Enthält ein Turnier mehrere Spieler, so wird auch hier jede Assoziation als separater Datensatz in der Assoziationstabelle dargestellt. Die Assoziationstabelle in Abbildung 10.20 beschreibt drei Objektverbindungen, die die Teilnahme der Spieler „lisa" und „john" an dem Turnier „anfänger" darstellen, sowie die Teilnahme von „john" an dem Turnier „experte".

Es ist zu beachten, dass auch Eins-zu-Eins und Eins-zu-Viele-Assoziationen durch Assoziationstabellen – anstelle von verdeckten Assoziationen – realisiert werden können. Die Verwendung von separaten Assoziationstabellen resultiert in leichter zu verändernden Datenbankschemata. Ändern wir zum Beispiel die Multiplizität einer Assoziation von Eins-zu-Viele in Viele-zu-Viele, so müssen wir das Datenbankschema nicht verändern.

---

[3] Möchte man dies vermeiden, sollte man Eins-zu-Viele-Assoziationen auch als separate Tabelle modellieren.

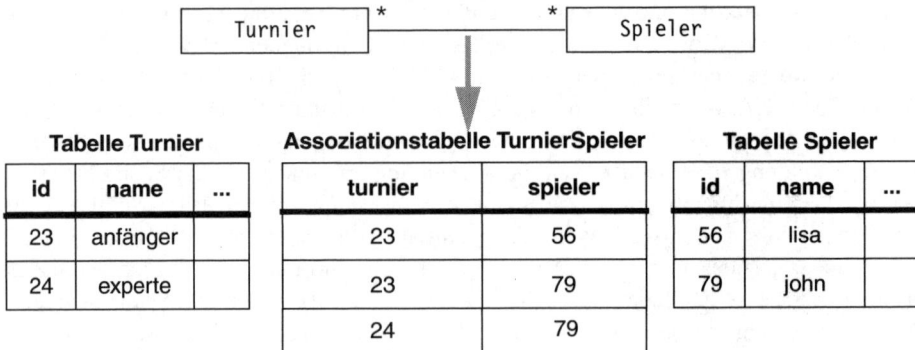

Abbildung 10.20: Abbildung der Assoziation der Klassen `Turnier` und `Spieler` in eine separate Assoziationstabelle.

Natürlich vergrößern wir damit die Anzahl der Tabellen des Schemas. Im Allgemeinen müssen wir diesen Zielkonflikt im Kontext der Anwendung lösen, da er stark von der Änderungswahrscheinlichkeit der Multiplizitäten der Assoziationen und von den geforderten Antwortzeiten abhängt.

Abbildung von Vererbungsbeziehungen

Vererbung wird vom relationalen Datenbankmodell nicht direkt unterstützt. Es existieren jedoch zwei Möglichkeiten, Vererbung auf relationale Datenbankschemata abzubilden. Die erste Möglichkeit wird *vertikale Abbildung* genannt und ist ähnlich der Abbildung von Eins-zu-Eins Assoziationen: Jede Klasse wird in einer Tabelle repräsentiert und verwendet einen Fremdschlüssel, um die Unterklassen mit den Oberklassen zu verbinden. Die zweite Möglichkeit heißt *horizontale Abbildung*. Bei der horizontalen Abbildung werden alle Attribute der Oberklasse in die Unterklassen verschoben, d.h. ihre Spalten werden in den Unterklassen repliziert (was bei Vererbungshierarchien über mehrere Stufen gehen kann).

Vertikale Abbildung. Ausgehend von der Vererbungsassoziation bilden wir die Oberklasse und die Unterklasse auf individuelle Tabellen ab. Die Tabelle der Oberklasse beinhaltet eine Spalte für jedes in der Oberklasse definierte Attribut. Des Weiteren beinhaltet sie eine zusätzliche Spalte, die den Namen der Unterklasse des jeweiligen Datensatzes enthält. Die Tabelle der Unterklasse beinhaltet eine Spalte für jedes in der Unterklasse definierte Attribut. Alle Tabellen haben den gleichen Primärschlüssel, d.h. den Identifikator des jeweiligen Objekts. Datensätze in Ober- und Unterklassentabellen, die den gleichen Primärschlüsselwert besitzen, verweisen auf das gleiche Objekt.

In Abbildung 10.21 sind die Klassen `Benutzer`, `Sportverband` und `Spieler` auf Tabellen mit Spalten für jedes Attribut abgebildet. Die Tabelle `Benutzer` beinhaltet außerdem eine zusätzliche Spalte `rolle`, die die Klasse des Datensatzes kennzeichnet. Die drei Tabellen verwenden alle den gleichen Primärschlüssel. Das bedeutet, dass Datensätze mit demselben Wert in der Spalte `id` zu demselben Objekt gehören. Zum Beispiel ist der Benutzer Zoe eine Instanz der Klasse `Sportverband` und kann maximal zwölf Ligen besitzen. Zoes

Name ist in der Tabelle Benutzer gespeichert; die maximale Anzahl von Ligen ist in der Tabelle Sportverband gespeichert. Der Benutzer Hans hat ein Guthaben von 126 Partien, bevor er seine Mitgliedschaft verlängern muss. Hans' Name ist in der Tabelle Benutzer gespeichert; sein Guthaben ist in der Tabelle Spieler gespeichert.

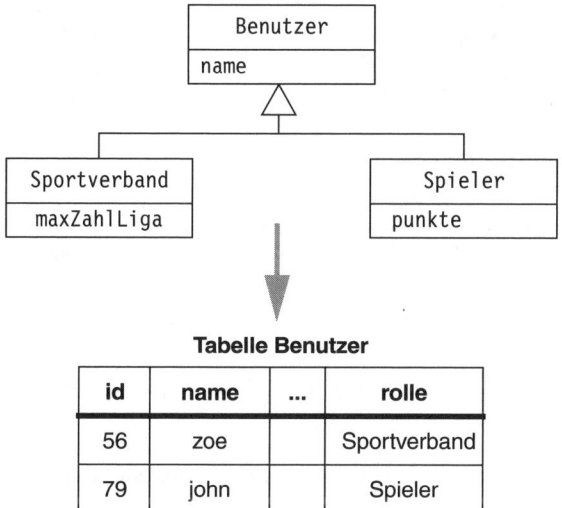

Abbildung 10.21:   Realisierung der Vererbungshierarchie der Klasse Benutzer durch separate Tabellen

Um ein Objekt aus der Datenbank abzufragen, müssen wir zuerst den Datensatz in der Oberklassentabelle untersuchen. Dieser Datensatz beinhaltet die Attributwerte der Oberklasse (z.B. „zoe", den Namen des Benutzers) und den Namen der Unterklasse. Anhand des Unterklassennamens identifizieren wir die Tabelle der Unterklasse und fragen unter Verwendung des Objekts id (z.B. „56") die restlichen Attributwerte der Unterklasseninstanz ab (z.B. „maxZahlLiga = 12"). Haben wir es mit verschachtelten Vererbungsassoziationen zu tun, wiederholen wir den Vorgang für jede Vererbungsebene und bauen das Objekt durch individuelle Abfragen bei jeder Tabelle langsam auf.

Horizontale Abbildung. Eine andere Möglichkeit der Realisierung von Vererbung ist die Verschiebung der Attribute von der Oberklasse in die Unterklassen. Dadurch entfällt die Notwendigkeit, eine separate Tabelle für die Oberklasse zu erstellen, denn dann enthält jede Unterklassentabelle auch Spalten für die Attribute der Oberklasse.

Im Falle der Vererbungshierarchie der Klasse Benutzer erstellen wir eine Tabelle für die Klasse Sportverband und eine für die Klasse Spieler (siehe Abbildung 10.22). Jede dieser Tabellen enthält Spalten für die Attribute der eigenen Klasse und für die Attribute der

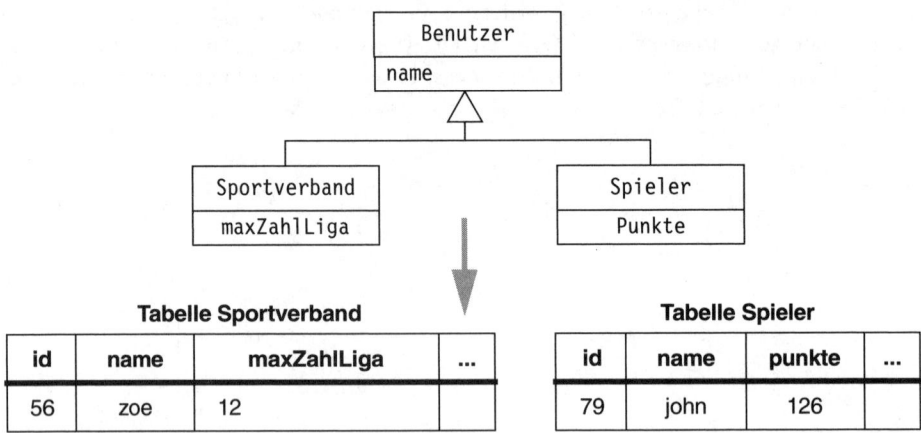

Abbildung 10.22: Realisierung der Vererbungshierarchie der Klasse Benutzer durch duplizierte Spalten

Oberklasse Benutzer. In diesem Fall benötigen wir nur eine Abfrage, um alle Attribute eines Objekts zu bekommen.

Die Wahl zwischen separaten Tabellen für Oberklassen und Replizierung der Spalten in den Unterklassentabellen hat Einfluss auf Veränderbarkeit und Antwortzeit. Verwenden wir eine separate Tabelle für die Oberklasse, dann haben wir eine höhere Veränderbarkeit, denn wir können neue Attribute durch einfaches Hinzufügen einer Spalte in der Oberklassentabelle realisieren. Fügen wir eine weitere Unterklasse hinzu, müssen wir nur eine neue Tabelle für die Unterklasse und Spalten für die Attribute der Unterklasse erstellen.

Bei der Verwendung von replizierten Spalten in den Unterklassentabellen sind die einzelnen Objekte nicht über mehrere Tabellen verteilt, sodass Abfragen schneller durchgeführt werden. Dies kann – insbesondere bei großen Vererbungshierarchien – einen hohen Leistungsunterschied bedeuten.

Im Allgemeinen müssen wir die Wahrscheinlichkeit von Änderungen gegenüber Leistungsanforderungen im Kontext der Anwendung betrachten.

10.5   Management von Transformationen

10.5.1   Dokumentation von Transformationen

Transformationen ermöglichen die Verbesserung von speziellen Aspekten des Objektentwurfsmodells und die Konvertierung des Modells in Quelltext. Durch die Bereitstellung von systematischen Vorgehensweisen für wiederkehrende Situationen reduzieren die Transformationen den Arbeitsaufwand und die Anzahl von Fehlern im Quelltext. Um diesen Gewinn für die gesamte Lebenszeit eines Systems aufrechtzuerhalten, müssen wir die Anwendungen von Transformationen dokumentieren. Dadurch sind wir im Fall einer Modell- oder Quelltextänderung in der Lage, die Transformationen erneut anzuwenden.

Die Technik der Rückwärtsmodellierung mildert dieses Problem etwas, indem sie versucht, das Objektmodell aus dem Quelltext zu rekonstruieren. Denn wenn wir solch eine eindeutige Korrespondenz zwischen Objektmodell und Quelltext aufrechterhalten könnten, müssten wir die durchgeführten Transformationen nicht dokumentieren: Die verwendeten Werkzeuge würden die ausgewählten Transformationen automatisch anwenden und die Änderungen jeweils im Quelltext bzw. im Objektmodell widerspiegeln. Die meisten Transformationen sind jedoch keine eindeutigen Abbildungen und als Resultat gehen viele Informationen nach der Anwendung von Transformationen verloren. Zum Beispiel:

- *Multiplizität von Assoziationen und Sammlungen.* Unidirektionale Eins-zu-Viele-Assoziationen und Viele-zu-Viele-Assoziationen werden in den gleichen Quelltext abgebildet. Wird nun versucht, aus dem Quelltext wieder das Modell zu gewinnen, so wählen CASE-Werkzeuge in der Regel den restriktiveren Fall aus (d.h. eine Viele-zu-Viele-Assoziation).

- *Multiplizität von Assoziationen und verdeckte Assoziationen.* Bei der Abbildung von Eins-zu-Viele und Eins-zu-Eins Assoziationen als verdeckte Assoziationen in einem Datenbankschema tritt das gleiche Problem auf. Noch schlimmer ist es, wenn alle Assoziationen in separaten Assoziationstabellen realisiert sind, denn dann gehen sämtliche Informationen über deren Multiplizität verloren.

- *Nachbedingungen und Invarianten.* Wenn wir bei der Abbildung von Verträgen auf Quelltext die Heuristiken aus Abschnitt 10.4.3 befolgen, dann wird nur Quelltext für die Vorbedingungen erstellt, aber nicht für Nachbedingungen oder Invarianten. Wenn dann Nachbedingungen oder Invarianten ohne Dokumentation geändert werden, entstehen schnell große Inkonsistenzen zwischen dem System und der Objektspezifikation.

Eine Antwort auf diese Herausforderungen ist es, Konventionen und Mechanismen zu finden, die das Objektmodell, den Quelltext und die Dokumentation konsistent halten können. Leider ist dies nicht ganz einfach, aber die systematische Anwendung der folgenden Prinzipien reduziert etwaige Konsistenzprobleme:

- *Für eine bestimmte Transformation sollte immer das gleiche Werkzeug benutzt werden.* Wird ein Modellierungswerkzeug bei der Abbildung von Assoziationen auf Quelltext verwendet, so sollte es auch bei der Änderung der Multiplizitäten von Assoziationen verwendet werden. Moderne Modellierungswerkzeuge generieren Markierungen als Quelltextkommentare, um die wiederholte Erzeugung des Quelltexts auch nach Änderungen zu ermöglichen. Diese Möglichkeit ist jedoch schnell zerstört, wenn die Entwickler unterschiedliche Editoren und Modellierungswerkzeuge bei Assoziationsänderungen verwenden. Werden Tests von Einschränkungen durch ein Werkzeug generiert, so sollte das Werkzeug auch die neuen Tests generieren, wenn die Einschränkungen geändert worden sind.

- *Verträge sollten im Quelltext und nicht im Objektmodell dokumentiert werden.* Verträge beschreiben das Verhalten von Methoden und Einschränkungen bei Parametern und Attributen. Entwickler verändern das Verhalten von Methoden im Allgemeinen durch die Änderungen in den Methodenrümpfen und nicht durch Modifikation des Objektmodells. Wird die Spezifikation der Verträge in Quelltextkommentaren festgehalten, so ist die Wahrscheinlichkeit größer, dass sie bei Änderungen aktualisiert werden.

■ *Gleiche Objekte sollten mit gleichen Namen benannt werden.* Wenn Assoziationen auf Quelltext oder Klassendeklarationen in Datenbankschemata abgebildet werden, sollte der gleiche Name auf beiden Seiten der Transformation verwendet werden. Wird ein Name im Modell geändert, muss er auch im Quelltext geändert werden. Durch die Verwendung von einheitlichen Namen wird die Verfolgbarkeit von Merkmalen in den verschiedenen Modellen sowie das Nachvollziehen von Transformationen erleichtert. Dies hebt auch noch einmal die Wichtigkeit der Wahl von guten Namen während der Analyse hervor, da auch dadurch der Aufwand bei Umbenennungen reduziert werden kann.

■ *Transformationen sollten explizit dokumentiert werden.* Werden die Transformationen von Hand durchgeführt, ist es wichtig, dass sie explizit dokumentiert werden. Ansonsten ist es unwahrscheinlich, dass die Transformationen von verschiedenen Entwicklern einheitlich durchgeführt werden. Zum Beispiel sollte die Abbildung von Assoziationen auf Sammlungen in Quelltext-Richtlinien dokumentiert sein. Dadurch können verschiedene Entwickler bei Anwendung der gleichen Transformation den gleichen Quelltext produzieren. Darüber hinaus wird die Identifikation von Transformationen im Quelltext erleichtert. Wie so oft ist die Verpflichtung, Konventionen einzuhalten, wichtiger als die Konventionen an sich.

10.5.2   Zuweisung von Verantwortlichkeiten

Verschiedene Rollen arbeiten bei der Auswahl, Anwendung und Dokumentation von Transformationen und bei der Konvertierung des Objektmodells in Quelltext zusammen:

■ Der **Softwarearchitekt** wählt die systematisch anzuwendenden Transformationen aus. Ist zum Beispiel die Modifizierbarkeit des Datenbankschemas wichtig, so entscheidet der Softwarearchitekt, dass alle Assoziationen in separaten Tabellen realisiert werden müssen.

■ Die **Architekturansprechpartner** sind für die Dokumentation von Verträgen der Subsystemschnittstellen verantwortlich. Werden die Verträge geändert, so sind die Ansprechpartner für die Benachrichtigung aller Klassenbenutzer verantwortlich.

■ Die **Entwickler** sind für die Umsetzung der Konventionen, für die Durchführung der Transformationen und für die Konvertierung des Objektmodells in Quelltext verantwortlich. Des Weiteren sind sie dafür verantwortlich, dass die Quelltext-Kommentare aktualisiert werden, wenn sich die Modelle geändert haben.

Die Identifikation von Transformationen und ihre erste Anwendung ist relativ trivial. Die Herausforderung liegt darin, sie erneut anzuwenden, wenn Änderungen aufgetreten sind. Deswegen ist es äußerst wichtig, dass jede Rolle versteht, wer im Falle von Änderungen zu benachrichtigen ist.

Weiterführende Literatur

Die Geschichte der Refaktorisierung kann bis zu den Programmtransformationen zurückverfolgt werden. Viele Systeme zur Transformation von Programmen haben sich auf die Leistungssteigerung von Programmen oder die Generierung von Programmen aus formalen Spezifikationen konzentriert. *Specification and Transformation of Programs* [Partsch, 1990] bietet eine umfassende Behandlung dieses Themas.

Obwohl inzwischen die Systeme zur Transformation von Programmen ausgereift und verfügbar sind, existieren nur wenige Werkzeuge zur Unterstützung von Objektmodelltransformationen. *Object-Oriented Modeling and Design* [Rumbaugh et al., 1991] führte als Erstes das Konzept von Transformationen bei Objektmodellen ein. In *Object-Oriented Modeling and Design for Database Applications* [Blaha & Premerlani, 1998] wurde dieses Konzept der Transformation von Objektmodellen auf Datenbankschemata verallgemeinert.

Refaktorisierungen wurden durch Martin Fowler in *Refactoring: Improving The Design Of Existing Code* populär gemacht [Fowler, 2000]. Er beschreibt eine Vielzahl von Transformationen für objektorientierte Programme. Refaktorisierungen werden manuell durchgeführt und durch regelmäßige Tests evaluiert. Refaktorisierung ist einer der Grundsteine der Extremen Programmierung [Beck, 1998].

Übungen

10.1 In Webseiten bestehen Tabellen aus Zeilen und diese wiederum aus Zellen. Die Breite und Höhe jeder Zelle wird auf Grundlage des Inhalts berechnet (z.B. die Menge des Textes, die Größe eines Bildes). Die Höhe einer Zeile ist das Maximum der Höhen aller Zellen dieser Zeile. Deswegen kann die Darstellung einer Tabelle erst nach dem Empfang aller Zelleninhalte berechnet werden. Entwickeln Sie ein Objektmodell und einen Algorithmus, sodass ein Webseitenbetrachter mit der Darstellung einer Tabelle beginnen kann, bevor die Größe aller Zellen bekannt ist. Die Tabelle kann nach vollständigem Empfang der Inhalte erneut dargestellt werden. Verwenden Sie das Stellvertretermuster aus Abbildung 10.7.

10.2 Wenden Sie die Transformationen aus Abschnitt 10.4.2 auf die Assoziationen in Abbildung 10.23 an. Gehen Sie davon aus, dass alle Assoziationen bidirektional sind und sich während der Lebenszeit jedes Objektes ändern können. Schreiben Sie Quelltext zur Organisation dieser Assoziationen, wobei Klassen, Felder, Methodendeklarationen, Methodenrümpfe sowie Sichtbarkeiten berücksichtigt werden sollen.

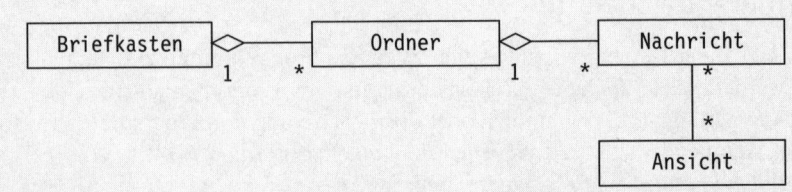

Abbildung 10.23: Assoziationen zwischen Nachrichten, Ordnern, Briefkästen und Ansichten einer hypothetischen E-Mail-Anwendung (UML-Klassendiagramm)

10.3 Wählen Sie die passenden Transformationen aus Abschnitt 10.4.2 für die Assoziationen in Abbildung 10.24 aus. Alle Assoziationen sollen wieder bidirektional sein, allerdings ändern sich die Aggregationsassoziationen nach der Erzeugung der Objekte nicht. Mit anderen Worten, die Erzeugung eines Objektes muss so verändert werden, dass die Aggregationen während der Objekterzeugung initialisiert werden. Schreiben Sie den Quelltext zur Organisation der Assoziationen, wobei Klassen, Felder, Methodendeklarationen, Methodenrümpfe sowie Sichtbarkeiten zu berücksichtigen sind.

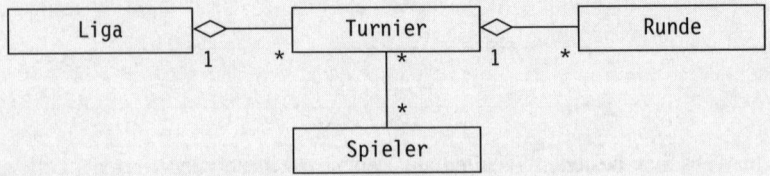

Abbildung 10.24: Assoziationen zwischen den Klassen Liga, Turnier, Runde und Spieler (UML-Klassendiagramm)

10.4 Abbildung 10.15 stellt den Test für die Methode fügeHinzuSpieler() der Klasse Turnier dar. Schreiben Sie die Tests für die anderen Bedingungen der Klasse Turnier aus Abbildung 9.16.

10.5 Zeichnen Sie zu den unten angegebenen Fakten ein Klassendiagramm und bilden Sie es auf ein relationales Datenbankschema ab.

■ In einem Projekt ist eine Vielzahl von Teilnehmern involviert.

■ Die Teilnehmer eines Projekts können die Rollen Projektleiter, Gruppenleiter oder Entwickler einnehmen.

■ Jeder Entwickler und jeder Gruppenleiter gehört zu mindestens einer Arbeitsgruppe.

■ Ein Teilnehmer kann in unterschiedlichen Rollen an vielen Projekten teilnehmen. Zum Beispiel kann ein Teilnehmer in Projekt A ein Entwickler, in Projekt B ein Gruppenleiter und in Projekt C der Projektleiter sein. Innerhalb eines Projekts ändert sich die Rolle des Teilnehmers allerdings nicht.

Kapitel

11 Testen

Und er kommt zu dem Ergebnis: Nur ein Traum war das Erlebnis. Weil, so schließt er messerscharf, „nicht sein kann, was nicht sein darf."

— Christian Morgenstern, Die unmögliche Tatsache

Testen ist der Prozess, in dem Unterschiede zwischen dem erwarteten Verhalten, das durch das Systemmodell spezifiziert ist, und dem beobachteten Verhalten des implementierten Systems gefunden werden sollen. Dabei unterscheidet man viele Arten von Tests: Der Komponententest findet Unterschiede zwischen der Spezifikation einer einzelnen Klasse oder eines Subsystems und ihrer Implementierung. Strukturtests finden die Unterschiede zwischen dem Systementwurfsmodell und einer Teilmenge von Subsystemen. Funktionstests finden die Unterschiede zwischen dem Anwendungsfallmodell und dem System. Und Leistungstests schließlich untersuchen, ob es Unterschiede zwischen nichtfunktionalen Anforderungen und der tatsächlichen Systemleistung gibt. Wenn Unterschiede gefunden werden, versuchen die Entwickler die Fehlerursache zu finden und modifizieren das System, um den Fehler zu korrigieren. In anderen Fällen wird das Systemmodell als Ursache des Unterschieds identifiziert und das Modell wird modifiziert, um den tatsächlichen Status des Systems widerzuspiegeln.

Vom Standpunkt des Modellierens aus ist Testen der Versuch zu zeigen, dass die Implementierung des Systems nicht mit dem Systemmodell übereinstimmt. Das Ziel beim Testen ist es demnach, Tests zu entwerfen, um auf Mängel im System zu stoßen und Probleme aufzudecken. Damit steht Testen im Gegensatz zu allen anderen Aktivitäten, die wir in den vorangegangenen Kapiteln beschrieben haben: Analyse, Entwurf, Implementierung, Kommunikation und Verhandlungen sind konstruktive Aktivitäten. Testen jedoch zielt darauf ab, das System kaputt zu machen. Deswegen wird Testen für gewöhnlich von Entwicklern durchgeführt, die nicht an der Erstellung des Systems beteiligt waren.

In diesem Kapitel betonen wir zunächst die Bedeutung des Testens und die Testaktivitäten aus der Vogelperspektive. Dann beschreiben wir die Konzepte Defekt, fehlerhafter Zustand, Ausfall und Test, gefolgt von Aktivitäten, die zu Plan, Entwurf und Ausführung von Tests führen. Wir beschließen das Kapitel mit einer Betrachtung der Probleme, die sich beim Testen für das Management ergeben.

Wir beschreiben vorwiegend Techniken zum Testen von Funktionen, weil diese Art von Tests mittlerweile gut verstanden wird, und weil sie auf eine große Auswahl von Situationen angewandt werden können. Wir erwähnen aber auch einige ausgewählte Testtechniken für nichtfunktionale Anforderungen (z.B. Nutzbarkeitstest). Für das Testen von Spezialfällen (z.B. Testen von Echtzeitsystemen) verweisen wir auf die Spezialliteratur.

11.1   Einführung: Testen von Raumfähren

Testen ist der Vorgang des Analysierens eines Systems oder einer Systemkomponente, um Unterschiede zwischen spezifiziertem (gefordertem) und beobachtetem (tatsächlich vorhandenem) Verhalten zu entdecken. Bedauerlicherweise ist es unmöglich, ein nicht-triviales System vollständig zu testen, da das allgemeine Problem des Testens nicht entscheidbar ist und Tests fast immer unter Zeit- und Kostenbeschränkungen erfolgen. Als Folge werden oft nicht vollständig getestete Systeme eingesetzt, sodass viele Fehler erst von den Endbenutzern entdeckt werden. Der erste Start der amerikanischen Raumfähre Columbia im Jahre 1981 wurde wegen eines Fehlers abgesagt, der während der Entwicklung nicht entdeckt worden war. Das Problem wurde bis zu einer Änderung zurückverfolgt, die ein Programmierer zwei Jahre zuvor gemacht hatte, indem er irrtümlich einen Verzögerungsfaktor von 50 Millisekunden auf 80 Millisekunden setzte. Diese Änderung erhöhte die Wahrscheinlichkeit, dass ein Raumfährenabschuss fehlschlagen würde, um 1/67. Unglücklicherweise wurde der Irrtum während der Testphase nicht entdeckt, obwohl nach der Änderung tausende von Stunden für Tests aufgewendet worden waren. Während des tatsächlichen Starts verursachte dieser Fehler bei den fünf Bordrechnern der Fähre ein Synchronisationsproblem, was schließlich zu der Entscheidung führte, den Start abzubrechen. Im Folgenden findet sich ein Auszug eines Artikels von Richard Feynman, in dem die Herausforderungen beim Testen der amerikanischen Raumfähren beschrieben werden.

Bei einer Gesamtlaufzeit von etwa 250.000 Sekunden hatten die Triebwerke etwa 16 Mal ernsthaft versagt. Die Ingenieure widmeten sich diesen Ausfällen mit großer Aufmerksamkeit und versuchten, die Ursachen so schnell wie möglich zu finden und zu beheben. Das geschah durch Tests auf speziellen Prüfvorrichtungen, die speziell für die besagten Probleme entworfen wurden, durch sorgfältige Durchsicht der Triebwerke nach offensichtlichen Hinweisen (wie Risse) und durch beträchtliche Studien und Analysen...

Triebwerke in der militärischen und zivilen Luftfahrt werden üblicherweise mit Komponenten- und Bottom-up-Tests getestet. Als Erstes ist es wichtig, die Eigenschaften und Grenzen der verwendeten Werkstoffe (für Turbinenschaufeln beispielsweise) gründlich zu verstehen; dies wird in Tests auf speziellen Prüfvorrichtungen ermittelt. Mit diesen so gewonnenen Kenntnissen werden dann größere Komponententeile (wie Kugellager) entworfen und einzeln getestet. Wenn Mängel und Entwurfsfehler bemerkt werden, werden sie korrigiert und durch weiteres Testen verifiziert. Da solche Tests jeweils nur eine Komponente prüfen, sind die Tests und die Modifizierungen nicht übermäßig teuer.

Irgendwann ist einmal der endgültige Entwurf des gesamten Triebwerks mit den nötigen Spezifikationen fertig zum Testen. Zu diesem Zeitpunkt ist die Wahrscheinlichkeit hoch, dass das Triebwerk funktioniert und dass etwaige Fehler leicht eingekreist und analysiert werden können, weil die Fehlermöglichkeiten, Materialbegrenzungen usw. bereits gut verstanden sind. Und es besteht eine sehr gute Chance, dass Modifizierungen am Triebwerk zur Beseitigung dieser letzten Schwierigkeiten einfach zu erledigen sind, da die meisten schwerwiegenden Probleme schon in einem früheren, weniger Kosten verursachenden Stadium des Verfahrens entdeckt und beseitigt worden sind.

Der Test des Haupttriebwerks an der Raumfähre wurde anders vollzogen, sozusagen Top-down. Im Top-Down-Testverfahren wird das Triebwerk entworfen und ohne detaillierte Untersuchungen des Materials und ohne vorherige Komponententests zusammengesetzt. Wenn es in diesem Fall Probleme mit den Lagern, Turbinenschaufeln, Kühlmittelleitungen usw. gibt, ist das Finden der Gründe und das Vornehmen von Änderungen teurer und schwieriger. Zum Beispiel wurden Risse in den Turbinenschaufeln der Sauerstoffhochdruck-Turbinenpumpe gefunden. Wodurch wurden sie verursacht? Durch Risse im Material oder durch den Effekt von Sauerstoff auf die Materialeigenschaften, durch die Wärmebelastung beim Ein- und Ausschalten oder durch die Vibration und Belastungen bei konstantem Laufen oder durch Resonanzschwingungen bei gewissen Geschwindigkeiten usw.? Wie lange dauert es von der Rissbildung bis zum endgültigen Riss und wie hängt das mit dem Leistungsniveau zusammen? Benutzt man das ganze Triebwerk als Testumfeld, um solche Fragen zu klären, wird das sehr teuer. Man möchte nicht ein ganzes Triebwerk verlieren, nur um herauszufinden, wo und wie ein Fehler auftaucht.

Dennoch ist eine genaue Kenntnis solcher Informationen wesentlich, um Vertrauen in die Zuverlässigkeit des im Betrieb befindlichen Triebwerks zu gewinnen. Ohne genaues Verständnis kann kein Vertrauen aufgebaut werden. Ein weiterer Nachteil bei der Top-down-Methode ist, dass, wenn ein Fehler verstanden ist, auch einfach aussehende Verbesserungsvorschläge – wie zum Beispiel eine neue Form für das Triebwerkgehäuse – oft nicht realisiert werden können, ohne das Triebwerk noch einmal von Grund auf entwerfen zu müssen.

Das Raumfähren-Haupttriebwerk ist eine höchst bemerkenswerte Maschine. Es hat ein größeres Verhältnis von Schubkraft zu Gewicht als alle anderen Maschinen. Es wurde am Rande oder außerhalb bisheriger Ingenieurerfahrung gebaut. Schon deshalb tauchten wie erwartet viele verschiedene Arten von Mängeln und Schwierigkeiten auf. Da das Triebwerk unglücklicherweise mit der Top-down-Methode gebaut wurde, waren sie nur schwer zu finden und zu beheben. Das Entwurfsziel einer Lebensdauer von 55 einsatzäquivalenten Abschüssen (27.000 Sekunden Laufzeit von jeweils 500 Sekunden Dauer im Einsatz oder auf dem Prüfstand) ist nicht erreicht worden. Das Triebwerk verlangt sehr häufige Wartung und den Austausch wesentlicher Teile wie beispielsweise Turbopumpen, Lager, Metallverkleidung usw. Die Benzin-Hochdruckturbopumpe muss nach jedem dritten oder vierten einsatzäquivalenten Gebrauch ersetzt werden (obwohl dies jetzt vielleicht besser worden ist) und die Sauerstoff-Hochdruckturbinenpumpe nach jedem fünften oder sechsten Mal. Das sind höchstens zehn Prozent der ursprünglichen Spezifikation.

Feynmans Artikel[1] lässt uns die Probleme im Zusammenhang mit dem Testen komplexer Systeme erahnen. Auch wenn die Raumfähre ein äußerst komplexes Hardware- und Softwaresystem ist – die Herausforderungen beim Testen sind für alle komplexen Systeme gleich.

---

[1] Feynman [Feynman, 1988] schrieb diesen Artikel, als er Mitglied des Regierungsausschusses zur Untersuchung der Explosion der Raumfähre Challenger im Januar 1985 war. Die Ursache des Unglücks wurde auf die Erosion des O-Rings in den Feststoffzusatztriebwerken zurückgeführt. Zusätzlich zu den Testproblemen beim Haupttriebwerk der Fähre und den Feststoffzusatztriebwerken wird in dem Artikel auch das Phänomen aufgezeigt, wie sich Akzeptanz-kriterien und -probleme beim Testen ganz allmählich ändern, oft als Folge von Kommunikationsfehlern zwischen Management und Entwicklern, wie sie insbesondere für hierarchische Organisationen kennzeichnend sind.

Testen wird oft als Arbeit angesehen, die auch von Anfängern erledigt werden kann. Manager weisen deshalb Projektneulingen gern den Testgruppen zu, weil die erfahrenen Leute Testen verabscheuen oder für die wichtigeren Arbeiten bei der Analyse oder beim Entwurf gebraucht werden. Leider führt eine solche Haltung zu einer Menge von Problemen. Um ein System wirksam testen zu können, muss der Tester ein genaues Verständnis des gesamten Systems haben, das von den Anforderungen bis zu Systementwurfsentscheidungen und Implementierungsfragen reicht. Außerdem muss ein Tester über Prüftechniken Bescheid wissen und er muss diese Techniken effektiv und effizient einsetzen, um Zeit-, Kosten- und Qualitätsbedingungen zu entsprechen.

Abschnitt 11.2 betrachtet das Testen aus der Vogelperspektive. Abschnitt 11.3 definiert die Modellelemente genauer, die mit dem Testen zusammenhängen, insbesondere Defekte, deren Sichtbarwerdung und ihre Beziehung zum Testen. Abschnitt 11.4 beschreibt die im Entwicklungsprozess gefundenen Testaktivitäten: Komponententests, die sich auf das Auffinden von Fehlern in einer einzelnen Komponente konzentrieren; Integrations- und Systemtests, deren Aufgabe das Auffinden von Fehlern in Kombinationen von Komponenten und im vollständigen System ist, und Tests für nichtfunktionale Anforderungen, insbesondere Benutzbarkeits-, Leistungs- und Härtetests. Dieser Abschnitt schließt mit den Aktivitäten beim Feldtesten und Installationstesten ab. Abschnitt 11.5 diskutiert Managementfragestellungen im Zusammenhang mit Testen.

11.2   Überblick über das Testen

Zuverlässigkeit ist ein Maß für den Erfolg, inwieweit das beobachtete Verhalten des Systems mit der Spezifikation seines Verhaltens übereinstimmt. **Softwarezuverlässigkeit** ist die Wahrscheinlichkeit, dass ein Softwaresystem während einer festgelegten Zeit unter festgelegten Bedingungen keinen Systemausfall verursachen wird [IEEE Std. 982-1989]. Ein **Störfall**, auch Ausfall genannt, ist jegliche Abweichung des beobachteten Verhaltens vom spezifizierten Verhalten. Ein **fehlerhafter Zustand** bedeutet, dass sich das System in einem Zustand befindet, in dem ein Weiterlaufen des Systems zu einem Störfall führen würde, das heißt, das System würde von dem beabsichtigten Verhalten abweichen. Ein **Fehler**, auch Defekt oder „Bug" genannt, ist die mechanische oder algorithmische Ursache eines fehlerhaften Zustands[2]. Ziel des Testens ist, die Zahl der entdeckten Defekte zu maximieren, damit die Entwickler sie verbessern und somit die Zuverlässigkeit des Systems steigern können.

Wir definieren **Testen** als den systematischen Versuch, in der implementierten Software, Defekte auf geplante Weise zu finden. Alternativ wird Testen oft auch als Verfahren definiert, in dem man zeigt, dass *keine Defekte vorhanden sind*. Die Unterscheidung zwischen den beiden Definitionen ist sehr wichtig. Die erste Definition bedeutet, dass Testen nicht einfach die Demonstration dessen ist, was ein Programm ausführen soll. Das aus-

---

[2]   Störfall, fehlerhafter Zustand und Fehler sind Übersetzungen der englischen Begriffe failure, error und fault.

drückliche Ziel beim Testen ist zu zeigen, dass sowohl Defekte als auch nicht optimales Verhalten existieren. Unsere Definition setzt voraus, dass Entwickler gewillt sind, die Dinge in ihre Bestandteile zu zerlegen. Übrigens ist es meist unmöglich zu zeigen, dass in einem System von realistischer Größe keine Defekte vorhanden sind.

Die meisten Aktivitäten im Entwicklungsprozess sind konstruktiv: Während der Analyse, des Entwurfs und der Implementierung werden Objekte und Beziehungen identifiziert, verfeinert und auf eine Rechnerumgebung abgebildet. Testen verlangt eine andere Denkweise, in der versucht wird, Defekte im System zu entdecken, also Unterschiede zwischen der Wirklichkeit des Systems und den Anforderungen. Manche Entwickler empfinden das als äußerst schwierig. Ein Grund dafür liegt darin, wie wir das Wort „Erfolg" während des Testens verwenden. Viele Projektmanager nennen einen Testfall „erfolgreich", wenn kein Defekt gefunden wird; das heißt, sie verwenden die zweite Definition von Testen. Weil aber „erfolgreich" eine Leistung bewertet und „erfolglos" etwas wenig Wünschenswertes bezeichnet, sollten diese Wörter während des Testens nicht in dieser Weise benutzt werden.

In diesem Kapitel behandeln wir Testen als eine Aktivität, die auf der Falsifikation von Systemmodellen beruht, die wiederum auf Poppers Falsifikation wissenschaftlicher Theorien [Popper, 1992] basiert. Wenn eine wissenschaftliche Hypothese getestet wird, besteht das Ziel nach Popper darin, Experimente zu entwerfen, die die darunter liegende Theorie falsifizieren. Falls die Experimente die Theorie nicht widerlegen können, wird unser Vertrauen in die Theorie gestärkt und sie wird übernommen (bis sie eventuell doch noch falsifiziert wird).

Ganz ähnlich lautet beim Testen von Software das Ziel, Defekte im Softwaresystem zu identifizieren (um die Theorie zu falsifizieren). Wenn keiner der Tests in der Lage war, das Verhalten des Softwaresystems hinsichtlich der Anforderungen zu falsifizieren, kann es ausgeliefert werden. Mit anderen Worten: Ein Softwaresystem wird freigegeben, wenn die Falsifikationsversuche (Tests) seine Zuverlässigkeit gezeigt haben, und damit das Vertrauen vergrößert haben, dass das Softwaresystem auch wirklich das tut, was es soll.

Es gibt viele Techniken, um die Zuverlässigkeit eines Softwaresystems zu steigern:

- **Fehlervermeidungstechniken** versuchen Defekte statisch aufzudecken, also ohne sich auf die Ausführung der Systemmodelle zu verlassen, insbesondere des Codemodells. Die Fehlervermeidung versucht zu verhindern, dass Fehler in das System eingefügt werden, bevor es freigegeben ist. Beispiele für Fehlervermeidungstechniken sind Entwicklungsmethodologien, Konfigurationsmanagement und Verifikation.

- **Fehlerentdeckungstechniken** wie Fehlersuchen und Testen sind sowohl unkontrollierte wie auch kontrollierte Experimente, die während des Entwicklungsprozesses benutzt werden, um fehlerhafte Zustände zu identifizieren und die zugrunde liegenden Fehler vor der Freigabe des Systems zu finden. Fehlerentdeckungstechniken unterstützen das Aufspüren von Fehlern in Systemen, versuchen aber nicht, sich von dem Ausfall zu erholen, der durch den Defekt verursacht worden ist. Im Allgemeinen werden Fehlerentdeckungstechniken während der Entwicklung angewandt, gelegentlich aber werden sie auch nach der Freigabe des Systems noch benutzt. Der Flugschreiber in einem Flugzeug, der die letzten Minuten eines Flugs protokolliert, ist ein Beispiel für eine Fehlerentdeckungstechnik.

■ **Fehlertoleranztechniken** unterstellen, dass ein System auch mit Defekten freigegeben werden kann und dass mit Systemausfällen umgegangen werden kann, indem
man zur Laufzeit versucht, sich von ihnen zu erholen. Modulare redundante Systeme
teilen dieselbe Aufgabe mehr als einer Komponente zu und vergleichen dann die Ergebnisse der redundanten Komponenten. Die Raumfähre hat beispielsweise fünf
Bordrechner, auf denen zwei unterschiedliche Arten von Softwaresystemen laufen,
die identische Aufgaben ausführen.

In diesem Kapitel konzentrieren wir uns auf Fehlerentdeckungstechniken einschließlich
Überprüfung und Testen. Eine **Überprüfung** ist die Inspektion aller Teile oder aller
Aspekte des Systems, ohne es tatsächlich laufen zu lassen, wobei wir zwei Arten von
Überprüfungen unterscheiden: Durchgang und Inspektion.

Bei einem **Durchgang** stellt der Entwickler informell die Anwendungsprogrammierer-
schnittstelle API (Application Programmer Interface), den Code und die zugehörige
Dokumentation der Komponente der Überprüfungsgruppe vor. Die Arbeitsgruppe macht
Anmerkungen über die Abbildung des Analyse- und des Objektentwurfs auf den Code,
indem sie Anwendungsfälle und Szenarios aus der Analysephase verwendet.

Eine **Inspektion** ist ähnlich einem Durchgang, aber die Vorstellung ist formell. Tatsächlich ist es bei einer Inspektion dem Entwickler nicht gestattet, die Artefakte selbst zu präsentieren (Modelle, Code und Dokumentation). Das wird von einer Überprüfungsgruppe
erledigt, die dafür verantwortlich ist, dass die Schnittstelle und der Code der Komponente
bezüglich der Anforderungen durchgeprüft werden. Sie prüft auch die Effizienz von
Algorithmen hinsichtlich der nichtfunktionalen Anforderungen. Schließlich prüft sie
noch die Kommentare zum Code und vergleicht sie mit dem Code selbst, um unrichtige
und unvollständige Kommentare zu finden. Der Entwickler wird nur einbezogen, falls bei
der Überprüfung eine Klärung einer Definition und des Gebrauchs von Datenstrukturen
oder Algorithmen benötigt wird. Inspektionen haben sich als sehr wirkungsvoll bei der
Entdeckung von Fehlern erwiesen. In einigen Experimenten werden bis zu 85 Prozent
aller identifizierten Fehler bei Codeinspektionen gefunden ([Fagan, 1976], [Jones, 1977],
[Porter et al., 1997]).

Fehlersuche – auch Debugging genannt – unterstellt, dass Defekte gefunden werden können, wenn man von einem ungeplanten Störfall ausgeht. Die Entwickler bewegen das
System durch eine Reihenfolge von Zuständen, bis sie letztlich einen fehlerhaften
Zustand erreichen und identifizieren. Sobald dieser Zustand identifiziert worden ist, muss
der algorithmische oder mechanische Defekt, der diesen Zustand verursacht hat, ermittelt
werden. Es gibt zwei Arten des Fehlersuchens: Das Ziel der Korrektheitsfehlersuche ist
es, jede Abweichung zwischen beobachteten und spezifizierten funktionalen Anforderungen zu finden. Die Leistungsfehlersuche befasst sich mit der Abweichung zwischen beobachteten und spezifizierten nichtfunktionalen Anforderungen, wie beispielsweise der
Antwortzeit in einem interaktiven System.

Testen ist eine Fehlerentdeckungstechnik, bei der versucht wird, Störfälle oder fehlerhafte
Zustände auf geplante Weise zu erzeugen. Das ermöglicht es dem Entwickler, möglichst
viele Ausfälle im System zu entdecken, bevor es an den Anwender freigegeben wird. Ein
erfolgreicher Test ist also ein Test, der möglichst viele Fehler identifiziert. Diese Sichtweise

wird im Allgemeinen durch alle Entwicklungsphasen hindurch verwendet. Die zweite Definition von Testen – Demonstration, dass keine Fehler vorhanden sind – sollte erst nach der Entwicklung des Systems benutzt werden, wenn man versucht zu zeigen, dass das gelieferte System die funktionalen und die nichtfunktionalen Anforderungen erfüllt.

Würde man die zweite Definition die ganze Zeit benutzen, wäre man geneigt, Testdaten auszuwählen, die eine geringe Wahrscheinlichkeit beinhalten, dass das Programm fehlschlägt. Wenn es aber das Ziel ist zu zeigen, dass ein Programm Defekte hat, sucht man nach Testdaten, die eine höhere Wahrscheinlichkeit aufweisen, fehlerhafte Zustände oder Ausfälle zu erzeugen. Kennzeichen eines guten Testmodells ist deshalb, dass es Testfälle enthält, die Fehler identifizieren. Tests sollten eine umfangreiche Palette von Eingabewerten enthalten, einschließlich ungültiger Eingaben und Grenzfälle, sonst können Fehler möglicherweise nicht entdeckt werden. Unglücklicherweise erfordert eine derartige Vorgehensweise extrem lange Testzeiten sogar für kleine Systeme.

Abbildung 11.1 gibt einen Überblick über Testaktivitäten:

- **Testplanung** teilt Betriebsmittel zu und erstellt einen Zeitplan für das Testen. Diese Aktivität sollte bereits früh in der Entwicklung stattfinden, damit genügend Zeit und Fachwissen für das Testen aufgewendet werden kann. Entwickler können Testfälle zur Validierung entwerfen, sobald sich die entsprechenden Modelle stabilisiert haben.

- **Benutzbarkeitstests** versuchen, Fehler im Benutzerschnittstellenentwurf des Systems zu finden. Oft erfüllen Systeme ihren beabsichtigten Zweck bloß deshalb nicht, weil die Benutzer durch die Benutzerschnittstelle verwirrt werden und unwissentlich fehlerhafte Daten einbringen.

- **Komponententests** versuchen, Fehler in partizipierenden Objekten und/oder Subsystemen hinsichtlich der Anwendungsfälle aus dem Anwendungsfallmodell zu finden.

- **Integrationstests** dienen dem Auffinden von Fehlern beim Zusammenspiel von individuell bereits getesteten Komponenten – zum Beispiel die Menge aller Komponenten der in der Systemzerlegung beschriebenen Subsysteme. Diese Integrationstests sollten Anwendungsfälle und Szenarios ausführen, die im Lastenheft beschrieben sind. **Strukturtests** sind Integrationstests, bei denen alle Komponenten des Systems mit einbezogen sind, sie sind also gewissermaßen der Höhepunkt der Integrationstests. Grundlage der Integrationstests ist das Wissen über den Systementwurf, insbesondere die Systemzerlegung. Daraus wird eine Integrationsstrategie formuliert, die im Testplan-Dokument beschrieben wird.

- **Systemtests** testen dann alle in einem System zusammengefassten Subsysteme. Ziel ist es, Fehler bezüglich der Szenarios aus der Problemstellung sowie der Anforderungen und Entwurfsziele, die in der Analyse bzw. im Systementwurf identifiziert wurden, zu finden:

- **Funktionstests** testen die Anforderungen aus dem Lastenheft und die Beschreibung des Benutzerhandbuchs.

- **Leistungstests** prüfen die nichtfunktionalen Anforderungen und zusätzliche Entwurfsziele, die im Systementwurfs-Dokument beschrieben sind. Funktionstests und Leistungstests werden von den Entwicklern durchgeführt.

■ **Akzeptanztests** und **Installationstests** überprüfen das System hinsichtlich der Projektvereinbarung und werden vom Kunden durchgeführt, falls erforderlich mit Hilfe der Entwickler.

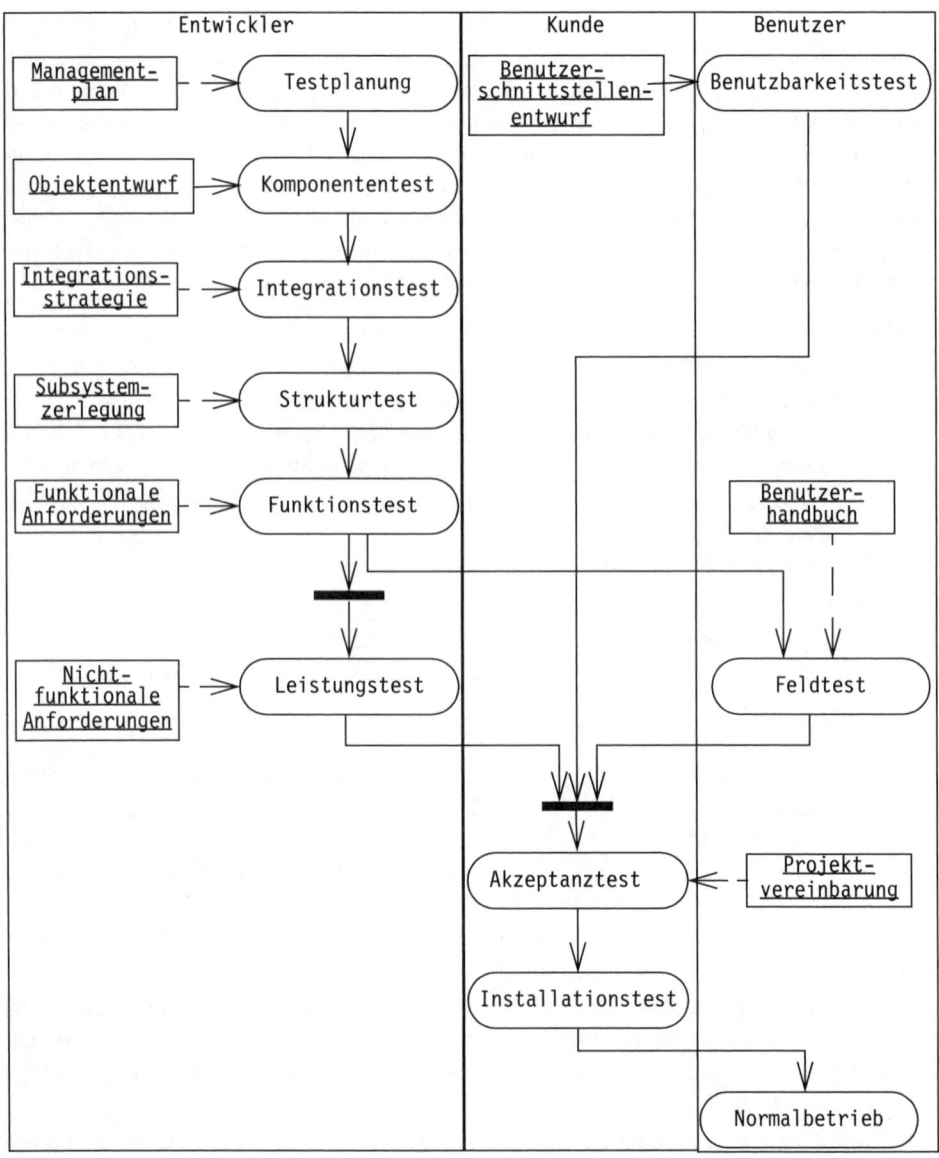

Abbildung 11.1:   Testaktivitäten und ihre zugehörigen Arbeitsergebnisse (UML-Aktivitätsdiagramm). Verantwortlichkeitsbereiche zeigen an, wer den Test ausführt.

11.3 Testkonzepte

In diesem Abschnitt modellieren wir die im letzten Abschnitt eingeführten Begriffe mit Hilfe des UML-Modells in Abbildung 11.2,

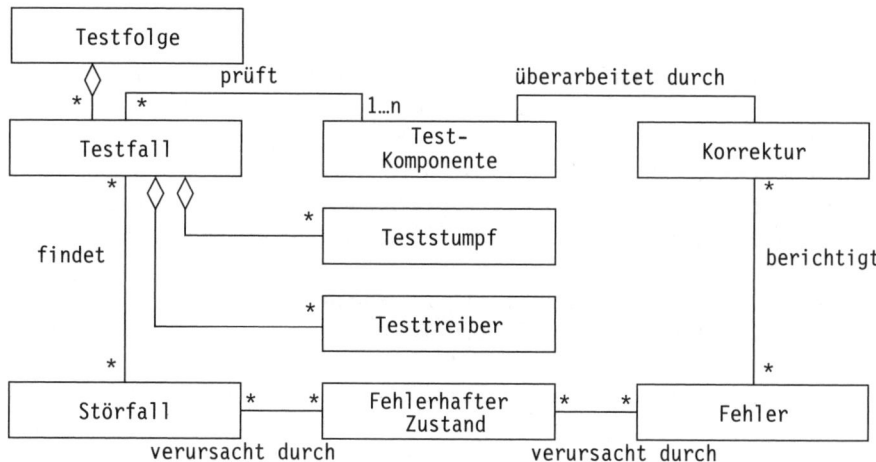

Abbildung 11.2: Modellelemente, die während des Testens benutzt werden (UML-Klassendiagramm)

das die folgenden Elemente enthält:

- Eine **Testkomponente**, auch **zu testende Komponente** genannt, ist ein zum Testen isolierter Teil des Systems. Eine Testkomponente kann ein Objekt oder eine Gruppe von Objekten, aber auch ein oder mehrere Subsysteme sein.

- Ein **Fehler** oder **Defekt** ist ein Entwurfs- oder Codierungsfehler, der regelwidriges Komponentenverhalten verursachen kann.

- Ein **fehlerhafter Zustand** ist ein unerwünschter Sytemzustand, der durch einen oder mehrere Fehler verursacht wird und zu einem Störfall führen kann.

- Ein **Störfall** ist eine Abweichung zwischen der Spezifikation und dem tatsächlichen Verhalten eines Systems. Nicht alle fehlerhaften Zustände lösen einen Störfall aus.[3]

- Ein **Testfall** ist eine Reihe von Eingaben und erwarteten Ergebnissen, die eine Komponente mit dem Zweck prüfen, Störfälle zu verursachen und Fehler aufzudecken. Einen Satz von Testfällen nennt man **Testsuite.**

- Ein **Teststumpf** ist eine Teilimplementierung von Komponenten, von denen die Testkomponente abhängt. Ein **Testtreiber** ist die Teilimplementierung einer Komponente, die von der zu testenden Komponente abhängt. Teststümpfe und -treiber ermöglichen die Isolierung von Komponenten vom Rest des Systems zu Testzwecken.

---

[3] Man beachte, dass außerhalb der Testgemeinschaft die Entwickler oft nicht zwischen Störfällen, fehlerhaften Zuständen oder Defekten unterscheiden und stattdessen alles einfach als „Fehler" bezeichnen.

■ Eine **Korrektur** ist eine Änderung an einer zu testenden Komponente. Der Zweck einer Korrektur ist die Berichtigung eines Fehlers. Man beachte, dass eine Korrektur einen neuen Fehler auslösen kann.

11.3.1 Fehler, fehlerhafte Zustände und Störfälle

Mit dem Anfangsverständnis für die Begriffe aus den Definitionen in Abschnitt 11.3 werfen wir jetzt einen Blick auf Abbildung 11.3, wo wir ein Paar von nicht miteinander verbundenen Gleisen sehen. Die erste Reaktion beim Anblick dieser Abbildung ist fast immer, dass dort ein Fehler vorliegt. Wir stellen uns nämlich sofort vor, wie ein Zug entgleist, wenn er über diese Gleise fährt. Jedoch zeigt diese Abbildung weder einen Störfall noch einen fehlerhaften Zustand noch einen Fehler. Sie stellt keinen Ausfall dar, denn das erwartete Verhalten ist noch nicht spezifiziert worden, außerdem gibt es kein beobachtetes Verhalten. Die Abbildung zeigt auch keinen fehlerhaften Zustand, weil das bedeuten würde, dass das System in einem Zustand ist, der bei einer weiteren Bearbeitung zu einem Störfall führen würde. Wir sehen aber nur Gleise; ein fahrender Zug wird nicht gezeigt. Um jedoch über fehlerhaften Zustand, Störfall oder Fehler sprechen zu können, müssen wir erst einmal das gewünschte Verhalten (beschrieben im Anwendungsfall) mit dem beobachteten Verhalten (beschrieben durch den Testfall) vergleichen. Nehmen wir an, wir hätten einen derartigen Anwendungsfall mit einem Zug, der sich vom oberen linken Gleis auf das untere rechte Gleis zubewegt (Abbildung 11.3).

Abbildung 11.3: Was ist das? Ist dies ein Beispiel für einen Fehler, einen fehlerhaften Zustand oder einen Ausfall?

Wir können daraus einen Testfall ableiten, der den Zug aus dem Zustand, wie er in der Anfangsbedingung des Anwendungsfalls beschrieben ist, in einen Zustand bewegt, in dem er entgleist, nämlich wenn er das obere Gleis verlässt (Abbildung 11.5). Mit anderen Worten: Bei der Ausführung dieses Testfalls können wir zeigen, dass das System einen Defekt enthält. Man beachte, dass der in Abbildung 11.6 gezeigte aktuelle Zustand bereits fehlerhaft ist, aber noch keinen Störfall aufweist. Der Defekt – die Ausrichtung der Gleise – kann ein Kommunikationsfehler zwischen den Entwicklergruppen sein (jedes Gleis wurde von einer Arbeitsgruppe positioniert) oder er kann auf der falschen

Implementierung der Spezifikation von einer der Arbeitsgruppen (Abbildung 11.7) beruhen. Beides sind Beispiele für algorithmische Fehler. Andere Beispiele für algorithmische Fehler, die während der Implementierungsphase eingebaut werden, sind „zu frühes Verlassen einer Schleife", „zu spätes Verlassen einer Schleife", „Testen der falschen Variablen", „Vergessen eine Variable zu initialisieren". Beispiele für algorithmische Fehler können auch während der Analyse und des Systementwurfs auftreten. Beanspruchungs- und Überlastungsprobleme sind algorithmische Fehler im Objektentwurf, die zum Störfall führen, wenn Datenstrukturen über ihre Kapazität hinaus beansprucht werden. Durchsatz- und Leistungsausfälle sind möglich, wenn ein System nicht mit der Geschwindigkeit arbeitet, die in den nichtfunktionalen Anforderungen spezifiziert wurde.

Anwendungsfallname	FahreZug
Akteur	LokomotivFührer
Anfangsbedingungen	LokomotivFührer drückt den Knopf „Starte Zug" auf dem Bedienungspult.
Ereignisfluss	1. Der Zug beginnt, sich auf Gleis 1 zu bewegen. 2. Der Zug wechselt über zu Gleis 2.
Abschlussbedingungen	Der Zug fährt auf Gleis 2.

Abbildung 11.4: Anwendungsfall FahreZug, der das erwartete Verhalten des Zugs spezifiziert

Testfallbezeichnung	FahreZug
Ort	http://www.in.tum.de/Train/test-cases/test1
Zu testendes Merkmal	Ununterbrochenes Laufen der Lokomotive für 5 Sekunden
Abnahmekriterien für das Merkmal	Der Test ist bestanden, wenn der Zug 5 Sekunden fährt und mindestens zwei Schienenlängen dabei überwindet.
Kontrollmaßnahmen	1. Die StarteZug()-Methode wird über den Testtreiber StarteZug (im selben Verzeichnis enthalten wie FahreZug) aufgerufen.
Daten	2. Fahrtrichtung und -dauer werden aus der Eingabedatei http://www.in.tum.de/Train/test-cases/input gelesen. 3. Wenn Fehlersuche auf TRUE gesetzt ist, gibt der Testfall an das System die Nachricht „Fahre auf Gleis n, verlasse Gleis n" für jedes n, wobei n die Nummer des aktuellen Gleises ist.
Testverfahren	Der Test wird durch Doppelklick auf den Testfall im spezifizierten Verzeichnis gestartet. Der Test läuft ohne weiteres Eingreifen bis zur Beendigung. Der Test sollte nicht länger als 7 Sekunden dauern.
Spezielle Anforderungen	Der Teststumpf Lokomotive wird zur Implementierung von Gleis benötigt.

Abbildung 11.5: Testfall FahreZug für den in Abbildung 11.4 beschriebenen Anwendungsfall

Abbildung 11.6: Beispiel für einen fehlerhaften Zustand

Abbildung 11.7: Ein Fehler kann eine algorithmische Ursache haben.

Ein Fehler in der virtuellen Maschine eines Softwaresystems ist ein weiteres Beispiel für einen mechanischen Fehler: Auch wenn die Gleise entsprechend der Spezifikation verlegt werden, können sie nach der Installation falsch ausgerichtet sein, beispielsweise, wenn ein plötzliches Erdbeben den Untergrund verschiebt (Abbildung 11.8). Selbst wenn die Entwickler alles korrekt implementiert haben, wenn sie also das Objektmodell korrekt auf den Code abgebildet haben, kann das beobachtete Verhalten vom spezifizierten Verhalten abweichen. In Projekten, in denen die Hardware parallel zur Software entwickelt wird, kann man beispielsweise nicht ohne weiteres voraussetzen, dass die virtuelle Maschine so arbeitet, wie sie spezifiziert ist. Andere Beispiele für mechanische Fehler sind Stromausfälle. Beachtenswert ist die Relativität der Begriffe „Fehler" und „Ausfall" im Hinblick auf eine spezielle Systemkomponente: Der Ausfall einer Systemkomponente (der Stromversorgung) ist aus der Sicht einer anderen Systemkomponente (des Softwaresystems) ein mechanischer Fehler, der zum Ausfall des Softwaresystems führen kann.

Abbildung 11.8: Ein Fehler kann eine mechanische Ursache haben.

11.3.2 Testfälle

Ein **Testfall** besteht aus einer Reihe von Eingabedaten und erwarteten Ergebnissen, mit denen eine Komponente geprüft wird, um einen Ausfall auszulösen und Mängel aufzudecken. Ein Testfall hat fünf Attribute: Name, Ort, Eingabe, Orakel und Protokoll (Tabelle 11.1). Der Name des Testfalls ermöglicht es dem Tester, zwischen verschiedenen Testfällen zu unterscheiden. Eine heuristische Methode, Testfälle zu benennen, ist, den Namen aus dem getesteten Anwendungsfall oder aus der zu testenden Komponente abzuleiten. Wird beispielsweise ein Anwendungsfall Ablage() getestet, kann man den Testfall mit Test_Ablage bezeichnen. Wenn ein Testfall zwei Testkomponenten A und B einbezieht, wäre Test_AB ein guter Name. Das Ort-Attribut beschreibt, wo der Testfall gefunden werden kann. Es sollte entweder der Pfadname oder die URL-Adresse zur ausführbaren Datei des Testprogramms und dessen Eingabe sein.

Attribut	Beschreibung
Name	Name des Testfalls
Ort	Vollständiger Pfadname des lauffähigen Testprogramms
Eingabe	Eingabedaten oder Befehle
Orakel	Erwartete Testergebnisse, die mit den aktuellen Testergebnissen des Testlaufs verglichen werden
Protokoll	Die gesamte Ausgabe, die durch den Test erzeugt wird

Tabelle 11.1: Attribute der Klasse TestFall

Eingabe beschreibt einen Satz von Eingabedaten oder Befehlen, die vom Akteur des Testfalls (welcher der Tester oder ein Testtreiber sein kann) eingegeben werden müssen. Das erwartete Verhalten des Testfalls ist die Folge von Ausgaben oder Befehlen, die eine korrekte Ausführung des Tests liefern sollte. Das erwartete Verhalten wird durch das Orakel-Attribut beschrieben. Das Protokoll ist eine Reihe von mit Zeitstempeln versehenen Vergleichen zwischen dem beobachteten Verhalten und dem erwarteten Verhalten bei verschiedenen Testläufen.

Sind die einzelnen Testfälle identifiziert, kann man die Beziehungen zwischen den Testfällen beschreiben. Zur Beschreibung der Beziehungen zwischen Testfällen werden Aggregation und die Vorgänger-Assoziationen verwendet. Aggregation wird gebraucht, wenn ein Testfall in eine Reihe kleinerer Testfälle zerlegt werden kann. Die Vorgänger-Assoziation wird benutzt, wenn ein Testfall durchgeführt werden muss, bevor der andere Testfall begonnen werden kann.

Abbildung 11.9 zeigt ein Testmodell, bei dem TestA Vorgänger von TestB und TestC ist. TestA besteht außerdem aus TestA1 und TestA2, was bedeutet, dass der Test TestA aus zwei Untertests TestA1 und TestA2 besteht; es gibt also keinen gesonderten Test für TestA. Ein gutes Testmodell hat möglichst wenige Assoziationen, weil Tests, die nicht durch eine Vorgänger-Assoziation verbunden sind, unabhängig voneinander durchgeführt werden können. Das erlaubt es einem Tester, das Testen zu beschleunigen, falls die dazu nötigen Betriebsmittel vorhanden sind. In Abbildung 11.9 können TestB und TestC parallel ausgeführt werden, weil keine Assoziation zwischen ihnen besteht.

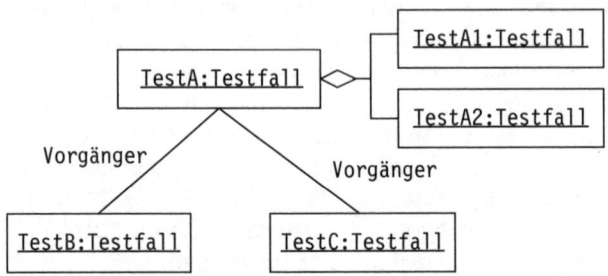

Abbildung 11.9:   Testmodell mit Testfällen. TestA besteht aus zwei Tests, TestA1 und TestA2. TestB und TestC können unabhängig voneinander getestet werden, aber erst nachdem TestA durchgeführt worden ist.

Testfälle werden in Funktionstests (blackbox tests) und Strukturtests (whitebox tests) klassifiziert, je nachdem welcher Gesichtspunkt des Systemmodells getestet wird. **Funktionstests** konzentrieren sich auf das Ein-/Ausgabeverhalten der Komponente und befassen sich weder mit internen Gesichtspunkten der Komponente noch mit dem Verhalten oder der Struktur der Komponente. **Strukturtests** konzentrieren sich auf die interne Struktur der Komponente. Ein Strukturtest stellt sicher, dass unabhängig vom jeweiligen Ein-/Ausgabeverhalten jeder Zustand im dynamischen Modell des Objekts und jede Interaktion zwischen den Objekten getestet wird. Das bedeutet, dass Strukturtests über Funktionstests hinausgehen. Tatsächlich erfordern die meisten Strukturtests Eingabedaten, die nicht nur aus der Beschreibung der funktionalen Anforderungen allein abgeleitet werden können. Komponententests verknüpfen im Allgemeinen beide Testtechniken miteinander: Funktionstests zum Testen der Funktionalität der Komponente, und Strukturtests, um die strukturellen und dynamischen Gesichtspunkte der Komponente zu prüfen.

11.3.3 Teststümpfe und Testtreiber

Die Durchführung von Testfällen für Teile des Systems erfordert, dass die Testkomponente vom Rest des Systems isoliert werden muss. Um die fehlenden Teile des Systems zu ersetzen, verwendet man Testtreiber und Teststümpfe. Ein **Testtreiber** simuliert den Teil des Systems, der die Testkomponente aufruft. Er gibt die Eingabedaten an die Testkomponente weiter und zeigt ihre Ergebnisse an.

Ein **Teststumpf** simuliert die Komponenten, die von der Testkomponente aufgerufen werden. Der Teststumpf muss dieselbe Programmierschnittstelle bereitstellen wie die Methode der simulierten Komponente und er muss einen Wert zurückgeben, der mit dem Ausgabeergebnistyp der Methode konform ist. Wichtig ist, dass die Programmierschnittstellen aller Komponenten dem Konfigurationsmanagement unterstellt sind: Falls sich die Schnittstelle einer Testkomponente ändert, müssen der entsprechende Testtreiber und die Teststümpfe ebenso geändert werden.

Die Implementierung von Teststümpfen ist keine triviale Aufgabe. Es reicht nicht aus, einen Teststumpf zu schreiben, der einfach eine Nachricht ausgibt, dass der Teststumpf aufgerufen wurde. In den meisten Situationen, in denen Komponente A die Komponente B aufruft, wird von B erwartet, dass sie eine Arbeit ausführt, die dann in einer Reihe von Ergebnisparametern zurückgegeben wird. Falls der Teststumpf dieses Verhalten nicht simuliert, wird A fehlschlagen, nicht wegen eines Fehlers in A, sondern weil der Teststumpf B nicht korrekt simuliert.

Aber auch die Bereitstellung von Rückgabewerten ist nicht immer ausreichend. Wenn beispielsweise ein Teststumpf immer denselben Wert zurückgibt, kann es passieren, dass er nicht den Wert zurückgibt, der von der Testkomponente in einem bestimmten Szenario erwartet wird. Das kann zu verwirrenden Ergebnissen und sogar zum Ausfall der Testkomponente führen, obwohl alles korrekt implementiert ist. Ein typischer Zielkonflikt besteht hier in der Frage, ob es nicht besser ist, den Teststumpf durch die aktuelle Komponente zu ersetzen, als den Teststumpf möglichst akkurat zu implementieren. Für viele Komponenten werden Treiber und Stümpfe erst geschrieben, wenn die Komponente bereits implementiert ist, und für Komponenten, die hinter dem Zeitplan zurück sind, werden Stümpfe oft gar nicht mehr geschrieben.

Um sicherzustellen, dass Stümpfe und Treiber entwickelt werden und verfügbar sind, wenn sie gebraucht werden, schreiben einige Entwicklungsmethoden vor, dass für jede Komponente ein Testtreiber entwickelt werden muss. Das hat einen insgesamt geringeren Aufwand zur Folge, weil etwaige Probleme bei der Schnittstellenspezifikation der Testkomponente sofort gefunden werden und mit einem Minimum an Kosten geändert werden können (weil die Implementierung nicht geändert wird).

11.3.4   Korrekturen

Sobald die Tests durchgeführt sind und Störfälle aufgedeckt wurden, ändern Entwickler die Testkomponente, um den mutmaßlichen Fehler zu beseitigen. Eine **Korrektur** ist eine Änderung an einer Testkomponente mit dem Zweck, einen Fehler zu berichtigen. Korrekturen können von einer einfachen Modifizierung der Komponente bis hin zu einem vollständigen Neuentwurf einer Datenstruktur oder eines Subsystems reichen. In allen Fällen ist die Wahrscheinlichkeit, dass der Entwickler durch die Korrektur neue Fehler in die Testkomponente einbringt, hoch. Es gibt verschiedene Techniken, um das Auftreten solcher Fehler zu vermeiden:

- *Problemverfolgung* umfasst die Dokumentation jedes Störfalls, jedes fehlerhaften Zustands und jedes aufgedeckten Fehlers sowie dessen Korrektur und die Überarbeitung der an der Änderung beteiligten Komponenten. Zusammen mit dem Konfigurationsmanagement ermöglicht Problemverfolgung den Entwicklern, die Suche nach neuen Fehlern einzugrenzen (wir beschreiben Konfigurationsmanagement in Kapitel 13, *Konfigurationsmanagement* genauer).

- Ein *Regressionstest* umfasst die erneute Ausführung aller Tests, die vor der Änderung durchgeführt worden waren. Dies dient der Absicherung, dass Funktionalität, die vor der Korrektur einwandfrei war, nicht durch die Korrektur beeinflusst worden ist. Regressionstests sind insbesondere bei objektorientierten Methoden, die einen iterativen Entwicklungsprozess verwenden, wichtig. Das erfordert, dass Tests sehr früh im Prozess definiert und bei Iterationen ständig nachgepflegt werden müssen. Regressionstests sind bedauerlicherweise kostspielig, vor allem wenn Teile des Tests nicht automatisiert sind. Wir beschreiben Regressionstests in Abschnitt 11.4.4 ausführlicher.

- *Begründungsmanagement* umfasst die Dokumentation der Änderung und des Zusammenhanges mit der überarbeiteten Komponente. Begründungsmanagement sorgt dafür, dass Entwickler neue Fehler vermeiden, indem sie die bei der Erstellung der Komponente gemachten Voraussetzungen kontrollieren. Wir beschreiben Begründungsmanagement in Kapitel 12, *Begründungsmanagement*.

Als Nächstes wollen wir die Testaktivitäten genauer beleuchten, die zur Erzeugung von Testfällen, deren Durchführung und der Entwicklung von Korrekturen führen.

11.4   Testaktivitäten

In diesem Abschnitt beschreiben wir die technischen Aktivitäten beim Testen. Sie beinhalten:

- die **Komponenteninspektion**, die Fehler in einer einzelnen Komponente durch manuelle Inspektion ihres Quelltexts findet (Abschnitt 11.4.1),

- **Benutzbarkeitstests**, die Unterschiede zwischen dem, was das System tun sollte, und dem, was der Benutzer erwartet, finden (Abschnitt 11.4.2),

- **Komponententests**, bei denen einzelne Komponenten mit Hilfe von Teststümpfen und -treibern isoliert und anhand von Testfällen geprüft werden (Abschnitt 11.4.3),

- **Integrationstests**, bei denen mehrere Komponenten zusammen getestet werden (Abschnitt 11.4.4),

- **Systemtests**, bei denen das gesamte System in Bezug auf funktionale und nichtfunktionale Anforderungen getestet wird (Abschnitt 11.4.5).

11.4.1 Komponenteninspektion

Inspektionen sind formale Treffen mit dem Ziel, durch Überprüfen des Quelltexts Fehler in einer Komponente zu finden. Inspektionen können vor oder nach dem Komponententest erfolgen. Der erste strukturierte Inspektionsprozess war Michael Fagans Inspektionsmethode [Fagan, 1976]. Eine Inspektion wird von einer Gruppe von Entwicklern durchgeführt: vom Autor der Komponente, einem Moderator, der den Prozess unterstützt, sowie einem oder mehreren Prüfern, die versuchen, Fehler in der Komponente zu finden. Fagans Inspektionsmethode besteht aus fünf Schritten:

- *Überblick.* Der Autor der Komponente stellt kurz den Zweck und den Gültigkeitsbereich der Komponente und die Ziele der Inspektion vor.

- *Vorbereitungsphase.* Die Prüfer machen sich mit der Implementierung der Komponente vertraut.

- *Inspektionstreffen.* Ein Gruppenmitglied beschreibt den Quelltext der Komponente und die Gruppe versucht, Fragestellungen bezüglich der Komponente zu identifizieren. Der Moderator behält die Fäden des Treffens in der Hand.

- *Nacharbeit.* Der Autor überarbeitet die Testkomponente.

- *Wiedervorlage.* Der Moderator prüft die Qualität der Nacharbeit und entscheidet, ob die Komponente erneut kontrolliert werden muss.

Die wichtigen Schritte in diesem Prozess sind die Vorbereitungsphase und das Inspektionstreffen. Während der Vorbereitungsphase machen sich die Prüfer mit dem Quelltext vertraut; sie konzentrieren sich noch nicht auf das Finden von Fehlern. Während des Inspektionstreffens beschreibt der Autor den Quelltext; das bedeutet, er liest jede Quelltextanweisung vor und erklärt, was diese Anweisung tun soll. Die anderen Prüfer erheben dann Einwände, wenn sie glauben, einen Fehler identifiziert zu haben. Die meiste Zeit wird damit verbracht, darüber zu debattieren, ob es einen Fehler gibt oder nicht. Lösungen zur Beseitigung des Fehlers werden zu diesem Zeitpunkt nicht gesucht. Während der Überprüfungsphase der Inspektion legt der Autor die Ziele der Inspektion fest. Zusätzlich zum Auffinden von Fehlern kann eine Inspektion auch damit beauftragt sein, nach Abweichungen von Codierungsnormen oder nach Ineffizienzen zu suchen.

Fagans Inspektionen werden allgemein als sehr zeitaufwendig angesehen, insbesondere wegen der langen Vorbereitungs- und Vorbesprechungszeiten. Die Effizienz einer Überprüfung hängt aber wesentlich von der Vorbereitung der Gruppenmitglieder ab. David Parnas schlug einen überarbeiteten Inspektionsprozess vor, den er „aktive Entwurfsüberprüfung" nannte, in dem es kein gemeinsames Inspektionstreffen gibt [Parnas & Weiss, 1985]. Stattdessen werden die Prüfer angehalten, Fehler schon während der Vorbereitungsphase zu finden. Am Ende der Vorbereitungsphase füllt jeder Prüfer einen Fragebogen aus, damit sein Verständnis bezüglich der Komponente kontrolliert werden kann. Der Autor bespricht sich dann mit jedem einzelnen Prüfer, um alle Kommentare über die Komponente zu sammeln.

Sowohl Fagans Inspektionen wie auch die aktive Entwurfsüberprüfung haben sich beim Aufdecken von Defekten als weit wirkungsvoller erwiesen als das Testen. Insbesondere bei sicherheitsrelevanten Projekten werden sowohl Tests als auch Inspektionen benutzt, weil mit jeder Methode verschiedene Arten von Fehlern entdeckt werden.

11.4.2   Benutzbarkeitstests

Bei **Benutzbarkeitstests** wird das System nicht mit einer Spezifikation verglichen, sondern es wird geprüft, ob der Benutzer das System verstanden hat. Ein Benutzbarkeitstest zielt deshalb darauf ab, Unterschiede zwischen dem System und der Erwartung des Benutzers hinsichtlich dessen, was es leisten sollte, zu finden. Da es schwierig ist, ein Modell des Benutzers im Hinblick auf das, was getestet werden soll, zu definieren, verwendet man beim Benutzbarkeitstesten einen empirischen Ansatz: Teilnehmer, die die Menge aller Benutzer repräsentativ vertreten, verwenden die Benutzerschnittstelle oder eine Simulation davon und versuchen, Probleme zu finden. Benutzbarkeitstests befassen sich mit Einzelheiten der Benutzerschnittstelle, beispielsweise mit dem Aussehen und der Griffigkeit der Benutzerschnittstelle, ihrer geometrischen Darstellung auf dem Bildschirm, der Abfolge von Interaktionen und der Hardware. Ein Benutzbarkeitstest für den Benutzer eines tragbaren Rechner prüft, ob der Benutzer fähig ist, Befehle in das System einzugeben, auch wenn er sich in einer ungünstigen Lage befindet, wie im Falle eines Mechanikers, der auf den Bildschirm schaut, während er unter einem Auto den Auspufftopf inspiziert.

Die Technik bei der Durchführung von Benutzbarkeitstests beruht auf dem gleichen klassischen Denkansatz wie bei der Durchführung eines kontrollierten Experiments. Entwickler formulieren zuerst eine Reihe von Testzielen, die das beschreiben, was sie durch den Test zu erfahren hoffen. Das kann beispielsweise die Bewertung der Form oder der geometrischen Darstellung der Benutzerschnittstelle sein oder die Auswirkung der Antwortzeit auf die Benutzereffizienz oder die Bewertung, ob die Online-Hilfedokumentation für Anfänger ausreichend ist. Die Testziele werden dann in einer Serie von Versuchen bewertet, bei denen die Teilnehmer vordefinierte Aufgaben (z.B. Anwenden des gerade untersuchten Merkmals der Benutzerschnittstelle) zu erfüllen haben. Entwickler beobachten dabei die Teilnehmer und sammeln Daten über die Benutzerleistung, z.B. die Zeit, um eine Aufgabe zu erfüllen, und über Vorlieben, Meinungen und Denkprozesse. Das Ziel ist es, spezielle Probleme mit dem System zu identifizieren und Verbesserungsvorschläge zur Lösung dieser Probleme zu sammeln [Rubin, 1994].

Es gibt zwei wesentliche Unterschiede zwischen kontrollierten Experimenten und Benutzbarkeitstests: Die klassische Experimentiermethode versucht eine Hypothese zu widerlegen, wohingegen das Ziel bei Benutzbarkeitstests die Gewinnung qualitativer Informationen ist, wie Benutzbarkeitsprobleme behoben werden können und wie das System verbessert werden kann. Der andere Unterschied ist die Strenge, mit der Experimente nach der klassischen Methode durchgeführt werden. Es hat sich gezeigt, dass eine Menge von einfachen informellen Benutzbarkeitstests, die bereits während der Anforderungsermittlung durchgeführt werden, äußerst hilfreich sein kann. Wir verwenden den Ausdruck *Billig-Benutzbarkeitstest*[4] für solche informell durchgeführten Tests, die mit einem Bruchteil an Zeit und Kosten einer kompletten Studie ausgeführt werden können. Nielsen stellt fest, dass ein paar Billig-Benutzbarkeitstests besser seien als gar keine [Nielsen & Mack, 1994]. Beispiele für solche Billig-Benutzbarkeitstests umfassen papierbasierte Szenarios (im Gegensatz zu einem auf Videoband aufgezeichneten Szenario), die Benutzung von handgeschriebenen Notizen (im Gegensatz zur Auswertung von Tonbandaufzeichnungen) und die Beschränkung auf wenige Personen, um Vorschläge zu ermitteln oder größere Mängel aufzudecken (im Gegensatz zu großen Stichproben, die statistische Signifikanz und Verwendung quantitativer Maßstäbe erlauben).

Insgesamt unterscheiden wir drei Arten von Benutzbarkeitstests:

- *Szenariotest.* In einem solchen Test wird einem oder mehreren Benutzern ein Phantasieszenario des Systems geboten. Die Tester identifizieren dann, wie schnell Benutzer in der Lage sind, das Szenario zu verstehen, wie genau es ihr Arbeitsmodell darstellt und wie sie auf die Beschreibung des neuen Systems reagieren. Die ausgewählten Szenarios sollten so wirklichkeitsgetreu und genau wie möglich sein. Ein Szenariotest ermöglicht rasche und häufige Rückkopplung mit dem Benutzer. Szenariotests können als Papiermodelle oder mit Ablaufplänen[5] realisiert werden oder als eine einfache Prototypumgebung, die oft leichter zu verstehen ist als die Programmierumgebung, die bei der Entwicklung verwendet wird. Der Vorteil von Szenariotests ist, dass sie kostengünstig zu verwirklichen und zu wiederholen sind. Die Nachteile sind, dass der Benutzer nicht unmittelbar mit dem richtigen System interagiert und dass die Daten festgelegt sind.

- *Prototyptest.* Bei dieser Testart wird den Endbenutzern ein Programm angeboten, das die Hauptgesichtspunkte des Systems implementiert. Ein *vertikaler Prototyp* implementiert vollständig einen Anwendungsfall durch das System hindurch. Vertikale Prototypen werden benutzt, um Kernanforderungen zu bewerten, beispielsweise die Systemantwortzeit oder das Benutzerverhalten bei hoher Belastung. Ein *horizontaler Prototyp* implementiert dagegen eine einzelne Schicht im System; ein Beispiel ist ein *Benutzerschnittstellenprototyp*, der bereits den Zugriff auf alle Anwendungsfälle simuliert, wobei die Funktionalität noch nicht oder nur teilweise realisiert ist. Benutzerschnittstellenprototypen werden verwendet, um Dinge wie alternative Benutzerschnittstellenkonzepte oder den Aufbau von Fenstern beurteilen zu können. Ein *Zauberer-von-Oz-Prototyp* ist ein Benutzerschnittstellenprototyp, bei dem ein menschlicher Operateur im Verborge-

---

[4] Nielsen nennt diese Testmethode „discount usability engineering".

[5] Die Verwendung von Ablaufplänen („storyboards") – eine Technik aus der Animationsfilmindustrie – besteht darin, dass eine Abfolge von Bildern zu verschiedenen Zeitpunkten im Szenario entworfen wird. Die Bilder jedes Szenarios werden zeitlich nacheinander an eine Tafel oder eine Wand geheftet (daher der Name „storyboard"). Entwickler und Benutzer gehen im Zimmer herum, während sie die Szenarios diskutieren und bewerten. Wenn es einen ausreichend großen Raum gibt, können Teilnehmer mehrere hundert Bilder behandeln.

nen agiert [Kelly, 1984]. Zauberer-von-Oz-Prototypen werden benutzt, um Anwendungen, die Sprache als Eingabe benutzen, zu testen, wenn die Subsysteme für Spracherkennung oder Syntaxanalyse der natürlichen Sprache noch unvollständig sind. Der Operateur hört die Benutzeranfragen ab und formuliert sie in Begriffe um, die das System versteht, ohne dass der Benutzer des Tests den Operateur bemerkt. Der Vorteil von Prototyptests liegt darin, dass sie dem Benutzer eine realistische Sicht des Systems bieten und es bereits möglich ist, genauere Daten über die Benutzung zu erfassen. Prototyptests sind jedoch aufwendiger zu erstellen als Szenariotests.

- *Produkttest*. Dieser Test ist ähnlich wie der Prototyptest, nur dass bereits eine funktionierende Version des Systems benutzt wird statt des Prototyps. Ein Produkttest kann nur durchgeführt werden, wenn der größte Teil des Systems schon entwickelt ist. Er erfordert außerdem, dass das System in dem Sinne leicht zu modifizieren ist, dass die Ergebnisse des Benutzbarkeitstests in die weitere Entwicklung eingearbeitet werden können.

Alle drei Testtypen beinhalten die Grundelemente des Benutzbarkeitstests [Rubin, 1994]:

- Entwicklung von Testzielen
- Repräsentative Auswahl von Endbenutzern
- Tatsächliche oder simulierte Arbeitsumgebung
- Kontrollierte, umfassende Befragung und Sondierung der Benutzer durch die Person, die den Benutzbarkeitstest durchführt
- Sammlung und Analyse quantitativer und qualitativer Ergebnisse
- Empfehlungen, wie das System verbessert werden könnte

Typische Testziele von Benutzbarkeitstests sind die Gegenüberstellung von zwei unterschiedlichen Benutzerinteraktionsstilen, die Identifizierung der besten und der schlechtesten Merkmale in einem Szenario oder einem Prototyp, die Identifizierung hilfreicher Merkmale zur Unterstützung von Neulingen und erfahrenen Benutzern, wenn sie Hilfe benötigen, und die Identifikation, welche Art von Schulungsinformation das System benötigen wird.

11.4.3   Komponententest

Ein **Komponententest** konzentriert sich auf die elementaren Bausteine des Softwaresystems, also auf Objekte und Subsysteme. Es gibt drei Beweggründe für Komponententests. Erstens vermindert ein Komponententest die Komplexität der Gesamttestaktivitäten, weil er es erlaubt, sich auf kleinere Einheiten des Systems zu konzentrieren. Zweitens sind mit einem Komponententest Fehler oft leichter zu erkennen und zu verbessern, da nur wenige Komponenten am Test beteiligt sind. Drittens erlaubt der Komponententest Parallelität bei den Testaktivitäten; das heißt, jede Komponente kann unabhängig von den anderen getestet werden.

Kandidaten für Komponententests werden aus dem Objektmodell und der Systemzerlegung ausgewählt. An sich sollten all die Objekte, die während des Entwicklungsprozesses erstellt wurden, getestet werden, was aber oft aufgrund von Zeit- und Kostenbeschränkungen nicht machbar ist. Der kleinste Satz der zu testenden Objekte sollte aus den an Anwendungsfällen partizipierenden Objekten bestehen. Subsysteme sollten erst als Komponente getestet werden, wenn jede Klasse des Subsystems bereits komponentengetestet worden ist.

Existierende Subsysteme, die entweder wiederverwendet oder hinzugekauft werden, sollten als Komponenten mit unbekannter interner Struktur behandelt werden. Das bezieht sich vor allem auf kommerziell verfügbare Subsysteme, bei denen die interne Struktur dem Entwickler nicht bekannt ist oder nicht zur Verfügung steht.

Es gibt viele Arten von Komponententests, von denen wir im Folgenden die wichtigsten beschreiben: Äquivalenztest, Grenztest, Pfadtest und zustandsbasiertes Testen.

Äquivalenztest

Diese Testtechnik erlaubt es, die Anzahl der nötigen Testfälle zu minimieren. Alle möglichen Eingaben werden dabei in Äquivalenzklassen aufgeteilt und für jede dieser Klassen wird ein Testfall ausgewählt. Die Annahme beim Äquivalenztesten ist, dass sich alle Mitglieder einer Äquivalenzklasse ähnlich verhalten. Um das Verhalten im Zusammenhang mit einer Äquivalenzklasse zu testen, brauchen wir deshalb nur ein Mitglied dieser Klasse zu testen. Ein Äquivalenztest besteht aus zwei Schritten: Identifizierung der Äquivalenzklassen und Auswahl der Testeingaben. Zur Identifizierung der Äquivalenzklassen werden folgende Kriterien benutzt:

- *Abdeckung.* Jede mögliche Eingabe gehört zu einer der Äquivalenzklassen.

- *Disjunktion.* Keine Eingabe gehört zu mehr als einer einzigen Äquivalenzklasse.

- *Repräsentation.* Falls eine Ausführung einen fehlerhaften Zustand anzeigt, sobald ein bestimmtes Mitglied einer Äquivalenzklasse als Eingabe benutzt wird, dann kann derselbe fehlerhafte Zustand entdeckt werden, wenn irgendein anderes Mitglied dieser Klasse als Eingabe verwendet wird.

Für jede Äquivalenzklasse werden mindestens zwei Arten von Testeingaben ausgewählt: eine typische Eingabe, die den allgemeinen Fall abprüft, und eine unvollständige Eingabe, die die Tauglichkeit der Komponente hinsichtlich der Behandlung von Ausnahmen testet. Nachdem alle Äquivalenzklassen identifiziert worden sind, muss eine Testeingabe, die die Äquivalenzklasse abdeckt, für jede Klasse identifiziert werden. Falls die Möglichkeit besteht, dass nicht alle Elemente der Äquivalenzklasse durch die Testeingabe abgedeckt werden, muss die Äquivalenzklasse in kleinere Äquivalenzklassen unterteilt werden und es müssen Testeingaben für jede dieser neuen Klassen identifiziert werden.

Betrachten wir zum Beispiel eine Methode `TageProMonat`, die die Anzahl der Tage eines Monats anzeigt, wenn der Monat und das Jahr gegeben sind (siehe Abbildung 11.10). Die Parameter Monat und Jahr sind als ganze Zahlen spezifiziert. Außerdem wurde vereinbart, dass 1 den Monat Januar, 2 den Monat Februar usw., repräsentiert. Der Umfang gültiger Eingaben für das Jahr reicht von 0 bis `maxInt`.

```
class MeinGregorianischerKalender {
...
    public static int TageProMonat(int monat, int jahr) {…}
...
}
```

Abbildung 11.10: Schnittstelle für eine Methode, um die Anzahl der Tage in einem gegebenen Monat zu berechnen (Java). Die TageProMonat()-Methode verwendet zwei Parameter, Monat und Jahr, die beide als Integer spezifiziert sind.

Wir identifizieren dann drei Äquivalenzklassen für den Monatsparameter: Monate mit 31 Tagen (d.h. 1, 3, 5, 7, 8, 10, 12), Monate mit 30 Tagen (d.h. 4, 6, 9, 11) und den Februar, der 28 oder 29 Tage haben kann. Nichtpositive ganze Zahlen und ganze Zahlen größer als 12 sind ungültige Eingaben für den Monatsparameter. In ähnlicher Weise finden wir zwei Äquivalenzklassen für das Jahr: Schaltjahre und Nicht-Schaltjahre. Bei der Auswahl der Testeingaben wird durch Spezifikation zunächst festgelegt, dass negative ganze Zahlen ungültige Eingaben für das Jahr sind. Dann wählen wir einen gültigen Wert für jede Äquivalenzklasse (z.B. Februar, Juni, Juli, 1901 und 1904). Da der Ergebniswert der TagProMonat()-Methode von zwei Parametern abhängt, kombinieren wir den Ergebniswert mit jeder Äquivalenzklasse, um auch Interaktionen zwischen den Parametern zu testen, was uns zu sechs Äquivalenzklassen führt, die in Tabelle 11.2 gezeigt sind.

Grenztest

Der Grenztest ist ein Spezialfall des Äquivalenztests, denn er befasst sich mit den Bedingungen an den Grenzen der Äquivalenzklassen. Anders als das Auswählen irgendeines Elements in der Äquivalenzklasse verlangt ein Grenztest, dass die Elemente im „Randbereich" der Äquivalenzklasse gewählt werden müssen. Diese Elemente bezeichnen wir als Grenzfälle. Die Annahme beim Grenztesten ist, dass Entwickler oft Sonderfälle übersehen (z.B. 0, leere Zeichenketten, das Jahr 2000).

Äquivalenzklasse	Eingabewert für Monat	Eingabewert für Jahr
Monate mit 31 Tagen, Nicht-Schaltjahre	7 (Juli)	1901
Monate mit 31 Tagen, Schaltjahre	7 (Juli)	1904
Monate mit 30 Tagen, Nicht-Schaltjahre	6 (Juni)	1901
Monat mit 30 Tagen, Schaltjahre	6 (Juni)	1904
Monat mit 28 oder 29 Tagen, Nicht-Schaltjahre	2 (Februar)	1901
Monat mit 28 oder 29 Tagen, Schaltjahre	2 (Februar)	1904

Tabelle 11.2: Äquivalenzklassen und ausgewählte gültige Eingaben, um die liesAnzTageProMonat()-Methode zu testen

In unserem Beispiel zeigt der Monat Februar mehrere Grenzfälle auf. Im Allgemeinen sind Jahre, deren Zahl ein Vielfaches von 4 ist, Schaltjahre. Jedoch sind Jahre, deren Zahl ein Vielfaches von 100 ist, keine Schaltjahre, es sei denn, ihre Zahl ist gleichzeitig ein Vielfaches von 400. Zum Beispiel ist das Jahr 2000 ein Schaltjahr, das Jahr 1900 aber nicht. Beide Jahre, sowohl 1900 als auch 2000, sind wichtige Fälle, die wir testen sollten. Andere Grenzfälle umfassen die Monate 0 und 13, die sich an der Grenze für ungültige Eingaben befinden. Tabelle 11.3 zeigt die zusätzlichen Grenzfälle, die so für die `liesAnzTageProMonat()`-Methode ausgewählt wurden.

Ein Nachteil beim Äquivalenz- und Grenztesten ist, dass diese Techniken keine Kombinationen von Testeingabedaten untersuchen. In vielen Fällen fällt ein Programm aus, weil eine Kombination bestimmter Werte zu einem fehlerhaften Zustand führt. Ursache-Wirkungs-Tests beschäftigen sich mit diesem Problem, indem sie logische Beziehungen zwischen Ein- und Ausgaben oder Eingaben und Transformationen herstellen. Die Eingaben werden Ursachen genannt, die Ausgaben oder Transformationen heißen Wirkungen. Die Technik gründet auf der Voraussetzung, dass das Ein-/Ausgabeverhalten in eine Boolesche Funktion transformiert werden kann. Für Einzelheiten über diese Technik und eine andere so genannte „Fehlervermutungstechnik" verweisen wir auf die Literatur (beispielsweise [Myers, 1979]).

Äquivalenzklasse	Eingabewert für Monat	Eingabewert für Jahr
Schaltjahre teilbar durch 400	2 (Februar)	2000
Nicht-Schaltjahre teilbar durch 100	2 (Februar)	1900
Nichtpositive ungültige Monate	0	1291
Positive ungültige Monate	13	1315

Tabelle 11.3: Zusätzliche Grenzfälle für die `liesAnzTageProMonat()`-Methode

Pfadtest

Diese Testtechnik identifiziert Fehler in der Implementierung von Komponenten. Die Annahme beim Pfadtesten ist, dass die meisten vorhandenen Defekte einen Störfall auslösen, wenn jeder mögliche Pfad durch den Code mindestens einmal ausgeführt wird. Pfadtests sind Strukturtests, denn die Identifizierung von Pfaden verlangt Kenntnisse über Quelltext und Datenstrukturen.

Der Ausgangspunkt für Pfadtests ist der so genannte **Flussgraph**. Ein Flussgraph besteht aus Knoten, die die ausführbaren Blöcke des Programms und Entscheidungen repräsentieren. Er wird aus dem Code einer Komponente konstruiert, indem die Prädikate von Entscheidungsanweisungen (z.B. `if`-Anweisungen, `while`-Schleifen) auf Knoten abgebildet werden. Anweisungen zwischen jeder Entscheidung (z.B. `then`-Block, `else`-Block) werden auf andere Knoten abgebildet. Kanten zwischen den Knoten repräsentieren zeitliche Präzedenz-Beziehungen. Ein Pfad ist eine Menge von Kanten, die vom Start zum Ende des Flussgraphen führt.

Einen Flussgraphen stellen wir in UML mit einem Aktivitätsdiagramm dar. Dabei modellieren wir Entscheidungen mit UML-Verzweigungsknoten, Blöcke mit UML-Aktionszuständen und den Kontrollfluss mit UML-Transitionen. Ein **Pfad** ist eine Menge von Kanten, die vom Start zum Ende des Aktivitätsdiagramm führen. Die Menge aller Eingaben, die einen Pfad bestimmen, wird der zum Pfad korrespondierende **Testfall** genannt. Abbildung 11.11 zeigt eine *fehlerhafte* Implementierung der TageProMonat()-Methode.

```java
public class MonatUngültig extends Exception {…};
public class JahrUngültig extends Exception {…};

class MeinGregorianischerKalender {
    public static boolean istSchaltJahr(int jahr) {
        boolean schaltjahr;
        if ((jahr % 4) == 0){
            schaltjahr = true;
        } else {
            schaltjahr = false;
        }
        return schaltjahr;
    }
    public static int TageProMonat(int monat, int jahr)
            throws MonatUngültig, JahrUngültig {
        int anzTage;
        if (jahr < 1) {
            throw new JahrUngültig(jahr);
        }
        if (monat == 1 || monat == 3 || monat == 5 || monat == 7 ||
            monat == 10 || monat == 12) {
            anzTage = 32;
        } else if (monat == 4 || monat == 6 || monat == 9 || monat == 11) {
            anzTage = 30;
        } else if (monat == 2) {
            if (istSchaltJahr(jahr)) {
                anzTage = 29;
            } else {
                anzTage = 28;
            }
        } else {
            throw new MonatUngültig(monat);
        }
        return anzTage;
    }
    ...
}
```

Abbildung 11.11: Beispiel einer (fehlerhaften) Implementierung der TageProMonat()-Methode (Java)

Abbildung 11.12 veranschaulicht den äquivalenten Flussgraphen als UML-Aktivitäts-diagramm. Vollständiges Pfadtesten besteht darin, dass wir die Menge aller Pfade bestimmen, sodass jede Kante im Aktivitätsdiagramm mindestens einmal durchlaufen wird. Das geschieht, indem wir jede Bedingung, die zu einem Verzweigungsknoten gehört, untersuchen und eine Eingabe für ihren true-Zweig und eine andere Eingabe für ihren false-Zweig auswählen.

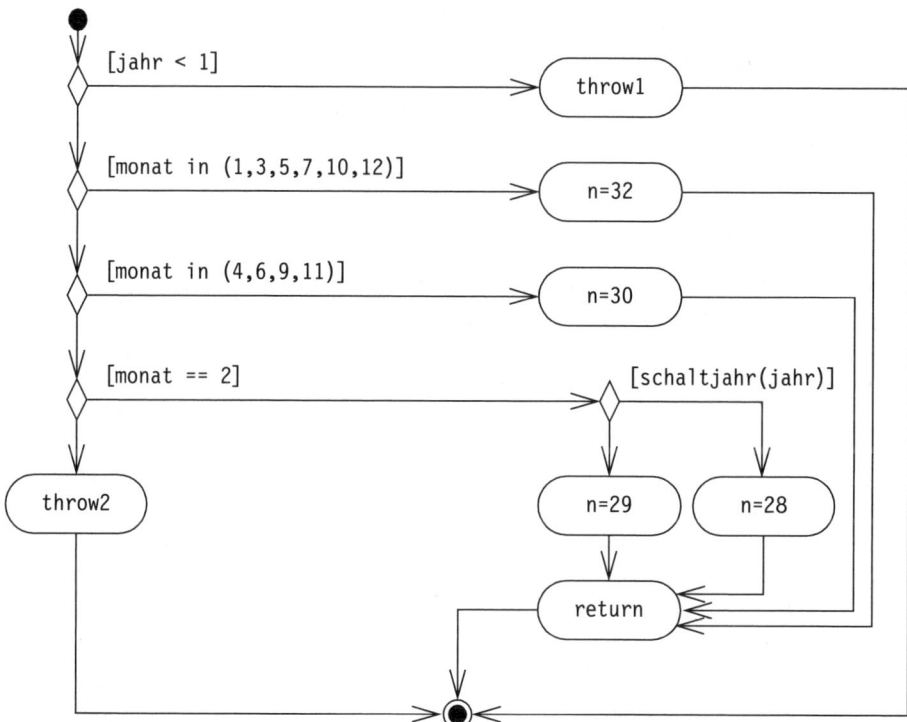

Abbildung 11.12: Äquivalenter Ablaufgraph für die (fehlerhafte) Implementierung der TagePro-Monat()-Methode aus Abbildung 11.11 (UML-Aktivitätsdiagramm)

Beim ersten Verzweigungsknoten in Abbildung 11.12 wählen wir zwei Eingaben: jahr=0 (so, dass jahr < 1 wahr ist) und jahr=1901 (so, dass jahr < 1 falsch ist). Wir wiederholen dann den Vorgang für den zweiten Verzweigungsknoten und wählen dafür die Eingaben monat=1 und monat=2. Die Eingabe (jahr=0, monat=1) erzeugt einen Pfad, denn die Kante {throw1} führt uns vom Start zum Ende des Aktivitätsdiagramms. Die Eingabe (jahr=1901, monat=1) erzeugt einen zweiten Pfad {n=32 return}, der einen der Fehler in der TageProMonat()-Methode aufdeckt. Durch Wiederholen dieses Vorgangs für jeden Knoten generieren wir alle Pfade und die korrespondierenden Testfälle, wie in Tabelle 11.4 dargestellt.

In ähnlicher Weise können wir das Aktivitätsdiagramm für die Methode istSchaltJahr() konstruieren und Testfälle ableiten, um den einzigen Verzweigungspunkt dieser Methode (Abbildung 11.13) zu untersuchen. Man beachte, dass der Testfall (jahr = 1901, monat = 2) der TageProMonat()-Methode schon einen der Pfade der istSchaltJahr()-Methode prüft. Durch systematisches Erstellen von Testfällen, die die Pfade aller Methoden erfassen, können wir die Komplexität bewältigen, die durch eine große Anzahl von Methoden hervorgerufen wird.

Testfall	Pfad
(jahr = 0, monat = 1)	{throw1}
(jahr = 1901, monat = 1)	{n=32 return}
(jahr = 1901, monat = 2)	{n=28 return}
(jahr = 1904, monat = 2)	{n=29 return}
(jahr = 1901, monat = 4)	{n=30 return}
(jahr = 1901, monat = 0)	{throw2}

Tabelle 11.4:   Testfälle und korrespondierende Pfade für das Aktivitätsdiagramm in Abbildung 11.12

Durch Verwendung der Graphentheorie kann gezeigt werden, dass die kleinste Anzahl von Tests, die zur Erfassung aller Kanten nötig ist, gleich der Anzahl der unabhängigen Pfade durch den Flussgraph ist [McCabe, 1976]. Diese Anzahl wird auch die *zyklomatische Komplexität* CC des Flussgraphen genannt:

```
CC = anzahl der kanten - anzahl der knoten + 2
```

wobei die Anzahl der Knoten gleich der Anzahl der Entscheidungen und Aktionszustände, und die Anzahl der Kanten gleich der Anzahl der Transitionen im Aktivitätsdiagramm ist. Die zyklomatische Komplexität der TageProMonat()-Methode ist 6, was der Anzahl der Testfälle entspricht, die wir in Tabelle 11.4 gefunden haben. Entsprechend ist die zyklomatische Komplexität der istSchaltJahr()-Methode und die Anzahl der abgeleiteten Testfälle 2.

Vergleicht man die Testfälle, die wir von den Äquivalenzklassen (Tabelle 11.2) und Grenzklassen (Tabelle 11.3) abgeleitet haben, mit den Testfällen, die wir vom Flussgraph (Tabelle 11.4 und Abbildung 11.13) abgeleitet haben, so können mehrere Unterschiede festgestellt werden. In beiden Fällen wird die Methode zur Berechnung des Monats Februar ausführlich getestet. Weil aber die Implementierung von istSchaltJahr() die durch 100 teilbaren Jahre nicht berücksichtigt, erzeugt das Pfadtesten für diese Äquivalenzklasse keinen Testfall.

Allgemein bedeutet das, dass Pfadtests und Strukturtestmethoden nur solche Fehler entdecken können, die sich aus dem Prüfen eines Pfades im Programm ergeben, wie z.B. die falsche Anweisung anzTage=32. Strukturtestmethoden können nicht entdecken, ob etwas weggelassen wurde, wie zum Beispiel den Fehler bei der Bearbeitung des Jahres 1900, das kein Schaltjahr war. Pfadtesten beruht wesentlich auf der Kontrollstruktur des Programms; Fehler im Zusammenhang mit Verletzungen der Invarianten von Datenstrukturen, wie das Zugreifen auf eine Matrix außerhalb ihrer Grenzen, werden nicht ausdrücklich bearbeitet. Jedoch kann die Testmethode, die nicht erschöpfend testet, nicht garantieren, alle Fehler zu finden. In unserem Beispiel entdecken weder Äquivalenztest noch Pfadtest den Fehler bezüglich des Monats August.

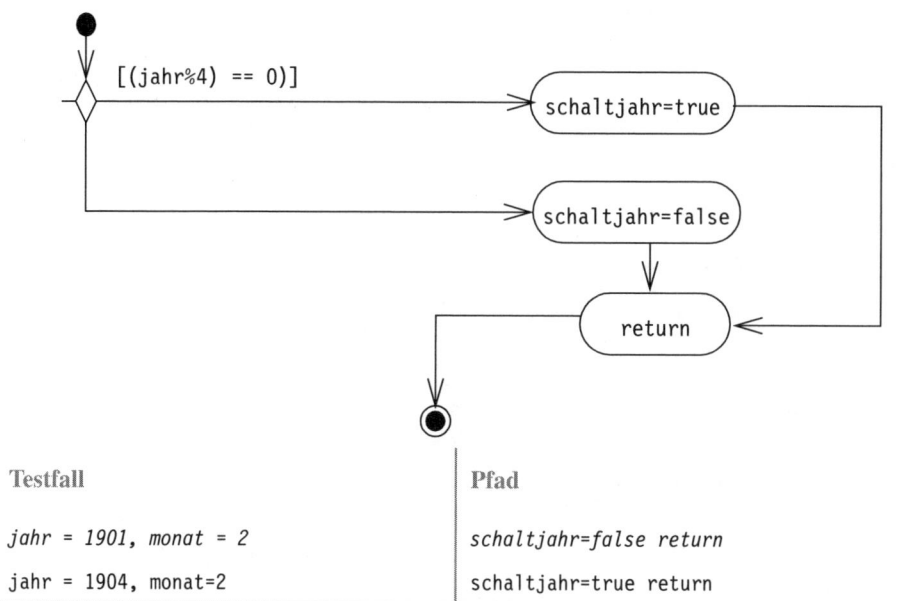

Testfall	Pfad
jahr = 1901, monat = 2	*schaltjahr=false return*
jahr = 1904, monat=2	schaltjahr=true return

Abbildung 11.13: Äquivalenter Ablaufgraph für die (fehlerhafte) Implementierung der ist-SchaltJahr()-Methode aus Abbildung 11.11 (UML-Aktivitätsdiagramm) und davon abgeleitete Tests. Der Test in *kursiver* Schrift ist durch den Test, der von der TageProMonat()-Methode abgeleitet wurde, überflüssig geworden.

Zustandsbasiertes Testen

Diese Testtechnik wurde vor einiger Zeit für objektorientierte Systeme entwickelt [Turner & Robson, 1993]. Die meisten Testtechniken konzentrieren sich darauf, eine Anzahl von Testeingaben für einen vorgegebenen Zustand auszuwählen sowie eine Komponente oder ein System zu prüfen und die beobachteten Ausgaben mit dem vorgegebenen Orakel zu vergleichen. Zustandsbasiertes Testen hingegen vergleicht einen sich ergebenden Zustand des Systems mit dem erwarteten Zustand. Im Kontext einer Klasse besteht zustandsbasiertes Testen darin, Testfälle aus dem für diese Klasse definierten UML-Zustandsdiagramm abzuleiten. Eine Testeingabe wird hier als **Stimulus** bezeichnet. Ein Stimulus bezeichnet nicht nur eine Eingabe im traditionellen Sinne, auch ein bestimmter Zustand einer Klasse kann eine Eingabe sein.

Bei der Bestimmung der Testfälle wird für jeden Zustand des Zustandsdiagramms die Menge der Stimuli bestimmt, die alle Transitionen, die von diesem Zustand möglich sind, ausführen (ähnlich wie beim Äquivalenztesten). Nachdem durch die Wahl des Stimulus sichergestellt worden ist, dass die Klasse den spezifizierten Zustand erreicht hat, werden die aktuellen Werte der Klassenattribute überprüft.

Abbildung 11.14 zeigt das UML-Zustandsdiagramm für die Klasse 2TUhr, die wir in Kapitel 2, *Modellierung mit UML* beschrieben hatten (siehe Abbildung 2.38), und die zugehörigen Tests. Das Zustandsdiagramm spezifiziert, welche Stimuli die Uhr aus dem Zustand

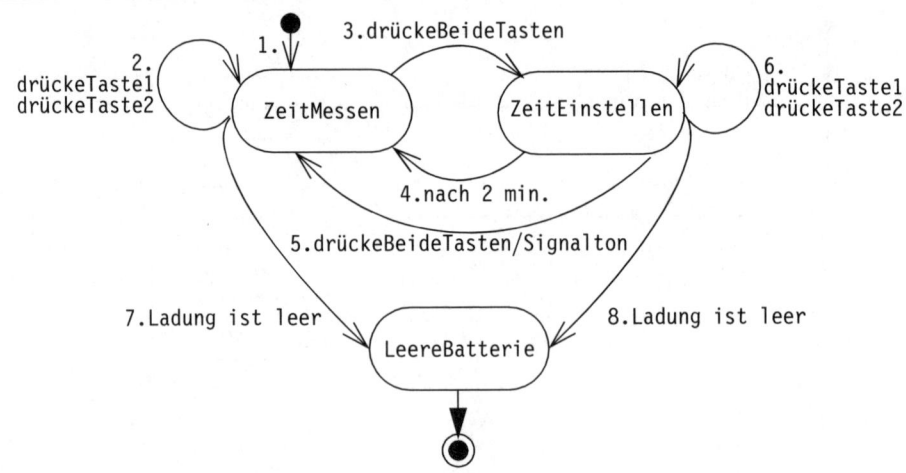

Stimulus	Getestete Transition	Vorausgesagter Ergebnis- zustand
Leere Menge	1. *Anfangsübergang*	ZeitMessen
Drücke Taste 1	2.	ZeitMessen
Drücke beide Tasten- gleichzeitig	3.	ZeitEinstellen
Warte mehr als 2 Minuten	4. *Zeitüberschreitung*	ZeitMessen
Drücke beide Tasten- gleichzeitig	3. *Versetzt das System in den ZeitEinstellen-Zustand, um den nächsten Übergang zu testen.*	ZeitEinstellen
Drücke beide Tasten- gleichzeitig	5.	ZeitEinstellen ->ZeitMessen
Drücke beide Tasten- gleichzeitig	3. *Versetzt das System in den ZeitEinstellen-Zustand, um den nächsten Übergang zu testen.*	ZeitEinstellen
Drücke Taste 1	6. Zurück zu ZeitMessen	ZeitMessen

Abbildung 11.14: UML-Zustandsdiagramm und daraus resultierende Tests für die Operation SetzeZeit. Es werden nur die ersten acht Stimuli gezeigt.

ZeitMessen in den Zustand ZeitEinstellen überführen. Es zeigt keine Zustände auf niederer Ebene, wenn sich beispielsweise Datum oder Zeit entweder aufgrund einer Aktion durch den Benutzer oder des Zeitverstreichens ändern. Die Stimuli in Abbildung 11.14 wurden so generiert, dass jede Transition im Zustandsdiagramm mindestens einmal durchlaufen wird. Nach jeder Eingabe kann man dann Testcode ausführen, der überprüft, ob sich die Uhr in dem vorhergesehenen Zustand befindet, andernfalls wird eine Ausnahme erzeugt. Man beachte, dass einige Transitionen (z.B. Transition 3) mehrmals durchlaufen werden, da es notwendig sein kann, die Uhr in den ZeitEinstellen-Zustand zurückzustellen (z.B. zum Testen der Transitionen 4, 5 und 6). Es werden nur die ersten acht Impulse angezeigt. Die Testeingaben für den LeereBatterie-Zustand werden nicht erzeugt.

Zustandsbasiertes Testen ist zur Zeit noch mit Schwierigkeiten behaftet. Da der Zustand einer Klasse gekapselt ist, müssen Tests Anweisungen beinhalten, die die Klassen in den gewünschten Zustand bringen, bevor bestimmte Transitionen getestet werden können. Zustandsbasiertes Testen verlangt auch das Einfügen von zusätzlichem Code zur Überprüfung von Klassenattributen. Obwohl zustandsbasiertes Testen deshalb noch nicht von jedem praktiziert wird, verspricht es, eine effektive Testtechnik für objektorientierte Systeme zu werden, sobald erst eine geeignete Automatisierung gefunden ist.

Polymorphismustesten

Polymorphismus bringt neue Herausforderungen für das Testen, weil es dadurch möglich ist, Aufrufe von Operationen – abhängig vom Typ der Klasse – dynamisch an verschiedene Methoden zu binden. Obwohl dies den Entwicklern erlaubt, Code über eine große Anzahl von Klassen hinweg wiederzuverwenden, bringt es auch neue Testfälle mit sich, denn alle möglichen Bindungen müssen nun identifiziert und getestet werden [Binder, 2000].

Dazu betrachten wir noch einmal das Problem einer gemeinsamen Schnittstelle für mehrere Netzwerke, das wir in Kapitel 8, *Objektentwurf: Wiederverwendung von Mustern*, mit dem Strategiemuster gelöst hatten (siehe Abbildung 11.15). Das Strategiemuster benutzt Polymorphismus, um den Kontext (die NetzwerkVerbindung-Klasse) von der tatsächlichen Strategie (den Ethernet-, WaveLAN- und UMTS-Klassen) abzuschirmen. Zum Beispiel ruft die NetzwerkVerbindung.sende()-Methode die NetzwerkSchnittstelle.sende()-Methode auf, um Bytes über die aktuelle NetzwerkSchnittstelle zu senden, ungeachtet der momentanen tatsächlichen Strategie. Das bedeutet, dass zur Laufzeit der Aufruf der NetzwerkSchnittstelle.sende()-Methode an eine der folgenden drei Methoden gebunden sein kann: Ethernet.sende(), WaveLAN.sende(), UMTS.sende().

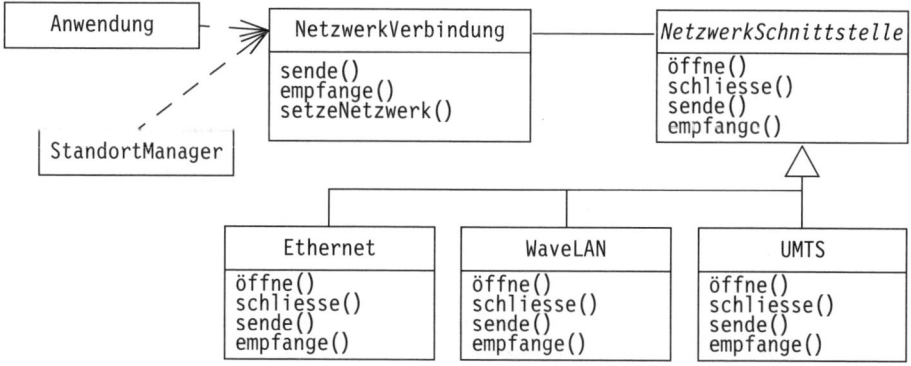

Abbildung 11.15: Strategiemuster zur Kapselung der Implementierungen von NetzwerkSchnittstelle (UML-Klassendiagramm)

Wendet man die Pfadtesttechnik auf eine Operation an, die Polymorphismus verwendet, muss man alle ihre dynamischen Bindungen erwägen, und zwar für jede Nachricht, die versendet werden kann. In `NetzwerkVerbindung.sende()` in der linken Spalte der Abbildung 11.16 rufen wir die `nif.sende()`-Operation auf, die entweder an `Ethernet.sende()`- oder `WaveLAN.sende()`- oder `UMTS.sende()`-Methoden gebunden sein kann, abhängig von der Klasse des `nif`-Objekts. Um diese Situation ausdrücklich zu behandeln, erweitern wir den ursprünglichen Quelltext, indem wir jeden Aufruf von `nif.sende()` durch eine geschachtelte `if else`-Anweisung ersetzen, die alle Unterklassen von NetzwerkSchnittstelle (rechte Spalte in Abbildung 11.16) prüft. Abhängig von der Klasse wird `nif` in die entsprechende konkrete Klasse gesteckt und die zugehörige Methode wird aufgerufen. Man beachte, dass in einigen Situationen die Anzahl der Pfade vermindert

```java
public class NetzwerkVerbindung {
//...
private NetzwerkSchnittstelle nif;
void sende(byte msg[]) {
    queue.concat(msg);
    if (nif.istFertig()) {
        nif.sende(queue);
        queue.setLength(0);
    }
}
}
```

```java
public class NetzwerkVerbindung {
//...
private NetzwerkSchnittstelle nif;
void sende(byte msg[]) {
    queue.concat(msg);
    boolean fertig = false;
    if (nif instanceof Ethernet) {
        Ethernet eNif = (Ethernet)nif;
        fertig = eNif.istFertig();
    } else if (nif instanceof WaveLAN){
        WaveLAN wNif = (WaveLAN)nif;
        fertig = wNif.istFertig();
    } else if (nif instanceof UMTS) {
        UMTS uNif = (UMTS)nif;
        fertig = uNif.istFertig();
    }
    if (fertig) {
        if (nif instanceof Ethernet) {
            Ethernet eNif =
            (Ethernet)nif;
            eNif.sende(queue);
        } else if (nif instanceof
                        WaveLAN){
            WaveLAN wNif = (WaveLAN)nif;
            wNif.sende(queue);
        } else if (nif instanceof UMTS){
            UMTS uNif = (UMTS)nif;
            uNif.sende(queue);
        }
        queue.setLength(0);
    }
}
}
```

Abbildung 11.16: Java-Quelltext für die `NetzwerkVerbindung.sende()`-Nachricht (links) und äquivalenter Java-Quelltext ohne Polymorphismus (rechts). Der Quelltext rechts wird zur Erzeugung von Testfällen benutzt.

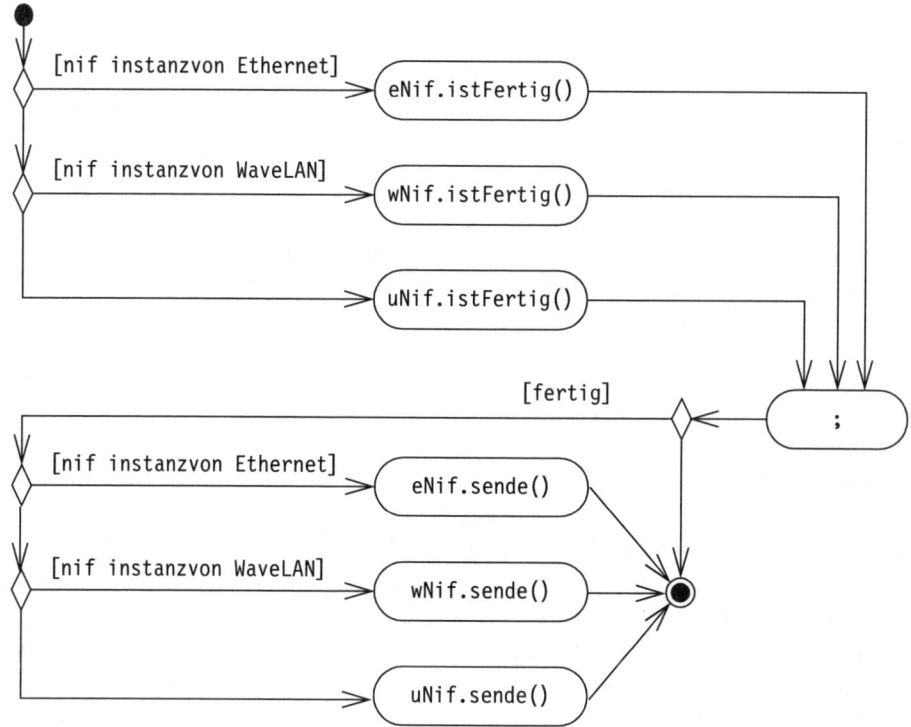

Abbildung 11.17: Äquivalenter Ablaufgraph für den erweiterten Quelltext der NetzwerkVerbindung.sende()-Methode aus Abbildung 11.16 (UML-Aktivitätsdiagramm)

werden kann, wenn Redundanzen entfernt werden. Sobald der Quelltext erweitert ist, erzeugen wir den zugehörigen Flussgraph (siehe Abbildung 11.17) und die Testfälle, die alle Pfade abdecken. Das ergibt dann auch Testfälle, die die Aufrufe der sende()-Methode für die drei konkreten Netzwerkschnittstellen überprüfen.

Wenn viele Schnittstellen und abstrakte Klassen verwendet werden, kann dies bei der Erzeugung eines Flussgraphen für eine Methode von mittlerer Komplexität zu einer explosionsartigen Vermehrung von Pfaden führen. Das verdeutlicht auf der einen Seite, wie objektorientierter Code bei Verwendung von Polymorphismus kompakte und erweiterbare Komponenten ergeben kann, und auf der anderen Seite, wie die Anzahl der Testfälle anwächst, wenn man versucht, eine halbwegs vernünftige Pfadabdeckung zu erreichen.

11.4.4 Integrationstest

Der Komponententest konzentriert sich auf einzelne Komponenten. Der Entwickler versucht Defekte zu finden, indem er sowohl Äquivalenztests, Grenztests, Pfadtests als auch andere Techniken anwendet. Sobald die Defekte in den Komponenten beseitigt sind und die Testfälle keine weiteren neuen Fehler aufzeigen, können die Komponenten in den größere Subsysteme integriert werden. Zu diesem Zeitpunkt sind die Komponenten wahrscheinlich immer noch fehlerhaft, weil Teststümpfe und -treiber, die während des Komponententests benutzt werden, nur Näherungen der Komponenten sind, die sie simuliert haben. Außerdem deckt ein Komponententest keine Defekte auf, die mit Komponentenschnittstellen zusammenhängen, die durch falsche Annahmen beim Aufruf dieser Schnittstellen entstehen.

Beim **Integrationstesten** werden Fehler in Gruppen von Komponenten entdeckt, die während des Komponententests nicht bemerkt wurden. Dazu werden zwei oder mehr Komponenten in einer Gruppe zusammengefasst und getestet. Wenn zwei Komponenten zusammen getestet werden, nennen wir das einen *Doppeltest*. Werden drei Komponenten zusammen getestet, ist es ein *Dreiertest*, und ein Test mit vier Komponenten heißt *Vierertest*. Wenn dabei keine neuen Defekte erkannt werden, werden neue Komponenten zu der Gruppe hinzugenommen und die neue Gruppe wird getestet. Diese Vorgehensweise ermöglicht das Testen von immer größer werdenden komplexeren Teilen des Systems, wobei die Stellen, an denen neue Fehler auftreten, relativ begrenzt sind, denn die zuletzt hinzugenommene Komponente ist für gewöhnlich diejenige, die den zuletzt aufgedeckten Fehler verursacht hat.

Das Entwickeln von Teststümpfen und -treibern für einen systematischen Integrationstest ist zeitaufwendig. In der Extremen Programmierung ist deshalb festgelegt, dass Treiber geschrieben werden müssen, bevor Komponenten entwickelt werden [Beck, 1998]. Die Reihenfolge, in der die Komponenten getestet werden, kann den gesamten Aufwand, der beim Integrationstest erforderlich ist, beeinflussen. Eine sorgfältige Komponentenanordnung kann den gesamten Aufwand für den Integrationstest verringern. In diesem Abschnitt konzentrieren wir uns auf verschiedene Strategien, wie die zu testenden Komponenten für den Integrationstest angeordnet werden können.

Integrationsteststrategien

Bei Integrationsteststrategien gibt es viele Arten: Urknalltest, Bottom-up-Test, Top-down-Test und Sandwich-Test. Jede dieser Strategien war ursprünglich unter der Annahme ausgeklügelt worden, dass die Systemzerlegung hierarchisch sei und dass jede der Komponenten einer der hierarchisch angeordneten Schichten angehört. Abbildung 11.18 zeigt eine hierarchische Systemzerlegung, die wir für die Diskussion dieser Strategien beim Integrationstesten benutzen. Alle Integrationsteststrategien lassen sich ganz leicht auch an nichthierarchische Systemzerlegungen anpassen.

Die **Urknallteststrategie** unterstellt, dass alle Komponenten zuerst einzeln und dann zusammen als ein einziges System getestet werden. Der Vorteil ist, dass keine zusätzlichen Teststümpfe oder -treiber benötigt werden. Obwohl diese Strategie so einfach klingt, ist ein Urknalltest kostspielig: Wenn der Test einen Fehler aufdeckt, ist es unmöglich, Fehler in der Schnittstelle von Fehlern innerhalb einer Komponente zu unterscheiden. Zudem ist es schwierig, die spezielle Komponente (oder Kombination von Komponenten), die für den Fehler verantwortlich ist, genau zu bestimmen, da im Prinzip alle Komponenten des Systems eventuell dafür verantwortlich gemacht werden können. Dieser Nachteil hat zu Integrationsstrategien geführt, die immer nur wenige Komponenten gleichzeitig integrieren.

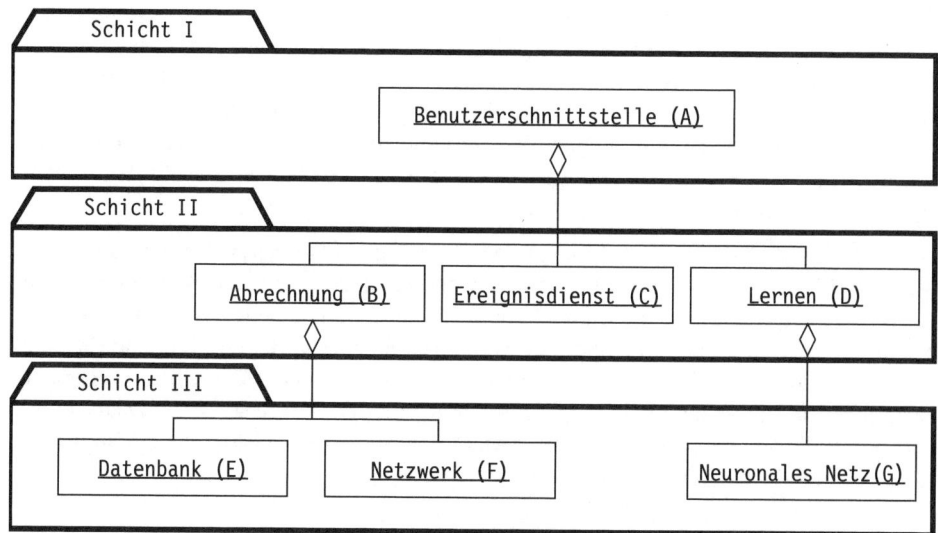

Abbildung 11.18: Beispiel für eine hierarchische Systemzerlegung mit drei Schichten (UML-Klassendiagramm, Schichten werden durch Pakete dargestellt)

Die **Bottom-up-Teststrategie** prüft zuerst einzeln jede Komponente der untersten Schicht und integriert sie dann schrittweise mit Komponenten der nächsthöheren Schichten. Das wird so oft wiederholt, bis alle Komponenten aus allen Schichten kombiniert sind. Testtreiber werden benutzt, um die noch nicht integrierten Komponenten aus höheren Schichten zu simulieren. Teststümpfe sind beim Bottom-up-Testen nicht nötig.

Die **Top-down-Teststrategie** testet die Komponenten der obersten Schicht zuerst und integriert dann die Komponenten der nächstniedrigeren Schicht. Wenn alle Komponenten der neuen Schicht inkrementell integriert und getestet sind, wird die nächsttiefere Schicht ausgewählt. Wiederum fügen die Tests inkrementell eine Komponente nach der anderen hinzu. Das wird so lange fortgesetzt, bis alle Schichten miteinander kombiniert und in den Test einbezogen sind. Zur Simulation von Komponenten aus niedrigeren Schichten, die noch nicht integriert sind, werden Teststümpfe benutzt. Testtreiber werden beim Top-down-Testen nicht benötigt.

Der Vorteil beim Bottom-up-Testen ist, dass Schnittstellenfehler leichter gefunden werden: Wenn die Entwickler eine Komponente in einer höheren Schicht durch einen Testtreiber substituieren, haben sie eine klare Vorstellung davon, wie die Komponente auf der niedrigeren Schicht arbeitet, und kennen auch die Verträge, die in der Schnittstelle eingebaut sind. Sollte die Komponente der höheren Schicht die Verträge der Komponente der niedrigeren Schicht verletzen, finden die Entwickler das relativ schnell heraus. Der Nachteil des Bottom-up-Testens ist, dass es die wichtigsten Subsysteme zuletzt testet, insbesondere die Komponenten der Benutzerschnittstelle. Defekte, die in der obersten Schicht gefunden werden, haben oft Änderungen in der Systemzerlegung oder in den Subsystemschnittstellen zur Folge und machen dadurch alle vorangegangenen Tests ungültig.

Der Vorteil beim Top-down-Testen ist, dass es mit den Komponenten der Benutzerschnittstelle anfängt. Tests dieser Schicht können aus dem Anforderungsmodell abgeleitet werden und sind dadurch besser geeignet, für den Benutzer sichtbare Defekte zu finden. Die gleiche Reihe von Tests, die von den Anforderungen hergeleitet wurden, kann beim Testen der ständig größer werdenden Gruppe von Komponenten verwendet werden. Der Nachteil beim Top-down-Testen ist, dass die Entwicklung von Teststümpfen zeitaufwendig und fehleranfällig ist. Um nichttriviale Systeme zu testen, wird im Allgemeinen eine große Anzahl von Stümpfen benötigt, vor allem wenn die unterste Schicht der Systemzerlegung viele Methoden implementiert.

Die Abbildungen 11.19 und 11.20 zeigen mögliche Kombinationen von Subsystemen, die während des Integrationstestens verwendet werden können. Wird eine Bottom-up-Strategie benutzt, werden zuerst die Subsysteme E, F und G komponentengetestet, dann wird ein Dreiertest B-E-F und ein Doppeltest D-G ausgeführt usw. Bei der Verwendung einer Top-down-Strategie wird zuerst das Subsystem A komponentengetestet, dann werden die Doppeltests A-B, A-C und A-D ausgeführt, dann wird der Vierertest A-B-C-D ausgeführt usw. Beide Strategien decken dieselbe Anzahl von Subsystemabhängigkeiten ab, prüfen sie aber in verschiedener Reihenfolge.

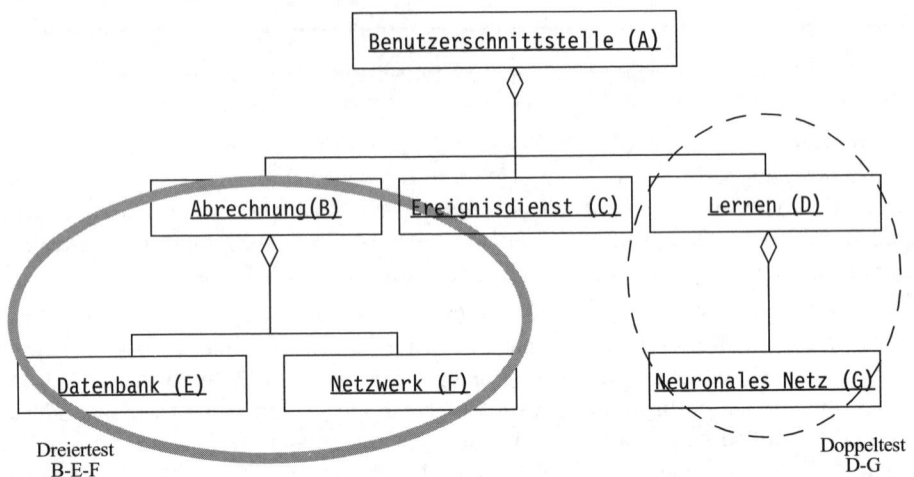

Abbildung 11.19: Bottom-up-Teststrategie. Nach den Komponententests der Subsysteme E, F und G wird der Bottom-up-Integrationstest mit dem Dreiertest B-E-F und dem Doppeltest D-G fortgesetzt.

Die **Sandwich-Test-Strategie** kombiniert die Top-down- und die Bottom-up-Strategien mit dem Bestreben, das Beste aus beiden zu verwenden. Beim Sandwich-Testen muss der Tester in der Lage sein, die Systemzerlegung auf drei Schichten abzubilden: Eine **Zielschicht** („die Wurst"), eine Schicht über der Zielschicht („die obere Brotscheibe des Sandwichs") und eine Schicht unter der Zielschicht („die untere Brotscheibe des Sandwichs"). Mit der Zielschicht als Zentrum der Durchführung können Top-down- und Bottom-up-Tests parallel durchgeführt werden. Top-down-Integrationstesten wird ausgeführt, indem die obere Schicht inkrementell mit den Komponenten der Zielschicht getestet wird, und Bottom-up-Testen wird benutzt, um die untere Schicht inkrementell mit den Komponenten der Zielschicht zu testen. Dadurch müssen Teststümpfe und -treiber nicht eigens für die Ober- und Unterschichten geschrieben werden, weil diese Schichten jeweils die aktuellen Komponenten der Zielschicht benutzen.

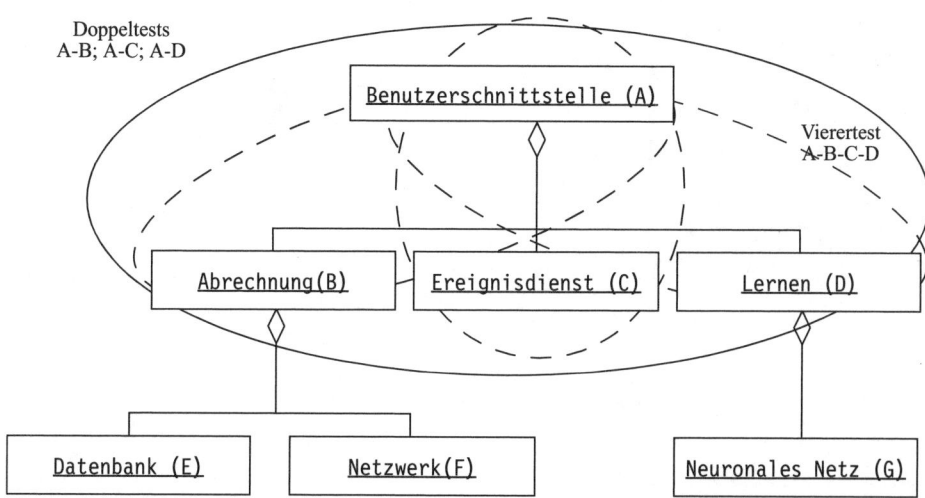

Abbildung 11.20: Top-down-Teststrategie. Nach den Komponententests der Subsysteme A wird der Bottom-up-Integrationstest mit den Doppeltests A-B, A-C und A-D fortgesetzt, gefolgt vom Vierertest A-B-C-D.

Beim Sandwich-Testen ist also ein frühes Testen der Komponenten der Benutzerschnittstelle möglich. Es gibt aber noch ein Problem beim Sandwich-Testen: Die einzelnen Komponenten der Zielschicht werden vor ihrer Integration nicht sorgfältig geprüft. Der in Abbildung 11.21 gezeigte Sandwich-Test führt zum Beispiel keinen Komponententest für die Komponente C der Zielschicht durch.

Die **modifizierte Sandwich-Teststrategie** prüft die drei Schichten individuell, bevor sie mit Hilfe von inkrementellen Tests miteinander kombiniert werden. Die individuellen Schichttests bestehen aus einer Gruppe von drei Tests:

- ▦ aus einem Oberschichttest mit Stümpfen für die Zielschicht,

- ▦ einem Zielschichttest mit Treibern und Stümpfen, die die Ober- und Unterschichten ersetzen, und

- ▦ einem Unterschichttest mit einem Treiber für die Zielschicht.

Die kombinierten Schichttests bestehen immer aus zwei Tests:

- ▦ Die Oberschicht greift auf die Zielschicht zu. Dieser Test kann den Zielschichttest wiederverwenden, indem er die Treiber durch Komponenten der Oberschicht ersetzt.

- ▦ Die Zielschicht greift auf die Unterschicht zu. Dieser Test kann den Zielschichttest wiederverwenden, indem er die Stümpfe durch Komponenten der Unterschicht ersetzt.

Der Vorteil beim modifizierten Sandwich-Testen ist, dass viele Testaktivitäten parallel ausgeführt werden können; siehe die Aktivitätsdiagramme in den Abbildungen 11.21 und 11.22. Der Nachteil beim modifizierten Sandwich-Testen besteht darin, dass zusätzliche Teststümpfe und -treiber benötigt werden. Insgesamt gesehen führt das modifizierte Sandwich-Testen jedoch zu einer deutlich kürzeren Gesamttestzeit als Top-down- oder Bottom-up-Testen.

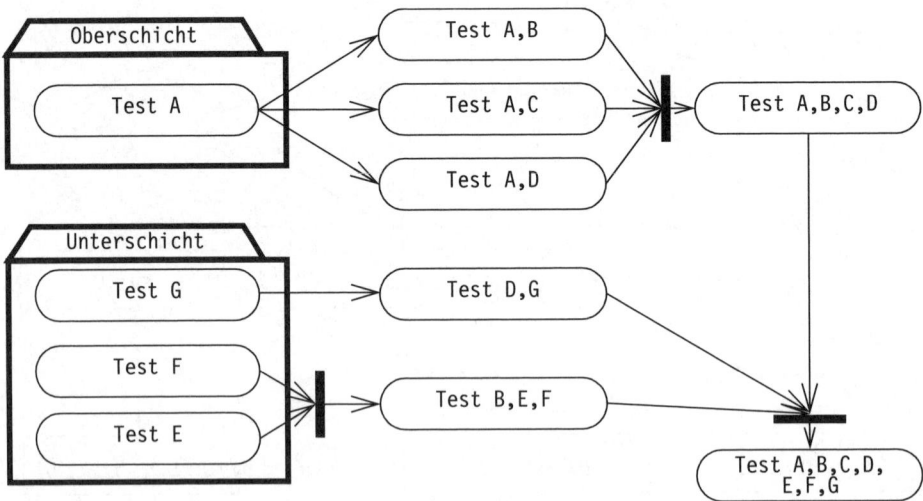

Abbildung 11.21:   Sandwich-Teststrategie (UML-Aktivitätsdiagramm). Keine der Komponenten in der Zielschicht (z.B. B, C, D) wird komponentengetestet

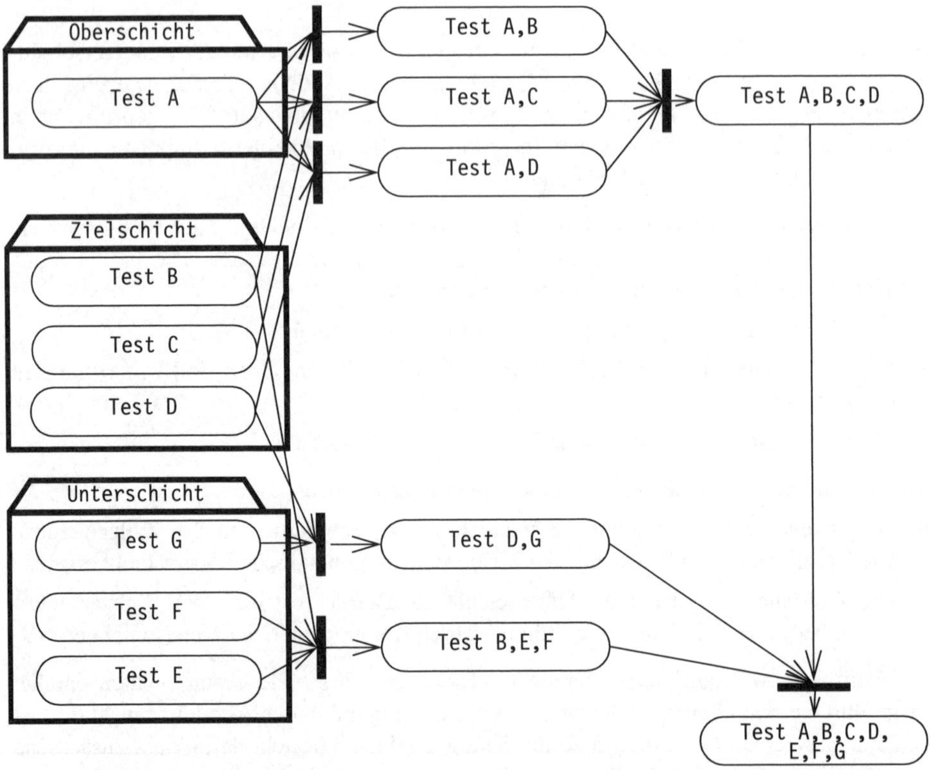

Abbildung 11.22:   Beispiel einer modifizierten Sandwich-Teststrategie (UML-Aktivitätsdiagramm). Die Komponenten der Zielschicht sind komponentengetestet, bevor sie mit der Ober- und der Unterschicht kombiniert werden.

11.4.5 Systemtest

Komponenten- und Integrationstests konzentrieren sich auf das Finden von Defekten in einzelnen Komponenten und in den Schnittstellen zwischen den Komponenten. Sobald alle Komponenten integriert sind, gewährleisten die **Systemtests**, dass das integrierte System die funktionalen und nichtfunktionalen Anforderungen erfüllt. Dabei unterscheiden wir verschiedene Arten von Systemtests:

- **Funktionstest**. Test der funktionalen Anforderungen (Lastenheft)
- **Leistungstest**. Test der nichtfunktionalen Anforderungen (Systementwurfs-Dokument)
- **Feldtest**. Test der allgemeinen Funktionalität bei ausgewählten Gruppen von Endbenutzern in der Zielumgebung
- **Akzeptanztest**. Vom Auftraggeber durchgeführte Benutzbarkeits-, Funktions- und Leistungstests, die die Aktzeptanzkriterien in der Entwicklungsumgebung testen (Projektvereinbarung)
- **Installationstest**. Vom Auftraggeber durchgeführte Benutzbarkeits-, Funktions- und Leistungstests, die die Aktzeptanzkriterien in der Zielumgebung testen. Wird das System nur bei einer kleinen Gruppe von Benutzern installiert, nennt man dies einen *Betatest*.

Funktionstest

Der **Funktionstest**, auch **Anforderungstest** genannt, findet die Unterschiede zwischen den funktionalen Anforderungen und dem laufenden System. Beim Funktionstest werden die Testfälle aus dem Anwendungsfallmodell abgeleitet. In Systemen mit komplexen funktionalen Anforderungen ist es dabei meist unmöglich, alle Anwendungsfälle für alle gültigen und ungültigen Eingabewerte zu testen. Das Ziel des Testers ist es dann, solche Fälle auszuwählen, die für den Benutzer von Bedeutung sind und bei denen die Wahrscheinlichkeit, einen Fehler aufzudecken, hoch ist. Wichtig ist, dass Funktionstests sich von Benutzbarkeitstests (beschrieben in Kapitel 4, *Anforderungsermittlung*), welche auch auf das Anwendungsfallmodell abzielen, unterscheiden. Ein Funktionstest versucht die Unterschiede zwischen dem spezifizierten Anwendungsfallmodell und dem beobachteten Verhalten zu finden; Benutzbarkeitstests hingegen sollen die Unterschiede zwischen dem Anwendungsfallmodell und den Erwartungen des Benutzers an das System ermitteln.

Um gute Funktionstests zu finden, untersucht man das Anwendungsfallmodell und identifiziert Anwendungsfallinstanzen, die mit guter Wahrscheinlichkeit einen Fehler verursachen. Das wird mit Hilfe von Techniken durchgeführt, die den Äquivalenztests und Grenztests ähnlich sind (siehe Abschnitt 11.4.3). Testfälle sollten dabei sowohl normale als auch außergewöhnliche Anwendungsfälle untersuchen. Betrachten wir dazu einmal das Anwendungsfallmodell für einen Fahrkartenautomaten in Abbildung 11.23. Der Normalfall wird durch den KaufeFahrkarte-Anwendungsfall modelliert, der die Schritte beschreibt, wie ein Passagier erfolgreich eine Fahrkarte erwerben kann. Die Anwendungsfälle Zeitüberschreitung, Abbrechen, AußerBetrieb und KeinWechselgeld beschreiben dagegen außergewöhnliche Fälle, die sich aus dem Zustand des Fahrkartenautomaten oder aus Aktionen durch den Passagier ergeben.

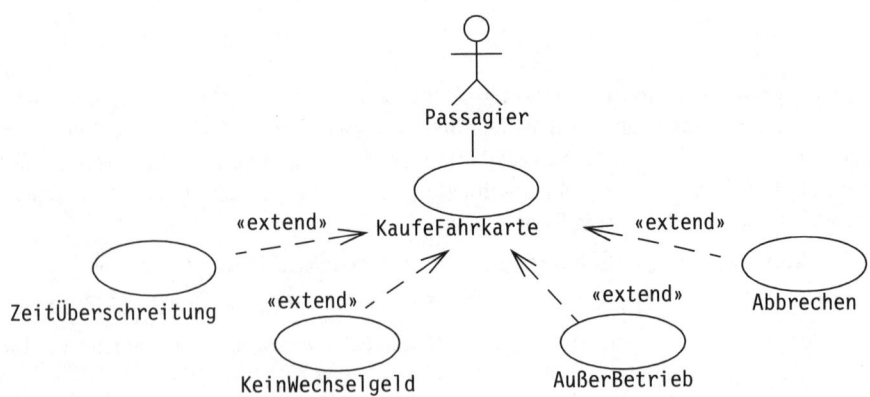

Abbildung 11.23: Anwendungsfallmodell eines Fahrkartenautomaten (UML-Anwendungsfall-diagramm)

Anwendungsfallname	KaufeFahrkarte
Anfangsbedingungen	Der Passagier steht vor dem FahrkartenAutomaten.
	Der Passagier hat genügend Geld, um eine Fahrkarte zu kaufen.
Ereignisfluss	1. Der Passagier wählt die Anzahl der zu durchfahrenden Zonen. Wenn der Passagier Knöpfe für mehrere Zonen drückt, wird nur der zuletzt gedrückte Knopf vom FahrkartenAutomaten beachtet.
	2. Der FahrkartenAutomat zeigt den fälligen Geldbetrag an.
	3. Der Passagier gibt das Geld ein.
	4. Wählt der Passagier eine neue Zone, bevor er genügend Geld eingegeben hat, gibt der FahrkartenAutomat alle vom Passagier bis dahin bezahlten Münzen und Scheine zurück.
	5. Bezahlt der Passagier mehr als den fälligen Betrag, gibt der FahrkartenAutomat das Wechselgeld zurück.
	6. Der FahrkartenAutomat fertigt die Fahrkarte aus.
	7. Der Passagier entnimmt Wechselgeld und Fahrkarte.
Abschlussbedingungen	Der Passagier hat die gewählte Fahrkarte.

Abbildung 11.24: Beispiel für den Anwendungsfall KaufeFahrkarte

Abbildung 11.24 zeigt den KaufeFahrkarte-Anwendungsfall, der die normale Interaktion zwischen dem Passagier und dem FahrkartenAutomaten beschreibt. Dabei können drei Merkmale des FahrkartenAutomaten möglicherweise Fehler verursachen und sollten deshalb getestet werden:

1. Der Passagier kann mehrfach Zonenknöpfe drücken, bevor er Geld eingibt. In diesem Fall sollte der FahrkartenAutomat den Betrag für die zuletzt gewählte Zone anzeigen.

2. Der Passagier kann eine andere Zone wählen, nachdem er schon angefangen hat, Geld einzugeben. In diesem Fall sollte der FahrkartenAutomat das gesamte vom Passagier bereits eingegebene Geld zurückgeben.

3. Der Passagier kann mehr Geld als nötig eingeben. In diesem Fall sollte der Fahrkar-tenAutomat den genauen Wechselbetrag zurückgeben.

Abbildung 11.25 zeigt den Testfall KaufeFahrkarte_AllgemeinerFall, der diese drei Merkmale testet. Man beachte, dass der Ereignisfluss sowohl die Eingabewerte an das System (Stimuli, die der Akteur Passagier an den FahrkartenAutomaten sendet) als auch die erwünschten Ausgabewerte (korrekte Antworten vom FahrkartenAutomaten) beschreibt. Ähnliche Testfälle können auch für die Ausnahmeanwendungsfälle KeinWech-selgeld, AußerBetrieb, ZeitÜberschreitung und Abbrechen hergeleitet werden. Testfälle wie KaufeFahrkarte_Allgemeiner-Fall werden für alle Anwendungsfälle hergeleitet, einschließlich der Testfälle für Ausnahmen. Testfälle sind immer mit den Anwendungs-fällen, von denen sie hergeleitet werden, verbunden. Das erleichtert die Aktualisierung der Testfälle, falls Anwendungsfälle modifiziert werden.

Testfallname	KaufeFahrkarte_AllgemeinerFall
Anfangs-bedingungen	Der Passagier steht vor dem FahrkartenAutomaten. Der Passagier hat zwei 5-Euro-Scheine und drei 2-Euro-Münzen.
Ereignisfluss	1. Der Passagier drückt nacheinander die Knöpfe für die Zonen 2, 4, 1 und 2. 2. Der FahrkartenAutomat sollte nacheinander EUR 1,25, EUR 2,25, EUR 0,75 und EUR 1,25 anzeigen. 3. Der Passagier gibt einen 5-Euro-Schein ein. 4. Der FahrkartenAutomat gibt drei 1-Euro-Münzen, sowie jeweils eine 50-Cent-, 20-Cent- und 5-Cent-Münze zurück und eine 2-Zonen-Fahrkarte aus. 5. Der Passagier wiederholt die Schritte 1 bis 4 und verwendet seinen zweiten 5-Euro-Schein. 6. Der Passagier wiederholt die Schritte 1 bis 3, verwendet aber eine 1-Euro-Münze und drei 10-Cents anstelle eines 5-Euro-Scheins. Der FahrkartenAutomat eine 2-Zonen-Fahrkarte aus und gibt 10 Cent zurück. 7. Der Passagier wählt Zone 1 und gibt eine 1-Euro-Münze ein. Der FahrkartenAutomat fertigt eine 1-Zonen-Fahrkarte aus und gibt 25 Cent zurück. 8. Der Passagier wählt Zone 4 und gibt eine 2-Euro-, eine 20-Cent- und eine 5-Cent-Münze ein. Der FahrkartenAutomat fertigt eine 4-Zonen-Fahrkarte aus. 9. Der Passagier wählt Zone 4. Der FahrkartenAutomat zeigt EUR 2,25 an. Der Passagier gibt eine 1-Euro- und eine 10-Cent-Münze ein und wählt Zone 2. Der FahrkartenAutomat gibt die 1-Euro-Münze und die 10-Cent-Münze zurück und zeigt EUR 1,25 an.
Abschluss-bedingungen	Der Passagier hat drei 2-Zonen-Fahrkarten, eine 1-Zonen-Fahrkarte und eine 4-Zonen-Fahrkarte.

Abbildung 11.25: Beispiel für einen Testfall abgeleitet vom KaufeFahrkarte-Anwendungsfall

Leistungstest

Ein **Leistungstest** versucht, Unterschiede zwischen den Entwurfszielen, die während des Systementwurfs ausgewählt wurden, und dem beobachteten Systemverhalten zu finden. Da die Entwurfsziele aus den nichtfunktionalen Anforderungen abgeleitet werden, können die Testfälle aus dem Systementwurf- oder dem Anforderungsanalyse-Dokument hergeleitet werden. Die folgenden Tests sind Beispiele für Leistungstests:

- Ein *Härtetest* prüft, ob das System auf viele gleichzeitige Anfragen antworten kann. Wenn zum Beispiel ein Informationssystem für Autohändler dafür eingerichtet ist, 6.000 Händler zu bedienen, wertet der Härtetest aus, wie sich das System bei mehr als 6.000 gleichzeitigen Benutzern verhält.

- Ein *Volumentest* versucht die Fehler zu finden, die mit großen Datenmengen zusammenhängen, wie beispielsweise die Überschreitung der oberen Grenze in einer Datenstruktur oder hohe Plattenfragmentierung.

- Ein *Sicherheitstest* versucht die Sicherheitsfehler im System zu finden. Da es nur wenige systematische Methoden zum Auffinden von Sicherheitsfehlern gibt, werden Sicherheitstests von so genannten „Tiger-Teams" durchgeführt, die probieren in das System einzubrechen, indem sie ihre Erfahrung und ihre Kenntnis typischer Sicherheitsmängel nutzen.

- Ein *Zeitvorgabentest* versucht Verhalten aufzuspüren, das Zeitvorgaben verletzt, die in den nichtfunktionalen Anforderungen beschrieben sind.

- *Erholungstests* bewerten die Fähigkeit des Systems, sich von fehlerhaften Zuständen zu erholen, wie beispielsweise von der Nichtverfügbarkeit von Betriebsmitteln oder einem Hardware- oder Netzwerkfehler.

Nachdem alle Funktions- und Leistungstests ausgeführt worden sind und keine Fehler entdeckt wurden, bezeichnen wir das System als validiert.

Feldtest

Während eines **Feldtests**, auch **Probelauf** genannt, wird das System installiert und von einer Reihe ausgewählter Benutzer benutzt. Die Benutzer prüfen das System, als sei es schon immer vorhanden gewesen. Es gibt keine Richtlinien oder Testszenarios für die Benutzer. Feldtests sind dann hilfreich, wenn ein System ohne spezielle Anforderungen oder ohne Mitwirkung eines Kunden erstellt wurde. In diesem Fall wird eine Gruppe von Leuten gebeten, das System eine gewisse Zeit lang zu benutzen und den Entwicklern ihre Erfahrungen damit mitzuteilen.

Ein *Alphatest* ist ein Probelauf, bei dem die Benutzer das System in der Entwicklungsumgebung prüfen. Ein *Betatest* wird von einer begrenzten Zahl von Benutzern in der Zielumgebung durchgeführt; der Unterschied zwischen Benutzbarkeitstests und Alpha- oder Betatests besteht darin, dass bei letzteren das Verhalten des Endbenutzers nicht beobachtet und aufgezeichnet wird. Daraus folgt, dass Betatests die Benutzbarkeitsanforderungen nicht so sorgfältig testen wie Benutzbarkeitstests. Bei interaktiven Systemen, bei denen die Benutzerfreundlichkeit zu den Anforderungen gehört, kann der Benutzbarkeitstest also nicht durch einen Betatest ersetzt werden.

Das Internet hat die Verbreitung von Software sehr erleichtert. Als Folge werden Betatests immer gebräuchlicher. Tatsächlich benutzen einige Firmen Betatests als Hauptmethode, um ihre Software zu testen. Weil der Vorgang des Herunterladens in der Verantwortung des Endbenutzers und nicht bei den Entwicklern liegt, sind die Kosten für die Verteilung experimenteller Software erheblich gesunken. Folglich ist die begrenzte Anzahl von Betatestern eine Sache der Vergangenheit. Syteme zum Betatesten können jetzt von jedem heruntergeladen werden, der daran interessiert ist, das damit verbundene neue System zu testen. In der Tat fordern einige Firmen mittlerweile sogar Geld für das Betatesten ihrer Software!

Akzeptanztest

Bei einem **Akzeptanztest** gibt es drei Möglichkeiten, wie der Kunde das gelieferte System bewertet: Vergleichstest, Konkurrenztest und Schattentest. In einem *Vergleichstest* erstellt der Kunde eine Reihe von Testfällen, die die typischen Bedingungen, unter denen das System laufen soll, repräsentieren. Vergleichstests können mit tatsächlichen Benutzern oder durch eine spezielle Testarbeitsgruppe durchgeführt werden, um die Systemfunktionen zu prüfen. Es ist dabei aber wichtig, dass die Tester mit den funktionalen und nichtfunktionalen Anforderungen vertraut sind, damit sie das System bewerten können.

Die anderen beiden Arten von Akzeptanztest werden bei Restrukturierungsprojekten eingesetzt, wenn ein vorhandenes System durch ein neues System ersetzt werden soll. Beim *Konkurrenztest* wird das neue System gegen ein vorhandenes System oder ein Produkt der Konkurrenz getestet. Beim *Schattentest* laufen das alte und das neue System für eine gewisse Zeit parallel und die Ergebnisse werden von den Testern verglichen.

Nach dem Akzeptanztest meldet der Kunde dem Projektmanager, welche Anforderungen nicht erfüllt wurden. Akzeptanztests bieten auch die Gelegenheit für einen Dialog zwischen den Entwicklern und dem Kunden über Bedingungen, die sich geändert haben, und Anforderungen, die auf Grund der Änderungen hinzugefügt, modifiziert oder entfernt werden müssen. Falls Anforderungen geändert werden müssen, sollten die Änderungen im Protokoll des Akzeptanztests aufgezeichnet werden und die Grundlage für eine weitere Iteration der Entwicklung bilden. Wenn der Kunde zufrieden gestellt ist, wird das System akzeptiert, möglicherweise abhängig von einer Liste von Änderungen, die im Protokoll des Akzeptanztests niedergelegt ist.

Installationstest

Nachdem das System akzeptiert ist, wird es in der Zielumgebung installiert. Ein guter Systemtestplan erlaubt eine einfache Umsetzung des Systems aus der Entwicklungsumgebung in die Zielumgebung. Das erwünschte Ergebnis des **Installationstests** ist, dass das installierte System alle Anforderungen auch in der Zielumgebung korrekt erfüllt.

Meistens wiederholt der Installationstest die Testfälle, die während der Funktions- und Leistungstests durchgeführt wurden. Einige Anforderungen können allerdings in der Entwicklungsumgebung nicht durchgeführt werden, weil sie Betriebsmittel der Zielumgebung erfordern. Um diese Anforderungen zu testen, müssen zusätzliche Testfälle entworfen und als Teil des Installationstests ausgeführt werden. Sobald der Anwender mit den Ergebnissen des Installationstests zufrieden ist, ist das Systemtesten abgeschlossen und das System ist formell ausgeliefert und betriebsbereit.

11.5   Testmanagement

In den vorangegangenen Abschnitten haben wir gezeigt, wie unterschiedliche Testtechniken eingesetzt werden, um die Anzahl der entdeckten Defekte zu maximieren. In diesem Abschnitt beschreiben wir, wie man Testaktivitäten so einsetzen kann, dass die benötigten Betriebsmittel minimiert werden. Viele Testaktivitäten finden gegen Ende des Projekts statt, wenn Betriebsmittel zur Neige gehen und der Lieferungsdruck steigt. Oft gibt es Konflikte zwischen den Fehlern, die noch vor der Auslieferung behoben werden müssen, und solchen, die in einer nachfolgenden Überarbeitung des Systems behoben werden könnten. Letztendlich sollten Entwickler jedoch so viele Defekte entdecken und beheben, dass das System die funktionalen und nichtfunktionalen Anforderungen in einem Maße erfüllt, das für den Kunden tragbar ist.

Zuerst beschreiben wir das Planen von Testaktivitäten (Abschnitt 11.5.1). Als Nächstes erläutern wir den Testplan, der die Aktivitäten des Testens beschreibt (Abschnitt 11.5.2). Schließlich kommen wir auf die Verantwortlichkeiten zu sprechen, die während des Testens zugewiesen werden (Abschnitt 11.5.3).

11.5.1   Testplanung

Entwickler können die Kosten für Tests und die für die Durchführung benötigte Zeit durch sorgfältiges Planen verringern. Die zwei Haupttechniken sind dabei, die Auswahl von Testfällen frühzeitig zu beginnen, und die Tests zu parallelisieren.

Für das Testen zuständige Entwickler können mit der Entwicklung von Testfällen anfangen, sobald das von ihnen zu bewertende Modell feststeht. Funktionstests können entwickelt werden, sobald die Anwendungsfälle vollständig sind. Komponententests von Subsystemen können entwickelt werden, sobald ihre Schnittstellen definiert sind. Ähnlich können Teststümpfe und -treiber entwickelt werden, sobald die Komponentenschnittstellen feststehen. Die frühzeitige Entwicklung von Tests gestattet es, mit der Durchführung von Tests zu beginnen, sobald die Komponenten verfügbar sind. Da Testenwicklung eine genaue Prüfung des jeweiligen Modells verlangt, kann man oft Fehler im Modell finden, noch bevor das System entwickelt worden ist. Leider bringt das frühzeitige Entwickeln von Tests ein Wartungsproblem mit sich: Testfälle, -treiber und -stümpfe müssen jedes Mal aktualisiert werden, wenn das Systemmodell geändert wird.

Die zweite Technik zur Verringerung der Testzeit liegt in der Parallelisierung von Testaktivitäten. Alle Komponentenabprüfungen können zum Beispiel parallel durchgeführt werden; Doppeltests für Komponenten, in denen keine Fehler entdeckt wurden, können bereits begonnen werden, während andere Komponententests noch durchgeführt werden. Der Vierertest A-B-C-D in Abbildung 11.26 kann zum Beispiel durchgeführt werden, sobald die Doppeltests A-B, A-C und A-D keine Fehler ergeben haben. Diese Doppeltests wiederum können durchgeführt werden, sobald der Komponententest A abgeschlossen ist. Der Vierertest A-B-C-D kann parallel zum Doppeltest D-G und zum Dreiertest B-E-F ausgeführt werden, sogar wenn die Komponententests E, F oder G Defekte finden und dadurch den Rest der Tests verzögern.

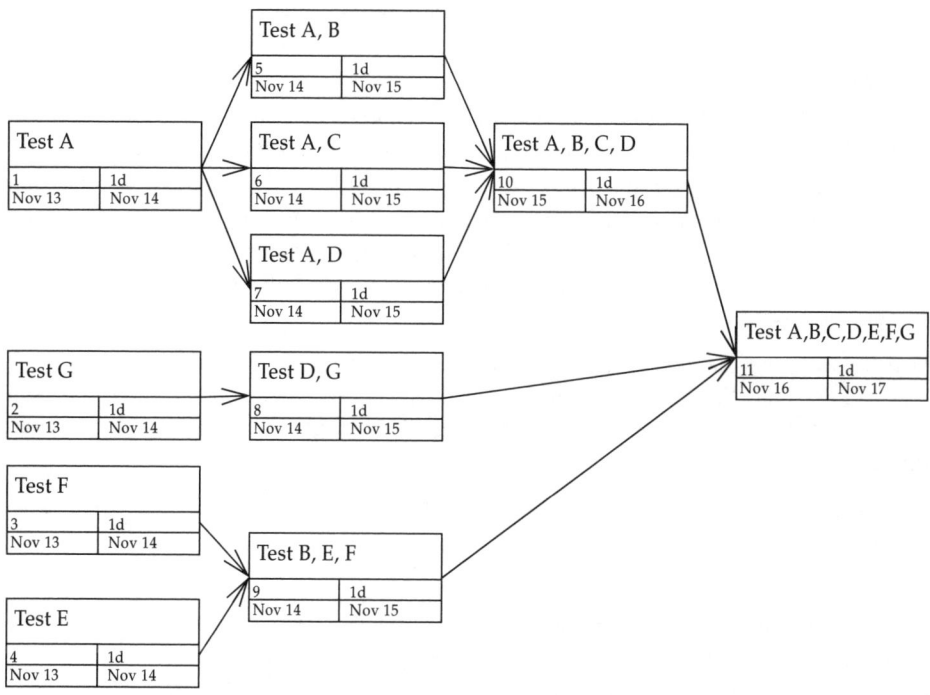

Abbildung 11.26: Beispiel für den Zeitplan des in Abbildung 11.21 gezeigten Sandwich-Tests (PERT-Diagramm, definiert in Abschnitt 3.3.4)

Testen macht einen wesentlichen Teil des gesamten Projektaufwands aus. Ein typischer Richtwert bei Projekten, die den USP-Prozess benutzen (siehe Abschnitt 15.4.2; [Royce, 1998]), ist die Aufwendung von 25 Prozent der Ressourcen für das Testen. Dieser Wert kann noch steigen, abhängig von den Sicherheits- und Zuverlässigkeitsanforderungen an das System. Daher ist es wichtig, dass die Testplanung früh beginnt, am besten sobald das Anwendungsfallmodell feststeht.

11.5.2 Testdokumentation

Testaktivitäten werden in vier Arten von Dokumenten aufgezeichnet, im *Testplan*, in den *Testfallspezifikationen*, den *Testvorfallsberichten* und dem *Testzusammenfassungsbericht:*[6]

■ Der *Testplan* zielt auf die verwaltungstechnischen Gesichtspunkte des Testens ab. Er dokumentiert die Zielrichtung, die Vorgehensweise, das Budget und den Zeitplan der Testaktivitäten. Die Anforderungen und die Komponenten, die getestet werden sollen, werden in diesem Dokument identifiziert.

---

[6] Die in diesem Abschnitt beschriebenen Dokumente beruhen auf der IEEE-829-Norm für Testdokumentation. Wir weisen aber darauf hin, dass wir aus Gründen der Vereinfachung gewisse Abschnitte und Dokumente weggelassen haben (z.B. den *Test Item Transmittal Report*). Für eine vollständige Beschreibung verweisen wir auf die Norm [IEEE Std. 829-1991].

- Jeder Test wird durch eine *Testfallspezifikation* dokumentiert. Dieses Dokument enthält die Eingaben, Testtreiber, Teststümpfe, die durchzuführenden Aufgaben sowie die erwarteten Ausgaben.

- Die Ausführung jedes Tests wird in einem *Testvorfallbericht* festgehalten. Alle Ergebnisse des Tests und die Unterschiede zu den erwarteten Ausgaben werden darin aufgezeichnet.

- Die *Testübersicht* listet alle Fehler auf, die während der Tests entdeckt wurden und noch untersucht werden müssen. Anhand der *Testübersicht* analysieren und priorisieren die Entwickler jeden Fehler und jede Änderung im System und in den Modellen. Diese Änderungen wiederum können ihrerseits neue Testfälle und neue Testdurchführungen auslösen.

Der *Testplan* und die *Testfallspezifikationen* werden früh niedergeschrieben, sobald die Testplanung und die Testfälle fertig gestellt sind. Diese Dokumente unterstehen dem Konfigurationsmanagement und werden nach Änderungen an den Systemmodellen immer aktualisiert.

Testplan

1. Einführung
2. Beziehung zu anderen Dokumenten
3. Systemüberblick
4. Merkmale, die getestet/nicht getestet werden müssen
5. Abnahmekriterien
6. Vorgehensweise
7. Aufhebung und Wiederaufnahme
8. Zu prüfendes Material (Hardware-/Software-Anforderungen)
9. Testfälle
10. Testzeitplan

Abbildung 11.27: Gliederung eines Testplans

Abbildung 11.27 zeigt eine typische Gliederung für einen *Testplan*. Abschnitt 1 des Testplans beschreibt die Zielsetzungen und den Umfang des Tests. Ziel ist es, einen Rahmen bereitzustellen, der von Managern und Testern benutzt werden kann, um die nötigen Tests zeitgerecht und kostengünstig zu planen und durchzuführen. Abschnitt 2 erklärt die Beziehung des Testplans zu den anderen Dokumenten, die während der Entwicklungsarbeit erstellt wurden wie beispielsweise Anforderungsanalyse-, Systementwurfs- und Objektentwurfs-Dokument. Insbesondere beschreibt dieser Abschnitt, wie all die Tests sowohl mit den funktionalen und nichtfunktionalen Anforderungen als auch mit der Softwarearchitektur in Beziehung stehen. Falls notwendig wird in diesem Abschnitt auch ein Namensschema eingeführt, um die Korrelation zwischen Anforderungen und Tests herzustellen.

Abschnitt 3 konzentriert sich auf die Strukturgesichtspunkte des Testens und gibt einen Überblick über das System hinsichtlich jener Komponenten, die durch Komponententests geprüft werden sollen. Die Granularität der Komponenten und ihre Abhängigkeiten werden in diesem Abschnitt definiert. Abschnitt 4 konzentriert sich auf die funktionalen Gesichtspunkte beim Testen und identifiziert deshalb alle Merkmale und Kombinationen von Merkmalen, die getestet werden müssen. Dieser Abschnitt beschreibt auch diejenigen Merkmale, die nicht getestet werden, und gibt die Gründe dafür an.

Abschnitt 5 spezifiziert auswählbare Abnahmekriterien für die durch diesen Plan abgedeckten Tests. Sie werden durch Abnahmekriterien in der Testentwurfsspezifikation ergänzt. Abschnitt 6 beschreibt die allgemeine Vorgehensweise beim Testablauf. Es werden die Gründe für die gewählte Integrationsteststrategie besprochen. Oft werden dabei verschiedene Strategien beschrieben, die unterschiedliche Teile des Systems testen. Ein UML-Klassendiagramm kann dazu dienen, die Abhängigkeiten zwischen den einzelnen Tests und ihre Mitwirkung an den Integrationstests zu veranschaulichen.

Abschnitt 7 spezifiziert Kriterien, wann Testaktivitäten, die mit dem Testplan zusammenhängen, ausgesetzt werden. Er spezifiziert auch diejenigen Testaktivitäten, die wiederholt werden müssen, wenn das Testen wieder aufgenommen wird. Abschnitt 8 identifiziert die für das Testen benötigten Betriebsmittel. Dies sollte die physikalischen Eigenarten der Umgebung genauso einschließen wie Anforderungen an Software, Hardware, besondere Testwerkzeuge und andere notwendige Betriebsmittel (Arbeitsraum, usw.).

Abschnitt 9 ist das Herzstück des Testplans und listet alle Testfälle auf, die in den einzelnen Tests benutzt werden. Jeder Test wird in einer eigenen *Testfallspezifikation* genau beschrieben. Jede Durchführung eines Tests wird in einem *Testschadensbericht* aufgezeichnet. Abschnitt 10 des Testplans enthält Verantwortlichkeiten, Personalausstattungs- und Weiterbildungsbelange, Risiken und Schadensmöglichkeiten sowie den Testzeitplan.

Abbildung 11.28 ist eine Gliederung einer *Testfallspezifikation*. Der Testfallbezeichner ist der Name des Testfalls, der ihn von anderen Testfällen unterscheidet. Konventionen, wie das Benennen von Testfällen nach den zu testenden Merkmalen oder Komponenten, erleichtern es den Entwicklern, sich darauf zu beziehen. Abschnitt 2 der Testfallspezifikation listet die im Test befindlichen Komponenten und die dabei gebrauchten Merkmale auf. Abschnitt 3 und Abschnitt 4 listen die für die Testfälle erforderlichen Eingaben und erwarteten Ausgaben auf. Ausgaben werden von Hand errechnet oder mit einem konkurrierenden System (z.B. durch ein zu ersetzendes Altsystem). Abschnitt 5 listet die für die Testdurchführung nötige Hardware- und Softwareplattform auf, einschließlich aller Testtreiber und -stümpfe. Abschnitt 6 enthält alle für die Testdurchführung nötigen Einschränkungen wie Zeitvorgaben, Belastung oder Eingreifen durch den Operateur. Abschnitt 7 beschreibt die Abhängigkeiten von anderen Testfällen.

Der *Testschadensbericht* beschreibt die tatsächlichen Ergebnisse und die in Erfahrung gebrachten Fehler. Die Beschreibung der Ergebnisse muss enthalten, welche Merkmale getestet wurden und ob diese erfüllt wurden. Falls es zu einem Störfall kam, sollte der Schadensbericht ausreichende Informationen enthalten, um den Störfall reproduzieren zu können. Störfälle aus allen *Testschadensberichten* werden gesammelt und in der *Testübersicht* aufgelistet, um dann von den Entwicklern weiter analysiert und priorisiert zu werden.

Testfallspezifikation

1. Testfallbezeichner
2. Testobjekte
3. Eingabespezifikationen
4. Ausgabespezifikationen
5. Umgebungserfordernisse
6. Besondere prozedurale Anforderungen
7. Abhängigkeiten zwischen Fällen

Abbildung 11.28: Gliederung einer Testspezifikation

Die IEEE-Norm [IEEE Std. 829-1991] zur Softwaretestdokumentation benutzt eine leicht abweichende Gliederung, die sich mehr für große Organisationen und Systeme eignet. Abschnitt 10 wird beispielsweise in der Norm von mehreren Abschnitten abgedeckt (Verantwortlichkeiten, Personal- und Fortbildungsbedarf, Zeitplan, Risiken und Schadensmöglichkeiten). Zu beachten ist auch, dass „nicht bestanden (fail)" in der IEEE-Standardterminologie „erfolgreicher Test" in unserer Terminologie bedeutet.

11.5.3   Zuweisung von Verantwortlichkeiten

Testen verlangt von den Entwicklern, möglichst viele Fehler in den Komponenten des Systems zu finden. Das geschieht am besten dadurch, dass ein Entwickler die Tests vornimmt, der nicht an der Entwicklung der zu testenden Komponente beteiligt war. Eine solche Person ist weniger zurückhaltend, wenn es darum geht, die zu testende Komponente „kaputt zu machen" oder Mehrdeutigkeiten in der Komponentenspezifikation zu finden.

Bei hohen Qualitätsanforderungen wird eine eigene Arbeitsgruppe zur Qualitätssicherung gebildet, die ausschließlich für das Testen verantwortlich ist. Dieser Arbeitsgruppe werden alle Systemmodelle, der Quelltext und das System zur Entwicklung und Ausführung von Testfällen zur Verfügung gestellt. *Testschadensberichte* und *Testübersichten* werden an die Subsystemgruppen zur Analyse und einer eventuellen Überarbeitung des Systems weitergeleitet. Das überarbeitete System wird dann erneut von der Testgruppe getestet, nicht nur um zu prüfen, ob die Störfälle behandelt worden sind, sondern auch um auszuschließen, dass sich neue Fehler in das System eingeschlichen haben. Bei Systemen, an die sehr hohe Qualitätsanforderungen gestellt werden, können Subsystemgruppen auch als Testgruppe für Komponenten eingesetzt werden, die von anderen Subsystemgruppen entwickelt wurden. Die Architekturgruppe kann Normen für die Testprozeduren, -treiber und -stümpfe definieren und als Gruppe für den Integrationstest auftreten. Für die Kommunikation unter den Subsystemgruppen können dieselben Dokumente verwendet werden.

Eines der Hauptprobleme bei Benutzbarkeitstests besteht darin, Teilnehmer zu gewinnen. Die Projektmanager stehen bei der Wahl echter Endbenutzer vielen Hindernissen gegenüber [Grudin, 1990]:

- Projektmanager befürchten, dass die Endbenutzer etablierte Pfade für die technische Unterstützung umgehen und die Entwickler direkt ansprechen, sobald sie herausgefunden haben, wie man sie erreichen kann. Ist erst einmal eine solche Kommunikationsverbindung aufgebaut, können Entwickler leicht von ihrer eigentlichen Arbeit abgelenkt werden.

- Verkäufer lieben es nicht, wenn Entwickler sich mit „ihren" Kunden unterhalten, da sie befürchten, dass Entwickler die Kunden vor den Kopf stoßen oder Unzufriedenheit mit den unvollkommenen Erzeugnissen (die noch verkauft werden müssen) hervorrufen.

- Die Endbenutzer haben keine Zeit.

- Die Endbenutzer wollen nicht studiert werden. Zum Beispiel könnte ein Automechaniker glauben, dass ein neues Telematiksystem ihm seinen Arbeitsplatz wegnimmt.

Besprechungen mit allen Teilnehmern nach der Durchführung der Tests sind der Schlüssel, um zu einem Einvernehmen zu kommen, wie die Benutzbarkeit des gerade getesteten Systems verbessert werden kann. Obwohl Benutzbarkeitstests Probleme aufdecken, ist es oft erst die Besprechung nach der Durchführung, die verdeutlicht, warum diese Probleme in erster Linie aufgetreten sind. Empfehlungen zur Verbesserung der getesteten Komponenten sollten so schnell wie möglich nach Beendigung des Benutzbarkeitstests geschrieben werden, damit sie von den Entwicklern verwendet werden können, um die notwendigen Änderungen im Systemmodell der getesteten Komponente schnell vorzunehmen.

11.5.4 Regressionstests

Objektorientierte Entwicklung ist ein iterativer Prozess. Die Entwickler modifizieren, integrieren und testen Komponenten erneut, weil neue Merkmale implementiert oder verbessert wurden. Wenn eine Komponente modifiziert wird, entwerfen die Entwickler neue Komponententests, die das vorliegende neue Merkmal prüfen. Sie testen die Komponente eventuell auch dadurch, dass sie den bisherigen Komponententest aktualisieren und dann erneut laufen lassen. Sobald die modifizierte Komponente die Komponententests bestanden hat, können die Entwickler den Änderungen in der Komponente einigermaßen vertrauen. Sie sollten aber keinesfalls unterstellen, dass das restliche System mit der modifizierten Komponente richtig arbeitet, selbst wenn es vorher getestet worden war. Die Modifizierung kann Seiteneffekte auslösen oder noch verborgene Fehler in anderen Komponenten aufdecken. Die Änderungen können von anderen Voraussetzungen bei den ungeänderten Komponenten Gebrauch machen, was dann zu fehlerhaften Zuständen führt.

Das Wiederholen von Tests nach einer Änderung des Systems wird **Regressionstesten** genannt. Die robusteste und geradlinigste Technik für das Regressionstesten ist es, alle Integrationstests zu sammeln und sie erneut laufen zu lassen, wann immer neue Komponenten in das System integriert werden. Das verlangt von den Entwicklern, alle Tests auf dem neuesten Stand zu halten, sie bei Subsystemschnittstellenänderungen anzupassen und neue Integrationstests hinzuzufügen, wenn neue Dienste oder neue Subsysteme hinzukommen. Da Regressionstesten äußerst zeitaufwendig werden kann, wurden mehrere Techniken entwickelt, um spezielle Regressionstests auszuwählen. Solche Techniken umfassen Folgendes [Binder, 2000]:

■ *Erneutes Testen von abhängigen Komponenten.* Komponenten, die von der modifizierten Komponente abhängen, versagen in einem Regressionstest am ehesten. Das Auswählen dieser Tests vergrößert die Wahrscheinlichkeit, Fehler aufzuspüren, wenn ein erneutes Durchlaufen aller Tests nicht machbar ist.

■ *Erneutes Testen riskanter Anwendungsfälle.* Oft ist es entscheidender sicherzustellen, dass die katastrophalsten Defekte gefunden werden, als die größtmögliche Anzahl von Defekten aufzuspüren. Indem sich Entwickler zuerst auf Anwendungsfälle, die das höchste Risiko bilden, konzentrieren, können sie die Wahrscheinlichkeit katastrophaler Störfälle minimieren.

■ *Erneutes Testen häufiger Anwendungsfälle.* Wenn Benutzer sich immer neuen Versionen desselben Systems gegenüber sehen, erwarten sie, dass die Merkmale, die bisher fehlerfrei arbeiteten, auch in der neuen Version weiterhin fehlerfrei arbeiten. Um dieser Annahme entgegenzukommen, konzentrieren sich die Entwickler auf die Anwendungsfälle, die von den Benutzern am häufigsten angewandt werden.

In allen Fällen führt Regressionstesten dazu, dass viele Tests sehr oft durchlaufen werden. Deshalb ist Regressionstesten nur dann machbar, wenn eine Infrastruktur für automatisiertes Testen vorhanden ist, die es den Entwicklern ermöglicht, Tests automatisch anzuordnen, zu initialisieren und auszuführen sowie die Ergebnisse mit vordefinierten Orakeln zu vergleichen. Wir diskutieren automatisiertes Testen im nächsten Abschnitt.

11.5.5   Automatisieren des Testens

Zum Testen von Hand gehört ein Tester, der vorab definierte Daten in das System eingibt, und zwar mit Hilfe der Benutzerschnittstelle, mit einer Konsole oder mit einer Testhilfe. Der Tester vergleicht dann die vom System erstellten Ergebnisse mit dem erwarteten Orakel. Testen von Hand kann sehr kostspielig und fehleranfällig sein, wenn sehr viele Tests durchgeführt werden oder wenn das System Ergebnisse in großem Umfang erzeugt. Wenn sich Anforderungen ändern und das System sich rasch weiterentwickelt, sollte das Testen wiederholbar sein. Das aber macht die Hindernisse umso schlimmer, weil es schwierig ist zu garantieren, dass wirklich derselbe Test unter denselben Bedingungen durchgeführt wird.

Die Wiederholbarkeit von Testdurchführungen kann durch Automatisierung erreicht werden. Obwohl alle Aspekte des Testens automatisiert werden können (einschließlich Testfall- und Orakelerzeugung), liegt der Schwerpunkt der Automatisierung auf der Durchführung. Für Systemtests werden Testfälle in Bezug auf Reihenfolge und Zeitvorgabe für die Eingaben und die erwartete Ergebnisabfolge spezifiziert. Ein Testgerüst kann dann all diese Testfälle nacheinander ausführen und die Systemausgaben mit der erwarteten Ergebnisabfolge vergleichen. Für Komponenten- und Integrationstests spezifizieren die Entwickler einen Test als Testtreiber, der eine oder mehrere Methoden der Klassen, die gerade getestet werden, prüft.

Der Vorteil der automatisierten Testdurchführung liegt darin, dass die Tests wiederholbar sind. Sobald ein Fehler, der bei einem Störfall identifiziert wurde, korrigiert ist, kann der Test, der den Störfall aufdeckte, wiederholt werden, um sicherzustellen, dass dieser Störfall nicht mehr eintritt. Außerdem können andere Tests durchgeführt werden, um bis zu einem gewissen Grad sicherzustellen, dass sich keine neuen Fehler eingeschlichen haben. Überdies können die Kosten für das Testen erheblich gesenkt werden, wenn Tests oft wiederholt werden, wie zum Beispiel bei Refaktorisierungen (siehe Abschnitt 10.3.2). Trotzdem ist zu beachten, dass das Entwickeln eines Testgerüsts und das Entwickeln von Testfällen eine Investition ist. Falls Tests nur ein- oder zweimal durchlaufen werden, kann das Testen von Hand die bessere Alternative sein.

Ein Beispiel für eine automatisierte Testinfrastruktur ist JUnit, ein Programmgerüst zum Schreiben und Automatisieren von Komponententests für Java-Klassen. Das JUnit-Programmgerüst besteht aus einer kleinen Anzahl eng integrierter Klassen (Abbildung 11.29). Die Entwickler schreiben neue Testfälle, indem sie die TestCase-Klasse in Unterklassen einteilen. Die Methoden setUp() und tearDown() des konkreten Testfalls initialisieren bzw. bereinigen die Testumgebung. Die Methode runTest() enthält den aktuellen Testcode, der die zu testende Klasse prüft und die aktuellen Ergebnisse mit den erwarteten Ergebnissen vergleicht. Der Testerfolg oder -ausfall wird dann in einer Instanz von TestResult aufgezeichnet. Testfälle vom Typ TestCase können in Testfolgen vom Typ TestSuite eingeteilt werden, die nacheinander jeden ihrer Tests aufrufen. Testfolgen können auch in andere Testfolgen eingefügt werden, wodurch es den Entwicklern möglich wird, Komponententests in immer größer werdende Testfolgen zusammenzufassen.

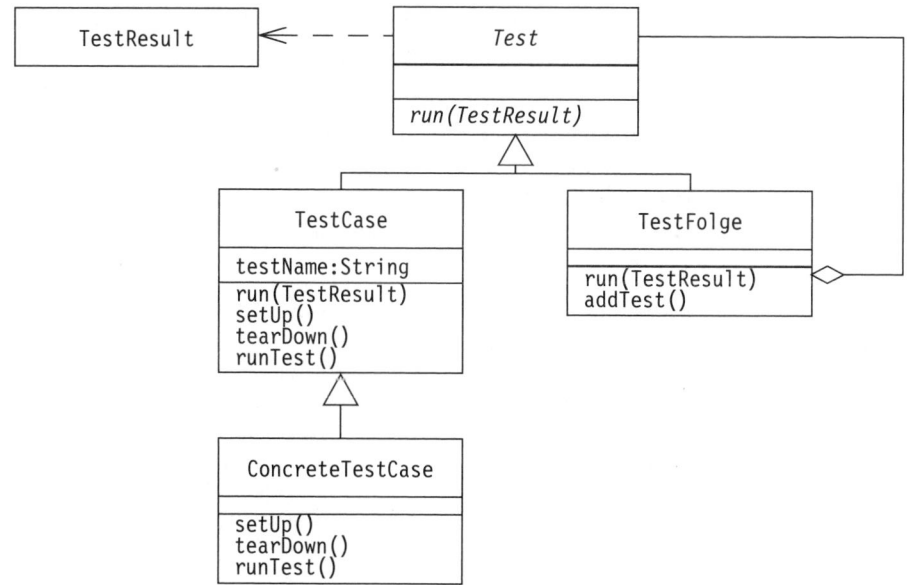

Abbildung 11.29: JUnit-Programmgerüst (UML-Klassendiagramm, Namen aus dem Programmgerüst)

Wenn JUnit verwendet wird, prüft üblicherweise jede TestCase-Instanz eine Methode der zu testenden Klasse. Um die Vermehrung von TestCase-Klassen niedrig zu halten, werden alle Methoden, die dieselbe Klasse prüfen (und dieselbe Testumgebung verlangen, die von der setUp()-Methode initialisiert wurde), in derselben ConcreteTestCase-Klasse zusammengefasst. Die tatsächliche Methode, die von runTest() aufgerufen wird, kann dann bei der Erzeugung von Testfällen konfiguriert werden. Dadurch können die Entwickler eine große Zahl von Tests organisieren und gezielt aufrufen.

Weiterführende Literatur

Historisch gesehen wurde der Begriff „bug" zuerst von Grace Hopper benutzt, um einen Fehler zu bezeichnen, der auftrat, als ein Nachtfalter mit einem Rechnerrelais in Konflikt geriet, was ein Programm zum Anhalten brachte [Hopper, 1981]. Der Begriff wird seither zur Bezeichnung von Entwurfs- und Codierungsdefekten benutzt, die von Entwicklern verursacht wurden.

Fagan zeigte, dass Codeinspektionen effektiver sein können als das Testen, um Defekte in einem vorgegebenen Zeitraum zu finden [Fagan, 1976]. Viele immer wieder wiederholte Experimente bestätigten Fagans Erkenntnis. Aus diesem Grund werden Inspektionen und Überprüfungen durch Fachleute bei einigen Normen sogar vorgeschrieben, wie beispielsweise bei ISO 9000. Codeinspektionen sind – mit Ausnahme von kritischen Systemen – allerdings nicht weit verbreitet, weil sie ironischerweise oft als zu zeitaufwendig empfunden werden.

Über das Testen wurden viele Bücher geschrieben. Der Fortschritt auf diesem Gebiet ist jedoch langsam und nur wenige neue Ideen haben Ergebnisse gebracht, die mit Codeinspektionen vergleichbar sind. Das Buch *The Art of Software Testing*, das auch schon einige Jahrzehnte alt ist, ist ein Klassiker in der Testliteratur und immer noch für heutige Systeme von Bedeutung [Myers, 1979].

Die Einführung von objektorientierten Programmiertechniken öffnete die Tür für bessere Modularität und Wiederverwendbarkeit. Jedoch erhöht insbesondere Polymorphismus die Anzahl der zu testenden Pfade erheblich. *Testing Object-Oriented Systems* enthält die umfassendste Behandlung von Testfragen und -techniken für objektorientierte Systeme [Binder, 2000].

Ein allgemeines Missverständnis ist, dass Benutzbarkeitstests große Budgets und differenziertes Wissen verlangen. Die Bücher *Handbook of Usability Testing* [Rubin, 1994] und *Usability Inspection Methods* [Nielsen & Mack, 1994] bieten eine praktische Anleitung an und zeigen, wie selbst begrenzte Benutzbarkeitstests ein System erheblich verbessern können. *Usability Engineering Lifecycle* [Mayhew, 1999] integriert Benutzbarkeitstests mit dem OOSE-Prozess von Jacobson [Jacobson et al., 1992].

Das Entwickeln zuverlässiger Systeme geht weit über das Testen hinaus. Wie schon in der Einleitung zu diesem Kapitel diskutiert, können alternative Techniken wie Fehlervermeidung und Fehlertoleranz das Testen ergänzen, um ein höchst zuverlässiges System zu erstellen. Eine ausgezeichnete Behandlung dieser Themen ist bei [Siewiorek & Swarz, 1992] zu finden.

Übungen

11.1 Verbessern Sie die Fehler in den `istSchaltJahr()`- und `TageProMonat()`-Methoden in Abbildung 11.11 und benutzen Sie die Pfadtesttechnik, um die Testfälle zu erzeugen. Unterscheiden sich die von Ihnen gefundenen Testfälle von denen in Tabelle 11.4 und Abbildung 11.13? Warum? Würden die von Ihnen gefundenen Testfälle die Fehler aufdecken, die Sie verbessert haben?

11.2 Erzeugen Sie äquivalenten Java-Code für das Zustandsdiagramm für den `Zeit-Einstellung`-Anwendungsfall von `2TUhr` (Abbildung 11.14). Verwenden Sie Äquivalenztest-, Grenztest- und Pfadtesttechniken, um Testfälle für den Code zu generieren, den Sie gerade erzeugt haben. Wie verhalten sich diese Testfälle im Vergleich zu denen, die beim zustandsbasierten Testen erzeugt wurden?

11.3 Erstellen Sie das Zustandsdiagramm, das zum `KaufeFahrkarte`-Anwendungsfall in Abbildung 11.24 gehört. Verwenden Sie die zustandsbasierte Testtechnik, um auf dem Zustandsdiagramm basierende Testfälle zu generieren. Diskutieren Sie die Anzahl der Testfälle und der Unterschiede zum Testfall in Abbildung 11.25.

11.4 Gegeben sei die folgende Systemzerlegung:

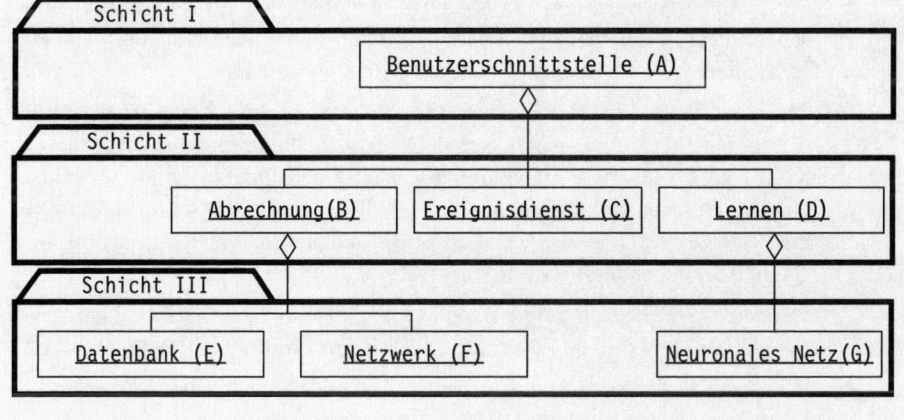

Nehmen Sie Stellung zu dem folgenden vom Projektmanager benutzten Testplan:

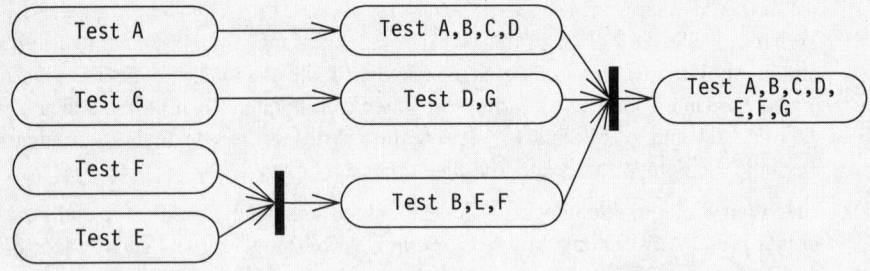

11.5 Sie sind für das Integrationstesten eines Systems, das Netzwerkverkehr verschlüsselt, verantwortlich. Dieses System beinhaltet ein Schlüsselerzeugungs-Subsystem, das Zufallszahlen verwendet. Während des Integrationstestens verwenden Sie einen Teststumpf für die Schlüsselerzeugung, der ein vorhersagbares Ergebnis liefert. Für die Freigabeversion des Systems möchten Sie aber den Teststumpf durch eine Zufallszahlenimplementierung ersetzen, damit die Schlüssel für Außenstehende nicht vorhersagbar sind. Implementieren Sie eine Testinfrastruktur unter Verwendung eines der in Kapitel 8, *Objektentwurf: Wiederverwendung von Mustern*, beschriebenen Entwurfsmuster, um den Austausch der beiden Schlüsselerzeugungsimplementierungen während der Laufzeit zu ermöglichen. Rechtfertigen Sie Ihre Wahl.

11.6 Verwenden Sie Pfadtesten, um Testfälle für alle Methoden der in Abbildung 11.15 und Abbildung 8.11 dargestellten NetzwerkVerbindung-Klasse zu erzeugen. Expandieren Sie zuerst den Quelltext, um jeglichen Polymorphismus zu beseitigen. Wie viele Testfälle haben Sie mit Hilfe von Pfadtests erzeugt? Wie viele Testfälle könnten Sie erzeugen, wenn der Quelltext nicht expandiert werden würde?

11.7 Wenden Sie die Terminologie aus diesem Kapitel auf die folgenden Ausdrücke aus dem Artikel von Feynman an, der in der Einführung erwähnt wurde:

■ Was ist ein „Riss“?

■ Was ist „Rissbildung“?

■ Was bedeutet „hohe Zuverlässigkeit des im Betrieb befindlichen Triebwerks“?

■ Was ist „Entwurfsfehler“, was ist „Entwurfsziel“?

■ Was sind „einsatzäquivalente Abschüsse“?

■ Was ist mit „10 Prozent der ursprünglichen Spezifikation“ gemeint?

■ Wie benutzt Feynman den Ausdruck „Verifikation“, wenn er sagt „Sobald Mängel und Entwurfsfehler bemerkt werden, werden sie verbessert und durch weiteres Testen verifiziert“?

Kapitel

12 Begründungsmanagement

Die Beschreibung eines Motorrads würde beinhalten, „welche" Komponenten
vorhanden sind und „wie" der Motor funktioniert. Dringend würde sie eine „wo"-
Analyse in Form einer Illustration benötigen und auch eine „warum"-Analyse in
Form von technischen Prinzipien, die zu dieser besonderen Konfiguration von Tei-
len geführt haben.

— Robert Pirsig, in Zen und die Kunst ein Motorrad zu warten

Begründungen sind die Rechtfertigungen von Entscheidungen. Während die bisher
beschriebenen Modelle das System modellieren, modelliert ein Begründungsmodell die
Begründungen und Entscheidungen, die zu dem System, einschließlich seiner Funktionalität und Implementierung, geführt haben. Solche Modelle helfen bei der Entscheidungsfindung und unterstützen die Wissenserfassung. Begründungsmodelle beinhalten:

- relevante Fragestellungen
- berücksichtigte Lösungsalternativen
- Entscheidungen zur Problemlösung
- entscheidungsrelevante Kriterien
- entscheidungsrelevante Diskussionen der Entwickler.

Im Kontext der Entscheidungsfindung verbessern Begründungsmodelle die Qualität von
Entscheidungen, indem Entscheidungselemente wie beispielsweise Kriterien, Prioritäten
und Argumente explizit gemacht werden. Das durch Begründungsmodelle erfasste Wissen
ist eine wichtige Informationsquelle für Entwickler, wenn das System geändert werden
soll. Wird zum Beispiel einem System neue Funktionalität hinzugefügt, so können Entwickler mit Hilfe des Begründungsmodells herausfinden, welche Entscheidungen noch
einmal überprüft werden müssen und welche Lösungsalternativen bereits evaluiert wurden. Anhand des Begründungsmodells können auch Entwickler, die erst später zu einem
Softwareprojekt dazu kommen, bereits gefällte Systementscheidungen nachvollziehen.

Leider gehören Begründungsmodelle zu den komplexesten Informationen, die während
der Entwicklung eines Softwaresystems erstellt werden, und sind dadurch schwierig zu
warten und zu aktualisieren. Zusätzlich erfordert die Erstellung von Begründungsmodellen eine hohe Anfangsinvestition, bevor sich ein langfristiger Nutzen einstellt. In diesem
Kapitel zeigen wir zunächst, wie man Begründungsmodelle repräsentieren kann. Dann
beschreiben wir die Aktivitäten zur Erstellung, Wartung und Manipulation von Begründungsmodellen. Wir beenden das Kapitel mit der Beschreibung einiger Management-
tätigkeiten, die in diesem Zusammenhang sehr wichtig sind, insbesondere beim Verhandeln mehrerer Alternativen, wenn eine Entscheidung getroffen werden muss.

12.1 Einleitung: Der zerschnittene Schweinsbraten

Systemmodelle abstrahieren die Funktionalität, die Struktur und das dynamische Verhalten eines Systems. Das Analysemodell abstrahiert das System aus der Sicht des Benutzers durch Anwendungsfall-, Klassen- und Sequenzdiagramme (siehe Kapitel 4, *Anforderungsermittlung*, und Kapitel 5, *Analyse*). Das Systementwurfsmodell (siehe Kapitel 6, *Systementwurf: Systemzerlegung*) repräsentiert das System aus der Sicht der Entwickler durch Subsysteme, Entwurfsziele, Hardwareknoten, Datenspeicher, Zugriffskontrolle usw. Das Begründungsmodell beschreibt die Gründe, warum diese Repräsentationen gewählt wurden[1]. Warum sollen die Gründe erfasst werden? Betrachten wir das folgende Beispiel[2]:

Marie fragt ihren Ehemann Hans, warum er immer beide Enden eines Schweinsbratens abschneidet, bevor er ihn in den Ofen schiebt. Hans antwortet, dass er nur dem Rezept seiner Mutter folgt. Sie hat immer die Enden des Schweinsbratens abgeschnitten. Hans hat nie gefragt, warum sie es macht, und denkt, es gehöre zu dem Rezept. Diese Antwort weckt Maries Neugier. Um mehr über dieses Rezept herauszufinden, ruft sie ihre Schwiegermutter an.

Ann, Hans' Mutter, weiß mehr über das Zerschneiden des Schweinsbratens. Sie hat jedoch keine vernünftige Erklärung. Sie sagt, ihre Mutter hat immer etwas vom Schweinsbraten abgeschnitten und deshalb macht sie es auch. Sie nimmt an, dass dadurch der Geschmack verbessert wird.

Marie setzt ihre Recherche fort und ruft Zoe, Hans' Großmutter, an. Anfangs ist Zoe sehr überrascht, da sie die Enden eines Schweinsbratens nicht abschneidet und sich auch nicht vorstellen kann, wie dadurch der Geschmack verbessert werden soll. Nach einer Weile fällt ihr ein, dass sie in der Zeit, als Ann noch ein kleines Mädchen war, einen sehr schmalen Ofen in ihrer Küche hatte. Ein ordentlicher Schweinsbraten passte nicht in diesen Ofen. Deshalb schnitt sie immer etwas von dem Braten ab. Seit sie einen breiteren Ofen hat, hat sie dies nicht mehr getan.

Entwickler und Köche führen häufig neue Praktiken und Techniken ein, die Gründe dafür gehen aber oft verloren. Ändert sich dann der Anwendungskontext, ist es schwierig, die Techniken anzupassen. Ein Beispiel ist das Jahr-2000-Problem: Zwischen 1960 und 1970 waren hohe Speicherkosten für die kompakte Darstellung von Informationen verantwortlich. Aus diesem Grund wurden Jahreszahlen mit nur zwei statt vier Stellen repräsentiert („1998" wurde z.B. durch „98" dargestellt). Werden Jahre mit nur zwei Stellen repräsentiert, so erwarten arithmetische Operationen, dass alle Daten aus dem gleichen Jahrhun-

---

[1] Der ursprüngliche Anwendungsbereich von Begründungsmodellen war der Entwurf; aus diesem Grund wird in der englischsprachigen Literatur oft der Begriff *design rationale* benutzt. Wir fassen den Begriff allgemeiner und wenden ihn in allen Phasen der Softwareentwicklung an, angefangen bei der Anforderungsermittlung und der Analyse bis hin zur Implementierung und zum Testen.

[2] Aufgegriffene und für dieses Kapitel angepasste Geschichte. Der Autor ist unbekannt.

dert stammen. Wenn man Daten aus zwei verschiedenen Jahrhunderten nimmt, bricht die Kodierung zusammen: Berechnen wir zum Beispiel das Alter einer Person, die im Jahr 1949 geboren wurde, so ist sie im Jahr 2001: 01 – 49 = -48 Jahre alt. Zum ersten Mal würde dieses Problem am ersten Tag des Jahres 2000 auftreten. Aus diesem Grund wurde die Kodierung bald auch unter dem Namen „Jahr-2000-Problem" bekannt.

In den 1980er Jahren konnten sich viele Entwickler nicht vorstellen, dass ihre Software mehr als ein paar Jahre benutzt werden würde. Die Kodierung von Jahreszahlen mit zwei Stellen wurde deshalb zur de-Facto-Norm in den Achtzigern, obwohl die Speicherpreise immer weiter fielen und allen Programmierern klar war, dass das Jahr 2000 näher kam. Als Grund für das Beibehalten der alten Kodierung wurde oft angegeben, dass die neuen Systeme kompatibel mit den alten Systemen sein mussten. Deswegen wurden Systeme noch bis in die 1990er Jahre mit dem Jahr-2000-Problem geliefert.

Durch die Verwendung von Begründungsmanagement können Köche und Entwickler mit *Änderungen*, wie zum Beispiel größere Öfen oder fallende Speicherpreise, umgehen. Das Erfassen der Gründe hinter Entscheidungen modelliert die Abhängigkeiten zwischen den Annahmen und den Entscheidungen, die auf Grund dieser Annahmen gefällt wurden. Ändern sich die Annahmen, so müssen die Entscheidungen erneut geprüft werden. In diesem Kapitel beschreiben wir Techniken zur Erfassung, zur Wartung und zum Management von Begründungsmodellen. Im Einzelnen behandelt dieses Kapitel:

- einen ersten Überblick über die Aktivitäten im Begründungsmanagement (Abschnitt 12.2)
- die Fragestellung-Modellierung, eine Technik zur Repräsentation von Begründungen (Abschnitt 12.3)
- eine genaue Beschreibung der Erstellungs- und Zugriffsaktivitäten bei Begründungsmodellen (Abschnitt 12.4)
- Managementaufgaben zur Wartung von Begründungen (Abschnitt 12.5).

Zuerst definieren wir das Konzept des Begründungsmodells.

12.2 Ein Überblick über Begründungsmodellierung

Eine **Begründung** ist die Rechtfertigung einer Entscheidung. Sie beinhaltet

- **Fragestellung.** Zu jeder Entscheidung gab oder gibt es ein zu lösendes Problem. Im Begründungsmodell bezeichnen wir diese Probleme als Fragestellungen, da sie immer als Fragen formuliert werden: Wie soll ein Schweinsbraten zubereitet werden? Wie sollen die Jahreszahlen repräsentiert werden? Die Beschreibung der Fragestellung ist ein wichtiger Bestandteil einer Begründung.

- **Alternativen.** Alternativen sind alle Vorschläge, die zur Lösung einer Fragestellung gemacht werden. Eine Alternative kann verworfen werden, wenn sie einem oder mehreren Kriterien nicht genügt. Beispiele: Der Kauf eines neuen Ofens ist zu teuer. Die

Repräsentation der Jahreszahlen durch eine 16-Bit-Binärzahl erfordert zu hohe Ver-
arbeitungskosten.

- **Kriterien**. Ein Kriterium ist eine erstrebenswerte Qualität, die die gefundene Lösung
  erfüllt. Beispielsweise ist ein Rezept für Schweinsbraten gut, wenn es in jeder normalen Küche ausgeführt werden kann. In den 1960er Jahren hielten Entwickler es für
  gut, den Speicherbedarf bei der Ausführung ihrer Programme zu minimieren. In der
  Anforderungsanalyse werden Kriterien durch nichtfunktionale Anforderungen und
  Einschränkungen (z.B. Benutzbarkeit, Anzahl der Eingabefehler pro Tag) ausgedrückt. Die Entwurfsziele im Systementwurf sind auch Kriterien (z.B. Stabilität,
  schnelle Antwortzeit). Im Projektmanagement stellen Kriterien Managementziele und
  Zielkonflikte dar (z.B. pünktliche Lieferung gegen Qualität).

- **Argumentation**. Koch- und Softwareentwicklungsentscheidungen sind nicht vorhersagbar. Köche und Entwickler entdecken Probleme, testen verschiedene Lösungen
  und diskutieren ihre Vor- und Nachteile. Ein Konsens oder eine Entscheidung wird in
  der Regel nur nach ausgiebiger Argumentation erreicht. Alle Aspekte des Entschei-
  dungsprozesses – Kriterien, Rechfertigungen, Alternativen und Zielkonflikten – enthalten im Allgemeinen Argumentationen.

- **Entscheidungen**. Eine Entscheidung ist der Beschluss, eine Fragestellung durch eine
  gewählte Alternative zu lösen. Die Alternative wird gemäß den Kriterien evaluiert und
  gerechtfertigt. Das Abschneiden der Enden beim Schweinsbraten und die Darstellung
  einer Jahreszahl durch zwei Stellen sind Entscheidungen. Eine funktionale
  Anforderung im Analysemodell ist oft eine Entscheidung, die während der Anforderungsermittlung getroffen wurde.

Begründungsmodelle können in jeder Entwicklungsaktivität verwendet werden:

- Während der *Anforderungsermittlung* und der *Anforderungsanalyse* werden – oft gemeinsam mit dem Kunden – Entscheidungen über die Funktionalität eines Systems
  getroffen.

- Im *Systementwurf* bestimmen wir die Entwurfsziele und legen die Systemzerlegung
  fest. Die Bestimmung der Entwurfsziele wird in der Regel von den nichtfunktionalen
  Anforderungen beeinflusst. Das Erfassen der Entscheidungsgründe erlaubt uns die
  Verfolgung von Abhängigkeiten zwischen nichtfunktionalen Anforderungen und Entwurfszielen. Werden die Anforderungen geändert, können relevante Entwurfsziele gefunden und erneut geprüft werden.

- Im *Projektmanagement* formulieren wir Annahmen über die Risiken des Entwicklungsprozesses. Dabei ist es wahrscheinlicher, dass wir Entwicklungsaufgaben managen müssen, die mit einer kürzlich freigebenen Komponente zu tun haben, als mit
  einer Komponente, die bereits lange im Einsatz ist. Das Erfassen der Gründe hinter
  den Risiken kann die Schäden mildern, wenn die Risiken tatsächlich eintreten.

- Während der *Systemintegration* und des *Systemtests* können inkompatible Subsysteme
  entdeckt werden. Oft kann durch die Begründungen für den Entwurf der Subsysteme
  festgestellt werden, welche Änderungen oder Annahmen für den Fehler verantwortlich sind. Dies ermöglicht eine Fehlerbehebung mit minimalen Auswirkungen auf den
  Rest des Systems.

Die Erfassung und Wartung von Begründungen erfordert eine Investition in zusätzliche Ressourcen, um mit Änderungen umgehen zu können: Wir halten die aktuellen Informationen *jetzt* fest, um *später* Änderungen leichter durchführen zu können. Die Menge der Ressourcen, die man investieren sollte, hängt von der Art des Projekts ab.

Entwickeln wir ein komplexes System für einen einzelnen Kunden, dann ist die Wahrscheinlichkeit hoch, dass wir das System über einen langen Zeitraum erweitern und verbessern. In diesem Fall könnte der Kunde sogar verlangen, dass ein Begründungsmodell für das System erzeugt werden soll. Entwickeln wir einen konzeptionellen Prototyp, werden wir diesen wahrscheinlich komplett verwerfen, wenn wir mit der serienreifen Produktentwicklung beginnen. Investieren wir Ressourcen zum Erfassen der Begründungen, so riskieren wir eine Verspätung der Prototypdemonstration und dadurch einen Abbruch des gesamten Projekts. In diesem Fall erfassen wir die Begründungen des Systems nicht. Der Nutzen der hohen Investitionskosten wäre minimal.

Insgesamt unterscheiden wir vier Ebenen der **Begründungserfassung**:

- *Keine Begründungserfassung.* Ressourcen werden nur in die Systementwicklung investiert. Die Dokumentation konzentriert sich auf die Beschreibung der Systemmodelle. Begründungsinformationen befinden sich, wenn überhaupt, höchstens im Gedächtnis der Entwickler oder in E-Mails, Nachrichten, Memos oder Fax-Dokumenten.

- *Begründungsrekonstruktion.* Während der Dokumentation werden Ressourcen für die Wiederherstellung von Begründungen verwendet. Die Entwurfskriterien und die wesentlichen Entscheidungen der Systemarchitektur werden in die korrespondierenden Systemmodelle integriert. Verworfene Lösungsalternativen und Argumentationen werden nicht explizit festgehalten.

- *Begründungserfassung.* Es wird ein hoher Aufwand betrieben, um die Begründungen für getroffene Entscheidungen zu erfassen und festzuhalten. Die Begründungsinformationen werden in einem eigenen Modell, dem Fragestellungsmodell, dokumentiert und haben Querverweise zu anderen Systemmodellen. Fragestellungsmodelle können vorteilhaft in Form eines gerichteten azyklischen Graphen dargestellt werden. Jeder Knoten repräsentiert dabei entweder eine Fragestellung, eine Alternative oder ein Kriterium. Ein System kann mehr als ein Fragestellungsmodell haben. Die Begründungen eines Anforderungsmodells können z.B. durch Anfügen von individuellen Fragestellungsmodellen an die jeweiligen Anwendungsfälle festgehalten werden.

- *Begründungsintegration.* Das Begründungsmodell wird das zentrale Modell der Entwicklerarbeit. Während der verschiedenen Entwicklungsphasen werden die Begründungsmodelle in einen durchsuchbaren Informationsspeicher integriert. Da Entscheidungen immer nach Diskussionen getroffen werden und diese zu dem Begründungsmodell gehören, erscheinen Systemänderungen zuerst im Informationsspeicher. Die Systemmodelle repräsentieren die Summe der Entscheidungen, die im Informationsspeicher vorhanden sind.

Bei den ersten beiden Ebenen der Begründungserfassung (*keine Begründungserfassung* und *Begründungsrekonstruktion*) verlassen wir uns auf das Gedächtnis der Entwickler um Begründungen zu erfassen und zu verwalten. Bei den letzten zwei Ebenen (*Begründungserfassung* und *Begründungsintegration*) investieren wir Ressourcen, zusätzlich zu den

Entwicklern, deren Aufgaben die Erfassung von Begründungen und das Management des Informationsspeichers sind. Welche Art der Begründungserfassung zwischen diesen beiden Extremen gewählt wird, hängt stark davon ab, wie viele verfügbare Ressourcen man in den frühen Entwicklungsphasen hat. In diesem Kapitel beschäftigen wir uns nur mit den letzten beiden Ebenen der Begründungserfassung.

Neben einem langfristigen Nutzen kann Begründungsmanagement auch kurzfristige positive Auswirkungen haben: Durch eine explizite Begründungserfassung von Entscheidungen können wir die Entscheidungskriterien anderer Personen besser verstehen. Des Weiteren führt Begründungserfassung oft zu rationalen und nicht zu emotionalen Entscheidungen. Manchmal kann man damit auch einfach nur feststellen, welche Entscheidungen sorgfältig und welche unter Zeitdruck getroffen wurden.

Begründungsmodelle sind im Allgemeinen größer und ändern sich schneller als Systemmodelle. Dies führt zu Komplexitäts- und Änderungsproblemen, die wir allerdings durch unsere Modellierungstechniken bewältigen können. Als Nächstes beschreiben wir die Modellierung von Begründungen durch Fragestellungsmodelle.

12.3   Begründungskonzepte

In diesem Abschnitt schildern wir das Fragestellungsmodell als Repräsentation von Begründungen. Die Modellierung von Problemen basiert auf der Annahme, dass Systementwürfe durch dialektische Aktivitäten der Entwickler entstehen. Die Evaluierung verschiedener Alternativen erfolgt durch eine Pro- und Kontra-Argumentation und führt zu einer Lösung des Problems. Wir erfassen Begründungen, indem wir die zur Entscheidung führenden Argumente modellieren. Im folgenden Abschnitt zeigen wir, wie man

- ein Entwurfsproblem als Fragestellung formuliert (Abschnitt 12.3.2),

- Lösungsalternativen als Vorschlagsknoten einführt (Abschnitt 12.3.3),

- Vor- und Nachteile verschiedener Alternativen als Argumentationsknoten darstellt (Abschnitt 12.3.4),

- gefällte Entscheidungen zur Lösung einer Fragestellung als Beschlussknoten repräsentiert (Abschnitt 12.3.5) sowie

- Beschlüsse in Terminaufgaben umsetzt (Abschnitt 12.3.6).

In Abschnitt 12.3.7 geben wir einen historischen Überblick über bedeutsamen Fragestellungsmodelle. Zunächst beschreiben wir ein zentrales Verkehrskontrollsystem, welches als durchgehendes Beispiel für den Rest dieses Kapitels verwendet wird.

12.3.1   Ein zentrales Verkehrskontrollsystem

Ein zentrales Verkehrskontrollsystem (ZVK-System) ermöglicht die entfernte Überwachung und Streckensteuerung von Zügen. Gleise sind in kontinuierliche Gleisbereiche unterteilt, welche die kleinsten Überwachungseinheiten für einen Dienstleiter sind. Durch Signale und andere Geräte wird sichergestellt, dass sich in jedem Gleisbereich nur maximal ein Zug befinden kann. Erreicht ein Zug einen Gleisbereich, so wird er durch einen Sensor erkannt und erscheint auf dem Monitor des Dienstleiters. Der Dienstleiter kontrolliert die Weichen, um die Strecke eines Zuges zu steuern. Das System ermöglicht dem Dienstleiter die Planung einer gesamten Zugstrecke. Dazu schaltet er eine Folge von Weichen in die entsprechenden Positionen. Die Menge der Gleisbereiche, die von einem einzelnen Dienstleiter gesteuert werden, bezeichnen wir als „Gleisabschnitt".

Abbildung 12.1 zeigt eine einfache ZVK-Benutzerschnittstelle. Gleisbereiche werden durch Linien dargestellt, Weichen durch die Kreuzung von drei Linien und Signale werden als Symbole dargestellt. Letztere geben an, ob ein Signal offen (ein Zug darf fahren) oder geschlossen (ein Zug darf nicht fahren) ist. Damit der Dienstleiter Kommandos in Bezug zu Weichen, Zügen und Signalen erstellen kann, sind diese nummeriert. In Abbildung 12.1 sind Signale mit S1 bis S4, Weichen mit SW1 und SW2 und Züge mit T1291 und T1515 nummeriert. Computer, die in der Nähe von Gleisen stehen, werden „Straßenrand-Stationen" genannt und stellen sicher, dass der Zustand einer Gruppe von Weichen und Signalen kein Sicherheitsrisiko darstellt. Die Straßenrand-Station zur Kontrolle der Geräte aus Abbildung 12.1 stellt sicher, dass die gegenüberliegenden Signale S1 und S2 nicht gleichzeitig geöffnet sein können. Straßenrand-Stationen sind so entworfen, dass selbst im Falle einer Fehlfunktion der Zustand der kontrollierten Geräte immer sicher ist. Solche Geräte werden als „fehlersicher" bezeichnet. Wird die Strecke eines Zuges gesteuert, so kommuniziert das ZVK-System mit den Straßenrand-Stationen und verändert den Zustand der Gleise. Typischerweise besitzen ZVK-Systeme eine hohe Verfügbarkeit, müssen aber nicht fehlersicher sein. Dies wird durch die Straßenrand-Stationen garantiert.

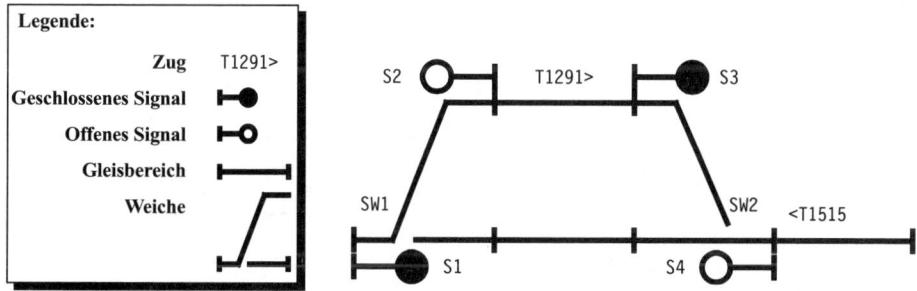

Abbildung 12.1: Ein vereinfachtes Beispiel einer Systemanzeige für ein zentrales Verkehrskontrollsystem

In den 60er Jahren besaßen ZVK-Systeme spezielle Anzeigen, die den Zustand der Gleisbereiche mit Glühbirnen darstellten. Weichen und Signale wurden über Druckknöpfe und Kippschalter gesteuert. In den 70er Jahren wurden die Anzeigen dann durch einen Fernseh-Bildschirm ersetzt, der den Dienstleitern detaillierte Informationen bereitstellen konnte. Die heutigen Verkehrskontrollsysteme arbeiten auf der Basis von Arbeitsplatzrechnern mit anspruchsvollen Benutzerschnittstellen und verteilten Datenverarbeitungssystemen.

Verkehrskontrollsysteme müssen eine hohe Verfügbarkeit aufweisen. Obwohl ein Ausfall nicht lebensbedrohlich ist (die Sicherheit wird durch die Straßenrand-Stationen garantiert), kann er zu großen Verkehrsunterbrechungen in dem kontrollierten Schienenbereich führen, was wiederum zu hohen finanziellen Verlusten führen kann. Deswegen müssen Technologieumstellungen, wie zum Beispiel die Ersetzung von Großrechnern durch Arbeitsplatzrechner oder die Ersetzung einer textbasierten Benutzerschnittstelle durch eine grafische Benutzerschnittstelle, sorgfältig evaluiert und in kleinen Schritten durchgeführt werden.

12.3.2   Definition einer Fragestellung

Eine **Fragestellung** beschreibt eine ungelöste Aufgabe, beispielsweise eine neue Anforderung, einen komplizierten Entwurf oder eine herausfordernde Managementaufgabe. *Wie schnell sollte ein Dienstleiter über eine Zugverspätung benachrichtigt werden? Wie sollen Daten langfristig gespeichert werden? Welche Technologie birgt mehr Risiko?* Fragestellungen haben im Allgemeinen keine eindeutig korrekte Lösung. Typischerweise werden sie in Diskussionen und Verhandlungen gelöst.

Wir repräsentieren eine Fragestellung in UML durch die Klasse `Fragestellung` mit einem Attribut `Betreff`. Ein weiteres Attribut `Beschreibung` beschreibt die Fragestellung im Detail und verweist auf weiterführende Informationen. Ein `Status`-Attribut gibt an, ob eine Fragestellung **offen** oder **geschlossen** ist. Eine bereits geschlossenes Fragestellung kann wieder geöffnet werden. Instanzen von Fragestellungen werden durch einen Namen, gefolgt von einem Fragezeichen, beschrieben, zum Beispiel `Zugverspätung?`. Abbildung 12.2 zeigt die drei Fragestellungen, die wir im vorherigen Absatz beschrieben haben.

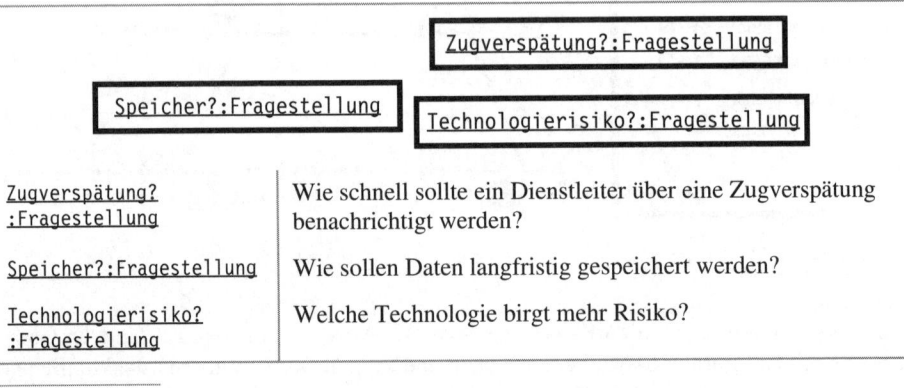

Zugverspätung? :Fragestellung	Wie schnell sollte ein Dienstleiter über eine Zugverspätung benachrichtigt werden?
Speicher?:Fragestellung	Wie sollen Daten langfristig gespeichert werden?
Technologierisiko? :Fragestellung	Welche Technologie birgt mehr Risiko?

Abbildung 12.2:   Ein Beispiel für Fragestellungen (UML-Objektdiagramm)

Während der Entwicklung auftretende Fragestellungen stehen häufig in einem Zusammenhang. Die Fragestellung *Wie sind die Antwortzeitanforderungen bei Verkehrskontrollsystemen?* beinhaltet *Wie schnell sollte ein Dienstleiter über eine Zugverspätung benachrichtigt werden?*

Die gesamte Systementwicklung kann durch eine Fragestellung *Welches Verkehrskontrollsystem sollen wir entwickeln?* beschrieben werden, die in viele detailliertere Fragestellungen aufgeteilt werden kann. Manche Fragestellungen können auch als Folge von Entscheidungen entstehen. Die Entscheidung, Daten lokal zu puffern, führt zu einem Datenkonsistenzproblem zwischen zentral gespeicherten und lokalen Kopien. Derartige Fragestellungen bezeichnen wir als *Folgefragestellungen.*

Betrachten wir das zentrale Verkehrskontrollsystem und nehmen wir einmal an, das System soll von einem Großrechnersystem auf ein Arbeitsplatzrechnersystem umgestellt werden, in dem jeder Dienstleiter einen eigenen Arbeitsplatzrechner besitzen soll. Ein zentraler Server steuert die externen Geräte und kommuniziert mit den Arbeitsplatzrechnern. Während der Diskussion beim Entwurf eines solchen Systems werden beispielsweise zwei Fragen aufgeworfen: *Wie soll bei dem System die Befehlseingabe erfolgen?* und *Wie sollen die Gleisbereiche dem Dienstleiter angezeigt werden?* Das UML-Objektdiagramm in Abbildung 12.3 stellt diese beiden Fragen als Fragestellungen dar.

`Anzeige?:Fragestellung`	`Eingabe?:Fragestellung`

`Eingabe?:Fragestellung`	Wie soll bei dem System die Befehlseingabe erfolgen?
`Anzeige?:Fragestellung`	Wie sollen die Gleisbereiche dem Dienstleier angezeigt werden?

Abbildung 12.3: Schnittstellenprobleme des ZVK-Systems (UML-Objektdiagramm)

Eine Beschreibung einer Fragestellung sollte keine möglichen Lösungsalternativen beinhalten. Daher legen wir fest, dass Fragestellungen durch Fragen beschrieben werden müssen. Darüber hinaus fügen wir ein Fragezeichen an den Namen einer Fragestellung an. Informationen zu möglichen Lösungsalternativen werden in Vorschlägen festgehalten. Diese werden im Folgenden beschrieben.

12.3.3 Durchsuchen des Lösungsraums: Vorschläge

Ein **Vorschlag** repräsentiert eine Möglichkeit zur Lösung einer Fragestellung. *Ein Dienstleiter muss überhaupt nicht benachrichtigt werden* ist ein Vorschlag zu der Fragestellung *Wie schnell sollte ein Dienstleiter über eine Zugverspätung benachrichtigt werden?* Ein Vorschlag muss keine gute oder gültige Antwort auf eine Fragestellung sein. Durch die Verwendung von Vorschlägen können Entwickler den Lösungsraum eines Entwurfs gründlich erforschen. Dabei dürfen sich verschiedene Vorschläge überlagern. Die Vorschläge zu der Fragestellung *Wie sollen Daten langfristig gespeichert werden?* könnten *Durch die Benutzung einer relationalen Datenbank* und *Durch die Benutzung einer relationalen Datenbank für strukturierte Daten* und *Durch die Benutzung von Dateien für Bilder* beinhalten. Vorschläge werden zur Darstellung von Lösungen wie auch zur Darstellung von verworfenen Alternativen verwendet.

Ein Vorschlag kann ein oder mehrere Fragestellungen anpacken. So kann zum Beispiel der Vorschlag *Benutzung der Modell-Sicht-Steuerung-Architektur* die Fragestellungen *Wie trennen wir Schnittstellenobjekte von Entitätsobjekten?* und *Wie können wir Konsistenz zwischen verschiedenen Sichten erreichen?* erfassen. Vorschläge können auch weitere Fragestellungen erzeugen. Als Antwort zu der Fragestellung *Wie können wir Speicherprobleme minimieren?* kann der Vorschlag *Durch Verwendung von Speicherbereinigung* zu der Folgefragestellung *Wie können wir die Verschlechterung der Antwortzeit verhindern wenn Speicherbereinigung durchgeführt wird?* führen. Wenn wir eine Fragestellung mit einem Vorschlag lösen wollen, dann müssen wir sicherstellen, dass auch alle daraus folgenden Fragestellungen einbezogen werden.

In UML stellen wir Vorschläge als Instanzen der Klasse Vorschlag dar. Die Klasse Vorschlag besitzt wie die Klasse Fragestellung die zwei Attribute Betreff und Beschreibung. Fragestellungen werden mit ihren Vorschlägen durch eine Assoziation antwortet_auf verbunden. Ist ein Vorschlag für ein weitere Fragestellung verantwortlich, so sind sie miteinander durch eine Assoziation führt_zu verbunden.

In der Diskussion zum Schnittstellenproblem des zentralen Verkehrskontrollsystems betrachten wir zwei Vorschläge: eine grafische Schnittstelle, die Gleisbereiche grafisch visualisiert, und eine textbasierte Schnittstelle, die Gleisbereiche durch spezielle Zeichen darstellt. Die textbasierte Schnittstelle führt zur Folgefragestellung, welches Textterminal benutzt werden soll. Abbildung 12.4 zeigt die zwei hinzugefügten Vorschläge und die Folgefragestellung.

Ein Vorschlag sollte nur zur Lösung beitragende Informationen beinhalten. Vor- und Nachteile eines Vorschlages sollten in Kriterien und Argumenten beschrieben werden, die wir im Folgenden erläutern werden.

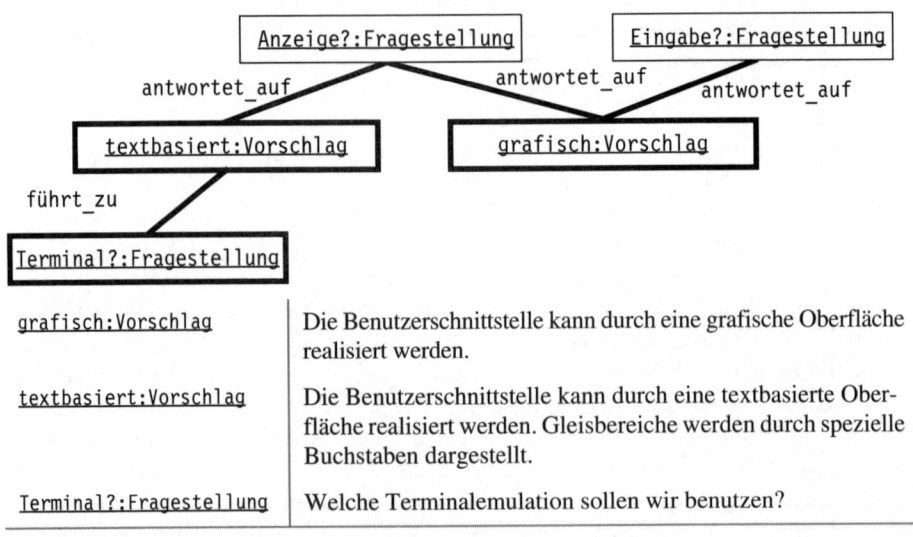

grafisch:Vorschlag	Die Benutzerschnittstelle kann durch eine grafische Oberfläche realisiert werden.
textbasiert:Vorschlag	Die Benutzerschnittstelle kann durch eine textbasierte Oberfläche realisiert werden. Gleisbereiche werden durch spezielle Buchstaben dargestellt.
Terminal?:Fragestellung	Welche Terminalemulation sollen wir benutzen?

Abbildung 12.4:   Ein Beispiel für Vorschläge und daraus folgende Fragestellungen (UML-Objektdiagramm). Vorschläge und Fragestellungen werden fett umrandet dargestellt.

12.3.4 Evaluierung des Lösungsraums: Kriterien und Argumente

Ein **Kriterium** ist eine erstrebenswerte Qualität, die ein Vorschlag zu einer Fragestellung erfüllen sollte. Entwurfsziele, wie beispielsweise kurze Antwortzeiten oder Stabilität, sind Kriterien, die beim Systementwurf eine Rolle spielen. Managementziele wie minimale Kosten oder minimales Risiko stellen relevante Kriterien beim Projektmanagement dar. Jeder Vorschlag muss in Bezug zu den relevanten Kriterien der Fragestellungs beurteilt werden. Erfüllt ein Vorschlag ein Kriterium, so wird er *positiv bewertet*. Sollte ein Vorschlag ein Kriterium nicht erfüllen, so wird er in Bezug auf das Kriterium *negativ bewertet*. Des Weiteren können Kriterien bezüglich zu mehrerer Fragestellungen relevant sein.

In UML stellen wir Kriterien als Instanzen der Klasse Kriterium dar. Die Klasse Kriterium besitzt zwei Attribute, Betreff und Beschreibung. Der Betreff sollte das Kriterium im positiven Sinne beschreiben, d.h. er soll die Qualität ausdrücken, die der Vorschlag maximieren soll. *Schnell* oder *günstig* sind also gute Beschreibungen für den Betreff, *Geschwindigkeit* oder *Kosten* sind schlechte Beschreibungen. Kriterien werden durch die Assoziation Bewertung in Relation zu Vorschlägen gesetzt. Die Assoziation besitzt ein Attribut Wert und ein Attribut Gewicht. Das Wert-Attribut ist entweder positiv oder negativ, während das Gewicht-Attribut die Stärke des Wertes angibt. Als Konvention fügen wir am Ende der Beschreibung von Kriterien immer ein „$"-Zeichen an. Dies soll hervorheben, dass ein Kriterium ein **Gütemaß** darstellt und nicht mit Argumenten oder Fragestellungenfragestellungen verwechselt wird.

Zurück zu unserem Schnittstellenproblem des Verkehrskontrollsystems. Wir identifizieren zwei Kriterien: Die Verfügbarkeit stellt die nichtfunktionale Anforderung zur Maximierung der Betriebszeit des Systems dar. Die Benutzbarkeit stellt (in diesem Fall) die nichtfunktionale Anforderung zur Minimierung der benötigten Eingabezeit dar (siehe Abbildung 12.5). Diese Kriterien stammen aus den nichtfunktionalen Anforderungen der Systemspezifikation. Beide Vorschläge werden in Bezug zu den Kriterien bewertet. Wir entscheiden, dass die grafische Schnittstelle, in Bezug zum Verfügbarkeitskriterium, negativ bewertet wird, da sie im Vergleich zur textbasierten Schnittstelle komplexer und somit fehleranfälliger ist. Bezüglich des Benutzbarkeitskriteriums bewerten wir die grafische Schnittstelle als positiv. Abbildung 12.5 stellt die Bewertung als UML-Diagramm dar. Da jeder Vorschlag ein Kriterium erfüllt, müssen wir entscheiden, welches Kriterium die höhere Priorität hat.

Ein **Argument** ist die Meinung einer Person bezüglich eines Vorschlags, eines Kriteriums oder einer Bewertung, entweder eine Zustimmung oder eine Ablehnung. Ein Argument ist mit der Entität, auf die es sich bezieht, durch eine Assoziation unterstützt oder lehnt_ab verbunden. Argumente halten die Debatte fest, die bei der Erforschung des Entwurfsraums stattfindet, und letztendlich zu einer Entscheidung führt. In UML repräsentieren wir ein Argument als eine Instanz der Klasse Argument. Die Klasse Argument besitzt die zwei Attribute Betreff und Beschreibung. Wir beschreiben Argumente durch einen Namen gefolgt von einem Ausrufezeichen, zum Beispiel Erhöhte Verfügbarkeitspriorität!

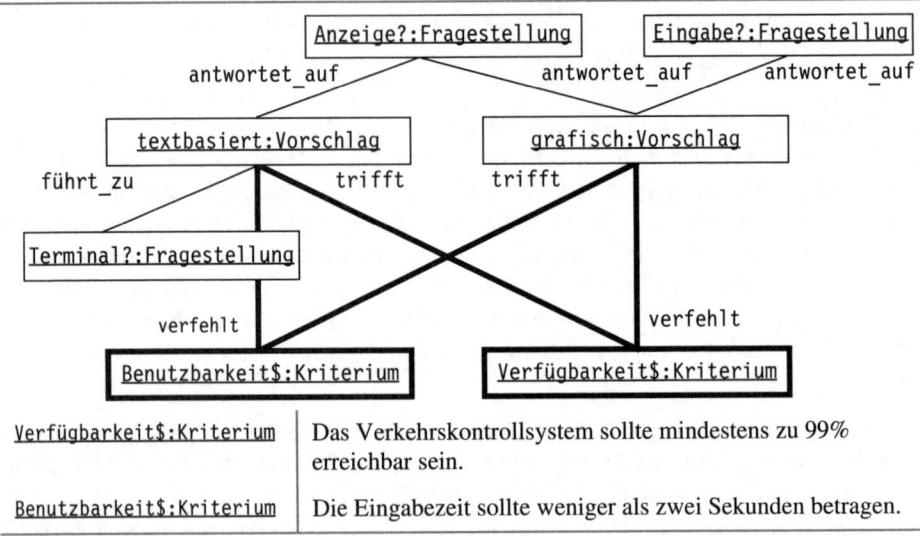

Verfügbarkeit$:Kriterium	Das Verkehrskontrollsystem sollte mindestens zu 99% erreichbar sein.
Benutzbarkeit$:Kriterium	Die Eingabezeit sollte weniger als zwei Sekunden betragen.

Abbildung 12.5:   Ein Beispiel zur Bewertung von Kriterien (UML-Objektdiagramm). Kriterien werden **fett** dargestellt. Negative Bewertungen werden durch die Beschriftung verfehlt gekennzeichnet. Positive Bewertungen werden durch die Beschriftung trifft gekennzeichnet.

In der Diskussion um die Priorität unserer Beispielkriterien entscheiden wir, dass der Nutzen einer höheren Verfügbarkeit den Nutzen einer besseren Benutzbarkeit überwiegt. Dies halten wir durch die Erstellung eines Arguments fest. Das Argument unterstützt das Verfügbarkeitskriterium (siehe Abbildung 12.6). Man sollte beachten, dass ein Argument einen Knoten unterstützen und gleichzeitig einen anderen ablehnen kann.

Durch die Auswahl von Kriterien, die Bewertung von Vorschlägen und eine Argumentation wird der Entwurfsraum evaluiert. Im nächsten Schritt nutzen wir diese Evaluation, um eine Lösung der Fragestellung zu beschließen.

12.3.5   Festlegung des Lösungsraums: Beschlüsse

Ein **Beschluss** repräsentiert eine gewählte Alternative zur Lösung einer Fragestellung. Ein Beschluss beinhaltet eine Entscheidung, die Einfluss auf eines der Systemmodelle oder auf das Aufgabenmodell hat. Ein Beschluss kann auf vielen Vorschlägen basieren. Er fasst die Rechtfertigungen, die zur Entscheidung führten, zusammen. Wir modellieren einen Beschluss durch eine Instanz der Klasse Beschluss. Die Klasse hat die Attribute Betreff, Beschreibung, Rechtfertigung und Status. Durch basierend_auf Assoziationen kann ein Bezug zwischen einem Beschluss und den Vorschlägen hergestellt werden. Der Beschluss hat zu der gelösten Fragestellung eine löst Assoziation.

Das Attribut Status gibt die Gültigkeit eines Beschlusses an. Besitzt eine Fragestellung einen gültigen Beschluss, so ist der Status der Fragestellung geschlossen und der Status

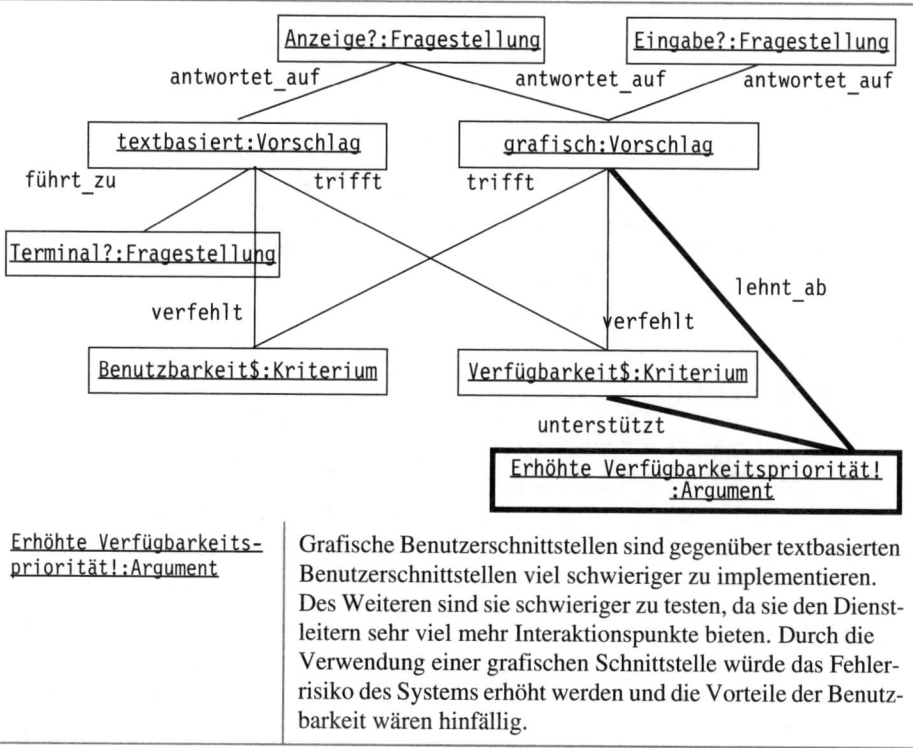

Grafische Benutzerschnittstellen sind gegenüber textbasierten Benutzerschnittstellen viel schwieriger zu implementieren. Des Weiteren sind sie schwieriger zu testen, da sie den Dienstleitern sehr viel mehr Interaktionspunkte bieten. Durch die Verwendung einer grafischen Schnittstelle würde das Fehlerrisiko des Systems erhöht werden und die Vorteile der Benutzbarkeit wären hinfällig.

Abbildung 12.6: Ein Beispiel eines Arguments (UML-Objektdiagramm). Das Argument wird **fett** umrandet dargestellt.

des Beschlusses aktiv. Wird die Fragestellung wieder geöffnet, so ist ihr Status offen und der Status des Beschlusses veraltet. Eine abgeschlossene Fragestellung hat genau einen aktiven Beschluss und kann viele veraltete Beschlüsse haben.

Um unser Beispielproblem des Verkehrskontrollsystems abzuschließen, entscheiden wir uns für eine textbasierte Anzeige und eine Tastatur zur Eingabe. Dieser Beschluss wurde durch eine höhere Priorisierung des Verfügbarkeitskriteriums motiviert. Eine textbasierte Schnittstelle resultiert im einfachen und stabilen Quelltext der Benutzerschnittstelle. Die textbasierte Schnittstelle geht zu Lasten der Benutzbarkeit. Das System wird weniger Informationen gleichzeitig darstellen können und langsamer zu bedienen sein als ein System mit einer grafischen Benutzerschnittstelle. Wir erstellen einen Beschlussknoten mit den Rechtfertigungen der Entscheidung und verbinden ihn mit den beiden Fragestellungen (siehe Abbildung 12.7).

Die Diskussion wird durch Hinzufügen eines Beschlusses abgeschlossen. Bei iterativen Vorgehensmodellen ist es in manchen Fällen nötig, Fragestellungen wieder zu öffnen und erneut zu evaluieren. Am Ende der Entwicklung sollten die meisten Fragestellungen abgeschlossen sein und die offenen Fragestellungen dokumentiert werden.

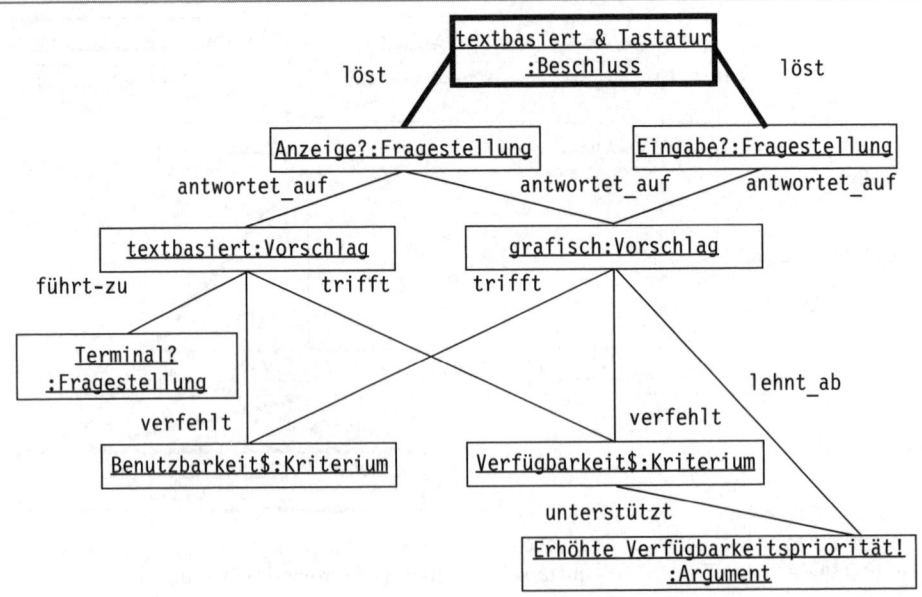

| textbasiert & Tastatur:Beschluss | Für die Benutzerschnittstelle des Verkehrskontrollsystems wählen wir eine textbasierte Anzeige und eine Tastatur zur Eingabe. Die Terminal-Emulation sollte einen Zeichensatz zur Darstellung von Linien unterstützen. Dadurch können die Gleisbereiche im Textmodus gezeichnet werden. |
| | Diese Entscheidung wurde auf Grund der Einfachheit und Stabilität textbasierter Schnittstellen getroffen. Wir sind uns darüber im Klaren, dass diese Entscheidung die Benutzbarkeit reduziert, dass dem Dienstleiter weniger Informationen dargestellt werden können und die Eingabezeiten langsamer und fehleranfälliger sind. |

Abbildung 12.7: Ein Beispiel für eine geschlossene Fragestellung (UML-Objektdiagramm). Der Beschluss wird **fett** umrandet dargestellt.

12.3.6 Umsetzung des Beschlusses: Terminaufgaben

Ein Beschluss wird durch die Spezifikation einer oder mehrerer **Terminaufgaben** umgesetzt. Eine Terminaufgabe ist eine Aufgabe, die einer Person zugewiesen wird und die zu einen bestimmten Termin beendet sein muss. Terminaufgaben sind nicht Teil des Begründungsmanagements, sondern eigentlich Teil des Projektmanagements (siehe Kapitel 14, *Projektmanagement*). Da Terminaufgaben allerdings sehr eng mit dem Fragestellungsmodell zusammenhängen, beschreiben wir sie bereits hier.

In UML stellen wir eine Terminaufgabe durch eine Instanz der Klasse Terminaufgabe dar. Die Klasse Terminaufgabe hat die Attribute Betreff, Beschreibung, Inhaber, Abgabetermin und Status. Der Inhaber ist die Person, die für die Durchführung der Terminaufgabe verantwortlich ist. Der Status der Terminaufgabe kann die Werte zu_erledigen, nicht_ machbar, in_Bearbeitung oder erledigt haben. Ein Beschluss wird durch umgesetzt_ durch-Assoziationen mit den Terminaufgaben verbunden. Abbildung 12.8 zeigt die Termin- aufgaben, die nach dem Beschluss in Abbildung 12.7 erstellt worden sind.

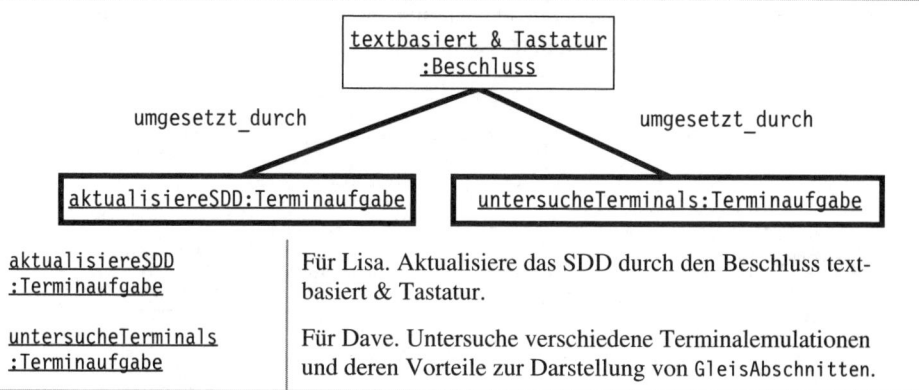

| aktualisiereSDD :Terminaufgabe | Für Lisa. Aktualisiere das SDD durch den Beschluss text- basiert & Tastatur. |
| untersucheTerminals :Terminaufgabe | Für Dave. Untersuche verschiedene Terminalemulationen und deren Vorteile zur Darstellung von GleisAbschnitten. |

Abbildung 12.8: Ein Beispiel zur Umsetzung eines Beschlusses (UML-Objektdiagramm). Termin- aufgaben werden **fett** dargestellt

Die beschriebene Notation für Fragestellungen, Vorschläge, Kriterien und Beschlüsse, und ihre Integration mit dem Aufgabenmodell benutzen wir zur Darstellung von Begrün- dungsmodellen. Im Folgenden stellen wir weitere, aus der Literatur bekannte Fragestel- lungsmodelle vor.

12.3.7   Beispiele für Fragestellungsmodelle

Das Erfassen von Begründungen in Fragestellungsmodellen wurde ursprünglich von Kunz und Rittel vorgeschlagen. Seitdem wurden viele verschiedene Modelle für die Soft- waretechnik und andere Bereiche vorgestellt und evaluiert. In diesem Abschnitt werden wir vier präsentieren: IBIS (Issue-Based Information System [Kunz & Rittel, 1970]), DRL (Decision Representation Language) [Lee, 1990], QOC (Questions, Options, and Criteria [MacLean et al., 1991]) und das NFR-Framework [Chung et al., 1999].

Issue-Based Information System (IBIS)

Das **Issue-Based Information System (IBIS)** beinhaltet ein Fragestellungsmodell und eine Entwurfsmethode zur Lösung von schlecht strukturierten und harten (*wicked*) Prob- lemen. Eine Fragestellung wird dann als hart bezeichnet, wenn man sie nicht algorith- misch, sondern nur durch Debatten und Diskussionen lösen kann.

Das IBIS-Fragestellungsmodell (Abbildung 12.9) besteht aus drei Knoten (Issue, Posi- tion und Argument), die zueinander über sieben Arten von Assoziationen (unterstützt, widerspricht, ersetzt, antwortet_auf, verallgemeinert, befragt und erwartet) in Rela- tion stehen können. Jeder Issue-Knoten beschreibt ein gerade in Betracht gezogenes Systementwurfsproblem. Durch die Erstellung von Positions-Knoten schlagen Entwickler Lösungen vor. Die Positionen entsprechen den Vorschlägen aus Abschnitt 12.3.3. Der Wert der unterschiedlichen Lösungsalternativen wird durch die Verwendung von Argument-Knoten diskutiert. Argumente können entweder eine Position unterstützen, oder ihr widersprechen. Ein Knoten kann in Relation zu mehreren Positionen stehen. Die ursprüngliche Version des IBIS-Modells beinhaltet keine Kriterien und Beschlüsse.

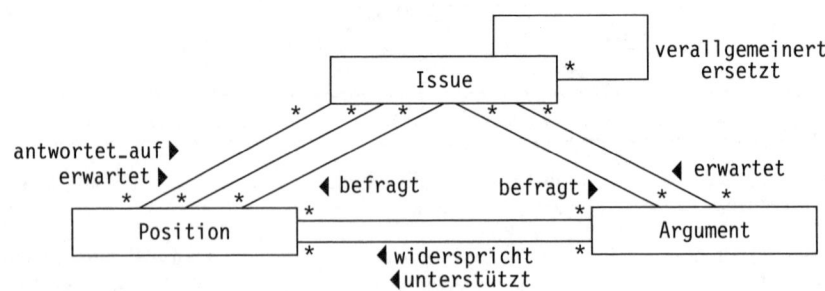

Abbildung 12.9:   Das IBIS-Modell (UML-Klassendiagramm)

IBIS wird von einem Hypertextwerkzeug (gIBIS, [Conklin &) verwendet und unterstützt die Begründungserfassung in persönlichen Besprechungen.

Decision Representation Language (DRL)

Die **Decision Representation Language (DRL)** hilft bei der Erfassung von **Entscheidungsbegründungen** beim Entwurf [Lee, 1990]. Nach Lee repräsentieren Entscheidungsbegründungen die qualitativen Aspekte einer Entscheidungsfindung. Diese beinhalten die betrachteten Alternativen, ihre Evaluierung, die zur Evaluierung führenden Argumente und die verwendeten Kriterien. Die DRL wird durch das Werkzeug SYBIL unterstützt. Bei Änderungen der Evaluierung ermöglicht SYBIL die Verfolgung von Abhängigkeiten zwischen Begründungselementen. DRL erweitert das ursprüngliche IBIS-Modell durch Hinzufügen von Entwurfszielen und Abläufen. DRL sieht die Aufgabe der Konstruktion der Begründungen als vergleichbar mit der Aufgabe des Entwurfs des Systems an. Das Modell der DRL ist in Abbildung 12.10 zusammengefasst. Der wesentliche Nachteil der DRL ist ihre Komplexität (sieben verschiedene Knotentypen und 15 verschiedene Verbindungstypen). Dadurch ist ein hoher Aufwand zur Strukturierung der erfassten Begründungen notwendig.

Questions, Options, and Criteria (QOC)

Fragen, Optionen und Kriterien (Questions, Options, and Criteria, QOC) ist eine andere Erweiterung von IBIS. Fragen repräsentieren die zu lösenden Entwurfsprobleme (Fragen entsprechen den Fragestellungen in dem von uns präsentierten Modell). Optionen (Vorschläge aus unserem Modell) sind mögliche Antworten auf Fragen. Aus Optionen können neue Fragen resultieren. Entwickler bewerten die Optionen in Bezug auf Kriterien als negativ oder positiv. Des Weiteren können Fragen, Optionen, Kriterien und

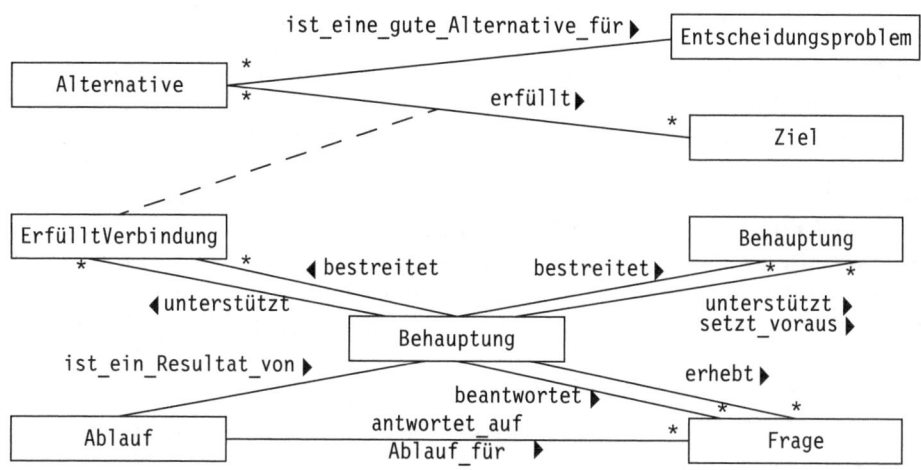

Abbildung 12.10: Decision Representation Language, DRL (UML-Klassendiagramm)

deren Beziehungen durch Argumente unterstützt oder entkräftet werden. Argumente können auch andere Argumente unterstützen und ablehnen. Abbildung 12.11 zeigt das QOC-Modell.

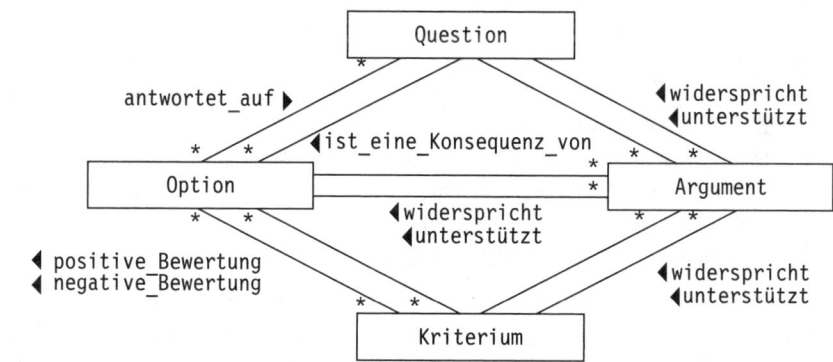

Abbildung 12.11: QOC-Modell (UML-Klassendiagramm)

QOC und IBIS unterscheiden sich in ihrer Art der Anwendung. IBIS unterstützt das Erfassen von Entwurfsargumentationen bereits während ihrer Entstehung (IBIS wird zum Beispiel zur Erfassung von Informationen bei Besprechungen verwendet). QOC-Strukturen werden dagegen konstruiert, um den aktuellen Stand des Systementwurfs zu reflektieren. Diese konzeptionelle Trennung der Konstruktionsphase von der Argumentationsphase beim Entwurfsprozess betont die systematische Erfassung und Strukturierung eines Begründungsmodells und setzt sie bewusst ab vom Begründungsmodell, das als Seiteneffekt einer Diskussion entsteht: Aus der Sicht von QOC sind Begründungen also eine von Entwicklern nachträglich erstellte Beschreibung des Entwurfsraums. IBIS dagegen sieht Begründungen als einen Mitschnitt der Diskussionen während der Analysephase, die zu einem ganz bestimmten Entwurf führen. In der Praxis können beide Ansätze zur Erfassung von Begründungen verwendet werden. Die Aktivitäten zur Erfassung und Wartung von Begründungen beschreiben wir in Abschnitt 12.4.

Das NFR-Framework

Das **NFR-Framework**[3] ist eine Methode, um den Einfluss von nichtfunktionalen Anforderungen auf Entscheidungen und erwogene Alternativen zu bestimmen, und um die Abhängigkeiten zwischen nichtfunktionalen Anforderungen zu modellieren [Chung et al., 1999]. Im Gegensatz zu den vorherigen Fragestellungsmodellen ist das NFR-Framework speziell für die Softwaretechnik erstellt worden. Nichtfunktionale Anforderungen werden als zu erreichende *Ziele* betrachtet. Um die Schwierigkeit zu erfassen, dass nichtfunktionale Anforderungen einen hohen Abstraktionsgrad besitzen und sehr subjektiv sind, erlaubt das NFR-Framework eine Verfeinerung der Ziele durch Aufteilung in Unterziele. Ziele und Unterziele werden als Knoten in einem Zielgraph dargestellt. Die Dekompositionsbeziehung wird durch eine gerichtete Kante repräsentiert. Das NFR-Framework erlaubt zwei Arten der Dekomposition:

- *UND-Dekomposition.* Um ein Ziel zu erreichen, müssen alle Unterziele der UND-Dekomposition erreicht werden.

- *ODER-Dekomposition.* Ein Ziel kann in verschiedene, alternative Unterziele zerlegt werden. Wird eines der Unterziele erreicht, so ist auch das Oberziel erreicht.

Die Ziele der höchsten Ebene heißen Wurzelknoten. Sie werden durch den Kunden und die Benutzer spezifiziert und in Unterzielen konkretisiert und verfeinert, wobei ein Unterziel zu mehreren Oberzielen gehören kann. Darüber hinaus bietet das NFR-Framework weitere Verbindungstypen zur Darstellung von Beziehungen an. Zum Beispiel stellen Korrelationsverbindungen zweier Ziele gegenseitige Unterstützungen oder Behinderungen dar. Erfüllt eine gewählte Lösungsalternative in akzeptabler Weise ein Ziel, so ist das Ziel *erfüllt*. Ansonsten ist es *unerfüllt*. Die Verbindungen der Zielgraphen können auf fünf verschiedene Weisen gewichtet werden: *ergibt*, *hilft*, *neutral*, *verletzt* und *zerstört*. Verfeinerte und konkrete Ziele stellen Merkmale des zu entwickelnden Systems dar. Diese Ziele werden *operationale Ziele* genannt.

Die Abbildung 12.12 zeigt einen Teil eines Zielgraphen, der verschiedene Lösungsalternativen für einen Authentifizierungsmechanismus eines Geldautomaten darstellt. Flexibilität, Geringe_Kosten und Sicherheit sind die Wurzelknoten des Graphen. Der Knoten Sicherheit ist durch eine UND-Relation in die Knoten Authentifizierung, Diskretion und Integrität zerlegt. Soll ein Konto sicher sein, dürfen nur authentifizierte Benutzer auf das Konto zugreifen, alle Transaktionen auf dem Konto müssen diskret durchgeführt werden und die Transaktionen müssen zu einem gültigen Ergebnis führen. Unter Verwendung der ODER-Relation ist das Unterziel Authentifizierung durch die Knoten Berechtigung+Pin, Fingerabdruckleser und Chipkarte+Pin verfeinert. Da diese Knoten verschiedene Merkmale des Systems repräsentieren, sind sie operationale Ziele und werden durch dickere Kreise dargestellt. Um zu zeigen, dass das Berechtigung+Pin-Ziel dem Geringe_Kosten-Ziel hilft und das Ziel Flexibilität verletzt, verwenden wir zwei Korrelationsverbindungen.

---

[3] NFR ist ein Akronym für non-functional requirements.

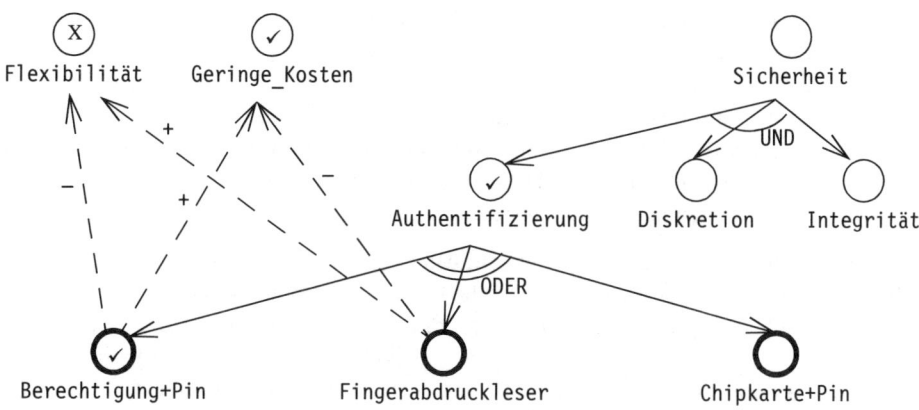

Abbildung 12.12: Ein Beispiel einer Zielverfeinerung durch die Verwendung des NFR-Frameworks für den Authentifizierungsmechanismus eines Geldautomaten (NFR-Zielgraph)

Wurden der anfängliche Zielgraph verfeinert und verschiedene operationalisierende Ziele entwickelt, so können Teilmengen der Ziele evaluiert und ausgesucht werden. Durch die Verfolgung von Dekompositionen und Korrelationsverbindungen kann überprüft werden, ob die Ziele der Wurzelknoten erreicht worden sind. In Abbildung 12.12 stellen wir fest, dass die Ziele Authentifizierung und Geringe_Kosten durch das Berechtigung+Pin-Ziel erfüllt sind und betrachten es deshalb als Lösung. Das Ziel Sicherheit wird erfüllt sein, sobald die Ziele Diskretions und Integrität ebenfalls erfüllt ist. Das Ziel Flexibilität bleibt unerfüllt. In realistischen Fällen sind die Zielgraphen wesentlich größer, sodass die Unterstützung von Programmen zur Evaluierung und zum Vergleich verschiedener Alternativen nötig ist. Ein weiterer Aspekt des NFR-Frameworks ist die Wiederverwendung der Zieldekomposition in verschiedenen Systemen. Dadurch können untersuchte Lösungen wieder aufgegriffen und gegen neue Kriterien evaluiert werden.

12.4 Begründungsaktivitäten: Von Fragestellungen zu Entscheidungen

Die Pflege des Begründungsmodells hilft Entwicklern besonders beim Umgang mit Änderungen. Ändern sich beispielsweise die Benutzeranforderungen oder die Zielumgebung eines Systems, so erleichtern erfasste Entscheidungsrechtfertigungen eine erneute Begutachtung wichtiger Entscheidungen. Damit Begründungsmodelle benutzbar sind, müssen sie erfasst, strukturiert und leicht erreichbar sein. Dieser Abschnitt beschäftigt sich mit diesen Aktivitäten und beinhaltet

- die Begründungserfassung in Entwurfsbesprechungen (Abschnitt 12.4.2),
- die Überprüfung von Begründungsmodellen durch Klarstellungen (Abschnitt 12.4.3),
- das Erfassen von zusätzlichen Begründungen während Modellüberprüfungen (Abschnitt 12.4.4) sowie
- die Rekonstruktion von Begründungen (Abschnitt 12.4.5).

Die wichtigsten Begründungen werden im Systementwurf getroffen. Viele Entscheidungen beim Systementwurf beeinflussen alle Subsysteme, sodass Änderungen sehr kostspielig werden, insbesondere wenn sie spät getroffen werden. Darüber hinaus sind die Gründe für eine bestimmte Systemzerlegung meist sehr komplex, da dabei viele Systementwurfsfragen – wie beispielsweise die Abbildung der Subsysteme auf Hardware und Software, die persistente Datenspeicherung, die Zugriffskontrolle, der globale Kontrollfluss sowie Randbedingungen – berücksichtigt werden müssen.

Aus diesem Grund konzentrieren wir uns für den Rest dieses Kapitels auf den Systementwurf. Man beachte allerdings, dass die Methoden des Begründungsmanagements in allen Entwicklungsphasen Anwendung finden können, von der Anforderungsermittlung bis zum Feldtest. Wir werden die Begründungsaktivitäten beim Systementwurf wieder anhand unseres Verkehrskontrollsystems veranschaulichen. Im Folgenden steigen wir deshalb in die Entwurfsphase für dieses Beispielsystem ein.

12.4.1   Systementwurf des ZVK-Systems

Betrachten wir das Verkehrskontrollsystem aus Abschnitt 12.3.1. Wir sind dabei, das auf Großrechnern basierende Altsystem durch ein Netzwerk von Arbeitsplatzrechnern zu ersetzen. Des Weiteren wollen wir das System durch die Einführung einer Zugriffskontrolle, durch erhöhte Systemsicherheit und durch einfachere Benutzbarkeit verbessern. Wir befinden uns mitten im Systementwurf und haben bereits einige Entwurfsziele aus den nichtfunktionalen Anforderungen identifiziert, die wir hier nach abnehmender Priorität ordnen:

- **Verfügbarkeit.** Das System soll nicht öfter als einmal pro Monat zusammenbrechen und innerhalb von zehn Minuten wieder voll funktionsfähig sein.

- **Sicherheit.** Keine Person außerhalb des Kontrollraums darf in der Lage sein, vom System kontrollierte Gleise oder Geräte zu erreichen oder zu manipulieren.

- **Benutzbarkeit.** Ein geschulter Dienstleiter darf nicht mehr als zwei Fehleingaben pro Monat machen.

Wir teilen jedem Dienstleiter einen Rechner zu. Zwei redundante Server verwalten den globalen Zustand des Systems (siehe Abbildung 12.13). Des Weiteren sind die Server für die persistente Datenspeicherung verantwortlich. Die Daten werden in Dateien gespeichert und können kopiert und für weitere Bearbeitung in eine Datenbank importiert werden. Die Kommunikation mit den Geräten an den Gleisen erfolgt über Modems. Eine Middleware unterstützt die Kommunikation zwischen Subsystemen auf zwei Arten: mit Methodenaufrufen zur Durchführung von Datenanfragen und mit einem Benachrichtigungsmechanismus, um Subsysteme über Zustandsänderungen des Systems zu informieren. Jedes Subsystem kann sich für den Empfang von Ereignissen registrieren. In den Entwurfsdiskussionen widmen wir uns gerade den Problemen der Zugriffskontrolle und diskutieren einen Mechanismus, der es verhindert soll, das Dienstleiter die Gleise anderer Dienstleiter verändern können. Im Folgenden beschreiben wir, wie die Zugriffskontrolle diskutiert und gelöst wird, und erfassen dabei die Begründungen.

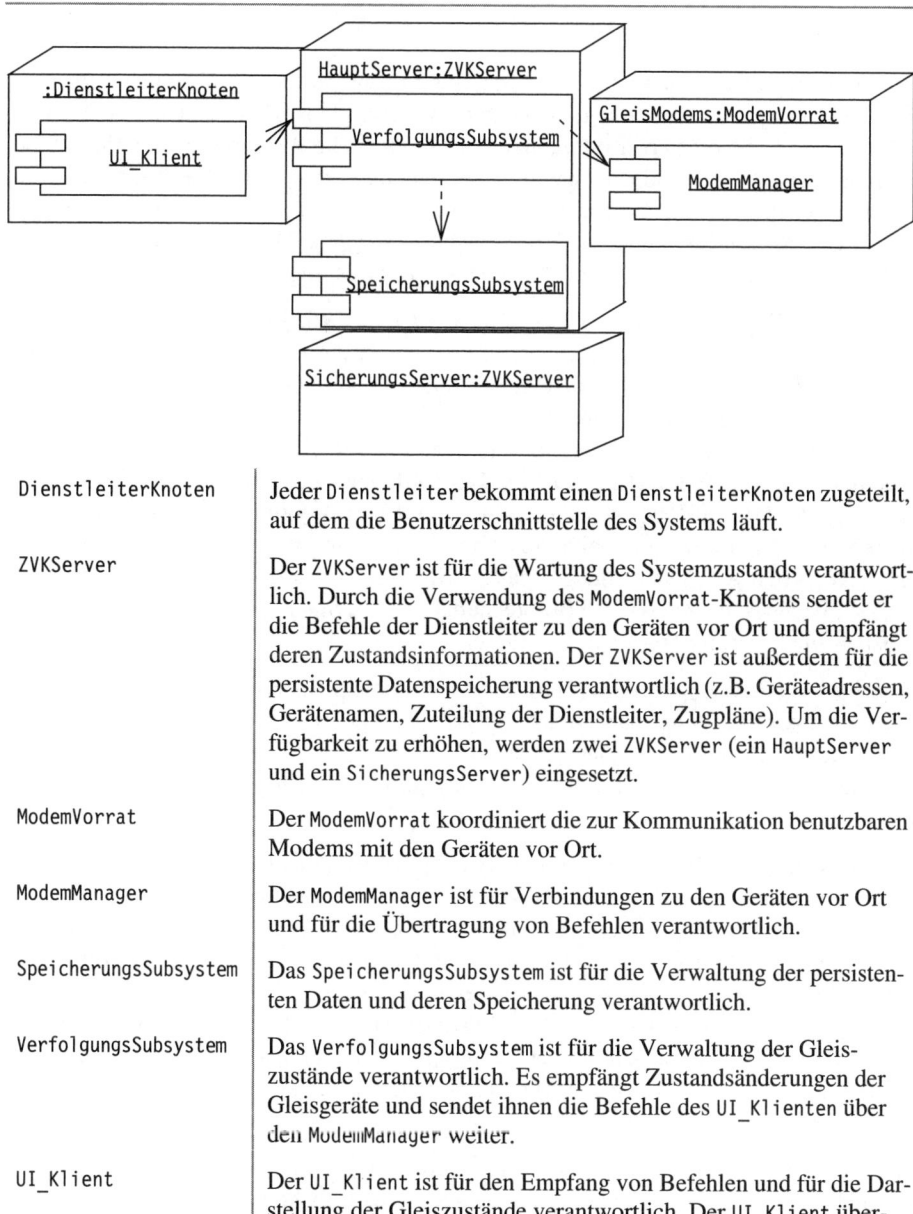

DienstleiterKnoten	Jeder Dienstleiter bekommt einen DienstleiterKnoten zugeteilt, auf dem die Benutzerschnittstelle des Systems läuft.
ZVKServer	Der ZVKServer ist für die Wartung des Systemzustands verantwortlich. Durch die Verwendung des ModemVorrat-Knotens sendet er die Befehle der Dienstleiter zu den Geräten vor Ort und empfängt deren Zustandsinformationen. Der ZVKServer ist außerdem für die persistente Datenspeicherung verantwortlich (z.B. Geräteadressen, Gerätenamen, Zuteilung der Dienstleiter, Zugpläne). Um die Verfügbarkeit zu erhöhen, werden zwei ZVKServer (ein HauptServer und ein SicherungsServer) eingesetzt.
ModemVorrat	Der ModemVorrat koordiniert die zur Kommunikation benutzbaren Modems mit den Geräten vor Ort.
ModemManager	Der ModemManager ist für Verbindungen zu den Geräten vor Ort und für die Übertragung von Befehlen verantwortlich.
SpeicherungsSubsystem	Das SpeicherungsSubsystem ist für die Verwaltung der persistenten Daten und deren Speicherung verantwortlich.
VerfolgungsSubsystem	Das VerfolgungsSubsystem ist für die Verwaltung der Gleiszustände verantwortlich. Es empfängt Zustandsänderungen der Gleisgeräte und sendet ihnen die Befehle des UI_Klienten über den ModemManager weiter.
UI_Klient	Der UI_Klient ist für den Empfang von Befehlen und für die Darstellung der Gleiszustände verantwortlich. Der UI_Klient überprüft die Gültigkeit von Befehlen, bevor er sie an den ZVKServer weiterleitet.

Abbildung 12.13: Systemzerlegung des ZVK-Systems (UML-Verteilungsdiagramm). Der Zustand des Systems wird durch einen HauptServer verwaltet. Im Falle eines Ausfalls, übernimmt ein SicherungsServer die Arbeit des HauptServers. Durch die Verwendung des ModemVorrat-Knotens sendet der HauptServer Befehle der Dienstleiter zu den Geräten vor Ort und empfängt deren Zustandsinformationen.

12.4.2 Begründungserfassung in Besprechungen

In persönlichen Besprechungen können Fragestellungen präsentiert, diskutiert und gelöst werden. Synchrone Diskussionen, in denen Entwickler physisch präsent sind, nutzen die Vorteile der nichtverbalen Kommunikation: Persönliche Positionen und der Wille, bestimmte Kompromisse einzugehen, können leichter erkannt und bewertet werden. Im Gegensatz dazu sind asynchrone Diskussionen, zum Beispiel per E-Mail, wesentlich schwieriger, da die Gefahr von Missverständnissen sehr hoch ist. Persönliche Besprechungen bieten deshalb einen guten Rahmen, um Begründungen zu erfassen.

In Kapitel 3, *Projektorganisation und -kommunikation* haben wir die Organisation von Besprechungen mit Tagesordnungen und Protokollen beschrieben. Die Tagesordnung enthält den Status und die zu diskutierenden offenen Fragestellungen. Das Protokoll einer Besprechung fasst den Ablauf und die Ergebnisse der Besprechung zusammen. Es wird nach der Besprechung veröffentlicht. Wir benutzen die Konzepte der Fragestellungsmodellierung aus Abschnitt 12.3, um eine Tagesordnung zu erstellen. In den Besprechungen sollen die offenen **Fragestellungen** diskutiert und **Beschlüsse** gefasst werden. Die Protokolle bestehen aus den evaluierten **Vorschlägen**, akzeptierten **Kriterien** und relevanten **Argumenten**. Entscheidungen halten wir durch **Beschlüsse** und **Terminaufgaben** fest. Des Weiteren nutzen wir die Besprechung, um den Status vorangegangener Terminaufgaben zu überprüfen.

Betrachten wir zum Beispiel das Zugriffskontrollproblem des ZVK-Systems. Wir organisieren eine Besprechung der Architekturgruppe und den Entwicklern, die für den UI_Klienten, das VerfolgungsSubsystem und den BenachrichtigungsDienst verantwortlich sind. Lisa, die Moderatorin der Architekturgruppe, erstellt die Tagesordnung (siehe Abbildung 12.14).

In der Besprechung überprüfen wir den Zustand der Terminaufgaben der vorigen Architekturbesprechung – TA[1]: *Untersuchung des Zugriffskontrollmodells der Middleware.* Die Middleware bietet grundlegende Funktionen zur Authentifizierung und Verschlüsselung. Allerdings stellt sie keine weiteren Bedingungen an das Zugriffskontrollmodell. Durch gute Kenntnisse des Anwendungsbereiches sind die Fragestellungen F[1] und F[2] schnell gelöst: Ein Dienstleiter darf alle GleisAbschnitte sehen, aber nur Geräte seines GleisAbschnittes steuern. Die Fragestellung F[3] (*Wie soll die Zugriffskontrolle in die GleisAbschnitte und den BenachrichtigungsDienst integriert werden?*) macht größere Schwierigkeiten und erfordert eine Diskussion.

Dave ist für den BenachrichtigungsDienst verantwortlich. Er schlägt eine Integration der Zugriffskontrolle in den GleisAbschnitt vor (siehe Abbildung 12.15). Der GleisAbschnitt kann eine Berechtigungsliste verwalten, welche die Zugriffsrechte und Steuerrechte der Dienstleiter beinhaltet. Die GleisAbschnitte können auch die Ereignisse organisieren. Durch die Verwendung des BenachrichtigungsDienstes kann sich ein Subsystem bei einem GleisAbschnitt anmelden und wird über dessen Ereignisse benachrichtigt. Der BenachrichtigungsDienst könnte auch mit Hilfe des GleisAbschnittes die Leserechte des Dienstleiters überprüfen.

TAGESORDNUNG: Integration von Zugriffskontrolle und Benachrichtigungsdienst

Wann und Wo	**Rollen**
Datum: 13.9.	**Moderator**: Lisa
Start: 4:30 P.M.	**Zeitnehmer**: Dave
Ende: 5:30 P.M.	**Protokollführer**: Ed
Gebäude: Zughalle	**Raum**: 3420

1. Zweck

Der erste Entwurf der Hardware-/Software-Abbildung und der persistenten Datenverwaltung ist abgeschlossen. Das Zugriffskontrollmodell und dessen Integration in die aktuellen Subsysteme, zum Beispiel in den BenachrichtigungsDienst und in das VerfolgungsSubsystem, müssen definiert werden.

2. Erwartetes Ergebnis

Die offenen Fragestellungen bei der Integration der Zugriffskontrolle mit dem BenachrichtigungsDienst sollen geschlossen werden.

3. Informationsaustausch [Sollzeit: 15 Minuten]

TA[1]: Dave: Untersuche das Zugriffskontrollmodell, das von der Middleware bereitgestellt wird.

4. Diskussion [Sollzeit: 35 Minuten]

F[1]: Darf ein Dienstleiter die GleisAbschnitte anderer Dienstleiter sehen?

F[2]: Darf ein Dienstleiter die GleisAbschnitte anderer Dienstleiter verändern?

F[3]: Wie soll die Zugriffskontrolle in die GleisAbschnitte und den BenachrichtigungsDienst integriert werden?

5. Nachbereitung [Sollzeit: 5 Minuten]

Überprüfung und Zuordnung der neuen Terminaufgaben.
Besprechungskritik.

Abbildung 12.14: Tagesordnung für die Besprechung zur Zugriffskontrolle des ZVK-Systems

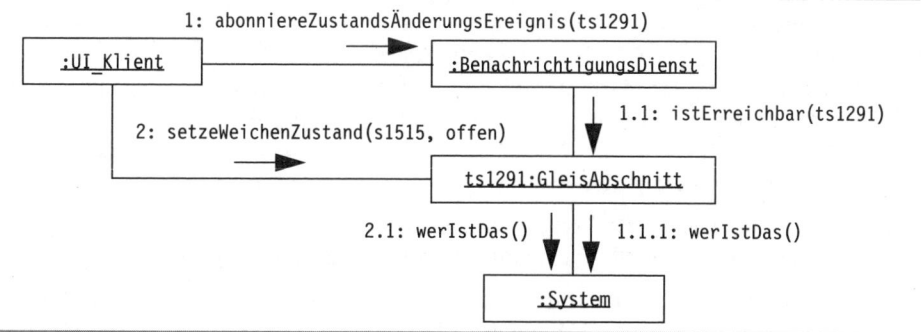

Abbildung 12.15: Vorschlag V[1]: Mittels einer Zugriffsliste wird der Zugriff durch das Objekt GleisAbschnitt kontrolliert. Der BenachrichtigungsDienst ermittelt die Zugriffsberechtigungen eines Subsystems durch den GleisAbschnitt (UML-Kollaborationsdiagramm).

Benachrichti-gungsDienst	Der BenachrichtigungsDienst verbreitet Zustandsänderungen der Gleis-Abschnitte. Um Ereignisse eines GleisAbschnittes zu erhalten, muss sich ein Subsystem bei dem GleisAbschnitt anmelden. Dazu benötigt ein Subsystem die Zugriffsrechte des GleisAbschnittes. Die Zugriffsrechte werden durch die Operation istErreichbar() ermittelt.
System	Durch die Informationen des UI_Klienten identifiziert das System den aktuellen Dienstleiter. Der GleisAbschnitt überprüft die Berechtigung eines Dienstleiters durch das Aufrufen der Operation werIstDas().
GleisAbschnitt	Ein GleisAbschnitt besteht aus einer Menge kontinuierlicher GleisBereiche und den zugehörigen Geräten. Der Zugriff auf einen GleisAbschnitt wird mittels einer Zugriffsliste kontrolliert.
UI_Klient	Der UI_Klient ist für die Darstellung der GleisAbschnitte und für die Eingabe von Befehlen zur Zustandsänderung von GleisAbschnitten verantwortlich.

Abbildung 12.15: Vorschlag V[1]: Mittels einer Zugriffsliste wird der Zugriff durch das Objekt GleisAbschnitt kontrolliert. Der BenachrichtigungsDienst ermittelt die Zugriffsberechtigungen eines Subsystems durch den GleisAbschnitt (UML-Kollaborationsdiagramm). (Forts.)

Lisa ist für das VerfolgungsSubsystem verantwortlich, das die Klasse GleisAbschnitt enthält. Sie möchte die Abhängigkeiten zwischen dem GleisAbschnitt und dem BenachrichtigungsDienst vertauschen (siehe Abbildung 12.16). In diesem Vorschlag interagiert der UI_Klient nur mit der Klasse GleisAbschnitt, auch bei der Registrierung zum Empfang von Ereignissen. Der UI_Klient könnte dazu die Methode registriereFürEreignisse() der Klasse GleisAbschnitt aufrufen, die die Zugriffskontrolle durchführen und die Methode abonniereZustandsÄnderungsEreignis() im BenachrichtigungsDienst aufrufen könnte. Der der UI_Klient hätte also keinen direkten Zugriff auf den Benachrichtigungs-Dienst. Dieser Vorschlag hat den Vorteil, dass alle geschützten Operationen und Zugriffskontrollen in einer Klasse zentralisiert wären. Darüber hinaus könnte die Klasse Gleis-Abschnitt das Abonnement des UI_Klienten löschen, wenn die Zugriffskontrollliste geändert wird. Ed bemerkt, dass jeder Dienstleiter berechtigt ist, die GleisAbschnitte anderer Dienstleiter zu sehen. Deswegen bräuchten nur Änderungen am Zustand kontrolliert zu werden. Unter der Annahme, dass alle Änderungen über Methodenaufrufe erfolgen und der BenachrichtigungsDienst nur zur Verbreitung von Änderungen genutzt wird, bräuchte der BenachrichtigungsDienst nicht mit der Zugriffskontrolle kombiniert zu werden. In diesem Fall wurde der Vorschlag von Dave – mit einer kleinen Veränderung – verwendet (siehe Abbildung 12.17).

Aufgrund der Einfachheit entscheidet sich die Architekturgruppe für Eds Vorschlag. Ed erstellt ein chronologisches Besprechungsprotokoll (siehe Abbildung 12.18).

Durch das Einfügen der problemrelevanten Diskussionen in die Tagesordnung erstellt Ed das Besprechungsprotokoll aus Abbildung 12.18. Die Diskussionen bestehen aus chronologischen Listen der Gesprächsbeiträge. Die meisten dieser Beiträge vermischen Lösungsvorschläge mit Argumentationen gegen andere Lösungsvorschläge. Um die Ergebnisse der Besprechung zu verdeutlichen, verwendet Ed das Fragestellungsmodell und restrukturiert das Protokoll (siehe Abbildung 12.19).

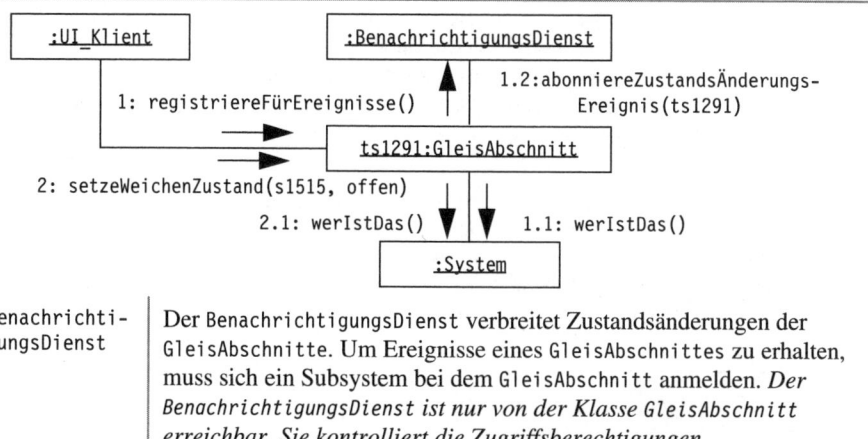

Benachrichti-gungsDienst	Der BenachrichtigungsDienst verbreitet Zustandsänderungen der GleisAbschnitte. Um Ereignisse eines GleisAbschnittes zu erhalten, muss sich ein Subsystem bei dem GleisAbschnitt anmelden. *Der BenachrichtigungsDienst ist nur von der Klasse GleisAbschnitt erreichbar. Sie kontrolliert die Zugriffsberechtigungen.*
GleisAbschnitt	Ein GleisAbschnitt besteht aus einer Menge kontinuierlicher GleisBereiche und dessen Geräten. Die Zugriffskontrolle findet in der Klasse Gleis-Abschnitt statt. *Um über Zustandsänderungen informiert zu werden, muss ein Subsystem die Operation registriereFürEreignisse() der Klasse GleisAbschnitt aufrufen. Die Klasse GleisAbschnitt überprüft die Zugriffs-berechtigungen, bevor sie die Methode registriereFürGleisAbschnitt-Ereignisse() der Klasse BerechtigungsDienst aufruft.*

Abbildung 12.16: Vorschlag V[2]: Durch die Operation registriereFürEreignisse() der Klasse GleisAbschnitt, registriert sich der UI_Klient für die Ereignisse eines Gleisabschnittes. Die Klasse GleisAbschnitt überprüft die Zugriffsberechtigungen und ruft dann die Methode abonniereZu-standsÄnderungsEreignis() der Klasse BerechtigungsDienst auf. Der BenachrichtigungsDienst ist von vom UI_Klient nicht erreichbar (UML-Kollaborationsdiagramm). Die Änderungen gegenüber Abbildung 12.15 sind *kursiv* dargestellt.

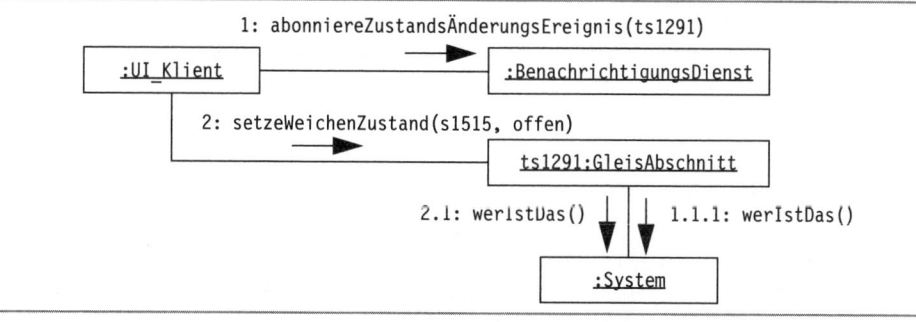

Abbildung 12.17: Vorschlag V[3]: Mittels einer Zugriffsliste kontrolliert das Objekt GleisAb-schnitt den Zugriff auf Operationen, die den Zustand von GleisAbschnitten verändern. Da jeder Dienstleiter alle Zustandsänderungen sehen darf, benötigt der BenachrichtigungsDienst keine Zugriffskontrolle (UML-Kollaborationsdiagramm). Die Änderungen gegenüber Abbildung 12.15 sind ~~durchgestrichen~~.

Benachrichti-gungsDienst	Der BenachrichtigungsDienst verbreitet Zustandsänderungen der Gleis-Abschnitte. Um Ereignisse eines GleisAbschnittes zu erhalten, muss sich ein Subsystem bei dem GleisAbschnitt anmelden. ~~Dazu benötigt ein Subsystem die Zugriffsrechte des GleisAbschnittes. Die Zugriffsrechte werden durch die Operation istErreichbar() ermittelt.~~

Abbildung 12.17: Vorschlag V[3]: Mittels einer Zugriffsliste kontrolliert das Objekt GleisAbschnitt den Zugriff auf Operationen, die den Zustand von GleisAbschnitten verändern. Da jeder Dienstleiter alle Zustandsänderungen sehen darf, benötigt der BenachrichtigungsDienst keine Zugriffskontrolle (UML-Kollaborationsdiagramm). Die Änderungen gegenüber Abbildung 12.15 sind ~~durchgestrichen~~. (Forts.)

CHRONOLOGISCHES PROTOKOLL: Integration von Zugriffskontrolle und Benachrichtigungsdienst

Wann und Wo   **Rollen**
Datum: 13.9., 4:30–6 P.M.   **Moderator**: Lisa
Gebäude: Zughalle 3420   **Zeitnehmer**: Dave, **Protokollführer**: Ed

1. Zweck

Der erste Entwurf der Hardware-/Software-Abbildung und der persistenten Datenverwaltung ist abgeschlossen. Das Zugriffskontrollmodell und dessen Integration in die aktuellen Subsysteme, zum Beispiel in den BenachrichtigungsDienst und in das VerfolgungsSubsystem, müssen definiert werden.

2. Erwartetes Ergebnis

Die offenen Fragestellungen bei der Integration der Zugriffskontrolle in den BenachrichtigungsDienst sollen geschlossen werden.

3. Informationsaustausch

TA[1]: Dave: Untersuche das Zugriffskontrollmodell, das von der Middleware bereitgestellt wird.

     Status: Die Middleware unterstützt Authentifizierung und Verschlüsselung. Sie stellt keine Bedingungen an das Zugriffskontrollmodell. Jede Zugriffskontrollpolitik kann auf dem Server implementiert werden.

4. Diskussion

F[1]: Darf ein Dienstleiter die GleisAbschnitte anderer Dienstleiter sehen?

     Ed: Ja, siehe ZVK-Systemspezifikation.

F[2]: Darf ein Dienstleiter die GleisAbschnitte anderer Dienstleiter verändern?

     Zoe: Nein. Nur der Dienstleiter, der einem GleisAbschnitt zugewiesen ist, kann dessen Geräte steuern. Die Zuweisung der Dienstleiter zu den GleisAbschnitten kann allerdings zur Laufzeit verändert werden.

     Ed: Nein, siehe ZVK-Systemspezifikation.

F[3]: Wie soll die Zugriffskontrolle in die GleisAbschnitte und den BenachrichtigungsDienst integriert werden?

Abbildung 12.18: Chronologisches Protokoll der Diskussion über die Zugriffskontrolle des ZVK-Systems

Dave: Jeder `GleisAbschnitt` verwaltet eine Zugriffskontrollliste. Der `Benachrichti-gungsdienst` erfragt die Zugriffsrechte eines Subsystems von dem `GleisAbschnitt`.

Lisa: Möglicherweise sollten wir die Abhängigkeiten des `GleisAbschnittes` und des `BenachrichtigungsDienstes` vertauschen. Der `UI_Klient` könnte eine Registrierung bei der Klasse `GleisAbschnitt` anfordern, welche die Zugriffskontrolle übernimmt. Dadurch wären alle geschützten Methoden in einer Klasse.

Dave: Dadurch könnte der `GleisAbschnitt` auch die Dienstleiter abmelden, wenn sich deren Zugriffsrechte ändern.

Ed: Wir brauchen keine Zugriffskontrolle für den `BenachrichtigungsDienst`: Die `Dienstleiter` dürfen alle `GleisAbschnitte` sehen. Solange der `Benachrichtigungs-Dienst` nicht für Zustandsänderungen der `GleisAbschnitte` verwendet wird, benötigt er keine Zugriffskontrolle.

Lisa: Aber durch die Integration der Zugriffskontrolle in den `Benachrichtigungs-Dienst` hätten wir eine sehr generelle Lösung.

Ed: Sie wäre aber sehr komplex. Lass uns doch jetzt die Zugriffskontrolle von den Benachrichtigungen trennen. Wenn sich die Anforderungen ändern, kann dies ja immer noch geändert werden.

Lisa: Ok. Ich kümmere mich um die Änderung der Schnittstelle des `Verfolgungs-Subsystems`.

5. Nachbereitung

`TA[2]:` Lisa: Entwirf die Zugriffskontrolle für das `VerfolgungsSubsystem` mit Authentifizierungs- und Verschlüsselungsmethoden, die von der Middleware bereitgestellt werden.

Abbildung 12.18: Chronologisches Protokoll der Diskussion über die Zugriffskontrolle des ZVK-Systems (Forts.)

STRUKTURIERTES PROTOKOLL: Integration von Zugriffskontrolle und Benachrichtigungsdienst

Wann und Wo   **Rollen**
Datum:13.9., 14:30–18:00   **Moderator**: Lisa
Gebäude: Zughalle 3420   **Zeitnehmer**: Dave, **Protokollführer**: Ed

1. Zweck

Der erste Entwurf der Hardware/Software-Abbildung und der persistenten Datenverwaltung ist abgeschlossen. Das Zugriffskontrollmodell und dessen Integration in die aktuellen Subsysteme, zum Beispiel in den `BenachrichtigungsDienst` und in das `VerfolgungsSubsystem`, müssen definiert werden.

2. Erwartetes Ergebnis

Die offenen Fragestellungen bei der Integration der Zugriffskontrolle mit dem `Benachrichtigungsdienst` sollen geschlossen werden.

Abbildung 12.19: Strukturiertes Besprechungsprotokoll zur Diskussion über die Zugriffskontrolle des ZVK-Systems

3. Informationsaustausch

TA[1]: Dave: Untersuchung des Zugriffskontrollmodells.

Status: Kommerzielle Software unterstützt Authentifizierungs- und Verschlüsselungs-mechanismen. Stellt keine zusätzlichen Bedingungen an das Zugriffskontrollmodell. Jede Zugriffskontrollpolitik kann auf dem Server implementiert werden.

4. Diskussion

F[1]: Darf ein Dienstleiter die GleisAbschnitte anderer Dienstleiter sehen?

B[1]: Ja (laut ZVK-Systemspezifikation und von Zoe überprüft).

F[2]: Darf ein Dienstleiter die GleisAbschnitte anderer Dienstleiter verändern?

B[2]: Nein. Nur der Dienstleiter, der einem GleisAbschnitt zugewiesen ist, kann dessen Geräte steuern. Die Dienstleiter können dynamisch zugewiesen werden (laut ZVK-Systemspezifikation und von Zoe überprüft).

F[3]: Wie soll die Zugriffskontrolle in die GleisAbschnitte und den BenachrichtigungsDienst integriert werden?

V[3.1]: Die GleisAbschnitte verwalten eine Liste der Zugriffs- und Änderungsrechte in den Subsystemen. Um sich für den Empfang von Ereignissen zu registrieren, muss ein Subsystem eine Anfrage an den BenachrichtigungsDienst stellen. Daraufhin sendet dieser eine Zugriffsanfrage an den entsprechenden GleisAbschnitt.

V[3.2]: Die Klasse GleisAbschnitt beinhaltet alle geschützten Operationen. Für eine Registrierung zum Empfang von Ereignissen sendet der UI_Klient eine Anfrage an den GleisAbschnitt. Dieser führt die Zugriffskontrolle durch und sendet die Anfrage an den BenachrichtigungsDienst.

A[3.1] für V[3.2]: Die Zugriffskontrolle und alle geschützten Operationen sind in einer Klasse zentralisiert.

V[3.3]: Die Registrierung für den Empfang von Ereignissen benötigt keine Zugriffskontrolle. Der UI_Klient kann die Registrierungsanfrage direkt an den BenachrichtigungsDienst senden. Der BenachrichtigungsDienst braucht die Zugriffsrechte nicht zu kontrollieren.

A[3.2] für V[3.3]: Dienstleiter dürfen die Zustände der GleisAbschnitte sehen (siehe B[1]).

A[3.3] für V[3.3]: Einfachheit.

B[3]: V[3.3]. Siehe Terminaufgabe TA[2].

5. Nachbereitung

TA[2]: Lisa: Entwirf die Zugriffskontrolle für das VerfolgungsSubsystem mit Authentifizierungs- und Verschlüsselungsmethoden, die von der Middleware bereitgestellt werden auf der Basis des Beschlusses B[3] dieses Protokolls.

Abbildung 12.19: Strukturiertes Besprechungsprotokoll zur Diskussion über die Zugriffskontrolle des ZVK-Systems (Forts.)

Die wichtigsten Besprechungsergebnisse über die Zugriffskontrolle sind:

- ▪ Dienstleiter dürfen alle GleisAbschnitte sehen, aber nur Geräte ihres GleisAbschnittes steuern.

- ▪ Jeder GleisAbschnitt besitzt eine Zugriffskontrollliste.

- Da alle Dienstleiter die Zustandsänderungen sehen dürfen, benötigt der BenachrichtigungsDienst keine Zugriffskontrolle.

Durch die Konzentration auf das Fragestellungsmodell wurde auch noch festgehalten:

- Die Integration der Zugriffskontrolle in den BenachrichtigungsDienst wurde untersucht.

- Die Zentralisierung der geschützten Methoden in die Klasse GleisAbschnitt wurde als Prinzip akzeptiert.

Diese letzten beiden Punkte sind Begründungsinformationen und würden normalerweise als völlig unwichtig betrachtet werden. Dies ist aber genau die Art von Information – durch einen Protokollführer festgehalten und strukturiert –, die uns bei zukünftigen Änderungen helfen kann.

12.4.3   Asynchrone Begründungserfassung

Diskussionen in Besprechungen verlaufen im Kontext des zu entwickelnden Systems. Die meisten Besprechungsteilnehmer verfügen über gute Kenntnisse über das System und dessen Zweck sowie Systementwurf. Normalerweise konzentriert sich der Moderator der Besprechung auf eine Teilmenge der offenen Fragestellungen. Im Besprechungsbeispiel des vorangegangenen Abschnittes kannten alle Teilnehmer den Zweck und die Funktionalität des ZVK-Systems sowie die Entwurfsziele und die aktuelle Systemzerlegung. Das zugehörige Protokoll bot nur Informationen über die diskutierten Fragestellungen, aber nicht über den Hintergrund. In vielen Fällen geraten diese Hintergrundinformationen nach einiger Zeit leider in Vergessenheit, womit die Besprechungsprotokolle nutzlos werden.

Mit Fragestellungsmodellen können wir diese Schwierigkeiten besser lösen. In Kapitel 3, *Projektorganisation und -kommunikation*, haben wir die Verwendung von Werkzeugen zur asynchronen Gruppenkommunikation beschrieben. Durch eine enge Integration der Vorbereitung von Besprechungen und ihrer Protokollierung mit derartigen Werkzeugen können wir die Kontextinformationen besser festhalten.

Nehmen wir beispielsweise an, dass Marie, die Entwicklerin des UI_Klienten aus unserem ZVK-Beispiel, nicht an der Besprechung teilnehmen konnte. Im Forum der Architekturgruppe liest sie die Tagesordnung und das Protokoll. Obwohl sie das Ergebnis der Besprechung versteht, empfindet sie die Diskussion über den BenachrichtigungsDienst als unklar: Das Argument A[3.3] zu Vorschlag V[3.3] behauptet, dass die Ereignisse keine Zugriffskontrolle benötigen, da alle GleisAbschnitte von allen Dienstleitern gesehen werden dürfen. Diese Argumentation impliziert, dass der BenachrichtigungsDienst nur zur Informationsverbreitung von Zustandsänderungen genutzt wird. Mit anderen Worten, ein GleisAbschnitt ändert seinen Zustand nie als Folge von Ereignissen eines anderen Subsystems. Marie möchte eine Bestätigung dieser Vermutung. Deswegen erstellt sie eine Fragestellung in der Newsgroup (Abbildung 12.20) und schlägt vor, dass sich ein VerfolgungsDienst für keinerlei Ereignisse abonnieren kann, denn dieses Verbot würde die Zugriffskontrolle besser gewährleisten.

```
Forum: zvk.architektur.discussion
Thema:

Datum:
F[1]: Dürfen Dienstleiter die GleisAbschnitte anderer Dienstleiter
      sehen?                                                          9/14
F[2]: Dürfen Dienstleiter die GleisAbschnitte anderer verändern?     9/14
F[3]: Wie soll die Zugriffskontrolle implementiert werden?           9/14
    V[3.1]: GleisAbschnitte haben Zugriffslisten                     9/14
    V[3.2]: GleisAbschnitte haben Registrierungsoperationen          9/14
      +A[3.1]: Erweiterbarkeit                                       9/14
      +A[3.2]: Zentralisierung aller geschützten Operationen         9/14
    V[3.3]: BenachrichtigungsDienst hat keine Zugriffskontrolle      9/14
      +A[3.3]: Dienstleiters dürfen alle GleisAbschnitte sehen       9/14
      +A[3.4]: Einfachheit                                           9/14
---
Von: Marie
Forum: zvk.architektur.diskussion
Thema: Fragestellung: Sollen Benachrichtigungen nicht für Anfragen benutzt
werden?
Datum: Donnerstag 15 Sep 13:12:48 -0400
F[4] antwortet auf A[3.3]: Für Zugriffslisten und gegen Befähigungen
> Dienstleiter dürfen die Zustände aller GleisAbschnitte sehen und
> deshalb auch alle Ereignisse.

Dies geht davon aus, dass die Zustandsänderungen der GleisAbschnitte nicht
von Ereignissen abhängen und dass die Benachrichtigungen nur zur Information
über Zustandsänderungen von anderen Subsystemen verwendet werden. Sollen wir
dem VerfolgungsDienst verbieten, sich für Ereignisse zu registrieren?
```

Abbildung 12.20: Beispiel einer asynchron auf einem Forum platzierten Fragestellung. Marie möchte eine Klarstellung zu A[3.3]. Dies führt zu einer neuen Fragestellung und zur Erfassung weiterer Begründungen.

Durch den Zugriff auf die Besprechungsprotokolle können Entwickler den Kontext des Entwurfs besser erfassen und dadurch werden mehr Begründungen und klarere Informationen festgehalten. Indem wir das gleiche Fragestellungsmodell sowohl in Besprechungen als auch in Foren-Diskussionen verwenden, können wir uns immer auf diese Begründungsinformationen beziehen. Eine derartige Integration von Fragestellungsmodellen in Besprechungen kann durch die Verwendung von relativ einfachen Mechanismen wie beispielsweise Foren geschehen. Es können aber auch komplexe Werkzeuge wie Lotus Notes (siehe Abbildung 12.21) benutzt werden, mit denen die Integration von Fragestellungsmodellen, Tagesordnungen, Besprechungsprotokollen und relevanten Nachrichten möglich ist. Sind die Vorgänge zur Organisation und zur Erfassung von Begründungen in Besprechungen erst einmal eingerichtet, so sind wir in der Lage, einen großen Teil der Begründungen festzuhalten. Treten Änderungen auf, so liegt die Herausforderung in der Aktualisierung unserer Begründungsinformationen.

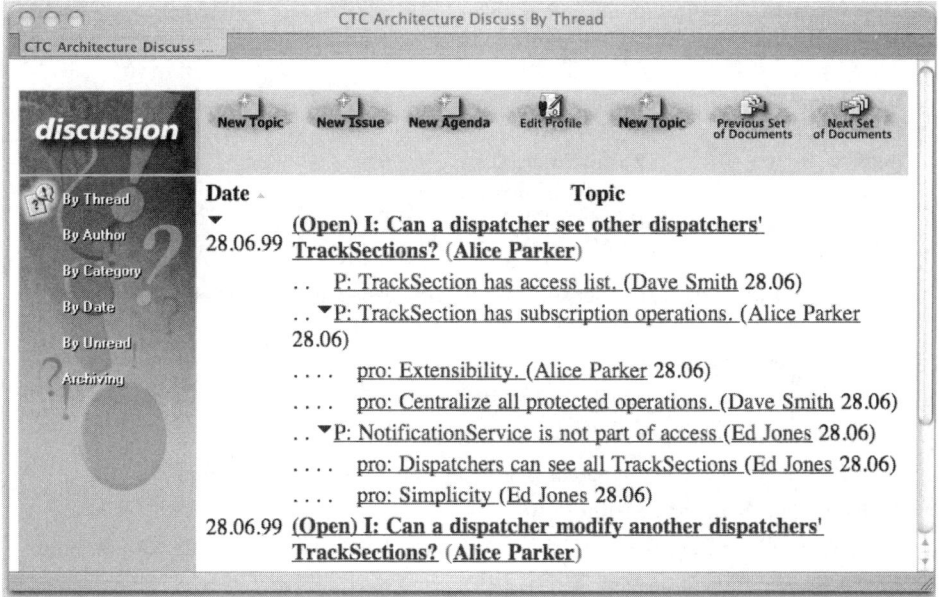

Abbildung 12.21:   Beispiel für eine Fragestellungsdatenbank in Domino Lotus Notes. Mit Hilfe von Web-Formularen kann man Fragestellungen, Vorschläge und Argumente platzieren sowie Beschlüsse erreichen.

12.4.4 Begründungserfassung bei Argumentationsänderungen

Begründungsmodelle helfen uns bei Änderungen. Unglücklicherweise sind die Begründungsmodelle häufig selbst der Inhalt von Änderungen. Suchen wir als Reaktion auf eine Anforderungsänderung nach einer neuen Lösung eines alten Problems, so betrachten wir das bereits erstellte Begründungsmodell und suchen nach zu überprüfenden Entscheidungen. Wir müssen nicht nur die Begründungen der Änderung festhalten, sondern sie auch in Bezug zu bereits in der Vergangenheit festgestellten Begründungen setzen.

Nehmen wir zum Beispiel an, dass die Anforderungen der Zugriffskontrolle für das ZVK-System geändert wurden. Anfangs war es Dienstleitern erlaubt, alle GleisAbschnitte zu sehen. Nun hat uns der Kunde informiert, dass entgegen der ursprünglichen Spezifikation ein Dienstleiter nur die benachbarten GleisAbschnitte sehen darf. Als Folge dieser Änderung müssen wir den Systementwurf bei der Zugriffskontrolle ändern und organisieren eine Besprechung der Architekturgruppe. Insbesondere suchen wir nach Begründungen in Bezug auf die Zugriffskontrolle. Lisa, die Moderatorin der Architekturgruppe, erstellt eine Tagesordnung für die Besprechung (siehe Abbildung 12.22).

Während der Besprechung präsentiert Dave die bereits diskutierten Begründungen. Die Gruppe bemerkt, dass die Annahme nicht mehr gültig ist, dass alle Subsysteme alle Ereignisse sehen dürfen. Ein Dienstleiter darf nur noch die Ereignisse der benachbarten

TAGESORDNUNG: Revision der Zugriffskontrolle, Dienstleiter dürfen nur noch benachbarte GleisAbschnitte sehen.

Wann und Wo	Rollen
Datum: 14.9.	**Moderator**: Lisa
Beginn: 16:30 P.M.	**Zeitnehmer**: Dave
Ende: 17:30 P.M.	**Protokollführer**: Ed
Gebäude: Zughalle	**Raum**: 3420

1. Zweck

Der Kunde fordert, dass ein Dienstleiter nur seine benachbarten GleisAbschnitte sehen darf.

2. Erwartetes Ergebnis

Die Zugriffskontrollprobleme der geänderten Anforderungen sollen gelöst werden.

3. Informationsaustausch [Sollzeit: 15 Minuten]

TA[1]: Dave: Wiederherstellung der Begründungen zur Zugriffskontrolle.

4. Diskussion [Sollzeit: 35 Minuten]

F[1]: Wie soll die Zugriffskontrolle angepasst werden, um den geänderten Anforderungen zu entsprechen?

5. Nachbereitung [Sollzeit: 5 Minuten]

Überprüfung und Zuordnung der neuen Terminaufgaben.
Besprechungskritik.

Abbildung 12.22:   Tagesordnung zur Änderung der Zugriffskontrolle des ZVK-Systems

GleisAbschnitte sehen. Unter den neuen Voraussetzungen scheint der Vorschlag V[2] (siehe Abbildung 12.16) die bessere Lösung zu sein, da alle geschützten Operationen in der Klasse GleisAbschnitt zentralisiert sind. Unglücklicherweise haben die Entwickler bereits mit der Implementierung der ersten Lösung begonnen und wollen den Änderungsaufwand so gering wie möglich halten. Deshalb möchte Lisa den Vorschlag V[1] (siehe Abbildung 12.15) verwenden: Die aktuelle Implementierung UISubsystem bleibt unverändert, da die Schnittstellen der Klassen GleisAbschnitt und BenachrichtigungsDienst keine Änderungen benötigen. Nur der BenachrichtigungsDienst muss derart geändert werden, dass er für jeden Dienstleiter eine Zugriffskontrollanfrage an die Klasse Gleis-Abschnitt stellt. Ändert sich die Zugriffskontrollliste eines GleisAbschnittes, so sendet er eine Anfrage an den BenachrichtigungsDienst, um die Rechte eines Dienstleiters aufzuheben und den Dienstleiter abzumelden. Dieser Vorschlag enthält zwar eine gegenseitige Abhängigkeit der Klassen GleisAbschnitt und BenachrichtigungsDienst, jedoch minimiert er den Änderungsaufwand des existierenden Quelltextes.

Lisas Vorschlag wird von der Architekturgruppe als Lösung ausgewählt und Ed erstellt das das in Abbildung 12.23 gezeigte Protokoll (die Abbildung enthält nur das strukturelle Protokoll, das chronologische Protokoll ist aus Platzgründen nicht gezeigt). Das Protokoll dient zwei Zwecken, nämlich der Begründungserfassung der aktuellen Änderungen und die Beschreibung der Beziehungen zu bestehenden Begründungen. Dies wird durch Zitieren der bestehenden Begründungen erreicht. Darüber hinaus wird das neue Protokoll wieder im Architekturgruppen-Forum veröffentlicht und kann von anderen Entwicklern eingesehen und diskutiert werden, womit der Zyklus von Begründungserfassung und Klarstellung vervollständigt ist. Durch die Verwendung eines Gruppenwerkzeugs kann die neue Begründung durch Querverweise mit bereits existierenden Begründungen verbunden werden. Dadurch wird die Navigation zu allen relevanten Informationen erleichtert.

Selbst bei einer Verwendung von Werkzeugen für die Verwaltung von Fragestellungsmodellen kann die Menge der Begründungsinformationen schnell zu einem unstrukturierten Chaos anwachsen. Darüber hinaus werden normalerweise einige Fragestellungen nicht erfasst und andere Fragestellungen nicht oder nur informell besprochen und gelöst. In derartigen Fällen muss man die Begründungen rekonstruieren und in das bereits bestehende Begründungsmodell integrieren. Im folgenden Abschnitt befassen wir uns mit der Rekonstruktion von Begründungen.

12.4.5   Begründungsrekonstruktion

Die Rekonstruktion von Begründungen benötigt eine andere Methodik als die bisher beschriebene Begründungserfassung. Entscheidungen und deren Rechtfertigungen werden nicht während ihrer Entstehung erfasst, sondern müssen systematisch aus den bestehenden Systemmodellen, der archivierten Kommunikation und dem Gedächtnis der Entwickler rekonstruiert werden. Auch mit einer solchen Verfahrensweise kann man Begründungen systematisch erfassen und strukturieren. Die Vorteile sind, dass am Anfang des Entwicklungsprozesses weniger Ressourcen zur Begründungserfassung nötig sind und dass Entwickler schneller zu Lösungen gelangen. Des Weiteren ermöglicht die Trennung der Entwurfsaktivität und der Begründungserfassung eine objektivere Begutachtung und Kritik des Systementwurfs. Allerdings hat die Begründungsrekonstruktion den Nachteil, dass sie sich auf die gewählten Lösungen konzentriert und nicht auf die verworfenen Lösungsalternativen, da deren Rekonstruktion schwieriger ist. Nehmen wir zum Beispiel an, dass wir die Begründungen der Zugriffskontrolle des ZVK-Systems nicht erfasst haben und unsere einzige Information das Systementwurfsmodell (siehe Abbildung 12.24) ist. Nehmen wir außerdem an, dass wir das Begründungsmodell unseres Systementwurfs rekonstruieren wollen. Wir gehen folgendermaßen vor: Zunächst stellen wir jede Fragestellung durch eine Tabelle mit zwei Spalten dar. Die linke Spalte enthält die Vorschläge und die rechte Spalte die korrespondierenden Argumente. In Abbildung 12.25 rekonstruieren wir die Begründung, die zur Integration von Zugriffskontrolle und Benachrichtigung geführt hat. Wir identifizieren zwei mögliche Lösungen: Im Vorschlag V[1] sind alle Operationen, die eine Zugriffskontrolle benötigen, in der Klasse GleisAbschnitt zentralisiert. Im Vorschlag V[2] wird die Zugriffskontrolle vom BenachrichtigungsDienst zur Klasse GleisAbschnitt delegiert. Danach tragen wir die Vor- und Nachteile der Vorschläge in die rechte Spalte ein. In unserem Beschluss fassen wir die Rechtfertigungen der Entscheidung unterhalb der Tabelle zusammen.

Die in Abbildung 12.25 durchgeführte Begründungsrekonstruktion benötigt weniger Aufwand als die im vorigen Abschnitt beschriebenen Aktivitäten zur Begründungserfassung. Allerdings ist es schwieriger, die verworfenen Alternativen – und die Gründe, warum sie

STRUKTURIERTES PROTOKOLL: Anpassung der Zugriffskontrolle, Dienstleiter dürfen nur noch benachbarte GleisAbschnitte sehen

Wann und Wo   **Rollen**
Datum: 4.9., 16:30–18:00   **Moderator**: Lisa
Gebäude:Zughalle 3420   **Zeitnehmer**: Dave, **Protokollführer**: Ed

1. Zweck

Der Kunde fordert, dass ein Dienstleiter nur seine benachbarten GleisAbschnitte sehen darf.

2. Erwartetes Ergebnis

Die Zugriffskontrollprobleme der geänderten Anforderungen sollen gelöst werden.

3. Informationsaustausch [Sollzeit: 15 Minuten]

TA[1] : Dave: Wiederherstellung der Begründungen zur Zugriffskontrolle.

Ergebnis: Fragestellungen F[1] (vom 13.9.) und F[2] (vom 15.9.) wieder hergestellt:

F[1]: Wie soll die Zugriffskontrolle in die GleisAbschnitte und den Benachrichtigungs-Dienst integriert werden? (Protokoll vom 13.9.)

V[3.1]: Die GleisAbschnitte verwalten eine Zugriffskontrollliste der Zugriffs- und Änderungsrechte von Subsystemen. Um sich für den Empfang von Ereignissen zu registrieren, muss ein Subsystem eine Anfrage an den BenachrichtigungsDienst stellen. Daraufhin sendet dieser eine Zugriffsanfrage an den entsprechenden Gleis-Abschnitt.

V[3.2]: Die Klasse GleisAbschnitt beinhaltet alle geschützten Operationen. Für eine Registrierung zum Empfang von Ereignissen sendet der UI_Klient eine Anfrage an den GleisAbschnitt. Dieser führt die Zugriffskontrolle durch und sendet die Anfrage an den BenachrichtigungsDienst.

A[3.1] für V[3.2]: Die Zugriffskontrolle und alle geschützten Operationen sind in einer Klasse zentralisiert.

V[3.3]: Die Registrierung für den Empfang von Ereignissen benötigt keine Zugriffs-kontrolle. Der UI_Klient kann die Registrierungsanfrage direkt an den Benachrich-tigungsDienst senden. Der BenachrichtigungsDienst braucht die Zugriffsrechte nicht zu kontrollieren.

A[3.2] für V[3.3]: Dienstleiter dürfen Zustände der GleisAbschnitte sehen (siehe B[1]).

A[3.3] für V[3.3]: Einfachheit.

B[3]: V[3.3]. Siehe Terminaufgabe TA[2].

F[2]: Sollen Benachrichtigungen nicht für Anfragen benutzt werden? *(aus dem Forum vom 15.9.)*

B[2]: Benachrichtigungen sollen nur zur Information über Zustandsänderungen ver-wendet werden. GleisAbschnitte sollen ihren Zustand nicht auf Grund von Ereig-nissen verändern.

Abbildung 12.23: Strukturiertes Protokoll zur Änderung der Zugriffskontrolle des ZVK-Systems. Die Begründungen aus vorherigen Besprechungen werden *kursiv* dargestellt.

4. Diskussion

F[1]: Wie ist die Zugriffskontrolle anzupassen, um den geänderten Anforderungen zu entsprechen?

V[1.1]: Geschützte Operationen werden in der Klasse GleisAbschnitt zentralisiert (wie V[3.2] vom 13.9.).

A[1.1] gegen V[1.1]: Da die Registrierungsoperation vom BenachrichtigungsDienst in den GleisAbschnitt verschoben worden ist, erfordert dies Änderungen in allen Subsystemen, die sich für den Empfang von Ereignissen registrieren wollen.

V[1.2]: Der BenachrichtigungsDienst sendet Anfragen zur Zugriffskontrolle an die Klasse GleisAbschnitt. Ändern sich die Rechte eines Dienstleiters, sendet die Klasse GleisAbschnitt eine Anfrage an den BenachrichtigungsDienst. Dadurch wird der Dienstleiter vom BenachrichtigungsDienst abgemeldet (V[3.1] vom 13.9.).

A[1.2] für V[1.2]: Minimale Änderungen der existierenden Implementierung.

A[1.3] gegen V[1.2]: Gegenseitige Abhängigkeiten.

B[1]: V[1.2], siehe TA[2] und TA[3].

5. Nachbereitung

TA[2]: Lisa: Ändere die Klasse GleisAbschnitt, sodass die Dienstleiter abgemeldet werden, wenn sie ihre Rechte verlieren.

TA[3]: Dave: Ändere die Klasse BenachrichtigungsDienst, sodass sie eine Zugriffskontrolle mittels der Klasse GleisAbschnitt durchführt.

Abbildung 12.23: Strukturiertes Protokoll zur Änderung der Zugriffskontrolle des ZVK-Systems. Die Begründungen aus vorherigen Besprechungen werden *kursiv* dargestellt. (Forts.)

verworfen wurden – zu erfassen Der Beschluss (siehe Abbildung 12.25) sagt explizit, dass wir nicht den besseren Vorschlag als Lösung genommen haben und begründet diese nichtoptimale Entscheidung (ein großer Teil des Quelltextes war bereits implementiert und wir wollten den Änderungsaufwand minimieren).

4. Zugriffskontrolle

Die Zugriffskontrolle des ZVK-Systems findet auf der Ebene der GleisAbschnitte statt: Ein Dienstleiter kann den Zustand seines zugeordneten GleisAbschnittes ändern. Dies beinhaltet das Öffnen und Schließen von Signalen und Weichen sowie die Kontrolle weiterer Geräte. Die Dienstleiter sind berechtigt, den Zustand der benachbarten GleisAbschnitte zu sehen, aber nicht zu verändern. Dadurch können die Dienstleiter Züge beobachten, die ihren GleisAbschnitt erreichen werden.

Die Zugriffskontrolle wird mit einer Zugriffskontrollliste realisiert. Die von der Klasse GleisAbschnitt verwaltete Liste enthält die Dienstleiter, die den GleisAbschnitt verändern dürfen, und die Dienstleiter, die den GleisAbschnitt betrachten dürfen. Die Liste kann mehrere Leser und Schreiber beinhalten. Bei Änderungen oder Abfragen überprüft GleisAbschnitt die Rechte anhand der Liste.

Wenn sich Subsysteme für den Empfang von Ereignissen registrieren, sendet der BenachrichtigungsDienst eine Zugriffskontrollanfrage an die Klasse GleisAbschnitt. Verliert ein Dienstleiter seine Zugriffsrechte, so meldet die GleisAbschnitt-Klasse ihn beim BenachrichtigungsDienst ab.

Abbildung 12.24: Ein Auszug des Systementwurfs-Dokuments zur Zugriffskontrolle

Das Kollaborationsdiagramm in Abbildung 12.15 zeigt diese Lösung.

F[1]: **Wie soll die Zugriffskontrolle in die GleisAbschnitte und den Benachrichtigungs-Dienst integriert werden?**

Die Zugriffskontrolle des ZVK-Systems findet auf der Ebene der GleisAbschnitte statt: Ein Dienstleiter kann den Zustand seines zugeordneten GleisAbschnittes ändern. Dies beinhaltet das Öffnen und Schließen von Signalen und Weichen sowie die Kontrolle weiterer Geräte. Die Dienstleiter sind berechtigt, den Zustand der benachbarten GleisAbschnitte zu sehen, aber nicht zu verändern. Dadurch können die Dienstleiter Züge beobachten, die ihren GleisAbschnitt erreichen werden.

V[1]: **Die Klasse GleisAbschnitt kontrolliert alle Zustandsänderungen und die Registrierung für den Empfang von Ereignissen.**	Pro: Zentrale Lösung: Alle geschützten Methoden befinden sich in einer Klasse.
Die Zugriffskontrolle ist durch eine Zugriffsliste der Klasse GleisAbschnitt realisiert. Für jede Operation, die auf den Zustand des GleisAbschnittes zugreift oder ihn verändert, überprüft die Klasse GleisAbschnitt die Rechte des Aufrufers. Ein Aufrufer registriert sich für den Empfang von Benachrichtigungsereignissen durch Methodenaufrufe der Klasse GleisAbschnitt. Nach Überprüfung und Übereinstimmung der Zugriffsrechte wird die Anfrage an die Klasse BenachrichtigungsDienst weitergeleitet. Diese Lösung wird in Abbildung 12.16 illustriert.	
V[2]: **Die Klasse GleisAbschnitt kontrolliert alle Zustandsänderungen. Der BenachrichtigungsDienst kontrolliert die Registrierung für den Empfang von Ereignissen.** Wie V[1], außer dass die Registrierung für den Empfang von Ereignissen direkt beim BerechtigungsDienst durchgeführt wird. Dieser überprüft die Zugriffsrechte auf den GleisAbschnitt, bevor die Registrierung erlaubt wird. Diese Lösung wird in Abbildung 12.15 dargestellt.	Kontra: Schnittstellen sind unabhängig von der Zugriffskontrolle: Die Schnittstellen des BenachrichtigungsDienstes und des GleisAbschnittes verhalten sich so, als ob keine Zugriffskontrolle durchgeführt wird. Kontra: Zirkuläre Abhängigkeit zwischen BerechtigungsDienst und GleisAbschnitt: Zur Registrierung des Empfangs von Ereignissen ruft die Klasse GleisAbschnitt Operationen der Klasse BenachrichtigungsDienst auf. Für die Überprüfung der Zugriffsrechte ruft die Klasse BenachrichtigungsDienst Operationen der Klasse GleisAbschnitt auf.
B[1]: V[2]. V[1] wäre die bessere Lösung gewesen. Um die Änderungen des Quelltextes und des Entwurfs minimal zu halten, wählen wir aber V[2].	

Abbildung 12.25: Begründungsrekonstruktion des Zugriffskontrollproblems bei Benachrichtigungen

Die Begründungsrekonstruktion ist eine effektive Methode zur Überprüfung und Identifikation von Entscheidungen, die im Widerspruch zu den Entwurfszielen des Projekts stehen. Selbst wenn im späten Stadium eines Projekts überprüfte Entscheidungen nicht mehr verändert werden können, hilft das erfasste Wissen neuen Entwicklern bei der Einarbeitung als auch Entwicklern, die Änderungen in späteren Iterationen vornehmen müssen.

Die Balance zwischen der Begründungserfassung, der Begründungswartung und der Begründungsrekonstruktion unterscheidet sich in jedem Projekt und muss wohl überlegt werden. Häufig wird ein großer Aufwand zur Begründungserfassung betrieben und eine enorme Menge an Informationen gesammelt, die entweder nutzlos oder den Entwicklern nicht leicht zugänglich sind. Dabei sollten die Entwickler von den Begründungen profitieren und nicht unter dem großen Aufwand ihrer Erstellung leiden. Im Folgenden betrachten wir deshalb Managementaufgaben für Begründungsmodelle.

12.5 Begründungsmanagement

In diesem Abschnitt beschreiben wir typische Aktivitäten eines Managers, wenn Begründungsmodelle Teil der Systementwicklung sind. Häufig sehen Entwickler das Erfassen von Rechtfertigungen zu Entwurfsentscheidungen als ein unerwünschtes Eindringen des Managements in ihre Arbeit. Deswegen lehnen sie Begründungsmodelle oft ab und die Erstellung degeneriert zu einem bürokratischen Prozess. Damit ein Begründungsmodell für alle Beteiligten hilfreich ist, muss ein Manager dessen Erstellung sorgfältig planen. In diesem Abschnitt beschreiben wir:

- die Dokumentation von Begründungen (Abschnitt 12.5.1)
- die Verantwortungszuteilung bei Erfassung und Wartung (Abschnitt 12.5.2)
- die Kommunikation von Begründungsmodellen (Abschnitt 12.5.3)
- die Verwendung von Fragestellungen als Verhandlungsgrundlage (Abschnitt 12.5.4)
- die Lösung von Konflikten (Abschnitt 12.5.5).

Wie zuvor werden wir uns wieder auf Aktivitäten beim Systementwurf konzentrieren, bemerken aber noch einmal, dass die besprochenen Techniken im gesamten Entwicklungsprozess Anwendung finden können.

12.5.1 Dokumentation von Begründungen

Begründungsmodelle (wie z.B. Fragestellungsmodelle) unterscheiden sich in ihrer Struktur von Systemmodellen (wie z.B. funktionalen oder dynamischen Modellen). Systemmodelle für realistische Systeme können bereits sehr groß und komplex sein. Begründungsmodelle enthalten eine noch größere Menge an Informationen, denn für jede Entscheidung wurde eine Menge von Lösungsalternativen und Argumenten erstellt. Und diese Informationsmenge wächst kontinuierlich bei jeder Änderung im Systemmodell, da alle bis dahin getroffenen Entscheidungen dann noch einmal überprüft und eventuell verworfen werden müssen.

Dies erschwert die Erfassung von Begründungen in einem expliziten Dokument: Ein derartiges Dokument wäre gegenüber den Systemmodell-Dokumenten schnell veraltet und inkonsistent. Um die Begründungsmodelle zu erfassen und zu verwalten, sind die meisten Ansätze deshalb nicht dokumentbasiert, sondern verwenden einen Informationsspeicher. Dieser Informationsspeicher wird kontinuierlich aktualisiert und erweitert, sobald neue Fragestellungen und Entscheidungen auftauchen.

Die Hauptherausforderungen beim Entwurf eines solchen Informationsspeichers sind einfache Verfügbarkeit und Aktualisierung der Begründungsmodelle. Um dies zu erreichen, ist man in der letzten Zeit dazu übergegangen, Begründungsmodelle mit den verwendeten Entwicklungswerkzeugen und Entwicklungsprozessen eng zu integrieren. Damit ist es möglich, Anwendungsfälle direkt aus dem Begründungsmodell zu erzeugen. Abbildung 12.26 zeigt ein Beispiel der Benutzung von REQuest [Dutoit & Paech, 2002], das auf einer derartigen Integration aufbaut. Die linke Spalte wird zur Erstellung von Anwendungsfällen und von nichtfunktionalen Anforderungen verwendet. Die rechte Spalte enthält die Begründungen für die Anforderungen mit einem erweiterten QOC-Modell, das es ermöglicht, verschiedene Arten von Fragen (Klarstellungs-, Vollständigkeits-, Konsistenz-, Form-, Korrektheits- und Rechtfertigungsfragen) zu stellen. Jedes Modellelement kann mit einer oder mehreren Fragen versehen werden. Ein Indikator zeigt, ob diese Fragen bereits gelöst, noch offen oder wieder geöffnet sind. Durch das Anklicken des Indikators werden die korrespondierenden Fragen in der rechten Spalte angezeigt.

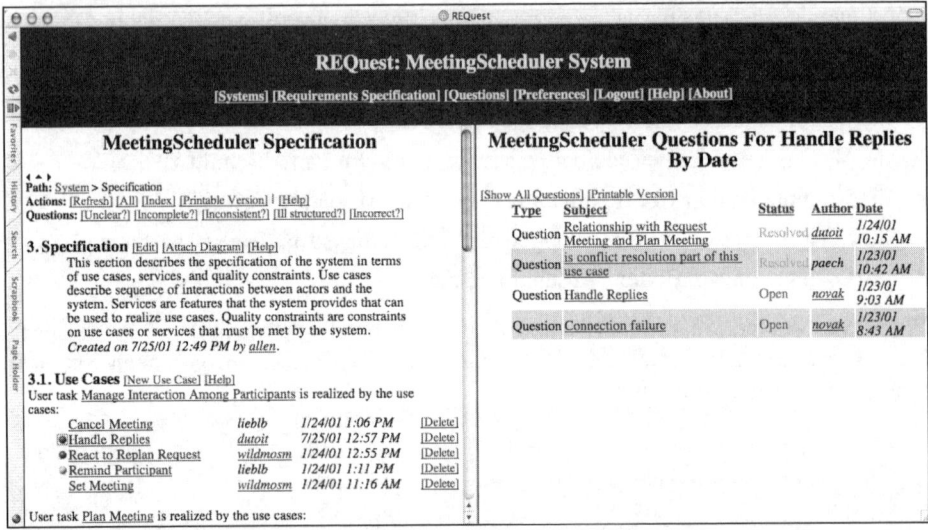

Abbildung 12.26: Ein Beispiel für ein Werkzeug zur Anforderungserfassung: REQuest ermöglicht die Assoziation von Systemmodellen mit Fragestellungsmodellen [Dutoit & Paech, 2002]. Die linke Spalte zeigt Anwendungsfälle aus dem Analysemodell. Die rechte Spalte stellt Fragen aus dem zugehörigen Fragestellungsmodell dar.

Durch die Integration der Spezifikation und deren Begründungen ist die Aktualität der Begründungen wahrscheinlicher und somit ihr Nutzen für Entwickler höher. Die Begründungen können während der Spezifikation sehr leicht erreicht und erweitert werden, sodass die Wartung der Begründungsmodelle keine große Last darstellt. Bei einer langfristigen Nutzung wird im Allgemeinen allerdings ein zusätzlicher Mitarbeiter benötigt, der die Aufgaben der Konsolidierung und Wartung der Begründungsmodelle übernimmt. Im Folgenden beschreiben wir diese und weitere Verantwortlichkeiten.

12.5.2 Zuweisung von Verantwortlichkeiten

Um die Begründungsmodelle sinnvoll einsetzen zu können, ist die Zuweisung von Verantwortlichkeiten in der Begründungserfassung und Wartung eine wichtige Managemententscheidung. Der Einsatz von Begründungsmodellen kann schnell zu einem bürokratischen Prozess werden, in dem sich die Entwickler für jede Entscheidung rechtfertigen müssen. Eine bessere Vorgehensweise ist es, die Begründungsmodelle durch eine kleine Gruppe von Entwicklern warten zu lassen. Diese Gruppe sollte Zugriff auf alle Artefakte haben, die bei einer Systementwicklung erzeugt werden, insbesondere auf alle Entwürfe, Dokumente und laufenden Diskussionen in Foren. Die Mitglieder dieser Gruppe sind gewissermaßen die Historiker des Systementwurfs. Das Erfassen und Rekonstruieren von Begründungen und Wissen macht sie für andere Entwickler nützlich, was die Entwickler wiederum ermutigen sollte, mehr Informationen zu liefern. Im Folgenden werden die wichtigsten Rollen im Begründungsmanagement erläutert:

- Der **Protokollführer** erfasst die Begründungen während einer Besprechung. Dies beinhaltet die chronologische Erfassung bereits während der Besprechung und die Strukturierung durch ein Fragestellungsmodell nach der Besprechung (siehe Abschnitt 12.4.2).

- Der **Begründungsbearbeiter** sammelt und organisiert all die Informationen, die in Verbindung zu den Begründungen stehen. Dies beinhaltet Besprechungsprotokolle, Prototypen, Technologie-Evaluierungen und Entwürfe aller Systemmodelle und Entwurfsdokumente. Der Begründungsbearbeiter indiziert und strukturiert die gesammelten Informationen durch die Verwendung von Fragestellungsmodellen, wodurch dieser Arbeitsaufwand für die restlichen Entwickler entfällt.

- Der **Begründungskritiker** untersucht die erfassten Begründungsmodelle und identifiziert fehlende Informationen, die er sich aus den existierenden Artefakten zusammensucht, eventuell auch durch direkten Kontakt mit den Entwicklern. Der Kritiker sollte kein Manager sein und auch nicht aus der Qualitätssicherung kommen: Der Kritiker muss einen direkten Nutzen für die Entwickler darstellen, sonst kann er die fehlenden Informationen oft nicht bekommen.

Die Realisierung dieser Rollen hängt natürlich von der Größe des Projekts ab. Die folgenden Heuristiken können zur Vergabe dieser Rollen benutzt werden:

- *Ein Protokollführer pro Gruppe.* Besprechungen werden in der Regel innerhalb einer Gruppe durchgeführt. Jeder Entwickler einer Gruppe kann die Funktion des Protokollführers übernehmen. Die Rolle kann und sollte innerhalb der Gruppe rotieren. Dadurch wird die zeitintensive Rolle im gesamten Projekt verteilt.

- *Ein Begründungsbearbeiter pro Projekt.* Die Rolle des Begründungsbearbeiters eines Projekts ist eine Vollzeittätigkeit. Anders als die Rolle des Protokollführers, die rotiert werden kann, sollte die Rolle des Begründungsbearbeiters von einer einzigen Person ausgeübt werden. In kleinen Projekten kann diese Rolle vom Systemarchitekten ausgeübt werden (siehe Kapitel 6, *Systementwurf: Systemzerlegung*).

- *Mehrere Begründungskritiker zum Ende des Projekts hin.* Nachdem das System geliefert worden ist, wird die Anzahl der reinen Entwicklungsaufgaben natürlich geringer. Zu diesem Zeitpunkt sollten diejenigen Entwickler zu Begründungskritikern werden, die bisher implizite Informationen erfasst und externalisiert haben, da sie in vielen Fällen die Begründungen noch im Kopf haben. Fangen Entwickler erst einmal in einem neuen Projekt an, so ist die Gefahr groß, dass ihr Begründungswissen schnell vergessen wird.

12.5.3   Heuristiken zur Kommunikation von Begründungen

Ein großer Teil jeder Kommunikation *ist* bereits Information für das Begründungsmodell. Entwickler argumentieren über verschiedene Entwurfsziele, über die Relevanz einer Fragestellung, über den Nutzen verschiedener Lösungsalternativen und deren Evaluierung. Begründungen stellen einen großen und komplexen Körper von Informationen dar, der in der Regel größer ist als das zu entwickelnde System. Kommunikation findet meistens in einem überschaubaren Rahmen statt, zum Beispiel in einer Gruppenbesprechung oder beim Kaffeetrinken. Wenn wir jetzt auch noch das Begründungsmodell kommunizieren wollen, dann liegt die große Herausforderung darin, wie man diese Informationen verbreitet, ohne die beteiligten Personen mit Informationen zu überladen. Wir haben uns bereits mit Techniken zur Erfassung und Strukturierung von Begründungen, mit der Verwendung von Fragestellungsmodellen in Besprechungsprotokollen und Konversationen sowie mit der Speicherung von Begründungen in Informationsspeichern beschäftigt.

Zusätzlich wollen wir jetzt noch einige Heuristiken angeben, die bei der Strukturierung von Begründungen und bei der Navigation durch Begründungsmodelle behilflich sein können.

- *Benenne Fragestellungen einheitlich.* Fragestellungen sollten einheitliche und eindeutige Namen haben, auf die sich alle in Protokollen, Diskussions-Foren, E-Mails oder Dokumenten beziehen können. Dies kann eine Nummer (z.B. 1291) oder ein kurzer Bezeichner (z.B. „das Benachrichtigungsproblem") sein.

- *Zentralisiere die Fragestellungen.* Auch wenn die Fragestellungen in den verschiedensten Umgebungen diskutiert werden, sollten die Entwickler ermutigt werden, alle Fragestellungen in einen zentralen Informationsspeicher einzugeben. Dort werden die Fragestellungen von dem Begründungsbearbeiter gewartet, können aber von jedem Entwickler erreicht und erweitert werden. Der zentrale Informationsspeicher ermöglicht auch eine schnelle Informationssuche.

- *Erzeuge Querverweise zwischen Fragestellungen und Systemelementen.* Die meisten Fragestellungen beziehen sich auf spezifische Komponenten des Systemmodells (z.B. ein Anwendungsfall, ein Objekt, ein Subsystem). Relevante Modellelemente einer

Fragestellung zu bestimmen stellt in der Regel kein Problem dar. Offene Fragestellungen zu einem Modellelement zu finden ist schwieriger. Um diese Art der Suche zu unterstützen, sollte ein Kreuzverweis zu den relevanten Modellelementen erzeugt werden, sobald eine Fragestellung benannt worden ist.

- *Organisiere die Änderungen.* Begründungsmodelle unterliegen Änderungen genauso wie Systemmodelle. Deshalb kann man die Techniken des Konfigurationsmanagements auch für die Wartung von Begründungsmodellen benutzen.

Die Erfassung und Strukturierung von Begründungsmodellen verbessert nicht nur die Kommunikation von Begründungen, sondern hilft auch bei der Kommunikation von Systemmodellen. Eine Integration von Systemmodell-Informationen und Begründungs-Informationen erleichtert die gleichzeitige Wartung dieser beiden Informationsarten.

12.5.4 Fragestellungsmodellierung und Verhandlungen

Wichtige Entscheidungen sind oft das Ergebnis von Verhandlungen. Verschiedene Parteien repräsentieren dabei unterschiedliche und oft gegensätzliche Interessen. Bei der Softwareentwicklung müssen Projektbeteiligte häufig einen Konsens ihrer Interessen finden. Die Anforderungsanalyse ist eine Verhandlung mit dem Kunden über die Systemfunktionalität. Der Systementwurf ist eine Verhandlung mit den Entwicklern über die Subsystem-Schnittstellen. Wir verwenden Fragestellungsmodellierung, um die bei Verhandlungen erzeugten Informationen zu repräsentieren und die Erzeugung des Begründungsmodells zu ermöglichen. Darüber hinaus kann Fragestellungsmodellierung eine Verhandlung selbst unterstützen.

In traditionellen Verhandlungen wird um verschiedene Positionen gefeilscht. Dies ist in der Regel zeitaufwendig und ineffizient, insbesondere wenn die verhandelnden Parteien unverträgliche Positionen einnehmen. Es wird ein hoher Aufwand in die Verteidigung der eigenen Position und deren Vorteile gesteckt, während die anderen Positionen verunglimpft und deren Nachteile dargelegt werden. Dadurch bewegen sich die Verhandlungen nur in kleinen Schritten auf einen Konsens zu oder enden mit einer willkürlichen Lösung. Diese Schwierigkeiten können selbst in Verhandlungen auftreten, in denen verschiedene Parteien die gleichen Interessen vertreten: Nach Verteidigung der eigenen Position fällt eine spätere Positionsänderung ohne Verlust der Glaubwürdigkeit schwer. Das Harvard-Verhandlungsmodell greift dieses Problem auf, indem es persönliche Positionen in Verhandlungen nicht zulässt [Fisher et al., 1991]. Im Folgenden formulieren wir einige wichtige Punkte der Harvard-Methode im Kontext der Softwareentwicklung:

- *Trenne Entwickler und Vorschläge.* Entwickler investieren viel Zeit, um spezielle Vorschläge (Positionen) zu entwickeln. Dadurch wird eine Kritik an dem Vorschlag häufig als eine persönliche Kritik missverstanden. Die Trennung von Personen und Vorschlägen erleichtert die weitere Entwicklung und das Verwerfen von Vorschlägen. Dies kann erreicht werden, indem mehrere Entwickler an einem Vorschlag arbeiten, oder alle betroffenen Parteien an der Entwicklung aller Vorschläge beteiligt sind. Des Weiteren hilft eine Trennung des Entwurfs und der Implementierung. Wird sichergestellt, dass die Verhandlungen vor der Implementierung stattfinden, so wurde zum

Zeitpunkt der Verhandlung noch kein großer Implementierungsaufwand betrieben. Dadurch können Lösungen gefunden werden, die von allen beteiligten Entwicklern leichter akzeptiert werden.

■ *Betrachte die Kriterien anstelle der Vorschläge.* Bei der Erstellung von Vorschlägen und deren Argumentationen denken Entwickler an relevante Kriterien. Die Vorschläge eines Entwicklers erfüllen in der Regel seine wichtigsten Kriterien. Diese müssen allerdings nicht mit den Kriterien anderer Entwickler übereinstimmen. Durch den expliziten Austausch der Kriterien kann die Wurzel eines Konfliktes leichter gefunden und bereinigt werden. Ist eine akzeptierte Menge von Kriterien gefunden, so ist die Evaluierung verschiedener Vorschläge durch die Kriterien viel leichter und eindeutiger. Des Weiteren werden die Kriterien eines Projekts seltener geändert als viele andere Faktoren.

■ *Beachte alle Kriterien, hebe keines besonders hervor.* Verschiedene Kriterien reflektieren die Interessen verschiedener Parteien. Leistungskriterien stammen im Allgemeinen aus dem Bereich der Benutzbarkeit. Modifizierbarkeitskriterien stammen aus dem Bereich der Wartung. Es sollte kein Kriterium besonders hervorgehoben werden, selbst wenn es eine höhere Priorität als die anderen besitzt. Dadurch würde man den Ausstieg einiger Parteien aus der Verhandlung riskieren.

Indem wir Softwareentwicklung als eine Verhandlung ansehen, erkennen wir ihre sozialen Aspekte viel besser. Neben ihren technischen Meinungen können Entwickler auch einen emotionalen Blickwinkel auf verschiedene Lösungen haben. Dies kann bei auftretenden Konflikten die Beziehungen unter den Entwicklern beeinflussen. Die Verwendung von Fragestellungsmodellen zur Begründungserfassung und Entscheidungsfindung kann die technischen und sozialen Aspekte der Entwicklung verbinden und verbessern.

Diesen Ansatz verfolgt zum Beispiel WinWin. Es ist ein Werkzeug zum Ermitteln von Anforderungen und eine Verhandlungstechnik, wenn unterschiedliche Meinungen verschiedener Interessengruppen vorliegen [Boehm et al., 1998]. WinWin beruht auf der Beobachtung, dass die Zufriedenstellung aller relevanten Interessengruppen eine notwendige Bedingung für den Erfolg eines Projekts ist. Liegen verschiedene Erfolgskriterien vor, so müssen nicht nur gegensätzliche Sichten abgestimmt, sondern auch die wichtigsten Interessengruppen und deren Kriterien identifiziert werden. Konflikte können leichter identifiziert und gelöst werden, wenn die wichtigsten Interessengruppen und deren Kriterien bekannt sind.

Das WinWin-Werkzeug verwendet ein ähnliches Fragestellungsmodell wie das QOC-Modell (Abbildung 12.27). Ein entscheidender Unterschied ist die Zuordnung jedes Knotens im Fragestellungsmodell zu einer klassifizierenden Kategorie. Die Klassifizierungskategorie repräsentiert den betrachteten Anwendungsbereich. Der Kriteriumknoten wird als Erfolgsbedingung bezeichnet, und repräsentiert das Erfolgskriterium einer Interessengruppe. Sich widersprechende Erfolgsbedingungen werden identifiziert und dann im Kontext des Fragestellungsmodells diskutiert. Ist eine akzeptable Option gefunden, die die Fragestellung beantwortet, wird ein Abkommen formuliert, das dann in das Werkzeug eingegeben wird und auf die Erfolgsbedingung verweist. Dadurch wird erreicht, dass ein Konsens bei unterschiedlichen Meinungen gefunden und dann auch dokumentiert wird.

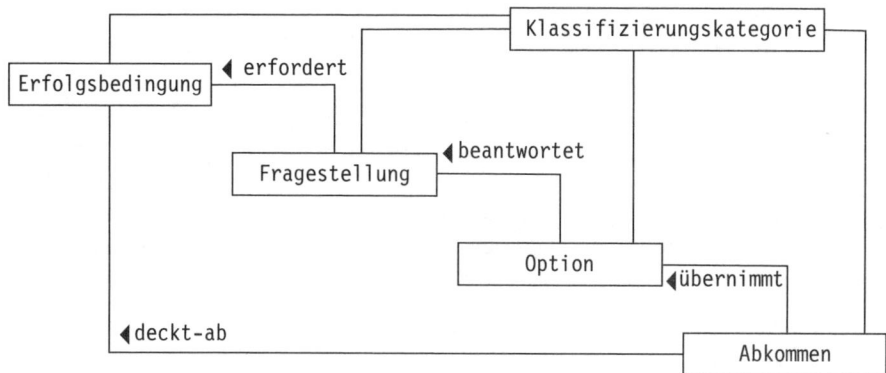

Abbildung 12.27: Das WinWin-Fragestellungsmodell (UML-Klassendiagramm)

12.5.5 Strategien zur Konfliktlösung

Zeitweise kommen Projektteilnehmer zu keinem Verhandlungskonsens. Für solche Fälle sollten bereits Strategien zur Konfliktlösung vorliegen. Die schlechtesten Entscheidungen sind die, die nicht getroffen werden, weil man keinen Konsens erreichen kann oder weil man keine Strategie für die Lösung von Konflikten hat. Dadurch werden wichtige Entscheidungen in eine späte Entwicklungsphase verschoben und können zu großen Änderungen und hohen Kosten führen.

Es gibt viele verschiedene Strategien zur Konfliktlösung. Im Folgenden geben wir fünf Beispiele:

■ Der *Mehrheitsbeschluss*. Im Falle eines Konfliktes kann eine Entscheidung bei einer Abstimmung durch die Mehrheit gefällt werden. Es gibt eine Menge von Kollaborationswerkzeugen, in denen die Benutzer verschiedene Argumente gewichten können, und in denen der gewählte Vorschlag dann algorithmisch berechnet wird [Purvis et al., 1996]. Hierbei nehmen wir an, dass jede Teilnehmerstimme gleich gewichtet wird und dass die Mehrheit einer Gruppe im Allgemeinen die richtige Entscheidung trifft.

■ *Fragestellungsbesitzer hat das letzte Wort*. Als Besitzer einer Fragestellung bezeichnen wir die Person, die sie zum ersten Mal formuliert hat. In dieser Strategie ist der Fragesteller für die Entscheidung verantwortlich, weil wir davon ausgehen, dass er das größte Interesse an der Fragestellung hat.

■ *Das Management hat Recht*. Diese Strategie bezieht sich auf die Organisationshierarchie. Ist eine Gruppe nicht in der Lage, einen Konsens zu erreichen, so trifft der Gruppenmanager eine auf Argumenten basierende Entscheidung. Diese Strategie setzt voraus, dass der Manager in der Lage ist, die Argumente zu verstehen und die Vor- und Nachteile zu bewerten.

■ *Der Experte hat Recht*. Bei dieser Strategie wird ein externer Experte um Rat und Bewertung gebeten. Der Experte sollte unvoreingenommen und nicht an der vorangegangenen Debatte beteiligt gewesen sein. In der Anforderungsanalyse kann zum Beispiel ein Benutzer zur Evaluierung verschiedener Vorschläge befragt werden. In der Regel hat diese Art von Experte leider kein Wissen über andere, relevante Systement-scheidungen oder den Entwurfskontext.

■ *Die Zeit entscheidet.* Bleibt eine Fragestellung lange ungelöst, entsteht Zeitdruck, der eine Entscheidung erzwingt. Sind erst einmal einige Fragestellungen gelöst und grundsätzliche Aspekte des Systems geklärt, so fallen die Entscheidungen zu anderen, kontroversen Fragestellungen leichter. Die Gefahr dieser Strategie besteht in der Be-vorzugung von kurzfristigen Kriterien (z.B. Implementierung) gegenüber langfristi-gen Kriterien (z.B. Anpassbarkeit und Wartbarkeit).

Die *Mehrheitsbeschluss-* und die *Fragestellungsbesitzer*-Strategie funktionieren nicht besonders gut. Beide resultieren in inkonsistenten Ergebnissen und in Entscheidungen, die von den anderen Teilnehmern nicht unterstützt werden. Verfügt der Manager bzw. der Experte über ein ausreichendes Wissen, so führen die Strategien *der Manager hat Recht* und *der Experte hat Recht* zu besseren technischen Entscheidungen und zu einem besse-ren Konsens. *Die Zeit entscheidet* ist eigentlich keine Strategie und führt eher zu kostspie-ligen zusätzlichen Arbeiten.

In der Praxis versuchen wir zuerst einen Konsens zu erreichen. Gelingt dies nicht, ver-wenden wir die Experten- oder Management-Strategie. Versagen auch diese Strategien, führen wir einen Mehrheitsbeschluss durch oder lassen – leider oft – die Zeit entscheiden.

Weiterführende Literatur

Die meisten Forschungsarbeiten im Bereich des Begründungsmanagements beziehen sich auf die Arbeiten von Rittel [Kunz & Rittel, 1970]. Rittel schlug das IBIS-Fragestellungs-modell zur Lösung von Verhandlungen über komplexe Probleme aus der Politikwissen-schaft vor. Das IBIS-Modell wurde in den späten 80er Jahren von Conklin in der Software-technik eingesetzt. Er verwendete das Werkzeug gIBIS [Conklin &, das für eine umfangreiche Fallstudie in der Industrie verwendet wurde. Nach gIBIS wurde das kom-merzielle Werkzeug QuestMap entwickelt, das zur Begründungserfassung und Strukturie-rung in Besprechungen eingesetzt wurde.

In den frühen 90ern wurde QOC als alternatives Modell zu IBIS vorgeschlagen. Es kon-zentrierte sich auf die systematische Evaluierung von Optionen gegen Kriterien [Mac-Lean et al., 1991]. Seitdem ist im Allgemeinen akzeptiert, dass IBIS für kurzfristige und QOC für langfristige und strukturierte Begründungserfassungen besser geeignet ist.

Begründungsmanagement wird in der Softwaretechnik bisher nur selten eingesetzt. Die Herausforderungen liegen sowohl in technischen Problemen – Begründungsmodelle sind sehr groß und schwierig zu durchsuchen – als auch in nichttechnischen Problemen, insbe-sondere der Vorstellung von vielen, dass Begründungsmanagement ein zusätzlicher Auf-wand ist, der nur anderen hilft [Dutoit & Paech, 2001]. Erfolgreiche Studien legen die Wichtigkeit einer engen Integration der Begründungserfassung und Anforderungsermitt-lung dar. In diesem Kapitel haben wir drei Beispiele aus dem Bereich der Anforderungs-ermittlung erwähnt: *WinWin* [Boehm et al., 1998], *NFR-Framework* [Chung et al., 1999] und *REQuest* [Dutoit & Paech, 2002].

Übungen

12.1 In Abschnitt 12.3 haben wir die Fragestellungen des ZVK-Systems in Bezug auf Zugriffskontrolle und Benachrichtigungen betrachtet. Wählen Sie ein ähnliches Problem, das in der Entwicklung eines ZVK-Systems auftreten kann, erstellen Sie relevante Vorschläge, Kriterien, Argumente und rechtfertigen Sie einen Beschluss. Hier sind einige Beispiele für Fragestellungen:

- Wie kann Konsistenz zwischen dem Hauptserver und einem Sicherungsserver gewährleistet werden?

- Wie sollen Fehler des Hauptservers entdeckt werden und wie soll, als Konsequenz, das System auf den Sicherungsserver umgestellt werden?

12.2 Angenommen, Sie entwickeln ein UML-Modellierungswerkzeug und möchten es um Begründungsmodelle erweitern. Beschreiben Sie, wie die Entwickler ihre Fragestellungen an verschiedene Modellelemente „anhängen" können. Zeichnen Sie ein Klassendiagramm des Fragestellungsmodells und seine Assoziation mit Modellelementen.

12.3 Der folgende Paragraph ist ein Auszug aus einem existierenden Systementwurfs-Dokument für ein Unfallmanagementsystem. Hier wird in natürlicher Sprache die Begründung beschrieben, warum eine relationale Datenbank zur permanenten Datensicherung in der Entwurfsphase gewählt wurde. Modellieren Sie die Begründungen präziser mit dem in Abschnitt 12.3 definierten Fragestellungsmodell, bestehend aus Problem, Vorschlag, Argumenten, Kriterien und Beschluss.

Ein fundamentales Problem beim Entwurf war die Realisierung der Datenverwaltung. In der ursprünglichen Fassung der nichtfunktionalen Anforderungen wurde ein objektorientiertes Datenbanksystem gefordert. Andere Vorschläge beruhten auf der Verwendung einer relationalen Datenbank, eines Dateisystems und einer Kombination dieser beiden Möglichkeiten. Objektorientierte Datenbanken haben den Vorteil, komplexe Datenbeziehungen gut abbilden zu können. Andererseits können sie bei großen Datenmengen oder häufigen Anfragen sehr träge sein.

Darüber hinaus bieten existierende Produkte keine gute Integration mit CORBA, da das CORBA-Protokoll spezifische Eigenschaften von Programmiersprachen, beispielsweise Java-Referenzen, nicht unterstützt. Relationale Datenbanken bieten eine höhere Stabilität, höhere Leistung. Zudem gibt es eine größere Anzahl von Entwicklern, die Erfahrung mit relationen Datenbanken haben. Des Weiteren ist eine gute Integration von relationalen Datenbanken mit CORBA möglich. Leider ist die Umsetzung von komplexen Datenbeziehungen in einem relationalen Datenmodell schwierig.

Der dritte Vorschlag regt eine besondere Behandlung für einen Typ von Daten an, die nur einmal geschrieben und unregelmäßig gelesen werden. Daten dieses Typs haben nur wenige unkomplizierte Beziehungen und müssen für längere Zeit aufgehoben werden. In diesem Fall bieten Dateien eine einfachere Archivierungslösung als Datenbanken und können mit großen Mengen von Daten umgehen. Leider müsste in diesem Fall der gesamte Quelltext neu geschrieben werden, einschließlich der Serialisierung. Da die Beziehungen der verwendeten Daten relativ einfach sind und eine Anforderung zur Verwendung von CORBA besteht, entscheiden wir uns für die Verwendung einer relationalen Datenbank.

12.4 In Abschnitt 12.3.7 wurde das NFR-Framework beschrieben. Zeichnen Sie das zum Zielgraph in Abbildung 12.12 äquivalente QOC-Modell. Diskutieren Sie die jeweiligen Vor- und Nachteile des QOC-Modells und des NFR-Frameworks für die Repräsentation von Begründungen während der Anforderungsanalyse.

12.5 Zur Verfolgung von Fehlermeldungen, Fehlerbehebungen und Systemverbesserungen sollen Sie ein Fehlermeldesystem in ein Konfigurationsmanagementwerkzeug integrieren. Entwickeln Sie ein Fragestellungsmodell zur Integration dieser Werkzeuge. Zeichnen Sie ein Klassendiagramm dieses Modells, das die Diskussionen, Konfigurationsmanagement- und auch Fehlermeldungselemente enthält.

Kapitel

13 Konfigurations-management

Diejenigen, die die Vergangenheit wiederholen wollen, müseen den Geschichtsunterricht kontrollieren.

— *Frank Herbert, in Chapterhouse: Dune*

Änderungen durchdringen den gesamten Entwicklungsprozess und können alle Bereiche des entstehenden Produkts betreffen, vom Systementwurf bis zum Quelltext und der Dokumentation: Anforderungen verändern sich mit zunehmendem Verständnis der Entwickler für den Anwendungsbereich; der Systementwurf ändert sich, wenn neue Technologien entdeckt oder neue Entwurfsziele formuliert werden. Der Objektentwurf ändert sich mit dem Entdecken von Lösungsmustern und die Implementierung ändert sich mit dem Erkennen und Verbessern von Fehlern.

Konfigurationsmanagement ist der Prozess, mit dem Änderungen kontrolliert und überwacht werden. Konfigurationsmanagement verringert das Risiko, das man normalerweise mit Änderungen verbindet, durch formalisierte Änderungs- und Prüfprozesse. In diesem Kapitel beschreiben wir die folgenden damit zusammenhängenden Aktivitäten:

- *Die Identifizierung von Konfigurationselementen,* um ein System als eine Menge von sich entwickelnden Komponenten zu modellieren.

- *Das Management interner Freigaben,* um Versionen für andere Entwickler zu schaffen.

- *Versionsmanagement*, um Versionen für die Kunden und die Benutzer zu schaffen.

- *Zweigmanagement*, um gleichzeitige alternative Entwicklungen beherrschen zu können.

- *Variantenmanagement*, um mehrere gleichzeitige Versionen verwalten zu können.

- *Änderungsmanagement*, um die Handhabung, Genehmigung und Nachvollziehbarkeit von Änderungsanforderungen beherrschen zu können.

Wir schließen dieses Kapitel mit einer Diskussion von Projcktmanagement-Themen ab, die mit dem Konfigurationsmanagement verbunden sind.

13.1   Einführung: Ein Beispiel aus dem Flugzeugbau

Der Passagierflugzeugbau gehört mit zu den kompliziertesten technischen Meisterleistungen, an denen sich private Firmen versuchen. Flugzeuge müssen sicher, zuverlässig und ökonomisch sein. Im Gegensatz zu Zügen oder Autos kann im Falle einer Fehlfunktion ein Flugzeug nicht einfach abgeschaltet werden. Anders als die NASA müssen Fluggesellschaften profitabel sein. Diese Anforderungen resultieren in komplexen Entwürfen mit etlichen Redundanzen und Diagnose-Systemen. Eine Boeing 747 beispielsweise besteht aus mehr als sechs Millionen Einzelteilen. Um ein solch komplexes System entwickeln zu können und trotzdem wettbewerbsfähig zu bleiben, erweitern die Flugzeugbauer die Lebenszeit ihrer Flugzeuge indem sie denselben Entwurf schrittweise immer wieder verbessern. Die Boeing 747 wurde 1967 zum ersten Mal ausgeliefert, inzwischen viermal revidiert und sie wird immer noch produziert. Die letzte große Revision war die Boeing 747-400, die im Jahre 1988 ausgeliefert wurde. Ein neuer Weg, der hohen Komplexität zu begegnen, besteht darin, möglichst viele identische Bauteile und Subsysteme in den verschiedenen Flugzeugtypen einzusetzen. Betrachten wir dazu das folgende Beispiel:

Airbus A320: 1988 brachte das Airbus-Konsortium – eine Vereinigung europäischer Flugzeugbauer – den Airbus A320 heraus. Er war das erste Passagierflugzeug, das mit elektrischer Signalübertragung (fly-by-wire) gesteuert werden konnte. Der Pilot kontrolliert das Flugzeug wie bei einem F-16-Kampfflugzeug mit Hilfe eines Joysticks. Die digitalen Signale werden an einen Rechner übertragen, der sie als Steuerungsbefehle an die Höhen- und Seitenruder weiterleitet. Anders als bei hydraulischen Systemen erlaubt die rechnergestützte Kontrolle, Sicherheitsaspekte einzubinden, die die Piloten vor dem Überschreiten bestimmter Parameter bewahren, wie z.B. maximale und minimale Geschwindigkeit, maximaler Anflugwinkel oder G-Wert. Flugzeuge der Serie A320 sind mit 150 Sitzen für die Kurz- und Mittelstrecke ausgelegt.

A321 und A319: Der wirtschaftliche Erfolg der A320-Serie erlaubte es Airbus, zwei weitere Maschinen zu entwickeln, den Airbus A319, eine kürzere, 124-sitzige Version, und den Airbus A321, eine längere, 185-sitzige Version. Die Länge eines Grundentwurfs zu variieren, um daraus einen neuen Flugzeugtyp zu erhalten, ist gängige Praxis in der Flugzeugindustrie. Durch den Einsatz eines bereits existierenden Modells können die Hersteller Zeit und Geld sparen. Darüber hinaus haben die Fluggesellschaften geringere laufende Kosten, da sie für die unterschiedlichen Varianten dieselben Ersatzteile lagern können. Mit dem Entwurf der Serien A319 und A321 hat Airbus die gängige Praxis allerdings radikal weiterentwickelt. Alle drei Flugzeugtypen weisen nämlich die gleichen Cockpit-Instrumente und die gleiche Handhabung auf. Die A321-Serie bekam sogar veränderte Seitenruder und eine leicht veränderte Tragflächenansteuerung, nur damit sie sich wie die A320-Serie anfühlt, obwohl der Typ A321 länger ist. Infolgedessen kann jeder Pilot, der auf einem Flugzeugtyp geprüft worden ist, auch die anderen zwei Typen fliegen. Das Ergebnis sind weitere Kosteneinsparungen für die Fluggesellschaften, da die Piloten nur eine Ausbildung absolvieren müssen, der Flugsimulator für alle Typen gemeinsam benutzt werden kann und ein und dasselbe Wartungsteam alle drei Flugzeugtypen warten kann.

A330 und A340: Diese zwei Flugzeugtypen wurden für den Langstrecken- und Ultralangstreckenbereich gebaut. Auch hier wurde der Handhabung große Beachtung geschenkt. Sie können mehr als doppelt so viele Passagiere aufnehmen und dreimal so weit fliegen wie die Serie A320, weisen aber die gleichen Cockpit-Instrumente und das gleiche rechnergestützte System auf. Piloten, die auf der A320-Familie ausgebildet worden sind, können deshalb nach einer minimalen Umschulung den A330 oder den A340 fliegen, was die laufenden Kosten der Fluggesellschaft reduziert. Die Handhabung einer Boeing 737 (vergleichbar mit Airbus A319) ist sehr verschieden von der einer Boeing 747 (vergleichbar mit Airbus A340).

Die Wiederverwendung von Bauteilen und Subsystemen ist allerdings nicht unproblematisch. Wird an einem Flugzeugtyp etwas verändert, muss diese Veränderung auch an den anderen zwei Typen sorgfältig untersucht und beurteilt werden.

Wenn wir zum Beispiel ein neues, besseres Triebwerk in den A320 einbauen, dann müssten wir prüfen, ob sich dasselbe Triebwerk im A319 und im A321 einsetzen lässt, um weiterhin den Vorteil eines gemeinsamen Teilestamms für alle drei Flugzeugtypen zu haben. Anschließend müssten wir überprüfen, ob die Handhabung der drei Maschinen noch gleich ist. Sollte das nicht der Fall sein, müssten wir eine Anpassung durch die rechnergestützte Kontrollsoftware vornehmen. Sonst müssten alle Piloten, die den A320 fliegen, eine Nachschulung und Zertifizierung absolvieren, vom Verlust der gemeinsamen Plattform für das Schulungsprogramm für alle drei Flugzeugtypen ganz zu schweigen. Anschließend müsste die Luftfahrtzeugbehörde – Federal Aviation Agency (FAA) in den USA oder Joint Aviation Authority (JAA) in der Europäischen Union – die Sicherheit des modifizierten Flugzeuges neu beurteilen und klären, ob ein neues Pilotentraining für die modifizierte Maschine notwendig ist.

Schließlich muss der Zustand jeder einzelnen Maschine sorgfältig dokumentiert werden, damit die passenden Teile ersetzt werden können. Jede Änderung, die die Sicherheit des Flugzeuges, seine Effizienz, oder die universelle Einsatzbarkeit von Piloten zwischen den verschiedenen Flugzeugtypen gefährdet, muss erkannt und unterbunden werden. Diese Aspekte erfordern von den Flugzeugbauern und Fluggesellschaften ein hochentwickeltes Versions- und Kontrollmanagement.

Softwaresystementwicklung ist für gewöhnlich nicht ganz so kompliziert wie der Bau von Passagierflugzeugen; trotzdem sind die Probleme vergleichbar. Erstens haben Softwaresysteme eine lange Lebenszeit, um die Anfangsinvestitionen zu amortisieren: So enthalten zum Beispiel viele Unix-Systeme immer noch Code, der aus den 70ern stammt. Softwaresysteme gibt es in vielen verschiedenen Variationen: Manche Unix-Betriebssysteme können sowohl auf Zentralrechnern als auch auf PC- und Apple Macintosh-Rechnern laufen. Zweitens müssen Wartungsänderungen an existierenden oder laufenden Softwaresystemen sorgfältig kontrolliert und überwacht werden, um einen bestimmten Zuverlässigkeitsgrad garantieren zu können. Die Einführung der Euro-Währung beispielsweise – eigentlich ein einfacher Wechsel zu einer neuen Währungseinheit – hatte offensichtlich substantiellen Einfluss auf viele Finanz- und Geschäftssoftwaresysteme auf der ganzen Welt. Schließlich entwickeln sich Softwaresysteme wesentlich schneller als Flugzeuge: Entwickler müssen diese Änderungen immer wieder nachvollziehen.

Mit Konfigurationsmanagement haben Softwareentwickler und Flugzeugbauer eine Möglichkeit, mit diesen Änderungen zurechtzukommen. Eine der wichtigsten Aufgaben des Konfigurationsmanagements ist die Identifikation von **Konfigurationselementen**. Darunter verstehen wir Komponenten, deren Änderungen unter der Kontrolle des Konfigurationsmanagements stehen. Dabei fragen wir: Welche Subsysteme ändern sich höchstwahrscheinlich? Welche Schnittstellen dürfen sich auf keinen Fall verändern?

Alle derart identifizierten Komponenten und Subsysteme werden mit einer **Versionsnummer** versehen. Die Schnittstelle der elektrischen Signalübertragungssoftware des A320 ist also ein solches Konfigurationselement. Der Treiber für einen seriellen Port im Unix-Betriebssystem ist ebenfalls ein Konfigurationselement.

Die zweite Aufgabe des Konfigurationsmanagements ist es, Änderungen durch einen formalen Prozess zu bewältigen. Eine Änderungsanfrage wird beispielsweise erst einmal erfasst, dann analysiert und schließlich akzeptiert, falls sie sich mit den Zielen des Projekts vereinbaren lässt. Die Form dieser Anfragen kann ganz unterschiedlich sein. Eine Änderungsanfrage für ein Flugzeug ist ein dicker Bericht, der alle Subsysteme und alle Auftragnehmer auflistet, die mit der gewünschten Modifikation zu tun haben. Eine Änderungsanfrage für ein einfaches Softwaresystem kann dagegen lediglich aus einem Absatz bestehen, in dem die neue Funktion beschrieben wird. Eine Änderungsanfrage wird dann genehmigt oder abgelehnt, je nachdem, ob der Einfluss der Änderung auf das Gesamtsystem akzeptabel ist oder nicht.

Die dritte Aufgabe des Konfigurationsmanagements ist schließlich, ausreichende Statusinformationen über jede Version eines Konfigurationselements und die Abhängigkeiten untereinander aufzuzeichnen. Wenn ein Wartungstechniker in das Instandhaltungsbuch des Airbus A320 schaut und die Versionsnummern aller Subsysteme sieht, dann muss er in der Lage sein zu sagen, welche Subsysteme ersetzt oder aufgerüstet werden müssen. Wenn wir die neueste Version eines Treibers für einen seriellen Port bekommen, in dem alle Verbesserungen und Änderungen seit der letzten Version beschrieben sind, dann sind wir in der Lage zu entscheiden, ob wir den neuen Treiber installieren oder nicht.

Konfigurationsmanagement wurde früher erst nach der Lieferung des Softwaresystems im Bereich der Wartung eingesetzt. Die traditionelle Unterscheidung zwischen Entwicklung und Wartung ist allerdings mittlerweile verschwommen und Konfigurationsmanagement wird bereits bei vielen Projekten sehr früh in der Entwicklung eingesetzt. In diesem Buch liegt der Schwerpunkt vor allem auf den Frühphasen des Konfigurationsmanagements. Den Gebrauch von Konfigurationsmanagement in Zusammenhang mit Wartung streifen wir nur kurz. Zunächst aber definieren wir das Konzept des Konfigurationsmanagements etwas genauer.

13.2 Konfigurationsmanagement im Überblick

Konfigurationsmanagement beschäftigt sich mit der Durchführung und Kontrolle von Änderungsprozessen bei der Entwicklung von Softwaresystemen. Konfigurationsmanagement-Systeme automatisieren Identifikation, Speicherung, Abruf und Statusführung von Versionen. Konfigurationsmanagement schließt die folgenden Aktivitäten ein:

- **Identifikation von Konfigurationselementen.** Die Bestandteile des Systems, die Teilprodukte und ihre Versionen werden identifiziert und eindeutig benannt. Entwickler identifizieren Konfigurationselemente nach der Projektvereinbarung (Abschnitt 14.3.9), d.h. nachdem man sich auf die zu liefernden Ergebnisse und Komponenten des Systems geeinigt hat. Während der gesamten Entwicklung des Systems können die Entwickler noch zusätzliche Konfigurationselemente identifizieren.

- **Änderungskontrolle.** Änderungen am System und Lieferungen an die Benutzer werden kontrolliert, um die Übereinstimmung mit den Projektzielen zu garantieren. Änderungskontrolle kann von den Entwicklern selbst durchgeführt werden, vom Projektmanagement oder auch von einer Aufsichtsbehörde, je nachdem, wie hoch das geforderte Qualitätsniveau und wie häufig die Änderungen sind.

- **Statusaufzeichnung.** Der Status von einzelnen Komponenten, Arbeitsprodukten und Änderungsanfragen wird erfasst. Dies ermöglicht es den Entwicklern zwischen Versionen einfacher zu unterscheiden und die Gründe für Änderungen nachvollziehen zu können. Darüber hinaus kann das Management anhand der Statusaufzeichnungen den Projektstatus besser verfolgen.

- **Prüfung.** Versionen, die zur Freigabe ausgewählt worden sind, werden geprüft, um Vollständigkeit, Einheitlichkeit und Qualität des Produkts sicherzustellen. Die Prüfung wird von der Qualitätssicherungsgruppe ausgeführt.

Darüber hinaus werden auch die folgenden Aktivitäten häufig als Teil des Konfigurationsmanagements betrachtet [Dart, 1991]:

- **Erstellungsmanagement.** Viele Konfigurationsmanagement-Systeme erlauben das automatische Erstellen eines ausführbaren Systems, sobald Entwickler neue Versionen der Komponenten erstellen. Das Konfigurationsmanagement-System hat dabei genug Wissen, um die Anzahl der Rekompilierungen zu reduzieren. Zudem ist es oft auch in der Lage, verschiedene Komponentenversionen zu kombinieren, um alle ausführbaren Varianten eines Systems zu bauen (zum Beispiel für verschiedene Betriebssysteme und Hardwareplattformen).

- **Prozessmanagement.** Neben der Änderungskontrolle kann es bei Projekten auch Vereinbarungen über das Erstellen und Dokumentieren von Versionen geben. Eine solche Vereinbarung kann sein, dass nur syntaktisch korrekter Quelltext Teil einer Version sein kann oder dass jede Woche eine Systemerstellung versucht werden muss, die möglichst auch zum Erfolg führen soll. Zu guter Letzt sollte der Konfigurationsmanagement-Prozess Vereinbarungen enthalten, wie die Entwickler zu benachrichtigen sind, wenn neue Versionen fertig sind oder wenn eine Systemerstellung nicht zustande gekommen ist. Manche Konfigurationsmanagement-Systeme erlauben es Entwicklern, diese Vereinbarungen in Arbeitsabläufen zu automatisieren.

Traditionell wurde Konfigurationsmanagement als Managementaktivität betrachtet, die Projektleitern bei der Änderungskontrolle, bei der Statusberechnung und bei Prüfaktivitäten half (siehe [Bersoff et al., 1980] und [IEEE Std. 1042-1987]). Seit kurzem wird Konfigurationsmanagement als eine Aktivität betrachtet, die auch den Entwicklungsprozess unterstützen kann. Mit ihrer Hilfe bewältigen Entwickler die Komplexität, die mit der großen Anzahl von Modifikationen, Komponenten und Varianten einhergeht [Babich, 1986]. In diesem Kapitel konzentrieren wir uns auf diese Betrachtungsweise; die Aktivitäten Änderungskontrolle und Statusaufzeichnung schauen wir uns eher kurz an.

Konfigurationsmanagement durchdringt also den gesamten Softwareentwicklungszyklus. Es beginnt mit der Identifizierung von Konfigurationselementen, sobald die zu liefernden Ergebnisse und wichtigsten Komponenten des Systems definiert sind. Weiter zieht es sich durch die gesamte Entwicklung, wenn verschiedene Versionen von Arbeitsprodukten während der Analyse, des Systementwurfs, des Objektentwurfs und der Implementierung hergestellt werden. Zusammen mit dem Begründungsmanagement (siehe Kapitel 12, *Begründungsmanagement*) ist Konfigurationsmanagement das Hauptwerkzeug für die Entwickler, um Änderungen zu bewältigen.

13.3   Konzepte des Konfigurationsmanagements

In diesem Abschnitt stellen wir die Grundkonzepte des Konfigurationsmanagements (Abbildung 13.1) vor. So weit es geht, benutzen wir die Terminologie der IEEE-Richtlinien für Konfigurationsmanagement [IEEE Std. 1042-1987]:

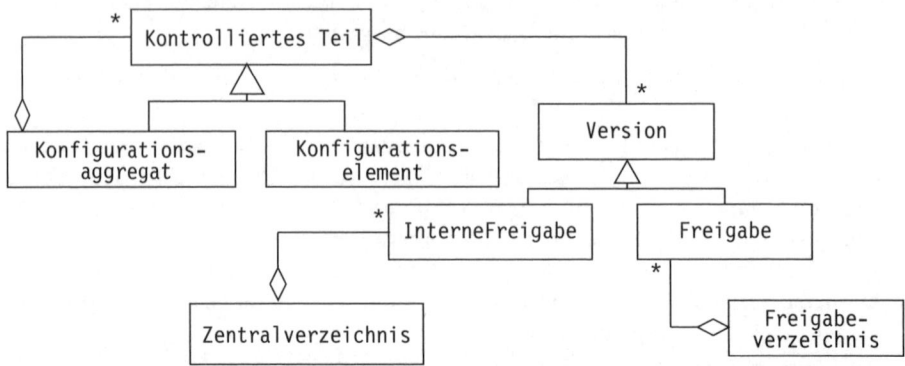

Abbildung 13.1: Konfigurationsmanagement-Konzepte (UML-Klassendiagramm)

■ Ein **Konfigurationselement** ist ein Arbeitsprodukt oder ein Stück Software, welches aus der Sicht des Konfigurationsmanagements als Einheit behandelt wird. Eine Zusammensetzung von mehreren Konfigurationselementen wird als **Konfigurationsaggregat** bezeichnet. Die elektrische Signalübertragungssoftware des A320 ist ein Konfigurationselement, das gesamte Flugzeug A320 ist ein Konfigurationsaggregat. Der Treiber für den seriellen Port ist ein Konfigurationselement; das Linux-Betriebssystem ist ein Konfigurationsaggregat.

■ Eine **Änderungsanfrage** ist ein formaler Bericht, der von einem Benutzer oder einem Entwickler ausgestellt wird, um eine Modifikation in einem Konfigurationselement zu beantragen. Um einen Änderungsvorschlag bei der US-Regierung einzubringen, muss man einen sieben Seiten langen Antrag (*Engineering Change Proposal*, ECP [MIL Std. 480]) ausfüllen. Eine formlose Änderungsanfrage kann ein einzeiliger Brief sein.

■ Eine **Version** kennzeichnet den Zustand eines Konfigurationselements oder eines Konfigurationsaggregats zu einem genau definierten Zeitpunkt. Als **Konfiguration** bezeichnen wir die konsistente Zusammenstellung der Versionen von Konfigurationselementen eines Konfigurationsaggregats. Eine Konfiguration kann also als Version eines Konfigurationsaggregats betrachtet werden.

■ Versionen, die absichtlich koexistieren, werden **Varianten** genannt.

■ Eine **interne Freigabe** oder **Promotion** ist eine Version, die anderen Entwicklern des Projekts zugänglich gemacht wird. Eine **(externe) Freigabe** ist eine Version, die dem Kunden oder dem Benutzer ausgeliefert wird.

■ Eine **Konfigurationsbibliothek** (oder kurz **Bibliothek**) speichert Versionen und bietet die Möglichkeit, den Status der Modifikation nachzuvollziehen. Das **Zentralverzeichnis** (master directory) ist die Bibliothek aller internen Freigaben; das **Freigabeverzeichnis** ist die Bibliothek aller externen Freigaben.

13.3.1 Konfigurationselemente und Konfigurationsaggregate

Ein **Konfigurationselement** ist ein Arbeitsprodukt oder eine Komponente eines Arbeitsprodukts, die derzeit unter Konfigurationsmanagement steht und als Einheit des Konfigurationsmanagement behandelt wird. Die elektrische Signalübertragungssoftware des A320 ist ein Konfigurationselement (Abbildung 13.2). Bei einer Aktualisierung wird die komplette Software in einer Einheit ersetzt, sie wird also nicht in einzelne zu installierende Komponenten heruntergebrochen. Der Treiber für den seriellen Port in einem Betriebssystem ist ebenfalls ein Konfigurationselement. Diese Komponente ist so einfach, dass sie nicht weiter aufgeteilt wird.

Ein **Konfigurationsaggregat** ist eine Zusammenstellung von Konfigurationselementen. Die Boeing 747 besteht aus sechs Millionen Teilen. Das Linux[1]-Betriebssystem ist ein Konfigurationsaggregat, das einen Prozess- und Speichermanager, viele Treiber, Dateisysteme und viele andere Subsysteme einschließt.

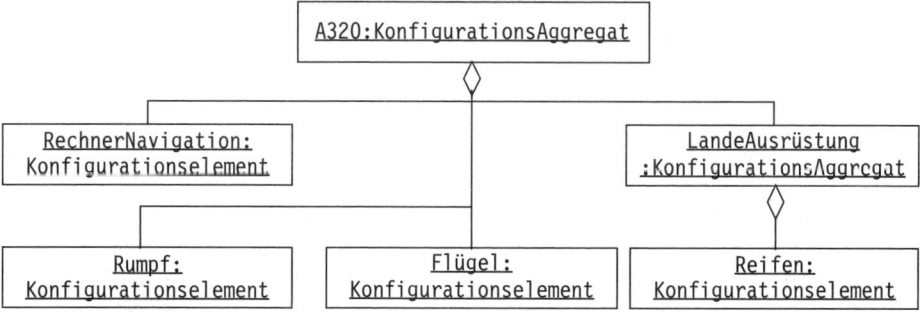

Abbildung 13.2: Ein Beispiel für Konfigurationselemente und Konfigurationsaggregate (UML-Objektdiagramm)

---

[1] Linux ist ein frei verfügbares POSIX-Betriebssystem, welches von Linus Torvalds initiiert worden ist. Mehr Informationen unter http://www.linux.org/.

13.3.2   Versionen und Konfigurationen

Eine **Version** kennzeichnet den Zustand eines Konfigurationselements zu einem wohl definierten Zeitpunkt. Nachfolgende Versionen eines Arbeitsprodukts unterscheiden sich durch eine oder mehrere Änderungen, wie zum Beispiel die Verbesserung eines Fehlers, das Hinzufügen einer weiteren Funktion oder das Entfernen einer unnötigen oder veralteten Funktion. Eine **Konfiguration** beschreibt den Zustand eines Konfigurationsaggregats.

Die Version eines formal überprüften und für gut befundenen Konfigurationselements bezeichnen wir als **Basislinie**. Eine Basislinie kann nur noch durch Änderungsanfragen verändert werden. Jedes Flugzeug muss zum Beispiel durch einen sehr strengen Zertifizierungsprozess gehen, der von der Regierungsbehörde (zum Beispiel der FAA oder der JAA) durchgeführt wird, bevor es von einer Fluggesellschaft in Betrieb genommen werden darf. Jede Änderung an dem Flugzeug, die nach der Zertifizierung stattfindet, erfordert einen formalen Änderungsprozess und eine erneute Zertifizierung. Das garantiert, dass Änderungen nur in Übereinstimmung mit den Projektzielen (zum Beispiel Sicherheit und Zuverlässigkeit) und Vorschriften gemacht werden. Darüber hinaus werden vollzogene Änderungen den entsprechenden Entwicklern und Benutzern mitgeteilt (zum Beispiel den Passagieren oder dem Fluglinienbetreiber).

Versionen, die es mit Absicht gleichzeitig gibt, nennt man **Varianten**. Der A319, der A320 und der A321 sind Varianten desselben Flugzeugtyps (Abbildung 13.3), die sich durch ihre Länge, die Zahl der Passagiere und die Fracht, die transportiert werden kann, unterscheiden.

Der A320-200 ist allerdings eine Version des A320, welche die erste Version ersetzt hat. Mit anderen Worten: Eine Fluglinie kann beide Modelle kaufen, den A319 und den A320-200, aber nicht mehr das ältere Modell A320-100. Im Falle eines Softwaresystems kann das System bei gleicher Funktionalität eine Macintosh-Variante, eine Windows-Variante und eine Linux-Variante haben. Um verschiedene Funktionsumfänge abzudecken, kann es von einem System eine Standard-, eine professionelle und eine Luxusausführung geben. Varianten teilen sich im Allgemeinen eine große, gemeinsame Codebasis, die die Kernfunktionalität beinhaltet. Die Unterschiede werden in einer kleinen Anzahl von Subsystemen realisiert.

13.3.3   Änderungsanfragen

Eine **Änderungsanfrage** ist ein formaler Schritt, der den Änderungsprozess einleitet. Ein Benutzer, ein Kunde oder ein Entwickler entdeckt zum Beispiel einen Fehler in einem Arbeitsprodukt oder wünscht ein neues Systemmerkmal. Der Autor der Änderungsanfrage beschreibt das Konfigurationselement, auf das sich die Anfrage bezieht, die Version, das Problem und eine vorgeschlagene Lösung.

Bei einem informellen Änderungsprozess ist die Änderungsanfrage nur der Inhalt einer E-Mail, z.B. eine Nachricht an Linus Torvalds, den Kernel des Linux-Betriebssystems zu ändern. Torvalds entscheidet sich auf Grund der Information in der Anfrage, ob die Änderung durchgeführt wird oder nicht.

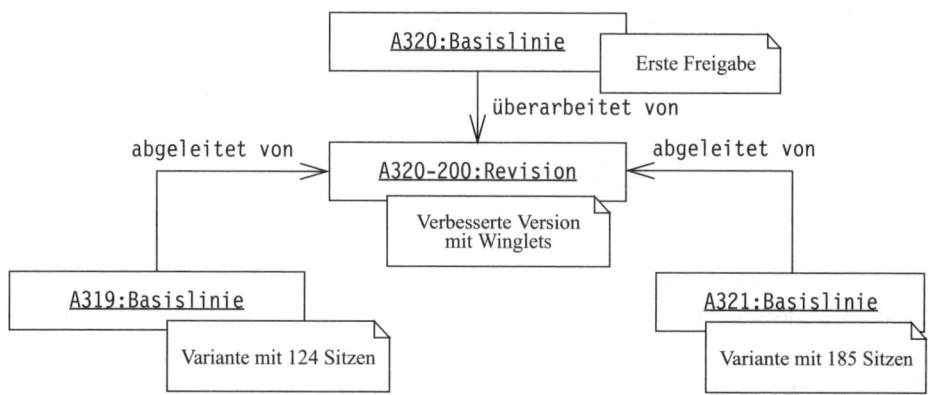

Abbildung 13.3:   Beispiel zur Klarstellung von Basislinien, Revisionen und Varianten (UML-Objekt-diagramm). Der A319, der A320 und der A321 basieren alle auf dem gleichen Entwurf. Sie unterscheiden sich hauptsächlich in der Rumpflänge.

Im Falle eines formalen Änderungsprozesses werden die Kosten und die Vorteile der Änderung abgeschätzt, bevor die Änderung abgelehnt oder ihr zugestimmt wird. In jedem Fall werden die Grundlagen der Entscheidung mit der Änderungsanfrage aufgezeichnet. Kurz nachdem z.B. der A320 im Februar 1988 zertifiziert worden war, wurde eine überarbeitete Version, der A320-200, zertifiziert. Die neue Version schloss einige Veränderungen mit ein, die eine längere Reichweite und eine höhere Nutzlast brachten. Eine dieser Änderungen war das Anbringen von Winglets am Ende der Flügel. Diese reduzieren den Strömungswiderstand beträchtlich und senken damit den Treibstoffverbrauch. Treibstoffverbrauch ist ein Hauptkostenträger für den Fluggesellschaftsbetreiber und daher ein Hauptverkaufsargument für den Flugzeugbauer. Während des Entwurfs des A320 wurde eine Änderungsanfrage ausgestellt, die die Einführung von Winglets beschreibt und eine Leistungsbewertung sowie eine Schätzung der durch die Änderung verursachten Kosten enthält. Diese Anfrage wurde bewilligt und eingebaut. Der A320-200 wurde dann im November 1988 zertifiziert.

13.3.4   Interne und externe Freigaben

Eine **interne Freigabe** (engl. *promotion*) ist eine Version, die für andere Entwickler zugänglich gemacht wird, weil sie einen relativ stabilen Zustand erreicht hat und von anderen Entwicklern benutzt oder getestet werden kann. Zum Beispiel wird ein Subsystem intern an andere Entwicklergruppen freigegeben, damit diese das Subsystem bereits benutzen können. Nachdem Fehler in den Subsystemen entdeckt und behoben worden sind, werden die Revisionen intern freigegeben.

Eine (externe) **Freigabe** ist eine Version, die für externe Benutzer freigegeben wird. Eine Freigabe bezeichnet ein Konfigurationselement, welches die Kriterien der Qualitätssicherung erfüllt hat und von den Anwendern benutzt oder überprüft worden ist. Ein Beispiel für eine Freigabe ist der sogenannte Betatest: Externe Benutzer bekommen das System, um weitere Fehler zu finden oder ein erstes Gespür für die Qualität des Systems zu erlangen. Nachdem Fehler entdeckt und verbessert worden sind, werden überarbeitete Versionen des Subsystems zur Neubewertung an die Qualitätssicherungsgruppe intern freigegeben. Wenn die vereinbarten Qualitätskriterien eingehalten werden, erfolgt eine nächste externe Freigabe an die Benutzer.

13.3.5 Arbeitsbereich, Zentralverzeichnis und Freigabeverzeichnis

Wichtige Konzepte in Konfigurationsmanagement-Systemen sind das **Zentralverzeichnis,** in dem alle Konfigurationselemente gespeichert werden, und der **Arbeitsbereich**, in welchem die Entwickler die Änderungen vornehmen. Entwickler erzeugen neue Versionen, indem sie Konfigurationselemente aus ihrem Arbeitsbereich in das Zentralverzeichnis einpflegen.

Eine **Konfigurationsbibliothek** (*software library* in [IEEE Std. 1042-1987]) liefert die Möglichkeit, Versionen der Konfigurationselemente zu identifizieren und zu bezeichnen (zum Beispiel Dokumentation, Modelle und Code). Mit einer Konfigurationsbibliothek kann der Status der Änderungen an Konfigurationselementen verfolgt werden. Wir unterscheiden drei Arten von Konfigurationsbibliotheken:

1. Der **Arbeitsbereich** (*dynamic library*) wird für die tägliche Arbeit des Entwicklers benutzt. Änderungen im Arbeitsbereich sind nicht reglementiert und werden von dem einzelnen Entwickler kontrolliert.

2. Das **Zentralverzeichnis** (*controlled library*) enthält alle internen Freigaben. Um in das Zentralverzeichnis aufgenommen zu werden, müssen die Änderungen gebilligt sein und die Version muss bestimmten Projektkriterien entsprechen (zum Beispiel „Nur Code, der ohne Fehler kompiliert werden kann, darf ins Zentralverzeichnis"). Alle Versionen im Zentralverzeichnis stehen allen anderen Projektteilnehmern zur Verfügung.

3. Das **Freigabeverzeichnis** (*static library*) enthält die externen Freigaben. Bevor eine Version extern freigegeben werden kann, muss sie bestimmte Kriterien der Qualitätssicherung erfüllt haben (zum Beispiel „Alle Fehler, die bei den Regressions-Tests entdeckt worden sind, sind repariert worden").

13.3.6 Versionsnummern

Um Versionen für Entwickler und Systeme eindeutig identifizierbar zu machen, wird eine **Versionsnummer** benutzt. Einige exotische Beispiele

- Die Ada-Spezifikation ging durch fünf Versionen, deren Versionsnummern Strawman, Woodenman, Tinman, Ironman und Steelman [Steelman, 1978] genannt wurden.

- Das Versionsidentifikationsschema für T_EX – eine Textverarbeitung für technische Texte [Kemper & Eickler, 2004] – basiert auf den Dezimalstellen der Zahl π: Jedes Mal, wenn ein Fehler gefunden worden ist (was selten vorkommt) und korrigiert wird erhöht sich die Versionsnummer von T_EX um eine Ziffer. Die momentane Versionsnummer ist 3.14159.

Versionsnummern können sehr groß werden, wenn ein Konfigurationselement vielen Änderungen unterworfen ist. In diesem Fall benutzt man Schemata, die das automatische Erstellen von Versionsnummern vereinfachen. Ein beliebtes Schema zur Bezeichnung der verschiedenen Versionen ist das Drei-Ziffern-Schema, das zwischen funktionalen Änderungen, kleinen Verbesserungen und Fehlerbereinigungen unterscheidet. Abbildung 13.4 zeigt die Verwendung eines derartigen Schemas an einem Beispielprogramm MUE („Mein UML-Editor") zur Erstellung von UML-Diagrammen. Die ganz links stehende Zahl bezeichnet die Hauptversion: Sie ändert sich im Allgemeinen nur bei größeren Änderungen, z.B. wenn die Funktionalität der Benutzeroberfläche völlig überarbeitet wird. Die zweite Zahl bezeichnet man als die kleinere Version: Sie ändert sich, wenn man zum Beispiel neue Funktionalität hinzufügt; und die dritte Zahl bezeichnet die Revision (sie ändert sich im Allgemeinen bei jeder kleinen Korrektur). Es ist üblich, für Alpha- oder Betatestversionen Versionsnummern unter 1.0.0 (z.B. 0.1.1, 0.1.2, 0.2.1, usw.) zu vergeben.

Dreizahl-Version-Nummernschema

     <Version> ::= <KonfigurationselementName>.<Haupt>.<Klein>.<Revision>
     <Gross> ::= <natürliche Zahl>

     <Klein> ::= <natürliche Zahl>

     <Revision> ::= <natürliche Zahl>

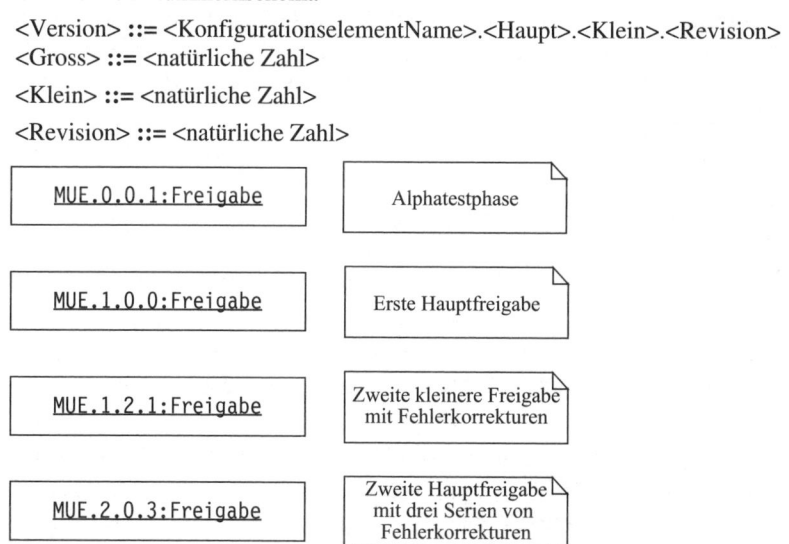

Abbildung 13.4: Versionsnummerierungsschema (Backus-Naur-Form und UML-Objektdiagramm). Bei dem Programm MUE („Mein-UML-Editor") wird bei jeder Freigabe die Versionsnummer erhöht.

Dieses Nummerierungsschema funktioniert nur bei einer sequentiellen Serie von Versionsfreigaben, nicht bei Parallelentwicklungen. Bei Parallelentwicklungen werden verschiedene Funktionen von verschiedenen Arbeitsgruppen gleichzeitig entwickelt und dann zu einer einzigen Version zusammengeführt. Ein **Zweig** identifiziert einen parallelen Entwicklungspfad, der unter Konfigurationsmanagement steht. Eine Sequenz von Versionen, die von einer Arbeitsgruppe stammt, ist dann ein Zweig. Dieser ist unabhängig von den Zweigen, die andere Arbeitsgruppen erstellt haben. Wenn zwei verschiedene Zweige wieder unter einen Hut gebracht werden müssen, wird aus den Zweigversionen eine neue Version erstellt, die ausgewählte Elemente der Zweigversionen enthält.

Für die Freigabe ist das sequentielle Identifikationsschema für gewöhnlich immer sinnvoll, weil das Zweigkonzept für den Benutzer gar nicht erkennbar sein soll. Für Entwickler und Konfigurationsmanagements-Systeme genügt es nicht, weil es keine parallele Entwicklung unterstützt. Das in CVS (Concurrent Version System) [Berliner, 1990] verwendete Identifikationsschema erlaubt z.b. explizit die Verwendung von Zweigen und Versionen. CVS-Versionsnummern enthalten einen Zweigidentifizierer, auf den eine Revisionsnummer folgt. Der Zweigidentifizierer enthält dabei die Versionsnummer, von der der Zweig gestartet worden ist, und eine Nummer, die den Zweig eindeutig identifiziert. Das ermöglicht es Entwicklern zu erkennen, zu welchem Zweig eine bestimmte Version gehört und in welcher Reihenfolge die Versionen eines Zweiges erstellt worden sind.

In Abbildung 13.5 werden zwei Zweige beschrieben: der Hauptstamm (das linke Paket) und der von Version 1.2 abgeleitete Zweig 1.2.1 (rechtes Paket). In unserem MUE-Beispiel könnte dieser Zweig abgeleitet worden sein, um zwei konkurrierende Implementierungen des gleichen Merkmals (zum Beispiel die Unterstützung von UML-Interaktionsdiagrammen in MUE) zu evaluieren. Man beachte, dass dieses Identifikationsschema nicht identifizieren kann, wann Versionen wieder mit dem Hauptstamm zusammengeführt werden. In Abbildung 13.5 wird die Version 1.2.1.2 mit der Version 1.3 des Hauptstamms zusammengeführt, was zur Version 2.0 führt.

13.3.7   Änderungen und Änderungssatz

Die Evolution eines Konfigurationselements kann auf zwei Arten erfolgen:

■ *Zustandsbasierte Sichtweise*. Eine Serie von Versionen ist eine Serie von Zuständen des Konfigurationselements. Jeder Zustand ist durch eine Versionsnummer identifiziert (zum Beispiel, der A320-200, MUE.1.0). Diese Sicht wird in der Praxis am häufigsten angewandt.

■ *Änderungsbasierte Sichtweise*. In dieser Sicht besteht ein Konfigurationselement aus einer Basislinie gefolgt von einer Serie von *Änderungen*, die man **Deltas** nennt. Ein Delta repräsentiert die Differenz zwischen zwei aufeinander folgenden Versionen in Form von Quelltextzeilen oder Paragraphen, die aus dem Konfigurationselement entfernt oder ihm hinzugefügt worden sind . Oft bedeutet das Reparieren eines Fehlers oder das Hinzufügen von Systemfunktionalität das Ändern von verschiedenen Konfigurationselementen. All die Änderungen an Konfigurationselementen, die mit einer einzelnen Revision einer Konfiguration zusammenhängen, werden in einem so genannten **Änderungssatz** (*change set*) zusammengefasst. Wenn sich zwei Änderungssätze nicht überlappen (wenn sie zum Beispiel in unterschiedlichen Zusammenstellungen von Konfigurationselementen angelegt wurden), können sie in beliebiger Reihenfolge auf dieselbe Basislinie angewandt werden. Das ergibt eine wesentlich höhere Flexibilität für Entwickler, wenn sie Konfigurationen zu wählen haben.

Kehren wir noch einmal zu unserem MUE-Beispiel zurück und nehmen wir an, wir haben eine Basislinie MUE.1.0, die wir zweimal ändern mussten: MUE.1.1 wurde freigegeben, um einen Fehler zu beheben, der mit Klassen zusammenhing, die keine Operatoren beinhalteten. MUE.1.2 wurde freigegeben, um einen Fehler mit gestrichelten Linien zu beseitigen.

CVS-Versionsnummern-Schema

<Version> ::= <KonfigurationselementName>.<VersionsBezeichner>

<Versionsbezeichner> ::= <Zweig>.<Revision>

<Zweig> ::= <Versionsbezeichner>.<Zweignummer> | <Zweignummer>

<Zweignummer> ::= <natürliche Zahl>

<Revision> ::= <natürliche Zahl>

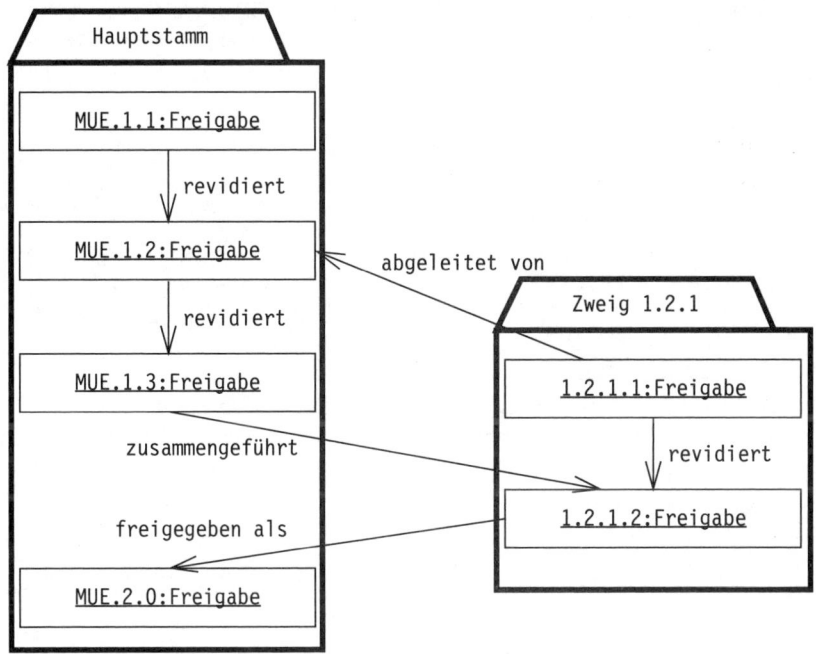

Abbildung 13.5: CVS-Versionsnummern-Schema (Backus-Naur-Form und UML-Objektdiagramm). Zweige werden bezeichnet mit der Version, von der sie abgeleitet wurden, gefolgt von einer eindeutigen Zahl.

Die zwei Änderungen mussten in unterschiedlichen Subsystemen durchgeführt werden. Die Änderungssätze, die mit diesen Revisionen zusammenhängen, sind daher unabhängig voneinander und könnten auf die Basislinie in beliebiger Reihenfolge angewandt werden. Wenn beispielsweise der emptyClassFix:Änderungssatz auf die Version MUE.1.0:Freigabe angewandt wird, dann führt das zur Version MUE.1.1:Freigabe. Wenn wir dann den dashedLineFix:Änderungssatz anwenden, kommen wir zur Version MUE.1.2:Freigabe. Wenn wir stattdessen den dashedLineFix:Änderungssatz zuerst anwenden, erhalten wir die Version MUE.1.1a:Freigabe. Wenn wir nun den emptyClassFix:Änderungssatz als Nächstes anwenden, führt das ebenfalls zur Version MUE.1.2:Freigabe. Der interaktionsDiagramm:Änderungssatz, der zur zweiten Basislinie MUE.2.0:Freigabe führt, hängt allerdings von diesen beiden Revisionen ab. Abbildung 13.6 zeigt den Freigabeverlauf von MUE als eine Serie von Änderungssätzen und ihren Abhängigkeiten.

Die änderungsbasierte Sichtweise des Konfigurationsmanagements ist allgemeiner als die zustandsbasierte Sichtweise. Sie erlaubt dem Entwickler, zusammenhängende Versionen von verschiedenen Konfigurationselementen mit einem Blick zu betrachten. Darüber hinaus können Änderungssätze für mehr als eine Version verwendet werden, wenn sie sich nicht überlappen. Diese Vorgehensweise wird benutzt, um Fehlerbehebung und kleine Verbesserungen zu liefern, nachdem ein Stück Software bereits freigegeben worden ist; jeder Änderungssatz wird als ein so genanntes Pflaster *(patch)* geliefert, das auf die gegebene Basislinie oder auf eine abgeleitete Version angewandt werden kann. Solange sich die Pflaster nicht überlappen, können sie in jeder beliebigen Reihenfolge mit der Basislinie verwendet werden.

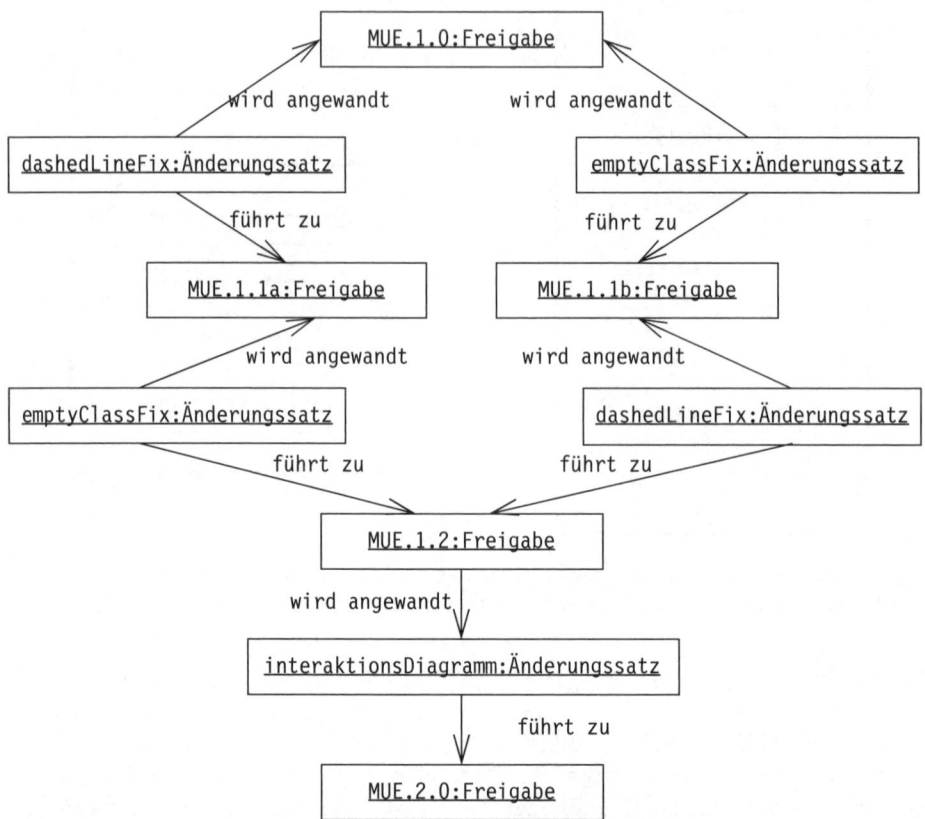

Abbildung 13.6: Änderungsbasierte Darstellung des Freigabeverlaufs von MUE (UML-Objekt-diagramm). dashedLineFix:Änderungssatz und emptyClassFix:Änderungssatz können für MUE.1.0:Freigabe in beliebiger Reihenfolge angewandt werden, weil sie sich nicht überlappen.

13.3.8   Konfigurationsmanagement- Werkzeuge

Wegen der großen Bedeutung des Konfigurationsmanagements in der Softwareentwicklung, gibt es relativ viele Konfigurations- und Versionsmanagement-Werkzeuge. In diesem Abschnitt beschreiben wir kurz die bekanntesten vier Systeme, RCS [Tichy, 1985], CVS [Berliner, 1990], Perforce [Perforce] und ClearCase [Leblang, 1994].

RCS (Revision Control System) ist ein frei erhältliches Werkzeug. Es bietet ein Zentralverzeichnis, in dem alle Versionen von Konfigurationselementen gespeichert werden. Um eine spezielle Version in seinen Arbeitsbereich zu kopieren (*„check out"*), muss der Entwickler die Versionsnummer oder ein Datum angeben. Um ein Konfigurationselement verändern zu können, muss der Entwickler das Konfigurationselement erst sperren (*„lock"*), damit andere Entwickler keine Änderungen mehr vornehmen können. Wenn die Änderung abgeschlossen ist, gibt der Entwickler das modifizierte Konfigurationselement an das Zentralverzeichnis zurück (*„check in"*), womit gleichzeitig eine neue Version geschaffen und die Sperrung aufgehoben ist.

Um den Speicherverbrauch zu optimieren, speichert RCS nur die letzte Version des Konfigurationselements und die Unterschiede zwischen jeder Version. Eine Konfiguration wird realisiert, indem eine entwicklerspezifische Kennung an alle Versionen angehängt wird, die zur Konfiguration gehören. Entwickler können eine interne Freigabe kopieren, indem sie diese Kennzeichnung benutzen. Man beachte, dass dieser Weg keine Versionskontrolle der Konfiguration selbst erlaubt. RCS unterstützt auch nicht das Zweigkonzept.

CVS (Concurrent Version System), ebenfalls ein frei erhältliches Werkzeug, erweitert RCS um das Zweigkonzept. CVS speichert einen Baum von Unterschieden für jedes Konfigurationselement anstelle einer Sequenz von Unterschieden. CVS enthält auch Werkzeuge, mit denen zwei Zweige zusammengeführt und Überlappungen festgestellt werden können.

Die Änderungskontrollpolitik von CVS ist ebenfalls anders als bei RCS. Anstatt Konfigurationselemente zu sperren, betrachtet CVS jeden Entwickler als einzelnen Zweig. Wenn ein einzelner Entwickler ein Konfigurationselement zwischen zwei konsekutiven Check-ins verändert hat, dann vereint CVS den Zweig mit dem Hauptstamm. Wenn CVS eine konkurrierende Änderung entdeckt, dann versucht es zuerst, die zwei Änderungen zu vereinen. Falls es eine Überlappung gibt, wird der letzte Entwickler benachrichtigt, die Änderung noch einmal ins Zentralverzeichnis zurückzugeben. Mit diesem Verfahren kann CVS ein höheres Niveau gleichzeitiger Entwicklung unterstützen als RCS.

Perforce basiert auf dem gleichen Konzept der zentralen Aufbewahrung wie CVS und RCS, ist aber ein kommerzielles Werkzeug. Perforce unterstützt außerdem die änderungsbasierte Sichtweise und Änderungssätze. Dies erleichtert es den Entwicklern, die Konfigurationselemente zu identifizieren, die in einem bestimmten Änderungsprozess involviert sind.

ClearCase ist ein anderes kommerzielles Werkzeug und unterstützt ebenfalls das Konzept von Konfigurationsaggregaten und Konfigurationen. Ein Konfigurationsaggregat wird als Datei-Verzeichnis angelegt, welches dann als Konfigurationselement in ClearCase gehandhabt wird. ClearCase erlaubt die Spezifikation von Konfigurationen mit Regeln, indem spezifische Versionen der Konfigurationselemente ausgesucht werden können. Eine Version kann mit einer statischen Regel (Bezug auf eine spezifische Versionsnummer, z.B. 10.1.2) oder mit einer dynamischen Regel (Bezug auf die Geschichte eines Konfigurationselements, z.B. die „letzte Version") näher beschrieben werden. ClearCase hat auch Zugangskontrollmechanismen, die es erlauben, die Eigentümerrechte von Konfigurationselementen und Konfigurationen zu definieren.

13.4   Aktivitäten des Konfigurationsmanagements

Im vorhergehenden Abschnitt haben wir die Hauptkonzepte des Konfigurationsmanagements beschrieben. In diesem Abschnitt konzentrieren wir uns auf die Aktivitäten, die benötigt werden, um Konfigurationselemente, interne und externe Freigaben zu definieren und zu managen. Außerdem beschreiben wir die Verwendung von Zweigen und Varianten bei paralleler Entwicklung. Im Einzelnen beschreiben wir folgende Aktivitäten:

- Identifikation von Konfigurationselementen und -Aggregaten (Abschnitt 13.4.1)

- Management von interne Freigaben (Abschnitt 13.4.2)

- Management von externen Freigaben (Abschnitt 13.4.3)

- Zweigmanagement (Abschnitt 13.4.4)

- Variantenmanagement (Abschnitt 13.4.5)

- Änderungsmanagement (Abschnitt 13.4.6).

Um die Diskussion dieser Aktivitäten anschaulich zu gestalten, werden wir alle Beispiele in den weiteren Abschnitten dieses Kapitels anhand eines konkreten Systems, das wir meineAutoTeile nennen, erläutern. Das System meineAutoTeile erlaubt es sowohl Autohändlern als auch Autobesitzern, Ersatzeile für Autos an einem Rechner anzuschauen und zu kaufen.

MeineAutoTeile hat eine einfache Klient-/Anbieter-Architektur mit zwei Typen von Klienten: EKlient für Experten, wie zum Beispiel Automechaniker und Ersatzteilhändler, und NKlient für neue Benutzer wie zum Beispiel Autobesitzer, die ihre Autos selbst reparieren. Das System erfordert eine Authentifizierung, um den Listenpreis des Ersatzteils zu bestimmen, der je nach Benutzertyp unterschiedlich ist. Ein Benutzer, der viele Teile bestellt, bekommt Mengenrabatt, während ein normaler Kunde den vollen Listenpreis bezahlt. Das System verfolgt ebenfalls die Präferenzen eines jeden Benutzers und verwendet diese Information, um den Netzwerkgebrauch zu optimieren. Der Benutzer wird auch über neue Produkte und neue Preise informiert. Abbildung 13.7 zeigt die Systemzerlegung von meineAutoTeile. Die Entwicklung und Evolution des Systems erfordern die koordinierte Freigabe von mehreren Komponenten.

- Das zwischen dem Klienten und dem Anbieter benutzte Protokoll wird gelegentlich aktualisiert, z.B. um neue Funktionalitäten für den Klienten zu unterstützen oder um die Antwortzeit und den Durchsatz zu verbessern. Da es keine Garantie gibt, dass alle Benutzer die gleiche Version der Klienten-Software haben, ist es für den Anbieter notwendig, rückwärtskompatibel mit älteren Klienten zu bleiben. Jede neue Revision des Protokolls muss also auch mit älteren Klienten getestet werden, um dieses Merkmal zu garantieren.

■ In manchen Fällen kann die neue Funktionalität der Klienten-Software nur mit einer verbesserten Version der Anbieter-Software benutzt werden. Dann muss die Anbieter-Software zuerst aktualisiert werden, bevor die neue Klienten-Version freigegeben werden kann.

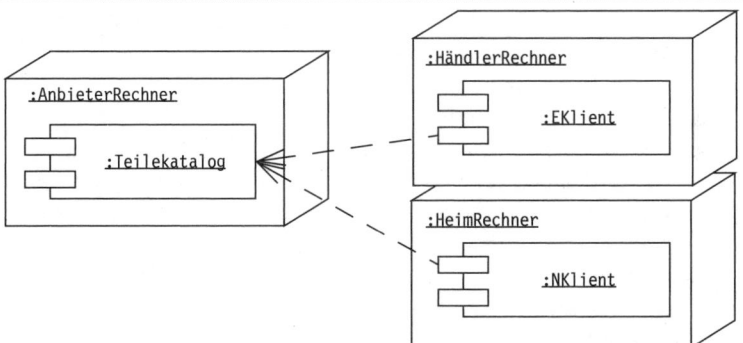

:HändlerRechner	Der HändlerRechner ist die Maschine, die der Händler benutzt, um Ersatzteile zu bestellen. Der HändlerRechner hat häufig eine breitere Bandbreitenverbindung zum AnbieterRechner.
:EKlient	Der EKlient befindet sich auf dem HändlerRechner. Er liefert Funktionen zum Erkennen von Ersatzteilen für einen professionellen Benutzer. Das kann durch eine Seriennummer, den Fahrzeugtyp/Baujahr und den Bestellverlauf passieren. Der EKlient wurde für Großabnehmer-Kunden konzipiert, wie zum Beispiel Werkstätten oder Ersatzteilhändler.
:HeimRechner	Der HeimRechner wird von Autobesitzern benutzt, um Ersatzteile zu bestellen. Der HeimRechner ist über ein Modem mit dem AnbieterRechner verbunden.
:NKlient	Der NKlient befindet sich auf dem HeimRechner. Er liefert Funktionalität für einen unerfahrenen Benutzer, um Ersatzteile zu finden. In der ersten Version wird das Ersatzteil durch Text beschrieben, in einer späteren Freigabe durch Klicken auf eine Explosionszeichnung des Fahrzeugs. Der :NKlient wurde für Kunden entworfen, die nur gelegentlich einkaufen, wie beispielsweise Hobbyschrauber.
:AnbieterRechner	Der Wirtsrechner für den Teilekatalog.
:Teilekatalog	Das Teilekatalog-Subsystem erlaubt es, eine Ersatzteilliste anzufordern, die nach Kriterien und Einträgen über das Teil aufgeschlüsselt ist. Aufgrund dieser Liste kann der Klient bestellen. Darüber hinaus kann die Aktivität des Klienten verfolgt werden.

Abbildung 13.7: Überblick über das meineAutoTeile-System (UML Verteilungsdiagramm)

■ Wenn eine neue Version der Klienten-Software verfügbar ist, kann der Benutzer den entsprechenden Änderungssatz als Pflaster laden. Das passende Handbuch in Papierform wird jedoch mit der konventionellen Post verschickt. Falls mehrere Versionen in kurzer Zeit freigegeben werden, soll der Benutzer immer in der Lage sein, das passende Handbuch zur entsprechenden Version zu finden.

Nehmen wir an, dass in der ersten Freigabe von `meineAutoTeile` der Benutzer den Produktkatalog nur in Textform sehen kann. Teile haben eine Produktnummer, einen Namen, eine Beschreibung, eine Liste von passenden Fahrzeugen mit Baujahr, für welche das Teil hergestellt wurde und eine Referenz zu anderen Teilen, mit denen das Ersatzteil verbaut werden kann. Der Benutzer kann die Datenbank nach jedem der Kriterien durchsuchen. Dies kann für unerfahrene Benutzer und Neulinge schwierig sein, die im Allgemeinen den genauen Namen des Ersatzteils nicht kennen. In der zweiten Freigabe soll dieses Problem gelöst werden, indem man dem Benutzer eine Explosionszeichnung zum Navigieren durch den Teilekatalog zur Verfügung stellt. Wenn man weiß, wie das Teil aussieht und wo es sich im Fahrzeug befindet, dann braucht man nur auf den passenden Teil der Zeichnung zu klicken. Die Freigabe der Komponenten der neuen Version von `meineAuto-Teile` mit dieser neuen Navigationsmöglichkeit muss auf Grund der oben beschriebenen Einschränkungen sorgfältig koordiniert werden. Im Einzelnen erfordert sie diese aufeinander folgenden Schritte:

1. Modifikation des `Teilekatalog`-Subsystems, um die Speicherung und das Abfragen von Explosionszeichnungen zu unterstützen.

2. Freigabe und Installation der modifizierten `Teilekatalog`-Subsystems auf dem `AnbieterRechner`.

3. Erzeugen von fahrzeug- und baujahrspezifischen Explosionszeichnungen und Abspeicherung in der `Teilekatalog`-Datenbank.

4. Modifizierung von `NKlient`, um die neue Funktionalität benutzen zu können.

5. Freigabe und Installation von `NKlient`.

In den nun folgenden Ausführungen werden wir die Freigabe der Explosionszeichnungsänderung als Basis für unsere weiteren Beispiele verwenden.

13.4.1   Identifizierung von Konfigurationselementen

Die Identifizierung von Konfigurationselementen findet im Allgemeinen an zwei Stellen in der Entwicklung statt: während oder direkt nach der Projektvereinbarung, wenn man sich mit dem Kunden über die zu liefernden Ergebnisse einig geworden ist. und nach dem Systementwurf, wenn die meisten Subsysteme identifiziert worden sind.

Die Identifizierung von Konfigurationselementen hört dann jedoch nicht auf, sondern zieht sich durch den kompletten Entwicklungsprozess: Sie geschieht immer dann, wenn zu liefernde Ergebnisse neu definiert werden oder wenn sich die Systemzerlegung ändert.

Die Identifizierung von Konfigurationselementen ist mit der Identifizierung von Objekten während der Analyse vergleichbar. Sie ist keine algorithmische Aktivität: Manche Konfigurationselemente sind einfach zu erkennen (z.b. das Analyse- oder das Systementwurfs-Dokument), andere sind wesentlich schwieriger zu identifizieren (z.b. das Protokoll zwischen Klient und Anbieter). Konfigurationselemente können in sich geschlossene Dokumente oder Teile von Dokumenten sowie Codeteile sein, deren Entwicklungsgeschichte aus irgendeinem Grund interessant ist und deshalb verfolgt und kontrolliert werden muss. Sogar kommerzielle Komponenten können als Konfigurationselemente identifiziert werden, wenn diese sich während des Lebenszyklus des Systems selbst weiter ändern, und diese Änderungen Einfluss auf das System haben könnten.

Nehmen wir einmal an, in der Projektvereinbarung von meineAutoTeile wurden folgende zu liefernde Ergebnisse definiert:

- Benutzerdokumentation, insbesondere das Anforderungsanalyse-Dokument und das Benutzerhandbuch

- Systemdokumentation, insbesondere das Systementwurfs-Dokument und das Objektentwurfs-Dokument

- Der gesamte Quelltext des Systems, d.h. der Quelltext der zu entwickelnden Subsysteme (siehe Abbildung 13.7) und der zugehörigen Installationsprogramme

Wir identifizieren jedes in dieser Vereinbarung benannte Dokument als Konfigurationselement. Zusätzlich identifizieren wir die Schnittstellen der Subsysteme als Konfigurationselemente: Die Evolution von Subsystemen muss sorgfältig kontrolliert werden, da Änderungen an Subsystem-Schnittstellen im Allgemeinen zu großen Problemen führen. Wir bestimmen deshalb auch die *Protokoll-Spezifikation zwischen Klient und Anbieter* und das *Teilekatalog-Datenbankschema* als Konfigurationselemente.

Weil Subsysteme von meineAutoTeile unabhängig voneinander freigegeben werden können, identifizieren wir für jedes Subsystem ein Konfigurationsaggregat, das alle für das Subsystem relevanten Konfigurationselemente enthält. Wenn wir zum Beispiel das NKlient-Subsystem verändern, um die Explosionszeichnungs-Funktionalität einzubauen, dann müssen wir an mehreren Stellen Änderungen durchführen: Wir müssen das Anforderungsanalyse-Dokument revidieren, und die neuen Anwendungsfälle hinzufügen. Auch das Benutzerhandbuch für den NKlient muss verändert werden, um die Benutzung dieser neuen Funktionalität zu beschreiben. Schließlich müssen wir den Objektentwurf ändern, d.h. das Konfigurationselement N_Objektentwurf, denn die neuen Klassen müssen definiert, implementiert und getestet werden.[2] Bevor das NKlient-Subsystem zur Benutzung freigegeben wird, muss das NKlient:Konfigurationsaggregat noch auf den neuesten Stand gebracht werden, denn es muss jetzt auf all diese neueren Versionen der Konfigurationselemente von NKlient zeigen.

Man beachte, dass alle diese Änderungen vollzogen werden können, ohne dass das Konfigurationsaggregat für EKlient verändert werden muss: Die Komponenten der jeweiligen EKlient- und NKlient-Subsysteme werden also als unabhängige Konfigurationselemente und Konfigurationsaggregate modelliert.

---

[2]   Aus Platzgründen sind die Konfigurationselemente Quelltext, Test und Testhandbuch in Abbildung 13.8 nicht gezeigt.

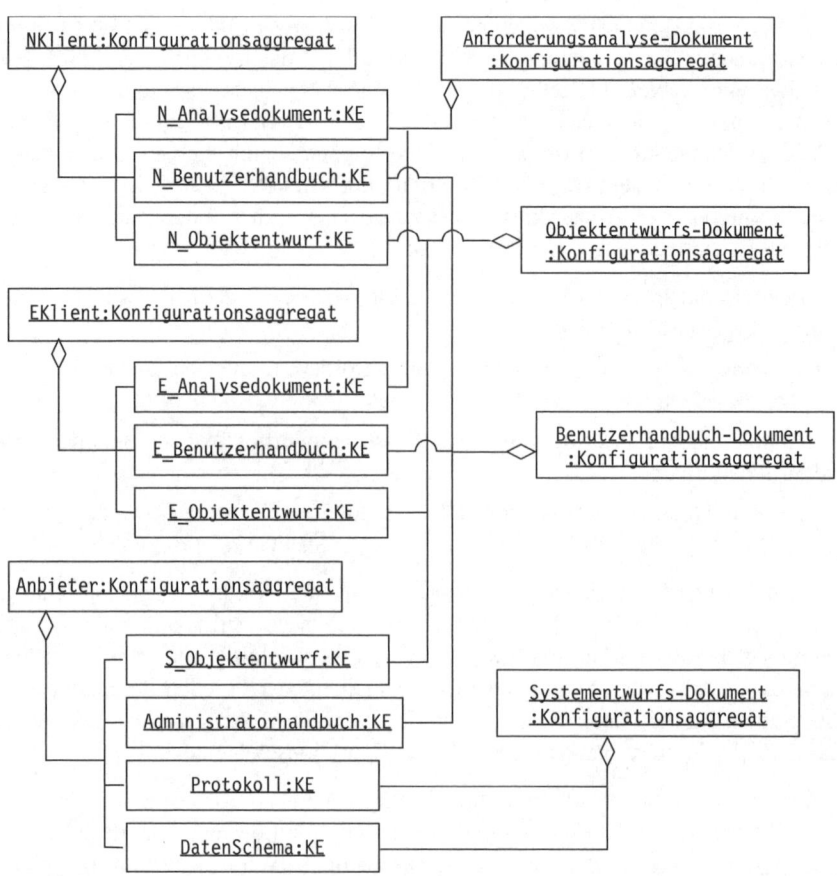

Abbildung 13.8:   Konfigurationselemente (KE) und Konfigurationsaggregate für `meineAutoTeile` (UML-Objektdiagramm).

Die drei Subsysteme, aus denen das `meineAutoTeile`-System zusammengesetzt ist, sind jedoch nicht völlig unabhängig voneinander. Bevor wir zu dem `NKlient`-Subsystem Explosionszeichnungen hinzufügen, müssen wir zuerst die Speicher- und Abfragemöglichkeiten dieser Tabellen auf dem `Anbieter` bereitstellen. Obwohl diese Funktionalität getrennt umgesetzt und freigegeben wird, müssen wir doch sicherstellen, dass die Freigaben der Klienten-Software und der Anbieter-Software koordiniert sind, d.h. dass der Andbieter vor den Klienten aktualisiert werden muss. Aus diesem Grund identifizieren wir auch noch Systemniveau-Konfigurationsaggregate, und zwar für die in der Projektvereinbarung definierten zu liefernden Ergebnisse. Die Konfigurationsaggregate `Anforderungsanalyse-Dokument`, `Systementwurfs-Dokument` und `Benutzerhandbuch` repräsentieren konsistente Versionen der zu liefernden Ergebnisse Benutzerdokumentation, Systemdokumentation und Quelltext. Die Versionen von `Objektentwurfs-Dokument:Konfigurationsaggregat` enthalten die Konfigurationselemente `N_Objektentwurf:KE`, das eine konsistente Beschreibung der Explosionszeichnungen enthält, und `S_Objektentwurf:KE`, das die Speicherung und Abfrage der Zeichnungen beschreibt. Abbildung 13.8 fasst alle Konfigurationselemente sowie Konfigurationsaggregate zusammen, die wir für `meineAutoTeile` identifiziert haben.

13.4.2 Das Management von internen Freigaben

Die interne Freigabe eines Konfigurationselements wird dann vorgenommen, wenn ein Entwickler das Konfigurationselement mit anderen gemeinsam benutzen will. Entwickler führen eine interne Freigabe auch dann durch, wenn ihr Konfigurationselement überprüft werden und die Fehlersuche bei einem anderen Konfigurationselement ermöglicht werden soll.

Sobald eine interne Freigabe durchgeführt worden und im Zentralverzeichnis gespeichert ist, können andere Entwickler sie in ihren Arbeitsbereich kopieren. Entwickler, die nicht an der internen Freigabe interessiert sind, arbeiten mit früheren Versionen weiter. Sobald eine interne Freigabe im Zentralverzeichnis ist, kann sie nicht mehr verändert werden. Der Entwickler, der die interne Freigabe gemacht hat, kann sie natürlich in seinem Arbeitsbereich weiter verändern; das erzeugt keine Probleme bei den Entwicklern, die mit der internen Freigabe arbeiten. Um weitere Änderungen verfügbar zu machen, muss der Entwickler wieder eine neue interne Freigabe durchführen. Wir betrachten diese Problematik genauer am Beispiel des meineAutoTeile-Systems, dem eine Unterstützung für Explosionszeichnungen hinzugefügt werden soll (siehe Abbildung 13.9).

Zunächst verändern Entwickler das Analysemodell, um die neuen Anwendungsfälle und das Zusammenspiel mit bereits existierenden Anwendungsfällen zu modellieren. Nehmen wir an, diese Veränderung des Analysemodells wird intern als NKlient-Analyse.2.0 freigegeben. Das Systementwurfsmodell wird ebenfalls angepasst, um das Speichern und Herunterladen von Zeichnungen widerzuspiegeln. Das Ergebnis dieser Anpassung sind Modifikationen im Protokoll und im Datenbankschema, die intern als Protokoll.2.0 und Datenschema.2.0 freigegeben werden. Anschließend folgen die erste Implementierung der Anbieterseite des Protokolls und die interne Freigabe von Server.2.0, die der NKlient-Arbeitsgruppe zur Verfügung gestellt wird, damit sie ihre Implementierung der Explosionszeichnung (NKlient 2.0 und höher) testen können. Beim Testen des NKlienten werden einige Fehler im Teilekatalog-Quelltext gefunden. Die Teilekatalog-Arbeitsgruppe findet und repariert diese Fehler, was zu den internen Freigaben von Teilekatalog.2.1 und Teilekatalog.2.2 führt. In der Zwischenzeit hat die Dokumentationsgruppe die Handbuch-Version NKlient-Handbuch.2.0 erzeugt, und zwar basierend auf der internen Freigabe der Version NKlient-Analyse.2.0 des Anforderungsanalyse-Dokuments. Man beachte, dass während dieser Zeit die EKlient-Arbeitsgruppe Fehler in EKlient.1.5 behebt, und zwar unabhängig von den Explosionszeichnungs-Änderungen. Um das Subsystem EKlient testen zu können, benutzt die EKlient-Arbeitsgruppe die älteren Versionen Protokoll.1.0 und Teilekatalog.1.4. Abbildung 13.9 zeigt eine Momentaufnahme der Arbeitsbereiche der einzelnen Arbeitsgruppen für das soeben geschilderte Szenario. Obwohl letztendlich alle Entwickler daran arbeiten, ein einziges konsistentes System herzustellen, benutzen sie unterschiedliche interne Freigaben derselben Komponenten, und zwar solange, bis alle Komponenten und damit das ganze System stabilisiert sind.

Interne Freigaben repräsentieren die Zustände eines Konfigurationselements, in denen es anderen Entwicklern zugänglich gemacht wird. Ein Projekt mag erfordern, dass interne Freigaben von Quelltext nur erlaubt sind, wenn der Quelltext keine Fehler in der Compilation enthält; um den Austausch von Arbeitsprodukten zwischen den Gruppen zu erleichtern, gibt es ansonsten selten zusätzliche Auflagen.

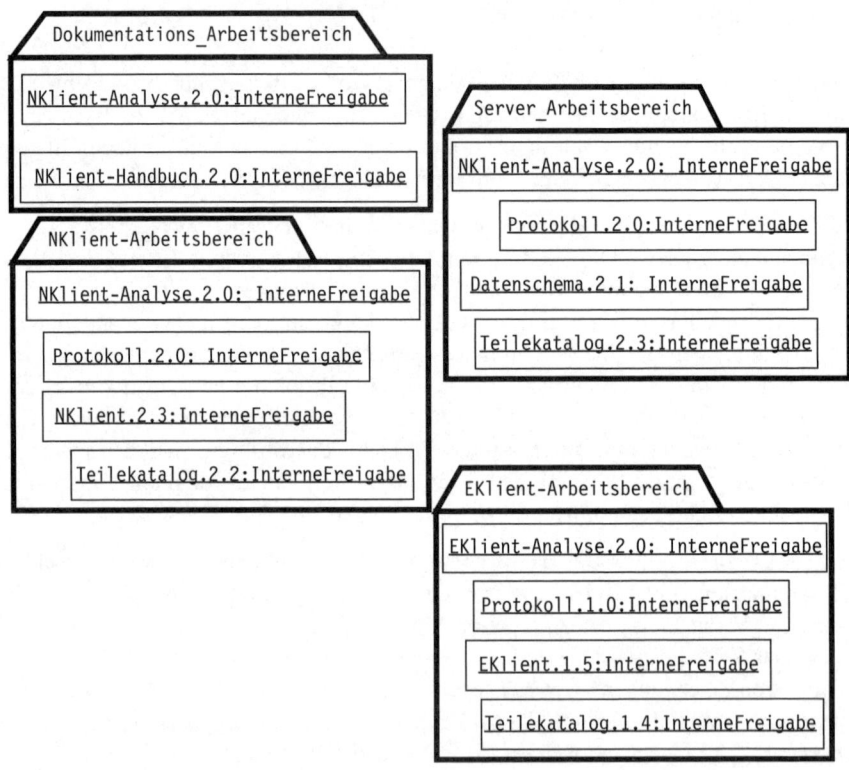

Abbildung 13.9: Momentaufnahme der Arbeitsbereiche bei der Entwicklung von meineAutoTeile (UML-Objektdiagramm). Der Dokumentations-Arbeitsbereich, NKlient-Arbeitsbereich, EKlient-Arbeitsbereich und der Teilekatalog-Arbeitsbereich enthalten interne Freigaben, die mit der Funktionalität der Explosionszeichnung zusammenhängen. Der EKlient-Arbeitsbereich, enthält jedoch ältere und stabilere Versionen. Für alle Konfigurationselemente gilt: Versionsnummern der Form 1.x beziehen sich auf interne Freigaben ohne die Explosionszeichnungs-Funktionalität. Versionsnummern der Form 2.x beziehen sich auf die internen Freigaben, die eine teilweise oder eine komplette Implementierung der Explosionszeichnung haben.

13.4.3   Das Management von externen Freigaben

Die Freigabe eines Konfigurationselements oder eines ganzes Konfigurationsaggregats ist eine Managemententscheidung, die gewöhnlich Aspekte des Marketing und der Qualitätssicherungsbasiert. Eine Freigabe wird oft gemacht, um neue Funktionen anzubieten oder um kritische Fehler zu bereinigen.

Oberflächlich gesehen ist die Erzeugung von externen Freigaben der von internen Freigaben sehr ähnlich. In der Realität ist der Freigabeprozess allerdings bei weitem komplizierter und teurer. Für Entwickler sind Änderungen Teil ihres Arbeitsalltags. Wenn die neue Version einer Komponente mehr Probleme erzeugt als löst, dann greifen die Entwickler einfach wieder auf eine ältere interne Version zurück. Dabei können sie mit vielen Inkonsistenzen arbeiten. Ein Benutzerhandbuch beispielsweise, das nicht auf dem aktuellen Stand ist, stört ihre Entwicklungsaktivitäten selten, da sie ihr Produkt kennen.

Für Benutzer sieht die Situation anders aus. Sie sind keine professionellen Tester und haben wenig Geduld, wenn die neue Version Probleme erzeugt. Wenn die Dokumentation und die Software nicht aufeinander abgestimmt sind, kann das die Arbeit so sehr beeinträchtigen, dass Benutzer das Produkt oder sogar den Hersteller wechseln.

Externe Freigabeprozesse werden deshalb weitaus stärker kontrolliert als interne Freigabeprozesse, insbesondere bezüglich Qualitäts- und Konsistenzsicherung. Eine separate Qualitätssicherungsgruppe beurteilt dabei die Qualität der einzelnen Komponenten einer Freigabe und koordiniert die Revision fehlerhafter Komponenten, um die Konsistenz der Freigabe mit möglichst geringer Belastung der Entwickler zu erreichen.

Betrachten wir zum Beispiel die Freigabe der Explosionszeichnungs-Funktionalität für meine-AutoTeile (Abbildung 13.10). Zuerst schaffen wir eine interne Freigabe von NKlient.2.4 und Server.2.3, die die neue Funktionalität implementieren. Die Qualitätssicherungsgruppe testet die Freigabe von NKlient.2.4 gegen die neuesten interne Freigaben des Anforderungsanalyse-Dokuments NKlient-Analyse.2.0 und des Teilekatalog.2.3. Sie findet dabei einen Fehler, welcher von der NKlient-Arbeitsgruppe repariert wird und in der nächsten internen Freigabe NKlient.2.5 behoben ist. Nehmen wir einmal an, die Qualitätssicherungsgruppe ist mit dieser neuen internen Freigabe zufrieden und entscheidet sich, die Konfigurationselemente NKlient.2.5 und Teilekatalog.2.3 in die nächste externe Freigabe von meineAutoTeile einzubeziehen. Die Qualitätssicherungsgruppe überprüft dazu in der Aktivität Testhandbuch das Benutzerhandbuch NKlient-Handbuch.2.0 auf Konsistenz mit NKlient.2.5. Einige wenige außerplanmäßige Probleme werden gefunden und von der Dokumentationsgruppe repariert, was zur internen Freigabe NKlient-Handbuch.2.1 führt. Die Komponenten NKlient-Handbuch.2.1, NKlient.2.4 und Teilekatalog.2.3 werden dann in der Aktivität Systemtest getestet. Zwei weitere Probleme mit dem NKlient.2.5 und Teilekatalog.2.3 werden von den Systemtestern entdeckt, die mit NKlient.2.6 und Teilekatalog.2.4 gelöst werden. Die Software wird dann erneut systemgetestet und als Version meineAutoTeile.2.0 an die Benutzer freigegeben.

Bei der Installation aktualisieren die Administratoren des meineAutoTeile-Systems zuerst den Teilekatalog und das Datenbankschema. Dann führen sie den Installationstest durch und prüfen, ob die neue Version ein unvorhergesehenes Kompatibilitätsproblem mit älteren Klienten hat. Nach dem Installationstest macht der Administrator den NKlient.2.6 einigen ausgewählten Benutzern zugänglich, die die neue Explosionszeichnungs-Funktionalität benutzen wollen. Andere Benutzer verwenden weiterhin die alte Version NKlient.2.4. Sobald sich die Stabilität der neuen Freigabe im Feld gezeigt hat, werden alle Benutzer ermutigt, auf die neueste Klienten-Version zu aktualisieren. Ältere Versionen des Servers und der Klienten werden nicht mehr weiterentwickelt. Jegliche Änderung in der Dokumentation oder in einem Subsystem des meineAutoTeile-Systems wird als Pflaster ausgeliefert oder der Entwickler muss auf eine neue Freigabe des gesamten Systems warten.

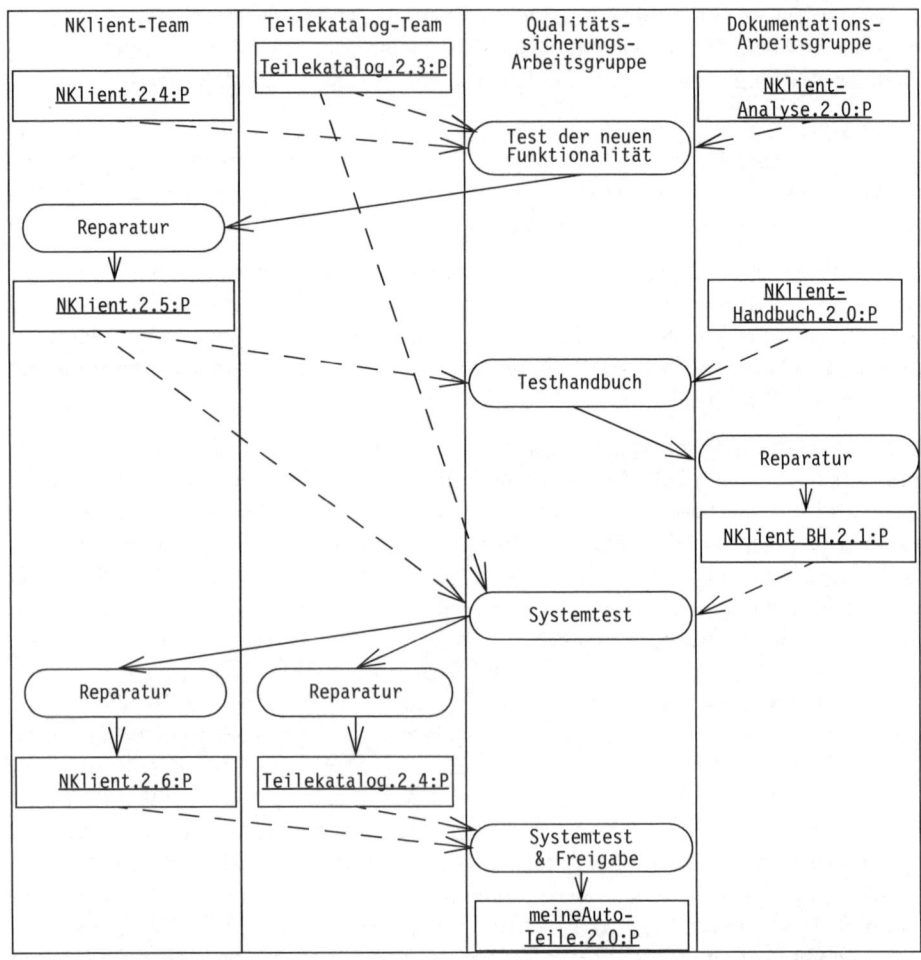

Abbildung 13.10:   Freigabeprozess für die Explosionszeichnungs-Funktionalität von meineAuto-Teile.2.0 (UML-Aktivitätsdiagramm). :P bezeichnet eine interne Freigabe, :F bezeichnet eine Freigabe.

Der Hauptaugenmerk des Freigabeprozesses im meineAutoTeile-Freigabe-Beispiel liegt auf Qualität und Konsistenz. Die Qualitätssicherungsgruppe arbeitet gewissermaßen als Wächter zwischen Benutzern und Entwicklern. Die Annahme ist dabei, dass die Benutzer kein Interesse daran haben, das von ihnen benutzte System selbst von Fehlern zu befreien, sondern dass sie erwarten, von ihm in ihrer Arbeit unterstützt zu werden.

Diese Annahme ist allerdings falsch, wenn die Benutzer selbst auch die Softwareentwickler des Systems sind. In diesem Fall wird auch eine beachtliche Anzahl von Werkzeugen von dieser Benutzergruppe verwendet, entwickelt und gepflegt. Das kann von einfachen Skripten, die sich immer wiederholende Aufgaben automatisieren, zu mächtigen Programmiersprachen und Syntaxeditoren bis hin zu Konfigurationsmanagement-Systemen reichen. Mit der zunehmenden Verbreitung des Internets unter den Softwareentwicklern wird dafür eine zunehmende Zahl von Werkzeugen verteilt und gemeinsam benutzt. Dies führt zur Verfügbarkeit von zahlreichen frei erhältlichen Programmen, die von einfachen Skripten bis hin zu Betriebssystemen (z.B. Linux) reichen. In solchen Situationen sind Benutzer als Softwareentwickler auch bereit zu testen, Fehler zu beheben und sogar einen Programmierbeitrag an den Autor zu schicken, wofür sie im Gegenzug sehr frühen Zugang zu der neuesten Version der Software haben. In diesem Softwareentwicklungs-modell, bekannt als das *Bazarmodell* [Raymond, 1998], sind interne und externe Frei-gaben fast nicht mehr zu unterscheiden, im Gegensatz zu dem kontrollierten Freigabe-prozess, den wir eben beschrieben haben.

13.4.4 Zweigmanagement

Bis jetzt haben wir das Management von internen und externen Freigaben im Zusammen-hang mit einer einzelnen Änderung betrachtet. Zahlreiche Konfigurationselemente wer-den dabei wiederholt überarbeitet, bis die Änderung abgeschlossen ist und von der Quali-tätssicherungsgruppe für gut befunden wird. Mit diesem Prozess sprechen wir das komplexe Problem des Konsistenzerhaltes zwischen einer Anzahl von internen Freigaben an, die alle miteinander verknüpft sind. Und durch den Prozess wurde das Risiko des Ein-fügens neuer Fehlerquellen sehr klein gehalten. Allerdings haben wir bisher nur eine ein-zige Entwicklungslinie verfolgt.

Im Allgemeinen arbeiten Entwickler an mehreren Verbesserungen gleichzeitig. Während zum Beispiel einige Entwickler die Explosionszeichnungs-Funktionalität im NKlient und im Server implementieren, könnten andere Entwickler versuchen, die Antwortzeit des Servers zu verbessern und eine dritte Gruppe von Entwicklern könnte dabei sein, den EKlient so zu erweitern, dass er den zeitlichen Verlauf der Anfragen eines Benutzers speichert. Wenn sich unterschiedliche Entwicklungslinien auf verschiedene Subsysteme von meineAutoTeile konzentrieren (zum Beispiel Explosionszeichnungen in NKlient und Teilekatalog, zeitlicher Verlauf von Benutzeranfragen im EKlient), kann man isolierte Gruppen aufstellen, die an verschiedenen Konfigurationen derselben Gruppe von Subsys-temen arbeiten (zum Beispiel funktioniert das Explosionszeichnungs-Merkmal nur mit den neuesten Versionen von NKlient und der Teilekatalog, während die Benutzeranfra-genänderung die neueste Version von EKlient benötigt, aber mit einer älteren, stabilen Version von Teilekatalog arbeiten kann). Diese Vorgehensweise funktioniert nur, wenn die Änderungen nicht überlappende Sätze von Konfigurationselementen betreffen und wenn die Schnittstellen der Subsysteme rückwärtskompatibel bleiben. Sobald zwei Ände-rungen Modifikationen an derselben Komponente erfordern, ist eine andere Vorgehens-weise notwendig, die darauf beruht, dass man die Entwicklung in verschiedenen Zweigen durchführt, die man dann anschließend **vereinigt** (merged).

Zur Illustration der Problematik werfen wir einen Blick auf zwei gleichzeitige, sich über-lappende Änderungen: Ein Gruppe von Entwicklern implementiert die Explosionszeich-nungs-Änderung (siehe Abschnitt 13.4.3), eine andere Gruppe versucht, die Antwortzeit des Teilekatalog-Subsystems zu verbessern. Diese Änderungen werden verschiedenen Arbeitsgruppen zugewiesen, da die Änderungen unterschiedliche Risiken bergen. Die

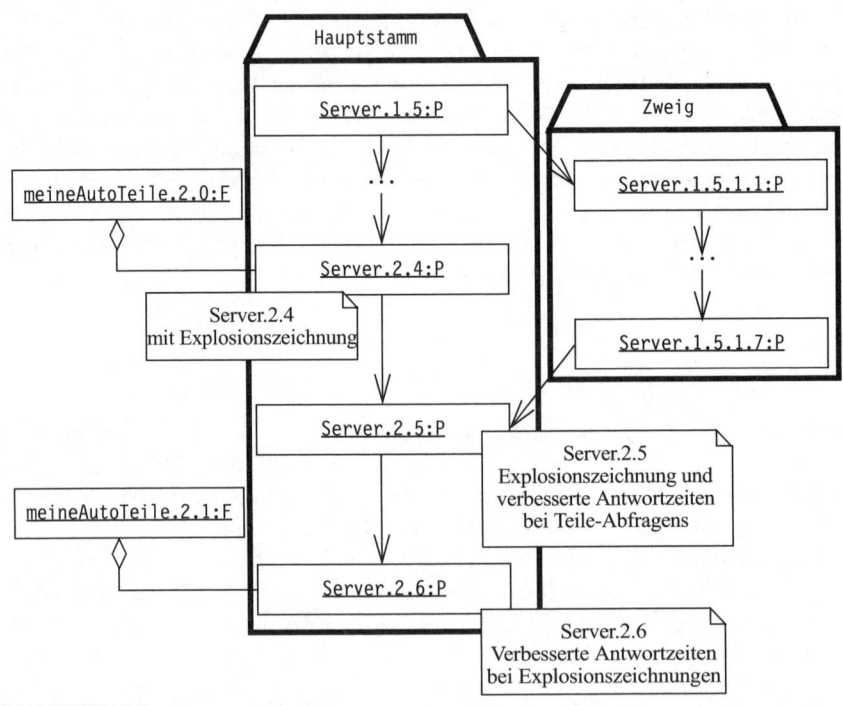

Abbildung 13.11:   Beispiel eines Zweiges, wobei : P eine interne Freigabe und : F eine externe Freigabe bezeichnet (einige interne Freigaben wurden aus Platzmangel weggelassen). Entwickler fügen auf dem Hauptstamm die Explosionszeichnungs-Funktionalität zu meineAutoTeile hinzu. Auf dem Zweig verbessern Entwickler die Antwortzeit des Servers, indem sie einen Zwischenspeicher zwischen Server und Datenbank einrichten. Die Verbesserung der Antwortzeit wird erst nach der Freigabe der Explosionszeichnungs-Funktionalität fertig gestellt und deshalb als Änderungssatz in einem Pflaster zur Verfügung gestellt.

Unterstützung von Explosionszeichnungen erweitert die Funktionalität von meineAuto-Teile und ist klar umrissen. Die Verbesserung der Antwortzeit erfordert jedoch experimentelles Arbeiten und hat keinen zeitlich klar definierten Abschluss. Zunächst müssen die Entwickler Leistungsengpässe und Entwurfsheuristiken entdecken, um die häufigsten Abfragen zu beschleunigen. Die erhaltene Verbesserung muss dann gemessen und gegen den etwaigen Verlust an Zuverlässigkeit und Wartbarkeit abgewogen werden. Ein weiterer Grund, die beiden Änderungen an verschiedene Arbeitsgruppen zu vergeben, liegt in der höheren Flexibilität bei der Lieferung: Wenn die Verbesserung der Antwortzeit früh genug abgeschlossen wird, können wir sie mit der Funktionsverbesserung freigeben, ansonsten können wir sie als Pflaster nachliefern.

Um beide Änderungen mit getrennten Arbeitsgruppen gleichzeitig durchführen zu können, setzen wir einen Zweig auf. Der Ausgangspunkt des Zweiges sind die letzten internen Freigaben der Subsysteme, die zu dem Zeitpunkt existierten, als die Änderungen gebilligt wurden (siehe Abbildung 13.11). Beide Arbeitsgruppen dürfen den Server, den NKlienten und die Schnittstellen ändern, um ihre Ziele zu erreichen.

Die Arbeitsgruppe, die die funktionalen Verbesserung durchführt, arbeitet im Hauptstamm und beginnt mit `Teilekatalog.1.5` und `NKlient.1.6`. Die für die Verbesserung der Antwortzeit verantwortliche Arbeitsgruppe arbeitet im Zweig und beginnt mit `Teilekatalog.1.5.1.1`.[3] Die an der Verbesserung der Antwortzeit arbeitende Arbeitsgruppe entscheidet, dass Änderungen an der Schnittstelle des `Teilekatalogs` unbedingt vermieden werden sollen, und beschränkt seine Änderungen deshalb auf die internen Komponenten des `Teilekatalog`-Subsystems. Beide Arbeitsgruppen können deshalb unabhängig voneinander arbeiten, bis sie ihre Änderungen abgeschlossen haben. Die Explosionszeichnungs-Verbesserung wird zuerst abgeschlossen und wird Teil der zweiten Freigabe von `meineAutoTeile`, was wir bereits in Abbildung 13.10 gezeigt haben (als `Teilekatalog.2.4`).

Kurz danach wird die Verbesserung der Antwortzeit abgeschlossen (`Teilekatalog.1.5.1.7` in Abbildung 13.11). Diese gilt als Erfolg, da die Antwortzeit für die häufigsten Abfragen um 25% gesenkt werden konnte, wobei das Protokoll zwischen Klient und Anbieter nur an wenigen Punkten verändert werden musste. Jetzt können wir diese Verbesserungen mit dem Hauptstamm vereinigen und dabei hoffen, eine Version von `meineAutoTeile` zu erhalten, die sowohl die Explosionszeichnungs-Funktionalität als auch die Verbesserung der Antwortzeit beinhaltet.

Eine **Vereinigung** wird durchgeführt, indem das Konfigurationsmanagement-Werkzeug die neuesten Versionen der einzelnen Konfigurationselemente in eine gemeinsame Version so zusammenbringt, dass sie alle gemachten Änderungen enthält. Dabei können natürlich Konflikte entdeckt werden, wenn beispielsweise beide Versionen Änderungen an derselben Klasse oder Methode enthalten. In solchen Fällen gibt das Konfigurationsmanagement-Werkzeug eine Meldung an den Entwickler zurück. Im Allgemeinen muss der Entwickler den Konflikt manuell entschärfen.

Nehmen wir einmal an, das Werkzeug findet einen Konflikt in der Klasse `DBSchnittstelle`, die Teil des Konfigurationsaggregats `Server` ist, weil die Klasse von beiden Arbeitsgruppen modifiziert wurde (Abbildung 13.12). Die Explosionszeichnungs-Gruppe fügte die Methode `processMapRequest()` hinzu, um Zeichnungen bei der Datenbank abfragen zu können. Die Arbeitsgruppe zur Verbesserung der Antwortszeit veränderte die Methode `processPartRequest()`, um mindestens einmal abgefragte Teile mit Artikelnummern in einem Zwischenspeicher zu speichern. Wir stellen eine verschmolzene Version der `DBSchnittstelle.2.5` her, indem wir die Methode `processMapRequest()` aus `DBSchnittstelle.2.4` vom Hauptstamm und die Methode `processPartRequest()` aus `DBSchnittstelle.1.5.1.7` vom Zweig nehmen. Wir testen die derart revidierte `DBSchnittstelle`-Schnittstellenklasse, um sicherzugehen, dass wir den Konflikt gelöst haben, und geben sie mit dem Aggregat `Server.2.5` intern frei. Später erkennen wir, dass der gleiche Zwischenspeicher-Mechanismus für `processMapRequest()` verwendet werden kann, um die Antwortzeit weiter zu verbessern. Wir verändern die Methode `processMapRequest()`, testen den Server erneut und geben ihn als interne Freigabe `Server.2.6.` frei.

---

[3] Zur Identifizierung von Versionen und Zweige benutzen wir das Identifikationsschema von CVS [Berliner, 1990].

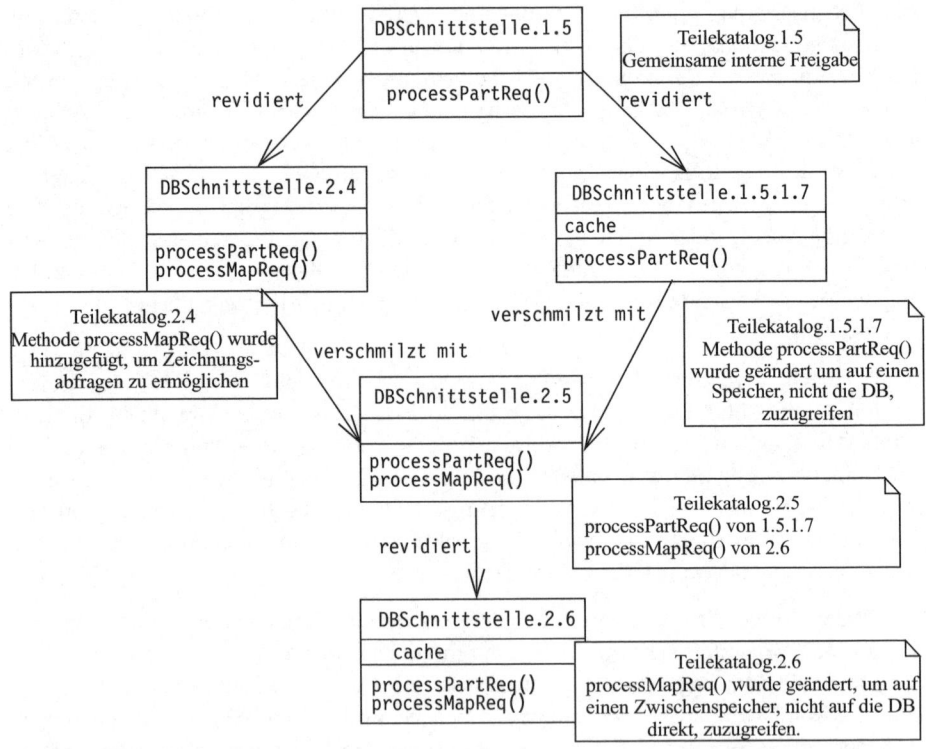

Abbildung 13.12: Ein Beispiel der Zusammenführung der DBSchnittstellen-Klasse des meine-AutoTeile-Systems (UML-Klassendiagramm)

Heuristiken für Zweigmanagement

Wie wir soeben gesehen haben, ist das Zusammenführen von zwei Zweigen keine triviale Aufgabe. Im Allgemeinen erfordert es die Unterstützung eines Konfigurationsmanagement-Werkzeuges und substantielle manuelle Eingriffe und Tests von den Entwicklern. Das meineAutoTeile-Beispiel war noch ein sehr einfacher Fall, da die Antwortzeit-Arbeitsgruppe sorgfältig darauf bedacht war, die Schnittstelle des Servers nicht zu verändern und nur das Subsystem Server zu ändern. Diese Einschränkungen minimiert die Wahrscheinlichkeit einer Überlappung mit den Änderungen, die die Explosionszeichnungs-Gruppe durchgeführt hat. Wenn keine Einschränkungen gemacht werden, dann kann es vorkommen, dass Zweige sich so weit auseinander entwickeln, dass sie nicht wieder zusammengeführt werden können. Obwohl es keine zuverlässigen Mittel gibt, diesem Problem zu begegnen, können wir einige Heuristiken benutzen, um dieses Risiko abweichender Zweigen zu minimieren.

■ *Wahrscheinliche Überlappungen sollte man frühzeitig erkennen.* Sobald die Zweige aufgesetzt sind, aber noch bevor die Entwurfs- und Implementierungsarbeiten gestartet werden, können Entwickler herausfinden, an welchen Stellen es Überlappungen geben könnte. Diese Information wird dann benutzt, um Einschränkungen für die Überlappungen zu spezifizieren. Ein Beispiel einer solchen Einschränkung ist, dass

Schnittstellen von Klassen, die an Überlappungen beteiligt sind, nicht verändert werden dürfen.

- *Zweige sollten häufig vereinigt werden.* Die Konfigurationsmanagement-Strategie kann von an Zweigen arbeitenden Entwicklern verlangen, die Zweige in regelmäßigen Abständen mit der letzten Version des Hauptstamms zu vereinigen (zum Beispiel täglich, wöchentlich, oder immer, wenn eine neue interne Freigabe gemacht wird). Die Vereinigung wird nur auf den Zweigen durchgeführt und nicht in den Hauptstamm weitergetragen. Eine zusätzliche Vorgabe könnte sein, dass der Quelltext nach der Vereinigung immer noch kompilierbar sein muss; das bedeutet, dass der Vereinigungs-Vorgang nicht notwendigerweise alle Überschneidungen mit einschließen muss. Diese Vorgehensweise ermutigt Entwickler, Überlappungen früh zu finden und darüber nachzudenken, wie man mit ihnen vor der Vereinigung umgehen kann.

- *Wahrscheinliche Konflikte sollten mitgeteilt werden.* Obwohl an verschiedenen Zweigen arbeitende Gruppen unabhängig voneinander arbeiten, sollten sie versuchen, Konflikte bei zukünftigen Vereinigungen vorher zu sehen und diese den entsprechenden Arbeitsgruppen mitzuteilen. Dies hat darüberhinaus den Vorteil, dass der Entwurf beider Änderungen höchstwahrscheinlich verbessert wird, da die Einschränkungen der Gruppen von vornherein in Betracht gezogen werden können.

- *Die Änderungen am Hauptstamm sollten gering gehalten werden.* Wenn man die Anzahl der Änderungen in einem Zweig, der mit einem anderen verschmolzen werden soll, so gering wie möglich hält, dann wird die Wahrscheinlichkeit von Konflikten natürlich kleiner. Obwohl dies nicht immer realisierbar ist, ist es eine gute Taktik, lediglich Fehlerkorrekturen auf dem Hauptstamm vorzunehmen und alle anderen Arten von Änderungen auf den Zweigen.

- *Die Anzahl der Zweige sollte niedrig gehalten werden.* Zweige sind komplexe Mechanismen, die nicht missbraucht werden sollten. Es kostet deutlich mehr Anstrengung, eine unbesonnene Anzahl von Zweigen zu vereinigen, als wenn nur ein einzelner Zweig benutzt worden wäre. Änderungen, die zu Überlappungen und Konflikten führen, hängen gewöhnlich voneinander ab und können aufeinander folgend angegangen werden. Zweige sollten nur dann verwendet werden, wenn eine gleichzeitige Entwicklung erforderlich ist und wenn auftretende Konflikte bei der Vereinigung behoben werden können.

In allen Fällen ist das Einführen eines Zweiges ein signifikantes Ereignis in der Entwicklung eines Softwaresystems. Es sollte nur mit Einverständnis des Managements erfolgen und sorgfältig geplant werden.

13.4.5 Variantenmanagement

Varianten sind Versionen, die gleichzeitig existieren sollen. Ein System, das auf verschiedenen Betriebssystemen und verschiedenen Hardwareplattformen laufen soll, wird am besten durch mehrere Varianten realisiert. Ein System hat darüber hinaus verschiedene Varianten, wenn es mit unterschiedlichen Funktionsumfängen ausgeliefert werden soll (z.B. Anfängerversion vs. Expertenversion, Standardversion vs. Luxusversion). Es gibt grundsätzlich zwei Ansätze, mit Varianten umzugehen (Abbildung 13.13):

■ *Redundante Gruppen-Organisation.* Jeder Variante wird eine Arbeitsgruppe zugeordnet. Jeder Gruppe werden die gleichen Anforderungen gegeben und ist für den kompletten Entwurf, die Implementierung und das Testen der Variante verantwortlich. Eine kleine Anzahl von Konfigurationselementen wird von mehreren Varianten gemeinsam benutzt, wie zum Beispiel das Anforderungsanalyse-Dokument oder das Benutzerhandbuch.

■ *Einzelprojekt-Organisation.* Die Systemzerlegung wird so vorgenommen, dass die von beiden Varianten gemeinsam genutzte Quelltextbasis möglichst groß ist. Bei der Unterstützung mehrerer Plattformen wird der variantenspezifische Quelltext auf systemnahe Subsysteme begrenzt. Bei der Unterstützung unterschiedlicher Funktionsumfänge sollte man die Ausbaustufen der Funktionen auf einzelne und meist voneinander unabhängige Subsysteme begrenzen.

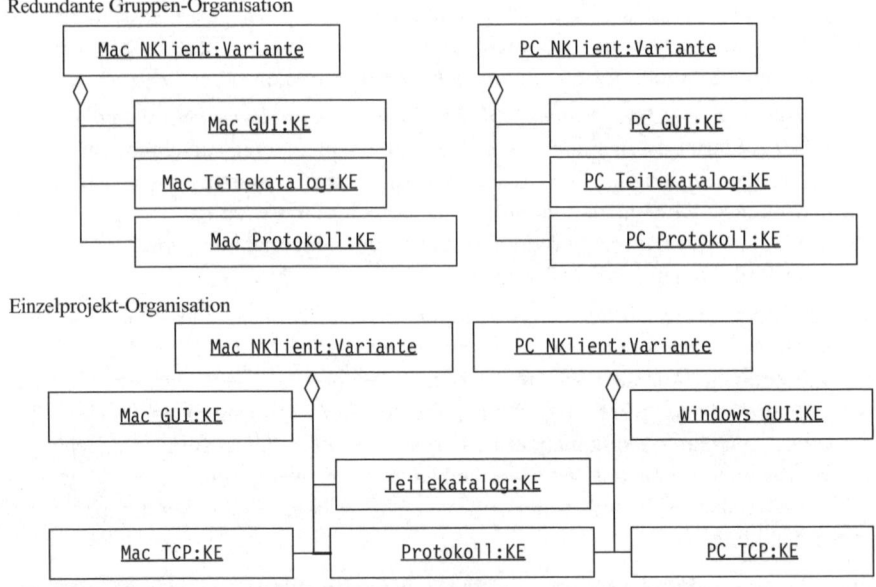

Abbildung 13.13: Beispiele redundanter Varianten und Varianten, die Konfigurationselemente gemeinsam für das meineAutoTeile-System benutzen (UML-Objektdiagramm). In der redundanten Gruppen-Organisation werden die Klienten für den Macintosh und den PC unabhängig voneinander verwirklicht. In der Einzelprojekt-Organisation haben die NKlienten für den Macintosh und den PC einen gemeinsamen Teilekatalog und ein gemeinsames Protokoll, unterscheiden sich aber in der Benutzerschnittstelle und in der Implementierung des TCP Protokolls.

Das Arbeiten mit redundanten Gruppen führt zu vielen kleineren Projekten, die die gleiche Anforderungsspezifikation haben. Der Einzelprojekt-Ansatz führt im Allgemeinen zu einem sehr großen Projekt, in dem die Arbeitsgruppen einige Subsysteme gemeinsam benutzen (diese werden im Folgenden als Kernsubsysteme bezeichnet). Auf den ersten Blick führt das Arbeiten mit redundanten Gruppen zu überflüssigen Arbeiten im Projekt –

da ein Teil der Funktionalität des Systems mehrfach entworfen und implementiert wird – und der Einzelprojekt-Ansatz scheint effizienter zu sein, da mit einem guten Systementwurf eine große Codebasis in vielen Varianten wiederverwendet werden kann. Überraschenderweise wird allerdings das Arbeiten mit redundanten Gruppen sehr häufig bei kommerziellen Entwicklungen gewählt, um organisatorische Komplexität zu vermeiden [Kemerer, 1997]. Dafür gibt es die folgenden Gründe:

- *Einzelner Lieferant/Unterschiedliche Kunden.* Gruppen, die an den verschiedenen Varianten arbeiten, müssen oft unterschiedliche Anforderungen erfüllen. Die Gruppen, die die gemeinsamen Subsysteme erstellen, müssen diese oft sogar unter gegensätzlichen Anforderungen realisieren.

- *Lange Antwortzeiten auf Änderungsanfragen.* Wenn eine variantenspezifische Arbeitsgruppe eine Änderung am gemeinsamen Subsystem benötigt, kann die Genehmigung und Implementierung der Änderung länger dauern als bei einer lokalen Subsystem-Änderung. Die Arbeitsgruppe, die am gemeinsamen Subsystem arbeitet, muss sicher gehen, dass die Änderung nicht die Arbeiten der anderen variantenspezifischen Arbeitsgruppen stört.

- *Plattformübergreifende Inkonsistenzen.* Kernsubsysteme können Einschränkungen in varianten-spezifischen Subsystemen nach sich ziehen, die mit Einschränkungen, die durch die Plattform verursacht werden, in Konflikt stehen können. Ein Beispiel ist ein Kernsubsystem, dessen Kontrollfluss mit leichtgewichtigen kooperierenden Prozessen realisiert ist, und benutzerschnittstellenspezifische Subsysteme, die mit einem ereignisgesteuerten Kontrollfluss implementiert sind.

Jedes dieser Probleme kann von einer variantenspezifischen Arbeitsgruppe als Grund gesehen werden, ein eigenes Kernsystem zu implementieren.

Diese Probleme können jedoch auch angegangen werden, indem variantenspezifische Probleme bereits während des Systementwurfs erkannt und durch wirksame Konfigurationsmanagementslösungen geklärt werden. Ein guter Systementwurf ist stabil gegenüber Änderungen bei plattform- und variantenspezifischen Sachverhalten. Das kann man durch eine für alle Varianten identische Systemzerlegung erreichen, in der jede Variante lediglich ein Subsystem durch ein plattformspezifisches Subsystem substituiert. In Abbildung 13.13 benutzen beispielsweise die Macintosh- und PC-Varianten des NKlienten die Subsysteme Teilekatalog und Protokoll. Die Benutzerschnittstellen- und Netzwerkschnittstellen-Subsysteme haben unterschiedliche Implementierungen, aber die gleiche Schnittstelle.

Dies resultiert in einer Systemzerlegung, in der jedes Subsystem entweder variantenunabhängig ist (d.h. es unterstützt alle Varianten) oder varianten-spezifisch (d.h. es unterstützt nur eine Variante oder eine kleine Anzahl von Varianten). Die Probleme bei gemeinsam verwendeten Quelltext können dann wie folgt angegangen werden:

- Das Problem *Einzelner Lieferant/Unterschiedliche Kunden* wird durch ein sorgfältiges Änderungsmanagement angegangen: Wenn eine Änderung variantenspezifisch ist, sollte sie nicht in einem gemeinsamen Subsystem implementiert werden. Wenn eine Änderung für alle Varianten Vorteile bringt, dann sollte sie in einem gemeinsamen Subsystem implementiert werden.

■ *Lange Antwortzeiten auf Änderungsanfragen* werden verkürzt, indem man die Arbeitsgruppe, die die Änderungsanfrage vorgeschlagen hat, auch bei der Validierung einbezieht. Die vorgeschlagene Änderung wird implementiert und in einer neuen internen
Freigabe des Subsystems an die Arbeitsgruppe freigegeben. Diese Arbeitsgruppe beurteilt die Lösung und testet diese Implementierung, während andere Gruppen die vorherigen internen Freigaben benutzen. Ist die Änderung validiert, können andere Gruppen
damit beginnen, das revidierte Subsystem zu benutzen. Wir haben ein solches Szenario
bei den Teilekatalog-Änderungen beschrieben, die durch die Explosionszeichnung
erforderlich geworden waren (siehe Seite 569ff und Abbildung 13.9): Die NKlient-
Arbeitsgruppe arbeitete mit der neuen Version des Teilekatalogs und validierte sie, während die EKlient-Arbeitsgruppe weiter eine frühere (und stabileren) Freigabe benutzte.
Wenn mehrere Variantengruppen gleichzeitig Änderungen am gemeinsamen Subsystem
benötigen, dann sollten die Entwickler mehrere Zweige benutzen, um die einzelnen
Änderungen voneinander zu trennen, bis diese einen stabilen Zustand erreicht haben.

■ *Plattformübergreifende Inkonsistenzen* können während des Systementwurfs oft dadurch vermieden werden, dass man auf eine variantenunabhängige Zerlegung der
Subsysteme Wert legt. Maschinenspezifische Unvereinbarkeiten müssen in variantenspezifischen Subsystemen angegangen werden, eventuell mit dem zusätzlichen Aufwand von Adaptern oder durch Redundanzen zwischen dem Kernsubsystem und den
variantenspezifischen Subsystemen. Falls alle Stricke reißen, müssen unabhängige
Entwicklungspfade in Betracht gezogen werden, wenn sich die zu unterstützenden
Varianten wesentlich unterscheiden.

Wie wir bereits gezeigt haben, ist die Verwaltung verschiedener Varianten von Subsystemen kompliziert, wenn zusätzlich Subsysteme gemeinsam benutzt werden. Der gemeinsam genutzte Quelltextansatz bietet jedoch zahlreiche Vorteile, etwa eine höhere Qualität
und Stabilität von gemeinsam genutzten Komponenten und größere Konsistenz in der
Qualität bei allen Varianten. Ist die Zahl der erforderlichen Varianten sehr groß, führt es
zu einer wesentlichen Zeit- und Kostenersparnis, wenn man variantenspezifische Probleme sehr früh während des Systementwurfs in Betracht zieht. Denn es müssen dann
bereits Konfigurationsmanagement-Mechanismen entworfen werden, die es erlauben, mit
einer hohen Variantenzahl umzugehen.

13.4.6   Änderungsmanagement

Freigaben werden durch Änderungsanfragen vorangetrieben. Eine Arbeitsgruppe repariert einen Fehler und erzeugt eine interne Freigabe, damit die Qualitätssicherungsgruppe
die Änderung bewerten kann. Kunden definieren neue Anforderungen und Entwickler
wollen Vorteile einer neuen Technologie einsetzen, was zu neuen Freigaben führt. Änderungsanfragen reichen von der Korrektur eines Rechtschreibfehlers in der Menüleiste bis
zur Reimplementierung eines großen Subsystems, um die Gesamtleistung des Systems zu
verbessern. Änderungsanfragen unterscheiden sich darüber hinaus durch den Zeitpunkt,
an dem sie gestellt worden sind: Eine Anfrage für zusätzliche Funktionalität während der
Analyse führt lediglich zu einer Veränderung des Anforderungsanalyse-Dokuments;
taucht die gleiche Änderungsanfrage während der Testphase auf, kann das zu größeren

Problemen und Änderungen der Softwarearchitektur führen. Je nach Tragweite oder Zeitpunkt, müssen Änderungsanfragen unterschiedlich gehandhabt werden. Wir nennen diese Behandlung von Änderungsanfragen auch **Änderungsmanagement**. Änderungsmanagement ist Teil des Konfigurationsmanagements, und Änderungsmanagementprozesse variieren in ihrer Formalität und Komplexität je nach Art der Projektziele.

Im Falle eines komplexen Systems mit hohen Anforderungen an die Robustheit kann eine Änderungsanfrage viele Seiten umfassen (siehe zum Beispiel [MIL Std. 480]), die Genehmigung einiger Manager erfordern und einige Wochen brauchen, bis sie durch ist. Soll dagegen nur ein einfaches Werkzeug für die Hilfe der Entwickler geschrieben werden, ist oft eine informelle Kommunikation ausreichend. In beiden Fällen enthält der **Änderungsmanagement-Prozess** die folgenden Schritte (Abbildung 13.14):

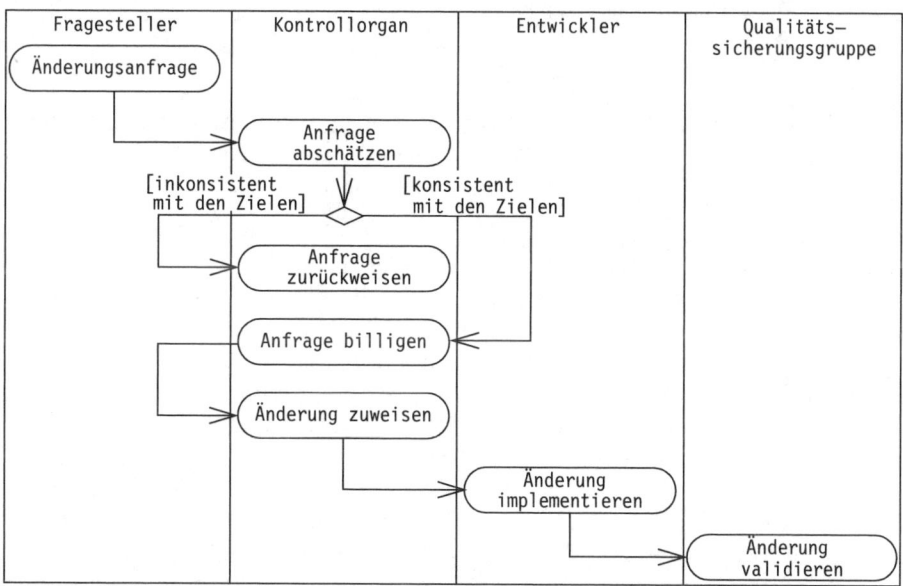

Abbildung 13.14: Ein Beispiel für einen Änderungsmanagement-Prozess (UML-Aktivitätsdiagramm).

1. Die Änderung – ein Fehler oder eine neue Funktionalität – wird erbeten. Das kann jede Benutzer, Anwender, Kunde oder Entwickler tun.

2. Die Anfrage wird gegen die Projektziele abgewogen. In großen Projekten wird hierfür **Kontrollorgan** (engl. *control board*) eingesetzt, in kleineren Projekten übernimmt dies der Projektleiter. Im Allgemeinen beinhaltet dies eine Kostenanalyse und eine Evaluation des Einflusses der Änderung auf das restliche System.

3. Nach der Einschätzung wird die Anfrage entweder akzeptiert oder abgelehnt.

4. Wenn die Änderung akzeptiert wird, wird sie geplant und einem Entwickler zugewiesen, von dem sie implementiert wird.

5. Die implementierte Änderung wird entweder von der Qualitätssicherungsgruppe oder von der Person, die dann auch für die Freigabe zuständig ist, überprüft.

13.5   Dokumentation des Konfigurationsmanagements

In diesem Abschnitt gehen wir noch einmal auf einige Probleme ein, die für den Konfigurationsmanager wichtig sind:

- Dokumenation des Konfigurationsmanagements (Abschnitt 13.5.1)
- Zuweisung von Verantwortlichkeiten (Abschnitt 13.5.2)
- Planung der Konfigurationsmanagement-Aktivitäten (Abschnitt 13.5.3).

13.5.1   Dokumentation des Konfigurationsmanagements

Die Norm [IEEE Std. 829-1991] beschreibt den Aufbau von **Softwarekonfigurations-management-Plänen**. Ein solcher Plan dokumentiert alle relevanten Konfigurationsmanagementsinformationen in einem spezifischen Projekt.

Der Plan sollte während der Planungsphase erzeugt werden, selbst auch dem Konfigurationsmanagement unterliegen und bei Bedarf revidiert werden. Der Gültigkeitsbereich und Umfang des Plans können variieren, je nach den Erfordernissen des Projekts. Ein sehr wichtiges Projekt mit einem formellen Änderungskontrollprozess könnte einen 30-seitigen Umfang erfordern. Ein Projekt zur Entwicklung eines konzeptionellen Prototyps mag einen Dokumentenumfang von fünf Seiten oder noch weniger erfordern. Die Gliederung eines Konfigurationsmanagement-Plans enthält sechs Abschnitte: Einführung, Management, Aktivitäten, Zeitplan, Ressourcen, und Planeinhaltung (siehe Abbildung 13.15). Die Norm [IEEE Std. 829-1991] wurde dabei so definiert, dass diese Gliederung auf sehr unterschiedliche Projekttypen angewendet werden kann, vom Systementwurf eines hochzuverlässigen Systems, bist zur Wartung frei erhältlicher Software.

Die *Einführung* beschreibt die Reichweite und die Zielgruppe des Dokuments, wichtige Begriffe und Hinweise auf andere Projektartefakte.

Der *Management*-Abschnitt beschreibt die Organisation des Projekts (was oft nur ein Verweis zu den entsprechenden Abschnitten im Softwareprojektmanagement-Plan ist, siehe Kapitel 14, *Projektmanagement*) und wie die Verantwortlichkeiten innerhalb dieser Organisation zugewiesen werden.

Der Abschnitt *Aktivitäten* beschreibt detailliert die identifizierten Konfigurationselemente, den Änderungsprozess, den Freigabeprozess, den Überprüfungsprozess und den Prozess zur Statusermittlung. Verantwortlichkeiten für jede dieser Aktivitäten werden einer oder mehreren Rollen zugewiesen, die im Management-Abschnitt beschrieben sind.

Der *Zeitplan* zeigt, wann die einzelnen Konfigurationsmanagement-Aktivitäten stattfinden sollen und wie sie zu koordinieren sind. Insbesondere beschreibt der Plan, zu welchen Zeitunkten Änderungen angefragt und gebilligt werden können.

Softwarekonfigurationsmanagementplan

1. Einführung

    1.1 Zweck

    1.2 Reichweite

    1.3 Schlüsselbegriffe

    1.4 Referenzen

2. Management

    2.1 Organisation

    2.2 Verantwortlichkeiten

3. Aktivitäten

4. Zeitplan

5. Ressourcen

6. Planeinhaltung

Abbildung 13.15: Beispiel eines Inhaltsverzeichnisses für den Softwarekonfigurationsmanagement-Plan

Der *Ressourcen*-Abschnitt identifiziert die Werkzeuge, die Techniken, die Ausrüstung, das Personal und das Training, was für die Vollendung der Konfigurationsmanagement-Aktivitäten notwendig ist.

Die *Planeinhaltung* schließlich schreibt vor, wie der Plan selbst unter Konfigurationsmanagement gebracht und revidiert wird. Dieser Abschnitt nennt auch die verantwortliche Person für die Instandhaltung und den Änderungsprozess für den Plan.

13.5.2 Zuweisung von Verantwortlichkeiten

Konfigurationsmanagement ist eine Projektfunktion mit vielen verschiedenen Aufgaben, die viele Projektteilnehmer involvieren. Wie im Falle des Systementwurfs sollten Aufgaben, die eine hohe Konsistenz erfordern, von einer kleinen Anzahl von Leuten erledigt werden. Während des Systementwurfs nimmt beispielsweise die Architekturgruppe die Systemzerlegung vor. Ähnlich sollte nur eine kleine Arbeitsgruppe von Konfigurations managern die Konfigurationselemente und Konfigurationsaggregate identifizieren. Und ähnlich wie beim Testen sollten Qualitätssicherungsaufgaben wie das Freigabemanagement nicht von den Entwicklern selbst durchgeführt werden, insbesondere nicht von denen, die den Objektentwurf und die Implementierung erstellt haben.

Konfigurationsmanagement braucht folgende Rollen:

- **Konfigurationsmanager.** Ist verantwortlich für die Identifizierung der Konfigurationselemente und oft auch für die Definition des Freigabemanagements. Diese Rolle wird oft mit der Rolle des Softwarearchitekten kombiniert.

- **Änderungskontrollorgan.** Ist für das Akzeptieren oder das Zurückweisen von Änderungsanfragen verantwortlich. Abhängig von der Kompliziertheit des Änderungsprozesses kann diese Rolle auch an der Überprüfung und Planung von Änderungen beteiligt sein. Sie wird häufig mit der Rolle des Gruppen- oder Projektleiters kombiniert.

- **Entwickler.** Führt interne Freigaben durch, die durch Änderungsanfragen, aber auch durch normale Entwicklungsaktivitäten ausgelöst worden sind. Außerdem sind Entwickler dafür verantwortlich, Vereinigungskonflikte zu lösen.

- **Prüfer.** Ist für die Evaluierung von internen Freigaben verantwortlich, auch in Hinblick darauf, ob sie externe Freigaben werden könnten. Der Prüfer ist auch für die Überprüfung der Konsistenz und Vollständigkeit von Freigaben verantwortlich. Diese Rolle wird häufig von der Qualitätssicherungsgruppe übernommen.

Diese Rollen sollten während der Projektplanungsphase bestimmt und früh zugewiesen werden, um Konsistenz zu gewährleisten. Werden diese Rollen zu spät zugewiesen oder zu oft umverteilt, dann sind die Vorteile des Konfigurationsmanagements ernsthaft gefährdet. Dies kann sogar dazu führen, dass Änderungen nicht kontrollierbar sind.

13.5.3   Planung des Konfigurationsmanagements

Viele Konfigurationsmanagement-Aktivitäten kann man vor dem Projektstart festlegen, da sie nicht spezifisch von dem zu entwickelnden System, sondern eher von den Projektzielen und von nichtfunktionalen Anforderungen wie z.B. Sicherheit und Zuverlässigkeit, abhängen. Die Eckpunkte für das Planen des Konfigurationsmanagements sind:

- Bestimmung der *Konfigurationsmanagement-Prozesse*
- Bestimmung und Zuweisung der Konfigurationsmanagement-*Rollen*
- Bestimmung der *Änderungskriterien*, d.h. welche Eigenschaften der Arbeitsprodukte geändert werden können und wie spät im Entwicklungsprozess solche Änderungen noch erfolgen dürfen.
- Bestimmung der *Freigabekriterien*, d.h. welche Kriterien evaluiert werden sollen, um aus einer Version eine externe Freigabe zu machen.

Darüber hinaus sollten die Verfahren und die Werkzeuge für das Konfigurationsmanagement implementiert sein, bevor die ersten Änderungen auftreten; nur dann können diese aufgezeichnet, gebilligt und verfolgt werden.

Weiterführende Literatur

Historisch gesehen gibt es Konfigurationsmanagement als Disziplin seit dem Zeitpunkt, als 1968 die „Software-Krise" identifiziert wurde. Ein Großteil der frühen Methoden und Werkzeuge wurde durch große Auftragsprojekte motiviert, in denen gefordert wurde, dass Änderungen an Anforderungen und Freigaben sehr sorgfältig zu handhaben waren. Nach dem Capability Maturity Modell (CMM) des Software Engineering Institutes (SEI) sind Organisationen, die kein Konfigurationsmanagement anwenden, auf der untersten Ebene der Reifeskala (siehe Abschnitt 15.3) anzusiedeln. Obwohl das Konfigurationsmanagement – insbesondere bei aktuellen Projekten mit vielen Varianten oder vielen Entwicklungsstandorten – steigende Bedeutung hat, ist diese Forschungsrichtung noch unterentwickelt: Das 1986 erschienene Textbuch von Babich, *Software Configuration Management* [Babich, 1986], gilt immer noch als Standardtext.

Die erste Version von Konfigurationsmanagement-Werkzeugen erschien in den frühen 70ern, als magnetische Speichermedien, insbesondere Bandlaufwerke und Festplatten, immer populärer wurden. Versionskontrolle und Buildmanagement wurden in dieser Zeit oft Bestandteil des Betriebssystems. Beim Betriebssystem VAX VMS zum Beispiel wurde immer eine neue Datei angelegt, wenn eine Änderung vorgenommen wurde, und Benutzer konnten Versionen entfernen, die sie nicht mehr brauchten.

Das Betriebssystem TOP-10 des DECSystem-10-Rechners konnte beim Aufruf eines Programms bereits automatisch eine ausführbare Binärversion erzeugen, wenn dies notwendig war. In der Unix-Welt wurde SCCS (Source Code Control System) als Teil des Betriebssystems vertrieben. SCCS ermöglichte es dem Entwickler, aufeinander folgende Versionen und Zweige der gleichen Datei als eine Serie von Inkrementen abzuspeichern [Rochkind, 1975]. Mitte der 1980er Jahre erschien RCS (Revision Control System) als Verbesserung von SCCS, das mehrere Benutzer unterstützte und Koordinations- und Sicherungsmechanismen lieferte [Tichy, 1985]. Viele Jahre lang entwickelten Unternehmen firmeninterne Konfigurationsmanagement-Systeme, wobei sie Skripte benutzten, die RCS für die Versionskontrolle und Unix make für das Bau-Management verwendeten.

Konfigurationsmanagement-Werkzeuge von Drittherstellern, die Versionskontrolle, Bau-Management und unterschiedliche Plattformen und Varianten unterstützen, erschienen in den frühen 1990ern. Der Ziel von CVS [Berliner, 1990] – zunächst ebenfalls mit einer Serie von RCS-basierten Skripten implementiert – war es, Entwickler zu unterstützen, die zur gleichen Zeit in den gleichen Dateien Änderungen durchführen wollten. CVS lieferte als erstes System die Unterstützung für die Vereinigung von Zweigen und die Abwicklung von Zusammenführungskonflikten. Derzeit wird CVS häufig auch bei Open-Source-Projekten eingesetzt. Seit Ende 1990 gibt es kommerzielle Konfigurationsmanagement-Werkzeuge wie z.B. Perforce, die integrierte Prozessunterstützungsfunktionen für Änderungsanfragen, Revisionsverfolgung und Benachrichtigung anbieten.

Übungen

13.1 RCS wendet einen *invertierten* Delta-Ansatz an, um mehrere Versionen einer Datei zu speichern. Gespeichert werden immer die letzte Version der Datei und die Deltas aller Änderungen. Nehmen wir an, eine Datei hat drei Änderungen—1.1, 1.2 und 1.3. RCS speichert die Datei als Version 1.3, dann die Unterschiede („das Delta") zwischen 1.2 und 1.3 und schließlich das Delta zwischen 1.1 und 1.2. Wenn eine neue Version erstellt wird, sagen wir 1.4, dann wird das Delta zwischen 1.3 und 1.4 berechnet und abgespeichert. Version 1.3 wird dann gelöscht und durch Version 1.4 ersetzt. Erklären Sie, warum RCS nicht *vorwärts* arbeitet, d.h. die Anfangsversion speichert (in diesem Fall 1.1) und die Deltas zwischen allen dann folgenden Versionen.

13.2 CVS benutzt eine einfache textbasierte Regel, um Überlappungen bei einer Zusammenführung zu erkennen: Es gibt eine Überlappung, wenn die gleiche Linie in beiden Versionen, die zusammengeführt werden sollen, verändert worden ist. Wenn es eine solche Linie nicht gibt, dann gibt es nach CVS auch keinen Konflikt und die Versionen werden automatisch zusammengeführt. Eine Datei verwendet eine Klasse mit drei Methoden — a(), b() und c(). Zwei Entwickler arbeiten unabhängig voneinander an der Datei. Wenn beide Entwickler die gleiche Quelltextzeile verändern, sagen wir, die erste Zeile der Methode a(), dann beschließt CVS, dass es einen Konflikt gibt. Erklären Sie, warum dieser Ansatz scheitert, wenn es um die Entdeckung bestimmter Konfliktarten geht. Illustrieren Sie Ihre Antwort mit einem Beispiel.

13.3 Konfigurationsmanagement-Systeme wie RCS, CVS und Perforce benutzen Dateinamen und ihre Pfade, um Konfigurationselemente zu identifizieren. Erklären Sie, warum man mit dieser Technik keine Konfigurationsaggregate verwalten kann, nicht einmal wenn Namen (*labels*) verwendet werden dürfen.

13.4 Erklären Sie, warum Konfigurationsmanagement für Entwickler nützlich sein kann, sogar wenn keine Änderungskontroll- und Prüfprozesse definiert sind. Beschreiben Sie zwei Szenarios, die Ihre Argumentation unterstützen.

13.5 In Kapitel 12, *Beschreibungsmanagement,* haben wir dargestellt, wie Begründungsinformation mit einem Fragestellungsmodell dargestellt werden kann. Zeichnen Sie ein UML-Klassendiagramm für ein Konfigurationsmanagements-System, das für die Beschreibung und Diskussion von Änderungen und ihrer Beziehungen zu Versionen ein Fragestellungsmodell benutzt. Konzentrieren Sie sich dabei auf die Objekte der Anwendungsdomäne.

13.6 In Kapitel 11, *Testen,* beschreiben wir, wie die Qualitätssicherungsgruppe Fehler in internen Freigaben findet, die von einer Subsystemgruppe gemacht worden sind. Zeichnen Sie ein UML-Aktivitätsdiagramm für die Aktivitäten des Änderungsprozesses und für die Testaktivitäten in einem großen Projekt, in dem mehrere Gruppen zusammenarbeiten.

Kapitel

14   Projektmanagement

Nehmen Sie endlich Ihren Ingenieurshut ab und setzen Sie Ihren Managementhut auf!

— während der 51-L-Startdiskussion gefallener Kommentar

Manager erzeugen keine im Softwaresystem sichtbaren Ergebnisse, sondern organisieren und koordinieren Ressourcen. Weil es an sichtbaren Ergebnissen mangelt und weil sie oft keine technischen Fähigkeiten haben, sind sie die Zielscheibe vieler Witze geworden. Management hat jedoch eine entscheidende Funktion, um ein Projekt zu einem erfolgreichen Abschluss zu bringen, insbesondere wenn das zu liefernde Softwaresystem vielen Änderungen unterworfen ist. Die Projektleitung eines Softwareprojekts erfordert eine anspruchsvolle Kombination aus technischen und sozialen Fähigkeiten, Probleme frühzeitig zu erkennen, die ein Projekt eventuell zu Fall bringen könnten, und darauf entsprechend zu reagieren.

Projektleiter sollten keine technischen Entscheidungen treffen, insbesondere dann nicht, wenn ihnen das Wissen fehlt, die zugrundeliegenden technischen Probleme zu verstehen. Die Aufgabe eines Projektleiters ist das Erreichen eines Projektziels unter Einhaltung des Kosten- und Terminrahmens bei Erfüllung eines bestimmten Leistungsumfangs. Ein Projektleiter ist dafür zuständig, Ressourcen zu organisieren und zu koordinieren, sodass ein System von hoher Qualität geliefert werden kann. Die wichtigsten Aktivitäten eines Managers sind deshalb Projektplanung, Risikomanagement, Projektkontrolle und Projektabschluss.

In diesem Kapitel beschreiben wir Softwareprojektmanagement aus der Sicht des Projektleiters. Als Organisationsform nehmen wir dabei eine zweistufige Hierarchie an, wie sie in vielen Unternehmen mittlerweile typisch geworden ist. Wir behandeln Konzepte wie Zerlegung in kontrollierbare Teilaufgaben, Netzpläne, Rollenverteilungen, Risikomanagement und Softwareprojektpläne.

In Kapitel 15, *Modellierung des Softwarelebenszyklus*, beschäftigen wir uns mit Vorgehensmodellen, um Projektmanagementwissen über die Grenzen eines einzelnen Softwareprojekts hinweg wiederverwenden und verbessern zu können. In beiden Kapiteln nehmen wir dabei eine optimistische Ansicht ein und konzentrieren uns auf die in einem Textbuch vermittelbaren Konzepte. In Kapitel 16, *Methodologien*, untersuchen wir dann Methoden und Heuristiken, um diese Konzepte an spezifische Ausnahmesituationen anzupassen, wie sie bei der Softwareentwicklung immer wieder auftauchen.

14.1   Einführung: Die STS-51L-Startentscheidung

Die STS-51L-Startentscheidung[1]

Am 28. Januar 1986, explodierte 73 Sekunden nach dem Start der Mission STS-51-L, die Raumfähre Challenger. Dabei starben alle sieben Astronauten. Die vom Präsidenten der USA beauftragte Rogers-Untersuchungskommission stellte bei ihren Recherchen zum Unfall fest, dass Verbrennungsgase aus der rechten Feststoffkörperrakete entwichen waren, die dann den Wasserstoff im externen Treibstofftank entflammt hatten, was zur Explosion führte. Als Grund wurde ein defekter Dichtungsring in der Feststoffkörperrakete ausfindig gemacht. Die Rogers-Untersuchungskommission stellte außerdem fest, dass die Entscheidungsprozesse bei der NASA ernsthafte Mängel hatten.

Die Hauptkomponenten der Raumfähre sind der so genannte Orbiter, der die Astronauten und die Nutzlast beherbergt, sowie zwei Feststoffkörperraketen und der externe Treibstofftank. Die Raketen erzeugen den Schub, um den Orbiter in die Umlaufbahn zu bringen. Sobald der Treibstoffvorrat verbraucht ist, werden sie abgeworfen und fallen zurück in den Ozean. Der externe Treibstofftank wird vor Erreichen der Umlaufbahn ebenfalls abgeworfen. Die Feststoffkörperraketen bestehen aus jeweils vier Sektionen, um sie leichter zum Startplatz in Florida transportieren zu können, wo sie dann zusammengebaut werden. Die Sektionen werden dabei durch Verbindungsstücke zusammengehalten, die mit Dichtungsringen abgedichtet werden. Die Feststoffkörperraketen werden von einem privaten Auftragsnehmer, Morton Thiokol, in Utah gebaut.

Das Versagen eines dieser Dichtungsringe war die Ursache für das Entweichen der Verbrennungsgase. Die Untersuchungskommission fand heraus, dass die Ingenieure von Thiokol wussten, dass diese Dichtungsringe versagen könnten. Bei früheren Flügen hatte man bei der Untersuchung der abgeworfenen Feststoffkörperraketen bereits festgestellt, dass die Dichtungsringe durch Verbrennungsgase erodierten, insbesondere wenn die Starttemperatur um den Gefrierpunkt lag. Besonders beunruhigend war es, dass der Entwurf nicht vorsah, dass die Dichtungsringe jemals mit Verbrennungsgasen in Kontakt kommen würden. Die Ingenieure versuchten wiederholt, dem Management die Ernsthaftigkeit dieses Problems beizubringen. Die Manager behandelten das Problem allerdings als akzeptables Risiko, insbesondere weil die Erosionen in den bisherigen Missionen zu keinem ernsten Zwischenfall geführt hatten.

In den Tagen vor dem Start der Challenger waren die Temperaturen wieder in der Nähe des Gefrierpunktes. Die Ingenieure versuchten das Management zu überzeugen, den Start zu verlegen. In der Tat sprach sich das Thiokol-Management zunächst gegen den Start aus, machte diese Entscheidung dann aber auf Drängen der NASA rückgängig.

---

[1]   Der Challenger-Unfall wird hier als Beispiel für Projektmanagementfehler benutzt. Die mechanischen und administrativen Fehlfunktionen, die zum Unfall führten, sind allerdings wesentlich komplexer, als es hier auf so kleinem Raum angedeutet werden kann. Wir verweisen den interessierten Leser auf den vollständigen Bericht der Untersuchungskommission [Rogers et al., 1986] und weitere Bücher zu diesem Thema [Vaughan, 1996].

Sowohl die NASA als auch Morton Thiokol waren streng hierarchisch strukturierte Organisationen. Der Informationsfluss durch die Organisation benutzt dieselben Pfade wie der Entscheidungsfluss. Ingenieure berichten an ihre Gruppenleiter, die wiederum mit dem Projektleiter kommunizieren, usw. Eine jede solche Ebene kann die berichtete Information modifizieren, verdrehen oder sogar – falls es im Interesse der Ebene ist – unterschlagen, bevor die darüber liegende Ebene benachrichtigt wird. Die STS-51L-Mission war mehrfach verzögert worden und lag deshalb bereits mehrere Monate hinter dem vereinbarten Zeitplan zurück. Aus diesem Grund wollten sowohl das NASA- als auch das Thiokol-Management den vorgegebenen Starttermin diesmal unbedingt einhalten. Dieser Termindruck führte zu ungenauen Informationsweitergaben und damit letztendlich zu unangemessenen Risikoeinschätzungen sowohl bei der NASA als auch bei Thiokol.

Die Rogers-Untersuchungskommission kam zu der Überzeugung, dass der fehlerhafte Entwurf der Feststoffkörperrakete die Hauptursache für den Challenger-Unfall war. Zusätzlich stellte sie fest, dass sowohl der Entscheidungsprozess als auch die Kommunikationsstruktur bei Thiokol und bei der NASA entscheidende Schwachstellen hatten, die letztendlich dazu führten, dass das Startrisiko nicht richtig eingeschätzt wurde.

Projektmanagement soll die Lieferung eines Systems mit hoher Qualität in einem gegebenen Zeit- und Kostenrahmen ermöglichen. Die wesentlichen Komponenten dieser Definition sind Qualität, Zeit und Geld.

Um innerhalb eines bestimmten Kostenrahmens zu bleiben, muss ein Manager schätzen können, welche Ressourcen benötigt werden, und sie dann in Form von Projektbeteiligten, Training und Werkzeugen bereitstellen. Um innerhalb des gesteckten Zeitplans bleiben zu können, muss der Manager zeitlichen Aufwand abschätzen und den Projektstatus kontrollieren können. Zum Erreichen der gewünschten Qualität braucht der Manager Mechanismen zur Berichterstattung von Fehlern und Techniken für das Risikomanagement.

In diesem Kapitel beschreiben wir die Rolle eines Projektleiters in Softwareprojekten. Unsere Zielgruppe sind Manager kleiner Pilotprojekte, Dozenten von gruppenbasierten Softwaretechnik-Praktika, sowie Entwickler, die selbst einmal Projektleiter werden wollen.

Der Einfachheit halber nehmen wir eine Organisationsform an, in der ein Projekt einen Projektleiter, mehrere Gruppenleiter und mehrere Entwickler pro Gruppe hat. Diese Annahme erlaubt es uns Projekte anzupacken, die gerade groß genug sind, um die Herausforderungen bei einer Projektleitung praktisch zu erfahren, die aber doch typisch für derzeitige Projekte in der Software-Industrie sind.

In Abschnitt 14.2 schauen wir uns zunächst das Projektmanagement und seine Beziehung zu anderen Entwicklungsaktivitäten aus der Vogelperspektive an. In Abschnitt 14.3 beschreiben wir verschiedene Modelle, insbesondere für Organisationen, Rollenverteilungen, Arbeitsprodukte, Aktivitäten, Aufgaben und Zeitpläne. Diese Modelle sind zentraler Teil des Softwareprojektmanagement-Plans, den wir dann schildern. In Abschnitt 14.4 konzentrieren wir uns auf Managementaktivitäten für gruppenbasierte Projekte und schließen mit einigen Heuristiken für die Leitung von Softwareprojekten in projektbasierten Organisationen.

14.2   Ein Überblick über Projektmanagement

In Kapitel 3, *Projektorganisation und -kommunikation*, haben wir das Modell eines Projekts aus der Sicht eines Entwicklers beschrieben. Unser Ziel war es dabei, dem Entwickler die Möglichkeit zu geben, Aktivitäten und Artefakte des Projektmanagements zu *verstehen*. Projektmanagementartefakte, wie z.B. die Aufgabenunterteilung, sind bereits erzeugt und können lediglich noch kommentiert werden. Dieses Kapitel thematisiert nun die Aufgaben des Projektleiters, der Projektmanagementartefakte *erzeugen* kann. Ein Projekt besteht aus den folgenden Komponenten:

- *Ergebnis*. Das Projektergebnis ist eine Menge von **Arbeitsprodukten**, die während eines Projekts erzeugt werden. Wir unterscheiden interne Arbeitsprodukte und zu liefernde Ergebnisse, d.h. Arbeitsprodukte, die an den Kunden geliefert werden müssen.

- *Durchzuführende Arbeit*. Dies ist die Arbeit, die ausgeführt werden muss, um alle Arbeitsprodukte und damit das Ergebnis des Projekts zu erstellen. Arbeit wird unterteilt in **Arbeitseinheiten** und **Aktivitäten**. Die Arbeitseinheit ist der kleinste Beitrag an Arbeit, den ein Manager nochverwaltet. Eine Menge von Arbeitseinheiten wird Aktivität genannt. Arbeitseinheiten und Aktivitäten können rekursiv in höheren Aktivitäten zusammengefasst werden. Die Beschreibung der durchzuführenden Arbeiten nennt man das **Arbeitspaket**.

- *Zeitplan*. Der Zeitplan bildet alle Projektaktivitäten, die zur Erreichung des Ergebnisses notwendig sind, auf eine Zeitachse ab. Ein Projektzeitplan ist im Allgemeinen eine vernetzte Struktur, da die Aktivitäten voneinander abhängen. Jeder Projektzeitplan hat einen Anfang, eine Dauer und ein Ende.

- *Ressourcen*. Als Ressource – auch Betriebsmittel genannt – bezeichnen wir alles was benötigt wird, um das Ergebnis des Projekts zu erreichen. Hierzu zählen die Teilnehmer des Projekts, das Budget, die Ausrüstung und die Werkzeuge. Die Projektteilnehmer werden mit einem Organisationsmodell beschrieben und übernehmen eine oder mehrere **Rollen** im Projekt. Jede Rolle ist für ein oder mehrere Arbeitspakete verantwortlich.

Projekte haben mit denselben Herausforderungen zu kämpfen wie Softwaresysteme: Komplexität und Änderungen. Komplexe Produkte erfordern eine große Anzahl von Teilnehmern mit unterschiedlichen Fähigkeiten und Erfahrungen. Ein Markt, der sich während des Projekts wandelt, sowie Änderungen in den neuen Anforderungen verlangen oft modifizierte Arbeitspakete, veränderte Zeitpläne und Betriebsmittelzuweisungen. Dies macht es natürlich schwieriger, den Status des Projekts zu verfolgen.

Die Herausforderung für den Projektleiter wird dadurch noch erschwert, dass die Projektkomponenten Ergebnis, Arbeit, Zeitplan, und Betriebsmittel voneinander abhängig sind. Jede Änderung in einer Projektkomponente hat prinzipiell Einfluss auf die anderen Projektkomponenten. Wenn zum Beispiel der Kunde während des Projekts ein neues Merkmal fordert, werden dafür fast immer zusätzliche Entwicklungszeit und Betriebsmittel benötigt. Eine Verkürzung der Projektdauer andererseits bedeutet für gewöhnlich, dass bestimmte Merkmale nicht mehr entwickelt werden können.

Projektleiter können diese Problematik mit denselben Möglichkeiten in Angriff nehmen, die Entwicklern bei der Bekämpfung der Systemkomplexität zur Verfügung stehen: Modellierung, Kommunikation, Begründungen und Konfigurationen. Die Themen Kommunikation, Begründungs- und Konfigurationsmanagement haben wir bereits in den Kapiteln 3, 11 und 12 behandelt. In diesem Kapitel werden wir nur auf die Modellierung eingehen, und zwar werden wir eine Anzahl von Modellen einführen, die im Projektmanagement üblich sind. Wir werden Projektmanagement als eine Menge von strukturellen, funktionalen und dynamischen Modellen darstellen. Um diese Modelle von den Systemmodellen zu unterscheiden, nennen wir sie Managementmodelle.

Managementmodelle erlauben es uns, Projektkomponenten und ihre Abhängigkeiten voneinander zu repräsentieren. Ein strukturelles Modell ist die **Aufgabenunterteilung**, die die gesamte durchzuführende Arbeit in realisierbare Arbeitseinheiten unterteilt. Der **Netzplan** ist ein dynamisches Modell, das man zur Darstellung zeitlicher Abhängigkeiten zwischen Arbeitseinheiten benutzt. Das **Organigramm** ist ein weiteres strukturelles Modell, mit dem man die Projektteilnehmer und ihre Rollen im Projekt darstellen kann.

Die Hauptaufgaben eines Softwareprojektleiters sind die Konstruktion, Realisierung und Validierung dieser Modelle während der gesamten Dauer des Projekts. Mithilfe dieser Modelle kommuniziert der Projektleiter auch mit den Entwicklern und Kunden über den Status des Projekts.

Funktionell gesehen können wir Projektmanagement als die Unterstützung eines Projekts für die gesamte Dauer vom Anfang bis zum Ende sehen, bei der vier Kernaktivitäten verwendet werden:

- *Planung* hat das Ziel, die Aktivitäten und Arbeitseinheiten zu beschreiben, die zum Erreichen des geplanten Projektergebnisses führen. Während dieser Aktivität wird auch ein vorläufiger Zeitplan erstellt und eine Schätzung für die benötigten Betriebsmittel durchgeführt.

- *Organisation* definiert die Struktur des Projekts und identifiziert die Rollen und Verantwortlichkeiten. Die Rollen werden auf die während der Planung identifizierten Arbeitseinheiten abgebildet.

- *Steuerung* untersucht, ob die während des Projekts ausgeführten Aktivitäten von den geplanten Aktivitäten abweichen. Dies beinhaltet die Inspektion von durchgeführten Arbeitsschritten und deren Resultaten, die Lösung von Problemen, die dabei entstanden sind, und die Benachrichtigung von Leuten, die nicht direkt in die Entwicklungsaktivitäten involviert, am Projekt selbst aber sehr interessiert sind. Wenn eine große Abweichung zwischen der geplanten und der tatsächlich durchgeführten Arbeit festgestellt wird, ist es die Aufgabe des Projektleiters zu überlegen, ob Betriebsmittel neu zugewiesen werden müssen, der Zeitplan zu ändern ist oder das Projektergebnis neu definiert werden muss.

- *Terminierung*. Diese Aktivität findet am Ende des Projekts statt. Teilaktivitäten sind die Lieferung des entwickelten Systems an den Kunden, die Durchführung des Kundenakzeptanztests nach den in der Projektvereinbarung festgehaltenen Akzeptanzkriterien, eine Lagebesprechung, um die im Projekt gemachten Erfahrungen zu extrahieren, und die Modifikation von Projektschablonen für die nächste Iteration oder für ein neues Projekt.

Vom dynamischen Gesichtspunkt aus kann ein Projekt in einem von mehreren Zuständen sein. Im Projektmanagement werden diese Zustände auch Phasen genannt. Ein dynamisches Modell mit vier Phasen hatten wir bereits in Kapitel 3 eingeführt. Wir verfeinern dieses Modell jetzt durch einen zusätzlichen Zustand `Konzeptionsphase` (siehe Abbildung 14.1).

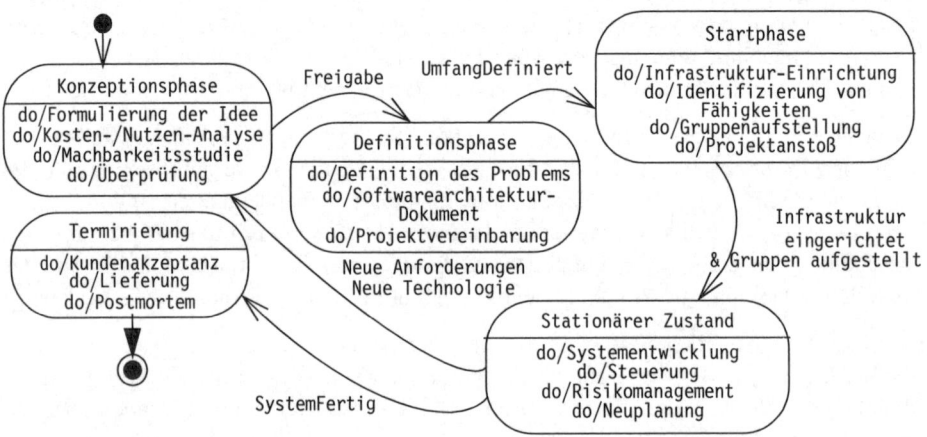

Abbildung 14.1:   Phasen eines Softwareprojekts (UML-Zustandsdiagramm)

Konzeptionsphase. In dieser Phase wird die Idee für das Projekt geboren. In einem Softwareprojekt geschieht dies oft durch eine neue Anforderung vom Kunden, durch eine Änderung am Markt oder durch eine neue Technologie. Die Konzeptionsphase kann sehr unterschiedliche Ausprägungen haben. In einem kleinen Projekt kann sie beispielsweise nur aus einer informellen Diskussion zwischen den Interessenträgern bestehen. Die Entscheidung, das Projekt durchzuführen, ist dann oft nur eine mündliche Abmachung.

In einem größeren Projekt wird die Projektidee oft gründlicher untersucht, häufig anhand von Kosten-/Nutzen-Analysen und Machbarkeitsstudien. Die Kosten/Nutzen-Analyse ist eine vergleichende Bewertung der bei der Projektdurchführung anfallenden Kosten mit dem vom Projektergebnis erwarteten Nutzen. Beispiele für Nutzen sind die Reduktion der laufenden Kosten in der Organisation oder erhöhte Profite sein. Schwieriger abschätzbar ist nicht messbarer Nutzen, wie z.B. eine verbesserte Arbeitsmoral, geringere Fluktuation oder Abwesenheit von Beschäftigten. Die Machbarkeitsstudie untersucht, ob das geplante Projektergebnis technisch überhaupt durchführbar ist. Ein typisches Thema ist dabei die Identifizierung von Abhängigkeiten von anderen Innovationen, die während der Projektzeit verfügbar gemacht werden müssen. Die Entscheidung, ob man zur nächsten Phase übergeht, wird dann oft nach einer formalen Überprüfung und einer expliziten Freigabe-Entscheidung gefällt.

Definitionsphase. In dieser Phase kommuniziert der Projektleiter mit dem Kunden und dem Softwarearchitekten. Der Projektleiter kann bereits in der Konzeptionsphase involviert gewesen sein, oder – vor allem bei größeren Projekten – am Anfang dieser Phase neu hinzukommen. Die Definitionsphase enthält die folgenden Aktivitäten:

- **Definition des Problems.** Während dieser Aktivität definieren der Projektleiter und der Kunde den Umfang des zu entwickelnden Systems bezüglich der Anforderungen, Einschränkungen und erwarteten Ergebnisse. Kunde und Projektleiter stimmen auch die Akzeptanzkriterien und die wichtigsten Projektdaten ab. Das resultierende Dokument, die **Problembeschreibung**, dient als Ausgangspunkt für das so **Anforderungsanalyse-Dokument** (Lastenheft), dass entwickelt wird, sobald das Projekt in der Gleichgewichtsphase ist.

- **Entwicklung des vorläufigen Projektplans.** Der Plan enthält einen Gesamtüberblick über das Projekt, eine erste Beschreibung der erwarteten Resultate, die Aufgabenunterteilung, die Identifikation von Rollen und Verantwortlichkeiten, einen groben Projektzeitplan, eine Schätzung der Kosten für die benötigten Betriebsmittel und die Identifikation von Risiken.

- **Entwicklung der vorläufigen Softwarearchitektur.** Diese Aktivität läuft parallel mit der Entwicklung des Projektplans. Hauptaugenmerk ist zunächst die Zerlegung des Systems in Subsysteme. Dies ist eine wichtige Hilfe für das Management des Projekts, da die Zerlegung als Grundlage für die anfängliche Organisation der Projektteilnehmer in Arbeitsgruppen dienen kann. Dies erfordert dann natürlich eine enge Zusammenarbeit zwischen dem Softwarearchitekten und dem Projektleiter. Die Systemzerlegung – die aus der Sicht des Projektleiters in der Projektgleichgewichtsphase stattfindet – bildet den Kern des Systementwurf-Dokuments.

- **Definition der Projektvereinbarung.** Der Kunde und der Projektleiter legen ihre Vorstellungen über den Umfang des Projekts und das Lieferungsdatum formell in der Projektvereinbarung fest.

Startphase. In dieser Phase bestimmt der Projektleiter die Projektinfrastruktur, stellt die Projektteilnehmer ein, organisiert sie in Teams und startet das Projekt. Die Startphase enthält die folgenden Aktivitäten:

- **Einrichtung der Infrastruktur.** Besonders in projektbasierten Organisationen kann man typischerweise nicht davon ausgehen, dass die Projektinfrastruktur bereits existiert. Der Projektleiter muss deshalb zunächst einmal die Anforderungen an die Infrastruktur definieren, die zur erfolgreichen Durchführung des Projekts notwendig ist. Ein Beispiel für eine Infrastrukturanforderung ist die Spezifikation der Kommunikationskanäle zwischen den Projektteilnehmern, ob z.B. elektronische Briefe, Foren oder Webportale benutzt werden sollen. Auch die Festlegung der Regeln für die Durchführung von Besprechungen, die Identifikation von Entwicklungs- und Testumgebungen, von Werkzeugen für Modellierung oder Konfigurationsmanagement sowie die Festlegung der Arbeitsabläufe beim Erstellen und Besprechen von Dokumenten gehören dazu. Der Projektleiter gibt diese Spezifikation an die Infrastrukturarbeitsgruppe, die dann für die Installation der Infrastruktur vor dem Projektstart und für die Wartung während des gesamten Projektverlaufs zuständig ist.[2]

---

[2] Ab einer bestimmten Projektgröße werden auch Personalverwaltungs- sowie Finanzsysteme als Teil der Infrastruktur benötigt. Derartige Systeme werden in diesem Buch nicht behandelt.

- **Fähigkeitsanalyse.** Der Projektleiter identifiziert die Fähigkeiten und Interessen der Entwickler und trägt sie in einer Fähigkeitsmatrix ein.

- **Aufstellung der Arbeitsgruppen.** Mit Hilfe der Fähigkeitsmatrix wählt der Projektleiter die Teilnehmer aus und ordnet sie den Arbeitsgruppen zu, die für jedes in der anfänglichen Softwarearchitektur definierte Subsystem gebildet werden. Außerdem werden auch die multifunktionalen Arbeitsgruppen definiert und die Gruppenleiter festgelegt. Der Projektleiter und alle Gruppenleiter treffen sich dann, um aufgrund der im Projektplan identifizierten Arbeitspakete die Rollen und Verantwortlichkeiten für die Projektteilnehmer festzulegen. Falls es für bestimmte Rollen oder Verantwortlichkeiten keine Leute mit den nötigen Fähigkeiten gibt, identifiziert der Projektleiter zusätzliche Trainingseinheiten und Unterrichtskurse und weist Teilnehmer an, diese zu besuchen.

- **Projektanstoß.** Der Projektleiter und der Kunde starten das Projekt offiziell mit einem Treffen, zu dem alle Entwickler und am Projekt Interessierten eingeladen werden. Der Hauptzweck des Projektanstoßes ist es, allen Beteiligten den Umfang des Projekts mitzuteilen. Außerdem werden bereits die Infrastruktur, die Rollen und die Verantwortlichkeiten vorgestellt. Nach dem Projektanstoß hat das Projekt für alle Beteiligten effektiv angefangen, aus der Sicht des Projektleiters kommt das Projekt damit in die stationäre Phase.

Stationäre Phase. In den Projektdefinitions- und Startphasen werden die Managementfunktionen vom Projektleiter übernommen und fast alle Entscheidungen werden von ihm getroffen. In der stationären Phase übernehmen die Gruppenleiter einen Teil der Managementfunktionen. Insbesondere sind sie jetzt dafür zuständig, den Status ihrer Gruppe im Auge zu behalten, regelmäßige Gruppenbesprechungen abzuhalten und Probleme zu identifizieren. Die Gruppenleiter berichten den Gruppenstatus dann an den Projektleiter, der auf Basis dieser Teilinformation den Status des gesamten Projekts evaluieren kann.

Gruppenleiter reagieren auf Planabweichungen mit der Neudefinition oder Neuverteilung von Aufgaben oder mit der Anforderung von zusätzlichen Ressourcen beim Projektleiter. Der Projektleiter ist weiter zuständig für die Kommunikation mit dem Kunden, für formale Abmachungen und Vereinbarungen sowie für das Neuverhandeln von benötigten Ressourcen und Lieferterminen. Die Managementfunktionen der stationären Phase sind im Einzelnen:

- **Definition des Projektumfangs.** Sobald das Analysemodell stabil ist, können Kunde und Projektleiter eine formale Vereinbarung über die funktionalen und nichtfunktionalen Anforderungen treffen, die im Allgemeinen zu einer Aktualisierung der Projektvereinbarung führen.

- **Kontrolle.** Die aktuellen Statusinformationen werden von den Gruppenleitern in Gruppenbesprechungen und Überprüfungen gesammelt. Sie enthalten neben Problembeschreibungen auch die Berichte über den Abschluss von Arbeitseinheiten. Diese Informationen werden regelmäßig von den Gruppenleitern an den Projektleiter gesandt. Die Gruppenleiter und der Projektleiter treffen sich regelmäßig und vergleichen den aktuellen Status mit dem geplanten Status des Projekts.

- **Risikomanagement.** Im Rahmen des Risikomanagements identifizieren alle Projektteilnehmer potentielle Probleme, die zu Verzögerungen oder erhöhten Kosten führen könnten. Der Projektleiter und die Gruppenleiter analysieren diese Risiken, priorisieren sie und entwerfen Pläne für den Notfall.

- **Neuplanung.** Falls der aktuelle vom geplanten Status abweicht oder ein Notfallplan aktiviert werden muss, ist der Projektleiter oft gezwungen, die Anforderungen zu revidieren oder Betriebsmittel neu zu verteilen, um den Liefertermin einzuhalten. Der Projektleiter muss dann erwägen, neue Projektteilnehmer einzustellen, neue Teams zu bilden oder vorhandene Teams zusammenzufassen. Eine Projektneuplanung kann auch dadurch ausgelöst werden, dass der Kunde die Anforderungen an das System ändern möchte oder dass neue technologische Entwicklungen stattgefunden haben, die noch in das Projekt einfließen sollen. In diesen Fällen ist es unmöglich, den geplanten Liefertermin einzuhalten.

Terminierung. In dieser Phase wird das Projektergebnis an den Kunden geliefert und die Projekthistorie wird gesichtet und archiviert. Einige Entwickler machen noch Aufräumarbeiten in den Modellen und in der Projektdokumentation, aber dann ist ihre Beteiligung am Projekt abgeschlossen. Hauptentwickler sowie die Dokumentationsersteller und die Gruppenleiter sind damit beschäftigt, das System für die Übergabe fertig zu stellen, und die Projekthistorie für die Wiederverwendung in zukünftigen Projekten zu sammeln. Die Aktivitäten sind im Einzelnen:

- **Lieferung.** Diese Aktivität besteht aus zwei Schritten, dem Kundenakzeptanztest und der Installation, für gewöhnlich in dieser Reihenfolge:
  - **Kundenakzeptanztest.** Das Softwaresystem wird vom Kunden vor dem Hintergrund der in der Projektvereinbarung beschriebenen Akzeptanzkriterien evaluiert. Funktionale und nichtfunktionale Anforderungen werden demonstriert und gegen Benutzerszenarien aus der Projektvereinbarung getestet. Falls kein Grund zur Beanstandung vorliegt, wird das gelieferte Ergebnis formell vom Kunden akzeptiert.
  - **Installation.** Das System wird mitsamt der Dokumentation in die Zielumgebung gebracht und dort installiert. Die Installation beinhaltet oft ein Training für das neue System und eine Einführungsphase, in der vorhandene Kundendaten aus dem vorherigen System in das neue System migriert werden.

- **Postmortem-Analyse.** Der Projektleiter und die Gruppenleiter fassen den Ablauf des Projektes zusammen und analysieren ihn, insbesondere hinsichtlich größerer und kleinerer Managementfehler. Die für das Projekt zuständige Organisation hat so die Möglichkeit, aus dem Projektverlauf zu lernen und dadurch eventuell Fehler aufzudecken, die man in zukünftigen Projekten vermeiden könnte.

Obwohl die eben beschriebenen Aktivitäten des Projektmanagements bestimmten Projektphasen zugeteilt wurden, können einige von ihnen parallel ausgeführt werden, wie man im Aktivitätsdiagramm in Abbildung 14.2 sehen kann. Im Folgenden erläutern wir diese Aktivitäten genauer. Zunächst beschreiben wir die Managementmodelle, die in den verschiedenen Projektphasen eingesetzt werden, insbesondere Modelle für die Aufgabenunterteilung, die Zeitplanung und für projektbasierte Organisationen. Dann beschreiben wir, wie man diese Modelle im Softwareprojektplan dokumentieren kann.

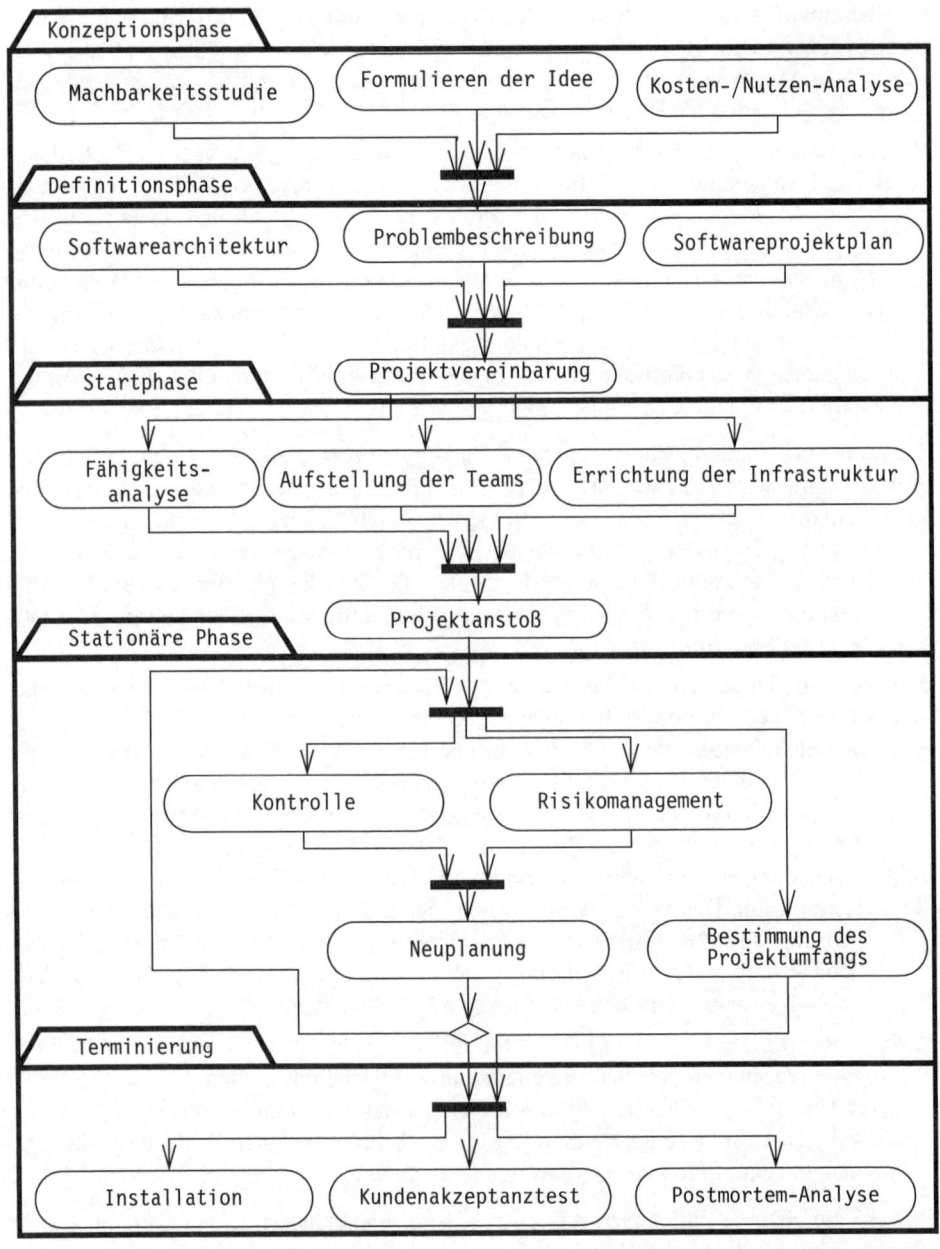

Abbildung 14.2: Management-Aktivitäten in einem Softwareprojekt (UML-Aktivitätsdiagramm)

14.3 Konzepte des Projektmanagements

Die grundsätzliche Annahme beim Projektmanagement ist, dass das Projektergebnis nicht durch eine einzelne Aktivität erzeugt werden kann. Wenn das der Fall ist, braucht man kein Projekt, man führt einfach die Aktivität aus, ohne sie vorher zu planen. Eine der Hauptaufgaben der Projektplanung ist die Aufteilung der gesamten zu verrichtenden Arbeit in kleinere machbare Aufgaben. Die Aufteilung geschieht in zwei Schritten: Identifizierung von geeigneten Aufgaben und Identifizierung von Abhängigkeiten zwischen diesen Aufgaben. Wir werden zunächst Aufgaben besprechen, und wie man sie identifiziert. Die hierarchische Repräsentation aller identifizierten Aufgaben nennen wir die Aufgabenunterteilung (engl. *work breakdown structure, WBS)*. Dann zeigen wir, wie man die zeitlichen Abhängigkeiten zwischen Aufgaben mit einem Netzwerkplan repräsentieren kann. Der Netzplan wird dann auf eine Zeitlinie abgebildet, die wir als Projektzeitplan bezeichnen.

14.3.1 Aufgaben und Aktivitäten

Eine **Aufgabe** ist eine wohldefinierte Arbeitseinheit für einen Projektteilnehmer oder eine ganze Gruppe. Eine Aufgabe ist die kleinste Einheit, die ein Projektleiter zu managen hat. Eine Aufgabe enthält eine Beschreibung, ist von einer bestimmten Dauer und mit einer Rolle verbunden, die von einem Projektteilnehmer übernommen wird. Aufgaben benötigen Ressourcen und erzeugen ein Arbeitsprodukt (manchmal auch mehrere). Um eine Aufgabe durchführen zu können, benötigt man oft Arbeitsprodukte, die von anderen Aufgaben erzeugt werden. Tabelle 14.1 enthält einige Beispiele für einfache Aufgaben bei der Realisierung eines Subsystems.

Ähnliche Aufgaben werden oft in so genannte Aktivitäten gruppiert. **Aktivitäten** – auch Phasen genannt – sind also größere Arbeitseinheiten. Beispiele für Aktivitäten sind die Anforderungsanalyse oder der Systementwurf. Ist die Länge einer Aktivität gleich der Dauer des gesamten Projekts, spricht man auch von einer **Projektfunktion**. Beispiele für Projektfunktionen sind das Konfigurationsmanagement und auch das Projektmanagement selbst. Abbildung 14.3 modelliert die Begriffe Aufgabe, Aktivität und Projektfunktion mit Hilfe des Kompositionsmusters.

14.3.2 Arbeitsprodukte, Arbeitspakete und Rollen

Aufgaben, Aktivitäten und Projektfunktionen werden vom Projektleiter einem Projektteilnehmer oder einer ganzen Arbeitsgruppe zugewiesen. In einem kleinen Projekt kann die Zuweisung informell geschehen, oft sind dann eine kurze Absprache und ein Handschlag ausreichend. In größeren Projekten muss die Beschreibung expliziter gemacht werden. Dies erfolgt dann in Form eines Arbeitspakets. Ein **Arbeitspaket** beschreibt die Arbeitsprodukte, die durch die Arbeit zu herzustellen sind, sowie die Abhängigkeiten von

Name der Aufgabe	Zugeordnete Rolle	Beschreibung	Eingabe	Arbeitsprodukt
Datenbank-Subsystem-Anforderungs-ermittlung	Entwerfer	Ermittlung der Speicheranforderungen anderer Subsysteme, Identifizierung persistenter Objekte	Ansprechspartner	Datenbank API, Objektmodell, Persistente Objekte
Datenbank-Subsystem-Entwurf	Entwerfer	Entwurf des Datenbank-Subsystems, Empfehlung eines kommerziellen Produkts	Datenbank API	Datenbank-Subsystem-Entwurf
Datenbank-Subsystem-Implementierung	Implementierer	Implementierung des Datenbank-Subsystems	Subsystem-Entwurf	Datenbank-Subsystem Quelltext
Datenbank-Subsystem-Inspektion	Implementierer	Inspektion des Datenbank-Subsystems	Subsystem-Quelltext	Liste der entdeckten Defekte
Datenbank-Subsystem-Testplan	Tester	Entwicklung von Testfällen für das Datenbank-Subsystem	Subsystem-Quelltext	Tests und Testplan
Datenbank-Subsystem-Test	Tester	Ausführung der Testfälle	Subsystem-Testplan	Testresultate, Liste von Defekten

Tabelle 14.1: Beispiel: Aufgaben zur Realisierung eines Datenbank-Subsystems

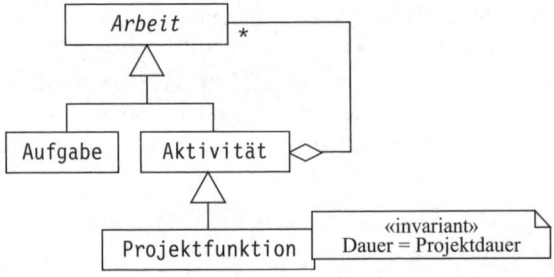

Abbildung 14.3: Modellierung von Aufgaben, Aktivitäten und Projektfunktionen (UML-Klassendiagramm)

anderen Arbeitspaketen (Abbildung 14.4). Ein Arbeitspaket enthält außerdem die für die Ausführung benötigten Ressourcen, die geschätzte Dauer, die Akzeptanzkriterien und den Namen der verantwortlichen Person oder der Arbeitsgruppe.

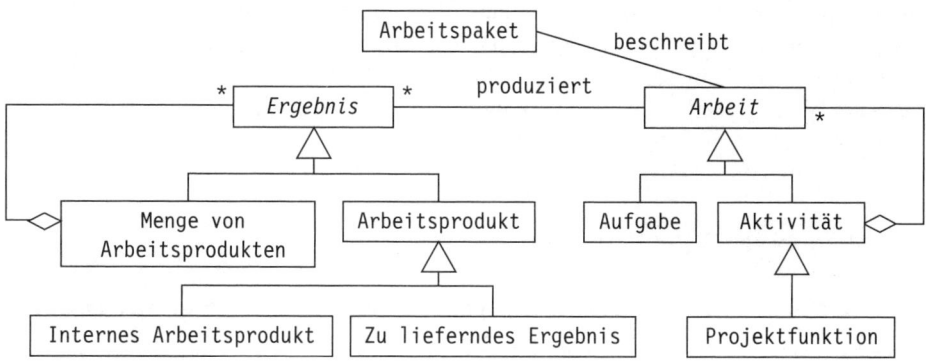

Abbildung 14.4: Beziehungen zwischen Arbeitspaket, Arbeit und Ergebnis
(UML-Klassendiagramm)

Arbeitspakete sind wichtige Managementartefakte, die den Projektteilnehmern zugewiesen werden, um bestimmte Arbeiten zu verrichten. Ein Arbeitspaket kann spezifiziert werden, sobald die Aufgaben identifiziert sind. Das kleinste Arbeitspaket ist die sogenannte **Terminaufgabe**, die nur den Namen des Teilnehmers, die Beschreibung der Aufgabe und einen Termin enthält, zu dem die Aufgabe durchgeführt werden muss. Größere Arbeitspakete sind die Beschreibung der Tätigkeiten zur Erstellung von Objektmodellen und Klassendiagrammen für ein großes Softwaresystem, das Programmieren eines Subsystems oder das Schreiben eines Kapitels in einem Dokument. Zum Beispiel kann man jede Sektion im Lastenheft als Arbeitspaket formulieren, in dem spezifiziert wird, wer die Sektion zu schreiben hat und bis wann.

Arbeitsprodukte, die an den Kunden geliefert werden müssen, nennen wir **zu liefernde Ergebnisse**. Das zu erstellende Softwaresystem und die dazugehörige Dokumentation, beispielsweise die Benutzeranleitung, sind fast immer zu liefernde Ergebnisse. Arbeitsprodukte, die lediglich von anderen Projektteilnehmern benutzt oder als Eingabe für Aufgaben erzeugt werden, den Kunden aber nicht erreichen, nennt man interne Arbeitsprodukte. Terminaufgaben sind Beispiele für interne Arbeitsprodukte.

14.3.3 Aufgabenunterteilung des Projekts

Die hierarchische Repräsentation aller Aufgaben in einem Projekt nennt man den Aufgabenunterteilung. Die Aufgabenunterteilung ist ein sehr einfaches Managementmodell zur Darstellung der zu verrichtenden Arbeit, da lediglich Aggregation benutzt wird, um die identifizierten Aufgaben darzustellen (siehe Abbildung 14.5).

Abbildung 14.6 zeigt einen partielle Aufgabenunterteilung für das Bauen eines Hauses. Die Aktivitäten auf der rechten Seite sind unabhängig voneinander und können verschiedenen Unternehmen zugewiesen werden. Die Kosten einer aggregierten Aktivität (z.B. Errichte-Rohbau) kann man aus den Kosten aller Kindsknoten bestimmen (Giesse-Fundament, Mauere-Wände, Errichte-Dachstuhl). Der Wurzelknoten (Baue-Haus) repräsentiert die gesamte Arbeit, die bei der Ausführung des Projekts durchzuführen ist. Es ist wichtig

zu verstehen, dass die Aufgabenunterteilung nicht die zeitliche Reihenfolge der Aktivitäten modelliert. Die Aktivitäten `Lege-Rohre` und `Installiere-Elektrik` können parallel
ausgeführt werden, obwohl sie zu unterschiedlichen Teilbäumen der Hierarchie gehören.
Zeitliche Abhängigkeiten zwischen Aktivitäten werden im Netzplan dargestellt, den wir
als Nächstes beschreiben.

14.3.4   Netzplan

Für Aufgaben bestehen zeitliche Abhängigkeiten. Ein Beispiel hierfür ist die `Errichte-`
`Dachstuhl`-Aufgabe, die nicht angefangen werden kann, bevor die `Mauere-Wände`-Aufgabe
erledigt ist. Das Modell, das die Menge aller Aufgaben und ihre zeitlichen Abhängigkeiten darstellt, nennt man den **Netzplan**. Abbildung 14.7 zeigt einen Netzplan in UML, der
mit der Aufgabenunterteilung in Abbildung 14.6 korrespondiert.

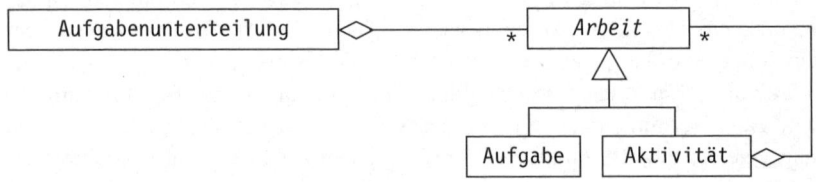

Abbildung 14.5:   Die Aufgabenunterteilung enthält die Menge aller Arbeiten, die in einem Projekt
durchgeführt werden müssen (UML-Klassendiagramm)

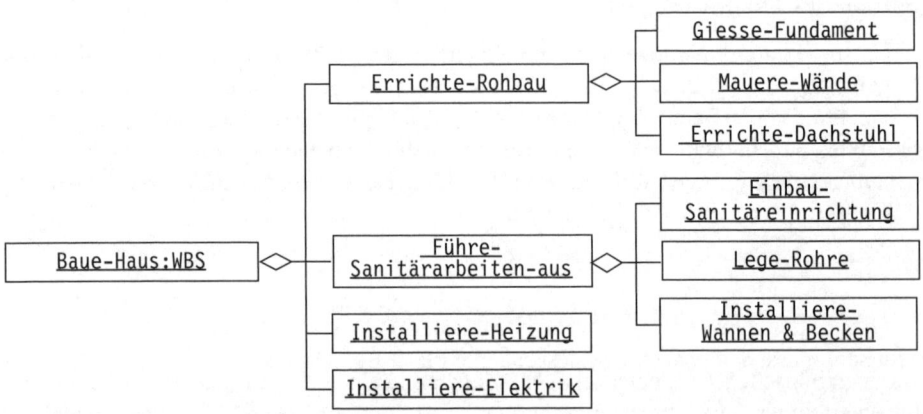

Abbildung 14.6:   Partielle Aufgabenunterteilung für den Bau eines Hauses (UML-Objektdiagramm)

Mit jeder Aufgabe ist eine Dauer verbunden, die die Zeit für die Durchführung der Aufgabe mit den vorhandenen Ressourcen angibt. Die Dauer der Projektaufgaben wird normalerweise vom Projektleiter geschätzt, wenn das Projekt begonnen hat. Sobald die
Abhängigkeiten zwischen Aufgaben und die Dauer jeder Aufgabe bekannt sind, kann der
Projektleiter die kürzeste Zeit berechnen, in der ein Projekt beendet werden kann. Dies ist
einfach der längste Pfad im Netzplan der von der ersten bis zur letzten Aufgabe im Projekt führt. Die Länge des Projekts wird über die Länge der einzelnen Aufgaben berechnet,

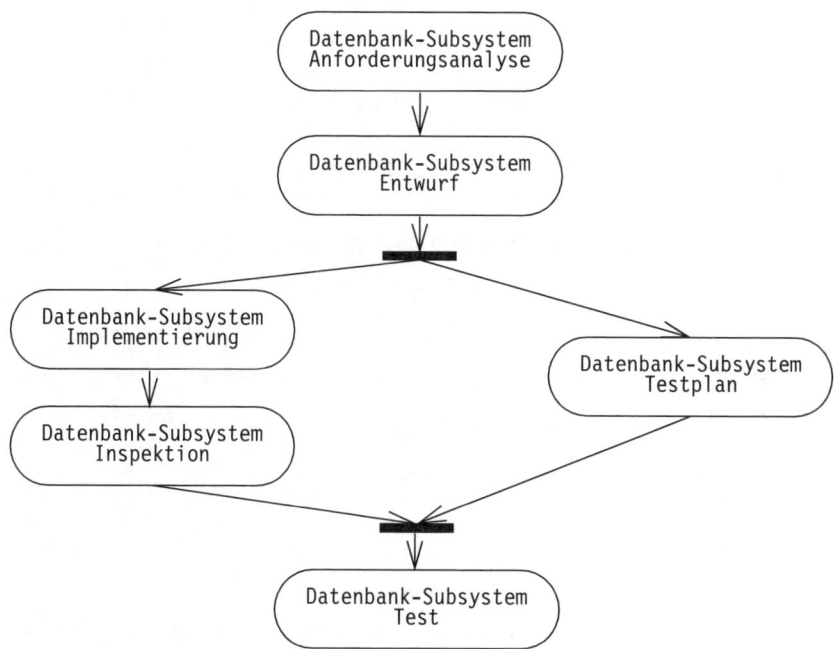

Abbildung 14.7: Beispiel eines Netzplans mit temporären Abhängigkeiten für das Datenbank-Subsystem Beispiel von Tabelle 14.1 (UML-Aktivitätsdiagramm)

die auf dem ermittelten Pfad liegen. Dieser Pfad wird auch oft der **kritische Pfad** genannt. Sobald der kritische Pfad bekannt ist, konzentriert sich der Projektleiter auf die Aufgaben auf diesem Pfad, da jede Verzögerung einer dieser Aufgaben eine Verzögerung des gesamten Projekts nach sich zieht. Die **Pufferzeit** einer Aufgabe ist die Zeitspanne, um die eine Aufgabe verzögert werden kann, bevor sich die Länge eines Projekts verzögert. Alle Aufgaben, die auf dem kritischen Pfad liegen, haben nach dieser Definition eine Pufferzeit von Null.

Zeitliche Einschränkungen können benutzt werden, um die Start und Endzeiten einer Aufgabe zu spezifizieren, und zwar unabhängig von der Relation dieser Aufgabe zu anderen Aufgaben. Normalerweise benutzt man sie bei der Festlegung von Aufgaben, bei denen der Kunde involviert ist. Wenn das System in der ersten Dezemberwoche fertiggestellt sein muss, dann hat es eine so genannte MFO-Beschränkung (engl. *must finish on*). Wenn eine bestimmte Aufgabe an einem Montag beginnen muss, hat sie eine MSO-Beschränkung (engl. *must start on*). Typische zeitliche Einschränkungen sind in Tabelle 14.2 zusammengefasst. ASAP (engl. *as soon as possible*) ist die am meisten benutzte Einschränkung, wenn man Aufgaben für andere Teilnehmer erstellt. ALAP (engl. *as late as possible*) ist die am meisten benutzte Einschränkung, wenn man eine Aufgabe von einem anderen Projektteilnehmer empfangen hat.

Einschränkung	Definition
ASAP	Starte sobald wie möglich (*as soon as possible*)
ALAP	Starte so spät wie möglich (*as late as possible*)
FNET	Beende nicht früher als (*finish no earlier than*)
SNET	Starte nicht früher als (*start no earlier than*)
FNLT	Beende nicht später als (*finish no later than*)
SNLT	Starte nicht spaeter als (*start no later than*)
MFO	Muss fertig sein am ... (*must finish on*)
MSO	Muss anfangen am ... (*must start on*)

Tabelle 14.2: Zeitliche Einschränkungen bei Aufgaben

14.3.5　Fähigkeitsmatrix

Sobald die Aufgabenunterteilung durchgeführt worden ist, muss der Projektleiter die richtigen Teilnehmer finden, die diese Aufgaben durchführen können. Dies ist besonders schwierig, wenn er die Leute noch nicht genau kennt. Um etwaige spezielle Fähigkeiten ausnutzen zu können, muss der Projektleiter die Fähigkeiten und Interessensgebiete der Projektteilnehmer bereits zu Beginn des Projekts ausloten können. Dies wird anhand der Fähigkeitsmatrix getan, in der Fähigkeiten, vorhandenes Wissen und Interessen der Leute mit den durchzuführenden Aufgaben in Beziehung gebracht werden.

Jede Zeile in der Fähigkeitsmatrix (siehe Tabelle 14.3) bezeichnet eine Aufgabe, Aktivität oder Projektfunktion aus der Aufgabenunterteilung. Die Spalten stehen für Projektteilnehmer. Jeder Eintrag in der Matrix identifiziert die Fähigkeiten und das Wissen eines Projektteilnehmers für eine bestimmte Aufgabe. Wir unterscheiden dabei drei Arten von Einträgen: primäre Fähigkeit, sekundäre Fähigkeit und Interesse. Eine primäre Fähigkeit befähigt eine Person dazu, eine Arbeitseinheit zu führen. Eine sekundäre Fähigkeit qualifiziert eine Person dafür, an dieser Arbeitseinheit teilzunehmen. Interesse bedeutet, dass die Person an der Arbeitseinheit mitmachen möchte, aber noch keine Fähigkeiten dafür besitzt.

14.3.6　Organisationen

In einem gruppenbasierten Projekt sind die Projektteilnehmer in Arbeitsgruppen zusammengefasst, wobei jede Arbeitsgruppe mit einer bestimmten Aufgabe oder Tätigkeit beauftragt ist.

Aufgabe\ Teilnehmer	Bill	Marie	Sue	Ed
Entwurf der Steuerung			▲	△
Entwurf der Datenbank	△	△		●
Entwurf der Benutzerschnittstelle			○	▲
Konfigurationsmanagement	○			△

Tabelle 14.3: Beispiel einer Fähigkeitsmatrix mit vier Aufgaben und vier Teilnehmern

● primäre Fähigkeit   ○ sekundäre Fähigkeit   △ Interesse

Eine **Organisation** besteht aus organisatorischen Einheiten und den Interaktionen zwischen diesen Einheiten. Die kleinste organisatorische Einheit ist der Teilnehmer (auch oft *Projektteilnehmer, Person* oder *Mitglied* genannt). Eine Gruppe von Teilnehmern ist entweder ein Team, eine Abteilung oder eine Division. Organisationen haben dynamische Tiefe und Breite: In Organisationen wie Unternehmen oder Universitäten sind Arbeitsgruppen im Allgemeinen in Abteilungen geordnet, diese wieder in Divisionen, usw. Dieser Aspekt lässt sich mit dem Kompositionsmuster modellieren (siehe Abbildung 14.8).

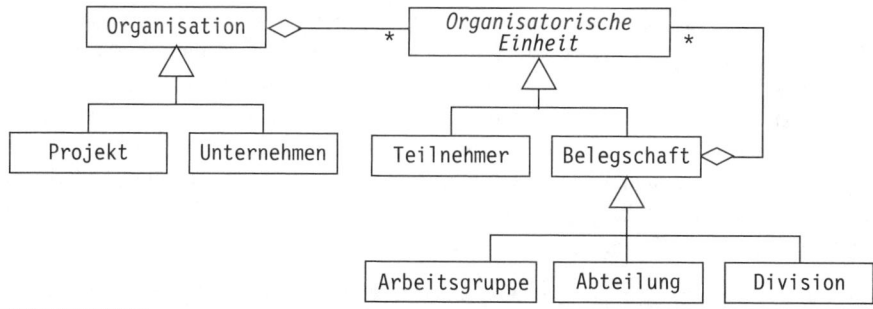

Abbildung 14.8: Eine Organisation besteht aus organisatorischen Einheiten, die aus Teilnehmern oder Belegschaften bestehen (UML-Klassendiagramm).

Eine Organisation kann nach mehreren unterschiedlichen Kategorien in organisatorische Einheiten aufgeteilt werden. Eine **projektbasierte Organisation** besteht aus einer sich dynamisch ändernden Menge von Projekten und einem Reservoir von Teilnehmern. Projekte werden initiiert, sobald der Bedarf besteht, und terminiert, wenn das Projektergebnis geliefert worden ist. Keines der Projekte ist als permanenter Teil der Organisation anzusehen. Die Projektteilnehmer werden aus dem Reservoir gewählt und für die Dauer des Projekts diesem zugeordnet. Wenn das verfügbare Reservoir sehr groß ist, können Arbeitsgruppen für Projekte relativ schnell zusammengesetzt werden.

Projekte erfordern im Allgemeinen nur wenige Spezialisten mit gewissen Fähigkeiten und Wissen. In einer projektbasierten Organisation können die Teilnehmer außerdem in Teilzeit beschäftigt werden, was die Kosten der Projekte reduziert. Kommunikationsbedürfnisse zwischen den Arbeitsgruppen können flexibel durch Verbindungspersonen bewerkstelligt werden.

Der Nachteil dieser Organisationsform ist, dass man nicht annehmen kann, dass die Projektteilnehmer gegenseitig bereits die Fähigkeiten und Wissensbereiche der anderen Teilnehmer kennen. Im schlechtesten Fall muss der Projektleiter sogar damit rechnen, dass die Teilnehmer bisher unterschiedliche Arbeitsflüsse und Informationssysteme benutzt haben. Es muss also eine Einführung in die vom Projekt benutzten Arbeitsflüsse und Managementprozeduren geben, was natürlich Zeit kostet, die vom Projektzeitplan abzuziehen ist. Beispiele für Managementprozeduren sind Prozesse für Änderungsmanagement, das Schließen von Kompromissen, Entscheidungsfindungen und Überprüfungen. Diese Prozesse müssen für das Projekt entwickelt werden, um eine konsistente Planung und Leitung zu gewährleisten. Informationssysteme müssen entwickelt werden oder bereitstehen, um eine einheitliche und konsistente Planung und Leitung von allen Projekten der Organisation zu ermöglichen.

In einer **Linienorganisation** (auch **funktionale Organisation** genannt) werden die Teilnehmer der Organisation bereits nach ihren Fähigkeiten gruppiert. Diese Gruppierungen heißen *Abteilungen*. Sie sind langlebiger als die durchzuführenden Projekte, eine Linienorganisation ist also wesentlich statischer als eine projektbasierte Organisation. Jede Abteilung ist hierarchisch organisiert und wird von dem Abteilungsleiter geführt, der auch für die Leitung der Mitglieder verantwortlich ist.

Projekte werden durchgeführt, indem sie kettenartig durch die einzelnen Abteilungen laufen, die jeweils die für sie zugeteilten Aufgaben erledigen. Nur wenige Personen sind so für die gesamte Projektdauer mit dem Projekt verbunden. Ein Softwareunternehmen mit einer Linienorganisation könnte beispielweise eine Analyseabteilung haben, die für die Konstruktion des Analysemodells zuständig ist. Die Entwurfsabteilung wird dieses Modell dann in einen Systementwurf umsetzen. Eine andere Abteilung wiederum ist für die Qualitätssicherung zuständig, die Finanzabteilung ist für die Ausgaben zuständig, die Personalabteilung für die Einstellung von Personal und die Vertriebsabteilung ist dafür verantwortlich, das System an den Kunden zu verkaufen.

Eine Linienorganisation hat mehrere Vorteile, von denen der größte ist, dass die Mitglieder der Organisation sich bereits kennen. Sie sind mit den Fähigkeiten der anderen Personen mehr oder weniger vertraut und wissen, an wen sie sich zu wenden haben, wenn Spezialwissen benötigt wird. Abteilungsleiter lernen mit der Zeit die Mitglieder kennen, auf die sie sich verlassen können, weil sie immer ihre Verpflichtungen erfüllen. Auch die Weisungslinien und Nachrichtenwege sind genau definiert. Der Abteilungsleiter setzt die Prioritäten und ist dafür verantwortlich, Konflikte aufzulösen. Auch die Bewertung von Leistungen der Mitglieder liegt in seinem Verantwortungsbereich (was wiederum den Druck bei den Mitgliedern erhöht, ihren Verpflichtungen nachzukommen). Eine Linienorganisation definiert zusätzlich klare berufliche Laufbahnen für jedes Mitglied der Organisation. Beförderungen und zusätzliche Verantwortungen sind abhängig von der erfolgreichen Ausführung der zugewiesenen Aufgaben.

Der Hauptnachteil einer Linienorganisation ist die Trägheit, mit der sie auf neue Gegebenheiten reagiert. Der Grund dafür ist, dass jede Abteilung mit einer festen Anzahl von Mitgliedern ausgestattet ist und die Behandlung neuer Aufgaben und Chancen verzögert wird, wenn alle Mitglieder bereits mit existierenden Aufgaben ausgelastet sind. In der Tat kann bereits der Genehmigungsprozess oder die Überprüfung von Projektanforderungen aus anderen Abteilungen so lange dauern, dass keine Zeit dafür übrig bleibt, sich neuen Aufgaben zuzuwenden. Eine weitere Schwierigkeit ist die fehlende Vertrautheit mit Aufgaben, die nicht direkt im Verantwortungsbereich der Abteilung liegen, und deshalb üblicherweise nicht von dieser Abteilung übernommen werden. Das wiederum führt dazu, dass Abteilungen nur geringe Erfahrungen mit neuen Diensten haben, die von anderen Abteilungen benötigt werden. Nehmen wir zum Beispiel an, die IT-Abteilung eines großen Fahrzeugherstellers muss ein neues Bestandsüberwachungssystem für Ersatzteile entwickeln. Die Mitglieder der IT-Abteilung werden vielfältige Erfahrungen mit Datenbanken und Softwaresystemen haben, aber höchstwahrscheinlich keinerlei Erfahrung mit dem Management von Ersatzteilen.

Linienorganisationen sind am besten für Fließbandoperationen geeignet, bei denen ein konstanter Strom von wohldefinierten Aufgaben abzuarbeiten ist und Änderungen sehr selten auftreten. Probleme, die innovative Lösungen verlangen, und zwar von mehr als einer Abteilung, sind für Linienorganisationen denkbar ungeeignet.

Die **Matrixorganisation** kombiniert die Merkmale von linien- und projektbasierten Organisationsformen (Abbildung 14.9). Ähnlich wie bei der projektbasierten Organisation werden die Mitglieder den Projekten zugeteilt. Wie bei einer Linienorganisation sind sie allerdings noch Mitglieder einer Abteilung. Wenn ein Projekt beendet ist, kehren die Projektteilnehmer wieder in ihre Abteilungen zurück. In Matrixorganisationen sind sowohl der Projektleiter als auch die Projektteilnehmer typischerweise nicht mit ihrer ganzen Zeit einem Projekt zugeteilt, sondern arbeiten an mehreren Projekten.

Eine Matrixorganisation kann viele Berichtsstrukturen haben, und zwar für jede Abteilung und für jedes gerade laufende Projekt. Aus diesem Grund muss jedes Projektmitglied mindestens an zwei Personen berichten, den Abteilungsleiter und den Projektleiter, wobei der Abteilungsleiter bei Konflikten immer das Sagen hat. Das Problem zweier Vorgesetzter ist ein Hauptnachteil der Matrixorganisationsform, besonders wenn die Interessen der Abteilung mit denen des Projekts kollidieren.

Die Hauptvorteile der Matrixorganisation sind schnelle Antwortzeit auf neue Anforderungen und relativ leichte Akquisition von Spezialisten.

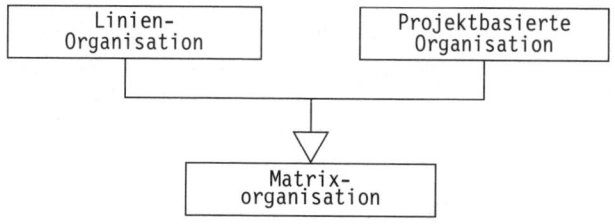

Abbildung 14.9: Typen von Organisationen (UML-Klassendiagramm)

Aus der historischen Perspektive gesehen ist die Matrixorganisation eine Reaktion auf die oben erwähnten Probleme in Linienorganisationen und wesentlich älter als die projektbasierte Organisation. Rein projektbasierte Organisationen sind eine relativ junge Erschei-

nungsform und eigentlich erst möglich geworden, seit man formale Kommunikations-
infrastrukturen und Berichtswege zwischen sich dynamisch formierenden organisatorischen Einheiten relativ schnell und doch flexibel aufbauen kann.

14.3.7 Visualisierung von Informationsstrukturen

In Kapitel 3 haben wir den Begriff der Informationsstruktur eingeführt und die Befehls-,
Berichts- und Kommunikationsstruktur einer Organisation unterschieden. Die visuelle
Repräsentation einer Organisation und ihrer Informationsstrukturen wird **Organigramm**
genannt. Abbildung 14.10 zeigt das Organigramm einer Organisation mit sechs Teams, hierarchischer Berichtsstruktur und Verbindungsperson-basierter Kommunikationsstruktur.

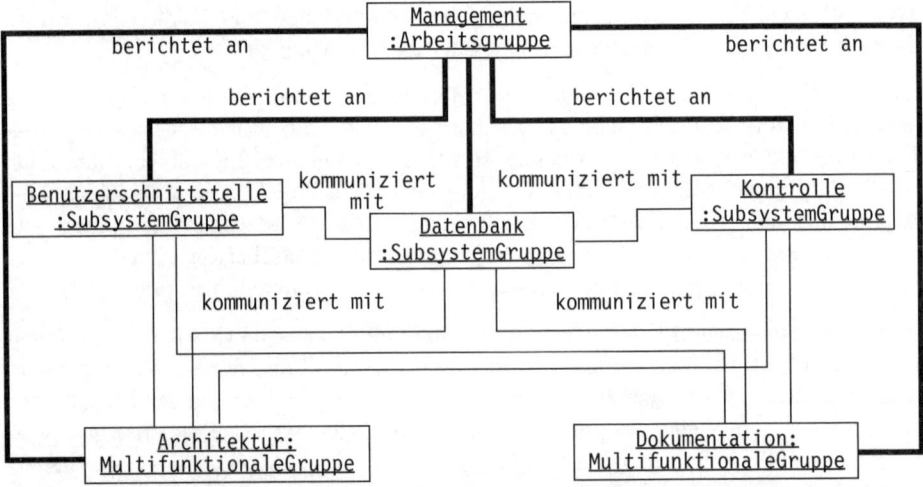

Abbildung 14.10:   Beispiel eines Organigramms einer teambasierten Organisation mit drei Sub-
system- und zwei multifunktionalen Arbeitsgruppen (UML-Objektdiagramm). Die Kanten zwischen
Management und allen anderen Gruppen bezeichnen die Berichtsstruktur. Alle anderen Assoziationen
repräsentieren Kommunikationswege.

Die Verbindungen zwischen den Arbeitsgruppen und dem Management – zur Klarheit
mit dicken Linien gezeichnet – repräsentieren die Berichtsstruktur; alle anderen Verbindungen stellen Kommunikationspfade dar. Die Verbindungen zwischen Subsystemgruppen repräsentieren Kommunikationspfade auf Grund von Abhängigkeiten zwischen den
Subsystemen.

Es ist üblich, in Organigrammen lediglich die Berichtsstruktur zu zeigen und auf das
Zeichnen der Kommunikationsverbindungen zu verzichten. Kommerziell verfügbare
Werkzeuge zum Zeichnen von Organigrammen unterstützen nur eine Struktur
(Abbildung 14.11). Es gibt mehrere Gründe, die Kommunikationsstrukturen auszulassen:
Erstens sind Organigramme ein Relikt aus der Zeit, in der hierarchische Organisationsfor-
men vorgeherrscht haben und es deshalb nicht nötig war, die verschiedenen Informations-

strukturen zu unterscheiden. Zweitens sind Kommunikationsstrukturen sehr dynamisch und werden oft erst bei Bedarf erzeugt, weshalb sie sehr schwierig zu dokumentieren sind. Als Projektleiter sollte man allerdings den Unterschied zwischen einer hierarchischen Struktur, die durch ein Organigramm dargestellt werden kann, und den verschiedenen zusätzlichen nichthierarchischen Interaktionsbeziehungen kennen. Überspitzt gesagt sollten Projektleiter über alle diese nicht dargestellten Verbindungen genau Bescheid wissen.

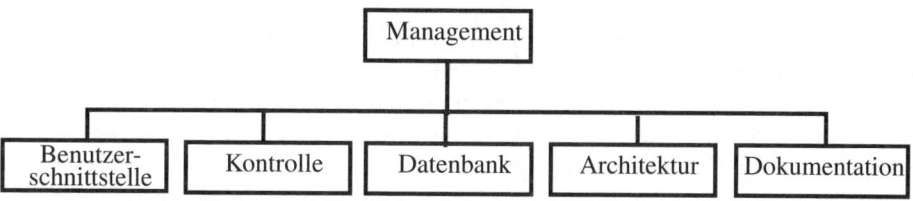

Abbildung 14.11: Visualisierung der Organisationsstruktur aus Abbildung 14.10 mit einem Organigramm. Die Berichts- und Kommunikationsstruktur wird nicht explizit gezeigt (Powerpoint-Diagramm)

14.3.8 Das Spektrum der Organisationsstrukturen

Projektleiter in Verbindungsperson-basierten Kommunikationsstrukturen haben ein interessantes Problem: Weil die Entwickler das beste technische Wissen über das zu entwickelnde System haben, sind sie eigentlich dafür prädestiniert, lokale Entscheidungen selbst zu treffen. Da sie jedoch lediglich lokale oder gruppenbasierte Kriterien anwenden, sind diese Entscheidungen oft aus der Sicht des gesamten Projekts nicht optimal, insbesondere wenn die Koordination zwischen den Arbeitsgruppen schwierig ist.

Abhängig davon, wie viel Entscheidungsfreiheit Entwickler haben dürfen, kann man ein ganzes Spektrum von Organisationsformen identifizieren – angefangen bei Modellen für strikt hierarchische Organisationen (wie z.B. das Militär), in denen Entscheidungen nur an der Spitze gefällt werden, bis zu Modellen für nichthierarchische Organisationen von kooperierenden Gruppen mit nichthierarchischen Berichts- und Kommunikationsstrukturen. Raymond [Raymond, 1998] bezeichnet die Enden dieses Spektrums als **Kathedralenmodell** und als **Bazarmodell**. Bis vor kurzem wurde angenommen, dass das Bazarmodell nur bei der Entwicklung von kleinen, einfachen Softwaresystemen oder von einem Team von Expertenprogrammierern benutzt werden konnte. Ähnlich dachte man über das Kathedralenmodell, von dem man annahm, dass nur mit ihm komplexe Systeme entwickelt werden können. Mittlerweile hat sich dieses Verständnis geändert.

Das Bazarmodell ist dann anwendbar, wenn die Probleme der Softwarearchitektur gut verstanden sind und die Entwurfsziele von allen Entwicklern gemeinsam unterstützt werden. Die Entwicklung des Linux[3]-Betriebssystems ist ein gutes Beispiel: Linux wurde in einem Open-Source-Projekt von tausenden von Entwicklern entwickelt. Die meisten die-

---

[3] Linux ist ein frei verfügbares Unix Betriebssystem von Linus Torvalds. Siehe http://www.linux.org/.

ser Entwickler haben sich persönlich nie getroffen. Sie hatten aber ein gemeinsames Verständnis von den Anforderungen, da die Funktionalität und Softwarearchitektur von Linux auf denen des bereits existierenden Unix-Systems beruhten. Die erfolgreiche Entwicklung von Linux mit dem Bazarmodell bereitete den Weg für viele andere Open-Source-Entwicklungen wie z.B. den Apache-Webserver und sogar für Entwicklungen von Produkten, die ursprünglich in der Industrie starteten, wie z.B. der Webseitenbetrachter Mozilla.

Die Komplexität der Anwendungsdomäne, der Erfahrungsgrad der Entwickler und des Managements, die geografische Verteilung und die Kommunikationsstruktur bestimmen letztendlich, wo eine Organisation im Spektrum steht. Viele Projekte beginnen mit einer Organisationsstruktur des Kathedralenmodells und bewegen sich in Richtung Bazarmodell, wenn die Entwickler sich näher kennen gelernt und Erfahrungen gesammelt haben und ein gemeinsames Modell des Systems entwickelt haben, mit dem sie alle übereinstimmen.

Ein guter Projektleiter muss auf derartige Änderungen in der Organisationsstruktur während der Dauer eines Projekts vorbereitet sein. Das Projekt kann beispielsweise mit einer hierarchischen Berichts- und Kommunikationsstruktur starten. Nachdem der Systementwurf verfestigt ist, können noch neue Subsysteme identifiziert werden, die eventuell neue multifunktionale Rollen und Aufgaben erfordern. Ähnlich können durch das bessere Verständnis des Systementwurfs Subsysteme entfallen und damit auch die ihnen zugeordneten Arbeitsgruppen. Sobald sich die Gruppenmitglieder kennen gelernt und auf ihre Arbeitsstile eingestellt haben, eröffnen sie ihre eigenen Kommunikationskanäle, oft ohne die offizielle Kommunikationsstruktur zu benutzen. Die Organisationsstruktur wird selten auf den neuesten Stand gebracht, um diese Änderungen zu reflektieren, was oftmals auch gar nicht möglich ist.

14.3.9   Der Softwareprojektmanagement-Plan

Die Managementmodelle, die wir soweit beschrieben haben, sind in Abbildung 14.12 zusammengefasst. Dies ist eine Verfeinerung des Modells, das wir in Kapitel 3 vorgestellt haben.

Wir haben drei Kompositionsmuster hinzugefügt, welche die Klassen Arbeitsprodukt, Aufgabe und Teilnehmer generalisieren. Außerdem sind die Klassen Aufgabenunterteilung und Organisation hinzugefügt, die für die Entwickler üblicherweise nicht sichtbar sind.

Die Managementmodelle sind ein wesentlicher Teil des **Softwareprojektmanagement-Plans** [IEEE Std. 1058.1-1993], oder kürzer **Softwareprojekt-Plans.** Man kann bereits anfangen, dieses Dokument zu schreiben, bevor das Projekt offiziell aus der Taufe gehoben wird. Man kann es auf den neuesten Stand bringen, wann immer Aufgaben beendet sind oder neue Prozeduren definiert oder verfeinert werden. Abbildung 14.13 zeigt eine mögliche Gliederung eines Softwareprojekt-Plans.

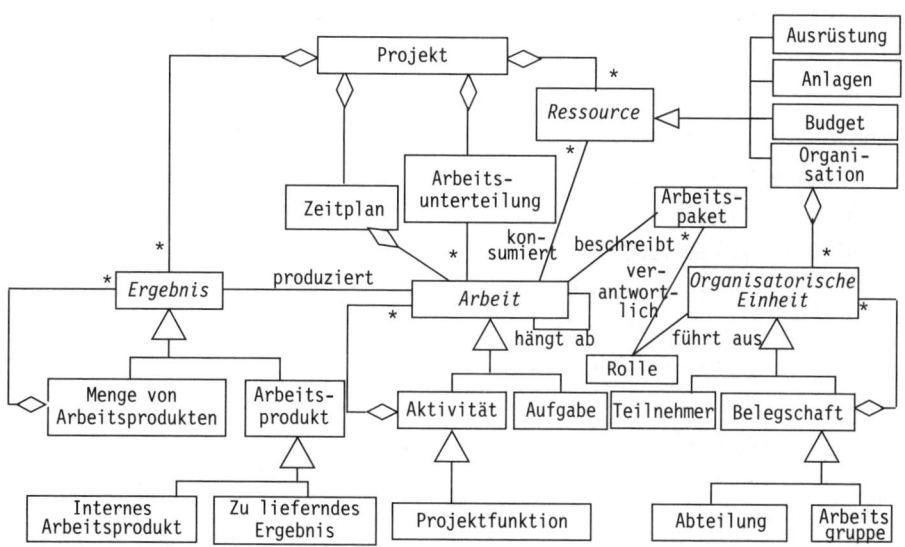

Abbildung 14.12:   Modell eines Projekts aus der Perspektive des Projektleiters. Dieses Modell ist eine Verfeinerung des Modells, welches wir in Kapitel 3 benutzt haben: Es enthält 3 zusätzliche Kompositionsmuster zur Verallgemeinerung der Klassen Arbeitsprodukt, Aufgabe und Teilnehmer (UML-Klassendiagramm)

Die Zielgruppe des Softwareprojekt-Plans sind das Management und die Entwickler. Der Plan dokumentiert alle Aspekte, die sich auf Projektanforderungen des Kunden beziehen (insbesondere Akzeptanzkriterien und zu liefernde Ergebnisse), die Projektziele, die Projektorganisation, die Aufgabenunterteilung und die Verteilung von Ressourcen, Rollen und Verantwortlichkeiten. Der erste Abschnitt im Projektplan, *Einführung*, liefert Hintergrundinformationen über den Rest des Dokuments. Er beschreibt kurz das Projekt, die zu liefernden Ergebnisse und die Projektmeilensteine. Dieser Abschnitt führt auch alle für die Entwickler relevanten Einschränkungen auf, die sich aus der Projektvereinbarung ergeben.

Der zweite Abschnitt des Projektplans beschreibt die Projektorganisation. Er beinhaltet die Namen der Mitglieder, die organisatorische Struktur der Arbeitsgruppen (Subsystem- und multifunktionale Gruppen). Die Verantwortungsbereiche der Arbeitsgruppen und des Managements werden beschrieben; die auszuführenden Arbeiten werden den Arbeitsgruppen zugeordnet. Kommunikationsrollen, wie die der Verbindungsperson werden ebenfalls in diesem Abschnitt beschrieben. Außerdem enthält dieser Abschnitt noch das Vorgehensmodell, nach dem sich das Projekt richten soll. Nach dem Lesen dieses Abschnitts müssen Entwickler wissen, an wen sie sich bei einem bestimmten Problem wenden müssen.

Der dritte Abschnitt des Projektplans, *Managementprozesse*, beschreibt, wie das Management den Projektstatus überwacht und auf unvorhergesehene Ereignisse reagieren will. Abhängigkeiten zwischen Teams und Subsystemen werden ebenfalls beschrieben. Befürchtete Risiken und Krisenpläne werden ebenfalls bekannt gemacht. Dies macht es für Entwickler wesentlich leichter, Probleme zu erkennen und zu berichten, wenn sie auf-

tauchen. Dieser Abschnitt sollte regelmäßig aktualisiert werden, wenn neue Risiken identifiziert worden sind.

Softwareprojektmanagement-Plan

1. Einführung
   1.1 Projektüberblick
   1.2 Zu liefernde Ergebnisse
   1.3 Evolution dieses Dokumentes
   1.4 Referenzen
   1.5 Definitionen und Akronyme
2. Projektorganisation
   2.1 Prozessmodell
   2.2 Organisationsstruktur
   2.3 Organisatorische Grenzen und Schnittstellen
   2.4 Verantwortlichkeiten
3. Managementprozesse
   3.1 Ziele und Prioritäten
   3.2 Annahmen, Abhängigkeiten und Einschränkungen
   3.3 Risikomanagement
   3.4 Überwachungs- und Steuerungsmechanismen
4. Technische Prozesse
   4.1 Methoden, Werkzeuge und Techniken
   4.2 Softwaredokumentation
   4.3 Projektfunktionen
5. Arbeitselemente, Zeitplan und Budget

Abbildung 14.13: Beispiel für die Gliederung eines Softwareprojektmanagement-Plans

Der vierte Abschnitt, *Technische Prozesse*, beschreibt die technischen Standards, die von
allen Teams übernommen werden müssen. Dies beinhaltet die Entwurfsmethodologie, die
Konfigurationsmanagementstrategie für Dokumente und Quelltext, Richtlinien für die
Programmierungs und die Auswahl von Standardkomponenten. Einige dieser Standards
und Richtlinien werden durch unternehmensinterne Interessen, andere durch den Kunden
bestimmt.

Der fünfte Abschnitt, *Arbeitselemente, Zeitplan und Budget*, repräsentiert die sichtbarsten
Managementprodukte. Dieser Abschnitt beschreibt detailliert die zu verrichtende Arbeit
und von wem sie auszuführen ist. Die anfängliche Version des Softwareprojekt-Plans
beschreibt dabei nur die Frühphasen des Projekts. Ausführliche Pläne für spätere Phasen
werden erst eingeführt, wenn das Projekt fortgeschritten ist und wichtige Risiken besser
verstanden sind.

Eine erste Version des Softwareprojekt-Plans sollte vom Projektleiter bereits während der Projektdefinitionsphase geschrieben werden, wobei es dabei mit dem Softwarearchitektur-Dokument koordiniert werden muss.

Die ersten Versionen des Softwareprojektplanes und der Softwarearchitektur sollten als *vorläufige* Dokumente angesehen und erst wesentlich später im Projekt endgültig festgelegt werden. Wir empfehlen insbesondere, eine Basislinie erst nach der Anforderungsanalyse zu erstellen. Erst dann werden alle Projektteilnehmer ein erstes gemeinsames Verständnis der Anforderungen und die zu verrichtende Arbeit haben. Besonders die Basislinie für die Aufgabenunterteilung sollte in Zusammenarbeit mit den Entwicklern erstellt werden. Das vollständige Dokument sollte dann in einem gemeinsamen Treffen von Management und Entwicklern überprüft werden, um sicherzustellen, dass die geplanten Arbeiten und der Zeitplan machbar sind und keine wichtigen Risiken übersehen wurden.

Der Softwareprojekt-Plan sollte immer dann aktualisiert werden, wenn Entscheidungen Einfluss auf das Ergebnis des Projekts haben. In sehr großen Projekten sollte diese Tätigkeit eine Projektfunktion sein und es ist zu überlegen, ob man dies als Rolle einer separaten Person zuordnet.

In kleineren Projekten wird die Rolle des Planers im Allgemeinen dem Projektleiter zugeteilt. Da dann eine konstante Aktualisierung des Softwareprojekt-Plans wegen der hohen zeitlichen Belastung ziemlich schwierig wird, lässt man in der Praxis die Aktualisierung oft aus. Bei mittelgroßen Projekten schlagen wir vor, drei Versionen zu erzeugen: die anfängliche Version als Stütze in der Projektvorbereitungsphase, die Basislinien-Version nach der Unterzeichnung der Projektvereinbarung und eine finale Version am Ende des Projekts als Grundlage für die Postmortem-Analyse.

14.4 Aktivitäten im Projektmanagement

In diesem Abschnitt beschreiben wir die typischen Aktivitäten eines Projektleiters in einem gruppenbasierten Softwareprojekt, wobei wir die Projektkonzeptionsphase nicht behandeln, sondern uns auf die Projektdefinitionsphase konzentrieren.

Die wichtigsten Aktivitäten eines Projektleiters während der Projektdefinition sind die Aufstellung der Organisationsstruktur, die Identifikation von Arbeitseinheiten und Rollen sowie die Aufstellung eines groben Zeitplans. Gruppenleiter kommen erst am Ende der Definitionsphase zum Projekt dazu und werden dann hauptsächlich mit der Begleitung und dem Management ihrer Teams zu tun haben. Wichtig ist, dass die Gruppenleiter über Projektdefinitionsaktivitäten und Interaktionen mit dem Kunden informiert werden, die vor ihrer Beteiligung durchgeführt worden sind. Diese Managementaktivitäten beschreiben wir nun etwas detaillierter:

- *Projektplanung* (Abschnitt 14.4.1): In dieser Phase werden das Problem definiert, der Netzplan umrissen, die Organisationsstruktur identifiziert und Schätzungen für die benötigten Ressourcen, wie Personal und Finanzen, durchgeführt.

■ *Projektorganisation* (Abschnitt 14.4.2): Einstellung von Mitarbeitern, Durchführung von Eignungstests, Zuordnung von Rollen und Verantwortlichkeiten, Organisation des Projektanstoßtreffens und die Vorbereitung und Durchführung von Tutorien.

■ *Projektsteuerung* (Abschnitt 14.4.3): Risikomanagement und Erstellen der Projektvereinbarung.

■ *Projektbeendigung* (Abschnitt 14.4.4): Durchführung des Kundenakzeptanztests, Installation des Systems und Postmortem-Analyse.

14.4.1   Projektplanung

Die Projektplanung konzentriert sich auf die Definition des Problems, die Planung einer Lösung und die Abschätzung von Ressourcen und führt zu folgenden Arbeitsprodukten (Abbildung 14.14):

■ Die **Problembeschreibung** ist ein kurzes Dokument, in dem das zu lösende Problem, die Zielumgebung, zu liefernde Ergebnisse und Akzeptanzkriterien beschrieben werden. Die Problembeschreibung kann als Saat sowohl für die *Projektvereinbarung* gesehen werden, die das gemeinsame Verständnis zwischen Kunden und Management formalisiert, als auch für das *Lastenheft*, das dann eine präzisere Beschreibung des zu entwickelnden Systems enthält.

■ Der **Grobentwurf** repräsentiert die erste Dekomposition des Systems in Subsysteme. Der Grobentwurf stellt gewissermaßen die Saat für das *Systementwurfs-Dokument* dar, das dann eine präzisere Beschreibung der Softwarearchitektur des zu entwickelnden Systems enthält. Zunächst dient das Dokument als Basis für die Beschreibung der ersten Arbeitspakete für die Teams: Jedes Subsystem wird zunächst einem Team zugeordnet.

■ Der **Softwareprojektmanagement-Plan** beschreibt alle Managementaspekte des Projekts, insbesondere die Aufgabenunterteilung, den Zeitplan, die Organisation, die Arbeitspakete und das Budget.

Wenn man den Entwurf der Softwarearchitektur bereits zu Beginn des Projekts in Angriff nimmt, also noch vor der Analysephase, dann sprechen wir von *architekturzentrischem* Projektmanagement. Ein zentrales Merkmal dieser Art von Management ist die parallele Erstellung des Grobentwurfs und des Projektplans. Das Vorverlagern der Systemzerlegung in der ersten Phase des Projekts ist eine Abweichung von herkömmlichen Projektmanagementmethoden. Im Universitätsbereich und bei kleinen Projekten werden die Rollen des Projektleiters und des Softwarearchitekten oft von derselben Person übernommen. Dies erfordert einen hochmotivierten Manager, der auch technisch kompetent ist. In größeren Projekten werden diese Rollen im Allgemeinen von verschiedenen Personen übernommen. Dann ist es sehr wichtig, dass der Softwarearchitekt und der Projektleiter gut als Team zusammenarbeiten, dass die Verantwortungen zwischen Management und technischen Entscheidungen gut aufgeteilt sind und von beiden Personen getragen werden [Paulish, 2001].

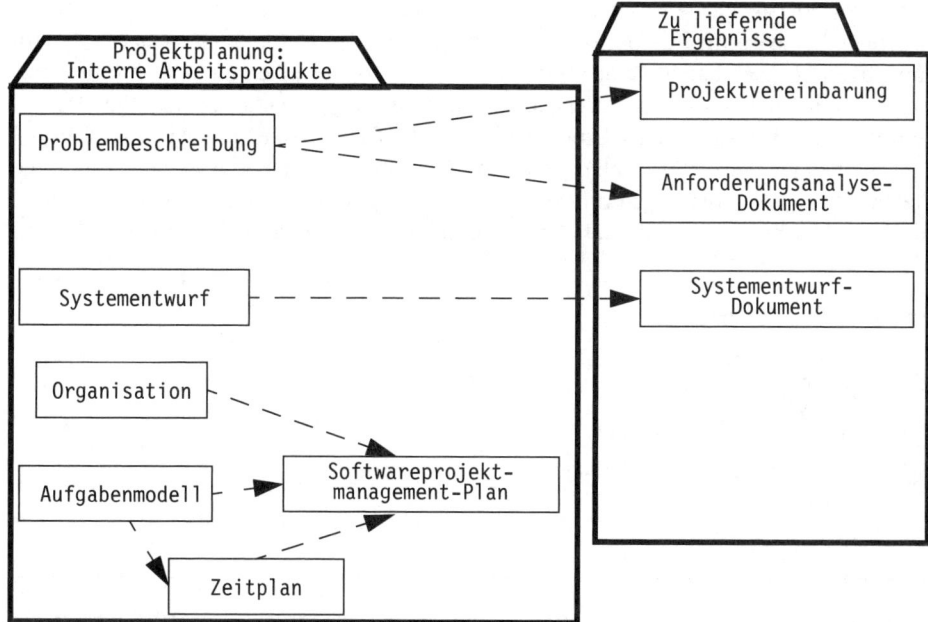

Abbildung 14.14: Arbeitsergebnisse, die während der Projektplanung erzeugt werden und ihre Beziehungen zu den zu liefernden Ergebnissen (UML-Klassendiagramm)

Erstellung der Problembeschreibung

Die *Problembeschreibung* wird in Zusammenarbeit vom Projektleiter und Kunden erstellt. Das Ziel ist ein beiderseitiges Verständnis der Probleme des zu bauenden Systems. Die Problembeschreibung erläutert die derzeitige Ausgangssituation, die Funktionalität, die das neue System unterstützen muss, und die Umgebung, in der das System dann eingesetzt werden soll. Sie enthält auch die zu liefernden Ergebnisse, Akzeptanzkriterien sowie einen Zeitplan für die Lieferung. Die Problembeschreibung enthält üblicherweise auch noch alle Einschränkungen des Kunden bezüglich der Entwicklungsumgebung, wie beispielsweise die Festlegung auf eine bestimmte Programmiersprache. Die Problembeschreibung ist nicht alspräzise oder komplette Spezifikation des Systems, sondern eher die Kurzbeschreibung der zwei Dokumente, Lastenheft und Projektplan, die dann aus ihr entstehen.

Die Erstellung der Problembeschreibung ist ein iterativer Vorgang, der sowohl komplizierte Verhandlungen als auch einfach das Sammeln von Informationen beinhaltet. In diesen Phasen lernen beide Parteien die Erwartungen und Einschränkungen der anderen Seite kennen. Die Funktionalität des Systems wird auf hoher Ebene beschrieben. Die Problembeschreibung sollte auch einige konkrete Szenarien enthalten, die zeigen, dass beide Seiten dieselbe Vision teilen. Szenarien sollten für die Beschreibung der derzeitigen und der erwünschten Situation benutzt werden (siehe Kapitel 4, *Anforderungsermittlung*).

Abbildung 14.15 zeigt beispielhaft die Gliederung einer Problembeschreibung. Der erste Abschnitt beschreibt die Anwendungsdomäne und das Problem. Abschnitt 2 liefert einige Beispielszenarien, welche die Interaktion des Endbenutzers mit dem System illustrieren.

Dabei können sowohl Ist-Szenarien als auch visionäre Szenarien beschrieben werden. Abschnitt 3 enthält eine Zusammenfassung der funktionalen Anforderungen an das System und Abschnitt 4 beschreibt die nichtfunktionalen Anforderungen einschließlich Einschränkungen vom Kunden, wie zum Beispiel die Wahl der Programmiersprache, die Wiederverwendung von Komponenten und organisatorische Einschränkungen, wie zum Beispiel den Einsatz einer separaten Arbeitsgruppe zum Testen des Systems. Abschnitt 5 stellt die Zielumgebung, Anforderungen an die Plattform, die physikalische Umgebung, Benutzer usw., dar. Abschnitt 6 listet die zu liefernden Ergebnisse mit ihren Lieferterminen auf.

Problembeschreibung

1. Problembereich

2. Szenarien

3. Funktionale Anforderungen

4. Nichtfunktionale Anforderungen

5. Zielumgebung

6. Zu liefernde Ergebnisse & Liefertermine

Abbildung 14.15:   Gliederung einer Problembeschreibung. Abschnitte 2, 3, 4 und 5 enthalten keine vollständige oder präzise Beschreibung des Systems, sondern sind als Ausgangspunkt die für Anforderungsermittlung zu verstehen. Abschnitt 6 hingegen beschreibt die vertraglich vereinbarten zu liefernden Ergebnisse und Liefertermine.

Erstellung des Grobentwurfs

Der Grobentwurf beschreibt die Softwarearchitektur des Systems auf hoher Abstraktionsebene und wird vom Softwarearchitekten erstellt. Falls ein Projektleiter diese Aufgabe übernimmt, muss sichergestellt sein, dass er die technische Expertise dafür besitzt.

Die Subsystembeschreibung konzentriert sich dabei auf die Funktionalität der Subsysteme. Der Softwarearchitekt identifiziert die Subsysteme und die bereitzustellenden Dienste. Schnittstellen werden in diesem Dokument noch nicht definiert.

In der Projektstartphase dient die Systemzerlegung als Basis für die organisatorischen Einheiten. Jedes Subsystem wird einer Arbeitsgruppe zugeordnet, die für die Definition und Realisierung verantwortlich ist, Subsystemabhängigkeiten identifiziert und Schnittstellen mit anderen Teams aushandelt, wenn dies notwendig wird.

Die Subsystembeschreibung sollte unverändert bleiben, bis die Analysephase ein stabiles Systemmodell produziert hat, und erst während der Systementwurfsphase verändert werden (siehe Kapitel 6, *Systementwurf: Systemzerlegung*). Dies gilt vor allem dann, wenn neue Subsysteme gefunden werden. In diesem Fall ist es auch oft notwendig zu überlegen, ob die Organisationsstruktur geändert werden sollte, um den neuen Entwurf zu reflektieren.

Identifizierung der zu verrichtenden Aufgaben

Es gibt verschiedene Methoden, um die Aufgabenunterteilung zu ermitteln. Die am häufigsten benutzte Vorgehensweise beruht auf funktionaler Dekomposition. Die Aufgabenunterteilung kann zum Beispiel auf den Anwendungsfällen aus der Analysephase beruhen (siehe Tabelle 14.4).

Anwendungsfall	Aufgabenunterteilung
Authentifiziere	1. Realisiere den Anwendungsfall Authentifiziere
	1.1. Entwicklung der Benutzerschnittstelle (Anmelden, PIN ändern)
	1.2. Realisierung des Authentifizierungsprotokolls mit dem Server
	1.3. Eröffnung eines Kontos
Hebe_Geld_Ab	2. Realisiere den Anwendungsfall Hebe_Geld_Ab
	2.1. Entwicklung der Benutzerschnittstelle (Konto auswählen, Betrag angeben)
	2.2. Realisierung der Kommunikation mit dem Server
	2.3. Genehmigung einer Anfrage
	2.4. Entwickle die Schnittstelle für den Geldlieferanten
Löse_Scheck_Ein	3. Realisiere den Anwendungsfall Löse_Scheck_Ein
	3.1. Entwicklung der Benutzerschnittstelle (Scheckaufforderung und -eingabe)
	3.2. Realisierung der Kommunikation mit dem Server
	3.3. Aufzeichnen der Einzahlung
	3.4. Schnittstelle für den Etikettendrucker

Tabelle 14.4: Beispiel einer funktionalen Aufgabenunterteilung am Beispiel eines einfachen Geldautomaten.

Die Funktionen des Produkts können ebenfalls zur Definition der Arbeitsaufgaben benutzt werden. Dies ist bei Projekten mit hohem Risiko sehr oft der Fall, in denen die Systemfunktionalität inkrementell in einer Serie von Prototypen realisiert wird. Wenn das System beispielsweise drei Hauptfunktionen bereitstellt, könnte die Aufgabenunterteilung darin bestehen, diese Funktionen in einer Serie von drei Prototypen bereitzustellen. Im Gegensatz hierzu ist es ebenfalls möglich, die Aufgaben objektorientiert zu identifizieren. Wenn beispielsweise ein Produkt aus fünf Komponenten besteht, dann hat eine objektorientierte Aufgabenunterteilung fünf Aufgaben, die mit der Konstruktion jeder dieser Komponenten assoziiert sind. Die Subsystembeschreibung erlaubt eine ganz einfache Aufteilung der Systementwicklung in Aufgaben. Abbildung 14.16 zeigt die Aufgabenunterteilung für ein aus drei Subsystemen bestehendes System. Eine weitere Möglichkeit ist eine Aufgabenunterteilung nach geografischen Gesichtspunkten. Wenn das Projekt Entwicklergruppen in verschiedenen geografischen Regionen hat, dann ist es sinnvoll, die Aufgaben für jede dieser Gegenden zu bestimmen. Eine weitere Art der Aufgabenunterteilung ist auf Basis der Organisation. Sie identifiziert die Aufgaben nach den

Projektteilnehmern (in kleinen Projekten) oder nach den organisatorischen Einheiten, z.B. Forschung, Vertrieb, Entwicklung und Verkauf (in großen Organisationen). Unabhängig von der spezifischen Methode lautet das Ziel, die Arbeit so in erfüllbare Aufgaben aufzuteilen, dass der Aufwand für die Aufgaben leicht einzuschätzen ist und dass sie von jeweils einer Person ausgeführt werden können.[4]

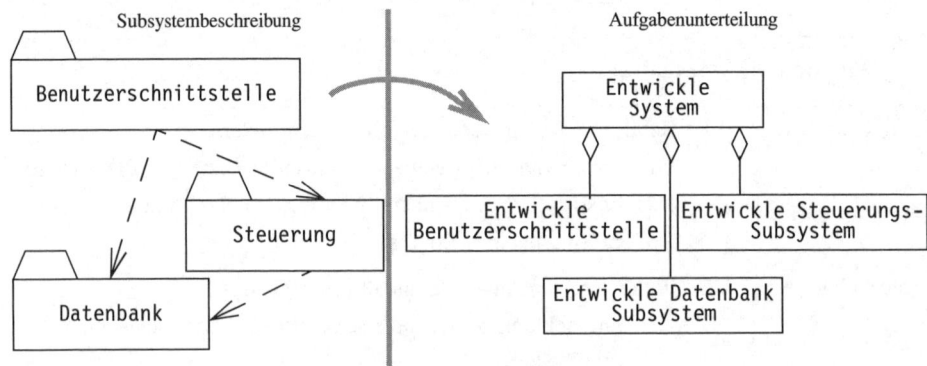

Abbildung 14.16: Beispiel einer objektorientierten Aufgabenunterteilung, der aufbauend auf der Subsystembeschreibung Arbeitsschritte und Aufgaben identifiziert (UML-Objektdiagramm)

Beim Erzeugen einer Aufgabenunterteilung haben sich folgende Heuristiken als nützlich erwiesen:

■ *Wiederverwenden von existierenden Aufgabenunterteilungen.* Projektleiter sollten mit Personen sprechen, die bereits an Projekten mit ähnlichen Aufgabenstellungen gearbeitet haben.

■ *Einbeziehen wichtiger Entwickler.* Entwickler mit Expertenwissen über die Lösungsdomäne sollten auf jeden Fall in die Identifizierung der Aufgabenunterteilung einbezogen werden. Wenn sie dem Projekt erst beitreten, nachdem die Aufgabenunterteilung stattgefunden hat, sollten sie unbedingt noch die Möglichkeit haben, diese Aufteilung zu überprüfen und zu kritisieren, bevor sie mit ihrer Arbeit beginnen.

■ *Identifizieren von Lücken.* Die gesamte zu verrichtende Arbeit muss in Aufgaben aufgeteilt werden. Mit einer Aktivität verbundene Arbeit muss letztendlich irgendwann durch eine Aufgabe bezeichnet sein. Wenn neue Arbeit und damit eine neue Aufgabe auftaucht, muss eine Aktivität gefunden werden, die diese Aufgabe enthält.

■ *Identifizieren von Überlappungen.* Ein- und dieselbe Aufgabe darf nicht in mehr als einer Aktivität enthalten sein. Der Projektleiter sollte beispielsweise nicht Entwickler bitten, Subsystemtests durchzuführen, wenn diese Tests bereits von einer separaten Testgruppe erledigt worden sind.

---

[4]   In jedem Projekt gibt es Tätigkeiten, wie z.B. Essen oder zur Arbeit fahren, die nicht als Teil einer Aufgabenunterteilung erwogen werden sollten, d.h. die Projektteilnehmer müssen über diese Tätigkeiten keine Rechenschaft ablegen. Manager, die auch diese Tätigkeiten zu regulieren versuchen, werden oft Mikromanager genannt, da sie versuchen auch noch Aufgaben auf der untersten Ebene zu managen.

Erzeugung des anfänglichen Zeitplans

Sobald temporäre Abhängigkeiten etabliert sind und man den zeitlichen Aufwand jeder Aufgabe geschätzt hat, kann man einen Zeitplan erstellen. Schätzungen werden oft aufgrund der Erfahrung aus vorherigen Projekten gemacht, aber häufig ergibt das nicht die gewünschte Präzision.

Leider gibt es keine präzisen Schätzmodelle für ein gesamtes Projekt. Eine Lösung ist es, mit einem vorläufigen Zeitplan zu beginnen, der Termine enthält, die mit allen Projektbeteiligten, insbesondere dem Kunden und dem Projektleiter, abgesprochen wurden. Diese Termine werden im Allgemeinen so großzügig gewählt, dass sie leicht einzuhalten sind, auch wenn sich während des Projekts Änderungen ergeben.

Der vorläufige Zeitplan sollte für die ersten Projektwochen bereits detaillierte Angaben enthalten, insbesondere die Termine für das Projektanstoßtreffen, für die erste Gruppenbesprechung und für etwaige Trainingskurse. Der Rest des Projektzeitplans braucht noch keine Einzelheiten und sollte auf keinen Fall detaillierter sein als der in der Problembeschreibung enthaltene Zeitplan. Der Zeitplan ist also als Vorschlag anzusehen, der vom Softwarearchitekten und den Subsystemgruppen noch untersucht und revidiert wird, bevor er für alle Projektbeteiligten bindend wird.

Nach der ersten Gruppenbesprechung fangen alle individuellen Arbeitsgruppen sofort mit der ersten Revision der Subsystembeschreibung an, wobei sie sich auf Entwurfs- und Managementprobleme wie die Systemzerlegung und die Aufgabenunterteilung konzentrieren sollten.

Diese Planung kann von den Arbeitsgruppen parallel zur Analyse und zum Systementwurf durchgeführt werden. Alle neu identifizierten Tätigkeiten und Aufgaben sollten am Ende der Analysephase in einer formalen Lagebesprechung präsentiert werden. Das Ergebnis dieses Planungstreffens ist für gewöhnlich eine Revision der Aufgabenunterteilung und der Softwarearchitektur. Diese Revision wird die Grundlage für die zweite Version des Projektplans, der daraufhin als Basislinie für die Projektvereinbarung dienen kann.

Zeitplanung erfordert ein fortwährendes Schließen von Kompromissen zwischen benötigten Persone, Budget, Zeit sowie gewünschter Funktionalität. Das konstante Revidieren eines Zeitplans ist eine komplizierte Aktivität, besonders wenn die Projektbeteiligten Verpflichtungen in mehr als einem Projekt haben. Die Beschreibung von Techniken zum Auflösen von Konflikten für überbeanspruchte Ressourcen sprengt den Rahmen dieses Buches, weshalb auf sie verzichtet wird.

14.4.2   Projektorganisation

In der Projektstartphase teilt der Projektleiter die Arbeitsgruppen aufbauend auf dem Grobentwurf ein, stellt die Kommunikationsinfrastruktur auf und organisiert das Projektanstoßtreffen.

Die Aktivitäten in der Projektstartphase sind besonders bei projektbasierten Organisationen wichtig und müssen fast immer unter Zeitdruck durchgeführt werden. Das Hauptproblem ist, dass sich die Projektbeteiligten noch nicht gut kennen und insbesondere noch keine Zeit hatten, ihre verschiedenen Persönlichkeiten und Arbeitsstile gegenseitig zu entdecken.

Ganz wichtig ist, dass der Projektleiter die diversen Verantwortlichkeiten im Projekt sofort bekannt macht.

Etablierung der Kommunikationsinfrastruktur

Klare und gute Kommunikation ist für den Erfolg eines Softwareentwicklungsprojekts ausschlaggebend, besonders, wenn die Anzahl der Projektteilnehmer größer wird. Aus diesem Grund ist es wichtig, die Kommunikationsinfrastruktur so früh wie möglich bereitzustellen. Der Projektleiter muss dabei folgende Kommunikationsarten unterstützen:

- *Geplante Kommunikation* beinhaltet Meilensteintreffen wie beispielsweise Projektprüfungen, Gruppenstatusbesprechungen und Inspektionen. Dabei handelt es sich um formelle Mittel, durch die Projektbeteiligte Informationen sammeln und teilen. Sie werden am besten durch synchrone oder persönliche Kommunikation, wie Besprechungen, Präsentationen, Video- oder Telefon-Konferenzen, unterstützt. Der Projektleiter bestimmt die Termine und die Moderatoren für jede dieser Interaktionen.

- *Ereignisgesteuerte Kommunikation* beinhaltet Problemberichte, Änderungsanforderungen, Diskussionen und Entscheidung von offenen Problemen. Sie kommt vor allem bei unvorhergesehenen Problemen und Krisen vor. Asynchrone Mechanismen wie E-Mail-Systeme, Groupware-Systeme und Problemdatenbanken müssen frühzeitig aufgesetzt und den Projektbeteiligten vertraut gemacht werden. Wenn die Anzahl der Beteiligten sehr groß ist, sind zentralisierte Infrastrukturen wie das Internet und Foren vorzuziehen, da sie die Informationen sichtbarer machen als E-Mail-Systeme oder bilaterale Gespräche.

Identifizierung von Fähigkeiten

Nachdem die vorläufige Aufgabenunterteilung und der Netzplan erstellt worden sind, muss der Projektleiter bestimmen, welche Fähigkeiten für die einzelnen Aufgaben notwendig sind. Aufgaben Anforderungsermittlung erfordert ein breites Wissen in der Anwendungsdomäne; Diskussionen mit dem Kunden erfordern effektive Kommunikationsfähigkeiten.

Testaufgaben erfordern die Fähigkeit, qualitätsorientiert zu denken und sich auf Details konzentrieren zu können. Im Allgemeinen erfordert ein Softwareentwicklungsprojekt eine Anzahl von unterschiedlichen Fähigkeiten:

- *Kenntnisse in der Anwendungsdomäne* beinhaltet Wissen über den Anwendungsbereich, Spezialbegriffe und Prozeduren wie zum Beispiel Berechnungen von Kreditraten in Bankanwendungen.

- *Kommunikationsfähigkeiten*, um mit anderen Interessenvertretern kommunizieren zu können, die nicht notwendigerweise mit den Begriffen der Softwareentwicklung oder dem Anwendungsbereich vertraut sind, die Fähigkeit zusammenzufassen und komplexe Ideen zu präsentieren, zu verhandeln und Übereinstimmungen zu erzielen.

- *Technische Fähigkeiten* bestimmter Technologien, die im Projekt benutzt werden. Diese beinhalten Programmierkenntnisse, Komponentenwissen, die Fähigkeit, Risiken und Engpässe in einem Softwareentwurf einzuschätzen oder provisorische Lösungen für unerwartete Probleme zu finden.

- *Qualitative Fähigkeiten* zur detaillierten Vorgehensweise, Grenzfälle zu erkennen, entsprechende Testfälle zu formulieren und auch die Fähigkeit, Anweisungen zu befolgen.

- *Managementfähigkeiten*, um Personalentscheidungen zu treffen, Motivationen richtig einzuschätzen, Rat zu geben und Projektrisiken abschätzen zu können.

Während der Organisation des Projekts müssen Individuen identifiziert werden, die die richtige Kombination von Fähigkeiten für die gestellten Aufgaben haben. Dies kann mithilfe der Fähigkeitsmatrix geschehen (siehe Abschnitt 14.3.5). In projektbasierten Organisationen ist es vorteilhaft, die Fähigkeiten der Projektteilnehmer in Profilen zu speichern. Diese Profile ändern sich dann, wenn Projekterfahrungen gesammelt oder Kurse besucht werden. Auch für Ressourcen außerhalb der Organisation (z.B. freie Mitarbeiter) kann man ein derartiges Profil erstellen, das dann eine Kombination von Selbsteinschätzung (Resumé) und Einschätzung durch den Projektleiter oder die Organisation ist (Interviews, Tests). Die Menge aller Profile repräsentiert das Kompetenzniveau einer projektbasierten Organisation.

Zuweisung von Managementrollen

Ein Mitarbeiter, der Managementaufgaben übernehmen soll, muss drei Fähigkeiten haben: die Fähigkeit zu kommunizieren, Risiken früh zu erkennen und Managemententscheidungen von technischen Entscheidungen trennen zu können. Managementrollen werden immer individuellen Projektteilnehmern zugewiesen. Eine Rolle wie „Gruppenleiter" kann nicht effektiv ausgeführt werden, wenn sie auf mehrere Personen aufgeteilt wird. Dies liegt daran, dass ein Gruppenleiter als *Kommunikationsverbindung* zwischen Projektleiter und Arbeitsgruppe agiert und daher ein konsistentes Bild des Status kommunizieren muss. Außerdem muss er manchmal zeitkritische Entscheidungen treffen und dabei den Konsens der Entwickler suchen. Andere Managementrollen wie Verbindungspersonen – zur Verbesserung der Kommunikation zwischen den Arbeitsgruppen – erfordern denselben Grad von Konsistenz und können deshalb auch nur von einer Person ausgeführt werden.

Zuweisung von technischen Rollen

In kleinen Projekten übernimmt der Projektleiter oft auch die Rolle des Softwarearchitekten. Dies ist vorteilhaft, da Management- und technische Aktivitäten auf höherer Ebene oft sehr eng verknüpft sind. Der Nachteil ist der höhere Zeitaufwand, der oft zur Arbeitsüberlastung des Projektleiters führt. Aus diesem Grund sollten die beiden Rollen verschiedenen Personen zugewiesen werden.

Technische Rollen können auch einem Team zugewiesen werden. Komplexe Softwareprojekte haben oft ein separates Team, das für das Testen des Systems zuständig ist.

Sobald ein Projektleiter die Verantwortlichkeiten festgelegt hat, ist es die Aufgabe der Gruppenleiter, den einzelnen Teammitgliedern auf Grund ihrer Verfügbarkeit und ihrer Fähigkeiten spezifische Aufgaben zuzuweisen. Technische Rollen erfordern nicht dasselbe Niveau von Konsistenz wie Managementrollen, da die Aufgaben klarer definiert werden können und die Koordination mit anderen Rollen durch Management und Verbindungspersonen durchgeführt wird.

Fehlende Fähigkeiten

Die für ein Projekt erforderlichen Fähigkeiten sind selten alle vorhanden (d.h. nicht alle Reihen in der Fähigkeitsmatrix können einer Spalte zugeordnet werden). Ein Grund hierfür ist sicherlich der schnelle technologische Fortschritt. Projektleiter müssen deshalb zu Beginn eines Projekts diese fehlenden Fähigkeiten identifizieren und einen Plan erstellen, wie die Mitarbeiter sich diese aneignen können. Dies Training kann formell durch unternehmensinterne oder öffentliche Kurse erfolgen, aber auch durch Ausbildung am Arbeitsplatz selbst. Beide Möglichkeiten muss der Projektleiter evaluieren. Weiterbildung erlaubt es Entwicklern, schneller produktiv zu sein; sie ist allerdings oft teurer und deshalb eine langfristige Investition, von der auch zukünftige Projekte profitieren. Ausbildung am Arbeitsplatz wird oft aus Kostengründen vorgezogen, besonders wenn die Trainingsentscheidung kurzfristig zu treffen ist. In diesem Fall sollte der Projektleiter die Gruppen so zusammenstellen, dass jede Gruppe mindestens einen erfahrenen Mitarbeiter hat. Dieser kann die technische Führung übernehmen und auch als Mentor für die unerfahrenen Mitarbeiter seines Teams dienen, um ihnen die fehlenden Fähigkeiten beizubringen.

Partnerschaftliche Programmiertechniken, in denen zwei Programmierer einen Rechner teilen und an einer einzelnen Aufgabe zusammenarbeiten, wie sie beispielsweise in der extremen Programmierung (siehe Kapitel 16, *Methodologien*) benutzt werden, sind eine von vielen Möglichkeiten, neue Fähigkeiten im Projekt mit geringem Aufwand an Ausbildung zu schulen.

Gruppengröße

Technisch gesehen könnte man die Größe einer Arbeitsgruppe durch die Anzahl aller zu erledigenden Aufgaben bestimmen. Aus Gründen des Managements und zur Erleichterung der Kommunikation kann eine Arbeitsgruppe allerdings nicht beliebig groß sein. Je größer sie wird, desto größer wird der Aufwand der Kommunikation zwischen Mitgliedern, wodurch sich im Allgemeinen die Effektivität der Arbeitsgruppe verringert.

Heuristiken helfen die ideale Größe einer Arbeitsgruppe zu bestimmen. Einige interessante Ratschläge für die Bestimmung der Größe kommen von Kayser [Kayser, 1990], der sie ursprünglich für das Formieren von Untergruppen bei Besprechungen formulierte.

Besprechungen sind in Softwareprojekten ein wesentliches Instrument zur Bestimmung des Projektstatus, für Verhandlungen und zum Treffen von Entscheidungen. Aus diesem Grund sind Kaysers Ratschläge für die Anzahl der Teilnehmer in Besprechungen auch sinnvolle Heuristiken für die Größe von Arbeitsgruppen in Softwareprojekten:

- *Drei Mitglieder.* In Besprechungen gibt es Zeit genug, dass jedes Mitglied seine Meinung äußern kann. Offene Probleme können im Allgemeinen sehr gründlich diskutiert und auch schnell gelöst werden. Ein Nachteil bei dieser Größe ist es, dass ein Mitglied die anderen beiden dominieren kann. Kleine Arbeitsgruppen leiden auch daran, dass jeder Teilnehmer mehrere Rollen übernehmen muss.

- *Vier Mitglieder.* Eine Gruppe dieser Größe kann oft auch dann weiterarbeiten, wenn ein Mitglied ausfallen sollte. Übereinstimmende Beschlüsse sind im Allgemeinen schwieriger zu erreichen, da bei Abstimmungen Stimmengleichheit möglich ist. Deshalb dauer der Entscheidungsprozess länger.

- *Fünf und sechs Mitglieder.* Hier handelt es sich um die ideale Größe für eine Arbeitsgruppe. Die Mitglieder können sich noch persönlich treffen. Unterschiedliche Meinungen sind nicht lähmend, sondern erzeugen eine kreative Atmosphäre. Auch die Zuweisung von Rollen ist leichter, weil jedes Mitglied im Allgemeinen Aufgaben bekommen kann, ohne überlastet zu werden.

- *Sieben Mitglieder.* Dies ist immer noch eine relativ effektive Größe, allerdings haben Besprechungen die Tendenz, sehr lang zu dauern. Schon der Überblick über den Status dauert dann oft mehr als eine halbe Stunde. Bei dieser Größe sollte der Projektleiter Untergruppen formieren – insbesondere bei offiziellen Besprechungen – und jedes dieser Untergruppen beauftragen, eine Untermenge der offenen Probleme auf der Tagesordnung anzupacken und zu lösen.

- *Acht und mehr Mitglieder.* Gruppen dieser Größe sind schwer zu managen. Die interne Struktur bricht oft von selbst in Untergruppen auf. Offizielle Besprechungen sind dann häufig durch Koalitionen und separate Diskussionen gekennzeichnet. Mitglieder solcher Gruppen konkurrieren mehr miteinander, als dass sie zusammenarbeiten.

Zusammenstellung der Arbeitsgruppen

Während der Startphase hat der Projektleiter schon die Gruppenleiter gewählt, also bevor die einzelnen Arbeitsgruppen zusammengestellt werden. Bei der Suche nach guten Gruppenleitern muss der Projektleiter darauf achten, dass sie effektiv kommunizieren, aufkommende soziale und technische Krisen erkennen und auch Zielkonflikte zwischen den Interessen der Arbeitsgruppe und des Projekts mit dem Blick auf das ganze Projekt lösen können. Die Startphase bietet sich an, um die Gruppenleiter mit den Standardprozeduren und Grundregeln des Projekts vertraut zu machen.

Die Rolle des Gruppenleiters ist von der Rolle des technischen Leiters zu trennen. Ein **technischer Leiter**, für gewöhnlich die Verbindungsperson zur Architekturgruppe, kommuniziert mit dem Softwarearchitekten und den Verbindungspersonen der anderen Arbeitsgruppen und hat das letzte Wort bezüglich der technischen Entscheidungen seiner Arbeitsgruppe. Die Rolle des technischen Leiters erfordert exzellente technische Fähigkeiten und Erfahrungen als Entwickler.

Manche Projekte haben einen erforschenden Charakter, wobei der Fokus auf der Anwendung von neuen Technologien oder Methoden liegt. Hierzu gehören zum Beispiel Projekte, in denen eine neue Vorgehensweise erforscht wird. In derartigen Projekten sollte ein Teil der Verantwortung des Gruppenleiters in die Rolle eines Betreuers ausgegliedert werden. Der **Betreuer** konzentriert sich auf die Vermittlung der neuen Vorgehensweise, und erklärt die Details der neuen Methode. Dabei agiert er als Verbindungsperson zwischen dem Projektleiter und der Arbeitsgruppe und löst auch Konflikte in der Gruppe. Der Gruppenleiter konzentriert sich in solchen Projekten lediglich auf das Management der Arbeitsgruppe, insbesondere die Durchführung von Besprechungen, die Zuweisung von Rollen und Aufgaben und das Überwachen der zu liefernden Arbeitsprodukte. In einem universitären Projektkurs übernehmen die Dozenten oder erfahrene Assistenten die Rollen des Betreuers, während die Rolle der Architektur-Verbindungsperson von Studenten übernommen werden kann. In einem Entwicklungsprojekt in der Industrie ist die Rolle des Betreuers einem Entwickler zugeordnet, der bereits Erfahrung mit der neuen Vorgehensweise hat und sich mit den Managementprozeduren der Organisation auskennt. Die Architektur-Verbindungspersonen würden durch Entwickler vertreten, die besondere technische Fähigkeiten besitzen.

Bei der Zusammenstellung der Teams hat ein Projektleiter zwei Möglichkeiten: Er kann alle für das Projekt benötigten Entwickler zu Beginn des Projekts rekrutieren – wir nennen das auch flache Stellenbesetzung (engl. *flat staffing*) – oder er kann die Projektstellen nach und nach besetzen. Das Dilemma zwischen diesen beiden Einstellungsmethoden ist bereits ausführlich von Brooks beschrieben worden [Brooks 1995].

Graduelle Einstellung hat den Vorteil, dass dadurch Ressourcenkosten besonders in der Anfangsphase des Projekts gespart werden können. Die Phasen „Anforderungsermittlung" und „Anforderungsanalyse" benötigen nicht so viele Personen wie die Phasen „Implementieren" und „Testen". Zusätzlich erfordern die Rollen „Analytiker" und „Implementierer" Fähigkeiten, die oft nur von sehr unterschiedlichen Personen besetzt werden können.

Die Einstellung aller Mitarbeiter zu Beginn eines Projekts hat den Vorteil, dass die Arbeitsgruppen frühzeitig gebildet werden und damit die Voraussetzungen für die Entwicklung einer guten sozialen Umgebung und Kommunikationsstruktur besser sind. Außerdem hat ein Projektleiter dann den Vorteil, dass er einige Aktivitäten, die normalerweise erst mitten im Projekt starten, als Projektfunktionen definieren kann. Beispielsweise ist es so leichter, gleich zu Beginn des Projekts Konfigurationsmanagement einzuführen. Mit der Tendenz zu immer kürzeren Projektzeiten wird die flache Stellenbesetzung bei vielen Projektleitern die bevorzugte Einstellungsmethode.

Projektanstoß-Treffen

Im Projektanstoß-Treffen wird das Projekt offiziell vom Projektleiter und vom Kunden gestartet, und zwar in Anwesenheit aller Entwickler und Projektinteressierten. Der Hauptzweck dieses Treffens ist es, die Teilnehmer mit relevanten Projektinformationen zu versorgen, insbesondere über das Ziel und den Umfang des Projekts, die Anforderungen, den vorläufigen Systementwurf und die daraus resultierenden Arbeitsgruppen, die Kommunikationsinfrastruktur und die Verantwortlichkeiten jeder Gruppe. Die mit dem Treffen verbundene Präsentation wird zwischen dem Kunden und dem Projektleiter aufgeteilt. Der Kunde präsentiert die Anforderungen und den Projektumfang, der Projektleiter präsentiert die Projektinfrastruktur, den Grobentwurf und die Verantwortlichkeiten der Arbeitsgruppen.

Beschreibung des Projektumfanges

Der Projektumfang wird in der **Projektvereinbarung** beschrieben. Dieses Dokument definiert außerdem die Projektlänge, die Kosten und die zu liefernden Ergebnisse. Die Projektvereinbarung kann verschiedene Formen haben: die eines Vortrages, eines Geschäftsplans oder einer einfachen Arbeitsvereinbarung. Die Projektvereinbarung wird häufig erst angestrebt, nachdem das Analysemodell stabil ist und der Rest des Projekts genauer geplant werden kann.

Eine Projektvereinbarung sollte auf jeden Fall die folgenden Teile enthalten:

- eine Auflistung der zu liefernden Artefakte
- Kriterien für die Demonstration der funktionalen Anforderungen
- Kriterien für die Demonstration der nichtfunktionalen Anforderungen, einschließlich Genauigkeit, Zuverlässigkeit, Antwortzeiten und Sicherheit
- Akzeptanzkriterien

Die Projektvereinbarung repräsentiert die Basislinie des Kundenakzeptanztests. Jede Änderung an der zu liefernden Funktionalität, in den nichtfunktionalen Anforderungen, in vereinbarten Lieferterminen und an dem vom Kunden zur Verfügung gestellten Budget erfordert ein neues Aushandeln der Projektvereinbarung.

Nach der Beendigung der Projektstartphase geht das Projekt in den stationären Zustand über.

14.4.3   Projektsteuerung

Um effektive Entscheidungen im stationären Zustand zu treffen, muss der Projektleiter über akkurate Statusinformationen verfügen können. Leider ist das Sammeln derartiger Informationen nicht einfach.

Entwickler werden im Allgemeinen nicht über kleine Probleme berichten, von denen sie annehmen, dass sie sie selbst lösen können. Leider kann die Aggregation vieler kleiner Probleme, die alle nicht berichtet werden, zu größeren Abweichungen im Projektzeitplan führen. Bis die Gruppenleiter dies erkannt haben und das Gesamtproblem dem Projektleiter berichten, kann es schon zu wesentlichen Verzögerungen im Projekt gekommen sein.

Es gibt einige Methoden, mit denen man den Projektstatus automatisch erfassen kann. Leider liefert keines dieser Werkzeuge beides, genaue und zuverlässige Informationen, sodass Projektleiter gezwungen sind, mehrere Methoden zu benutzen. Im Folgenden beschreiben wir einige dieser Methoden und zeigen ihre Vor- und Nachteile.

Treffen

- *Periodische Statustreffen.* Statustreffen innerhalb jeder Gruppe, können am besten die Statusinformationen liefern, die der Projektleiter für kleine Kurskorrekturen benötigt. Statustreffen liefern jedoch keine akkurate Informationen, wenn die Gruppenmitglieder nicht kooperieren. Projektbeteiligte sind natürlicherweise nicht sehr geneigt, Probleme oder sogar eigene Fehler zu berichten. Sie kooperieren eigentlich nur, wenn sie dem Projektleiter vertrauen, dass er nicht Probleme, die sie selber lösen können, managen will. In der Tat sollte ein Projektleiter bei Problembeschreibungen ganz selten intervenieren, und dann auch nur so, dass es positive Auswirkungen für die Entwickler hat.

■ *Klare Meilensteine.* Der Fortschritt in einem Projekt kann dadurch gemessen werden, dass man darauf achtet, ob die Entwickler die Arbeitsprodukte rechtzeitig nach Plan liefern. Man kann die Genauigkeit dieser Methode dadurch verstärken, dass man ganz klare Meilensteine definiert, die man messen kann. Ein Meilenstein „Kodierung ist fertig" beispielsweise ist kein klarer Meilenstein, da er nichts über die Qualität des gelieferten Quelltexts aussagt. Der Quelltext kann wenige oder viele Defekte enthalten und trotzdem wäre in jedem dieser Fälle der Meilenstein erfüllt. Wenn wir anstelle dessen die Durchführung eines Tests, die Demonstration eines Merkmals oder des gesamten Systems als Meilenstein definieren, dann können wir den Status wesentlich besser ermitteln. Beim Definieren und Überwachen von Meilensteinen braucht ein Manager keine Kooperation mit den Entwicklern.

■ *Projektüberprüfung.* Die Überprüfung eines Projekts mit formalen Präsentationen gibt allen Mitgliedern die Möglichkeit, Status und Planungsinformationen auszutauschen. Sie haben aber dieselben Probleme wie Statustreffen, wenn nicht noch größere, denn kein Projektmitglied wird in einem öffentlichen Forum Probleme zugeben.

■ *Inspektionen.* Formale Begutachtungen durch Experten sind eine effektive Methode, Fehler in Projektartefakten sehr früh zu finden. Wenn man Inspektionen regelmäßig durchführt, kann man die Resultate als Indikator des Projektfortschritts benutzen.

■ *Prototyp-Demonstrationen.* Prototypen sind partielle Implementierungen des Systems. Üblicherweise werden sie eingesetzt, um risikoreiche Technologie oder Funktionalität zu demonstrieren. Bei Prototypen konzentriert man sich weder auf das Verhalten in Grenzfällen noch auf die Robustheit des Systems. Prototypen zeigen den Projektstatus in früheren Projektphasen; sie sind überhaupt nicht geeignet, zu demonstrieren, wie weit man im Projekt gekommen ist.

Metriken

Formale Präsentationen und Inspektionen hängen sehr von der Sichtweise und Bereitschaft der Projektbeteiligten ab, ihr Wissen auch mitzuteilen. Der Optimismus eines einzigen Teilnehmers kann zum Glauben führen, dass das Projekt weiter fortgeschritten ist, als es tatsächlich der Fall ist. Mit Messdaten ist es leichter, die Entwicklung eines Projekts zu beurteilen. Softwaremetriken sind quantitative Maßstäbe zur Messung bestimmter Aspekte des Softwareprozesses und des zu entwickelnden Systems. Durch Instrumentierung des Prozesses und automatische Beobachtungen des sich entwickelnden Systems mit Metriken versucht man den Projektfortschritt objektiver zu messen.

Es gibt viele Vorschläge für Softwaremetriken, wie beispielsweise die Anzahl der Quelltextzeilen in einem Programm, die Anzahl der Verzweigungspunkte [McCabe, 1976], die Anzahl von Variablen und Operatoren [Halstead, 1977] oder die Anzahl der funktionalen Anforderungen [Albrecht & Gaffney, 1983]. Softwaremetriken als Managementwerkzeug einzusetzen hat sich allerdings als schwierig herausgestellt, weil die Werte noch sehr viel

Interpretationsraum für den Projektleiter lassen und weil viele Arbeitsprodukte gar keine Software darstellen.

Viele Projekt- oder Produktparameter haben Einfluss auf die gemessenen Größen. Wenn zum Beispiel ein Subsystem, gemessen in Quelltextzeilen, sehr schnell wächst, dann kann es sein, dass die Entwickler sehr produktiv sind; es kann aber auch einfach sein, dass sie lediglich Quelltext duplizieren. Bei iterativen und architekturzentrischen Ansätzen ist der Projektstatus etwas besser zu messen, da viele Softwarekomponenten früher produziert werden, die dann für die Messungen zur Verfügung stehen.

Im Folgenden beschreiben wir einige im Projektmanagement übliche Methoden für Metriken, die auch bei Softwareprojekten einsetzbar sind:

- *Messung des finanziellen Status.* Der Vergleich der geplanten mit den aktuellen Kosten des aktuellen Projekts erlaubt es dem Projektleiter, den finanziellen Status des Projekts zu beurteilen. Softwareentwicklungsprojekte sind arbeitsintensiv und aus diesem Grund nehmen Personalkosten für gewöhnlich den größten Posten der Kosten ein. Der Personalbesetzungsplan über die gesamte Projektzeit liefert eine Kostenbasislinie, mit der man die aktuellen Kosten vergleichen kann. Zusätzlich liefern der Netzplan und der Zeitplan Informationen über den geschätzten Aufwand und die Liefertermine für jede Aufgabe. Mit der sogenannten **Leistungswertschätzung** kann der Projektleiter die Finanzlage und die Situation der Liefertermine mit einer Grafik zu beurteilen. In dem Beispiel in Abbildung 14.17 zeigt die dünne Linie die geplanten Kosten, während die fett gedruckte Linie die aktuellen Kosten repräsentiert. Wir haben also weniger ausgegeben als geplant war. Allein durch die Betrachtung dieser beiden Linien kann man die finanzielle Situation des Projektes noch nicht beurteilen. Es gibt nämlich zwei Interpretationsmöglichkeiten: Entweder ist das Projekt kostengünstig, weil wir die geplante Arbeit für weniger Geld durchführen konnten, oder aber wir liegen zurück, weil wir nicht so viel erreicht haben, wie wir ursprünglich geplant hatten. Um den Wert der verrichteten Arbeit darzustellen, wird noch eine dritte Linie für den Leistungswert eingeführt. Der Leistungswert zu einem bestimmten Zeitpunkt wird ermittelt, indem wir die geplanten Kosten der bis dahin verrichteten Arbeiten addieren. In unserem Beispiel liegt der Leistungswert zwischen den aktuellen und den geplanten Kosten, woraus wir schließen können, dass das Projekt im Kostenrahmen liegt, aber verspätet ist. Läge der Leistungswert über den geplanten Kosten, wäre das Projekt im Kostenrahmen und gut in der Zeit.

- *Messung des technischen Fortschritts:* Die Leistungswertschätzung ist eine akzeptierte Messgröße für den finanziellen Status eines Projekts. Ein weiteres Problem ist die Ermittlung des technischen Status, d.h. welche Aufgaben ausgeführt worden sind. Als Messgröße kann man verschiedene Größenmetriken verwenden, die den Status von Teams messen. Für eine Entwicklungsgruppe kann dies z.B. die Anzahl der Quelltextzeilen der Komponenten sein, die von der Gruppe geschrieben wurden. Als alternative Metrik nimmt man die Anzahl der erledigten Änderungsanfragen. Eine Metrik für die Testarbeitsgruppe ist die Anzahl der gefundenen Defekte oder die Anzahl der noch offenen Änderungsanfragen. Für den Status der Architekturarbeitsgruppe kann man die Anzahl der demonstrierten kritischen Anwendungsfälle nehmen.

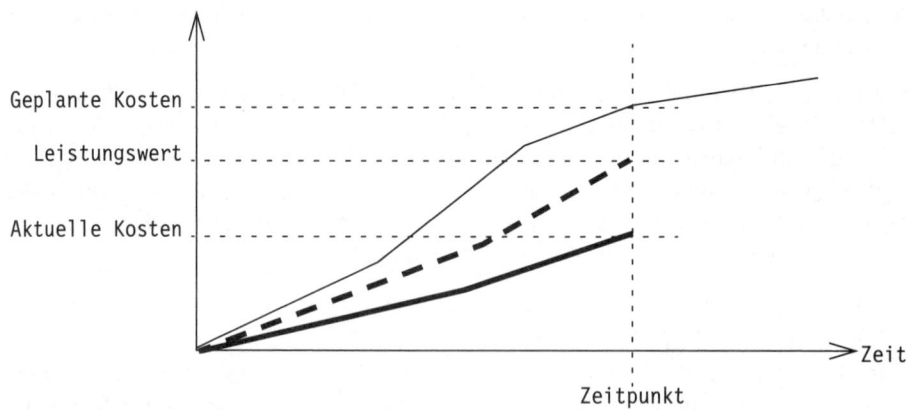

Abbildung 14.17: Schätzung des finanziellen Status eines Projekts nach dem Leistungswertverfahren. Ein Leistungswert über den aktuellen Kosten zeigt an, dass zusätzliche Arbeit bei dem gegebenen Betrag geleistet wurde, d.h. das Projekt unterschreitet das Budget. Ein Leistungswert unter den geplanten Kosten zeigt, dass nicht so viel Arbeit erledigt wurde wie ursprünglich geplant, d.h. das Projekt ist spät dran.

Größenmetriken müssen allerdings immer mit Qualitätsmetriken kombiniert werden, um sicherzustellen, dass die Projektbeteiligten ihre entsprechenden Daten nicht nach lokalen Gesichtspunkten optimieren. Eine Änderungsanfrage sollte beispielsweise erst dann als abgeschlossen gelten, wenn die nach der Änderung durchgeführten Regressionstests keine neuen Fehler ermitteln.

- *Messung der Stabilität.* Sobald eine erste Version des Systems als Basislinie konfiguriert ist, kann man auch die Anzahl der Änderungsanfragen für die Basislinie benutzen, um den Projektstatus zu messen. Beispielsweise kann man mit der Rate der Änderungsanfragen für Systemfehler die Stabilität des Systems während der Projektzeit messen. Aus der Änderungsrate für die funktionalen Anforderungen kann man schließen, wie stabil das System aus der Sicht des Kunden ist. Derartige Stabilitätsmaße verhindern den typischen Trugschluss, dass ein Projekt fast fertig ist, wenn alle geplanten Arbeiten beendet worden sind. Dies ist nur dann der Fall, wenn die Änderungsrate gering ist. Bei einer hohen Änderungsrate muss der Projektleiter untersuchen, ob das Projekt seine qualitativen Zielvorgaben eventuell nicht erreicht.

- *Messung der Modularität.* Angenommen, wir charakterisieren den Projektstatus mit einer beliebigen Größenmetrik (Anzahl der Quelltextzeilen, Anzahl der Dateien, Anzahl der Funktionspunkte, oder was immer gerade im Projekt benutzt wird). Mit **Bruchschaden** bezeichnen wir die Messgröße, die den Einfluss einer Änderung auf eine Größenmetrik charakterisiert. Frühe Änderungen haben einen größeren Einfluss auf den Quelltext als spätere Änderungen, insbesondere wenn die Softwarearchitektur im Laufe des Projekts immer modularer wird. Mit der Bruchschadenmetrik kann man die Folgen von architektonischen Entscheidungen frühzeitig erkennen, insbesondere den Effekt spezifischer Änderungen, die einen hohen Bruchschaden nach sich ziehen. Ein hoher Bruchschaden zeigt im Allgemeinen an, dass sich die Modularität des Systems über die Projektdauer verschlechtert, was wiederum ein Zeichen dafür sein kann, dass die Softwarearchitektur inadäquat ist oder spezifische nichtfunktionale Anforderungen nicht leicht zu erfüllen sind.

- *Messung der Produktreife.* Um die Produktreife zu messen, benutzen wir den Mittelwert der Zeitspanne zwischen entdeckten Defekten während der Testphase. Wenn sich die Anzahl der entdeckten Defekte verringert, dann deutet dies auf eine wachsende Reife des Systems hin. Eine sich verringernde Systemreife auf der anderen Seite lässt oft den Schluss zu, dass die Entwickler die Änderungen unter Zeitdruck durchführen müssen und deshalb nicht die notwendige Sorgfalt bei der Qualitätssicherung aufwenden. Die Verringerung der Systemreife kann auch das Resultat eines instabiler werdenden Systems sein (siehe *Messung der Stabilität*).

Bei allen beschriebenen Methoden zur Ermittlung des Projektstatus gilt, dass Projektleiter, Gruppenleiter und Entwickler die Statuskenngrößen in verständlicher Form kommunizieren müssen, so dass diese Informationen benutzt werden können, um potentielle Probleme zu erkennen und Notfälle zu planen. Dieser Punkt ist das zentrale Thema des Risikomanagements.

Risikomanagement

Das zentrale Anliegen des Risikomanagements ist die Identifikation von potentiellen Problemen und ihre rechtzeitige Behandlung, bevor sie einen signifikanten Einfluss auf den Liefertermin oder das Budget des Projekts haben.

Schwerpunkt im Risikomanagement ist das Aufsetzen geeigneter Informationsflüsse, sodass Risiken und Probleme akkurat und rechtzeitig berichtet werden können. Viele Projekte scheitern weil entweder einfache Probleme zu spät berichtet oder falsche Probleme behandelt werden. Dieser Abschnitt beschreibt die Aktivitäten im Risikomanagement, die Identifizierung, Analyse und Behandlung von Risiken. Für die weitergehende Beschäftigung mit diesem Thema empfehlen wir Spezialliteratur, insbesondere [Boehm, 1991] und [Charette, 1989].

Risiko	Risikotyp
Das Verhalten einer Standardkomponente stimmt nicht mit der publizierten Spezifikation überein.	Technisch
Die Lieferung einer neuen Standardkomponente erfolgt später als geplant.	Management
Die Benutzer weigern sich, für die Interaktion mit dem System die gewählte Benutzerschnittstelle zu verwenden.	Technisch
Das ausgewählte Datenbanksystem kann die Leistungsanforderungen bei der Datenprotokollierung nicht erfüllen.	Technisch
Die Entwicklung eines Subsystems braucht länger als erwartet.	Management

Tabelle 14.5: Beispiele von Risiken in einem Softwareprojekt

Der erste Schritt im Risikomanagement ist die Identifizierung von Risiken. Risiken sind potentielle Probleme aus einem unsicheren Bereich entweder im Management oder in der angewandten Technologie. Managementrisiken haben ihre Ursache in Unsicherheiten bezüglich der Organisation, der Arbeitsprodukte, der Rollen oder des Arbeitsplans. Technische Risiken werden durch Unsicherheiten im Systemmodell verursacht, insbesondere durch Änderungen in der Funktionalität, den nichtfunktionalen Anforderungen, der Softwarearchitektur und der Implementierung. Ein besonderes technisches Risiko sind Defekte, die erst sehr spät in der Entwicklung entdeckt werden. Tabelle 14.5 zeigt einige typische Risiken in einem Softwareprojekt.

Entwickler kennen die Risiken, die mit der Realisierung ihrer Aufgaben zusammenhängen, oft sehr gut. Es ist Aufgabe des Managements ist es, sie zu ermutigen, diese auch zu berichten, um sie für den Projektleiter überschaubar zu machen. Eine Möglichkeit ist es, die Entwickler dafür zu belohnen, dass sie Risiken und Probleme berichten. Noch wichtiger ist es, dass das Risikomanagement für die Entwickler selbst Vorteile bringt. Das spontane Melden von Risiken ist dafür nicht ausreichend. Kein Projektteilnehmer – egal ob Kunde, Entwickler oder Projektleiter – wird geneigt sein, potentielle Mängel oder Unzulänglichkeiten zu kommunizieren, und ist oft eher optimistisch, was das Ergebnis des Projekts anbetrifft. Eine systematischere Vorgehensweise zur Identifizierung von Risiken sind Interviews aller Beteiligten mit strukturierten Fragebögen. Die Teilnehmer werden dabei in Gruppensitzungen gebeten, in einer Liste alle Risiken aufzustellen, die sie bezüglich einer bestimmten Aufgabe sehen. Abbildung 14.18 zeigt einige Beispielfragen aus einem Fragebogen für die Identifizierung von Risiken [Carr et al., 1993]. In dem Beispiel versucht der Interviewer, etwaige Risiken bezüglich der nichtfunktionalen Anforderungen zu identifizieren. Abhängig von der Antwort auf eine Frage kann der Interviewer mit weiteren Fragen nachfassen, ob nicht eventuell doch verwandte Risiken vorhanden sind. Die Überlegung hinter dieser Art von Fragebogen ist es, all die Entwicklungsbereiche abzudecken, in denen typischerweise Risiken auftreten.

---

1. Anforderungen

   . . .

  d.   Leistung

   . . .

     [23] Wurde eine Leistungsanalyse durchgeführt?
        (Ja)(23.a) Inwieweit trauen Sie den Resultaten dieser Leistungsanalyse?
        (Ja)(23.b) Haben Sie ein Modell, um die Leistungsanforderung im Entwurf und
        in der Implementierung zu verfolgen?

Abbildung 14.18: Leistungsspezifische Fragen in einem Taxonomie-basierten Risikoidentifizierungsprozess. Ist die Antwort auf Frage 23 positiv, dann werden auch die Fragen 23.a und 23.b gestellt [Carr et al., 1993].

Eine derartige systematische Vorgehensweise deckt im Allgemeinen eine große Anzahl von technischen und managementbezogenen Risiken auf, wobei einige davon für den Projektverlauf entscheidend sind, andere eher unwichtig. Die Priorisierung von Risiken erlaubt es dem Projektleiter, sich auf die entscheidenden Risiken zu konzentrieren. Dabei werden Risiken durch die Wahrscheinlichkeit charakterisiert, mit der sie zu Problemen werden können, und durch ihren potentiellen Einfluss auf das Projekt, sobald sie zu Problemfällen geworden sind.

Durch die Kombination der beiden Attribute – Wahrscheinlichkeit des Eintretens und Einfluss auf den Projektverlauf – kann man jedes Risiko in eine von vier Kategorien einreihen:

- Wahrscheinlich, großer Einfluss auf den Projektverlauf
- Unwahrscheinlich, großer Einfluss auf den Projektverlauf
- Wahrscheinlich, geringer Einfluss auf den Projektverlauf
- Unwahrscheinlich, geringer Einfluss auf den Projektverlauf

Für Manager sind die Risiken der ersten Kategorie, sehr wahrscheinliches Eintreten und großer Einfluss auf den Projektverlauf, am wichtigsten. Für jedes Risiko dieser Kategorie sollten Notfallpläne formuliert werden und die Entwicklung der Risiken sollte sehr genau verfolgt werden. Wenn die Wahrscheinlichkeit größer wird, dass das Risiko eintritt, sollte der Projektleiter den Notfallplan aktivieren. Bei Risiken der zweiten Kategorie, unwahrscheinlich, aber ebenfalls mit großem Einfluss auf den Projektverlauf, braucht der Projektleiter zunächst nichts zu tun. Er sollte Notfallpläne erst dann formulieren, wenn sich die Wahrscheinlichkeit dieser Risiken erhöht. Risiken der dritten und vierten Kategorie können ignoriert werden, vor allem wenn nicht genug Betriebsmittel zur Verfügung stehen, um die Entwicklung dieser Risiken auch zu beobachten. Tabelle 14.6 zeigt die Priorisierung der in Tabelle 14.5 identifizierten Risiken.

Risiko	Wahrscheinlichkeit	Potentieller Projekteinfluss
Das Verhalten einer Standardkomponente stimmt nicht mit der publizierten Spezifikation überein.	Gering	Hoch
Die Lieferung einer neuen Standardkomponente erfolgt später als geplant.	Groß	Hoch
Die Benutzer weigern sich, für die Interaktion mit dem System die gewählte Benutzerschnittstelle zu verwenden.	Groß bei Benutzern, die weniger als zwei Stunden/Tag vor dem Computer sitzen	Hoch
Das ausgewählte Datenbanksystem kann die Leistungsanforderungen bei der Datenprotokollierung nicht erfüllen.	Nicht sehr wahrscheinlich	Hoch
Die Entwicklung eines Subsystems braucht länger als erwartet.	Groß, besonders wenn das Subsystem neu ist	Hoch

Tabelle 14.6: Priorisierung von Risiken

Nachdem die Risiken identifiziert und priorisiert worden sind, sollte der Projektmanager vorbeugende Maßnahmen für die kritischsten Risiken entwerfen. Das Ziel einer vorbeugenden Maßnahme ist, entweder die Wahrscheinlichkeit des Risikos zu verringern oder den potentiellen Einfluss auf den Projektverlauf zu minimieren.

Risiken werden normalerweise durch Unsicherheiten verursacht, wie beispielsweise durch fehlende Informationen oder den Mangel an Vertrauen in bestimmte Informationen. Entwickler können die Wahrscheinlichkeit eines Risikos verringern, indem sie den Problemen tiefer nachgehen, die das Risiko verursachen, indem sie die Lieferanten oder die Komponenten ändern oder indem sie noch einen zweiten Komponentenlieferanten dazunehmen. Den Einfluss eines Risikos auf den Projektverlauf können Entwickler dadurch reduzieren, dass sie eine alternative oder redundante Lösung entwickeln. In vielen Fällen erhöhen vorbeugende Maßnahmen die Kosten des Projekts und benötigen noch zusätzliche Ressourcen. Tabelle 14.7 beschreibt vorbeugende Maßnahmen für die Risiken aus Tabelle 14.5.

Gutes Risikomanagement beruht sehr stark auf rechtzeitiger Kommunikation. Sobald die Risiken identifiziert, priorisiert und Notfallpläne geschaffen sind, sollte der Risikomanagement-Plan allen Projektbeteiligten bekannt gemacht werden, wobei derselbe Kommunikationskanal benutzt werde sollte, wie für technische Dokumente. Entwickler und andere Projektbeteiligte müssen insbesondere die technischen Risiken parallel zu allen anderen Aspekten des Projekts evaluieren. Wie bereits mehrfach erwähnt, ist Kommunikation die größte Barriere, wenn man mit Unsicherheit zu tun hat.

Risiko	Vorbeugende Maßnahme
Das Verhalten einer Standardkomponente stimmt nicht mit der publizierten Spezifikation überein.	■ Ausführung eines Vergleichstests, um die Nichtübereinstimmung zu identifizieren ■ Untersuchung, wie nicht fehlerhafte Funktionen vermieden werden können
Die Lieferung einer neuen Standardkomponente erfolgt später als geplant.	■ Anforderung an Hersteller, zwischenzeitliche Statusberichte zu schicken
Die Benutzer weigern sich, für die Interaktion mit dem System die gewählte Benutzerschnittstelle zu verwenden.	■ Durchführung von Benutzbarkeitsstudien mit Prototypen ■ Entwicklung alternativer Benutzerschnittstellen
Das ausgewählte Datenbanksystem kann die Leistungsanforderungen bei der Datenprotokollierung nicht erfüllen.	■ Risikoüberwachung. Entwicklung eines Prototyps spezifisch zur Evaluierung der Systemleistung
Die Entwicklung eines Subsystems braucht länger als erwartet.	■ Erhöhung der Priorität für diese Aufgabe ■ Beauftragung von erfahrenen Entwicklern mit dieser Aufgabe

Tabelle 14.7: Vorbeugende Maßnahmen

14.4.4 Projektbeendigung

In der Projektterminierungsphase bereitet der Projektleiter den Kundenakzeptanztest vor, plant die Systemintegration, die assoziierten Tests und die Installation des Systems beim Kunden. Ganz zum Schluss organisiert der Projektleiter außerdem noch die Postmortem-Analyse.

Akzeptanz des Systems

Der **Kundenakzeptanztest** kennzeichnet das sichtbare Ende des Projekts. Der Zweck des Kundenakzeptanztests ist die Präsentation des Systems beim Kunden und die Abnahme gemäß der in der Projektvereinbarung beschriebenen Akzeptanzkriterien. Das Resultat ist die formelle Abnahme (oder Ablehnung) des Systems durch den Kunden. Die Installation des Systems und Feldtests müssen vorher noch durchgeführt werden oder sind Teil des Kundenakzeptanztests.

Der Akzeptanztest ist im Allgemeinen eine Folge von Präsentationen der Merkmale des Systems, wobei die Funktionalität und die Leistung vorgeführt werden. Wenn die Installation und die Benutzer-Evaluierung bereits vor dem Kundenakzeptanztest stattgefunden haben, werden die Resultate präsentiert und zusammengefasst. Wichtige Szenarien aus der Problembeschreibung werden von den Entwicklern oder zukünftigen Benutzern des Systems demonstriert. Zusätzliche Demonstrationen zeigen die Realisierung der nichtfunktionalen Anforderungen wie Genauigkeit, Zuverlässigkeit, Antwortzeiten und Sicherheit.

Zum Abschluss sei bemerkt, dass der Kundenakzeptanztest auch als Diskussionsforum für Folgeaktivitäten wie Wissenstransfer und Systemverbesserungen dienen kann.

Installation

Die Installationsphase eines Projekts beinhaltet den Systemfeldtest, den Vergleich von Systemergebnissen mit denen früherer Systeme, den Übergang vom alten zum neuen System und die Schulung der Benutzer. Die Installation wird im Allgemeinen vom Lieferanten der Software durchgeführt, aber es ist auch denkbar, dass sie von einem Auftragnehmer oder vom Kunden durchgeführt wird, je nachdem, wie es in der Projektvereinbarung festgelegt wurde.

Zur Risikominimierung werden Installations- und Feldtests normalerweise inkrementell durchgeführt, wobei nichtkritische Einsatzorte als Feldtest-Umgebung gewählt werden. Erst wenn der Kunde überzeugt ist, dass die erwarteten Störungen im normalen Geschäftsablauf minimal sein werden, sollte man voll auf das gelieferte System umschalten. Das Ersetzen eines Systems sowie Systemaufrüstungen werden selten in Form eines „Urknalls" durchgeführt, da im Allgemeinen in den ersten Tagen der Operation noch einmal eine große Anzahl neuer Probleme identifiziert wird.

Postmortem-Analyse

Jedes Projekt deckt neue Probleme, unvorhergesehene Ereignisse und unerwartete Fehlfunktionen auf. Jedes Projekt ist deshalb auch eine Gelegenheit, neues Wissen zu erwerben und neue Risiken kennen zu lernen. Viele Softwarehersteller führen deshalb nach Beendigung eines Projekts eine Postmortem-Studie durch. Eine derartige Studie vergleicht die geplanten mit den aktuellen Lieferungsdaten, führt die entdeckten Fehler auf, enthält qualitative Beschreibungen von technischen und managementbezogenen Problemen sowie Vorschläge für zukünftige Projekte. Obwohl diese Studie das am wenigsten sichtbare Artefakt eines Projekts ist, hat sie großen Einfluss auf die Lernfähigkeit und Effizienz einer Organisation.

Weiterführende Literatur

Portny liefert einen guten Überblick über die allgemeinen Konzepte des Projektmanagements [Portny, 2001]. Arbeitsgruppen sind der Kern jeder projektbasierten Organisation. Katzenbach zeigt die vielfaltigen Möglichkeiten bei Arbeitsgruppen bis zu sogenannten Hochperformanz-Teams [Katzenbach & Smith, 1994].

Royce betont die frühe Rolle des Softwarearchitekten während der Projektplanung [Royce, 1998]. Paulishs Buch über architekturzentrisches Projektmanagement enthält eine detaillierte Beschreibung der Vorteile und Herausforderungen, wenn man die Softwarearchitektur gleichzeitig mit dem Softwareprojektmanagement-Plan formuliert [Paulish, 2001].

Schätzungen des Aufwands für ein Softwareprojekt sind schwierig und es gibt keine Vorgehensweisen, die akkurate und verallgemeinerbare Resultate ergeben. In der Praxis benutzen viele Softwareprojektleiter deshalb ihre eigenen Erfahrungen und Daten aus früheren Projekten, um den Aufwand für das neue Projekt zu schätzen. COCOMO II ist ein statistisches Modell, das anhand einer großen Anzahl von Parametern Aufwands- und Zeitschätzungen liefert [Boehm et al., 2000].

Bei Organisationsformen sind zwei von Brooks und Weinberg vorgeschlagene Organisationen von historischer Bedeutung. Das Chefprogrammiererteam [Brooks, 1995] ist eine hierarchische Organisationsform, in der alle Entscheidungen vom „Chefprogrammierer" getroffen werden. Der Chefprogrammierer ist für den Systementwurf verantwortlich und delegiert alle anfallenden Programmieraufgaben an ein Reservoir von Spezialisten. Er wird vom Chefassistenten unterstützt, der auch den Chef vertreten kann, und durch den Bibliothekar, der für die Dokumentation und Bürotätigkeiten verantwortlich ist. In allen Angelegenheiten hat der Chefprogrammierer das letzte Wort.

Im Gegensatz dazu ist egolose Programmierung [Weinberg, 1971] eine demokratische Organisationsform. Die Projektverantwortung wird dem gesamten Team übergeben und nicht einem einzigen Individuum. Resultate, nicht die Projektteilnehmer, werden kritisiert und offene Fragen werden durch Abstimmung gelöst. Die gesamte Kommunikationsstruktur ist informell mit dem Schwerpunkt auf spontaner Kommunikation. Den an Organisationen interessierten Leser verweisen wir auf das Buch von Wigand, Picot und Reichwald [Wigand et al., 1997].

Übungen

14.1 In Abbildung 14.1 haben wir die Phasen eines Projekts mit einem Zustandsdiagramm modelliert. Verwenden Sie das Zustandsmuster [Gamma et al., 2001] und erstellen Sie aus jeder dieser Phasen eine Klasse. Modellieren Sie die Projektmanagementaktivitäten dieses Kapitels als öffentliche Methoden auf diesen Klassen, wobei Sie eine gruppenbasierte Projektorganisation annehmen können.

14.2 Vergleichen Sie die Vor- und Nachteile der flachen und graduellen Personalbesetzung.

14.3 Was ist der Unterschied zwischen einem Statusbericht und einer Entscheidung in einer Besprechung? Sollte man diese Berichte und Entscheidungen immer trennen?

14.4 Warum sollten die Rollen „Softwarearchitekt" und „Projekleiter" von verschiedenen Personen übernommen werden?

14.5 Zeichnen Sie ein Modell der Organisation der Arbeitsgruppen im ARENA-Projekt für jede Projektphase (d.h. Konzeption, Definition, Start, Stationärer Zustand, Terminierung).

14.6 Zeichnen Sie einen Netzplan für die Tätigkeiten des Systementwurfs des MyTrip-Systems, das in Kapitel 6, *Systementwurf: Systemzerlegung* präsentiert wurde.

14.7 Schätzen Sie die Zeit für jede Aufgabe im Netzplan, den Sie in Übung 14.6 produziert haben, und bestimmen Sie den kritischen Pfad.

14.8 Identifizieren und priorisieren Sie die fünf wichtigsten Risiken und planen Sie vorbeugende Maßnahmen für die Systementwurfsphase von MyTrip, das in Kapitel 6, *Systementwurf: Systemzerlegung*, präsentiert wurde.

14.9 Identifizieren und priorisieren Sie die fünf wichtigsten Risiken und planen Sie vorbeugende Maßnahmen für die Benutzerschnittstelle des in Kapitel 12, *Begründungsmanagement*, präsentierten ZVK-Systems.

14.10 Viele Entwickler behaupten, dass das mit dem Bazarmodell entwickelte Linux-System wesentlich zuverlässiger ist, als viele andere Betriebssysteme. Liefern sie überzeugende Argumente, warum man das Bazarmodell für die Entwicklung der Steuerungssoftware einer Raumfähre verwenden sollte, oder warum nicht.

14.11 Organisieren Sie die Beteiligten in Gruppen von vier bis fünf Leuten. Jede Gruppe bekommt eine Anzahl von Artikeln: 2 Eier, 1 Rolle Klebeband, 1 Rolle Toilettenpapier, 1 Tasse Wasser, 1 Eimer gefüllt mit Sand, 20 Schaumbälle von ungefähr 1 cm Durchmesser, eine Tischplatte, die ungefähr einen Meter über dem Boden ist. Jedes Team hat 25 Minuten Zeit, um ein System zu konstruieren, das ein aus 75 cm Höhe fallen gelassenes Ei auf Tischhöhe auffängt, ohne dass das Ei kaputt geht. Jedes Team hat fünf zusätzliche Minuten, um dem Projektleiter das System zu demonstrieren. *(Ein so genanntes Eisbrecherprojekt, mit dem man die Mitglieder einer teambasierten Organisation beim Projektanstoßtreffen „aufwärmen" kann.)*

14.12 Organisieren Sie die Projektteilnehmer in Teams von vier bis fünf Leuten. Jedes Team bekommt zwei Eimer mit Lego-Duplo-Steinen und zwei Tische, deren Tischplatten durch eine Distanz von 1,50 Meter getrennt sind. Jedes Team hat 25 Minuten Zeit, um aus den Steinen eine Brücke zu bauen und zu testen, wobei die Brücke mindestens eine Minute freihängend beide Tischplatten verbinden muss. Jedes Team hat weitere 5 Minuten, die Brücke dem Projektleiter zu demonstrieren. *(Ein weiteres Eisbrecherprojekt).*

14.13 Spezifizieren Sie alle Managementmodelle für das Projekt in Übung 14.11.

14.14 Schreiben Sie einen Softwareprojektmanagement-Plan für das Projekt in Übung 14.11.

15 Modellierung des Softwarelebenszyklus

Es gibt immer eine Diskrepanz zwischen einem Konzept und der Realität, da Ersteres statisch und Letztere dynamisch und fließend ist.

— Robert Pirsig, in Lila

Ein Vorgehensmodell modelliert alle Aktivitäten und Arbeitsergebnisse, die für die Entwicklung eines Systems notwendig sind. Ein Softwarelebenszyklus-Modell ist ein spezielles Vorgehensmodell für die Entwicklung von Softwaresystemen. Lebenszyklus-Modelle erlauben es uns, den Softwareentwicklungsprozess auf die gleiche Weise zu modellieren, wie Analysemodelle oder Entwurfsmodelle ein Softwaresystem modellieren. Im Falle eines Softwaresystems umfasst die modellierte Realität zum Beispiel Phänomene wie Uhren, Unfälle, Züge, Sensoren und Gebäude. Im Fall der Softwareentwicklung umfasst die Realität Phänomene wie teilnehmende Akteure, Teams, Aktivitäten und Arbeitsergebnisse. Viele Lebenszyklus-Modelle wurden in der Literatur mit dem Ziel der besseren Verständlichkeit, Messbarkeit und Kontrollierbarkeit des Entwicklungsprozesses veröffentlicht. Lebenszyklus-Modelle machen die Aktivitäten der Softwareentwicklung und deren Abhängigkeiten untereinander sichtbar und verwaltbar.

In diesem Kapitel greifen wir die Aktivitäten der vorangegangenen Kapitel aus der Sicht der Modellierung von Softwarelebenszyklen wieder auf. Die Techniken, die wir zur Modellierung von Softwaresystemen benutzt haben, können auch zur Modellierung von Softwarelebenszyklen verwendet werden. Im Gegensatz zu üblichen Ad-hoc-Darstellungen von Lebenszyklen benutzen wir deshalb UML-Diagramme.

Zunächst beschreiben wir die typischen Aktivitäten und Arbeitsergebnisse eines Softwarelebenszyklus gemäß der IEEE Norm 1074 [IEEE Std. 1074-1997]. Im weiteren Verlauf führen wir das CMM-Modell ein, ein Rahmenwerk zur Bewertung der Güte und Reife von Organisationen und ihrer Lebenszyklen. Dann vergleichen wir verschiedene Lebenszyklus-Modelle, darunter das Wasserfall-Modell, das Spiral-Modell, das V-Modell und den Unified Software Prozess (USP). Außerdem beschreiben wir das aufgabengesteuerte Modell, in dem Produkte und Aktivitäten als Mengen von Fragestellungen in einer Wissensdatenbank modelliert werden. Das aufgabengesteuerte Modell betrachtet den Softwarelebenszyklus nicht als eine Menge von Aktivitäten, sondern als eine Menge von Artefakten, unter der Annahme, dass eine derartige Sichtweise besser mit häufigen Änderungen während eines Projekts zurechtkommt.

15.1   Einführung: Polynesische Navigation

Polynesien ist eine große Ansammlung von Inseln, die in etwa ein Dreieck bilden, wobei Tahiti in dessen Zentrum liegt, Hawaii an der Nordspitze, die Osterinseln im Osten und Neuseeland im Südwesten. Die Polynesier kamen aus Südostasien und besiedelten die pazifischen Inseln systematisch von West nach Ost. Sie beendeten die Besiedlung bereits einige hundert Jahre, bevor Kolumbus in der Karibischen See ankam. Sie erreichten Tahiti 1400 vor Christus, Hawaii 500 nach Christus und Neuseeland in der Zeit zwischen 500 und 1100 nach Christus.

Die polynesischen Fischer entdeckten neue Inseln nach einem opportunistischen System. Sie identifizierten die Position der Insel und verbreiteten diese Information in der Heimat. Die Besiedlung der neu entdeckten Insel wurde vollständig durchgeführt und umfasste die Umsiedlung von Familien, Pflanzen, wie z.B. Bananen, Zuckerrohr und Früchten, sowie domestizierten Tieren, wie Hunden, Schweinen und Hühnern.

Noch bemerkenswerter wird diese Tat dadurch, dass sich die Polynesier technisch in der Steinzeit befanden. Sie bauten mehrwandige Kanus mit Werkzeugen aus Knochen und Stein, ohne jegliche Verwendung von Metall. Ihre Kanus waren aber in der Lage, ihren eingeschlagenen Kurs zu halten und Stürmen zu widerstehen. Außerdem waren sie schneller als die europäischen Schiffe dieser Zeit. Die Kenntnisse der Navigation wurden mündlich von einer Generation zur nächsten weitergegeben.

Die Polynesier navigierten ohne Instrumente und verließen sich dabei ganz auf die Bewegung der Sterne, die Windrichtung und die Gezeiten, um ihren Kurs zu halten. Die Menschen der Insel Truk in Mikronesien im Osten Polynesiens haben diese althergebrachten Navigationskenntnisse bewahrt und ermöglichen uns darüber zu spekulieren, wie die Polynesier tausende von Kilometern mit einem Kanu zurücklegen konnten. Nahe des Äquators gehen die Sterne in einer Nord-Süd-Achse auf und unter. Atair geht beispielsweise im Osten auf und im Westen unter. Einige Sterne liegen weiter nördlich: Vega geht im Nordosten auf und im Nordwesten unter. Andere Sterne liegen weiter südlich: Antares geht im Südosten auf und im Südwesten unter. Wenn man dem Aufgangspunkt von Vega gegenübersteht, hat der Navigator den Untergangspunkt von Antares in seinem Rücken. Durch die Beachtung der relativen Positionen von 16 Sternen war ein polynesischer Seefahrer in der Lage, jederzeit einen sichtbaren Stern zur Kurskorrektur zu finden. Tagsüber oder bei bewölkter Nacht nutzte man die Windrichtung und die Gezeiten, die man sich in Relation zu den Sternen merken musste.

In Küstennähe änderten sich Form und Klang der Wellen. Hier achtete der Seefahrer auf spezielle Vogelarten, die morgens zum Fischfang auf die See ausflogen und abends an Land zurückkehrten. Wurden solche Vögel am Abend beobachtet, so folgte der Navigator dem Flug des Vogels. Morgens dagegen segelten die Polynesier entgegen der Flugrichtung des Vogels zu dessen Ausgangspunkt.

Im Gegensatz zu den Polynesiern haben die Schiffsbauer zu Kolumbus' Zeiten die Metallverarbeitung seit einigen tausend Jahren beherrscht. Kolumbus' Logbücher legen nahe, dass er nicht nach den Gestirnen navigierte. Stattdessen nutzte er eine gekoppelte Navigation: Der Navigator bestimmte den Kurs mittels eines magnetischen Kompasses. Zusätzlich wurde stündlich die Geschwindigkeit des Schiffes bestimmt. Dazu wurde ein Stück Strandgut ins Wasser geworfen und die Zeit gemessen, die es brauchte, um das Schiff der Länge nach zu passieren. Anhand der Geschwindigkeit und der Richtung des Schiffes konnte Kolumbus jederzeit die zurückgelegte Strecke seit Verlassen des Hafens berechnen. Aus Aufzeichnungen wissen wir, dass er keinen korrigierten Kompass benutzte, sodass sein Kurs nach Amerika auf dem Hinweg nach Süden abdriftete. Auf dem Rückweg driftete sein Kurs in gleichem Maße nach Norden ab, sodass Kolumbus die Grenzen des magnetischen Kompasses nicht bemerkte.

Das Beispiel illustriert, wie ähnliche Ziele mit völlig unterschiedlichen Prozessen erreicht werden können. Die Polynesier entwickelten ihr Navigationshandwerk und ihr Wissen über die Sterne auf zunehmend längeren Seefahrten, da die Distanz zwischen den Inseln signifikant zunahm, je weiter sie nach Osten kamen. Sie erfanden dabei einen neuen Prozess, der jederzeit exakt wiederholt werden konnte, wenn eine neue Insel entdeckt wurde. Zu Zeiten von Kolumbus segelten die meisten Seefahrer in Küstennähe und mit gekoppelter Navigation über Afrika nach Indien. Kolumbus verwendete einen bestehenden Navigationsprozess, um den Atlantik zu überqueren. In beiden Fällen hatte der Navigator ein Ziel (z.B. die Besiedlung einer bestimmten Insel oder die Entdeckung einer transatlantischen Route nach Indien) und eine Menge lebenswichtiger Fähigkeiten, die auf die momentane Situation angewendet wurden und letztlich dem Erreichen des Ziels dienten (z.B. das Erkennen von benachbarten Inseln oder die Fähigkeit, einen Kurs zu setzen und zu korrigieren). Wenn Kolumbus und die Polynesier in der Lage gewesen wären, einander zu treffen und zu kommunizieren, wären es beiden Seiten ermöglicht worden, eine Menge neuer Fähigkeiten kennen zu lernen und ihre jeweiligen Prozesse entsprechend anzupassen. Dieser Transfer von Wissen legt jedenfalls nahe, dass Kolumbus und die Polynesier in der Lage gewesen wären, ein gemeinsames Navigationsmodell zu teilen.

In den vorangegangenen Kapiteln haben wir UML zur Beschreibung und Diskussion von Systemen verwendet. In diesem Kapitel konzentrieren wir uns auf Modelle des Softwareentwicklungsprozesses, genannt Softwarelebenszyklus-Modelle. Die Modellierung eines Softwarelebenszyklus ist ein schwieriges Unterfangen, da es sich auf ein komplexes und sich permanent veränderndes System bezieht. Wie Softwaresysteme können Softwarelebenszyklen durch verschiedene Modelle beschrieben werden. Die meisten vorgeschlagenen Lebenszyklus-Modelle konzentrieren sich auf die Aktivitäten der Softwareentwicklung und stellen diese explizit als Objektklassen dar. Diese Sicht auf die Softwareentwicklung wird aktivitätsgesteuerte Sicht genannt. Eine andere Sichtweise des Softwarelebenszyklus ist, sich auf die Arbeitsergebnisse dieser Aktivitäten zu konzentrieren. Diese Sichtweise wird entitätsgesteuerte Vorgehensweise genannt. Die aktivitätsgesteuerte Vorgehensweise bringt die Akteure dazu, sich darauf zu konzentrieren, wie bestimmte Arbeitsergebnisse erzeugt werden. Die entitätsgesteuerte Vorgehensweise rückt die Inhalte und Struktur der Arbeitsergebnisse in den Mittelpunkt. Abbildung 15.1 stellt einen einfachen Lebenszyklus für Softwareentwicklung mit drei Aktivitäten dar: Problemdefinition, Systementwicklung und den Betrieb des Systems.

Abbildung 15.2 zeigt ein einfaches Lebenszyklus-Modell aus der aktivitätsgesteuerten Sicht. Die Assoziationen zwischen den Aktivitäten weisen eine zeitlich lineare Abhängigkeit auf, die durch die Verwendung der Notation von Aktivitätsdiagrammen impliziert wird: Die Problemdefinition geht der Systementwicklung voraus, diese wiederum steht vor dem Systembetrieb. Andere zeitliche Abhängigkeiten sind möglich. Das Software-

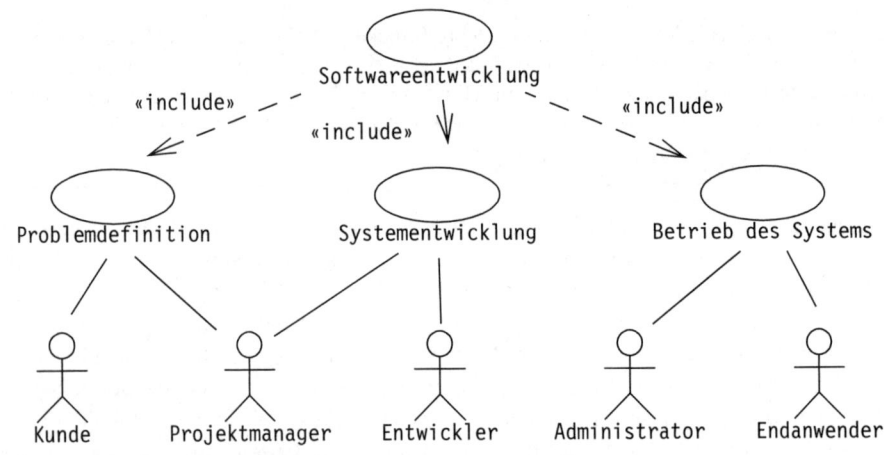

Abbildung 15.1: Einfacher Softwareentwicklungs-Lebenszyklus (UML-Anwendungsfalldiagramm)

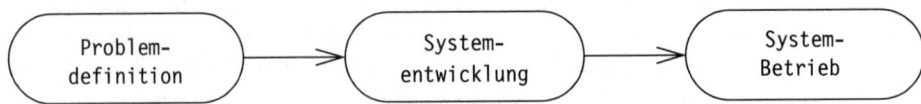

Abbildung 15.2: Einfaches Lebenszyklus-Modell (UML-Aktivitätsdiagramm)

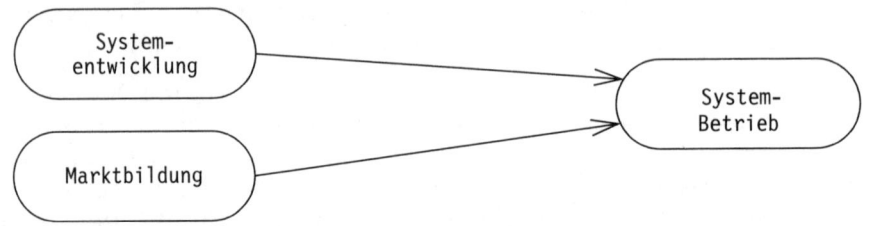

Abbildung 15.3: Ein alternatives Lebenszyklus-Modell (UML-Aktivitätsdiagramm)

lebenszyklus-Modell in Abbildung 15.3 zeigt, dass die Aktivitäten Systementwicklung und Marktbildung gleichzeitig ausgeführt werden können.

Abbildung 15.4 zeigt das in Abbildung 15.2 dargestellte Modell in der entitätsgesteuerten Sicht. Nach diesem Modell produziert die Softwareentwicklung vier Entitäten: ein Dokument zur Markterhebung, ein Dokument zur Anforderungsspezifikation, ein ausführbares System und ein Dokument mit Projekterfahrungen.

Die aktivitäts- und entitätsgesteuerten Sichten sind zueinander komplementäre Sichten (siehe Abbildung 15.5). Jede Entität entsteht aus einer oder mehreren Aktivitäten. Die Aktivität der Problemdefinition benutzt ein Marktübersichts-Dokument als Eingabe und erzeugt daraus das Anforderungsspezifikations-Dokument. Die Aktivität Systementwicklung nimmt das Anforderungsspezifikations-Dokument als Eingabe und erzeugt ein ausführbares System. Aus dem Systembetrieb wird das Projekterfahrungs-Dokument erstellt, dessen Inhalt bei der nächsten Softwareentwicklung genutzt werden könnte. Alternativ erzeugt jede Aktivität ein oder mehrere Entitäten.

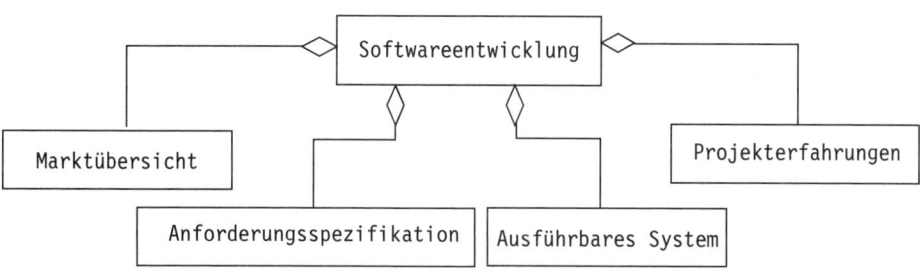

Abbildung 15.4: Eine entitätsbasierte Sicht der Softwareentwicklung (UML-Klassendiagramm)

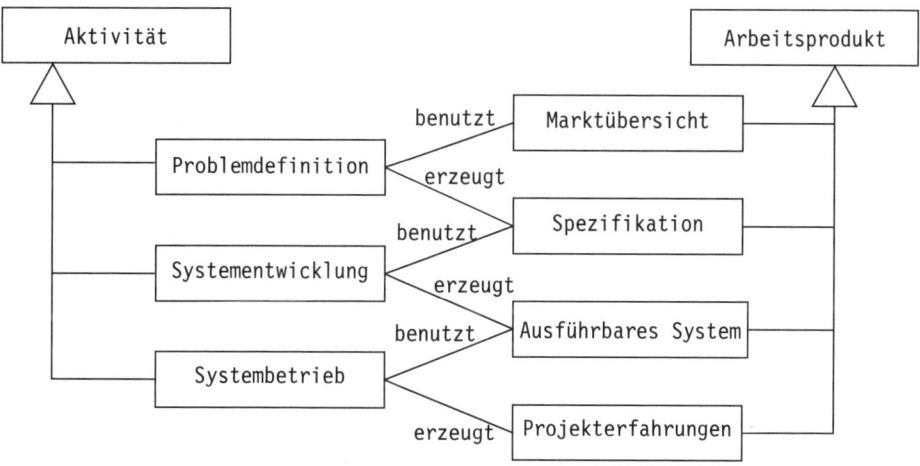

Abbildung 15.5: Aktivitäten und Entitäten im Lebenszyklus-Modell aus Abbildung 15.2 (UML-Klassendiagramm)

In Abschnitt 15.2 beschreiben wir die Lebenszyklus-Aktivitäten, die in der IEEE-074-Norm beschrieben werden [IEEE, 1997]. Diese Norm führt präzise Definitionen ein, die den Teilnehmern helfen, Lebenszyklen zu verstehen und effektiv zu kommunizieren. In diesem Abschnitt beschreiben wir auch den Informationsfluss zwischen den Aktivitäten.

In Abschnitt 15.3 erläutern wir CMM, ein Rahmenwerk zur Bewertung des Reifegrades von Organisationen und ihrer Lebenszyklen. Es ermöglicht den Vergleich von Organisationen und Projekten anhand der Aktivitäten in ihren Lebenszyklen.

In Abschnitt 15.4 geben wir einen Überblick über verschiedene aktivitätsgesteuerte Lebenszyklen, die sich in der Anordnung ihrer Aktivitäten unterscheiden. Wir diskutieren zwei sequentielle Modelle, das Wasserfall-Modell [Royce, 1970] und das V-Modell [Jensen & Tonies, 1979] sowie zwei iterative Modelle, das Spiral-Modell [Boehm, 1987] und den UP-Prozess [Jacobson et al., 1999]. Außerdem beschreiben wir ein entitätsgesteuertes Lebenszyklus-Modell auf der Basis von Fragestellungen.

15.2 Die IEEE-1074-Norm zur Entwicklung von Lebenszyklus-Prozessen

Die IEEE-1074-Norm für Lebenszyklus-Prozesse beschreibt die obligatorische Menge von Aktivitäten und Prozessen bei der Entwicklung und Wartung von Software [IEEE, 1997]. Ziel dieser Norm ist es, ein gemeinsames Rahmenwerk für die Entwicklung von Lebenszyklus-Modellen zu schaffen und Beispiele für typische Situationen zu liefern. In diesem Abschnitt illustrieren wir die in der Norm eingeführten Hauptaktivitäten und erklären ihre grundlegenden Konzepte anhand von UML-Diagrammen.

15.2.1 Prozesse und Aktivitäten

Ein **Prozess** ist eine Menge von Aktivitäten, die der Erreichung eines bestimmten Ziels (z.B. Anforderungsanalyse, Management oder Produktauslieferung) dient. Die IEEE-Norm führt insgesamt 17 Prozesse auf. Diese werden in höhere Abstraktionsebenen, so genannte **Prozessgruppen** (siehe Tabelle 15.1), aufgeteilt. Beispiele für Prozessgruppen sind Projektmanagement, Vorentwicklung, Entwicklung und Produktion. Beispiele für Prozesse innerhalb der Entwicklungsprozessgruppen sind u.a.:

- der Anforderungsprozess, in dem die Entwickler Systemmodelle erstellen,
- der Entwurfsprozess, in dem die Entwickler das System in Komponenten zerlegen,
- der Implementierungsprozess, in dem die Entwickler die Komponenten realisieren.

Jeder Prozess besteht aus Aktivitäten. Eine Aktivität ist eine Aufgabe oder Gruppe von Unteraufgaben, die einem Team oder einem Projektmitarbeiter zugeordnet wird, um ein spezifisches Projektziel zu erreichen. Der Anforderungsprozess besteht zum Beispiel aus drei Aktivitäten:

- Definition und Entwicklung von Softwareanforderungen, wodurch die Funktionalität des Systems präzise beschrieben wird,
- Definition von Anforderungen an Schnittstellen, die die Interaktion zwischen Benutzer und System präzise beschreiben, sowie
- Priorisierung und Integration von Softwareanforderungen, wodurch alle Anforderungen nach der Wichtigkeit für den Kunden geordnet werden und ihre Konsistenz gewährleistet wird

Arbeitsaufgaben verbrauchen Ressourcen, z.B. Personal, Zeit oder Geld, und produzieren ein Arbeitsergebnis. In der Planungsphase werden die Aktivitäten in projektspezifische Aufgaben aufgeteilt, mit einem Start- sowie Enddatum versehen und einem Team oder Projektmitarbeiter zugewiesen (Abbildung 15.6). Während des Projektverlaufs wird die tatsächlich erbrachte Arbeitsleistung den geplanten Aufgaben gegenübergestellt, wobei Ressourcen neu zugeteilt werden können, wenn neue Probleme auftreten.

Prozessgruppe	Prozesse
Lebenszyklus-Modellierung	Auswahl eines Lebenszyklus-Modells
Projektmanagement	Projektstart Projektüberwachung und Kontrolle Softwarequalitätsmanagement
Vorentwicklung	Konzepterforschung Systembereitstellung
Entwicklung	Analyse Entwurf Implementierung
Nachentwicklung	Installation Betrieb und Betreuung Wartung Stilllegung
Integral	Verifikation und Validierung Softwarekonfigurationsmanagement Dokumentation Training

Tabelle 15.1:   Softwareprozesse in IEEE 1074

Die IEEE-1074-Prozesse sind in Tabelle 15.1 aufgelistet. Wenn Entwickler zu dem Projekt hinzukommen, sind die ersten drei Prozessgruppen bereits durchlaufen worden – Lebenszyklus-Modellierung, Projektmanagement und Vorentwicklungsprozesse.

15.2.2   Lebenszyklus-Modellierung

Während der Aktivität „Lebenszyklus-Modellierung" wählt der Projektmanager von den definierten Aktivitäten diejenigen aus, die er für ein bestimmtes Projekt benötigt, d.h. er instantiiert ein Lebenszyklus-Modell. Nicht alle Projekte erfordern die gleichen Aktivitäten bzw. dieselbe Reihenfolge von Aktivitäten. Projekte, in denen z.B. keine persistente Datenhaltung erforderlich ist, verzichten auf den Datenbankentwurf. Das gewählte Lebenszyklus-Modell dient als Eingabe für den im nächsten Abschnitt beschriebenen Projektstart.

15.2.3   Projektmanagement

Ein Projektmanager beginnt das Projekt, und überwacht und kontrolliert es während des gesamten Lebenszyklus. Projektmanagement umfasst dabei drei Prozesse (Tabelle 15.2).

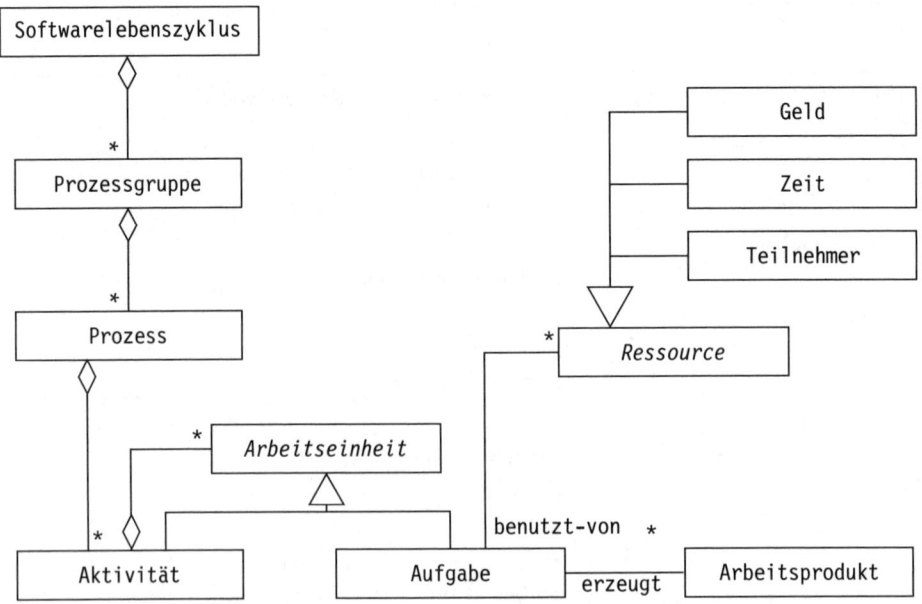

Abbildung 15.6: Modell des Softwarelebenszyklus (UML-Klassendiagramm). Ein Softwarelebenszyklus besteht aus Prozessgruppen, die wiederum aus Prozessen bestehen. Ein Prozess erfüllt einen bestimmten Zweck, z.B. Anforderungsanalyse, Entwurf oder Installation. Ein Prozess besteht aus Aktivitäten, welche wiederum aus Unteraktivitäten oder Aufgaben bestehen. Aufgaben repräsentieren die kleinste Arbeitseinheit, die aus Sicht des Managements betrachtet wird. Aufgaben verbrauchen dabei Ressourcen und erzeugen ein oder mehrere Arbeitsprodukte. Ein Projekt ist eine Instanz eines Softwarelebenszyklus.

Der Projektstart dient der Erstellung der Projektinfrastruktur. Während dieses Prozesses werden Aufgabenplan, Zeitplan, Budget, Organisation und Projektumgebung bestimmt. Die Projektumgebung umfasst Projektnormen, Kommunikationsinfrastruktur, Berichtsprozeduren, Entwicklungsmethoden und Entwicklungswerkzeuge. Die meisten Informationen, die während dieses Prozesses generiert werden, werden im Softwareprojekt-Plan dokumentiert. Der Projektstart wird beendet, sobald sich eine stabile Umgebung für das Projekt etabliert hat. Der Projektüberwachungs- und Kontrollprozess sichert die Ausführung des Projektes gemäß Aufgabenplan und unter Einhaltung des Budgets. Wenn der Projektmanager Abweichungen vom Zeitplan feststellt, wird er korrigierende Maßnahmen einleiten. Beispielsweise kann er die Ressourcen reallozieren, Prozeduren ändern oder den Zeitplan überarbeiten. Der Softareprojektmanagement-Plan wird gemäß diesen Änderungen angepasst. Die Prozesse Projektüberwachung und Kontrolle bleiben während des gesamten Lebenszyklus aktiv.

Prozess	Klausel[1]	Aktivitäten
Projektstart	3.1.3	Auswahl von Softwarelebenszyklus-Aktivitäten
	3.1.4	Allokation von Projektressourcen
	3.1.5	Aufbau der Projektumgebung
	3.1.6	Planung des Projektmanagements
Projektüberwachung und Kontrolle	3.2.3	Risikoanalyse
	3.2.4	Ausführung von Notfallplänen
	3.2.5	Managen des Projektes
	3.2.6	Archivierung von Projektunterlagen
	3.2.7	Realisierung von Berichtswegen für Problemfälle
Qualitätsmanagement	3.3.3	Planung des Qualitätsmanagements
	3.3.4	Bestimmung von Metriken
	3.3.5	Management der Softwarequalität
	3.3.6	Identifikation notwendiger Qualitätsverbesserungen

Tabelle 15.2: Projektmanagement-Prozesse

Der Qualitätsmanagement-Prozess stellt sicher, dass das zu errichtende System die geforderten Qualitätsnormen, für die man sich beim Projektstart entschieden hat, erfüllt. Dieser Prozess wird von einer separaten Qualitätsmanagementgruppe durchgeführt, um Interessenkonflikte zu vermeiden (das Ziel des Projektmanagers ist es, das System innerhalb der geforderten Zeit fertig zu stellen, wohingegen die Qualitätsmanagementgruppe sicherzustellen hat, dass das System solange nicht als fertig gestellt betrachtet wird, bis es die geforderten Qualitätskriterien erfüllt). Der Qualitätsmanagement-Prozess wird fast während des gesamten Lebenszyklus beibehalten.

In Kapitel 14, *Projektmanagement*, haben wir die Aktivitäten des Projektstarts und der Projektüberwachung in Bezug auf Planung, Organisation und Projektkontrolle betrachtet. Die Aktivität zum Aufbau der Projektumgebung erfordert besondere Beachtung bei gruppenbasierten Organisationen. Einer der kritischsten Aspekte der Projektumgebung ist die Kommunikationsinfrastruktur zur Weitergabe von Informationen unter den Projektteilnehmern. Um schnell auf Änderungen reagieren und Probleme ohne unnötigen Mehraufwand weiterleiten zu können, müssen sich alle Projektmitglieder über den Informationsfluss im Projekt im Klaren sein und die Berichtswege kennen. In Kapitel 3, *Projektorganisation und -kommunikation*, haben wir die Aktivitäten in Bezug auf die Definition und Nutzung der Kommunikationsinfrastruktur beschrieben. Dabei ist zu beachten, dass zur Entwicklung der Kommunikationsinfrastruktur die anfängliche Systemarchitektur bestimmt worden sein muss.

---

[1] Die Klauselnummern in dieser Tabelle und in weiteren Tabellen in diesem Kapitel beziehen sich auf die nummerierten Überschriften in der IEEE-1074-Norm [IEEE, 1997].

15.2.4   Vorentwicklung

Während der Vorentwicklung definieren Management oder Marketing und ein Kunde eine Idee oder einen Bedarf. Dies kann in einem neuen Entwicklungsprojekt, in Änderungen an den Schnittstellen eines bestehenden Systems oder im Austausch eines bestehenden Geschäftsprozesses resultieren.

Der Systembereitstellungsprozess erstellt eine anfängliche Systemarchitektur und identifiziert Hardware, Software und Betriebsanforderungen. Die Aufteilung in Subsysteme schafft dabei die Grundlage für die anfängliche Kommunikationsinfrastruktur zwischen den Projektmitgliedern. Anforderungen, Aufteilung in Subsysteme und Kommunikationsinfrastruktur sind in der Problembeschreibung[2] festgehalten, die dann als Eingabe des Entwicklungsprozesses dient. Die Vorentwicklungsprozesse sind in Tabelle 15.3 dargestellt.

Prozess	Klausel	Aktivitäten
Konzeption	4.1.3	Identifikation von Ideen und Bedürfnissen
	4.1.4	Formulierung möglicher Lösungsansätze
	4.1.5	Durchführung von Machbarkeitsstudien
	4.1.6	Planung des Übergangs aus dem Altsystem (sofern nötig)
	4.1.7	Verfeinerung und Fertigstellung der Ideen und Bedürfnisse
Systembereit-stellung	4.2.3	Analyse der Systemfunktionen
	4.2.4	Entwicklung der Systemarchitektur
	4.2.5	Zerlegung der Systemanforderungen

Tabelle 15.3:   Vorentwicklungsprozesse

15.2.5   Entwicklung

Entwicklung umfasst die Prozesse, die der Erstellung des Systems dienen (siehe Tabelle 15.4).

Der *Anforderungsprozess* geht von einer informellen Beschreibung der Anforderungen aus und produziert daraus die Systemanforderungen in Form von höheren funktionalen Anforderungen, die eine vollständige Spezifikation des Systems darstellen. In diesem Prozess wird bereits die Wichtigkeit einzelner Anforderungen bestimmt. Einen spezifischen Anforderungsprozess haben wir in Kapitel 4, *Anforderungsermittlung*, und Kapitel 5, *Analyse*, beschrieben.

---

[2] In der Norm *Statement of Need* genannt. Das Statement of Need ist ähnlich der *Problembeschreibung*, wie wir sie benutzen, sieht aber keine Information über die Projektorganisation vor.

Prozess	Klausel	Aktivitäten
Anforderungen	5.1.3	Definition/Entwicklung der Softwareanforderungen
	5.1.4	Definition der Schnittstellenanforderungen
	5.1.5	Priorisierung/Integration der Softwareanforderungen
Entwurfsprozess	5.2.3	Erstellung des Architekturentwurfs
	5.2.4	Datenbankentwurf (falls notwendig)
	5.2.5	Schnittstellenentwurf
	5.2.6	Algorithmenauswahl (falls notwendig)
	5.2.7	Durchführung des Detailentwurfs
Implementierung	5.3.3	Erzeugung von Testdaten
	5.3.4	Erzeugung der Quellen
	5.3.5	Erzeugung von Objektcode
	5.3.6	Erstellung der Betriebsdokumentation
	5.3.7	Integrationsplanung
	5.3.8	Durchführung der Integration

Tabelle 15.4: Entwicklungsprozesse

Der *Entwurfsprozess* greift zwei Komponenten auf, nämlich die während des Systembereitstellungsprozesses erzeugte Systemarchitektur und die während des Anforderungsprozesses erzeugte Anforderungsspezifikation, und erzeugt daraus eine kohärente und schlüssige Darstellung des Systems.

Die Aktivitäten *Erstellung des Architekturentwurfs* und *Schnittstellenentwurf* verfeinern die Aufteilung in Subsysteme. Dies umfasst auch die Einteilung von Anforderungen an Hardware- und Softwaresysteme, die Beschreibung von Randbedingungen, die Auswahl von Standardkomponenten sowie die Definition von Entwurfszielen. Der detaillierte Entwurf aller Subsysteme wird während der Aktivität *Durchführung des Detailentwurfs* vorgenommen. Der Entwurfsprozess liefert als Ergebnis Entwurfsobjekte, deren Attribute und Operationen und ihre Organisation in Pakete. Am Ende dieser Aktivität sind alle Methoden und ihre typisierten Signaturen definiert. Neue Klassen werden eingeführt, um nichtfunktionale Anforderungen und komponentenspezifische Details zu beachten. Der in diesem Buch benutzte Entwurfsprozess wird in Kapitel 6, *Systementwurf: Systemzerlegung*, Kapitel 8, *Objektentwurf: Wiederverwendung von Mustern*, und Kapitel 9, *Objektentwurf: Schnittstellenspezifikation* beschrieben.

Der *Implementierungsprozess* erzeugt eine dem Entwurfsmodell entsprechende, ausführbare Darstellung. Der Implementierungsprozess umfasst verschiedene Testaktivitäten und *Integrationsplanung*. Dabei ist zu beachten, dass die durchgeführten Tests unabhängig von denen während der Qualitätskontrolle oder der Verifikation und Validierung sind. In Kapitel 11, *Testen*, beschreiben wir die Test- und Integrationsaspekte der Implementierung.

15.2.6 Nachentwicklung

Die Nachentwicklung besteht aus Installation, Wartung, Betrieb und Betreuung sowie Stilllegungsprozessen (Tabelle 15.5).

Während der *Installation* wird die Systemsoftware verteilt und beim Kunden installiert. Die Installation endet mit der Kundenabnahme entsprechend der Bestimmungen der Projektvereinbarung. *Betrieb und Betreuung* befassen sich mit der Schulung der Benutzer und dem Betrieb des Systems. *Wartung* bezieht sich auf die Behandlung von Softwarefehlern und Problemen nach Auslieferung des Systems. Wartung erfordert die Überleitung der Lebenszyklusprozesse in ein neues Projekt.

Die *Stilllegung* schafft ein bestehendes System ab und beendet dessen Dienste und Unterstützung. Dies geschieht, wenn ein System modernisiert oder durch ein neues ersetzt wird. Um einen reibungslosen Übergang zwischen zwei Systemen zu gewährleisten, werden beide Systeme oft parallel betrieben, bis sich die Benutzer an das neue System gewöhnt haben. Wir betrachten die Nachentwicklungsprozesse nicht weiter, außer für die Bereiche Kundenauslieferung und Kundenakzeptanz.

Prozess	Klausel	Aktivitäten
Installation	6.1.3	Installationsplanung
	6.1.4	Softwareverteilung
	6.1.5	Softwareinstallation
	6.1.6	Annahme der Software in der Betriebsumgebung
Betrieb und Betreuung	6.2.3	Systembetrieb
	6.2.4	Technische Unterstützung und Beratungsleistung
	6.2.5	Führen von Betreuungsanfrage-Protokollen
Wartung	6.3.3	Wiederanwendung des Softwarelebenszyklus
Stilllegung	6.4.3	Benutzerbenachrichtigung
	6.4.4	Durchführung des Parallelbetriebs (falls nötig)
	6.4.5	Systemablösung

Tabelle 15.5: Nachentwicklungsprozesse

15.2.7 Querschnittsprozesse

Einige Prozesse treten während des gesamten Projekts auf. Diese werden Querschnittsprozesse oder auch integrale Prozesse genannt. Dazu gehören Validierung und Verifikation, Konfigurationsmanagement, Dokumentation und Training (Tabelle 15.6).

Prozess	Klausel	Aktivitäten
Verifikation und Validierung	7.1.3	Planung der Verifikation und Validierung
	7.1.4	Durchführung von Verifikation und Validierung
	7.1.5	Sammlung und Analyse von Messdaten
	7.1.6	Testplanung
	7.1.7	Entwicklung der Testanforderungen
	7.1.8	Testdurchführung
Konfigurations-management	7.2.3	Planung des Konfigurationsmanagements
	7.2.4	Entwicklung der Konfigurationsidentifikation
	7.2.5	Durchführung der Konfigurationskontrolle
	7.2.6	Durchführung der Status-Buchführung
Dokumentation	7.3.3	Dokumentationsplanung
	7.3.4	Dokumentationsimplementierung
	7.3.5	Erstellung und Verteilung der Dokumentation
Training	7.4.3	Planung des Trainingsprogramms
	7.4.4	Entwicklung der Trainingsmaterialien
	7.4.5	Validierung des Trainingsprogramms
	7.4.6	Implementierung des Trainingsprogramms

Tabelle 15.6:   Querschnittsprozesse (auch integrale Prozesse genannt)

Verifikation muss zeigen, dass die Systemmodelle mit der Spezifikation im Einklang sind. Validierung umfasst Überprüfungen, Revisionen und Kontrollen. Validierung stellt sicher, dass das System die Kundenbedürfnisse erfüllt, und umfasst Systemtests, Betatests und den Kundenakzeptanztest (Abnahmetest). Verifikations- und Validierungsaktivitäten treten während des gesamten Lebenszyklus auf, um Anomalien so früh wie möglich festzustellen. Beispielsweise kann jedes Modell am Ende seines Erzeugungsprozesses anhand einer Checkliste geprüft werden. Die Überprüfung eines Modells, z.B. eines Entwurfsmodells, kann mit der Modifikation eines Modells aus einem anderen Prozess, z.B. aus dem Analysemodell, enden.

Die Aktivität *Sammlung und Analyse von Messdaten* erzeugt Projektdaten, die insbesondere auch in zukünftigen Projekten genutzt werden können und zum Wissenskapital des Unternehmens beitragen. Die Aktivitäten *Testplanung* und *Entwicklung der Testanforderungen* können begonnen werden, sobald die Anforderungen festgelegt sind. In großen Projekten werden diese Aktivitäten oft nicht von den Entwicklern selbst durchgeführt, sondern von anderen Projektmitgliedern.

Mechanismen zur Überprüfung, Revision und Kontrolle wurden in Kapitel 3, *Projektorganisation und -kommunikation* beschrieben. Vorgehensmodellspezifische Verfeinerungen bei der Überprüfung von Anforderungen und Systementwurf wurden dann in den Kapiteln

4, 5 und 6 eingeführt. *Testplanung* und *Testdurchführung* wurden ausführlich in Kapitel 11, *Testen* vorgestellt.

Konfigurationsmanagement ist mit der Verfolgung und Kontrolle von Änderungen an Arbeitsprodukten befasst. Darunter fallen je nach Konfigurationsmanagement-Plan Quelltext, Entwicklungsmodelle, der Softwareprojektmanagement-Plan sowie andere Dokumente. Wir haben diese Aktivitäten in Kapitel 13, *Konfigurationsmanagement*, beschrieben.

Dokumentation beschäftigt sich mit den Arbeitsergebnissen (Programmtext ausgenommen) und hält die Ergebnisse der anderen Prozesse fest. Die dazu erforderlichen Dokumentvorlagen werden während dieser Aktivität ausgewählt. Die IEEE-1074-Norm beschreibt jedoch keine speziellen Dokumente oder Vorlagen. Spezifische Dokumentationsprobleme in dem von uns benutzten Vorgehensmodell wurden in den Kapiteln beschrieben, in denen die jeweiligen Dokumente erzeugt wurden (Kapitel 5, *Analyse,* beschreibt beispielsweise das *Lastenheft* und Kapitel 13, *Konfigurationsmanagement*, den *Konfigurationsmanagement-Plan*).

15.3　Reifegrad-Modelle

Im vorangegangenen Abschnitt haben wir die Aktivitäten und Artefakte vorgestellt, die einen Softwarelebenszyklus ausmachen. Für die Auswahl von Aktivitäten für ein konkretes Projekt gibt es keinen Standard. Richtlinien für die Wahl der Lebenszyklus-Aktivitäten bereitzustellen ist das Ziel so genannter **Reifegrad-Modelle**. Das bekannteste Reifegrad-Modell ist **CMM** (Capability Maturity Model). CMM geht davon aus, dass die Entwicklung eines Softwaresystems besser vorhersagbar ist, wenn eine Organisation genau definierte und strukturierte Lebenszyklus-Prozesse nutzt, die für alle Projektmitglieder verfügbar sind. CMM nutzt die folgenden fünf Stufen, um den Reifegrad einer Organisation zu beschreiben [Paulk et al., 1995]:

Stufe 1: Initial. Eine Organisation auf dieser Stufe benutzt zur Softwareentwicklung Aktivitäten auf Ad-hoc-Basis, wobei keine dieser Aktivitäten genau definiert ist. Der Erfolg eines Projektes auf dieser Reifestufe hängt üblicherweise vom außergewöhnlichen Einsatz und den Fähigkeiten einiger Schlüsselfiguren ab. Aus Kundensicht ist das Softwarelebenszyklus-Modell, sofern es überhaupt existiert, ein schwarzer Kasten. Nachdem der Kunde an der Definition der Problembeschreibung teilgenommen hatte und die Entscheidung getroffen wurde, ein Projekt durchzuführen, muss er bis zur Lieferung des Softwaresystems warten, um die Ergebnisse in Augenschein nehmen zu können. Während der Projektdauer gibt es für den Kunden keinen realistischen Weg, um mit dem Projektmanagement zu interagieren.

Stufe 2: Wiederholbar. Auf dieser Stufe verfügt ein Projekt über ein wohl definiertes Softwarelebenszyklus-Modell. Die Modelle unterscheiden sich allerdings von Projekt zu Projekt, was die Möglichkeiten der Wiederverwendung von Wissen einschränkt. Grundlegende Projektmanagement-Prozesse zur Überwachung von Kosten- und Zeitrahmen werden auf dieser Stufe auch schon eingesetzt. Neue Projekte basieren auf den Erfahrungen der Organisation mit vergleichbaren Vorgängerprojekten. Deswegen kann man einen gewissen Erfolg nur dann vorhersagen, wenn das Vorgängerprojekt in einer vergleichbaren Anwendungsdomäne durchgeführt worden war. Der Kunde interagiert mit der Organisation zu fest definierten Zeitpunkten, z.B. bei Überprüfungen und beim Abnahmetest, was minimale Korrekturen vor der Auslieferung ermöglicht.

Stufe 3: Definiert. Diese Stufe benutzt ein dokumentiertes Lebenszyklus-Modell, dass für alle organisatorischen und technischen Aktivitäten der gesamten Organisation anzuwenden ist. Eine projektspezifische Variante des Modells wird zu Beginn des Projekts in der Projektstart-Aktivität *Auswahl von Softwarelebenszyklus-Aktivitäten* erzeugt. Der Kunde kennt sowohl das Standard-Lebenszyklus-Modell als auch das für das konkrete Projekt gewählte Lebenszyklus-Modell.

Stufe 4: Organisiert. Diese Stufe definiert Metriken für Aktivitäten und Ergebnisse. Während des gesamten Projekts werden kontinuierlich Daten gesammelt. Dies ermöglicht das quantitative Verständnis und die Analyse des Softwarelebenszyklus-Modells an sich. Der Kunde wird vor Projektbeginn über mögliche Risiken informiert und kennt die Maßnahmen der Organisation.

Stufe 5: Optimiert. Die Messdaten werden in einem Rückkopplungsmechanismus genutzt, um das Lebenszyklus-Modell während des Bestehens der Organisation fortwährend zu optimieren. Kunde, Projektleiter und Entwickler kommunizieren und kooperieren während der Projektentwicklung miteinander.

Um den Reifegrad einer Organisation messen zu können, wurden eine Reihe von **Schlüsselprozess-Bereichen** (*key process areas, KPA*) durch das Software Engineering Institute (SEI) definiert. Um einen spezifischen Reifegrad zu erreichen, muss die Organisation nachweisen, dass alle Schlüsselprozess-Bereiche dieser Stufe erfüllt werden. Einige dieser Schlüsselprozess-Bereiche gehen über die in der IEEE-1074-Norm definierten Aktivitäten hinaus. Tabelle 15.7 zeigt die Zuordnung von Reifegrad und Schlüsselprozess-Bereichen.

Reifegrad	Schlüsselprozess-Bereiche
1. Initial	Nicht anwendbar
2. Wieder-holbar	Fokus: Gewährleistung grundlegender Projektmanagement-Kontrollen ■ *Anforderungsmanagement*: Anforderungen werden in einem Projektübereinkommen festgelegt und während des Projekts gepflegt. ■ *Projektplanung und -kontrolle*: Ein Projektmanagement-Plan wird zu Projektbeginn festgelegt und während der Projektdauer kontrolliert. ■ *Management von Zulieferern*: Die Organisation wählt qualifizierte Lieferanten aus und arbeitet effektiv mit diesen zusammen.

Tabelle 15.7: Zuordnung von Prozess-Reifegraden und Schlüsselprozess-Bereichen

Reifegrad	Schlüsselprozess-Bereiche
	■ *Qualitätssicherung:* Alle Lieferumfänge und Prozessaktivitäten werden überprüft und kontrolliert, um sicherzustellen, dass sie mit den Normen und Richtlinien der Organisation in Einklang stehen. ■ *Konfigurationsmanagement*: Eine Menge von Maßnahmen zum Konfigurationsmanagement ist definiert und wird während des gesamten Projekts gepflegt.
3. Definiert	Fokus: Gewährleistung einer Infrastruktur, die ein einziges Lebenszyklus-Modell für alle Projekte gewährleistet ■ *Die Organisation ist prozessfokussiert*: Die Organisation hat eine permanente Arbeitsgruppe zur dauernden Wartung und Verbesserung der Softwarelebenszyklus-Modelle. ■ *Die Organisation definiert Prozesse*: Ein Standardsoftwarelebenszyklus-Modell wird für alle Projekte der Organisation verwendet. Alle Informationen und Dokumente in Bezug auf Softwarelebenszyklen werden in einer Datenbank erfasst. ■ *Trainingsprogramm*: Die Organisation identifiziert projektspezifischen Trainingsbedarf und entwickelt Trainingsprogramme. ■ *Integriertes Softwaremanagement*: Jedes Projekt kann seinen spezifischen (Lebenszyklus-)Prozess aus dem Standardprozess maßgeschneidert entwickeln. ■ *Softwareproduktentwicklung*: Die Software wird in Übereinstimmung mit den definierten Softwarelebenszyklen, Methoden und Werkzeugen entwickelt. ■ *Gruppenkoordination*: Die Projektarbeitsgruppen interagieren untereinander und gehen dabei auf Anforderungen und Probleme der anderen ein. ■ *Gegenseitige Überprüfungen:* Die Entwickler untersuchen die Arbeitsergebnisse ihrer Kollegen, um potentielle Fehler sowie Änderungsbedarf zu identifizieren.
4. Organisiert	Fokus: Quantitatives Verständnis des Softwarelebenszyklus und seiner Ergebnisse ■ *Quantitatives Prozessmanagement*: Produktivitäts- und Qualitätsmaßstäbe werden für das Projekt definiert und permanent erfasst. Dabei ist es wichtig, dass diese Daten nicht sofort während des Projekts genutzt werden, etwa um die Leistung einzelner Entwickler zu beurteilen, sondern dass sie in einer Datenbank abgelegt werden, um den Vergleich mit anderen Projekten zu ermöglichen. ■ *Qualitätsmanagement*: Die Organisation hat einen Katalog von Qualitätszielen für Softwareprojekte definiert. Diese werden überwacht und angepasst, um qualitativ hochwertige Produkte an die Benutzer zu liefern.

Tabelle 15.7:   Zuordnung von Prozess-Reifegraden und Schlüsselprozess-Bereichen (Forts.)

Reifegrad	Schlüsselprozess-Bereiche
5. Optimiert	Fokus: Beachtung von Technologie- und Prozessänderungen, die Änderungen im Systemmodell oder an Ergebnissen bewirken könnten, auch während das Projekt noch läuft. ■ *Fehlervermeidung*: Fehler in vorangegangenen Projekten werden unter Verwendung der Messdatenbank analysiert. Falls notwendig, werden geeignet Maßnahmen ergriffen, um diese Fehler zukünftig zu vermeiden. ■ *Management technologischer Neuerungen*: Technische Innovationen werden andauernd untersucht und innerhalb der Organisation bekannt gemacht. ■ *Management von Prozessneuerungen*: Der Softwareprozess wird andauernd verbessert und angepasst, um die durch die Prozessmetriken aufgedeckten Schwächen zu beheben. Dauernde Veränderung ist dabei die Regel und keine Ausnahme.

Tabelle 15.7: Zuordnung von Prozess-Reifegraden und Schlüsselprozess-Bereichen (Forts.)

15.4 Lebenszyklus-Modelle

Abbildung 15.7 stellt den Informationsfluss zwischen den einzelnen Prozessen der IEEE-1074-Norm dar. Die Komplexität ist erheblich, wie aus den vielen Abhängigkeiten zwischen den Prozessen ersichtlich ist. Jede Beziehung repräsentiert sowohl ein von einem Prozess erzeugtes und von einem anderen verbrauchtes Arbeitsprodukt als auch einen formalen Kommunikationskanal zwischen Projektmitgliedern, über den Dokumente, Modelle oder Quelltext ausgetauscht werden. In diesem Abschnitt betrachten wir verschiedene Lebenszyklus-Modelle, wobei sich die meisten ausschließlich auf den Entwicklungsprozess beziehen.

15.4.1 Sequentielle aktivitätsgesteuerte Modelle

Wir beginnen mit Lebenszyklus-Modellen, deren Hauptelemente Aktivitäten sind. Das Wasserfall-Modell ist das älteste derartige Lebenszyklus-Modell. Seine Aktivitäten werden sequentiell ausgeführt. Das V-Modell ist eine Variante des Wasserfall-Modells, welches verschiedene Abstraktionsebenen für die Aktivitäten einführt.

Wasserfall-Modell

Das **Wasserfall-Modell**, erstmals beschrieben von Royce [Royce, 1970], ist ein aktivitätsgesteuertes Lebenszyklus-Modell. Es beschreibt eine sequentielle Ausführung von Untermengen der Entwicklungs- und Managementprozesse, die im vorangegangenen Abschnitt erläutert wurden (Abbildung 15.8).

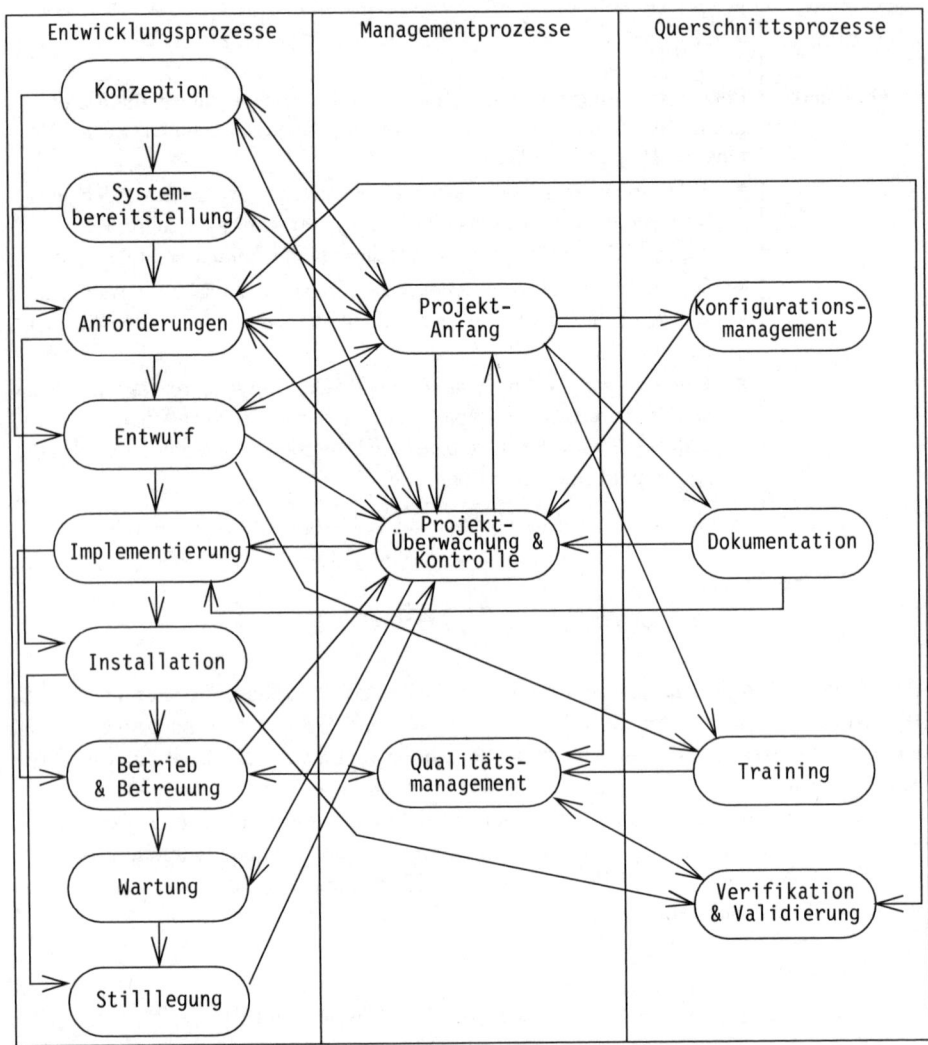

Abbildung 15.7: Prozessbeziehungen in der IEEE-1074-Norm (UML-Aktivitätsdiagramm, in Anlehnung an [IEEE, 1997]). Das Bild veranschaulicht, dass die Beziehungen zwischen den Aktivitäten komplex sind und kaum eine sequentielle Ausführung der Prozesse erlauben.

Ziel ist es, nach dem Abschluss einer Aktivität niemals zur vorangegangenen zurückzukehren. Beispielsweise müssen alle Aktivitäten des Anforderungsprozesses abgeschlossen sein, bevor die Aktivitäten des Entwurfs beginnen können. Die Schlüsseleigenschaft dieses Modells ist die permanente Verifikationsaktivität (von Royce auch „Verifikationsschritt" genannt), die sicherstellt, dass keine Entwicklungsaktivität unerwünschte Anforderungen einführt oder gewünschte entfernt. Dieses Modell stellt eine vereinfachte Sicht auf die Softwareentwicklung dar, in der Projektfortschritt anhand von abgeschlossenen Aufgaben gemessen wird. Das Modell geht davon aus, dass Softwareentwicklung als schrittweiser Prozess, der Benutzerbedürfnisse in Programmcode umwandelt, durchgeführt werden kann.

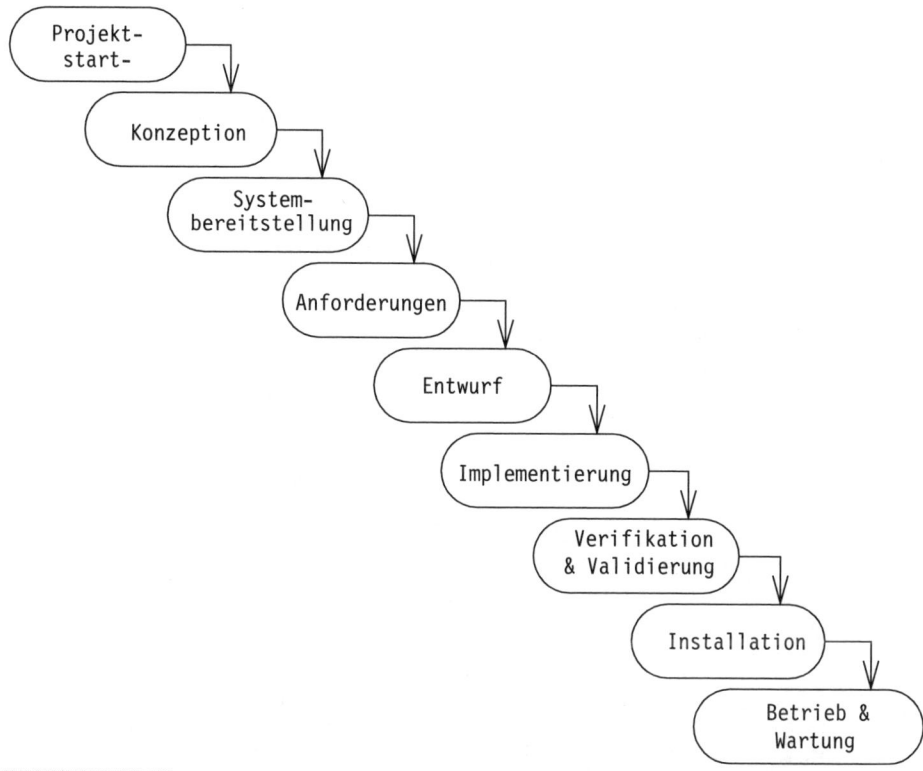

Abbildung 15.8: Das Wasserfall-Modell der Softwareentwicklung beschreibt den Softwarelebenszyklus als Folge von Aktivitäten, die in einer Sequenz ausgeführt werden (UML-Aktivitätsdiagramm in Anlehnung an [Royce, 1970] unter Verwendung der IEEE-1074-Nomenklatur; Projektmanagement- und Querschnittsprozesse sind nicht dargestellt).

V-Modell

Das **V-Modell** ist eine Variante des **Wasserfall-Modells**, welche die Gegenüberstellung der Entwicklungs- und Verifikationsaktivitäten hervorhebt. Der Unterschied zwischen Wasserfall- und V-Modell ist, dass das letztere das Abstraktionsniveau mehr gewichtet. Alle Aktivitäten – von der Anforderungsphase bis zur Implementierung – konzentrieren sich darauf, eine zunehmend detaillierte Darstellung des Systems zu erstellen, wohingegen sich die Aktivitäten von der Implementierung bis hin zum Betrieb auf die Validierung des Systems konzentrieren. Abbildung 15.9 zeigt das V-Modell.

Die höheren Abstraktionsgrade des V-Modells beschreiben die Anforderungsermittlung und den Betrieb. Die mittlere Ebene des V-Modells konzentriert sich darauf, die Problemstellung in eine Softwarearchitektur zu übersetzen. Die untere Ebene beschäftigt sich schließlich mit Details, wie dem Zusammenbau und der Programmierung neuer Softwarekomponenten. Das Ziel des Komponententests ist es, die jeweiligen Komponenten gegen ihre Beschreibung im Feinentwurf zu validieren. Die Aktivität Komponentenintegration & Test validiert funktionale Komponenten gegen den Grobentwurf.

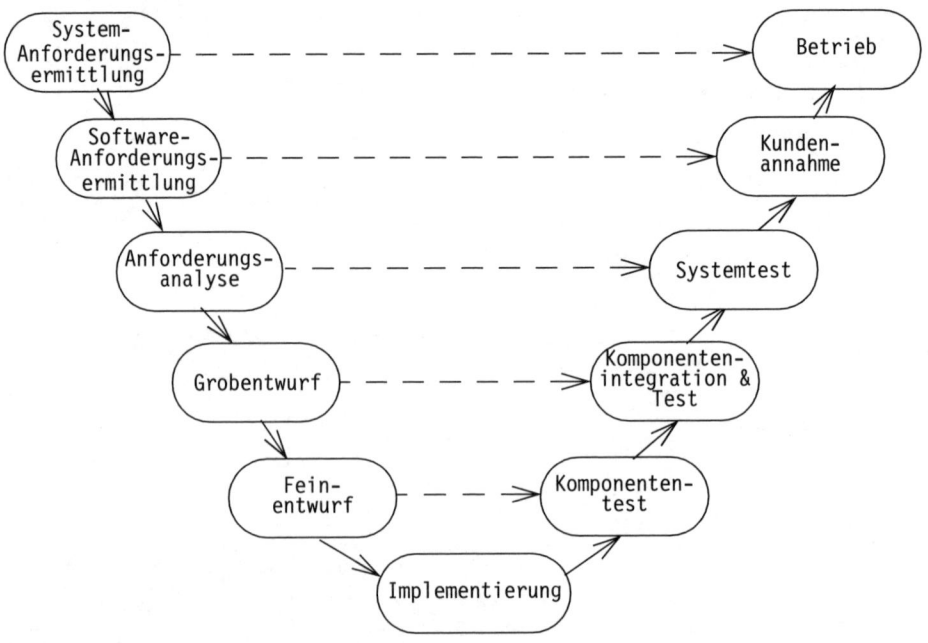

Abbildung 15.9:   Das V-Modell der Softwareentwicklung (UML-Aktivitätsdiagramm; angepasst nach [Jensen & Tonies, 1979]). Der Fluss der Objekte auf der Horizontalachse stellt den Informationsfluss zwischen den Aktivitäten der selben Abstraktionsebene dar. Die V-Form wurde erhalten, um der ursprünglichen Darstellung von Jensen und Tonies zu entsprechen. An dieser Stelle sei darauf hingewiesen, dass dieser Aufbau in UML keine Semantik enthält.

Das Wasserfall-Modell und seine Varianten sind in vielerlei Hinsicht stark vereinfachte Abstraktionen des Softwareentwicklungsprozesses. Die Schwäche dieser Modelle ist ihre Annahme, dass jede Aktivität nach ihrer Bearbeitung abgeschlossen ist und als feste Grundlage dienen kann. Ein solches idealisiertes Modell ist nur dann zutreffend, wenn die Anforderungen stark verlässlich und stabil sind. Dies ist in der Praxis der Systementwicklung selten der Fall. Änderungen während einer Aktivität erfordern meistens die Überarbeitung der Resultate vorangegangener Aktivitäten.

15.4.2   Iterative aktivitätsgesteuerte Modelle

Das Spiral-Modell nach Boehm sowie der einheitliche Softwareentwicklungsprozess USP basieren auf der iterativen Ausführung von Aktivitäten.

Spiral-Modell

Das **Spiral-Modell** [Boehm, 1987] ist ein aktivitätsgesteuertes Lebenszyklus-Modell, dessen Ziel es ist, den Schwächen des Wasserfall-Modells zu begegnen. Insbesondere den Umgang mit unregelmäßigen Änderungen während der Softwareentwicklung soll es erleichtern. Das Spiral-Modell basiert auf den gleichen Aktivitäten wie das Wasserfall-

Modell, wobei allerdings einige, beispielsweise das Risikomanagement, die Wiederverwendung und die Erstellung von Prototypen, hinzukommen. Diese zusätzlichen Aktivitäten sind Teil sogenannter **Runden** (auch Zyklen genannt).

Das Spiral-Modell konzentriert sich auf die inkrementelle Behandlung von Risiken entsprechend ihrer Priorität. Jede Runde besteht aus vier Phasen (Abbildung 15.10). Während der ersten Phase (im Quadranten oben links dargestellt) untersuchen die Entwickler Alternativen, definieren Randbedingungen und identifizieren Ziele. In der zweiten Phase (Quadrant oben rechts) managen Entwickler Risiken, die mit den Lösungen aus der ersten Phase in Beziehung stehen. In der dritten Phase (Quadrant unten rechts) realisieren und validieren sie einen Prototyp oder den Teil des Systems, der mit den in dieser Iteration behandelten Risiken in Beziehung steht. Die vierte Phase (Quadrant unten links) beschäftigt sich mit der Planung der nächsten Iteration, ausgehend von den Ergebnissen der aktuellen Iteration. Die letzte Phase der Iterationen wird üblicherweise als eine Überprüfung mit allen Projektbeteiligten, also Entwicklern, Kunden und Benutzern, durchgeführt.

Diese Prüfung umfasst die entwickelten Produkte der gegenwärtigen und vorangegangenen Iterationen und die Pläne für die nächste Iteration. Das Spiral-Modell von Boehm kennt die folgenden Iterationen: Konzept der Arbeitsabläufe, Softwareanforderungen, Softwareproduktentwurf, Detaillierter Entwurf, Programmierung, Komponententest, Integration und Test, Abnahmetest und Implementierung.

Jede Runde folgt dem Wasserfall-Modell und umfasst die folgenden Aktivitäten:

1. Zielbestimmung

2. Spezifikation der Rahmenbedingungen

3. Erzeugung von Alternativen

4. Identifikation von Risiken

5. Behebung von Risiken

6. Entwicklung und Verifikation des nächsten Produkts

7. Planung

Die ersten beiden Iterationen dienen der Beschreibung des durch die aktuelle Runde behandelten Problems. Die dritte Aktivität, *Erzeugung von Alternativen*, definiert den Lösungsraum. Die Aktivitäten *Identifikation von Risiken* dienen der Identifizierung und Behebung möglicher zukünftiger Risiken, die zu Kostenexplosionen führen oder den Projekterfolg gefährden könnten. Die Aktivität *Entwicklung und Verifikation des nächsten Produktes* ist die Realisierung des Zyklus. In der Aktivität *Planung* wird die nächste Runde organisatorisch vorbereitet. Die so beschriebenen Runden können in einem Polar-Koordinatensystem angeordnet werden. Die erste Runde, *Konzeption der Arbeitsabläufe*, ist der innerste Kreis ((siehe Abbildung 15.10). Nachfolgende Runden werden als zusätzliche Kreise in der Spirale dargestellt. Die Notation erlaubt jederzeit eine einfache Bestimmung des Projektstatus. Die Distanz vom Ursprung bezeichnet die akkumulierten Projektkosten. Die Winkelkoordinate bezeichnet den Fortschritt jeder Phase.

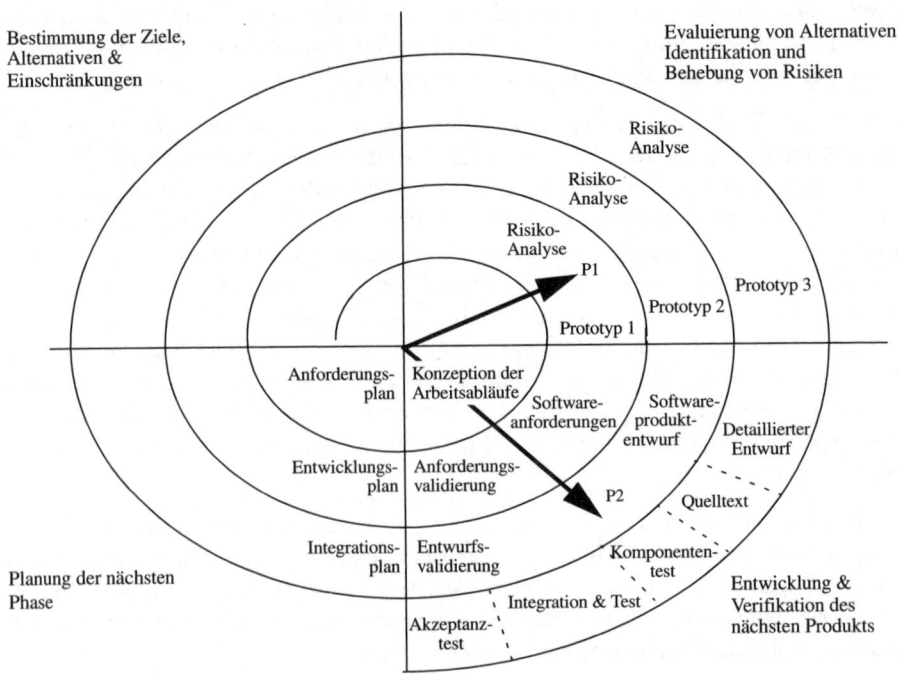

Abbildung 15.10: Boehm's Spiral-Modell (angepasst von [Boehm, 1987]). Der Abstand vom Ursprung repräsentiert die akkumulierten Projektkosten. Der Winkel zur Horizontalen beschreibt den Typ der Aktivität. Das Projekt P1 befindet sich z.B. in der Risikoanalyse der Softwareanforderungen. Das Projekt P2 befindet sich im Softwareproduktentwurf.

Der einheitliche Software-Entwicklungsprozess

Der einheitliche Software-Entwicklungsprozess (engl. *Unified Software Process* (*USP*), auch *Unified Process* genannt) ist eine von Booch, Jacobson und Rumbaugh [Jacobson et al., 1999] vorgeschlagene Vorgehensweise, die Lebenszyklus-Modellierung und Projektmanagement-Aspekte stark miteinander verzahnt. USP unterscheidet wichtige Zeitbereiche während der Lebenszeit eines Softwaresystems, die **Zyklen** genannt werden. Diese Zyklen unterscheiden sich von den Runden des Spiral-Modells: Man kann sie sich als Charakteristik für den Reifegrad eines Softwaresystems über seinen Lebenszeitraum vorstellen. Die Zyklen haben keine bestimmten Namen. Dennoch, beginnend mit der Geburt, kann man sich die Phasen des Systems als „Kindheit", „Erwachsenenalter" und „Pensionierung" vorstellen, bis das System schließlich „stirbt". Ein Zyklus endet im Allgemeinen mit der Veröffentlichung des Systems als externes Ergebnis für einen Kunden. Jeder Zyklus kann sich in einem von vier Zuständen, genannt Phasen, befinden: Anfang, Elaboration, Konstruktion und Überleitung (siehe Abbildung 15.11). In der **Anfangsphase** wird der Projektrahmen festgelegt, insbesondere was zum Projekt gehört und was nicht. Während dieser Phase werden diejenigen Anwendungsfälle identifiziert, die der Abwägung sich widersprechender Entwurfsziele dienen. Diese Anwendungsfälle werden auch Kernanwendungsfälle genannt. Mindestens eine mögliche Softwarearchitektur wird identifiziert und mittels der Kernanwendungsfälle untersucht. Ebenso werden in dieser Phase eine erste Schätzung des Budgets und ein Zeitplan für das Gesamtprojekt aufgestellt. Für die Ausführungsphase werden bereits detaillierte Schätzungen abgegeben.

Während der **Elaborationsphase** wird die Benutzersicht auf die Anforderungen in einer Datenbank abgelegt. Die Softwarearchitektur wird entworfen und anfängliche Entscheidungen zu Kauf bzw. Selbsterstellung von Komponenten werden getroffen, sodass Kosten-, Zeit- und Personalschätzungen abgeleitet werden können. Während der **Konstruktionsphase** werden Komponenten gekauft oder selbst entwickelt und das Ergebnis den Erfolgskriterien gegenübergestellt. Die **Überleitungsphase** wird eingeleitet, sobald das zugrunde gelegte System reif zur Bereitstellung für die Benutzer ist.

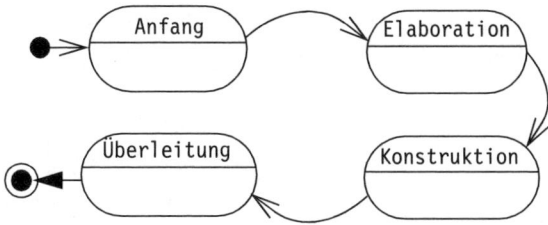

Abbildung 15.11: Die Zustände eines Softwaresystems bei dem USP, auch Phasen genannt. Der USP-Prozess unterscheidet vier Phasen: Anfang(sphase), Elaboration(sphase), Konstruktion(sphase) und Überleitung(sphase) (UML-Zustandsdiagramm).

Jede Phase umfasst eine Anzahl von Iterationen. Jede Iteration wiederum behandelt eine Menge von Anwendungsfällen, die mit der Iteration in Beziehung stehen oder einige der Risiken beheben, die zu Beginn der Iteration identifiziert wurden. Eine Iteration in USP wird in der Regel mit einem Projekt gemäß der Definition in Kapitel 14, *Projektmanagement*, durchgeführt.

Während der Dauer einer Iteration können verschiedene Aktivitäten parallel ausgeführt werden. Um diese Parallelität herauszustellen und um zu betonen, dass diese Aktivitäten über die gesamte Iteration hinweg ausgeführt werden können, werden diese Aktivitäten in USP auch Arbeitsabläufe (engl. *workflows*) genannt. Entwicklungsspezifische Arbeitsabläufe sind besonders wichtig und werden deshalb Entwicklungs-Arbeitsabläufe (engl. *engineering workflows*) genannt. USP unterscheidet zwischen den Entwicklungs-Arbeitsabläufen *Anforderungen, Entwurf, Implementierung* und *Test*[3] (Abbildung 15.12).

Die Aktivitäten, die zu diesen Arbeitsabläufen gehören, wurden bereits in vorangehenden Kapiteln dieses Buches dargestellt. Der Arbeitsablauf *Anforderungen* umfasst die Analyse der Anwendungsdomäne und die Erzeugung von Modellen, wie z.B. des Analysemodells (siehe Kapitel 5). Der Arbeitsablauf *Entwurf* konzentriert sich auf die Erzeugung lösungsorientierter Modelle, wie z.B. des Systementwurfsmodells (siehe Kapitel 6) oder des Objektentwurfsmodells (siehe Kapitel 8). Der Arbeitsablauf *Implementierung* ver-

---

[3] USP folgt nicht den Namenskonventionen der IEEE-Norm. *Arbeitsablauf* kann als eine spezielle *Aktivität* angesehen werden, die mehr als eine Iteration überspannt. *Entwicklungsarbeitsabläufe* sind Projektfunktionen, weil ihre Dauer dieselbe ist wie die Dauer einer Iteration, d.h. der Projektdauer. Den Begriff *supporting workflow* kann man mit *Querschnittsprozess* gleichsetzen.

wirklicht die Lösung in Form von Quelltext (siehe Kapitel 10). Der Test-Arbeitsablauf befasst sich mit dem Testen der Modelle und der Wartung von Implementierungs- und Auslieferungsartefakten (Quelltext, siehe Kapitel 11).

USP kennt ferner vier Querschnittsaktivitäten, die auch als unterstützende Arbeitsabläufe bezeichnet werden: *Management, Umgebung, Bewertung und Auslieferung*. Der Management-Arbeitsablauf bezieht sich auf alle Aspekte bei der Erstellung des Softwaresystems wie in Kapitel 14 beschrieben. Der Umgebungs-Arbeitsablauf beschäftigt sich mit der Automatisierung des Softwareprozesses selbst und der Wartung der Entwicklungsumgebung, insbesondere der Infrastruktur für Kommunikation und Konfigurationsmanagement. Der Bewertungs-Arbeitsablauf bewertet Prozesse und Produkte, die für Prüfungen, schrittweise Tests und Inspektionen benötigt werden. Der Auslieferungs-Arbeitsablauf ermöglicht den Übergang des Softwaresystems zum Endbenutzer.

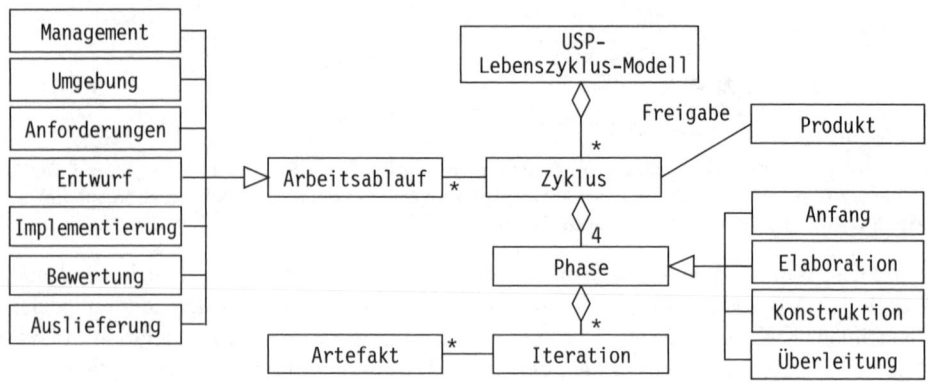

Abbildung 15.12: Arbeitsabläufe im Softwarelebenszyklus-Modell des USP nach Royce [Royce, 1998] (UML-Klassendiagramm)

USP betont die dynamische Zuteilung von Ressourcen für jeden Arbeitsablauf während der Phasen und Iterationen und verknüpft somit die Probleme des Projektmanagements sehr eng mit denen des Softwarelebenszyklus. Dies wird dadurch erreicht, dass jede Phase als ein Softwareprojekt (siehe Kapitel 14, *Projektmanagement*) organisiert wird (siehe Abbildung 15.13). Da die Dauer der Arbeitsabläufe denen des Projekts entspricht, können sie als Projektfunktionen mit unterschiedlichen phasenspezifischen Bedürfnissen angesehen werden. Zum Beispiel benötigt der Arbeitablauf Anforderungen während der Elaborationsphase die meisten Ressourcen, wohingegen der Implementierungs-Arbeitsablauf kaum Ressourcen bindet. Während der Konstruktionsphase geht der Ressourcenbedarf für die Anforderungen zurück, wohingegen Entwurf und Implementierung zunehmend mehr Ressourcen benötigen.

Abbildung 15.14 zeigt USP in einer entitätsgesteuerten Darstellung, und zwar als eine Menge von Modellen. Die Anforderungen werden im Anwendungsfallmodell erfasst. Das Analysemodell beschreibt das System als eine Menge von Klassen. Das Entwurfsmodell definiert die Struktur des Systems als eine Menge von Subsystemen und Schnittstellen und das Auslieferungsmodell beschreibt die Verteilung des Systems über die Rechnerknoten. Das Implementierungsmodell ordnet die Klassen den Komponenten zu; das Test-

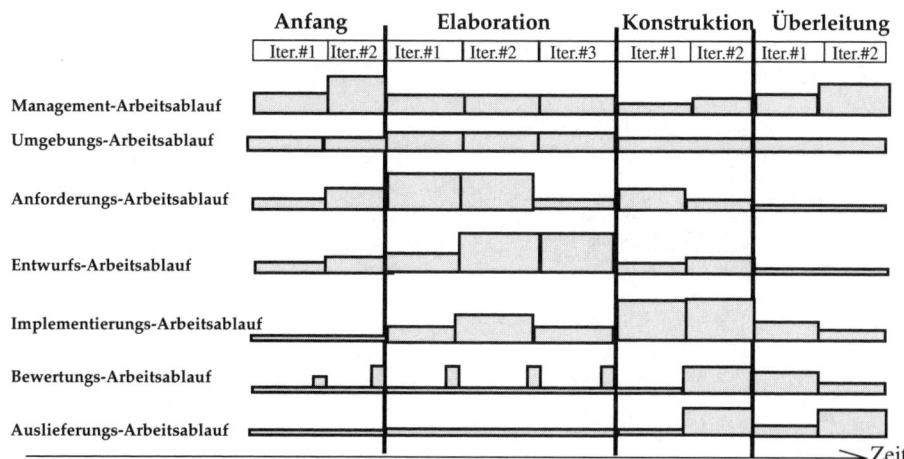

Abbildung 15.13: Die sieben Arbeitsabläufe Management, Umgebung, Anforderungen, Entwurf, Implementierung, Bewertung und Auslieferung sind Projektfunktionen im USP, d.h. sie werden während des gesamten Lebenszyklus des Systems ausgeführt. Jeder Arbeitsablauf hat eigene Ressourcenbedürfnisse, in Abhängigkeit von Phase und Iteration des Softwaresystems. Das Histogramm jedes Arbeitsablaufs zeigt den Arbeitsbedarf für die jeweilige Iteration an. Je höher der Balken, desto mehr Ressourcen werden vom Arbeitsablauf dieser Iteration verbraucht (angepasst nach [Jacobson et al., 1999] und [Royce, 1998]).

modell gewährleistet, dass das ausführbare System die im Anwendungsfallmodell beschriebene Funktionalität erfüllt.

Alle Modelle stehen zueinander durch „Rückverfolgbarkeit" in Beziehung. Jedes Element eines Modells kann mindestens einem Element eines dazu in Beziehung stehenden Modells zugeordnet werden. So hat z.B. jeder Anwendungsfall eine rückverfolgbare Beziehung zu mindestens einer Klasse des Analysemodells. Derartige Rückverfolgungen ermöglichen es uns, die Auswirkungen einer Änderung in einem Modell auf andere Modelle zu verstehen, insbesondere erlauben sie uns, die Wirkung von Änderungen in den Anforderungen sichtbar zu machen.

Die Abhängigkeiten in Abbildung 15.14 können auf verschiedene Weise behandelt werden. In der **Vorwärtsentwicklung** (engl. *forward engineering*) werden die Analyse- und Entwurfsmodelle ausgehend von den Anwendungsfällen erstellt. Später werden die Implementierungs- und Testmodelle aus ihren Vorgängern erzeugt. In der **Rückwärtsentwicklung** (engl. *reverse engineering*) werden die Analyse- und Entwurfsmodelle auf der Basis von bestehendem Programmen erzeugt oder aktualisiert. Die **Rundlaufentwicklung** *(engl. round-trip engineering)* ist eine Kombination aus Vorwärts- und Rückwärts-Entwicklung. Sie erlaubt es den Entwicklern, die Entwicklungsmethode jederzeit in Abhängigkeit der zu erwartenden Änderungen anzupassen.

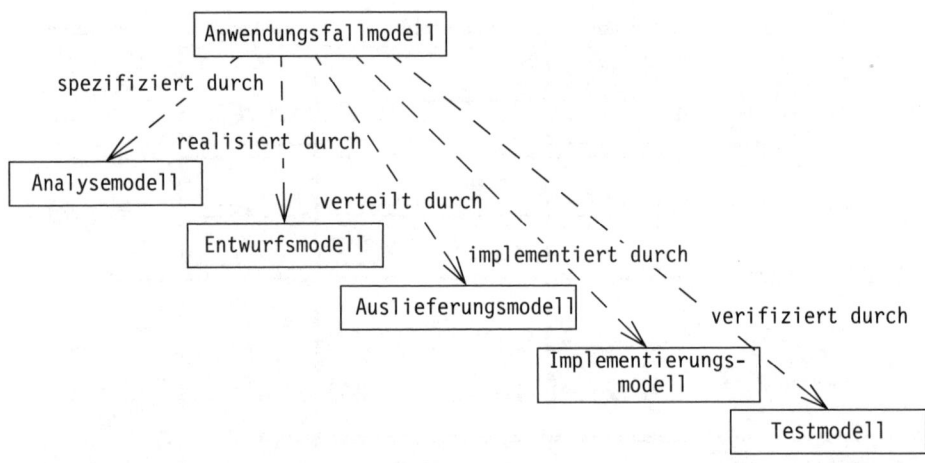

Abbildung 15.14: Entitätsgesteuerte Sicht von USP. Die Abhängigkeiten zwischen den Modellen stellen die Rückverfolgbarkeit dar. Zwischen allen Modellen bestehen Abhängigkeiten, wobei in der Abbildung lediglich die Abhängigkeiten der Modelle zum Anwendungsfallmodell gezeigt werden [Jacobson et al., 1999].

15.4.3   Entitätsgesteuerte Modelle

Wenn die Zeitabstände zwischen Änderungen die Dauer einer Iteration deutlich unterschreiten und wenn Änderungen sowohl in der Anwendungs- als auch in der Lösungsdomäne auftreten können, stoßen das Wasserfall- und das Spiral-Modell an ihre Grenzen. Nehmen wir zum Beispiel an, dass das Entwicklungsteam die Hardwareplattform auszuwählen hat und dass neue Hardwaretechnologie alle drei bis vier Jahre auf den Markt kommt. Solange die Projektdauer deutlich innerhalb von drei Jahren liegt, ist der Wissensstand des Entwicklungsgruppen zu Projektbeginn normalerweise ausreichend, um die Plattformentscheidung während des Systementwurfs einmal zu treffen. Falls jedoch alle drei bis vier Monate eine neue Hardwaretechnologie verfügbar wird, muss die Plattformentscheidung während des Projektes wahrscheinlich überdacht werden, wenn die Projektdauer weiterhin drei bis vier Jahre beträgt.

In diesem Abschnitt beschreiben wir das **aufgabengesteuerte Lebenszyklus-Modell**, das davon ausgeht, dass häufige Änderungen am besten mit einem Begründungsmodell des entstehenden Systems (siehe Kapitel 12, *Begründungsmanagement)* modelliert werden können.

Jedes Projekt beginnt mit einer Menge von Problemen, die wir als **Fragestellungen** bezeichnen. Bei einer Neuentwicklung wird mit den Erfahrungen des Projektmanagers oder mit einer Liste begonnen, die von der Organisation bereitgestellt wird. Bei einem Umstrukturierungs- oder einem Schnittstellenüberarbeitungsprojekt können Fragestellungen aus den Argumentationen und Erfahrungen des Vorgängerprojektes gewonnen werden. Falls das Projekt eine längere Historie hat, müssen diese Fragestellungen gut untermauert sein. Beispiele für mögliche Fragestellungen sind: *Wie sollen die Arbeitsgruppen* *zu Beginn aufgestellt werden? Soll der Techniker Zugang zu spezifischen Informationen der Treiber erhalten? Welche Softwarearchitektur sollen wir verwenden? Und welche Programmiersprache soll benutzt werden?* Alle Fragestellungen werden in einer Fragen-datenbank abgelegt, zu der alle Projektmitglieder Zugang erhalten.

Der Status einer Fragestellung kann geschlossen oder offen sein. Eine **geschlossene Fragestellung** ist eine Fragestellung, deren Problem gelöst wurde. Ein Beispiel für eine geschlossene Fragestellung ist die Entscheidung der Frage, auf welcher Plattform das System laufen soll, z.B. Solaris. Geschlossene Fragestellungen können erneut geöffnet werden, falls Änderungen in der Applikations- oder Lösungsdomäne auftreten. Sollen beispielsweise weitere Plattformen (z.B. Linux und Windows NT) unterstützt werden, so wird die Fragestellung neu geöffnet, die Alternativen werden erneut bewertet und mit einer neuen Lösung versehen. **Offene Fragestellungen** werden durch Diskussionen und Verhandlungen zwischen den Projektmitgliedern gelöst (siehe Kapitel 3, *Projektorganisation und -kommunikation*). Eine Fragestellung f2 hängt von einer anderen Fragestellung f1 ab, falls die Lösung von f1 die verfügbaren Alternativen von f2 beeinflusst. Die Nachverfolgung der Abhängigkeiten zwischen Fragestellungen erlaubt es den Entwicklern, die Auswirkungen von Änderungen zu bewerten. Abbildung 15.15 zeigt einen Ausschnitt aus der Fragestellungsdatenbank eines Projekts, insbesondere den Status von Fragestellungen, und ihre Abhängigkeiten von anderen Fragestellungen.

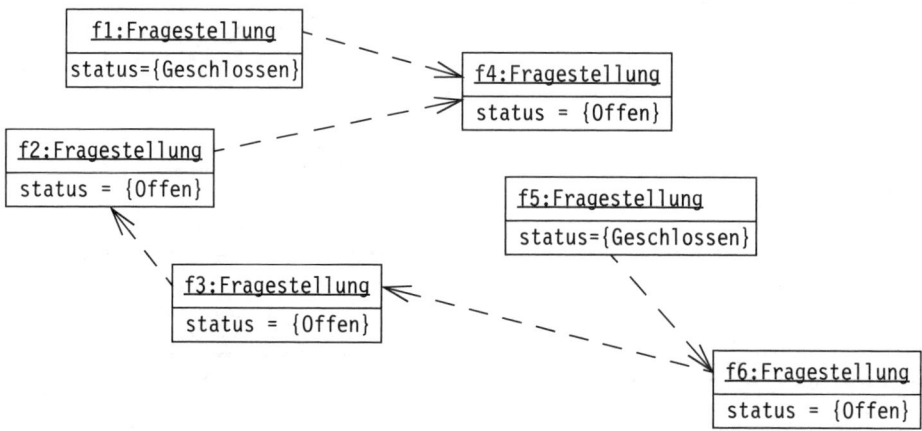

Abbildung 15.15: Ausschnitt aus einer Projekt-Fragestellungsdatenbank (UML-Objektdiagramm). Die Fragestellungen f1 und f5 wurden bereits beantwortet, wohingegen alle anderen Fragestellungen noch offen sind. Abhängigkeiten zwischen Fragestellungen zeigen an, dass die Lösung einer Fragestellung die verfügbaren Alternativen einer anderen Fragestellung beeinflussen kann.

Die Fragestellungen können den zuvor beschriebenen Aktivitäten des Lebenszyklus zugeordnet werden. Angenommen, die Aktivitäten Planung und Systementwurf sind Teil des gewählten Lebenszyklus, dann kann die Fragestellung „Wie sollen die Arbeitsgruppen zu Beginn aufgestellt werden?" als eine Planungs-Fragestellung kategorisiert werden, wohingegen die Frage „Welche Softwarearchitektur sollen wir verwenden?" eine dem Systementwurf zuzuordnende Fragestellung ist. Der Status der Fragestellungen kann schließlich genutzt werden, um den Status der einzelnen Aktivitäten zu bestimmen.

Solange nicht alle Systementwurfs-Fragestellungen geschlossen sind, ist der Systementwurf noch nicht abgeschlossen. Die vorher beschriebenen Lebenszyklus-Modelle können
schließlich als Spezialfälle des aufgabengesteuerten Lebenszyklus-Modells angesehen
werden. Im Wasserfall-Modell beispielsweise schließen die Entwickler die Fragestellungen einer Aktivität vollständig ab, bevor sie zur nächsten Aktivität schreiten.
Abbildung 15.16 zeigt den Zustand eines Projekts während des Systementwurfs.

In Boehms Spiral-Modell entsprechen die Risiken Fragestellungen, die zu Beginn jedes
Zyklus bewertet und wieder geöffnet werden. Fragen werden dabei in der Reihenfolge ihrer
Priorität gemäß der Risikoanalyse bearbeitet. Dabei ist festzuhalten, dass „Fragestellung"
ein allgemeineres Konzept als „Risiko" darstellt. Die Fragestellung „Welches Konzept der
Zugriffskontrolle sollten wir verwenden?" ist z.B. ein Entwurfsproblem, kein Risiko.

Im allgemeinen Fall (siehe Abbildung 15.17) können alle Aktivitäten ihnen zugeordnete
offene Fragestellungen haben, was bedeutet, dass alle Aktivitäten nebeneinander behandelt
werden müssen. Das Ziel des Projektleiters ist es, die Zahl der offenen Fragestellungen klein
und überschaubar zu halten, ohne zeit- oder aktivitätsbezogene Nebenbedingungen bei der
Lösung zu vernachlässigen. Die Verwendung von Fragestellungen und ihre Abhängigkeiten
zur Organisation von Lebenszyklen erlauben es, alle Aktivitäten parallel auszuführen.

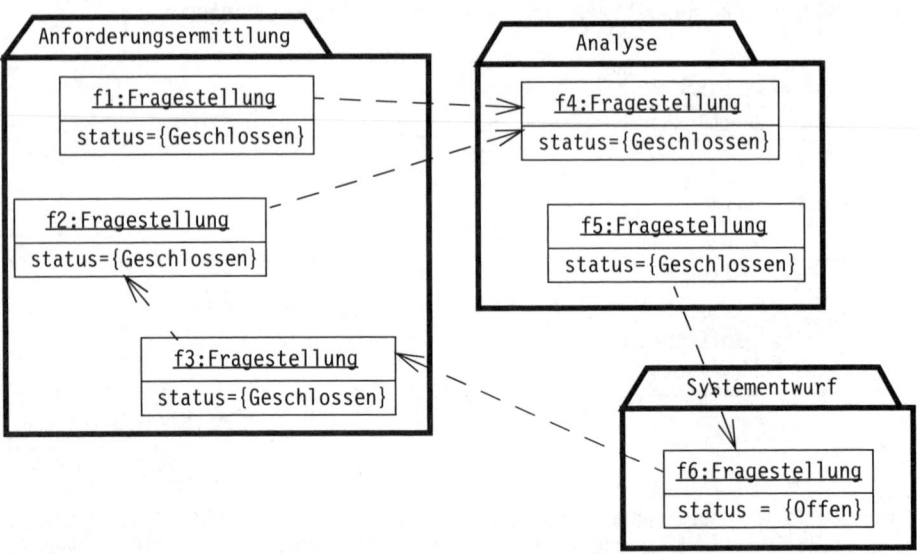

Abbildung 15.16: Das Wasserfall-Modell als ein Spezialfall des problembasierten Lebenszyklus
(UML-Objektdiagramm). Alle Fragestellungen der gleichen Problemkategorie sind im gleichen UML-
Paket enthalten. Der in der Abbildung dargestellte Projektstatus zeigt, dass alle Fragestellungen aus
der Anforderungsermittlung und Analyse abgeschlossen sind. Dies bedeutet, dass die Anforderungs-
ermittlungs- und Analyseaktivitäten abgeschlossen sind.

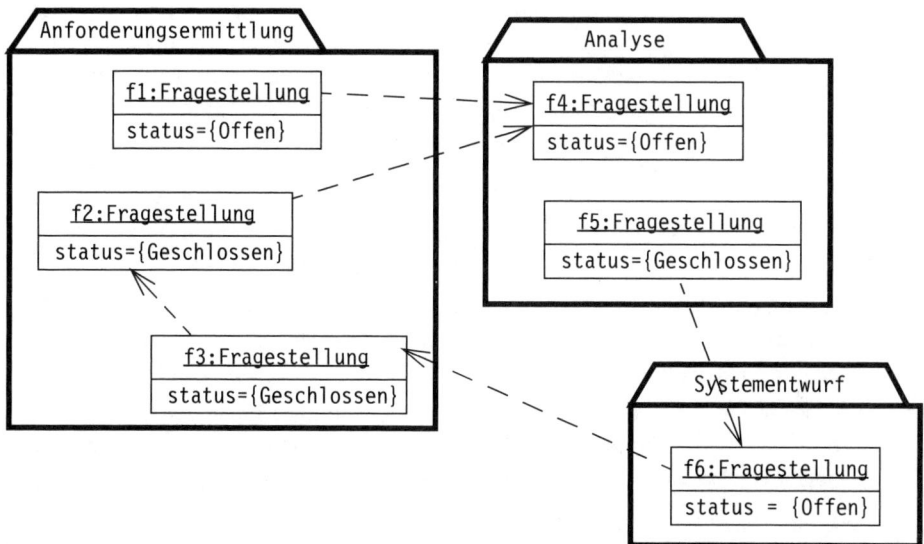

Abbildung 15.17: Zu einem kritischen Projektzeitpunkt können in allen Aktivitäten noch offene Fragestellungen bestehen. Dies bedeutet, dass alle Aktivitäten nebenläufig organisiert werden müssen.

Weiterführende Literatur

Wasserfallbasierte Lebenszyklusmodelle sind immer noch weit verbreitet. In den 1990er Jahren wurden die Auftragnehmer des US-Verteidigungsministeriums z.B. verpflichtet, den so genannten 2167A -Standard [DoD-STD-2167A] zu verwenden, der auf dem Wasserfall-Modell basierte. Das Sägezahn-Modell [Rowen, 1990] war ein Versuch, abweichenden Auffassungen der Abstraktionsgrade des Systems aus Benutzer- und Entwicklersicht Rechnung zu tragen.

Die ISO/IEC-12207-Norm über Softwarelebenszyklus-Prozesse in der Informationstechnologie ist ein Rahmenwerk mit präzise festgelegter Terminologie, Prozessen, Aktivitäten und Aufgaben, die während Akquise, Unterstützung, Entwicklung, Betrieb und Wartung von Software anzuwenden sind. Diese Norm wird gelegentlich (und fälschlicherweise) als Nachfolger der IEEE-1024-Norm [IEEE, 1997], die auch in diesem Kapitel behandelt wurde, betrachtet. ISO/IEC 12207 stellt dagegen eine übergeordnete Beschreibung der notwendigen Aktivitäten in einer Zwei-Parteienbeziehung dar, in der eine Partei Software kauft und die andere Software liefert. Die Norm beschreibt Softwarelebenszyklen, lässt aber die Details der Implementierung oder Durchführung der spezifischen Aktivitäten offen. Die IEEE-1074-Norm dagegen befindet sich auf einer niedrigeren Abstraktionsebene und richtet sich an die Benutzer, die einen spezifischen Softwarelebenszyklus für ein Projekt oder mehrere Projekte einführen müssen. So beschreibt die IEEE-1074-Norm z.B. Abhängigkeiten und Schnittstellen zwischen den Aktivitäten anhand von Dokumenten und Arbeitsprodukten. Die IEEE hat ISO/IEC 12207 in der Folge als IEEE/EIA 12207.0-1996 um Hilfestellungen und Klärungen erweitert und 1997 die IEEE-1074-Norm überarbeitet, sodass beide Normen jetzt kompatibel sind [IEEE/EIA, 1996].

USP ist zum De-facto-Standard der Industrie für aktivitätsgesteuerte iterative Software-lebenszyklen geworden. Seine Wurzeln liegen in dem Objectory-Prozess, der in [Jacobson et al., 1992] sowie [Jacobson et al., 1995] beschrieben wird. Objectory war die Basis des Rational Unified Process (RUP) [Kruchten, 1998], RUP wiederum war die Basis von USP. Eine Beschreibung des UP findet sich auch in [Zuser et al., 2004].

Übungen

15.1 Modellieren Sie die Aktivitäten aus Abbildung 15.2 und die Arbeitsprodukte aus Abbildung 15.4 als Klassen und zeichnen Sie ein UML-Klassendiagramm, welches die Beziehungen zwischen den Aktivitäten und Arbeitsprodukten darstellt.

15.2 Angenommen, das Wasserfall-Modell aus Abbildung 15.8 wurde während der Aktivität „Lebenszyklus-Modellierung" von dem Modell aus Abbildung 15.7 abgeleitet. Welche Prozesse und Aktivitäten wurden im Wasserfall-Modell weggelassen?

15.3 Zeichnen Sie das Spiral-Modell von Boehm aus Abbildung 15.10 als UML-Aktivitätsdiagramm. Vergleichen Sie dabei die Verständlichkeit der ursprünglichen Abbildung mit der des von Ihnen angefertigten Aktivitätsdiagramms.

15.4 Zeichnen Sie ein UML-Aktivitätsdiagramm zur Darstellung der Abhängigkeiten zwischen den Aktivitäten in einem Lebenszyklus, in dem Anforderungskonzept, Entwurf, Implementierung, Test und Wartung parallel auftreten (dies nennt man auch evolutionären Lebenszyklus).

15.5 Beschreiben Sie, wie Testaktivitäten vor der Implementierung begonnen werden können und warum dies eine wünschenswerte Vorgehensweise ist.

15.6 Im Projektmanagement sind Beziehungen zwischen zwei Aufgaben üblicherweise zeitliche Beziehungen. Das heißt, dass eine Aufgabe vor dem Beginn der nächsten Aufgabe abgeschlossen sein muss. In einem Softwarelebenszyklus-Modell stellen Beziehungen zwischen zwei Aktivitäten Abhängigkeiten dar. Dies bedeutet, dass eine Aktivität das Arbeitsprodukt einer anderen Aktivität benutzt. Diskutieren Sie diesen Unterschied und geben Sie ein Beispiel im Kontext des V-Modells.

15.7 Angenommen, Sie sind Mitglied des IEEE-Komitees zur Überarbeitung der IEEE-1074-Norm. Ihnen wurde die Aufgabe zugewiesen, die Kommunikation als expliziten Querschnittsprozess zu modellieren. Geben Sie ein Beispiel für die Aktivitäten, die zu diesem Prozess gehören.

Kapitel

16 Methodologien

Wir müssen aufpassen, welche Lehre wir aus Erfahrungen ziehen. Sonst sind wir wie die Katze, die sich auf eine heiße Herdplatte gesetzt hat. Sie wird sich nie wieder auf eine heiße Herdplatte setzen, und das ist auch gut so. Allerdings wird sie sich auch nie auf eine kühle Herdplatte setzen.

— *Mark Twain, Following the Equator: Journey Around the World*

In den beiden vorangegangenen Kapiteln haben wir ein Spektrum von Möglichkeiten für Entwicklungsprozesse und Projektmanagement aufgezeigt, um mit der Komplexität und Veränderbarkeit in Anwendungsdomänen, zur Verfügung stehenden Technologien und in Softwaresystemen zurechtzukommen. Zur Auseinandersetzung mit der Komplexität haben wir Methoden wie Anwendungsfallmodellierung und objektorientierte Modellierung empfohlen; wir haben beschrieben, wie und wo man Entwurfsmuster benutzen kann, und bestimmte Techniken wie zum Beispiel die Abbildung von Modellen auf Quelltext gezeigt. Um das Wissen über die Modelle und den Entwicklungsprozess an sich zu kommunizieren, haben wir UML-Diagramme, Fragestellungsmodelle zur formellen Kommunikation sowie informelle Kommunikationsmechanismen und Dokumentation besprochen. Um mit Veränderbarkeit umzugehen, haben wir eine Reihe von Organisationsmodellen, Prozessen und Lebenszyklen untersucht. Wir waren dabei immer bestrebt, den derzeitigen Stand der objektorientierten Softwaretechnik zu beschreiben.

Dieses Wissen ist allerdings wie ein Kochbuch, das eine Ansammlung von Rezepten enthält. In der Praxis ist ein Kochbuch selten dazu geeignet, einem Anfänger beizubringen, wie man ein vollständiges Mahl zubereitet. Oft sind nicht einmal alle Zutaten vorhanden, die in dem Rezept erwähnt werden, sodass der Koch gezwungen ist zu improvisieren, wenn er das anvisierte Mahl trotz mangelnder Zutaten trotzdem kochen möchte. In diesem Kapitel beschäftigen wir uns mit Methodenlehren als Entscheidungshilfen für derartige Situationen. Unser Ziel ist es also zu zeigen, wie ein Manager ein Rezept auswählen kann, das nicht ganz passt und deshalb an eine spezifische Projektumgebung angepasst werden muss. Die Diskussion um die richtige Vorgehensweise in der Softwaretechnik ist derzeit voll im Gange. Wir präsentieren daher keine spezifische Methodenlehre, sondern einen Entwurfsraum, der leichtgewichtige und schwergewichtige Vorgehensweisen einschließt, sodass der Leser sich ein eigenes Urteil bilden kann, inwieweit sich diese Vorgehensweisen eignen und sie sich bei der Organisation und beim Management von Softwareprojekten einsetzen lassen. Obwohl wir Erfahrung nicht durch ein Buch ersetzen können, zeigen wir anhand einiger konkreter Beispiele, welche Zielkonflikte es bei Softwareprojekten gibt und wie man sie in konkreten Situationen lösen kann. Außerdem präsentieren wir diverse Fallstudien von Softwaresystemen, die in Praktika der Softwaretechnik entwickelt wurden, wobei wir das

Spektrum von einem kleinen Vier-Monate-Projekt mit zwei Entwicklern bis zu einem verteilten Zwölf-Monate-Projekt mit 100 Personen abdecken. Alle Projekte wurden mit externen Kunden und mit Studierenden durchgeführt, die zwar Erfahrung im Programmieren hatten, aber in Bezug auf die in diesem Buch behandelten Konzepte Anfänger waren.

16.1 Einführung: Die Erstbesteigung des K2

Nachdem der Mount Everest (8.850 m) 1953 erfolgreich mit Sauerstoff bestiegen worden war – nach vielen erfolglosen Versuchen ohne Sauerstoff –, wurde angenommen, dass man Sauerstoff einsetzen musste, um einen Gipfel in so extremer Höhe zu erreichen. Als eine italienische Expedition 1954 versuchte, den zweithöchsten Gipfel, den K2 (8.611 m), zu besteigen, war Sauerstoff in der Ausrüstungsliste eingetragen.

Ungeplantes Biwak auf dem K2

Am 30. Juli 1954 brachen Walter Bonatti und Hochträger Mahdi von Lager 8 mit einem lebenswichtigen Sauerstofftransport für Lager 9 auf. Die Sauerstofflieferung war für die Gipfelgruppe Achille Compagnoni und Lino Lacedelli bestimmt, die Lager 9 bereits erreicht hatten. Der Expeditionsleiter hatte sie als Kandidaten für den abschließenden Gipfelvorstoß ausgewählt und der Sauerstoff sollte ihnen beim Anstieg in der extremen Höhe helfen. Als Bonatti und Mahdi an der für das Lager 9 vereinbarten Stelle ankamen, trafen sie niemanden an. Nach langer Suche nach Compagnoni und Lacedelli konnten sie irgendwann Sprachkontakt mit ihnen herstellen, aber sie konnten nicht zu ihnen stoßen. Gegen 21:30 Uhr waren sie zum Biwakieren gezwungen.

Ein ungeplantes Biwak auf einer Höhe von 8.100 m ist eine sehr ernste Angelegenheit. Bonatti und Mahdi ertrugen eine schreckliche Nacht in einem Schneesturm ohne jeden Schutz vor dem Wind. Unglaublicherweise überstand Bonatti die Tortur unverletzt, aber Mahdi erlitt ernste Erfrierungen und musste sich letztendlich sogar einige Finger und Zehen amputieren lassen. Am nächsten Tag ließen Bonatti und Mahdi ihre Last an der Biwakstelle zurück und schleppten sich wieder zu Lager 8 hinunter. Compagnoni und Lacedelli verließen ihr Zelt, gingen zur Biwakstelle, um den Sauerstoff zu holen, und machten sich auf den Weg zum Gipfel. Nach dem offiziellen Expeditionsbericht ging Compagnoni und Lacedelli etwa 200 m unterhalb des Gipfels, den sie um 18:00 Uhr erreichten, der Sauerstoff aus. Einige der Gipfelbilder zeigen die Sauerstoffgeräte zu ihren Füßen.

Diskussion[1]

Die Tatsache, dass Bonatti das Biwak unverletzt verließ, führte zu vielen Beschuldigungen, insbesondere dass er versucht habe, den K2 gegen den Befehl des Expeditionsleiters selbst zu besteigen.

---

[1] Diese Diskussion vernachlässigt viele der faszinierenden Details über die Probleme, die bei der Erstbesteigung des K2 auftraten. Um sich der komplexen Abhängigkeiten zwischen Ausrüstung, Beweggründen, Belohnungsstrukturen, geheimen Plänen, Erwartungen, Anfängern und Experten sowie verschiedener Sichtweisen vollständig bewusst zu werden, verweisen wir den Leser auf die K2-Kapitel in Bonattis Buch [Bonatti, 2001].

Compagnoni und Lacedelli behaupteten, dass ihnen der Sauerstoff zu früh ausging, weil Bonatti einen Teil davon während seines ungeplanten Biwaks aufgebraucht habe, damit er stark genug für den Gipfelanstieg bliebe. Bonatti hatte keine Atemmaske bei sich, daher konnte er unmöglich Sauerstoff verbraucht haben. Eine 1993 durchgeführte detaillierte Analyse der Gipfelbilder zeigte, dass Compagnoni und Lacedelli ihre Sauerstoffmasken den gesamten Weg bis zum Gipfel des K2 getragen haben mussten [Marshall, 2001]. Warum haben sie gelogen?

Marshall denkt, dass Compagnoni zutiefst erschrocken gewesen sein musste, als er nach dem erfolgreichen Gipfelanstieg ins Lager 8 zurückkehrte und erfuhr, was in der Nacht zuvor geschehen war. Er musste befürchtet haben, dass ihm die Schuld dafür gegeben würde, insbesondere wenn er sich teilweise für das ungeplante Biwak verantwortlich fühlte. Er musste sich außerdem bedroht gefühlt haben, als er vom Expeditionsleiter über Mahdis Verletzungen befragt wurde.

Mahdi erzählte seinem Verbindungsoffizier, der dies an den Expeditionsleiter weitergab, dass Bonatti beabsichtigt hatte, den Gipfel zu erreichen. Bonatti konnte Mahdi seine Absichten kaum mitgeteilt haben, da er nur Italienisch sprach und Mahdi nur Urdu. Aber wie kam Mahdi zu diesem Schluss?

Vor dem Zweiten Weltkrieg wurden alle 8.000er-Gipfelbesteigungsversuche mit der Hilfe von erfahrenen Sherpas aus Nepal unternommen. Sogar Expeditionen auf den K2 und den Nanga Parbat im Karakorum heuerten Sherpas an. Nach dem Krieg bekamen Expeditionen im Karakorum ihre Erlaubnis für die Besteigung nur noch, wenn sie ortsansässige Träger anheuerten. Die Hunzas im Norden von Pakistan waren die logische Wahl. Hunzas sind sehr fähige Bergbewohner, aber zu dieser Zeit hatten sie mit Expeditionen in großer Höhe noch keine Erfahrung.

1953 wurde der Hunza Mahdi als unerfahrener Träger für die Erstbesteigung des Nanga Parbat eingestellt. Die Nanga Parbat-Expedition begann als traditionelle Fixseilexpedition mit hierarchischer Organisation, aber der Schlussanstieg zum Gipfel wurde von Hermann Buhl in einem heldenhaften 40-Stunden-Soloanstieg bewältigt. Buhl handelte gegen den Befehl des Expeditionsleiters [Buhl, 1954].

Durch Beobachtung von Buhls Methode muss Mahdi den Schluss gezogen haben, wie man vorgehen muss, um 8.000er-Gipfel erfolgreich zu bezwingen. Er hatte Grund zur Annahme, dass Bonatti versucht hatte, Buhls Heldentat zu wiederholen, anstatt einfach Sauerstoffflaschen zur Gipfelmannschaft zu bringen, damit sie den Gipfel erreichen konnten.

Mahdis (falscher) Vorwurf, dass Bonatti geplant hatte, den Gipfel zuerst zu erreichen, muss eine ziemlich explosive Reaktion bei Compagnoni hervorgerufen haben, weil das die Befehle des Expeditionsleiters missachtet hätte. Compagnoni dachte nun, er hätte die perfekte Ausrede, um die gesamte Schuld auf Bonatti abzuwälzen. Um sich selbst weiter vor der Verantwortung für Mahdis Verletzungen zu entziehen, haben Compagnoni und Lacedelli höchstwahrscheinlich die Geschichte vom zu frühen Ende des Sauerstoffs erfunden.

Zu Beginn einer Expedition muss sich ein erfolgreicher Expeditionsleiter wichtige Fragen stellen: Welcher Berg soll bestiegen werden, welche Werkzeuge sollen eingesetzt werden, wer wird Mitglied der Expeditionsmannschaft? Die Antwort auf diese Fragen führt zu einer Vielfalt von Stilen. Der traditionelle Expeditionsstil arbeitet mit einer Reihe von Lagern, angefangen mit dem Basislager, gefolgt von mehreren Hochlagern. Schwierige Wege zwischen den Lagern werden mit Fixseilen versehen, um die notwendigen Wege zwischen den Lagern schnell und sicher zu machen. Im so genannten alpinen Stil benutzen die Bergsteiger keine Fixseile. Sie tragen alles, was sie brauchen, am eigenen Leib und schlagen ein Lager nur auf, um zu übernachten oder wenn das Wetter es notwendig macht.

Nachdem die ersten Expeditionen am Mount Everest und am K2 in den 1920er und 1930er Jahren nicht zum Gipfel führten, war es eine fast universelle Meinung, dass sich diese Gipfel wenn überhaupt nur mit Sauerstoffhilfe besiegen ließen. Nachdem dann tatsächlich der Mount Everest im Jahre 1953 mit Hilfe von Sauerstoff bestiegen wurde, wurde Sauerstoff als wichtige Zutat für einen Gipfelerfolg am Everest angesehen. 1978 erkletterten Peter Habeler und Reinhold Messner den Mount Everest ohne Sauerstoff.

Sogar die Frage, ob man überhaupt einen Expeditionsleiter braucht, um auf diese hohen Berge zu kommen, war offen und wurde in verschiedenen Ausprägungen beantwortet. Von den frühen 1920er bis in die späten 1960er Jahre waren viele Expeditionen so streng organisiert wie das Militär. Die Organisationsstruktur war streng hierarchisch mit einem Expeditionsleiter, einem Leiter am Berg, den Kletterern, vielen Trägern und dem Verbindungsoffizier für die Lösung von Problemen zwischen Trägern und den restlichen Mitgliedern der Expedition. 1954 benötigte die Expedition zum K2 mehr als 300 Träger. Im Jahr 1980 bestieg Reinhold Messner den Mount Everest mit einem Team von zwei Trägern, die ihn nur bis zum Basislager begleiteten. Von dort ging er dann ohne Sauerstoff allein bis auf den Gipfel und zurück.

Ähnlich wie ein Expeditionsleiter muss auch der Leiter eines Softwareprojekts wichtige Fragen stellen, wenn er erfolgreich sein will: Was ist das Projektziel, welcher Prozess wird verwendet, was ist das Vorgehensmodell, welche Werkzeuge und Methoden werden benutzt und welche Entwickler sollten eingesetzt werden? Der Charakter des Projekts und die Fähigkeit des Projektleiters, auf unerwartete Rückschläge zu reagieren, werden durch diese Entscheidungen stark beeinflusst. Um die Komplexität des Materials zu reduzieren, haben wir diese Fragestellungen zunächst in den Kapiteln 14 und 15 eingeführt. In Kapitel 14, *Projektmanagement*, behandelten wir Fragestellungen bezüglich des Zeitplans und der Projektorganisation. In Kapitel 15, *Modellierung des Softwarelebenszyklus*, präsentierten wir projektunabhängige Fragen wie z.B. die Wahl des Prozessmodells, logische Abhängigkeiten zwischen Aktivitäten, Prozessreife und Prozessverbesserung.

In einem konkreten Projekt muss ein Manager diese Fragestellungen zusammen beantworten, denn sie sind stark miteinander verknüpft und hängen immer vom Projektkontext ab. In diesem Kapitel zeigen wir, wie man diese Fragen in ein kohärentes Bezugssystem stellen kann. Zunächst einmal unterscheiden wir zwischen Projektzielen, Umgebung, Methoden, Werkzeugen und Methodologien (Tabelle 16.1).

Ein **Projektziel** beinhaltet die Kriterien, nach denen der Erfolg eines Projekts bemessen wird. Ein Projektziel kann ganz einfach sein, beispielsweise die termingerechte Lieferung des Softwaresystems. Ein Projektziel kann aber auch weiter gefasst sein und strategische Aspekte umfassen, wie zum Beispiel das Ziel, den Kunden als Nachbesteller zu gewinnen, oder das Ziel die Geschäftskosten zu reduzieren.

	Bergsteigen	Softwaretechnik
Ziel	Mount Everest K2 Nanga Parbat	Die Lieferung eines Unfallmeldesystems im Rahmen von vorgegebenen Qualitätsanforderungen, Kosten und eines Zeitplans
Umgebung	Wetter Träger Klettererlaubnis	Lokaler Kunde Programmierer auf Anfangsniveau Projektdauer Globale Verteilung der Entwicklergruppen Unfallmeldevorschriften
Methode	Freiklettern Sichern & Abseilen Verbindungsoffizier	Anwendungsfallmodellierung Entwurfsmuster Projektbasierte Organisation
Wergzeug	Sauerstoffflasche Seil	CASE-Werkzeug Versionskontrollsystem
Methodologie	Alpiner Stil Fixseile	Extreme Programmierung Methodik nach Royce

Tabelle 16.1: Beispiele für Ziele, Umgebungen, Methoden und Vorgehensweisen beim Bergsteigen und in der Softwaretechnik

Die **Umgebung** beinhaltet alle Elemente, die am Anfang eines Projekts vorhanden sind. In der Softwareentwicklung wird die Umgebung durch den Kunden und den derzeitigen Stand der Dinge in der Entwicklungsorganisation definiert. Beispiele für Umgebungen sind der Erfahrungsschatz der Entwickler, der Typ des zu lösenden Problems oder der Ort, an dem das Projekt durchgeführt wird. Die Umgebung beschränkt den Entscheidungsfreiraum des Projektleiters.

Methoden sind Rezepte, die der Projektleiter frei wählen kann, um das Projekt in einer gegebenen Umgebung erfolgreich zum Abschluss zu bringen. Beispiele für Methoden sind die Anforderungsanalyse oder die Wiederverwendung von Mustern. Unterschiedliche Umgebungen erfordern unterschiedliche Methoden: Eine im alpinen Stil durchgeführte, sich selbst versorgende Expedition benötigt keine Träger; eine hierarchische Expedition, die Sauerstoff benutzt, braucht sogar zusätzliche Träger.

Werkzeuge sind Geräte oder Programme zur Unterstützung von bestimmten Aktivitäten. Beispiele für Bergsteigerwerkzeuge sind Sauerstoffflaschen, Seile, Haken und Zelte. Beispiele für Werkzeuge in der Softwaretechnik sind Modellierungsumgebungen, Compiler, Debugger und Versionskontrollsysteme. Die Wahl der Werkzeuge ist oft nicht frei. Entwickler müssen manchmal bestimmte Werkzeuge benutzen, um die Schritte, die von den Methoden bestimmt werden, zu unterstützen.

Eine **Software-Methodologie** ist eine Sammlung von Methoden und Werkzeugen für die Entwicklung von Softwaresystemen und für das Management von Softwareprojekten, um ein bestimmtes Ziel in einer vorgegebenen Umgebung zu erreichen. Eine Methodologie spezifiziert auch, welche Methoden und Werkzeuge einzusetzen sind, wenn unerwartete Ereignisse eintreten.

Abschnitt 16.2 beschreibt einige typische Faktoren in Projektumgebungen, die besonders hohen Einfluss auf den Erfolg des Projekts haben. Abschnitt 16.3 zeigt dann, welche Fragestellungen durch eine Methodologie angesprochen werden können, wenn die Umgebung und die Methoden bereits festgelegt sind. Um das Spektrum der verfügbaren Methodologien zu illustrieren, das dem heutigen Projektleiter zur Verfügung steht, stellen wir in Abschnitt 16.4 zwei Methodologien der Softwaretechnik vor: Extreme Programmierung [Beck, 1998] und die Methodologie von Royce [Royce, 1998]. Abschnitt 16.5 beschreibt die methodischen Fragestellungen im konkreten Kontext dreier Projekt-Fallstudien.

16.2   Projektumgebung

Während eines Softwarentwicklungsprojekts beeinflussen viele Faktoren die Auswahl der Methoden. In diesem Abschnitt präsentieren wir die Aspekte der Umgebung, die insbesondere starken Einfluss beim Beginn eines Projekts haben: Hintergrund der Projektteilnehmer, Kundentyp, Endbenutzer, technologisches Klima, geografische Verteilung und Änderungsrate.

Hintergrund der Projektteilnehmer. Der Erfahrungsgrad des Kunden, des Projektleiters und der Entwickler kann die Wahl der Methoden, die während des Projekts benutzt werden können, einschränken oder erweitern. Hier ist Vertrautheit mit der Anwendungs- und Lösungsdomäne sehr wichtig sowie Erfahrungen mit verschiedenen Entwicklungs- und Managementmethoden.

Kundentyp. Der Typ des Kunden hat großen Einfluss auf die Art und Weise des Feedbacks während der Anforderungsanalyse und auf die Schnelligkeit, mit der das Projekt auf Änderungen reagieren kann. Die zwei wichtigsten Aspekte sind die Fähigkeit, Entscheidungen zu treffen, und das Wissen über die Anwendungsdomäne. Wenn man die verschiedenen Ausprägungen dieser Aspekte kombiniert, kann man vier Arten von Kunden unterscheiden (Tabelle 16.2):

- Der **Kunde mit Entscheidungsvollmacht** ist ein Kunde, der Entwicklerfragen beantworten und selbst Entscheidungen treffen kann, ohne jemanden fragen zu müssen. Er hat ein umfassendes Wissen über die Anwendungsdomäne und kann vor Ort beim Projekt untergebracht werden. Der Kunde mit Entscheidungsvollmacht vor Ort ist keiner Berichtshierarchie unterworfen und kann deshalb effektiv mit den Entwicklern und dem Projektleiter zusammenarbeiten.

- Der **Proxy-Kunde** ist ein Stellvertreter des echten Kunden. Er wird zum Projekt geschickt, weil der echte Kunde keine Zeit hat oder weil die räumliche Distanz eine Zusammenarbeit mit der Projektorganisation schwierig macht. Proxy-Kunden haben ein umfassendes Wissen in der Anwendungsdomäne, um diesbezügliche Fragen der Entwickler selbst beantworten zu können; sie haben aber keine Entscheidungsvollmacht.

- Der **Pseudokunde** ist ein Mitglied der Organisation, die mit der Entwicklung des Softwaresystems beauftragt ist. Dies kann beispielsweise ein Mitglied der Vertriebsabteilung sein, das als Kunde eines für einen neuen Markt konzipierten Systems fungiert. Entwickler agieren oft selbst als Pseudokunden, wenn der echte Kunde fehlt. Der Pseudokunde kann Entscheidungen in kurzer Zeit treffen, und gut mit der Entwicklungsorganisation zusammenarbeiten; das Wissen in der Anwendungsdomäne ist allerdings begrenzt.

- **Kein Kunde.** Viele Projekte beginnen ohne expliziten Kunden. Dies ist beispielsweise bei visionären Produktentwicklungen der Fall, für die noch kein Marktsegment existiert, oder wenn eine Technologie benutzt wird, die einen Paradigmenwechsel nach sich zieht. In vielen solcher Fälle wird der Projektleiter dann allerdings einen Pseudokunden einsetzen, um die Interessen der Entwickler gegen die Interessen des zukünftigen Benutzers zumindest teilweise abwägen zu können.

Entscheidungsvollmacht	Anwendungsdomänenwissen	
	Hoch	Niedrig
Hoch	Kunde mit Entscheidungs-vollmacht	Pseudokunde
Niedrig	Proxy-Kunde	Kein Kunde

Tabelle 16.2: Typen von Kunden, Entscheidungsvollmacht, Anwendungsdomänenwissen

Endbenutzer. Selbst Kunden mit großem Domänenwissen haben andere Interessen als die Endbenutzer des Systems. Für Kunden ist vor allem die rechtzeitige Lieferung des spezifizierten Systems zu möglichst geringen Kosten wichtig. Endbenutzer sind eher an einer leicht zu erlernenden Benutzerschnittstelle interessiert, die ihre spezifischen Aufgaben gut unterstützt. Wenn die Interessen sehr verschieden sind, kann der Erfolg des Projekts sogar von einem Benutzbarkeitstest durch die Endbenutzer abhängen.

Technologisches Klima. Bei bestimmten Anforderungen des Kunden können Beschränkungen bezüglich technologischer Komponenten bestehen. Ein Projekt, welches ein Altsystem unterstützen muss, konzentriert sich auf bekannte und reife Technologie. Ein technologie-getriebenes Projekt zur Entwicklung eines experimentellen Prototyps, mit dem der Einsatz einer neuen Technologie erprobt werden soll, muss in der Lage sein, mit unvollständigen, sich dauernd ändernden Komponenten und unreifen Technologien umzugehen.

Geografische Verteilung. Projekte, in denen alle Teilnehmer in einem einzigen Raum arbeiten, sind leicht zu managen. Die Teilnehmer können sich persönlich kennen lernen und viele Koordinierungsaufgaben können schnell informell durchgeführt werden. Es gibt allerdings Situationen, in denen Projekte in einem einzelnen Raum nicht durchführbar sind, z.B. wenn die Organisation durch eine Fusion oder durch Aufkaufen von anderen Organisationen entstanden ist, wenn die Organisation ein Konsortium ist oder aus einer temporären Vereinigung von verschiedenen Subunternehmen besteht, die ihre Sitze an verschiedenen

Orten haben. Dasselbe Problem tritt auf, wenn der (geografisch entfernte) Kunde nicht reisen kann, aber ein Teil der Entwickler mit dem Kunden zusammenarbeiten muss.

Geografische Verteilung erhöht zwar die Verfügbarkeit von Fähigkeiten, aber sie führt doch zu vielen zusätzlichen Herausforderungen, insbesondere zu langsamerer Kommunikation, geringerem Zusammenhalt zwischen den Arbeitsgruppen, und zum Verlust von wichtigen Informationen zwischen den entfernten Arbeitsplätzen. Bei der ersten erfolgreichen Besteigung des K2 waren die Expeditionsteilnehmer weit verteilt, was zu einem hohen Informationsverlust führte: Der Expeditionsleiter blieb im Basislager, die Träger mit den Sauerstoffflaschen waren im Lager 8 und die Gipfeltruppe war im Lager 9.

Änderungsrate. Die Beziehung zwischen der Projektdauer und der Geschwindigkeit, mit der Änderungen bei den Anforderungen und zugrunde liegenden Technologien stattfinden, hat großen Einfluss darauf, welches Lebenszyklusmodell man für das Projekt auswählen sollte. Ein kurzes Projekt, in dem sich die Anforderungen fast nicht ändern, braucht kein ausgefeiltes Konfigurations- oder Begründungsmanagement. Umgekehrt ist es sehr ratsam, in einem über mehrere Jahre geplanten Projekt, in dem mit vielen Anforderungsänderungen und hoher Personalfluktuation zu rechnen ist, ein systematisches Konfigurationsmanagement und Begründungsmanagement einzuführen.

16.3 Methodische Anleitungen

Methodologien liefern allgemeine Prinzipien und Strategien zur Auswahl von Methoden. Solche Anleitungen sind besonders nützlich, wenn man mit neuen Situationen konfrontiert wird. In diesem Abschnitt präsentieren wir eine Reihe von methodologischen Fragen, die sich der Leiter eines Softwareprojekts stellen sollte:

- Wie viel Planung soll vor dem Start eines Projekts oder vor dem Beginn der Entwicklung getätigt werden? (Abschnitt 16.3.1)
- Wie viel Entwurfswissen soll man aus bereits vorhandenen Lösungen wiederverwenden? (Abschnitt 16.3.2)
- Soll das System vor der Implementierung modelliert werden? (Abschnitt 16.3.3)
- Wie detailliert soll man den Softwareprozess definieren? (Abschnitt 16.3.4)
- Wie oft soll die Arbeit der Projektteilnehmer kontrolliert werden? (Abschnitt 16.3.5)
- Gibt es Situationen im Projekt, in denen man die Projektziele neu definieren sollte? (Abschnitt 16.3.6)

16.3.1 Wie viel Planung?

Ein guter Softwareprojekt-Plan ist ein wichtiger Faktor bei der erfolgreichen Durchführung eines Softwareprojekts. Allerdings haben Pläne ihre Grenzen. Thomas Gladwin hat dies in einem Artikel demonstriert, in dem er die Navigationsmethoden der polynesischen und europäischen Seeleute verglich ([Gladwin, 1964] zitiert in [Suchman 1990]).

Der europäische Navigator nimmt sein Besteck, das Kursdreieck und den Zirkel, errechnet den Kurs, und setzte ihn auf der Karte ab. Sein ganzes Bemühen während einer Seereise ist es, das Schiff auf diesem Kurs zu halten. Wenn ein ungeplantes Ereignis eintritt, das den Kurs ändert, führt er Aktionen aus, um das Schiff wieder auf den geplanten Kurs zurückzubringen. Diese Art von Projektsteuerung funktioniert sehr gut bei Projekten für die industrielle Fertigung von Artikeln, z.B. bei der Massenproduktion am Fließband, wie sie Taylor Anfang des letzten Jahrhunderts beschrieb [Taylor, 1911]. Für die Erstellung von Systemen, die kreative Lösungsansätze erfordern und die Fähigkeit, auf Änderungen zu reagieren, funktioniert sie nicht.

Der polynesische Navigator beginnt mit einem Ziel anstelle eines Plans. Er segelt los, um dieses Ziel zu erreichen, reagiert auf neue Bedingungen erst, wenn sie anfallen und zwar in einer Ad-hoc-Weise. Er benutzt seine Fähigkeiten und Erfahrungen, um den Wind, die Wellen, Ebbe und Flut, Sterne und Wolken zu beobachten und manchmal sogar auf das Geräusch des Wassers zu hören, das es an der Seite des Bootes macht. All dies benutzt der Polynesier, um zu sehen, ob er sein Ziel erreicht hat oder ob Land in der Nähe ist. Wenn man ihn danach fragt, kann er sein Ziel zu jedem Zeitpunkt seiner Seereise angeben, aber er kann keinen Kurs beschreiben, auf dem er zum Ziel kommt. Diese Art von Projektmanagement ist ein wesentliches Charakteristikum der so genannten agilen Methodologien und kann besonders bei Projekten vorteilhaft eingesetzt werden, in denen neue Technologien erforscht oder bestehende Paradigmen gebrochen werden sollen.

Im Allgemeinen ist Softwareprojektmanagement für den Projektanstoß und für die Beibehaltung des geplanten Kurses sehr nützlich, solange es keine größeren Änderungen gibt. Wenn es darum geht, einem Projektleiter oder Entwickler beim Auftreten von Änderungen oder unerwarteten Ereignissen zu helfen, sind Pläne nicht sehr hilfreich.

Suchman zeigt die Beschränkung solcher Pläne [Suchman, 1990] anhand eines Beispiels aus dem Wildwassersport: „Wenn man eine Route durch eine Anzahl von Wasserfällen plant, dann geht das ungefähr so vor sich: ‚Ich werde zunächst einmal so weit wie möglich nach links paddeln und dabei um diesen großen Felsen herumkommen. Dann werde ich ganz hart nach rechts zurückpaddeln, um an der nächsten Felsgruppe vorbei zu kommen.‘ Egal wie detailliert diese Art von Plan ist, er beschreibt nicht die echten Aktionen, die auf dem Fluss notwendig werden. Sobald es darauf ankommt, dass ein Kanute auf eine aktuelle Strömung richtig reagiert, wird er seinen Plan fallen lassen und sich auf die Fähigkeiten besinnen, die er sich bereits vorher angeeignet hat – unabhängig von der aktuellen Route und den gerade anliegenden Schwierigkeiten." In derartigen Fällen kann der Projektmanager während der Planungsphase noch keine Alternativen vorschlagen, sondern muss warten, bis das Projekt bereits unterwegs ist: „Oft weiß man nämlich erst in einer bestimmten Situation, was es an möglichen Alternativen gibt; man kann deshalb gar nicht planen, in welchen wünschenswerten Zustand man in solch einer Situation das Projekt bringen möchte. Dies ist erst möglich, wenn man bereits *irgendetwas* unternommen hat. Erst beim Ausführen einer Aktion in einer bestimmten Situation werden die Möglichkeiten klar; wir wissen oft nicht von vornherein, was der gewünschte Zustand in einer solchen Situation sein soll." [Suchman 1990].

16.3.2   Wie viel Wiederverwendung?

Wiederverwendung von Softwarearchitekturen, Entwurfsmustern und Standardkomponenten (siehe Kapitel 6 bis 8) können den zur Lieferung eines Systems notwendigen Aufwand eines Projekts signifikant reduzieren.

Dabei nimmt man allerdings an, dass die wiederverwendbare Lösung wie z.B. eine Standardkomponente schnell und zuverlässig gefunden werden kann und dass die Projektteilnehmer den Einfluss dieser Komponente auf den Rest des Systems erfassen können. Auch wenn dies den Entwicklungsaufwand reduziert, kann die für das Testen des Systems benötigte Zeit dadurch oft nicht besonders verringert werden, und leider wird die Zeit für das Reparieren von Fehlern durch Wiederverwendung erheblich ausgedehnt.

Bei kommerziellen Standardkomponenten birgt Wiederverwendung außerdem Risiken, die mit der Art und Länge des Wartungsvertrages mit dem Hersteller zu tun haben. Im Allgemeinen hat ein Projektmanager mit drei unterschiedlichen Zielkonflikten zu tun:

- ■ *Wiederverwendung der Architektur.* In diesem Fall benutzen die Projektteilnehmer einen existierenden Systementwurf und adaptieren ihn für das zu entwickelnde System (Kapitel 6). Da dabei keine existierende Software wiederverwendet wird, ist die Beurteilung einer existierenden Architektur nicht schwieriger als die einer Architektur, die von Grund auf neu entwickelt wird. Wenn es eine Architektur gibt, die den Bedürfnissen des Systems entgegenkommt, dann ist die Auswahl der existierenden Architektur immer vorteilhafter als eine Neuentwicklung. Die besondere Herausforderung für die Entwickler besteht darin, die Architektur zu finden, die es erlaubt, die nichtfunktionalen Anforderungen des Systems zu realisieren.

- ■ *Wiederverwendung von Entwurfsmustern.* Ähnlich wie bei Architekturen geht es bei der Wiederverwendung von Entwurfsmustern nicht um die Wiederverwendung von Quelltext (siehe Kapitel 8). Entwurfsmuster liefern lediglich Lösungen zu partiellen Entwurfsproblemen. Die Entwickler verwenden, adaptieren und kombinieren dabei viele verschiedene Entwurfsmuster während des Objektentwurfs. Wenn man Entwurfsmuster nur um ihrer selbst willen verwendet, dann kann dies zu einem überentwickelten System führen. Der Projektleiter sollte gemeinsam mit dem Softwarearchitekten darauf achten, dass die nichtfunktionalen Anforderungen nicht durch die Einführung von bestimmten Mustern verletzt werden, sondern realisierbar bleiben.

- ■ *Wiederverwendung von Programmgerüsten und Komponenten.* Die Wiederverwendung eines Programmgerüstes sowie komponenten-basierte Ansätze beschränken den Systementwurfsraum erheblich und können den Entwickler dazu zwingen, bestimmte Entwurfsmuster zu verwenden (Kapitel 8). Erschwerend kommt in diesem Fall hinzu, dass die Komponenten nicht modifizierbar sind. Der Projektleiter muss deshab Wiederverwendungsrisiken sehr sorgfältig abwägen, wenn er Programmgerüste oder Komponenten in Erwägung zieht. Im Allgemeinen werden Programmgerüste von mehreren Projekten innerhalb der Organisation dann bevorzugt, wenn man den mit der Auswahl zusammenhängenden Mehraufwand über mehrere Projekte verteilen kann.

Zuallerletzt bestimmt auch die Projektumgebung die Wiederverwendungsstrategie. Für wohldefinierte Anwendungsdomänen und flexible Kundenanforderungen ist eine komponentenbasierte Lösung der kosteneffektivste Ansatz. Beim Entwurf neuer Systeme und bei schlecht definierten Anwendungsdomänen ist ein Systementwurf ohne nennenswerte Wiederverwendung oft die einzig sinnvolle Lösung.

16.3.3   Wie viel Modellierung?

Modellierung ist das Erzeugen von Abstraktionen, wobei man sich auf die relevanten Aspekte des Systems konzentriert und unnötige Details ignoriert. Modellierung erlaubt es den Entwicklern, die Komplexität eines Systems zu reduzieren, indem sie sich mit einfacheren Konzepten beschäftigen. Sie macht das Wissen, was wir über ein System haben, explizit und formalisiert es so, dass die Projektbeteiligten es ohne Missverständnisse benutzen können. Wenn die Entwicklungsaktivitäten voranschreiten, müssen die Entwickler allerdings immer wieder neue Details des Systems berücksichtigen. Dadurch können die Modelle – wenn man nicht sorgfältig arbeitet – selbst so komplex werden, dass sie zum Schluss mit der Komplexität des zu modellierenden Systems konkurrieren.

Wir unterscheiden drei Arten von Aktivitäten, bei denen wir Modelle einsetzen:

- *Kommunikation.* Modelle liefern ein gemeinsames Vokabular, das es Projektbeteiligten ermöglicht, Entwurfsdetails zu besprechen, obwohl – oder gerade weil – das korrespondierende System noch nicht realisiert ist. Modelle zur Kommunikation unterstützen ein breites Spektrum von Kommunikationsarten, angefangen bei Modellen, die beim Mittagsessen auf einer Serviette skizziert werden, bis hin zu Modellen, die bei formellen Überprüfungen eingesetzt werden.

- *Entwurf.* Modelle liefern eine Repräsentation, die es Entwicklern erlaubt, über das System nachzudenken. Entwurfsmodelle sind bereits in einer solchen Form, dass sie in ein CASE-Werkzeug eingegeben und in Quelltext-Rümpfe übersetzt werden können.

- *Archivierung.* Modelle liefern eine kompakte Darstellung, um einen Entwurf und die Begründungen, die zu ihm geführt haben, zu speichern. Erfolgreiche Systeme haben lange Lebenszeiten, und erfordern im Allgemeinen, dass mehr als eine Generation von Entwicklern mit den Entwurfsentscheidungen vertraut gemacht wird.

Beim Einsatz von Modellen bei diesen Aktivitäten muss ein Projektleiter die Herausforderungen kennen:

- *Formalisierung von Wissen ist teuer.* Explizite Modellierung – sogar wenn nur „Serviettenmodelle" benutzt werden – braucht Zeit und Mühe. Außerdem erfordert sie eine Validierung der Modelle, damit alle Projektbeteiligten mit den gewählten Abstraktionen einverstanden sind.

- *Modelle erzeugen Redundanz.* Bei Änderungen am System müssen die Modelle ebenfalls überarbeitet werden. Falls verschiedene Modelle die gleichen Aspekte des Systems beschreiben, müssen alle Modelle überarbeitet werden. Stimmt ein Modell nicht mehr mit der Wirklichkeit überein, verliert es seinen Wert.

- *Modelle werden komplex.* Wenn sich der Komplexitätsgrad der Modelle dem des Systems annähert, verringert sich ihr Nutzen erheblich.

Der Projektmanager kann Aktivitäten zur Gewährleistung der Konsistenz und Korrektheit der Modelle ansetzen oder den Grad der Modellierung durch Verschiebung des Schwerpunkts auf Implementierung und Test reduzieren. Im Allgemeinen ist dies in Abhängigkeit von der Projektumgebung abzuwägen. Beispielsweise ist es in einem lokalen Projekt an einem Projektstandort und einem Kunden mit Entscheidungsvollmacht nicht von entscheidender Bedeutung, ein komplettes Anforderungsmodell zu schreiben, da der Kunde permanent am Projekt beteiligt ist und für Fragen zur Verfügung steht. Der Kunde kann als eine „wandelnde Spezifikation" des Systems angesehen werden, die eine niedergeschriebene Spezifikation nicht nötig macht. Dagegen erfordert ein verteiltes Projekt möglichst präzises Wissen über Anforderungen und Systementwurf, da die Projektbeteiligten verschiedene Interessen in dem Projekt verfolgen und keine Möglichkeit haben, dieses Wissen informell weiterzugeben. Die Entwicklung eines detaillierten Anwendungsfallmodells mit Szenarien ermöglicht es den Teilnehmern, auf ein einziges Systemkonzept hinzuwirken und die getroffenen Entscheidungen und Zusagen zu dokumentieren (Kapitel 4). In ähnlicher Weise kann ein längerfristiges Projekt das Gedächtnis der Teilnehmer fordern und unter einem hohen Personalwechsel leiden. In diesem Fall ist es eine notwendige Investition, Wissen explizit zu machen. In solchen Fällen bieten sich Methoden wie Begründungsmanagement (Kapitel 12) und Konfigurationsmanagement (Kapitel 13) an, die es den Beteiligten ermöglichen, die Gründe für Entscheidungen und die Entscheidungshistorie festzuhalten.

Die Entscheidung, ob Wissen externalisiert werden soll oder nicht, kann auch von Kontrollfaktoren abhängen. Teilnehmer können sich unentbehrlich machen, indem sie den Wissensaustausch mit anderen Teilnehmern verweigern. Bei der Erstbesteigung des K2 hielt der Expeditionsleiter Mahdis Aussagen geheim, da er wegen eines Expeditionsteilnehmers, der gegen seine Anweisungen handelte (oder zumindest diesen Anschein erweckte), wütend war. In der Konsequenz wusste Bonatti über Jahre hinweg nicht, warum er von den anderen Expeditionsteilnehmern gemieden wurde, die ihn für einen Lügner hielten, der seine Großmutter verkaufen würde, um den Gipfel zu erreichen.

16.3.4   Wie viel Prozess?

Die Modellierung des Softwarelebenszyklus birgt ähnliche Vorteile und Herausforderungen wie die Modellierung eines Systems. Auf der einen Seite ermöglicht die Modellierung den Beteiligten, eine vereinfachte Darstellung des Prozesses zu diskutieren, Verbesserungen zu entwerfen und umzusetzen, sowie diese Erkenntnisse über Projekte hinweg an die Organisation weiterzugeben. Auf der anderen Seite ist Prozesswissen schwierig in Schriftform zu bringen und auf dem neuesten Stand zu halten.

Der Projektmanager muss abwägen, wie viele Ressourcen er für diese Aktivität investiert. Das Ergebnis reicht vom Verzicht auf Modelle bis hin zu kontinuierlich verfeinerten Modellen. Der Projektmanager wählt eine spezielle Lösung in Abhängigkeit von der Projektumgebung aus. Eine bekannte Anwendungs- oder Lösungsdomäne führt zu wiederholbaren Prozessen [Paulk et al., 1995] und erhöht den Nutzen der Prozessmodellierung und die Weitergabe über Projekte hinweg. In verteilten Organisationen bewirkt gemeinsames Prozesswissen einen hohen Standardisierungsgrad und somit weniger Missverständnisse. So ermöglicht ein einziger wohl definierter Konfigurationsmanagement- und Änderungsprozess (Kapitel 13) es dem Manager zum Beispiel, den Status einzelner Änderungen zu verfolgen und die Änderungsraten der nahen Zukunft vorherzusehen. Vorgehensweisen wie schnelles Prototyping und Konzept-Erforschung weisen einen erheblich chaotischeren Prozess, ähnlich dem Brainstorming, auf. Es bringt wenig Nutzen zu versuchen, einen solchen Prozess festzuhalten oder zu kontrollieren, da er üblicherweise nicht wiederholt wird und nur von kurzer Dauer ist. In solchen Situationen könnte das Projekt entweder einen entitätsgesteuerten Lebenszyklus verfolgen oder ganz auf einen expliziten Lebenszyklus verzichten.

Bei der Modellierung eines Softwarelebenszyklus-Prozesses und seiner Wiederverwendung in einem anderen Projekt sollte der Projektmanager sicherstellen, dass das korrekte Wissen verallgemeinert und wiederverwendet wird. Vor der Erstbesteigung des K2 hatte Mahdi einen Aufstieg (Nanga Parbat) mitgemacht, der als hierarchische Expedition begann. Am Ende sah er einen Bergsteiger (Buhl), der ohne auf den Expeditionsleiter zu hören den Alleinaufstieg wagte (sozusagen im „alpinen Stil"). Seine Schlussfolgerung war, dass dies die Art sei, in der derartige Expeditionen durchgeführt werden.

16.3.5 Wie viel Steuerung und Überwachung?

Ein detailliertes Softwarelebenszyklus-Modell kann zu einem detaillierten Plan führen, der wiederum mit dem tatsächlichen Projektfortschritt verglichen werden kann. Am einen Ende des Spektrums kann der Plan so ausführlich gestaltet werden, dass letztendlich jede Aktivität eines jeden Projektteilnehmers an jedem einzelnen Tag verfolgt werden kann. Am anderen Ende des Spektrums könnte der Plan einen einzigen Meilenstein zur Kennzeichnung des Liefertermins beinhalten, wobei den Projektteilnehmern ihre individuelle Arbeitsplanung überlassen wird. Wenngleich beide Annäherungen unvernünftig sind, muss ein Projektmanager einen Mittelweg zwischen diesen beiden finden, welcher der Projektumgebung am nächsten kommt.

Im Allgemeinen erfordern sowohl die Planung als auch die Bewertung des vorliegenden Prozesses Erfahrung, sodass sich Projektneulinge schlecht zur Bewertung der Prozesse eignen. Entsprechend erschwert der Mangel an Beispielen die Planung innovativer Systeme. Bei der Einbindung von Neulingen kann der Projektmanager hierarchische Berichtswege mit erfahreneren Teilnehmern in den mittleren Ebenen einführen. Der Projektmanager kann auch Vorführungen mit szenariobasierten Überprüfungen (im Gegensatz zu Dokumenten) als Meilensteine einführen, um die Teilnehmer frühzeitig mit schwierigen Problemen zu konfrontieren. Zur Steuerung eines innovativen Entwicklungsumfeldes hat der Projektmanager die Möglichkeit, die Frequenz der Meilensteine erhöhen, aber deren exakten Lieferumfang und Inhalt flexibel gestalten, um mehr Gelegenheiten zur Kurskorrektur zu erhalten. Im umgekehrten Sinne nutzt ein Projektmanager das Wissen erfahrener Entwickler, wenn er ihnen die Möglichkeit gibt, den Projektplan oder das Prozessmodell zu überarbeiten. In einem Projekt mit einem Mix aus erfahrenen und neuen Teilnehmern kann der Projektmanager Überprüfungen durch erfahrene Kollegen einführen, Quelltextuntersuchungen durchführen oder gemeinsames Programmieren einsetzen, um den Wissenstransfer zwischen Experten und Neulingen zu fördern und um ein Netzwerk an informellen Kommunikationskanälen zu erzeugen.

Bei der Erstbesteigung des K2 ergab die hierarchische Organisation dünne Kommunikationskanälen, die zu verschiedenen Kommunikationsproblemen führten. So sprach Mahdi z.B. mit dem Verbindungsoffizier, der seine Aussagen an den Expeditionsleiter weitergab. Dennoch sprach der Expeditionsleiter nicht mit Bonatti, um eine Bestätigung für die Aussagen von Mahdi bestätigt zu bekommen.

16.3.6 Wann sollten Projektziele neu definiert werden?

Manchmal sind die ursprünglichen Projektziele zu ambitioniert oder schlichtweg falsch. In einer solchen Situation ist es das Beste, den Fehler einzugestehen und eine gründliche Ursachenforschung zu betreiben. Der Projektleiter benötigt bestimmte psychologische Fähigkeiten, um zugeben zu können, dass das Ziel nicht erreicht werden kann. Letztendlich war es ja die Hauptaufgabe des Projektleiters, vom Beginn des Projekts bis zum Zeitpunkt des Scheiterns, jeden von der Durchführbarkeit des Projekts zu überzeugen. Eine Möglichkeit besteht darin, das Ergebnis des Projekts als „erfolgreiches Scheitern" zu sehen. Anstatt sich auf die Fehler zu konzentrieren, betreibt der Projektleiter eine Analyse des Projekts um daraus zu lernen. Viele dieser Erkenntnisse können in einem erfolgreichen Projekt nicht gewonnen werden. Die Einsichten aus der Analyse können oft verwendet werden, um das nächste Projekt zu verbessern oder um zukünftig gefährliche Hindernisse früher zu erkennen, die jetzt in der Situation des Scheiterns erst deutlich sichtbar wurden.

Wenngleich es eine Möglichkeit ist, ein Projekt durch die Erklärung eines „erfolgreichen Scheiterns" zu beenden und aus den Fehlern zu lernen, bleibt dieser Weg oft versperrt. Eine andere Art mit einem gescheiterten Projekt umzugehen ist es, den Zustand des Projekts am Ende als das ursprüngliche Projektziel umzudefinieren. Manchmal erlaubt diese Möglichkeit dem Projektmanager und den Entwicklern, mit unerwarteten Ergebnissen umzugehen und einen weniger ambitionierten Zwischenstand zu erreichen (der eigentlich das ursprüngliche Projektziel hätte sein sollen). In wieder anderen Fällen wird das ursprüngliche Ziel irrelevant und die Neudefinition der Projektziele ist ein Ansatz, die bisherigen Ergebnisse einer Wiederverwendung zuzuführen.

16.4 Ein Methodologie-Spektrum

Eine Methodologie ist eine zusammenhängende Menge von Prinzipien, um mit den im vorangegangenen Abschnitt genannten Problemen umzugehen. Beim Bergsteigen sind Fixseilexpeditionen und alpiner Kletterstil Methodologien. Sobald ein Expeditionsleiter einen dieser Stile gewählt hat, folgt die Auswahl der Methoden. Zum Beispiel können manche Menschen den Sauerstoffmangel in großer Höhe nicht ertragen. Da der Fixseilstil das inkrementelle Anlegen einer großen Zahl von Lagern erfordert, die jeweils mit Zelten, Schlafsäcken, Nahrungsmitteln und Brennstoff ausgestattet sind, sind viele Bergsteiger und Träger großen Höhen länger ausgesetzt, als sie es ohne Sauerstoff ertragen können. Die meisten Fixseil-Expeditionen bei 8.000er-Aufstiegen rüsten die höchsten Lager daher mit Sauerstoffflaschen aus. Umgekehrt kann eine Expedition im alpinen Stil den Aufstieg schnell durchführen und daher längere Aufenthalte in großer Höhe vermeiden.

Auf dieselbe Weise bestehen verschiedene Wege der Softwareentwicklung aus einer Kombination unterschiedlicher Projektorganisationen und Softwarelebenszyklen. Historisch gesehen haben sich Software-Methodologien aus großen, komplexen, einmalig durchgeführten Projekten entwickelt, was zu einer umfangreichen Planungsphase, detaillierter Modellierung (z.B. Dokumentation), einer hierarchischen Organisation und Mikroplanung geführt hat. Dies bringt große Gemeinkosten mit sich, die bei kürzeren oder Routineprojekten nicht immer gerechtfertigt sind. Als eine Reaktion auf die schwergewichtigen Methodologien erschienen in den letzten Jahren agile Methodologien, wie z.B. extreme Programmierung [Beck, 1998] und Feature-Driven Design [Palmer & Felsing, 2002]. In diesen beweglicheren und agileren Methodologien wird die Planung inkrementell durchgeführt, Quelltext wird als einziges bedeutendes Modell betrachtet und lose gekoppelte Arbeitsgruppen aus erfahrenen Programmierern bekommen die Freiheit, ihre eigene Arbeit zu organisieren und zu planen. Ein weiterer Vorteil agiler Methodologien ist ihre Anpassungsfähigkeit an grundlegende Änderungen in den Anforderungen [Cockburn, 2001b]. Eine von vielen akzeptierte Definition von Agilität ist „die Fähigkeit, sowohl Änderungen zu erzeugen als auch auf sie zu reagieren, um in einem turbulenten Geschäftsumfeld Erträge zu schaffen" [Highsmith, 2002].

Wie beim Bergsteigen beschränkt die Umgebung die Menge der wählbaren Methoden. Eine Expedition im alpinen Stil mag ein Weg sein, einen Gipfel in hoher Geschwindigkeit zu erobern, aber es ist sicher nicht der beste Weg, um zahlende Gäste auf den Gipfel des Mount Everest zu bringen. Ähnlich sind agile Methoden ohne eine bestimmte Mindestmenge an Wissen und Erfahrung bei den Teilnehmern nicht angemessen.

In diesem Abschnitt beschreiben wir zwei Methodologien, die die Extrema des Spektrums darstellen: Im Abschnitt 16.4.1 erläutern wir die Methodologie nach Royce [Royce, 1998] als den Fixseilstil in der Softwareentwicklung. Royce benutzt USP als Prozess und stellt viele Projektmanagement-Heuristiken zur Schätzung, Steuerung und Überwachung von Projekten zur Verfügung.

Im Abschnitt 16.4.2 beschreiben wir Extreme Programmierung (XP) [Beck, 1998], eine frühe agile Methode und in unseren Augen das Äquivalent des alpinen Kletterns. XP minimiert die Generierung von Modellen und Dokumentation durch die Konzentration auf ein explizites Design des Systems innerhalb des Quelltexts und durch die Verbreitung von Wissen innerhalb der Organisation durch Kollegen.

16.4.1 Die Methodologie nach Royce

Die **Methodologie nach Royce** basiert auf dem in Kapitel 15 beschriebenen **USP**, einem iterativen Prozess, der sich auf Risiko- und Änderungsmanagement konzentriert und deutlich von dem konventionellen Wasserfall-Modell abweicht. Die Schlüsselprinzipien der Methodologie umfassen dabei folgende Punkte:

- *Architektur zuerst.* Konzentration auf bedeutende Architekturentscheidungen und Lebenszyklusplanung vor der Festlegung auf die Ressourcen für die tatsächliche Entwicklung. Gemeinsame Behandlung von Anforderungen, Architektur und Planung zu Beginn jeder Iteration.

- *Iterative Lebenszyklus-Prozesse zur frühen Konfrontation mit Risiken.* Frühzeitige Konzentration auf kritische Anwendungsfälle, hohe Architekturrisiken und Planungsunsicherheiten. Jede Iteration sollte sich auf ein spezifisches Risiko konzentrieren und Anforderungen, Architektur sowie Planung ausgewogen verteilen.

- *Komponentenbasierte Entwicklung.* Minimierung der von Hand geschriebenen Quelltextzeilen. Dies bedeutet die Verwendung kommerzieller Komponenten, die Benutzung von Übersetzern und die Nutzung höherer Programmiersprachen.

- *Änderungsmanagement-Umgebung.* Einführung von Basislinien und automatisierter Änderungsprozesse zur Behandlung von Änderungen durch den iterativen Lebenszyklus-Prozess.

- *Rundlauf-Entwicklung.* Automatisierung zur engeren Verknüpfung von Modellen und Quelltext, um die Änderungskosten zu reduzieren.

- *Objektive Qualitätssicherung.* Verwendung automatisierter Metriken und Qualitätsindikatoren zur Bewertung des Fortschritts während der Entwicklung der Architektur zu einem fertigen Produkt.

- *Grafische Modellierungssprachen.* Verwendung grafischer Modellierungssprachen, wie z.B. UML, zur Unterstützung der Modellierung, Kommunikation und Dokumentation.

- *Vorgehen auf Basis von Demonstrationen.* Frühzeitiges Erkennen von Leistungsschwächen und Überprüfung von Zwischenergebnissen.

Im Folgenden beschreiben wir, wie die Methodologie von Royce die Probleme bei Planung, Modellierung, Wiederverwendung, Prozess und Steuerung behandelt.

Wie viel Planung?

In der Methodologie von Royce wird ein Plan ähnlich wie Software iterativ entwickelt. Pläne werden verfeinert, sobald sich die Interessenvertreter mehr Wissen über die Anwendungs- und Lösungsdomäne erarbeitet haben. Planungsfehler sind wie Softwarefehler zu sehen: Je früher sie entdeckt werden, desto geringer ist ihr Einfluss auf den Projekterfolg.

Die Methodologie von Royce richtet die Aufgabenunterteilung an den Aktivitäten des Softwarelebenszyklus aus. Die Elemente auf der ersten Ebene in der Aufgabenunterteilung repräsentieren die Arbeitsabläufe des Lebenzyklus – Management, Anforderungen, Entwurf, Implementierung, Bewertung und Auslieferung. Die Elemente auf der zweiten Ebene repräsentieren Phasen – Anfang, Elaboration, Konstruktion und Überleitung. Die Elemente auf der dritten Ebene beziehen sich auf Artefakte, die während einer Phase produziert werden. In komplexen Projekten werden Ebenen hinzugefügt, die zusammengehörige Artefakte einer Phase zu Gruppen (Sätzen) zusammenfassen. Die Ausrichtung der Aufgabenunterteilungs am Lebenszyklus statt am System schirmt ihn von Änderungen am System ab.

Obwohl Royce festgestellt hat, dass die Einschätzung neuer Projekte schwierig ist, schlägt er vor, die Anfangsschätzung mit Hilfe eines Modells wie COCOMO II [Boehm et al., 2000] durchzuführen und sie mit dem Projektmanager, den Entwicklern und den Testern zusammen zu verfeinern. Dadurch wird das Einfließen verschiedener Sichtweisen in die Schätzung möglich. Darüber hinaus können sich die Projektbeteiligten für die Schätzung verantwortlich fühlen. Nach jeder Iteration wird der Plan überarbeitet, um die Leistung des Projekts zu reflektieren und Planungsfehler zu beheben.

Wie viel Wiederverwendung?

Ein Schlüsselprinzip in der Methodologie von Royce ist die Minimierung von manuell eingegebenen Quelltexten durch die Verwendung von kommerziellen Komponenten, Generierungswerkzeugen und visuellen Programmiersprachen auf hoher Ebene. Royce behandelt Wiederverwendung als Renditeentscheidung: Jede dieser Methoden verringert die Entwicklungszeit; ausgereifte Komponenten und Werkzeuge reduzieren außerdem die Zeit, die zur Reparatur von Defekten benötigt wird; unausgereifte Komponenten und Werkzeuge können Qualitätsprobleme so drastisch vergrößern, dass sie jeden ökonomischen Vorteil aufheben. Aus diesem Grund werden auch Entscheidungen über Kauf einer Fremd-Lösung oder Eigenentwicklung als Risiken behandelt, denen früh im Lebenszyklus begegnet werden sollte (z.B. in den ersten Iterationen der Elaborationsphase). Wenn Komponenten in mehr als einem Projekt wiederverwendet werden, kann die Rendite weiter gesteigert werden.

Wie viel Modellierung?

Royce organisiert Artefakte nach den Aktivitäten des USP (Abschnitt 15.4.2):

- Der *Managementsatz* beinhaltet die Artefakte, die sich auf Planungs- und Überwachungsaktivitäten beziehen. Diese Artefakte nutzen Ad-hoc-Notationen, um die „Verträge" zwischen Projektbeteiligten und anderen Interessenvertretern aufzuzeichnen. Artefakte, die dieser Satz enthält, sind die Problembeschreibung, der Softwareprojekt-Plan, der Konfigurationsmanagement-Plan, die Projektvereinbarung sowie Statusbeschreibungen.

- Der *Anforderungssatz* besteht aus Artefakten, die die visionären Szenarien, Prototypen für Schnittstellen und das Anforderungsanalysemodell beschreiben.

- Der *Entwurfssatz* besteht aus Artefakten, die die Softwarearchitektur und Schnittstellenspezifikationen beschreiben.

- Der *Implementierungssatz* besteht aus Quelltext, Komponenten und ausführbaren Programmen, die zum Testen der Komponenten und des Systems benötigt werden.

- Der *Auslieferungssatz* enthält alle zu liefernden Ergebnisse, die vom Projektmanager und dem Kunden ausgehandelt wurden: im Allgemeinen den ausführbaren Code, das Benutzerhandbuch und das Administratorenhandbuch.

Testartefakte, die dem Bewertungsablauf entstammen, sind Teil jedes oben genannten Satzes. Der Managementsatz enthält den Testplan und die Testvorgänge. Testspezifikationen sind ein Teil des Anforderungssatzes. Tests werden einfach als wesentlicher Bestandteil des Systems angesehen und die gleichen Werkzeuge und Techniken werden zum Entwickeln von Tests eingesetzt.

Das Diagramm, das alle Artefaktsätze abbildet, die in den Phasen eines Softwaresystems erzeugt werden, wird als **Artefakt-Fahrplan** *(engl. artifact road map)* bezeichnet. Abbildung 16.1 zeigt ein Beispiel eines Artefakt-Fahrplans zum Management eines großen Softwareprojekts nach der Methodologie von Royce.

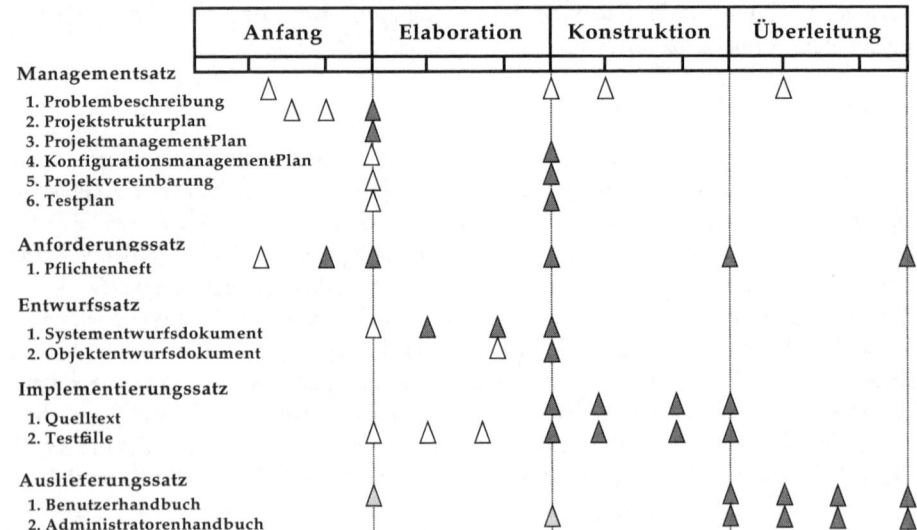

Abbildung 16.1:   Beispiel eines Artefakt-Fahrplans von Arbeitsprodukten in einem Projekt, das der USP als Softwarelebenszyklus-Modell einsetzt. Die Artefaktnamen sind die in diesem Buch verwendeten. Informelle Freigaben sind als hohle Dreiecke dargestellt, Artefakte unter Konfigurationsmanagement werden als ausgefüllte Dreiecke dargestellt, gestrichelte Linien repräsentieren das Ende einer Phase (nach [Royce, 1998]).

Wie viel Prozess?

Die Methodologie von Royce enthält Heuristiken und Leitlinien zum Maßschneidern des Lebenszyklus-Prozesses, die auf der technischen Komplexität und der Managementkomplexität des Projekts beruhen. Royce berücksichtigt die folgenden Faktoren beim genauen Planen des Prozesses:

■ *Größenordnung.* Die Anzahl der Beteiligten an einem Projekt ist der mit Abstand wichtigste Faktor bei der Prozessfestlegung. Der Anteil der Gemeinkosten an kleinen Projekten (1 bis 5 Beteiligte) ist wesentlich geringer als bei größeren Projekten (>100 Beteiligte). In kleinen Projekten hängt die Leistung stark von den technischen Fähigkeiten jedes Beteiligten und den eingesetzten Werkzeugen ab. In größeren Projekten werden die Führungsqualitäten der Gruppenleiter zur größten Leistungsbremse. Kleine Projekte können informell mit Konzentration auf die technischen Artefakte, mit wenigen Meilensteinen und ohne formale Prozesse geführt werden. Größere Projekte müssen viel formeller mit wohl definierten Meilensteinen durchgeführt werden und sich auf Artefakte des Veränderungsmanagements wie Änderungswünsche und Basislinien konzentrieren.

■ *Zusammenhalt der Interessenvertreter.* Bei *kooperativen* Interessenvertretern sind ein flexibler Plan und informelle Vereinbarungen möglich. Beispielsweise sind bei Projekten mit wenigen Interessenvertretern, die ein gemeinsames Ziel haben (z.B. die Entwicklung eines Standardprodukts durch ein neu gegründetes Unternehmen), die Interessenvertreter oft kooperativ. Damit können Pläne und Anforderungen zu Beginn jeder Iteration verfeinert werden. Umgekehrt erfordern Streitigkeiten zwischen Interessenvertretern formalere Vereinbarungen und wohl definierte Prozesse zur Konsensherstellung. Beispielsweise treten bei Projekten, die durch ein Konsortium ausgeführt werden, oft streitende Interessenvertretergruppen mit einander widersprechenden Zielen auf. Bei streitenden Interessenvertretergruppen müssen Anwendungsfallmodellierung und auf Demonstratoren beruhende Überprüfungen stärker gewichtet werden. Der Bewertungsablauf wird überaus wichtig, Überprüfungs- und Qualitätssicherungsaktivitäten erhalten Vorrang vor anderen Abläufen, um die Akzeptanz der Interessenvertreter sicherzustellen.

■ *Prozessflexibilität.* Die Starrheit des Vertrags, der Kunde und Entwicklungsorganisation bindet, legt die Starrheit des Prozesses fest. Ein starrer Vertrag (typisch hierfür sind Spezialanfertigungsverträge für die Regierung) braucht präzise und detaillierte Prozessdefinitionen, während interne Entwicklungen wie experimentelle Prototypen viel mehr Flexibilität genießen.

■ *Prozessreife.* Organisationen mit ausgereiften Prozessen sind einfacher zu managen als solche mit unausgereiften Prozessen. Ausgereifte Organisationen haben eine Erfahrungs- und Prozessdefinitionsebene erreicht, die präzisere Planung und einen hohen Grad der Prozessautomatisierung ermöglicht.

■ *Architekturbezogenes Risiko.* Im Idealfall sollte die Machbarkeit der Architektur demonstriert sein, bevor eine umfassende Verpflichtung zur Entwicklung des Systems eingegangen wird. Es ist allerdings nicht immer möglich, alle architekturbezogenen Risiken vor Beginn der Konstruktionsphase zu eliminieren. Beispielsweise führt ein höheres architekturbezogenes Risiko zu mehr Implementierungen und Überarbeitungen, da die Architektur neu und ungetestet ist. Eine frühere Behandlung dieses Risikos führt zu höherem Entwurfsaufwand und stärkerer Gewichtung von Vorführungen.

■ *Domänenerfahrung.* Eine Organisation, deren Mitglieder Domänenkenntnisse haben, verkürzt die frühen Phasen des Lebenszyklus durch Wiederverwendung von Erfahrung und Prozessen aus früheren Projekten. Eine Gruppe von Beteiligten, die zuvor bereits ähnliche Systeme entwickelt hat, benötigt weniger Ausarbeitungsiterationen und weniger Statusbewertungen.

In der Konzeptionsphase eines Projekts bewertet ein Projektleiter all diese Faktoren, wenn er über die Granularität der Prozessdefinition und den Aufwand, den er für jede Projektphase einplant, entscheidet.

Wie viel Steuerung?

Ein Softwareentwicklungsprojekt ist schwierig zu managen, weil sein aktueller Zustand nicht objektiv gemessen werden kann. Konventionelle Softwareprojekte sind schwer zu managen, weil die meisten internen Artefakte Dokumente sind. Ein iterativer Lebenszyklus löst dieses Problem zum Teil, da viele Artefakte technischer Natur frühzeitig vorliegen. Das Ziel von Softwaremetriken ist die Bereitstellung eines akkuraten Bildes des bisherigen Fortschritts und der derzeitigen Qualität sich entwickelnder Softwareprodukte für die Entwicklungs- und Managementgruppen, sodass die Genauigkeit des Budgets und des Zeitplans mit der Zeit verbessert werden kann.

Zu Beginn jeder Iteration werden der Softwareprojekt-Plan, die Anforderungen und die Architektur aktualisiert. Darüber hinaus ergeben sich aus jeder neuen Iteration Änderungswünsche an Arbeitsergebnisse, die bereits unter Konfigurationsmanagement stehen, um sie an die Lösung neuer Risiken anzupassen. Daher ist in einem iterativen Prozess das Änderungsmanagement von entscheidender Bedeutung. Der Änderungsprozess muss Änderungen von der Anfrage über die Genehmigung bis hin zur Zuteilung und Implementierung verfolgen. Die Menge des verworfenen oder überarbeiteten Quelltexts, der Umfang der Änderung und ähnliche Metriken sind für die Steuerung der Gesamtqualität eines Projekts entscheidend. Die Methodologie von Royce konzentriert sich auf drei Management- und vier Qualitätsmetriken:

- Managementmetriken:
  - *Arbeit:* Wie viele Aufgaben wurden im Vergleich zum Softwareprojekt-Plan erledigt?
  - *Kosten:* Wie viele Ressourcen wurden im Vergleich zum Plan verbraucht?
  - *Gruppendynamik:* Wie viele Beteiligte haben das Projekt vorzeitig verlassen und wie viele neue Beteiligte sind hinzugekommen?
- Qualitätsmetriken:
  - *Änderungsaufkommen:* Wie viele Änderungsanfragen wurden in bestimmten Zeiträumen gestellt?
  - *Bruch:* Wie viel Quelltext wird bei jeder Änderung überarbeitet?
  - *Überarbeitung:* Wie viel Aufwand wird zur Implementierung einer Änderung gebraucht?
  - *Mittlere Zeit zwischen Fehlern* (engl. *mean time between failures, MTBF*): Wie viele Fehler werden pro Teststunde entdeckt?

Wenn die Metrikerfassung automatisiert ist oder anderweitig mit minimalem manuellem Aufwand durchgeführt wird, kann sich der Projektleiter auf ein immer genaueres Bild des aktuellen Systemstatus und der Systemqualität verlassen. Beispielsweise kann das Änderungsaufkommen berechnet werden, wenn ein Werkzeug zur Änderungsverfolgung eingesetzt wird. Bruch und andere Quelltextmetriken können berechnet werden, sobald Änderungen fertig gestellt sind und unter Versionskontrolle gebracht werden. Die mittlere Zeit zwischen Fehlern kann aus Daten errechnet werden, die in Werkzeugen zur Verfolgung von Defekten eingegeben wurden.

Zusammenfassung

Tabelle 16.3 fasst noch einmal die Methoden zusammen, die bei der Methodologie von Royce zum Einsatz kommen.

Fragestellung	Methoden
Planung	Evolutionärer Projektstruktur-Plan
	Modellbasierte Anfangsschätzung für Kosten und Zeitplan (z.B. COCOMO II)
	Iterationsplanung unter Einbeziehung aller Interessenvertreter
Modellierung	Kritische Anwendungsfälle und Anforderungen zuerst
	Architektur zuerst
	UML
	Rundlauf-Entwicklung
Wiederverwendung	Kauf-oder-Entwicklung-Entscheidungen bereits während der Elaborationsphase
	Konzentration auf ausgereifte Komponenten zur Reduzierung der Menge des von Programmierern erzeugten Quelltexts
Prozess	Zusammenhalt der Interessenvertreter
	Prozessflexibilität
	Prozessreife
	Architekturbezogenes Risiko
	Domänenerfahrung
Steuerung	Managementindikatoren (Arbeit, Kosten, Gruppendynamik)
	Qualitätsindikatoren (Änderungsaufkommen, Bruch, Überarbeitung, Zeit zwischen Fehlern)

Tabelle 16.3:   Methoden in der Methodologie von Royce

16.4.2   Extreme Programmierung (XP)

Extreme Programmierung (XP) ist eine Methodologie, die auf kleine Entwicklergruppen abzielt, die Software schnell in einer wechselhaften Umgebung entwickeln müssen. Ihr Ziel ist es, den Entwurf des Systems im Quelltext so deutlich wie möglich zu zeigen und damit den Dokumentationsbedarf sowie das Risiko, dass Inkonsistenzen zwischen verschiedenen Dokumenten bestehen, zu verringern. Der Systementwurf wird inkrementell angegangen. Nur Funktionalitäten, die zur Realisierung der derzeit bearbeiteten Anforderungen notwendig sind, werden implementiert. Die Entwickler entwerfen keine allgemeine erweiterbare Architektur, die auch mögliche zukünftige Anforderungen erfüllen könnte, sondern behandeln einfach eine Anforderung nach der anderen: Der existierende Quelltext wird zunächst refaktorisiert, um den Systementwurf unter dem Aspekt der aktuell zu bearbeitenden Anforderung zu verbessern. Der refaktorisierte Quelltext wird getestet; dann werden Tests für die aktuelle Anforderung geschrieben. Zuletzt wird die Anforderung umgesetzt. Kurz gesagt wird der Systementwurf hinsichtlich Erweiterbarkeit erst dann verbessert, wenn auch wirklich eine Erweiterung des Systems ansteht.

XP umfasst eine Sammlung von Heuristiken für den Projektleiter. Beispielsweise ist kein einzelner Entwickler direkt für Quelltextabschnitte verantwortlich, sondern die Gruppe. Genau genommen muss jede Quelltextzeile von einem Programmierer-Paar geschrieben werden, das dynamisch für eine spezifische Aufgabe zusammengesetzt wird. Der eine Programmierer, *Fahrer* genannt, hat die Kontrolle über Tastatur und Maus und der andere, *Beifahrer* genannt, schaut dem Fahrer über die Schulter. Nachdem die Aufgabe erledigt ist, trennt sich dieses Paar wieder. Danach kann jeder andere Programmierer den Quelltext verändern; es gibt also keinen „Besitzer", der das alleinige Recht hat, notwendige Änderungen durchzuführen. Diese Form von Besitz ist der Egolosen Programmierung [Weinberg, 1971] recht ähnlich.

XP besteht aus fünf Schlüsselprinzipien:

- ▪ *Schnelle Rückmeldung.* Probleme frühzeitig zu behandeln bringt mehr Zeit für die Problemlösung. Dies trifft sowohl für Kundenreaktionen als auch für Ergebnisse von Testläufen zu.

- ▪ *Einfachheit.* Der Entwurf sollte sich auf aktuelle Anforderungen konzentrieren. Da sich viele Änderungen ergeben und nur wenige davon vorhersagbar sind, ist es einfacher, neue Anforderungen erst dann zu behandeln, wenn sie auftreten. Ein einfacher Systementwurf ist leichter zu verstehen und zu modifizieren als ein komplexer Entwurf mit vielen Schichten, die Schutz vor allen zu erwartenden Änderungen bieten sollen.

- ▪ *Inkrementelle Änderungen.* Es ist einfacher, eine Änderung nach der anderen vorzunehmen statt viele gleichzeitig. Die Änderungen sollten eine nach der anderen in die aktuelle Basislinie integriert werden.

- ▪ *Veränderung akzeptieren.* Veränderung ist unvermeidlich und findet in Projekten, in denen XP eingesetzt wird, häufig statt. Sie sollte als normales Ereignis behandelt werden und nicht als Ausnahme, die möglichst vermieden wird.

- ▪ *Qualitätsarbeit.* XP konzentriert sich auf schnelle Projekte, bei denen der Fortschritt oft vorgeführt wird. Trotzdem sollte jede inkrementelle Veränderung sorgfältig und vollständig implementiert werden. Zeit, die investiert wird, um beim ersten Mal exzellente Arbeit zu leisten, wird die Ausschussmenge und Nachbearbeitungsdauer reduzieren.

Im folgenden beschreiben wir, wie XP die Aufgaben Planung, Wiederverwendung, Modellierung, Prozess und Steuerung behandelt.

Wie viel Planung?

In XP wird die Planung durch die Anforderungen und ihre relativen Prioritäten angetrieben. Anforderungen werden erhoben, indem zusammen mit dem Kunden so genannte Geschichten (engl. *stories)* geschrieben werden. Geschichten sind Anwendungsfälle auf hoher Ebene, die eine Reihe zusammenhängender Funktionalitäten umfassen. Die Entwickler zerlegen jede Geschichte in einzelne Entwicklungsaufgaben, die erledigt werden müssen, um die Funktionalitäten, die in der Geschichte beschrieben werden, zu realisieren. Die Entwickler schätzen dann die Zeit, die für jede Aufgabe benötigt wird; wenn der Aufwand für eine Aufgabe mehr als ein paar Wochen beträgt, wird sie in kleinere Teilaufgaben zerlegt. Nachdem der Aufwand für jede Geschichte geschätzt wurde, treffen sich der Kunde und die Entwickler, um Freigaben zu planen und ihnen Geschichten zuzuordnen. Eine Freigabe ist eine Version des Systems, die an die Endanwender herausgegeben wird. Jeder Version werden spezifische Geschichten zugeordnet. Die Geschichten werden nach zusammenhängender Funktionalität in Gruppen eingeteilt. Der Kunde weist den Gruppen Prioritäten zu, sodass die wichtigsten Anforderungen früh behandelt werden können und die optionalen später. Daraus entsteht der Freigabeplan: Dieser spezifiziert, wann die Geschichte implementiert und wann sie an die Endbenutzer verteilt wird. Freigaben werden schnell aufeinander folgend geplant (alle vier bis acht Wochen), um schnelle Rückmeldungen von den Endanwendern sicherzustellen.

Der Aufwand, der zur Realisierung einer Geschichte nötig ist, wird zu Beginn in Idealwochen geschätzt. Eine **Idealwoche** ist eine Woche, in der die gesamte Arbeitszeit einem einzigen Zweck gewidmet wird. Bei der Schätzung der Kosten für eine Version wird diese Zahl mit einem Faktor multipliziert, um die Gemeinkosten für Besprechungen, Urlaub und Krankheitstage einzubeziehen. Dieser Faktor berücksichtigt auch Unsicherheiten, die mit der Planung zusammenhängen. Für neue Arbeitsgruppen ohne Erfahrung in XP wird empfohlen, mit einem Faktor von 3 anzufangen – drei Wochen werden tatsächlich benötigt, um die Arbeit einer Idealwoche zu erledigen. Dieser Faktor kann im Lauf der Zeit gesenkt werden. Der Kehrwert dieses Faktors – wie viele Idealwochen in einem festen Zeitraum erledigt werden können – wird die **Projektgeschwindigkeit** genannt.

Jede Freigabe setzt sich aus einer Reihe kleinerer Iterationen zusammen, die typischerweise zwei bis drei Wochen dauern. Jede dieser Iterationen führt zu einer internen Freigabe des Systems, die dem Kunden zur Bestätigung vorgelegt wird. Da die Funktionalität in kleinen Inkrementen realisiert wird, hat der Kunde viele Möglichkeiten, während der Entwicklung Änderungen einzubringen. Jede Iteration repräsentiert einen nur kleinen Schritt auf dem Weg zur Freigabe; da die Änderungen aber geringfügig sind, können sie – falls notwendig – leicht zurückgenommen werden.

Am Anfang einer Iteration steht das so genannte „Planungsspiel", in dem der Kunde die Geschichten auswählt, die implementiert werden sollen. Die Reihenfolge und Priorität jeder Geschichte, die in die geplante Freigabe einfließen soll, wird mit dem Kunden abgesprochen. Dieser spezifiziert dann Akzeptanztests für jede Geschichte. Ein Akzeptanztest ist ein vom System ausgeführtes Szenario, das dazu genutzt wird, eine spezifische Geschichte zu überprüfen. Akzeptanztests werden außerdem als Regressionstests vor jeder Freigabe eingesetzt.

Am Ende einer Iteration berechnet das Team die tatsächliche Projektgeschwindigkeit, indem die Idealwochen der erledigten Geschichten – d.h. derjenigen, deren Akzeptanztests erfolgreich waren – zusammengezählt werden. Während der nächsten Iteration kann der Kunde dann nur so viele Geschichten auswählen, dass deren geschätzter Gesamtaufwand die Summe der Idealwochen, die im Lauf der letzten Iteration geschafft wurden, nicht überschreitet. Damit kann der Kunde Kompromisse zwischen Kosten und Funktionalität eingehen und die Entwickler können die Kosten für jede Funktionalität rechtfertigen. Die Planung für die nächste Iteration schließt auch die Behandlung aller Akzeptanztests ein, die am Ende der vorhergehenden Iteration fehlgeschlagen sind. Wenn die Projektgeschwindigkeit in mehr als zwei Iterationen signifikant vom ursprünglichen Plan abweicht, wird mit dem Kunden eine neue Freigabeplanung besprochen, um den Zeitplan anzupassen.

Vom Standpunkt des Projektleiters können Geschichten als Arbeitseinheiten in einer Aufgabenunterteilung gesehen werden. Der Unterschied zum traditionellen Projektmanagement liegt darin, dass Entwickler und nicht Manager die Aufwandsschätzungen durchführen.

Wie viel Wiederverwendung?

XP sieht Wiederverwendung nicht als Schlüsselmethode zur Steigerung der Produktivität. Obwohl XP den Einsatz von Entwurfsmustern nicht explizit ausschließt, werden Entwickler dazu ermutigt, die einfachste Lösung zu wählen, die die Implementierung der aktuell behandelten Geschichte ermöglicht. Entwurfsmuster könnten als Ergebnis der Refaktorisierung eingebracht werden, wenn die Änderungen tatsächlich implementiert werden. In diesem Aspekt weicht XP von konventionellen Methodologien ab, indem es die Planung von Wiederverwendung nicht von Anfang an in die Softwarearchitektur mit einbezieht. Stattdessen wird die Architektur Geschichte für Geschichte entdeckt und verfeinert, während sich der Prototyp gewissermaßen zum kompletten System entwickelt.

Wie viel Modellierung?

XP minimiert die Dokumentation unter der Annahme, dass weniger zu liefernde Ergebnisse den Arbeitsaufwand und die Duplizierung von Problemen verringern. Stattdessen wird Wissen direkt zwischen den Beteiligten kommuniziert – der Kunde wird als eine wandelnde Spezifikation angesehen, der Entwurf wird in CRC-Karten-Sitzungen diskutiert und alle Entwickler können jeden Teil des Quelltexts verändern. Programmierkonventionen helfen den Entwicklern bei der Kommunikation über Quelltext. Der Systementwurf wird im Quelltext so deutlich wie möglich gezeigt, indem ausführliche Namen vergeben werden und komplexe Methoden in viele einfachere mit aussagekräftigen Namen aufgeteilt werden. Refaktorisierung wird eingesetzt, um den Entwurf inkrementell zu verbessern.

Wie viel Prozess?

XP folgt einem einfachen aus vier Aktivitäten bestehenden Lebenszyklus-Prozess: Planung, Entwurf, Programmierung und Testen. Die Planung wird am Anfang jeder Iteration durchgeführt. Entwurf, Programmierung und Testen finden inkrementell in schneller Abfolge statt. Es gibt nur wenige Einschränkungen für diese Aktivitäten, die im folgenden zusammengefasst werden:

- *Zuerst testen.* Komponententests werden vom Entwickler zuerst geschrieben, und zwar bevor die Komponenten selbst geschrieben werden. Das erlaubt es dem Entwickler, die Programmierschnittstelle für die Klasse zu verfeinern, und stellt die Existenz von Komponententests frühzeitig sicher.

- *Tests für jeden neuen Defekt.* Wenn Defekte entdeckt werden, wird ein Komponententest geschrieben, der den Defekt reproduziert. Dann wird der Defekt repariert und alle Komponententests werden nochmals durchgeführt.

- *Refaktorisieren vor der Erweiterung.* Wenn neue Funktionalität implementiert wird, ist möglicherweise Refaktorisierung notwendig, um einen Entwurf zu erzeugen, der die Veränderung unterstützt. Die Refaktorisierung wird durchgeführt, bevor die Erweiterung implementiert wird. Dadurch wird sichergestellt, dass der Entwurf nicht zerfällt, wenn neue Funktionalitäten hinzugefügt werden. Da die Verantwortung für den Quelltext auf die Entwickler verteilt ist, kann Refaktorisierung Quelltext beeinflussen, den Implementierer der Änderung nicht selbst geschrieben hat.

- *Der Quelltext für das zu liefernde System wird in Paaren geschrieben.* Während einzelne Entwickler Prototypen für Experimente oder Machbarkeitsbeweise schreiben dürfen, wird Quelltext, der Teil einer Freigabe wird, in Paaren geschrieben. Dies soll sicherstellen, dass weniger Defekte entstehen, die Qualität des Entwurfs hoch ist, und das Wissen über den Entwurf nicht bei einer Person bleibt.

- *Oft integrieren.* Neuer Quelltext von Entwicklern wird in den Hauptzweig des Zentralverzeichnisses integriert, und zwar ein Beitrag nach dem anderen. Komponententests der integrierten Komponenten werden für Regressionstests genutzt.

XP ermutigt die Entwickler dazu, den Lebenszyklus-Prozess zu verbessern, wenn es nötig ist. Es gibt allerdings keine formale Prozessinstrumentierung oder Prozessverbesserungsaktivitäten; sie sind für die kleinen Projekte, für die sich XP eignet, unnötig.

Wie viel Steuerung?

XP versucht die Anzahl der Besprechungen, an denen die Entwickler teilnehmen müssen, zu reduzieren, damit diese mehr Zeit zum Schreiben von Tests, zum Programmieren und zum Refaktorieren haben. Der Projektstatus wird im Team durch eine tägliche Besprechung im Stehen vermittelt. Alle Projektteilnehmer stellen sich im Kreis auf und berichten der Reihe nach kurz über die Aufgaben, die sie am vorhergehenden Tag erledigt haben, über die Aufgaben, an denen sie gerade arbeiten, und die Probleme, denen sie gegenüberstehen. Um die Besprechung kurz zu halten, sind keine Diskussionen erlaubt. Wenn eine Diskussion notwendig ist, besprechen sich nur die involvierten Projektbeteiligten informell später am gleichen Tag.

Die Notwendigkeit für Inspektionen und Überprüfungen entfällt durch das Programmieren in Paaren. Da der Quellcode für das zu liefernde System (einschließlich der Komponententests) in Paaren geschrieben wird, erfolgen Überprüfungen bereits während des Programmierens. Weil keine Gruppe direkt für Teile des Quelltexts verantwortlich ist, kommen viele Programmierer mit jedem spezifischen Teil des Quelltexts in Berührung. Darüber hinaus werden die Paare oft neu zusammengesetzt, um die Verteilung des Wissens im Projekt zu verbessern.

XP ersetzt die Kommando und Steuerungsstruktur von großen Projekten, wie sie auch in Royces Methodologie zu finden ist, durch ein selbstorganisierendes System [Highsmith & Orr, 2000]. Ein Leiter (im Gegensatz zu einem Manager) vermittelt eine Vorstellung der Systemanforderungen und der Architektur, kultiviert eine Umgebung, in der innovative Ideen gefördert und ausgearbeitet werden können, und ermutigt dazu, Risiken einzugehen. Der Leiter muss eine Umgebung fördern, in der die Beteiligten zusammenarbeiten, Informationen weitergeben und gegenseitiges Vertrauen entwickeln können. Der Leiter muss immer noch die schweren Entscheidungen treffen, die sicherstellen, dass die Beteiligten an einem Strang ziehen und dass das Produkt fertig gestellt und ausgeliefert wird. Er muss in der Lage sein zu entscheiden, wann er Konsens aufbauen und wann er Diktator sein muss.

Der Leiter ist wie der polynesische Steuermann, der sein Boot auf ein Ziel hinsteuert, anstatt sein Projekt nach einem strikten Plan, der jeden einzelnen Schritt vorgibt, zu verwalten.

Zusammenfassung

Tabelle 16.4 fasst die Methoden, die XP für jede Aufgabe vorsieht, zusammen. Es ist zur Zeit noch nicht klar, für welche Projekttypen XP funktioniert und für welche nicht. Eine der Schlüsselanforderungen für XP ist die direkte Mitarbeit eines Kunden mit Entscheidungsvollmacht im Projekt. Das schließt alle Entwicklungsarbeiten aus, für die kein Kunde identifiziert werden kann oder bei denen der Kunde nicht persönlich am Projekt teilnehmen kann. Bis jetzt gibt es keine Belege, wie diese Anforderungen auf verteilte Entwicklungsarbeiten umgesetzt werden können, bei denen die Entwickler nicht am gleichen Ort sitzen oder bei denen Heimarbeit erlaubt ist.

Aufgabe	Methoden
Planung	Geschichten mit dem Kunden schreiben
	Häufige Freigaben planen (alle vier bis acht Wochen)
	Einen Zeitplan mit Freigabeplan erstellen
	Eine Iteration mit der Iterationsplanung beginnen
Modellierung	Den einfachsten Entwurf auswählen, der die derzeit bearbeitete Geschichte umsetzen kann
	Modellieren komplizierter Konzepte mittels einer Systemmetapher
	CRC-Karten für die erste Objektidentifizierung einsetzen
	Quelltext schreiben, der sich an Standards hält
	Refaktorieren zu jedem möglichen Zeitpunkt
Prozess	Zuerst Komponententests schreiben
	Komponententests für den gesamten Produktivsystem-Quelltext
	Keine Freigabe, solange nicht alle Tests erfolgreich verlaufen
	Schreiben eines neuen Tests für jeden entdeckten Defekt
	Funktionalität nicht zu früh hinzufügen
	Einen Kunden vor Ort ins Projekt einbeziehen
	Programmieren in Paaren (alle Quelltexte für das zu liefernde System)
	Integration des Quelltext eines Paares nach dem anderen
Steuerung	Kollektive Verantwortung für den Quelltext
	Anpassen des Zeitplans
	Zusammensetzung der Paare durchwechseln
	Den Tag mit einer Statusbesprechung im Stehen beginnen
	Akzeptanztests oft durchführen und die Ergebnisse bekanntgeben

Tabelle 16.4: XP-Methoden nach methodologischen Aufgaben

16.5   Fallstudien

Anfänger im Projektmanagement tendieren dazu, die Entscheidungen, die zu Beginn des Projekts getroffen wurden, strikt umzusetzen, und sind für gewöhnlich nicht geneigt, sich an die Herausforderungen neuer Situationen, die in jedem echten Projekt auftreten (ob auf technischer oder auf administrativer Ebene) anzupassen. Die Ursache dieser Widerwilligkeit ist manchmal in der Unerfahrenheit des Managers, insbesondere mit den Methoden und Techniken, die im Projekt angewendet werden, zu finden. Ein Projektleiter muss sich selbst als ein ständig Lernender sehen, der die Möglichkeiten der Werkzeug- und Methodenanwendung in einem Projekt als n-dimensionalen Koordinatenraum erkundet. In diesem Raum belegt jedes Projekt einen Punkt oder Unterraum, der von der speziellen Auswahl der Werte für die Projektparameter aufgespannt wird.

Um Erfahrungen zu sammeln, sollte ein Anfänger im Projektmanagement mit einfachen Projektparametern beginnen, beispielsweise mit einem Team von fünf Mitarbeitern, das sich auf einen einzelnen Parameter konzentriert, sei es eine unbekannte Anforderung, eine neue Technologie, eine neue Methode oder eine neue Methodologie. Es ist nicht empfehlenswert, mehr als einen dieser Parameter zu verändern, z.B. mit einem großen Projekt zu beginnen, das unbekannte Anforderungen hat, gleichzeitig neue experimentelle Technologien einsetzt und 50 Personen umfasst. Wir empfehlen beispielsweise, nicht mit einer neuen Methodologie zu experimentieren, wenn eine neue Anforderung vom Kunden behandelt wird.

In diesem Abschnitt stellen wir drei Projekt-Fallstudien aus der Sicht eines Anfängers im Projektmanagement vor. An allen drei Projekten waren Studierende der Softwaretechnik im Hauptstudium und ein echter Kunde beteiligt:

- ATRACT (Automated Test and RAtionale Capture Tool) ist ein sechsmonatiges XP-Projekt, das eine Testinfrastruktur für eine Middleware-Umgebung entwickelt (Abschnitt 16.5.1). In ATRACT wurden eine Iteration bei der Anforderungsanalyse und drei Iterationen bei der Entwicklung durchgeführt.

- FRIEND (First Responder Interactive Emergency Navigational Database) ist ein Projekt mit fünf Iterationen und einem Kunden mit Entscheidungsvollmacht, das ein Notfallmanagementsystem erstellt (Abschnitt 16.5.2). Wir beschreiben die erste Iteration als Einzelprojekt und schildern dann, wie die Kombination der fünf Iterationen ein anderes Projekt ergab.

- JAMES (Java Architecture for Mobile Extended Services) ist ein verteiltes Projekt mit zwei Iterationen, das Chipkarten-Anwendungen für Autofahrer entwickelt (Abschnitt 16.5.3).

Für jedes dieser Projekte untersuchen wir die Projektziele, die Umgebung, die Methoden, die ausgewählt wurden, um die Probleme der Planung, Wiederverwendung, Modellierung, des Prozesses und der Steuerung anzugehen, und welche Erfahrungen gemacht haben.

16.5.1   XP-Projekt: ATRACT

Projektziel

Das Ziel von ATRACT war die Erstellung eines Programmgerüsts für das Schreiben und Ausführen von Tests für eine Middleware-Umgebung, die auf kleine drahtlose Geräte wie Mobiltelefone und MP3-Spieler spezialisiert ist. Das Programmgerüst musste Dienste bereitstellen, die Dateien zwischen den Geräten bewegen konnten. Die Geräte konnten die Daten – abhängig vom Typ der empfangenen Datei – verarbeiten, abspeichern oder ignorieren. Da viele neue Geräte- und Dateitypen zu unterstützen waren, benötigte der Hersteller der Middleware eine Testumgebung zur Spezifikation und Automatisierung von Tests. Mit der Entwicklung und der Ausführung von Tests ware mehrere Entwickler beschäftigt, also musste das Werkzeug außerdem Funktionen zur Diskussion von Tests auf der Basis eines Fragestellungs-Modells beinhalten.

Das Ziel für die erste Freigabe war das Erstellen einer robusten Testumgebung, die ausreichend Funktionalität hatte, um echte Tests durchzuführen. Ein weiteres Ziel für alle Beteiligten war es, mehr über XP zu lernen und dessen Effektivität für kleine Projekte, die in Paaren durchgeführt werden, zu untersuchen.

Projektumgebung

Kunde mit Entscheidungsvollmacht. Der Kunde des Projekts war der Hersteller der Middleware. Er war mit der Technologie und der Plattform vertraut.

Hintergrund der Projektteilnehmer. Neben dem Kunden bestand das Projekt aus zwei Entwicklern und einem Leiter. Alle Beteiligten hatten zuvor schon an Softwareentwicklungsprojekten teilgenommen, aber keiner von ihnen hatte Erfahrung mit XP. Die Entwickler verließen sich auf Ratschläge eines externen Teilnehmers für die Anwendung und die Anpassung von XP.

Ausgereifte Technologie. Da die Plattform für das System Java war, konnten die Entwickler relativ ausgereifte Komponenten für die Entwicklung der Testinfrastruktur auswählen.

Endbenutzerzugang. Der Kunde des Projekts war auch der Endbenutzer.

Durchführung des Projekts beim Kunden. Die Entwickler waren beim Kunden untergebracht und hatten ungehinderten Zugang zum Kunden. Der Kunde konnte Entscheidungen sofort treffen und musste Fragen nicht an andere Mitglieder der Firma weitergeben.

Projektdauer. Die Entwickler hatten gute Kenntnisse in der Anwendungsfallmodellierung und von dem Werkzeug, das zur Anforderungsermittlung eingesetzt wurde. Deshalb wurde das Projekt in zwei Phasen eingeteilt: In einer ersten Phase, die zwei Monate dauerte und sich ausschließlich mit den Anforderungen beschäftigte, wurden eine Reihe vertikaler Prototypen und ein Anwendungsfallmodell des visionären Systems erstellt. Die Entwickler validierten die Prototypen mit dem Kunden und nutzten das Fragestellungs-Modell zur Verfolgung von Anforderungsproblemen. Die zweite Phase, die vier Monate in Anspruch nahm, widmete sich der Realisierung der ersten Freigabe nach einem XP-Prozess. Zu Beginn der zweiten Phase wurde das Anwendungsfallmodell in Geschichten übertragen, die von den Entwicklern und dem Kunden zur Vergabe von Prioritäten für die Anforderungen und zur Aufwandsabschätzung eingesetzt wurden. Dieser Zwei-Phasen-Ansatz erlaubte die Minimierung der Risiken, die sich aus dem Einsatz einer neuen Methodologie (XP) ergaben, indem der Einsatz von XP auf die Ausführungsphase des Projekts beschränkt wurde.

Wie viel Planung?

Die Meilensteine des Projekts waren von Beginn an wegen Beschränkungen der Entwickler- und Managementseite festgelegt. Frühere Erfahrungen aus solchen Projekten (sechs Monate, wenige Entwickler, neuer Kunde) legten eine Anforderungsphase von sechs bis acht Wochen nahe. Das Ende der Anforderungsphase fiel außerdem mit dem Beginn des Jahres zusammen, was die Zeitplanung für den Kunden erleichterte. Der Freigabeplan und die Aufteilung der ersten Freigabe in drei Iterationen wurden erst festgelegt, nachdem die Anforderungsphase abgeschlossen war. Die Entwickler entschieden sich für einen Zeitplan, der von Anfang an auf hohe Geschwindigkeit ausgelegt war, da sie sich ihrer Produktionsfähigkeiten sicher waren (die Ausführungsdauer einer Idealwoche wurde auf 1,5 echte Wochen geschätzt). Zur Überraschung der meisten Beteiligten veränderte sich die Geschwindigkeit während des Projekts nicht.

Wie viel Wiederverwendung?

Zu Beginn hatten die Entwickler wegen der engen Zeitgrenzen in der Entwicklungsphase nicht vor, irgendwelche Softwarepakete wiederzuverwenden. Ein großer Teil der Projektzeit wurde bereits dafür aufgewendet, die Anwendungsdomäne zu verstehen, insbesondere die Middleware und die Infrastruktur. Im Laufe der Implementierung der Geschichten waren die Entwickler jedoch damit beschäftigt, einen maßgeschneiderten Interpretierer zur Erstellung von Testskripten zu schreiben, der das Setzen von Variablen, die Spezifikation von Schleifen und die Manipulation von Dateien beherrschte. Als die selbst definierte Sprache für die Testskripte immer komplexer wurde, entschieden sich die Entwickler dafür, ihren eigenen Interpretierer zu verwerfen und eine Open-Source-Implementierung wiederzuverwenden, die auf Javascript basiert. Dadurch war das Projekt wieder im Zeitplan und das Produkt erhielt zusätzliche Funktionalität für den Kunden. Außerdem wurde die Lernkurve für Endanwender abgesenkt.

Wie viel Modellierung?

Die Anforderungen wurden ursprünglich als Anwendungsfälle repräsentiert. Nach Beginn der zweiten Phase wurden nur Geschichten und Aufgaben auf Karteikarten geschrieben, die außerdem zur Verfolgung des tatsächlichen Aufwands genutzt wurden. Das Anwendungsfallmodell wurde nicht mehr aktualisiert, sobald der Wechsel zu XP durchgeführt worden war. Außer dem Anwendungsfallmodell wurden keine visuellen Modelle erstellt. Das gesamte System- und Objektentwurfswissen wurde in Form von Kommentaren sowie Methoden- und Klassennamen in den Quelltext eingebettet. Das Fehlen eines Modells war kein Problem, da nur ein Entwickler-Paar für eine kurze Zeit am Projekt arbeitete.

Wie viel Prozess?

Im Verlauf der zweiten Iteration wurde der XP-Prozess, einschließlich der Aktivitäten Iterationsplanung, Realisierung der Geschichten und Test, strikt befolgt. Allerdings schrieb der Kunde aus Zeitmangel die Geschichten und Akzeptanztests nicht selbst, sondern die Entwickler – nach Besprechungen mit dem Kunden.

Wie viel Steuerung?

Kurz vor dem Abschluss jeder Iteration besprachen sich die Entwickler mit dem Projektleiter vor dem Treffen mit dem Kunden, um den aktuellen Status des Quelltexts vorzuführen und offene Probleme anzusprechen. Da sich das Projekt nahe am ursprünglichen Zeitplan bewegte, waren die Besprechungen hauptsächlich dazu da, den Projektleiter auf den neuesten Stand hinsichtlich der Anwendungsdomäne zu bringen. Einige Tage später folgte dann eine Besprechung mit dem Kunden für den Akzeptanztest der Iteration.

Ergebnis

Das Projekt wurde pünktlich abgeschlossen und lieferte die verlangte Anwenderdokumentation, die Installationsskripte, den Quelltext und die ausführbaren Programme. In einer kurzen Projektterminierungsphase wurde das Anwendungsfallmodell aktualisiert, um die Änderungen wiederzugeben, die an den Anforderungen vorgenommen wurden. Der Kunde war mit dem Ergebnis zufrieden, und, was besonders wichtig ist, seine Erwartungen deckten sich mit dem Ergebnis, da er den gesamten Entwicklungsprozess eng begleitet hatte.

Erfahrungen

Weiterbildung des Kunden. Obwohl das Projekt in dem Unternehmen des Kunden angesiedelt wurde, hatte der Kunde nicht genug Ressourcen, die er dem Schreiben von Geschichten und Akzeptanztests widmen konnte. Die Firma war zu klein, um Zeit für ein Infrastrukturprojekt aufzuwenden. Daher erfuhr der Kunde nicht so viel über den Prozess wie ursprünglich geplant. In dieser Situation zahlten sich die Anforderungen aus den ersten beiden Monaten aus, da die Entwickler in wenigen Besprechungen mit dem Kunden mit Hilfe von Szenarien, Prototypen und Anwendungsfällen eine stabile Menge von Anforderungen ermitteln und validieren konnten. Für ein länger dauerndes Projekt ist es von entscheidender Bedeutung, dass der Kunde die Grundregeln von XP versteht, wenn es darum geht, den Geschichten Prioritäten zuzuweisen, einen Aufwand abzuschätzen und den Zeitplan als Ergebnis von Geschwindigkeitsänderungen anzupassen. In Royces Begriffen ausgedrückt funktioniert ein XP-Projekt nur bei kooperativen Interessenvertretern.

Weiterbildung der Entwickler. XP verlangt einen Kern von erfahrenen Entwicklern, die in der Lage sind, akkurate Abschätzungen vorzunehmen, Änderungen auf kleine Bereiche zu beschränken und darüber zu entscheiden, wann und welche Probleme mit anderen Beteiligten zu diskutieren sind. ATRACT war ein hinreichend kleines Projekt, in dem beide Entwickler alles über den aktuellen Status des Projekts wussten, was es zu wissen gab. In einem größeren Projekt kann das Durchwechseln von Paaren dazu genutzt werden, neue

Entwickler, insbesondere Anfänger, auf den aktuellen Stand zu bringen und Redundanz in das System einzubauen. Die Durchführung eines größeren XP-Projekts ausschließlich mit Anfängern als Entwicklern würde eine steile Lernkurve mit sich bringen, bevor das Projekt in die stationäre Phase übergehen könnte.

16.5.2 Kunde mit Entscheidungsvollmacht vor Ort: FRIEND

Projektziel

Das FRIEND-System ist ein Unglücksfallmanagementsystem zur Koordination von Personen, die an einem Unglücksfall arbeiten. Als das FRIEND-Projekt 1992 begann, wurden Notfälle hauptsächlich mit papierbasierten Prozessen erledigt. Das Aufkommen von neuer Technologie wie drahtlose digitale Kommunikation und PDAs (Persönliche Digitale Assistenten) brachte das Ziel mit sich, den papierbasierten Prozess durch einen elektronischen zu ersetzen. FRIEND wurde für verschiedene Arten von Vorfällen entworfen, von kleineren Verkehrsunfällen bis hin zu so großen Unglücksfällen wie Bränden oder Stürmen. Das Projekt wurde in fünf Iterationen aufgeteilt, die Prototypen von steigender Komplexität vorführten. Viele Beispiele in Kapitel 4 stammen aus diesem Projekt.

Jede Iteration wurde als einsemestriger Softwaretechnik-Kurs mit Studierenden im Hauptstudium als Entwicklern durchgeführt. Das Ziel jeder Iteration war die Entwicklung eines Demonstrations-Prototyps des FRIEND-Systems. Ein zweites Ziel war es, den Studierenden mit Methoden und Werkzeugen der Softwaretechnik in Berührung zu bringen. Obwohl sich FRIEND nicht strikt an Royces Methodologie hielt, begann es mit vielen ihrer Elemente, insbesondere projektbasierter Organisation, wohl definierten Änderungsprozessen und Artefaktsätzen.

Projektumgebung

Kunde mit Entscheidungsvollmacht. Der Kunde für FRIEND war der Polizeipräsident einer nahen Gemeinde. Zu Beginn hatte er keine Erfahrung auf dem Gebiet der Softwaretechnik oder der drahtlosen Übertragungstechnik. Er besaß detailliertes Wissen über die Anwendungsdomäne und konnte sofortige Entscheidungen über den Umfang und die Richtung des Projekts treffen.

Anfänger beteiligt. Jede Iteration umfasste durchschnittlich 40 Teilnehmer, die meisten von ihnen Anfänger mit guten technischen Fähigkeiten, die aber wenig Erfahrung mit Projekten dieser Größe hatten. Das Management hatte mehrere Projekte dieser Größe durchgeführt. Die Anwendungsdomäne war für alle Beteiligten Neuland.

Endanwenderzugang. Der Kunde war auch Endanwender. Darüber hinaus stand eine Auswahl von Endanwendern für Benutzbarkeitstests zur Verfügung.

Modernste Technologie. FRIEND befasste sich mit drahtlosen Übertragungstechniken und PDAs als Plattform für den Prototyp. Obwohl die eingesetzte Technologie relativ stabil war, war sie neu und erforderte zusätzliche Weiterbildung für die Teilnehmer, bevor funktionierender Quelltext produziert werden konnte.

Projekt an einem Standort. Das Projekt lief an einem Standort ab. Alle Teilnehmer hatten Zugang zu einem Labor, das ausschließlich für das Projekt zur Verfügung stand. Der Kunde war kurzfristig immer für Gespräche verfügbar.

Projektdauer. Das Projekt umfasste zu Beginn zwei Monate Vorbereitung, gefolgt von einer vier Monate dauernden Entwicklungsiteration. Da die erste Iteration erfolgreich verlief, führte das Projekt zu einem Folgeprojekt mit vier Iterationen, die das Konzept und die Architektur des Systems weiter verfeinerten sowie zu einer Firmenausgründung, die ein Produkt realisierte. Das Gesamtprojekt lief über einen Zeitraum von drei Jahren.

Wie viel Planung?

Da FRIEND ein Projekt zur Konzepterkundung war, waren Funktionalität und Plattform der Prototypen nicht im Detail spezifiziert. Die Meilensteine waren trotzdem von Beginn an festgelegt. Weil die Beteiligten wenig Erfahrung mit Entwicklungen im großen Rahmen hatten, war der Zeitplan des Projekts nach dem Wasserfall-Modell angelegt. Die Anforderungsanalyse, der Systementruf, der Objektentwurf und die Implementierung waren mit jeweils etwa vier Wochen veranschlagt, mit einer formellen Überprüfung am Ende jeder Entwicklungsaktivität.

Wie viel Wiederverwendung?

Sowohl die Anwendungsdomäne (Unglücksfallmanagement) als auch die Technologieauslöser (Apple Newtons, drahtlose Motorola-Modems), die für das Projekt eingesetzt wurden, waren für die Entwickler neu. In den domänenspezifischen Teilen des Projekts war wenig Wiederverwendung möglich. Standardpakete wurden für die grafische Benutzerschnittstelle und die Netzwerksubsysteme eingesetzt. Im Allgemeinen begrenzte die kurze Dauer des Projekts die Komplexität und die Anzahl der Standardpakete, die eingesetzt werden konnten.

Wie viel Modellierung?

Das Projekt erzeugte drei Sätze von Artefakten: einen *Kundensatz*, einen *Managementsatz* und einen *Systemsatz*. Der Systemsatz entspricht den Anforderungs-, Entwurfs-Implementierungs- und Auslieferungssätzen in der Methodologie von Royce. Der Kundensatz enthält die Dokumente, die in den Verantwortungsbereich des Kunden fallen und von diesem zusammen mit dem Projektmanagement geschrieben wurden. Darin eingeschlossen sind die *Problembeschreibung* und der *grobe Zeitplan*.

Dokument	Zweck	Erzeugt in
Problem-beschreibung	Beschreibt die Notwendigkeiten, visionären Szenarien, Zielumgebung, Anforderungen und Einschränkungen	Konzeptionsphase
Grober Zeitplan	Beschreibt wesentliche Meilensteine	Startphase

Tabelle 16.5: Kundendokumente. Die Problembeschreibung wurde den Entwicklern zu Beginn des Projekts ausgehändigt.

Managementmodelle wurden während der Definitionsphase vom Projektleiter erzeugt und während der stationären Projektphase wiederholt überarbeitet. Sie wurden im Softwareprojekt-Plan, im Konfigurationsmanagement-Plan und im Grobentwurf, der zur ersten Einteilung der Arbeitsgruppen genutzt wurde, dokumentiert. (Tabelle 16.6).

Dokument	Zweck	Erzeugt in
Grobentwurf	Beschreibt die vorläufige Softwarearchitektur, insbesondere die Subsystemaufteilung	Systementwurf
Softwareprojekt-Plan	Das Steuerungsdokument zum Projekt-management	Startphase / Projektüberwachung und -steuerung
Konfigurations-management-Plan	Das Steuerungsdokument, das die Konfigurationsmanagement-Aktivitäten beschreibt	Konfigurations-management

Tabelle 16.6: Managementdokumente

Systemmodelle repräsentieren das System auf verschiedenen Abstraktionsebenen und aus unterschiedlichen Perspektiven. Das Anwendungsfallmodell beschreibt das System aus der Sicht des Anwenders. Das Analysemodell beschreibt Entitäten, die die Domäne des Unglücksfallmanagements modellieren. Die System- und Objektentwurfsmodelle repräsentieren die Softwarearchitektur und die Lösungsobjekte, die auf der gewählten Technologie (PDAs und drahtlose Kommunikation) basieren. Die Analysemodelle wurden im Anforderungsanalyse-Dokument beschrieben (Tabelle 16.7).

Der Systementwurf wurde im Systementwurfs-Dokument und das Objektentwurfsmodell im Objektentwurfs-Dokument beschrieben. Modelle in der Analyse- und der Objektentwurfsphase wurden in OMT [Rumbaugh et al., 1991] formuliert und in ein kleines CASE-Werkzeug namens OMTool eingegeben. Die OMT-Modelle wurden für die Erzeugung sowohl der ersten Quelltextfragmente als auch der Grafiken in den Entwurfsdokumenten eingesetzt.

Der Zweck der Modelle in FRIEND war in erster Linie die Unterstützung des Entwurfs und der Kommunikation zwischen den Projektbeteiligten. Da das Ziel von FRIEND die Vorführung eines Prototyps war, erwarteten wir, dass sich das System rasant weiterentwickeln würde, wodurch es teuer und schwierig werden würde, die Konsistenz zwischen den

Modellen und dem System aufrechtzuerhalten. Daher war die Archivierung kein Primär-ziel. Stattdessen erwarteten wir, dass das Wissen durch die Prototypen weitergegeben würde und durch Studierende, die bei der nächsten Iteration weiter beteiligt waren.

Dokument	Zweck	Erzeugt durch
Anforderungs-analyse-Dokument	Beschreibt die funktionalen und nichtfunktionalen Anforderungen an das System sowie vier Modelle: Anwendungsfallmodell, Objektmodell, funktionales Modell und dynamisches Modell.	Analyse
Benutzerhand-buch	Beschreibt die Benutzung eines Systems (in Form von Anleitungen).	Analyse
Systementwurfs-Dokument	Beschreibt Entwurfsziele, Zielkonflikte und Kompromisse, die zwischen Entwurfszielen ein-gegangen wurden, Systemzerlegung, Identifika-tion von Nebenläufigkeiten, Hardware-/Softwareabbildung, persistente Datenverwaltung, Zugriffskontrolle, Softwaresteuerung und Rand-bedingungen.	Systementwurf
Objektentwurfs-Dokument	Beschreibt das System über verfeinerte Objekt-modelle, insbesondere die gewählten Datenstruk-turen und Algorithmen sowie vollständige Signaturen für alle öffentlichen Methoden. Dieses Dokument stellt die detaillierte Spezifikation dar, nach der die Programmierer in der Implementie-rungsphase arbeiten.	Objektentwurf
Testhandbuch	Beschreibt die Teststrategie sowie die Kompo-nenten- und Systemtests, die auf dem System aus-geführt werden, zusammen mit den erwarteten und den tatsächlichen Ergebnissen.	Testen
Administratoren-handbuch	Beschreibt die administrativen Vorgänge, um das System zu installieren, zu betreiben und herunter-zufahren. Enthält außerdem eine Liste von Fehler-codes sowie Fehler- und Abbruchbedingungen.	Softwareinstalla-tion

Tabelle 16.7:   Systemdokumente für FRIEND

Wie viel Prozess?

Das Lebenszyklus-Modell enthielt drei Phasen. Während der Vorentwicklungsphase wur-den vorläufige Anforderungen und die vorläufige Softwarearchitektur entwickelt. Außer-dem wurden Infrastrukturentscheidungen getroffen; insbesondere wurde ein einziger Raum ausgewählt und ausschließlich für Studierende, die an diesem Projekt arbeiteten, reserviert. Nur der Kunde, der Projektleiter und die Betreuer waren an der Vorentwick-lung beteiligt. Zu Beginn der Entwicklungsphase wurden alle Studierenden Arbeitsgruppen zugeordnet, um an der Entwicklung des Systems mitzuarbeiten. Das Ziel der Entwicklungsphase war es, die Systemarchitektur zu validieren und die Beteiligten mit allen Aspekten eines iterativen Softwarelebenszyklus in Berührung zu bringen. Die Anforderungen, der Entwurf, die Implementierung und die Testfälle wurden inkrementell entwickelt. Die Kernfunktionalität wurde während dieser Phase entwickelt. Einige optionale Funktionalitäten wurden während der Nachentwicklungsphase hinzugefügt. Die Begründung für diesen Ansatz war das Ziel, ein System mit der notwendigen Funktionalität pünktlich statt ein vollständiges System zu spät zu liefern. Tabelle 16.8 beschreibt die drei Phasen in der im FRIEND-Projekt und in der IEEE-1074-Norm benutzten Terminologie.

Das Lebenszyklusmodell enthielt weder Betriebs- noch Unterstützungsaktivitäten, da das Ziel des Projekts nur die Entwicklung eines Demonstrationsprototyps war.

Phase	Zweck	Namen der Aktivitäten in FRIEND	Namen der Aktvitäten in IEEE-074
Vorentwicklung	Start des Projekts	Projektstart Konzepterkundung Grobentwurf	3.1 Projektstart 4.1 Konzeption 4.2 Systembereitstellung
Entwicklung	Validierung der Architektur Weiterbildung der Beteiligten Vorführung der Kernanforderungen Machbarkeitsdemonstration	Planung Anforderungsermittlung Analyse Analyseüberprüfung Systementwurf Systementwurfsüberprüfung Objektentwurf Objektentwurfsüberprüfung Implementierung Komponententests Systemintegrationstest Systemtest (Alphatest) Konfigurationsmanagement Anleitung	3.2 Projektüberwachung und Kontrolle 5.1 Anforderungsprozess 5.2 Entwurfsprozess 5.2.7 Durchführung des Detailentwurfs 5.3 Implementierungsprozess 7.1 Verifikation & Validierung 7.2 Konfigurationsmanagement 7.4 Training
Nachentwicklung	Vorführung optionaler Anforderungen Ausliefern des Prototypen Kundenakzeptanz	Projektmanagement Verfeinerung Softwareinstallation Kundenakzeptanztest Feldtest (Betatest) Konfigurationsmanagement	3.2 Projektüberwachung und Kontrolle 6.3 Wartung 6.1.5 Softwareinstallation 6.1.6 Annahme der Software in der Betriebsumgebung 7.1 Verifikation & Validierung 7.2 Konfigurationsmanagement

Tabelle 16.8: Softwarelebenszyklus-Aktivitäten für FRIEND

Wie viel Steuerung?

Aufgrund der großen Teilnehmerzahl (42 Studierende, fünf Betreuer) und der mangeln-
den Erfahrung der Teilnehmer mit Entwicklung in großem Rahmen setzten wir eine hierarchische Projektorganisation und strenge Kontrolle ein. Während der Vorentwicklung
wurde ein Grobentwurf erstellt, der als Basis für die Gruppenaufteilung diente. Das Projekt wurde in fünf Subsystemgruppen eingeteilt (*Campus*, *Communication*, *Database*,
EMOC und *UI*), von denen jede für ein Subsystem verantwortlich war (Abbildung 16.2).
Eine multifunktionale Architekturgruppe wurde aus den Verbindungspersonen aller Subsystemgruppen zusammengesetzt. Eine Werkzeug (engl. *tools*)-Gruppe war dafür verantwortlich, den anderen Arbeitsgruppen eine Infrastruktur bereitzustellen, die unter anderem Erstellungsskripte, Konfigurationsmanagement und Testgerüst beinhaltete. Zur
Einteilung der Teilnehmer in Arbeitsgruppen setzten wir eine Fähigkeitsmatrix ein, die
Programmierfähigkeiten, Kenntnisse spezifischer Werkzeuge, Wünsche und Interessen
berücksichtigte. Die Fähigkeiten und Interessen wurden aus Informationen, die die Teilnehmer zur Verfügung stellten, gewonnen.

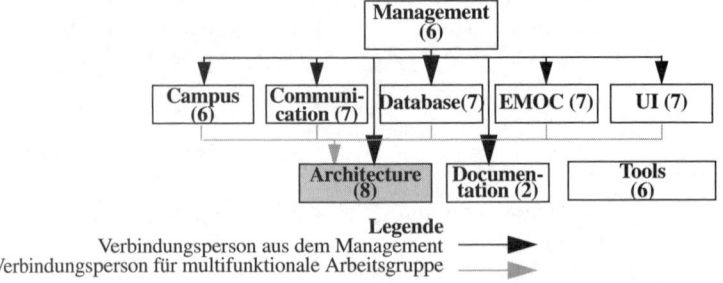

Abbildung 16.2:   Teamorganisation bei FRIEND in Iteration 1 (Herbstkurs 15-413 an der CMU,
1992). Weiße Rechtecke zeigen Subsystemgruppen, graue Rechtecke multifunktionale Arbeitsgruppen. Die Zahlen in Klammern zeigen die Anzahl der Gruppenmitglieder.

Jede Arbeitsgruppe besprach wöchentlich den Status. Diese wöchentlichen Arbeitstreffen
wurde vom Gruppenleiter geleitet, der vorher die Tagesordnung veröffentlichte. Ein
Gruppenmitglied war dafür verantwortlich, den Besprechungsinhalt aufzuzeichnen und
die Aufzeichnungen kurz nach der Besprechung zu veröffentlichen. Den Gruppen waren
jeweils ein Betreuer zugeteilt, die sich jede Woche mit dem Projektleiter trafen. Der Fortschritt wurde in monatlichen Projektüberprüfungen festgestellt.

In der ersten Projektwoche brachten der Projektleiter und die Gruppenleiter den Studen-
ten bei, einen wohl definierten Prozess für Statusberichte und die Durchführung von
Überprüfungen einzusetzen. Im Lauf des ersten Monats achteten der Projektleiter und die
Betreuer streng darauf, dass dieser Prozess für Besprechungen und Protokolle strikt ein-
gehalten wurde. So wurde der Projektstatus für alle Teilnehmer sichtbar, wodurch sie den
Wert dieser Informationen erkannten. Darüber hinaus wurden die Rollen innerhalb der
Arbeitsgruppe während der ersten zwei Monate durchgewechselt und damit bekam jeder
Teilnehmer die Möglichkeit, eine Besprechung zu leiten, als Verbindungsperson zum
Architekturteam zu arbeiten und sich in der Werkzeuggruppe zu spezialisieren. Der Rol-
lenwechsel war pädagogisch motiviert – jeder Studierende hatte die Möglichkeit, die

meisten Rollen zu lernen; außerdem diente er als Selektionsmechanismus: Studierende, die in einer spezifischen Rolle gute Leistungen zeigten, wurden dieser Rolle oft dauerhaft für die verbleibende Projektzeit zugeteilt.

Nach der Überprüfung des Systementwurfs (der zweiten Projektüberprüfung) wurden sowohl die Durchsetzung des Prozesses als auch die Rollenwechsel weniger strikt gehandhabt. Den Teilnehmern wurde angeboten, die Werkzeuge und Methoden beizubehalten, die funktionierten, und jene zu verwerfen, die im Weg waren. Das Resultat war, dass der Statusberichtsprozess beibehalten wurde, aber immer mehr Entscheidungen im kleinen Kreis getroffen wurden, insbesondere mit Beginn der Programmierung. Studenten, die Kommunikationsfähigkeiten zeigten, wurden im Allgemeinen zu Verbindungspersonen für andere Arbeitsgruppen gemacht. Studenten, die bei technischen Aufgaben brillierten, wurden damit betraut, die technischen Aufgaben der Arbeitsgruppe zu übernehmen. Konflikte und Schnittstellenprobleme, die während der Erstellung entdeckt wurden, wurden im direkten Kontakt im Labor gelöst. Bei größeren Integrationsproblemen wurden Ad-hoc-Besprechungen abgehalten.

Zusammengefasst entwickelte sich die Organisation des Projekts von einer Hierarchie hin zu einer Reihe von XP-Unterprojekten, eins für jedes Subsystem. Jedes Unterprojekt behandelte die anderen Arbeitsgruppen, die auf das zu entwickelnde Subsystem zugriffen, als Kunden mit Entscheidungsvollmacht. Diese Organisationsform war erst möglich, als ein solides Architekturkonzept etabliert war, das die Verantwortlichkeiten jeder Gruppe definierte.

Ergebnis

Das Projekt lieferte einen Konzeptprototyp, der zeigte, wie geografische Informationssysteme genutzt werden können, um Unglücksfallinformationen zu organisieren und darzustellen. Der Erfolg des ersten Projekts führte dazu, dass vier weitere Iterationen durchgeführt wurden, die eine Vielzahl von Technologien und Funktionalitäten erkundeten (Abbildung 16.3):

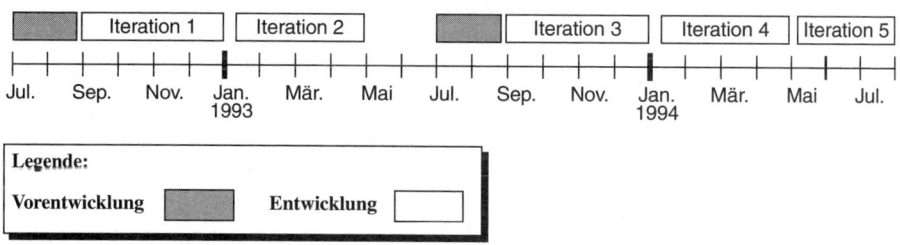

Abbildung 16.3: Iterationen im FRIEND-Projekt

- *Iteration 2* beschäftigte sich mit der Umsetzung der Kundenreaktion im Prototyp. Ein Teil der Studierenden, die am ersten Prototyp mitgearbeitet hatten, war auch hier beteiligt und folgte einem iterativen Prototyp-basierten Lebenszyklus-Prozess. Jede Überprüfung konzentrierte sich auf die Identifikation neuer Funktionalität, die dem funktionierenden Prototyp hinzugefügt wurde.

- *Iteration 3* begann ganz von vorn mit neuen Studenten und einer ambitionierteren Problembeschreibung. Der Umfang des Systems wurde erweitert um Funktionalität für Katastrophen, die auf Landesebene koordiniert werden müssen. Der Lebenszyklus-Prozess in dieser Iteration kehrte zum Wasserfall-Modell zurück, da viele der Entwickler wieder Anfänger waren.

- *Iteration 4* integrierte die Kundenreaktion und untersuchte technologische Fragen wie die Nutzung von WaveLAN-Netzwerken und Mobiltelefonen. Ein Prototyp des Systems wurde mit Newton-PDAs demonstriert. An Iteration 4 waren wiederum Studierende beteiligt, die auch an Iteration 3 teilgenommen hatten und deshalb einen Prototyp-basierten iterativen Lebenszyklus-Prozess verfolgten.

- *Iteration 5* untersuchte den Einsatz von NeXTSteps Distributed Objects als Middleware-Technologie zur Verwaltung der Kommunikation zwischen den Geräten.

Nach Iteration 5 wurde ein Unternehmen gegründet, um aus FRIEND ein Produkt zu machen.

Erfahrungen

Weiterbildung des Kunden. Zu Beginn des Projekts hatte der Kunde keinerlei Vorkenntnisse von Softwaresystemen. Er investierte jedoch ziemlich viel Zeit in das Projekt und versetzte sich damit in die Lage, direkt mit den Entwicklern zu kommunizieren. Ab dem vierten Prototyp konnte der Kunde Klassendiagramme auf hoher Ebene verstehen und kritisieren.

Im Allgemeinen sollten Entwickler nicht darauf vertrauen, dass dieser Fall immer eintritt, da Kunden für gewöhnlich keine Zeit dafür einplanen, sich mit der Projektinfrastruktur auseinander zu setzen. Trotzdem lohnt es sich in längerfristigen Projekten mit Kunden herauszufinden, wie man den Kunden weiterbilden kann.

Weiterbildung der Entwickler in der Anwendungsdomäne. Die Studenten konnten sich schnell mit den Hauptkonzepten der Anwendungsdomäne vertraut machen, da der Kunde kurzfristig zur Verfügung stand, um Unklarheiten und Missverständnisse zu beseitigen. Projekte ohne einen Kunden vor Ort müssen andere Wege zur Bestätigung von Anforderungen finden und Fragen, Unklarheiten und Änderungen sorgfältig verfolgen.

Einrichtung eines fest zugeordneten Labors. Das Projekt profitierte von dem fest zugeordneten Labor, in dem die Studenten programmieren, sich besprechen, Produktdemonstrationen vorbereiten, Kaffee trinken und Kundenpräsentationen durchführen konnten. Eine große Wandtafel wurde zur Verfolgung von aktuellen Problemen, Aufgabenzuteilungen und des Projektstatus eingesetzt. Diese Tafel war oft auf einem aktuelleren Stand als die Projektportalseite. Die Verfügbarkeit eines einzigen, ausschließlich dem Projekt gewidmeten Labors ermöglichte informelle Kommunikation und das frühe Aufdecken und schnelle Lösen von Entwurfs- und Managementproblemen.

Wartung der Infrastruktur. Die Projektleitung entschied sich dazu, eine Werkzeugarbeitsgruppe aufzustellen, die dafür verantwortlich war, neue Entwicklungswerkzeuge und bestehende Klassenbibliotheken zu finden und damit die Projektinfrastruktur zu unterstützen. Da die Mitglieder dieser Gruppe Anfänger waren – was bei einem Studenten-Projektkurs die Regel ist –, wussten sie wenig über die Anforderungen, die ein großes

Projekt an die Infrastruktur stellt. Da sie nicht an der Hauptentwicklungsarbeit beteiligt waren, hatten sie darüber hinaus kein allzu hohes Ansehen bei den anderen Studenten und wurden oft übergangen. Wir empfehlen deshalb, die Verantwortung für die Infrastruktur einer administrativen Gruppe zu übertragen, die vom spezifischen Projekt unabhängig ist. Sogar in projektbasierten Organisationen werden projektunabhängige Unterstützungsfunktionen wie Infrastrukturwartung benötigt. Eine feste Infrastrukturgruppe vereinfacht die Wiederverwendung der Infrastruktur über mehrere Projekte hinweg und erhöht die Rendite. Das Ansehen der Infrastrukturgruppe steigt außerdem mit der gesammelten Erfahrung aus mehreren Projekten.

Versionskontrollsystem als Integrationswerkzeug benutzen. Das frühe Einrichten eines Versionskontrollsystems und eines Erstellungsmanagements in der Vorentwicklungsphase gab den Arbeitsgruppen einen konkreten Mechanismus an die Hand, mit dem sie Konflikte frühzeitig erkennen und auflösen konnten. Zu Beginn der Vorentwicklungsphase von Iteration 2 wurde ein „Hallo Welt"-Prototyp zusammen mit Erstellungs- und Testskripten im Zentralbereich des Projektes bereitgestellt. Diese Vorgehensweise wird auch in vielen Softwareentwicklungsunternehmen, wie zum Beispiel bei Microsoft [Cusumano & Selby, 1997], praktiziert.

16.5.3 Verteiltes Projekt: JAMES

Projektziel

Die Chipkartentechnologie eröffnet ein breites Feld von Anwendungsmöglichkeiten. Darunter finden sich wichtige Anwendungen wie Bezahlen über Telefon, mobile Kommunikation, Elektronisches Bargeld, Parken, Gesundheitsversorgung und Netzwerkzugang. Ein weiteres wichtiges Einsatzgebiet für die Chipkarte liegt in der Automobilindustrie als Mehrwertdienst.

Das JAMES-Projekt hatte zwei Ziele: Zum einen sollte die JavaCard-Technologie daraufhin untersucht werden, ob mehrere Anwendungen auf einer Karte untergebracht werden können, um die Anzahl der Karten reduzieren zu können, die eine Person bei sich haben muss. Zum anderen sollte eine Systemarchitektur definiert werden, die es den Benutzern ermöglicht, einen Satz von Anwendungen auswählen und dynamisch auf ihrer Karte zu speichern. Damit kann der Autohersteller neue Dienste und Anwendungen anbieten, die sogar nach dem Verkauf des Fahrzeugs noch integriert werden können.

Um diese beiden Ziele zu erreichen, sollte JAMES einen Technologieprototyp vorführen, der drei Chipkartenanwendungen beinhaltete: *Travel*, ein System zur Routenplanung und -verfolgung auf einer eingebauten digitalen Straßenkarte; *Bonus*, ein Belohnungssystem vergleichbar mit einem Vielfliegerprogramm; und *VIP*, ein System zur Speicherung und Anpassung von individuellen Einstellungen wie Sitzposition, Radiosender und Lautstärkeeinstellung.

Projektumgebung

Proxy-Kunde. Eine Spezialistin von DaimlerChrysler war während des Projekts ständig verfügbar und präsentierte den Studenten beim Projektanstoß-Treffen die Problembeschreibung. Jede Kommunikation mit dem Unternehmen lief ebenfalls über sie. Eine separate Lotus Notes-Datenbank wurde ausschließlich für die Kommunikation zwischen ihr und den Studenten aufgesetzt.

Anfänger beteiligt. Die Entwickler des JAMES-Projekts waren wie beim FRIEND-Projekt Studenten im Hauptstudium. Die Kundin kam aus der Informationstechnologie-Abteilung von DaimlerChrysler und hatte Kenntnisse über die Anwendungsdomäne und die Softwaretechnikmethoden, die im Projekt eingesetzt wurden.

Kein Endanwenderzugang. Endanwender waren nicht verfügbar. Fahrzeugbesitzer unter den Entwicklern und die Kundin dienten als teilweise repräsentative Endanwender.

Unausgereifte Technologie. Die untersuchte Technologie (das von Schlumberger entwickelte Cyberflex-Kit) war im Betastadium. Die JavaCard-Programmierschnittstelle war ebenfalls neu, was einen generellen Mangel an Entwicklerdokumentation und viel Zeitaufwand für das Umgehen von Defekten mit sich brachte.

Drei Projektstandorte. Das Projekt war auf drei Standorte verteilt. Ein Teil der Studenten arbeitete an der Carnegie Mellon University (CMU) in Pittsburgh in den USA. Der andere Teil arbeitete an der Technischen Universität München (TUM). Der Sitz des Unternehmens war in Stuttgart. Die Kundin war für die Iteration 1 vor Ort in Pittsburgh und kehrte für die restlichen Iterationen nach Stuttgart zurück.

Projektdauer. Das Projekt umfasste drei Iterationen, von denen jede etwa vier Monate in Anspruch nahm. Die erste Iteration wurde an der CMU durchgeführt; an Iteration 2 waren sowohl die CMU als auch die TUM beteiligt; Iteration 3 lief ausschließlich an der CMU ab (Abbildung 16.4). Das Gesamtprojekt inklusive Vor- und Nachentwicklung dauerte elf Monate.

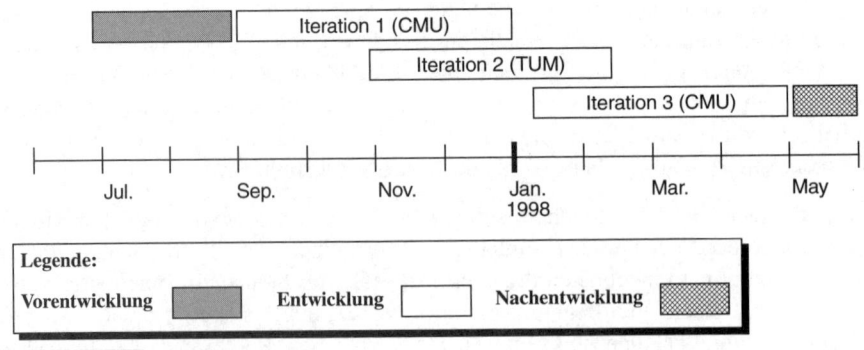

Abbildung 16.4: Iterationen im JAMES-Projekt

Wie viel Planung?

Ziel des Projekts war die Vorführung eines konzeptionellen Prototyps in Form eines Demonstrators. Anders als bei FRIEND war die Demonstrationsumgebung im Voraus bekannt und durch das Entwicklerwerkzeug, das für die Programmierung der Chipkarten eingesetzt wurde, eingeschränkt. Dadurch wurde mehr Planung in den früheren Phasen als beim FRIEND-Projekt benötigt, weil das Projekt häufig mit Vorversionen der Entwicklungswerkzeuge arbeitete. Iteration 1 war ähnlich wie bei FRIEND mit dem Wasserfall-Modell geplant. Feste Meilensteine rahmten die Anforderungs-, Systementwurfs-, Objektentwurfs- und Programmierungsarbeiten ein. Für Iteration 2 wurde eine iterative Prototyp-basierte Vorgehensweise gewählt, bei dem Prototypen mit wachsender Funktionalität einmal pro Monat demonstriert wurden. TUM und CMU arbeiteten an verschiedenen Subsystemen, aber an der gleichen Softwarearchitektur.

Wie viel Wiederverwendung?

Der konzeptuelle Prototyp musste mit einem existierenden Softwaresystem zusammenarbeiten, um Zugriff auf Händlerinformationen zu erhalten. Die Existenz dieses Altsystems und die kurzen Iterationszeiten begrenzten die Möglichkeiten, Komponenten, die nicht Teil der bereits existierenden Infrastruktur waren, wiederzuverwenden.

Wie viel Modellierung?

Verteilte Softwareentwicklung kann verschiedene Vorteile haben. Beispielsweise kann ein Projekt spezifische Kombinationen von Fähigkeiten nutzen, ohne dass die Beteiligten innerhalb der Organisation umziehen müssen.

Im JAMES-Projekt musste zu Beginn der zweiten Entwicklungsphase eine erhebliche Menge an Wissen zwischen den Entwicklungsstätten ausgetauscht werden. An der CMU hatten die meisten Beteiligten an Iteration 3 bereits an Iteration 1 teilgenommen. Daher war die Wissensvermittlung von Iteration 1 nach Iteration 3 an der CMU kein Problem. An der TUM hingegen hatte außer dem Projektleiter und einem der Gruppenleiter keiner der Beteiligten Kenntnisse des Systems. Die Teilnehmer an der TUM erhielten Zugang zu allen Ergebnissen der Iteration 1 und konnten über Lotus Notes und E-Mail mit den CMU-Teams kommunizieren. Um den weiteren Informationsaustausch zwischen den beiden Standorten zu fördern, reisten zu Beginn von Iteration 2 zwei Mitglieder des TUM-Teams nach Pittsburgh und ein Mitglied des CMU-Teams reiste für die Integrationsphase und den Kundenakzeptanztest nach München.

Wie in FRIEND wurden in JAMES Modelle hauptsächlich als Basis für Entwurf und Kommunikation eingesetzt. Der Archivwert der Dokumente, die in Iteration 1 erzeugt wurden, war begrenzt, da sie nicht mit dem endgültigen Stand des Prototyps übereinstimmten. Die Studenten an der TUM extrahierten aus dem ersten Prototyp durch Rückwärtsmodellierung ein aktuelles Modell des Systems und korrigierten Inkonsistenzen und Auslassungen in der begleitenden Dokumentation. Das Ergebnis dieser Aktivität, die wir Bestandsanalyse nannten, war das so genannte Bestandsanalyse-Dokument, das die Komponenten des ersten Prototyp und ihren Implementierungsstand beschrieb (Tabelle 16.9).

Dokument	Zweck	Erzeugt durch
Bestandsanalyse-Dokument	Beschreibt die Modelle und Komponenten, die realisiert wurden, ihren Stand und die zugehörigen Probleme	Bestandsanalyse

Tabelle 16.9: Bestandsanalyse-Dokumente

Wie viel Prozess?

Wir verfeinerten den Lebenszyklus des FRIEND-Projekts, indem wir eine zweite Entwicklungsiteration einführten und Aktivitäten zur Wissensübermittlung von einem Standort zum anderen hinzufügten (Tabelle 16.10). Beide Iterationen waren gleich strukturiert, sodass die gleichen Dokumente, Methoden und Prozeduren eingesetzt werden konnten. Die zweite Entwicklungsiteration produzierte verbesserte Versionen des *Anforderungsanalyse-Dokuments*, des *Systementwurfs-Dokuments*, des *Objektentwurfs-Dokuments* und des Prototypsystems produzierte.

Da sich das Projekt auf die Technologie der JavaCard stützte, war eine Arbeitsgruppe an der TUM verantwortlich dafür, Technologieprototypen zu entwickeln, die zeigen, wie spezifische Risiken, die durch den Vorversionsstand der Technologie entstanden, behandelt werden können. Diese Technologiegruppe unterhielt sich direkt mit dem Hersteller der Technologie (Schlumbergers Chipkartenabteilung), berichtete darüber auf seiner aktuellen Liste von offenen Fragestellungen und demonstrierte seine Prototypen in den monatlichen Überprüfungen, die für jedes Dokument durchgeführt wurden. Diese Prototypen wurden nachfolgend von den anderen Arbeitsgruppen als Beispiel und Vorlage für die Implementierung ihrer eigenen Subsysteme genutzt.

Da die Probleme, die aus der Verwendung der JavaCard stammten, die höchsten Risiken darstellten, entwickelte sich der Lebenszyklus-Prozess in Iteration 2 hin zu einem entitätsorientierten Prozess, der von den Prototypen, offenen Fragestellungen und Änderungen geleitet wurde statt von den Softwareentwicklungsaktivitäten selbst.

Phase	Zweck	Namen der Aktivitäten in JAMES	Namen der IEEE-1074-Aktivitäten
Vor-entwicklung	Start des Projekts	Projekteinleitung Konzepterkundung Grobentwurf	3.1 Projektstart 4.1 Konzeption 4.2 Systembereitstellung

Tabelle 16.10: Aktivitäten für JAMES

Phase	Zweck	Namen der Aktivitäten in JAMES	Namen der IEEE-1074-Aktivitäten
Erste Entwicklungsphase	Validierung der Architektur	Projektmanagement	3.2 Projektüberwachung & Kontrolle
	Weiterbildung der Beteiligten am ersten Standort	Anforderungserhebung Analyse	5.1 Anforderungsprozess
		Systementwurf	5.2 Entwurfsprozess
		Objektentwurf	5.2.7 Detailentwurf
	Vorführung der Kernanforderungen	Implementierung	5.3 Implementierung
		Komponententests	7.1 Verifikation & Validierung
		Systemintegrationstests	
		Systemtests (Alphatest)	
	Machbarkeitsdemonstration	Konfigurationsmanagement	7.2 Softwarekonfigurations-Management
		Vorlesungen & Anleitungen	7.4 Training
Zweite Entwicklungsphase	Verbesserung der Architektur	Bestandsanalyse Bestandsüberprüfung	
	Weiterbildung der Beteiligten am zweiten Standort	Projektmanagement	3.2 Projektüberwachung & Kontrolle
		Anforderungserhebung Analyse Anforderungsüberprüfung	5.1 Anforderungsprozess
	Erweiterbarkeitsdemonstration	Systementwurf Systementwurfsüberprüfung	5.2 Entwurfsprozess
	Vorführung der Wunschanforderungen	Objektentwurf Objektentwurfsüberprüfung	5.2.7 Detailentwurf
		Implementierung	5.3 Implementierung
		Komponententests	7.1 Verifikation & Validierung
		Systemintegrationstests	
		Systemtests (Alphatest)	
		Konfigurationsmanagement	7.2 Softwarekonfigurations-Management
		Anleitungen	7.4 Training
Nachentwicklungsphase	Vorführung der kompletten Anforderungen	Projektmanagement	3.2 Projektüberwachung & Kontrolle
		Verfeinerung	6.3 Wartung
	Ausliefern des Prototyp	Softwareinstallation	6.1.5 Softwareinstallation
		Kundenakzeptanztest	6.1.6 Annahme der Software
	Kundenakzeptanz	Feldtest (Betatest)	7.1 Verifikation & Validierung
		Konfigurationsmanagement	7.2 Softwarekonfigurations-Management

Tabelle 16.10: Aktivitäten für JAMES (Forts.)

Wie viel Steuerung?

Wie bei FRIEND begann die JAMES-Projektorganisation als streng hierarchische Organisation. Im Laufe von Iteration 1 waren 41 Teilnehmer in fünf Arbeitsgruppen eingeteilt (siehe Abbildung 16.5), von dene jedes für ein Subsystem (*Logbook, Maintenance, Travel, VIP* und *Vehicle*) verantwortlich war. Zwei multifunktionale Gruppen, *Architecture* und *HCI*, zusammengesetzt aus Verbindungspersonen der Subsystem-Gruppen, waren für die Koordination von Problemen bezogen auf die Architektur und die Benutzerschnittstelle verantwortlich. Jede Arbeitsgruppe traf sich wöchentlich zum Statusbericht und zur Lösung offener Probleme. Die Gruppenleiter besprachen sich jede Woche mit dem Projektleiter.

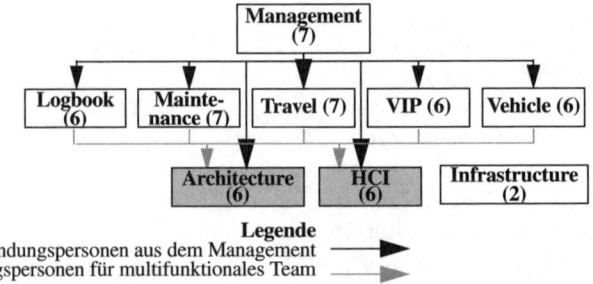

Abbildung 16.5: Organisation der Entwicklergruppen in Pittsburgh während der Iteration 1 (Herbstkurs 15-413 an der CMU, 1997). Weiße Rechtecke zeigen Subsystem-Gruppen, graue Rechtecke multifunktionale Gruppen. Die Zahlen in Klammern zeigen die Anzahl der Gruppenmitglieder.

Im Laufe von Iteration 2 wurden die beiden Subsysteme *Bonus* und *VIP* an der TUM (23 Teilnehmer) und das Subsystem *Travel* an der CMU (zehn Teilnehmer) bearbeitet. Die *HCI*- und *Architecture*-Gruppen waren beide an der TUM untergebracht und wurden als Subsystem-Gruppen organisiert im Gegensatz zu multifunktionalen Gruppen. Die Gruppenleiter waren einem Standortmanager unterstellt, der dem Projektleiter Bericht erstattete. Die Gruppenleiter trafen sich einmal pro Woche mit dem Standortmanager. Der Projektleiter reiste alle drei Wochen zum jeweils anderen Standort, um die Entwicklung an beiden Standorten zu koordinieren und zu synchronisieren.

Wie bei FRIEND wurde die Bürokratie nach Ablauf von zwei Monaten zurückgefahren. In den Iterationen 1 und 2 führte dies zu ähnlichen Ergebnissen, nämlich zu Studenten, die Rollen fanden, in denen sie die beste Leistung erbrachten, und zu einem anhaltenden Besprechungsprozess, der die Mitteilung von Statusinformationen oft auf die Diskussionsforen auslagerte. In der dritten Iteration war das CMU-Team hingegen so klein, dass alle Mitglieder sich gleichzeitig in einem Raum besprechen konnten. Daher wurde der Besprechungsprozess nicht eingehalten und immer weniger Informationen wurden in die Foren gestellt, was die Kommunikation mit dem anderen Entwicklungsstandort erschwerte.

Ergebnis

Das JAMES-Projekt endete mit der erfolgreichen Vorführung eines Prototyp, der das Potential von Automobilanwendungen auf Basis der JavaCard-Technologie aufzeigte. Der vorgeführte Prototyp war allerdings nicht integriert: Die abschließenden CMU- und TUM-Vorführungen basierten letztendlich doch auf verschiedenen Versionen der Softwarearchitektur. Das CMU-Team hatte einfach die vom TUM-Team vorgenommenen Überarbeitungen ignoriert und mit einer Version weitergearbeitet, die aus der ersten Entwicklungsiteration stammte.

Da dies unsere erste Erfahrung mit verteilten Projekten war, stießen wir auf viele komplizierte Probleme, deren Lösung in einer nicht verteilten Umgebung sehr leicht gefallen wäre. Beispielsweise wurde der abschließende Kundenakzeptanztest am 30. März 1998 über eine Drei-Wege-Videokonferenz zwischen Pittsburgh, München und Stuttgart durchgeführt. Ursprünglich war der Test auf 9:00 Uhr morgens in Pittsburgh, also auf 15:00 Uhr nachmittags in Deutschland festgelegt. Unglücklicherweise hatte Deutschland am Wochenende zuvor auf Sommerzeit umgestellt, aber die USA stellten erst am nachfolgenden Wochenende um. Ein amerikanischer Student, der nach München reiste, bemerkte den Fehler (z.B. entsprach 15:00 Uhr MEZ zu dieser Zeit 08:00 Uhr EST) weniger als 48 Stunden vor dem Termin. Solche Berechnungsfehler und Missverständnisse kosteten das Projekt einiges an Ressourcen und brachten zusätzlichen Stress.

Erfahrungen

Weiterbildung des Kunden. Die Zusammenarbeit mit dem Kunden erwies sich aus zwei Gründen als wesentlich komplizierter als ursprünglich erwartet:

- Im Laufe von Iteration 1 war die Proxy-Kundin physisch am Entwicklungsstandort anwesend und jederzeit verfügbar. Sie gewöhnte sich schnell an den Projektprozess und die Infrastruktur, musste aber für Entscheidungen oft Informationen an den Kunden weiterleiten. Sie hatte die nötigen Grundkenntnisse und genug Zeit, um sich mit der Infrastruktur vertraut zu machen, aber die Modellinformation, die von den Studenten erzeugt wurde, war nicht auf der richtigen Abstraktionsebene für Lagebesprechungen beim Kunden. Stattdessen mussten alle Materialien durch die Proxy-Kundin zusammengefasst und übersetzt werden, was zu verzögerten Anworten durch den Kunden führte. Ein szenariobasierter Lagebesprechungsansatz, den wir gegen Ende des Projekts einführten, verbesserte die Situation.

- Im Laufe von Iteration 2 war die Proxy-Kundin an keinem der beiden Entwicklungsstandorte physisch anwesend. Elektronische Kommunikation und Videokonferenzen bei den formellen Überprüfungen waren die meiste Zeit während dieser Iteration die einzigen Kommunikationsmedien. Obwohl es dadurch für das TUM-Team schwierig war, sich mit der Anwendungsdomäne vertraut zu machen, wurde es für die Proxy-Kundin einfacher, dem Kunden die Projektergebnisse zu vermitteln.

Weiterbildung der Entwickler über den Prozess. Bei kurzen Iterationen mit Studenten ist es für den Aufbau der Organisation lebenswichtig, den Entwicklern schnell den Lebenszyklus-Prozess beizubringen. Ab Iteration 2 wurden die Gruppenleiter aus den besten Studenten der vorangegangenen Iterationen rekrutiert, was eine schnelle Einführung möglich machte. Die Gruppenleiter konnten außerdem Wissen über die Anwendungsdomäne weitergeben und Anforderungsprobleme früh feststellen. Kurze Iterationen und hohe Mitarbeiterfluktuation begrenzen die Anzahl der Werkzeuge, die zum Einsatz kommen können. Im Allgemeinen ist es leichter, das Wechseln oder Ändern der Werkzeuge, die im Prozess benutzt werden, und Änderungen am Prozess selbst zwischen Projekten vorzunehmen statt im Verlauf eines Projekts. Für längerfristige Projekte sollten Infrastruktur- und Prozessänderungen nur zwischen Freigaben erfolgen.

Iterationsüberlappung. Die Länge der zeitlichen Überlappung zwischen Iterationen in verteilten Projekten stellt eine außerordentlich wichtige Abwägung für das Projektmanagement dar. Eine kurze Überlappung verhindert die Übertragung von ausreichenden Informationen: Beteiligte am zweiten Standort müssen die meisten Informationen ausschließlich aus Arbeitsergebnissen beziehen. Eine lange Überlappung gibt mehr Gelegenheit zum Wissenstransfer in Form von zielgerichteten Fragen und Antworten. Wenn die zweite Entwicklungsphase aber zu früh beginnt, stören die Beteiligten am zweiten Standort die Beteiligten am ersten Standort, die immer noch dabei sind, das Wissen zu erzeugen, das weitergegeben werden soll.

Vermittlung impliziten Wissens. Informelle Kommunikation war zwischen den Standorten unmöglich, da die Beteiligten der beiden Standorte sich gegenseitig nicht kannten. Der spontane Informationsaustausch, der zur Lösung von Problemen und zur Übertragung von implizitem Wissen notwendig ist, kam daher nicht zustande. Der einzige effektiv funktionierende Weg war das Reisen zum anderen Standort.

Versionskontrollsystem als Integrationswerkzeug. In JAMES diente die Versionskontrole als Kommunikationsmittel für die Arbeitsgruppen der beiden Standorte. Wenn eine Übergabe zwischen den Arbeitsgruppen notwendig war, bevor eine Änderung vollständig integriert oder fehlerbereinigt war, wurden gelegentlich Versionen erzeugt, deren einziger Zweck die Übermittlung von Dateien von einer Arbeitsgruppe an die andere war. Diese Verwendung des Versionskontrollsystems und allgemeiner jede informelle Verwendung eines Werkzeugs zur Kommunikation war über mehrere Standorte hinweg nicht möglich.

16.5.4   Zusammenfassung der Fallstudien

Die Projekte, die wir in diesem Abschnitt vorstellten, haben ein breites Spektrum bezüglich Größe, Dauer und Kunden abgedeckt. ATRACT hatte vier Teilnehmer; JAMES über 80. ATRACT war innerhalb von sechs Monaten abgeschlossen; FRIEND lief über zwei Jahre. Die Kundentypen, mit denen jedes Projekt zu tun hatte, variierten deutlich, vom Polizeipräsidenten mit wenig Erfahrung in der Softwaretechnik bis hin zur Informationstechnologie-Spezialistin mit Wissen über die Entwicklung von Fahrzeugen. Tabelle 16.11 fasst die Unterschiede in der Projektumgebung der drei Projekte zusammen.

	Problem	Kunde	Dauer	Verteilung
ATRACT	Testumgebung für Middleware	Mit Entscheidungsvollmacht	6 Monate	Kunde mit Entscheidungsvollmacht vor Ort
FRIEND	Notfallantwortsystem	Mit Entscheidungsvollmacht	4 Monate (2 Jahre mit Folgeprojekten)	Kunde mit Entscheidungsvollmacht; nach Bedarf vor Ort
JAMES	Chipkartenanwendungen für Fahrzeuge	Proxy	11 Monate	Proxy-Kunde vor Ort, 2 Entwicklungsstätten

Tabelle 16.11: Zusammenfassung der Projektumgebung der drei Fallstudien

Als Konsequenz wählte jedes Projekt andere Methoden mit anderen Ergebnissen. In den folgenden Abschnitten diskutieren wir Heuristiken, die wir in den Bereichen Planung, Modellierung, Prozess und Steuerung aus den drei Fallstudien gewannen. Tabelle 16.12 fasst die Entscheidungen, die bei den Projekten für jeden dieser Aspekte getroffen wurden, zusammen. Wiederverwendung wird nicht betrachtet, da bei keinem der drei Projekte Wiederverwendung in nennenswertem Umfang betrieben wurde.

	Planung	Modellierung	Prozess	Steuerung
ATRACT	XP-basierte Planung nach detaillierten Anforderungen	Anwendungsfälle Geschichten	Anforderungsermittlungsphase gefolgt von drei XP-Entwicklungsiterationen	Kundenvorführungen am Ende jeder Iteration
FRIEND	Auf Royce basierende Iterationsplanung	Kunden-, Management- und Systemartefaktsätze, OMT	Wasserfall, gefolgt von vier UP-Prozess Iterationen	Wöchentliche Besprechungen, monatliche Überprüfungen durch den Kunden
JAMES	Auf Royce basierende-Iterationsplanung	Kunden-, Management- und Systemartefaktsätze, UML	Wasserfall, dann UP-Prozess-Iterationen	Wöchentliche Besprechungen, monatliche Projektüberprüfungen, monatliche Managementreisen, Bestandsanalyse

Tabelle 16.12: Zusammenfassung der für die drei Fallstudien gewählten Methoden

Wie viel Planung?

Die zu planenden Meilensteine und ihr Detaillierungsgrad hänge stark vom Projektziel ab. ATRACT brachte in zwei Monaten eine detaillierte Funktionsspezifikation zustande, die es Kunden und Entwicklern erlaubte, Anforderungen Prioritäten zuzuweisen, da das Ziel des ATRACT-Projekts ein Werkzeug war, das der Kunde in einer Produktionsumgebung einsetzen konnte. In der Iteration 1 von FRIEND hatten weder der Kunde noch die Entwickler genügend Kenntnisse über die jeweils andere Domäne, um irgendetwas zu planen. Stattdessen einigte man sich auf Vorführungs- und Überprüfungstermine, die Flexibilität beim Inhalt der Meilensteine erlaubten. Im Verlauf des Projekts verbesserten sich die Kenntnisse des Kunden und der Entwickler, deshalb konnten detailliertere Pläne entwickelt werden.

Im Allgemeinen sollte eine detaillierte Planung erst dann durchgeführt werden, wenn sich Kunde und Entwickler auf Funktionalität und Architektur geeinigt haben. Wenn sich Funktionalität oder Architektur noch grundlegend ändern können, ist detaillierte Planung nur für die nächste Iteration möglich. Auf jeden Fall ist es wichtig, Kunde und Entwickler in die Planung mit einzubeziehen und sicherzustellen, dass wahrscheinliche Planänderungen sichtbar gemacht werden.

Wie viel Modellierung?

Der Grad der Modellierung hängt vom Umfang des Wissens ab, das explizit gemacht und zwischen Beteiligten ausgetauscht werden muss. In ATRACT schrieben die Beteiligten Anwendungsfälle, bis sie sich relativ sicher waren, dass sie die Anforderungen des Kunden verstanden hatten, und der Kunde sich das zu entwickelnde System vorstellen konnte. Danach wurde nicht mehr weiter modelliert, da alle drei Beteiligten am gleichen Standort waren und Änderungen an den Anforderungen informell besprochen werden konnten.

In FRIEND wurden detaillierte Objektmodelle der Anwendungsdomäne und der Lösungsdomäne erstellt, aus denen dann Quelltext erzeugt wurde. Die Anwendungsdomäne war den Entwicklern wesentlich fremder als bei ATRACT und viel mehr Beteiligte mussten sich mit ihr befassen. Die Modelle wurden hauptsächlich als Basis für Entwurf und Kommunikation eingesetzt, aber nicht zur Archivierung, da sich der Prototyp rasch weiterentwickelte.

Im verteilten JAMES-Projekt erforderte die Entwicklung an mehreren Standorten, dass mehr Wissen explizit dargestellt wurde. Wie in FRIEND wurden Modell und System nicht konsistent gehalten, da sich das System schnell weiterentwickelte. Stattdessen ermittelten die Studenten mittels Bestandsanalyse das Entwurfsmodell rückwärts aus den Artefakten der Iteration 1. Die Konstruktion detaillierter Modelle wäre wegen der Notwendigkeit zum Wissenstransfer über Kontinente hinweg den Aufwand wert gewesen. Das war angesichts der schnellen Abfolge von Änderungen und der verfügbaren Ressourcen allerdings schwierig. Darüber hinaus wurde die Modellierung als Zusatzaktivität angesehen, von der nur der andere Standort profitierte; und da Auseinandersetzungen zwischen den Entwicklungsstandorten entstanden, wurde die Modellierung nicht als wichtige Aktivität angesehen. Das Hin- und Hersenden von Entwicklern, die sich dann persönlich treffen konnten, trug effektiver zur Wissensvermittlung und Auflösung von Streitigkeiten bei als die ständige Aktualisierung detaillierter Modelle.

Im Allgemeinen sind die Kosten für die Formalisierung von Wissen und die ständige Aktualisierung hoch. Sie sollten als Investition

- zum Ermöglichen der Validierung von Anforderungen oder Architekturentscheidungen,
- zum Erleichtern der Einigung von Beteiligten an einem Standort auf ein Systemkonzept sowie
- zum Unterstützen von Beteiligten, die zwischen den Entwicklungsstandorten reisen,

gesehen werden. Die Rendite ist am niedrigsten für kurze Projekte und wenige Beteiligte. In dieser Situation scheinen Überprüfungen durch Kollegen ein wesentlich effektiverer Weg der Wissensvermittlung zu sein.

Wie viel Prozess?

ATRACT folgte während der Entwicklung einem entitätsorientierten Lebenszyklus-Prozess. FRIEND und JAMES begannen mit einem Wasserfall-Modell und wechselten zu einem entitätsorientierten Lebenszyklus, nachdem der Kunde den ersten Prototyp überprüft hatte. Iteration 1 in den FRIEND- und JAMES-Projekten wurde im Wesentlichen dazu verwandt, um die Anfänger unter den Entwicklern weiterzubilden. Gegen Ende der drei Projekte verfolgten alle Entwickler einen Lebenszyklus-Prozess, der mit kurzen Iterationen und täglichen Erstellungen dem in XP verwandten Prozess sehr ähnlich war. Alle drei Projekte waren klein genug, um vor Ort eine Kleingruppen-Atmosphäre zu erhalten. Im Fall von JAMES war der entitätsgesteuerte Lebenszyklus nicht über beide Entwicklungsstandorte integriert. Obwohl JAMES seine Ziele erreichte und als erfolgreich angesehen wurde, war es nicht möglich, den Systementwurf an beiden Standorten synchron zu halten. Ein aktivitätsgesteuerter Lebenszyklus zur Verwaltung von standortübergreifenden Problemen wäre in einem Projekt, das Quelltext für ein Produktivsystem erzeugt, nötig gewesen, um ausreichende Steuerung zu ermöglichen. Entitätsgesteuerte Lebenszyklen erfordern enge Zusammenarbeit und informelle Kommunikation, um es Entwicklern zu erlauben, Probleme, die bei der täglichen Erstellung entdeckt werden, zu lösen.

Wie viel Steuerung?

Der Grad der Steuerung veränderte sich im Lauf des Lebenszyklus jedes Projekts und deckte jeweils ein großes Spektrum ab. FRIEND und JAMES begannen mit streng hierarchischer Organisation in den ersten beiden Monaten der ersten Iteration. So konnten die Rollen im Projekt systematisch durchgewechselt und eine große Menge an Statusinformationen und technischen Informationen in den Diskussionsforen veröffentlicht werden. Das führte dazu, dass zu Beginn der Implementierung (normalerweise gegen Ende November) die Rollen der Sitzungsleiter und Verbindungspersonen von Studenten besetzt wurden, die gute Führungs- bzw. Kommunikationsfähigkeiten hatten. Darüber hinaus wurden die Abläufe, die Vorteile brachten (z.B. das Aufnehmen von Besprechungsnotizen), von den Studenten als wertvoll genug eingeschätzt, um die damit verbundenen Gemeinkosten zu rechtfertigen; also wurden sie beibehalten. Unserer Erfahrung nach war es daher möglich, die Abläufe nach ca. zwei Monaten weniger strikt durchzusetzen, was zu einem agilen, entitätsorientierten Prozess führte. Technische Entscheidungen wurden innerhalb der Arbeitsgruppen getroffen und Konflikte und Probleme waren meist bereits gelöst, bevor sie den Projektleiter erreichten.

Methodologische Heuristiken

Seien Sie darauf vorbereitet, das System zu ändern. Änderungen am Softwaresystem können während des ganzen Projekts auftreten. Diese Änderungen kommen sowohl vom Kunden (unvorhergesehene Benutzbarkeitsprobleme, neue Anforderungen) als auch von Entwicklern (unvorhergesehene technische Probleme, neue Architekturentscheidungen). Das Einfrieren einer Spezifikation mag wünschenswert erscheinen, um ein Projekt vorhersagbar zu machen, führt aber in der Regel zu einem minderwertigen Produkt, das die Erwartungen der Endanwender nicht erfüllt. Akzeptieren Sie stattdessen das Konzept, dass sich Anforderungen und Architektur immer wieder verändern können, und legen Sie Prozesse für das Veränderungsmanagement fest.

Seien Sie darauf vorbereitet, die Organisation zu ändern. Hierarchische und selbstorganisierende Projekte haben unterschiedliche Stärken. Hierarchische Projekte verhalten sich vorhersagbarer und sind effektiver darin, ein Projekt zum Laufen zu bekommen. Selbstorganisierende Projekte fördern Innovation besser und können mit entsprechender Führung in überlegenen Produkten resultieren. Wenn die Fähigkeiten der Entwickler wachsen und eine gemeinsame Vision der Systemanforderungen und der Architektur entsteht, sollten Sie darüber nachdenken, Entscheidungen an die Personen abzugeben, die das notwendige Wissen haben, um sie zu treffen. Das führt zu besseren Möglichkeiten der Fortschrittserfassung durch Qualitätsindikatoren und Managementmetriken.

Seien Sie darauf vorbereitet, den Prozess zu ändern. Steigende Fähigkeiten und gemeinsame Visionen unterstützen die Anpassbarkeit des Prozesses. Der Lebenszyklus-Prozess kann sich von einem aktivitätsgesteuerten Prozess hin zu einem entitätsgesteuerten Prozess entwickeln, in dem zu verrichtende Arbeiten als Änderungen an der Basislinie formuliert werden. Nachdem die Kernanforderungen fertiggestellt sind, kann das Projekt zeitgesteuert (z.B. Freigabe an einem bestimmten Termin) statt funktionalitätsgesteuert (z.B. Freigabe, wenn spezifische Funktionalität fertig gestellt ist) ablaufen.

Verkürzen Sie die Entscheidungszeit des Kunden. Der Kunde muss bei weit reichenden Änderungen im Projekt (neue Funktionalität, neuer Freigabeplan) wiederholt beteiligt werden. Das Verkürzen der Zeit, die für solche überaus wichtigen Entscheidungen benötigt wird, ist der Schlüssel dazu, dass sich Projekte nicht in die falsche Richtung bewegen. Dazu ist ein effektiver Kommunikationsmechanismus für die Weitergabe von Informationen an den Kunden und zur Lösung des Problems mit dem richtigen Entscheider erforderlich. Kunden mit Entscheidungsvollmacht vor Ort sind dafür ideal. In Projekten, die darauf verzichten müssen, ist es notwendig, Informations- und Entscheidungskanäle mit kurzen Reaktionszeiten zwischen Kunden und Projekt aufzubauen.

Bauen Sie Vertrauen auf. Projektbeteiligte geben schlechte Nachrichten nur widerwillig nach oben weiter, insbesondere wenn sie durch ihre eigenen Fehler verursacht wurden. Darüber hinaus vertuschen sie Probleme, wenn sie dafür bestraft werden, Fehler zu berichten oder welche zu machen. Frühe Kenntnis solcher Fehler macht allerdings oft den Unterschied zwischen Erfolg und Fehlschlag aus. Umgekehrt hilft es den Beteiligten, wenn ihnen Ressourcen und Steuerungsmittel zur Lösung der berichteten unerwarteten Probleme bereitgestellt werden.

Ziehen Sie die richtigen Schlußfolgerungen und nicht mehr. Das Delegieren von Entscheidungen kann zu scheinbaren kurzfristigen Erfolgen führen, aus denen die falschen Lehren gezogen werden. Die heldenhafte Anstrengung eines Einzelnen kann den Unterschied zwischen Einhaltung und Verfehlung eines Meilensteins ausmachen. Trotzdem kann die Konzentration von Wissen auf wenige Beteiligte dem Projekt schaden und zu schwerwiegenderen Fehlschlägen im weiteren Verlauf führen. Der Übergang von einer Kommando- und Steuerungsorganisation zu einer Führungs- und Zusammenarbeitsorganisation erfordert es, dass der Manager zum Lehrer wird. Oft müssen Fehler gemacht werden, um sicherzustellen, dass die richtigen Lehren gezogen werden.

In den ersten zwei Monaten wurde also eine konsistente Vision der Anforderungen und der Architektur aufgebaut. Nachdem diese Ideen fest verankert waren, konnte das Projektmanagement gelockert werden, weil das Projekt – quasi wie ein lebender Organismus – anfing, sich selbst zu organisieren. Die Arbeitsgruppenstruktur, die Kommunikationswege, die durch die Verbindungspersonen aufgebaut wurden, und die Besprechungsabläufe überlebten diese Wandlung für gewöhnlich. Der steigende Termindruck durch den Kundenakzeptanztest (der nicht verlegt werden konnte) stellte außerdem sicher, dass das Projekt konzentriert blieb und dass alle Gruppen an einem Strang zogen. Obwohl das Erfahrungsniveau und die Anzahl der Beteiligten uns davon abhielten, das Projekt von Anfang an als selbstorganisierend aufzusetzen, konnten wir es in ein solches verwandeln, indem wir passende Ideen früh in der Iteration fest verankerten. Bei FRIEND war das möglich, weil alle Entwickler Zugang zum Kunden hatten, der ein zusammenhängendes Bild der Anwendungsdomäne vermitteln konnte. Bei den JAMES-Iterationen war diese Verwandlung durch die Verteilung des Projekts wesentlich schwieriger und fand erst während der Tests für die Kundenakzeptanz statt.

Im Allgemeinen können agile Organisationsformen funktionieren, wenn alle Schlüsselbeteiligten dasselbe Ziel und dasselbe Architekturkonzept verfolgen, weil sie entweder vom Kunden die gleiche Vision vermittelt bekommen haben oder weil das Systemkonzept stark genug ist, um alle in die gleiche Richtung zu bewegen. Hierarchische Organisationsformen werden notwendig, wenn Interessenvertreter viele sich widersprechende Kriterien vorbringen und um begrenzte Ressourcen streiten.

Weiterführende Literatur

Die Diskussion über die richtige Methodologie für Softwareentwicklung ist noch lange nicht abgeschlossen. Manche Forscher argumentieren, dass Softwareentwicklung im Sinne der Chaostheorie chaotisch ist, dass also kleine Änderungen großen Einfluss auf das Ergebnis eines Softwareprojekts haben können. Das hat sogar zu Methodologien geführt, die auf der Chaostheorie beruhen, wie Adaptive Software Development (ASD) [Highsmith & Orr, 2000] und SCRUM [Rowen, 1990].

Ambler führt die Idee der agilen Modellierung als Modellierungskonzept auf hoher Ebene für XP-Projekte ein [Ambler, 2002]. Eine sehr gute Übersicht über den derzeitigen Stand der agilen Methodologien findet sich in Highsmiths Buch *Agile Software Development Ecosystems* [Highsmith, 2002]. Zur agilen Softwareentwicklung gibt es auch ein Manifest, das unter http://www.agilealliance.org zu finden ist.

Petroski hat die überaus wichtige Rolle beschrieben, die Fehlschläge in erfolgreichen Entwürfen spielen ([Petroski, 1992], [Petroski, 1994]). Im Einzelnen argumentiert er, dass technische Innovation oft eine Antwort auf das Versagen bestehender Produkte ist. Seine Bücher sind vom Standpunkt eines Bauingenieurs aus geschrieben, aber viele Beobachtungen können auf die Softwaretechnik übertragen werden.

Übungen

16.1   Was ist der Unterschied zwischen einem Softwarelebenszyklus und einer Methodologie?

16.2   Sie verbessern ein Altsystem und müssen einen Softwarelebenszyklus für Ihr Projekt maßschneidern. Welche Aktivitäten benötigen Sie? In welcher Reihenfolge?

16.3   Royce setzt eine Managementmetrik ein, die die Anzahl der Beteiligten erfasst, die ein Projekt verlassen oder zum Projekt hinzukommen. Sie managen ein Projekt mit mehreren Arbeitsgruppen und stellen fest, dass die Mitarbeiterfluktuation in einer Gruppe hoch ist. Stellen Sie Hypothesen auf, welche Ursachen zu einem solchen Symptom führen könnten. Schlagen Sie eine Lösung für jede dieser Ursachen vor.

16.4   Die Heuristiken, die wir in Abschnitt 16.5.4 umreißen, lassen erkennen, dass Modelle für verteilte Organisationen wichtiger sind. Open-Source-Projekte sind hochgradig verteilte Projekte, die einem entitätsgesteuerten Lebenszyklus folgen und typischerweise keine Anforderungs- oder Systementwurfs-Dokumente führen. Zeigen Sie Beispiele, wie in solchen Fällen Modellwissen explizit gemacht und zwischen Beteiligten übermittelt wird.

16.5 Beim Maßschneidern eines Prozesses für ein spezifisches Projekt betrachtet die Methodologie von Royce sechs Projektfaktoren (Größenordnung, Interessenvertreterzusammenhalt, Prozessflexibilität, Prozessreife, architekturbezogenes Risiko und Domänenerfahrung) (Abschnitt 16.4.1). Beschreiben Sie mit Hilfe dieser Faktoren, welche Projekttypen die XP-Methodologie einsetzen können. Begründen Sie Ihre Wahl für jeden Faktor.

16.6 1928 fielen Sir Alexander Fleming bei der Arbeit mit Staphylokokkus-Bakterien einige Brotkrümel auf eine seiner Petri-Schalen. Nach einer Woche wuchsen die Bakterien auf dieser Schale nicht wie erwartet. Fleming bemerkte einen bakterienfreien Kreis um einen Schimmelpilz, der die Staphylokokken-Kultur verunreinigte. Anstatt die Schale wegzuwerfen, weil das geplante Experiment fehlgeschlagen war, isolierte er den Schimmelpilz, züchtete ihn in einem flüssigen Medium und entdeckte eine Substanz, die noch in 800facher Verdünnung Bakterien am Wachsen hinderte. Diskutieren Sie die Entdeckung des Penicillin unter Verwendung der Terminologie und der Fragestellungen, die in diesem Kapitel eingeführt wurden.

16.7 Ausgehend von der Annahme, dass die Erde rund ist, war es das Ziel von Kolumbus, einen kürzeren Weg nach Indien zu finden, indem er nach Westen statt nach Osten ging. Er stieß dabei auf Amerika statt auf Indien. Diskutieren Sie die Entdeckung von Amerika unter Verwendung der Terminologie und der Fragestellungen, die in diesem Kapitel eingeführt wurden.

16.8 Wählen Sie ein Projekt aus, mit dem Sie zu tun hatten. Beschreiben Sie die methodologischen Kompromisse und Abwägungen, die in dem Projekt gemacht wurden, mit den methodologischen Fragestellungen, die in diesem Kapitel eingeführt wurden.

Anhang

A   Entwurfsmuster

Entwurfsmuster sind Lösungswissen für allgemeine bzw. immer wiederkehrende Probleme wie die Trennung einer Schnittstelle von einer Anzahl möglicher Implementierungen, die Einbindung von Altsystem-Klassen oder die Abschirmung eines Aufrufers von Änderungen bei spezifischen Plattformen. Ein Entwurfsmuster besteht aus wenigen Klassen, die durch den Einsatz von Delegation und Vererbung eine robuste und modifizierbare Lösung ermöglichen. Diese Klassen können für das zu erstellende System angepasst und verfeinert werden.

Seit der Veröffentlichung des ersten Buchs über Entwurfsmuster für Software [Gamma et al., 2001] wurden viele weitere Muster für eine Vielzahl von Problemen vorgeschlagen, unter anderem für Analyse [Fowler, 1997] [Larman, 2001], Systementwurf [Buschmann et al., 1996], Middleware [Mowbray &, Prozessmodellierung [Ambler, 1998], Abhängigkeitsmanagement [Feiler & Tichy, 1998] und Konfigurationsmanagement [Brown et al., 1999]. Der Begriff selbst wurde zum Modewort, mit dem viele verschiedene Definitionen bezeichnet wurden. In diesem Buch haben wir uns nur auf den ursprünglichen Entwurfsmuster-Katalog konzentriert, da er eine übersichtliche Sammlung eleganter Lösungen für viele allgemeine Probleme bietet. Dieser Anhang fasst die Entwurfsmuster zusammen, die wir im Buch einsetzen, und zeigt natürlichsprachige Heuristiken für ihre Anwendung. Bei jedem Muster verweisen wir auf Beispiele im Buch. Der Zweck dieses Anhangs ist also nur die Bereitstellung einer kurzen Übersicht. Wir setzen beim Leser Grundkenntnisse von Entwurfsmustern, objektorientierten Konzepten und UML-Klassendiagrammen voraus.

A.1   Abstrakte-Fabrik: Kapselung von Plattformen

Name	Abstrakte-Fabrik-Muster
Problem-beschreibung	Abschirmen des Aufrufers von verschiedenen Plattformen, die gleiche Konzepte unterschiedlich implementieren
Lösung	Eine Plattform (z.B. ein Fenstersystem) wird als Menge von `Abstraktes-Produkt`-Klassen repräsentiert, von denen jede ein Konzept, das von allen Plattformen unterstützt wird (z.B. eine Schaltfläche), darstellt. Eine `AbstrakteFabrik`-Klasse deklariert Operationen für die Erstellung der einzelnen Produkte. Eine spezifische Plattform wird dann durch eine `KonkreteFabrik` und eine Menge von `KonkretesProdukt`-Klassen (eine für jede `AbstraktesProdukt`-Klasse) dargestellt. Eine `KonkreteFabrik` hängt nur von ihren entsprechenden `KonkretesProdukt`-Klassen ab. Der `Klient` bezieht sich nur auf die `AbstraktesProdukt`- und `AbstrakteFabrik`-Klassen. Damit lassen sich Plattformen leicht austauschen.

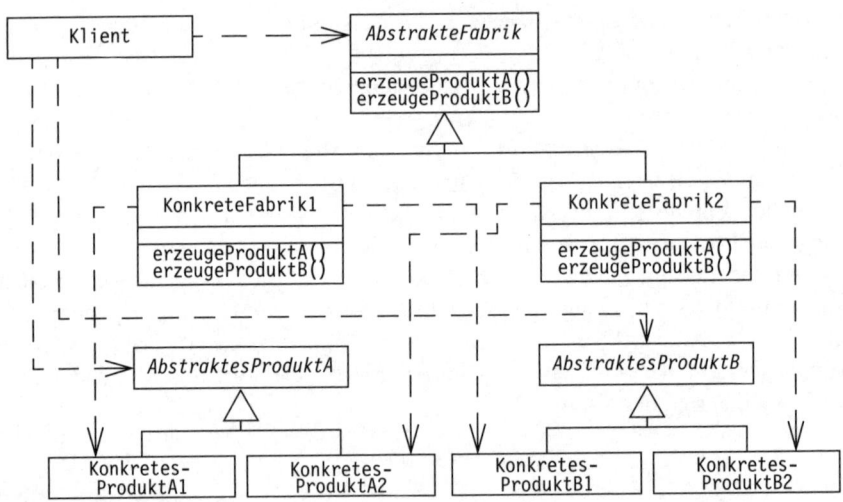

Konsequenzen	■ `Klient` ist von `KonkretesProdukt`-Klassen abgeschirmt. ■ Fabriken können zur Laufzeit ausgetauscht werden. ■ Das Hinzufügen neuer Produkte ist schwierig, da sie für jede Fabrik implementiert werden müssen.
Beispiele	■ Statisches Kapseln inkompatibler Infrastrukturen für intelligente Häuser (Abschnitt 8.4.4)
Verwandtes Konzept	■ Spezifikationsvererbung und Implementierungsvererbung (Abschnitt 8.3.2).

Abbildung A.1:   Das Abstrakte-Fabrik-Muster (nach [Gamma et al., 2001])

A.2   Adapter: Verpacken von Altsystem-Code

Name	Adaptermuster
Problem-beschreibung	Umwandlung der Schnittstelle einer Altsystem-Klasse in eine andere Schnittstelle, die von der aufrufenden Klasse erwartet wird, sodass der Aufrufer und die Altsystem-Klasse ohne Änderungen zusammenarbeiten können.
Lösung	Eine Adapter-Klasse implementiert das Ziel, das vom Aufrufer erwartet wird. Der Adapter delegiert Anfragen vom Klient an die AdaptierteKlasse und führt alle notwendigen Umwandlungen durch.

Konsequenzen	■ Klient und AdaptierteKlasse arbeiten zusammen ohne Modifikation von Klient oder AdaptierteKlasse. ■ Adapter arbeitet mit AdaptierteKlasse und ihren Unterklassen zusammen. ■ Für jede Spezialisierung (z.B. eine Unterklasse) von Ziel muss ein neuer Adapter geschrieben werden.
Beispiel	■ Sortieren von Instanzen einer bestehenden String-Klasse mittels einer bestehenden sort()-Methode (Abschnitt 8.4.2): MeineZeichenkettenVergleicher ist ein Adapter, der die Lücke zwischen der String-Klasse und der Comparator-Schnittstelle, die von der Array.sort()-Methode benutzt wird, überbrückt.
Verwandtes Konzept	■ Das Brückenmuster (Abschnitt A.3) schließt die Lücke zwischen einer Schnittstelle und ihren Implementierungen.

Abbildung A.2:   Das Adaptermuster (nach [Gamma et al., 2001])

A.3   Brücke: Ermöglichen alternativer Implementierungen

Name	Brückenmuster
Problembeschreibung	Entkoppeln einer Schnittstelle von einer Implementierung, damit Implementierungen ausgetauscht werden können, möglicherweise zur Laufzeit.
Lösung	Die *Abstraktion*-Klasse definiert die Schnittstelle, die der Aufrufer sieht. Der *Implementierer* ist eine abstrakte Klasse, die Methoden auf niedriger Ebene für *Abstraktion* bereitstellt. Eine *Abstraktion*-Instanz hält eine Referenz zur zugehörigen *Implementierer*-Instanz. *Abstraktion* und *Implementierer* können unabhängig voneinander verfeinert werden.

Konsequenzen	■ Klient wird von den abstrakten und konkreten Implementierungen abgeschirmt. ■ Schnittstellen und Implementierungen können unabhängig voneinander verfeinert werden.
Beispiel	■ Testen verschiedener Implementierungen derselben Schnittstelle (Abschnitt 8.4.1).
Verwandtes Konzept	■ Das Adaptermuster (Abschnitt A.2) schließt die Lücke zwischen zwei Schnittstellen.

Abbildung A.3:   Das Brückenmuster (nach [Gamma et al., 2001])

A.4 Befehl: Kapseln des Kontrollflusses

Name	Befehlsmuster
Problem-beschreibung	Das Kapseln von Anfragen, sodass sie ausgeführt, zurückgenommen oder in eine Warteschlange gestellt werden können.
Lösung	Die abstrakte Klasse *Befehl* deklariert die Schnittstelle, die von allen KonkreterBefehl-Klassen unterstützt wird. Ein KonkreterBefehl kapselt einen Aufruf, der auf einem Empfänger ausgeführt wird. Der Klient erzeugt KonkreterBefehl-Objekte und bindet sie an spezifische Empfänger. Der Aufrufer ist für die tatsächliche Durchführung oder Rücknahme eines Befehls verantwortlich.

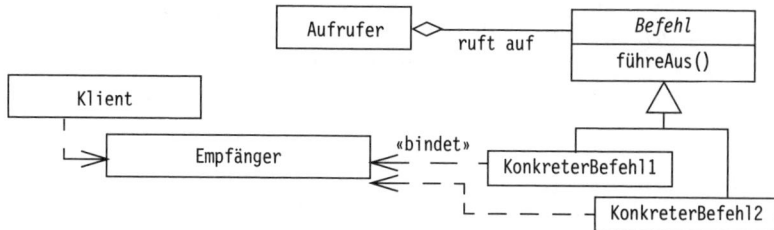

Konsequenzen	■ Das Ziel des Befehls (Empfänger) und der Algorithmus des Befehls (KonkreterBefehl) sind entkoppelt. ■ Aufrufer wird von spezifischen Befehlen abgeschirmt. ■ KonkreterBefehl-Objekte können erzeugt und gespeichert werden. ■ Neue KonkreterBefehl-Klassen können hinzugefügt werden, ohne bestehenden Quelltext zu verändern.
Beispiele	■ Bereitstellen eines Rücknahmestapels für Benutzerbefehle: Alle Befehle, die der Benutzer sieht, sind Verfeinerungen der abstrakten *Befehl*-Klasse. Jeder Befehl muss die führeAus(), nehmeZurueck() und wiederhole()-Methoden implementieren. Sobald ein Befehl ausgeführt wird, wird er auf einem Rücknahmestapel abgelegt. Wenn der Benutzer den letzten Befehl zurücknehmen will, wird die nehmeZurueck()-Methode des obersten *Befehl*-Objekts auf dem Stapel aufgerufen. ■ Entkoppeln von Schnittstellenobjekten und Steuerungsobjekten (Abschnitt 8.4.5, siehe auch Actions in Swing, [JFC, 2002]): Alle Befehle, die ein Benutzer sieht, sind Verfeinerungen der abstrakten *Befehl*-Klasse. Grenzobjekte wie Menüeinträge und Schaltflächen erzeugen und modifizieren *Befehl*-Objekte. Nur *Befehl*-Objekte ändern den Zustand von Entitätsobjekten. Wenn die Benutzerschnittstelle verändert wird (z.B. wenn ein Menü durch eine Symbolleiste ersetzt wird), werden nur die Schnittstellenobjekte geändert.
Verwandtes Konzept	■ MVC-Architektur (Abbildung 6.14).

Abbildung A.4: Das Befehlsmuster (nach [Gamma et al., 2001])

A.5   Komposition: Repräsentation rekursiver Hierarchien

Name	Kompositionsmuster
Problembeschreibung	Repräsentieren einer Hierarchie variabler Breite und Tiefe, sodass sowohl einzelne Objekte als auch Kompositionen von Objekten durch eine gemeinsame Schnittstelle einheitlich behandelt werden können.
Lösung	Die *Komponente*-Schnittstelle spezifiziert die Dienste, die Blatt und Kompositum gemeinsam haben (z.B. bewege(x,y) für ein grafisches Element). Ein Kompositum hat eine Teile-/Ganzes-Beziehung mit *Komponente* und implementiert jeden Dienst, indem es den entsprechenden Dienst bei allen enthaltenen *Komponenten* aufruft (z.B. ruft die Kompositum.bewege(x,y)-Methode iterativ Komponente.bewege(x,y) auf). Die Blatt-Dienste erledigen die eigentliche Arbeit (z.B. modifiziert Blatt.bewege(x,y) die Koordinaten des Blatts und zeichnet es neu).

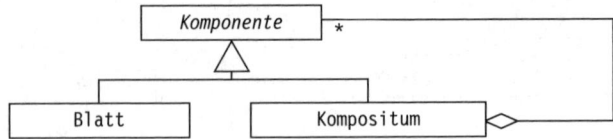

Konsequenzen	■ Ein Aufrufer nutzt denselben Code zur Behandlung von Blatt- und Kompositum-Objekten. ■ Blatt-spezifisches Verhalten kann geändert werden, ohne die Hierarchie zu verändern. ■ Neue Blatt-Klassen können hinzugefügt werden, ohne die Hierarchie zu verändern.
Beispiele	■ Gruppen von darstellbaren Elementen: Darstellbare Elemente können in Gruppen organisiert werden, die gemeinsam bewegt und einheitlich skaliert werden können. Gruppen können außerdem andere Gruppen enthalten. ■ Hierarchien von Dateien und Verzeichnissen (Abbildung 2.29): Verzeichnisse können Dateien und andere Verzeichnisse enthalten. Dieselben Operationen zum Verschieben, Umbenennen und Löschen stehen für Dateien und Verzeichnisse zur Verfügung. ■ Beschreiben einer Systemzerlegung (Abbildung 6.3) mit Hilfe eines Kompositionsmusters. Ein Subsystem besteht aus Klassen und anderen Subsystemen. Hinweis: Hier wird das Muster zur *Beschreibung* benutzt, die *Implementierung* von Subsystemen wird anders durchgeführt, also nicht als Kompositum, zu dem Klassen dynamisch hinzugefügt werden. ■ Beschreiben der Hierarchien von Aufgaben (Abbildung 6.7): Wir beschreiben die Aufteilung von Aufgaben (Kompositum) in Teilaufgaben (Komponente) und Terminaufgaben (Blatt) mit Hilfe eines Kompositionsmusters. Wir setzen ein ähnliches Modell ein, um Arbeitseinheiten, Aktivitäten und Aufgaben zu beschreiben (Abbildung 15.6).
Verwandtes Konzept	■ Fassadenmuster(Abschnitt A.6).

Abbildung A.5:   Das Kompositionsmuster (nach [Gamma et al., 2001])

A.6 Fassade: Kapseln von Subsystemen

Name	Fassadenmuster
Problem-beschreibung	Den Grad der Kopplung zwischen einer Menge zusammengehöriger Klassen und dem Rest des Systems verringern.
Lösung	Eine einzelne Klasse Fassade implementiert eine Schnittstelle auf hoher Ebene für ein Subsystem, indem sie die Methoden von Klassen auf niedriger Ebene aufruft. Eine Fassade ist undurchsichtig insofern, als ein Aufrufer nicht direkt auf die Klassen auf niedriger Ebene zugreift. Der rekursive Einsatz von -Fassadenmustern ergibt ein System, das aus mehreren Schichten aufgebaut ist.

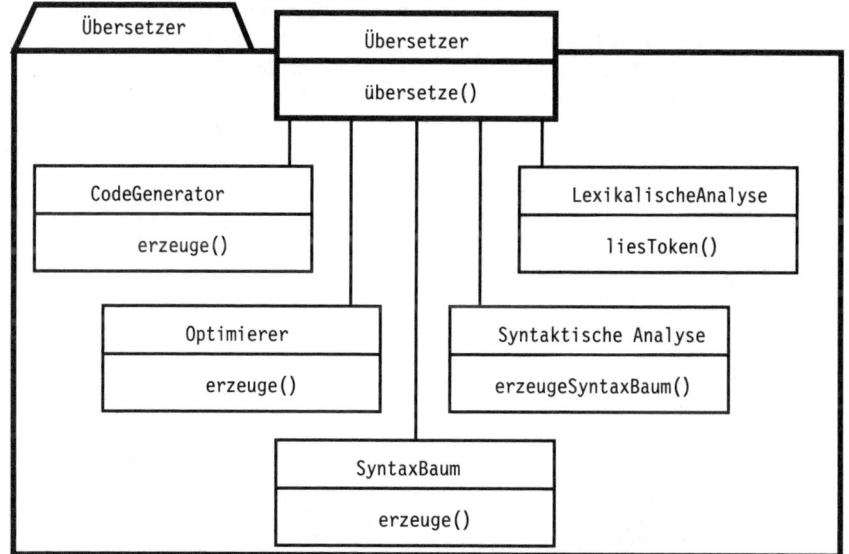

Konsequenzen	■ Abschirmen eines Aufrufers von den Klassen auf niedriger Ebene eines Subsystems ■ Vereinfachung der Nutzung eines Subsystems durch die Bereitstellung von Methoden auf höherer Ebene
Beispiel	■ Subsystem-Kapselung (Abbildung 6.29): Ein Übersetzer besteht aus den Subsystemen LexikalischeAnalyse, SyntaktischeAnalyse, Syntax-Baum, CodeGenerator und Optimierer. Wenn eine Zeichenkette in ausführbaren Code übersetzt werden soll, ruft der Aufrufer nur die Methode übersetze() der Übersetzer-Klasse auf, die die entsprechenden Methoden der enthaltenen Klassen aufruft.
Verwandtes Konzept	■ Kopplung und Kohäsion (Abschnitt 6.3.3), Schichten und Partitionen (Abschnitt 6.3.4), Kompositionsmuster (Abschnitt A.5).

Abbildung A.6: Das Fassadenmuster (nach [Gamma et al., 2001])

A.7   Beobachter: Entkoppeln von Entitäten und Sichten

Name	Beobachtermuster
Problem-beschreibung	Aufrechterhaltung konsistenter Zustände bei einem Subjekt und vielen Beobachtern
Lösung	Ein Subjekt ist ein Objekt, dessen Hauptaufgabe darin besteht, einen Zustand zu verwalten — beispielsweise eine Matrix. Ein oder mehrere *Beobachter* nutzen den Zustand, der von einem Subjekt verwaltet wird, beispielsweise durch Anzeigen einer Matrix als Tabelle oder Grafik. Damit entstehen Redundanzen zwischen den Zuständen des Subjekts und der *Beobachter*. Inkonsistenzen werden verhindert, indem *Beobachter* die meldeAn()-Methode aufrufen, um sich bei einem Subjekt zu registrieren. Jede KonkreterBeobachter-Klasse definiert außerdem eine aktualisiere()-Methode, die den Zustand zwischen dem *Subjekt* und dem KonkreterBeobachter-Objekt synchronisiert. Sobald sich der Zustand von Subjekt ändert, ruft es seine benachrichtige()-Methode auf, die iterativ jede Beobachter.aktualisiere()-Methode aufruft.

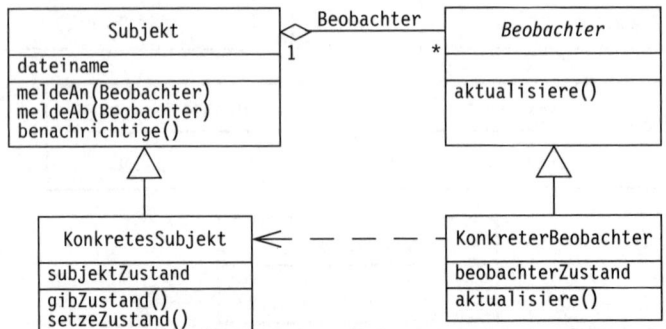

Konsequenzen	■ Entkoppelt ein Subjekt von den *Beobachtern*. ■ Kann viele ungewollte Benachrichtigungen verursachen, wenn sich der Zustand eines Subjekts ändert, da auch jene Zustandsänderungen mitgeteilt werden, die für manche *Beobachter* nicht von Interesse sind.
Beispiele	■ Java stellt das Beobachtermuster mit der *Observer*-Schnittstelle und der Observable-Klasse zur Verfügung ([JFC, 2002]). ■ Das Beobachtermuster kann eingesetzt werden, um die Benachrichtigung von Abonnenten in der Modell-Sicht-Steuerungs-Architektur zu realisieren (Abbildung 6.14).
Verwandtes Konzept	■ Entitäts-, Grenz- und Steuerungsobjekte (Abschnitt 5.3.2).

Abbildung A.7:   Das Beobachtermuster (nach [Gamma et al., 2001])

A.8   Stellvertreter: Kapseln aufwendiger Objekte

Name	Stellvertretermuster
Problem-beschreibung	Erhöhen der Leistung oder der Sicherheit eines Systems durch die zeitlich versetzte Ausführung aufwendiger Berechnungen, die Nutzung von Speicher nur bei konkretem Bedarf oder die Überprüfung von Zugriffsrechten, bevor ein Objekt in den Speicher geladen wird.
Lösung	Zwei Klassen, Stellvertreter und EchtesSubjekt, implementieren dieselbe Schnittstelle. Instanzen der Stellvertreter-Klasse speichern einen Teil der Attribute der Klasse EchtesSubjekt. Stellvertreter verarbeitet bestimmte Anfragen selbständig (z.B. die Ermittlung der Größe eines Bilds), während andere an EchtesSubjekt delegiert werden. Vor der Delegation wird eine Instanz von EchtesSubjekt erzeugt und in den Speicher geladen.

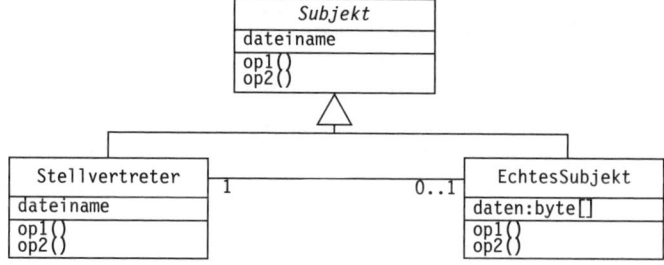

Konsequenzen	■ Zwischen der Benutzklasse und EchtesSubjekt wird ein zusätzliche Indirektion eingeführt. ■ Die Benutzerklasse wird von allen Optimierungen, die die Erzeugung von EchtesSubjekt betreffen, abgeschirmt.
Beispiele	■ Dynamische Zugriffskontrolle (Abbildung 7.9): Eine Zugriff-Assoziationsklasse enthält Operationen, mit denen ein Börsenhändler Zugriff auf ein Portfolio erhält. Jede Operation im PortfolioStellvertreter überprüft zunächst mittels istVerfügbar(), ob der aufrufende Börsenhändler zum Zugriff berechtigt ist. Wenn der Zugriff gewährt wurde, delegiert der PortfolioStellvertreter die Operation an das eigentliche Portfolio-Objekt. Wenn der Zugriff verweigert wurde, wird das Portfolio-Objekt nicht in den Speicher geladen. ■ Verzögerung von aufwendigen Berechnungen (Abbildung 10.7). Ein StellvertreterBild vertritt ein RealesBild, das auf einer Festplatte gespeichert ist. StellvertreterBild enthält dieselbe Information wie RealesBild (z.B. Breite, Höhe, Position, Auflösung) bis auf den Bildinhalt, und bedient alle inhaltsunabhängigen Anfragen. Nur wenn auf den Bildinhalt zugegriffen werden muss (z.B. wenn das Bild auf den Bildschirm gezeichnet wird), erzeugt StellvertreterBild eine Instanz von RealesBild und lädt seinen Inhalt von der Festplatte.
Verwandtes Konzept	■ Zwischenspeichern aufwendiger Berechnungen (Abschnitt 10.4.1).

Abbildung A.8:   Das Stellvertretermuster (nach [Gamma et al., 2001])

A.9 Strategie: Kapselung von Algorithmen

Name	Strategiemuster
Problem-beschreibung	Entkoppeln einer Klasse, die über Regeln entscheidet, von anwendbaren Mechanismen, damit der tatsächlich eingesetzte Mechanismen für den Klienten unsichtbar ausgetauscht werden kann.
Lösung	Ein Klient nutzt Dienste, die von einem Kontext bereitgestellt werden. Die Dienste von Kontext werden durch einen von mehreren Mechanismen realisiert, der durch Regelwerk ausgewählt wird. Die abstrakte Strategie-Klasse beschreibt die Schnittstelle, die alle Mechanismen, gemeinsam haben, die von Kontext genutzt werden können. Regelwerk erzeugt die Instanzen vom Typ KonkreteStrategie und konfiguriert den Kontext so, dass er auf sie zugreifen kann.

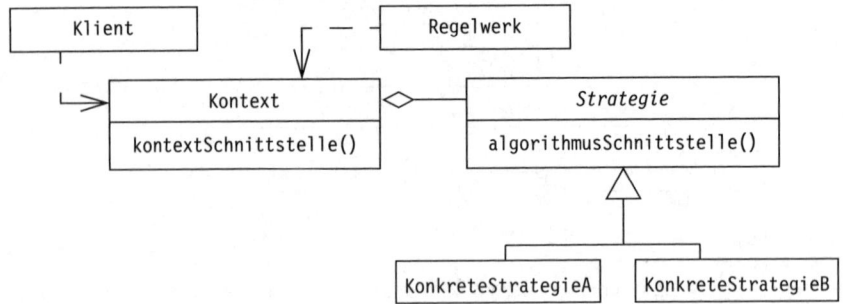

Konsequenzen	■ KonkreteStrategie-Objekte können zur Laufzeit ersetzt werden, ohne dass Kontext davon weiss. ■ Das Regelwerk entscheidet, welche Strategie unter den gegebenen Umständen am besten geeignet ist (z.B. als Kompromiss zwischen Geschwindigkeit und Speichernutzung). ■ Neue Algorithmen können hinzugefügt werden, ohne Kontext oder Klient verändern zu müssen.
Beispiel	■ Netzwerk-Umschaltung in mobilen Anwendungen (Abschnitt 8.4.3): Eine mobile Anwendung muss eine Reihe von Netzwerkzugangsprotokollen beherrschen (Telefon, Funknetz, LAN), deren Verfügbarkeit vom Kontext des Benutzers abhängt (Ort, Kommunikationskosten, etc.). Um das Regelwerk von der Netzwerkschnittstelle zu entkoppeln, kapseln wir die Implementierungen der Netzwerkzugangsprotokolle in einem Strategiemuster.
Verwandtes Konzept	■ Adaptermuster (Abschnitt A.2) und Brückenmuster (Abschnitt A.3).

Abbildung A.9: Das Strategiemuster (nach [Gamma et al., 2001])

A.10 Heuristiken zur Auswahl von Entwurfsmustern

Heuristiken zur Auswahl von Entwurfsmustern

Entwurfsmuster behandeln spezifische Entwurfsziele und nichtfunktionale Anforderungen. Ähnlich wie bei Abbotts Heuristiken, die in Kapitel 5, *Analyse*, beschrieben werden, können textuelle Schlüsselphrasen dabei helfen, geeignete Entwurfsmuster zu finden. Unten sind Beispiele für einige Muster aufgeführt, die in diesem Buch behandelt werden.

Phrase	Entwurfsmuster
■ „Anbieterunabhängigkeit" ■ „Plattformunabhängigkeit"	Abstrakte-Fabrik
■ „Muss mit bestehender Schnittstelle zusammenarbeiten" ■ „Muss existierende Altsystem-Komponente weiter verwenden"	Adapter
■ „Muss zukünftige Protokolle unterstützen"	Brücke
■ „Alle Befehle sollen zurücknehmbar sein" ■ „Alle Transaktionen sollen aufgezeichnet werden"	Befehl
■ „Muss zusammengesetzte Strukturen unterstützen" ■ „Muss Hierarchien variabler Breite und Tiefe erlauben"	Komposition
■ „Regelwerk und Mechanismus sollen entkoppelt sein" ■ „Verschiedene Algorithmen müssen zur Laufzeit austauschbar sein"	Strategie

Literaturverzeichnis

[Abbott, 1983]   R. Abbott, „Program design by informal English descriptions," *Communications of the ACM*, Vol. 26, No. 11, 1983.

[Adams, 2000]   D. N. Adams, *Mostly Harmless*, Ballantine Books, 2000.

[Albrecht & Gaffney, 1983] A. J. Albrecht & J. E. Gaffney Jr., „Software function, source lines of code, and development effort prediction: A software science validation," *IEEE Transactions on Software Engineering*, Vol. SE-9, No. 6, November 1983.

[Allen, 1985]   T. J. Allen, *Managing the Flow of Technology: Technology Transfer and the Dissemination of Technological Information within the R&D Organization,* 2nd ed., MIT Press, Cambridge, MA, 1995.

[Ambler, 1998]   S. W. Ambler, *Process Patterns: Building Large-Scale Systems Using Object Technology*, Cambridge University Press, New York, 1998.

[Ambler, 2002]   S. Ambler, *Agile Modeling: Effective Practices for Extreme Programming and the Unified Process*, John Wiley & Sons, 2002.

[Babich, 1986]   W. A. Babich, *Software Configuration Management*, Addison-Wesley, 1986.

[Barone & Switzer, 1995] J.T.T. Barone & J. Switzer, *Interviewing: Art and Skill*, Allyn & Bacon, 1995.

[Bass et al., 1999]   L. Bass, P. Clements, & R. Kazman, *Software Architecture in Practice*, Addison-Wesley, Reading, MA, 1999.

[Beck, 1998]   K. Beck, „Extreme programming: A humanistic discipline of software development," in E. Astesiano (ed.), *Fundamental Approaches to Software Engineering*, Springer-Verlag, pp. 1–6, 1998.

[Beck & Cunningham, 1989] K. Beck & W. Cunningham, „A laboratory for teaching object-oriented thinking," *OOPSLA'89 Conference Proceedings*, New Orleans, LA, October 1–6, 1989.

[Berliner, 1990]   B. Berliner, „CVS II: Parallelizing software development," *Proceedings of the 1990 USENIX Conference*, Washington, DC, pp. 22–26, January 1990.

[Bersoff et al., 1980] E. H. Bersoff, V. D. Henderson, & S. G. Siegel, *Software Configuration Management: An Investment in Product Integrity*, Prentice Hall, 1980.

[Bezier, 1990]   B. Bezier, *Software Testing Techniques,* 2nd ed., Van Nostrand, New York, 1990.

[Binder, 2000]   R. V. Binder, *Testing Object-Oriented Systems: Models, Patterns, and Tools*, Addison-Wesley, 2000.

[Birrer, 1993]   E. T. Birrer, „Frameworks in the financial engineering domain: An experience report," *ECOOP'93 Proceedings*, 1993.

[Blaha & Premerlani, 1998] M. Blaha & W. Premerlani, *Object-Oriented Modeling and Design for Database Applications*, Prentice Hall, Upper Saddle River, NJ, 1998.

[Boehm, 1987]   B. Boehm, „A spiral model of software development and enhancement," *Software Engineering Project Management*, pp. 128–142, 1987.

[Boehm, 1991]   B. Boehm, „Software risk management: Principles and practices," *IEEE Software*, Vol. 1, pp. 32–41, 1991.

[Boehm et al., 1998]   B. Boehm, A. Egyed, J. Kwan, D. Port, A. Shah, & R. Madachy, „Using the WinWin spiral model: A case study," *IEEE Computer* 31(7): 33–44, 1998.

[Boehm et al., 2000]   B. Boehm, E. Horowitz, R. Madachy, D. Reifer, B. K. Clark, B. Steece, A. W. Brown, S. Chulani, C. Abts, *Software Cost Estimation with COCOMO II*, Prentice Hall, Upper Saddle River, NJ, 2000.

[Bonatti, 2001]   W. Bonatti, *The Mountains of My Life*, Modern Library, Random House, New
                           York, 2001.

[Booch, 1994]   G. Booch, *Object-Oriented Analysis and Design with Applications,* 2nd ed.,
                           Benjamin/Cummings, Redwood City, CA, 1994.

[Booch et al., 1998]   G. Booch, J. Rumbaugh, & I. Jacobson, *Das UML-Benutzerhandbuch*, Addison-
                           Wesley, 1999.

[Borghoff &   U. W. Borghoff & J. Schlichter, Rechnergestützte Gruppenarbeit, 2. Aufl., 1998,
Schlichter, 1998]   Springer, Berlin.

[Borning, 1981]   A. Borning. „The programming language aspects of ThingLab, a constraint-
                           oriented simulation laboratory," in *ACM TOPLAS* 3(4), Oct. 1981.

[Brooks, 1995]   F. P. Brooks, *The Mythical Man Month: Anniversary Edition: Essays on Software
                           Engineering*, Addison-Wesley, 1995.

[Brown et al., 1999]   W. J. Brown, H. W. McCormick, & S. W. Thomas, *AntiPatterns and Patterns in
                           Software Configuration Management*, Wiley, New York, 1999.

[Bruegge, 1992]   B. Bruegge, „Teaching an industry-oriented software engineering course,"
                           Software Enginering Education, SEI Conference, Springer-Verlag, San Diego,
                           CA, pp. 65–87, Oct. 1992.

[Bruegge, 1994]   B. Bruegge, „From toy systems to real system development," *Improvements in
                           Software Engineering Education*, Workshop of the German Chapter of the ACM,
                           B.G. Teubner Verlag, Stuttgart, pp. 62–72, February 1994.

[Bruegge & Coyne, 1993]   B. Bruegge & R. Coyne, „Model-based software engineering in larger scale
                           project courses," *IFIP Transactions on Computer Science and Technology,*
                           Vol. A-40, pp. 273–287, 1993.

[Bruegge & Coyne, 1994]   B. Bruegge & R. Coyne, „Teaching iterative object-oriented development:
                           Lessons and directions," in Jorge L. Diaz-Herrera (ed.), *7th Conference on
                           Software Engineering Education,* Springer-Verlag, pp. 413–427, January 1994.

[Bruegge et al., 1992]   B. Bruegge, J. Blythe, J. Jackson, & J. Shufelt, „Object-oriented system modeling
                           with OMT," *Conference Proceedings OOPSLA '92 (Object-Oriented
                           Programming Systems, Languages, and Applications)*, pp. 359–376, Oct. 1992.

[Bruegge et al., 1993]   B. Bruegge, T. Gottschalk, & B. Luo, „A framework for dynamic program
                           analyzers," *OOPSLA' 93 (Object-Oriented Programming Systems, Languages,
                           and Applications)*, Washington, DC, pp. 65–82, September 1993.

[Bruegge et al., 1994]   B. Bruegge, K. O'Toole, & D. Rothenberger, „Design considerations for an
                           accident management system," in M. Brodie, M. Jarke, & M. Papazoglou (ed.),
                           *Proceedings of the Second International Conference on Cooperative Information
                           Systems*, University of Toronto Press, Toronto, pp. 90–100, May 1994.

[Buhl, 1954]   H. Buhl, *Achttausend drüber und drunter*, Nymphenburger Verlagsanstalt, 1954.

[Buschmann et al., 1996] F. Buschmann, R. Meunier, H. Rohnert, P. Sommerlad, & M. Stal, *Pattern-Oriented
                           Software Architecture: A System of Patterns*, Wiley, Chichester, U.K., 1996.

[Campbell & Islam, 1993] R. H. Campbell & N. Islam, „A technique for documenting the framework of an
                           object-oriented system," *Computing Systems*, 6, pp. 363–389, 1993.

[Carr et al., 1993]   M. J. Carr, S. L. Konda, I. Monarch, F. C. Ulrich, & C. F. Walker, *Taxonomy-
                           Based Risk Identification,* Technical Report CMU/SEI-93-TR-6, Software
                           Engineering Institute, Carnegie Mellon University, Pittsburgh, PA, 1993.

[Carroll, 1995]   J. M. Carroll (ed.), *Scenario-Based Design: Envisioning Work and Technology in
                           System Development,* Wiley, New York, 1995.

[Charette, 1989]   R. N. Charette, *Software Engineering Risk Analysis and Management*, McGraw-
                           Hill, New York, 1989.

[Chung et al., 1999]	L. Chung, B. A. Nixon, E. Yu & J. Mylopoulos, *Non-Functional Requirements in Software Engineering*, Kluwer Academic, Boston, 1999.
[Clements et al., 2002]	P. Clements, R. Kazam, & M. Klein. *Evaluating Software Architectures: Methods and Case Studies*, SEI Series in Software Engineering, Addison-Wesley, 2002.
[Coad et al., 1995]	P. Coad, D. North, & M. Mayfield, *Object Models: Strategies, Patterns, & Applications*, Prentice Hall, 1995.
[Cockburn, 2001a]	A. Cockburn, *Writing Effective Use Cases*, Addison-Wesley, 2001.
[Cockburn, 2001b]	A. Cockburn, *Agile Software Development*, Addison-Wesley, 2001.
[Conklin & Burgess-Yakemovic, 1991]	J. Conklin & K. C. Burgess-Yakemovic, „A process-oriented approach to design rationale," *Human-Computer Interaction*, Vol. 6, pp. 357–391, 1991.
[Conradi & Westfechtel, 1998]	R. Conradi & B. Westfechtel, „Version models for software configuration management," *ACM Computing Surveys*, Vol. 30, No. 2, June 1998.
[Constantine & Lockwood, 1999]	L. L. Constantine & L. A. D. Lockwood, *Software for Use*, Addison-Wesley, 1999.
[Constantine & Lockwood, 2001]	L. L. Constantine & L. A. D. Lockwood, „Structure and style in use cases for user interface design", in M. van Harmelen (ed.), *Object-Oriented User Interface Design*, 2001.
[Coyne et al., 1995]	R. Coyne, B. Bruegge, A. Dutoit, & D. Rothenberger, „Teaching more comprehensive model-based software engineering: Experience with Objectory's use case approach," in Linda Ibraham (ed), *8th Conference on Software Engineering Education*, Springer-Verlag, Berlin, pp. 339–374, April 1995.
[Curtis et al., 1988]	B. Curtis, H. Krasner, & N. Iscoe, „A field study of the software design process for large systems," *Communications of the ACM*, 31(11), pp. 1268–87, 1988.
[Cusumano & Selby, 1997]	M. A. Cusumano, R. W. Selby, „How Microsoft Builds Software," *Communications of the ACM*, Vol. 40, No. 6, pp. 53–61, 1997.
[Dart, 1991]	S. Dart, „Concepts in configuration management systems," *Third International Software Configuration Management Workshop*, ACM, June 1991.
[Day & Zimmermann, 1983]	J. D. Day & H. Zimmermann, „The OSI Reference Model," *Proceedings of the IEEE*, Vol. 71, pp. 1334–1340, December 1983.
[De Marco, 1978]	T. De Marco, *Structured Analysis and System Specification*, Yourdon, New York, 1978.
[Dijkstra, 1968]	E. W. Dijkstra, „The Structure of the 'T.H.E' Multiprogramming System," *Communication of the ACM*, 18(8), pp. 453–457, 1968.
[Dijkstra, 1976]	E. W. Dijkstra, *A Discipline of Programming*, Prentice-Hall, 1976.
[DoD-STD-2167A]	DoD-STD-2167A, *Military Standard, Defense Systems Software Development*, US Department of Defense, Washington, DC, 1988.
[Douglass, 1999]	B.P. Douglass, *Doing Hard Time: Using Object Oriented Programming and Software Patterns in Real Time Applications*, Addison-Wesley, 1999.
[Doyle & Straus, 1982]	M. Doyle, & D. Straus, *How to make meetings work*, The Berkeley Publishing Group, New York, NY, 1982.
[D'Souza & Wills, 1999]	D. F. D'Souza & A. C. Wills, *Objects, Components, and Frameworks with UML: The Catalysis Approach*, The Addison-Wesley Object Technology Series, Addison-Wesley, 1999.
[Dumas & Redish, 1998]	Dumas & Redish, *A Practical Guide to Usability Testing*, Ablex, NJ, 1993.

[Dutoit & Bruegge, 1998] A. H. Dutoit & B. Bruegge, „Communication metrics for software development," *IEEE Transactions on Software Engineering*, August 1998.

[Dutoit & Paech, 2001] A. H. Dutoit & B. Paech. „Rationale management in software engineering," in S.K. Chang (ed.), *Handbook of Software Engineering and Knowledge Engineering*, Vol. 1, World Scientific Publishing, 2001.

[Dutoit & Paech, 2002] A. H. Dutoit & B. Paech. „Rationale-based use case specification," *Requirements Engineering Journal*, 7(1), pp. 3–19, 2002.

[Dutoit et al., 1996] A. H. Dutoit, B. Bruegge, & R. F. Coyne, „The use of an issue-based model in a team-based software engineering course," *Conference Proceedings of Software Engineering: Education and Practice (SEEP'96)*, Dunedin, NZ, January 1996.

[Erman et al., 1980] L. D. Erman, F. Hayes-Roth, et al., „The Hearsay-II Speech-Understanding System: Integrating knowledge to resolve uncertainty," *ACM Computing Surveys*, Vol. 12, No. 2, pp. 213–253, 1980.

[Fagan, 1976] M. E. Fagan, „Design and code inspections to reduce errors in program development," *IBM System Journal*, Vol. 15, No. 3, pp. 182–211, 1976.

[Fayad & Hamu, 1997] M. E. Fayad & D. S. Hamu, „Object-oriented enterprise frameworks: Make vs. buy decisions and guidelines for selection," *The Communications of ACM*, 1997.

[Feiler & Tichy, 1998] P. Feiler & W. Tichy, „Propagator: A family of patterns," in *Proceedings of TOOLS-23'97*, Santa Barbara, CA, July 28–August 1 1997.

[Feynman, 1988] R. P. Feynman, „Personal observations on the reliability of the Shuttle," in [Rogers et al., 1986].

[Fisher et al., 1991] R. Fisher, W. Ury, & B. Patton, *Getting to Yes: Negotiating Agreement Without Giving In*, 2nd ed., Penguin Books, 1991.

[Floyd, 1967] R. W. Floyd, „Assigning Meanings to Programs," in *Proceedings of the American Mathematics Society Symposium in Applied Mathematics*, Vol. 19, pp. 19–31, 1967.

[Fowler, 1997] M. Fowler, *Analysemuster: Wiederverwendbare Objektmodelle*, Addison-Wesley, München, 1998.

[Fowler, 2000] M. Fowler. *Refactoring: Wie Sie das Design vorhandener Software verbessern*, Addison-Wesley, München, 2000.

[Fowler, 2002] M. Fowler, *The new methodology*, http://www.martinfowler.com/articles/newMethodology.html.

[Fowler, 2003] M. Fowler, *UML konzentriert*, 3. Aufl., Addison-Wesley, München, 2003.

[Freeman-Benson, 1990] B. Freeman-Benson. „Kaleidoscope: Mixing Objects, Constraints, and Imperative Programming." In *OOPSLA/SIGPLAN Notices* 25 (10): 77:88, Oct. 1990.

[FRIEND, 1994] *FRIEND Project Documentation*, School of Computer Science, Carnegie Mellon University, Pittsburgh, PA, 1994.

[Gamma et al., 2001] E. Gamma, R. Helm, R. Johnson & J. Vlissides, *Entwurfsmuster. Elemente wiederverwendbarer objektorientierter Software*, 1. Aufl., Addison-Wesley, München, 2001.

[Gladwin, 1964] T. Gladwin, „Culture and logical process," in W. Goodenough (ed.), *Explorations in Cultural Anthropology: Essays Presented to George Peter Murdock*, McGraw-Hill, New York, 1964.

[Goldberg & Kay, 1976] A. Goldberg & A. Kay, *Smalltalk-72 Instruction Manual*, Xerox Palo Alto,CA, 1976.

[Grady, 1992] R. Grady, *Practical Software Metrics for Project Management and Process Improvement*, Prentice Hall, 1992.

[Grudin, 1988] J. Grudin, „Why CSCW applications fail: Problems in design and evaluation of organization interfaces," *Proceedings of CSCW'88*, Portland, OR, 1988.

[Grudin, 1990]   J. Grudin, „Obstacles to user involvement in interface design in large product development organizations," *Proceedings of IFIP INTERACT'90 Third International Conference on Human-Computer Interaction*, Cambridge, U.K., August 1990.

[Halstead, 1977]   M. H. Halstead, *Elements of Software Science,* Elsevier, New York, 1977.

[Hammer & Champy, 1993] M. Hammer & J. Champy, *Reengineering The Corporation: A Manifesto for Business Revolution*, Harper Business, New York, 1993.

[Harel, 1987]   D. Harel, „Statecharts: A visual formalism for complex systems," *Science of Computer Programming*, pp. 231–274, 1987.

[Hartkopf et al., 1997] V. Hartkopf, V. Loftness, A. Mahdavi, S. Lee, & J. Shankavarm, „An integrated approach to design and engineering of intelligent buildings—The Intelligent Workplace at Carnegie Mellon University, *Automation in Construction*, Vol. 6, pp. 401–415, 1997.

[Herbert, 1985]   F. Herbert, *Chapterhouse: Dune*, Orion Publishing, 1985.

[Highsmith, 2002]   J. Highsmith, *Agile Software Development Ecosystems*, Addison-Wesley, Pearson Education, 2002.

[Highsmith & Orr, 2000] J. Highsmith, & K. Orr, *Adaptive Software Development: A Collaborative Approach to Managing Complex Systems*, Dorset House, 2000.

[Hillier & Lieberman, 1967] F. S. Hillier & G. J. Lieberman, *Introduction to Operation Research*, Holden-Day, San Francisco, 1967.

[Hoare, 1969]   C. A. R. Hoare, „An axiomatic basis for computer programming," *Communications of the ACM*, Vol. 20, No. 6, pp. 576–580, Oct. 1969.

[Hoare, 1980]   C. A. R. Hoare, „The emperor's old clothes," Turing Award Lecture, 1980.

[Hofmeister, 2000]   C. Hofmeister, R. Nord, & D. Soni, *Applied Software Architecture*, Object Technology Series, Addison-Wesley, 2000.

[Hopper, 1981]   G. M. Hopper, „The First Bug," *Annals of the History of Computing*, 3, pp. 285–286, 1981.

[Horn, 1992]   B. Horn, „Constraint patterns as a basis for object-oriented programming," in *Proceedings of the OOPSLA'92*, Vancouver, Canada, 1992.

[Humphrey, 1989]   W. Humphrey, *Managing the Software Process*, Addison-Wesley, 1989.

[IEEE, 1990]   Institute of Electrical and Electronics Engineers, *IEEE Standard Computer Dictionary: A Compilation of IEEE Standard Computer Glossaries*, New York, NY, 1990.

[IEEE, 1997]   *IEEE Standards Collection Software Engineering*, IEEE, Piscataway, NJ, 1997.

[IEEE Std. 828-1990] *IEEE Standard for Software Configuration Management Plans*, IEEE Standards Board, September 1990, in [IEEE 1997].

[IEEE Std. 829-1991] *IEEE Standard for Software Test Documentation*, IEEE Standards Board, March 1991, in [IEEE 1997].

[IEEE Std. 830-1993] *IEEE Standard for Software Requirements Specification*, IEEE Standards Board, June 1994, in [IEEE 1997].

[IEEE Std. 982-1989] *IEEE Guide for the Use of IEEE Standard Dictionary of Measures to Produce Reliable Software*, IEEE Standards Board, July 1989, in [IEEE 1997].

[IEEE Std. 1042-1987] *IEEE Guide to Software Configuration Management*, IEEE Standards Board, September 1987 (Reaffirmed, December. 1993), in [IEEE 1997].

[IEEE Std. 1058.1-1993] *IEEE Standard for Software Project Management Plans*, IEEE Computer Society, New York, 1993, in [IEEE 1997].

[IEEE Std. 1074-1995] *IEEE Standard for Developing Software Life Cycle Processes*, IEEE Computer Society, New York, 1995, in [IEEE 1997].

[IEEE/EIA, 1996]   IEEE/EIA 12207.0-1996, *Industry Implementation of International Standard ISO/*
                           IEC 12207: 1995 Standard for Information Technology–Software life cycle processes,
                           IEEE Computer Society & Electronic Industries Association, March 1998.

[ISO Std. 9126]   International Standards Organization. *Software engineering -- Product quality .*
                           ISO/IEC-9126, Geneva, Switzerland, 2001.

[ISO/IEC 12207, 1995]   ISO/IEC 12207. *Information technology–Software life cycle processes.*
                           International Organization for Standardization & International Electrotechnical
                           Commission, August 1995.

[J2EE, 2002]   *Java 2 Entreprise Edition,* Javasoft, 2002, http://java.sun.com/j2ee/.

[Jackson, 1995]   M. Jackson, *Software Requirements & Specifications: A Lexicon of Practice,*
                           Principles and Prejudices, Addison-Wesley, 1995.

[Jacobson et al., 1992]   I. Jacobson, M. Christerson, P. Jonsson, & G. Overgaard, *Object-Oriented*
                           Software Engineering—A Use Case Driven Approach, Addison-Wesley, 1992.

[Jacobson et al., 1995]   I. Jacobson, M. Ericsson, & A. Jacobson, *The Object Advantage: Business*
                           Process Reengineering with Object Technology, Addison-Wesley, 1995.

[Jacobson et al., 1999]   I. Jacobson, G. Booch, & J. Rumbaugh, *The Unified Software Development*
                           Process, Addison-Wesley, 1999.

[Jarke, 1998]   M. Jarke, „Requirements Tracing," *Communications of the ACM,* Vol. 41,
                           No. 12, December 1998.

[JDBC, 1998]   *JDBC^{TM}—Connecting Java and Databases,* JDK Documentation, Javasoft, 1998.

[Jensen & Tonies, 1979]   R. W. Jensen & C. C. Tonies, *Software Engineering,* Prentice Hall,   1979.

[JFC, 2002]   *Java Foundation Classes,* JDK Documentation, Javasoft, 2002.

[Johnson, 1992]   P. Johnson, *Human Computer Interaction: Psychology, Task Analysis and*
                           Software Engineering, McGraw-Hill International, London, 1992.

[Johnson & Foote, 1988]   R. Johnson & B. Foote, „Designing reusable classes," *Journal of Object-Oriented*
                           Programming, Vol. 1, No. 5, pp. 22–35, 1988.

[Jones, 1977]   T. C. Jones, „Programmer quality and programmer productivity," IBM Technical
                           Report TR–02.764, 1977.

[Katzenbach & Smith, 1994] J. R. Katzenbach & D. K. Smith, *The Wisdom of Teams: Creating The High-*
                           Performance Organization, Harper Business, 1994.

[Kayser, 1990]   T. A. Kayser, *Mining Group Gold,* Serif, El Segundo, CA, 1990.

[Kelly, 1984]   J. F. Kelly, „An iterative design methodology for user-friendly natural language
                           office information applications," *ACM Transactions on Information Systems,* Vol.
                           2, No. 1, January 1984.

[Kemerer, 1997]   C. F. Kemerer, *Software Project Management: Readings and Cases,*
                           Irwin/McGraw-Hill, Boston, MA 1997.

[Kemper & Eickler, 2004]   A. Kemper, A. Eickler, *Datenbanksysteme,* 5. Aufl., Oldenbourg, München, 2004.

[Knuth, 1986]   D. E. Knuth, *The TeXbook,* Addison-Wesley, 1986.

[Kotonya &   G. Kotonya & I. Sommerville, „Requirements Engineering with Viewpoints,"
Sommerville, 1996]   *Software Engineering Journal* 11(1), 1996.

[Kramer, 1998]   R. Kramer, þ „iContract—The Java Design by Contract Tool," *Technology of*
                           Object-Oriented Languages and Systems, IEEE Computer Society Press, 1998, p.
                           295. http://www.reliable-systems.com/tools/iContract/iContract.htm.

[Kraut & Streeter, 1995]   R. E. Kraut, & L. A. Streeter, „Coordination in software development,"
                           Communications of the ACM, Vol. 38, No. 3, March 1995.

[Kruchten, 1998]   P. Kruchten, *Der Rational Unified Process: Eine Einführung,* Addison-Wesley 1999.

[Kunz & Rittel, 1970] W. Kunz & H. Rittel, „Issues as elements of information systems," Working Paper No. 131, Institut für Grundlagen der Planung, Universität Stuttgart, Germany, 1970.

[Larman, 2001] C. Larman, *Applying UML and Patterns: An Introduction to Object-Oriented Analysis and Design*, Prentice Hall, 2001.

[Leblang, 1994] D. Leblang, „The CM challenge: Configuration management that works," in W. F. Tichy (ed.), *Configuration Management*, Vol. 2, *Trends in Software*, Wiley, New York, 1994.

[Lee, 1990] J. Lee, „A qualitative decision management system," in P. H. Winston & S. Shellard (eds.), *Artificial Intelligence at MIT: Expanding Frontiers*, MIT Press, Cambridge, MA, Vol. 1, pp. 104–33, 1990.

[Lee, 1997] J. Lee, „Design rationale systems: Understanding the issues," *IEEE Expert*, May/June 1997.

[Leveson, 1995] N. G. Leveson, *Safeware: System Safety And Computers*, Addison-Wesley, 1995.

[Lions, 1996] J.-L. Lions, *ARIANE 5 Flight 501 Failure: Report by the Inquiry Board,* http://ravel.esrin.esa.it/docs/esa-x-1819eng.pdf, 1996.

[Liskov, 1988] B. Liskov, „Data abstraction and hierarchy," *SIGPLAN Notices*, Vol. 23, No. 3, May, 1988.

[Liskov & Guttag, 1986] B. Liskov & J. Guttag, *Abstraction and Specification in Program Development*, MIT Press, McGraw-Hill, New York, 1986.

[Macaulay, 1996] L. Macaulay, *Requirements Engineering*, Springer-Verlag, London, 1996.

[MacLean et al., 1991] A. MacLean, R. M. Young, V. Bellotti, & T. Moran, „Questions, options, and criteria: Elements of design space analysis," *Human-Computer Interaction*, Vol. 6, pp. 201–250, 1996.

[Marshall, 2001] R. Marshall, *What really happened on K2?* Kapitel 24 in [Bonatti 2001].

[Martin & Odell, 1992] J. Martin & J. J. Odell, *Object-Oriented Analysis and Design*, Prentice Hall, 1992.

[Mayhew, 1999] D. J. Mayhew, *The Usability Engineering Lifecycle: A Practitioner's Handbook for User Interface Design*, Morgan Kaufmann, 1999.

[McCabe, 1976] T. McCabe, „A software complexity measure," *IEEE Transactions on Software Engineering*, Vol. 2, No. 12, December 1976.

[Mellor & Shlaer, 1998] S. Mellor & S. Shlaer, *Recursive Design Approach*, Prentice Hall, 1998.

[Meyer, 1997] B. Meyer, *Object-Oriented Software Construction*, 2nd ed., Prentice Hall, 1997.

[MIL Std. 480] MIL Std. 480, U.S. Department of Defense, Washington, DC.

[Miller, 1956] G. A. Miller, „The magical number seven, plus or minus two: Some limits on our capacity for processing information." *Psychological Review*, Vol. 63, pp. 81–97, 1956.

[Minksy, 1975] M. Minsky, „A framework for representing knowledge," in P. Winston (ed.), *The Psychology of Computer Vision*, McGraw-Hill, 1975.

[Moran & Carroll, 1996] T. P. Moran & J. M. Carroll (eds.), *Design Rationale: Concepts, Techniques, and Use*, Lawrence Erlbaum Associates, Mahwah, NJ, 1996.

[Mowbray & Malveau, 1997] T. J. Mowbray & R. C. Malveau, *CORBA Design Patterns*, Wiley, New York, 1997.

[Myers, 1979] G. J. Myers, *The Art of Software Testing*, Wiley, New York, 1979.

[Neumann, 1995] P. G. Neumann, *Computer-Related Risks*, Addison-Wesley, 1995.

[Nielsen, 1993] J. Nielsen, *Usability Engineering*, Academic, New York, 1993.

[Nielsen & Mack, 1994] J. Nielsen & R. L. Mack (eds.), *Usability Inspection Methods*, Wiley, New York, 1994.

[Norman, 2002] D. A. Norman, *The Design of Everyday Things*, Basic Books, New York, 2002.

[Oestereich 2004]   B. Oestereich, Objektorientierte Softwareentwicklung, 6. Aufl., Oldenbourg, München, 2004.

[OMG, 1995]   Object Management Group, *The Common Object Request Broker: Architecture and Specification*, Wiley, New York, 1995.

[OMG, 2001]   Object Management Group, *OMG Unified Modeling Language Specification, Version 1.4*, Framingham, MA, 2001. http://www.omg.org.

[OWL, 1996]   *OWL Project Documentation*, School of Computer Science, Carnegie Mellon Univ., Pittsburgh, PA, 1996.

[Palmer & Felsing, 2002]   S. Palmer, & J. Felsing, *A Practical Guide to Feature-Driven Development*, Prentice Hall, 2002.

[Parnas, 1972]   D. Parnas, „On the criteria to be used in decompsing systems into modules," *Communications of the ACM*, 15(12), pp. 1053–1058, 1972.

[Parnas & Weiss, 1985]   D. L. Parnas & D. M. Weiss, „Active design reviews: principles and practice," *Proceedings of the Eight International Conference on Software Engineering*, London, England. pp 132–136, August 1985.

[Partsch, 1990]   H. Partsch, *Specification and Transformation of Programs*, Springer-Verlag, 1990.

[Paulish, 2001]   D. J. Paulish, *Architecture-Centric Software Project Management: A Practical Guide*, SEI Series in Software Engineering, Addison-Wesley, 2001.

[Paulk et al., 1995]   M. C. Paulk, C. V. Weber, & B. Curtis (eds.), *The Capability Maturity Model: Guidelines for Improving the Software Process*, Addison-Wesley, 1995.

[Perforce]   Perforce, Inc., 2420 Santa Clara Ave., Alameda, CA.

[Perlis, 1982]   A. Perlis, „Epigrams in Programming," *ACM, SIGPLAN*, 1982.

[Petroski, 1992]   H. Petroski, *To Engineer is Human*, Vintage Books, Random House, New York, 1992.

[Petroski, 1994]   H. Petroski, *The Evolution of Useful Things*, Vintage Books, Random House, New York, 1994.

[Pfleeger, 1991]   S. L. Pfleeger, *Software Engineering: The Production of Quality Software*, 2nd ed., Macmillan, 1991.

[Pirsig, 1984]   R. M. Pirsig, *Zen and the Art of Motorcycle Maintenance*, Bantam Books, 1984.

[Pirsig, 1991]   R. M. Pirsig, *Lila: An Inquiry into Morals*, Bantam Doubleday Dell, 1991.

[Popper, 1992]   K. Popper, *Objective Knowledge: An Evolutionary Approach*, Clarendon, Oxford, 1992.

[Porter et al., 1997]   A. A. Porter, H. Siy, C. A. Toman, & L. G. Votta, „An experiment to assess the cost-benefits of code inspections in large scale software development," *IEEE Transactions on Software Engineering*, Vol. 23, No. 6, pp. 329–346, June 1997.

[Portny, 2001]   S. E. Portny, *Project Management for Dummies*, John Wiley & Sons, 2000.

[POSIX, 1990]   *Portable Operating System Interface for Computing Environments*, IEEE Std. 1003.1, IEEE, 1990.

[Potts, 1996]   C. Potts, „Supporting software design: Integrating design methods and design rationale," in T. P. Moran & J. M. Carroll (eds.), *Design Rationale: Concepts, Techniques, and Use*, Lawrence Erlbaum Associates, Mahwah, NJ, 1996.

[Potts & Bruns, 1988]   C. Potts & G. Bruns, „Recording the Reasons for Design Decisions," in *Proceedings of the 10th International Conference on Software Engineering*, pp. 418–427, 1988.

[Potts et al., 1994]   C. Potts, K. Tkahashi, & A. I. Anton, „Inquiry-based requirements analysis," *IEEE Software*, Vol. 11, No. 2, pp. 21–32, 1994.

[Pressman, 2000] R. S. Pressman, *Software Engineering: A Practitioner's Approach*, 5th ed., McGraw-Hill, 2000.

[Purvis et al., 1996] M. Purvis, M. Purvis, & P. Jones, „A group collaboration tool for software engineering projects," *Conference Proceedings of Software Engineering: Education and Practice (SEEP'96)*, Dunedin, NZ., January 1996.

[Rational] Rationale, http://www.rational.com.

[Rational, 2002] *Rationale Rose*, Rational Software Corp., Cupertino, CA, 2002.

[Raymond, 1998] E. Raymond, „The cathedral and the bazaar," http://www.tuxedo.org/~esr/writings/cathedral-bazaar/cathedral-bazaar.html, 1998.

[Ritchie & Thompson, 1974] D. M. Ritchie & K. Thompson, „The Unix Time-sharing System," *Communications of the ACM*, Vol. 17, No. 7, pp. 365–37, July 1974.

[RMI, 1998] *Java Remote Method Invocation*, JDK Documentation, Javasoft, 1998.

[Rochkind, 1975] M.J. Rochkind, „The Source Code Control System," *IEEE Transactions on Software Engineering*, SE-1(4), p. 255–265., 1975.

[Rogers et al., 1986] *The Presidential Commission on the Space Shuttle Challenger Accident Report*, Washington, DC, June 1986.

[Rowen, 1990] R. B. Rowen, „Software project management under incomplete and ambiguous specifications," *IEEE Transactions on Engineering Management,* Vol. 37, No. 1, 1990.

[Royce, 1970] W. W. Royce, „Managing the development of large software systems," in *Tutorial: Software Engineering Project Management*, IEEE Computer Society, Washington, DC, pp. 118–127, 1970.

[Royce, 1998] W. Royce, *Software Project Management: A Unified Framework*, Addison-Wesley, 1998.

[Rubin, 1994] J. Rubin, *Handbook of Usability Testing*, Wiley, New York, 1994.

[Rumbaugh et al., 1991] J. Rumbaugh, M. Blaha, W. Premerlani, F. Eddy, & W. Lorensen, *Object-Oriented Modeling and Design*, Prentice Hall, 1991.

[Schmidt, 1997] D. C. Schmidt, „Applying design patterns and frameworks to develop object-oriented communication software," in P. Salus (ed.), *Handbook of Programming Languages*, Vol. 1, MacMillan Computer, 1997.

[Schwaber et al., 2001] K. Schwaber, M. Beedle, & R. C. Martin, *Agile Software Development with SCRUM*, Prentice Hall, 2001.

[Shaw & Garlan, 1996] M. Shaw & D. Garlan, *Software Architecture: Perspectives on an Emerging Discipline*, Prentice Hall, 1996.

[Shipman & McCall, 1997] F. M. Shipman III & R. J. McCall, „Integrating different perspectives on design rationale: Supporting the emergence of design rationale from design communication," *Artificial Intelligence in Engineering Design, Analysis, and Manufacturing*, Vol. 11, No. 2, 1997.

[Shum & Hammond, 1994] S. Buckingham Shum & N. Hammond, „Argumentation-based design rationale: What use at what cost?" *International Journal of Human-Computer Studies*, Vol. 40, pp. 603–652, 1994.

[Siewiorek & Swarz, 1992] D. P. Siewiorek & R. S. Swarz, *Reliable Computer Systems: Design and Evaluation*, 2nd ed., Digital, Burlington, MA, 1992.

[Simon, 1970] H. A. Simon, *The Sciences of the Artificial*, MIT Press, Cambridge, MA, 1970.

[Sommerville, 2001] I. Sommerville, *Software Engineering*, 6. Aufl., Pearson Studium, 2001.

[Spivey, 1989] J. M. Spivey, *The Z Notation, A Reference Manual*. Prentice Hall International, Hertfordshire, U.K., 1989.

[Steelman, 1978]   *Requirements for High Order Computer Programming Languages: Steelman*,
                           U.S. Department of Defense, Washington, DC, 1978.

[Subrahmanian et al., 1997] E. Subrahmanian, Y. Reich, S. L. Konda, A. Dutoit, D. Cunningham, R. Patrick,
                           M. Thomas, & A. W. Westerberg, „The *n*-dim approach to building design
                           support systems," *Proceedings of ASME Design Theory and Methodology
                           DTM'97*, ASME, New York, 1997.

[Suchman 1990]   L. A. Suchman, *Plans and Situated Actions: The Problem of Human Machine
                           Communication*, Cambridge University Press, 1990.

[Tanenbaum, 1996]   A. S. Tanenbaum, *Computernetzwerke,* 4. Auflage, Pearson Studium, München,
                           2003.

[Taylor, 1911]   F. W. Taylor, *The Principles of Scientific Management*, Harper Bros., New York,
                           1911.

[Tichy, 1985]   W. Tichy, „RCS—A system for version control," *Software Practice and
                           Experience*, Vol. 15, No. 7, 1985.

[Tolkien, 1995]   J.R.R. Tolkien, *The Lord of The Rings*, Harper Collins, 1995.

[Twain, 1897]   M. Twain, *Following the Equator: A Journey Around the World*, American
                           Publishing Co., Hartford, 1897, BoondocksNet Edition, 2003.

[Turner & Robson, 1993]   C. D. Turner & D. J. Robson, „The state-based testing of object-oriented
                           programs," *Conference on Software Maintenance*, pp. 302–310, September 1993.

[Vaughan, 1996]   D. Vaughan, *The Challenger Launch Decision: Risky Technology, Culture, and
                           Deviance at NASA*, The University of Chicago Press, Chicago, 1996.

[Viller & Sommerville, 1999] S. Viller & I. Sommerville, „Social analysis in the requirements engineering
                           process: from ethnography to method," *International Symposium on
                           Requirements Engineering (ISRE'99)*, Limerick, Ireland, June 1999.

[Warmer & Kleppe, 1999]   J. Warmer & A. Kleppe, *The Object Constraint Language: Precise Modeling with
                           UML*, Addison-Wesley, 1999.

[Weinand et al., 1988]   A. Weinand, E. Gamma, & R. Marty, „ET++—An object-oriented application
                           framework in C++," in *Object-Oriented Programming Systems, Languages, and
                           Applications Conference Proceedings*, San Diego, CA, September 1988.

[Weinberg, 1971]   G. M. Weinberg, *The Psychology of Computer Programming*, Van Nostrand, New
                           York, 1971.

[Wigand et al., 1997]   R. T. Wigand, A. Picot, & R. Reichwald, *Information, Organization and
                           Management: Expanding Markets and Corporate Boundaries*, John Wiley &
                           Sons, London, 1997.

[Wirfs-Brock, 1995]   R. Wirfs-Brock, „Design objects and their interactions: A brief look at
                           responsibility-driven design," in J. M. Carroll (ed.), *Scenario-Based Design:
                           Envisioning Work and Technology in System Development,* Wiley, New York, 1995.

[Wirfs-Brock et al., 1990] R. Wirfs-Brock, B. Wilkerson, & L. Wiener, *Designing Object-Oriented
                           Software*, Prentice Hall, 1990.

[Wood & Silver, 1989]   J. Wood & D. Silver, *Joint Application Design*®, Wiley, New York, 1989.

[Wordsworth, 1992]   J. B. Wordsworth, *Software Development with Z: A Practical Approach to Formal
                           Methods in Software Engineering*, Addison-Wesley, 1992.

[Yourdon &   E. Yourdon & L. Constantine, *Structured Design*, Prentice Hall, 1979.
Constantine, 1979]

[Zultner, 1993]   R. E. Zultner, „TQM for technical teams," *Communications of the ACM,* Vol. 36,
                           No. 10, pp. 79–91, 1993.

[Zuser et al., 2004]   W. Zuser, T. Grechenig & M. Köhle, *Software Engineering mit UML und dem
                           Unified Process,* 2. Auflage, Pearson Studium, München, 2004.

Sachregister

Software Engineering

6. Auflage

Ian Sommerville

Zum Buch:

Dieses Buch bietet in einer neu überarbeiteten Auflage eine breite Übersicht über das Gebiet des Software Engineering mit besonderem Fokus auf die Entwicklung von Large-Scale-Systemen. Das Standardwerk verschafft dem Leser in sieben Teilen einen Einblick in das gesamte Spektrum von Software-Prozessen. Als Grundlagenwerk eignet es sich für alle, die wissenschaftlich, beruflich oder im Rahmen ihrer Ausbildung mit Software Engineering zu tun haben.

Aus dem Inhalt:

- Einführung
- Spezifikation
- Entwurf
- Entwicklung kritischer Systeme
- Verifizierung und Validierung
- Softwaremanagement
- Weiterentwicklung von Software

Über den Autor:

Ian Sommerville ist Professor an der *Lancaster University,* England. Aufgrund seiner 20jährigen Erfahrung gilt er als Kapazität auf dem Gebiet des Software Engineering.

ISBN: 3-8273-7001-9
€ 49,95 [D], sFr 77,50
711 Seiten

i softwareentwicklung

Pearson-Studium-Produkte erhalten Sie im Buchhandel und Fachhandel
Pearson Education Deutschland GmbH • Martin-Kollar-Str. 10–12 • D-81829 München
Tel. (089) 46 00 3 -222 • Fax (089) 46 00 3 - 100 • www.pearson-studium.de

Werkzeuge der Signalverarbeitung

Olaf Hochmuth, Beate Meffert

Zum Buch:

Die Autoren stellen in ihrem Buch die wichtigsten Werkzeuge der Signalverarbeitung vor. Sie erläutern ausführlich die mathematische Formulierung und die Effekte, die bei der Anwendung der unterschiedlichen Werkzeuge erzielt werden. Außerdem zeigen sie auf, welche Bedingungen für die Anwendung einzuhalten sind. Der Leser soll lernen, die Verfahren kritisch zu bewerten und Alternativen zu erkennen. Zeitabhängige Signale und Bildsignale werden gleichrangig behandelt. Beispiele aus den aktuellen Forschungsprojekten der Autoren sowie aus dem Bereich der Informations- und Elektrotechnik vertiefen das Verständnis. Die einzelnen Kapitel werden durch Übungsaufgaben ergänzt, die mit einfachen Hilfsmitteln lösbar sind.

Aus dem Inhalt:

– Einführung: Mathematische Hilfsmittel, Aufgaben signalverarbeitender Systeme, Überblick über die Werkzeuge
– Signale und Systeme
– Werkzeuge des Zeit- und Ortsbereichs

– Werkzeuge des Spektralbereichs
– Anwendungsbeispiele
– Anhang: Lösungen zu den Übungsaufgaben, Tabelle zur Fourier-Transformation

Über den Autor:

Beate Meffert leitet den Lehrstuhl Signalverarbeitung und Mustererkennung des Instituts für Informatik der Humboldt-Universität Berlin, an dem auch *Olaf Hochmuth* tätig ist.

ISBN: 3-8273-7065-5
€ 24,95; sFr 39,50
ca. 250 Seiten

i technische informatik

Pearson-Studium-Produkte erhalten Sie im Buchhandel und Fachhandel
Pearson Education Deutschland GmbH • Martin-Kollar-Str. 10 – 12 • D-81829 München
Tel. (089) 46 00 3 - 222 • Fax (089) 46 00 3 - 100 • www.pearson-studium.de

Software Engineering

mit UML und dem Unified Process

2., überarbeitete Auflage

Wolfgang Zuser, Thomas Grechenig, Monika Köhle

Zum Buch:

Das Buch entstand aus der Einführungsvorlesung an der TU Wien. Zuser, Grechenig und Köhle stellen die Grundlagen des Software Engineering aus der Perspektive einer Gesamtprojektsicht vor, die die einzelnen Phasen des SE in Beziehung zu den Metaaktivitäten des Projekt- und Qualitätsmanagements setzt. Projektdokumente und -beispiele werden mit UML dargestellt, Projektinhalte und -abläufe mit dem UP und seiner Nomenklatur. Deutlicher als in der ersten Auflage unterscheiden die Autoren dabei zwischen allgemein gültigen Grundlagen und Methoden und den Methoden des UP. Ergänzt wurde für die zweite Auflage neues Material zu Teamwork und Qualitätssicherung, ein kurzer Einblick in das eXtreme Programming sowie praktische Übersichten über die im Buch verwendeten Elemente des UP/RUP und IEEE und SWEBOK Standards.

Aus dem Inhalt:

Teil I: Software Engineering
Einleitung
– Software Engineering
– Software Engineering-Prozesse
– Projektmanagement
– Qualitätsmanagement
– Software Engineering-Teams

Teil 2: Methoden des SE
Think UML – Anforderungen
– Analyse
– Entwurf
– Implementierung
– Test
– Inbetriebnahme, Wartung und Evolution
Anhang:
UML-Referenz – Übungsaufgaben
Bibliografie

Über die Autoren:

Die Autoren sind am Institut für Softwaretechnik der *Technischen Universität Wien* tätig und führen Lehrveranstaltungen zu den Themen »Software Engineering« und »Methoden der Software-Qualitätssicherung« durch.

i softwaretechnik

ISBN: 3-8273-7090-6
€ 39,95; sFr 67,00
450 Seiten

Pearson-Studium-Produkte erhalten Sie im Buchhandel und Fachhandel
Pearson Education Deutschland GmbH • Martin-Kollar-Str. 10–12 • D-81829 München
Tel. (089) 46 00 3 - 222 • Fax (089) 46 00 3 - 100 • www.pearson-studium.de